Schneider · Die Vergütungsvereinbarung

Die Vergütungsvereinbarung

Zulässigkeit • Gestaltung • Durchsetzung

Von
Rechtsanwalt Norbert Schneider

Verlag für die
Rechts- und
Anwaltspraxis

Meinem Vater

ISBN 3-89655-179-5

© ZAP Verlag für die Rechts- und Anwaltspraxis GmbH & Co. KG, 2006

Alle Rechte sind vorbehalten.

Dieses Werk und alle in ihm enthaltenen Beiträge und Abbildungen sind urheberrechtlich geschützt. Mit Ausnahme der gesetzlich zugelassenen Fälle ist eine Verwertung ohne Einwilligung des Verlages unzulässig.

Druck: Bercker, Kevelaer

Vorwort

Durch das Gesetz zur Modernisierung des Kostenrechts (KostRModG) vom 5.5.2004 (BGBl. I, S. 718) ist die Bundesrechtsanwaltsgebührenordnung (BRAGO) durch das Rechtsanwaltsvergütungsgesetz (RVG) abgelöst worden. Zum Teil sind bisherige Gebührenstrukturen beibehalten worden (so z.B. im Mahnverfahren). Zum Teil haben sich mehr oder weniger erhebliche Modifikationen ergeben; so z.B. der Wegfall der Besprechungs- und Beweisaufnahmegebühren nach §118 Abs.1 Nr.2 und Nr.3 BRAGO unter gleichzeitiger Erhöhung des Gebührenrahmens für die Geschäftsgebühr (Nr. 2400 VV RVG) oder der Wegfall der Beweisgebühr (§ 31 Abs.1 Nr.3 BRAGO) unter gleichzeitiger Erhöhung der neuen Verfahrens- und Terminsgebühren (Nrn. 3100, 3104 VV RVG). In einigen Bereichen ist das Gebührensystem auch völlig umgestaltet worden, so z.B. in Verfahren der Freiwilligen Gerichtsbarkeit, in Sozialsachen, in Strafsachen nach Teil 4 VV RVG und in Bußgeldsachen nach Teil 5 VV RVG. Ziel dieses neuen Gesetzes war es, das Gebührenaufkommen der Anwaltschaft, das seit zehn Jahren unverändert geblieben ist, anzupassen. Dies ist jedoch nur teilweise gelungen.

Von daher besteht nach wie vor – oder mehr denn je – das Bedürfnis oder sogar die Notwendigkeit, von der gesetzlichen Regelung abweichende Vergütungsvereinbarungen zu treffen.

Ein Novum in der Geschichte des anwaltlichen Gebührenrechts ist dadurch eingetreten, dass die Vergütungsordnung für bestimmte anwaltliche Tätigkeiten keine Gebührentatbestände mehr vorsieht und die Empfehlung beinhaltet, dass der Anwalt selbst eine Gebührenvereinbarung treffen solle (so in § 34 RVG i.d.F. bis zum 30.6.2006 für die Tätigkeit des Anwalts als Mediator).

Zum 1.7.2006 wird sich das RVG in diesem Punkt nochmals ändern (Art. 6 des KostRModG). Die Gebührentatbestände der Nrn. 2100 ff. VV RVG (Beratung und Gutachten) werden ersatzlos entfallen (unsinnigerweise werden dann zugleich die Gebührentatbestände der Nrn. 2200, 2300, 2400, 2500 und 2600 ff. VV RVG jeweils um eine 100er Stelle zurückversetzt). Im Gegenzug wird § 34 RVG geändert und nunmehr auch für die Beratungstätigkeit und für Gutachtentätigkeiten der Abschluss einer Gebührenvereinbarung empfohlen.

Trifft der Anwalt in diesem Fällen keine Gebührenvereinbarung, so wird er nur die Vergütung nach dem Bürgerlichen Recht abrechnen können, also die „übliche Vergütung" i.S.d. § 612 BGB, was immer auch damit gemeint sein mag. Zudem wird er gegenüber einem Verbraucher auf Höchstbeträge beschränkt und zwar auf maximal 250,00 € und im Falle einer Erstberatung sogar auf 190,00 €.

Spätestens ab dem 1.7.2006 wird sich also im Beratungs- und Gutachtenbereich die unabdingbare Notwendigkeit ergeben, mit dem Auftraggeber nicht nur über die Vergütung zu sprechen, sondern auch eine Vergütungsvereinbarung zu treffen.

Abgesehen davon sind nach den gesetzlichen Gebührentatbeständen und Wertvorschriften viele Angelegenheiten nicht kostendeckend – geschweige denn gewinnbringend – zu handhaben. Zu denken ist hier insbesondere an umfangreiche Strafsachen. So erhält der Anwalt nach der gesetzlichen Regelung (Nrn. 4102, 4103 VV RVG) für drei Haftprüfungstermine maximal 312,50 €. Ähnliches gilt in Familiensachen – man denke hier nur an die geringen Gegenstandswerte im Versorgungsausgleichsverfahren (1.000,00 € nach § 49 GKG/§ 99 Abs. 3 KostO) und in Kindessachen im Verbundverfahren (900,00 € nach § 48 Abs. 3 S. 3 RVG, selbst bei mehreren Kindern), oder an die Ausgangswerte von 500,00 € in einstweiligen Anordnungsverfahren (§ 24 RVG). In diesen Fällen, denen sich zahlreiche weitere anfügen lassen, kann der Anwalt kostendeckend – geschweige den gewinnbringend – nur gegen eine höhere vereinbarte Vergütung tätig werden.

Ziel dieses Buches ist es, dem Anwalt eine umfassende Darstellung und Anleitung an die Hand zu geben, wie er in diesen Fällen eine ordnungsgemäße, formwirksame und durchsetzbare Vergütungsvereinbarung trifft, welche Gestaltungsmöglichkeiten er hat, worauf zweckmäßigerweise zu achten ist, welche Fehler zu vermeiden sind und insbesondere, wie er später seine Vergütung auch durchsetzen kann; ebenso aber wie der Anwalt den Auftraggeber erfolgreich vertreten kann, der sich gegen unverbindliche oder unwirksame Vereinbarungen, die er mit einem anderen Anwalt geschlossen hat, zur Wehr setzen will.

Die Rechtsprechung ist hier sehr unübersichtlich. Dies gilt insbesondere für die Frage, welche Vergütungen im Einzelfall noch angemessen sind, wann sie als unangemessen hoch herabzusetzen und wann sie gar sittenwidrig sind.

Zu beachten ist, dass die Vorgängervorschrift (§ 3 BRAGO) zwar im Wesentlichen in § 4 RVG übernommen worden ist, aber doch einige entscheidende Änderungen vorgenommen worden sind, so dass die bisherige Rechtsprechung nur eingeschränkt verwertet werden kann.

Bemerkenswert ist in letzter Zeit ohnehin ein Anstieg veröffentlichter Entscheidungen zu Vergütungsvereinbarungen, was belegt, dass dieses Thema nicht nur für die Anwaltschaft an Bedeutung gewinnt, sondern dass auch die Mandanten Vergütungsvereinbarungen kritischer gegenüberstehen. Insbesondere wenn das Mandat beendet ist, wird der Mandant ob der gezahlten Vergütung reumütig und lässt die Vereinbarung von einem anderen Anwalt überprüfen, ob nicht im Nachhinein doch etwas gegen die Vergütungsvereinbarung zu unternehmen ist, getreu dem Motto: Der Mandant von heute ist der Gegner von morgen. Hier ist es leider zu beobachten, dass allzu viele Anwälte sorglos im Umgang mit der Formulierung von Vergütungsvereinbarungen sind und oftmals bereits vereinnahmte Vergütungen wieder auskehren müssen, weil sie Fehler bei der Abfassung ihrer Vereinbarung begangen haben. Exemplarisch sei insoweit auf die Entscheidung des OLG Düsseldorf (AGS 2004, 128 m. Anm. N. Schneider = MDR 2004, 58 m. Anm. N. Schneider = AnwBl. 2004, 128 = JurBüro 2003, 584) hingewiesen, in der der lapidare Satz *„von dieser Ausfertigung hat der Auftraggeber eine Abschrift erhalten"* zur Nichtigkeit der gesamten Honorarvereinbarung geführt hatte und der Anwalt nicht nur das Nachsehen hinsichtlich seiner Gebührenansprüche hatte, sondern auch noch bereits empfangene Zahlungen zurück gewähren musste.

Auch die berufsrechtlichen Vorgaben der BRAO sind stets im Auge zu behalten. Nach wie vor ist es unzulässig, Erfolgshonorarvereinbarungen zu treffen oder sich eine Beteiligung am Gewinn zusagen zu lassen, wobei es scheint, dass dieses strikte Verbot zu „bröckeln" beginnt. Derzeit ist wieder eine Verfassungsbeschwerde beim BVerfG (Az. 1 BVR 2576/04) anhängig.

Anliegen dieses Buches ist es nicht, aufzuzeigen, wie der Anwalt betriebswirtschaftlich zu kalkulieren hat, oder wie zu ermitteln ist, welchen Stundensatz der Anwalt abrechnen muss, um kostendeckend und gewinnbringend zu arbeiten. Das ist keine juristische Frage, sondern eine betriebswirtschaftliche, die der entsprechenden betriebswirtschaftlichen Literatur vorbehalten bleiben muss (instruktiv insoweit Krämer/Mauer/Kilian, Vergütungsvereinbarung und -management).

Ebenso wenig ist es Anliegen dieses Buches, dem Anwalt nahe zu bringen, wie er den Mandanten überzeugt, dass in seinem Fall eine Vergütungsvereinbarung abzuschließen ist. Auch dies ist kein juristisches Problem, jedoch sei auch insoweit auf das hervorragende Werk von Krämer/Mauer/Kilian Bezug genommen.

Ich hoffe, mit diesem Buch den Kollegen eine übersichtliche und zuverlässige Darstellung zu liefern, wie sie ihre Gebührenvereinbarung im Einzelfall umsetzen können.

Rechtsprechung ist bis einschließlich September 2005 berücksichtigt.

Besonders danken möchte ich meinen Sekretärinnen Erika Werning und Sabrina Schneider, die wesentlich zur zeitnahen Erstellung und Erfassung des Manuskripts beigetragen haben.

Neunkirchen-Seelscheid im Oktober 2005 *Norbert Schneider*

Inhaltsübersicht

	Seite
Vorwort	V
Inhaltsübersicht	IX
Inhaltsverzeichnis	XI
Literaturverzeichnis	XLVII
Abkürzungsverzeichnis	LI

	Rn.
A. Einführung	1
B. Zulässigkeit einer Vergütungsvereinbarung	159
C. Zeitpunkt der Vergütungsvereinbarung	417
D. Übergangsrecht	475
E. Form der Vereinbarung	497
F. AGB-Kontrolle	661
G. Mögliche Berechnungsmodelle	765
H. Auslagen, Hebegebühren, Umsatzsteuer	1069
I. Auswirkungen einer vorzeitigen Beendigung des Mandats auf die vereinbarte Vergütung	1196
J. Höhe der Vergütung	1271
K. Inhaltliche Gestaltung und Auslegungsprobleme	1449
L. Hinweis- und Belehrungspflichten des Anwalts	1539
M. Verfahren bei Bestimmung der Höhe der Vergütung durch den Vorstand der Rechtsanwaltskammer	1617
N. Herabsetzung einer unangemessen hohen Vergütung	1656
O. Sittenwidrigkeit	1743
P. Vorschuss	1766
Q. Fälligkeit	1807

R. Verjährung 1869
S. Berechnung der Vergütung 1878
T. Rückforderung- und Auszahlungsansprüche des Auftraggebers .. 1999
U. Freistellungsansprüche 2200
V. Kostenerstattung 2255
W. Streitwertbeschwerde 2347
X. Vergütungsfestsetzung 2381
Y. Der Vergütungsrechtsstreit 2417
Z. Muster von Vergütungsvereinbarungen 2881
Anhang 1: Gebührentabellen 3098
Anhang 2: Gesetzestexte 3105
Anhang 3: Materialien 3115

Seite
Stichwortverzeichnis 789

Inhaltsverzeichnis

	Seite
Vorwort	V
Inhaltsübersicht	IX
Inhaltsverzeichnis	XI
Literaturverzeichnis	XLVII
Abkürzungsverzeichnis	LI

	Rn.
A. Einführung	1
I. Überblick	1
II. Anwendungsbereich	2
1. Persönlicher Anwendungsbereich	2
2. Funktioneller Anwendungsbereich	5
3. Sachlicher Anwendungsbereich	11
a) Überblick	11
b) Vereinbarungen zwischen Anwalt und Auftraggeber	12
aa) Überblick	12
bb) Vergütungsvereinbarungen	13
cc) Anderweitige Vereinbarungen	15
c) Vereinbarungen zwischen dem Auftraggeber und dem Gegner	22
d) Vereinbarung zwischen Anwalt und Gegner	25
aa) Überblick	25
bb) Vereinbarungen für den Auftraggeber	26
cc) Eigener Anspruch des Anwalts	27
dd) Sonstige Vereinbarungen	28
ee) Abrechnungsgrundsätze	29
ff) Abkommen mit Rechtsschutzversicherern	30
e) Vereinbarungen zwischen Anwälten	32
III. Rechtliche Grundlagen	34
1. Überblick	34
2. Zulässigkeit einer Vergütungsvereinbarung	35
a) Vertragsfreiheit	35
b) Grenzen der Vertragsfreiheit	36

		aa) Allgemeine Grenzen	37
		bb) Gesetzliche Verbote	39
		cc) Inhaltliche Schranken	41
	3.	Formelle Voraussetzungen	45
	4.	Anpassungsmöglichkeit	46
	5.	Allgemeine Regelungen des RVG	47
IV.	Hinweispflichten		59
V.	Entwicklung der gesetzlichen Regelungen		66
	1.	Überblick	66
	2.	§ 4 RVG	67
	3.	§ 49b BRAO	82
VI.	Bedeutung der Vergütungsvereinbarung		83
VII.	Notwendigkeit und Zweckmäßigkeit von Vergütungsvereinbarungen		89
	1.	Notwendigkeit einer Vergütungsvereinbarung	90
	2.	Zweckmäßigkeit einer Vergütungsvereinbarung	93
VIII.	Kalkulation der Vergütung		100
IX.	Das Gespräch mit dem Mandanten		107
X.	Mögliche und zweckmäßige Gestaltungen		110
XI.	Andere Vergütung als Leistung in Geld		115
XII.	Sicherheiten		116
XIII.	Abtretung von Vergütungsansprüchen		120
XIV.	Pfändung von Vergütungsforderungen		122
XV.	Vereinbarungen unter Rechtsanwälten		123
	1.	Überblick	123
	2.	Gebührenteilungsvereinbarungen	124
	3.	Vertretungsauftrag in eigenem Namen	139
	4.	Vergütungspflicht des Auftraggebers für die Kosten des Stellvertreters	151
B.	**Zulässigkeit einer Vergütungsvereinbarung**		**159**
I.	Überblick		159
II.	Anwaltsnotar		166
III.	Vergütungsvereinbarungen bei Beratungshilfe		168
	1.	Die gesetzliche Regelung	168

2. Die verschiedenen Fallgruppen ... 172
a) Der Anwalt gewährt dem Rechtsuchenden Beratungshilfe ... 172
b) Der Rechtsuchende erscheint beim Anwalt, damit dieser Beratungshilfe beantrage ... 179
    aa) Der Rechtsuchende will nur dann vertreten werden, wenn ihm Beratungshilfe bewilligt wird ... 180
    bb) Der Rechtsuchende will auch dann vertreten werden, wenn ihm Beratungshilfe nicht bewilligt wird ... 181
    cc) Der Rechtsuchende erfüllt die Voraussetzungen, unter denen Beratungshilfe zu gewähren ist; er will die Beratungshilfe jedoch nicht beantragen ... 185
    dd) Dem Rechtsuchenden ist Beratungshilfe bewilligt worden. Er will von dem Anwalt jedoch nicht im Rahmen der Beratungshilfe beraten oder vertreten werden ... 186
c) Die Parteien schließen eine Vergütungsvereinbarung; erst im Anschluss daran wird Beratungshilfe bewilligt ... 189
    aa) Zum Zeitpunkt der Beauftragung war bereits vereinbart, dass Beratungshilfe in Anspruch genommen werden soll ... 190
    bb) Die Beteiligten sind bei Beauftragung des Anwalts nicht davon ausgegangen, dass Beratungshilfe in Anspruch genommen werde ... 191
3. Rechtsfolge einer unter Verstoß gegen § 4 Abs. 6 RVG i.V.m. § 8 BerHG getroffenen Vereinbarung ... 194
IV. Vergütungsvereinbarungen bei Prozesskostenhilfe ... 197
1. Überblick ... 197
2. Die einzelnen Fallgruppen ... 204
a) Vergütungsvereinbarung nach Beiordnung ... 204
b) Abschluss einer Vergütungsvereinbarung vor dem Auftrag Prozesskostenhilfeantrag zu stellen ... 209
c) Abschluss einer Vergütungsvereinbarung vor Beiordnung ... 212
d) Nachträgliche Aufhebung der Prozesskostenhilfe ... 217

V.	Zulässigkeit der Vereinbarung bei Beiordnung als Pflichtverteidiger	221
	1. Zulässigkeit einer Vergütungsvereinbarung	221
	2. Vereinbarung von Vorschüssen	228
	3. Niederlegung des Wahlverteidigermandates und Beiordnung als Pflichtverteidiger	231
VI.	Beiordnung in sonstigen Fällen	235
VII.	Vereinbarungen mit Dritten	237
	1. Grundsatz	237
	2. Abgrenzung zu anderen Vereinbarungen	242
	3. Form	247
	4. Prozesskostenhilfemandate	252
	5. Beratungshilfemandate	254
	6. Niedrigere als die gesetzliche Vergütung	255
	7. Erfolgshonorare und quota-litis-Vereinbarungen	257
	8. Rechtliche Auswirkungen der Vergütungsvereinbarung mit einem Dritten	258
	9. Schuldbeitritt	262
VIII.	Vereinbarung einer niedrigeren Vergütung als der gesetzlichen	267
	1. Überblick	267
	2. Gesetzliche Regelung	270
	3. Sinn und Zweck der Regelung	271
	4. Zeitpunkt	272
	5. Erfasste Vergütungsregelungen	273
	6. Ausnahmen – Zulässige Unterschreitungen	282
	a) Überblick	282
	b) Außergerichtliche Angelegenheiten	284
	c) Abtretung von Erstattungsansprüchen an Erfüllungs statt	289
	d) Erlass von Gebühren aufgrund besonderer Umstände in der Person des Auftraggebers	296
	e) Bestimmung eines Gebührensatzes oder -betrages innerhalb des gesetzlichen Rahmens	306
	f) Abrechnungsgrundsätze	309
	7. Vergleiche mit dem Auftraggeber	312

	8. Folgen eines Verstoßes	319
IX.	Unzulässigkeit der Vereinbarung eines Erfolgshonorars	323
	1. Überblick	323
	2. Verfassungsmäßigkeit	327
	3. Gesetzliche Regelung	329
	4. Sinn und Zweck der Regelung	333
	5. Zeitpunkt	334
	6. Erfasste Vereinbarungen	339
	a) Überblick	339
	b) Einzelfälle	342
	c) Bezahlung durch Aktien im Falle des Börsengangs	354
	d) Beteiligung an Prozessfinanzierungsgesellschaften	356
	e) Beispiele aus der Rechtsprechung für unzulässige Vereinbarungen eines Erfolgshonorars	357
	7. Zulässige Vereinbarungen	360
	a) Anlehnung an gesetzliche Modelle	361
	b) Rechtlich unverbindliche Vereinbarungen	367
	c) Sonstige Fälle	372
	8. Erfolgsvereinbarungen mit ausländischen Rechtsanwälten	374
	9. Umgehung durch Vereinbarung ausländischen Rechts	376
	10. Folgen des Verstoßes	377
X.	Unzulässigkeit einer quota-litis-Vereinbarung	386
	1. Überblick	386
	2. Verfassungsmäßigkeit	388
	3. Gesetzliche Regelung	389
	4. Sinn und Zweck der Regelung	394
	5. Zeitpunkt	395
	6. Erfasste Vereinbarungen	398
	a) Überblick	398
	b) Erstrittener Betrag	399
	c) Beschränkung auf Prozessverfahren?	404
	d) Umfang der Beteiligung	405
	e) Feststehende Beteiligung	407

  f) Quota-litis-Vereinbarungen mit ausländischen Rechtsanwälten 413
  g) Umgehung durch Vereinbarung ausländischen Rechts . 415

C. **Zeitpunkt der Vergütungsvereinbarung** 417
 I. Überblick 417
 II. Vergütungsvereinbarung bei Auftragserteilung 422
 III. Vergütungsvereinbarung vor Auftragserteilung 424
 IV. Vergütungsvereinbarung während des Mandats 428
 V. Vergütungsvereinbarung während einer Beiordnung im Wege der Prozesskostenhilfe 436
 VI. Vergütungsvereinbarung während einer Pflichtverteidigerbestellung 439
 VII. Vergütungsvereinbarung nach Erledigung des Auftrags 440
 VIII. Abänderung einer Vergütungsvereinbarung 441
 IX. Vorläufige Vergütungsvereinbarung 456
 X. Dauervereinbarungen 462

D. **Übergangsrecht** 475
 I. Überblick 475
 II. Auf die Vergütungsvereinbarung anzuwendendes Recht 476
 III. Welche gesetzlichen Vorschriften gelten für die vereinbarte Vergütung? 486

E. **Form der Vereinbarung** 497
 I. Überblick 497
 II. Die Schriftform nach § 4 Abs. 1 Satz 1 RVG 511
  1. Überblick 511
  2. Schriftform 512
   a) Überblick 512
   b) Urkunde 513
    aa) Grundsatz 513
    bb) Einheitliche Urkunde 514
    cc) Elektronische Form 516
    dd) Schuldanerkenntnis nach § 781 BGB 517
    ee) Telex, Telegramm, Telefax 519

		ff)	Gesetzliche Erleichterungen der Schriftform	520
		gg)	Mündliche Vereinbarungen	521
		hh)	Bedingte Vereinbarung	522
	c)	Eigenhändige Namensunterschrift		523
		aa)	Zulässige Formen	523
			(1) Grundsatz Eigenhändigkeit	524
			(2) Digitale Signatur	525
			(3) Notariell beglaubigtes Handzeichen	526
			(4) Notarielle Beurkundung	527
			(5) Gerichtlich protokollierter Vergleich	528
		bb)	Unzulässige Formen	529
			(1) Überblick	529
			(2) Blanko-Unterschrift	530
			(3) Gescannte Unterschrift	531
			(4) Faksimile-Stempel	532
			(5) Telex	533
			(6) Telegramm	534
			(7) Telefax	535
			(8) Vollmacht	541
	3.	Anforderungen an die Gestaltung		547
	4.	Verlust der Urkunde		551
	5.	Trennung von der Vollmacht		554
III.	Die Formvorschrift des § 4 Abs. 1 Satz 2 RVG			561
	1.	Überblick		561
	2.	Das Schriftstück wird vom Auftraggeber verfasst		566
	3.	Das Schriftstück wird vom Anwalt verfasst		569
		a) Überblick		569
		b) Bezeichnung als Vergütungsvereinbarung		571
		c) Absetzen von sonstigen Vereinbarungen		581
			aa) Überblick	581
			bb) „Andere Vereinbarungen"	583
			cc) Deutliches Absetzen	593
IV.	Folgen der Formverstöße nach § 4 Abs. 1 Satz 1 und Satz 2 RVG			601
	1.	Überblick		601
	2.	Keine Durchsetzbarkeit		608

		3. Rückforderungsanspruch des Auftraggebers	619

- 3. Rückforderungsanspruch des Auftraggebers 619
  - a) Anspruchsgrundlage 619
  - b) Rückforderungsausschluss 622
- 4. Durchsetzbarkeit der gesetzlichen Vergütung 624
- 5. Höhere als die gesetzliche Vergütung 632
  - a) Überblick 632
  - b) Prüfungszeitpunkt 634
  - c) Satz- oder Betragsrahmen 642
    - aa) Überblick 642
    - bb) Zustimmung zu der vom Anwalt getroffenen Bestimmung innerhalb des Gebührenrahmens . . . 644
    - cc) Zustimmung zu der vom Anwalt getroffenen Bestimmung außerhalb des Gebührenrahmens . . 648
    - dd) Zustimmung des Auftraggebers zu einem bestimmten Gebührensatz oder Betrag vor Fälligkeit der Vergütung 649
- V. Treuwidrige Berufung auf Formmangel 652
- VI. Form der Vereinbarung bei niedriger Vergütung 655

F. AGB-Kontrolle 661
- I. Überblick 661
- II. Sachlicher Anwendungsbereich 665
  - 1. Allgemeine Geschäftsbedingungen 665
  - 2. Verbraucherverträge 668
- III. Persönlicher Anwendungsbereich 675
  - 1. Allgemeine Geschäftsbedingungen 675
  - 2. Zur einmaligen Verwendung bestimmte Vertragsbedingungen 677
- IV. Einbeziehung 678
- V. Vorrang der Individualabrede 680
- VI. Überraschende Klauseln 681
- VII. Mehrdeutige Klauseln 683
- VIII. Bestimmtheit 693
  - 1. Grundsatz 693
  - 2. Unbestimmter Umfang der abzugeltenden Tätigkeiten des Anwalts 699

		3. Unbestimmte Vergütungshöhe	704
		4. Unbestimmte Auslagenvereinbarung	706
		5. Entbehrlichkeit der Bestimmtheit	709
IX.		Transparenzgebot (§ 307 Abs. 1 Satz 2 BGB)	711
X.		Unangemessene Benachteiligung	714
XI.		Vereinbarung ausländischen Rechts	727
XII.		Klauselverbote mit Wertungsmöglichkeit (§ 308 BGB)	729
	1.	Anpassungsvereinbarung (§ 308 Nr. 4 BGB)	730
	2.	Fingierte Erklärungen (§ 308 Nr. 5 BGB)	733
		a) Überblick	733
		b) Preiserhöhungen	734
		c) Einverständnis mit Abrechnung	735
XIII.		Klauselverbote ohne Wertungsmöglichkeit (§ 309 BGB)	739
	1.	Kurzfristige Preiserhöhungen (§ 309 Nr. 1 BGB)	740
	2.	Vertragsstrafe (§ 309 Nr. 6 BGB)	749
	3.	Dauerschuldverhältnis (§ 309 Nr. 9 BGB)	750
	4.	Beweislastverteilung (§ 309 Nr. 12 BGB)	756
		a) Einwendungen gegen Abrechnungen	757
		b) Empfangsbekenntnis	759
XIV.		Rechtsfolgen	763

G.		Mögliche Berechnungsmodelle	765
I.		Überblick	765
	1.	Inhaltsfreiheit – gesetzliche Einschränkungen	765
	2.	Anforderungen an eine Vergütungsvereinbarung	767
	3.	Die möglichen Berechnungsmodelle	771
	4.	Gesetzliche Vergütung als Mindestvergütung	778
II.		Modelle in Anlehnung an die gesetzliche Vergütung	784
	1.	Überblick	784
	2.	Vereinbarung der gesetzlichen Vergütung	786
		a) Prozesskostenhilfemandat	787
		b) Pflichtverteidiger und anderweitig beigeordneter Anwalt	793
	3.	Vereinbarungen innerhalb des gesetzlichen Rahmens	803
		a) Überblick	803

XIX

b) Vereinbarungen über den Umfang der anwaltlichen Tätigkeit 804
c) Vereinbarungen über die Art und Weise der Ausführung 810
d) Vereinbarungen über die Höhe von Satz- oder Betragsrahmen 817
e) Vereinbarungen über den Gegenstandswert 821
4. Vereinbarung bei Fehlen einer gesetzlichen Vergütung 824
   a) Überblick 824
   b) Mediation 825
   c) Beratung und Gutachten 827
      aa) Überblick............................. 827
      bb) Gebühren 828
      cc) Anrechnung 831
   d) Hilfspersonen 833
5. Vereinbarung der gesetzlichen Vergütung unter Wegfall von gesetzlichen Begrenzungen 839
   a) Überblick 839
   b) Abbedingen der Höchstgrenze für eine Erstberatung .. 843
   c) Wegfall der Beschränkung nach Nr. 7000 VV RVG 846
   d) Wegfall der Beschränkung nach Nr. 7007 VV RVG 847
   e) Wegfall von Anrechnungsvorschriften 848
   f) Vereinbarung mehrerer Angelegenheiten 853
   g) Aufhebung der Beschränkung der Höchstgrenze für den Verkehrsanwalt 858
   h) Ausschluss von Ermäßigungstatbeständen 859
   i) Aufhebung der Gegenstandswertbegrenzung nach §§ 22 Abs. 1 RVG und 23 Abs. 1 RVG i.V.m. § 39 Abs. 2 GKG 860
   j) Aufhebung von Wertprivilegierungen 861
6. Erhöhung der gesetzlichen Gebührensätze oder -beträge .. 864
   a) Überblick 864
   b) Vielfaches der gesetzlichen Vergütung 867
   c) Abweichende Pauschalbeträge 876
   d) Abweichender Gebührensatz oder -betrag 881
   e) Prozentualer Aufschlag auf die gesetzlichen Gebühren . 886

		f)	Betragsmäßiger Aufschlag auf die gesetzlichen Gebühren	888
		g)	Zusätzliche Gebühren	890
	7.	Erhöhung des Gegenstandswertes		897
		a)	Überblick	897
		b)	Wegfall einer Wertbegrenzung	901
		c)	Vielfaches des tatsächlichen Gegenstandswerts	904
		d)	Zuschlag zum tatsächlichen Gegenstandswert	906
		e)	Fester Gegenstandswert	908
		f)	Streitwertbeschwerde	914
	8.	Kombinationen		915
III.	Vom gesetzlichen Vergütungssystem losgelöste Vereinbarungen			918
	1.	Überblick		918
	2.	Gesamtpauschale		920
		a)	Überblick	920
		b)	Vor- und Nachteile einer Gesamtpauschale	921
		c)	Vorzeitige Beendigung des Mandats	936
		d)	Anrechnung	941
			aa) Anrechnung der Pauschalvergütung	941
			bb) Anrechnung auf eine Pauschalvergütung	947
	3.	Mehrere Pauschalen		954
	4.	Prozentualer Anteil am Gegenstandswert		964
	5.	Zeitvergütungen		966
		a)	Überblick	966
		b)	Höhe des Stundensatzes	970
		c)	Klarstellung der abzurechnenden Zeiteinheiten	983
		d)	Abrechnung von Fahrt- und Wartezeiten	991
		e)	Begrenzungen	997
		f)	Anrechnung	1000
			aa) Anrechnung der Zeitvergütung	1000
			bb) Anrechnung auf eine Zeitvergütung	1006
		g)	Abrechnungsprobleme	1013
			aa) Unterschreitung der gesetzlichen Vergütung	1023
			bb) Kombinationen	1026

		6. Vereinbarungen in gerichtlichen Mahnverfahren und für bestimmte Zwangsvollstreckungsverfahren 1029

      6. Vereinbarungen in gerichtlichen Mahnverfahren und für bestimmte Zwangsvollstreckungsverfahren 1029
         a) Überblick 1029
         b) Sachlicher Anwendungsbereich 1031
            aa) Mahnverfahren 1031
            bb) Zwangsvollstreckungsverfahren 1034
         c) Inhalt der Vereinbarung 1038
         d) Angemessenes Verhältnis 1044
         e) Keine Schriftform 1045
         f) Darlegungs- und Beweislast 1046
  IV. Ermessen eines Vertragsteils 1047
  V. Festsetzung durch den Vorstand der Rechtsanwaltskammer ... 1048
  VI. Festsetzung durch einen Dritten 1049
  VII. Vereinbarung ausländischen Rechts 1052
      1. Deutscher Anwalt 1053
      2. Ausländischer Anwalt 1059
  VIII. Kombinationen 1066

H. Auslagen, Hebegebühren, Umsatzsteuer 1069
  I. Überblick 1069
      1. Notwendigkeit und Zulässigkeit 1069
      2. Auslagen 1072
      3. Verauslagte Beträge 1080
      4. Allgemeine Geschäftskosten 1084
      5. Hebegebühren 1086
      6. Umsatzsteuer 1090
  II. Auslagen 1091
      1. Überblick 1091
      2. Anforderungen an eine wirksame Auslagenvereinbarung .. 1103
         a) Formvorschriften bei Vereinbarung höherer Auslagen .. 1104
            aa) Schriftform 1104
            bb) Trennung von einer Vollmacht 1105
            cc) Bezeichnung der Vereinbarung 1106
            dd) Deutliches Absetzen 1108
            ee) Rechtsfolgen eines Formverstoßes 1109

		b) Beratungshilfe	1114
		c) Prozesskostenhilfe	1116
		d) Vereinbarung geringerer Auslagen	1121
		e) Erfolgsabhängige Auslagen oder Beteiligung am Erfolg .	1124
		f) Sittenwidrigkeit	1125
		g) Hinreichende Bestimmtheit	1127
		h) AGB-Prüfung	1130
	3.	Vereinbarungen über die Erstattung aufgewandter Beträge .	1131
	4.	Vereinbarungen über allgemeine Geschäftskosten	1135
	5.	Vereinbarungen über Kosten für Ablichtungen	1142
	6.	Vereinbarungen über Entgelte für Post- und Telekommunikationsdienstleistungen	1154
	7.	Vereinbarungen über Reisekosten	1159
		a) Vereinbarung eines bestimmten Transportmittels	1160
		b) Vereinbarung höherer Beträge	1164
	8.	Vereinbarungen über die Haftpflichtversicherungsprämie ..	1169
III.	Umsatzsteuer		1175
IV.	Hebegebühren		1186

I.	**Auswirkungen einer vorzeitigen Beendigung des Mandats auf die vereinbarte Vergütung**		1196
	I.	Überblick	1196
	II.	Die gesetzliche Regelung	1202
		1. Vorzeitige Beendigung infolge Kündigung des Anwaltsvertrages	1202
		a) Überblick	1202
		b) Kündigung durch den Anwalt	1203
		aa) Vertragswidriges Verhalten des Auftraggebers ...	1203
		bb) Kündigung ohne vertragswidriges Verhalten des Auftraggebers	1207
		c) Kündigung durch den Auftraggeber	1211
		aa) Kündigung wegen vertragswidrigen Verhaltens des Rechtsanwalts	1211
		bb) Kündigung ohne vertragswidriges Verhalten des Rechtsanwalts	1214
		2. Unmöglichkeit	1215

XXIII

3. Schadensersatzansprüche wegen grundloser Kündigung .. 1218
   a) Kündigung durch den Anwalt 1218
      aa) Vertragswidriges Verhalten des Auftraggebers ... 1218
      bb) Grundlose Kündigung 1219
      cc) Wichtiger Grund 1220
   b) Kündigung durch den Auftraggeber 1223
      aa) Vertragswidriges Verhalten des Anwalts 1223
      bb) Grundlose Kündigung 1224
4. Einvernehmliche Aufhebung 1225

III. Anwendung der gesetzlichen Regelung bei vereinbarten Vergütungen 1226
1. Überblick 1226
2. Anlehnung an die gesetzliche Vergütung 1228
3. Zeithonorare 1230
4. Vereinbarung einer (Gesamt-)Pauschale 1231
   a) Überblick 1231
   b) Ausdrückliche Regelung 1238
   c) Fehlende Regelung 1245
   d) Unklare Regelung 1258
5. Mehrere Pauschalen 1260
6. Kombination von Pauschalen und anderen Vergütungen .. 1269

J. Höhe der Vergütung 1271
I. Überblick 1271
II. Vereinbarung einer niedrigeren als der gesetzlichen Vergütung . 1274
III. Gesetzliche Vergütung 1277
1. Vereinbarung der gesetzlichen Vergütung 1277
2. Vereinbarung der gesetzlichen (Wahlanwalts-)Vergütung .. 1288
3. Gesetzliche Vergütung bei Unwirksamkeit der Vereinbarung 1290
4. Fiktion der gesetzlichen Vergütung 1291
5. Gesetzliche Vergütung als Höchstbetrag der verbindlich vereinbarten Vergütung 1292
6. Gesetzliche Vergütung als Mindestgrenze einer möglichen Herabsetzung 1294
7. Maßstab der Kostenerstattung 1295
8. Maßstab für Freistellungsansprüche 1296

9. Die Berechnung der gesetzlichen Vergütung 1297
   a) Grundsatz 1297
   b) Gesetzliche Vergütung bei Gebührenrahmen 1304
   c) Fehlen einer gesetzlichen Vergütung nach dem RVG . . . 1310
      aa) Überblick 1310
      bb) Mediation, Beratung und Gutachten 1311
         (1) Mediation 1311
         (2) Beratung und Gutachten (ab dem 1.7.2006) . 1312
         (3) Problem 1313
         (4) Lösungsversuche 1316
   d) Vergütung für Hilfspersonen außerhalb des § 5 RVG . . . 1323
   e) Nebenabreden 1328
IV. Höhere, aber unbedenkliche Vergütung 1329
V. Unangemessen hohe Vergütung 1336
   1. Überblick 1336
   2. Abgrenzungskriterien 1338
      a) Überblick 1338
      b) Abgrenzung nach dem Verhältnis zu der gesetzlichen
         Vergütung 1339
      c) Zutreffende Abwägung 1350
         aa) Überblick 1350
         bb) Die fünf Kriterien des § 14 Abs. 1 Satz 1 RVG 1352
         cc) Haftungsrisiko 1364
         dd) Erforderlicher Zeitaufwand 1367
         ee) Reputation 1373
         ff) Qualifikation 1375
         gg) Erfolg 1376
         hh) Gemeinkosten 1379
         ii) Auslagen 1381
   3. Definitionsversuche der Unangemessenheit 1382
   4. Einzelfälle aus der Rechtsprechung 1392
      a) Überblick 1392
      b) Vielfaches der gesetzlichen Gebühren 1393
      c) Abrechnung nach Gegenstandswert anstelle
         Rahmengebühren 1397

		d) Vereinbarung eines abweichenden Gegenstandswertes .	1401
		e) Zuschlag zu den gesetzlichen Gebühren	1406
		f) Zeithonorare	1408
		g) Pauschalhonorare	1419
		h) Kombination von Pauschal- und Zeithonoraren	1425
		i) Auslagen	1429
		j) Stundungsvereinbarung nebst Schuldanerkenntnis	1431
	VI.	Sittenwidrig hohe Honorare	1433
		1. Überblick	1433
		2. Verhältnis zu § 4 Abs. 4 RVG	1434
		3. Beurteilungszeitpunkt	1436
		4. Sittenwidrigkeit	1437
		5. Rechtsfolgen	1444
K.	**Inhaltliche Gestaltung und Auslegungsprobleme**		1449
	I.	Inhaltliche Gestaltung	1449
		1. Überblick	1449
		2. Schriftlichkeit	1457
		3. Trennung von einer Vollmacht	1461
		4. Bezeichnung als Vergütungsvereinbarung	1463
		5. Absetzen von sonstigen Vereinbarungen	1464
		6. Hinweis- und Aufklärungspflichten	1466
		7. Allgemeine Geschäftsbedingungen	1468
		8. Bestimmtheit	1469
		9. Erfolgshonorar	1475
		10. Quota-litis-Vereinbarung	1479
		11. Unterschreiten der gesetzlichen Vergütung	1481
		12. Vorzeitige Beendigung	1486
		13. Anrechnung	1492
		14. Genaue Bezeichnung der vom Anwalt geschuldeten Tätigkeit	1496
		15. Person der Leistungserbringers	1498
		16. Nachverhandlungsklauseln	1499
		17. Auslagen	1501
		18. Umsatzsteuer	1502

		19. Verauslagte Kosten	1503
		20. Gesetzliche Vergütung als Mindestvergütung	1505
		21. Vorschüsse	1507
		22. Fälligkeit	1508
		23. Sicherheiten	1510
		24. Erstattungsvereinbarung mit Dritten	1512
		25. Gerichtsstandsvereinbarung	1513
	II.	Auslegungsprobleme	1515
		1. Überblick	1515
		2. Auslagen	1517
		3. Umsatzsteuer	1518
		4. Einschalten von Hilfspersonen	1519
		5. Fahrt- und Wartezeiten bei Zeitvergütungen	1523
		6. Mindestintervalle bei Zeitvergütungen	1524
		7. Anrechnung	1525
		8. Ausschluss des § 628 Abs. 1 Satz 1 BGB bei Pauschalvereinbarungen	1532
		9. Erstattungsvereinbarung mit Dritten	1535
L.		**Hinweis- und Belehrungspflichten des Anwalts**	1539
	I.	Überblick	1539
	II.	Belehrungspflicht nach § 49b Abs. 5 BRAO	1540
		1. Überblick	1540
		2. Vereinbarung eines höheren Gegenstandswertes	1546
		3. Form des Hinweises	1548
		4. Nichtige Vergütungsvereinbarungen	1556
		5. Die vereinbarte Vergütung ist unverbindlich	1564
	III.	Hinweis auf fehlende Kostenerstattung nach § 12a ArbGG	1572
	IV.	Aufklärung über die Überschreitung der gesetzlichen Gebühren	1576
		1. Grundsatz	1576
		2. Bereits bei Annahme des Mandats bestehende Absicht, später nur hiergegen eine vereinbarte Vergütung tätig zu werden	1580
		3. Rechtsschutzversicherter Mandant	1581
		4. „Ingerentes" Verhalten des Anwalts	1582
		5. Muster	1585

		6. Rechtsfolgen bei Verstoß gegen Hinweis- und Belehrungspflicht	1595

- 6. Rechtsfolgen bei Verstoß gegen Hinweis- und Belehrungspflicht 1595
- V. Rechtsschutzversicherter Mandant 1599
- VI. Hinweis auf fehlende Erstattungsfähigkeit 1607

M. Verfahren bei Bestimmung der Höhe der Vergütung durch den Vorstand der Rechtsanwaltskammer 1617
- I. Überblick 1617
- II. Zuständige Rechtsanwaltskammer 1621
- III. Verfahren 1627
- IV. Verbindlichkeit der Bestimmung 1636
- V. Durchsetzung 1643
- VI. Kosten 1646
- VII. Muster 1647

N. Herabsetzung einer unangemessen hohen Vergütung 1656
- I. Überblick 1656
- II. Vereinbarung der Parteien 1671
- III. Herabsetzung im Rechtsstreit 1674
  - 1. Überblick 1674
  - 2. Mögliche Rechtsstreite 1675
  - 3. Verfahren 1681
  - 4. Darlegungs- und Beweislast 1685
  - 5. Gutachten des Vorstands der Rechtsanwaltskammer 1686
    - a) Zwischen den Parteien vereinbarte Vergütung 1686
      - aa) Erforderlichkeit eines Gutachtens 1686
      - bb) Zuständigkeit 1691
      - cc) Keine Bindung des erkennenden Gerichts 1693
      - dd) Verfahren 1697
      - ee) Rechtliches Gehör 1704
      - ff) Verzicht auf die Einholung des Gutachtens 1706
      - gg) Die Beurteilung des Gerichts 1708
      - hh) Verstoß gegen die Verpflichtung, ein Gutachten einzuholen 1718
    - b) Vom Vorstand der Rechtsanwaltskammer festgesetzte Vergütung 1722

		6. Wirkung einer Herabsetzung	1723

      6. Wirkung einer Herabsetzung 1723
      7. Vollstreckung 1729
      8. Kosten des Verfahrens 1734
          a) Kostenentscheidung 1734
          b) Keine Kosten des Gutachtens 1737
          c) Gegenstandswert 1738
          d) Anwaltskosten 1740
      9. Übergehen der Herabsetzungsmöglichkeit durch das erkennende Gericht 1741

O. Sittenwidrigkeit 1743
   I.   Überblick 1743
   II.   Erfolgshonorar 1745
   III. Vereinbarung einer sittenwidrig hohen Vergütung 1746
   IV. Vereinbarung einer niedrigeren als der gesetzlichen Vergütung . 1749
   V.   Sittenwidriges Zustandekommen der Vergütungsvereinbarung . 1750
      1. Überblick 1750
      2. Zwangslage 1752
   VI. Verstoß gegen § 113 AktG 1763
   VII. Täuschung des Auftraggebers 1764

P. Vorschuss 1766
   I.   Überblick 1766
   II.   Reicht die gesetzliche Regelung oder ist eine ausdrückliche Vereinbarung erforderlich? 1769
   III. Ausschluss des Rechts auf Vorschuss 1779
   IV. Zweckmäßigkeit von Vorschussvereinbarungen 1782
   V.   Angemessenheit 1783
   VI. Umsatzsteuer 1784
   VII. Aufteilung des Vorschusses/Vorschussraten 1785
   VIII. Form der Vorschussanforderungen 1792
   IX. Abrechnung der Vorschüsse 1795
   X.   Vorschussrückerstattung 1796
   XI. Keine „Heilung" von Formverstößen 1797
      1. Überblick 1797

XXIX

| | | 2. Vergütungsvereinbarung nach Zahlung des Vorschusses ... 1799 |
| | | 3. Vorschusszahlung nach Vereinbarung .... 1801 |

Q. **Fälligkeit** 1807
   I. Überblick 1807
   II. Fälligkeit nach der gesetzlichen Regelung 1813
   III. Vertragliche Fälligkeitsvereinbarungen 1822
      1. AGB-Prüfung 1837
      2. Formvorschriften 1840
         a) Schriftform 1840
            aa) Gesetzliche Vergütung 1840
            bb) Vereinbarte Vergütung 1842
         b) Ausdrückliche Bezeichnung und Trennung von anderen Vereinbarungen 1844
   IV. Vorzeitige Fälligkeit oder Vorschuss ? 1845
      1. Überblick 1845
      2. Unterschiedliche Rechtsfolgen von Vorschuss und vorzeitig fälliger Zahlung 1847
         a) Berechnung 1848
         b) Erfüllungswirkung 1850
         c) Anspruch auf Abrechnung und auf Rückzahlung 1855
         d) Ablauf der Verjährungsfrist 1857
      3. Zweckmäßigkeitserwägungen 1860

R. **Verjährung** 1869

S. **Berechnung der Vergütung** 1878
   I. Überblick 1878
   II. Schriftform 1885
   III. Rechnungsadressat 1886
   IV. Bezeichnung der Angelegenheit 1889
   V. Kurze Bezeichnung der Gebühren- und Auslagentatbestände .. 1890
   VI. Gebühren- und Auslagenbeträge 1894
   VII. Gegenstandswert 1899
   VIII. Nummern des Vergütungsverzeichnisses 1903
   IX. Auslagen 1906

X.	Vorschüsse und anzurechnende Beträge	1909
XI.	Eigenhändige Unterschrift	1913
XII.	Weitere Angaben	1916
XIII.	Umsatzsteuer	1922
XIV.	Steuerliche Anforderungen an die anwaltliche Rechnung	1924
XV.	Kosten der Abrechnung	1927
XVI.	Fehlen einer ordnungsgemäßen Abrechnung	1928
XVII.	Fehlerhafte Berechnung	1932
XVIII.	Abrechnung bei unwirksamer Vereinbarung	1936
	1. Überblick	1936
	2. Die Vergütung ist aufgrund eines Formfehlers nach § 4 Abs. 1 Satz 2 RVG nicht einforderbar	1937
	3. Unwirksamkeit der Vergütungsvereinbarung	1940
	4. Hilfsweise Abrechnung der gesetzlichen Vergütung bei Streit über die Wirksamkeit der Vergütungsvereinbarung	1941
XIX.	Muster	1947
	1. Abrechnung nach Zeiteinheiten	1947
	2. Abrechnung nach Pauschalen	1956
	a) Überblick	1956
	b) Gesamtpauschale	1958
	aa) Gesamtpauschale ohne Auslagenvereinbarung, jedoch mit Umsatzsteuervereinbarung	1959
	bb) Gesamtpauschale ohne Auslagen- und Umsatzsteuervereinbarung	1963
	cc) Gesamtpauschale mit Auslagen- und Umsatzsteuervereinbarung	1967
	c) Gesamtpauschale bei vorzeitiger Erledigung	1970
	d) Mehrere gestaffelte Pauschalen	1975
	3. Vielfaches der gesetzlichen Gebühren	1979
	a) Überblick	1979
	b) Satz- oder Betragsrahmen	1981
	4. Vielfaches der gesetzlichen Gebühren (feste Sätze)	1985
	5. Gesetzliche Gebühren nach einem höheren Gegenstandswert	1989

XXXI

| | | 6. | Zuschlag zu den gesetzlichen Gebühren . . . . | 1990 |
| | | 7. | Auslagen . . . . | 1994 |

T. Rückforderungs- und Auszahlungsansprüche des Auftraggebers . 1999
- I. Überblick 1999
- II. Rückforderung von Zahlungen nach Abrechnung 2000
  - 1. Überblick 2000
  - 2. Zahlung 2001
  - 3. Unwirksame Vereinbarung 2005
    - a) Anspruchsgrundlage 2005
    - b) Rückforderungsausschluss 2006
    - c) Höhe des Anspruchs 2011
  - 4. Fehlen einer Vereinbarung 2016
    - a) Anspruchsgrundlage 2016
    - b) Rückforderungsausschluss 2017
    - c) Höhe des Anspruchs 2020
  - 5. Nachträgliche Korrektur der Abrechnung 2021
    - a) Anspruchsgrundlage 2021
    - b) Rückforderungsausschluss 2023
    - c) Höhe des Anspruchs 2026
  - 6. Nicht verbindliche Vereinbarung 2027
    - a) Anspruchsgrundlage 2027
    - b) Rückforderungsausschlüsse 2028
      - aa) Kein Ausschluss nach vorangegangenem Herabsetzungsverfahren 2028
      - bb) Ausschluss bei freiwilliger und vorbehaltloser Leistung 2030
        - (1) Überblick 2030
        - (2) Freiwilligkeit 2035
          - (a) Überblick 2035
          - (b) Kenntnis höherer Vergütung 2036
          - (c) Ohne Zwang und Druck 2042
        - (3) Ohne Vorbehalt 2047
        - (4) Zeitpunkt der Beurteilung 2050
      - cc) Ausschluss nach § 814 BGB 2052

		c)	Höhe des Rückforderungsanspruchs	2053
		d)	Teilzahlung mit Leistungsbestimmung auf den die gesetzliche Vergütung übersteigenden Betrag	2061
	7.	Nachträgliche Herabsetzung der vereinbarten Vergütung . .		2066
		a)	Anspruchsgrundlage	2066
		b)	Rückforderungsausschlüsse	2069
		c)	Höhe des Anspruchs	2074
	8.	Ansprüche auf Rückzahlung vereinnahmter Gelder		2075
		a)	Überblick	2075
		b)	Aufrechnung des Auftraggebers	2077
			aa) Zulässigkeit	2077
			bb) Wirkung der Aufrechnung	2080
			(1) Wirksame Vergütungsvereinbarung	2080
			(2) Unwirksame Vergütungsvereinbarung	2081
			(3) Fehlende Vergütungsvereinbarung	2083
			(4) Nachträgliche Korrektur der Abrechnung . . .	2084
			(5) Nicht verbindliche Vergütungsvereinbarung .	2087
		c)	Aufrechnung des Anwalts	2091
			aa) Überblick	2091
			bb) Wirksame Vergütungsvereinbarung	2096
			cc) Unwirksame Vergütungsvereinbarung	2098
			dd) Fehlende Vergütungsvereinbarung	2100
			ee) Nachträgliche Herabsetzung	2101
			ff) Nachträgliche Korrektur der Vereinbarung	2102
			gg) Nicht verbindliche Vereinbarung	2103
		d)	Aufrechnungsvereinbarungen	2107
			aa) Überblick	2107
			bb) Wirksame Vereinbarung	2108
			cc) Unwirksame Vereinbarung	2109
			dd) Fehlende Vereinbarung	2110
			ee) Nachträgliche Korrektur der Abrechnung	2111
			ff) Nachträgliche Herabsetzung der Vergütung	2112
			gg) Nicht verbindliche Vereinbarung	2113
		e)	Bestätigung einer unwirksamen Aufrechnung oder Aufrechnungsvereinbarung	2119

III.	Rückzahlung von Vorschüssen			2124
	1.	Anspruchsgrundlagen		2124
	2.	Rückforderungsausschlüsse		2126
		a) Überblick		2126
		b) Wirksame Vergütungsvereinbarung		2127
		c) Nachträgliche Korrektur der Abrechnung		2131
		d) Nichtige Vergütungsvereinbarung		2134
		e) Fehlende Vergütungsvereinbarung		2139
		f) Nachträgliche Herabsetzung der Vergütung		2144
		g) Nicht verbindliche Vergütungsvereinbarungen		2147
			aa) Überblick	2147
			bb) Vorschüsse, die die gesetzliche Vergütung übersteigen	2149
			cc) Rückforderungsausschluss	2153
			(1) Überblick	2153
			(2) Freiwilligkeit	2156
			(3) Vorbehalt	2157
			(4) Vorschusszahlung und Restzahlung	2160
			(5) Vorschusszahlung und anschließende Teilabrechnung	2166
			(6) Vorschusszahlung und Zustimmung zur Abrechnung	2168
IV.	Verzicht			2170
V.	Ansprüche auf Rückgewähr von Sicherheiten			2175
VI.	Darlegungs- und Beweislast			2184
	1.	Überblick		2184
	2.	Zahlung, Erhalt von Fremdgeldern oder Sicherheiten		2185
	3.	Verbindlichkeit der Vereinbarung		2188
	4.	Nicht verbindliche Vereinbarung		2189
		a) Vereinbarung		2189
		b) Voraussetzungen des Rückforderungsanspruchs		2190
			aa) Überblick	2190
			bb) Unfreiwilligkeit	2191
			(1) Kenntnis des Auftraggebers	2192
			(2) Zwang o.Ä.	2194

(3) Vorbehalt 2196
5. Verzicht auf Rückforderung 2198

U. Freistellungsansprüche 2200
    I. Überblick 2200
    II. Rechtsschutzversicherung 2202
        1. Allgemeine Rechtsschutzversicherung 2202
            a) Freistellung von den eigenen Anwaltskosten 2203
                aa) Überblick 2203
                bb) ARB 75 2206
                cc) ARB 1994/2000 2216
                dd) Besondere Versicherungsbedingungen 2218
                ee) Zustimmung des Rechtsschutzversicherers 2226
            b) Freistellung von Erstattungsansprüchen 2227
        2. Mitversicherung in sonstigen Versicherungsverträgen 2229
    III. Arbeitsrechtlicher Freistellungsanspruch 2231
    IV. Kostenübernahme im öffentlichen Dienst 2241
    V. Kostenübernahmeverpflichtung nach § 40 Abs. 1 BetrVG 2246
    VI. Kostenübernahmeverpflichtung nach § 76a Abs. 4 BetrVG 2252

V. Kostenerstattung 2255
    I. Überblick 2255
    II. Prozessualer Kostenerstattungsanspruch 2258
        1. Überblick 2258
        2. Kostenerstattung dem Grunde nach 2260
        3. Höhe der zu erstattenden Kosten 2262
            a) Beschränkung auf die gesetzliche Vergütung 2262
            b) Vereinbarung über die Kostenerstattung 2271
            c) Vereinbarte Vergütung ist geringer als die gesetzliche .. 2273
            d) Rahmengebühren 2281
                aa) Überblick 2281
                bb) Der vereinbarte Gebührensatz oder -betrag bewegt sich außerhalb des gesetzlichen Rahmens . 2282
                cc) Der vereinbarte Gebührensatz oder -betrag bewegt sich innerhalb des gesetzlichen Rahmens . 2283

		e) Erstattungsfähigkeit der Kosten eines ausländischen Korrespondenzanwalts 2290

- III. Materiell-rechtliche Kostenerstattungsansprüche 2297
  - 1. Überblick 2297
  - 2. Begrenzung der Ersatzpflicht 2300
  - 3. Vereinbarte Vergütung ist geringer als die gesetzliche 2303
- IV. Kostenerstattungsvereinbarungen 2307
  - 1. Überblick 2307
  - 2. Erstattungsvereinbarung zwischen den Parteien 2309
    - a) Form 2309
    - b) Verbindliche Vereinbarung mit eigenem Anwalt nicht erforderlich 2315
    - c) Bestimmtheit 2329
  - 3. Vereinbarung des Anwalts mit dem erstattungspflichtigen Dritten 2332
    - a) Überblick 2332
    - b) Erstattungsvereinbarungen in der Zwangsvollstreckung 2337
    - c) Vereinbarungen bei Einschaltung anderer als der in § 5 RVG genannten Personen 2342

W. Streitwertbeschwerde 2347
- I. Überblick 2347
  - 1. Streitwertbeschwerde 2347
    - a) Streitwertbeschwerde der Partei 2347
    - b) Streitwertbeschwerde des Anwalts 2348
  - 2. Beschwer der Partei 2349
  - 3. Beschwer des Anwalts 2351
  - 4. Probleme bei der Vergütungsvereinbarung 2352
- II. Streitwertbeschwerde der Partei 2362
  - 1. Überblick 2362
  - 2. Gerichtskosten 2363
  - 3. Anwaltsvergütung 2364
  - 4. Kostenerstattungspflicht 2365
  - 5. Kostenerstattungsanspruch 2366
  - 6. Wert des Beschwerdegegenstands 2370
- III. Streitwertbeschwerde des Anwalts 2372

		1. Wertabhängige Vereinbarung	2373

1. Wertabhängige Vereinbarung 2373
2. Wertunabhängige Vereinbarung 2374
   a) Grundsatz 2374
   b) Fehlende Verbindlichkeit 2377
   c) PKH-Anwalt 2378
   d) Bindung nach § 32 Abs. 1, § 23 Abs. 1 Satz 3 RVG 2380

X. Vergütungsfestsetzung 2381
   I. Überblick 2381
   II. Gegenstand der Festsetzung 2384
      1. Grundsatz 2384
      2. Keine Festsetzung in Höhe der fiktiven gesetzlichen Gebühren 2385
      3. Keine Festsetzung bei bloßem Formverstoß 2387
      4. Fälle des § 4 Abs. 3 Satz 2 RVG 2388
      5. Festsetzung bei Unwirksamkeit der Vergütungsvereinbarung 2389
      6. Möglichkeit einer Teilfestsetzung? 2391
   III. Einwendung einer Vergütungsvereinbarung 2403
   IV. Zustimmungserklärung nach § 11 Abs. 8 RVG 2410

Y. Der Vergütungsrechtsstreit 2417
   I. Überblick 2417
   II. Mahnverfahren 2429
   III. Schlichtungsverfahren 2436
   IV. Vergütungsfestsetzungsverfahren 2437
   V. Schiedsverfahren 2438
   VI. Selbständiges Beweisverfahren 2441
   VII. Rechtsstreit 2442
      1. Überblick 2442
      2. Klagen des Anwalts 2443
         a) Zahlungsklage 2443
            aa) Gerichtsstand 2444
               (1) Überblick 2444
               (2) Gerichtsstand des Erfüllungsortes 2447
               (3) Allgemeiner Gerichtsstand 2450

		(4) Besonderer Gerichtsstand des Hauptprozesses	2451
		(5) Sonstige besondere Gerichtsstände	2464
		(6) Gerichtsstandsvereinbarungen	2465
		(7) Mehrere Auftraggeber	2470
	bb)	Vorherige Mitteilung einer Kostenberechnung	2472
	cc)	Aktivlegitimation	2477
		(1) Grundsatz	2477
		(2) Sozietät	2478
		(3) Besonderheiten aufgrund Gesellschaftsvertrages	2483
		(4) Abtretung	2484
	dd)	Passivlegitimation	2486
		(1) Auftraggeber	2486
		(2) Mehrere Auftraggeber	2490
	ee)	Klageantrag	2493
	ff)	Aufbau der Klageschrift	2498
		(1) Auftrag	2499
		(2) Vergütungsvereinbarung	2504
		(3) Aktivlegitimation	2509
		(4) Passivlegitimation	2512
		(5) Erfüllung von Hinweis- oder Aufklärungspflichten	2513
		(6) Mitteilung einer ordnungsgemäßen Berechnung	2518
		(7) Höhe der Vergütung	2522
		(a) Überblick	2522
		(b) Gebührentatbestände	2531
		(c) Gegenstandswert	2535
		(d) Bemessung bei Rahmengebühren	2536
		(e) Zeitvergütungen	2549
		(f) Pauschalen	2563
		(aa) Überblick	2563
		(bb) Vorzeitige Beendigung	2564
		(g) Sonstige Vereinbarungen	2567
		(h) Auslagen	2569

    (i) Umsatzsteuer 2570
    (j) Gesetzliche Vergütung 2571
   gg) Teilzahlungen, Anrechnungen und Vorschüsse ... 2572
   hh) Fälligkeit 2574
   ii) Verzinsung 2575
   jj) Urkundenprozess 2582
   kk) Wechselprozess 2587
   ll) Aussetzung des Verfahrens 2589
   mm) Checkliste: Zahlungsklage des Anwalts 2590
 b) Widerklage 2592
   aa) Zulässigkeit 2592
   bb) Gerichtsstand 2596
   cc) Vortrag 2599
 c) Negative Feststellungsklage 2600
   aa) Überblick 2600
   bb) Der Auftraggeber berühmt sich eines
     Rückforderungsanspruchs wegen Unwirksamkeit
     der Vereinbarung 2604
   cc) Der Auftraggeber berühmt sich eines
     Rückforderungsanspruchs wegen
     Unverbindlichkeit der Vereinbarung 2613
   dd) Der Auftraggeber berühmt sich eines
     Rückforderungsanspruchs wegen unangemessener
     Höhe der Vergütung 2620
   ee) Der Auftraggeber berühmt sich eines
     Rückforderungsanspruchs wegen fehlerhafter
     überhöhter Abrechnung 2624
3. Die Verteidigung des Auftraggebers 2627
 a) Überblick 2627
 b) Aktivlegitimation 2628
 c) Passivlegitimation 2629
 d) Wirksame Vereinbarung 2630
   aa) Überblick 2630
   bb) Unwirksamkeit nach allgemeinen Vorschriften ... 2631
   cc) Beratungshilfe 2632
   dd) Erfolgshonorar oder quota litis 2633

			ee) Sittenwidirgkeit 2634

        ee) Sittenwidirgkeit 2634
        ff) Allgemeine Geschäftsbedingungen 2635
    e) Unverbindliche Vereinbarung 2636
        aa) Überblick 2636
        bb) Unverbindlichkeit nach § 4 Abs. 1 RVG 2637
            (1) Überblick 2637
            (2) Höhere Vergütung als die gesetzliche 2638
            (3) Schriftform 2639
            (4) Vollmacht 2640
            (5) Nicht als Vergütungsvereinbarung bezeichnet 2641
            (6) Nicht deutlich abgesetzt 2642
        cc) Unverbindlichkeit nach § 4 Abs. 5 Satz 1 RVG 2643
    f) Übereinstimmung der Abrechnung mit dem Inhalt der Vereinbarung 2644
        aa) Berechnungsmethode 2645
        bb) Zutreffende Beträge 2646
        cc) Notwendigkeit bei Zeithonoraren 2647
        dd) Vorzeitige Beendigung bei Pauschalen 2650
        ee) Leistung in Person 2653
        ff) Sind Auslagen vereinbart? 2654
        gg) Umsatzsteuer 2655
    g) Fälligkeit 2657
    h) Verjährung 2658
    i) Ordnungsgemäße Berechnung 2660
    j) Unangemessen hohe Vergütung 2662
    k) Zahlungen, Anrechnung, Vorschüsse 2665
        aa) Überblick 2665
        bb) Anzurechnende Beträge 2666
        cc) Vorschüsse 2668
        dd) Zahlungen oder Teilzahlungen 2669
        ee) Kostenerstattungen 2670
    l) Aufrechnung 2671
        aa) Fremdgelder, vereinnahmte Beträge 2672
        bb) Rückerstattung nicht verbrauchter Kosten 2673
        cc) Anderweitige Aufrechnung 2674

m)	Verstoß gegen Hinweis- und Belehrungspflichten	2675
n)	Verstoß gegen Treu und Glauben	2676
o)	Sonstige Verletzung der Mandatspflichten	2679
p)	Konsequenzen für den Beklagten	2681
	aa) Fehlende Berechnung	2681
	bb) Vereinbarung ist unwirksam	2683
	cc) Unverbindliche Vereinbarung	2689
	dd) Unangemessen hohe Vergütung	2691
q)	Checkliste: Verteidigung des Auftraggebers	2692

4. Klagen des Auftraggebers 2694
    a) Die verschiedenen Klagemöglichkeiten 2694
        aa) Überblick 2694
        bb) Negative Feststellungsklage 2695
        cc) Rückzahlungsklagen 2697
        dd) Herausgabe vereinnahmter Fremdgelder oder sonstiger Beträge 2701
        ee) Rückgabe von Sicherheiten 2702
        ff) Herabsetzung der vereinbarten Vergütung 2703
        gg) Erteilung einer Abrechnung 2704
    b) Negative Feststellungsklage 2707
        aa) Überblick 2707
        bb) Zuständigkeit 2710
        cc) Mögliche Feststellungsanträge 2712
            (1) Überblick 2712
            (2) Fehlende Vergütungsvereinbarung 2716
            (3) Unwirksame Vergütungsvereinbarung 2726
            (4) Unverbindliche Vergütungsvereinbarung ... 2733
            (5) Fehlerhafte Abrechnung 2738
            (6) Vorzeitige Beendigung 2744
            (7) Unangemessen hohe Vergütung 2749
    c) Rückzahlungsklagen 2752
        aa) Überblick 2752
        bb) Gerichtsstand 2754
        cc) Rückzahlung wegen fehlerhafter Abrechnung ... 2755
        dd) Rückzahlung wegen vorzeitiger Beendigung 2766

		ee)	Rückzahlung wegen fehlender Vereinbarung	2770
		ff)	Rückforderung wegen unwirksamer Vereinbarung	2775
		gg)	Rückforderung wegen unverbindlicher Vereinbarung	2783
			(1) Verstoß gegen § 4 Abs. 1 RVG	2784
			(2) Verstoß nach § 4 Abs. 5 Satz 1 RVG	2791
		hh)	Rückforderung wegen unangemessen hoher Vergütung	2796
	d)	Herausgabe vereinnahmter Fremdgelder oder sonstiger Beträge		2800
	e)	Rückgabe gewährter Sicherheiten		2804
	f)	Klage auf Herabsetzung einer vereinbarten Vergütung .		2807
	g)	Negative Feststellungsklage mit Hilfsantrag auf Herabsetzung		2818
	h)	Klage auf Mitteilung einer ordnungsgemäßen Berechnung		2821
VIII.	Berufung			2828
IX.	Revision			2831
X.	Nichtzulassungsbeschwerde			2833
XI.	Verfassungsbeschwerde			2834
XII.	Anwaltsvergütung			2836
	1. Verfahren erster Instanz			2836
	2. Berufungsverfahren			2845
	3. Revisionsverfahren			2852
	4. Nichtzulassungsbeschwerde			2857
	5. Anwalt in eigener Sache			2862
XIII.	Gerichtskosten			2863
	1. Mahnverfahren			2863
	2. Erste Instanz			2865
	3. Berufungsverfahren			2866
	4. Revisionsverfahren			2867
	5. Nichtzulassungsbeschwerde			2868
XIV.	Gegenstandswert			2869
XV.	Kostenerstattung			2874

Z. Muster von Vergütungsvereinbarungen ... 2881
I. Überblick ... 2881
II. Einzelne Vertragsklauseln ... 2890
   1. Überschrift und Bezeichnung der Vertragsparteien ... 2893
   2. Bezeichnung der vom Anwalt für die vereinbarte Vergütung zu erbringenden Tätigkeiten ... 2901
   3. Berechnung der Vergütung ... 2913
      a) Vereinbarte Vergütung anstelle der gesetzlichen Gebühren ... 2915
         aa) Gesamtpauschale ... 2915
         bb) Mehrere Pauschalen ... 2927
         cc) Zeitvergütung ... 2929
         dd) Zeit- und Pauschalvergütung ... 2941
         ee) Vielfaches der gesetzlichen Gebühren ... 2943
         ff) Höhere Gebührensätze oder -beträge ... 2945
         gg) Gesetzliche Gebühren mit zusätzlicher Gebühr ... 2948
         hh) Gesetzliche Gebühren nach einem höheren Gegenstandswert ... 2951
         ii) Gesetzliche Gebühren mit zusätzlicher Pauschale . 2957
      b) Anrechnungen ... 2960
         aa) Anrechnungsausschluss ... 2961
         bb) Anrechnungsvereinbarung ... 2964
      c) Auslagen und Umsatzsteuer ... 2967
         aa) Gesetzliche Auslagen ... 2971
         bb) Vielfaches der gesetzlichen Auslagen ... 2973
         cc) Höhere Auslagen ... 2975
         dd) Erstattung verauslagter Kosten ... 2985
         ee) Erstattung allgemeiner Geschäftskosten ... 2988
      d) Gebühren und Auslagen ... 2992
   4. Mindest- und Höchstgrenzen ... 2995
      a) Mindestvergütung ... 2996
         aa) Gesetzliche Vergütung als Mindestvergütung ... 2998
         bb) Sockelbetrag als Mindestvergütung ... 3004
      b) Höchstvergütung ... 3008
         aa) Gesetzliche Gebühren als Höchstvergütung ... 3008

		bb) Vereinbarte Vergütung als Höchstbetrag	3010
	5.	Einschaltung von Hilfspersonen	3013
	6.	Vorschüsse	3015
	7.	Fälligkeit	3017
	8.	Genehmigung bei Zeitvergütungen	3025
	9.	Hinweise und Belehrungen	3029
		a) Überblick	3029
		b) Hinweis auf Abrechnung nach dem Gegenstandswert . .	3034
		c) Hinweis auf eine höhere als die gesetzliche Vergütung .	3036
		d) Hinweis auf fehlende Verbindlichkeit bei Prozesskostenhilfe	3040
		e) Hinweis auf fehlende Erstattungsfähigkeit	3042
		f) Hinweis auf fehlende Deckung des Rechtsschutzversicherers	3044
		g) Hinweis nach § 12a ArbGG	3047
	10.	Vorbehalt weiterer Vereinbarungen	3049
	11.	Abtretung von Kostenerstattungsansprüchen	3052
	12.	Datum und Unterschrift	3055
		a) Datum	3056
		b) Unterschrift	3058
III.	Muster einzelner Vergütungsvereinbarungen		3062
	1.	Vereinbarung eines Vielfachen der gesetzlichen Gebühren .	3062
	2.	Vereinbarung eines über die gesetzliche Vergütung hinausgehenden Gebührensatzes	3064
	3.	Vereinbarung der gesetzlichen Vergütung unter Ausschluss von Anrechnungsbestimmungen	3066
	4.	Vereinbarung eines Zuschlags zur gesetzlichen Vergütung .	3068
	5.	Vereinbarung der gesetzlichen Vergütung bei höherem Gegenstandswert	3070
	6.	Vergütungsvereinbarung nach Stundensatz für Beratungstätigkeit	3072
	7.	Vergütungsvereinbarung nach Stundensatz für Strafverteidigung	3074
	8.	Vereinbarung einer Pauschale	3076
	9.	Vereinbarung einer nach Verfahrensabschnitten gestaffelten Pauschale	3078

	10. Isolierte Auslagenvereinbarung	3080
IV.	Abänderung einer Vergütungsvereinbarung	3082
V.	Schuldbeitritt eines Dritten	3092

Anhang 1: Gebührentabellen ... 3098

Tabelle 1: Die wichtigsten Gebührenbeträge bei gesetzlicher Abrechnung ... 3102
Tabelle 2: Vielfaches der vollen 1,0 Gebühr ... 3103
Tabelle 3: Gebühren des Verteidigers in Straf- und Bußgeldsachen .. 3104

Anhang 2: Gesetzestexte ... 3105

I.	BRAGO – Auszug	3105
II.	RVG – Auszug	3106
III.	Bundesrechtsanwaltsordnung (BRAO) – Auszug	3107
IV.	Beratungshilfegesetz (BerHG) – Auszug	3108
V.	Anwaltliche Berufsordnung (BORA) – Auszug	3109
VI.	Berufsregeln der Rechtsanwälte der Europäischen Union (ECCC) – Auszug	3110
VII.	Allgemeine Bedingungen für die Rechts- und Standardklauseln (ARB)	3111
	1. ARB 75 – Auszug	3111
	2. ARB 1994/2004 – Auszug	3112
VIII.	Bürgerliches Gesetzbuch (BGB) – Auszug	3113
IX.	KostO – Auszug	3114

Anhang 3: Materialien ... 3115

I.	BRAGO – Auszug	3115
	1. § 3 BRAGO i.d.F. v. 26.7.1957	3115
	2. Änderung v. 20.8.1975	3116
	3. Änderung v. 13.6.1980	3117
	4. Änderung v. 2.9.1994	3118
	5. Änderung v. 19.4.2001	3119
II.	Kostenrechtsmodernisierungsgesetz (KostRMoG) – Auszug ...	3120
	1. Zu Artikel 3 (Gesetz über die Vergütung der Rechtsanwälte)	3120
	a) Zu § 4 RVG	3120
	b) Zu § 34 RVG	3121

	2. Zu Artikel 4 (Sonstige Vorschriften)	3122
3.	Zu Artikel 5 (Änderung des Rechtsanwaltsvergütungsgesetzes zur Neustrukturierung der Gebühren für die außergerichtliche Beratung und Vertretung)	3123
	a) Zu den Nummern 1 und 2	3124
	b) Zu Nummer 3	3125

Seite

Stichwortverzeichnis 789

Literaturverzeichnis

Baumgärtl/Völler/Hergenröder/Houben/Lompe, Rechtsanwaltsvergütungsgesetz, RA-MICRO-Online-Kommentar, 7. Aufl. 2005.

Bischof/Jungbauer/Podlech-Trappmann, Rechtsanwaltsvergütungsgesetz, Kompaktkommentar, 2004.

Bohnefeld, Gebührenabrechnung familien- und erbrechtlicher Mandate, 2004.

Braun, Gebührenabrechnung nach dem neuen Rechtsanwaltsvergütungsgesetz, 2004.

Braun/Hansens, RVG-Praxis, 2004.

Brieske, Die anwaltliche Honorarvereinbarung, 2. Aufl. 1997.

Buschbell/Hering, Handbuch Rechtsschutz, 2. Aufl. 2002.

Burhoff (Hrsg.), RVG Straf- und Bußgeldsachen, Kommentar, 2004.

Burhoff/Kindermann, Rechtsanwaltsvergütungsgesetz 2004, 2004.

Dauner-Lieb/Heidel/Ring (Hrsg.), Anwaltskommentar zum BGB, 2003 ff.

Von Eicken/Lappe/Madert (Hrsg.), Die Kostenfestsetzung, 18. Aufl. 2003.

Enders, RVG für Anfänger, 12. Aufl. 2004.

Feuerich/Weyland, Bundesrechtsanwaltsordnung, Kommentar, 6. Aufl. 2003.

Gebauer/Schneider (Hrsg.), Rechtsanwaltsvergütungsgesetz, Kommentar, 2. Aufl. 2004.

Gerold/Schmidt/von Eicken/Madert/Müller-Rabe, Rechtsanwaltsvergütungsgesetz, Kommentar, 16. Aufl. 2004.

Göttlich/Mümmler/Rehberg/Xanke, Rechtsanwaltsvergütungsgesetz, Kommentar in alphabetischer Zusammenstellung, 2004.

Hansens, Bundesrechtsanwaltsordnung, Kommentar, 8. Aufl. 1996.

Hansens/Braun/Schneider, Praxis des Vergütungsrechts, 2004.

Hansens/Schneider, Formularbuch Anwaltsvergütung im Zivilrecht, Formularbuch zum Kostenrecht in Zivilsachen, 2005.

Harbauer (Hrsg.), Rechtsschutzversicherung, ARB-Kommentar, 7. Aufl. 2004.

Hartmann, Kostengesetze, Kommentar, 35. Aufl. 2005.

Hartung/Holl (Hrsg.), Anwaltliche Berufsordnung, Kommentar, 2. Auflage 2001.

Hartung/Römermann, Rechtsanwaltsvergütungsgesetz, Praxiskommentar, 2004.

Henssler/Prütting (Hrsg.), Bundesrechtsanwaltsordnung, Kommentar, 2. Aufl. 2004.

Kindermann, Die Abrechnung in Ehe- und Familiensachen, 2005.

Kleine-Cosack, Bundesrechtsanwaltsordnung mit Berufs- und Fachanwaltsordnung, Kommentar, 4. Aufl. 2003.

Krämer/Mauer/Kilian, Vergütungsvereinbarung und -management, 2005.

Lindemann/Trenk-Hinterberger, Beratungshilfegesetz, Kommentar, 1987.

Madert, Die Honorarvereinbarung des Rechtsanwalts, 2. Aufl. 2002.

Mayer/Kroiß (Hrsg.), Rechtsanwaltsvergütungsgesetz, Handkommentar, 2004.

Palandt, BGB, Kommentar zum Bürgerlichen Gesetzbuch, 64. Aufl. München 2005.

Riedel/Sußbauer (Hrsg.), Rechtsanwaltsvergütungsgesetz – Kommentar, 9. Aufl. 2005.

Schäfer/Göbel, Das neue Kostenrecht in Arbeitssachen, 2004.

Schneider, Fälle und Lösungen, Fälle und Lösungen nach dem RVG – Erfahrungen und Abrechnungsbeispiele, 2005.

Schneider/Mock, Das neue Gebührenrecht für Anwälte, 2004.

Schoreit/Dehn, Beratungshilfe, Prozesskostenhilfe, Kommentar, 8. Aufl. 2004.

Tröndle/Fischer, StGB, Kommentar zum Strafgesetzbuch, 52. Aufl. 2004.

Zöller, Zivilprozessordnung, Kommentar, 25. Aufl. 2005.

Zugehör (Hrsg.), Handbuch der Anwaltshaftung, 1999.

Abkürzungsverzeichnis

a.A.	andere Ansicht
a.a.O.	am angegebenen Ort
Abs.	Absatz
a.F.	alte Fassung
AG	Amtsgericht
AGBG	Gesetz zur Regelung des Rechts der Allgemeinen Geschäftsbedingungen
AGS	Anwaltsgebühren Spezial (Zs.)
AHB	Allgemeine Haftpflichtbedingungen
AKB	Allgemeine Bedingungen für die Kraftverkehrsversicherung
Alt.	Alternative
Anm.	Anmerkung
AnwBl.	Anwaltsblatt (Zs.)
AnwK-RVG	Anwaltskommentar Rechtsanwaltsvergütungsgesetz
AP	Arbeitsrechtliche Praxis (Nachschlagewerk des Bundesarbeitsgerichts)
ARB	Allgemeine Bedingungen für die Rechtsschutzversicherung
ArbGG	Arbeitsgerichtsgesetz
AR-Blattei	Arbeitsrecht-Blattei
AR-Blattei ES	Arbeitsrecht-Blattei Entscheidungssammlung
ArbRB	Der Arbeits-Rechts-Berater (Zs.)
arg. e.	argumentum e contrario
ARST	Arbeitsrecht in Stichworten
Art.	Artikel
Aufl.	Auflage
AuR	Arbeit und Recht (Zs.)
BAGE	Sammlung der Entscheidungen des Bundesarbeitsgerichts
BayVBl	Bayerische Verwaltungsblätter (Zs.)
BB	BetriebsBerater (Zs.)
BerHG	Beratungshilfegesetz
Beschl.	Beschluss
BetrVG	Betriebsverfassungsgesetz
BGB	Bürgerliches Gesetzbuch

LI

BGBl.	Bundesgesetzblatt
BGH	Bundesgerichtshof
BGHR	Schnelldienst zur Rechtsprechung des BGH
BGHSt	Entscheidungen des BGH in Strafsachen
BGHZ	Entscheidungen des BGH in Zivilsachen
BORA	Berufsordnung für Rechtsanwälte
BRAGO	Bundesrechtsanwaltsgebührenordnung
BRAGOreport	Zeitschrift zur Bundesrechtsanwaltsgebührenordnung
BRAK-Mitt.	Mitteilungen der Bundesrechtsanwaltskammer (Zs.)
BRAO	Bundesrechtsanwaltsordnung
BRRG	Rahmengesetz zur Vereinheitlichung des Beamtenrechts
BT-Drucks.	Bundestags-Drucksache
Buchst.	Buchstabe
BVerfG	Bundesverfassungsgericht
BVerwG	Bundesverwaltungsgericht
BWVPr	Baden-Württembergische Verwaltungspraxis (Zs.)
bzw.	beziehungsweise
CCBE	Standesregeln der Rechtsanwälte der Europäischen Gemeinschaft
DAV	Deutscher Anwaltverein
DB	Der Betrieb (Zs.)
ders.	derselbe
DGVZ	Deutsche Gerichtsvollzieherverordnung
d.h.	das heißt
DM	Deutsche Mark
DNotZ	Deutsche Notarzeitschrift
DÖV	Die öffentliche Verwaltung (Zs.)
DRiZ	Deutsche Richterzeitung (Zs.)
DRsp	Deutsche Rechtsprechung (Datenbank)
DStZ	Deutsche Steuerzeitung (Zs.)
DVBl.	Deutsche Verwaltungsblätter (Zs.)
EBE/BGH	Eildienst: Bundesgerichtliche Entscheidungen (Zs.)
ECCC	Berufsregeln der Rechtsanwälte der Europäischen Union
EFG	Entscheidungen der Finanzgerichte (Zs.)

EGBGB	Einführungsgesetz zum Bürgerlichen Gesetzbuch
EGH	Ehrengerichtshof
EnnR	BetrVG. Entscheidungen nach neuem Recht zum BetrVG, SprAuG, zur WO und zum KSchG (Zs.)
Entsch.	Entscheidung
EuRAG	Gesetz über die Tätigkeit europäischer Rechtsanwälte in Deutschland
EWiR	Entscheidungen zum Wirtschaftsrecht
EWS	Europäisches Wirtschaft- und Steuerrecht (Zs.)
EzA	Entscheidungssammlung zum Arbeitsrecht
EzA-SD	Entscheidungssammlung zum Arbeitsrecht - Schnelldienst
EzFamR	Entscheidungssammlung zum Familienrecht
f.	folgende
F.	Fach
FamRZ	Zeitschrift für das gesamte Familienrecht
ff.	fort folgende
FGG	Gesetz über die Angelegenheiten der freiwilligen Gerichtsbarkeit
FGO	Finanzgerichtsordnung
Fn.	Fußnote
gem.	gemäß
ggf.	gegebenenfalls
GKG	Gerichtskostengesetz
GmbH	Gesellschaft mit beschränkter Haftung
GmbHR	GmbH-Rundschau (Zs.)
GOÄ	Gebührenordnung für Ärzte
GOZ	Gebührenordnung für Zahnärzte
grds.	grundsätzlich
GRUR	Gewerblicher Rechtsschutz und Urheberrecht (Zs.)
GuT	Grundstücks- und Teileigentum (Zs.)
GWB	Gesetz gegen Wettbewerbsbeschränkungen
Halbs.	Halbsatz
HGB	Handelsgesetzbuch
h.M.	herrschende Meinung
HOAI	Honorarordnung für Architekten und Ingenieure
Hrsg.	Herausgeber

Hs.	Halbsatz
IBR	Immobilien und Baurecht (Zs.)
i.d.F.	in der Fassung
i.d.R.	in der Regel
i.H.v.	in Höhe von
Information StW	Die Information für Steuerberater und Wirtschaftsprüfer (Zs.)
IPRspr.	Die deutsche Rechtsprechung auf dem Gebiete des Internationalen Privatrechts (Zs.)
i.S.d.	im Sinne der/des/dieser
i.V.m.	in Verbindung mit
JMBl.	Justizministerialblatt
JR	Juristische Rundschau (Zs.)
JurBüro	Das Juristische Büro (Zs.)
JuS	Juristische Schulung (Zs.)
Justiz	Zeitschrift für Rechtsetzung und Rechtsanwendung
JVA	Justizvollzugsanstalt
JVBl.	Justizverwaltungsblatt
Kfz	Kraftfahrzeug
KGR	Kammergerichtsreport
km	Kilometer
KostG	Kostengesetz
KostO	Kostenordnung
KostRModG	Kostenrechtsmodernisierungsgesetz
KostVerz	Kostenverzeichnis
KTS	Konkurs – Treuhand – Sanierung (Zs.)
lat.	lateinisch
LG	Landgericht
LM	Nachschlagewerk des BGH, Entscheidungen in Zivilsachen, herausgegeben von Lindenmaier/Möhring
Ls.	Leitsatz
MDR	Monatsschrift für Deutsches Recht (Zs.)
m.E.	meines Erachtens
MietRB	Der Miet-Rechts-Berater (Zs.)
Min.	Minuten
Mio.	Millionen
MittdtschPatAnw	Mitteilungen der Deutschen Patentanwälte (Zs.)

m.w.N.	mit weiteren Nachweisen
NdsRpfl.	Niedersächsische Rechtspflege (Zs.)
n.F.	neue Fassung
NJ	Neue Justiz (Zs.)
NJW	Neue Juristische Wochenschrift (Zs.)
NJW-RR	NJW-Rechtsprechungsreport (Zs.)
Nr.	Nummer
Nrn.	Nummern
NStE	Neue Entscheidungssammlung für Strafrecht (Zs.)
NStZ	Neue Zeitschrift für Strafrecht
NVwZ	Neue Zeitschrift für Verwaltungsrecht
NZG	Neue Zeitschrift für Gesellschaftsrecht
NZI	Neue Zeitschrift für das Recht der Insolvenz und Sanierung
o.	oben
o.Ä.	oder Ähnliches
o.g.	oben genannt
OLG	Oberlandesgericht
OLGR	OLG-Report (Zs.)
OLGZ	Entscheidungen der Oberlandesgerichte in Zivilsachen einschließlich der freiwilligen Gerichtsbarkeit
OVG	Oberverwaltungsgericht
OWiG	Ordnungswidrigkeitengesetz
PKW	Personenkraftwagen
ProzRB	Prozess-Rechts-Berater (Zs.)
RADG	Rechtsanwaltsdienstleistungsgesetz
RAGebO	Gebührenordnung für Rechtsanwälte
RAnB	Rechtsprechung Spezial neue Bundesländer (Zs.)
Rbeistand	Der Rechtsbeistand (Zs.)
RdL	Recht der Landwirtschaft (Zs.)
RenoR	Reno-Report (Zs.)
RIW	Recht der Internationalen Wirtschaft (Zs.)
Rn.	Randnummer
Rpfleger	Der Rechtspfleger (Zs.)
r+s	Recht und Schaden (Zs.)
Rspr.	Rechtsprechung
RVG	Rechtsanwaltsvergütungsgesetz

Abkürzungsverzeichnis

RVG professionell	Informationsdienst für die anwaltliche Gebührenpraxis (Zs.)
RVG-Letter	Mandatsinformation zum anwaltlichen Vergütungsrecht (Zs.)
RVGReport	Zeitschrift zum Rechtsanwaltsvergütungsgesetz
RzW	Rechtsprechung zum Wiedergutmachungsrecht (Zs.)
S.	Seite
s.	siehe
SAE	Sammlung Arbeitsrechtlicher Entscheidungen (Zs.)
SchlHA	Schleswig-Holsteinische Anzeigen
SG	Sozialgericht
SGG	Sozialgerichtsgesetz
s.o.	siehe oben
sog.	so genannt
StB	Der Steuerberater (Zs.)
StBerG	Steuerberatungsgesetz
StBGebV	Steuerberatergebührenverordnung
Std.	Stunde
StGB	Strafgesetzbuch
StPO	Strafprozessordnung
StrEG	Strafverfolgungsentschädigungsgesetz
StV	Strafverteidiger (Zs.)
StW	Steuer und Wirtschaft (Zs.)
s.u.	siehe unten
u.	und/unten
u.a.	unter anderem
u.Ä.	und Ähnliches
Urt.	Urteil
UStG	Umsatzsteuergesetz
u.U.	unter Umständen
UWG	Gesetz gegen den unlauteren Wettbewerb
VersR	Versicherungsrecht (Zs.)
VerwRspr.	Verwaltungsrechtsprechung (Zs.)
VGH	Verwaltungsgerichtshof
VIZ	VIZ – Zeitschrift für Vermögens- und Immobilienrecht
Vorbem.	Vorbemerkung
VV	Vergütungsverzeichnis

VwGO	Verwaltungsgerichtsordnung
VwVfG	Verwaltungsverfahrensgesetz
Warn.	Warneyer, Rechtsprechung des BGH in Zivilsachen (Zs.)
WM	Wertpapiermitteilungen (Zs.)
WPO	Wirtschaftsprüferordnung
WRP	Wettbewerb in Recht und Praxis (Zs.)
WuB	Wirtschafts- und Bankrecht (Zs.)
ZAP	Zeitschrift für die Anwaltspraxis
ZAP-Ost	Zeitschrift für die Anwaltspraxis, Ausgabe Ost, Das Recht der neuen Bundesländer (vormals: ZAP-DDR)
z.B.	zum Beispiel
ZBR	Zeitschrift für Beamtenrecht
ZEV	Zeitschrift für Erbrecht und Vermögensnachfolge
zfs	Zeitschrift für Schadensrecht
ZfZ	Zeitschrift für Zölle und Verbrauchsteuern
ZGS	Zeitschrift für das gesamte Schuldrecht
ZInsO	Zeitschrift für das gesamte Insolvenzrecht
ZIP	Zeitschrift für Wirtschaftsrecht
ZPO	Zivilprozessordnung
ZTR	Zeitschrift für Tarifsrecht
ZwVwV	Zwangsverwalterverordnung

A. Einführung

I. Überblick

Die Darstellungen in diesem Buch beschränken sich auf Vergütungsvereinbarungen über anwaltliche Tätigkeiten im Rahmen des § 1 Abs. 1 RVG, also Vergütungsvereinbarungen, die der Anwalt mit seinem Auftraggeber oder mit einem Dritten für anwaltliche Tätigkeiten trifft, die nach den gesetzlichen Regelungen des RVG abzurechnen wären und diese Regelungen ersetzen oder modifizieren. Wird der Anwalt gar nicht in seiner Funktion als Rechtsanwalt tätig (z.B. als Makler) oder werden von ihm andere Rechtsbesorgungen ausgeführt, auf die das RVG nicht anzuwenden ist (z.B. Leistungen in seiner gleichzeitigen Eigenschaft als Steuerberater oder Wirtschaftsprüfer), gelten folglich auch nicht die Vorschriften des RVG über den Abschluss einer Vergütungsvereinbarung, sondern die entsprechenden Vorschriften anderer Gesetze, die zum Teil aber auch gleich lautende Regelungen enthalten: 1

§ 4 StBGebV: Vereinbarung der Vergütung

(1) [1]Aus einer Vereinbarung kann der Steuerberater eine höhere Vergütung, als sie sich aus dieser Verordnung und den gesetzlichen Vorschriften über den Auslagenersatz ergibt, nur fordern, wenn die Erklärung des Auftraggebers schriftlich abgegeben und nicht in der Vollmacht oder in einem Vordruck, der auch andere Erklärungen umfaßt, enthalten ist. [2]Hat der Auftraggeber freiwillig und ohne Vorbehalt geleistet, so kann er das Geleistete nicht deshalb zurückfordern, weil seine Erklärung der Vorschrift des Satzes 1 nicht entspricht.

(2) Ist eine vereinbarte Vergütung unter Berücksichtigung aller Umstände unangemessen hoch, so kann sie im Rechtsstreit auf den angemessenen Betrag bis zur Höhe der sich aus dieser Verordnung ergebenden Vergütung herabgesetzt werden.

§ 9 StBerG: Vergütung

(1) Vereinbarungen, durch die eine Vergütung für eine Hilfeleistung in Steuersachen dem Grund oder der Höhe nach vom Ausgang der Sache oder vom Erfolg der Tätigkeit abhängig gemacht wird oder nach denen der Steuerberater oder Steuerbevollmächtigte einen Teil der zu erzielenden Steuerermäßigung, Steuerersparnis oder Steuervergütung als Honorar erhält, sind unzulässig.

A. Einführung

(2) Die Abgabe oder Entgegennahme eines Teils der Gebühren oder sonstiger Vorteile für die Vermittlung von Aufträgen, gleichviel ob im Verhältnis zu einem Steuerberater oder Steuerbevollmächtigten oder zu einem Dritten gleich welcher Art, ist unzulässig.

§ 55a WPO: Vergütung

(1) Der Wirtschaftsprüfer darf keine Vereinbarung schließen, durch welche die Höhe der Vergütung vom Ergebnis seiner Tätigkeit als Wirtschaftsprüfer abhängig gemacht wird.

(2) Die Abgabe und Entgegennahme eines Teils der Vergütung oder sonstiger Vorteile für die Vermittlung von Aufträgen, gleichviel ob im Verhältnis zu einem Wirtschaftsprüfer oder Dritten, ist unzulässig.

(3) Die Abtretung von Vergütungsforderungen oder die Übertragung ihrer Einziehung an einen nicht als Wirtschaftsprüfer bestellten Dritten, insbesondere an ein Inkassobüro, ist unzulässig, es sei denn, die Forderung ist rechtskräftig festgestellt, ein erster Vollstreckungsversuch fruchtlos ausgefallen und die Pflicht zur Verschwiegenheit (§ 43 Abs. 1 Satz 1) wird nicht beeinträchtigt.

II. Anwendungsbereich

1. Persönlicher Anwendungsbereich

2   Wie sich aus § 1 Abs. 1 Satz 1 RVG ergibt, muss die Vergütungsvereinbarung von einem **Rechtsanwalt** oder einer **Rechtsanwältin** abgeschlossen sein. Anzuwenden sind die Vorschriften des RVG nach § 1 Abs. 1 Satz 3 RVG aber auch auf andere Mitglieder einer Rechtsanwaltskammer, also insbesondere die **Partnerschaftgesellschaft** und sonstige Gesellschaften, etwa eine **Rechtsanwalts-GmbH** oder **Rechtsanwalts-AG**. Auch insoweit sind die Vorschriften des RVG und auch die der BRAO über Vergütungsvereinbarungen zu beachten.

3   Zwar können auch **Steuerberater und Wirtschaftsprüfer** Mitglied einer Rechtsanwaltskammer sein;[1] da sie jedoch in ihrer Eigenschaft als solche keine anwaltliche Tätigkeit ausüben, ist für sie das RVG und somit auch § 4 RVG nicht anzuwenden. Insoweit gelten das StBerG, die

---

1   AnwK-RVG/Hembach, § 1 Rn. 39.

II. Anwendungsbereich

StBGebV oder die WPO, die vergleichbare Regelungen enthalten (s.o. Rn. 1).

Anwendbar ist das RVG und damit auch § 4 RVG wiederum auf Vereinbarungen von **verkammerten Rechtsbeiständen** (§ 209 BRAO) sowie auf **europäische Rechtsanwälte**, die im Kammerbezirk niedergelassen sind und **ausländische Rechtsanwälte**, die unter den Voraussetzungen des § 206 BRAO in die Rechtsanwaltskammer aufgenommen wurden. 4

2. Funktioneller Anwendungsbereich

Vergütungsvereinbarungen kann der Anwalt für sämtliche Tätigkeiten, mit denen er betraut ist, treffen. Dieses Buch befasst sich jedoch nur mit solchen Vergütungsvereinbarungen, die der Anwalt im Rahmen einer **anwaltlichen Tätigkeit nach § 1 Abs. 1 RVG** ausübt. Nur für solche Tätigkeiten gelten die Vorschriften des RVG und damit auch die Regelungen des § 4 RVG für Vergütungsvereinbarungen. Ebenso gelten die entsprechenden Vorschriften über Vergütungsvereinbarungen aus BRAO und der BORA im Wesentlichen nur für diese Tätigkeiten des Anwalts. 5

Klar gestellt ist, dass jetzt auch der **Mediator** anwaltliche Tätigkeit ausübt (s. § 34 RVG). Daher gilt § 4 RVG auch für Vereinbarungen über die Vergütung eines Mediators, wobei hier allerdings zu berücksichtigen ist, dass gesetzliche Gebühren nicht existieren und sich die Frage, ob die vereinbarte Vergütung die gesetzliche übersteigt, nicht stellen kann.[2] 6

Soweit der Anwalt in einer **Funktion nach § 1 Abs. 2 RVG** tätig wird, etwa als Vormund, Betreuer, Pfleger, Verfahrenspfleger, Testamentsvollstrecker, Insolvenzverwalter, Sachwalter, Mitglied des Gläubigerausschusses, Nachlassverwalter, Zwangsverwalter, Treuhänder, Schiedsrichter oder in ähnlicher Funktion, kann er mitunter zwar auch Vergütungsvereinbarungen schließen. Diese unterliegen aber nicht den Anforderungen des § 4 RVG, da das RVG nach § 1 Abs. 2 RVG auf solche Tätigkeiten nicht anwendbar ist. 7

---

[2] S. hierzu Rn. 1311.

A. Einführung

8 **Beispiel:**
Der Testamentsvollstrecker trifft mit der Erbengemeinschaft eine Vereinbarung, wonach er für die Einarbeitung eine Pauschale i.H.v. 10.000,00 € erhalte und weiterhin eine monatliche Pauschale i.H.v. 400,00 €.
Da sich die Tätigkeit als Testamentsvollstrecker nach § 1 Abs. 2 RVG nicht nach dem RVG richtet, ist eine entsprechende Vereinbarung z.B. formlos möglich.[3]

9 Für Tätigkeiten des Anwalts außerhalb des § 1 Abs. 1 RVG existieren zum Teil gesonderte Vergütungsordnungen.[4] Teilweise gibt es aber auch gar keine vorgesehene gesetzliche Vergütung, so dass entweder eine Vereinbarung getroffen werden muss oder diese letztlich vom Gericht festgesetzt wird.

10 Ebenso wenig ist das RVG anwendbar, wenn der Anwalt zugleich Steuerberater oder Wirtschaftsprüfer ist und er steuerberatende oder wirtschaftsprüfende Tätigkeiten ausübt.[5] In diesen Fällen richtet sich die Vergütung ebenfalls nicht nach dem RVG, sondern nach der StBGebV, dem StBG und der WPO oder sie ist frei zu vereinbaren (s.o. Rn. 1). Nur wenn der Anwalt in seiner Eigenschaft als Anwalt Hilfeleistungen bei der Erfüllung allgemeiner Steuerpflichten oder steuerlicher Buchführungs- oder Aufzeichnungspflichten nach § 35 RVG erbringt, gilt für Vergütungsvereinbarungen wiederum § 4 RVG.

3. Sachlicher Anwendungsbereich

a) Überblick

11 Vereinbarungen betreffend die Vergütung des Anwalts können in den verschiedensten Konstellationen vorkommen. Der Anwalt kann mit seinem Auftraggeber Vereinbarungen über die Höhe der Vergütung treffen. Möglich sind auch Vereinbarungen mit Dritten, etwa dem Arbeitgeber oder dem Dienstherren. Darüber hinaus können Vereinbarungen über die Höhe der zu erstattenden Vergütung mit dem Gegner getrof-

---

3 Brieske, Rn. 19.
4 Z.B. die InsVV für Insolvenzverwalter, Sachwalter, Mitglieder des Gläubigerausschusses und Treuhänder; die ZwVwV für Zwangsverwalter.
5 Zur Abgrenzung s. BGHZ 53, 394 = NJW 1970, 1189 = MDR 1970, 582 = BB 1970, 686.

fen werden. Diese Vereinbarungen können zwischen den Parteien unmittelbar geschlossen werden, also zwischen Auftraggeber und erstattungspflichtigem Dritten oder auch zwischen dem Anwalt und dem erstattungspflichtigen Dritten. Darüber hinaus gibt es zahlreiche Vereinbarungen über die Art und Weise der Abrechnung im Rahmen von Freistellungsansprüchen, insbesondere mit dem Rechtsschutzversicherer. Daneben werden häufig auch zwischen Anwälten untereinander Vereinbarungen über die „gemeinsam verdiente" Vergütung getroffen, sog. „*Gebührenteilungsabreden*". Nicht sämtliche dieser Vereinbarungen sind Vergütungsvereinbarungen i.S.d. § 4 RVG.

b) Vereinbarungen zwischen Anwalt und Auftraggeber

aa) Überblick

Hauptanwendungsfall der Vergütungsvereinbarung i.S.d. § 4 RVG ist die Vereinbarung zwischen dem Anwalt und seinem Auftraggeber, aus der sich die Höhe sowie die Modalitäten der vom Auftraggeber zu zahlenden Vergütung ergeben. Zu beachten ist aber, dass nicht sämtliche solcher Vereinbarungen auch Vergütungsvereinbarungen i.S.d. § 4 RVG sind. 12

bb) Vergütungsvereinbarungen

Vergütungsvereinbarungen i.S.d. § 4 RVG sind nur solche Vereinbarungen, die **die Höhe** der vom Auftraggeber **zu erbringenden Vergütung** regeln. Unter Vergütung sind dabei nicht nur die Gebühren, sondern auch die Auslagen zu verstehen (§ 1 Abs. 1 Satz 1 RVG). Zu den Vergütungsvereinbarungen zählen daher auch isolierte Auslagenvereinbarungen, also solche Vereinbarungen, die die gesetzlichen Gebühren unberührt lassen und nur die Höhe der Auslagen regeln. 13

Dabei muss nicht eine höhere als die gesetzliche Vergütung vereinbart sein. Auch die Vereinbarung einer niedrigeren als der gesetzlichen Vergütung fällt unter § 4 RVG. Sogar die Vereinbarung der gesetzlichen Gebühren kann eine Vergütungsvereinbarung sein, etwa wenn der Anwalt mit einer Partei, der er im Rahmen der Prozesskostenhilfe beigeordnet 14

5

ist, eine Vereinbarung trifft, oder wenn er mit dem Auftraggeber vor Beginn des Mandats die gesetzlichen Höchstgebühren vereinbart.

cc) Anderweitige Vereinbarungen

15 Nicht alle Vereinbarungen, die die vom Auftraggeber zu erbringende Vergütung betreffen, sind Vergütungsvereinbarungen i.S.d. § 4 RVG. Jedenfalls unterliegen sie nicht den dortigen Anforderungen. Hierzu gehören z.b. Vereinbarungen über die **Fälligkeit** der gesetzlichen Vergütung, da diese Vereinbarungen die Höhe der Vergütung unberührt lassen.[6] Hierzu gehören z.b. auch **Stundungs- oder Ratenzahlungsvereinbarungen**.

16 Des Weiteren zählt hierzu nicht die **Zustimmung nach § 11 Abs. 8 RVG**. Hat der Anwalt sein Ermessen nach § 14 Abs. 1 RVG ausgeübt und stimmt der Auftraggeber dem zu, liegt nicht die Vereinbarung einer höheren Vergütung vor, so dass auch hier nicht auf § 4 RVG abzustellen ist. Allerdings sieht § 11 Abs. 8 Satz 2 RVG selbst die Schriftform vor.

17 Ferner liegen keine Vergütungsvereinbarungen i.S.d. § 4 RVG vor, wenn die Parteien lediglich Vereinbarungen über die Ausführung des Mandats treffen, auch wenn dies letztlich wiederum Auswirkungen auf die Höhe der Vergütung hat. So lange die gesetzliche Vergütung dabei aber nicht abgeändert wird, sind solche Vereinbarungen grds. formlos möglich.

18 *Beispiel:*

Die Parteien vereinbaren, dass der Anwalt zu einem auswärtigen Termin selbst anreisen und keinen Terminsvertreter beauftragen soll, obwohl dies kostengünstiger wäre.

Da auch in diesem Falle die gesetzliche Vergütung geschuldet bleibt, nämlich die Gebühren nach dem VV RVG und der Auslagenersatz für Reisekosten nach den Nrn. 7003 ff. VV RVG, wird keine vom Gesetz abweichende Vergütung vereinbart. Dass hier die sich aufgrund der Abrede ergebende gesetzliche Vergütung die erstattungsfähigen Kosten übersteigt, ist dabei unerheblich.

---

6 BGH, AGS 2004, 440; s.a. Rn. 1840 ff.

Beispiel: 19

Der Beschuldigte wünscht vom Anwalt einen zusätzlichen kompletten Auszug aus den Strafakten.

Hier wird von der Rechtsprechung i.d.R. eine Erstattungsfähigkeit der Kopiekosten für einen zweiten Aktenauszug abgelehnt. Da der Anwalt aber wiederum nur zu den gesetzlichen Auslagentatbeständen tätig wird (Nr. 7000 Nr. 1 VV RVG), liegt keine Vergütungsvereinbarung i.S.d. § 4 RVG vor.

Allerdings können sich dabei Grenzbereiche ergeben, so dass im Zweifel 20 dem Anwalt zu empfehlen ist, die Form des § 4 RVG zu wahren.

Beispiel: 21

Die Parteien vereinbaren, dass der Anwalt zu dem auswärtigen Verhandlungstermine mit dem Flugzeug anreisen soll und eine Übernachtung vor Ort in Anspruch nehmen darf.

Zwar wird der Anwalt nur nach der gesetzlichen Vergütung tätig (Nr. 7004 VV RVG). Es lässt sich allerdings trefflich darüber streiten, ob die Flugreisekosten „angemessen" i.S.d. Nr. 7004 VV RVG sind und ob durch die Vereinbarung einer anderen als der angemessenen Reiseart hier nicht doch eine höhere als die gesetzliche Vergütung vorliegt. Dies wäre der Fall, wenn man der Auffassung ist, nur das nach dem Gesetz „angemessene Reisemittel" sei die gesetzliche Vergütung.

c) Vereinbarungen zwischen dem Auftraggeber und dem Gegner

Trifft der Auftraggeber mit dem erstattungspflichtigen Gegner eine Ver- 22 einbarung über die Höhe der von diesem zu erstattenden oder zu ersetzenden Kosten, liegt keine Vergütungsvereinbarung vor, weil die Vergütungsvereinbarung immer nur das Verhältnis zum Anwalt betreffen kann, also welche Vergütung der Anwalt für seine Tätigkeit fordern darf.

Im Erstattungsverhältnis ist der Anwalt jedoch völlig unbeteiligt. Die Par- 23 teien regeln hier lediglich die Höhe des materiell-rechtlichen Schadensersatzanspruchs bzw. die Höhe des prozessualen Kostenerstattungsanspruchs. Solche Vereinbarungen sind wie sonstige Vereinbarungen über die Höhe des zu leistenden Schadensersatzes grds. formlos möglich.

Ob § 4 RVG bei solchen Vereinbarungen inzidenter eine Rolle spielt, ist 24 strittig, also ob für den Fall einer entsprechenden Erstattungsvereinbarung eine wirksame Vergütungsvereinbarung zwischen dem Auftraggeber und dem Anwalt zugrunde liegen muss (s. hierzu Rn. 2309 ff.).

d) Vereinbarung zwischen Anwalt und Gegner

aa) Überblick

25 Trifft der Anwalt unmittelbar mit dem Gegner eine Vereinbarung, so ist wiederum zu differenzieren. Es kann sich ggf. um eine nach § 4 RVG zu beurteilende Vergütungsvereinbarung handeln.

bb) Vereinbarungen für den Auftraggeber

26 Trifft der Anwalt mit dem erstattungspflichtigen Gegner eine Vereinbarung über die Höhe der dem Auftraggeber zu ersetzenden oder zu erstattenden Kosten, mögen diese dabei auch als Freistellung unmittelbar an den Anwalt zu zahlen sein, handelt es sich lediglich um eine Erstattungsvereinbarung zwischen den Parteien, die nicht an § 4 RVG zu messen, sondern formlos möglich ist. Es gilt hier das Gleiche wie zu Rn. 24.[7]

cc) Eigener Anspruch des Anwalts

27 Wird mit der Gegenpartei eine Vereinbarung geschlossen, wonach der Anwalt unmittelbar ein eigenes Forderungsrecht erwerben soll, so liegt wiederum eine Vergütungsvereinbarung i.S.d. § 4 RVG vor; jedenfalls sind die Vorschriften des § 4 RVG entsprechend anzuwenden (s. hierzu ausführlich Rn. 2332 ff.).

dd) Sonstige Vereinbarungen

28 Möglich sind auch Vereinbarungen mit dem Gegner, wonach dieser dem Anwalt einen zusätzlichen Auftrag erteilt. Dies ist z.B. dann der Fall, wenn der gegnerische Haftpflichtversicherer den Anwalt bittet, ihm einen Aktenzug zur Verfügung zu stellen. Der Auftrag wird in diesem Falle nicht vom eigenen Mandanten erteilt, sondern von dem gegnerischen Versicherer. Zugrunde liegt i.d.R. das sog. DAV-Abkommen über das Ho-

---

7 S. hierzu auch Rn. 2309 ff.

norar für Akteneinsicht und Aktenauszüge aus Unfallstrafakten für Versicherungsgesellschaften.[8] Streng genommen handelt es sich hierbei um eine Vergütungsvereinbarung. In der Praxis ergeben sich jedoch kaum Probleme, zumal die vereinbarte Vergütung pauschaliert und gering ist und dies im außergerichtlichen Bereich nach § 4 Abs. 1 RVG auch zulässig ist.

ee) Abrechnungsgrundsätze

Einige Haftpflichtversicherer bieten der Anwaltschaft sog. Abrechnungsgrundsätze an (s. hierzu Rn. 243). Auch insoweit handelt es sich nicht um Vergütungsvereinbarungen. Geregelt wird lediglich die Höhe der dem Auftraggeber zu ersetzenden Regulierungskosten. Auch hier ist also § 4 RVG nicht anwendbar (s. hierzu auch Rn. 2307 ff.). 29

ff) Abkommen mit Rechtsschutzversicherern

Darüber hinaus bieten Rechtsschutzversicherer häufig Abrechnungsmodelle oder Vereinbarungen an, wonach pauschaliert stets nach denselben Gebührensätzen abzurechnen ist. Insbesondere in Verkehrsstraf- und -bußgeldsachen werden solche Vereinbarungen von den Versicherern angeboten. Damit soll im Einzelfall der Streit vermieden werden, welche Gebühr angemessen ist. Solche Vereinbarungen sind problematisch. Der Rechtsschutzversicherer ist nicht Vertragspartei des Anwalts. Faktisch bindet sich der Anwalt gegenüber dem Rechtsschutzversicherer, dass er seinem Auftraggeber nur eine bestimmte Vergütung in Rechnung stelle. 30

Dies kann im Einzelfall dazu führen, dass eine höhere als die gesetzliche Vergütung vereinbart wird. I.d.R. wird jedoch eine geringere als die gesetzliche Vergütung vereinbart, weil die angebotenen Beträge der Rechtsschutzversicherer keineswegs großzügig bemessen sind. Im gerichtlichen Bereich können sich durchaus berufsrechtliche Bedenken ergeben. 31

---

8 S. hierzu AnwK-RVG/N. Schneider, Anhang V.

e) Vereinbarungen zwischen Anwälten

32 Häufig werden auch zwischen mehreren Anwälten, die denselben Auftraggeber in derselben Angelegenheit vertreten, Vereinbarungen getroffen, etwa zwischen Prozessbevollmächtigem und Verkehrsanwalt oder zwischen Prozessbevollmächtigtem und Terminsvertreter.

33 Diese Vereinbarungen unterliegen nicht dem RVG, weil der Auftraggeber daran nicht beteiligt ist, sondern die Vereinbarungen unmittelbar zwischen den beteiligten Anwälten getroffen werden (s. hierzu u. Rn. 123 ff.).

III. Rechtliche Grundlagen

1. Überblick

34 Vergütungsvereinbarungen sind zivilrechtliche Verträge. Daher richten sie sich zunächst einmal nach den Vorschriften des Bürgerlichen Rechts. Ergänzend gelten die Regelungen des RVG und auch der BRAO.

2. Zulässigkeit einer Vergütungsvereinbarung

a) Vertragsfreiheit

35 Vergütungsvereinbarungen zwischen Anwalt und Auftraggeber sind grds. zulässig. Dies ergibt sich aus dem Grundsatz der Vertragsfreiheit. Daher regelt das RVG auch nicht die Voraussetzungen, unter denen eine Vergütungsvereinbarung zulässig ist, sondern setzt deren Zulässigkeit voraus und trifft lediglich einige einschränkende Regelungen.

b) Grenzen der Vertragsfreiheit

36 Der Grundsatz der Vertragsfreiheit gilt für Vergütungsvereinbarungen jedoch nicht uneingeschränkt.

aa) Allgemeine Grenzen

37 Zum einen sind hier die allgemeinen Grenzen zu berücksichtigen. Die Partei muss z.B. geschäftsfähig sein. Die Vereinbarung darf nicht wegen Irrtums oder Drohung angefochten sein (§§ 118 ff., 142 BGB), sie darf nicht sittenwidrig sein (§ 138 BGB) etc.

Zum anderen sind auch die Vorschriften der §§ 305 ff. BGB über die **Ein-** 38
beziehung und Kontrolle allgemeiner Geschäftsbedingungen zu beachten.

bb) Gesetzliche Verbote

Darüber hinaus stellt § 4 Abs. 6 RVG i.V.m. § 8 BerHG eine weitere Ein- 39
schränkung auf. Mit einem Auftraggeber, dem Beratungshilfe bewilligt worden ist, kann eine wirksame Vergütungsvereinbarung nicht geschlossen werden.

Weitere Grenzen ergeben sich aus § 4 Abs. 5 Satz 1 RVG, wonach die 40
Vergütungsvereinbarung mit einem Auftraggeber, dem der Anwalt im Rahmen der Prozesskostenhilfe beigeordnet worden ist, zwar nicht unwirksam, aber unverbindlich ist.

cc) Inhaltliche Schranken

Auch inhaltlich werden einige Schranken im Gesetz aufgestellt. 41

Nach § 49b Abs. 1 Satz 1 BRAO darf eine **niedrigere als die gesetzliche** 42
Vergütung grds. nicht vereinbart werden. Ausnahmen sind für Zeit- und Pauschalhonorare und im außergerichtlichen Bereich zulässig (§ 4 Abs. 2 RVG).

Darüber hinaus ist es unzulässig, ein **Erfolgshonorar** zu vereinbaren 43
oder eine **Beteiligung am erstrittenen Betrag** (quota-litis). Dies folgt aus § 49b Abs. 2 BRAO.

Des Weiteren ist es nicht möglich, die Höhe der Vergütung von einem 44
Dritten festsetzen zu lassen (§ 4 Abs. 3 Satz 2 RVG).

3. Formelle Voraussetzungen

Ferner werden formelle Voraussetzungen aufgestellt. Nach § 4 Abs. 1 45
RVG muss eine Vergütungsvereinbarung, wonach eine höhere als die gesetzliche Vergütung geschuldet sein soll, bestimmte Anforderungen erfüllen, insbesondere muss die Erklärung des Auftraggebers schriftlich abgegeben werden.

4. Anpassungsmöglichkeit

46 Schließlich ordnet § 4 Abs. 4 RVG an, dass eine unangemessen hohe Vergütung vom Gericht herabgesetzt werden kann.

5. Allgemeine Regelungen des RVG

47 Ansonsten sind für Vergütungsvereinbarungen die allgemeinen Regelungen des RVG zu beachten. So gilt hier grds. auch die Vorschrift des § 5 RVG bei **Einschaltung von Hilfspersonen**, die allerdings nicht ohne weiteres anwendbar ist (s. Rn. 1519).

48 Grds. ist auch § 8 RVG anzuwenden, der die **Fälligkeit der Vergütung** regelt.[9]

49 Ebenso gilt grds. auch § 9 RVG, wonach der Anwalt jederzeit **angemessene Vorschüsse** verlangen kann.[10]

50 Die Vorschrift des § 10 RVG ist ebenso anwendbar, wonach die Vergütung nur aufgrund einer **ordnungsgemäßen Kostenberechnung** eingefordert werden kann, wobei jeweils die Besonderheiten der vereinbarten Vergütung zu berücksichtigen sind.[11]

51 Nicht anwendbar ist dagegen § 11 RVG. Eine **Vergütungsfestsetzung** ist für vereinbarte Vergütungen nicht möglich.[12]

52 Soweit sich die Vergütung am gesetzlichen Leitbild orientiert, gelten auch die Vorschriften der §§ 13, 14 und 15 RVG zur **Bestimmung und Berechnung der Gebühren.**

53 Auch der **Umfang der Angelegenheit** (§§ 16 ff. RVG) ist zu berücksichtigen, sofern nichts Anderweitiges vereinbart worden ist.

54 Die Vorschriften über die **Streitwertbemessung und -festsetzung** sind ebenfalls anwendbar, wenn sich die vereinbarte Vergütung nach dem Gegenstandswert richtet.

---

9 S. hierzu Rn. 1807 ff.
10 S. hierzu Rn. 1766 ff.
11 S. hierzu Rn. 1878 ff.
12 S. hierzu Rn. 2381 ff.

Von Bedeutung ist auch die Vorschrift des § 58 RVG, wonach auch Zahlungen auf vereinbarte Vergütungen **gegenüber der Staatskasse anzurechnen** sind. 55

Die **Übergangsvorschriften** der §§ 60, 61 RVG gelten grds. für vereinbarte Vergütungen, zumal es hier auch eine spezielle Vorschrift für Vergütungsvereinbarungen gibt (s. Rn. 475 ff.). 56

Die **Gebührenvorschriften des Vergütungsverzeichnisses** können anzuwenden sein, soweit sich die vereinbarte Vergütung am Leitbild der gesetzlichen Gebühren orientiert (Vielfaches der gesetzlichen Gebühren; gesetzliche Gebühren nach einem höheren Gegenstandswert). 57

Darüber hinaus sind i.d.R. die **Auslagenvorschriften** nach Teil 7 VV RVG anzuwenden, da bei Vergütungsvereinbarungen häufig die gesetzliche Auslagenerstattung vereinbart wird. Hierzu zählt auch der Ersatz der Umsatzsteuer. Mitunter werden abweichende Auslagenbeträge vereinbart. Dann ist zumindest auf die Tatbestandsvoraussetzungen der Nrn. 7000 ff. VV RVG zurückzugreifen.[13] 58

IV. Hinweispflichten

Zu beachten ist, dass den Anwalt bei Abschluss einer Vergütungsvereinbarung bestimmte Hinweis- und Belehrungspflichten treffen. 59

Es gelten die **allgemeinen gesetzlich geregelten Belehrungspflichten**. So muss der Anwalt auch hier nach § 49b Abs. 5 BRAO darauf hinweisen, wenn sich die Vergütung nach dem **Gegenstandswert** richtet, also wenn nicht eine wertunabhängige Vergütung vereinbart ist. Darüber hinaus muss der Anwalt auf den **Ausschluss der Kostenerstattung nach § 12a Abs. 1 Satz 1 ArbGG** hinweisen (§ 12a Abs. 1 Satz 2 ArbGG). 60

Daneben treffen den Anwalt aber auch **besondere Belehrungspflichten**, wobei unterbliebene Hinweise und Belehrungen ggf. keine unmittelbaren Konsequenzen haben, aber zu Schadensersatzansprüchen oder 61

---

13 S. hierzu Rn. 1069 ff.

A. Einführung

rechtlichen Nachteilen, etwa bei der Rückforderung des Auftraggebers, führen können.

62 So sollte der Anwalt in einer Vergütungsvereinbarung darauf hinweisen, wenn die vereinbarte Vergütung **die gesetzliche Vergütung übersteigt**.

63 Der Anwalt sollte zudem darüber belehren, dass die vereinbarte Vergütung, soweit sie die gesetzliche Vergütung übersteigt, **nicht erstattungsfähig** ist.

64 Ebenso sollte darauf hingewiesen werden, dass eine höhere als die gesetzliche Vergütung **vom Rechtsschutzversicherer nicht übernommen** wird, sofern keine Ausnahme greift.

65 Darüber hinaus muss auf die **fehlende Verbindlichkeit** hingewiesen werden, wenn der Anwalt mit einem Auftraggeber eine Vergütungsvereinbarung trifft, dem er im Rahmen der **Prozesskostenhilfe** beigeordnet worden ist.

V. Entwicklung der gesetzlichen Regelungen

1. Überblick

66 Die Anforderungen an eine anwaltliche Vergütungsvereinbarung sind im Wesentlichen in § 4 RVG sowie in § 49b BRAO geregelt.

2. § 4 RVG

67 Die Vorschrift des § 4 RVG ist aus dem bisherigen § 3 BRAGO hervorgegangen. Diese Vorschrift wiederum ist 1957[14] geschaffen worden. Vorgänger war § 93 RAGebO, der nur für den Strafverteidiger eine Honorarvereinbarung vorgesehen hatte.

68 Die Vorschrift des § 3 BRAGO galt seit ihrem In-Kraft-Treten bis zur Ablösung der BRAGO durch das KostRModG im Wesentlichen unverändert.

---

14 BGBl. 1957 I, S. 907.

Im Jahre 1975[15] wurde lediglich klargestellt, dass das Gutachten des Vorstands der Rechtsanwaltskammer kostenlos zu erstatten sei (neuer Satz 2 in § 3 Abs. 3 BRAGO). 69

Im Jahre 1980[16] wurde dann die Unverbindlichkeit des bislang im Armenrecht beigeordneten Anwalts auf die Beiordnung im Rahmen der Prozesskostenhilfe angepasst. 70

Ebenso wurde im Jahr 1980 das Verbot eingeführt, mit einem Beratungshilfe-Mandanten Vergütungsvereinbarungen zu treffen. Durch § 8 Abs. 2 BerHG wurde die Nichtigkeit solcher Vereinbarungen angeordnet. 71

Eine entscheidende Änderung hat sich im Jahre 1994[17] ergeben, als in § 3 BRAGO ein neuer Abs. 5 eingeführt wurde, der es ermöglichte, im außergerichtlichen Bereich niedrigere Zeit- und Pauschalvergütungen zu vereinbaren. 72

Darüber hinaus ermöglichte es § 3 Abs. 5 Satz 2 BRAGO bei Beauftragung durch einen Verband oder einen Verein, auch die Beratung der Mitglieder im Rahmen des satzungsgemäßen Aufgabenbereichs des Verbands oder Vereins zu niedrigeren als den gesetzlichen Pauschal- oder Zeitvergütungen zu übernehmen. 73

Des Weiteren wurde in § 3 Abs. 5 Satz 3 BRAGO eingeführt, dass der Anwalt sich in gerichtlichen Mahnverfahren und in Zwangsvollstreckungsverfahren nach den §§ 893 bis 863 ZPO und §§ 899 bis 915 ZPO verpflichten konnte, einen Teil des Erstattungsanspruchs an Erfüllungs statt anzunehmen, wenn der Anspruch des Auftraggebers auf Erstattung der gesetzlichen Vergütung nicht beigetrieben werden konnte. 74

In Ergänzung hierzu wurde in § 3 Abs. 1 BRAGO ein neuer Satz 3 eingeführt, der erklärte, dass Vereinbarungen nach § 3 Abs. 5 BRAGO schriftlich geschlossen werden sollten und dass die Beweislast für die Verein- 75

---

15   BGBl. 1975 I, S. 2189.
16   BGBl. 1980 I, S. 677.
17   BGBl. 1994 I, S. 2278.

barung niedrigerer als die der gesetzlichen Gebühren beim Auftraggeber liege.

76 Im Jahre 2001[18] ist dann der bisherige Satz 2 des § 3 Abs. 5 BRAGO aufgehoben worden, der es ermöglicht hatte, bei Beratung von Mitgliedern eines Verbandes oder Vereins niedrigere Vergütung zu vereinbaren.

77 Diese Änderungen sind bei Verwertung älterer Entscheidungen, die noch zu § 3 BRAGO ergangen sind, zu berücksichtigen.

78 Die Vorschrift des § 3 BRAGO ist dann im Wesentlichen infolge des KostRModG[19] in § 4 RVG übernommen worden. Auch hier hat es jedoch einige entscheidende Änderungen gegeben.

79 Zum einen sind anderweitige Erklärungen in einer Vergütungsvereinbarung nicht mehr ohne weiteres unzulässig. Insoweit ist die neue Formvorschrift gegenüber der früheren Fassung des § 3 Abs. 1 Satz 1 BRAGO gelockert worden.

80 Zum anderen ist in § 4 Abs. 4 RVG die Möglichkeit, sich Kostenerstattungsansprüche an Erfüllungs statt abtreten zu lassen, insoweit erweitert worden, als dies nunmehr auch im Verfahren nach §§ 915a und 915b ZPO möglich ist.

81 **Synopse**

BRAGO	*RVG*
§ 3 Abs. 1 Satz 1	*§ 4 Abs. 1 Satz 1*
–	*§ 4 Abs. 1 Satz 2*
§ 3 Abs. 1 Satz 2	*§ 4 Abs. 1 Satz 3*
§ 3 Abs. 1 Satz 3	*§ 4 Abs. 2 Satz 4*
§ 3 Abs. 2 Satz 1	*§ 4 Abs. 3 Satz 1*

---

18 BGBl. 2001 I, S. 623.
19 BGBl. 2004 I, S. 718.

§ 3 Abs. 2 Satz 2	§ 4 Abs. 3 Satz 2
§ 3 Abs. 3 Satz 1	§ 4 Abs. 4 Satz 1
§ 3 Abs. 3 Satz 2	§ 4 Abs. 4 Satz 2
§ 3 Abs. 3 Satz 3	§ 4 Abs. 4 Satz 3
§ 3 Abs. 4 Satz 1	§ 4 Abs. 5 Satz 1
§ 3 Abs. 4 Satz 2	§ 4 Abs. 5 Satz 2
§ 3 Abs. 5 Satz 1	§ 4 Abs. 2 Satz 1
§ 3 Abs. 5 Satz 2	§ 4 Abs. 2 Satz 2
§ 3 Abs. 5 Satz 3	§ 4 Abs. 2 Satz 3

BerSG	RVG
§ 8 Satz 2	§ 4 Abs. 6

3. § 49b BRAO

Die Vorschrift des § 49b BRAO ist zum 2.9.1994 in die BRAO[20] eingefügt worden. Bis dahin gab es vergleichbare Regelungen in den vom BVerfG[21] für unzulässig erklärten Standesrichtlinien, die aufgrund von § 177 Abs. 2 Satz 2 BRAO ergangen waren.

Zum 1.7.2005 ist dann infolge des KostRModG ein neuer Abs. 5 in § 49b BRAO eingefügt worden, der anordnet, dass der Anwalt vor Annahme des Mandats darauf hinweisen muss, wenn sich die Gebühren nach dem Gegenstandswert richten. Diese Vorschrift gilt auch für vereinbarte Vergütungen.

---

20 BGBl. 1994 I, S. 2278.
21 BVerfGE 1975, 171 = NJW 1988, 191 = AnwBl. 1987, 598 = BRAK-Mitt. 1988, 54.

VI. Bedeutung der Vergütungsvereinbarung

83 Die Bedeutung einer Vergütungsvereinbarung kann in rechtlicher Hinsicht unter zahlreichen Aspekten zu würdigen sein.

84 Zum einen handelt es sich um einen **zivilrechtlichen Vertrag**, der einen entsprechenden **Vergütungsanspruch** des Anwalts auslöst. Hier stellt sich die Frage der Wirksamkeit der Vereinbarung und ihrer Auslegung, also ob und inwieweit der Anwalt die vereinbarte Vergütung verlangen kann. Es können sich **Rückforderungsansprüche** des Auftraggebers ergeben, wenn er auf die vereinbarte Vergütung gezahlt hat und der Auffassung ist, die Vereinbarung sei unwirksam oder unverbindlich oder wenn er meint, zuviel gezahlt zu haben.

85 Des Weiteren können Vergütungsvereinbarungen im Rahmen der **Kostenerstattung** von Bedeutung sein. Zwar ist eine höhere Vergütung als die gesetzliche grds. nicht erstattungsfähig. Umgekehrt kann aber der erstattungspflichtige Dritte einwenden, es sei eine niedrigere Vergütung vereinbart, so dass auch nur diese zu erstatten sei.[22]

86 Im Rahmen von **Freistellungsansprüchen** kann sich die Frage einer Vergütungsvereinbarung stellen, also ob der Freizustellende nur in Höhe der gesetzlichen Vergütung zur Übernahme verpflichtet ist oder in Höhe der höheren vereinbarten Vergütung.[23]

87 Daneben sind Vergütungsvereinbarungen unter **berufsrechtlichen Gesichtspunkten** zu prüfen. Die unzulässige Vereinbarung einer niedrigeren als der gesetzlichen Vergütung (§ 49b Abs. 1 Satz 1 BRAO) sowie die Vereinbarung eines unzulässigen Erfolgshonorars oder einer Beteiligung am erstrittenen Betrag (§ 49b Abs. 2 BRAO) können für den Anwalt berufsrechtliche Konsequenzen haben.

88 Schließlich können sich **strafrechtliche** Konsequenzen ergeben, etwa ein Verstoß gegen § 352 StGB (Gebührenüberhebung) bei Abschluss un-

---

22 S. hierzu Rn. 2237.
23 S. hierzu Rn. 2200 ff.

zulässiger Vergütungsvereinbarungen zum Vorteil des Anwalts.[24] Denkbar wäre auch ein Verstoß gegen § 302a StGB (Wucher).

VII. Notwendigkeit und Zweckmäßigkeit von Vergütungsvereinbarungen

Für den Anwalt stellt sich die Frage, wann Vergütungsvereinbarungen notwendig oder zweckmäßig sind. 89

1. Notwendigkeit einer Vergütungsvereinbarung

Notwendig ist eine Vergütungsvereinbarung rechtlich betrachtet nie. 90

Fehlt eine Vergütungsvereinbarung, ist nach den Gebühren und Auslagen des Vergütungsverzeichnisses abzurechnen.

Soweit das Gesetz keine Gebührentatbestände vorhält, wie derzeit bei der Mediation (§ 34 RVG) und ab dem 1.7.2006 für die Beratungs- und Gutachtentätigkeit (zur Zeit noch geregelt in den Nrn. 2100 ff. VV RVG; demnächst ebenfalls § 34 RVG), gilt die Vergütung nach dem BGB mit den Höchstgrenzen des § 34 RVG. 91

Soweit keine gesetzlichen Auslagentatbestände geregelt sind, kann der Anwalt keinen Ersatz verlangen (Vorbem. 7 Abs. 1 VV RVG). 92

2. Zweckmäßigkeit einer Vergütungsvereinbarung

Eine **Vergütungsvereinbarung** ist immer dann zweckmäßig, wenn **das Gesetz keine Gebührentatbestände vorhält** (s.o. Rn. 91). Anderenfalls begibt sich der Anwalt auf das unsichere Gebiet der „üblichen Vergütung" i.S.d. § 612 Abs. 1 Satz 2 BGB bei Beratung und Mediation oder der „üblichen Vergütung" nach § 632 Abs. 2 Satz 1 BGB für ein Gutachten. 93

Darüber hinaus sind in vielen Fällen Vergütungsvereinbarungen geboten, weil die **gesetzlichen Gebühren** oder auch **Auslagen nicht kostendeckend** und schon gar nicht gewinnbringend sind. 94

---

24 BayOLG, NJW 1990, 1001; Tröndle/Fischer, § 352 Rn. 7.

A. Einführung

95 Generelle Empfehlungen lassen sich hier nicht geben. Der Anwalt muss stets für sich und seine Mandate selbst prüfen, wann die gesetzlichen Gebühren und Auslagen nicht mehr ausreichend sind und eine Vergütungsvereinbarung daher aus diesem Grunde erforderlich oder zweckmäßig ist. So gibt es sicherlich Gebührentatbestände, die von vornherein grds. nie kostendeckend sind. Man denke hier an die Terminsgebühr der Nr. 4102 VV RVG für Termine außerhalb der Hauptverhandlung. Hier erhält der Anwalt – selbst dann, wenn sich der Auftraggeber nicht auf freiem Fuß befindet (Vorbem. 4 Abs. 4, Nr. 4103 VV RVG), für drei Termine insgesamt nur eine Höchstgebühr von 312,50 €. Andererseits gibt es auch Gebühren, die durchaus kostendeckend sein können, insbesondere Wertgebühren bei hohen Gegenstandswerten.

96 Letztlich wird der Anwalt stets im Einzelfall prüfen müssen, ob eine Vergütungsvereinbarung geboten ist. Dabei ist einerseits zu berücksichtigen, welchen zeitlichen Aufwand das Mandat für ihn und seine Mitarbeiter verursacht und welches Haftungsrisiko ihn trifft. Darüber hinaus muss berücksichtigt werden, mit welchen eigenen Betriebskosten der Anwalt für seine Kanzlei kalkuliert. Je höher seine Betriebskosten sind, desto mehr wird es erforderlich sein, insbesondere in „Bagatellsachen" Vergütungsvereinbarungen zu treffen.

97 Auf der anderen Seite muss der Anwalt stets auch die Person des Auftraggebers im Auge behalten. Für ihn muss die Vergütung im Verhältnis zum Erfolg wirtschaftlich sein. Hier wird der Anwalt ggf. eine Mischkalkulationsbetrachtung vornehmen müssen. Hat er z.B. einen Auftraggeber, der ihm regelmäßig lukrative Mandate überträgt, wird er es sich kaum leisten können, ein nicht lukratives einzelnes Mandat abzulehnen und dieses von einer Vergütungsvereinbarung abhängig zu machen.

98 Von daher kann dem Anwalt nur die Empfehlung gegeben werden, eine Sensibilität dafür zu entwickeln, ob das jeweilige Mandat kosten- und gewinndeckend ist oder ob sich eine Vergütungsvereinbarung anbietet. Generelle und pauschale Empfehlungen sind kaum möglich.

99 Keinesfalls sollte der Anwalt der Auffassung sein, der Gesetzgeber habe schon alles für ihn geregelt und sich immer auf die gesetzlichen Gebühren verlassen.

VIII. Kalkulation der Vergütung

Ist der Anwalt zu dem Ergebnis gekommen, er müsse eine Vergütungsvereinbarung treffen, stellt sich für ihn die Frage, wie er diese kalkuliert. Auch hier lässt sich wiederum keine allgemeinverbindliche Empfehlung geben. Zum einen hängt dies von der Art des Mandats ab, das der Anwalt übernehmen soll, zum anderen davon, welcher Art die vereinbarte Vergütung ist, ob ein Vielfaches der gesetzlichen Gebühren vereinbart werden soll, eine Pauschale oder Zeitvergütung. Die Frage der Kalkulation ist letztlich eine betriebswirtschaftliche, keine juristische, so dass dies nicht Gegenstand dieses Buches ist. 100

Will der Anwalt ermitteln, welche Stundensätze er zugrunde legen soll, so ist eine überschlägige Kalkulation noch relativ einfach möglich. Auszugehen ist von den Bruttoeinnahmen. Hiervon sind dann zunächst die Betriebskosten der Kanzlei abzuziehen. Dies ergibt den betriebswirtschaftlichen Gewinn, der als Einkommen zu versteuern ist. Dabei ist aber noch nicht berücksichtigt, dass der Anwalt davon auch Krankenversicherung, Pflegeversicherung und Altersvorsorge zu bestreiten hat. 101

Ausgehend davon, dass die anwaltlichen Praxiskosten im Durchschnitt bei etwa 50 % liegen und ausgehend von einem Steuersatz des Anwalts von 45 % (Spitzensteuersatz) sowie einem angenommenen Anteil von 15 % für Kranken-, Pflege-, Berufsunfähigkeitsversicherung sowie Altersvorsorge einschließlich Versorgungswerk ergibt sich folgendes Modell:[25] 102

1. Eingenommene Vergütungen	100 %
2. ./. Betriebskosten der Kanzlei, 50 %	- 50 %
Betriebsgewinn	50 %
3. Einkommensteuer aus dem Gewinn (45 % aus 50 %)	- 22,5 %
4. ./. Kranken-, Pflege- und Berufsunfähigkeitsversicherung sowie Altersvorsorge aus dem Gewinn (15 % aus 50 %)	- 7,5 %
verbleibt als effektives Nettoeinkommen	**20 %**

---

25 S. hierzu Madert, AGS 2005, 421.

A. Einführung

103 Will der Anwalt ein effektives Nettoeinkommen i.H.v. 5.000,00 € erzielen, muss er rückwärts rechnen:

1. effektives Nettoeinkommen	5.000,00 €
2. Kranken-, Pflege- und Berufsunfähigkeitsversicherung sowie Altersvorsorge	1.875,00 €
3. Einkommensteuer	5.625,00 €
Gewinn	12.500,00 €
4. Betriebskosten	12.500,00 €
Bruttoeinnahmen	**25.000,00 €**

104 Will der Anwalt also auf ein „bereinigtes Nettoeinkommen" i.H.v. 5.000,00 € kommen, muss er Bruttoeinnahmen i.H.v. 25.000,00 € erzielen.

105 Mit dieser überschlägigen Rechnung lässt sich ansatzweise ermitteln, welche Einnahmen der Anwalt monatlich erzielen muss. Damit ist ihm aber noch nicht viel geholfen, es sei denn, er rechnet alle Mandate nach Stundensätzen ab. Dann muss er nur noch seine monatliche Arbeitszeit, die er aufwenden will, ermitteln und kommt so zu dem Stundensatz, den er benötigt.

106 Diese Berechnung wird aber nur für diejenigen Anwälte möglich sein, die ausschließlich nach Vereinbarung abrechnen. Die meisten Anwälte haben aber auch – i.d.R. überwiegend – Mandate, in denen sie gesetzlich abrechnen, weil der Auftraggeber nicht bereit ist, mehr zu bezahlen oder es sind sogar Prozesskostenhilfemandate darunter. Hier muss der Anwalt versuchen, auch den Fehlbetrag der unlukrativen Mandate durch entsprechend höhere Vergütungsvereinbarungen zu kompensieren.

IX. Das Gespräch mit dem Mandanten

107 Ist der Anwalt zu dem Entschluss gekommen, dass er nicht zu den gesetzlichen Gebühren und Auslagen bzw. zu der angemessenen Vergütung nach § 612 BGB oder § 634 BGB tätig werden kann, muss er das Gespräch mit dem Mandanten suchen und ihn davon überzeugen, dass dieser einer Vergütungsvereinbarung zustimmt. Einen Anspruch auf Ab-

schluss einer Vergütungsvereinbarung gibt es nicht. Hier muss der Anwalt zunächst einmal lernen, auch „über Geld" zu sprechen. Das bislang lückenlose Vergütungssystem gab dem Anwalt stets die Möglichkeit, sich hinter den gesetzlichen Gebührentatbeständen „zu verstecken" und so zu vermeiden, die eigene Vergütung aushandeln zu müssen. Zumindest im Beratungs- und Gutachtenbereich wird dies ab dem 1.7.2006 nicht mehr ohne weiteres möglich sein. Auch im Übrigen muss der Anwalt, wenn er im Wettbewerb bestehen will, lernen seine Leistung „zu verkaufen" und auch mit dem Mandanten das Gespräch über seine angemessene Vergütung anzugehen.

Wie der Anwalt hier im Einzelnen vorzugehen hat, lässt sich nicht generell sagen. So gibt es einerseits Bereiche, in denen Vergütungsvereinbarungen die Regel sind, in denen der Auftraggeber von vornherein Vergütungsvereinbarungen erwartet, etwa bei Beratungen im Gesellschaftsrecht, gewerblichen Rechtsschutz etc. oder auch in Strafverteidigungen größeren Umfangs. Andererseits gibt es – insbesondere für den Allgemeinanwalt – Rechtsgebiete, in denen Vergütungsvereinbarungen nicht üblich sind und der Mandant diese auch nicht erwartet. Hier muss er im Einzelfall davon überzeugt werden, dass eine Vergütungsvereinbarung erforderlich ist. 108

Wie der Anwalt hier vorgeht, ist keine juristische Frage. Die Fragen des „Vergütungsmanagements" und des richtigen „Verkaufens der anwaltlichen Leistung" ist nicht Gegenstand dieses Buches. Insoweit sei Bezug genommen auf die Darstellung von Mauer/Krämer/Kilian. 109

X. Mögliche und zweckmäßige Gestaltungen

Die Frage, welche Vergütungsvereinbarung am zweckmäßigsten ist, lässt sich nicht generell und pauschal beantworten.[26] 110

Die größte Gewähr dafür, dass der Anwalt eine angemessene Vergütung erhält, ist sicherlich die Vereinbarung von Zeithonoraren. Diese richten sich nach dem effektiven Zeitaufwand des Anwalts, so dass der Anwalt 111

---

26 Zu den einzelnen Modellen s. ausführlich Rn. 765 ff.

eine umso höhere Vergütung erhält, je mehr Zeit er für die Bearbeitung des Mandats aufwenden muss. Andererseits ist hier das Gesamtvolumen für den Mandanten i.d.R. schlecht kalkulierbar.

112 Demgegenüber haben Pauschalvereinbarungen zwar den Vorteil, dass die Höhe der Vergütung von vornherein feststeht; sie haben jedoch den Nachteil, dass bei übermäßiger – nicht vorhersehbarer oder irrtümlich zu niedrig eingeschätzter – Tätigkeit die Pauschale letztlich nicht kosten- und gewinndeckend ist.

113 Vereinbarungen auf Basis der gesetzlichen Gebühren, etwa indem ein Vielfaches der gesetzlichen Gebühren vereinbart wird, die Abrechnung nach einem höheren Gegenstandswert erfolgt oder Zuschläge zu den gesetzlichen Gebühren erhoben werden, haben wiederum den Vorteil, dass sie relativ transparent sind und sich hier das Gesamtvolumen der Gesamtvergütung in etwa absehen lässt.

114 Welche Art der Vergütungsberechnung der Anwalt letztlich wählt, muss er stets im Einzelfall prüfen. Ggf. sind auch Kombinationen verschiedener Modelle zweckmäßig.

XI. Andere Vergütung als Leistung in Geld

115 Möglich ist, dass eine andere Vergütung als eine Geldleistung vereinbart wird. Solange darin keine unzulässige Beteiligung am erstrittenen Betrag oder ein Erfolgshonorar und im Übrigen kein Verstoß gegen gesetzliche Vorschriften liegt, ist dagegen grds. nichts einzuwenden. Solche Vereinbarungen spielen in der Praxis allerdings kaum eine Rolle.

XII. Sicherheiten

116 Insbesondere dann, wenn die vereinbarte Vergütung einen ansehnlichen Betrag erreicht, können Vereinbarungen über zu stellende Sicherheiten getroffen werden. Solche Vereinbarungen sind häufig in Strafsachen üblich.

117 Dies ist aber kein spezielles Problem der Vergütungsvereinbarung. Auch für gesetzliche Gebühren können Sicherheiten gestellt werden. Insoweit ist daher bei vereinbarten Vergütungen nichts Besonderes zu beachten.

Es gelten die allgemeinen Vorschriften. Insbesondere darf keine unangemessene Übersicherung vorliegen.

Die Stellung von Sicherheiten kann ggf. im Rahmen der Gesamtwürdigung zu beachten sein bei der Frage, ob die Vergütungsvereinbarung sittenwidrig ist, insbesondere, wenn dem Auftraggeber durch die Besicherung der Forderung Einwendungen abgeschnitten werden sollen. 118

Darüber hinaus ist zu beachten, dass die Stellung von Sicherheiten keine freiwillige Leistung i.S.d. § 4 Abs. 1 Satz 3, Abs. 5 Satz 2 RVG ist. 119

XIII. Abtretung von Vergütungsansprüchen

Im Zusammenhang mit vereinbarten Vergütungen wird häufig die Frage von Abtretungsvereinbarungen erörtert. Dies ist aber ebenfalls kein spezielles Problem der vereinbarten Vergütung. Es gilt hier grds. nichts anderes als bei der gesetzlichen Vergütung, so dass auf die Kommentierung zu entsprechenden Regelungen Bezug genommen wird. 120

Möglich ist es, in der Vergütungsvereinbarung einen Abtretungsausschluss zu vereinbaren (§ 399 BGB). Ein solcher Abtretungsausschluss kann zum einen für die Vergütungsforderung des Anwalts vereinbart werden, zum anderen aber auch für eventuelle Rückforderungsansprüche des Auftraggebers. Letzteres bietet sich u.U. an, damit der Auftraggeber seine Forderungen nicht alleine zu dem Zweck abtreten kann um in einem eventuellen Rechtsstreit als Zeuge aufzutreten. 121

XIV. Pfändung von Vergütungsforderungen

Hier ergeben sich bei vereinbarten Vergütungen keine besonderen Probleme. Soweit anwaltliche Vergütungsforderungen auf gesetzlicher Abrechnungsbasis pfändbar sind, sind auch vereinbarte Vergütungen pfändbar.[27] 122

---

27 S. hierzu Krämer/Mauer/Kilian Rn. 736.

A. Einführung

XV. Vereinbarungen unter Rechtsanwälten

1. Überblick

123 Häufig werden zwischen mehreren in derselben Angelegenheit für denselben Auftraggeber tätigen Anwälten Vereinbarungen über die Vergütung getroffen. Dabei wird i.d.R. eine Teilung der anfallenden Gebühren vereinbart (sog. Gebührenteilungsvereinbarung). Solche Teilungsverabredungen zwischen Anwälten fallen nicht unter § 4 RVG.[28] Sie sind formlos möglich. Ebenso wenig fallen hierunter Vereinbarungen, in denen der Anwalt in eigenem Namen einen anderen Anwalt als Stellvertreter für Einzeltätigkeiten beauftragt.

2. Gebührenteilungsvereinbarungen

124 Bearbeiten mehrere Anwälte das Mandat gemeinsam, so dürfen sie die hierbei anfallenden Gebühren untereinander aufteilen (§ 49b Abs. 3 Satz 4 BRAO). Hauptanwendungsfall ist eine Gebührenteilung zwischen Verkehrsanwalt und Hauptbevollmächtigtem sowie zwischen Hauptbevollmächtigtem und Terminsvertreter.

125 Grds. bestehen gegen solche Teilungsabreden keine Bedenken.[29] Unzulässig sind solche Vereinbarungen allerdings für einen am Bundesgerichtshof oder einen beim Oberlandesgericht ausschließlich zugelassenen Rechtsanwalt (§ 49b Abs. 3 Satz 5 BRAO).

126 Wie die beteiligten Anwälte die Vergütung untereinander aufteilen, ist grds. unerheblich. Das Verhältnis der jeweiligen Vergütungsanteile muss lediglich angemessen sein, also den Leistungen der beteiligten Anwälte sowie ihrer Verantwortlichkeit und ihrem Haftungsrisiko entsprechen. Üblich ist in der Praxis die hälftige Teilung aller anfallenden Gebühren.

---

28 BGH, AGS 2001, 51 = AnwBl. 2001, 302 = BB 2000, 2544 = BRAGOReport 2001, 29 m. Anm. Wolf = DStZ 2001, 60 = GRUR 2001, 256 = MDR 2001, 173 = NJW 2001, 753 = WM 2001, 167 = WRP 2001, 144; OLG Düsseldorf, OLGReport 1994, 227; AGS 1998, 113 m. Anm. Madert = OLGReport 1994, 239.

29 Zur berufsrechtlichen Vereinbarkeit solcher Teilungsabreden s. die Kommentierungen zu § 49b BRAO.

Zu beachten ist, dass beim Auftraggeber insgesamt sämtliche anfallenden Gebühren liquidiert werden müssen. Die Abrechnung (und Teilung) lediglich der erstattungsfähigen Kosten ist unzulässig, weil damit letztlich eine niedrigere als die gesetzliche Vergütung vereinbart wird.[30]

127

Beispiel:

128

Vereinbart wird die Teilung der erstattungsfähigen Gebühren zwischen Verkehrsanwalt und Prozessbevollmächtigtem, wobei die Anwälte davon ausgehen, dass beim Auftraggeber auch nur die erstattungsfähigen Gebühren liquidiert werden.

Ist die Verkehrsanwaltsgebühr (Nr. 3400 VV RVG) nicht erstattungsfähig, wären also lediglich die 1,3-Verfahrensgebühr (Nr. 3100 VV RVG) und die 1,2-Terminsgebühr (Nr. 3104 VV RVG) zu teilen. Auf die Verkehrsanwaltsgebühr (Nr. 3400 VV RVG) würde verzichtet. Damit läge die Vereinbarung einer niedrigeren als der gesetzlichen Vergütung vor. Dies wäre nach § 49b Abs. 1 Satz 1 BRAO unzulässig.

Keine Bedenken bestehen dagegen, lediglich die Teilung der erstattungsfähigen Kosten zu vereinbaren, wenn sich der betreffende Anwalt vorbehält, die nicht erstattungsfähigen Kosten beim Mandanten zu liquidieren und diese mit dem anderen Anwalt nicht zu teilen.

129

Beispiel:

130

Der Verkehrsanwalt vereinbart mit dem Prozessbevollmächtigten, den er im Namen der Partei beauftragt, dass die erstattungsfähigen Kosten hälftig geteilt werden. Erstattungsfähig sind nur die Verfahrens- und die Terminsgebühr (Nrn. 3100, 3104 VV RVG).

Der Verkehrsanwalt kann zunächst vom Auftraggeber die Verkehrsanwaltsgebühren einfordern. Diese braucht er nicht mit dem Prozessbevollmächtigten zu teilen, weil nur die Teilung der erstattungsfähigen Gebühren vereinbart ist.

Der Prozessbevollmächtigte wiederum fordert die 1,3-Verfahrensgebühr (Nr. 3100 VV RVG) und die 1,2-Terminsgebühr (Nr. 3104 VV RVG) beim Auftraggeber an, also insgesamt 2,5-Gebühren und muss hiervon 1,25-Gebühren an den Verkehrsanwalt abgeben.

Eine solche Vereinbarung kann durchaus dem angemessenen Verhältnis (§ 49b Abs. 3 Satz 4 BRAO) entsprechen, zumal der Verkehrsanwalt in al-

131

---

30 Kleine-Cosack, § 49b Rn. 22.

ler Regel die Schriftsätze selbst fertigt, Besprechungen mit der Partei führt und daher die Hauptarbeit und -verantwortung trägt.

132 **Praxistipp:**

Soll nicht die Teilung sämtlicher Gebühren vereinbart werden, ist es dringend geboten, die zu teilenden Gebühren genau zu bezeichnen, damit später keine Unklarheiten auftreten.

133 Ob die Anwälte auch die Teilung der Auslagen vereinbaren, ist zu überlegen. Zweckmäßig ist es, dass jeder Anwalt die bei ihm anfallenden Auslagen selbst und ungeteilt liquidiert.

134 **Muster Gebührenteilungsvereinbarung aller Gebühren (Terminsvertreter)**

Herrn

Rechtsanwalt ...

Neues Mandat

..../....

Sehr geehrter Herr Kollege ...,

ich nehme Bezug auf unser Telefonat vom ..., in dem Sie sich bereit erklärt hatten, in der o.g. Sache für den gemeinsamen Mandanten den Termin zur mündlichen Verhandlung vor dem LG ... am ... wahrzunehmen.

Hinsichtlich der Vergütung hatten wir vereinbart, dass alle anfallenden Gebühren hälftig zwischen uns geteilt werden.

Ich bitte, diese Vereinbarung der Form halber zu bestätigen.

Die erforderlichen Unterlagen, insbesondere die gerichtliche Korrespondenz sowie die Terminsladung, füge ich als Anlage bei.

Mit freundlichen kollegialen Grüßen

Rechtsanwalt

Anlagen

Muster: Gebührenteilungsvereinbarung nur einzelner Gebühren (Verkehrsanwalt)

135

Herrn

Rechtsanwalt...

Neues Mandat

..../....

Sehr geehrter Herr Kollege...,

ich nehme Bezug auf unser Telefonat vom..., in dem Sie sich bereit erklärt hatten, in der o.g. Sache für den gemeinsamen Mandanten als Prozessbevollmächtigter vor dem LG... tätig zu werden. Ich selbst werde als Verkehrsanwalt fungieren.

Hinsichtlich der Vergütung hatten wir vereinbart, dass die bei Ihnen anfallenden Gebühren (Verfahrens- und Termins- und eventuelle Einigungsgebühren) hälftig zwischen uns geteilt werden. Die Auslagen rechnet jeder Anwalt für sich ab.

Ich bitte, diese Vereinbarung der Form halber zu bestätigen.

Die erforderlichen Unterlagen, insbesondere die gerichtliche Korrespondenz sowie die Terminsladung, füge ich als Anlage bei.

Mit freundlichen kollegialen Grüßen

Rechtsanwalt

Anlagen

Probleme können sich bei einem Forderungsausfall ergeben, wenn also der Auftraggeber nur einen der beteiligten Anwälte bezahlt und die restliche Vergütung nicht beizutreiben ist. Nach der Rechtsprechung[31] besteht keine Verkehrssitte, wonach eine zwischen Prozess- und Verkehrsanwälten getroffene Vereinbarung der hälftigen Teilung sämtlicher bei der Partei anfallenden Gebühren einschließlich der Korrespondenzgebühr so zu verstehen ist, dass bei Nichteinbringbarkeit der vollen gesetzlich geschuldeten Vergütung einer der an der Vereinbarung beteilig-

136

---

31 LG Memmingen, NJW 1996, 64 = VersR 1996, 604.

ten Rechtsanwälte den tatsächlich an ihn gezahlten Betrag bis zur Befriedigung der Hälfte der gesetzlichen Gebührenansprüche behalten dürfe. Die mangels weiterer Regelungen in einer Gebührenteilungsvereinbarung gebotene ergänzende Vertragsauslegung führt vielmehr zu dem Ergebnis, dass sowohl Prozess- wie Verkehrsanwalt gleichermaßen das Risiko des Gebührenausfalls tragen, somit auch die tatsächlich eingegangenen, aber hinter der Gesamtgebührenforderung zurückbleibenden Gebühren hälftig zu teilen sind.

137 **Praxistipp:**

Vorsorglich sollte geregelt werden, dass bei einem teilweisen Forderungsausfall die vom Auftraggeber gezahlten Beträge geteilt werden.

138 **Muster: Zusatzklausel für Forderungsausfall**

Sollte die vom Mandanten beitreibbare Vergütung hinter der Gesamtvergütung zurückbleiben, werden die vom Auftraggeber gezahlten oder anderweitig eingenommenen Beträge (Rechtsschutzversicherer, Kostenerstattung etc.) hälftig geteilt, unabhängig davon, auf welchen Teil der Vergütung und an wen die Zahlungen geleistet worden sind.

3. Vertretungsauftrag in eigenem Namen

139 Möglich und zulässig ist es, dass der Anwalt in eigenem Namen einen anderen Anwalt beauftragt, also als seinen Stellvertreter oder als „Subunternehmer".

140 Die rechtliche Beziehung zwischen dem mandatierten Anwalt und seinem Stellvertreter ist bei unentgeltlicher Stellvertretung als Auftrag nach §§ 662 ff. BGB einzuordnen und bei Vereinbarung eines Entgelts als Geschäftsbesorgungsvertrag nach § 675 BGB.

141 Die Vergütung zwischen dem mandatierten Anwalt und seinem Stellvertreter kann frei vereinbart werden. Diese interne Vereinbarung unter-

liegt keinen Schranken, insbesondere sind §49b BRAO und §1 UWG nicht einschlägig.[32] Der Stellvertreter wird nur für den mandatierten Anwalt tätig. Die Gebührenvorschriften des RVG gelten daher nicht, so dass dessen Gebührensätze auch unterschritten werden können.

Vereinbart der mandatierte Anwalt mit seinem Stellvertreter ein Entgelt für dessen Tätigkeit, so schuldet der Anwalt dieses Entgelt persönlich. Zu der Frage, ob und in welchem Umfang er die Mehrkosten der Stellvertretung dem Auftraggeber in Rechnung stellen kann, s. Rn. 151 ff. 142

Da sich das Vertragsverhältnis zwischen den Anwälten nicht nach dem RVG richtet (s.o. Rn. 141), sind die Anwälte völlig frei, welche Vereinbarungen sie hier treffen. Voraussetzung ist nur, dass der mandatierte Anwalt, also der Anwalt, der den Anwaltsvertrag mit der vertretenen Partei geschlossen hat, mit ihr keine niedrigere als die gesetzliche Vergütung vereinbart. Welche Vergütung der im Auftrag des Anwalts tätige weitere Anwalt erhält, ist dagegen unerheblich. Er hat keinen Anspruch auf die „gesetzliche Vergütung", weil er nicht im Namen des Auftraggebers tätig wird und daher gar keinen Vergütungsanspruch nach dem RVG erwirbt. 143

Von daher sind hier auch geringere Pauschalen für Terminswahrnehmung, insbesondere wertunabhängige Festbeträge, möglich und auch üblich. 144

Beispiel: 145

Der in Köln ansässige Anwalt ist als Prozessbevollmächtigter in einem Rechtsstreit vor dem LG München beauftragt. Die beklagte Partei lässt sich nicht vertreten, so dass der Erlass eines Versäumnisurteils im Termin ansteht. Für diesen Termin beauftragt der Kölner Anwalt in München einen anderen Anwalt, der den Termin für ihn wahrnehmen soll und vereinbart mit ihm einen Pauschalbetrag i.h.v. 200,00 € zuzüglich Umsatzsteuer für die Wahrnehmung des Termins.

---

32 BGH, AGS 2001, 51 = AnwBl. 2001, 302 = BB 2000, 2544 = BRAGOReport 2001, 29 m. Anm. Wolf = DStZ 2001, 60 = GRUR 2001, 256 = MDR 2001, 173 = NJW 2001, 753 = WM 2001, 167 = WRP 2001, 144; OLG Düsseldorf, OLGReport 1994, 227; AGS 1998, 113 m. Anm. Madert = OLGReport 1994, 239.

A. Einführung

Gegenüber seinem Auftraggeber rechnet der Kölner Anwalt sowohl die Verfahrensgebühr nach Nr. 3100 VV RVG als auch die Terminsgebühr der Nr. 3105 VV RVG ab, die er über § 5 RVG verdient hat.

Der Münchener Anwalt wiederum rechnet ausschließlich mit dem Kölner Anwalt ab und stellt ihm die vereinbarte Pauschalvergütung i.H.v. 232,00 € in Rechnung. Der Kölner Anwalt muss also letztlich die Pauschale aus seinem eigenen Gebührenaufkommen bestreiten, was für ihn im Ergebnis aber günstiger sein wird, als im Namen der Partei einen Terminsvertreter (Nrn. 3401, 3402, 3104 VV RVG) zu beauftragen, da er dann nur die Verfahrensgebühr erhalten würde oder selbst nach München zum Termin fahren müsste und er dann erhebliche Zeit verlieren würde.

146 Muster: Pauschalvereinbarung mit Stellvertreter (Terminswahrnehmung)

Herrn

Rechtsanwalt ...

Terminsvertretung

..../....

Sehr geehrter Herr Kollege ...,

ich nehme Bezug auf unser Telefonat vom ..., in dem Sie sich bereit erklärt hatten, in der o.g. Sache für mich den Termin zur mündlichen Verhandlung vor dem LG ... am ... wahrzunehmen.

Hinsichtlich der Vergütung hatten wir vereinbart, dass Sie für die Terminswahrnehmung eine Pauschale i.H.v. ...,.. € zuzüglich Umsatzsteuer erhalten. Diese Pauschale wollen Sie mir nach Terminswahrnehmung bitte unmittelbar in Rechnung stellen.

Ich bitte, diese Vereinbarung der Form halber zu bestätigen.

Die erforderlichen Unterlagen, insbesondere die gerichtliche Korrespondenz sowie die Terminsladung, füge ich als Anlage bei.

Mit freundlichen kollegialen Grüßen

Rechtsanwalt

Anlagen

Möglich und zulässig sind auch **unentgeltliche Vereinbarungen**. Sol- 147
che Vereinbarungen einer unentgeltlichen Stellvertretung sind unter Anwälten üblich. Es besteht weitgehend der Brauch, für einen Kollegen desselben Landgerichtsbezirks unentgeltlich bei Terminskollisionen aufzutreten. Angesichts des Wegfalls der Zulassungsschranken wird dieser Brauch auch zunehmend auf auswärtige Anwälte ausgedehnt. In Anbetracht dessen muss ein Anwalt, der als Vertreter nicht unentgeltlich für seinen Kollegen auftreten will, dies ausdrücklich erklären. Anderenfalls kann er keine Vergütung verlangen.

Wird ein Anwalt gebeten, *„kollegialiter"* in einem Termin aufzutreten, 148
so liegt darin konkludent die Vereinbarung, unentgeltlich tätig zu werden. Kommt ein Anwalt der Bitte *„kollegialiter"* aufzutreten nach ohne zu widersprechen und darauf hinzuweisen, dass er eine Vergütung verlangen werde, so liegt darin konkludent die Vereinbarung der unentgeltlichen Vertretung (§ 662 BGB). Anderenfalls würde es keinen Sinn machen, zusätzlich zu vereinbaren, dass der andere Anwalt *„kollegialiter"* auftrete. Dieser Zusatz hätte in diesem Fall überhaupt keine Bedeutung und wäre daher völlig überflüssig, wenn die üblichen Gebühren in Rechnung gestellt würden.[33]

Beispiel: 149

Der Rechtsanwalt bittet einen Kollegen, wegen Terminskollision für ihn kollegialiter im Verhandlungstermin den Antrag zu stellen. Eine Vergütung wird nicht vereinbart.

Der beauftragte Rechtsanwalt erhält die Vergütung vom Auftraggeber, auch die 150
Terminsgebühr nach Nr. 3102 VV RVG, die er über § 5 RVG verdient. Der Stellvertreter erhält dagegen weder einen Vergütungsanspruch gegen den Mandanten, da dieser nicht Vertragspartner ist, noch einen Vergütungsanspruch gegen den mandatierten Anwalt, da Unentgeltlichkeit vereinbart ist.

---

33 AG Saarbrücken, AGS 1999, 119; s.a. LAG Düsseldorf, BRAGOReport 2000, 29 m. Anm. N. Schneider; a.A. LG Arnsberg, NJW-RR 2001, 1144.

A. Einführung

4. Vergütungspflicht des Auftraggebers für die Kosten des Stellvertreters

151 Im Gegensatz zu weiteren Anwälten (Terminsvertreter, Verkehrsanwalt), die mit dem Mandanten einen eigenen Anwaltsvertrag schließen, hat der Stellvertreter keinen Vergütungsanspruch gegen den Mandanten, da insoweit keine vertraglichen Beziehungen bestehen (s.o. Rn. 139 ff.). Daher haftet der Auftraggeber dem Stellvertreter niemals für dessen Vergütung. Insoweit muss sich der Stellvertreter an den Anwalt halten, der ihn beauftragt hat.

152 Der Anwalt, der sich vertreten lässt, muss die Kosten der Stellvertretung aus seiner Vergütung bestreiten und kann diese Kosten grundsätzlich nicht an seinen Mandanten weitergeben.

153 Eine Ausnahme von diesem Grundsatz gilt, soweit der Auftraggeber durch die Einschaltung eines Stellvertreters anderweitige Kosten erspart. Dieser Fall wird bei **auswärtigen Terminen** häufig auftreten. Der Anwalt kann dann die Mehrkosten der Stellvertretung dem Auftraggeber bis zur Höhe der anderweitig ersparten Kosten in Rechnung stellen.

154 **Beispiel:**

Der Bonner Anwalt erhält den Auftrag einen Rechtsstreit i.H.v. 10.000,00 € vor dem LG Bielefeld zu führen. Für die Wahrnehmung des Termins beauftragt er im eigenen Namen einen Stellvertreter, der hierfür in Anlehnung an die Nrn. 3401, 3402 VV RVG eine Vergütung i.H.v. 1,85-Gebühren nebst Auslagen erhält, also:

1. 0,65-Verfahrensgebühr, Nr. 3401 VV RVG   *315,90 €*

2. 1,2-Terminsgebühr, Nrn. 3402, 3104 VV RVG   *583,20 €*

3. Auslagenpauschale, Nr. 7002 VV RVG   *20,00 €*

   Gesamt (netto)   *919,10 €*

Der mandatierte Anwalt erhält zunächst die Verfahrensgebühr nach Nr. 3100 VV RVG. Auch die Terminsgebühr i.H.v. 583,20 € kann er seinem Auftraggeber unmittelbar nach § 5 RVG in Rechnung stellen. Die weiteren Kosten i.H.v. 335,90 € sind Mehrkosten, die nicht in den Anwendungsbereich des § 5 RVG fallen. Diese Kosten kann der Anwalt aber insoweit in Rechnung stellen, als eigene Kosten (hier Reisekosten) erspart worden sind. Der Bonner Anwalt kann gegenüber seinem Auftraggeber daher berechnen:

1. 1,3-Verfahrensgebühr, Nr. 3100 VV RVG 631,80 €
2. 1,2-Terminsgebühr, § 5 RVG, Nr. 3104 VV RVG 583,20 €
3. Auslagenpauschale, Nr. 7002 VV RVG 20,00 €
4. Mehrkosten des Stellvertreters (335,90 €), ersatzfähig in Höhe der ersparten Reisekosten:
   - Fahrtkosten, Nr. 7003 VV RVG, 2 x 200 km x 0,30 € = 120,00 €
   - Abwesenheitspauschale bis 6 Stunden, Nr. 7005 Nr. 2 VV RVG 35,00 €

    155,00 €

Zwischensumme 1.390,00 €

5. 16 % Umsatzsteuer, Nr. 7008 VV RVG 222,40 €

Gesamt ***1.612,40 €***

Erforderlich für eine solche Abrechnung ist, dass durch die Stellvertretung tatsächlich auch Mehrkosten angefallen sind. Der Stellvertreter muss also für seine Tätigkeit mehr verlangen, als der Anwalt nach § 5 RVG für die Tätigkeit des Stellvertreters erhält. Ist das nicht der Fall, kann der Anwalt die ersparten Kosten nicht fiktiv in Ansatz bringen. Fiktive Kosten können niemals berechnet werden. Es können stets nur tatsächliche Kosten in Ansatz gebracht werden, deren Höhe dann auf die fiktiven geringeren Kosten der persönlichen Ausführung zu begrenzen ist.

155

Beispiel:

156

Wie vorheriges Beispiel, jedoch tritt der Bielefelder Anwalt kollegialiter unentgeltlich auf.

Die Terminsgebühr i.H.v. 583,20 € kann der mandatierte Anwalt seinem Auftraggeber wiederum in Rechnung stellen. Dass der Stellvertreter hierfür nichts berechnet, ist nach § 5 RVG unerheblich. Die ersparten Reisekosten können dagegen nicht berechnet werden, weil keine Mehrkosten beim Stellvertreter angefallen sind. Der Bonner Anwalt kann gegenüber seinem Auftraggeber daher nur berechnen:

1. 1,3-Verfahrensgebühr, Nr. 3100 VV RVG 631,80 €
2. 1,2-Terminsgebühr, § 5 RVG, Nr. 3104 VV RVG 583,20 €
3. Auslagenpauschale, Nr. 7002 VV RVG 20,00 €

Zwischensumme	1.235,00 €
4. 16% Umsatzsteuer, Nr. 7008 VV RVG	197,60 €
Gesamt	*1.432,60 €*

157 Unabhängig davon kann der Anwalt mit seinem Auftraggeber jederzeit vereinbaren, dass dieser die Mehrkosten der Stellvertretung übernehme, etwa zur Vermeidung höherer Kosten eines Terminsvertreters oder auch dann, wenn besondere Umstände dies erfordern.

158 **Beispiel:**

In einem Termin über den Erlass einer einstweiligen Verfügung ist der Anwalt verhindert. Um wegen der Dringlichkeit der Sache eine Terminsverlegung zu vermeiden, beauftragt der Anwalt einen Stellvertreter mit dem er für den Termin eine 1,5-Gebühr vereinbart. Gleichzeitig vereinbart er mit dem Auftraggeber, dass dieser die insoweit entstehenden Mehrkosten übernimmt.

Die entsprechende Vereinbarung mit dem Auftraggeber bedarf nicht der Form des § 4 RVG, da sie nicht die Vergütung des mandatierten Anwalts betrifft, sondern nur die Übernahme von weiteren Kosten, die der Anwalt für den Stellvertreter verauslagt.

B. Zulässigkeit einer Vergütungsvereinbarung

I. Überblick

Die Zulässigkeit einer Vergütungsvereinbarung selbst ist im RVG nicht geregelt. Sie ergibt sich aus dem Grundsatz der Vertragsfreiheit, also aus allgemeinen schuldrechtlichen Grundsätzen. Daher geht die Vorschrift des § 4 RVG ohne weiteres von der Zulässigkeit einer solchen privatrechtlichen Vergütungsvereinbarung aus.   159

Die Vergütungsvereinbarung ist i.d.R. **Inhalt** oder **vertragliche Nebenabrede** des Anwaltsvertrags zwischen Anwalt und Auftraggeber.   160

Vergütungsvereinbarungen kann der Anwalt aber auch mit **Dritten** treffen, die nicht Auftraggeber sind (s. Rn. 237ff.).   161

Aufseiten des Anwalts ist es zulässig, die Vereinbarung ausschließlich im eigenen Namen zu schließen, auch dann, wenn der Anwalt **Mitglied einer Sozietät** ist. In diesem Fall kommt die Vergütungsvereinbarung nur mit dem abschließenden Anwalt zustande. Weder die Sozietät als Gesellschaft bürgerlichen Rechts noch andere Mitglieder der Sozietät können diese Ansprüche dann geltend machen, so lange keine Übertragung erfolgt. Möglich ist auch, dass mehrere **einzelne Sozien** einer Kanzlei die Vergütungsvereinbarung abschließen. Auch dann steht die vereinbarte Vergütung nicht der Sozietät zu, sondern nur den betreffenden Sozien.   162

Die Vergütungsvereinbarung kann auch im Namen der **gesamten Sozietät** geschlossen werden. Dann steht die vereinbarte Vergütung der Sozietät zu.   163

Im Sozietätsvertrag kann zudem geregelt werden, wie hinsichtlich der Ansprüche aus Vergütungsvereinbarungen zu verfahren ist. So kann im Sozietätsvertrag wirksam vereinbart werden, dass sämtliche Ansprüche aus Vergütungsvereinbarungen der einzelnen Sozien einem einzelnen Sozius alleine zustehen sollen.[1]   164

---

1   LG Karlsruhe, AnwBl. 1983, 178.

B. Zulässigkeit einer Vergütungsvereinbarung

165 **Eingeschränkt** wird die grds. gegebene **Zulässigkeit einer Vergütungsvereinbarung** durch mehrere gesetzliche Regelungen. Unzulässig ist danach eine Vergütungsvereinbarung in folgenden Fällen:

II. Anwaltsnotar

166 Unzulässig ist die Vergütungsvereinbarung eines Notars.

§ 140 KostO Verbot der Gebührenvereinbarung

¹Die Kosten der Notare bestimmen sich, soweit bundesrechtlich nichts anderes vorgeschrieben ist, ausschließlich nach diesem Gesetz. ²Vereinbarungen über die Höhe der Kosten sind unwirksam.

167 Soweit ein **Anwaltsnotar** – also ein Rechtsanwalt, der zugleich auch als Notar zugelassen ist – mit seinem Auftraggeber ein Gesamthonorar vereinbart, das sowohl seine Anwalts- als auch seine Notartätigkeit abgelten soll, so müssen die in ihr geregelten Notarkosten in nachvollziehbarer Weise gesondert ausgewiesen werden. Fehlt es daran, ist die Vereinbarung unwirksam. Das gilt nicht nur für die Notarkosten, sondern auch für den die Anwaltsvergütung betreffenden Teil der Vereinbarung.[2]

III. Vergütungsvereinbarungen bei Beratungshilfe
1. Die gesetzliche Regelung

168 Die Zulässigkeit einer Vergütungsvereinbarung wird durch § 8 BerHG eingeschränkt, auf den § 4 Abs. 6 RVG ausdrücklich Bezug nimmt.

169 Die Vorschrift des § 8 BerHG lautet:

§ 8 [Beratungshilfegebühr]

Vereinbarungen über eine Vergütung sind nichtig.

170 Diese Vorschrift ist unklar. Sie ist nur aus dem Kontext und aus ihrer Entstehung heraus verständlich. Bis zum 30.6.2004 war § 8 BerHG in § 8 Abs. 2 BerHG a.F. enthalten. Sie baute auf dem damaligen § 8 Abs. 1

---

[2] BGH, JurBüro 1986, 1027 = DB 1986, 1389 = EWiR 1986, 609 = NJW 1986, 2576 = MDR 1986, 917 = LM Nr. 1 zu § 140 KostO = DNotZ 1986, 758 = BGHWarn. 1986, Nr. 82 = BGH-DAT Zivil = LM Nr. 63 zu § 139.

BerHG auf, der davon ausging, dass der Rechtsuchenden dem Rechtanwalt **Beratungshilfe gewährt**. Daher muss die Vorschrift aus dem Zusammenhang sinngemäß wie folgt gelesen werden: *„Gewährt der Rechtsanwalt dem Rechtsuchenden Beratungshilfe, sind Vereinbarungen über eine Vergütung nichtig"*.

Hieraus wiederum folgt, dass verschiedene Fallgruppen zu unterscheiden sind. 171

2. Die verschiedenen Fallgruppen

a) Der Anwalt gewährt dem Rechtsuchenden Beratungshilfe

Dieser Fall ist eindeutig. Ist dem Rechtsuchenden Beratungshilfe bewilligt und lässt er sich von dem Rechtsanwalt beraten oder vertreten, so sind jegliche Vereinbarungen über die Vergütung nach § 4 Abs. 6 RVG i.V.m. § 8 BerHG nichtig, auch soweit die gesetzliche Vergütung vereinbart wird. 172

Dieses Verbot betrifft nicht nur Vereinbarungen über die Höhe der Gebühren oder Auslagen, die der Anwalt aus der Staatskasse erhält, sondern gilt auch für Vereinbarungen über die **Beratungshilfegebühr** (frühere Schutzgebühr), die jetzt in Nr. 2600 VV RVG enthalten ist. 173

Selbst für den **erfolgreichen Ausgang** darf sich der Anwalt eine Vergütung nicht versprechen lassen. 174

Ihm bleibt allerdings die Möglichkeit, über § 9 BerHG unmittelbar einen **erstattungspflichtigen Gegner** in Anspruch zu nehmen. 175

Dagegen bestehen keine Bedenken, Vergütungsvereinbarungen zu treffen, soweit die Beratungshilfe nicht greift. Soweit z.B. Auslagen von der Staatskasse nicht übernommen werden (Kosten für nicht notwendige Kopien,[3] Kosten für nicht notwendige Geschäftsreisen o.Ä.), der Anwalt diese aber von der Partei verlangen kann, weil sie hierzu den Auftrag in Kenntnis dessen erteilt hat, dass die Beratungshilfe diese Kosten nicht 176

---

3   Nach der Praxis deutscher Gerichte sind Kopiekosten eines Beratungshilfemandanten grundsätzliche nie zu erstatten – lesenswerte Ausnahme AG Gera, AGS 2005, 351.

übernehme, sind Vergütungsvereinbarungen unbedenklich. Gleiches gilt für Gebühren, die die Staatskasse ohnehin nicht übernimmt.

177 *Beispiel:*

Dem Rechtsuchenden ist Beratungshilfe in einer Mietsache bewilligt worden. Er beauftragt einen auswärtigen Rechtsanwalt, den er bittet die Wohnung in Augenschein zu nehmen. Der Rechtsanwalt weist darauf hin, dass hierdurch Reisekosten anfallen, die nicht notwendig sind, da die Partei einen ortsansässigen Rechtsanwalt im Rahmen der Beratungshilfe hätte aufsuchen können. Der Rechtsuchende wünscht gleichwohl, dass der auswärtige Rechtsanwalt die Wohnung in Augenschein nimmt.

Da die Reisekosten des Rechtsanwalts nach § 46 Abs. 1 RVG von der Staatskasse nicht zu vergüten sind und der Rechtsuchende daher zur Übernahme der gesetzlichen Reisekosten verpflichtet wäre, bestehen keine Bedenken eine Vergütung hinsichtlich der Reisekosten zu treffen.

178 *Beispiel:*

Der Rechtsuchende hatte seinen Anwalt in einer Kaufvertragssache beauftragt. Es kommt zu einer Einigung, wonach sich der Gegner verpflichtet, einen bestimmten Kaufpreis in Raten zu zahlen. Der Rechtsuchende wünscht, dass die Raten an den Anwalt gezahlt werden, der den Zahlungseingang kontrollieren und die Raten weiterleiten soll.

Da die Verwahrungstätigkeit nicht von der Staatskasse zu vergüten ist, kann der Anwalt die hier anfallende Vergütung nach Nr. 1009 VV RVG dem Rechtsuchenden unbeschadet der bewilligten Beratungshilfe in Rechnung stellen. Folglich kann er insoweit auch Vergütungsvereinbarungen abschließen.

b) Der Rechtsuchende erscheint beim Anwalt, damit dieser Beratungshilfe beantrage

179 Hier ist zu differenzieren.

aa) Der Rechtsuchende will nur dann vertreten werden, wenn ihm Beratungshilfe bewilligt wird

180 Will der Rechtsuchende den Anwalt nur beauftragen, wenn ihm auch Beratungshilfe gewährt wird, dann soll der Anwalt auftragsgemäß nur im Rahmen der Beratungshilfe tätig werden. Vergütungsvereinbarungen sind dann wiederum nach § 4 Abs. 6 RVG i.V.m. § 8 BerHG unzulässig.

bb) Der Rechtsuchende will auch dann vertreten werden, wenn ihm Beratungshilfe nicht bewilligt wird

Will der Rechtsuchende auch dann vertreten werden, wenn ihm Beratungshilfe nicht bewilligt wird, können die Parteien für den Fall, dass die Beratungshilfe nicht bewilligt wird, eine Vergütung vereinbaren. 181

Gegen eine solche Vereinbarung bestehen keine Bedenken, da diese Vereinbarung nur dann wirksam wird, wenn gerade keine Beratungshilfe gewährt wird. 182

Jede andere Auslegung wäre sinnwidrig, da dann auch eine vermögende Partei, die irrtümlich meint, Beratungshilfe in Anspruch nehmen zu können, keine Vergütungsvereinbarung mit dem Anwalt treffen könnte; der Anwalt wiederum wäre gehindert eine Vergütungsvereinbarung zu treffen, wenn die Partei der irrigen Fehlvorstellung unterliegt, sie sei bedürftig und wenn sie partout Beratungshilfe beantragen will. 183

Insbesondere ab dem 1.7.2006 würden sich hier unüberwindbare Schwierigkeiten ergeben, wenn der Anwalt beraten soll und die Beratungshilfe nicht gewährt wird. In diesem Fall gelten dann die gesetzlichen Vorschriften. Für die Beratung gibt es aber keinen Gebührentatbestand mehr (§ 34 RVG i.d.F. ab dem 1.7.2006). Hier soll gerade eine Gebührenvereinbarung getroffen werden, was aber wiederum nicht möglich wäre, wenn der Mandant zunächst versuchen will, Beratungshilfe zu erhalten. 184

cc) Der Rechtsuchende erfüllt die Voraussetzungen, unter denen Beratungshilfe zu gewähren ist; er will die Beratungshilfe jedoch nicht beantragen

Auch in diesem Fall sind Vergütungsvereinbarungen möglich, weil der Anwalt nicht im Rahmen der Beratungshilfe tätig wird. Die Partei kann darauf verzichten, die ihr zustehende Möglichkeit der Beratungshilfe in Anspruch zu nehmen.[4] 185

---

4   Derleder, MDR 1981, 448.

dd) Dem Rechtsuchenden ist Beratungshilfe bewilligt worden. Er will von dem Anwalt jedoch nicht im Rahmen der Beratungshilfe beraten oder vertreten werden

186 Auch in diesem Falle sind Vergütungsvereinbarungen zulässig. Es kommt hier auf den Auftrag an. Will der Rechtsuchende die an sich gegebene Möglichkeit der Beratungshilfe, selbst wenn ihm bereits ein Beratungshilfeschein erteilt worden ist, nicht ausnutzen, ist dies seine freie Entscheidung. Der Anwalt kann mit dem Mandanten dann eine Vergütungsvereinbarung treffen.

187 *Beispiel:*

Dem Rechtsuchenden ist ein Beratungshilfeschein erteilt worden. Er sucht den Anwalt auf, ohne ihn auf seine Bedürftigkeit oder den ihm erteilten Beratungshilfeschein hinzuweisen und trifft mit ihm eine Vergütungsvereinbarung.

Da der Anwalt nicht im Rahmen der Beratungshilfe beauftragt worden ist, ist die Vergütungsvereinbarung wirksam.

188 *Beispiel:*

Dem Rechtsuchenden ist ein Beratungshilfeschein erteilt worden. Er sucht Rechtsanwalt A auf, legt ihm den Berechtigungsschein vor und lässt sich beraten. Hiernach möchte er bei Rechtsanwalt B eine zweite Meinung einholen und schließt mit ihm eine Vergütungsvereinbarung.

Auch in diesem Fall bestehen gegen die Wirksamkeit der getroffenen Vereinbarung keine Bedenken.

c) Die Parteien schließen eine Vergütungsvereinbarung; erst im Anschluss daran wird Beratungshilfe bewilligt

189 Hier ist wiederum zu differenzieren.

aa) Zum Zeitpunkt der Beauftragung war bereits vereinbart, dass Beratungshilfe in Anspruch genommen werden soll

190 War zum Zeitpunkt der Beauftragung des Anwalts vereinbart, dass Beratungshilfe in Anspruch genommen werden solle, dann ist die Vereinbarung unwirksam, wenn Beratungshilfe nachträglich gewährt wird. Der Anwalt sollte – sofern Beratungshilfe bewilligt wird – im Rahmen der Beratungshilfe tätig werden, so dass der Schutzbereich des § 8 BerHG greift.

bb) Die Beteiligten sind bei Beauftragung des Anwalts nicht davon ausgegangen, dass Beratungshilfe in Anspruch genommen werde

Sind die Beteiligten bei Beauftragung des Anwalts nicht davon ausgegangen, dass Beratungshilfe in Anspruch genommen werde, sondern sind sie von einem gewöhnlichen Wahlanwaltsvertrag ausgegangen und haben im Rahmen dieses Wahlanwaltsvertrages eine Vergütungsvereinbarung geschlossen, so bleibt diese wirksam, selbst wenn dann später Beratungshilfe bewilligt wird, etwa weil sich zwischenzeitlich die wirtschaftlichen Verhältnisse verändert haben und der Auftraggeber sich nunmehr im Nachhinein einen Beratungshilfeschein erteilen lässt oder weil der Mandant zunächst die Absicht hatte Beratungshilfe nicht in Anspruch zu nehmen, also auf diese staatliche Leistung zu verzichten, und er es sich später dann anders überlegt hat. 191

Der Schutzbereich des § 8 BerHG greift hier nicht, weil die Vertragsschließenden nicht von der Bewilligung von Beratungshilfe ausgegangen sind. Würde man § 8 BerHG hier anders auslegen, hätte es jede Partei in der Hand, eine Vergütungsvereinbarung im Nachhinein zunichte zu machen, wenn sie es erreicht, dass ihr nachträglich – ob zu Recht oder zu Unrecht – ein Beratungshilfeschein erteilt wird. 192

Zu prüfen sein kann allenfalls, ob der Anwalt sich schadensersatzpflichtig gemacht hat, wenn er bei Auftragserteilung nicht ausreichend über die Möglichkeit der Inanspruchnahme der Beratungshilfe belehrt hat. 193

3. Rechtsfolge einer unter Verstoß gegen § 4 Abs. 6 RVG i.V.m. § 8 BerHG getroffenen Vereinbarung

Wird eine Vergütungsvereinbarung unter Verstoß gegen § 4 Abs. 6 RVG i.V.m. § 8 BerHG getroffenen, so ist diese nichtig, da sie gegen ein gesetzliches Verbot verstößt (§ 134 BGB). 194

Soweit der Auftraggeber die Vergütung bereits gezahlt hat, ist der Anwalt nach Bereicherungsrecht (§ 812 BGB) zur Rückgewähr verpflichtet, ggf. sogar aus § 823 Abs. 2 BGB i.V.m. § 8 BerHG oder § 826 BGB. 195

196 Dem Bereicherungsanspruch kann ggf. § 814 BGB entgegenstehen, wenn dem Rechtsuchenden bekannt war, dass er nicht zur Zahlung verpflichtet war.

IV. Vergütungsvereinbarungen bei Prozesskostenhilfe

1. Überblick

197 Ist der Anwalt im Wege der **Prozesskostenhilfe beigeordnet**, ist eine Vergütungsvereinbarung zwar nicht unzulässig wie im Falle der Beratungshilfe (§ 4 Abs. 6 RVG i.V.m. § 8 BerHG) und führt daher auch nicht zur Nichtigkeit der Vereinbarung; eine **Verbindlichkeit** wird jedoch durch eine solche Vereinbarung **nicht begründet**. Dies ist in § 4 Abs. 5 Satz 1 RVG geregelt.

198 Unerheblich ist dabei, ob ratenfreie Prozesskostenhilfe bewilligt worden ist oder Prozesskostenhilfe gegen Ratenzahlung. Selbst dann, wenn die von der bedürftigen Partei nach § 120 ZPO zu zahlenden Raten letztlich die gesamten Kosten decken, bleibt eine Vergütungsvereinbarung **unverbindlich**.

199 Es handelt sich also auch hier lediglich um eine **Naturalobligation**, die zwar nicht durchgesetzt werden kann, aber erfüllbar ist. So ordnet dann auch § 4 Abs. 5 Satz 2 RVG an, dass der Auftraggeber eine freiwillige und vorbehaltlose Leistung nicht mit der Begründung zurückverlangen kann, nach § 4 Abs. 5 Satz 1 RVG habe eine Verbindlichkeit nicht bestanden.

200 Hintergrund dieser Regelung ist, dass der beigeordnete Rechtsanwalt von der Staatskasse bezahlt wird. Er hat gemäß § 122 Abs. 1 Nr. 3 ZPO keinen Vergütungsanspruch gegen den Mandanten. Folglich kann er auch nicht wirksam mit der bedürftigen Partei eine Vergütungsvereinbarung treffen. Damit soll vermieden werden, dass der Rechtanwalt die wirtschaftliche Schwäche einer Person, die sich möglicherweise in Sorge um eine angemessene Vertretung auf eine Vergütungsvereinbarung einlassen würde, ausnutzt.[5]

---

5 Krämer/Mauer/Kilian, Rn. 519.

Der Gesetzgeber ist hier jedoch nicht so weit gegangen, dass er – wie bei der Beratungshilfe – die Nichtigkeit einer dennoch getroffenen Vereinbarung angeordnet hat. 201

Die Vereinbarung einer Vergütung ist in diesen Fällen auch nicht sittenwidrig.[6] 202

Zu beachten ist, dass aus § 4 Abs. 5 Satz 1 RVG – ebenso wie bei § 4 Abs. 6 RVG i.V.m. § 8 BerHG – nicht durchweg folgt, dass eine Verbindlichkeit nie begründet wird. Auch hier ist wiederum zu differenzieren: 203

2. Die einzelnen Fallgruppen

a) Vergütungsvereinbarung nach Beiordnung

Wird eine Vergütungsvereinbarung geschlossen, nachdem der Anwalt dem Mandanten beigeordnet worden ist, greift § 4 Abs. 5 Satz 1 RVG. Eine Verbindlichkeit wird nicht begründet. 204

Allerdings ist zu beachten, dass die Reichweite des § 4 Abs. 5 Satz 1 RVG nur so weit geht, als sich auch die Prozesskostenhilfe erstreckt. Eine Verbindlichkeit wird daher lediglich **im Umfang der bewilligten Prozesskostenhilfe** nicht begründet. Soweit die bewilligte Prozesskostenhilfe sich auf einzelne Vergütungen oder Vergütungsabschnitte nicht erstreckt, greift folglich auch nicht der Ausschluss nach § 4 Abs. 5 Satz 1 RVG, so dass insoweit Vereinbarungen getroffen werden können.[7] 205

Beispiel: 206

Der Rechtsanwalt wird von einem auswärtigen Gericht zu den Bedingungen eines ortsansässigen Anwalts beigeordnet.

Die Reisekosten zum auswärtigen Gericht muss die Partei mangels entsprechender Prozesskostenhilfebewilligung selbst tragen.[8] Insoweit ist daher die Vereinbarung einer Vergütung zulässig.

---

6 OLG Hamm, JurBüro 1983, 1507; Krämer/Mauer/Kilian, Rn. 520.
7 AnwK-RVG/N. Schneider, § 4 Rn. 32.
8 OLG Nürnberg, JurBüro 2001, 481; AnwK-RVG/N. Schneider, § 11 Rn. 102.

207 *Beispiel:*

Dem Kläger ist Prozesskostenhilfe für seine Klage bewilligt worden. Für die Verteidigung gegen die vom Gegner erhobene Widerklage wird ihm keine Prozesskostenhilfe bewilligt.

Hinsichtlich der Widerklage kann der Anwalt daher ungeachtet des § 122 Abs. 1 Nr. 3 ZPO die Partei unmittelbar in Anspruch nehmen.[9] Folglich ist insoweit auch eine Vergütungsvereinbarung zulässig.

208 *Beispiel:*

Erstinstanzlich ist der Partei Prozesskostenhilfe bewilligt worden. Für das Berufungsverfahren wird der Prozesskostenhilfeantrag zurückgewiesen. Die Partei will das Berufungsverfahren dennoch durchführen.

Mangels Beiordnung für das Rechtsmittelverfahren kann der Anwalt insoweit eine Vergütungsvereinbarung treffen.

b) Abschluss einer Vergütungsvereinbarung vor dem Auftrag Prozesskostenhilfeantrag zu stellen

209 Schließen die Parteien eine Vergütungsvereinbarung, bevor der Anwalt den Auftrag erhält Prozesskostenhilfe zu beantragen, greift § 4 Abs. 5 Satz 1 RVG ebenfalls nicht. Die Vereinbarung zielt gerade nicht darauf ab, dass ein im Wege der Prozesskostenhilfe beigeordneter Rechtsanwalt eine Vergütung erhalten soll. Zum Zeitpunkt des Abschlusses des Vertrages ist der Anwalt weder beigeordnet noch hat er den Auftrag, sich beiordnen zu lassen. Daher ist und bleibt diese Vergütungsvereinbarung verbindlich.

210 Eine andere Auslegung wäre mit den Grundsätzen des Vertragsrechts nicht zu vereinbaren. Eine einmal wirksam getroffene Vereinbarung kann nicht im Nachhinein dadurch unwirksam werden, dass der Partei Prozesskostenhilfe bewilligt wird, zumal die spätere Prozesskostenhilfebewilligung in der Veränderung der wirtschaftlichen Verhältnisse liegen kann, die bei Vertragsabschluss noch gar nicht absehbar war.

---

9 Zöller/Philippi, § 121 Rn. 45; AnwK-RVG/N. Schneider, Nr. 3335 VV RVG Rn. 20 ff.

Beispiel: 211

Die vermögende Partei schließt zu Beginn des Rechtsstreits mit dem Anwalt eine Vergütungsvereinbarung. Später gerät sie in Vermögensverfall und erhält antragsgemäß Prozesskostenhilfe. Der Anwalt wird beigeordnet. Die zum früheren Zeitpunkt wirksam abgeschlossene Vergütungsvereinbarung kann jetzt nicht unverbindlich werden.

c) Abschluss einer Vergütungsvereinbarung vor Beiordnung

Wird eine Vergütungsvereinbarung getroffen, bevor der Anwalt im Rahmen der Prozesskostenhilfe beigeordnet worden ist, greift § 4 Abs. 5 Satz 1 RVG dem Wortlaut nach nicht. Hier ist allerdings wiederum nach Sinn und Zweck zu differenzieren. 212

War bei Auftragserteilung bereits klar, dass der Anwalt im Rahmen der Prozesskostenhilfe tätig werden solle, war ihm insbesondere der Auftrag erteilt, den Antrag auf Bewilligung von Prozesskostenhilfe zu stellen, wird die getroffene Vereinbarung nach § 4 Abs. 5 Satz 1 RVG unverbindlich, wenn der Anwalt beigeordnet wird.[10] Soweit er rückwirkend beigeordnet wird, sind die vereinbarten Vergütungen für den gesamten Zeitraum ab der rückwirkenden Beiordnung unverbindlich.[11] 213

Für Tätigkeiten, die vor der Beiordnung ausgeübt worden sind, bleibt die Vereinbarung dagegen verbindlich: 214

Beispiel: 215

Der Anwalt erhält den Auftrag den Beklagten zu vertreten und für die Klageabwehr Prozesskostenhilfe zu beantragen. Gleichzeitig schließt der Anwalt mit dem Auftraggeber eine Vergütungsvereinbarung. Nach mündlicher Verhandlung wird die Prozesskostenhilfe bewilligt und zwar rückwirkend ab Antragstellung. Eine Verbindlichkeit wird nach § 4 Abs. 5 Satz 1 RVG nicht begründet.

Beispiel: 216

Der Auftraggeber beauftragt den Anwalt, ihn in einem gegen ihn eingeleiteten Klageverfahren zu vertreten und für ihn Prozesskostenhilfe zu beantragen. Die Parteien treffen ungeachtet dessen eine Vergütungsvereinbarung. Im Termin zur

---

10 AnwK-RVG/N. Schneider, § 4 Rn. 32; Krämer/Mauer/Kilian, Rn. 519; Hansens, § 3 Rn. 19.
11 AnwK-RVG/N. Schneider, a.a.O.; Krämer/Mauer/Kilian, a.a.O.; Hansens, a.a.O.

mündlichen Verhandlung schließen die Parteien einen Vergleich oder Vertrag mit Widerrufsvorbehalt. Nach der mündlichen Verhandlung überreicht der Mandant dann endlich den mehrfach angemahnten Prozesskostenhilfeantrag nebst Unterlagen. Der Anwalt beantragt daraufhin für den Beklagten noch Prozesskostenhilfe, die auch ab Antragstellung bewilligt wird.

Die Terminsgebühr ist von der Prozesskostenhilfe nicht erfasst, da der Antrag erst nach dem Termin gestellt worden ist und die bewilligte Prozesskostenhilfe auch nicht zurückwirkt. Insoweit ist die Vergütungsvereinbarung daher verbindlich.

Die Einigungsgebühr ist erst mit Ablauf der Widerrufsfrist entstanden (Anm. Abs. 3 zu Nr. 1000 VV RVG). Zu diesem Zeitpunkt war der Anwalt bereits beigeordnet, so dass eine Verbindlichkeit aufgrund der Vergütungsvereinbarung insoweit nicht begründet worden ist.

Die Verfahrensgebühr ist sowohl vor als auch nach Prozesskostenhilfebewilligung ausgelöst worden. Meines Erachtens ist die Vergütungsvereinbarung insoweit verbindlich, da durch die Verfahrensgebühr auch die Tätigkeit vor der Beiordnung erfasst wird und für diesen Zeitraum keine Prozesskostenhilfe bewilligt worden ist.

d) Nachträgliche Aufhebung der Prozesskostenhilfe

217 Wird die Prozesskostenhilfebewilligung gemäß § 124 ZPO nachträglich aufgehoben, ist der Anwalt nicht mehr durch § 122 Abs. 1 Nr. 3 ZPO gehindert die gesetzliche Vergütung vom Auftraggeber einzufordern. Eine zuvor vereinbarte Vergütung kann der Anwalt dennoch nicht geltend machen, soweit sie bis dato unverbindlich war.[12] Sie wird nicht alleine dadurch verbindlich, dass die Prozesskostenhilfe nach § 124 ZPO aufgehoben wird.

218 Die Frage, ob eine Vergütungsvereinbarung verbindlich ist oder nicht, beurteilt sich nach dem Zeitpunkt des Abschlusses. Ebenso wie eine verbindliche Vergütungsvereinbarung durch spätere Prozesskostenhilfe nicht unverbindlich werden kann, kann eine unverbindliche Vereinbarung nicht dadurch verbindlich werden, dass die Prozesskostenhilfe aufgehoben wird. Dies würde auch dem Schutz des Auftraggebers zuwiderlaufen. Er soll davor geschützt werden, dass er sich in Sorge um eine

---

12 AnwK-RVG/N. Schneider, § 4 Rn. 32.

angemessene Vertretung auf eine Vergütungsvereinbarung einlässt und dadurch ausgenutzt wird.[13] Dieser Schutzzweck entfällt aber nicht dadurch, dass die Partei es später möglicherweise versäumt Raten zu zahlen (§ 124 Nr. 4 ZPO), Erklärungen abzugeben (§ 124 Nr. 2 ZPO) o.Ä.

Selbst wenn die Partei später vermögend wird und eine entsprechende Abänderung nach § 120 Abs. 4 ZPO ergeht, rechtfertigt dies keine andere Beurteilung. 219

Anders verhält es sich dagegen, wenn die Parteien eine Vergütungsvereinbarung unter der **aufschiebenden Bedingung** geschlossen haben, dass die Prozesskostenhilfebewilligung aufgehoben werde. Erst mit Eintritt der Bedingung, also Aufhebung der Prozesskostenhilfebewilligung, wird die Vereinbarung wirksam (§ 158 BGB). In diesem Zeitpunkt besteht aber keine Beiordnung mehr, so dass die Vereinbarung dann auch verbindlich ist. 220

V. Zulässigkeit der Vereinbarung bei Beiordnung als Pflichtverteidiger

1. Zulässigkeit einer Vergütungsvereinbarung

Im Gegensatz zum dem im Rahmen der Prozesskostenhilfe beigeordneten Rechtsanwalt kann der **Pflichtverteidiger** mit dem Auftraggeber eine Vergütungsvereinbarung schließen.[14] 221

Eine Vergütungsvereinbarung in diesem Sinne wäre auch die Vereinbarung der Wahlanwaltsgebühren, da diese für den Pflichtverteidiger nicht die „gesetzliche Vergütung" ist: Der Beschuldigte ist grds. – abgesehen von den Fällen des § 52 RVG – nämlich überhaupt nicht verpflichtet, den Anwalt unmittelbar zu bezahlen. Die „gesetzliche Vergütung" ist in diesem Fall streng genommen also die „Unentgeltlichkeit". 222

Anders als bei der Beiordnung im Rahmen der Prozesskostenhilfe und der Bewilligung von Beratungshilfe enthält § 4 RVG insoweit keinen Aus- 223

---

13 Krämer/Mauer/Kilian, Rn. 519.
14 BGH, Rpfleger 1979, 412 = MDR 1979, 1004 = JurBüro 1979, 1793 = NJW 1980, 1394 = AnwBl. 1980, 465.

schlusstatbestand, insbesondere nicht in § 4 Abs. 5 RVG. Im Gegenteil ergab sich bis zum 30.6.2004 aus § 101 Abs. 1 BRAGO (jetzt: § 58 Abs. 3 RVG) sogar ausdrücklich die Zulässigkeit einer solchen Vergütungsvereinbarung. Dies gilt in der Sache auch weiterhin, selbst wenn § 58 Abs. 3 RVG im Gegensatz zu § 101 Abs. 1 BRAGO das vereinbarte Honorar nicht mehr ausdrücklich erwähnt.

224 Der Unterschied zur Bewilligung von Prozesskostenhilfe (§ 4 Abs. 5 Satz 1 RVG) und der Beratungshilfe (§ 4 Abs. 6 RVG i.V.m. § 8 Abs. 2 BerHG) ergibt sich daraus, dass die Pflichtverteidigung nicht an die Bedürftigkeit des Beschuldigten anknüpft, sondern der Verfahrenssicherung dient sowie der ordnungsgemäßen Verteidigung, also der Erfüllung staatlicher Pflichten.[15]

225 Die Vergütungsvereinbarung muss allerdings von dem vertretenen Beschuldigten **freiwillig** eingegangen sein.[16] Freiwilligkeit in diesem Zusammenhang setzt voraus, dass der Auftraggeber über die gebührenrechtliche Lage informiert ist und er sie zutreffend beurteilt, sofern sie für ihn von Bedeutung ist.[17] Dem Auftraggeber muss nicht nur klar sein, dass er eine höhere als die gesetzliche Vergütung verspricht, sondern er muss sich auch bewusst sein, dass dem Anwalt grds. ein unmittelbarer Vergütungsanspruch gegen ihn gar nicht zusteht, sondern dieser erst durch die Vergütungsvereinbarung – abgesehen von den Fällen des § 52 RVG – geschaffen wird, dass der Verteidiger also auch dann verpflichtet ist, ihn zu verteidigen, wenn der Beschuldigte ihm selbst keine Vergütung zusagt.[18]

226 Erst recht ist keine Freiwilligkeit in diesem Sinne gegeben, wenn der Rechtsanwalt den Beschuldigten **zur Unzeit** mit einer Vergütungsvereinbarung konfrontiert und ihn **unter Druck** setzt, etwa unmittelbar vor einer anstehenden Hauptverhandlung.[19] Dies gilt erst recht, wenn der

---

15 Krämer/Mauer/Kilian, Rn. 524.
16 BGH, a.a.O.; JurBüro 1983, 689.
17 BGH, AnwBl. 1980, 465; Krämer/Mauer/Kilian, a.a.O.
18 BGH, AnwBl. 1980, 465; Krämer/Mauer/Kilian, Rn. a. a. O.
19 Krämer/Mauer/Kilian, a.a.O.

Verteidiger den Eindruck erweckt, ohne Abschluss einer solchen Vergütungsvereinbarung werde der Beschuldigte nicht optimal verteidigt.[20] In diesen Fällen wird ohnehin häufig bereits von einer Sittenwidrigkeit auszugehen sein (s. Rn. 1750 ff).

Um die vereinbarte Vergütung einzufordern, bedarf es auch **nicht der** 227 **Feststellung der Leistungsfähigkeit** des Beschuldigten gemäß § 52 Abs. 2 RVG.[21] Diese Vorschrift gilt nur, soweit der Beschuldigte mit dem Auftraggeber keine Vergütungsvereinbarung getroffen hat.

2. Vereinbarung von Vorschüssen

Wird eine Vergütungsvereinbarung getroffen, so können darin auch Vorschüsse (§ 9 RVG) vereinbart werden. Die Vorschrift des § 52 Abs. 1 Satz 1 2. Hs. RVG steht dem nicht entgegen. Sie betrifft nur den Anspruch nach § 52 RVG. Die dort angeordnete Unzulässigkeit des Vorschusses ist an sich überflüssig. Sie ergibt sich daraus, dass der Anspruch nach § 52 Abs. 1 RVG – wie sich aus § 52 Abs. 2 RVG ergibt – erst nach Abschluss des Verfahrens geltend gemacht werden kann, weil dies der maßgebliche Zeitpunkt dafür ist festzustellen, ob ein Kostenerstattungsanspruch besteht und dies zugleich auch der maßgebliche Zeitpunkt für die Beurteilung der persönlichen und wirtschaftlichen Verhältnisse des Beschuldigten ist. Daher ist die Anforderung eines Vorschusses ausgeschlossen, da vor Abschluss des Verfahrens noch gar nicht feststeht, ob der Beschuldigte überhaupt dem Anwalt gegenüber zahlungspflichtig sein wird. 228

Anders verhält es sich dagegen bei einer Vergütungsvereinbarung. Hier 229 ist der Beschuldigte unabhängig von den Voraussetzungen des § 52 Abs. 2 RVG gegenüber seinem Anwalt zahlungspflichtig. Folglich bestehen auch keine Bedenken, dass Vorschüsse vereinbart werden.

Die Nichtzahlung von Vorschüssen kann allerdings nicht zum Anlass ge- 230 nommen werden das Mandat niederzulegen, weil dies bei einer Pflicht-

---

20 Krämer/Mauer/Kilian, a.a.O.
21 BGH, Rpfleger 1979, 412 = MDR 1979, 1004 = JurBüro 1979, 1793 = NJW 1980, 1394 = AnwBl. 1980, 465.

verteidigung nicht möglich ist. Die Nichtzahlung von Vorschüssen ist auch kein Grund die Entbindung als Pflichtverteidiger zu beantragen. Faktisch ist damit die Vereinbarung von Vorschüssen im Rahmen der Pflichtverteidigung sanktionslos.

3. Niederlegung des Wahlverteidigermandates und Beiordnung als Pflichtverteidiger

231 Legt der Wahlverteidiger, der eine Vergütungsvereinbarung abgeschlossen hatte, das Mandat nieder und lässt er sich sodann zum Pflichtverteidiger bestellen, so steht ihm nur der Teil der vereinbarten Vergütung zu, den er bis zu seiner Bestellung als Pflichtverteidiger verdient hat[22] (zur Berechnung s. Rn. 1196 ff).

232 Will er auch für die **weiter gehende Tätigkeit** als Pflichtverteidiger nach Niederlegung des Wahlverteidigermandats eine höhere Vergütung geltend machen, so muss er eine **neue Vereinbarung** abschließen. Diese Vereinbarung bedarf dann wiederum der Form des § 4 Abs. 1 Satz 1 und Satz 2 RVG.[23]

233 Möglich ist allerdings, in einer Vergütungsvereinbarung den Fall der Bestellung als Pflichtverteidiger von vornherein mitzuregeln und auch für diesen Fall eine Vergütungsvereinbarung im Voraus zu treffen.

234 **Muster: Zusatzklausel für die Fortgeltung der Vergütungsvereinbarung im Falle der Niederlegung des Wahlverteidigermandates und der Beiordnung als Pflichtverteidiger**

Sollte im Verlaufe der Sache das Wahlverteidigermandat niedergelegt und der Anwalt sodann als Pflichtverteidiger bestellt werden, so soll die getroffene Vergütungsvereinbarung ihre Wirksamkeit behalten.

---

22 KG, KGR 1995, 156 = KostRsp. BRAGO § 3 Nr. 33.
23 OLG Bremen, StV 1987, 162; Krämer/Mauer/Kilian, Rn. 525.

Der Auftraggeber wird für diesen Fall darauf hingewiesen, dass er zum Abschluss einer solchen Vereinbarung nicht verpflichtet ist und dass im Falle der Pflichtverteidigung der Anwalt aus der Staatskasse vergütet wird. Der Anwalt ist zur Ausführung des Pflichtverteidigermandats auch dann verpflichtet, wenn keine Vergütungsvereinbarung abgeschlossen wird.

VI. Beiordnung in sonstigen Fällen

Ist der Anwalt einem Privatkläger, Nebenkläger oder Antragsteller im Klageerzwingungsverfahren oder ist er einem anderen Beteiligten in Angelegenheiten, in denen sich die Gebühren nach Teil 4, 5 oder 6 VV RVG bestimmen, beigeordnet worden, kann er mit dem von ihm Vertretenen eine Vergütungsvereinbarung abschließen. Die Ausführungen zu Rn. 221 ff. gelten insoweit entsprechend. 235

Dies gilt auch für den dem Nebenkläger oder dem nebenklageberechtigten Verletzten als Beistand bestellten Rechtsanwalt. Zwar kann er die Gebühren eines gewählten Beistands nicht von dem Vertretenen verlangen (§ 53 Abs. 2 Satz 1 RVG), sondern nur von dem Verurteilten. Dies führt jedoch nicht dazu, dass eine freiwillige Vergütungsvereinbarung des Vertretenen mit dem Anwalt nicht möglich wäre. 236

VII. Vereinbarungen mit Dritten

1. Grundsatz

Vergütungsvereinbarungen können auch mit Dritten geschlossen werden. Dies ist nicht unüblich. Die Gründe hierfür können unterschiedlicher Art sein. 237

So kann z.B. der **Arbeitgeber** in Erfüllung seines arbeitsrechtlichen Freistellungsanspruchs mit dem Anwalt seines Arbeitnehmers eine zusätzliche Vergütungsvereinbarung schließen, die über die vom Arbeitnehmer zu zahlende gesetzliche Vergütung hinausgeht.[24] 238

---

24 S. hierzu auch 2231 ff.

B. Zulässigkeit einer Vergütungsvereinbarung

239 In Strafsachen kommt es häufig vor, dass Dritte (Eltern oder Ehegatten) mit dem Anwalt eine zusätzliche Vergütungsvereinbarung treffen, insbesondere dann, wenn der Anwalt als Pflichtverteidiger bestellt ist.

240 Gegen solche Vergütungsvereinbarungen mit Dritten bestehen grds. keine Bedenken:

- Schuldner der **gesetzlichen Vergütung** bleibt dann der Mandant bzw. im Falle der Pflichtverteidigung oder der Prozesskostenhilfe die Staatskasse.

- Die darüber hinausgehende **vereinbarte Vergütung** kann der Anwalt nur von dem Dritten verlangen.

241 Möglich ist, dass Dritte einer Vergütungsvereinbarung **beitreten**, etwa im Wege eines selbständigen Schuldbeitritts, einer Bürgschaft o.Ä. In allen diesen Fällen gelten die gleichen Anforderungen an die Vergütungsvereinbarung, die für eine entsprechende Vereinbarung zwischen Anwalt und Auftraggeber gelten würde.

2. Abgrenzung zu anderen Vereinbarungen

242 Von diesen Vergütungsvereinbarungen mit Dritten zu unterscheiden sind Vereinbarungen mit dem Gegner über die Höhe der zu erstattenden Vergütung, die ebenfalls möglich sind. Insoweit handelt es sich aber nicht um Vergütungsvereinbarungen, sondern um **Erstattungsvereinbarungen** (s. Rn. 2307 ff.).

243 Ebenfalls gehören hierzu nicht **Übereinkommen** darüber, dass nach bestimmten **Abrechnungsgrundsätzen, Rationalisierungsgrundsätzen** abzurechnen ist.[25]

244 Auch das Abkommen über die **Vergütung für die Anfertigung von Auszügen aus Straf- und Bußgeldakten**[26] zählt nicht hierzu, da insoweit der Versicherer nicht Dritter, sondern selbst Auftraggeber ist.

---

25 Etwa die Abrechnungsgrundsätze, die einige Haftpflichtversicherer anbieten; s. hierzu AGS 2004, 136.
26 S. hierzu AnwK-RVG/N. Schneider, Anhang V.

VII. Vereinbarungen mit Dritten

Des Weiteren sind **Vereinbarungen zwischen Rechtsanwalt und Rechtsschutzversicherer** keine Vergütungsvereinbarungen in diesem Sinne, da diese Vereinbarungen nicht im Namen des Auftraggebers geschlossen worden, sondern Übereinkommen zwischen Anwalt und Rechtsschutzversicherer getroffen werden.[27]   245

Abzugrenzen sind Vergütungsvereinbarungen mit Dritten ferner von sog. **Gebührenteilungsabkommen zwischen Rechtsanwälten.** Auch hier ist der Auftraggeber unmittelbar nicht beteiligt. Die Vereinbarung wird nur zwischen den beteiligten Anwälten geschlossen.[28]   246

3. Form

Wird eine Vergütungsvereinbarung mit Dritten geschlossen, sind grds. sämtliche Formvorschriften zu beachten, die auch für eine unmittelbar mit dem Vertretenen geschlossene Vergütungsvereinbarung gelten.   247

Insbesondere muss die Vergütungsvereinbarung mit einem Dritten **schriftlich** geschlossen sein (§ 4 Abs. 1 Satz 1 RVG).   248

Das Problem der **Trennung von einer Vollmacht** (§ 4 Abs. 1 Satz 1 RVG) wird sich hier nicht ergeben, da der Dritte i.d.R. keine Vollmacht erteilen kann. Konstellationen sind aber auch hier denkbar, etwa wenn der Dritte kraft Vollmacht des Mandanten berechtigt ist, für diesen die Vollmacht für den Anwalt zu unterzeichnen und er gleichzeitig darüber hinaus auch im eigenen Namen eine Vergütungsvereinbarung abschließt.   249

Beispiel: 250

Der Anwalt vertritt ein minderjähriges Kind. Der allein erziehungsberechtigte Vater schließt mit dem Anwalt eine Vergütungsvereinbarung im eigenen Namen und unterzeichnet gleichzeitig kraft seiner elterlichen Sorge die Vollmacht für das Kind.

Vergütungsvereinbarung und Vollmacht müssen voneinander getrennt sein (§ 4 Abs. 1 Satz 1 RVG).

---

27 Brieske, S. 10; Krämer/Mauer/Kilian, Rn. 438.
28 OLG Düsseldorf, OLGReport 1994, 227; Brieske, S. 20; AnwK-RVG/N. Schneider, § 4 Rn. 152; s. hierzu ausführlich Rn. 123 ff.

251 Probleme der **Form nach §4 Abs.1 Satz2 RVG** werden sich kaum stellen, da mit dem Dritten grds. keine anderweitige Vereinbarung getroffen wird. Auch hier sollten aber vorsorglich Vergütungsvereinbarungen strikt von sonstigen Regelungen getrennt werden.

4. Prozesskostenhilfemandate

252 Auch bei einer Vereinbarung mit Dritten ist §4 Abs. 5 Satz 1 RVG zu beachten. Die Vorschrift ist nach ihrem Wortlaut nicht auf Vereinbarungen mit der bedürftigen Partei beschränkt. Vielmehr sind grds. auch Vereinbarungen mit Dritten, durch die ein im Wege der Prozesskostenhilfe beigeordneter Rechtsanwalt eine Vergütung erhalten soll, **unverbindlich**. Sinn und Zweck der Vorschrift sprechen dafür, diese auch auf Vereinbarungen mit Dritten anzuwenden, da anderenfalls die Vorschrift leicht umgangen werden könnte.

253 Zahlt der Dritte **freiwillig und vorbehaltlos**, kann er nach §4 Abs. 5 Satz 2 RVG allerdings die gezahlte Vergütung nicht zurückverlangen. Hier gilt das Gleiche wie bei Vereinbarungen mit dem Vertretenen selbst (s. Rn. 197 ff.). Freiwilligkeit setzt insbesondere Kenntnis der Unverbindlichkeit voraus. Auch hier wird der Anwalt seine Hinweispflichten erfüllen müssen. Zudem sieht § 16 Abs. 2 BORA vor, dass bei Annahme von Zahlungen Dritter diese zuvor darüber aufzuklären sind, dass sie gegenüber dem Anwalt nicht zur Zahlung verpflichtet sind (s. Rn. 2030 ff.).

5. Beratungshilfemandate

254 Ebenso unzulässig sind Vereinbarungen mit Dritten, wenn der Anwalt gegenüber dem Mandanten im Rahmen der Beratungshilfe tätig wird.

6. Niedrigere als die gesetzliche Vergütung

255 Das Verbot, niedrigere Vergütungen zu vereinbaren als die gesetzliche, gilt gegenüber Dritten nur eingeschränkt. Solange die gesetzliche Vergütung gegenüber dem Mandanten bestehen bleibt, kann mit Dritten durchaus auch eine niedrigere als die gesetzliche Gebühr vereinbart werden. In einer solchen Vereinbarung darf lediglich der Verzicht auf weitergehende Ansprüche gegen den Mandanten liegen.

Beispiel: 256

Die gesetzliche Vergütung beläuft sich auf 5.000,00 €. Der Anwalt schließt mit dem Vater des Mandanten eine Vereinbarung, wonach sich dieser unbeschadet der Vergütungsansprüche des Anwalts gegen den Sohn verpflichtet, eine Vergütung i.H.v. 3.000,00 € zu zahlen.

Die Vereinbarung verstößt nicht gegen § 49 Abs. 1 Satz 1 BRAO, da der gesetzliche Vergütungsanspruch in voller Höhe bestehen bleibt. Faktisch handelt es sich um einen Teil-Schuldbeitritt.

7. Erfolgshonorare und quota-litis-Vereinbarungen

Uneingeschränkt unzulässig ist es hingegen, mit Dritten Erfolgshonorare oder Beteiligungen (quota-litis) zu vereinbaren. Das Verbot des § 49b Abs. 2 BRAO gilt gegenüber Dritten ebenso unbeschränkt. 257

8. Rechtliche Auswirkungen der Vergütungsvereinbarung mit einem Dritten

Kommt es zu einer solchen Vergütungsvereinbarung mit Dritten, dann wird der Dritte **Auftraggeber** i.S.d. RVG. Dies ist auch bei der gesetzlichen Vergütung nicht ungewöhnlich. Auch hier können Auftraggeber und Mandant personenverschieden sein. Es liegt dann ein Vertrag zugunsten Dritter vor.[29] 258

Mit dieser Vergütungsvereinbarung verlagert sich aber nur die Zahlungspflicht auf den Dritten. Die sonstigen **Vertragspflichten** bleiben in der schuldrechtlichen Beziehung zwischen Anwalt und Mandant erhalten, insbesondere ist auf Interessenkonflikte (§ 43a Abs. 4 BRAO) zu achten. Das Gebot der Verschwiegenheit (§ 43a Abs. 2 BRAO) gilt auch gegenüber dem Dritten. 259

Die Vergütungsvereinbarung mit einem Dritten berechtigt diesen nicht dazu dem Anwalt **Weisungen** hinsichtlich der Mandatsführung zu erteilen. Insoweit ist der Anwalt ausschließlich an den Mandanten gebunden. 260

---

29 Krämer/Mauer/Kilian, Rn. 513.

261 Selbstverständlich ist, dass der Anwalt den Mandanten darauf **hinweist**, wenn er mit einem Dritten eine Vergütungsvereinbarung getroffen hat. Unterlässt er dies, so entzieht er damit dem Mandat die Vertrauensgrundlage, weil der Mandant schon aufgrund des Verschweigens damit rechnen muss, dass der Anwalt hinter seinem Rücken mit einem Dritten Absprachen trifft, Weisungen von diesem entgegennimmt o.Ä. Diesen Anschein muss der Anwalt auf jeden Fall vermeiden.[30]

9. Schuldbeitritt

262 Möglich ist auch der Beitritt eines oder mehrerer Dritter zur Schuld des Auftraggebers aus einer Vergütungsvereinbarung.

263 *Beispiel:*

Der Ehemann hat in einer Strafsache mit dem Verteidiger eine Vergütungsvereinbarung getroffen. Die Ehefrau tritt dieser Vergütungsvereinbarung im Wege des Schuldbeitritts bei.

264 In diesem Fall sind die Formvorschriften des § 4 RVG sowohl im Verhältnis zum Mandanten als auch im Verhältnis zum Beitretenden zu beachten.[31]

265 Zwar bedarf ein Schuldbeitritt als solcher keiner besonderen Form. Als Verpflichtungsgeschäft unterliegt er aber denselben Formerfordernissen, die im Bezug auf den Leistungsgegenstand – hier die Zahlung einer höheren als der gesetzlichen Vergütung – aufgestellt werden.[32] Um eine solche Formvorschrift handelt es sich auch bei § 4 Abs. 1 RVG.[33]

266 Die mündliche Zusage oder eine anderweitig formunwirksame Erklärung des Dritten, indem er erklärt, zu der vom Mandanten wirksam getroffenen Vergütungsvereinbarung zu stehen oder dafür aufzukommen oder auch ein Zahlungsversprechen, reichen daher nicht aus.

---

30 S. hierzu Krämer/Mauer/Kilian, Rn. 513.
31 BGH, NJW 1991, 3095; Krämer/Mauer/Kilian, Rn. 514.
32 Krämer/Mauer/Kilian, a.a.O.
33 BGHZ 57, 53; Krämer/Mauer/Kilian, a.a.O.

VIII. Vereinbarung einer niedrigeren Vergütung als der gesetzlichen

1. Überblick

Nach § 49b Abs. 1 Satz 1 BRAO ist es unzulässig, geringere Gebühren und Auslagen zu vereinbaren als das RVG es vorsieht, soweit dort nichts anderes bestimmt ist. Solche anderweitigen Bestimmungen finden sich in § 4 Abs. 2 Satz 1 und Satz 2 RVG sowie in § 49b Abs. 1 Satz 2 BRAO. 267

Wird unzulässigerweise eine niedrigere Vergütung vereinbart, so ist diese Vereinbarung unwirksam (§ 134 BGB). Dies hat im Ergebnis für den Auftraggeber jedoch keine Auswirkungen, da sich der Anwalt ihm gegenüber an die Vereinbarung einer niedrigren Vergütung als der gesetzlichen halten muss (s.u. Rn. 319 ff.). 268

Das Verhalten des Anwalts ist jedoch berufswidrig und kann entsprechende Konsequenzen nach sich ziehen. 269

2. Gesetzliche Regelung

Das Verbot, niedrigere Gebühren zu vereinbaren, findet sich in § 49b Abs. 1 Satz 1 BRAO, wobei § 49b Abs. 1 Satz 2 BRAO sogleich wiederum eine Ausnahme regelt: 270

§ 49b Vergütung

(1) ¹Es ist unzulässig, geringere Gebühren und Auslagen zu vereinbaren oder zu fordern, als das Rechtsanwaltsvergütungsgesetz vorsieht, soweit dieses nichts anderes bestimmt. ²Im Einzelfall darf der Rechtsanwalt besonderen Umständen in der Person des Auftraggebers, insbesondere dessen Bedürftigkeit, Rechnung tragen durch Ermäßigung oder Erlaß von Gebühren oder Auslagen nach Erledigung des Auftrags.

3. Sinn und Zweck der Regelung

Sinn und Zweck des § 49b Abs. 1 BRAO ist es, das RVG als „gesetzliche Taxe"[34] zu schützen und zu verhindern, dass ein unlauterer „Preiswettbewerb um Mandate" entsteht.[35] Das Gebot der Gebührenunterschrei- 271

---

34 Krämer/Mauer/Kilian, Rn. 468.
35 BT-Drucks. 12/49b93, S. 31; Henssler/Prütting-Dittmann, § 49b BRAO Rn. 5.

tung soll der Chancengleichheit beim Zugang des Bürgers zum Recht dienen, weil die Finanzkraft des rechtsuchenden Bürgers für die Auswahl des Rechtsanwalts keine entscheidende Rolle spielen soll. Darüber hinaus soll insbesondere für Prozessmandate die mittelbare Verabredung von Erfolgshonoraren ausgeschlossen werden, die entstehen könnte, wenn der Auftraggeber ein geringeres Honorar vertraglich schulden würde als vom Gegner gesetzlich zu erstatten ist.[36] Letztlich soll damit der Integrität der Rechtspflege gedient werden, indem kein Rechtsanwalt darauf angewiesen sei, durch Preisunterbietung Mandate zu akquirieren.[37]

4. Zeitpunkt

272 Das Verbot des § 49b Abs. 1 Satz 1 BRAO erstreckt sich auf den gesamten Zeitraum des Mandats. Vereinbarungen über niedrigere Vergütungen sind also bereits bei Abschluss des Anwaltsvertrages – streng genommen auch schon vorher – unzulässig. Ebenso ist es unzulässig, während des Mandates eine niedrigere Vergütung als die gesetzliche zu vereinbaren. Gleiches gilt nach Beendigung des Mandats, wobei hier allerdings § 49b Abs. 1 Satz 2 BRAO in Betracht kommt, unter dessen Voraussetzungen im Nachhinein auf einen Teil der Vergütung verzichtet werden darf (s.u. Rn. 296 ff.).

5. Erfasste Vergütungsregelungen

273 In welcher Art und Weise eine niedrigere Vergütung als die gesetzliche vereinbart wird, ist unerheblich. Entscheidend ist das Ergebnis.

274 So ist es insbesondere unzulässig, von vornherein **geringere Gebühren** als die gesetzlichen zu vereinbaren, indem

- **geringere Gebührensätze** vereinbart werden oder
- **geringere Gebührenbeträge**, wenn nicht nach dem Gegenstandswert abzurechnen ist (§ 3 Abs. 1 RVG; Teile 4, 5, 6 VV RVG).

---

36 BGH, NJW 1980, 2407; Henssler/Prütting-Dittmann, a.a.O.
37 Krämer/Mauer/Kilian, a.a.O.

Ebenso ist es unzulässig, einen **niedrigeren Gegenstandswert** (§ 2 Abs. 1 RVG) zu vereinbaren.[38] 275

Des Weiteren ist es unzulässig, auf **bestimmte Gebühren** zu verzichten, etwa auf eine Einigungsgebühr oder auf eine Verkehrsanwaltsgebühr. 276

Unzulässig sind auch **Pauschalbeträge**, die im Ergebnis unter der gesetzlichen Vergütung liegen. 277

Das Gleiche gilt für **Zeithonorare**, wenn sie im Ergebnis unterhalb der gesetzlichen Vergütung liegen. 278

In den beiden letzten Fällen wird sich im Gegensatz zu den übrigen Fällen allerdings das Unterschreiten erst bei Beendigung der Angelegenheit feststellen lassen, wenn zum einen feststeht, welche Gebühren nach den gesetzlichen Vorschriften angefallen sind und auf welchen Betrag sich letztlich die Pauschale(n) oder die Summe der Zeithonorare belaufen. 279

Ebenso ist es unzulässig, **geringere Auslagen** als die gesetzlichen zu vereinbaren. Auslagen sind Teil der Vergütung (§ 1 Abs. 1 Satz 1 RVG). 280

Erst recht ist es unzulässig, von vornherein nur einen **Bruchteil der gesetzlichen Gebühren** zu vereinbaren. 281

6. Ausnahmen - Zulässige Unterschreitungen

a) Überblick

Die Vereinbarung einer geringeren als der gesetzlichen Vergütung ist in mehreren Fällen vorgesehen. 282

- Zum einen erlaubt das RVG in § 4 Abs. 1 Satz 1 RVG in **außergerichtlichen Angelegenheiten** Zeit- oder Pauschalvereinbarungen zu treffen die gesetzliche Vergütung zu unterschreiten.

- Des Weiteren darf der Anwalt nach § 4 Abs. 1 Satz 2 RVG in **Mahn- und Vollstreckungsverfahren** sich anstelle der Vergütung einen Teil der Erstattungsforderung an Erfüllungs statt abtreten lassen.

---

38 Krämer/Mauer/Kilian, Rn. 469.

- Schließlich besteht nach § 49b Abs. 1 Satz 2 BRAO die Möglichkeit, **im Nachhinein Gebühren zu erlassen**.

283 Darüber hinaus wird auch diskutiert, ob die Abrechnung nach Regulierungsempfehlungen – jetzt nach Abrechnungsgrundsätzen – einiger Haftpflichtversicherer die zulässige Vereinbarung einer niedrigeren Vergütung enthält oder ob dies gar gegen § 49b Abs. 1 Satz 1 BRAO verstößt.

b) Außergerichtliche Angelegenheiten

284 Zulässig ist es, in außergerichtlichen Angelegenheiten **Pauschal- oder Zeitvergütungen** zu vereinbaren, die niedriger sind als die gesetzlichen Gebühren. Diese geringere Vereinbarung muss aber nach § 4 Abs. 2 Satz 3 RVG in einem angemessenen Verhältnis zu Leistung, Verantwortung und Haftungsrisiko des Rechtsanwalts stehen.

285 **Praxistipp:**

Zu beachten ist, dass nur die Vereinbarung geringerer Pauschalvergütungen oder Zeitvergütungen nach § 4 Abs. 2 Satz 1 RVG zulässig ist.

286 Es ist also unschädlich, wenn sich hier im Nachhinein herausstellt, dass die Pauschalen oder die Gesamtsumme der Stundensätze nicht die gesetzlichen Gebühren erreichen. Unzulässig ist es dagegen, Bruchteile der gesetzlichen Vergütung zu vereinbaren, geringere Auslagen, Abrechnung nach einem geringeren Streitwert o.Ä. Dies bleibt auch bei außergerichtlichen Angelegenheiten unzulässig.

287 S. im Übrigen zur Vereinbarung nach § 4 Abs. 2 Satz 1 RVG Rn. 1029 ff.

288 Außergerichtliche Tätigkeiten sind nur solche, die **außerhalb eines gerichtlichen Verfahrens** stattfinden, also Tätigkeiten, die nach Teil 2 VV RVG abzurechnen wären. So dürfen weder für außergerichtliche Vergleichsverhandlungen während eines Rechtsstreits, die nach den Nrn. 3101 Nr. 2, 3104 i.V.m. Vorbem. 3 Abs. 3 VV RVG zu vergüten wä-

ren, noch für die Tätigkeit als Verkehrsanwalt (Nr. 3400 VV RVG)[39] geringere Vergütungen vereinbart werden.

c) Abtretung von Erstattungsansprüchen an Erfüllungs statt

Nach § 4 Abs. 2 Satz 2 RVG kann der Anwalt seine Tätigkeit im Mahnverfahren und für bestimmte Zwangsvollstreckungstätigkeiten vereinbaren, dass ihm ein Teil der Erstattungsforderung gegenüber dem Gegner an Erfüllungs statt abgetreten wird. 289

Damit wird streng genommen keine geringere Vergütung als die gesetzliche vereinbart, da der Anwalt hier mindestens nach der gesetzlichen Vergütung abrechnen muss. Dadurch, dass sich der Anwalt aber teilweise durch eine möglicherweise wertlose Forderung bezahlen lässt und damit den Vergütungsschuldner freistellt, liegt faktisch doch die Vereinbarung einer geringeren Vergütung vor, da der Anwalt darauf verzichtet, sich wieder an den Vergütungsschuldner zu halten, wenn die ihm abgetretene Forderung nicht werthaltig ist. Der Anwalt trägt also damit das **Ausfallrisiko**. 290

Ungeachtet dessen sind solche Vereinbarungen zulässig. Voraussetzung ist auch hier wiederum nach § 4 Abs. 2 Satz 3 RVG, dass der nicht durch Abtretung zu erfüllende Teil der gesetzlichen Vergütung in einem angemessenen Verhältnis zu Leistung, Verantwortung und Haftungsrisiko des Anwalts steht. 291

Die Vorschrift des § 4 Abs. 2 Satz 2 RVG ist zum einen anwendbar in **Mahnverfahren**, also 292

- im Verfahren auf Erlass des Mahnbescheides und
- im Verfahren auf Erlass des Vollstreckungsbescheides.
- Auch wenn nicht ausdrücklich erwähnt, dürften hierzu wohl auch die Verfahren über Erinnerungen oder Beschwerden innerhalb der Verfahren auf Erlass des Mahnbescheides oder des Erlass eines Vollstreckungsbescheides gelten. Erinnerungen und Beschwerden sind nach § 18 Nr. 5 RVG eigene Gebührenangelegenheiten, die gesondert zu

---

39 Brieske, S. 91.

B. Zulässigkeit einer Vergütungsvereinbarung

vergüten sind. Sie lösen eine Vergütung nach Nr. 3500 VV RVG aus. Da insoweit bei erfolgreicher Erinnerung oder Beschwerde ein Kostenerstattungsanspruch entsteht, bestehen keine Bedenken, im Falle eines solchen Kostenerstattungsanspruchs wiederum eine Vereinbarung zu treffen, wonach die Vergütung des Anwalts durch eine teilweise Abtretung an Erfüllungs statt beglichen wird.

293 Zum anderen ist § 4 Abs. 2 Satz 2 RVG auf bestimmte **Zwangsvollstreckungsverfahren** anwendbar.

294 **Praxistipp:**

Zu beachten ist – entgegen einer häufig anzutreffenden Auffassung – dass § 4 Abs. 2 Satz 2 RVG solche Vereinbarungen nicht für alle Vollstreckungsangelegenheiten erlaubt, sondern nur für die dort ausdrücklich genannten, nämlich

- Mobiliarvollstreckung in das bewegliche Vermögen (§§ 803 ff. ZPO),
- Zwangsvollstreckung in Forderungen und andere Vermögenswerte (§§ 828 ff. ZPO),
- Verfahren auf Abgabe der eidesstattlichen Versicherung (§§ 899 ff. ZPO) einschließlich der **Verhaftung des Schuldners** (§§ 901 f. ZPO) und einschließlich der **Auskunft aus dem Schuldnerverzeichnis** (§ 915b ZPO).

295 Nicht anwendbar ist § 4 Abs. 2 Satz 2 RVG insbesondere auf folgende Verfahren:

- die **Vollstreckung in das unbewegliche Vermögen** (nach den §§ 864 ff. ZPO),
- das **Verteilungsverfahren** nach (§§ 872 ff. ZPO),
- die **Zwangsvollstreckung gegen juristische Personen des öffentlichen Rechts** (§§ 882a ff. ZPO),

- Vollstreckungsverfahren zur Erwirkung der Herausgabe von Sachen und zur Erwirkung von Handlungen oder Unterlassungen (§§ 883 ff. ZPO).

d) Erlass von Gebühren aufgrund besonderer Umstände in der Person des Auftraggebers

Nach § 4 Abs. 1 Satz 2 RVG darf der Anwalt **aufgrund besonderer Umstände in der Person des Auftraggebers** nach Erledigung des Auftrags Gebühren oder Auslagen ermäßigen oder gar erlassen. 296

Da der Erlass nach § 397 BGB und auch die Ermäßigung als Vertragsänderung wiederum einen Vertrag voraussetzt, handelt es sich insoweit um eine Vergütungsvereinbarung, auch wenn diese erst nach Erledigung des Auftrags geschlossen werden darf.[40] 297

Allerdings dürfte das „**unverbindliche Inaussichtstellen**" einer Ermäßigung oder eines teilweisen Erlasses von Gebühren und Auslagen noch nicht gegen § 49b Abs. 1 Satz 2 BRAO verstoßen, solange durch das Inaussichtstellen noch keine rechtlich durchsetzbare Verbindlichkeit begründet wird.[41] Krämer/Mauer/Kilian[42] empfehlen daher, mündlich oder schriftlich zu „verabreden", bei ungünstigem Ausgang die Höhe der Vergütung „erneut zu besprechen".[43] 298

Allerdings sollte sich der Anwalt auch hier in Zurückhaltung üben um sich nicht dem Verdacht auszusetzen, sich berufswidrig zu verhalten. 299

Eine Ermäßigung oder ein teilweiser Erlass ist nur **im Einzelfall** zulässig. Danach ist es also unzulässig, aus der Ermäßigung oder dem Erlass eine ständige Praxis zu machen. Dagegen erscheint es unbedenklich, zugleich in mehreren Mandaten eine Ermäßigung oder einen Erlass zu vereinbaren, wenn jeweils im Einzelfall geprüft wird, ob die Voraussetzungen für einen Erlass vorliegen. 300

---

40 Krämer/Mauer/Kilian, Rn. 475.
41 Krämer/Mauer/Kilian, a.a.O.
42 Krämer/Mauer/Kilian, a.a.O.
43 Ebenso Henssler/Prütting-Dittmann, § 49b Rn. 18; Feurich/Weyland, § 49b Rn. 26.

301 Der Grund für die Ermäßigung der Vergütung oder den Erlass muss **in der Person des Auftraggebers** liegen.

302 Das Gesetz sieht hier exemplarisch dessen **Bedürftigkeit** vor. Dies wird in der Praxis auch der Hauptanwendungsfall sein. Dabei ist unerheblich, ob die finanziellen Voraussetzungen bereits zu Beginn des Mandats vorhanden waren oder sich erst später ergeben haben. Hier wird sicherlich auch der Erfolg der anwaltlichen Tätigkeit mit einfließen. Ist die Sache erfolgreich gewesen und hat sie dem Auftraggeber zu einem durchsetzbaren finanziellen Anspruch verholfen, dürfte eine Ermäßigung oder ein Erlass weniger in Betracht kommen. War die Tätigkeit des Anwalts dagegen erfolglos oder lässt sich aus wirtschaftlichen Gründen der erfolgreich durchgesetzte Anspruch nicht realisieren, und liegen äußerst beengte finanzielle Verhältnisse beim Auftraggeber vor, kann dies eine Ermäßigung oder einen Erlass rechtfertigen.

303 Auch aus anderen Gründen, die in der Person des Auftraggebers liegen, können sich Ermäßigungen ergeben, wobei solche anderweitigen Umstände in der Literatur nicht erwähnt werden.

304 Umstände, die in der Person des Anwalts begründet sind, etwa ein Anwaltsverschulden bei der Mandatsführung, sind hier nicht zu berücksichtigen (s. hierzu unten Rn. 312 ff.).

305 Ein Erlass oder eine Herabsetzung sollen insbesondere dann möglich sein, wenn besonders hohe gesetzliche Gebühren anfallen, die außer Verhältnis zu den Vermögensverhältnissen des Mandanten stehen.[44] Dies soll bei Großmandaten mit gewerblichen Mandanten der Fall sein, wenn aufgrund hoher Streitwerte exorbitante gesetzliche Gebühren entstehen.[45] Krämer/Mauer/Kilian weisen allerdings zu recht darauf hin, dass mit Einführung des gekappten Gegenstandswertes nach § 39 Abs. 2 GKG, § 22 Abs. 2 RVG, der übermäßig hohe Vergütungen verhindern soll, diese Probleme nur noch geringe Bedeutung haben werden.

---

44 Krämer/Mauer/Kilian, Rn. 474.
45 Krämer/Mauer/Kilian, a.a.O.

e) Bestimmung eines Gebührensatzes oder -betrages innerhalb des gesetzlichen Rahmens

Soweit sich die Parteien nach Abschluss der Angelegenheit auf einen bestimmten Gebührensatz oder -betrag innerhalb des gesetzlichen Gebührenrahmens einigen, bestehen grds. keine Bedenken. Insoweit besteht ohnehin ein Ermessensspielraum des Rechtsanwalts, dessen Ausfüllung im Einzelfall höchst strittig sein kann und häufig zu Rechtsstreitigkeiten führt, in denen sogar nach § 14 Abs. 2 RVG ein Gutachten des Vorstands der Rechtsanwaltskammer einzuholen ist. Soweit die Parteien hier nachträglich eventuelle Differenzen über die Höhe des angemessenen Betrages durch eine Vereinbarung beseitigen, liegt kein Verstoß gegen § 49b Abs. 1 Satz 1 BRAO vor, so lange sich die Vergütung im gesetzlichen Rahmen hält. Dies gilt selbst dann, wenn die objektiv billige gesetzliche Gebühr höher liegen würde. 306

Der Anwalt kann nicht gezwungen werden, einen Streit mit seinem Mandanten über die Höhe der angemessenen Vergütung zu führen. Im Übrigen folgt aus § 11 Abs. 8 RVG, dass ein solches Vorgehen zulässig ist. Der Anwalt kann nicht daran gehindert werden, eine geringere als die objektiv billige gesetzliche Vergütung zu bestimmen. Der Auftraggeber kann dem zustimmen. 307

Selbst wenn hier die gesetzlichen Gebühren unterschritten würden, wäre dies wohl durch § 49b Abs. 1 Satz 2 BRAO gedeckt. 308

f) Abrechnungsgrundsätze

Häufig wird diskutiert, ob das Eingehen des Anwalts auf Abrechnungsgrundsätze der Haftpflichtversicherer[46] (früher sog. DAV-Abkommen) eine unzulässige Vereinbarung i.S.d. § 49b Abs. 1 BRAO darstellt. Das wurde zum Teil angenommen.[47] 309

Dies dürfte im Ergebnis jedoch unzutreffend sein. Das Eingehen auf Abrechnungsgrundsätze stellt zum einen keine Vergütungsvereinbarung 310

---

46 S. hierzu N. Schneider, AGS 2005, 136.
47 Brieske, S. 91.

dar, weil eine Vereinbarung über bestimmte Abrechnungsmodalitäten nicht mit dem Auftraggeber, sondern mit dem ersatzpflichtigen Dritten getroffen wird. Die Einigung wird auch nicht darüber erzielt, welche Vergütung dem Auftraggeber zusteht, sondern nur darüber, welche Vergütung zu erstatten ist. Faktisch wird hier ein „Vergleich" darüber geschlossen, ob und welche Anwaltskosten für den Geschädigten notwendig waren. Darüber kann man trefflich streiten.

311 Im Verhältnis zum Auftraggeber bleibt in diesen Fällen zunächst einmal die gesetzliche Vergütung geschuldet, so dass die Abrechnung nach den Abrechnungsgrundsätzen unmittelbar auf den Vergütungsanspruch keinen Einfluss hat. Der Anwalt ist lediglich gehindert, aus dem Erledigungswert einen eventuellen höheren Gebührensatz gegen den Auftraggeber geltend zu machen, weil er sich im Rahmen der Kostenerstattung auf einen anders lautenden Vergleich eingelassen hat. Dies ist nicht dem Mandanten anzulasten. Dagegen bleibt es dem Anwalt unbenommen, bei einem höheren Auftragswert als dem Erledigungswert den Auftraggeber in Anspruch zu nehmen und zwar nach der gesetzlichen Vergütung.[48]

7. Vergleiche mit dem Auftraggeber

312 Nicht selten kommt es vor, dass im Nachhinein zwischen dem Anwalt und dem Auftraggeber Streit entsteht, ob die abgerechnete gesetzliche Vergütung zutreffend ist. In vielen Fällen kommt es dann zu einer Einigung, in der der Anwalt auf einen Teil seiner abgerechneten Vergütung verzichtet. Faktisch handelt es sich damit um eine nachträgliche Vergütungsvereinbarung, die sich ebenfalls an § 49b Abs. 1 Satz 1 BRAO messen lassen muss.[49]

313 Unproblematisch sind solche Vergleiche, wenn der Auftraggeber Schadensersatzforderungen geltend gemacht hat. Wenn sich die Parteien hier einigen, wird damit keine geringere als die gesetzliche Vergütung

---

48 S. zuletzt OLG Düsseldorf, AGS 2005, 373 m. Anm. N. Schneider = RVGReport 2005, 348.
49 Brieske, S. 93.

vereinbart. Die Parteien einigen sich vielmehr darüber, ob dem Auftraggeber ein Schadensersatzanspruch zusteht und in welcher Höhe. Dieser wird dann durch Verrechnung mit dem Honorar beglichen.

Ebenso unbedenklich ist es, wenn der Anwalt im Vergütungsprozess auf einen Teil seiner Vergütung verzichtet, wenn Umstände in der Person des Auftraggebers gemäß § 49b Abs. 1 Satz 2 BRAO vorliegen.[50] Wenn der Anwalt von sich aus Gebühren erlassen oder ermäßigen darf, dann kann dies auch nachträglich in einem Vergleich geschehen. 314

Problematisch sind allerdings sonstige Vergleiche, die nicht dadurch motiviert sind, dass in der Person des Auftraggebers besondere Umstände vorliegen und in denen auch keine Einwände aus dem Mandatsverhältnis erhoben werden. In diesen Fällen ist auf § 49b Abs. 1 Satz 1 BRAO zu achten. 315

Solche Fälle liegen insbesondere dann vor, wenn der vermögende Auftraggeber sich schlicht und einfach damit verteidigt, die Rechnung sei ihm zu hoch; er wolle diese nicht bezahlen. Wird dann eine geringere Vergütung vereinbart, damit „der Auftraggeber Ruhe gibt", ist eine solche Vereinbarung an sich bedenklich. Schwierigkeiten in der Praxis hat es hier allerdings bislang noch nicht gegeben. Man könnte hier u.U. sogar daran denken, die querulatorische Zahlungsunwilligkeit des Mandanten sei in dessen Person begründet, so dass diese wiederum ein Grund i.S.d. § 49b Abs. 1 Satz 2 BRAO darstellt. 316

Im Übrigen wäre aber wohl auch der Anwendungsbereich des § 49b Abs. 1 Satz 1 BRAO überschritten, wenn es dem Anwalt untersagt wäre, aus prozesstaktischen Gründen auf einen Teil seiner Vergütung zu verzichten, um wenigstens den Restbetrag zu erhalten. Daher bestehen insbesondere gegen Vergleiche keine Bedenken, wonach sich der Auftraggeber verpflichtet, die gesamte Vergütung zu zahlen und ihm für den Fall der sofortigen Zahlung oder der Einhaltung von Raten ein Verzicht zugesagt wird. 317

---

50 Brieske, S. 94.

B. Zulässigkeit einer Vergütungsvereinbarung

318 Bedenklich sind nachträgliche Vergleiche zwischen Anwalt und Auftraggeber allerdings dann, wenn der Vergleich dazu dient, neue Mandate zu erhalten. Damit wäre der Normzweck gefährdet.[51]

8. Folgen eines Verstoßes

319 Trifft der Anwalt entgegen § 49b Abs. 1 Satz 1 BRAO eine Vereinbarung, in der die gesetzlichen Gebühren unterschritten werden, ist diese Vereinbarung nach § 49b Abs. 1 BRAO i.V.m. § 134 BGB nichtig. Geschuldet ist damit an sich die gesetzliche Vergütung.

320 Andererseits bleibt der Anwalt an die vereinbarte geringere Vergütung gebunden. Es würde gegen **Treu und Glauben** verstoßen, wenn er, der den Verstoß begangen hat, sich nunmehr auf die Unwirksamkeit dieser Regelung berufen könnte und eine höhere Vergütung verlangen dürfte.[52]

321 Daneben können **berufsrechtliche Folgen** eintreten.[53]

322 Der Anwalt wird sich nicht auf Unkenntnis berufen können. Von ihm wird verlangt, dass er die einschlägigen gesetzlichen Bestimmungen kennt, die Rechtsprechung prüft, Kommentare zu Hilfe nimmt und sich ggf. bei der Rechtsanwaltskammer kundig macht.[54]

IX. Unzulässigkeit der Vereinbarung eines Erfolgshonorars

1. Überblick

323 Nach § 49b Abs. 2 BRAO ist die Vereinbarung eines Erfolgshonorars, einer Vereinbarung, **durch die eine Vergütung oder ihre Höhe vom Ausgang der Sache oder vom Erfolg der anwaltlichen Tätigkeit abhängig gemacht wird**, unzulässig.

---

51 Brieske, S. 94.
52 BGH, NJW 1990, 2407; OLG Düsseldorf, JurBüro 2004, 536.
53 S. hierzu Krämer/Mauer/Kilian, Rn. 510.
54 Krämer/Mauer/Kilian, Rn. 511 m.w.N.

Das Verbot erfolgsabhängige Vergütungen zu vereinbaren, gilt auch für Patentanwälte.[55]

Auch hier liegt ein Verstoß gegen ein **gesetzliches Verbot** nach § 134 BGB vor, so dass die entsprechende Vereinbarung unwirksam ist. Der Anwaltsvertrag als solcher bleibt dagegen unberührt. 324

Liegt eine solche unzulässige Vereinbarung eines Erfolgshonorars vor, ist also nur die gesetzliche Vergütung geschuldet, es sei denn, ausnahmsweise liegt das Erfolgshonorar unter der gesetzlichen Vergütung. Dann bleibt der Anwalt nach Treu und Glauben u.U. an die unwirksame Vereinbarung gebunden. 325

Daneben hat die Vereinbarung von Erfolgshonoraren berufsrechtliche Konsequenzen. 326

2. Verfassungsmäßigkeit

Derzeit wird kontrovers diskutiert, ob das generelle Verbot eines Erfolgshonorars noch verfassungsmäßig ist. Das OLG Celle hatte zuletzt die Verfassungsmäßigkeit bejaht.[56] Das strikte Verbot wird jedoch zunehmend kritisiert und in seiner Stringenz für nicht (mehr) verfassungsgemäß erachtet.[57] 327

Derzeit ist eine Verfassungsbeschwerde anhängig,[58] über die das Bundesverfassungsgericht möglicherweise noch im Jahre 2005 entscheiden wird. In dem zugrunde liegenden Fall ging es allerdings um eine außergewöhnliche Konstellation, so dass abzuwarten ist, ob das Bundesverfassungsgericht diesen Fall zum Anlass nimmt, grundsätzliche Erwägungen anzustellen. 328

---

55 OLG Celle, OLGR 1995, 179
56 OLG Celle, AGS 2005, 89 = 2005, 244 m. Anm. Madert = BRAK-Mitt. 2005, 94 = NdsRpfl. 2005, 151 = RVG professionell 2005, 79 = NJW-Spezial 2005, 239; AGS 2005, 107 = OLGReport 2005, 217 = NJW 2005, 2160.
57 Zu kritischen Stimmen: Madert, AGS 2005, 243; Feuerich/Weyland, 349b Rn. 32 (anders noch in der , Rn. 21); Hartung/Holl/Nerlich, § 49b Rn. 16; Undritz, AnwBl. 1996; Kilian, ZAP 2003, 90; Henke, AGS Heft 3/2005, II.
58 1 BvR 2576/04.

3. Gesetzliche Regelung

329 Seine Grundlage findet das Verbot der Vereinbarung eines Erfolgshonorars in § 49b Abs. 2 BRAO.

330 Die gesetzliche Regelung lautet wie folgt:

§ 49b Vergütung

(1) ...

(2) ¹Vereinbarungen, durch die eine Vergütung oder ihre Höhe vom Ausgang der Sache oder vom Erfolg der anwaltlichen Tätigkeit abhängig gemacht wird (Erfolgshonorar) oder nach denen der Rechtsanwalt einen Teil des erstrittenen Betrags als Honorar erhält (quota-litis), sind unzulässig. ²Ein Erfolgshonorar im Sinne des Satzes 1 liegt nicht vor, wenn nur die Erhöhung von gesetzlichen Gebühren vereinbart wird.

331 Eine gleich lautende Regelung findet sich – im Gegensatz zur Unzulässigkeit einer quota-litis-Vereinbarung – nicht in den Standesregeln der Rechtsanwälte der europäischen Gemeinschaft (CCBE-Standesregeln).

332 Die ergänzende Regelung in § 49b Abs. 2 Satz 2 BRAO ist durch das Kostenrechtsmodernisierungsgesetz (KostRModG)[59] neu eingeführt worden. Damit sollte nicht die Zulässigkeit eines Erfolgshonorars herbeigeführt werden, sondern vielmehr klargestellt werden, dass in den Fällen, in denen nach der Regelung des RVG bestimmte Gebühren an den Erfolg der anwaltlichen Tätigkeit anknüpfen, wie z.B. in den Nrn. 1000, 1001, 1002 VV RVG, entsprechende Vergütungsvereinbarungen zulässig sind (s.u. Rn. 361 ff.).

4. Sinn und Zweck der Regelung

333 Die Vorschrift des § 49b Abs. 2 BRAO soll der Unabhängigkeit des Rechtsanwalts dienen.[60] Anknüpfend an die früheren Begründungen des

---

59 Gesetz vom 5. 5. 2004 BGBl. I, S. 718.
60 So der Regierungsentwurf BT-Drucks. 1249/93, S. 31; Henssler/Prütting-Dittmann, § 49b Rn. 15.

standesrechtlichen Verbots in Rechtssprechung und Literatur soll verhindert werden, dass der Rechtsanwalt den Ausgang eines Mandats zu seiner eigenen „wirtschaftlichen" Angelegenheit macht.[61]

5. Zeitpunkt

Unzulässig sind Vereinbarungen **bei Abschluss** – streng genommen auch schon **vor Abschluss** – des Anwaltvertrages. 334

Ebenso sind Vereinbarungen unzulässig, die **während des laufenden Mandats** geschlossen werden. 335

Keine Bedenken bestehen dagegen, **nach Beendigung** des Mandats ein Erfolgshonorar zu vereinbaren. § 49b Abs. 2 Satz 1 BRAO spricht nur davon, dass die Vergütung nicht vom Ausgang oder Erfolg der anwaltlichen Tätigkeit „abhängig gemacht" werden darf. Daraus wiederum folgt, dass eine nach Erbringung der Leistung des Anwalts geschlossene Vereinbarung, also die Vereinbarung einer „Prämie" zulässig ist.[62] 336

Treffen der Anwalt und sein Auftraggeber nach Erledigung der Sache eine entsprechende Vereinbarung, fehlt die Abhängigkeit, weil die Vereinbarung eines Erfolgshonorars unbedingt erfolgt und unabhängig von einem noch zu erwartenden Erfolg versprochen wird. Es ist hier auch nicht zu befürchten, dass der Anwalt „*die Sache wirtschaftlich zu seiner eigenen macht*", da die Angelegenheit bereits abgeschlossen ist. Es ist kein Grund ersichtlich, wieso ein Anwalt, der gut und erfolgreich gearbeitet hat, im Nachhinein nicht eine „Belohnung" soll annehmen dürfen. 337

Unbedenklich sind daher auch **rechtlich unverbindliche Absprachen**, wie etwa die Vereinbarung, nach Abschluss der Angelegenheit über die Höhe nochmals zu sprechen (s. Rn. 367 ff.). 338

---

61 Henssler/Prütting-Dittmann, a.a.O.
62 Krämer/Mauer/Kilian, Rn. 488; Hartung/Holl-Nerlich, § 49b Rn. 34.

6. Erfasste Vereinbarungen

a) Überblick

339 Erfasst werden grds. alle Vereinbarungen, in denen das Entstehen des Vergütungsanspruchs selbst oder die Höhe der Vergütung vom **Erfolg der anwaltlichen Tätigkeit** oder **vom Ausgang der Sache** abhängig gemacht wird.

340 In welcher Form dies geschieht, ist unerheblich. Insbesondere kann sich ein Rechtsanwalt als Vergütung für eine anwaltliche Tätigkeit nicht die Zahlung einer sich nach Maklerrecht bestimmenden Erfolgsprovision ausbedingen.[63]

341 Unerheblich ist dabei auch, ob sich die Abhängigkeit auf den gesamten Vergütungsanspruch bezieht, also ob bei Erfolglosigkeit überhaupt keine Vergütung geschuldet sein soll (*no fee no win*)[64] oder ob lediglich ein Teil der Vergütung von dem Ausgang der Sache oder den Erfolg der anwaltlichen Tätigkeit abhängig gemacht wird.

b) Einzelfälle

342 Unzulässig ist es danach, sich für den Fall eines bestimmten Erfolges ein „**Sonderhonorar**" oder eine „**Zusatzgebühr**" versprechen zu lassen. Gleiches gilt, wenn als „Sockelhonorar" eine Pauschale vereinbart wird und darüber hinaus ein zusätzliches Honorar vereinbart wird, das sich am Erfolg orientiert.[65]

343 Unzulässig ist es, für den Fall des Erfolges einen **höheren als den gesetzlichen Gebührensatz** zu vereinbaren.

344 Auch die Vereinbarung eines **höheren Gegenstandswertes** im Fall des Erfolges ist unzulässig.

---

63 BGH, AnwBl. 1977, 66 = r+s 1977, 70 = LM Nr. 6c zu § 3 BRAGO = MDR 1976, 1001 = BB 1976, 1342 = WM 1976, 1135 = LM Nr. 8 zu § 138 (Cf) BGB; OLG Karlsruhe, JurBüro 1991, 374.
64 Brieske, S. 82.
65 Brieske, a.a.O.

Gleiches gilt, für den Fall eines bestimmten Erfolges einen **höheren** **Stundensatz** zu vereinbaren. 345

Eine unzulässige Erfolgshonorar-Vereinbarung kann auch nicht dadurch umgangen werden, dass **Rückzahlungsverpflichtungen** für den Fall des Misserfolges vereinbart werden.[66] 346

Beispiel: 347

Vereinbart wird ein Pauschalhonorar i.H.v. 10.000,00 €. Für den Fall, dass ein bestimmter Erfolg nicht eintrete, erklärt der Anwalt, auf einen Teilbetrag i.H.v. 3.000,00 € zu verzichten.

Faktisch handelt es sich um die feste Vereinbarung eines Honorars i.H.v. 7.000,00 € und eines weiteren zusätzlichen Honorars i.H.v. 3.000,00 € im Erfolgsfall. Es liegt daher eine unzulässige Vereinbarung eines Erfolgshonorares vor.[67]

Ebenso unzulässig ist es, einen **aufschiebend bedingten Erlass** zu vereinbaren für den Fall, dass ein bestimmter Erfolg nicht eintrete.[68] Auch hier handelt es sich letztlich um die Vereinbarung eines Erfolghonorars, wenn auch in anderer Formulierung.[69] 348

Unzulässig ist es, bei einer vereinbarten geringeren als der gesetzlichen Vergütung zusätzlich zu vereinbaren, dass der Anwalt vom Gegner die **Kostenerstattung nach der höheren gesetzlichen Vergütung** einfordern dürfe. Dies stellt eine unzulässige Vereinbarung eines Erfolgshonorars dar.[70] Möglich ist es lediglich, sich im Mahnverfahren und in bestimmten Zwangsvollstreckungsverfahren einen Teil der Kostenerstattung an Erfüllungs statt abtreten zu lassen (§ 4 Abs. 2 Satz 2 RVG).[71] 349

---

66 BGH, AnwBl. 1987, 489 = BB 1987, 1064 = MDR 1987, 825 = NJW 1987, 3203 = NStZ 1987, 463 = VersR 1987, 1013; Krämer/Mauer/Kilian, Rn. 490.
67 BGH, NJW 1987, 3203; Krämer/Mauer/Kilian, a.a.O.
68 Krämer/Mauer/Kilian, a.a.O.
69 A.A. BGH, WM 1977, 895; unklar BGH, NJW 1980, 2407.
70 Henssler, NJW 2005, 1137; Krämer/Mauer/Kilian, Rn. 699 ff..
71 S. hierzu Rn. 289 ff.

350 Vorbehalten werden dürfen höhere Erstattungsansprüche nur in den gesetzlich geregelten Fällen der § 126 ZPO und § 9 BerHG,[72] in denen dem Anwalt ein eigener Anspruch gegen den Dritten zusteht.

351 Auch „**Fälligkeitsvereinbarungen**" können gelegentlich verkappte Vereinbarung eines Erfolgshonorars sein. Ist die Fälligkeit an einen bestimmten Leistungserfolg geknüpft, so ist dies an sich unbedenklich, weil die bloße Vereinbarung eines Fälligkeitszeitpunktes noch nichts darüber besagt, welche Vergütung letztlich zu zahlen ist. In der Vereinbarung des Zeitpunktes der Zahlung sind die Parteien grds. frei.

352 Sagt ein Rechtsanwalt zu, sein Honorar erst beim Eintritt des angestrebten Ereignisses zu fordern, kann diese Zusage allenfalls als Stundungsangebot, nicht aber als das Verlangen eines Erfolgshonorars aufgefasst werden.[73]

353 Es liegt jedoch ein Verstoß gegen § 49b Abs. 2 BRAO vor, wenn bei Nichteintreten des Erfolges und damit dem Ausbleiben der Fälligkeit die Forderung deshalb endgültig nicht einforderbar ist, also mangels Eintritts der Fälligkeit nie gefordert werden kann. In diesem Fall liegt wiederum die Vereinbarung eines Erfolgshonorars vor, die unzulässig ist.

c) Bezahlung durch Aktien im Falle des Börsengangs

354 Unzulässig sind auch Vereinbarungen, wonach der Anwalt nach einem erfolgreichen Börsengang, den er betreut, in Form von Aktien oder Aktienoptionen bezahlt wird. Zwar kann sich der Anwalt durchaus auch in anderer Form als in Geld bezahlen lassen. Hier steht die Vergütung jedoch unter der aufschiebenden Bedingung des Börsengangs und ist damit nach § 49b Abs. 2 BRAO unzulässig.[74]

355 Zulässig ist dagegen eine Vereinbarung, wonach dem Anwalt eine bestimmte Vergütung zustehen soll und dass für den Fall des Börsenganges diese Vergütung in Form von Aktien beglichen werden kann. Vo-

---

[72] Brieske, S. 83.
[73] BGH, WM 1977, 895 = StB 1977, 294.
[74] S. ausführlich hierzu Krämer/Mauer/Kilian, Rn. 486 m.w.N.

raussetzung ist allerdings, dass die vereinbarte Vergütung und die stattdessen zu übertragenden Aktien gleichwertig sind, dass es sich also letztlich nur um eine Ersetzungsvereinbarung handelt. Sind die Aktien dagegen höherwertiger als die vereinbarte Vergütung, liegt darin wiederum eine unzulässige Vereinbarung eines Erfolgshonorars.

d) Beteiligung an Prozessfinanzierungsgesellschaften

Auch in der Beteiligung an Prozessfinanzierungsgesellschaften kann eine Umgehung des Verbots des § 49b Abs. 2 BRAO liegen[75] (s. ausführlich hierzu Krämer/Mauer/Kilian).[76] 356

e) Beispiele aus der Rechtsprechung für unzulässige Vereinbarungen eines Erfolgshonorars

In folgenden Fällen hat die Rechtsprechung ein unzulässiges Erfolgshonorar angenommen, wobei sich die Entscheidungen zum Teil auch auf unzulässige quota-litis-Vereinbarungen stützen, die letztlich aber nichts anderes als besondere Formen des Erfolgshonorars sind (s.u. Rn. 386 ff.). 357

Vereinbart der Rechtsanwalt mit dem Mandanten ein Erfolgshonorar, ist diese Vereinbarung gemäß § 134 BGB i.V.m. § 49b BRAO unwirksam. Ein Erfolgshonorar ist eine Vergütung, deren Entstehen oder Höhe vom Erfolg der anwaltlichen Tätigkeit oder vom Ausgang der Sache abhängig gemacht wird (hier: dem Erzielen eines bestimmten Inhalts eines Aufhebungsvertrages zwischen kündigendem Arbeitgeber und dem anwaltlich vertretenen Arbeitnehmer). *AG Berlin-Charlottenburg, Urt. v. 27.1.2004 – 223 C 8/03*[77]	358

---

75 KG, MDR 2003, 599.
76 Krämer/Mauer/Kilian, Rn. 487 m.w.N.
77 AG Berlin-Charlottenburg, ArbRB 2004, 178 m. Anm. Kappelhoff.

B. Zulässigkeit einer Vergütungsvereinbarung

1. Lässt sich ein Rechtsanwalt, der im Auftrag der Kaufvertragsparteien mit den Gläubigern des Verkäufers über die Ablösung von Grundpfandrechten aus dem Erlös des verkauften Grundstücks verhandeln soll, versprechen, dass ein nach der Ablösung der Gläubiger etwa übrig bleibender Kaufpreisrest ihm als Honorar zustehen soll, handelt es sich um ein unzulässiges Erfolgshonorar.

2. Hat der Mandant eines Rechtsanwalts ein unwirksam vereinbartes Erfolgshonorar bezahlt, ist dieser ungerechtfertigt bereichert nur insoweit, als das an ihn ausgezahlte Honorar die gesetzlichen Gebühren übersteigt.

BGH, Urt. v. 23.10.2003 – IX ZR 270/02[78]

---

1. Hat ein Rechtsanwalt angeboten, den vom Konkurs bedrohten Betrieb seines Mandanten zu sanieren und dabei Sanierungsmaßnahmen geplant, die zu einer Umsatzsteigerung des Betriebes geführt hätten, so liegt in der Vereinbarung einer Vergütung, die prozentual am Nettoumsatz des Betriebes ausgerichtet ist (hier: 1%) die Vereinbarung eines standesrechtlich unzulässigen Erfolgshonorars.

2. Die Beteiligung an der Umsatzsteigerung birgt die Gefahr in sich, dass der Rechtsanwalt bei seiner Tätigkeit die erforderliche Freiheit gegenüber seinem Auftraggeber und dessen Belangen verliert und in Versuchung gerät, seine Tätigkeit an seinem Interesse an der Entlohnung auszurichten. Eine solche Verknüpfung der eigenen wirtschaftlichen Interessen mit denen des Auftraggebers ist mit dem Berufsbild des Anwalts als

---

[78] BGH, Information StW 2004, 82 = BGHReport 2004, 252 = MDR 2004, 202 = WM 2004, 478 = NJW 2004, 1169 = WuB VIII B § 49b BRAO 1.04 = BGHR BRAO § 49b Abs. 2 Erfolgshonorar 2 = BGHR BRAO § 49b Abs. 2 Erfolgshonorar 3 = VersR 2005, 651 = EBE/BGH 2003, BGH-Ls 938/03 = GuT 2004, 19 = BB 2004, 406 = ZAP, EN-Nr. 106/2004 (L) = ProzRB 2004, 85 = BRAK-Mitt. 2004, 90.

unabhängigem Organ der Rechtspflege nicht zu vereinbaren (vergleiche BGH, 22.3.1990, IX ZR 177/88, DNotZ 1991, 318).

EGH Celle, Urt. v. 14.6.1993 – EGH 21/92 (I/10)[79]

Ist die anlässlich eines Grundstückskaufvertrags dem Rechtsanwalt übertragene Aufgabe in nicht unwesentlichem Umfange rechtsberatender Natur, so ist unabhängig von den Parteivorstellungen ein anwaltlicher Dienstvertrag abgeschlossen worden. Der Rechtsanwalt kann als Vergütung für seine Tätigkeit nicht die Zahlung einer sich nach Maklerrecht bestimmten Erfolgsprovision ausbedingen

OLG Karlsruhe, Urt. v. 28.8.1990 – 18a U 143/90[80]

Ein Rechtsanwalt, der aufgrund eines Anwaltsdienstvertrages den Verkauf von Grundstücken zu tätigen und zu überwachen hat, vereinbart im Ergebnis ein – unzulässiges – Erfolgshonorar, wenn er sich für seine Tätigkeit den Verkaufserlös versprechen lässt, der vertraglich festgesetzte Richtsätze überschreitet.

BGH, Senat für Anwaltssachen, Urt. v. 23.2.1987 – AnwSt (R) 24/86[81]

Verpflichtet sich der Rechtsanwalt zur Rückzahlung eines Teils der vereinbarten Vergütung, falls ein bestimmter Erfolg seiner anwaltlichen Tätigkeit nicht eintritt (hier: Herabsetzung der Steuer-

359

---

79   EGH Celle, BRAK-Mitt. 1993, 225.
80   OLG Karlsruhe, JurBüro 1991, 374.
81   BGH, BGHSt 34, 295 = NJW 1987, 2451 = Rbeistand 1987, 85 = JurBüro 1988, 61 = BRAK-Mitt. 1987, 158 = BGHR BRAO § 43 S. 2 standeswidrig 2 = BGHR BRAO § 145 Abs. 2 Zulässigkeit 1 = NStE Nr. 2 zu § 43 BRAO = MDR 1987, 780 = JurBüro 1988, 61 = NJW 1987, 2451.

> schuld um einen bestimmten Betrag), so ist dies als unzulässige Erfolgshonorarvereinbarung nichtig.
>
> *BGH, Urt. v. 4.12.1986 – III ZR 51/85*[82]

> Die Vereinbarung von Erfolgshonoraren in „numerus-clausus"-Fällen (Vertretung von Bewerbern um freie Studienplätze in verwaltungsgerichtlichen Verfahren) ist standeswidrig, auch wenn die vereinbarten Gebühren nach Erfolg oder Misserfolg gestaffelt werden und die Höhe der Vergütung vom Ausgang eines Losverfahrens abhängt.
>
> *BGH, Senat für Anwaltssachen, Urt. v. 15.12.1980 – AnwSt (R) 13/80*[83]

> Ein Rechtsanwalt kann als Vergütung für eine anwaltliche Tätigkeit nicht die Zahlung einer sich nach Maklerrecht bestimmenden Erfolgsprovision ausbedingen.
>
> *BGH, Urt. v. 5.4.1976 – III ZR 79/74*[84]

---

[82] BGH, AnwBl. 1987, 489 = BB 1987, 1064 = ZfZ 1987, 323 = MDR 1987, 825 = Information StW 1987, 573 = NJW 1987, 3203 = NStZ 1987, 463 = LM Nr. 3 zu § 177 BRAO = Rbeistand 1987, 83 = BGHR BGB § 397 Abs. 1 Gebührennachlass 1 = BGHR BRAGO § 3 Abs. 1 Satz 1 Erfolgshonorar 1 = BGHR BRAGO § 12 Abs. 1 Satz 1 Bindungswirkung 1 = BGHR BRAGO § 18 Abs. 1 Satz 1 Nachforderung 1 = BGHR ZPO § 322 Abs. 2 Hilfsaufrechnung 1 = NStE Nr. 1 zu § 3 BRAGO = BGHWarn. 1986, Nr. 373 = BGH-DAT Zivil = VersR 1987, 1013.

[83] BGH, BGHSt 30, 22 = JZ 1981, 203 = NJW 1981, 998 = MDR 1981, 514 = AnwBl. 1981, 293 = LM Nr. 1 zu § 3 BRAGebO (Leitsatz 1) = JurBüro 1981, 533.

[84] BGH, AnwBl. 1977, 66 = r+s 1977, 70 = LM Nr. 6c zu § 3 BRAGebO = MDR 1976, 1001 = BB 1976, 1342 = WM 1976, 1135 = LM Nr. 8 zu § 138 (Cf) BGB = JurBüro 1976, 1184 (Der Anwalt hatte den Auftrag, einen Kiesausbeutungs- und Pachtvertrag zu beenden, das Grundstück räumen zu lassen und ein Unternehmen zu suchen, das das Grundstück wieder verfüllt. Hier für sollte er eine Provision erhalten).

> Ein Rechtsanwalt handelt standeswidrig, wenn er entgegen dem § 107 Abs. 8 RAbgO für seine Tätigkeit einen Streitanteil (quota-litis) vereinbart.
> BGH, Urt. v. 29.10.1963 – AnwSt (R) 8/62 (EGH für Rechtsanwälte)[85]

> Ein Rechtsanwalt verstößt gegen die guten Sitten, wenn er sich von seinem Auftraggeber ein nach dem Ausmaß des Erfolges abgestuftes Erfolgshonorar, insbesondere einen Streitanteil versprechen lässt. Eine solche Vereinbarung ist nach § 138 BGB nichtig.
> BGH, Urt. v. 28.2.1963 – VII ZR 167/61 [86]

> Eine Vereinbarung ist unzulässig, wonach der Rechtsanwalt Forderungen Dritter gegen seinen Mandanten in eigenem Namen zu 50 % ihres Nennwertes erwerben soll, so dass hierdurch eine höhere Vergleichsquote entsteht, die der Rechtsanwalt dann für sich beanspruchen kann.
> BGH, Urt. v. 30.10.1961 – VII ZR 138/60[87]

> Vereinbarung eines Honorars für den Fall, dass es dem Rechtsanwalt gelingt Verhandlungen erfolgreich zu führen um ein Finanzierungsproblem zum lösen.[88]

7. Zulässige Vereinbarungen

Ausnahmsweise sind Vereinbarungen, die sich am Erfolg der Sache orientieren, zulässig.   360

---

[85] BGH, NJW 1963, 262; die Parteien hatten vereinbart ein Grundhonorar sowie einen Prozentsatz des Objektwertes, wobei sich der Objektwert wiederum aus dem vom Finanzamt nachgelassenen Betrag ergeben soll.
[86] BGH, NJW 1963, 1147; Brieske, S. 84; die Parteien hatten ein Grundhonorar vereinbart und ein weiteres Honorar, das nur aus der eingeklagten Nachzahlung erbracht werden sollte.
[87] BGH, JZ 1962, 369 = BB 1962, 2.
[88] BGH, NJW 1955, 1922; Brieske, S. 85.

a) Anlehnung an gesetzliche Modelle

361 Trotz des Verbotes in § 49b Abs. 1 Satz 1 BRAO darf nicht verkannt werden, dass das RVG selbst in einigen Fällen „Erfolgsgebühren" vorsieht. Soweit diese zulässig sind, bestehen keine Bedenken, diese Gebühren im Rahmen einer Vergütungsvereinbarung durch vereinbarte Gebühren, etwa ein Vielfaches der gesetzlichen Gebühren, die gesetzlichen Gebühren nach einem höheren Gegenstandswert oder anstelle der gesetzlichen Gebühren bestimmte Pauschalen zu vereinbaren (§ 49b Abs. 1 Satz 1 BRAO).

362 *Beispiel:*

Die Parteien vereinbaren das Doppelte der gesetzlichen Vergütung.

Kommt es zu einer Einigung, erhält der Anwalt folglich auch das Doppelte der Einigungsgebühr. Er wird also hier für seinen „Erfolg" über die gesetzliche Vergütung hinaus zusätzlich belohnt.

Beispiel:

Die Parteien vereinbaren einen höheren Gegenstandswert.

Kommt es zu einer Einigung, erhält der Anwalt folglich auch die Einigungsgebühr nach dem höheren Gegenstandswert. Er wird also hier für seinen „Erfolg" über die gesetzliche Vergütung hinaus zusätzlich belohnt.

363 Ob es sich hier tatsächlich um „Erfolgs"-Gebühren handelt, ist ohnehin fraglich. Sicherlich kann der Abschluss einer Einigung oder die Aussöhnung der Eheleute ein Erfolg sein. Zwingend ist dies aber nicht. Erst recht fällt es schwer, von einem „Erfolg" zu sprechen, wenn ein Rechtsmittel oder ein Einspruch zurückgenommen wird (siehe Nrn. 4141, 5115 VV RVG). Zielrichtung dieser „Erfolgs"-Gebühren ist eine völlig andere. Sie orientiert sich nicht am Erfolg des Mandanten, sondern an dem verfahrensrechtlichen Erfolg, nämlich dass das Verfahren auf eine Art und Weise beendet wird, die dem Gericht Zeit und Arbeit erspart.

364 Fälle, in denen das Gesetz selbst „Erfolgsgebühren" vorsieht und in denen eine entsprechende Vergütungsvereinbarung, die sich an diesem gesetzlichen Gebührensystem orientiert, zulässig ist, sind Folgende:

- Nrn. 1000, 1005
  VV RVG: Mitwirkung beim Abschluss einer Einigung

- Nr. 1001 VV RVG: Mitwirkung an einer Aussöhnung von Eheleuten oder Lebenspartnern
- Nr. 1002 VV RVG: Mitwirkung an der Erledigung der Sache in einer verwaltungsrechtlichen Angelegenheit
- Nrn. 1002, 1005 VV RVG: Mitwirkung an der Erledigung der Sache in einer sozialrechtlichen Angelegenheit
- Nr. 4141 VV RVG: Zusätzliche Gebühr, wenn der Anwalt im Strafverfahren erreicht, dass
  - das Verfahrens eingestellt,
  - das Hauptverfahren nicht eröffnet oder
  - der Einspruch, die Berufung oder die Revision zurückgenommen wird
- Nr. 4146 VV RVG: Mitwirkung an einer Einigung im Privatklageverfahren
- Anm. zu Nr. 4146 VV RVG i.V.m. Nr. 1000 VV RVG: Mitwirkung bei einer Einigung im Strafverfahren
- Nr. 5115 VV RVG: Zusätzliche Gebühr, wenn der Anwalt im Bußgeldverfahren erreicht, dass
  - das Verfahren eingestellt,
  - ein neuer Bußgeldbescheid erlassen oder,
  - der Einspruch, die Rechtsbeschwerde oder die Nichtzulassungsbeschwerde zurückgenommen wird oder
  - das Gericht nach § 72 OWiG im schriftlichen Verfahren durch Beschluss entscheidet

Hierzu gehört sicherlich auch der höhere Satz der Einigungsgebühr, wenn es dem Anwalt gelingt, vor oder im Beweisverfahren eine Einigung zu erziehlen (Nr. 1000 VV RVG).

Ob in diesen Fällen auch anknüpfend an die gesetzliche Regelung für den Eintritt eines bestimmten „Erfolges" ein höherer Stundensatz vereinbart werden darf, erscheint dagegen fraglich.

365

366 *Beispiel:*

Für den Fall einer Einigung vereinbaren die Parteien, dass sich der vereinbarte Stundensatz von 100,00 € auf 150,00 € erhöhe.

Auch hier wird die Höhe der Vergütung von einem „Erfolg", nämlich dem Abschluss einer Einigung abhängig gemacht. Da sich diese Regelung aber zu weit von der gesetzlichen entfernt, halte ich diese für unzulässig.

b) Rechtlich unverbindliche Vereinbarungen

367 Zulässig ist es, unverbindlich zu „verabreden", dass bei einem bestimmten Erfolg oder Ausgang des Verfahrens die Höhe der Vergütung nochmals besprochen werde.[89]

368 Eine solche Vereinbarung ist schon deshalb nicht unzulässig, weil die Vergütung nicht vom Erfolg oder Ausgang der Sache abhängig gemacht wird. Abhängig gemacht wird lediglich, dass man sich nochmals zusammensetzt und erneut bespricht. Dies ist aber zulässig. So bestehen keine Bedenken, nach Abschluss des Mandats eine Vergütungsvereinbarung zu treffen (s.o. Rn. 336 ff.).

369 Hinzu kommt, dass solche Absichtsbekundungen unverbindlich sind. Der Anwalt kann hieraus keine Rechte herleiten. Weigert sich der Auftraggeber nach Abschluss der Angelegenheit, die Sache zu besprechen oder bespricht er sie zwar, weigert er sich aber, eine höhere Vergütung zu zahlen, kann der Anwalt hiergegen nichts unternehmen.

370 Auch umgekehrt sind solche Vereinbarungen unbedenklich. Verspricht der Anwalt, bei Misserfolg der Tätigkeit mit dem Auftraggeber die Sache nochmals zu besprechen, fehlt es ebenfalls an einer Abhängigkeit. Zudem ist auch eine solche Vereinbarung unverbindlich, da der Anwalt nicht gezwungen werden kann, die Besprechung zu führen, erst recht nicht, die Vereinbarung nachträglich herabzusetzen.

371 Im Übrigen bleibt es dem Anwalt unbenommen, im Nachhinein die Vergütungsvereinbarung abzuändern und eine geringere Vergütung zu ver-

---

[89] Krämer/Mauer/Kilian, Rn. 489; Henssler/Prütting-Dittmann, § 49b Rn. 18.

langen. Ein Verstoß gegen § 49b Abs. 1 Satz 1 BRAO liegt nicht vor, solange die herabgesetzte vereinbarte Vergütung nicht unterhalb der gesetzlichen Vergütung liegt.

c) Sonstige Fälle

Zulässig ist es als Vergütung eine **lebenslange Rente** zu vereinbaren.[90]   372

Zulässig sind die Vereinbarungen eines Erfolgshonorars darüber hinaus, 373
wenn es sich um anwaltsfremde Tätigkeiten handelt, wenn also der Anwalt z.b. als reiner Makler beauftragt wird.[91] Hier ist allerdings Zurückhaltung geboten, da i.d.R. vom Anwalt auch rechtliche Beratung erwartet wird und dann wiederum ein anwaltlicher Dienstvertrag vorliegt.[92]

8. Erfolgsvereinbarungen mit ausländischen Rechtsanwälten[93]

Zulässig sind Erfolgsvereinbarungen mit ausländischen Rechtsanwälten, 374
sofern das ausländische Recht eine solche Vereinbarung zulässt und die Vereinbarung nicht gegen die guten Sitten oder gegen den Zweck eines deutschen Gesetzes verstößt (Art. 30 EGBGB).[94]

Soweit ein ausländischer Rechtsanwalt, der dem deutschen Berufsrecht 375
nicht unterliegt, auch nicht nach § 3 RADG, ein Erfolgshonorar vereinbart, bestehen hiergegen grds. keine Bedenken.[95] Insbesondere steht deutsches Recht der Wirksamkeit einer solchen Vereinbarung nicht entgegen. Allerdings kann die Vereinbarung am Maßstab der Sittenwidrigkeit nach deutschem Recht beurteilt werden.[96]

---

90   RG, JW 1938, 370; Brieske, S. 85.
91   BGH, AnwBl. 1992, 184; Brieske, S. 86.
92   S. OLG Karlsruhe, JurBüro 1991, 374.
93   Zu Fällen mit Auslandsberührung s. auch Krämer/Mauer/Kilian, Rn. 535 ff.; zur quota-litis-Vereinbarung mit ausländischen Rechtsanwälten s. Rn. 413.
94   OLG Zweibrücken, RzW 1978, 171; BGH, BGHZ 44, 183 = NJW 1966, 296 = MDR 1966, 315; BGHZ 22, 162.
95   Henssler/Prütting-Dittmann, § 49b Rn. 22.
96   Henssler/Prütting-Dittmann, a.a.O.

9. Umgehung durch Vereinbarung ausländischen Rechts[97]

376 Es ist grds. nicht zulässig, eine nach deutschem Recht unzulässige Vereinbarung dadurch zu umgehen, dass ausländisches Recht vereinbart wird, nach dem eine solche Vereinbarung zulässig wäre.[98]

10. Folgen des Verstoßes

377 Ist unzulässigerweise ein Erfolgshonorar vereinbart worden, so ist die Vereinbarung nach § 134 BGB nichtig. Die Wirksamkeit des Anwaltsvertrags bleibt davon unberührt.[99] Die Vergütung beschränkt sich in diesem Fall grds. auf die gesetzliche Vergütung.

378 Haben die Parteien die Konstruktion einer Rückzahlungsverpflichtung gewählt (s.o. Rn. 346), ist nach Auffassung des BGH der vereinbarte Rückzahlungsanspruch unwirksam,[100] nicht dagegen die vereinbarte Vergütung selbst. Das erscheint bedenklich, da das Vertrauen des Auftraggebers auf die geringere Vergütung bei Ausbleiben des Erfolgs schutzwürdig sein kann (s. Rn. 320).

379 Soweit ausnahmsweise ein Erfolgshonorar unterhalb der gesetzlichen Vergütung vereinbart ist, muss der Anwalt sich nach Treu und Glauben hieran halten (s. Rn. 320).

380 *Beispiel:*

Die Parteien vereinbaren eine Beteiligung des Anwalts an den durchzusetzenden Schadensersatzansprüchen i.H.v. 20%. Der Anwalt setzt eine Forderung i.H.v. 15.000,00 € durch. Die gesetzliche Vergütung beläuft sich auf 5.000,00 €.

Der Anwalt kann jetzt nur 3.000,00 € verlangen. Dem weiter gehenden Anspruch steht der Einwand von Treu und Glauben entgegen.

381 Probleme können sich zudem ergeben, worauf Brieske[101] zu Recht hinweist, wenn sich der Mandant darauf beruft, er habe den Rechtsanwalt

---

97 S. hierzu auch Krämer/Mauer/Kilian, a.a.O.
98 OLG Düsseldorf, Rechtsbeistand 1986, 83.
99 BGH, JZ 1962, 369 = BB 1962, 2.
100 BGH, NJW 1987, 3203.
101 Brieske, S. 89.

nur im Hinblick darauf beauftragt, dass ein Erfolgshonorar vereinbart worden sei, wenn er also geltend macht, anderenfalls den Auftrag nicht erteilt zu haben. In diesem Falle stellt sich die Frage, ob der Auftraggeber gegenüber dem Anspruch des Anwalts auf die gesetzliche Vergütung den Einwand der unzulässigen Ausübung entgegensetzen kann.

> **Ein Rechtsanwalt, der eine wegen Formmangels oder wegen Verknüpfung mit einer Erfolgsherbeiführung unwirksame Honorarabrede trifft, kann nicht ohne gegen Treu und Glauben zu verstoßen eine Vergütung verlangen, auf die sich der Mandant nach den Erklärungen des Anwalts nicht einzustellen brauchte.**
> *BGH, 6. Zivilsenat, Urt. v. 26.10.1955 – VI ZR 145/54*[102]

382

- Ist der **Erfolg eingetreten**, dann ist der Mandant durch die Verpflichtung, die gesetzliche Vergütung zu zahlen, nicht belastet. Hier wird sich kein Problem stellen.[103]

  Beispiel:

383

  Die Parteien vereinbaren eine Pauschalvergütung i.H.v. 10.000,00 € für den Fall, dass der Anwalt einen bestimmten Erfolg erziele; anderenfalls soll er keine Vergütung erhalten. Der Erfolg tritt ein. Die gesetzliche Vergütung beläuft sich auf 6.000,00 €.

  Der Anwalt kann die 6.000,00 € verlangen.

- Ist der **Erfolg ausgeblieben**, kann der Auftraggeber geltend machen, er hätte keinen Rechtsanwalt beauftragt, wenn er gewusst hätte, dass er den Rechtsanwalt erfolgsunabhängig hätte bezahlen müssen. Er habe sich vielmehr auf die vom Rechtsanwalt getroffene Vereinbarung verlassen.

  In diesem Falle dürfte dem Anwalt im Ergebnis kein Vergütungsanspruch zustehen. Er muss sich nach Treu und Glauben an die getroffene Vereinbarung halten. Es gilt hier nichts anderes als bei der Vereinbarung einer geringeren als der gesetzlichen Vergütung, was

---

102 BGH, BGHZ 18, 340.
103 Brieske, a.a.O.

streng genommen hier ja sogar der Fall ist, da gar keine Vergütung auch eine geringere Vergütung ist. Brieske[104] spricht insoweit vom Vertrauensschutz des Mandanten.

384 *Beispiel:*
Wie Rn. 383. Der Erfolg bleibt aus.
Der Anwalt kann jetzt auch die 6.000,00 € nicht verlangen.

- Ist der Erfolg **teilweise eingetreten**, liegt also eine Kombination der beiden vorgenannten Fälle vor, so sind der vom Mandanten erzielte Erfolg oder Vorteil und der „gebührenrechtliche Nachteil" gegenüber zu stellen.

Behauptet der Auftraggeber auch in diesem Fall, dass er keinen Auftrag erteilt hätte, so muss er sich entgegenhalten lassen, dass er dann auch keinen Vorteil erzielt hätte.[105] Bis zur Höhe des erlangten Vorteils ist der gesetzliche Gebührenanspruch deshalb zu erfüllen.[106]

Hinsichtlich der darüber hinausgehenden Vergütung wird der Auftraggeber jedoch wieder einwenden können, er wäre bei zutreffender Belehrung keine weitere Verpflichtung eingegangen, so dass insoweit der Anwalt seinen Anspruch nicht wird durchsetzen können.[107]

385 *Beispiel:*
Wie Rn. 383. Der Anwalt setzt 4.000,00 € durch.
Der Anwalt kann jetzt nur die 4.000,00 € verlangen können. Dem weiter gehenden Anspruch stehen wiederum Treu und Glauben entgegen.

X. Unzulässigkeit einer quota-litis-Vereinbarung
1. Überblick

386 Ebenso wie ein Erfolgshonorar ist es unzulässig sich einen **Anteil am erstrittenen Betrag** (quota-litis) versprechen zu lassen. Auch insoweit

---

104 Brieske, S. 89.
105 Brieske, a.a.O.
106 Brieske, a.a.O.
107 Brieske, a.a.O.

enthält § 49b Abs. 2 BRAO ein gesetzliches Verbot, das nach § 134 BGB zur Unwirksamkeit der Vereinbarung führt.

Faktisch handelt es sich bei einer quota-litis-Vereinbarung stets um ein Erfolgshonorar, und zwar um einen Sonderfall, den der Gesetzgeber offenbar für so bedeutsam hielt, dass er ihn gesondert geregelt hat. Insoweit gelten daher die Ausführungen zum Erfolgshonorar sinngemäß.[108] 387

2. Verfassungsmäßigkeit

Hinsichtlich der Verfassungsmäßigkeit bestehen die gleichen Bedenken wie die gegen das generelle Verbot eines Erfolgshonorars (s.o. Rn. 327 ff.). 388

3. Gesetzliche Regelung

Die gesetzliche Regelung findet sich in § 49b Abs. 2 Satz 1 BRAO. 389

§ 49b Vergütung

(1) ...

(2) ¹*Vereinbarungen, durch die eine Vergütung oder ihre Höhe vom Ausgang der Sache oder vom Erfolg der anwaltlichen Tätigkeit abhängig gemacht wird (Erfolgshonorar) oder nach denen der Rechtsanwalt einen Teil des erstrittenen Betrags als Honorar erhält (quota-litis), sind unzulässig.* ²*Ein Erfolgshonorar im Sinne des Satzes 1 liegt nicht vor, wenn nur die Erhöhung von gesetzlichen Gebühren vereinbart wird.*

Eine gleich lautende Regelung findet sich in den Standesregeln der Rechtsanwälte der europäischen Gemeinschaft (CCBE-Standesregeln): 390

3.3. Quota-litis-Vereinbarung

3.3.1. Der Rechtsanwalt darf hinsichtlich seines Honorars keine quota-litis-Vereinbarung abschließen.

3.3.2. Quota-litis-Vereinbarung im Sinne dieser Bestimmung ist ein vor Abschluss der Rechtssache geschlossener Vertrag, der das an den Rechtsanwalt zu zahlende Honorar ausschließlich von dem Ergebnis abhängig macht und in dem sich der Mandant verpflichtet, dem Anwalt einen Teil des Ergebnisses zu zahlen.

---

108 S. hierzu auch die Rechtsprechungsübersicht in Rn. 358 ff.

3.3.3. Ein Vertrag sollte nicht als quota-litis-Vereinbarung betrachtet werden, wenn er vor Abschluss der Rechtssache geschlossen wird und den Grundsatz über eine zusätzliche Zahlung bei positivem Ergebnis enthält, und wenn die Höhe dieser Sonderzahlung im Nachhinein im Rahmen offener Verhandlungen zwischen dem Mandanten und dem Rechtsanwalt bestimmt werden soll.

3.3.4. Eine quota-litis-Vereinbarung liegt dann nicht vor, wenn die Vereinbarung die Berechnung des Honorars aufgrund des Streitwertes vorsieht und einem amtlichen oder von der für den Rechtsanwalt zuständigen Stelle genehmigten Tarif entspricht.

391 Die Regelung des § 49b Abs. 2 Satz 2 BRAO hat dagegen für quota-litis-Vereinbarungen keine Bedeutung. Das Gesetz kennt keine vergleichbaren Regelungen. Selbst wenn in vielen Fällen die Gebühren wertabhängig sind, hängt der Wert doch nicht vom Erfolg der anwaltlichen Tätigkeit ab, sondern allein vom erteilten Auftrag.

392 Der Erfolg der anwaltlichen Tätigkeit hat lediglich für die Höhe des Erstattungsanspruchs Bedeutung, etwa wenn z.B. in Verkehrsunfallsachen nach dem Erledigungswert reguliert wird. Dies betrifft aber nicht den Anwalt, sondern den Auftraggeber, der seine Kostenerstattung lediglich im Rahmen des Erfolges erhält. Der Anwalt erhält dagegen seine Vergütung unabhängig vom Erfolg des Auftraggebers im Rahmen seiner Beauftragung.

393 Dies gilt auch bei Abrechnung nach Abrechnungsgrundsätzen. Der Anwalt ist bei seiner Abrechnung gegenüber dem Auftraggeber nicht an den Regulierungs- oder Erledigungswert gebunden, sondern kann aus dem höheren Auftragswert weiter gehende Ansprüche geltend machen.[109]

4. Sinn und Zweck der Regelung

394 Ebenso wie das Verbot der Vereinbarung eines Erfolgshonorars soll die Unzulässigkeit einer quota-litis-Vereinbarung der Unabhängigkeit des

---

[109] OLG Düsseldorf, AGS 2005, 373 m. Anm. N. Schneider = RVGreport 2005, 348.

Rechtsanwalts dienen[110] und es soll verhindert werden, dass der Rechtsanwalt den Ausgang eines Mandats zu seiner eigenen „wirtschaftlichen" Angelegenheit macht.[111]

5. Zeitpunkt

Quota-litis-Vereinbarungen sind dann unzulässig, wenn sie sowohl 395
- **bei Abschluss des Anwaltsvertrages,**
- **bereits vor Abschluss des Vertrages** als auch
- **während des laufenden Mandats** geschlossen werden.

Zulässig ist es allerdings, quota-litis-Vereinbarungen **nach Abschluss** 396
des Vertrages zu treffen, da dann die anwaltliche Tätigkeit nicht von der Vereinbarung abhängig gemacht wird (s.o. Rn. 336).

Ebenso zulässig ist es unverbindliche Regelungen zu treffen, wonach bei 397
erfolgreichem Ausgang nochmals nachverhandelt werden soll (s.o. Rn. 367 ff.).

6. Erfasste Vereinbarungen[112]

a) Überblick

Krämer/Mauer/Kilian[113] weisen zurecht darauf hin, dass die Formulie- 398
rung bei wörtlichem Verständnis eine Beschränkung in zweifacher Weise enthalte. Zum einen sei vom Wortlaut nur erfasst die Beteiligung an einem Teil des erstrittenen Betrages, womit die Beteiligung an anderen „nicht monitären Gegenständen" nicht ausgeschlossen sei.[114] Zum anderen impliziere der Begriff „quota-litis" eine Beschränkung auf Prozessverfahren (lis = lat. Prozess).[115]

---

110 So der Regierungsentwurf BT-Drucks. 1249/93, S. 31; Henssler/Prütting-Dittmann, § 49b Rn. 15.
111 Henssler/Prütting-Dittmann, a.a.O.
112 S. hierzu auch die Rechtsprechungsübersicht in Rn. 358 ff.
113 Krämer/Mauer/Kilian, Rn. 480.
114 Krämer/Mauer/Kilian, a.a.O.
115 Krämer/Mauer/Kilian, a.a.O.

b) Erstrittener Betrag

399 Wie bereits ausgeführt, untersagt § 49b Abs. 2 Satz 2 BRAO lediglich die Beteiligung an einem erstrittenem Betrag, er würde also lediglich für Zahlungsklagen oder andere Angelegenheiten gelten, in denen eine Geldforderung beigetrieben werden soll. Nicht erfasst wäre z.b. eine Beteiligung an Herausgabeansprüchen, Lieferungsansprüchen o.ä.

400 *Beispiel:*

Der Anwalt ist beauftragt, die Herausgabe von 100 PC-Flachbildschirmen zu verlangen. Neben der sonstigen Vergütung wird dem Anwalt für den Fall, dass es ihm gelingt den Herausgabeanspruch durchzusetzen, zugesagt, dass er fünf der Bildschirme für sich behalten dürfe.

Dem Wortlaut der Vorschrift nach wäre § 49b Abs. 2 Satz 1 BRAO nicht anwendbar, weil der Anwalt keine Beteiligung am Betrag erhält, sondern einen „Sachpreis".

401 Letztlich dürfte es nicht darauf ankommen, ob man hierin eine unzulässige quota-litis-Vereinbarung sieht. Eine solche Vereinbarung dürfte jedenfalls aufgrund des weiter gehenden Verbots des Erfolgshonorars unzulässig sein.

402 In welcher Weise die Beteiligung vereinbart wird, ist unerheblich. Unzulässig ist es daher, ausschließlich eine Beteiligung zu vereinbaren, was dazu führen würde, dass der Anwalt ggf. überhaupt keine Vergütung erhielte. Unzulässig ist es, neben einem an sich zulässigen Vergütungsmodell (gesetzliche Gebühren, Stunden, sonstige Zeithonorare oder ein Vielfaches der gesetzlichen Gebühren, höherer Streitwert etc.) ein Zusatzhonorar zu vereinbaren, das sich als Beteiligung am erstrittenen Betrag darstellt.

403 Ebenfalls keine quota-litis-Vereinbarung liegt vor, wenn sich die Höhe der Vergütung danach richtet, **welche Ansprüche der Anwalt abwehrt**. Da er hier keine Beteiligung am erstrittenen Betrag oder an erstrittenen Gegenständen erhält, scheidet die zweite Alternative des § 49b Abs. 2 Satz 1 BRAO aus. Unzulässig dürfte diese Vereinbarung al-

lerdings nach der ersten Alternative sein, da es sich um ein Erfolgshonorar handelt.[116]

c) Beschränkung auf Prozessverfahren?

Während die wörtliche Übersetzung dafür spricht, das Verbot der quota-litis-Vereinbarung auf **Prozessverfahren** zu beschränken, verfährt die überwiegende Auffassung anders und wendet diese Vorschrift nach Sinn und Zweck auf sämtliche Angelegenheiten an.[117] Letztlich dürfte es hier auch im Ergebnis nicht darauf ankommen, da in sonstigen Verfahren sich die Unzulässigkeit daraus ergeben würde, dass hier eine gesetzeswidrige Erfolgshonorarvereinbarung vorliegt.   404

d) Umfang der Beteiligung

Unerheblich ist, wie die Beteiligung geregelt wird, also ob der Anwalt ausschließlich eine Beteiligung am erstrittenen Betrag erhalten soll, so dass er ungünstigstenfalls sogar keine Vergütung erhalten würde (no fee no win) oder ob die Beteiligung lediglich als ein Zusatzhonorar gedacht ist, das der Anwalt zusätzlich zu der gesetzlichen oder einer vereinbarten Vergütung als Prämie erhalten soll. Gleiches gilt, wenn als „Sockelhonorar" eine Pauschale vereinbart wird und darüber hinaus ein Anteil am erstrittenen Betrag.[118]   405

Unerheblich ist auch, wie sich die Beteiligung berechnet, also ob es sich um eine variable prozentuale Beteiligung handelt oder ob ein gestaffeltes Beteiligungssystem vereinbart wird.[119]   406

e) Feststehende Beteiligung

Zulässig ist es dagegen, wenn sich die Vergütung nach einem bestimmten Anteil eines Betrages, möglicherweise auch eines erstrittenen Betra-   407

---

116 Krämer/Mauer/Kilian, Rn. 481.
117 Krämer/Mauer/Kilian, Rn. 480.
118 Henssler/Prütting, § 49b Rn. 15.
119 Henssler/Prütting, a.a.O.

ges, orientiert, wenn die Höhe des **erstrittenen Betrages zum Zeitpunkt der Vereinbarung bereits feststeht.** So hat der EGH München eine Vergütungsvereinbarung als zulässig angesehen, in der der Anwalt eine Vergütung i.h.v. 10 % des Wertes des Erbteils vereinbart hatte.

408 **Eine vereinbarte Vergütung nach einem Prozentsatz des bereits angefallenen Erbanteils ist hinreichend bestimmbar; die Vereinbarung verstößt nicht gegen das Verbot des Erfolgshonorars.**
EGH München, Beschl. v. 28.9.1983 – II - 4/83[120]

Ebenso hatte der BGH in einem vergleichbaren Fall entschieden:

Hat ein Rechtsanwalt die zuvor erzielte Einigung der Abkömmlinge des Erblassers über eine Nachlassverteilung in die angemessene juristische Form zu bringen, so enthält eine Honorarvereinbarung, die an die Höhe des Erbteilsanspruchs des Mandanten anknüpft, kein unzulässiges Erfolgshonorar.
BGH, Urt. v. 29.4.2003 – IX ZR 138/02[121]

409 Faktisch handelt es sich hier nämlich nicht um eine variable Beteiligung, die vom Erfolg abhängt, sondern letztlich um die Formulierung einer genau bestimmten Vergütung, die allerdings derzeit noch nicht berechenbar ist. Hier besteht keine Möglichkeit, auf die Höhe der Vergütung Einfluss zu nehmen, da der Wert des Erbteils bereits feststeht, wenn er auch den Parteien noch nicht bekannt ist. Daher ist die Tätigkeit des Anwalts auch nicht vom Erfolg oder Ausgang der Sache abhängig.

410 So ist es auch bei Abrechnung der gesetzlichen Gebühren nicht ungewöhnlich, dass bei Beginn des Mandates sich der Gegenstandswert noch nicht berechnen lässt.

---

120 EGH München, BRAK-Mitt. 1984, 40.
121 BGH, AGS 2003, 341 m. Anm. Madert = BGHReport 2003, 911 = FamRZ 2003, 1196 = MDR 2003, 836 = NJW-RR 2003, 1067 = ZERB 2003 261 = ZEV 2003, 289 = ProzRB 2003, 313 = WM 2003, 1631 = KostRsp. BRAGO § 3 Nr. 62.

Zu beachten ist allerdings, dass hier eine hinreichende Bestimmtheit gegeben sein muss.[122] Insbesondere muss der Bewertungszeitpunkt bereits eingetreten sein, da sich anderenfalls doch wieder Schwankungen ergeben können, die letztlich zu einem Erfolgshonorar führen können. 411

Beispiel: 412

Die Parteien vereinbaren, dass der Anwalt 10 % des Erbteils erhält. Maßgebend sollte der Wert des Erbteils zum Zeitpunkt der Fälligkeit der anwaltlichen Vergütung sein.

Befinden sich im Nachlass Gegenstände, deren Verkehrswert mit zunehmenden Zeitablauf sinkt, wäre letztlich wiederum ein Erfolgshonorar vereinbart, da der Anwalt eine höhere Vergütung erhält, je schneller er arbeitet und die Sache abschließt und damit die Fälligkeit seiner Vergütung herbeigeführt (§ 8 Abs. 1 RVG).

f) Quota-litis-Vereinbarungen mit ausländischen Rechtsanwälten[123]

Zulässig sind quota-litis-Vereinbarungen als besondere Form der Erfolgsvereinbarung mit ausländischen Rechtsanwälten, sofern das ausländische Recht eine solche Vereinbarung zulässt und die Vereinbarung nicht gegen die guten Sitten oder gegen den Zweck eines deutschen Gesetzes verstößt (Art. 30 EGBGB).[124] 413

Soweit ein ausländischer Rechtsanwalt, der dem deutschen Berufsrecht nicht unterliegt, auch nicht nach § 3 RADG,[125] eine quota-litis-Vereinbarung trifft, bestehen hiergegen grds. keine Bedenken.[126] Insbesondere steht deutsches Recht der Wirksamkeit einer solchen Vereinbarung nicht entgegen. Allerdings kann die Höhe der quota-litis Vereinbarung am Maßstab der Sittenwidrigkeit beurteilt werden.[127] 414

---

122 EGH München, BRAK-Mitt. 1984, 40.
123 Zu Fällen mit Auslandsberührung s. auch Krämer/Mauer/Kilian, Rn. 535 ff.
124 OLG Zweibrücken, RzW 1978, 171; BGH, BGHZ 44, 183 = NJW 1966, 296 = MDR 1966, 315; BGHZ 22, 162.
125 Zu beachten ist, dass das Verbot der quota-litis auch für europäische Rechtsanwälte gilt, Nr. 3.3 CCBE-Standesregeln (Rn. 390; und Anhang Rn. 3107 ff.)
126 Henssler/Prütting-Dittmann, § 49b Rn. 22.
127 Henssler/Prütting-Dittmann, a.a.O.

g) Umgehung durch Vereinbarung ausländischen Rechts[128]

415 Auch hier ist grds. nicht zulässig, eine nach deutschem Recht unzulässige quota-litis-Vereinbarung dadurch zu umgehen, dass ausländisches Recht vereinbart wird, nach dem eine solche Vereinbarung zulässig wäre.[129]

416 | Hat ein Anwalt, der sowohl in der Bundesrepublik als auch in dem US-Bundesstaat New York zugelassen ist, mit seinem Mandanten die Geltung „US-amerikanischen Rechts" vereinbart, verbietet es § 49b BRAO gleichwohl, dass er sich auf eine quota-litis-Vereinbarung beruft, wenn er in seiner Funktion als deutscher Anwalt tätig war.
OLG Frankfurt/M., Urt. v. 1.3.2000 – 9 U 83/99[130]

Der BGH hat diese Entscheidung in der Revision bestätigt.

1. Die Rechtsfolge des Sittenverstoßes nach deutschem Recht kann auch nicht durch die getroffene Rechtswahl (des amerikanischen Rechts) aufgehalten werden. Denn das Mandat zur Durchsetzung von Erbschaftsansprüchen war ein Verbrauchervertrag gemäß Art. 29 Abs. 1 Nr. 2 EGBGB.

2. Eine nachträglich vereinbarte quota-litis als Mindesthonorar des Rechtsanwalts ist nach § 49b Abs. 2 Alt. 2 BRAO, § 134 BGB nichtig. Auch die Rechtsfolge dieser zwingenden Norm kann durch die Wahl des amerikanischen Rechts nach Art. 29 Abs. 1 Nr. 2 EGBGB nicht umgangen werden.

BGH, 9. Zivilsenat, Beschl. v. 24.7. 2003 – IX ZR 131/00[131]

---

128 S. hierzu auch Krämer/Mauer/Kilian, a.a.O.
129 OLG Düsseldorf, Rechtsbeistand 1986, 83.
130 OLG Frankfurt/M., OLGR, Frankfurt 2000, 97 = NJW-RR 2000, 1367 = RIW 2001, 374 = MittdtschPatAnw 2001, 186 = IPRax 2002, 399 = IPRspr 2000, Nr. 175, 382 = DStZ 2000, 840 = JuS 2001, 818 m. Anm. Hohloch.
131 BGH, NJW 2003, 3486 = FamRZ 2003, 1642 = BGHReport 2003, 1381 = AnwBl. 2003, 721 = AnwBl. 2004, 63 = BGHR BGB § 138 Abs. 1 Rechtsanwaltsvergütung 1 = BGHR AGBG § 9 Transparenzgebot 31 = BGHR EGBGB Art. 29 Abs. 1 Nr. 2 Verbrauchermandat 1 = AGS 2004, 440 = IPRax 2005, 150 = BRAK-Mitt. 2003, 282 = AuR 2004, 39 = ZAP, EN-Nr. 831/2003.

C. Zeitpunkt der Vergütungsvereinbarung

I. Überblick

Den Parteien steht es **grds.** nicht nur **frei**, ob, sondern auch **wann** sie eine Vergütungsvereinbarung abschließen.[1] 417

Grenzen finden sich insoweit lediglich, als der Abschluss zu **bestimmten Zeitpunkten** u.U. verbunden mit der Androhung ohne Abschluss einer Vergütungsvereinbarung nicht weiter tätig zu werden, **sittenwidrig** sein kann[2] oder zumindest zur Anfechtung nach den §§ 119 ff., 123 BGB berechtigt. 418

Daneben ist eine Vereinbarung **nicht verbindlich**, wenn der Anwalt zum Zeitpunkt des Abschlusses der Vereinbarung dem Auftraggeber **im Wege der Prozesskostenhilfe beigeordnet** war (s. Rn. 197 ff.). 419

Möglich sind auch **vorläufige Vereinbarungen** (s.u. Rn. 456 f.). 420

Es ist zudem nicht erforderlich, für jedes Mandat jeweils eine gesonderte Vergütungsvereinbarung abzuschließen. Möglich sind auch **Rahmenvereinbarungen**, die für eine Vielzahl von Mandaten gelten. Ebenso kommen **Dauervereinbarungen**, insbesondere bei Beratungsverträgen, in Betracht. 421

II. Vergütungsvereinbarung bei Auftragserteilung

Zweckmäßig ist es, die Vergütungsvereinbarung bei Auftragserteilung zu treffen. Beide Parteien wissen dann, auf was sie sich einlassen. Probleme, die auftreten, wenn der Anwalt im Nachhinein eine Vergütungsvereinbarung durchsetzen will (s.u. Rn. 432 ff.), entstehen hier nicht. 422

Insbesondere kann der Auftraggeber sich nicht genötigt sehen, eine Vergütungsvereinbarung abzuschließen, da er nicht gezwungen ist, dem Anwalt das Mandat zu erteilen. Er kann davon absehen und einen anderen Anwalt mandatieren. Hat der Auftraggeber dagegen bereits schon 423

---

1 Krämer/Mauer/Kilian, Rn. 548.
2 S. Rn. 1750 ff.

den Auftrag erteilt und wird erst im Nachhinein eine Vergütungsvereinbarung getroffen, so kann sich der Auftraggeber durch das Ansinnen einer Vergütungsvereinbarung unter Druck gesetzt fühlen.

III. Vergütungsvereinbarung vor Auftragserteilung

424 Möglich ist es, Vergütungsvereinbarungen schon vor Auftragserteilung abzuschließen. Die Parteien können für den Fall, dass ein bestimmtes Mandat erteilt wird, vereinbaren, dass nach einer bereits vorab festgelegten Vereinbarung abzurechnen ist. Es handelt sich dann um eine **bedingte Vergütungsvereinbarung**, die mit Eintritt der Bedingung (§ 158 BGB), also mit Erteilung des Mandats, wirksam wird.

425 Zu beachten ist allerdings, dass die **Form** des § 4 Abs. 1 Satz 1 und Satz 2 RVG auch hinsichtlich dieser Bedingung gewahrt sein muss.[3] Die Bedingung muss vom Auftraggeber schriftlich erklärt (§ 4 Abs. 1 Satz 1 RVG) und von anderen Vereinbarungen deutlich abgesetzt (§ 4 Abs. 1 Satz 2 RVG) sein. Fehlt es daran, kann der Anwalt eine höhere als die gesetzliche Vergütung nicht verlangen.[4]

426 Die spätere **Auftragserteilung** bedarf dagegen **keiner Form**. So reicht es aus, dass nach einer formwirksam geschlossenen Vergütungsvereinbarung die spätere Mandatserteilung mündlich erfolgt.

427 Des Weiteren ist zu beachten, dass die Vergütungsvereinbarung, die vor Mandatserteilung getroffen worden ist, nach § 4 Abs. 5 Satz 1 RVG unverbindlich sein kann, wenn der Anwalt im Zeitpunkt der Mandatserteilung zwischenzeitlich im Wege der **Prozesskostenhilfe** beigeordnet worden ist oder der Auftrag dahin geht, dass sich der Anwalt beiordnen lassen soll (§ 4 Abs. 5 Satz 1 RVG).[5] Abzustellen ist insoweit auf den **Zeitpunkt des Bedingungseintritts** (§ 158 BGB) für die Vergütungsvereinbarung, also auf den Zeitpunkt der Mandatserteilung.

---

3 OLG Düsseldorf, AnwBl. 2002, 431 = OLG Düsseldorf, OLGR 2002, 257 = KostRsp. BRAGO § 3 Nr. 57; Krämer/Mauer/Kilian, Rn. 552.
4 OLG Düsseldorf, a.a.O.; Krämer/Mauer/Kilian, a.a.O.
5 S. ausführlich hierzu Rn. 197 ff. u. Rn. 436.

IV. Vergütungsvereinbarung während des Mandats

Möglich ist es auch, während des Mandats eine Vergütungsvereinbarung abzuschließen und die bis dahin geltende gesetzliche Vergütung (oder auch eine zuvor geschlossene anderweitig vereinbarte Vergütung) abzubedingen (s. hierzu Rn. 441). 428

Eine solche nachträgliche Vergütungsvereinbarung kann sich dann sowohl auf die bisher geleistete Arbeit des Anwalts erstrecken als auch nur auf die noch zu erbringende weitere Tätigkeit des Anwalts. 429

> **Praxistipp:** 430
>
> Hier ist bei der Formulierung darauf zu achten, dass klargestellt wird, ob die Vereinbarung nur für die Zukunft gelten soll oder ob sie auch rückwirkend die bisherige Vergütung ersetzen soll.[6]

Nachträgliche Vereinbarungen kommen häufig vor, wenn der Anwalt im Verlaufe des Mandats feststellt, dass dies arbeitsaufwändiger und zeitintensiver ist, als ursprünglich angenommen. Der Anwalt ist dann jederzeit berechtigt, dem Auftraggeber eine Vergütungsvereinbarung anzudienen. Da das Mandat allerdings bereits erteilt ist, ist der Auftraggeber nicht verpflichtet, auf dieses Ansinnen einzugehen. 431

Hier ergibt sich dann i.d.R. ein **Spannungsfeld**. Der Auftraggeber will möglicherweise einerseits keiner zusätzlichen Vergütung zustimmen. Andererseits fürchtet er jedoch, dass der Anwalt seine weitere Tätigkeit einstellt und das Mandat niederlegt, wenn er die Vergütungsvereinbarung nicht unterzeichnet oder dass der Anwalt zwar seine Tätigkeit fortsetzt, aber nicht so gut arbeitet, wie dies von ihm erwartet wird. Das Vertrauen in die Arbeit des Anwalts schwindet. 432

In Anbetracht dessen, dass der Auftraggeber zu diesem Zeitpunkt bereits die gesetzliche Vergütung schuldet – unabhängig davon, ob sie im Falle der Kündigung durch den Anwalt durchsetzbar wäre (§ 628 Abs. 1 433

---

6 Krämer/Mauer/Kilian, Rn. 548.

C. Zeitpunkt der Vergütungsvereinbarung

Satz 2 BGB) – wird er auch möglicherweise im Hinblick auf diese schon bestehende (vermeintliche) Zahlungspflicht oder gar im Hinblick auf bereits gezahlte Beträge sich dann doch bereit erklären, der vereinbarten Vergütung zuzustimmen.

434 In diesen Fällen kann die Vergütungsvereinbarung **sittenwidrig** oder zumindest nach den §§ 119 ff., 123 BGB **anfechtbar** sein.[7] Dies gilt vornehmlich dann, wenn der Anwalt sogar androht, für den Fall des Nichtabschlusses einer Vergütungsvereinbarung das Mandat niederzulegen, insbesondere dann, wenn dies zu einem Zeitpunkt geschieht, in dem der Mandant dringend auf den Anwalt angewiesen ist, also z.B. unmittelbar vor einem Hauptverhandlungstermin (s. hierzu ausführlich Rn. 1750 ff.).

435 Des Weiteren kann der Anwalt einen Grund zur Anfechtung der Vergütungsvereinbarung geben, wenn er ursprünglich erklärt oder den Anschein erweckt hatte, dass er das gesamte Mandat zu der gesetzlichen Vergütung abrechnen werde.[8]

V. Vergütungsvereinbarung während einer Beiordnung im Wege der Prozesskostenhilfe

436 Ist dem Auftraggeber **Prozesskostenhilfe** bewilligt und der Anwalt beigeordnet worden und trifft er dann mit dem Auftraggeber eine Vergütungsvereinbarung im Rahmen der Bewilligung,[9] so ist dies zwar **nicht als sittenwidrig** anzusehen; allerdings wird eine **Verbindlichkeit nicht begründet** (§ 4 Abs. 5 Satz 1 RVG). Der Anwalt kann nur die gesetzliche Vergütung nach den Beträgen des § 49 RVG von der Staatskasse verlangen, nicht aber den Auftraggeber in Anspruch nehmen.

437 Gleichwohl kann der Auftraggeber die unvollkommene Verbindlichkeit begleichen. Ein Rückforderungsanspruch steht ihm dann nicht zu, wenn er freiwillig und vorbehaltlos gezahlt hat (s. Rn. 2030 ff.).

---

7   Krämer/Mauer/Kilian, Rn. 550.
8   BGHR BRAGO § 3 Abs. 1 Anfechtung; Krämer/Mauer/Kilian, Rn. 545; s. ausführlich Rn. 1582.
9   Zur Zulässigkeit einer Vereinbarung außerhalb der Bewilligung s. Rn. 209 ff.

Abgesehen davon, dass eine Verbindlichkeit nicht begründet wird (§ 4 **438**
Abs. 5 Satz 1 RVG), kann das Ansinnen einer Vergütungsvereinbarung
hier zur Kündigung des Anwaltsvertrages führen. Trägt der im Wege der
Prozesskostenhilfe beigeordnete Rechtsanwalt der bedürftigen Partei
an, sie solle zusätzlich zu der Vergütung, die der Anwalt aus der Staatskasse erhalte, diesem noch ein weiteres Honorar versprechen, entzieht
er damit dem Anwaltsvertragsverhältnis die **Vertrauensgrundlage** und
schafft einen **wichtigen Grund** i.S.d. §§ 626, 628 Abs. 1 Satz 1 BGB zur
Kündigung des Anwaltsvertrages.[10]

VI. Vergütungsvereinbarung während einer Pflichtverteidigerbestellung

Ist der Anwalt als Pflichtverteidiger oder Beistand oder anderweitig bei- **439**
geordnet, kann er gleichwohl mit dem Mandanten eine Vergütungsvereinbarung treffen. Die gerichtliche Bestellung steht im Gegensatz zur
Beiordnung im Rahmen der Prozesskostenhilfe einer Vergütungsvereinbarung nicht im Wege (s. Rn. 221 ff.).

VII. Vergütungsvereinbarung nach Erledigung des Auftrags

Vergütungsvereinbarungen können auch noch nach Erledigung des Auf- **440**
trags und nach Beendigung des Mandats getroffen werden. Hiergegen
bestehen keine Bedenken. Solche Vergütungsvereinbarungen sind ohnehin anders zu beurteilen, da z.B. in dieser Phase Erfolgshonorare und
Beteiligungen am erstrittenen Betrag möglich sind (s. Rn. 336, 396).

VIII. Abänderung einer Vergütungsvereinbarung

Vergütungsvereinbarungen können auch jederzeit zwischen den Partei- **441**
en abgeändert werden, sei es, indem das Vergütungsmodell völlig umgestellt wird, sei es, indem die vereinbarte Vergütung herauf- oder herabgesetzt wird, wobei es wiederum möglich ist, die vereinbarte Ver-

---

10 OLG Karlsruhe, JurBüro 1989, 511 = VersR 1989, 528 = JurBüro 1990, 544; OLG Hamm, JurBüro 1989, 508 m. Anm. Mümmler.

gütung auch rückwirkend herauf- oder herabzusetzen. Insoweit sind die Parteien grds. frei.

442 Vereinbarungen während des laufenden Mandats werden als **Anpassungen** bezeichnet.[11] Solche Anpassungen können insbesondere erforderlich sein, um die Vergütung dem zwischenzeitlich veränderten Mandatsumfang entsprechen zu lassen oder um bei lang anhaltenden Mandaten die Steigerung der Kanzlei- und Lebenshaltungskosten auszugleichen.[12]

443 Schranken finden sich allerdings hier darin, dass solche Vereinbarungen **sittenwidrig** sein können, wenn zur **Unzeit** eine Erhöhung der Vergütung vom Mandanten gefordert wird und er sich aus seiner Zwangslage notgedrungen darauf einlässt. Insoweit gilt das Gleiche wie bei einem erstmaligen Abschluss einer Vergütungsvereinbarung (s.o. Rn. 432 f.).

444 Darüber hinaus kann eine bis dato wirksame unbedenkliche Vergütung durch ihre Abänderung unangemessen hoch oder gar sittenwidrig werden; eine bis dato nur unangemessen hohe Vergütung kann durch eine Erhöhung die Grenze zur Sittenwidrigkeit überschreiten. Die gleichen Schranken für eine Erst-Vergütungsvereinbarung[13] gelten also auch hier.

445 Zu beachten ist, dass die abgeänderte Vergütung **hinreichend bestimmt** sein muss.[14] Unzureichend sind daher Anpassungsklauseln, wonach „angemessen" zu erhöhen sei. Selbst bloße **Erhöhungsvorbehalte**, die durch einseitige Erklärung des Anwalts ausgefüllt werden sollen, sind nicht wirksam (s. § 4 Abs. 3 Satz 2 RVG).

446 Ist der Anwalt zwischenzeitlich **im Wege der Prozesskostenhilfe beigeordnet**, wird im Rahmen der Anpassung eine Verbindlichkeit nicht begründet (§ 4 Abs. 5 Satz 1 RVG).

447 Darüber hinaus sind die **Formvorschriften** des § 4 Abs. 1 Satz 1, Satz 2 RVG zu beachten, soweit die Vergütung erhöht wird. Nicht nur bei erst-

---

11 Brieske, S. 162.
12 Brieske, a.a.O.
13 S. hierzu Rn. 1336 ff.; 1433 ff..
14 Brieske, a.a.O.

maliger Vereinbarung ist die Form des § 4 Abs. 1 Satz 1, Satz 2 RVG einzuhalten, sondern auch bei jeder späteren Erhöhung.

Eine Vereinbarung, wonach eine bislang wirksame vereinbarte Vergütung **herabgesetzt** wird, kann dagegen auch formlos, also z.B. mündlich getroffen werden.   448

Sonstige Vereinbarungen, die nicht zu einer höheren Vergütung als der gesetzlichen oder der bisher vereinbarten Vergütung führen, sind formlos möglich, etwa nachträgliche Fälligkeitsabreden, Stundungsabreden, Vorschussvereinbarungen o.Ä. Eine andere Frage ist, ob diese Vereinbarungen dann zu beweisen sind.   449

> **Praxistipp:**   450
>
> Hier sollte der Rechtsanwalt schon alleine zu Dokumentations- und Beweiszwecken sämtliche Zusatzvereinbarungen schriftlich fixieren und vom Auftraggeber gegenzeichnen lassen.

Anstelle nachträglicher Anpassungen können von vornherein **gestaffelte Vergütungen** vereinbart werden. So kann z.B. vereinbart werden, dass sich der Stundensatz ab einem bestimmten Zeitpunkt erhöht.   451

Beispiel: 452

Die Parteien vereinbaren, dass der Rechtsanwalt eine Vergütung i.H.v. 200,00 €/Stunde erhält. Ab dem 1.1.2006 soll sich die Vergütung für die dann geleisteten Stunden auf 220,00 €/Stunde erhöhen.

Bedenklich ist die Anpassung durch eine Bezugnahme auf Änderungen der Lebenshaltungskosten. Selbst dann, wenn die Höhe an amtliche Indizes geknüpft wird, besteht die Gefahr, dass die Gerichte davon ausgehen, damit sei die Festlegung der Höhe der Vergütung einem Dritten überlassen.[15] Dies wiederum hätte zur Folge, dass nur die gesetzliche Vergütung geschuldet wäre (§ 4 Abs. 3 Satz 2 RVG).   453

---

15   S. Brieske, S. 162.

454 **Bloße Verhandlungsklauseln**, also Vereinbarungen, dass man sich auf Verlangen oder zu bestimmten Zeitpunkten zusammensetze und über die Höhe der Vergütung nachverhandele, sind letztlich **unverbindlich**. Nur dann, wenn es zu Verhandlungen kommt und das Ergebnis der Verhandlung zudem unter Beachtung der Form des § 4 Abs. 1 Satz 1, Satz 2 RVG festgehalten wird, können daraus Rechte hergeleitet werden.

455 Im Hinblick darauf empfiehlt Brieske[16] bei Verwendung von Verhandlungsklauseln – insbesondere bei sich nachträglich erweiterndem Umfang –, soweit nicht Stundensatzvereinbarungen getroffen worden sind diese mit einem schadensersatzfreien Kündigungsrecht des Anwalts zu verbinden, falls es nicht zu einer Einigung kommen sollte.

IX. Vorläufige Vergütungsvereinbarung

456 Nach Brieske[17] kommen auch vorläufige Vereinbarungen in Betracht. Häufig ist bei Mandatsbeginn nicht erkennbar, welchen Umfang eine Sache annehmen wird. Gleichwohl sind die Parteien sich aber schon zu diesem Zeitpunkt (Mandatsbeginn) einig, dass hierfür eine höhere als die gesetzliche Vergütung gezahlt werden soll. Für diesen Fall können sie eine vorläufige Vereinbarung schließen.

457 **Praxistipp:**

Mit einer solchen vorläufigen Vergütungsvereinbarung wirkt der Anwalt vor allem einem späteren eventuellen Einwand entgegen, er habe erklärt oder den Eindruck erweckt, das gesamte Mandat werde zu der gesetzlichen Vergütung abgerechnet[18] oder er habe verschwiegen, später zu weiteren Tätigkeiten nur gegen Vereinbarung einer Vergütung tätig zu werden.[19]

---

16 Brieske, S. 163.
17 Brieske, S. 161.
18 S. hierzu BGHR BRAGO § 3 Abs. 1 Anfechtung u. Rn. 1580.
19 S. OLG Stuttgart, JurBüro 2003, 585 u. Rn. 1582.

Abzugrenzen ist eine solche vorläufige Vereinbarung von einer **Vor-** 458
schussvereinbarung. Die Vorschussvereinbarung ist letztlich keine Vergütungsvereinbarung, da über die Vorschüsse endgültig abzurechnen ist (§ 10 Abs. 2 RVG) und dann, wenn es später nicht zu einer ordnungsgemäßen Vergütungsvereinbarung kommt, die überhöhten Vorschüsse zurückzuzahlen sind.[20] Eine vorläufige Vereinbarung hat dagegen den Sinn, ein „einstweiliges Honorar"[21] festzulegen. Eine solche Vereinbarung ist zulässig. Damit wird faktisch ein **Mindesthonorar** vereinbart.

Um einem Verstoß gegen § 309 Nr. 1 BGB vorzubeugen, sollte ausdrück- 459
lich darauf hingewiesen werden, dass dem Auftraggeber das Recht verbleibt, nach § 4 Abs. 3 RVG Herabsetzung zu verlangen.[22]

Brieske[23] empfiehlt insoweit sinngemäß folgende vorläufige Vergütungs- 460
vereinbarung.

Muster: Vorläufige Vergütungsvereinbarung 461

Die Parteien vereinbaren, dass dem Rechtsanwalt auf jeden Fall für die Tätigkeit in der Sache ... eine Vergütung i.H.v. mindestens ... € zustehen soll.

Die endgültige Höhe der Vergütung werden die Parteien vereinbaren, sobald der Umfang der zu erwartenden Tätigkeit (ggf. weitere Umstände, in Strafsachen z.B. Umfang des Tatvorwurfs nach Akteneinsicht) festgestellt werden konnte.

Durch diese vorläufige Vereinbarung wird das Recht des Auftraggebers, die Angemessenheit dieser Vereinbarung gemäß § 4 Abs. 4 RVG überprüfen zu lassen, nicht eingeschränkt.

X. Dauervereinbarungen

Dauervereinbarungen, also Vergütungsvereinbarungen, die bis auf wei- 462
teres und nicht nur für einen konkreten bestimmten Fall oder mehrere

---

20 Brieske, a.a.O.
21 Brieske, a.a.O.
22 Brieske, a.a.O.
23 Brieske, a.a.O.

konkret bestimmte Fälle gelten sollen, sind ebenfalls möglich. Solche Dauervereinbarungen werden i.d.R. bei Beratungsverträgen in Betracht kommen.[24]

463 Bei Dauervereinbarungen einigen sich die Parteien, dass der Rechtsanwalt für einen bestimmten Zeitraum **sämtliche an ihn herangetragenen Rechtsfälle oder Rechtsfragen** zu einer bestimmten Vergütung behandelt. Dieser Zeitraum kann unbestimmt sein oder eine bestimmte Zeiteinheit – Monat, Quartal oder Jahr – umfassen.[25]

464 Möglich sind hier auch **Verlängerungsklauseln**.

465 **Abzugrenzen** sind derartige Dauerverträge von **Anstellungsverträgen**.[26]

466 Häufig werden solche Dauervereinbarungen in Zusammenhang mit Beratungsverträgen geschlossen. Diese Vereinbarungen sind aber auch für alle sonstigen außergerichtlichen Tätigkeiten möglich.

467 Selbst für gerichtliche Tätigkeiten können solche Vereinbarungen geschlossen werden. Dabei muss allerdings dann auf § 49 Abs. 1 Satz 1 BRAO geachtet werden. Die vereinbarte Vergütung darf die gesetzliche Vergütung nicht unterschreiten.

468 **Praxistipp:**

Bei solchen Dauervereinbarungen ist darauf zu achten, dass der Umfang der vom Anwalt zu erledigenden Tätigkeiten, der durch die vereinbarte Vergütung abgegolten sein soll, so konkret wie möglich bezeichnet ist. Dies gilt insbesondere dann, wenn Pauschalen vereinbart sind.

469 Es sollte klargestellt werden, welche Tätigkeiten des Anwalts unter die Vergütung fallen, also ob er nur zur Beratung verpflichtet ist oder auch

---

24 Zur Kündbarkeit solcher Verträge s. Brieske, S. 120.
25 Brieske, S. 31.

zur außergerichtlichen Vertretung oder sogar zur gerichtlichen Vertretung zählt.

Des Weiteren sollten die Rechtsgebiete eingegrenzt sein, ob die Vereinbarung für alle Rechtsgebiete gilt oder auf welche bestimmten Rechtsgebiete (etwa Arbeitsrecht, Steuerrecht o.Ä.) sich die Vergütungsvereinbarung beschränkt. 470

Der Anwalt geht ein hohes Risiko ein, wenn er die Vereinbarung nicht genügend einschränkt. Er muss dann damit rechnen, dass er hoch komplizierte Rechtsfälle zu lösen hat ohne seine Vergütung der Schwierigkeit und der Bedeutung der Sache entsprechend anpassen zu können. 471

> **Praxistipp:** 472
>
> Möglich und zweckmäßig sind insoweit Zeithonorare, also i.d.R. die Abrechnung nach Stundensätzen.

Bei Pauschalbeträgen, etwa monatliche Pauschalen, ist Vorsicht geboten, da dann die Gefahr besteht, dass der Anwalt übermäßig in Anspruch genommen wird und seine Vergütung nicht anpassen kann. 473

> **Praxistipp:** 474
>
> Insbesondere bei Dauervereinbarungen sollte der Anwalt die steigenden Büro-, Personal- und Lebenshaltungskosten im Blick behalten und sich nicht auf zu lange Zeit binden. Hier bietet es sich u.a. bei Vereinbarung von Zeithonoraren an, diese zu staffeln, also z.B. zu bestimmten Zeitpunkten eine Erhöhung des Stundensatzes zu vereinbaren. Hierbei sollte allerdings die Höhe des geänderten Stundensatzes beziffert ausgewiesen werden. Anlehnungen an Lebenshaltungskostentabellen o.Ä. sind unzweckmäßig.

D. Übergangsrecht

I. Überblick

475 Auch im Rahmen von Vergütungsvereinbarungen können sich Fragen des Übergangsrechts (§§ 60, 61 RVG) stellen und zwar unter zwei Aspekten:

1. Welches Recht gilt **für die Vergütungsvereinbarung?**
2. Welches Recht gilt **für die vereinbarte Vergütung?**

II. Auf die Vergütungsvereinbarung anzuwendendes Recht

476 Haben die Parteien eine Vergütungsvereinbarung geschlossen, so kann sich bei zwischenzeitlichen Gesetzesänderungen die Frage ergeben, welche gesetzlichen Anforderungen an die Vergütungsvereinbarung zu stellen sind.

477 Fraglich kann in einigen Fällen sein, ob sich die getroffene Vergütungsvereinbarung noch an der BRAGO, also an § 3 BRAGO, messen lassen muss oder ob die geringeren Anforderungen des § 4 RVG gelten.

478 Die Antwort darauf kann von entscheidender Bedeutung sein, falls eine höhere als die gesetzliche Vergütung vereinbart worden ist, nämlich dann, wenn die Vergütungsvereinbarung noch anderweitige Bestimmungen enthält.

479 *Beispiel:*

Die Parteien haben eine Vergütungsvereinbarung getroffen, in der auch eine Haftungsbeschränkung vereinbart worden ist.

Ist auf die Vergütungsvereinbarung noch § 3 BRAGO anzuwenden, dann ist die Form des § 3 Abs. 1 Satz 2 BRAGO nicht gewahrt. Eine höhere als die gesetzliche Vergütung kann der Anwalt nicht fordern.

Ist dagegen bereits § 4 RVG auf die Vergütungsvereinbarung anzuwenden, dann ist gegen die anderweitige Bestimmung nichts einzuwenden, sofern sie deutlich von der übrigen Vergütungsvereinbarung abgesetzt ist (§ 4 Abs. 1 Satz 2 RVG).

480 Welches Vergütungsrecht anzuwenden ist, also ob § 3 BRAGO oder § 4 RVG gilt, richtet sich nach **§ 61 Abs. 2 RVG**.

481 Hiernach kommt es in Abweichung vom Grundsatz des § 61 Abs. 1 RVG nicht auf den Tag der Auftragserteilung an.[1] Vielmehr ist nach § 61 Abs. 2 RVG darauf abzustellen, wann die Vereinbarung geschlossen worden ist. Maßgebend ist danach die letzte zum Vertragsschluss erforderliche Erklärung der Vertragsparteien, also der Zugang der Annahmeerklärung. Dabei ist wiederum unerheblich, ob der Auftraggeber ein Angebot des Anwalts annimmt oder ob der Anwalt ein Angebot des Auftraggebers annimmt.

482 Es spielt dabei keine Rolle, ob zu diesem Zeitpunkt der Anwaltsvertrag bereits geschlossen worden ist oder noch nicht. Auf den Abschluss des Anwaltsvertrages kommt es insoweit nicht an.[2]

483 Die Vorschrift des § 4 RVG ist danach auf alle Vergütungsvereinbarungen anzuwenden, die nach dem 1.7.2004 geschlossen worden sind.

484 Dem Wortlaut nach würde damit also für Vereinbarungen, die am 1.7.2004 geschlossen worden sind, noch § 3 BRAGO gelten. Vermutlich handelt es sich hier aber um ein Redaktionsversehen. Gemeint ist wohl „ab" dem 1.7.2004. Große praktische Relevanz wird dieses Problem allerdings nicht haben.[3]

485 Vergütungsvereinbarungen, die vor dem 1.7.2004 (ggf. auch am 1.7.2004, s.o. Rn. 484) geschlossen worden sind, müssen sich dagegen weiterhin an § 3 BRAGO messen lassen, unabhängig davon, wann die vereinbarte Vergütung entstanden oder ausgelöst worden ist. Selbst dann, wenn die Vereinbarung mehrere gebührenrechtliche Angelegenheiten umfasst, bleibt es dabei, dass hier für alle abgegoltenen Angelegenheiten auf den Tag des Vertragsschlusses abzustellen ist. Auf § 61 Abs. 1 RVG kann nicht zurückgegriffen werden.

---

1 AnwK-RVG/N. Schneider, § 61 Rn. 73; Krämer/Mauer/Kilian, Rn. 539.
2 AnwK-RVG/N. Schneider, § 61 Rn. 73; Krämer/Mauer/Kilian, Rn. 539.
3 AnwK-RVG/N. Schneider, § 61 Rn. 74.

III. Welche gesetzlichen Vorschriften gelten für die vereinbarte Vergütung?

486 Diese Frage erscheint zunächst überraschend, bestimmt sich doch die Vergütung im Falle einer Vergütungsvereinbarung danach, was vereinbart ist, und nicht danach, was im Gesetz steht, da die gesetzliche Regelung gerade durch die Vergütungsvereinbarung abbedungen wird. Die Frage hat aber durchaus Berechtigung. Auch bei einer vereinbarten Vergütung ist zu differenzieren:

Soweit sich die Vertragsparteien vom gesetzlichen Vergütungssystem völlig lösen, kommt es selbstverständlich nicht darauf an, welches (nicht anzuwendende) Gebührenrecht gelten würde.

487 *Beispiel:*

Die Parteien vereinbaren einen Stundensatz oder Pauschalen.

Hier kommt es nicht darauf an, ob bei gesetzlicher Abrechnung nach der BRAGO oder dem RVG hätte abgerechnet werden müssen, da weder die gesetzlichen Gebührentatbestände noch die gesetzlichen Auslagentatbestände anzuwenden sind.

488 Häufig wird jedoch eine Vergütungsvereinbarung in Anlehnung an das gesetzliche Gebührenssystem abgeschlossen, etwa indem ein Vielfaches der gesetzlichen Gebühren oder ein Zuschlag zu den gesetzlichen Gebühren vereinbart wird oder ein Gebührensatz bei der Geschäftsgebühr festgeschrieben wird oder es wird vereinbart, nach einem bestimmten höheren Gegenstandswert abzurechnen.

489 In allen diesen Fällen liegt zwar eine vereinbarte Vergütung vor. Maßgebender Berechnungsfaktor ist jedoch nach wie vor die gesetzliche Vergütung. Es fragt sich somit, welche gesetzliche Vergütungsordnung gilt, also auf welche gesetzliche Berechnungsgrundlage Bezug genommen wird.

490 *Beispiel:*

Die Parteien vereinbaren das Dreifache der gesetzlichen Gebühren.

Ist jetzt das Dreifache der BRAGO-Gebühren vereinbart oder das Dreifache der RVG-Gebühren?

Gleiches gilt für **Auslagen**. Ist der Vergütungsvereinbarung zu entnehmen, dass sich die Auslagen nach den gesetzlichen Vorschriften richten oder sind die gesetzlichen Auslagentatbestände ausdrücklich vereinbart, dann stellt sich auch hier die Frage, ob die BRAGO-Auslagentatbestände gelten oder die RVG-Auslagentatbestände. 491

Beispiel: 492

Die Parteien vereinbaren einen Stundensatz; daneben soll Auslagenersatz nach den gesetzlichen Vorschriften geschuldet sein.

Sind jetzt die Auslagen nach der BRAGO vereinbart oder die Auslagen nach dem RVG?

Eine gesetzliche Regelung hierzu fehlt. Es kommt daher zunächst einmal auf die Vereinbarung an, die ggf. nach §§ 157, 133 BGB auszulegen ist. 493

Sofern keine ausdrückliche Vereinbarung getroffen worden ist, also z.B. es gelte ein Vielfaches der RVG-Gebühren bzw. -auslagen oder ein Vielfaches der BRAGO-Gebühren bzw. -auslagen, dürfte auf die Formulierung *„gesetzliche Vergütung"* abzustellen sein. Die gesetzliche Vergütung bestimmt sich nach § 61 Abs. 1 RVG. Danach ist maßgebend, wann dem Anwalt der Auftrag der Angelegenheit erteilt worden ist. Ist der unbedingte Auftrag zur Angelegenheit bereits vor dem 1.7.2004 erteilt worden, dann ist mit der in Bezug genommenen gesetzlichen Vergütung im Zweifel die BRAGO gemeint. Ist der Auftrag für die zugrunde liegende Vergütung nach dem 30.6.2004 erteilt worden, ist mit gesetzlicher Vergütung die des RVG zu verstehen. 494

Gleiches gilt für sonstige Übergangsfälle. Nehmen die Parteien Bezug auf die gesetzliche Vergütung und wird diese nicht näher bezeichnet, dann ist im Zweifel auf diejenige gesetzliche Vergütung abzustellen, die bei Abrechnung nach der gesetzlichen Vergütung gelten würde. Insoweit kommt es dann auf die Übergangsregelung des § 60 RVG an. 495

Beispiel: 496

Die Parteien haben für ein Mahnverfahren vereinbart, dass das Doppelte der gesetzlichen Gebühren abzurechnen sei. Im Mahnverfahren findet eine Besprechung mit dem Gegner statt, um das Mahnverfahren zu erledigen und das streitige Verfahren zu vermeiden.

War der Auftrag für das Mahnverfahren vor dem 1.1.2005 erteilt worden, hätte bei gesetzlicher Abrechnung eine Terminsgebühr nicht anfallen können. Daher wäre diese auch von der Vergütungsvereinbarung nicht erfasst.

Ist der Auftrag für das Mahnverfahren dagegen nach dem 31.12.2004 erteilt worden, hätte die gesetzliche Vergütung auch eine Terminsgebühr nach Vorbem. 3.3.2 VV RVG i.V.m. Nr. 3104 VV RVG erfasst, so dass der Anwalt nach der Vereinbarung jetzt eine 2,4-Terminsgebühr abrechnen könnte.

E. Form der Vereinbarung

I. Überblick

Mit der Form einer Vergütungsvereinbarungen befasst sich § 4 Abs. 1 und Abs. 2 Satz 4 RVG:

§ 4 Vereinbarung der Vergütung

(1) ¹Aus einer Vereinbarung kann eine höhere als die gesetzliche Vergütung nur gefordert werden, wenn die Erklärung des Auftraggebers schriftlich abgegeben und nicht in der Vollmacht enthalten ist. ²Ist das Schriftstück nicht von dem Auftraggeber verfasst, muss es als Vergütungsvereinbarung bezeichnet und die Vergütungsvereinbarung von anderen Vereinbarungen deutlich abgesetzt sein. ³Hat der Auftraggeber freiwillig und ohne Vorbehalt geleistet, kann er das Geleistete nicht deshalb zurückfordern, weil seine Erklärung den Vorschriften des Satzes 1 oder 2 nicht entspricht.

(2) ¹In außergerichtlichen Angelegenheiten können Pauschalvergütungen und Zeitvergütungen vereinbart werden, die niedriger sind als die gesetzlichen Gebühren. ²Der Rechtsanwalt kann sich für gerichtliche Mahnverfahren und Zwangsvollstreckungsverfahren nach den §§ 803 bis 863 und 899 bis 915b der Zivilprozessordnung verpflichten, dass er, wenn der Anspruch des Auftraggebers auf Erstattung der gesetzlichen Vergütung nicht beigetrieben werden kann, einen Teil des Erstattungsanspruchs an Erfüllungs statt annehmen werde. ³Der nicht durch Abtretung zu erfüllende Teil der gesetzlichen Vergütung und die sonst nach diesem Absatz vereinbarten Vergütungen müssen in einem angemessenen Verhältnis zu Leistung, Verantwortung und Haftungsrisiko des Rechtsanwalts stehen. ⁴Vereinbarungen über die Vergütung sollen schriftlich getroffen werden; ist streitig, ob es zu einer solchen Vereinbarung gekommen ist, trifft die Beweislast den Auftraggeber.

...

Um von Anfang an einem weit verbreiteten Irrtum vorzubeugen:

Der Abschluss einer Vergütungsvereinbarung ist formlos möglich. Eine wirksame Vergütungsvereinbarung kann daher grds. auch mündlich geschlossen werden.

Der Anwalt kann lediglich eine **höhere als die gesetzliche Vergütung** nicht geltend machen, d.h. nicht durchsetzen, wenn es an den Formen des § 4 Abs. 1 Satz 1 oder Satz 2 RVG mangelt.

E. Form der Vereinbarung

500 Die Wirksamkeit der Vergütungsvereinbarung selbst wird jedoch durch einen solchen „**Formverstoß**" nicht berührt, was sich schon daran zeigt, dass eine dennoch vom Auftraggeber erbrachte freiwillige und vorbehaltlose Leistung nach § 4 Abs. 1 Satz 3 RVG nicht zurückgefordert werden kann.

501 Der Formverstoß führt also nur dazu, dass ein sog. **verhaltener Anspruch** entsteht.[1]

502 Soweit der Anwalt **keine höhere Vergütung** geltend macht als die gesetzliche, bestehen gegen nicht formgerechte – z.B. mündliche Vergütungsvereinbarungen – keine Bedenken.

503 Insbesondere ist der Anwalt an die Vereinbarung einer **niedrigeren als der gesetzlichen Vergütung** gebunden, da hier keine Form vorgeschrieben ist.

- Dies ergibt sich für **außergerichtliche Angelegenheiten** aus § 4 Abs. 2 Satz 1 RVG, wonach niedrigere Vergütungen vereinbart werden können als die gesetzlichen. Insoweit stellt das RVG hinsichtlich der Schriftform in § 4 Abs. 2 Satz 4 RVG nur eine „**Sollvorschrift**" auf, aus deren Nichtbeachtung keine Konsequenzen folgen (s.u. Rn. 561 ff.).

- Soweit **außerhalb des § 4 Abs. 2 Satz 1 RVG** unzulässigerweise eine niedrigere Vergütung vereinbart worden ist, verstößt dies zwar gegen § 49b Abs. 1 Satz 1 BRAO und macht die Vereinbarung nach § 134 BGB unwirksam; der Anwalt muss sich nach Treu und Glauben jedoch an dieser niedrigeren Vereinbarung festhalten lassen.[2] Auch hier greifen aber die Formvorschriften des § 4 Abs. 1 Satz 1, Satz 2 RVG nicht.

504 Zu beachten ist, dass nicht nur die Vereinbarung einer höheren Vergütung der Form des § 4 Abs. 1 RVG bedarf, sondern auch jede **spätere**

---

1 OLG Braunschweig, NJW 2003, 2606; OLG Naumburg, RAnB 1996, 91 = OLGReport 1996, 169 = NJ 1996, 426 = VIZ 1996, 474 = ZAP-Ost, EN-Nr. 321/96 = D-spezial 1996, Nr. 35, 7; OLG Frankfurt, AnwBl. 1983, 513; Krämer/Mauer/Kilian, Rn. 658.
2 OLG Düsseldorf, JurBüro 2004, 536; s. Rn. 319.

I. Überblick

Abänderung, soweit sie zu einer höheren Vergütung führt, insbesondere also Anpassungsvereinbarungen (s. Rn. 441).[3]

Gleiches gilt, wenn eine Vergütungsvereinbarung aufgehoben, angefochten oder gekündigt oder das Mandatsverhältnis beendet worden ist und dann die Vergütungsvereinbarung **erneut abgeschlossen** werden soll oder das Mandat wieder aufgenommen wird. Auch in diesem Fall muss die Form des § 4 Abs. 1 Satz 1, Satz 2 RVG gewahrt werden.[4] 505

Lediglich solche Regelungen, die **nicht die Höhe der Vergütung berühren** oder die die gesetzliche Vergütung nicht übersteigen, können auch formlos abgeschlossen werden.[5] 506

So ist eine **Fälligkeitsvereinbarung** unbedenklich, weil eine vorzeitige Fälligkeit nicht die Vereinbarung einer höheren Vergütung darstellt (s.u. Rn. 1840). 507

Unbedenklich ist es auch, nachträglich **Vorschüsse** auf die vereinbarte Vergütung zu regeln. 508

Unbedenklich ist es erst recht, wenn die vereinbarte Vergütung **herabgesetzt** wird, wenn sich die Parteien also z.B. im Nachhinein mündlich dahin gehend einigen, dass die vereinbarte Vergütung verringert werden soll, selbst wenn sie dann noch über der gesetzlichen Vergütung bleibt.[6] 509

Praxistipp: 510

Der Anwalt sollte sich jedoch hier auf keinerlei Diskussionen einlassen und sämtliche nachträglichen Vereinbarungen schriftlich unter Beachtung der Form des § 4 Abs. 1 Satz 1, Satz 2 RVG festhalten, schon alleine deshalb, um diese Vereinbarungen im Streitfall auch beweisen zu können.

---

3   Krämer/Mauer/Kilian, Rn. 657; Brieske, S. 75.
4   Brieske, a.a.O.
5   Brieske, a.a.O.
6   Krämer/Mauer/Kilian, a.a.O.; Brieske, a.a.O.

II. Die Schriftform nach § 4 Abs. 1 Satz 1 RVG

1. Überblick

511 Nach § 4 Abs. 1 Satz 1 RVG ist eine **partielle Schriftform** vorgesehen:

- Nur die **Erklärung des Auftraggebers** muss **schriftlich** (§ 126 Abs. 1 BGB) abgegeben werden.

- Die korrespondierende **Erklärung des Anwalts** bedarf dagegen **keiner Form**; sie kann auch mündlich abgegeben werden. § 126 Abs. 2 BGB ist somit nicht anwendbar.[7]

2. Schriftform

a) Überblick

512 Schriftform bedeutet, dass die Erklärung des Auftraggebers

- in einer Urkunde i.S.d. § 126 Abs. 1 BGB abgefasst, also **„schriftlich verkörpert"**[8]

- und vom Auftraggeber **eigenhändig durch Namensunterschrift unterzeichnet** (§ 126 Abs. 1 BGB) oder in einer vergleichbaren Form bestätigt

sein muss.

b) Urkunde

aa) Grundsatz

513 Unerheblich ist, wie die Urkunde, also der zu unterschreibende Text, hergestellt worden ist,[9] also ob handschriftlich, maschinengeschrieben,

---

[7] AnwK-RVG/N. Schneider, § 4 Rn. 49.
[8] AnwK-BGB/Noack, § 126 Rn. 9.
[9] AnwK-BGB/Noack, § 126 Rn. 10; Palandt/Heinrichs, § 126 Rn. 4.

per Computerausdruck oder per Telefaxkopie[10] oder ob es sich um einen Vordruck handelt etc.

bb) Einheitliche Urkunde

Es muss sich um eine einheitliche Urkunde handeln,[11] die alle wesentlichen Punkte der Vereinbarung enthält, auch eventuelle Bedingungen (s.u. Rn. 522). 514

Daher reicht es nicht aus, zu einem lediglich in Bezug genommenem Angebot des Anwalts auf Abschluss einer Vergütungsvereinbarung das bloße Einverständnis in einem separaten Anwortschreiben zu erklären.[12] Erforderlich ist in diesem Fall eine körperliche Verbindung, etwa indem der Vorschlag des Anwalts als Anlage beigeheftet wird. Ist eine solche körperliche Verbindung der in Bezug genommenen Vertragsbedingungen nicht möglich, müssen diese in der Annahmeerklärung wiederholt werden.[13] 515

cc) Elektronische Form

Ersetzt werden kann die Schriftform des § 126 BGB durch die **elektronische Form des § 126a BGB**, also z.B. durch eine E-Mail, wenn sie mit einer digitalen Signatur versehen ist.[14] Aus dem Gesetz ergibt sich jedenfalls nichts Gegenteiliges (§ 126 Abs. 3 BGB). 516

dd) Schuldanerkenntnis nach § 781 BGB

Ebenso reicht ein **deklaratorisches Schuldanerkenntnis** nach § 781 BGB, sofern sich aus dem Schuldanerkenntnis der Schuldgrund ersehen lässt.[15] 517

---

10 Nicht ausreichend soll allerdings die Übermittlung der Unterschrift per Telefax sein, s.u. Rn. 535 ff.
11 Palandt/Heinrichs, a.a.O.
12 Brieske, S. 65.
13 Brieske, a.a.O.
14 Krämer/Mauer/Kilian, Rn. 637; MKT 10.
15 AnwK-RVG/N. Schneider, § 4 Rn. 56; Brieske, S. 71.

518 Ein **abstraktes Schuldanerkenntnis** ohne jeglichen Hinweis auf den Schuldgrund erfüllt dagegen die Schriftform des § 4 Abs. 1 Satz 1 RVG nicht.[16]

ee) Telex, Telegramm, Telefax

519 Eine Vereinbarung „per" Telex, Telegramm, Telefax scheitert jedenfalls nicht an der Urkundenform. Soweit eine dem Auftraggeber per Telex, Telegramm, Telefax übermittelte Vereinbarung anschließend von ihm eigenhändig unterzeichnet wird, bestehen keine Bedenken gegen die Formwirksamkeit.

ff) Gesetzliche Erleichterungen der Schriftform

520 Gesetzliche Erleichterungen der Schriftform gemäß §§ 782, 350 HGB gelten ebenfalls nicht.[17]

gg) Mündliche Vereinbarungen

521 Eine **mündliche Vereinbarung** reicht niemals aus, ebenso wenig die mündliche Bestätigung einer mündlichen Vereinbarung.[18] Des Weiteren genügt nicht die mündliche Zusage des Mandanten, er werde die von seiner Ehefrau unterzeichnete Vergütungsvereinbarung erfüllen.[19]

hh) Bedingte Vereinbarung

522 Eine schriftliche Vergütungsvereinbarung, die **unter dem Vorbehalt späterer Mandatserteilung** steht, ohne dass diese Bedingung schriftlich niedergelegt wurde, ist ebenfalls nicht ausreichend, weil es hinsichtlich der Bedingung an der Schriftform fehlt.[20]

---

[16] BGHZ 57, 53 = NJW 1971, 2227 = MDR 1972, 43 = JurBüro 1972, 59 = AnwBl. 1972, 158 = KostRsp. BRAGO § 3 Nr. 1 m. Anm. E. Schneider; AnwK-RVG/N. Schneider, § 4 Rn. 56; Madert, Teil A Rn. 6; Brieske, a.a.O.

[17] AnwK-RVG/N. Schneider, § 4 Rn. 52.

[18] OLG Hamburg, MDR 1978, 936; AnwK-RVG/N. Schneider, § 4 Rn. 60.

[19] BGH, NJW 1991, 3095 = MDR 1991, 801 = VersR 1991, 718; AnwK-RVG/N. Schneider, § 4 Rn. 60.

[20] OLG Düsseldorf, OLGReport 2002, 257 = KostRsp. BRAGO § 3 Nr. 57.

c) Eigenhändige Namensunterschrift

aa) Zulässige Formen

Der Auftraggeber muss grds. die Vergütungsvereinbarung **eigenhändig** 523
durch Namensunterschrift unterschreiben. Ausnahmen sind jedoch
möglich.

(1) Grundsatz Eigenhändigkeit

Die Schriftform für die Erklärung des Auftraggebers erfordert nach § 126 524
Abs. 1 1. Alt. BGB grds., dass der Versprechende die Vergütungsvereinbarung **eigenhändig durch Namensunterschrift** unterzeichnet.[21]

(2) Digitale Signatur

Wählen die Vertragsparteien die elektronische Form des § 126a BGB 525
(s.o. Rn. 516), wird die Unterschrift durch die digitale Signatur ersetzt,[22]
da sich aus dem Gesetz nichts anderes ergibt (§ 126 Abs. 3 BGB).

(3) Notariell beglaubigtes Handzeichen

Ausreichend ist auch ein notariell beglaubigtes Handzeichen (§ 126 526
Abs. 1 2. Alt. BGB).[23]

(4) Notarielle Beurkundung

Ersetzt wird die nach § 4 Abs. 1 Satz 1 RVG erforderliche Schriftform ferner 527
durch notarielle Beurkundung (§ 126 Abs. 4 BGB).[24]

(5) Gerichtlich protokollierter Vergleich

Erklärt sich der Auftraggeber in einem **gerichtlich protokollierten Ver-** 528
gleich mit einem höheren Honorar einverstanden, so genügt dies eben-

---

21 AnwK-RVG/N. Schneider, § 4 Rn. 52.
22 Krämer/Mauer/Kilian, Rn. 637.
23 AnwK-RVG/N. Schneider, a.a.O.
24 AnwK-RVG/N. Schneider, § 4 Rn. 54.

E. Form der Vereinbarung

falls (§ 127a BGB).[25] Eine bloße Einigung i.S.d. Nr. 1000 VV RVG, die kein Vergleich i.S.d. § 779 BGB ist, reicht dagegen nicht aus.

bb) Unzulässige Formen

(1) Überblick

529 Unzulässig, weil nicht mit § 4 Abs. 1 Satz 1 RVG i.V.m. § 126 BGB in Einklang stehend, sind folgende Fälle:

(2) Blanko-Unterschrift

530 Eine Blanko-Unterschrift erfüllt die Voraussetzungen des § 4 Abs. 1 Satz 1 RVG nicht. Die Parallele zu sonstigen Fällen, in denen eine Blanko-Unterschrift als ausreichend angesehen wird, kann hier nicht gezogen werden, da der besondere Schutzzweck des § 4 Abs. 1 Satz 1 RVG dem entgegensteht. Im Falle einer Blanko-Unterschrift kann diese Vorschrift ihre Schutzwirkung nicht entfalten.[26]

(3) Gescannte Unterschrift

531 Eine gescannte Unterschrift ist nicht ausreichend.[27]

(4) Faksimile-Stempel

532 Ebenso wenig genügt ein Faksimile-Stempel.[28]

(5) Telex

533 Ebenfalls nicht ausreichend ist es, die Vereinbarung **per Telex** zu bestätigen oder zu übermitteln.[29]

---

25 AnwK-RVG/N. Schneider, § 4 Rn. 55.
26 OLG Düsseldorf, AnwBl. 2002, 431; Krämer/Mauer/Kilian, Rn. 641.
27 Wrede, AGS 1998, 23; AnwK-RVG/N. Schneider, § 4 Rn. 53.
28 AnwK-RVG/N. Schneider, a.a.O.
29 AnwK-RVG/N. Schneider, § 4 Rn. 58.

(6) Telegramm

Auch ein **Telegramm** erfüllt die Anforderungen des § 4 Abs. 1 Satz 1 RVG nicht.[30]   534

(7) Telefax

Nach allgemeiner Auffassung reicht eine vom Auftraggeber per Telefax abgegebene Erklärung nicht, um die Form des § 4 Abs. 1 Satz 1 RVG zu wahren, da es sich um eine gesetzliche Formvorschrift handelt (§§ 125, 126 BGB), für die § 127 Satz 2 BGB nicht gelte.[31]   535

Angesichts der heutigen Verbreitung von Telefaxen ist zumindest zu bedenken, ob diese Regelung noch zeitgemäß ist. Es kann durchaus erwogen werden, im Wege der Auslegung auch Telefaxschreiben zuzulassen. Zwar muss die vom Auftraggeber abgegebene Erklärung dem Rechtsanwalt zugehen. Der Zugang ist aber auch schon dann gewahrt, wenn die Erklärung per Telefax übermittelt wird. Im Übrigen ist nur die Abgabe der Erklärung formbedürftig, nicht auch der Zugang.[32]   536

Sinn und Zweck sprechen für eine erweiternde Auslegung. Im Gegensatz zu einem Telegramm (s. Rn. 534) besteht bei einem Telefax nämlich ein Original, das unterschrieben ist. Dass sich das Original nicht in den Händen des Rechtsanwalts befindet, sondern in denen des Auftraggebers, ist unerheblich. Der mit der Schriftform des § 4 Abs. 1 Satz 1 RVG verbundene Schutzzweck ist nämlich schon dann erfüllt, wenn der Auftraggeber die Erklärung eigenhändig unterzeichnet hat und er sie per Telefax absendet. Insbesondere ist die Warnfunktion der Schriftform gewahrt.   537

Darüber hinaus ist es nicht erforderlich, dass das Original der Erklärung – etwa in einem Rechtsstreit – vorgelegt werden kann. Die bloße Existenz reicht aus, selbst wenn das Original später untergeht.[33]   538

---

30 LG Kempten, NJW 1954, 725; AnwK-RVG/N. Schneider, a.a.O.
31 AG Bonn, AGS 1993, 76 = zfs 1993, 387; Hansens, BRAGO, § 3 Rn. 4; a.A. Schmidt/Baldus, Rn. 177.
32 Brieske, S. 70.
33 Brieske, a.a.O.

E. Form der Vereinbarung

539 Im Übrigen kommt der Schriftlichkeit der Honorarvereinbarung keine Beweiswirkung zu. Die Unmöglichkeit des Urkundenbeweises hat nicht die Unwirksamkeit der Vereinbarung zur Rechtsfolge.

540 **Praxistipp:**

> Verlassen sollte sich der Anwalt nicht darauf, dass möglicherweise auch eine mit Telefax abgegebene Erklärung des Auftraggebers ausreicht. Er sollte vielmehr darauf bestehen, dass ihm die Erklärung anschließend im Original ausgehändigt wird.

(8) Vollmacht

541 Wird die Vergütungsvereinbarung durch einen Vertreter abgeschlossen, muss diese von ihm unterzeichnet oder in einer adäquat ausreichenden Form (Rn. 523 ff.) geleistet worden sein.

542 Der vertretene Auftraggeber wiederum kann **formlos bevollmächtigen**.[34] Brieske weist darauf hin, dass aus Gründen der Vorsicht auch die Vollmacht schriftlich erteilt werden sollte, da zum Teil die Auffassung vertreten werde, die Vollmacht müsse schriftlich vorliegen.

543 So ist das LG Darmstadt[35] der Auffassung, ebenso wie eine nachträgliche Genehmigung bedürfe die Vollmacht zum Abschluss einer anwaltlichen Honorarvereinbarung der Form des § 3 Abs. 1 Satz 1 BRAGO (jetzt § 4 Abs. 1 Satz 1 RVG). Die §§ 167 Abs. 2 und 181 Abs. 1 BGB seien entsprechend des Schutzzwecks des § 3 Abs. 1 Satz 1 BRAGO (jetzt § 4 Abs. 1 Satz 1 RVG) teleologisch zu reduzieren.[36] Das ist unzutreffend. Dass der Auftraggeber seinen Vertreter formlos bevollmächtigten kann, folgt aus

---

34 Brieske, S. 73.
35 LG Darmstadt, Urt. v. 8.12.1999 – 8 O 116/99, ZAP, F. 24, S. 575 m. Anm. Schaaf; juris Nr: KORE 539422000.
36 Ebenso Hansens, § 3 Rn. 4.

§ 167 Abs. 2 BGB.[37] Dass der vertretene Auftraggeber formlos zustimmen kann, ergibt sich aus § 182 Abs. 2 BGB.[38]

Unabhängig von der Formbedürftigkeit muss im Streitfall allerdings nachgewiesen werden, dass der Vertreter bevollmächtigt war, so dass sich aus diesem Grunde eine schriftliche Vollmachtsurkunde aufdrängt. 544

Brieske[39] weist zudem darauf hin, dass die Frage der Formbedürftigkeit der Vollmachtserteilung sich u.U. nach ausländischem Recht richten kann, das möglicherweise eine andere Form vorsehe. 545

Darüber hinaus weist Brieske[40] darauf hin, dass bei Abschluss einer Vergütungsvereinbarung durch einen bevollmächtigten Vertreter oder durch einen vollmachtlosen Vertreter mit nachträglicher Genehmigung besonders auf die Hinweis- oder Aufklärungspflichten zu achten ist (s. Rn. 1539 ff.). Hier kann sich im Nachhinein Streit ergeben, ob der Vertreter denn auch zur Entgegennahme der Hinweise berechtigt war oder nicht. Von daher sollte bei Abschluss durch einen Vertreter die Belehrung jedenfalls (auch) unmittelbar gegenüber dem Auftraggeber erfolgen. 546

3. Anforderungen an die Gestaltung

Besondere Anforderungen an die Gestaltung des Schriftstücks sind nicht zu stellen. 547

Unerheblich ist insbesondere, wer die Urkunde verfasst oder erstellt hat. Das spielt für die Schriftlichkeit der Vergütungsvereinbarung i.S.d. § 4 Abs. 1 Satz 1 RVG keine Rolle. Dies folgt aus dem Umkehrschluss zu § 4 Abs. 1 Satz 2 RVG, der nur dann gilt, wenn der Anwalt die Vergütungsvereinbarung verfasst hat. 548

---

37 Brieske, S. 73; Gerold/Schmidt/Madert, § 4 Rn. 5.
38 Brieske, a.a.O., der auf die Entscheidung BGH, NJW 1994, 1344 zum vergleichbaren Fall des § 313 BGB hinweist.
39 Brieske, S. 73, 74.
40 Brieske, S. 74.

E. Form der Vereinbarung

549 Besondere Formulierungen oder Erklärungen sind ebenfalls nicht erforderlich. Es reicht daher aus, wenn der Auftraggeber den schriftlichen Vergütungsvorschlag des Anwalts mit dem Vermerk „**einverstanden**" versieht und zurückschickt.[41]

550 Besteht eine Vergütungsvereinbarung aus **mehreren Urkunden**, so ist eine Verbindung der Urkunden für die Wahrung der Schriftform jedenfalls dann nicht erforderlich, wenn die einzelnen Urkunden jeweils einen in sich geschlossenen Erklärungsinhalt aufweisen (hier: Staffelhonorarvereinbarung).[42]

4. Verlust der Urkunde

551 Unerheblich ist, ob die schriftliche Vergütungsvereinbarung später vorgelegt werden kann.[43] Die Schriftform bleibt also auch dann gewahrt, wenn die Urkunde untergeht. Voraussetzung ist allerdings, dass die schriftliche Vereinbarung unstreitig bleibt oder der Anwalt die schriftliche Erklärung des Auftraggebers anderweitig beweisen kann.

552 Daher kann auch dann **geklagt** werden, wenn die Urkunde untergegangen oder verloren gegangen ist, und dies im Rechtsstreit unstreitig bleibt oder die Existenz nachgewiesen werden kann, etwa durch Zeugen, Kopien o.Ä.

553 Lediglich ein **Urkundenprozess** wäre unzulässig. Der ist aber ohnehin kaum möglich, weil die sonstigen anspruchsbegründenden Tatsachen, Fälligkeit, Anzahl der Stunden o.Ä. ebenfalls urkundlich beweisbar sein müssten.

5. Trennung von der Vollmacht

554 Nach § 4 Abs. 1 Satz 1 RVG darf die Erklärung des Auftraggebers nicht in der Vollmacht enthalten sein. Dies ist sprachlich ungenau. Gemeint ist,

---

41 Krämer/Mauer/Kilian, Rn. 642; Brieske, S. 65.
42 BGH, AGS 2003, 341 = AnwBl. 2003, 593 = BGHR 2003, 911= FamRZ 2003, 1096 = MDR 2003, 836 = NJW-RR 2003, 1067 = ProzRB 2003, 313 = WM 2003, 1631 = ZEV 2003, 289 = KostRsp. BRAGO § 3 Nr. 62.
43 BGH, NJW 1991, 3095 = MDR 1991, 801 = VersR 1991, 718.

dass die Erklärung **nicht in einer Vollmachtsurkunde** enthalten sein darf. Faktisch ergibt sich daraus, dass zwei Urkunden vorhanden sein müssen, eine Vollmachtsurkunde und eine Urkunde über die Vergütungsvereinbarung.

Ist dies nicht der Fall, ist die Form des § 4 Abs. Satz 1 RVG nicht gewahrt. Eine höhere Vergütung als die gesetzliche kann nicht verlangt werden.   555

Nach dem Wortlaut des § 4 Abs. 1 Satz 1 RVG muss die Trennung der Erklärung des Auftraggebers von der Vollmachtsurkunde auch dann eingehalten werden, wenn der Auftraggeber selbst die Erklärung abgibt. Eine Einschränkung, dass die Formvorschrift des § 4 Abs. 1 Satz 1 RVG dann nicht gelte, wenn die Erklärung vom Auftraggeber abgegeben wird, findet sich – im Gegensatz zu § 4 Abs. 1 Satz 2 RVG – hier nicht.   556

Nach dem Wortlaut läge daher auch dann ein Formverstoß vor, wenn der Auftraggeber die Zustimmung zur Vergütungsvereinbarung zusammen mit der Vollmacht erklärt.   557

> *Beispiel:*   558
>
> *Der Anwalt teilt dem Auftraggeber mit, dass er bereit sei, die Verteidigung in einer Strafsache zu übernehmen, wenn ihm je Verhandlungstag ein Honorar i.H.v. 1.000,00 € zugesagt werde. Der Auftraggeber antwortet sodann: „Ich erteile Ihnen Vollmacht, mich in der Strafsache ... zu einer Vergütung von 1.000,00 € je Hauptverhandlungstag zu verteidigen."*
>
> *Nach dem Wortlaut des § 4 Abs. 1 Satz 1 RVG wäre diese Vereinbarung nicht formgerecht. Der Anwalt könnte daher eine höhere als die gesetzliche Vergütung nicht verlangen.*

Ob dies wirklich gewollt ist, darf bezweifelt werden.   559

Andererseits sollte sich der Anwalt hier auf gar keine Diskussionen einlassen und von vornherein darauf achten, dass auch dann, wenn der Auftraggeber die Erklärung selbst abgibt, Vollmacht und Vergütungsvereinbarung getrennt bleiben.   560

III. Die Formvorschrift des § 4 Abs. 1 Satz 2 RVG

1. Überblick

561 Weitere Formerfordernisse enthält § 4 Abs. 1 Satz 2 RVG. Diese greifen – im Gegensatz zu denen des § 4 Abs. 1 Satz 1 RVG – jedoch dann nicht, wenn die Erklärung vom Auftraggeber selbst verfasst ist. Gibt also der Auftraggeber selbst die Erklärung nach § 4 Abs. 1 Satz 1 RVG schriftlich ab, muss sie weder als Vergütungsvereinbarung bezeichnet sein noch von sonstigen Vereinbarungen abgesetzt werden.

562 Mit Schriftstück gemeint ist die Urkunde, in der die Vergütungsvereinbarung enthalten ist. Dabei dürfte es wohl nicht darauf ankommen, wer das Schriftstück letztlich körperlich herstellt. Mit Verfasser dürfte vielmehr der „geistige Urheber" gemeint sein.[44] Allein diese Auslegung entspricht dem Schutzzweck des § 4 Abs. 1 Satz 2 RVG.

- Wird eine **vom Anwalt verfasste oder von ihm als Vordruck vorgegebene Urkunde** benutzt, dann bedarf es immer der besonderen Warnfunktion des § 4 Abs. 1 Satz 2 RVG.

- Hat dagegen der **Auftraggeber selbst die Formulierungen der Vergütungsvereinbarung entworfen**, dann ist der Schutz des § 4 Abs. 1 Satz 2 RVG nicht erforderlich, weil man dann davon ausgehen darf, dass der Auftraggeber weiß, welche Erklärungen er abgegeben hat. Die Trennung von anderweitigen Erklärungen und die Bezeichnung als Vergütungsvereinbarung sind dann nicht noch zusätzlich erforderlich, um den Auftraggeber nochmals zu warnen.

- Sind die Formulierungen der Vergütungsvereinbarung dagegen **vom Anwalt** abgefasst oder **vorgegeben**, so bleibt er auch dann Verfasser, wenn der **Auftraggeber** diese lediglich übernimmt und **körperlich umsetzt**.

563 *Beispiel:*
Der Anwalt übersendet dem Auftraggeber den Entwurf der Vergütungsvereinbarung per E-Mail. Dieser formatiert den Text sodann, druckt ihn aus und unterschreibt ihn. Verfasser der Urkunde i.S.d. § 4 Abs. 1 Satz 2 RVG bleibt der Anwalt.

---

44 Mayer/Kroiß/Teubel, § 4 Rn. 15.

Lediglich durch die körperliche Gestaltung wird der Auftraggeber nicht zum Verfasser.

- Unklar ist, wie es sich verhält, wenn **sowohl Anwalt als auch Auftraggeber Verfasser** sind, wenn sie also die Vergütungsvereinbarung gemeinsam entwerfen.

  Meines Erachtens muss § 4 Abs. 1 Satz 2 RVG so verstanden werden, dass die dortige Form nur dann nicht erforderlich ist, wenn der Auftraggeber **ausschließlicher Verfasser** ist. Nur dann bedarf er nicht der Warnung und dem Schutz dieser Vorschrift, da er sich über sämtliche Formulierungen im Klaren sein muss, die er verfasst hat.

  Wird eine Erklärung von beiden Vertragsparteien verfasst, dann bleibt die Schutzwürdigkeit des Auftraggebers insoweit bestehen, als die Teile der Vergütungsvereinbarung vom Anwalt herrühren.

Beispiel:

Der Anwalt übersendet dem Auftraggeber den Entwurf einer Vergütungsvereinbarung, die der Auftraggeber teilweise umgestaltet, mit weiteren Vertragsbedingungen versieht, ausdruckt und dann unterzeichnet dem Anwalt zurücksendet.

Die Form des § 4 Abs. 1 Satz 2 RVG ist zu wahren.

Diese Frage darf sicherlich für die Praxis nicht überbewertet werden.

Die **Darlegungs- und Beweislast** für die Verfassereigenschaft trägt jeweils derjenige, der sich darauf beruft, dass der andere Vertragspartner die Urkunde verfasst habe, da sich hieraus jeweils rechtliche Vorteile ergeben.[45]

2. Das Schriftstück wird vom Auftraggeber verfasst

Ist der Auftraggeber alleiniger Verfasser der Vergütungsvereinbarung, dann gelten die Formerfordernisse des § 4 Abs. 1 Satz 2 RVG nicht. Aus einer Vergütungsvereinbarung, die diese Formerfordernisse nicht beachtet, kann dann dennoch eine **höhere als die gesetzliche Vergütung** verlangt werden.

---

45 Mayer/Kroiß/Teubel, § 4 Rn. 14.

E. Form der Vereinbarung

567 Zu beachten ist, dass nur die Formerfordernisse des § 4 Abs. 1 Satz 2 RVG entbehrlich werden. Für die Formerfordernisse des § 4 Abs. 1 Satz 1 RVG ist es dagegen völlig unerheblich, wer die Vergütungsvereinbarung verfasst hat. Bei ihnen bleibt es also auch dann, wenn der Auftraggeber Verfasser war.

568 Auch die Frage der Vereinbarkeit mit den §§ 305 ff. BGB wird sich hier kaum stellen,[46] da dann nicht der Anwalt, sondern der Auftraggeber **Verwender** i.S.d. Vorschriften ist. Ggf. könnte sich sogar der Anwalt auf den Schutz der §§ 305 ff. BGB berufen.

3. Das Schriftstück wird vom Anwalt verfasst

a) Überblick

569 Gilt nach den vorstehenden Ausführungen der Anwalt als Verfasser oder Mitverfasser, dann müssen die Formvorschriften des § 4 Abs. 1 Satz 2 RVG erfüllt sein.

570 Die Vereinbarung muss als Vergütungsvereinbarung bezeichnet und sie muss von sonstigen Vereinbarungen deutlich abgesetzt sein.

b) Bezeichnung als Vergütungsvereinbarung

571 Mit dem Erfordernis, dass die Vergütungsvereinbarung als solche bezeichnet sein muss, soll eine **Warnfunktion** erfüllt werden. Der Auftraggeber soll erkennen, dass hier eine Vereinbarung über eine von der gesetzlichen Vergütung abweichende höhere Vergütung getroffen wird.

572 An diese Voraussetzung sind strenge Anforderungen zu stellen.[47]

573 Ob dabei ausdrücklich das Wort „*Vergütungsvereinbarung*" benutzt werden muss, ist fraglich. Auch die ggf. technisch unzutreffende Bezeich-

---

46 S. Rn. 661 ff.
47 Mayer/Kroiß/Teubel, § 4 Rn. 18.

nungen „Honorarvereinbarung" oder „Gebührenvereinbarung"[48] dürften sicherlich ausreichen, da ihnen dieselbe Warnfunktion zukommt und der Gesetzgeber den Begriff der Gebührenvereinbarung selbst verwendet (so z.B. in § 34 RVG a.F. und n.F.).

574 Werden **nur Vereinbarungen über Auslagen** getroffen, so dürfte wohl die Bezeichnung „Auslagenvereinbarung" reichen.

575 Werden **nur ganz spezielle Kosten** geregelt, dürfte auch eine entsprechende speziellere Bezeichnung reichen, zumal diese letztlich klarer und bestimmter ist als die allgemeine Bezeichnung „Vergütungsvereinbarung". So bestehen letztlich keine Bedenken gegen „Reisekostenvereinbarung, Kopiekostenvereinbarung" etc.

576 Andererseits schadet es aber auch hier nicht, das Wort „Vergütungsvereinbarung" zu benutzen. Der Anwalt vermeidet Probleme, wenn im Nachhinein Auslagenvereinbarungen doch noch erweitert werden, nämlich dahin gehend, dass weitere Vergütungsfragen geregelt werden.

577 **Praxistipp:**

Der Anwalt sollte sich auf gar keine Auslegungsprobleme einlassen und stets seine Vergütungsvereinbarungen ausdrücklich mit dem Wort „Vergütungsvereinbarung" bezeichnen.

578 Aus § 4 Abs. 1 Satz 2 RVG ergibt sich nicht, dass die Urkunde mit der Bezeichnung der Vergütungsvereinbarung überschrieben werden muss.[49] Gleichwohl bietet sich dies an.

579 Ausreichen dürfte aber, wenn sich aus dem Text eindeutig ergibt, dass hier eine Vergütungsvereinbarung geschlossen wird.

---

48 Wenn auch eine Vereinbarung über Auslagen getroffen wird.
49 Mayer/Kroiß/Teubel, a.a.O.

E. Form der Vereinbarung

580 **Praxistipp:**

Auch hier sollte sich der Anwalt auf keine Auslegungsprobleme einlassen und stets seine Vergütungsvereinbarungen ausdrücklich mit dem Wort „*Vergütungsvereinbarung*" **überschreiben.**

c) Absetzen von sonstigen Vereinbarungen
aa) Überblick

581 Weiterhin ist es nach § 4 Abs. 1 Satz 2 RVG erforderlich, dass die Vergütungsvereinbarung von anderen Vereinbarungen **deutlich abgesetzt** ist.

582 Auch diese Formvorschrift erfüllt eine **Warn- und Schutzfunktion.** Der Auftraggeber soll klar erkennen, dass er Vereinbarungen über die Höhe der Vergütung abschließt. Solche Vereinbarungen sollen nicht in anderen Vereinbarungen enthalten sein, weil dann die Gefahr besteht, dass der Auftraggeber diese Vergütungsvereinbarung nicht ausreichend zur Kenntnis nimmt.

bb) „Andere Vereinbarungen"

583 Unter „*anderen*" Vereinbarungen i.S.d. § 4 Abs. 1 Satz 2 RVG sind solche Vereinbarungen zu verstehen, die nicht im Zusammenhang mit der Vergütungsvereinbarung stehen.

584 **Keine anderweitigen** Vereinbarungen sind daher z.B.

- **Gerichtsstandsvereinbarungen** betreffend die vereinbarte Vergütung (nicht aber Gerichtsstandsvereinbarungen für sämtliche Ansprüche aus dem Anwaltvertrag, s.u. Rn. 591),
- **Fälligkeitsregelungen,**[50]
- **Vorschussregelungen,**
- sonstige **Zahlungsmodalitäten,**[51]

---

50 Madert, Teil A Rn. 14; AnwK-RVG/N. Schneider, § 4 Rn. 66.
51 BGH, AnwBl. 1978, 227; LG Aachen, NJW 1970, 571; AnwK-RVG/N. Schneider, a.a.O.

- **Stundungsvereinbarungen,**[52]
- der **Vorbehalt,**[53]
- der **Vorbehalt**, nach Abschluss des Mandats über die Höhe der Vergütung nochmals zu sprechen (s. Rn. 367 ff.),[54]
- Regelungen, wie nach einer **vorzeitigen Beendigung** des Mandats zu verfahren ist, also wie in diesem Falle die vereinbarte Vergütung zu berechnen bzw. zu kürzen ist.[55]

Auch Vereinbarungen, die den Umfang der vom Anwalt für das vereinbarte Honorar zu **leistenden Tätigkeiten** bestimmen, sind zulässig.[56] 585

Des Weiteren zulässig sind Vereinbarungen, in welchem Maße der Anwalt **weitere Berufsträger** hinzuziehen darf und wie deren Tätigkeit zu vergüten ist.[57] 586

Beispiel: 587

Der Anwalt beauftragt den Verteidiger in einer Strafsache und vereinbart mit ihm einen bestimmten Stundensatz. Gleichzeitig wird vereinbart, dass der Verteidiger zur Klärung der anstehenden steuerrechtlichen Fragen einen Steuerberater hinzuziehen darf und dass für dessen Tätigkeit derselbe Stundensatz gelte.

Es liegt keine anderweitige Vereinbarung vor. Ein deutliches Absetzen ist nicht erforderlich.

Des Weiteren sind zulässig Vereinbarungen über die **Einschaltung von Vertretern**,[58] da insoweit nämlich auch geregelt werden muss, ob und in welcher Höhe der Anwalt nach der vereinbarten Vergütung abrechnen darf, wenn er einen Vertreter beauftragt, also wenn er z.B. einen von mehreren Hauptverhandlungsterminen durch einen bei ihm ange- 588

---

52 Madert, a.a.O.; AnwK-RVG/N. Schneider, a.a.O.
53 BGH, AnwBl. 1978, 227; AnwK-RVG/N. Schneider, § 4 Rn. 67.
54 Krämer/Mauer/Kilian, Rn. 489.
55 AnwK-RVG/N. Schneider, § 4 Rn. 68.
56 So schon zum bisherigen Recht Madert, a.a.O.; AnwK-RVG/N. Schneider, § 4 Rn. 69.
57 AnwK-RVG/N. Schneider, § 4 Rn. 65.
58 AnwK-RVG/N. Schneider, § 4 Rn. 65.

stellten Rechtsanwalt oder Stationsreferendar wahrnehmen lässt (s. Rn. 833, 1511).

589 Ebenso wenig schaden **Hinweise nach § 49b Abs. 5 BRAO** oder nach **§ 12a Abs. 1 Satz 2 ArbGG**, da es sich hier nicht um Vereinbarungen handelt, sondern um einseitige Hinweise oder Belehrungen und diese zudem im Zusammenhang mit der vereinbarten Vergütung stehen.[59]

590 Ebenso wenig müssen Hinweise darauf, dass die vereinbarte Vergütung die **gesetzliche übersteigt** oder dass die vereinbarte Vergütung **nicht erstattungsfähig** ist, abgesetzt werden.[60]

591 **Anderweitige Vereinbarungen** sind dagegen z.B.

- **generelle Gerichtsstandsvereinbarungen** für sämtliche Ansprüche aus dem Anwaltvertrag,[61]
- **Haftungsbeschränkungen**,[62]
- **Vereinbarungen über die Aufbewahrung von Handakten**,[63]
- der **Ausschluss von Kündigungsrechten**.

592 Solche Regelungen stehen nicht in unmittelbarem Zusammenhang mit der Vergütungsvereinbarung und müssen daher deutlich abgesetzt sein.

cc) Deutliches Absetzen

593 Nach § 4 Abs. 1 Satz 2 RVG müssen anderweitige Erklärungen von der Vergütungsvereinbarung deutlich abgesetzt sein. Hieraus folgt nicht, dass sonstige Vereinbarungen nicht mehr in derselben Urkunde wie die Vergütungsvereinbarung enthalten sein dürfen. Dies war nach § 3 Abs. 1 Satz 1 BRAGO der Fall, wenn ein Vordruck verwendet wurde. In einem

---

59 AnwK-RVG/N. Schneider, a.a.O.
60 Krämer/Mauer/Kilian, Rn. 551.
61 OLG München, NJW 1993, 3336 = Rechtsbeistand 1994, 20 = KostRsp. BRAGO § 3 Nr. 31; OLG Düsseldorf, AnwBl. 1998, 102 = MDR 1998, 498 = OLGR 1998, 63 = KostRsp. BRAGO § 3 Nr. 38; OLG Hamm, AGS 1998, 98 = OLGR 1998, 193 = KostRsp. BRAGO § 3 Nr. 40; AnwK-RVG/N. Schneider, § 4 Rn. 64.
62 OLG München, a.a.O.; OLG Düsseldorf, a.a.O.; OLG Hamm, a.a.O.; AnwK-RVG/N. Schneider, a.a.O.
63 Madert, Teil A Rn. 14; AnwK-RVG/N. Schneider, a.a.O.

Vordruck durften nach der damaligen Rechtslage keine anderweitigen Erklärungen enthalten sein.

Nach der derzeitigen Rechtslage dürfen in einem Vordruck jetzt anderweitige Erklärungen nach den Rn. 591 enthalten sein. Sie müssen jedoch deutlich abgesetzt sein. 594

Wie der Anwalt die deutliche Absetzung gestaltet, bleibt ihm überlassen. Auf jeden Fall müssen die jeweiligen Erklärungen deutlich optisch voneinander getrennt sein. 595

Krämer, Mauer, Kilian[64] greifen insoweit auf § 4 HWG, § 11 AMG zurück und verlangen eine *„deutliche Zäsur"* zwischen den voneinander abzugrenzenden Texten. Aus dem Wort „deutlich" folge, dass es nicht ausreicht, diese anderweitigen Vereinbarungen lediglich durch einen Absatz zu trennen.[65] 596

Zum Teil wird auf § 355 Abs. 2 Satz 1 BGB abgestellt, wonach dem Verbraucher eine deutlich gestaltete Belehrung über sein Widerrufsrecht zur Verfügung zu stellen ist.[66] Hier wird die deutliche Gestaltung z.B. bei der Verwendung von gesperrten Schriften, Fett- oder Farbdruck, bei der Benutzung von Großbuchstaben oder anderen größeren Schrifttypen, Unterstreichungen, Schraffierungen, Unterlegungen oder Einrahmung, bei Einsatz von anderen Schrifttypen und größerem Zeilenabstand oder bei Abgrenzung durch eine Trennungslinie als ausreichend angesehen.[67] Dies wird auch für die Erfüllung der Voraussetzungen des § 4 Abs. 1 Satz 2 RVG als ausreichend angesehen. Bei der Verwendung einer bloßen Trennungslinie ist allerdings Acht zu geben, wenn bereits der übrige Text mit Trennlinien versehen ist.[68] 597

Zweckmäßig ist es insoweit, die Abgrenzung auf jeden Fall durch unterschiedliche Überschriften kenntlich zu machen, dass also die Ver- 598

---

64 Krämer/Mauer/Kilian, Rn. 649.
65 Krämer/Mauer/Kilian, a.a.O.
66 Ausführlich Mayer/Kroiß/Teubel, § 4 Rn. 24 ff.; Krämer/Mauer/Kilian, a.a.O.; Römermann, MDR 2004, 421.
67 Mayer/Kroiß/Teubel, § 4 Rn. 26.
68 Mayer/Kroiß/Teubel, § 4 Rn. 27.

gütungsvereinbarung als solche überschrieben wird und die sonstigen Vereinbarungen eine hiervon unterscheidbare Überschrift erhalten, etwa „sonstige Vereinbarungen" oder sie werden konkret bezeichnet als „Gerichtsstandsvereinbarung", „Haftungsausschluss" o.ä. Soweit dann auch noch eine graphische Gestaltung, etwa getrennte Rahmen o.ä., diese Trennung unterstreichen, ist dies noch eindeutiger.

599 **Praxistipp:**

Auch hier gilt die Empfehlung, dass der Anwalt sich nach Möglichkeit erst gar nicht auf Abgrenzungsfragen einlassen sollte, indem er Vergütungsvereinbarungen und sonstige Vereinbarungen in derselben Urkunde niederlegt. Wenn also noch sonstige Vereinbarungen zu treffen sind, sollten diese auf einem gesonderten Blatt in einer gesonderten Urkunde abgefasst werden.

600 Der Anwalt vermeidet dann auch das Risiko des § 139 BGB. Sind sonstige Vereinbarungen unwirksam und sind sie in ein und derselben Urkunde wie die Vergütungsvereinbarung enthalten, kann die Zweifelsregelung des § 139 BGB greifen, wonach dann die gesamten Vereinbarungen unwirksam sind, also auch die Vergütungsvereinbarung erfasst wird, die für sich genommen an sich unschädlich gewesen wäre.[69]

IV. Folgen der Formverstöße nach § 4 Abs. 1 Satz 1 und Satz 2 RVG

1. Überblick

601 Verstößt die getroffene Vergütungsvereinbarung gegen § 4 Abs. 1 Satz 1 oder Satz 2 RVG, bleibt die getroffene Vereinbarung dennoch **wirksam**, soweit nicht andere Unwirksamkeitsgründe bzw. Nichtigkeitsgründe gegeben sind.

---

69 S. hierzu fehlerhaft, aber rechtskräftig entschieden: OLG Düsseldorf, AGS 2004, 10 m. abl. Anm. N. Schneider = MDR 2004, 58 m. abl. Anm. N. Schneider = JurBüro 2003, 584 = AnwBl. 2004, 128.

Allein der Formverstoß nach § 4 Abs. 1 Satz 1 oder Satz 2 RVG führt nicht zur Unwirksamkeit der Vereinbarung. Insoweit ist § 125 BGB nicht anwendbar, da § 4 Abs. 1 Satz 1 und Satz 2 RVG die Einhaltung der dort genannten Formen nicht als Wirksamkeitsvoraussetzung aufstellt, sondern lediglich das Einfordern und Durchsetzen eines höheren Anspruchs als der gesetzlichen Vergütung davon abhängig macht. 602

Erst recht führt ein Formverstoß nach § 4 Abs. 1 Satz 1 oder Satz 2 RVG nicht nach § 139 BGB zur Unwirksamkeit des gesamten Anwaltvertrages.[70] Dieser bleibt von der Vereinbarung der Vergütungshöhe grds. unberührt. Anderenfalls könnte der Auftraggeber keine Erfüllungs- oder Schadensersatzansprüche geltend machen.[71] 603

Daraus folgt, dass die Vereinbarung als solche wirksam bleibt, auch wenn es an der Form des § 4 Abs. 1 Satz 1 oder Satz 2 RVG mangelt; sie ist lediglich nur in bestimmter Höhe durchsetzbar. 604

- So bleibt die vereinbarte Vergütung insoweit durchsetzbar, als sie die gesetzliche Vergütung nicht übersteigt.
- Liegt die vereinbarte Vergütung sogar unter der gesetzlichen Vergütung, ist der Anwalt an diese geringere Vereinbarung gebunden.[72]

Beispiel: 605

Die Parteien haben für eine außergerichtliche Vertretung eine Stundensatzvereinbarung getroffen, wonach 200,00 € je Stunde zuzüglich Auslagen und Umsatzsteuer zu vergüten sind.

Der Anwalt rechnet 10 Stunden ab, also 2.000,00 € zuzüglich Auslagen und Umsatzsteuer.

Ausgehend von einem Gegenstandswert von 200.000,00 € und einer hier angemessenen Mittelgebühr von 1,5 würde sich das gesetzliche Gebührenaufkommen auf 2.724,00 € zuzüglich Auslagen und Umsatzsteuer belaufen und läge damit höher.

Die getroffene Vereinbarung ist formlos verbindlich.

---

70 AnwK-RVG/N. Schneider, § 4 Rn. 74.
71 BGHZ 18, 340.
72 S. Rn. 319.

E. Form der Vereinbarung

Der Anwalt ist sogar auch dann an eine niedrigere Vergütung gebunden, wenn diese wegen Verstoßes gegen § 49 Abs. 1 Satz 1 BRAO unwirksam ist.[73]

- Liegt die vereinbarte Vergütung höher als die gesetzliche, ist die Vereinbarung dennoch wirksam. Bis zur Höhe der gesetzlichen Vergütung bestehen keine Bedenken, auch aus einer formunwirksamen Vereinbarung vorzugehen. Lediglich der Mehrbetrag ist nicht einforderbar.

606 *Beispiel:*

Die Parteien haben für eine außergerichtliche Vertretung eine Stundensatzvereinbarung getroffen, wonach 200,00 € je Stunde zuzüglich Auslagen und Umsatzsteuer zu vergüten sind.

Der Anwalt rechnet 10 Stunden ab, also 2.000,00 € zuzüglich Auslagen und Umsatzsteuer.

Ausgehend von einem Gegenstandswert von 50.000,00 € und einer hier angemessenen Mittelgebühr von 1,5 würde sich das gesetzliche Gebührenaufkommen auf 1.569,00 € zuzüglich Auslagen und Umsatzsteuer belaufen und läge damit unter der vereinbarten Vergütung.

Auch hier bleibt die Vergütungsvereinbarung wirksam. Sie ist allerdings lediglich i.H.v. 1.569,00 € zuzüglich Auslagen und Umsatzsteuer durchsetzbar.

607 Dass die Vergütungsvereinbarung durch einen Formverstoß nach § 4 Abs. 1 Satz 1 oder Satz 2 RVG nicht unwirksam wird, – auch nicht, soweit sie die gesetzliche Vergütung übersteigt –, ergibt sich schon daraus, dass auch die formwidrig vereinbarte höhere Vergütung erfüllt werden kann. Soweit der Auftraggeber nämlich die höhere Vergütung freiwillig und vorbehaltlos zahlt, kann er die gezahlten Beträge nicht zurückverlangen (§ 4 Abs. 1 Satz 3 RVG), weil sie aufgrund einer wirksamen – lediglich unverbindlichen – Vergütungsvereinbarung geleistet worden sind.

---

73 S. Rn. 319.

2. Keine Durchsetzbarkeit

Infolge eines Formverstoßes nach § 4 Satz 1, Satz 2 RVG tritt keine Unwirksamkeit ein. Die Vergütungsvereinbarung ist – auch soweit sie die gesetzliche Vergütung übersteigt – wirksam. Eine durchsetzbare Verbindlichkeit wird dagegen nur in Höhe der gesetzlichen Vergütung begründet. Im Übrigen liegt eine sog. **Naturalobligation** vor.[74]   608

Das bedeutet, dass der Anwalt eine höhere als die gesetzliche Vergütung **nicht fordern** kann.[75]   609

Eine Aufforderung an den Auftraggeber zu zahlen ist daher unbeachtlich, soweit der geforderte Betrag die gesetzliche Vergütung übersteigt.   610

Der Auftraggeber kann insbesondere nicht in **Verzug** geraten.   611

Erst recht ist die Vergütung **nicht einklagbar**. Eine entsprechende Klage wäre allerdings nicht unzulässig, sondern als unbegründet zurückzuweisen, weil der Anspruch nicht klagbar ist.[76]   612

Wegen des die gesetzliche Vergütung übersteigenden Betrages können keine **sonstigen Rechte** geltend gemacht werden.   613

So ist es dem Anwalt insbesondere verwehrt, mit dem die gesetzliche Vergütung übersteigenden Betrag **aufzurechnen**.[77] Möglich ist dagegen eine Aufrechnung des Auftraggebers oder eine Aufrechnungsvereinbarung.   614

Ebenso wenig kann ein **Zurückbehaltungsrecht** geltend gemacht werden.[78]   615

---

[74] AnwK-RVG/N. Schneider, § 4 Rn. 72.
[75] OLG Frankfurt, JurBüro 1983, 1032 = AnwBl. 1983, 1513; AnwK-RVG/N. Schneider, a.a.O.
[76] Zur vergleichbaren Situation bei fehlender Kostenberechnung s. AnwK-RVG/N. Schneider, § 10 Rn. 56 m.w.N.; s. hierzu auch zuletzt LG Gera, AGS 2005, 283 m. Anm. N. Schneider = MDR 2005, 480, das von einer Unzulässigkeit ausgeht.
[77] OLG Hamm, OLGReport 1993, 103; AnwK-RVG/N. Schneider, § 4 Rn. 72; s. ausführlich Rn. 2075 ff.
[78] AnwK-RVG/N. Schneider, a.a.O.

E. Form der Vereinbarung

616 Darüber hinaus können auch keine Rechte aus einem zur **Sicherheit gegebenen Scheck oder Wechsel** geltend gemacht werden,[79] wohl aber aus einem zur Bezahlung gegebenen Scheck.

617 Sonstige **Sicherheiten**, die sich der Anwalt ggf. hat versprechen lassen, dingliche Sicherheiten, Pfandrechte, abgetretene Forderungen oder Bürgschaften sind nicht durchsetzbar.

618 Auch die Gewährung eines **abstrakten Schuldanerkenntnisses** aufgrund einer formunwirksamen Vereinbarung kann der Anwalt nicht verlangen. Wird es dennoch gewährt, kann der Anwalt daraus nicht vorgehen, weil dem die Einrede der ungerechtfertigten Bereicherung entgegengesetzt werden kann.[80]

3. Rückforderungsanspruch des Auftraggebers

a) Anspruchsgrundlage

619 Verstößt die getroffene Vereinbarung gegen § 4 Abs. 1 Satz 1 oder 2 RVG, kann der Auftraggeber die Rückforderung eines eventuell zuviel gezahlten Betrages verlangen.

620 Ein Rückforderungsanspruch ergibt sich allerdings nicht unmittelbar aus dem **Vertrag** wie z.B. bei überzahlten Vorschüssen, da eine wirksame – wenn auch unverbindliche – Vereinbarung vorliegt.

621 Der Rückforderungsanspruch ergibt sich in diesem Falle vielmehr aus **§ 812 BGB**, so dass sich der Anwalt ggf. auf den Wegfall der Bereicherung (§ 818 Abs. 3 BGB) berufen kann, wobei dies als berufswidrig angesehen wird.[81]

---

79 OLG Köln, OLGReport 1993, 166; AnwK-RVG/N. Schneider, a.a.O.
80 BGHZ 57, 53 = NJW 1971, 2227 = MDR 1972, 43 = JurBüro 1972, 59 = AnwBl. 1972, 158 = KostRsp. BRAGO § 3 Nr. 1 m. Anm. E. Schneider; AnwK-RVG/N. Schneider, § 4 Rn. 56; Madert, Honorarvereinbarung, Teil A Rn. 6.
81 EGH II 106; AnwK-RVG/N. Schneider, § 10 Rn. 69.

b) Rückforderungsausschluss

Hinsichtlich des nach § 812 BGB an sich gegebenen Rückforderungsanspuchs stellt § 4 Abs. 1 Satz 3 RVG allerdings eine wichtige Schranke auf. Eine Rückforderung des Auftraggebers ist danach ausgeschlossen,

- wenn er **freiwillig**[82] geleistet hat

und

- er seine Leistung auch **nicht unter einen Vorbehalt**[83] gestellt hat.

622

Zu beachten ist, dass **Vorschüsse** keine vorbehaltlose Leistung in diesem Sinne darstellen. Die Leistung eines Vorschusses steht begrifflich unter dem Vorbehalt der späteren Abrechnung, so dass es sich stets um eine Zahlung unter Vorbehalt handelt.[84]

623

4. Durchsetzbarkeit der gesetzlichen Vergütung

Ungeachtet eines Formverstoßes nach § 4 Abs. 1 Satz 1, Satz 2 RVG bleibt die vereinbarte Vergütung in Höhe der gesetzlichen Vergütung stets durchsetzbar (s.o. Rn. 601 ff.).

624

Zu beachten ist aber, dass sich der Vergütungsanspruch des Anwalts im Falle der Formunwirksamkeit nach § 4 Abs. 1 Satz 1, Satz 2 RVG dennoch nicht auf die gesetzliche Vergütung richtet, sondern Anspruchsinhalt nach wie vor die vereinbarte Vergütung bleibt, allerdings in einer nach § 4 Abs. 1 Satz 1, Satz 2 RVG beschränkten Höhe, nämlich in Höhe der gesetzlichen Vergütung. Auch wenn dies zunächst wortklauberisch erscheint, hat dies in der Praxis doch Konsequenzen.

625

Dadurch, dass die geschuldete Leistung des Auftraggebers eine vereinbarte Vergütung bleibt – wenn auch nur in Höhe der gesetzlichen Vergütung – scheidet eine **Vergütungsfestsetzung nach § 11 RVG** aus. Insoweit kommt auch nicht die Festsetzung der fiktiven gesetzlichen Vergütung in Betracht (s. Rn. 2381 ff.).

626

---

82 S. hierzu ausführlich Rn. 2035 ff.
83 S. hierzu ausführlich Rn. 2035 ff.
84 S. hierzu ausführlich Rn. 2124 ff.

627 **Sonstige** in der Vergütungsvereinbarung **getroffenen Regelungen** bleiben wirksam, soweit sie nicht eine höhere als die gesetzliche Vergütung zum Inhalt haben.

628 So bleiben insbesondere **Nebenabreden** wirksam, etwa vorzeitige Fälligkeitsabreden. Die Vereinbarung einer vorzeitigen Fälligkeit ist keine Vereinbarung einer höheren als der gesetzlichen Vergütung.[85] Damit ist diese Nebenvereinbarung, unbeschadet eines Formverstoßes nach § 4 Abs. 1 Satz 1 oder Satz 2 RVG, wirksam.

629 Sonstige Vereinbarungen, die sich im Rahmen der gesetzlichen Vergütung halten, bleiben wirksam, etwa Vereinbarungen über die Notwendigkeit von Auslagen.

630 *Beispiel:*
Die Parteien haben vereinbart, dass der Anwalt in der Strafsache einen kompletten Auszug aus den erstinstanzlichen Strafakten anfertigen soll.
Eine solche Vereinbarung bedarf keiner Form, da hier keine höhere als die gesetzliche Vergütung vereinbart wird, sondern gerade die gesetzliche Vergütung. Die Parteien treffen hier eine Abrede darüber, in welchem Umfang der Anwalt tätig werden soll (Nr. 7000 Nr. 1d VV RVG).

631 *Beispiel:*
Die Parteien vereinbaren, dass der Anwalt für die auswärtigen Termine mit dem Flugzeug anreisen darf.
Hiergegen bestehen keine Bedenken. Flugreisen sind auch bei gesetzlicher Vergütung abrechenbar. Hier wird eine Abrede darüber getroffen, welche Verkehrsmittel der Anwalt benutzen darf. Es gibt aber keine gesetzliche Regelung dafür, welche Reisemittel der Anwalt benutzen muss.[86]

5. Höhere als die gesetzliche Vergütung
a) Überblick

632 Nicht durchsetzbar (s.o. Rn. 608) ist eine höhere als die gesetzliche Vergütung. Es ist stets als „Kontrollbetrag" zu ermitteln, welche Vergütung der Anwalt bei Abrechnung der gesetzlichen Gebühren und Auslagen

---

[85] S. Rn. 1822 ff.
[86] S. hierzu auch Rn. 1160.

nach dem gesetzlichen Gegenstandswerten verlangen könnte. Nur soweit die Vergütungsforderung des Anwalts darüber liegt, ist sie nicht durchsetzbar.

Zur Berechnung der „gesetzlichen Vergütung" s. Rn. 1277 ff. 633

b) Prüfungszeitpunkt

Aus der Natur der Sache folgt, dass eine Prüfung, ob eine höhere als die gesetzliche Vergütung vereinbart ist, grds. erst bei Fälligkeit der Vergütung vorgenommen werden kann, sofern die Parteien nicht von vornherein bereits ein Vielfaches der gesetzlichen Vergütung, einen höheren Wert oder einen Zuschlag zu den gesetzlichen Gebühren vereinbart haben. 634

Beispiel: 635
Die Parteien haben vereinbart, dass der Anwalt
- *nach dem Doppelten der gesetzlichen Gebührensätze abrechne,*
- *nach dem Doppelten des festgesetzten Streitwertes abrechne,*
- *zusätzlich zu der gesetzlichen Vergütung einen Zuschlag erhalte o.Ä.*

In diesen Fällen steht von vornherein fest, dass die aufgrund der Vereinbarung zu zahlende Vergütung die gesetzliche übersteigen wird.

Anders verhält es sich dagegen bei Pauschalen oder Stundensätzen oder Vereinbarung eines bestimmten Gegenstandswertes. 636

Beispiel: 637
Die Parteien haben für die außergerichtliche Vertretung vereinbart, dass
- *der Anwalt eine Pauschale i.H.v. 10.000,00 € erhalte;*
- *der Anwalt 200,00 € je Stunde erhalte;*
- *nach einem Gegenstandswert von 20.000,00 € abzurechnen ist.*

In diesen Fällen lässt sich nicht von vornherein feststellen, dass die vereinbarte Vergütung die gesetzliche übersteigen wird. Hier kann die Vergleichsberechnung erst vorgenommen werden, wenn die Höhe der gesetzlichen Vergütung feststeht, also i.d.R. erst bei Fälligkeit.

Möglich ist auch, dass sich die Höhe der durchsetzbaren Vergütung nachträglich noch verändert. 638

E. Form der Vereinbarung

639 *Beispiel:*

Die Parteien haben eine nach § 4 Abs. 1 Satz 1 RVG formunwirksame Vergütungsvereinbarung getroffen, wonach ein Gesamthonorar i.H.v. 6.000 € verlangt werden könnte. Ausgehend von der Streitwertfestsetzung des Gerichts ergibt sich aber lediglich ein gesetzliches Gebührenaufkommen i.H.v. 3.000 €, so dass zunächst nur dieser Betrag gefordert werden kann.

Auf die Streitwertbeschwerde des Anwalts hin wird der Streitwert heraufgesetzt, so dass sich jetzt ein gesetzliches Gebührenaufkommen i.H.v. 5.000 € ergibt.

Angesichts der gesetzlichen Gebühren von 5.000 € kann der Anwalt den Differenzbetrag i.H.v. 2.000 € noch nachfordern.

640 Auch der umgekehrte Fall ist denkbar:

641 *Beispiel:*

Die Parteien haben eine Vergütungsvereinbarung geschlossen, wonach eine Pauschale i.H.v. 10.000 € zu zahlen ist. Die Vergütungsvereinbarung verstößt gegen § 4 Abs. 1 Satz 1 RVG. Aufgrund der Streitwertfestsetzung ergibt sich ein gesetzliches Gebührenaufkommen i.H.v. 6.000 €. Diesen Betrag zahlt der Auftraggeber.

Später wird der Streitwert herabgesetzt, so dass sich jetzt nur noch ein gesetzliches Gebührenaufkommen i.H.v. 4.000 € ergibt.

Der Auftraggeber kann jetzt den zu viel gezahlten Betrag zurückverlangen. § 4 Abs. 1 Satz 3 RVG steht dem nicht entgegen, da hier keine freiwillige Zahlung auf die vereinbarte Vergütung vorliegt (s. Rn. 2021).

c) Satz- oder Betragsrahmen
aa) Überblick

642 Problematisch sind die Fälle, in denen für die gesetzliche Vergütung Betrags- oder Satzrahmen vorgesehen sind. Insoweit steht dem Anwalt nämlich nach § 14 Abs. 1 RVG ein Ermessensspielraum zu, innerhalb dessen er die nach seiner Auffassung billige Gebühr bestimmt. Nach der Rechtsprechung sind hier Abweichungen von bis zu 20 % zu tolerieren.[87]

643 Wird eine „Vereinbarung" über die Höhe einer solchen Satz- oder Betragsrahmengebühr getroffen, so ist zu differenzieren.

---

[87] AnwK-RVG/N. Schneider, § 14 Rn. 83.

bb) Zustimmung zu der vom Anwalt getroffenen Bestimmung innerhalb des Gebührenrahmens

Hat der Anwalt nach § 14 Abs. 1 RVG i.V.m. § 315 BGB die Höhe des Satz- oder Betragsrahmens bestimmt und erklärt daraufhin der Auftraggeber, dass er hiermit einverstanden sei und verpflichtet er sich, diese Vergütung zu zahlen, dürfte nicht von einer Vereinbarung einer höheren als der gesetzlichen Vergütung auszugehen sein, es sei denn, die Gebühr liegt außerhalb des gesetzlichen Rahmens, ist gesetzlich also gar nicht vorgesehen. 644

Die gesetzliche Gebühr ist die, die der Anwalt innerhalb des Rahmens nach billigem Ermessen bestimmt. Erklärt der Auftraggeber sich mit der Höhe der getroffenen Bestimmung einverstanden und verpflichtet er sich, diese zu zahlen, so liegt darin die Vereinbarung einer gesetzlichen Vergütung. Die Parteien wollen nämlich damit nur die Unklarheit über die betreffende Ausübung des Bestimmungsrechts beseitigen. 645

Der Auftraggeber bedarf in dieser Phase auch keines besonderen Schutzes. Er weiß, welche Arbeit der Anwalt geleistet hat und kann beurteilen, ob aus seiner Sicht die Vergütung, die er zusagt, für die erbrachte Leistung angemessen ist. 646

Hinzu kommt, dass das Gesetz in § 11 Abs. 8 RVG davon ausgeht, dass solche Zustimmungserklärungen abgegeben werden können und dann verbindlich sind. Wenn aber im Vergütungsfestsetzungsverfahren solche Zustimmungserklärungen zu beachten und unbedenklich sind, dann kann hierin nicht die Vereinbarung einer höheren Vergütung als der gesetzlichen i.S.d. § 4 Abs. 1 Satz 1, Satz 2 RVG gesehen werden. Anderenfalls liefe die Bestimmung des § 11 Abs. 8 RVG leer. 647

cc) Zustimmung zu der vom Anwalt getroffenen Bestimmung außerhalb des Gebührenrahmens

Trifft der Anwalt eine Bestimmung nach § 14 Abs. 1 RVG, die den Satz- oder Betragsrahmen übersteigt und stimmt der Auftraggeber dem zu, liegt darin nunmehr eine formbedürftige Vereinbarung einer höheren als der gesetzlichen Vergütung, weil die gesetzliche Vergütung maximal bis zur Höchstgebühr gehen kann. 648

dd) Zustimmung des Auftraggebers zu einem bestimmten Gebührensatz oder Betrag vor Fälligkeit der Vergütung

649 Treffen die Parteien eine Vereinbarung, dass ein bestimmter Gebührensatz oder ein bestimmter Gebührenbetrag zu entrichten sei, bevor die Vergütung fällig ist und der Anwalt sein Bestimmungsrecht nach § 14 Abs. 1 RVG ausgeübt hat, liegt darin wiederum die Vereinbarung einer höheren als der **gesetzlichen Vergütung**, wenn keine entsprechende Bestimmung unbillig i.S.d. § 14 Abs. 1 RVG wäre.

650 Gesetzliche Vergütung ist derjenige Betrag, den der Anwalt unter Berücksichtigung der Kriterien des § 14 Abs. 1 RVG bestimmt. Fehlt es jedoch an einer Bestimmung des Anwalts und liegt damit schon gar keine Ermessensausübung vor, handelt es sich bei der Bestimmung nicht um die gesetzliche Gebühr. Soweit also hier ein Gebührensatz oder -betrag vereinbart wird, der über der billigen Gebühr – ohne Toleranz – liegt, handelt es sich um die Vereinbarung einer höheren Vergütung, die bei Formmangel nach § 4 Abs. 1 Satz 1 oder Satz 2 RVG nicht durchsetzbar ist.

651 Hier ist insbesondere zu berücksichtigen – im Gegensatz zur nachträglichen Zustimmung –, dass der Auftraggeber zu schützen ist. Er lässt sich auf eine Vergütung ein, bei der er noch gar nicht beurteilen kann, ob sie angemessen sein wird oder nicht. Auch hier kann wieder der Vergleich zu § 11 Abs. 8 RVG herangezogen werden. Die dortige Zustimmungserklärung ist nur dann ausreichend, wenn sie **nach** der Ausübung des Bestimmungsrechts des Anwalts nach § 14 Abs. 1 RVG erklärt wird. Eine „prophylaktische" („Vorrats-" oder „Blanko-") Zustimmung reicht auch hier nicht aus.

V. Treuwidrige Berufung auf Formmangel

652 In Ausnahmefällen kann der Berufung des Auftraggebers auf den Formmangel nach § 4 Abs. 1 Satz 1 oder Satz 2 RVG mit der **Arglisteinrede** (§ 242 BGB) begegnet werden. Der Auftraggeber würde sich dann treuwidrig verhalten, wenn er sich auf den Formmangel beruft, so dass die Vereinbarung im Verhältnis der Parteien als wirksam zu behandeln ist.

Solche Fälle werden in der Praxis jedoch kaum auftreten. Das OLG Düsseldorf[88] hatte sich in einem Fall mit dieser Frage befasst, ein arglistiges Verhalten im Ergebnis jedoch abgelehnt.[89] 653

Es handelt sich hierbei auch nicht um ein typisches gebührenrechtliches Problem, so dass insoweit auf die Kommentierungen zu § 125 BGB und § 242 BGB verwiesen werden kann.[90] 654

VI. Form der Vereinbarung bei niedriger Vergütung

Die Vereinbarung einer niedrigeren als der gesetzlichen Vergütung bedarf nicht der Form des § 4 Abs. 1 Satz 1 RVG. Der Auftraggeber bedarf hier keines Schutzes, da er durch die Vergütungsvereinbarung begünstigt wird. Gleiches gilt, wenn nach § 4 Abs. 1 Satz 2 RVG Erstattungsansprüche an Erfüllungs statt abgetreten werden. 655

Dabei ist unerheblich, ob die Vereinbarung der niedrigeren Vergütung nach § 4 Abs. 2 Satz 1 RVG wirksam ist oder gegen § 49 Abs. 1 Satz 1 BRAO verstößt. 656

Für den Fall einer geringeren als der gesetzlichen Vergütung nach § 4 Abs. 2 Satz 1 oder der Abtretung des Kostenerstattungsanspruchs an Erfüllungs Statt nach Satz 2 RVG sieht § 4 Abs. 2 Satz 4 1. Hs. RVG zwar vor, dass die Vereinbarung **schriftlich getroffen werden soll**. Es handelt sich hierbei nicht um eine zwingende Vorschrift, sondern lediglich um eine „Soll-Vorschrift", deren Nichtbeachtung sanktionslos bleibt. 657

> **Praxistipp:** 658
>
> Ungeachtet dessen empfiehlt es sich schon aus Beweisgründen, auch die Vereinbarung einer niedrigeren als der gesetzlichen Vergütung schriftlich zu fixieren.

---

88 AnwBl. 2002, 431 = OLGReport 2002, 257.
89 Zur Arglisteinrede gegen die Berufung auf den Formmangel nach § 4 Abs. 1 Satz 1 RVG s. auch OLG Schleswig, MDR 1956, 497; 1957, 49.
90 AnwK-BGB/Noack, § 125 Rn. 45, 69.

E. Form der Vereinbarung

659 Entgegen der Rechtsprechung zum Werkvertragsrecht liegt die **Beweislast** dafür, dass es zu einer geringeren Vereinbarung als der gesetzlichen Gebühren gekommen ist, allerdings beim Auftraggeber (§ 4 Abs. 2 Satz 4 2. Hs. RVG). Nicht der Anwalt muss beweisen, dass die gesetzlichen Gebühren vereinbart sind; der Auftraggeber muss beweisen, dass eine hiervon abweichende geringere Vergütung vereinbart worden ist.[91] Dies gilt erst recht, wenn der Auftraggeber behauptet, der Anwalt habe zugesagt unentgeltlich tätig zu werden.[92]

660 Die gegenteilige Rechtsprechung des BGH zum Dienst-, Werk- und Maklerrecht findet im Geltungsbereich des RVG keine Anwendung.[93]

---

[91] AnwK-RVG/N. Schneider, § 4 Rn. 125.
[92] OLG Düsseldorf, OLGR 2001, 260 = KostRsp. BRAGO § 3 Nr. 54; AnwK-RVG/N. Schneider, § 4 Rn. 125.
[93] OLG München, MDR 1984, 844 = NJW 1984, 2537; AnwK-RVG/N. Schneider, a.a.O.

F. AGB-Kontrolle

I. Überblick

Vergütungsvereinbarungen unterliegen grds. der AGB-Kontrolle. Anzuwenden sind die §§ 305 ff. BGB, die aus dem früheren AGBG hervorgegangen sind. 661

Bislang hat die Vereinbarkeit von Vergütungsvereinbarungen mit den Vorschriften des AGBG bzw. den §§ 305 ff. BGB nur eine geringe Rolle gespielt. Dies beruht darauf, dass nach § 3 Abs. 1 BRAGO anderweitige Erklärungen, also solche, die nicht die vereinbarte Vergütung betrafen, per se unverbindlich waren, so dass es auf eine Vereinbarkeit mit dem AGBG oder den §§ 305 ff. BGB letztlich nicht ankam. So waren z.B. in einer Vergütungsvereinbarung eine generelle Haftungsbeschränkung,[1] der Ausschluss von Kündigungsrechten[2] etc. grds. unzulässig, so dass sich die Frage erst gar nicht stellte, ob und inwieweit solche Regelungen AGB-fest waren. 662

Durch die weniger einschränkende Fassung des § 4 Abs. 1 Satz 2 RVG, der jetzt auch anderweitige Erklärungen zulässt, sofern sie von der Vergütungsvereinbarung deutlich abgesetzt und nicht in einer Vollmacht enthalten sind, wird sich in Zukunft vermehrt die Frage stellen, ob und inwieweit die Vergütungsvereinbarungen mit den §§ 305 ff. BGB vereinbar sind. 663

Dabei soll an dieser Stelle nur auf die Vereinbarkeit von Vergütungsregelungen eingegangen werden. Zur Vereinbarkeit von sonstigen Mandatsbedingungen im Übrigen, also von Haftungsausschlüssen, Vereinbarungen über die Aufbewahrung von Handakten etc. sei auf die einschlägige Literatur verwiesen.[3] 664

---

1 AnwK-RVG/N. Schneider, § 4 Rn. 64.
2 AnwK-RVG/N. Schneider, a.a.O.
3 S. insbesondere Wolf/Horn/Lindacher, AGBG, 3. Aufl. 1994, § 9 „Rechtsanwälte".

II. Sachlicher Anwendungsbereich

1. Allgemeine Geschäftsbedingungen

665 Anzuwenden sind die §§ 305 ff. BGB nach § 305 Abs. 1 Satz 1 BGB dann, wenn die Vertragsbedingungen der Vergütungsvereinbarung, die eine Vertragspartei verwendet oder verwenden will, für eine **Vielzahl von Verträgen vorformuliert** sind. Hierzu zählen insbesondere sog. „**Honorarscheine**",[4] also vorgedruckte Vergütungsvereinbarungen, die im Fachhandel bezogen werden können. Ob es schon zu mehrfacher Verwendung gekommen ist, spielt dabei keine Rolle.

666 In aller Regel wird der Anwalt **Verwender** i.S.d. Vorschriften sein, da er die Vertragsbedingungen stellt. Denkbar ist aber auch (etwa bei Ausschreibungen), dass der Auftraggeber Verwender ist. Gegenüber einem Verbraucher greift die Vermutung, dass der Anwalt Verwender ist (§ 310 Abs. 3 BGB). Die Beweislast für das Gegenteil liegt beim Anwalt.

667 **Allgemeine Geschäftsbedingungen** liegen nur dann nicht vor, wenn die Vertragsbedingungen zwischen Anwalt und Auftraggeber im Einzelnen ausgehandelt sind (§ 305 Abs. 1 Satz 3 BGB).

2. Verbraucherverträge

668 Daneben ist § 310 Abs. 3 BGB zu beachten, der für **Verträge zwischen einem Unternehmer und einem Verbraucher Anwendung** findet.

669 Der Anwalt ist stets **Unternehmer** in diesem Sinne.

670 Soweit er mit einem **Verbraucher** (§ 13 BGB) eine Vergütungsvereinbarung schließt, sind die §§ 305c Abs. 2, 306, 307, 308 und 309 BGB und § 29a EGBGB auch dann anzuwenden, wenn für die Vergütungsvereinbarung vorformulierte Vertragsbedingungen verwendet werden, obwohl diese nur zur **einmaligen Verwendung** bestimmt sind, der Verbraucher jedoch aufgrund der Vorformulierung auf ihren Inhalt keinen Einfluss nehmen konnte.

---

4   AG Krefeld, zfs 1980, 272 = VersR 1980, 983 = NJW 1980, 1582 = 1980, 2534 (Ls.) m. Anm. Schmidt.

Abzustellen ist darauf, ob das Rechtsgeschäft – also der Anwaltsvertrag – zu einem Zweck abgeschlossen wird, der zur gewerblichen oder selbständigen beruflichen Tätigkeit des Auftraggebers gehört oder nicht.[5]   671

Beispiel: 672

Der Auftraggeber lässt sich vom Anwalt beraten, weil er einem Arbeitnehmer kündigen will. Gleichzeitig lässt er sich beraten, in welcher Höhe er seiner Ehefrau Trennungsunterhalt schuldet.

Hinsichtlich der Beratung wegen der Kündigung des Arbeitnehmers ist der Auftraggeber kein Verbraucher, so dass die §§ 305 ff. BGB nicht gelten, wenn die Bedingungen zum einmaligen Gebrauch bestimmt sind.

Hinsichtlich der Beratung wegen des Trennungsunterhaltes ist der Auftraggeber dagegen Verbraucher, so dass die Vertragsbedingungen im Umfang des § 310 Abs. 3 BGB überprüfbar sind.

Praxistipp: 673

Da bei Annahme des Mandats und gleichzeitigem Abschluss einer Vergütungsvereinbarung oftmals noch gar nicht beurteilt werden kann, ob der Auftraggeber Verbraucher ist oder nicht und abgesehen davon, dass Vergütungsvereinbarungen ohnehin sowohl für Verbraucher als auch für Nichtverbraucher gleichermaßen vorformuliert werden, sollte der Anwalt, um jeglichem Zweifel aus dem Weg zu gehen, dafür sorgen, dass seine Vergütungsvereinbarungen auch den stärkeren Anforderungen für Verbraucherverträge genügen.[6]

Nach § 310 Abs. 3 Nr. 1 BGB besteht bei Verbraucherverträgen (s.u. Rn. 677) eine **Vermutung** dafür, dass die Vertragsbedingungen vom Anwalt und nicht vom Auftraggeber gestellt worden sind.[7] Der Anwalt muss also ggf. die Vermutung widerlegen und beweisen, dass die Vertragsbedingungen vom Auftraggeber stammen.   674

---

5   Mayer-Kroiß/Teubel, § 4 Rn. 41.
6   Mayer-Kroiß/Teubel, § 4 Rn. 42.
7   Mayer-Kroiß/Teubel, § 4 Rn. 45.

III. Persönlicher Anwendungsbereich

1. Allgemeine Geschäftsbedingungen

675 Besteht die Vergütungsvereinbarung aus allgemeinen Geschäftsbedingungen, sind die §§ 305 ff. BGB grds. gegenüber jedem Auftraggeber anwendbar.

676 Soweit die Vergütungsvereinbarung mit **einem Unternehmer, einer juristischen Person des öffentlichen Rechts oder einem öffentlich-rechtlichen Sondervermögen** geschlossen wird, sind nach § 310 BGB die Vorschriften der §§ 305 Abs. 2 und 3, 308 und 309 BGB allerdings nicht anzuwenden.

2. Zur einmaligen Verwendung bestimmte Vertragsbedingungen

677 Soweit keine allgemeinen Geschäftsbedingungen vorliegen, sondern zur einmaligen Verwendung bestimmte Vertragsbedingungen (§ 310 Abs. 3 BGB), sind nur die §§ 305c Abs. 2, 306, 307, 308, 309 BGB anwendbar, aber auch nur dann, wenn der Auftraggeber **Verbraucher** i.S.d. § 13 BGB ist (s.o. Rn. 668 ff.).

IV. Einbeziehung

678 Soweit die §§ 305 ff. BGB anwendbar sind, werden nach § 305 Abs. 2 BGB besondere Anforderungen an die Einbeziehung gestellt. Hier dürften sich bei Vergütungsvereinbarungen kaum Probleme ergeben, da Vergütungsvereinbarungen grds. schriftlich geschlossen (§ 4 Abs. 1 Satz 1 RVG) und von anderen Vereinbarungen abgesetzt werden müssen (§ 4 Abs. 1 Satz 1 RVG), wenn der Anwalt verbindlich eine höhere als die gesetzliche Vergütung wirksam vereinbaren will. Selbst Vereinbarungen über eine niedrigere Vergütung sollen schriftlich abgeschlossen werden (§ 4 Abs. 2 Satz 3 RVG). Hier sorgen also bereits die Formvorschriften des § 4 RVG dafür, dass Vertragsbedingungen wirksam einbezogen werden.

679 Soweit hier Formfehler nach § 4 Abs. 1 Satz 1, Satz 2 RVG begangen werden, wird nach § 4 Abs. 1 Satz 3 RVG erst gar keine Verbindlichkeit aus-

gelöst. Die Frage der Einbeziehung nach § 305 Abs. 2 BGB stellt sich in diesen Fällen daher meistens gar nicht mehr.

V. Vorrang der Individualabrede

Nach § 305b BGB haben individuelle Vertragsabreden Vorrang vor allgemeinen Geschäftsbedingungen. Diese Regelung kann für Vergütungsvereinbarungen durchaus Bedeutung haben, da solche individuellen Vereinbarungen nicht an den Formvorschriften des § 4 Abs. 1 RVG scheitern müssen. Insbesondere bedürfen individuelle Nebenabreden zugunsten des Mandanten, also z.b. eine nachträgliche Herabsetzung der vereinbarten Vergütung o.Ä., nicht der Form des § 4 Abs. 1 Satz 2 RVG. 680

VI. Überraschende Klauseln

Überraschende Klauseln sind unwirksam (§ 305c BGB), also solche Bestimmungen in allgemeinen Geschäftsbedingungen, die nach den Umständen, insbesondere nach dem äußeren Erscheinungsbild des Vertrages so ungewöhnlich sind, dass der Vertragspartner des Verwenders mit ihnen nicht zu rechnen braucht. Solche Klauseln werden nicht Vertragsbestandteil. 681

Teubel[8] geht angesichts der Kompliziertheit des Vergütungsrechts davon aus, dass Klauseln, die gesetzliche Anrechnungsbestimmungen oder gesetzliche Wertvorschriften außer Kraft setzen, so ungewöhnlich sein können, dass der Auftraggeber mit ihnen nicht zu rechnen braucht. Er geht zudem davon aus, dass in diesen Fällen stets auch eine unangemessene Benachteiligung i.S.d. § 307 Abs. 2 Nr. 1 BGB vorliege, weil von wesentlichen Grundgedanken der gesetzlichen Regelung abgewichen werde.[9] Diese Auffassung erscheint jedoch bedenklich, weil sie damit eine erhebliche Einschränkung und einen erheblichen Eingriff in die Vertragsfreiheit darstellen dürfte, was kaum zu rechtfertigen wäre. 682

---

8   Mayer-Kroiß/Teubel, § 4 Rn. 50.
9   Mayer-Kroiß/Teubel, a.a.O.

VII. Mehrdeutige Klauseln

683 Nach § 305c Abs. 2 BGB gehen Zweifel bei der Auslegung allgemeiner Geschäftsbedingungen zulasten des Verwenders. Soweit der Anwalt also Bedingungen verwendet, die **mehrdeutig** sind, sind diese nicht bereits unwirksam. Zugunsten des Auftraggebers ist jedoch diejenige Auslegung zu wählen, die für ihn die günstigste ist.

684 Ein solcher Fall wird insbesondere dann angenommen, wenn Zeit- oder Pauschalvereinbarungen geschlossen werden, ohne dass geregelt wird, ob daneben Auslagen und Umsatzsteuer vom Anwalt erhoben werden können[10] (s. hierzu auch Rn. 1517 f.).

685 *Beispiel:*

Vereinbart ist ein Stundensatz i.H.v. 200,00 €/Stunde; weitere Regelungen zur Vergütung werden nicht getroffen.

Die Vereinbarung ist mehrdeutig. Sie lässt die Auslegung zu, dass der Stundensatz nur die gesetzlichen Gebühren ersetzen soll und Auslagen sowie Umsatzsteuer zusätzlich vom Anwalt erhoben werden dürfen. Ebenso zulässig ist aber auch die Auslegung, dass Auslagen und Umsatzsteuer in dem Betrag von 200,00 €/Stunde bereits berücksichtigt sind.

Es gilt daher § 305c Abs. 2 BGB. Mit der Stundensatzvereinbarung sind sämtliche Auslagen – einschließlich Umsatzsteuer – abgegolten und können nicht gesondert abgerechnet werden.[11]

686 **Praxistipp:**

Um jeglichen Zweifeln aus dem Weg zu gehen, sollte der Anwalt in der Vereinbarung ausdrücklich klarstellen, dass Auslagen und Umsatzsteuer zusätzlich erhoben werden und in welcher Höhe die Auslagen abzurechnen sind.

---

10 OLG Koblenz, OLGZ 79, 230; LG Koblenz, AnwBl. 1984, 206 m. Anm. Madert = JurBüro 1984, 1667 m. Anm. Mümmler; AnwK-RVG/N. Schneider, § 4 Rn. 114; Brieske, S. 159; Madert, A Rn. 25; Gerold/Schmidt/Madert, § 4 Rn. 88; Hartmann, § 4 Rn. 26.
11 Hansens/Braun/Schneider, Teil 1 Rn. 513.

Unklar kann z.B. auch sein, ob sich eine Vergütungsvereinbarung nur auf die **Hauptsache oder auf einstweilige Verfügungs- oder Anordnungsverfahren** erstreckt. Solche Zweifel ergeben sich insbesondere in verwaltungsrechtlichen Verfahren, wo häufig mit zusätzlichen Verfahren des einstweiligen und vorläufigen Rechtsschutzes zu rechnen ist, aber auch in Familiensachen. 687

Beispiel: 688

Der Anwalt vereinbart mit der Auftraggeberin, dass er für das Sorgerechtsverfahren vor dem Familiengericht eine Pauschale i.H.v. 5.000,00 € erhalte. Im Verlaufe des Verfahrens kommt es zu mehreren einstweiligen Anordnungen.

Unklar ist jetzt, ob die Pauschale auch die einstweiligen Anordnungsverfahren erfasst oder ob diese gesondert – hier mangels einer Vereinbarung gesetzlich – abzurechnen sind.

Nach § 305c Abs. 2 BGB ist hier zulasten des Anwalts davon auszugehen, dass die Tätigkeiten des Anwalts in den einstweiligen Anordnungsverfahren durch die Pauschale abgegolten sind und nicht gesondert abgerechnet werden können.

Beispiel: 689

Wie Beispiel Rn. 688; der Anwalt hatte mit der Auftraggeberin einen Stundensatz von 200,00 €/Stunde vereinbart. Im Verlaufe des Verfahrens kommt es wiederum zu mehreren einstweiligen Anordnungen.

Unklar ist jetzt, ob die Stundensatzvereinbarung auch die Tätigkeit im einstweiligen Anordnungsverfahren erfasst, also ob auch hier mit 200,00 €/Stunde abgerechnet werden darf oder ob diese gesondert – hier mangels einer Vereinbarung nur gesetzlich – abzurechnen sind.

Nach § 305c Abs. 2 BGB ist jetzt zulasten des Anwalts davon auszugehen, dass seine Tätigkeiten in den einstweiligen Anordnungsverfahren nicht durch die Vereinbarung gedeckt sind und dem Anwalt nur die geringere gesetzliche Vergütung zusteht.

Praxistipp: 690

Um jeglichen Zweifeln aus dem Weg zu gehen, sollte der Anwalt in der Vereinbarung diejenigen Tätigkeiten, die von der Vergütungsvereinbarung erfasst werden sollen, ausdrücklich klarstellen.[12] Insbesondere in gerichtlichen Angelegenheiten ist darauf zu achten, dass die erfassten einzelnen Verfahrensabschnitte klar und deutlich geregelt werden.

691 Das gilt insbesondere in Strafsachen. So kann aus einer Vergütungsvereinbarung, die nur eine Regelung für die Verteidigung in der Hauptverhandlung enthält, kein Anspruch für das Verfahren außerhalb der Hauptverhandlung hergeleitet werden. Insoweit bedarf es vielmehr einer ausdrücklichen klaren Regelung.[13]

692 Auch das **Verhältnis zu den gesetzlichen Gebühren** ist klar und eindeutig zu beschreiben, also ob das vereinbarte Honorar

- **anstelle der gesetzlichen Gebühren**
- **zusätzlich zu den gesetzlichen Gebühren** oder
- **anstelle der Gebühren, nicht aber unter den gesetzlichen Gebühren**, gemeint ist.[14]

VIII. Bestimmtheit

1. Grundsatz

693 Bestimmungen in allgemeinen Geschäftsbedingungen sind auch dann unwirksam, wenn sie nicht klar und verständlich, also wenn sie nicht **genügend bestimmt** sind (§ 307 Abs. 1 Satz 2 BGB).

694 Solche nicht klaren und unverständlichen Klauseln stellen eine **unangemessene Benachteiligung** des Auftraggebers dar und sind folglich unwirksam.

695 Zwar sind auch Vergütungsvereinbarungen nach §§ 133, 157 BGB auslegungsfähig. Hier sind der Auslegung zum Schutz des Auftraggebers je-

---

12 S. auch Rn. 1496.
13 AG Spandau, AGS 2003, 444 m. Anm. Herrmann und N. Schneider; KostRsp. BRAGO § 3 Nr. 63.
14 Brieske, S. 108.

doch enge Grenzen gesetzt. Er muss wissen, mit welchen Vergütungsansprüchen er zu rechnen hat.

Unklarheiten können bei Vergütungsvereinbarungen in mehrfacher Hinsicht bestehen. 696

Sämtliche erdenklichen Konstellationen lassen sich hier sicherlich nicht aufzeigen. Der Anwalt muss stets im Einzelfall bei seiner individuellen Vereinbarung darauf achten, dass diese hinreichend bestimmt ist und insbesondere für den Auftraggeber klar und verständlich ist. 697

Praxistipp: 698

Der Anwalt sollte sich daher vor allem davor hüten, komplizierte Berechnungsmodelle zu entwickeln. Vergütungsvereinbarungen müssen klar und deutlich und vor allen Dingen für den Auftraggeber transparent sein.

2. Unbestimmter Umfang der abzugeltenden Tätigkeiten des Anwalts

Zum einen kann sich die Unklarheit daraus ergeben, dass die Vergütungsvereinbarung nicht genau beschreibt, welche Tätigkeiten des Rechtsanwalts nach der Vereinbarung zu vergüten sind. 699

Solche Unklarheiten können auftreten, wenn **die Angelegenheit nicht exakt bezeichnet** ist. 700

Beispiel: 701
Eine Vergütungsvereinbarung wird in der Sache A ./. B geschlossen.

Unklar ist diese Regelung, wenn es mehrere Angelegenheiten oder gar mehrere Verfahren zwischen diesen Parteien gibt.

Beispiel: 702
Die Vergütungsvereinbarung wird in der „Familiensache Müller" getroffen. Auch hier dürften erhebliche Bedenken bestehen, zumal gerade in Familiensachen eine Vielzahl von einzelnen Verfahren in Betracht kommt und sich aus der Vergütungsvereinbarung nicht hinreichend bestimmt ergibt, welche Verfahren gemeint sind oder ob sämtliche Verfahren erfasst werden.

703 *Beispiel:*

Eine Vergütungsvereinbarung in der „Verkehrsunfallsache ..." ist unklar, weil hieraus nicht zu ersehen ist, ob sie sich auf das Strafverfahren, das anschließende Bußgeldverfahren, die zivilrechtliche Auseinandersetzung, die Abrechnung mit dem Kaskoversicherer oder ein eventuell sich anschließendes verwaltungsrechtliches Verfahren wegen Überprüfung der Fahrtauglichkeit erstreckt.

3. Unbestimmte Vergütungshöhe

704 Auch hinsichtlich der Höhe der Vergütung ist auf eine genaue Bestimmtheit zu achten. Der Auftraggeber muss aus der Vergütungsvereinbarung heraus klar und deutlich erkennen können, welche Vergütungsansprüche auf ihn zukommen.

705 Eine Vereinbarung etwa dergestalt, dass der Mandant in Abweichung zu den gesetzlichen Regelungen ein *„angemessenes Honorar"* schulde, genügt z.B. dem Bestimmtheitserfordernis nicht. Eine solche Vereinbarung wäre unwirksam. Das OLG Hamm[15] hat dies wie folgt in einem Leitsatz umschrieben: *„Für die Wirksamkeit einer Honorarvereinbarung ist erforderlich die Wahl eines Maßstabes, der ohne Schwierigkeit und Unsicherheit die ziffernmäßige Berechnung der Vergütung ermöglicht."*

4. Unbestimmte Auslagenvereinbarung

706 Unklarheiten können sich insbesondere hinsichtlich der zu übernehmenden Auslagen ergeben.

707 So war das OLG Koblenz[16] z.B. der Auffassung, der Zusatz, dass zuzüglich eines konkret vereinbarten Pauschal- und Zeithonorars *„Spesen"* zu zahlen seien, wäre der Höhe nach nicht hinreichend bestimmt und damit unwirksam. Dem kann allerdings nicht gefolgt werden. Das BVerfG hat diese Entscheidung daher zu Recht als verfassungsrechtlich nicht haltbar aufgehoben.[17]

---

15 OLG Hamm, AnwBl. 1986, 452.
16 OLG Koblenz, AGS 2002, 200 = KostRsp. BRAGO § 3 Nr. 58.
17 BVerfG, AGS 2002, 266 = AnwBl. 2002, 612 = BRAGOReport 2002, 165 = BRAK-Mitt. 2002, 222 = FamRZ 2003, 25 = JurBüro 2003, 302 = NJW 2002, 3314 = KostRsp. BRAGO § 3 Nr. 60.

Unklarheiten können sich schließlich ergeben, wenn mit dem Auftraggeber vereinbart wird, dass dieser die Haftpflichtversicherungsprämie (i.d.R. eine Zusatzprämie bei außergewöhnlichen Mandaten) gesondert zu übernehmen habe.[18] Hier muss geregelt werden, was die „zu übernehmende Prämie" ist und wie oft sie gezahlt werden muss.[19] Das Mandat kann sich durchaus über mehrere Jahre erstrecken. Da Versicherungsprämien jährlich erhoben werden, können mehrere Prämien anfallen. 708

5. Entbehrlichkeit der Bestimmtheit

Eine Bestimmtheit ist dort nicht erforderlich, wo das Gesetz selbst unbestimmte Formulierungen verwendet. 709

So dürfte eine Vereinbarung, dass der Anwalt „angemessene" Vorschüsse fordern kann, nicht zu unbestimmt sein, da das Gesetz in § 9 RVG auch bei den gesetzlichen Gebühren „angemessene" Vorschüsse erlaubt und dieser unbestimmte Rechtsbegriff durch Literatur und Rechtsprechung hinreichend geklärt ist. 710

IX. Transparenzgebot (§ 307 Abs. 1 Satz 2 BGB)

Ebenso ist eine Vereinbarung unwirksam, wenn sie gegen das **Transparenzgebot** des § 307 Abs. 2 BGB (früher: § 9 AGBG) verstößt. 711

Ein solcher Verstoß soll dann anzunehmen sein, wenn für den Auftraggeber nicht erkennbar ist, mit welchem Gesamtaufwand er bis zur Erledigung des Mandats rechnen muss.[20] Im Zweifel sollte die Vergütungsvereinbarung so konkret wie möglich geschlossen werden. 712

Teubel[21] geht zwar auch davon aus, dass ein Verstoß gegen das Transparenzgebot bei Vergütungsvereinbarungen grds. denkbar sei.[22] Inso- 713

---

18 Brieske, S. 108.
19 Brieske, a.a.O.
20 OLG Frankfurt, OLGReport 2000, 97 = NJW-RR 2000, 1367 = RIW 2001, 374 = IPRax 2002, 399 = DStZ 2000, 840 = JuS 2001, 818.
21 Mayer-Kroiß/Teubel, § 4 Rn. 60.
22 Mayer-Kroiß/Teubel, a.a.O.

weit geht er allerdings weiterhin davon aus, dass hier keine Benachteiligung entgegen dem Gebot von Treu und Glauben vorliege, weil die gesetzliche Regelung nicht klar und verständlich sei, so dass eine Regelung, die eine nicht transparente Regelung ersetze, für sich genommen mangels Transparenz schwerlich unwirksam sein dürfte.[23]

X. Unangemessene Benachteiligung

714 Nach § 307 Abs. 1 Satz 1 BGB sind allgemeine Geschäftsbedingungen unwirksam, wenn sie den Vertragspartner entgegen den Geboten von Treu und Glauben unangemessen benachteiligen.

715 Die Bedeutung dieser Vorschrift wird abgesehen von den Fällen des § 307 Abs. 1 Satz 2 BGB bei Vergütungsvereinbarungen gegenüber sonstigen Verträgen geringer sein. Eine Inhaltskontrolle hinsichtlich der Höhe – also der Angemessenheit der Vergütung – findet einerseits bereits über § 4 Abs. 4 RVG statt. Andererseits hat § 307 Abs. 1 Satz 1 BGB durchaus auch einen weiter gehenden Anwendungsbereich.

Ein vorformuliertes deklaratorisches Schuldanerkenntnis, mit dem beide Seiten sich im Wege des gegenseitigen Nachgebens über eine vereinbarte Vergütung verständigen, benachteiligt einen Verbraucher nicht deswegen unangemessen, weil er auf Einwendungen gegen die anerkannten Ansprüche verzichtet.[24]

716 Teubel[25] weist darauf hin, dass hier unterschiedliche Ansatzpunkte bestehen. Bei der Prüfung der unangemessen hohen Vergütung nach § 4 Abs. 4 RVG ist auf eine Gesamtschau aller Umstände im Zeitpunkt der Beendigung des Mandats abzustellen. Bei der Klauselkontrolle nach § 307 Abs. 1 BGB kommt es jedoch auf den Zeitpunkt des Vertragsabschlusses an. Eine danach unangemessen hohe Vergütung werde also nicht dadurch wirksam, dass sich das Mandat nachträglich als erheblich schwieriger und aufwändiger herausstellt, als es die Vertragsparteien bei Abschluss der Vereinbarung angenommen haben. Umgekehrt kann eine

---

23 Mayer-Kroiß/Teubel, a.a.O.
24 BGH BGHR 2003, 973.
25 Mayer-Kroiß/Teubel, § 4 Rn. 58.

Vergütungsvereinbarung nicht nach § 307 Abs. 1 Satz 1 BGB nachträglich unwirksam werden, wenn sich das Mandat später als einfacher herausstellt, als bei Vertragsschluss angenommen.[26]

Die rechtlichen Konsequenzen sind unterschiedlich. Bei einem Verstoß 717
gegen § 307 Abs. 1 Satz 1 BGB gilt § 306 BGB. Die Vereinbarung ist unwirksam, so dass der Anwalt nur die gesetzliche Vergütung abrechnen kann. Bei einer unangemessen hohen Vergütung wird diese nach § 4 Abs. 4 RVG jedoch lediglich herabgesetzt und bleibt damit i.d.R. über der gesetzlichen Vergütung.[27]

In Anbetracht der spezielleren Regelung des § 4 Abs. 4 RVG wird man 718
wohl zunächst zu prüfen haben, ob sich ein Ergebnis nicht durch die Anwendung dieser Vorschrift lösen lässt und nur im äußersten Fall auf § 307 Abs. 1 BGB zurückgreifen.

Eine unangemessene Benachteiligung nach § 307 Abs. 2 Nr. 1 BGB ist im 719
Zweifel anzunehmen, wenn die Bestimmung mit wesentlichen Grundgedanken der gesetzlichen Regelung, von der abgewichen wird, nicht zu vereinbaren ist.[28]

Eine unangemessene Benachteiligung kann danach in Vereinbarungen 720
liegen, wonach eine Pauschalvergütung *„ohne Rücksicht auf den Umfang des Verfahrens"* zu zahlen ist.[29]

Vorschussklauseln sind dagegen keine nach Treu und Glauben unange- 721
messen benachteiligenden Regelungen, weil sie der gesetzlichen Regelung entsprechen.[30]

Teubel[31] problematisiert noch die Frage, ob die Vergütungsregelungen 722
im RVG und seinem Vergütungsverzeichnis sowie die zugehörigen

---

26 Mayer-Kroiß/Teubel, § 4 Rn. 33.
27 Mayer-Kroiß/Teubel, § 4 Rn. 59.
28 Mayer-Kroiß/Teubel, § 4 Rn. 52.
29 AG Krefeld, zfs 1980, 272 = VersR 1980, 983 = NJW 1980, 1582 = 1980, 2534 (Ls.) m. Anm. Schmidt; Brieske, S. 109.
30 Brieske, a.a.O.
31 Mayer-Kroiß/Teubel, § 4 Rn. 53.

Streitwertvorschriften wesentliche Grundgedanken der gesetzlichen Regelung i.S.d. § 307 Abs. 2 Nr. 1 BGB enthalten, von denen nicht abgewichen werden dürfe. Grds. falle zwar die Festlegung von Leistung und Gegenleistung, also die vertragliche Vereinbarung der Hauptleistungspflichten, nicht unter die der AGB-Kontrolle unterliegenden Regelungen; dies jedoch ergebe sich zum einen aus dem Gesichtspunkt der Vertragsfreiheit und zum anderen daraus, dass der Gegenstand der Hauptleistungspflichten gesetzlich nicht geregelt wird, so dass dabei von einer gesetzlichen Regelung nicht abgewichen werde,[32] was sich auch nochmals aus § 307 Abs. 3 Satz 1 BGB ergebe. Teubel weist insoweit jedoch darauf hin, dass in anderen Fällen, in denen dispositives Gesetzesrecht die Höhe der Vergütung regelt, wie bei der Vergütungsregelung der Ärzte (§ 2 GOÄ), der Zahnärzte (§ 2 GOZ) und der Architekten (HOAI), der BGH die Inhaltskontrolle nach § 307 BGB (früher: § 9 AGBG) ausdrücklich bejaht hat. Der BGH habe dies damit begründet, dass in diesen Fällen eine gesetzliche Regelung bestehe, von deren Grundgedanken wider Treu und Glauben zum Nachteil des Auftraggebers abgewichen werden könne, was jedenfalls für die Abweichung in allgemeinen Geschäftsbedingungen verhindert werden solle.

723 Für das Anwaltvergütungsrecht fehlt jedoch bislang eine solche Rechtsprechung zu dieser Frage. Teubel[33] bezweifelt, dass allein schon daraus geschlossen werden könne, dass der BGH in den Vorschriften des RVG keine gesetzliche, nach § 307 Abs. 2 BGB zu berücksichtigende Vergütung sehe. Nach seiner Auffassung liegt es vielmehr nahe, auch die anwaltlichen Gebühren, für die eine gesetzliche Regelung existiert, eine Prüfung nach § 307 Abs. 2 Nr. 1 BGB vorzunehmen. Ob dies der Fall sei, müsse bei einer Vergütungsvereinbarung wiederum von einer Prüfung des Einzelfalls abhängig gemacht werden. Es sei darauf abzustellen, ob die Vergütungsvereinbarung von den wesentlichen Grundgedanken der gesetzlichen Regelung so weit abweiche, dass sie damit nicht mehr zu vereinbaren sei und darüber hinaus der Auftraggeber entgegen dem Gebot von Treu und Glauben unangemessen benachteiligt werde. An-

---

32 Mayer-Kroiß/Teubel, § 4 Rn. 53.
33 Mayer-Kroiß/Teubel, § 4 Rn. 55.

dererseits sei ein Verstoß wiederum ausgeschlossen, wenn sachliche Gründe für eine vom Gesetz abweichende Vergütungsvereinbarung vorlägen.[34]

724 Unwirksam dürfte jedenfalls eine Klausel sein, die eine **Angemessenheitsprüfung** nach §4 Abs. 4 RVG **ausschließt oder erheblich erschwert**. Die Angemessenheitskontrolle nach §4 Abs. 4 RVG ist zwingendes Recht. Sie kann daher nicht durch eine Klausel in vorformulierten Vertragsbedingungen abgeändert werden. Jedenfalls handelt es sich um einen wesentlichen Grundgedanken der gesetzlichen Regelung.[35]

725 Unzulässig sind danach nicht nur Klauseln, die die Angemessenheitsprüfung ausschließen, sondern auch solche, die sie lediglich erschweren, indem z.B. bestimmte Umstände, die für die Angemessenheitsprüfung wesentlich sind, fingiert werden.[36] Hierzu zählt eine Klausel, wonach die vereinbarte Vergütung unabhängig vom Umfang und oder der Schwierigkeit der anwaltlichen Tätigkeit zu zahlen ist.[37]

726 Zugunsten des Rechtsanwalts hat der BGH[38] die formularmäßige Bestimmung in einem Liquidatorvertrag, mit der weiter gehende Vergütungsansprüche des Rechtsanwalts ausgeschlossen werden sollten, als gegen §9 Abs. 1 i.V.m. Abs. 2 Nr. 1 AGBG (jetzt § 307 Abs. 1 i.V.m. Abs. 2 Nr. 1 BGB) verstoßend angesehen. In der Vereinbarung waren auch solche Vergütungsansprüche ausgeschlossen worden, für die ein als Liquidator tätiger Rechtsanwalt ein zusätzliches Honorar nach anwaltlichem Gebührenrecht verlangen kann, wenn zu deren sachgerech-

---

34 Mayer-Kroiß/Teubel, § 4 Rn. 56.
35 Mayer-Kroiß/Teubel, § 4 Rn. 61.
36 Mayer-Kroiß/Teubel, § 4 Rn. 72.
37 Mayer-Kroiß/Teubel, a.a.O.
38 BGH, AGS 1999, 3 = AnwBl. 1999, 121 = BGHZ 139, 309 = ZIP 1998, 1793 = EBE/BGH 1998, 349 = NJW 1998, 3567 = DB 1998, 2213 = WM 1998, 2248 = DStR 1998, 1800 = NZG 1998, 906 = BB 1998, 2384 = MDR 1998, 1435 = Rpfleger 1999, 39 = WuB IV C § 9 AGBG 1.99 = AG 1999, 80 = ZInsO 1998, 333 = VersR 1999, 57 = JurBüro 1999, 134 = LM BRAGO § 1 Nr. 7 (5/1999) = NZI 1998, 77 = BGHR AGBG § 9 Abs. 1 Liquidatorvertrag 1 = BGHR BRAGO § 1 Abs. 2 Anwaltshonorar 1 = BGHR BRAGO § 1 Abs. 2 Liquidator 1 = EzFamR BGB § 1835 Nr. 3 = EBE/BGH 1998, BGH-Ls 584 = GmbHR 1998, 1133 = EWiR 1998, 1125 = BRAK-Mitt. 1999, 46 = NJ 1999, 142.

ter Erledigung selbst ein als Liquidator erfahrener Nichtjurist einen Rechtsanwalt hinzuziehen müsste. Stattdessen waren für solche Fälle Vergütungsansprüche von einer im freien Belieben des Verwenders stehenden Zustimmung im Einzelfall abhängig gemacht worden.

XI. Vereinbarung ausländischen Rechts

727 Ebenfalls unzulässig ist es in Verbraucherverträgen das RVG dadurch zu umgehen, dass ausländisches Recht vereinbart wird (§ 310 Abs. 3 Nr. 2 BGB, § 29 EGBGB).[39]

728 Bei Unternehmerverträgen kann durch die Rechtswahl zwingendes deutsches Recht nach Art. 27 Abs. 3 EGBGB nicht umgangen werden, wenn es sich um ein deutsches Mandat handelt.[40]

XII. Klauselverbote mit Wertungsmöglichkeit (§ 308 BGB)

729 Zu prüfen ist auch, ob die Vertragsbedingungen der Vergütungsvereinbarung mit den Vorschriften des § 308 BGB in Einklang steht.

1. Anpassungsvereinbarung (§ 308 Nr. 4 BGB)

730 Unzulässig sind insbesondere einseitig vorbehaltene Rechte zur Anpassung der Höhe der Vergütung.

731 Während § 4 Abs. 3 Satz 3 RVG die Fälle regelt, in denen die Bestimmung der Vergütung dem Anwalt überlassen sein soll und zur gesetzlichen Vergütung führt, erfasst § 308 Nr. 4 BGB Klauseln, wonach der Anwalt eine vereinbarte Vergütung einseitig erhöhen kann.

732 *Beispiel:*

Die Parteien vereinbaren einen Stundensatz von 200,00 €/Stunde. Gleichzeitig wird vorgesehen, dass der Anwalt den Stundensatz nach Ablauf eines halben Jahres angemessen anpassen darf.

---

39 Ausführlich Mayer-Kroiß/Teubel, § 4 Rn. 62.
40 Ausführlich Mayer-Kroiß/Teubel, § 4 Rn. 63.

Die Klausel ist nach § 308 Nr. 4 BGB unwirksam. Es bleibt auf jeden Fall bei den 200,00 €/Stunde. Keinesfalls gilt jetzt § 4 Abs. 3 Satz 2 RVG, wonach nur die gesetzliche Vergütung gelten würde.

2. Fingierte Erklärungen (§ 308 Nr. 5 BGB)

a) Überblick

Soll in Vergütungsvereinbarungen eine Zustimmung oder sonstige Erklärung des Auftraggebers fingiert werden, ist § 308 Nr. 5 BGB zu beachten. 733

b) Preiserhöhungen

Unzulässig ist eine Klausel, wonach sich die Vergütung um einen vom Anwalt verlangten Betrag erhöht, wenn der Mandant dem nicht widerspricht. Eine solche Klausel ist nur zulässig, wenn dem Mandanten eine angemessene Frist zur Abgabe einer ausdrücklichen Erklärung eingeräumt wird und der Anwalt sich gleichzeitig verpflichtet hat, den Mandanten zu Beginn der Frist auf die vorgesehene Bedeutung seines Verhaltens besonders hinzuweisen. 734

c) Einverständnis mit Abrechnung

Eine Klausel, wonach die vom Anwalt abgerechneten Zeiten als anerkannt gelten, wenn der Auftraggeber nicht binnen einer bestimmten Frist widerspricht, muss sich ebenfalls an § 308 Nr. 5 BGB messen lassen. 735

Es handelt sich hierbei nicht um eine Beweislastumkehr, so dass § 309 Nr. 12 BGB nicht greift (s.u. Rn. 756). 736

Zu berücksichtigen ist hier, dass ein fingiertes Anerkenntnis des Auftraggebers nur dann zulässig ist, wenn ihm eine angemessene Frist zur Abgabe einer ausdrücklichen gegenteiligen Erklärung eingeräumt wird und der Anwalt sich verpflichtet hat, den Auftraggeber zu Beginn der Frist auf die vorgesehene Bedeutung seines Verhaltens besonders hinzuweisen. 737

738 Um rechtlichen Problemen aus dem Weg zu gehen, empfiehlt Brieske,[41] dass in regelmäßigen Abständen Zwischenabrechnungen vorgenommen werden. Er empfiehlt darüber hinaus, in der Vergütungsvereinbarung zu regeln, dass für bestimmte Zeiträume Stundenaufstellungen übersandt werden und weitere Leistungen des Anwalts erst erbracht werden, wenn über den Umfang der erbrachten Leistungen für den vergangenen Zeitabschnitt Einigkeit erzielt worden ist. Mit Rücksicht auf die Notwendigkeit des Vertrauensverhältnisses zwischen Anwalt und Auftraggeber sei es angemessen, die Fortsetzung des Mandats von der Einhaltung des Vertrauensverhältnisses, das auf der Einigkeit über die tatsächlich geleisteten und abgerechneten Stunden beruht, abhängig zu machen.

XIII. Klauselverbote ohne Wertungsmöglichkeit (§ 309 BGB)

739 Auch die Vorschriften des § 309 BGB sind zu beachten. Sie gelten allerdings nur bei Vereinbarungen mit einem Verbraucher (§ 310 Abs. 1 BGB).

1. Kurzfristige Preiserhöhungen (§ 309 Nr. 1 BGB)

740 Nach 309 Nr. 1 BGB sind Preisanpassungsklauseln oder Preisänderungsvorbehaltsklauseln unzulässig.

741 Hier wird sich bei Vergütungsvereinbarungen in aller Regel kein Problem ergeben, weil solche Vereinbarungen, die die Vergütung oder ihre Erhöhung in das Ermessen eines Vertragsteils stellen, nach § 4 Abs. 3 Satz 2 RVG ohnehin nicht zulässig sind.

742 Von unzulässigen Preisanpassungsklauseln oder Preisänderungsvorbehaltsklauseln abzugrenzen sind Vereinbarungen, die bereits gestaffelte Beträge enthalten. Hier handelt sich nicht um Erhöhungen, sondern um von vornherein festgelegte unterschiedliche Vergütungsbeträge.

---

41 Brieske, S. 110.

Beispiel: 743

Die Parteien vereinbaren einen Stundensatz i.H.v. 200,00 €. Gleichzeitig vereinbaren sie, dass nach Ablauf von drei Monaten ab Vertragsabschluss der Stundensatz auf 210,00 € angehoben wird.

Diese Regelung verstößt nicht gegen § 309 Nr. 1 BGB, weil die Vergütung nicht nachträglich erhöht wird, sondern von vornherein festgelegt ist.

Bei Dauerschuldverhältnissen, etwa einem Beratungsvertrag, ist § 309 Nr. 1 1. Hs. BGB ohnehin nicht anwendbar (§ 309 Nr. 1 2. Hs. BGB). 744

Ebenfalls liegt kein Verstoß vor, wenn die Erhöhung anderweitig Bestandteil der Vereinbarung ist. 745

Beispiel: 746

Die Parteien vereinbaren, dass der Anwalt für den ersten Hauptverhandlungstermin einen Betrag i.H.v. 2.000,00 € erhält, für die ersten zehn folgenden Fortsetzungstermine 1.000,00 € und für die daraufhin eventuell weiteren Hauptverhandlungstermine 1.500,00 €.

In diesem Fall handelt es sich, auch wenn der elfte Fortsetzungstermin innerhalb von vier Monaten stattfindet, nicht um eine Preiserhöhung, sondern um eine von vornherein zulässige Preisgestaltung.

Teubel[42] nimmt eine unzulässige Preiserhöhung dann an, wenn der Anwalt mit einem Verbraucher eine Vergütungsvereinbarung trifft, in der ein Nettobetrag zuzüglich der jeweils geltenden Umsatzsteuer vereinbart wird. Eine solche Vereinbarung sei dann zulässig, wenn der Anwaltsvertrag voraussichtlich innerhalb von vier Monaten nach Vertragsschluss erledigt sei. 747

Meines Erachtens ist dies kein Fall des § 309 Nr. 1 BGB. Zwar kann die Klausel „zuzüglich Umsatzsteuer in der jeweiligen gesetzlichen Höhe" unter § 309 Nr. 1 BGB fallen;[43] dies dürfte für eine Vergütungsvereinbarung jedoch nicht gelten. Die Parteien treffen hier nämlich keine Preisanpassungsvereinbarung, sondern eine Auslagenvereinbarung, da die Umsatzsteuer nach dem RVG ein Auslagentatbestand ist (Nr. 7008 748

---

42 Mayer-Kroiß/Teubel, § 4 Rn. 67.
43 BGH, NJW 1981, 979; AnwK-BGB/Kollmann, § 309 Rn. 6.

VV RVG). Da die Höhe der Auslagen bei Vertragsabschluss nicht bekannt ist,[44] muss es zulässig sein, eine solche Vereinbarung zu treffen, wonach die Auslagen erhoben werden, die tatsächlich anfallen. In Wirklichkeit wird hier nämlich gar kein Preis erhöht, weil gar kein Preis zugesagt worden ist. Wird von vornherein vereinbart, dass nach dem gesetzlich geltenden Umsatzsteuersatz abzurechnen sei, ist dies auch im Hinblick auf § 309 Nr. 1 BGB unbedenklich.

2. Vertragsstrafe (§ 309 Nr. 6 BGB)

749 Unzulässig ist es, Vertragsstrafen zu vereinbaren (§ 309 Nr. 6 BGB).[45]

3. Dauerschuldverhältnis (§ 309 Nr. 9 BGB)

750 Bei Dauerschuldverhältnissen, insbesondere bei Dauerberatungsmandaten ist § 309 Nr. 9 BGB zu beachten.

751 Betrifft die Vergütungsvereinbarung ein Dauerschuldverhältnis, dann darf die vereinbarte **Laufzeit** den Zeitraum von **zwei Jahren** nicht übersteigen.

752 Ebenso ist eine **stillschweigende Verlängerung** um mehr als ein Jahr unzulässig.

753 Die **Kündigungsfrist** darf nicht länger als drei Monate betragen.

754 Ein solches Dauerschuldverhältnis liegt vor, wenn sich der Anwalt zur regelmäßigen Erbringung von Dienstleistungen verpflichtet und dafür eine bestimmte Vergütung erhält. Voraussetzung ist nicht, dass eine bestimmte Vergütung auch regelmäßig gezahlt wird. Es reicht aus, wenn die Vergütung nur dann anfällt, wenn der Anwalt auch in Anspruch genommen wird.[46]

755 Die vorgenannten Einschränkungen gelten allerdings nur gegenüber dem Verbraucher.

---

44 Die Umsatzsteuer ist auf den Zeitpunkt der Fälligkeit (§ 8 RVG) zu berechnen. Es gilt der dann geltende Umsatzsteuersatz.
45 Brieske, S. 112.
46 Mayer-Kroiß/Teubel, § 4 Rn. 65.

4. Beweislastverteilung (§ 309 Nr. 12 BGB)

Die Vereinbarung einer Beweislastumkehr ist nach § 309 Nr. 12 BGB unzulässig. Hier ergeben sich insbesondere folgende Anwendungsfälle: 756

a) Einwendungen gegen Abrechnungen

Rechnet der Anwalt nach Zeithonoraren ab, so obliegt ihm die Darlegungs- und Beweislast dafür, dass die abgerechneten Zeiten tatsächlich auch angefallen sind. Eine Regelung, die es dem Auftraggeber auferlegen würde zu beweisen, dass die abgerechneten Stunden nicht angefallen sind, würde als Beweislastumkehr gegen § 309 Nr. 12 BGB verstoßen. 757

Kein Verstoß gegen § 309 Nr. 12 BGB liegt vor, wenn vereinbart wird, dass die vom Anwalt abgerechneten Stunden als anerkannt gelten, wenn der Auftraggeber nicht binnen einer bestimmten Frist widerspricht. Eine solche Klausel ist aber nach § 308 Nr. 5 BGB zu prüfen (s. Rn. 733). 758

b) Empfangsbekenntnis

Problematisch ist, ob ein in der Vergütungsvereinbarung **enthaltenes Empfangsbekenntnis** zu deren Unwirksamkeit führt. 759

Das OLG Düsseldorf vertritt in ständiger Rechtsprechung[47] die Auffassung, auch ein Empfangsbekenntnis („Von dieser Vereinbarung haben beide Vertragspartner je ein Exemplar erhalten") führe zur Unwirksamkeit der gesamten Vergütungsvereinbarung. Es liege hier ein Verstoß gegen § 309 Nr. 12 BGB (früher: § 11 Nr. 15 AGBG) vor, der zur Unwirksamkeit der gesamten Vereinbarung führe. 760

Zutreffend ist wohl, dass ein vorformuliertes Empfangsbekenntnis gegen § 309 Nr. 12 Buchst. b BGB verstößt, da sich der Anwalt vom Auftraggeber eine Tatsache bestätigen lässt. Die Anwendung des § 309 Nr. 12 Buchst. b BGB ist nur dann ausgeschlossen, wenn das Empfangs- 761

---

47 OLG Düsseldorf, MDR 2000, 420 = OLGR 2000, 228 = KostRsp. BRAGO § 3 Nr. 46; AGS 2004, 12 = JurBüro 2003, 584 = MDR 2003, 58 m. Anm. N. Schneider.

bekenntnis gesondert unterschrieben wird (§ 309 Nr. 12 Buchst. b Satz 2 BGB), was hier i.d.R. nicht der Fall sein wird. Folglich ist ein solches Empfangsbekenntnis unwirksam.

762 Eine andere Frage ist aber, ob diese Unwirksamkeit zur Nichtigkeit der gesamten Vergütungsvereinbarung führt. Insoweit gilt § 306 Abs. 1 BGB (früher: § 6 Abs. 1 AGBG), wonach bei Nichtigkeit einer Klausel der Vertrag im Übrigen wirksam bleibt. Auch aus § 139 BGB ergibt sich keine andere Rechtsfolge. Hier ist m.E. auch zu berücksichtigen, dass das Empfangsbekenntnis in einer Vergütungsvereinbarung vollkommen sinnlos ist. Es gibt keine Vorschrift, wonach dem Mandanten ein Exemplar der Vergütungsvereinbarung ausgehändigt werden muss. Es reicht aus, dass der Mandant das Honorarversprechen unterschreibt. In Anbetracht dessen, dass durch eine unwirksame Klausel eine sinnlose Tatsache bestätigt wird, die keinerlei rechtliche Konsequenzen hat, dürfte aus ihrer Unwirksamkeit wohl kaum eine Nichtigkeit der gesamten Vergütungsvereinbarung herzuleiten sein.

XIV. Rechtsfolgen

763 Sind Vertragsbedingungen nach §§ 305 oder 305c Abs. 1 BGB nicht Inhalt des Vertrags geworden oder sind einzelne Vertragsbedingungen nach den §§ 307 ff. BGB unwirksam, so gilt § 306 Abs. 2 BGB. Insoweit richtet sich der Inhalt des Vertrages nach den gesetzlichen Vorschriften. Im Übrigen bleibt der Vertrag jedoch wirksam (§ 306 Abs. 1 BGB).

764 Die Vergütungsvereinbarung ist nur dann insgesamt unwirksam, wenn das Festhalten an ihr auch unter Berücksichtigung der nach § 306 Abs. 2 BGB vorgesehenen Änderung eine unzumutbare Härte darstellen würde.[48]

---

48 Unzutreffend daher OLG Düsseldorf s. Rn. 760.

G. Mögliche Berechnungsmodelle
I. Überblick
1. Inhaltsfreiheit – gesetzliche Einschränkungen

Hinsichtlich der Gestaltung, wie sich die vereinbarte Vergütung berechnen soll, sind die Parteien grds. frei. Insoweit ist daher dem „Erfindungsreichtum" des Anwalts, was die Berechnung seiner Vergütung betrifft, keine Grenze gesetzt, solange

- nicht die gesetzliche Vergütung unzulässigerweise unterschritten wird (§ 49b Abs. 1 Satz 1 BRAO),[1]
- kein unzulässiges Erfolgshonorar vereinbart wird (§ 49b Abs. 2 BRAO),
- keine unzulässige Beteiligung am Erfolg vereinbart wird (§ 49b Abs. 2 BRAO),
- die Vereinbarung nicht mit einem Beratungshilfemandanten geschlossen wird (§ 4 Abs. 6 RVG i.V.m. § 8 BerHG),
- die Vereinbarung nicht sittenwidrig ist (§ 138 BGB),
- die Vereinbarung nicht unangemessen hoch ist (§ 4 Abs. 4 RVG),
- die vereinbarte Vergütung hinreichend bestimmt ist und
- auch im Übrigen nicht gegen gesetzliche Vorschriften (etwa die §§ 305 ff. BGB) verstoßen wird.

765

Diese inhaltliche Freiheit ist auch erforderlich, um in der Vergütungsvereinbarung das Berechnungssystem den individuellen Anforderungen des Einzelfalls anzupassen.

766

2. Anforderungen an eine Vergütungsvereinbarung

Vor Abschluss einer Vergütungsvereinbarung sollte der Anwalt sich Zeit nehmen und genau überlegen, wie er die Vereinbarung gestalten will, so dass er einerseits seine finanziellen Vorstellungen deckt, andererseits aber auch dem Mandanteninteresse gerecht wird.

767

---

1 Wobei der Anwalt nach Treu und Glauben gegenüber dem Mandanten auch an eine unzulässige niedrigere Vergütungsvereinbarung gebunden bleibt (s. Rn. 319).

768 Dabei muss der Anwalt zum einen im Blick haben, dass die Vergütungsvereinbarung für ihn **wirtschaftlich nicht nur kostendeckend, sondern auch gewinnbringend** sein muss. Zum anderen muss die Vergütungsvereinbarung aber auch **in Relation zum (wirtschaftlichen) Erfolg des Mandanten** stehen.

769 Die Vereinbarung sollte **praktikabel zu handhaben** sein, insbesondere dann, wenn sich der Fall anders entwickelt als angenommen, etwa bei einer vorzeitigen Erledigung (z.B. es kommt nicht mehr zur Klageerhebung, weil der Gegner zahlt; das Strafverfahren wird ohne Hauptverhandlung eingestellt). Auch der Fall einer vorzeitigen Beendigung des Mandats (z.B. infolge Kündigung) sollte bedacht werden.

770 Die Vereinbarung sollte im Übrigen so **klar und deutlich** sein, dass möglichst wenig Streitpotenzial für spätere Abrechnungsfragen geschaffen wird.

3. Die möglichen Berechnungsmodelle

771 Je nach dem Willen der Parteien kann auf das **gesetzliche Vergütungssystem** zurückgegriffen und lediglich eine **geringfügige Modifikation** vereinbart werden.

772 Die Vergütungsvereinbarung kann sich aber auch an das **gesetzliche Vergütungssystem lediglich anlehnen** und dieses **wesentlich umgestalten**.

773 Die Berechnungen können **völlig losgelöst vom gesetzlichen Gebührensystem** vereinbart werden, so etwa bei Zeit- oder Pauschalvereinbarungen.

774 Schließlich sind **Kombinationen** möglich, dass also zum Teil auf die gesetzlichen Gebühren Bezug genommen wird – ggf. sogar in unveränderter Höhe – und dass darüber hinaus zusätzliche Vergütungen vereinbart werden.

775 Möglich ist es, nur die **gesetzlichen Gebühren** abzubedingen und die **gesetzlichen Auslagen** unberührt zu lassen.

Umgekehrt ist es auch möglich, **ausschließlich** eine Vereinbarung über höhere **Auslagen** zu treffen und im Übrigen die **gesetzlichen Gebühren und Gegenstandswerte** unberührt zu lassen (s. Rn. 1069 ff.). 776

Die Berechnungsmethode sollte auf jeden Fall **klar und eindeutig** sein, so dass für beide Vertragsparteien sofort ersichtlich ist, mit welchen Vergütungsforderungen zu rechnen ist. Es ist dringend davon abzuraten, in einer vermeintlich „gerechten Abrechnung" zu viele Alternativen zu regeln und sämtliche Eventualitäten zu berücksichtigen (z.B. gestaffelte Stundensätze je nach ausgeübter Tätigkeit). Das verwirrt den Mandanten und schreckt ihn ab. Zudem muss der Anwalt auch darauf achten, dass er seinen eigenen Verwaltungs- und Büroaufwand für das Erfassen und das Anfertigen der Abrechnung in Grenzen hält. 777

4. Gesetzliche Vergütung als Mindestvergütung

Praxistipp: 778

Zu beachten ist, dass unabhängig von der Wahl der jeweiligen Berechnungsmethode gewährleistet sein muss, dass die gesetzlichen Gebühren – ausgenommen von den Fällen des § 4 Abs. 2 Satz 1 und 2 RVG – nicht unterschritten werden, da anderenfalls die Vereinbarung gegen § 49b Abs. 1 BRAO verstoßen würde.

Allerdings führt ein Verstoß gegen § 49b Abs. 1 BRAO nicht zur Unwirksamkeit der Vereinbarung. Insbesondere bleibt der Anwalt an eine geringere als die gesetzliche Vergütung gebunden.[2] 779

Um ein Unterschreiten der gesetzlichen Gebühren zu vermeiden, sollte stets vereinbart werden, dass mindestens die gesetzliche Vergütung zu zahlen ist, soweit nicht ausnahmsweise ein Unterschreiten der gesetzlichen Vergütung zulässig und von den Parteien auch gewollt ist oder in Kauf genommen wird. 780

---

2   S. hierzu Rn. 319.

781 **Muster: Vereinbarung der gesetzlichen Vergütung als Mindestbetrag**
Sollte die vereinbarte Vergütung unterhalb der gesetzlichen liegen, gilt für diesen Fall die gesetzliche Vergütung als vereinbart.

782 Stattdessen kann an der entsprechenden Stelle auch folgender Hs. eingefügt werden:

783 Für seine Tätigkeit erhält der Anwalt ..., mindestens jedoch die gesetzliche Vergütung.

II. Modelle in Anlehnung an die gesetzliche Vergütung

1. Überblick

784 Häufig lehnen sich Vergütungsvereinbarungen an die gesetzliche Vergütungsregelung an. Dies gibt insoweit Sicherheit, als sich die Vertragsparteien weitgehend auf Bewährtes und Bekanntes stützen können und im Falle von Auslegungsfragen auf die Rechtsprechung zu der gesetzlichen Vergütung zurückgegriffen werden kann.

785 Bei solchen Modellen in Anlehnung an die gesetzliche Vergütung kann die „gesetzliche Vergütung" selbst vereinbart werden, wenn diese anderenfalls nicht gelten würde. Darüber hinaus können sich Vereinbarungen noch innerhalb des gesetzlichen Rahmens halten oder aber auch den gesetzlichen Rahmen überschreiten.

2. Vereinbarung der gesetzlichen Vergütung

786 Möglich ist es, die „gesetzliche Vergütung" zu vereinbaren. Dies macht allerdings nur dann Sinn, wenn der Anwalt anderenfalls (noch nicht einmal die) gesetzliche Vergütung abrechnen könnte.

a) Prozesskostenhilfemandat

787 So kann z.B. die gesetzliche (Wahlanwalts-)Vergütung vereinbart werden, wenn der Anwalt der Partei im Wege der Prozesskostenhilfe beigeordnet worden ist.

Vereinbart werden kann insoweit, dass die volle Wahlanwaltsvergütung oder auch nur die Differenz zwischen der aus der Staatskasse zu zahlenden Vergütung bis zur Höhe der Wahlanwaltsgebühren zu zahlen ist. Die Vereinbarung der Differenz genügt, da der Anwalt weiter gehende Zahlungen der Staatskasse ohnehin mitteilen (§ 55 Abs. 5 RVG) und an sie auskehren muss, soweit er in der Summe (Staatskasse und Auftraggeber) mehr als die gesetzliche Vergütung erhält (§ 58 Abs. 2 RVG). 788

Zu beachten ist, dass durch eine Vereinbarung mit einem Auftraggeber, dem der Anwalt im Rahmen der Prozesskostenhilfe beigeordnet worden ist, **keine Verbindlichkeit** begründet wird (§ 4 Abs. 5 Satz 1 RVG). Dennoch ist eine solche Vereinbarung nicht unzulässig, insbesondere nicht standeswidrig (s. Rn. 197 ff.). 789

Zahlt der Auftraggeber in diesem Fall die vereinbarte Vergütung **freiwillig und vorbehaltlos**, kann der Anwalt sie behalten und muss sie nicht zurückzahlen (§ 4 Abs. 5 Satz 2 RVG). 790

Zu berücksichtigen ist, dass eine freiwillige Zahlung nur dann vorliegt, wenn der Auftraggeber weiß, dass die vereinbarte Vergütung höher als die gesetzliche ist, und wenn er weiß, dass er über die von der Staatskasse zu zahlende Vergütung hinaus selbst keine weiteren Beträge zahlen muss. Darauf sollte in der Vereinbarung hingewiesen werden, zumal der Anwalt dazu ohnehin berufsrechtlich verpflichtet ist (§ 16 Abs. 2 BORA). Gleichzeitig sollte der Auftraggeber vorsorglich darauf hingewiesen werden, dass er im Falle der freiwilligen und vorbehaltlosen Zahlung keine Rückforderungsansprüche stellen kann. 791

Muster: Vereinbarung der Differenz zur Wahlanwaltsvergütung bei Prozesskostenhilfemandat 792

Die Parteien vereinbaren, dass der Auftraggeber die Differenz zwischen der aus der Staatskasse zu zahlenden Vergütung und der gesetzlichen Wahlanwaltsvergütung zusätzlich an den Anwalt zahlt.

Der Auftraggeber wird darauf hingewiesen, dass eine Verpflichtung zur Übernahme und Zahlung dieser weiter gehenden Vergütung nicht besteht und insbesondere der Anwalt die Vergütung ungeachtet dieser Vereinbarung nicht verlangen kann.

Der Auftraggeber wird gleichzeitig darauf hingewiesen, dass er freiwillige und vorbehaltlose Zahlungen in Kenntnis der nicht bestehenden Verbindlichkeit nicht zurückfordern kann.

b) Pflichtverteidiger und anderweitig beigeordneter Anwalt

793 Des Weiteren kann die gesetzliche Vergütung vereinbart werden, wenn der Anwalt dem Auftraggeber als Pflichtverteidiger oder in anderer Funktion beigeordnet worden ist. Auch in diesem Falle erhält der Anwalt seine Vergütung aus der Staatskasse, allerdings zu festen Gebührenbeträgen, die unterhalb der Mittelgebühr und damit i.d.R. unter den gesetzlichen Gebühren liegen.

794 Hier sind Vereinbarungen mit dem Auftraggeber – im Gegensatz zur Prozesskostenhilfe – stets möglich.

795 Das Gesetz sieht anders als bei der Prozesskostenhilfe hier eine **Anrechnung** dieser Zahlungen erst vor, wenn der Anwalt insgesamt mehr als das Doppelte der aus der Staatskasse zu zahlenden Vergütung – ohne Berücksichtigung einer eventuellen Pauschvergütung nach § 51 RVG – erhalten würde (§ 58 Abs. 3 Satz 3 RVG).

796 **Muster: Vereinbarung der Wahlanwaltsvergütung bei Pflichtverteidigung**

Die Parteien vereinbaren, dass der Auftraggeber ungeachtet der von der Staatskasse zu zahlenden Vergütung daneben die gesetzliche Vergütung eines Wahlanwalts an den Anwalt zahlt. Zahlungen der Staatskasse auf die Pflichtverteidigervergütung werden nicht auf die Wahlanwaltsvergütung angerechnet.

797 In diesem Fall werden sich regelmäßig Rückzahlungsansprüche der Staatskasse ergeben, nämlich so weit die einfache Wahlanwaltsvergütung über die Beträge der Pflichtverteidigervergütung hinausgeht

(§ 58 Abs. 3 Satz 3 RVG), so dass der Anwalt damit in der Summe mehr als das Doppelte der Pflichtverteidigergebühren erhält.

Beispiel: 798

Die Parteien hatten vereinbart, dass der Auftraggeber ungeachtet der von der Staatskasse zu zahlenden Vergütung zusätzlich die gesetzliche Vergütung eines Wahlanwalts an den Anwalt zahlt. Der Anwalt ist im Verfahren vor dem Amtsgericht als Verteidiger tätig. Das Verfahren ist durchschnittlich, so dass von den Mittelgebühren auszugehen ist.

I. **Aus der Staatskasse erhält der Anwalt:**

1.	Grundgebühr, Nr. 4100 VV RVG	*132,00 €*
2.	Verfahrensgebühr, Nr. 4106 VV RVG	*112,00 €*
3.	Terminsgebühr, Nr. 4108 VV RVG	*184,00 €*
4.	Auslagenpauschale, Nr. 7002 VV RVG	*20,00 €*
	Zwischensumme	*448,00 €*
5.	16 % Umsatzsteuer, Nr. 7008 VV RVG	*71,68 €*
	Gesamt	***519,68 €***

II. **Vom Auftraggeber erhält der Anwalt – ausgehend jeweils von der Mittelgebühr – zusätzlich:**

1.	Grundgebühr, Nr. 4100 VV RVG	*165,00 €*
2.	Verfahrensgebühr, Nr. 4106 VV RVG	*140,00 €*
3.	Terminsgebühr, Nr. 4108 VV RVG	*230,00 €*
4.	Auslagenpauschale, Nr. 7002 VV RVG	*20,00 €*
	Zwischensumme	*555,00 €*
5.	16 % Umsatzsteuer, Nr. 7008 VV RVG	*88,80 €*
	Gesamt	***643,80 €***

III. *Insgesamt erhält er also* *1.163,48 €*

IV. ***Nach § 53 Abs. 3 Satz 2 RVG darf er aber nicht mehr als 2 x 519,68 € =*** *1039,36 €*

erhalten.

Der Anwalt muss daher an die Staatskasse *124,12 €*

zurückzahlen.

G. Mögliche Berechnungsmodelle

799 Möglich wäre auch eine Vereinbarung, wonach der Auftraggeber die Differenz zwischen der Pflichtverteidigervergütung und der Wahlanwaltsvergütung zahlt. Dies ist jedoch unzweckmäßig, da der Anwalt dann u.U. infolge der Anrechnung nach § 58 Abs. 3 Satz 3 RVG im Ergebnis doch wieder weniger erhält als die Wahlanwaltsvergütung, nämlich soweit diese über dem Doppelten der Pflichtverteidigervergütung liegt.

800 *Beispiel:*

Wie Rn. 798 die Parteien hatten jedoch vereinbart, dass der Auftraggeber die Differenz zwischen der von der Staatskasse zu zahlenden Vergütung und der Vergütung eines Wahlanwalts zahle. Das Verfahren ist überdurchschnittlich, so dass von den Höchstgebühren auszugehen ist.

Aus der Staatskasse erhält der Anwalt wiederum		519,68 €
I. Vom Auftraggeber erhält der Anwalt zusätzlich:		
1. Grundgebühr, Nr. 4100 VV RVG		300,00 €
2. Verfahrensgebühr, Nr. 4106 VV RVG		250,00 €
3. Terminsgebühr, Nr. 4108 VV RVG		400,00 €
4. Auslagenpauschale, Nr. 7002 VV RVG		20,00 €
Zwischensumme	970,00 €	
5. 16 % Umsatzsteuer, Nr. 7008 VV RVG		155,20 €
6. Gesamt		**1.125,20 €**
7. ./. Pflichtverteidigervergütung		– 519,68 €
8. Restbetrag		**608,52 €**
II. Insgesamt erhält der Anwalt		1.067,20 €
Nach § 53 Abs. 3 Satz 2 RVG darf er aber wiederum nicht mehr als 2 x 519,68 € = erhalten.		1039,36 €
III. Der Anwalt muss daher an die Staatskasse zurückzahlen.		27,84 €

801 Um die anrechnungsfreie Grenze des § 58 Abs. 3 Satz 3 RVG auszunutzen, kann stattdessen vereinbart werden, dass der Auftraggeber zusätz-

lich zu der von der Staatskasse zu zahlenden Vergütung eine vereinbarte Vergütung in Höhe der Pflichtverteidigervergütung zahlt. Der Anwalt erhält dann genau das Doppelte der Pflichtverteidigervergütung, so dass sich nach § 58 Abs. 3 Satz 3 RVG keine Rückzahlungsverpflichtung ergeben kann.

> **Muster: Vereinbarung einer zusätzlichen Vergütung in Höhe der Pflichtverteidigung** 802
>
> Die Parteien vereinbaren, dass der Auftraggeber zusätzlich zu der aus der Staatskasse zu zahlenden Pflichtverteidigervergütung an den Anwalt eine weitere Vergütung in Höhe der Pflichtverteidigervergütung zahlt.

3. Vereinbarungen innerhalb des gesetzlichen Rahmens

a) Überblick

Zu dieser Fallgruppe zählen solche Vereinbarungen, in denen die gesetzlichen Vergütungsregelungen lediglich konkretisiert werden, so dass sich im Ergebnis eine Vergütung ergibt, die durchaus auch nach der gesetzlichen Vergütung in Betracht kommen kann. Zum Teil haben solche Vereinbarungen gar nicht die Vereinbarung einer höheren als der gesetzlichen Vergütung zum Inhalt, sondern dienen lediglich der Klarstellung und Streitvermeidung, um sich später nicht über Auftragsinhalt und Abrechnung nach den gesetzlichen Gebühren streiten zu müssen. 803

b) Vereinbarungen über den Umfang der anwaltlichen Tätigkeit

Die Parteien müssen nicht nur regeln, welche Vergütung zu zahlen ist, sondern auch, wofür die Vergütung gezahlt wird. Dieses Problem kann sich schon bei der gesetzlichen Vergütung ergeben, insbesondere bei Beratungsmandaten oder Aufträgen zu außergerichtlicher Tätigkeit. Nicht selten entsteht im Nachhinein eine Auseinandersetzung zwischen Auftraggeber und Anwalt: Der Auftraggeber wendet ein, hinsichtlich bestimmter Gegenstände und Tätigkeiten gar keinen Auftrag erteilt zu haben. Solche Auseinandersetzungen finden sich häufig in Familien- 804 sachen, in denen bei Mandatserteilung nicht genügend auf die konkrete Abgrenzung des Auftrags geachtet wird.[3]

805 *Beispiel:*

Der Anwalt soll die Ehefrau anlässlich der Trennung außergerichtlich gegen ihren Ehemann vertreten.

Der Auftrag kann sich auf Ehegattenunterhalt, Kindesunterhalt, Ehesache, Hausrat und vieles mehr erstrecken. Der Auftrag kann sogar steuerliche Fragen abdecken, etwa wie hinsichtlich der Annahme der Steuerklasse in der Trennungszeit zu verfahren ist.

806 In solchen Fällen ist es unbedingt erforderlich, den Auftrag, der dem Anwalt erteilt werden soll, klar und eindeutig zu definieren und dies – wenn auch in § 4 RVG nicht vorgeschrieben – schriftlich festzuhalten. Der Anwalt erlebt anderenfalls eine unliebsame Überraschung, wenn er tätig wird und der Auftraggeber im Nachhinein bestreitet, einen solch umfassenden Auftrag erteilt zu haben, wenn er beispielsweise einwendet, er habe nur den Auftrag für den Kindesunterhalt erteilt. Die Beweislast für die Erteilung eines weiter gehenden Auftrags liegt dann beim Anwalt.

807 Andererseits kann der Anwalt auch dann unliebsame Überraschungen erleben, wenn der Auftraggeber im Nachhinein behauptet, der Auftrag sei weiter gehend gewesen und Schadensersatzansprüche geltend macht, etwa weil der Anwalt über steuerliche Konsequenzen der Trennung nicht beraten habe.

808 Bei solchen Vereinbarungen über den Umfang der anwaltlichen Tätigkeit handelt es sich nicht um Vergütungsvereinbarungen im eigentlichen Sinne. Gleichwohl soll hier im Zusammenhang darauf eingegangen werden. Soweit die Parteien vereinbaren, welche Leistungen der Anwalt zu erbringen hat, richtet sich danach nämlich die gesetzliche Vergütung, die er beanspruchen kann.

809 Erst recht erforderlich sind solche konkreten Festlegungen des Auftragsinhalts bei Vereinbarungen einer höheren als der gesetzlichen Ver-

---

3   S. hierzu Haibach, AGS 2004, 184.

gütung, je mehr sich das vereinbarte Vergütungssystem von dem der gesetzlichen Vergütung löst.

c) Vereinbarungen über die Art und Weise der Ausführung

Vereinbarungen können auch über die Art und Weise der Ausführung getroffen werden, ohne dass damit unmittelbar die Höhe der Vergütung vereinbart wird. Gleichwohl sind solche Vereinbarungen für die Höhe der gesetzlichen Vergütung von Bedeutung. 810

So sollte beispielsweise bei auswärtigen Terminen vorab geklärt werden, ob der Anwalt diese Termine selbst wahrnimmt oder einen Terminsvertreter beauftragt. Der Unterschied der anfallenden Kosten kann erheblich sein. 811

Beispiel: 812

Der in Köln ansässige Anwalt ist in einem Rechtsstreit (Streitwert 4.000 €) vor dem AG München beauftragt. Da die Sache kompliziert ist, erscheint es zweckmäßig, den Termin zur mündlichen Verhandlung selbst wahrzunehmen.

In diesem Falle würden aus dem Wert von 4.000 € folgende Kosten entstehen:

1.	1,3-Verfahrensgebühr, Nr. 3100 VV RVG	318,50 €
2.	1,2-Terminsgebühr, Nrn. 3401, 3104 VV RVG	294,00 €
3.	Auslagenpauschale, Nr. 7002 VV RVG	20,00 €
4.	Fahrtkosten PKW, Nr. 7003 VV RVG, 2 x 570 km x 0,30 €/km	342,00 €
5.	Abwesenheitspauschale mehr als 4 Stunden, Nr. 7005 Nr. 3 VV RVG	60,00 €
	Zwischensumme	1.034,50 €
4.	16 % Umsatzsteuer, Nr. 7008 VV RVG	165,52 €
	Gesamt	**1.200,02 €**

Würde dagegen in München ein Terminsvertreter bestellt, so würde lediglich folgende Vergütung anfallen:

G. Mögliche Berechnungsmodelle

I. Prozessbevollmächtigter (Wert: 4.000,00 €)

1.	1,3-Verfahrensgebühr, Nr. 3100 VV RVG	318,50 €
2.	Auslagenpauschale, Nr. 7002 VV RVG	20,00 €
	Zwischensumme 338,50 €	
3.	16 % Umsatzsteuer, Nr. 7008 VV RVG	54,16 €
	Gesamt	392,66 €

II. Terminsvertreter (Wert: 4.000,00 €)

1.	0,65-Verfahrensgebühr, Nrn. 3401, 3100 VV RVG	159,50 €
2.	1,2-Terminsgebühr, Nrn. 3401, 3104 VV RVG	294,00 €
3.	Auslagenpauschale, Nr. 7002 VV RVG	20,00 €
	Zwischensumme 473,50 €	
4.	16 % Umsatzsteuer, Nr. 7008 VV RVG	75,71 €
	Gesamt	548,91 €
	Gesamt I. + II.	941,65 €

813 Auch wenn es sich in beiden Fällen um die gesetzliche Vergütung handelt und daher die Beachtung der Schriftform nicht erforderlich ist, bietet es sich an, auch solche Vereinbarungen schriftlich festzuhalten, damit dem Auftraggeber dies entgegengehalten werden kann, wenn er sich später darüber beschwert, die Kosten seien zu hoch, es wäre günstiger gewesen, einen Terminsvertreter vor Ort zu beauftragen.

814 Wenn vereinbart wird, dass der Anwalt zu einem auswärtigen Termin selbst anreist, sollte geklärt werden, welches Verkehrsmittel er benutzen darf, also ob er ggf. mit dem Flugzeug anreisen darf.

815 Solche Vereinbarungen führen zwar nicht zu einer höheren als der gesetzlichen Vergütung, sondern klären nur, wie der Anwalt das Mandat ausführen soll, lassen insoweit aber die gesetzliche Abrechnung unberührt. Sie haben lediglich mittelbar Einfluss auf die Höhe der Vergütung, weil sich je nach Art der Ausführung eine höhere gesetzliche Vergütung ergeben kann.

Auch wenn solche Vereinbarungen daher nicht an den Voraussetzungen für eine Vergütungsvereinbarung gemessen werden und insbesondere nicht die Formerfordernisse des § 4 RVG gelten, ist es empfehlenswert, solche Vereinbarungen ebenfalls schriftlich zu festzuhalten. 816

d) Vereinbarungen über die Höhe von Satz- oder Betragsrahmen

Möglich ist es, bei Satz- oder Betragsrahmen von vornherein festzulegen, dass ein bestimmter Gebührensatz oder Gebührenbetrag abzurechnen ist, ggf. auch der Höchstsatz oder der Höchstbetrag.[4] 817

Solche Vereinbarungen sind empfehlenswert, da sie einen späteren Streit über die zutreffende Höhe der Vergütung vermeiden. 818

Zum Teil wird hier die Auffassung vertreten, dass bei Satz- oder Betragsrahmen die Festlegung eines bestimmten Gebührensatzes oder Betrages, ggf. auch der Höchstgebühr oder des Höchstbetrages keine formbedürftige Vergütungsvereinbarung sei, da selbst die Höchstgebühr noch gesetzliche Gebühr darstelle.[5] Diese Ansicht verkennt jedoch, dass sich die „gesetzliche Gebühr" erst aus der Bestimmung des Anwalts nach § 14 Abs. 1 RVG i.V.m. § 315 BGB ergibt. Soweit der Anwalt einen Gebührensatz oder Gebührenbetrag festlegt, der außerhalb seines Ermessensspielraums (Toleranzbereich von 20 %)[6] liegt, ist daher eine höhere als die gesetzliche Vergütung vereinbart, so dass die Vergütungsvereinbarung damit auch formbedürftig ist.[7] 819

Ob im Einzelfall hier tatsächlich eine höhere als die gesetzliche Vergütung vereinbart worden ist, wird sich ohnehin erst dann feststellen lassen, wenn die Angelegenheit beendet ist, wenn also feststeht, welchen Gebührensatz der Anwalt bei gesetzlicher Abrechnung hätte zugrunde legen müssen. 820

---

4   Hansens, § 3 Rn. 10.
5   AG Landshut, AnwBl. 1967, 373.
6   AnwK-RVG/N. Schneider, § 14 Rn. 83.
7   Hansens, § 3 Rn. 2.

e) Vereinbarungen über den Gegenstandswert

821 Möglich sind auch Vereinbarungen über die Höhe des Gegenstandswertes. Damit muss noch nicht einmal eine höhere als die gesetzliche Vergütung vereinbart sein. Es gibt zahlreiche Fälle, in denen man über die Höhe des zutreffenden Gegenstandswertes trefflich streiten kann, etwa bei wettbewerbsrechtlichen Abmahnungen, Ansprüchen auf Widerruf und Unterlassung ehrkränkender Äußerungen, Unterlassung von Ruhestörungen oder unberechtigt zugesandter E-Mail-Werbung etc. Dies gilt insbesondere dann, wenn das Gesetz nur einen angemessenen Streitwert vorgibt, der sich nach dem Interesse der Parteien richtet (§ 3 ZPO, § 23 Abs. 3 Satz 2 RVG).

822 Hier ist es häufig zweckmäßig, im Vorfeld die Höhe des Gegenstandswertes zu vereinbaren. Dies ist insbesondere dann angebracht, wenn es nicht zu einem gerichtlichen Verfahren kommt und dort also keine Wertfestsetzung getroffen wird, die nach §§ 23 Abs. 1 Satz 1, Satz 2, 32 Abs. 1 RVG für den Anwalt bindend wäre. Mit einer solchen Gegenstandswert-Vereinbarung wird vermieden, dass später ein Vergütungsrechtsstreit alleine deswegen entsteht, weil die Parteien sich nicht über den Gegenstandswert einigen können.

823 Auch hier sollte die Vereinbarung schriftlich geschlossen werden. Zum einen dient dies späteren Beweiszwecken. Zum anderen wird damit die Form des § 4 Abs. 1 Satz 1 RVG gewahrt, wenn der vereinbarte Gegenstandswert über dem gesetzlichen liegt.

4. Vereinbarung bei Fehlen einer gesetzlichen Vergütung

a) Überblick

824 Vergütungsvereinbarungen sind darüber hinaus auch dann erforderlich, wenn es keine gesetzliche Vergütung gibt. Zu dem Problem, ob in diesen Fällen die Formvorschrift des § 4 Abs. 1 RVG greift (s. Rn. 1310 ff.).

b) Mediation

825 Bereits jetzt schon fehlt ein gesetzlicher Gebührentatbestand für die Mediation, obwohl Mediation anwaltliche Tätigkeit i.S.d. § 1 Abs. 1 RVG ist

II. Modelle in Anlehnung an die gesetzliche Vergütung

(§ 34 RVG). Das Gesetz selbst empfiehlt den Abschluss einer Gebührenvereinbarung.[8] Anderenfalls gelten die Vorschriften des bürgerlichen Gesetzbuchs, also § 612 Abs. 2 BGB.

Hier sind die Parteien in ihrer Gestaltung frei. Die Anknüpfung an den gesetzlichen Gebührentatbestand kommt hier nicht in Betracht. Die Parteien können sich aber insoweit an die gesetzliche Vergütung anlehnen, als sie einen Gebührensatz und ggf. einen Gegenstandswert vereinbaren. Stattdessen sind aber auch Zeit- oder Pauschalvergütungen möglich (s.u. Rn. 920 ff., 966 ff.). 826

c) Beratung und Gutachten

aa) Überblick

Ab dem 1.7.2006 wird es für Beratung und Gutachten keine Gebührentatbestände mehr geben. Auslagen richten sich dagegen – soweit nichts anderes vereinbart ist – nach der gesetzlichen Regelung der Nrn. 7000 ff. VV RVG. Auch hier wird das Gesetz in § 34 Abs. 1 RVG dem Anwalt empfehlen, eine Vergütungsvereinbarung abzuschließen. Es gilt dann das Gleiche wie bei der Mediation. 827

bb) Gebühren

Die Parteien können vereinbaren, dass nach einem bestimmten Gebührensatz oder Gebührenrahmen und dem jeweiligen Gegenstandswert abzurechnen ist, wobei der Gegenstandswert sogleich mitgeregelt werden kann und sollte. 828

In Angelegenheiten, die nicht nach dem Gegenstandswert abgerechnet werden (§ 3 Abs. 1, Abs. 2 RVG), können die Parteien einen Gebührenrahmen vereinbaren. 829

Stattdessen sind hier aber auch Zeit- oder Pauschalvereinbarungen oder sonstige Modelle möglich. 830

---

8 „Gebührenvereinbarung" deshalb, weil es lediglich an gesetzlichen Gebühren fehlt. Da es sich aber um anwaltliche Tätigkeit handelt, gelten nach § 1 Abs. 1 RVG die Auslagentatbestände der Nrn. 7000 ff. VV RVG, so dass es insoweit keiner Vereinbarung bedarf.

cc) Anrechnung

831 Unbedingt sollte darauf geachtet werden, dass eine Regelung hinsichtlich der Anrechnung getroffen wird. Nach dem bisherigen Recht sind Gebühren für Beratung und Gutachten in voller Höhe anzurechnen, wenn die Tätigkeit nachher in eine außergerichtliche Vertretung oder in ein gerichtliches Verfahren übergeht (Anm. Abs. 2 zu Nr. 2100 VV RVG). Der Auftraggeber wird daher – zumindest in der Übergangszeit – davon ausgehen, dass diese Anrechnung weiterhin gilt.

831a Hinzu kommt, dass § 34 Abs. 2 RVG in der Fassung ab dem 1.7.2006 bei einer Gebührenvereinbarung für eine Beratung oder ein Gutachten ausdrücklich anordnet, dass im Zweifel die vereinbarte Gebühr auf eine Gebühr für eine sonstige Tätigkeit, die mit der Beratung[9] zusammenhängt, anzurechnen ist.

831b Hinzu kommt die Unklarheit, in welchem Umfang die Anrechnung vorzunehmen ist, also ob nur – wie an sich üblich – auf die Betriebsgebühr einer nachfolgenden Angelegenheit angerechnet wird oder auch auf sonstige Gebühren.

831c **Beispiel:**

Der Anwalt berät den Auftraggeber wegen einer Forderung in Höhe von 5.000,00 € und vereinbart mit ihm hierfür eine Gebühr in Höhe von 800,00 €. Zur Anrechnung treffen die Parteien keine Vereinbarung. Später erhält der Anwalt den Auftrag, die Forderung gerichtlich einzuklagen. Eine Vergütungsvereinbarung für das gerichtliche Verfahren wird nicht getroffen.

Der Anwalt erhält im Rechtsstreit nach nach Nr. 3100 VV RVG eine Verfahrensgebühr in Höhe von 391,30 €

Der Anwalt erhält im Rechtsstreit nach nach Nr. 3100 VV RVG eine Verfahrensgebühr in Höhe von 361,20 €

Der Wortlaut des § 34 Abs. 2 RVG schließt es jedenfalls nicht aus, auch auf die Terminsgebühr anzurechnen.

---

9   Allerdings nicht die Gebühr für ein Gutachten.

> **Praxistipp:** 831d
>
> Auch diese Unklarheit spricht dringend dafür eine Vereinbarung zur Anrechnung zu treffen, und zwar nicht nur,
> - ob angerechnet wird, sondern auch in welcher Höhe die vereinbarte Vergütung angerechnet wird und
> - auf welche nachfolgenden Gebühr(en).

Ob der Anwalt eine solche Anrechnung eingehen will oder nicht, ist seine Sache. Dies muss er bei der Kalkulation seiner Gebühren dann aber auch berücksichtigen. Eine anrechnungsfreie Vergütung kann daher im Ergebnis geringer liegen als eine anzurechnende Vergütung, weil der Anwalt bei der anzurechnenden Vergütung einen gewissen „Verlust" der Vergütung bei der nachfolgenden Angelegenheit mit einkalkulieren muss. 832

d) Hilfspersonen

Schaltet der Anwalt im Rahmen seiner Tätigkeit Hilfspersonen ein, die nicht zu den in § 5 RVG genannten Personen gehören, so kann er hierfür keine Vergütung nach dem RVG berechnen. Wie die Tätigkeit für solche Hilfspersonen zu vergüten ist, ist umstritten. Die Bandbreite reicht von nichts bis zur vollen gesetzlichen Vergütung.[10] Soweit ein Vergütungsanspruch bejaht wird, ergibt er sich in diesem Falle aus § 612 Abs. 2 BGB. 833

Um hier jeglichen Streit zu vermeiden, sollte von vornherein vereinbart werden, welche Vergütung der Anwalt verlangen kann, wenn er solche Hilfspersonen außerhalb des Anwendungsbereichs des § 5 RVG beauftragt. 834

Insoweit bestehen keine Bedenken, die volle „gesetzliche Vergütung" zu vereinbaren (s. hierzu auch Rn. 1498, 1519). 835

---

10   S. hierzu AnwK-RVG/N. Schneider, § 5 Rn. 51 ff.

G. Mögliche Berechnungsmodelle

836 **Muster: Vereinbarung der „gesetzlichen Vergütung" für Tätigkeiten von Hilfspersonen außerhalb des § 5 RVG**

Soweit der Anwalt im Rahmen seiner Tätigkeit Hilfspersonen beauftragt, die nicht zu dem in § 5 RVG genannten Personenkreis zählen, kann er gleichwohl dieselben Gebühren und Auslagen verlangen, die entstanden wären, wenn der Anwalt die entsprechenden Tätigkeiten selbst ausgeübt hätte.

837 Ob für eine solche Vereinbarung die Form des § 4 Abs. 1 RVG zu beachten ist, ist fraglich. Nach wohl überwiegender Auffassung sind solche Vereinbarungen nicht formbedürftig, da keine höhere als die gesetzliche Vergütung vereinbart wird, sondern gerade die gesetzliche[11] (s. auch Rn. 1498, 1519).

838 **Praxistipp:**

Es sollte der Anwalt sich auf kein Risiko einlassen und die Vereinbarung in der Form des § 4 Abs. 1 RVG, insbesondere schriftlich, vornehmen, schon alleine, um die Vereinbarung später beweisen zu können.

5. Vereinbarung der gesetzlichen Vergütung unter Wegfall von gesetzlichen Begrenzungen

a) Überblick

839 Eine Vergütungsvereinbarung kann sich darauf beschränken, gesetzlich vorgesehene Begrenzungen bei Gebühren oder Gegenstandswerten aufzuheben, so dass dann entgegen der gesetzlichen Regelung unbeschränkt abgerechnet werden darf.

---

11   OLG Schleswig, SchlHA 1990, 75; Hansens, § 3 Rn. 7; Madert, Teil B Rn. 8; AnwK-RVG/N. Schneider, § 4 Rn. 45.

I.d.R. wird hier die Vereinbarung einer höheren als der gesetzlichen Vergütung vorliegen. Im Einzelfall kann es sich auch nur um eine Klarstellung handeln. 840

Beispiel: 841
Die Parteien vereinbaren, dass die Höchstgrenze für die Erstberatung entfällt.

Soweit der Anwalt tatsächlich nur eine Erstberatung durchführt, wäre eine höhere als die gesetzliche Vergütung vereinbart, sofern die unbeschränkte gesetzliche Vergütung überhaupt den Betrag von 190,00 € übersteigt.

Soweit der Anwalt ohnehin weiter gehend beraten hat, handelt sich nur um eine Klarstellung um Streit darüber vermeiden, wie umfangreich die Beratung des Anwalts letztlich war.

Möglich ist es, auch Höchstgrenzen nicht völlig aufzuheben, sondern nur anzuheben. 842

b) Abbedingen der Höchstgrenze für eine Erstberatung

Zulässig ist es z.B., die Höchstgrenze (190,00 €) für eine erste Beratung nach Nr. 2102 VV RVG abzubedingen.[12] Ab dem 1.7.2006 findet sich diese Höchstgrenze in § 34 Abs. 1 Satz 3 2. Hs. RVG. 843

Daneben wird eine zweite Höchstgrenze (250,00 €) für weiter gehende Beratungen und schriftliche Gutachten aufgestellt, wenn der Auftraggeber Verbraucher ist (§ 34 Abs. 1 Satz 3 1. Hs. RVG). Bedenken, diese Höchstgrenze abzubedingen, bestehen ebenfalls nicht. 844

Viel ist mit einer solchen Vereinbarung aber nicht gewonnen, da dann immer noch der Streit über die Höhe der „angemessenen Vergütung" entstehen kann, insbesondere nach dem 30.6.2006, da dann keine Gebührentatbestände mehr gelten, sondern nach § 34 Abs. 1 Satz 1 RVG die Vorschrift des § 612 BGB. 845

c) Wegfall der Beschränkung nach Nr. 7000 VV RVG

Auch Vereinbarungen über Auslagen sind Vergütungsvereinbarungen (§ 1 Abs. 1 RVG). Hier kann z.B. vereinbart werden, dass der Ausschluss 846

---

12   Hansens, § 3 Rn. 2.

der Vergütungspflicht für die ersten 100 Ablichtungen in den Fällen der Nr. 7000 Nr. 1b) und c) VV RVG entfällt (s.u. Rn. 1142 ff.).

d) Wegfall der Beschränkung nach Nr. 7007 VV RVG

847 Bis zu einer Versicherungssumme von 30 Mio. € ist die Haftpflichtversicherungsprämie, die der Anwalt zu zahlen hat, durch die jeweiligen Gebühren abgegolten (Vorbem. 7 Abs. 1 VV RVG). Auch diese Beschränkung kann abbedungen werden, etwa indem eine geringere Grenze vorgesehen wird, die Grenze völlig entfällt oder vereinbart wird, dass eine bestimmte Zusatzversicherung für den konkreten Fall in voller Höhe umgelegt werden darf (s.u. Rn. 1169 ff.).

e) Wegfall von Anrechnungsvorschriften

848 Möglich ist es, die gesetzliche Vergütung zu vereinbaren und lediglich bestimmte Anrechnungsvorschriften aufzuheben oder abzuändern.

849 Insoweit ist nicht nur die Aufhebung der hälftigen Anrechnung der Geschäftsgebühr nach Vorbem. 3 Abs. 4 VV RVG von Interesse, sondern auch die Aufhebung der Anrechnung der Verfahrensgebühr nach einem Beweisverfahren (Vorbem. 3 Abs. 5 VV RVG) oder die Anrechnung der Verfahrensgebühr nach einer Zurückverweisung (Vorbem. 3 Abs. 6 VV RVG).

850 **Muster: Ausschluss der Anrechnung einer Geschäftsgebühr**

Es wird vereinbart, dass nach der gesetzlichen Vergütung abgerechnet wird, allerdings mit der Maßgabe, dass die Geschäftsgebühr der Nr. 2400 VV RVG nicht auf die Verfahrensgebühr eines nachfolgenden gerichtlichen Verfahrens anzurechnen ist.

851 **Muster: Ausschluss der Anrechnung im selbständigen Beweisverfahren**

Die Parteien vereinbaren für das Beweisverfahren und einen nachfolgenden Rechtsstreit die Abrechnung nach der gesetzlichen Vergütung, allerdings mit der Maßgabe, dass die Verfahrensgebühr des selbständigen Beweisverfahrens

(Nr. 3100 VV RVG) entgegen der Vorbem. 3 Abs. 5 VV RVG nicht auf die Verfahrensgebühr des nachfolgenden Rechtsstreits angerechnet wird.

Muster: Ausschluss der Anrechnung im Verfahren nach Zurückverweisung 852

Der Anwalt wird im Verfahren nach Zurückverweisung zu den gesetzlichen Gebühren tätig, allerdings mit der Maßgabe, dass die im Verfahren vor Zurückverweisung angefallene Verfahrensgebühr (Nr. 3100 VV RVG) entgegen Vorbem. 3 Abs. 6 VV RVG nicht auf die Verfahrensgebühr des Verfahrens nach Zurückverweisung angerechnet wird.

f) Vereinbarung mehrerer Angelegenheiten

Zulässig ist die Vereinbarung mehrerer Angelegenheiten, obwohl nach dem RVG nur eine einzige Angelegenheit gegeben wäre,[13] dass also eine nach dem RVG einheitliche Angelegenheit in verschiedene Angelegenheiten aufgeteilt wird und diese verschiedenen vereinbarten Angelegenheiten dann in sich wieder gesetzlich abgerechnet werden. 853

Beispiel: 854

Der Anwalt wird beauftragt, die Räumung eines gekündigten Mietverhältnisses durchzusetzen und gleichzeitig auch die rückständigen Mieten und Nutzungsentschädigungen sowie die laufenden Nutzungsentschädigungen bis zur vollständigen Räumung geltend zu machen.

Nach der Rechtsprechung[14] ist der Anwalt gehalten, diese Sache einheitlich als eine Angelegenheit zu bearbeiten. Im Zweifel liegt der Auftrag zu einem einheitlichen Mandat vor.

Hier können die Parteien jedoch vereinbaren, dass Räumung und Durchsetzung der Zahlungsansprüche als zwei gesonderte Angelegenheiten anzusehen und damit getrennt abzurechnen sind.

---

13 OLG Düsseldorf, OLGReport 1993, 160 = KostRsp. BRAGO § 3 Nr. 28 m. Anm. Herget.
14 OLG Koblenz, AGS 2004, 38 = MDR 2004, 55 = ZAP EN-Nr. 766/2003 = GuT 2003, 234 = WuM 2003, 657 = MietRB 2004, 6; s. auch BGH, AGS 2004, 145.

855 **Muster: Vereinbarung mehrerer Angelegenheiten bei Räumungs- und Zahlungsklage**

Die Parteien vereinbaren, dass Räumungs- und Zahlungsklage als gesonderte Angelegenheit i.S.d. § 15 RVG behandelt werden. Der Anwalt ist berechtigt, die anfallenden Gebühren und Auslagen aus den jeweiligen Werten von Räumungs- und Zahlungsklage getrennt abzurechnen.

856 *Beispiel:*

Der Anwalt hat den Auftraggeber in einem Rechtsstreit vertreten und dort bereits die Verfahrens- und Terminsgebühr (Nrn. 3100, 3104 VV RVG) sowie eine Einigungsgebühr (Nrn. 1000, 1003 VV RVG) liquidiert. Im Nachhinein möchte der Auftraggeber den Prozessvergleich anfechten und das Verfahren fortsetzen.

Nach der gesetzlichen Regelung ist das Verfahren nach Anfechtung des Prozessvergleiches keine neue Angelegenheit, so dass keine neuen Gebühren entstehen. Lediglich Gebühren, die bislang noch nicht ausgelöst worden sind, kann der Anwalt danach im weiteren Verfahren noch verdienen.[15]

Möglich (und auch angebracht) ist es zu vereinbaren, dass das Verfahren nach Anfechtung des Prozessvergleichs als neue Angelegenheit abgerechnet werden darf.

857 **Muster: Vereinbarung mehrerer Angelegenheiten bei Fortsetzung des Verfahrens nach Anfechtung eines Prozessvergleichs**

Die Parteien vereinbaren, dass das weitere Verfahren nach Anfechtung des Prozessvergleiches als gesonderte Angelegenheit i.S.d. § 15 RVG behandelt wird. Dem Anwalt stehen zusätzlich zu den bereits in diesem Verfahren verdienten Gebühren und Auslagen sämtliche Gebühren und Auslagen zu, die in dem Verfahren nach Anfechtung des Prozessvergleichs erneut anfallen. Eine Anrechnung oder Verrechnung wird ausgeschlossen.

---

15 OLG Düsseldorf, AGS 2005, 56; OLG Hamm, JurBüro 1980, 550; OLG Schleswig, JurBüro 1974, 606; SchlHA 1997, 98; SchlHA 2000, 23; OLG Stuttgart, Justiz 1978, 407; ausführlich hierzu N. Schneider, Gebührenberechnung und Kostenerstattung bei Fortsetzung des Rechtsstreits nach Prozessvergleich, MDR 2005, 19.

g) Aufhebung der Beschränkung der Höchstgrenze für den Verkehrsanwalt

Eine weitere Möglichkeit, eine gesetzliche Beschränkung aufzugeben, besteht darin, den Höchstsatz von 1,0 für den Verkehrsanwalt (Nr. 2400 VV RVG) aufzuheben, dass also auch der Verkehrsanwalt die volle 1,3-Verfahrensgebühr (bzw. im Berufungsverfahren die volle 1,6-Verfahrensgebühr), die dem Prozessbevollmächtigten zusteht, erhält. 858

h) Ausschluss von Ermäßigungstatbeständen

Ebenso ist es möglich, die gesetzliche Vergütung zu vereinbaren, aber Ermäßigungstatbestände auszuschließen, etwa den Ermäßigungstatbestand der Nr. 3101 VV RVG im Falle der vorzeitigen Erledigung oder die Ermäßigung nach Nr. 3105 VV RVG im Falle eines bloßen Antrags auf Erlass eines Versäumnisurteils oder eines Antrags zur Prozess- und Sachleitung. 859

i) Aufhebung der Gegenstandswertbegrenzung nach §§ 22 Abs. 1 und 23 Abs. 1 RVG i.V.m. § 39 Abs. 2 GKG

Darüber hinaus kann vereinbart werden, dass die Begrenzung des Gegenstandswertes nach §§ 22 Abs. 1 und 23 Abs. 1 RVG i.V.m. § 39 Abs. 2 GKG aufgehoben wird, dass der Anwalt also bei einem höheren Gegenstandswert als 30 Mio. € (bzw. bei mehreren Auftraggebern bis zu 100 Mio. €) nach dem tatsächlichen Gegenstandswert abrechnen darf. 860

j) Aufhebung von Wertprivilegierungen

In diesem Zusammenhang gehören auch Modifikationen solcher gesetzlichen Streitwertvorschriften, die privilegierte Begrenzungen vorsehen. So kann z.B. vereinbart werden, dass sich der Gegenstandswert in einem Unterhaltsverfahren nicht auf den Wert der Beträge der ersten zwölf Monate nach Einreichung der Klage zuzüglich der bei Einreichung fälligen Beträge beschränkt (§ 42 Abs. 1, Abs. 5 RVG), sondern z.B. die geforderten Unterhaltsbeträge bis zum Schluss der mündlichen Verhandlung zuzüglich des Unterhalts der nächsten zwölf Monate für die Wertberechnung heranzuziehen sind. 861

862 In einer Mietsache kann vereinbart werden, dass für eine Räumungsklage die Beschränkung des § 41 Abs. 2 GKG auf den Jahresmietwert aufgehoben wird und sämtliche Mieten des streitigen Zeitraums zu berücksichtigen sind.

863 Ebenso kann hier vereinbart werden, dass abweichend von § 41 Abs. 1 Satz 2 GKG alle Nebenkosten bei der Berechnung der Miete hinzuzuziehen sind.

6. Erhöhung der gesetzlichen Gebührensätze oder -beträge

a) Überblick

864 Vergütungsvereinbarungen können sich einerseits an dem gesetzlichen Gebührensystem orientieren, andererseits aber hiervon abweichend höhere Sätze oder Beträge festlegen.

865 Der Vorteil bei solchen Vereinbarungen ist der, dass auf Bewährtes zurückgegriffen werden kann. Das gesetzliche Gebührensystem ist dem Anwalt und häufig auch dem Mandanten vertraut. Es ist transparent, weil sich die gesetzliche Vergütung, auf die Bezug genommen wird, aus dem Gesetz ergibt. Das „Misstrauen" des Mandanten gegen die Vergütungsvereinbarung ist nicht so groß, weil ihm die Sicherheit bleibt, dass doch zumindest teilweise gesetzlich abgerechnet wird.

866 Zulässig ist danach insbesondere Folgendes:

b) Vielfaches der gesetzlichen Vergütung

867 Die Parteien können vereinbaren, dass ein Vielfaches der gesetzlichen Vergütung geschuldet ist.[16] Solche Vergütungsvereinbarungen sind relativ einfach zu formulieren, da auf die gesetzliche Regelung im Übrigen Bezug genommen werden kann. Es genügt dann die Vereinbarung, dass das Doppelte der gesetzlichen Vergütung abgerechnet werden solle oder ein anderer vielfacher Betrag.

---

16 BGH, AnwBl. 1978, 227 (30/10).

> **Muster: Vielfaches der gesetzlichen Vergütung (Gebühren und Auslagen)** 868
>
> Es wird vereinbart, dass dem Anwalt das Doppelte der gesetzlichen Vergütung, also sowohl das Doppelte der gesetzlichen Gebühren als auch das Doppelte der gesetzlichen Auslagenbeträge und -sätze zusteht.

An sich würde es ausreichen zu vereinbaren, dass das Doppelte der gesetzlichen Vergütung zu zahlen ist, da die Auslagen nach § 1 Abs. 1 RVG zur Vergütung gehören. Die Klarstellung, dass sich die Vereinbarung auch auf die Auslagen bezieht, vermeidet jedoch Auslegungsfragen und Streit und kann daher jedenfalls nicht schaden. 869

Möglich ist es, nur ein Vielfaches der gesetzlichen **Gebühren** zu vereinbaren und die **Auslagen** unberührt zu lassen. 870

> **Muster: Vielfaches der gesetzlichen Gebühren, einfache gesetzliche Auslagen** 871
>
> Es wird vereinbart, dass dem Anwalt das Dreifache der gesetzlichen Gebühren zustehen soll.
> Hinsichtlich der Auslagen soll es bei der gesetzlichen Vergütung bleiben.

Der Hinweis, dass es hinsichtlich der Auslagen bei der gesetzlichen Vergütung bleiben soll, ist nicht unbedingt erforderlich, dient jedoch der Klarheit, dass zum einen sich die Auslagen nicht erhöhen, dass zum anderen die Auslagen neben den Gebühren zu zahlen sind. Ansonsten könnte der Auftraggeber auf die Idee kommen, durch die Erhöhung der Gebühren seien gleichzeitig auch die Auslagen abgegolten (s. Rn. 1069). 872

Umgekehrt ist es möglich, nur ein Vielfaches der gesetzlichen **Auslagen** zu vereinbaren und die **Gebühren** unberührt zu lassen (s. hierzu Rn. 1069 ff.). 873

Möglich ist es auch, nur für **einzelne Gebühren** ein Vielfaches zu vereinbaren. Hier ist der Anwalt in der Gestaltung letztlich frei. 874

G. Mögliche Berechnungsmodelle

875 **Muster: Vielfaches einer bestimmten Gebühr**

Es wird vereinbart, dass dem Anwalt die Gebühren für die Teilnahme an der Hauptverhandlung in Höhe des Doppelten der jeweiligen Höchstgebühr zustehen soll.

Im Übrigen verbleibt es bei der gesetzlichen Vergütung.

c) Abweichende Pauschalbeträge

876 Möglich ist es, anstelle der gesetzlichen Gebühren Pauschalbeträge einzusetzen. Damit wird einerseits zwar nach wie vor auf die gesetzlichen Gebührentatbestände zurückgegriffen, andererseits aber die Berechnung nach Gegenstandswert und/oder die Bestimmung nach § 14 Abs. 1 RVG abbedungen.

877 Solche Pauschalen bieten sich insbesondere in Straf- und Sozialsachen an. Es muss dann nicht mehr auf den Gebührenrahmen oder ein Vielfaches des Rahmens zurückgegriffen werden. Vielmehr ist der betreffende Gebührenbetrag stets festgeschrieben.

878 **Muster: Abweichende Pauschalbeträge anstelle der gesetzlichen Wertgebühren**

Der Anwalt erhält eine Verfahrensgebühr nach Nr. 3100 VV RVG i.H.v. 10.000,00 €, bei vorzeitiger Erledigung (Nr. 3101 VV RVG) i.H.v. 8.000,00 €.

Für die Wahrnehmung eines Termins oder einer Besprechung mit dem Gegner oder einem Dritten i.S.d. Vorbem. 3 Abs. 3 VV RVG erhält der Anwalt eine weitere Gebühr i.H.v. 10.000,00 €. Unter den Voraussetzungen der Nr. 3105 VV RVG reduziert sich diese Gebühr auf 5.000,00 €.

Hinsichtlich der Auslagen und Umsatzsteuer soll es bei der gesetzlichen Vergütung bleiben.

879 Ggf. ist auch hier darauf zu achten, dass die gesetzliche Vergütung nicht unterschritten wird. So können sich bei gesetzlicher Abrechnung nach dem Gegenstandwert niedrigere Gebühren als die gesetzlichen erge-

ben, wenn das Gericht einen unerwartet hohen Gegenstandswert festsetzt.

> **Muster: Abweichende Pauschalbeträge anstelle der gesetzlichen Betragsrahmengebühren** 880
>
> Die Parteien vereinbaren die gesetzlichen Gebühren mit folgender Maßgabe:
> - Die Grundgebühr (Nr. 4100 VV RVG) beläuft sich auf 1.000,00 €.
> - Die Verfahrensgebühr für das vorbereitende Verfahren (Nr. 4104 VV RVG) beläuft sich auf 5.000,00 €.
> - Die Verfahrensgebühr des erstinstanzlich gerichtlichen Verfahrens beläuft sich auf 5.000,00 €.
> - Für jeden Tag der Hauptverhandlung erhält der Anwalt 1.000,00 €.
> - Eine zusätzliche Gebühr nach Nr. 4141 VV RVG wird mit 2.000,00 € vereinbart.
>
> Im Übrigen – insbesondere hinsichtlich der Auslagen und Umsatzsteuer – verbleibt es bei der gesetzlichen Regelung.

d) Abweichender Gebührensatz oder -betrag

Die Parteien können darüber hinaus die gesetzlichen Gebühren vereinbaren, allerdings höhere Gebührensätze oder -beträge zugrunde legen, etwa indem sie eine 4,0-Geschäftsgebühr vereinbaren oder eine 2,0-Verfahrensgebühr für die erste Instanz. In Strafsachen kann für jeden Hauptverhandlungstag anstelle der gesetzlichen Terminsgebühr ein höherer Betrag festgesetzt werden. Gleiches kann für die Grundgebühr etc. vorgenommen werden. 881

> **Muster: Höherer Gebührensatz für außergerichtliche Tätigkeit** 882
>
> Es wird vereinbart, dass dem Anwalt die Geschäftsgebühr der Nr. 2400 VV RVG in Höhe eines Gebührensatzes von 4,0 zustehen soll.
>
> Hinsichtlich der Auslagen und Umsatzsteuer soll es bei der gesetzlichen Vergütung bleiben.

883 Muster: Höherer Gebührensatz für gerichtliche Tätigkeit

Es wird vereinbart, dass die Verfahrengebühr (Nr. 3100 VV RVG) nach einem Satz von 2,5 berechnet wird, bei vorzeitiger Erledigung (Nr. 3101 VV RVG) i.H.v. 2,0 und die Terminsgebühr (Nr. 3104 VV RVG) mit einem Gebührensatz von 2,0 und im Falle der Nr. 3105 VV RVG mit 1,5.

Hinsichtlich der Auslagen und Umsatzsteuer soll es bei der gesetzlichen Vergütung bleiben.

884 Muster: Höhere Gebührenbeträge für Strafsache[17]

Es wird vereinbart, dass der Anwalt die Grundgebühr (Nr. 4100 VV RVG) i.H.v. 500,00 € erhält, die Verfahrensgebühr für das vorbereitende Verfahren (Nr. 4104 VV RVG) und für das erstinstanzliche gerichtliche Verfahren (Nr. 4106 VV RVG) i.H.v. jeweils 800,00 € und für jeden Hauptverhandlungstermin i.H.v. jeweils weiteren 800,00 €.

Eine eventuelle zusätzliche Gebühr nach Nr. 4141 VV RVG entsteht ebenfalls i.H.v. 800,00 €.

Im Übrigen – insbesondere hinsichtlich der Auslagen und Umsatzsteuer – verbleibt es bei der gesetzlichen Regelung.

885 Muster: Höherer Gebührenbetrag für Sozialsachen, die sich nicht nach dem Gegenstandswert richten

Es wird vereinbart, dass der Anwalt die Geschäftsgebühr für das Widerspruchsverfahren (Nr. 2500 VV RVG) i.H.v. 1.000,00 € erhält. Für das erstinstanzliche Verfahren vor dem Sozialgericht steht ihm die Verfahrensgebühr (Nr. 3103 VV RVG) i.H.v. ebenfalls 1.000,00 € und die Terminsgebühr (Nr. 3106 VV RVG) i.H.v. 800,00 € zu.

Im Übrigen – insbesondere hinsichtlich der Auslagen und Umsatzsteuer – verbleibt es bei der gesetzlichen Regelung.

---

17 Hier ergibt sich praktisch kein Unterschied zur Vereinbarung von Pauschalen (s.o. Rn. 880).

e) Prozentualer Aufschlag auf die gesetzlichen Gebühren

Möglich ist es auch, die gesetzlichen Gebühren zu vereinbaren und dazu einen prozentualen Aufschlag,[18] wobei dies faktisch einen Fall des Vielfachen der gesetzlichen Gebühren darstellt. Lediglich die Formulierung ist anders, also wenn z.b. die gesetzlichen Gebühren vereinbart werden zuzüglich eines Aufschlags von 50 %. 886

> **Muster: Prozentualer Aufschlag auf die gesetzlichen Gebühren** 887
>
> Es wird vereinbart, dass nach der gesetzlichen Vergütung abgerechnet wird mit der Maßgabe, dass sämtliche Gebühren um 50 % angehoben werden.

f) Betragsmäßiger Aufschlag auf die gesetzlichen Gebühren

Des Weiteren besteht die Möglichkeit, die gesetzlichen Gebühren zu vereinbaren und dazu einen festen Aufschlag.[19] 888

> **Muster: Betragsmäßiger Aufschlag auf die gesetzlichen Gebühren** 889
>
> Es wird vereinbart, dass nach der gesetzlichen Vergütung abgerechnet wird mit der Maßgabe, dass sämtliche Gebühren um jeweils 500,00 € angehoben werden.

g) Zusätzliche Gebühren

Ebenso ist es möglich, zusätzliche Gebühren zu den gesetzlichen zu vereinbaren. So ist es z.B. möglich, eine „Beweisgebühr" zu vereinbaren, oder zu vereinbaren, dass der Anwalt für weitere Termine zur mündlichen Verhandlung jeweils eine weitere zusätzliche Terminsgebühr erhält. 890

---

18 Hansens, § 3 Rn. 10.
19 Hansens, a.a.O.

891 Muster: Zusätzliche Terminsgebühren

In dem Rechtsstreit ... wird vereinbart, dass dem Anwalt neben der gesetzlichen Vergütung für die Teilnahme an weiteren gerichtlichen Verhandlungsterminen jeweils eine zusätzliche Terminsgebühr nach Nr. 3104 VV RVG zusteht.

892 Muster: Zusätzliche „Beweisgebühr"

In dem Rechtsstreit ... wird vereinbart, dass der Anwalt für die Vertretung in einem Beweisaufnahmeverfahren eine gesonderte Terminsgebühr nach Nr. 3104 VV RVG erhält.

893 Es kann eine „Einigungsgebühr" auch für den Fall vereinbart werden, dass die Einigung nicht die Voraussetzungen der Nr. 1000 VV RVG erfüllt.

894 *Beispiel:*

In einer Zwangsvollstreckungssache vereinbaren die Parteien, dass dem Anwalt eine Einigungsgebühr nach Nr. 1000 VV RVG auch dann zustehen soll, wenn er mit dem Schuldner eine Raten- oder Teilzahlungsvereinbarung schließt, selbst wenn diese Einigung die Voraussetzung der Nr. 1000 VV RVG nicht erfüllen sollte.

895 *Beispiel:*

Es kann vereinbart werden, dass eine „Einigungsgebühr" selbst für den Fall bestehen bleibt, dass der Gegner einen Widerrufsvorbehalt ausübt.

896 Muster: Einigungsgebühr auch im Falle des Widerrufs durch Gegenseite

In dem Rechtsstreit ... wird vereinbart, dass dem Anwalt eine Einigungsgebühr (Nrn. 1000 f. VV RVG) auch dann zusteht, wenn eine Einigung unter Widerrufsvorbehalt geschlossen wird und die Gegenseite die Einigung widerruft.

7. Erhöhung des Gegenstandswertes

a) Überblick

Zulässig ist es darüber hinaus, abweichend von dem gesetzlichen Gegenstandswert bzw. dem Wert, den das Gericht später festsetzen wird, einen Gegenstandswert zu vereinbaren, nach dem der Anwalt die gesetzlichen oder auch höhere vereinbarte Gebühren abrechnen darf.[20]

897

Solche Vereinbarungen bieten sich insbesondere dann an, wenn das Gesetz **geringe Festwerte** vorsieht (wie z.B. in § 48 Abs. 3 Satz 2 1. Hs. GKG für Kindessachen oder in § 48 Abs. 3 Satz 2 1. Hs. GKG für Kindschaftssachen) oder wenn **Wertbegrenzungen** vorgesehen sind (§ 41 Abs. 1, Abs. 2, Abs. 4; § 42 Abs. 1, Abs. 2 GKG).

898

In Anbetracht dessen, dass die Bemessung des Gegenstandswertes nicht immer eindeutig ist und in vielen Fällen ein Ermessen besteht (s. § 3 ZPO, § 23 Abs. 3 Satz 2 RVG), kann es sich ergeben, dass der vereinbarte Gegenstandswert sogar unter dem vom Gericht festgesetzten liegt. Von daher sollte im Zweifel stets der vom Gericht festgesetzte Wert als Mindestwert vereinbart werden. Damit wird ein Verstoß gegen § 49b Abs. 1 Satz 1 BRAO vermieden.

899

Muster: Vereinbarung eines Gegenstandswertes

900

Es wird vereinbart, dass dem Anwalt die gesetzlichen Gebühren nach einem Gegenstandswert von ... € zustehen, mindestens jedoch nach dem gerichtlich festgesetzten Streitwert.

Hinsichtlich der Auslagen und Umsatzsteuer bleibt es bei der gesetzlichen Regelung.

b) Wegfall einer Wertbegrenzung

Die Vereinbarung eines höheren Gegenstandswertes kann auch schon dann gegeben sein, wenn der Wegfall der Höchstgrenze nach § 22

901

---

20 OLG Hamm, AnwBl. 1986, 452; LG Düsseldorf, JurBüro 1991, 530.

G. Mögliche Berechnungsmodelle

Abs. 1 RVG oder nach § 23 Abs. 1 RVG i.V.m. § 39 Abs. 1 GKG vereinbart wird (s.o. Rn. 860).

902 Gleiches gilt in allen anderen Fällen, in denen Höchstgrenzen vorgesehen sind (z.B. § 25 Abs. 1 Nr. 5 RVG, § 48 Abs. 2 Satz 2 GKG).

903 Möglich ist es auch Streitwertprivilegierungen aufzuheben, wie z.B. die Begrenzung auf die ersten zwölf Monate nach Klageerhebung in § 41 Abs. 1 GKG oder die Begrenzung auf den Jahresmietwert in § 42 Abs. 1, Abs. 2 RVG (s. hierzu o. Rn. 881).

c) Vielfaches des tatsächlichen Gegenstandswerts

904 Darüber hinaus kommt in Betracht, ein Vielfaches des gerichtlich festgesetzten Gegenstandswertes festzulegen, indem die Parteien vereinbaren, nach dem Doppelten oder Dreifachen oder einem anderen Vielfachen des tatsächlichen Gegenstandswerts abzurechnen.

905 **Muster: Vielfaches des tatsächlichen Gegenstandswerts**

Es wird vereinbart, dass dem Anwalt die gesetzlichen Gebühren nach dem Dreifachen des vom Gericht festzusetzenden Streitwerts abgerechnet werden.

Hinsichtlich der Auslagen und Umsatzsteuer bleibt es bei der gesetzlichen Regelung.

d) Zuschlag zum tatsächlichen Gegenstandswert

906 Möglich ist es auch, einen Zuschlag zum tatsächlichen Gegenstandswert zu vereinbaren.

907 **Muster: Feste Erhöhung des tatsächlichen Gegenstandswerts**

Es wird vereinbart, dass der vom Gericht festzusetzende Streitwert für die Gebührenabrechnung um 20.000,00 € erhöht wird.

Hinsichtlich der Auslagen und Umsatzsteuer bleibt es bei der gesetzlichen Regelung.

e) Fester Gegenstandswert

Transparenter ist es, den Gegenstandswert bereits in der Vergütungsvereinbarung betragsmäßig festzulegen. 908

> **Praxistipp:** 909
>
> In diesem Fall ist allerdings wieder Vorsicht geboten, soweit nach § 49b Abs. 1 Satz 1 BRAO keine geringere Vergütung als die gesetzliche vereinbart werden darf.

Muster: Vereinbarung eines festen Gegenstandswertes

Es wird vereinbart, dass dem Anwalt die gesetzlichen Gebühren nach einem Gegenstandswert von ... € zustehen.

Hinsichtlich der Auslagen und Umsatzsteuer bleibt es bei der gesetzlichen Regelung.

Zwar wird der Fall, dass der Anwalt bewusst einen geringeren als den gesetzlichen Gegenstandswert vereinbart, kaum vorkommen, ausgenommen die Fälle, in denen ein Unterschreiten der gesetzlichen Gebühren zulässig ist. 910

Denkbar ist jedoch, dass der Anwalt irrtümlich davon ausgeht, der von ihm angenommene Gegenstandswert übersteige den gesetzlichen. Dies kann auf einer fehlerhaften Gegenstandswertbewertung des Anwalts beruhen oder auch darauf, dass das betreffende Gericht seine bisherige Praxis ändert und nunmehr abweichend höher bewertet. In solchen Fällen kann sich dann im Nachhinein herausstellen, dass der vereinbarte Gegenstandswert unter dem gesetzlichen liegt und damit letztlich eine geringere Vergütung vereinbart worden ist als die gesetzliche. 911

Hier sollte daher vorsorglich – ebenso wie bei den Gebühren – vereinbart werden, dass mindestens nach dem gerichtlich festgesetzten Wert abgerechnet wird. 912

913 Muster: Fester Gegenstandswert mit gesetzlichem Wert als Mindestwert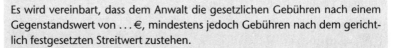

Es wird vereinbart, dass dem Anwalt die gesetzlichen Gebühren nach einem Gegenstandswert von ... €, mindestens jedoch Gebühren nach dem gerichtlich festgesetzten Streitwert zustehen.

Hinsichtlich der Auslagen und Umsatzsteuer bleibt es bei der gesetzlichen Regelung.

f) Streitwertbeschwerde

914 Zu den Problemen bei der Streitwertbeschwerde, wenn die Parteien einen abweichenden Gegenstandswert vereinbart haben s. Rn. 2347 ff.

8. Kombinationen

915 Möglich sind selbstverständlich auch Kombinationen der vorstehenden Modelle, etwa dass ein Vielfaches der gesetzlichen Gebühren vereinbart wird, eine zusätzliche Gebühr und die Abrechnung nach einem Vielfachen des Gegenstandswertes o.Ä.

916 Solange sich hieraus keine sittenwidrige oder unangemessen hohe Vergütung ergibt, bestehen gegen solche Vereinbarungen keine Bedenken.

917 Muster: Vielfaches der gesetzlichen Gebühren nach einem Vielfachen des tatsächlichen Gegenstandswerts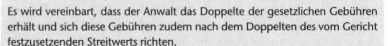

Es wird vereinbart, dass der Anwalt das Doppelte der gesetzlichen Gebühren erhält und sich diese Gebühren zudem nach dem Doppelten des vom Gericht festzusetzenden Streitwerts richten.

Hinsichtlich der Auslagen und Umsatzsteuer bleibt es bei der gesetzlichen Regelung.

III. Vom gesetzlichen Vergütungssystem losgelöste Vereinbarungen

1. Überblick

Möglich ist es, sich völlig vom gesetzlichen Gebührensystem loszulösen und abweichend hiervon eigene Modelle zu vereinbaren. 918

Zur Frage, wann solche Vereinbarungen gegen das gesetzliche Leitbild i.S.d. § 307 Abs. 2 Satz 1 BGB verstoßen s. Rn. 681. 919

2. Gesamtpauschale

a) Überblick

Die Parteien können die Vergütungsvereinbarung darauf beschränken, dass der Anwalt für seine Tätigkeit einen festen Pauschalbetrag erhält. Diesen Pauschalbetrag muss der Auftraggeber zahlen unabhängig vom Verlauf der Angelegenheit, insbesondere unabhängig von Umfang und Schwierigkeit der anwaltlichen Tätigkeit. 920

b) Vor- und Nachteile einer Gesamtpauschale

Der Vorteil einer solchen Vereinbarung liegt für den Mandanten darin, dass er sich von vornherein darauf einstellen kann, welche Vergütung er zu zahlen hat. Er muss nicht mit Erhöhungen rechnen, sondern kann fest kalkulieren, welchen Betrag er an den Anwalt zu zahlen haben wird unabhängig davon, welcher Aufwand letztlich erforderlich ist. 921

Der Anwalt hat bei der Abrechnung keinen großen Aufwand. Insbesondere muss er nicht wie etwa bei Zeithonoraren im Einzelnen seine Tätigkeit nachweisen oder bei Gebührenrahmen seine Bestimmung nach § 14 Abs. 1 RVG begründen. Probleme bei der Berechnung des Gegenstandswertes können sich ebenfalls nicht ergeben. 922

Von solchen Vereinbarungen ist jedoch grds. abzuraten. 923

Es ergeben sich Schwierigkeiten, wenn sich das Mandat anders entwickelt als geplant. 924

925 Insbesondere bei einer **vorzeitigen Erledigung**[21] kommt es häufig zu Differenzen, wenn der Auftraggeber die vereinbarte Pauschale für überhöht hält und dann hiergegen vorgeht. Die Pauschale kann in diesem Fall ggf. im Nachhinein unangemessen hoch erscheinen und nach § 4 Abs. 4 RVG herabzusetzen sein.

926 Ein Nachteil einer Gesamtpauschale besteht zudem darin, dass der Auftraggeber dadurch verleitet werden kann, den Anwalt vermehrt in Anspruch zu nehmen, insbesondere durch unnötige Telefonate, überflüssige Besprechungen, zu hohe Gewichtung von Nebensächlichkeiten. Da solche überflüssigen Belastungen des Anwalts den Auftraggeber im Ergebnis kein Geld kosten, kann dies den Mandanten dazu verleiten, den Anwalt über Gebühr in Anspruch zu nehmen.

927 Die Pauschale kann sich im Nachhinein für den Anwalt aber auch dann als ungünstig erweisen, wenn er nicht sämtliche Alternativen berücksichtigt hat.

928 *Beispiel:*

Die Parteien haben für das gerichtliche Verfahren vor dem Verwaltungsgericht eine Pauschale i.H.v. 10.000,00 € vereinbart.

Kommt es im gerichtlichen Verfahren vor dem Verwaltungsgericht zu Eilverfahren (Wiederherstellung der aufschiebenden Wirkung, Anordnung der sofortigen Vollziehung o.Ä.), sind diese Verfahren durch die Pauschale mit abgegolten.

Gleiches würde gelten, wenn das OVG das Urteil des VG aufhebt und die Sache zurückverweist. Dann würde der Anwalt für das Verfahren nach Zurückverweisung entgegen der gesetzlichen Regelung (§ 21 Abs. 1 RVG) keine weitere Vergütung erhalten.

929 Ebenso gefährlich sind solche Gesamt-Pauschal-Vereinbarungen in Strafsachen.

---

21 Nicht zu verwechseln mit der vorzeitigen Beendigung des Mandats (s.u. Rn. 936 ff.).

Beispiel: 930

Die Parteien vereinbaren für die Verteidigung vor dem Amtsgericht eine Pauschale i.H.v. 5.000,00 €.

Kommt es in diesem Verfahren z.B. zu einer Inhaftierung des Mandanten, kann ein „Haftzuschlag" nicht mehr berücksichtigt werden. Haftprüfungstermine etc., für die der Anwalt nach der gesetzlichen Regelung gesonderte Gebühren erhielte (Nrn. 4102, 4103 VV RVG), sind jetzt mit der Pauschale abgegolten, ebenso der erhöhte Aufwand bei den Terminen, der sich aus der Inhaftierung des Mandanten ergibt. Kommt es hier auch noch zu einer Aufhebung und Zurückverweisung (§ 21 Abs. 1 RVG), muss der Anwalt nach dem Wortlaut der Vereinbarung auch nach Zurückverweisung vor dem Amtsgericht für die Pauschale verteidigen.

Praxistipp: 931

Wird ein Pauschalbetrag vereinbart, so ist unbedingt darauf zu achten, dass in der Vereinbarung klar und eindeutig geregelt ist, welche Tätigkeit der Anwalt zu erbringen hat, also welche Tätigkeiten des Anwalts durch die Pauschale abgegolten werden.

Die Abgrenzung kann auch negativ erfolgen, indem geregelt wird, welche Tätigkeiten nicht abgegolten sind (z.B. einstweilige Anordnungen in Familiensachen, vorläufige Rechtsschutzverfahren in Verwaltungssachen, Haftprüfungstermine in Strafsachen etc.). Dies ermöglicht dem Anwalt für den Fall, dass solche zusätzlichen Tätigkeiten anfallen, eine weitere Vergütungsvereinbarung zu treffen oder diese Tätigkeiten zumindest nach der gesetzlichen Vergütung abzurechnen. 932

Praxistipp: 933

Wenn eine solche Pauschale vereinbart wird, dann ist unbedingt darauf zu achten, dass – sofern gewollt – ausdrücklich vereinbart wird, dass neben der Pauschale die gesetzlichen Auslagen (oder ein Vielfaches oder abweichende Auslagenbeträge) und die gesetzliche Umsatzsteuer hierauf zu entrichten sind.

934 Fehlt es an einer solchen Vereinbarung, geht die Rechtsprechung davon aus, dass Auslagen und Umsatzsteuer in der Pauschale enthalten sind[22] (s. hierzu auch Rn. 1069 ff.).

935 **Muster: Vereinbarung einer Gesamtpauschale**

Es wird vereinbart, dass der Anwalt für die unter ... näher bezeichnete Tätigkeit einen Pauschalbetrag i.H.v. 10.000,00 € erhält.

Auslagen und Umsatzsteuer werden nach den gesetzlichen Vorschriften zusätzlich erhoben.

c) Vorzeitige Beendigung des Mandats

936 Streit entsteht regelmäßig, wenn das Mandat **vorzeitig beendet** wird, etwa infolge Kündigung des Anwaltsvertrags. Fehlen hier ausdrückliche Regelungen, so gilt § 628 Abs. 1 Satz 1 BGB, mit der Folge dass die Pauschale entsprechend der bisherigen Leistung zu kürzen ist und dann ggf. sogar noch nach § 4 Abs. 4 RVG herabzusetzen sein kann.[23]

937 **Praxistipp:**

Die Vereinbarung sollte daher auf jeden Fall eine Regelung enthalten, wie bei vorzeitiger Beendigung des Mandats zu verfahren ist.

938 Möglich ist es insoweit zu vereinbaren, dass die volle Pauschale auch bei vorzeitiger Beendigung zu zahlen ist. Eine solche Vereinbarung ist grds. zulässig.[24]

939 Zu beachten ist allerdings, dass eine solche Vereinbarung in **Allgemeinen Geschäftsbedingungen** unangemessen i.S.d. § 308 Nr. 7a BGB

---

22 OLG Koblenz, OLGZ 79, 230; LG Koblenz, AnwBl. 1984, 206 m. Anm. Madert = JurBüro 1984, 1667 m. Anm. Mümmler; AnwK-RVG/N. Schneider, § 4 Rn. 114; Brieske, S. 159; Madert, A Rn. 25; Gerold/Schmidt/Madert, § 4 Rn. 88; Hartmann, KostG, § 4 RVG Rn. 26.
23 S. hierzu ausführlich Rn. 1196 ff.
24 BGH, NJW 1987, 315; 1978, 2304; Krämer/Mauer/Kilian, Rn. 611.

sein kann, wenn damit eine nicht nur unwesentlich höhere Vergütung für Teilleistungen vereinbart wird.[25]

Zudem hindert eine solche Vereinbarung nur, dass nach § 628 Abs. 1 Satz 1 BGB die vereinbarte Vergütung gekürzt wird. Dem Auftraggeber bleibt dann aber immer noch die Möglichkeit, sich darauf zu berufen, die Pauschale sei infolge der vorzeitigen Beendigung unangemessen hoch, so dass nach § 4 Abs. 4 RVG herabgesetzt werden kann. Die Herabsetzungsmöglichkeit nach § 4 Abs. 4 RVG kann durch Vereinbarung nicht ausgeschlossen werden. 940

d) Anrechnung

aa) Anrechnung der Pauschalvergütung

Pauschalvergütungen werden grds. nicht auf die gesetzliche Vergütung einer nachfolgenden Angelegenheit angerechnet. Zum einen fehlt es bereits an einer Anrechnungsvorschrift (Ausnahme: § 34 Abs. 2 RVG i.d.F. ab dem 1. 7. 2006 [s. Rn. 831a]). Zum anderen würde dies dem Pauschalcharakter zuwiderlaufen. Abgesehen davon ließe sich i.d.R. kaum ermitteln, welcher Gebührenanteil, der in der Pauschale steckt, den gesetzlichen Gebühren entspricht, die anzurechnen wären.[26] 941

Vereinbarungen zur Anrechnung von Pauschalen sind jedoch möglich, allerdings unüblich. 942

Wird ausnahmsweise eine Anrechnung vereinbart, muss sich klar und deutlich ergeben, inwieweit angerechnet wird, also ob ein fester Betrag angerechnet wird oder eine Quote oder eine fiktive Gebühr. 943

Muster: Anrechnung einer Pauschalvergütung 944

Die Parteien vereinbaren, dass im Falle eines anschließenden gerichtlichen Verfahrens ein Teilbetrag der Pauschale i.H.v. 2.000,00 € auf die Vergütung des nachfolgenden Rechtsstreits angerechnet wird.

---

25 BGH, NJW 1999, 29, 76; AG Krefeld, 1980, 1582; Krämer/Mauer/Kilian, a.a.O.
26 Hansens, § 3 Rn. 28; von Eicken, AGS 1994, 55.

945 Wird nicht angerechnet, sollte vorsorglich darauf hingewiesen werden, dass die Pauschalvergütung nicht auf die Gebühren eines nachfolgenden gerichtlichen Verfahrens oder einer sonstigen Angelegenheit angerechnet wird. Dies bietet sich schon im Hinblick darauf an, dass der Auftraggeber möglicherweise ausgehend von der gesetzlichen Regelung eine Anrechnung erwartet (s. hier auch Rn. 831a ff.) Insbesondere, wenn es sich um Allgemeine Geschäftsbedingungen handelt, sollte damit einer „Überraschung" des Auftraggebers vorgebeugt werden.

946 **Muster: Hinweis auf fehlende Anrechnung einer Pauschvergütung**

Der Auftraggeber wird darauf hingewiesen, dass die nach dieser Vereinbarung geschuldete Pauschalvergütung nicht auf die Gebühren einer eventuell nachfolgenden Angelegenheit angerechnet wird, selbst dann nicht, wenn das Gesetz bei Abrechnung nach der gesetzlichen Vergütung eine Anrechnung vorsehen sollte.

bb) Anrechnung auf eine Pauschalvergütung

947 Ebenso wie eine Anrechnung von Pauschalen auf nachfolgende gesetzliche Gebühren nicht vorgesehen ist, ist es auch nicht vorgesehen, dass gesetzliche Gebühren auf eine nachfolgende Gesamtpauschale angerechnet werden.

948 *Beispiel:*

Der Anwalt war außergerichtlich tätig und hatte gesetzlich nach Nr. 2400 VV RVG abgerechnet. Für den Rechtsstreit wird eine Pauschale vereinbart.

Die Anrechnungsbestimmung in Vorbem. 3 Abs. 4 VV RVG greift nicht, weil dort nur die Anrechnung auf eine Verfahrensgebühr nach Teil 3 VV RVG vorgesehen ist, nicht aber auch auf Pauschalbeträge.

949 Gleichwohl kann auch hier eine Anrechnung vereinbart werden (s.o.).

950 Wird eine Anrechnung nicht vereinbart, sollte vorsorglich wiederum darauf hingewiesen werden, damit sich der Auftraggeber im Nachhinein nicht darauf berufen kann, dies habe er nicht gewusst; die Nichtanrechnung sei für ihn überraschend gewesen. Insbesondere bei Allgemeinen

III. Vom gesetzlichen Vergütungssystem losgelöste Vereinbarungen

Geschäftsbedingungen können ansonsten Probleme auftauchen.[27]

> **Muster: Ausschluss der Anrechnung vorangegangener Gebühren**
>
> Es wird weiterhin vereinbart, dass eventuelle Gebühren, die der Anwalt in einer vorangegangenen Angelegenheit verdient hat, nicht auf die vereinbarte Pauschale angerechnet werden, selbst dann nicht, wenn das Gesetz bei Abrechnung nach der gesetzlichen Vergütung eine Anrechnung vorsehen sollte.

951

Möglich ist es allerdings, eine Anrechnung zu vereinbaren.

952

> **Muster: Klausel Anrechnung**
>
> Die zuvor vom Anwalt verdienten gesetzlichen Gebühren werden entsprechend den gesetzlichen Bestimmungen auf die hier vereinbarte Pauschale so angerechnet, wie im Falle der gesetzlichen Vergütung anzurechnen wäre.

953

3. Mehrere Pauschalen

Möglich ist es auch, einzelne (Teil-)Pauschalen zu vereinbaren.

954

Es bestehen hier zwar grds. die gleichen Bedenken wie bei einer Gesamtpauschale (s. Rn. 921); allerdings kann hier der Anwalt durch einzelne (Teil-)Pauschalen die Vereinbarung individueller gestalten und Risiken vermeiden.

955

Möglich sind solche Pauschalen z.B., indem für bestimmte Verfahrensabschnitte einzelne Pauschalbeträge vorgesehen werden.

956

Beispiel:

957

In einer Strafsache wird vereinbart, dass für das vorbereitende Verfahren eine Pauschale i.H.v. 5.000,00 € zu zahlen sei, für das erstinstanzliche gerichtliche Verfahren i.H.v. 10.000,00 €.

Auch bei Wertgebühren ist eine entsprechende Vereinbarung möglich.

958

---

27 Rn. 681.

G. Mögliche Berechnungsmodelle

959 *Beispiel:*

Die Parteien vereinbaren, dass der Anwalt für die Durchführung des selbständigen Beweisverfahrens eine Pauschale i.H.v. 10.000 € erhält, die nicht auf die Vergütung des nachfolgenden gerichtlichen Verfahrens anzurechnen ist.

Sofern der Anwalt im selbständigen Beweisverfahren an einem gerichtlichen Termin, einem Sachverständigentermin oder einer Besprechung mit Gegner oder Dritten i.S.d. Vorbem. 3 Abs. 3 VV RVG teilnimmt, kommt eine weitere Pauschale i.H.v. 5.000,00 € hinzu.

Für das anschließende gerichtliche Verfahren erhält er eine weitere Pauschale i.H.v. 10.000,00 €.

Sofern der Anwalt im nachfolgenden gerichtlichen Verfahren an einem gerichtlichen Termin, einem Sachverständigentermin oder einer Besprechung mit Gegner oder Dritten i.S.d. Vorbem. 3 Abs. 3 VV RVG teilnimmt, kommt eine weitere Pauschale i.H.v. 5.000,00 € hinzu. Diese Gebühr entsteht auch in den Fällen der Nr. 3104 VV RVG.

960 Werden Pauschalbeträge anstelle der gesetzlichen Gebühren vereinbart, so ist darauf zu achten, dass die Gebührentatbestände, auf die Bezug genommen wird, hinreichend bestimmt und umfassend bezeichnet werden.

961 *Beispiel:*

Die Parteien vereinbaren in einem gerichtlichen Verfahren, dass für die „Wahrnehmung eines Termins" eine bestimmte Pauschale anfalle.

Unklar ist jetzt, ob damit auch Besprechungen mit dem Gegner oder einem Dritten zur Vermeidung oder Erledigung des Verfahrens i.S.d. Vorbem. 3 Abs. 3 VV RVG zu vergüten sind, weil es sich hierbei streng genommen nicht um einen „Termin" handelt.[28]

Im Zweifel sollte daher auf den gesetzlichen Gebührentatbestand nach der jeweiligen Nummer des Vergütungsverzeichnisses genau Bezug genommen oder der Tatbestand wörtlich wiederholt werden.

---

28 Zum vergleichbaren Problem für den Terminsvertreter s. Gerold/Schmidt/Müller-Rabe, Nr. 3401 VV RVG Rn. 12: Verhandlungen sind begrifflich keine Termine; a.A. AnwK-RVG/N. Schneider, Nr. 3401 – 3402 VV RVG Rn. 57: Vorbem. 3 Abs. 3 VV RVG gilt uneingeschränkt für den Terminsvertreter.

Es können sich Probleme bei der Anrechnung ergeben. Die Probleme bzw. Unklarheiten werden umso größer, je näher sich die einzelnen Pauschalen an dem gesetzlichen Gebührensystem orientieren. Wird z.b. für das Verfahren eine Pauschale vereinbart, liegt dies nahe an einer Verfahrensgebühr, so dass man im Zweifel durchaus davon ausgehen könnte, eine vorangegangene Geschäftsgebühr sei nach Vorbem. 3 Abs. 3 VV RVG hälftig auf die spätere Pauschale für das Verfahren ebenso anzurechnen wie auf eine Verfahrensgebühr nach Nr. 3100 VV RVG. 962

Praxistipp: 963

Insbesondere bei Teilpauschalen sollte die Frage der Anrechnung ausdrücklich geklärt werden. Es sollte also klargestellt werden, ob angerechnet oder die Anrechnung völlig ausgeschlossen wird oder ggf. teilweise anzurechnen ist. Dann ist genau anzugeben, wie angerechnet werden soll.

4. Prozentualer Anteil am Gegenstandswert

Es kann vereinbart werden, dass der Anwalt einen prozentualen Anteil am Gegenstandswert erhält. Voraussetzung ist allerdings, dass der Gegenstandswert feststeht[29] (s. hierzu auch Rn. 407). Ist der Gegenstandswert dagegen zum Zeitpunkt der Vereinbarung noch variabel, liegt darin die unzulässige Vereinbarung eines Erfolgshonorars. 964

Beispiel: 965

Die Parteien vereinbaren, dass der Anwalt als Vergütung eine Pauschale i.H.v. 10 % des dem Auftraggeber zustehenden Erbteils erhält.

Steht die Höhe des Erbteils zu diesem Zeitpunkt fest, auch wenn sie noch nicht abschließend ermittelt ist, handelt es sich um eine zulässige Vereinbarung.[30]

---

29   BGH, AGS 2003, 341 m. Anm. Madert = BGHReport 2003, 911 = FamRZ 2003, 1196 = MDR 2003, 836 = NJW-RR 2003, 1067 = ZERB 2003, 261 = ZEV 2003, 289 = ProzRB 2003, 313 = WM 2003, 1631 = KostRsp. BRAGO § 3 Nr. 62.
30   BGH, AGS 2003, 341 m. Anm. Madert = BGHReport 2003, 911 = FamRZ 2003, 1196 = MDR 2003, 836 = NJW-RR 2003, 1067 = ZERB 2003, 261 = ZEV 2003, 289 = ProzRB 2003, 313 = WM 2003, 1631 = KostRsp. BRAGO § 3 Nr. 62.

G. Mögliche Berechnungsmodelle

Steht zur Zeit der Vereinbarung noch nicht fest, auf welche Höhe sich der Teil belaufen wird, insbesondere ist die Erbquote noch strittig, liegt eine unzulässige Vereinbarung eines Erfolgshonorars nach § 49b Abs. 2 BRAO vor.

5. Zeitvergütungen
a) Überblick

966 Möglich ist es, Zeitvergütungen zu vereinbaren, wobei hier in aller Regel Stundensätze vereinbart werden.[31] Es können aber auch Wochen- oder Monatspauschalen vereinbart werden,[32] wobei dies eher bei Dauermandaten, wie etwa Beratungsverträgen in Betracht kommen wird.

967 Der Vorteil von Stundensatzvereinbarungen ist der, dass hier konkret nach Zeitaufwand des Anwalts abgerechnet wird. Die Kalkulation ist für den Anwalt relativ einfach. Er muss seinen kosten- und gewinndeckenden Stundensatz ermitteln. Im Übrigen hat er die Sicherheit, dass er dann, wenn er viel arbeiten muss, auch eine entsprechend hohe Vergütung erhält.

968 Für den Mandanten ist die Abrechnung transparent, da er konkret die Tätigkeit des Anwalts bezahlt und sich nicht durch irgendwelche Pauschalbeträge übervorteilt fühlt.

969 Sie birgt für ihn allerdings das Risiko, dass er die letztlich zu zahlende Vergütung nicht überschauen kann, da zu Beginn des Mandats nicht ersichtlich ist, welchen Zeitumfang die anwaltliche Tätigkeit in Anspruch nehmen wird. Zudem kann der Eindruck entstehen, der Anwalt habe nicht zügig und nicht genügend zielorientiert gearbeitet (zu den Kontroll- und Begrenzungsmöglichkeiten s.u. Rn. 1013 ff.).

b) Höhe des Stundensatzes

970 Hinsichtlich der Höhe der Stundensätze ist es den Vertragsparteien unbenommen, wie sie diese gestalten, solange die Höhe des Stundensatzes nicht unangemessen hoch (§ 4 Abs. 4 RVG) oder gar sittenwidrig

---

31 LG München I, NJW 1975, 937 = AnwBl. 1975, 63; OLG Frankfurt, OLGReport 1993, 307; LG Düsseldorf, AGS 1993, 38.
32 Hansens, § 3 Rn. 28.

(§ 138 BGB) ist (zur Abrechnung der jeweiligen Intervalle s.u. Rn. 983 ff.).

Eine **Staffelung der Stundensätze** ist möglich. Hier kommt zum einen eine Staffelung nach **effektiver Arbeitszeit** und **Fahrt- oder Wartezeiten** in Betracht. 971

Zum anderen kann die Höhe des Stundensatzes danach gestaffelt werden, welche **Tätigkeit** der Anwalt ausübt. Hier kann z.B. nach Beratung, Gestaltung, Wahrnehmung von Gerichts- oder sonstigen Besprechungsterminen, Aktenbearbeitung u.ä. unterschieden werden. 972

Darüber hinaus kann vereinbart werden, dass für Stunden zu **bestimmten Zeiten**, etwa spät abends, nachts oder am Wochenende eine höhere Vergütung zu zahlen ist. 973

Gleiches kann für **Zeiten unter erschwerten Umständen** gelten, etwa bei Besuchen in der Justizvollzugsanstalt. 974

Muss der Anwalt unter besonderem **Zeit- oder Leistungsdruck** arbeiten, wie etwa bei Tätigkeiten in Arrestverfahren, einstweiligen Verfügungs- oder Anordnungsverfahren oder bei dringenden und eilbedürftigen außergerichtlichen Abmahnungen oder bei sonstigen dringenden Fristsachen (drohender Ablauf der Verjährungsfrist, einer Rechtsmittel-, Klage-, oder Antragsfrist), kann auch hier ein höherer Stundensatz vereinbart werden. 975

Ferner können gestaffelte Stundensätze vereinbart werden, wenn der Anwalt bestimmte Tätigkeiten nicht selbst ausführt, sondern von **Hilfspersonen** durchführen lässt. Hier wird man vor allem **nach der Qualifikation** der Personen staffeln, also z.B. ob es sich um einen Rechtsanwalt, einen Referendar, einen Studenten oder eine anderweitige Hilfskraft handelt. Unterschieden werden kann auch nach „Senior- oder Juniorpartner".[33] 976

---

33 Krämer/Mauer/Kilian, Rn. 594.

977 Praxistipp:

Hier ist ohnehin darauf zu achten, dass nach der Rechtsprechung eine Vergütungsvereinbarung grds. höchstpersönlicher Natur ist und die Vergütung nur dann abgerechnet werden kann, wenn der Anwalt die Tätigkeit in eigener Person ausführt.

978 Soweit er andere Personen – auch solche aus dem Bereich des § 5 RVG – einschaltet, kann er grds. nicht nach der vereinbarten Vergütung abrechnen, selbst wenn es sich hierbei um einen Rechtsanwalt handelt. Dies muss ausdrücklich vereinbart sein.[34]

979 Die Staffelung nach der Qualifikation desjenigen, der jeweils im Rahmen des Mandats tätig ist, bietet sich insofern an, als ein spezialisierter und erfahrener Rechtsanwalt auf seinem Gebiet weniger Zeit benötigt als ein noch nicht so erfahrener und weniger spezialisierter Mitarbeiter der Kanzlei. Dieser wird für dieselbe Tätigkeit ggf. mehr Zeit benötigen, so dass es insoweit wiederum angemessen ist, hier einen geringen Stundensatz zu vereinbaren. Andererseits ist es sachgerecht, dass sich der erfahrenere und spezialisierte Anwalt durchaus auch seine besonderen Fachkenntnisse und damit den damit verbundenen geringeren Zeitaufwand, den er benötigt, durch einen höheren Stundensatz entlohnen lässt.

980 Des Weiteren können unterschiedliche Stundensätze je nach Anzahl der Gesamtstunden vereinbart werden (Gedanke des Mengenrabatts).

981 Praxistipp:

Krämer/Mauer/Kilian[35] weisen zu Recht darauf hin, dass eine zu sehr differenzierende Aufschlüsselung der Stundensätze unzweckmäßig ist. Zum einen leidet darunter die Transparenz der Vereinbarung,

---

34 KG, AGS 2000, 143 = BRAGOreport 2001, 22 m. Anm. Hansens = KGR 2000, 111 = NStZ-RR 2000, 191.
35 Krämer/Mauer/Kilian, Rn. 597.

zum anderen werden auch die Zeiterfassung und die spätere Abrechnung komplizierter.

Von daher sollte von einer zu umfangreichen Katalogisierung einzelner Stundensätze abgesehen werden. Dies kann dazu führen, dass der Mandant „abgeschreckt" wird. Zudem bedeutet dies wieder einen erhöhten Verwaltungsaufwand für die Kanzlei des Anwalts, da dann nicht nur die einzelnen Zeiten erfasst werden müssen, sondern auch noch von welcher Qualität der jeweilige Zeitraum war, um später den zutreffenden Stundensatz ermitteln zu können. 982

c) Klarstellung der abzurechnenden Zeiteinheiten

Praxistipp: 983

Klarzustellen ist in der Vergütungsvereinbarung unbedingt, in welchen Intervallen und Mindestintervallen abgerechnet wird.

Theoretisch denkbar ist eine sekundengenaue Abrechnung, praktisch aber nicht durchführbar. Üblich ist es daher, feste Intervalle und vor allem Mindestintervalle zu vereinbaren. Dies dient alleine schon einer praktikablen Handhabung und ist zugleich Ausgleich dafür, dass selbst geringfügige Tätigkeiten, wie z.B. ein kurzes Telefonat, die den Anwalt aus seiner übrigen Arbeit „herausreißen" und ihn in seiner sonstigen kontinuierlichen Arbeit unterbrechen, angemessen vergütet werden. 984

Üblich sind Mindestintervalle von sechs, zehn oder fünfzehn Minuten.[36] Längere Intervalle sind aber ebenso möglich. So hat das AG Hamburg[37] eine Mindestzeit von 30 Minuten nicht beanstandet und insbesondere nicht als unangemessen hoch i.S.d. § 4 Abs. 4 RVG angesehen, zumal auch das JVEG Abrechnung nach vollen angebrochenen Stunden vorsieht (§ 15 Abs. 2 Satz 2; 19 Abs. 2 Satz 2 JVEG). 985

---

36 Krämer/Mauer/Kilian, Rn. 599.
37 AG Hamburg, AGS 2000, 81.

986 Die Vereinbarung von längeren Intervallen wird allerdings beim Auftraggeber auf geringes Verständnis stoßen, wenn er beispielsweise für ein Telefonat von wenigen Minuten bereits eine Rechnung über eine halbe Stunde erhält.

987 Je länger die Zeitintervalle sind, desto höher ist auch die Gefahr von Überschneidungen, dass also Zeiteinheiten doppelt abgerechnet werden (s.u. Rn. 944).

988 Krämer/Mauer/Kilian[38] schlagen insoweit vor, dass bei der Vereinbarung längerer Zeitintervalle gleichzeitig vereinbart wird, dass Tätigkeiten von wenigen Minuten nicht abgerechnet werden.

989 Krämer/Mauer/Kilian[39] weisen zudem noch darauf hin, dass die Vereinbarung längerer Zeitintervalle den Auftraggeber dazu verleiten kann, die nun einmal angefangene Zeiteinheit dann auch auszunutzen, während der Mandant sich bei kürzeren Zeitintervallen auf das Notwendige beschränkt.

990 *Beispiel:*

Der Auftraggeber führt eine telefonische Besprechung mit dem Anwalt.

Ist ein Mindestintervall von 30 Minuten vereinbart, so macht es kein Unterschied, ob der Auftraggeber eine Minute telefoniert oder eine halbe Stunde, so dass für ihn wirtschaftlich betrachtet kein Interesse besteht, sich kurz zu fassen und er das Telefonat nutzt, um auch andere Fragen zu stellen oder sich den aktuellen Sachstand noch einmal erläutern zu lassen etc.

Ist dagegen ein Mindestintervall von fünf Minuten vereinbart, wird der Auftraggeber sich auf das Wesentliche beschränken und zur Sache kommen, weil unnütze Fragen und Besprechungen sein Geld kosten.

d) Abrechnung von Fahrt- und Wartezeiten

991 Zulässig ist es, die Zeitvergütung auf Fahrt- und Wartezeiten zu erstrecken.[40] Muss der Anwalt im Rahmen der Ausführung des Mandats Ge-

---

38 Krämer/Mauer/Kilian, Rn. 599.
39 Krämer/Mauer/Kilian, a.a.O.
40 LG München I, NJW 1975, 937 = AnwBl. 1975, 63; OLG Frankfurt, OLGReport 1993, 307; LG Düsseldorf, AGS 1993, 38.

schäftsreisen unternehmen oder entstehen Wartezeiten, etwa bei Gericht o.Ä., wird der Anwalt in dieser Zeit davon abgehalten, seine Arbeitskraft anderweitig gewinnbringend einzusetzen. Von daher ist es nicht zu beanstanden, wenn auch diese Zeiten vom Auftraggeber zu vergüten sind, obwohl der Anwalt in diesen Zeiten keine spezifischen juristischen Leistungen für den Auftraggeber erbringt.

Praxistipp: 992

Unbedingt darauf zu achten ist, dass auch die Abrechnung von Fahrt- und Wartezeiten ausdrücklich vereinbart wird. Fehlt eine entsprechende Vereinbarung, gilt im Zweifel – insbesondere bei Allgemeinen Geschäftsbedingungen (§ 305c Abs. 2 BGB) –, dass solche Zeiten nicht gesondert abgerechnet werden können.[41]

Sachgerecht ist hier eine **Staffelung**, dass also Zeiten für Geschäftsreisen oder Wartezeiten mit einem geringeren Stundensatz vergütet werden (s.o. Rn. 991). 993

Krämer/Mauer/Kilian[42] weisen zu Recht darauf hin, dass hier die Gefahr bestehen kann, dass Fahrt- und Wartezeiten mehrfach abgerechnet werden, etwa dann, wenn der Anwalt für mehrere Auftraggeber eine Geschäftsreise unternimmt, wenn es dem Anwalt also möglich ist, während der Geschäftsreise (z.B. während einer Bahnfahrt) anderweitige Arbeiten zu erledigen oder wenn er während der Autofahrt gleichzeitig telefonische Besprechungen oder Diktate in anderen Sachen erledigen kann. Werden solche Zeiten mehrfach genutzt, darf gegenüber dem jeweiligen Auftraggeber auch nur anteilig abgerechnet werden. 994

---

41 BGH, AGS 2005, 378 m. Anm. Madert, Henke u. N. Schneider = BGHReport 2005, 1151 m. Anm. N. Schneider = AnwBl. 2005, 582 m. Anm. Henke.
42 Krämer/Mauer/Kilian, Rn. 598.

995 *Beispiel:*
Der Anwalt unternimmt für seinen Auftraggeber A eine Geschäftsreise (4 Stunden) mit der Bahn. Während der Bahnfahrt (3 Stunden) überarbeitet er an seinem Laptop einen Vertragsentwurf für seinen Mandanten B.
Der Anwalt kann diese drei Stunden jetzt nicht dem Auftraggeber A voll in Rechnung stellen. Hier dürfte es wohl angemessen sein, von der Fahrtzeit lediglich eine Stunde in Rechnung zu stellen, da die weiteren drei Stunden nicht nutzlos verstrichen sind, sondern er in dieser Zeit seine Arbeitskraft für den Auftraggeber B eingesetzt hat und diesem die Zeit in Rechnung stellen kann.
Zulässig wäre es hier aber wohl auch, zu quoteln und jedem Auftraggeber nur die Hälfte des Stundensatzes in Rechnung zu stellen.

996 Werden Geschäftsreisen für mehrere Auftraggeber durchgeführt, versteht es sich von selbst, dass diese Stunden nur anteilig in Ansatz gebracht werden können. Gleiches gilt für Wartezeiten, die für mehrere Auftraggeber aufgewandt werden. Hier kann zur Berechnung auf die gesetzliche Regelung in Vorbem. 7 Abs. 3 Satz 1 VV RVG zurückgegriffen werden.

e) Begrenzungen

997 Eine Gefahr bei der Abrechnung nach Zeiteinheiten liegt darin, dass der Auftraggeber nicht vorhersehen kann, auf welchen Betrag sich die Gesamtvergütung letztlich belaufen wird. Er kann zudem weder kontrollieren, welche Zeit der Anwalt tatsächlich aufgewandt hat, noch kann er kontrollieren, ob der Anwalt in dieser Zeit zügig, gewissenhaft und zielorientiert gearbeitet hat und ob sämtliche Tätigkeiten notwendig waren.

998 Zu diesem Zweck bietet es sich hier an, eine Höchstgrenze zu vereinbaren, also eine Begrenzung der Zeiteinheiten oder eine Begrenzung des Betrages, bis zu dem abgerechnet werden darf.

999 In diesem Fall muss dann aber auch geklärt werden, wie zu verfahren ist, wenn dieser Höchstbetrag erreicht ist.
- Möglich ist, dass der Höchstbetrag als Fixum vereinbart wird, also quasi als eine Höchstpauschale. Kommt der Anwalt innerhalb des – i.d.R. von ihm selbst veranschlagten – Zeitrahmens nicht zurande,

III. Vom gesetzlichen Vergütungssystem losgelöste Vereinbarungen

muss er weitere Tätigkeiten bis zur Erledigung des Mandats unentgeltlich erbringen. Eine solche Regelung hat den Vorteil, dass der Anwalt aus eigenem Interesse zügig und zielstrebig arbeitet. Faktisch wandelt sich die Zeitvergütung mit Erreichen der Höchstgrenze in eine Pauschale um.

- Eine andere Möglichkeit besteht darin zu vereinbaren, dass nach Erreichen des Höchstbetrages der Rechtsanwalt den Auftraggeber informieren muss. Dann stellt sich die weitere Frage, was anschließend geschieht.

  – Das Erreichen des bezeichneten Betrages kann lediglich eine bloße Informationspflicht auslösen. Dann kann der Anwalt zu dem vereinbarten Satz so lange weiter arbeiten, bis er eine gegenteilige Weisung vom Auftraggeber erhält.

  Unterbleibt in diesen Fällen die Information des Rechtsanwalts, dass der veranschlagte Betrag überschritten ist, macht er sich schadensersatzpflichtig mit der Folge, dass er den über die vereinbarte Grenze hinausgehenden Betrag ggf. nicht einfordern kann.

  – An das Erreichen des bezeichneten Höchstbetrages kann auch eine vorläufige Beendigung der anwaltlichen Tätigkeit geknüpft sein. Die Parteien müssen dann vereinbaren, wie weiter zu verfahren ist. Der Auftraggeber kann dann entscheiden, ob er den Auftrag zu weiterer Tätigkeit noch erteilt oder das Mandat abschließt. Es kann dann eine neue Vereinbarung zu anderen Konditionen für die weitere Tätigkeit abgeschlossen werden. Der Auftraggeber kann aber auch entscheiden, dass der Anwalt weiterhin zu den bisherigen Stundensätzen tätig werden soll.

f) Anrechnung

aa) Anrechnung der Zeitvergütung

Die Zeitvergütungen werden grds. nicht auf die gesetzliche Vergütung einer nachfolgenden Angelegenheit angerechnet. Zum einen fehlt es bereits an einer Anrechnungsvorschrift (Ausnahme: § 34 Abs. 2 RVG i.d.F. ab dem 1. 7. 2006 [s. Rn. 831a ff.]). Zum anderen würde dies dem Pauschalcharakter zuwiderlaufen. Abgesehen davon ließe sich i.d.R.

1000

kaum ermitteln, welcher Gebührenanteil, der in der Zeitvergütung steckt, den außergerichtlichen gesetzlichen Gebühren entspricht, die anzurechnen wären.[43]

1001 Vereinbarungen zur Anrechnung von Zeitvergütungen sind jedoch möglich, allerdings unüblich.

1002 Wird ausnahmsweise eine Anrechnung vereinbart, muss sich klar und deutlich ergeben, inwieweit angerechnet wird, also ob ein fester Betrag angerechnet wird, eine Quote oder eine fiktive Gebühr.

1003 **Muster: Anrechnung einer Zeitvergütung**

Die Parteien vereinbaren, dass im Falle eines anschließenden gerichtlichen Verfahrens ein Festbetrag i.H.v. 1.000,00 € auf die Vergütung des nachfolgenden Rechtsstreits angerechnet wird.

1004 Wird nicht angerechnet, sollte vorsorglich allerdings darauf hingewiesen werden, dass diese Zeitvergütungen nicht auf die entsprechenden Gebühren eines nachfolgenden gerichtlichen Verfahrens oder einer sonstigen Angelegenheit angerechnet werden. Dies bietet sich schon im Hinblick darauf an, dass der Auftraggeber möglicherweise – ausgehend von der gesetzlichen Regelung – eine Anrechnung erwartet. Insbesondere, wenn es sich um Allgemeine Geschäftsbedingungen handelt, sollte damit einer „Überraschung" des Auftraggebers vorgebeugt werden.

1005 **Muster: Hinweis auf fehlende Anrechnung einer Zeitvergütung**

Der Auftraggeber wird darauf hingewiesen, dass die nach dieser Vereinbarung geschuldete Zeitvergütung nicht auf Gebühren einer eventuellen nachfolgenden Angelegenheit angerechnet wird, selbst dann nicht, wenn das Gesetz bei Abrechnung nach der gesetzlichen Vergütung eine Anrechnung vorsehen sollte.

---

43 Hansens, § 3 Rn. 28; von Eicken, AGS 1994, 55.

bb) Anrechnung auf eine Zeitvergütung

Ebenso wie eine Anrechnung von Zeitvergütungen auf nachfolgende gesetzliche Gebühren nicht vorgesehen ist, ist es nicht vorgesehen, dass gesetzliche Gebühren auf eine nachfolgende Zeitvergütung angerechnet werden. 1006

Beispiel: 1007

Der Anwalt war außergerichtlich tätig und hatte gesetzlich nach Nr. 2400 VV RVG abgerechnet. Für den Rechtsstreit wird eine Stundensatzvereinbarung getroffen, mindestens jedoch die gesetzliche Vergütung.

Die Anrechnungsbestimmung in Vorbem. 3 Abs. 4 VV RVG greift nicht, weil dort nur die Anrechnung auf eine Verfahrensgebühr nach Teil 3 VV RVG vorgesehen ist, nicht aber auch auf Stundensätze.

Gleichwohl kann auch hier eine Anrechnung vereinbart werden (s.o.). 1008

Wird eine Anrechnung nicht vereinbart, sollte vorsorglich wiederum darauf hingewiesen werden, damit sich der Auftraggeber im Nachhinein nicht darauf berufen kann, dies habe er nicht gewusst; die Nichtanrechnung sei für ihn überraschend gewesen. Insbesondere bei Allgemeinen Geschäftsbedingungen können hier ansonsten Probleme auftauchen.[44] 1009

Muster: Ausschluss der Anrechnung vorangegangener Gebühren 1010

Es wird weiterhin vereinbart, dass eventuelle Gebühren, die der Anwalt in einer vorangegangenen Angelegenheit verdient hat, nicht auf die vereinbarte Stundensatzvergütung angerechnet werden, selbst dann nicht, wenn das Gesetz bei Abrechnung nach der gesetzlichen Vergütung eine Anrechnung vorsehen sollte.

Möglich ist es allerdings auch, eine Anrechnung zu vereinbaren. 1011

---

44 683 ff.

1012 Muster: Vereinbarung einer Anrechnung

Die zuvor vom Anwalt verdienten gesetzlichen Gebühren werden entsprechend den gesetzlichen Bestimmungen auf die hier vereinbarte Zeitvergütung so angerechnet, wie im Falle der gesetzlichen Vergütung anzurechnen wäre.

g) Abrechnungsprobleme

1013 Probleme ergeben sich bei Zeitvergütungen häufig beim Nachweis der geleisteten Zeiten. Daher sollte hier auf die Aufzeichnung, den Nachweis und die Abrechnung der Stunden besonderes Gewicht gelegt werden.

1014 Zweckmäßig ist insbesondere, regelmäßige Zwischenabrechnungen vorzunehmen, um die Abrechnungszeiträume nicht zu groß werden zu lassen.

1015 Von daher sollten regelmäßige, u.U. sogar monatliche Abrechnungszeiträume vereinbart werden. Dabei sollte gleichzeitig vereinbart werden, dass die Vergütung mit diesen Zwischenabrechnungen **fällig** wird. Dies hat den Vorteil, dass später nicht noch einmal eine Gesamtabrechnung vorgelegt werden muss und sich nach Beendigung des Mandats dann Streit über die einzelnen Zeiten ergibt. Soweit der Auftraggeber eine fällige Zwischenabrechnung bezahlt, akzeptiert er damit die abgerechneten Stunden. Wenn er diese im Nachhinein in Abrede stellen will, obliegt ihm die volle Darlegungs- und Beweislast dafür, dass die von ihm bereits bezahlten Stunden gar nicht angefallen sind.

1016 Unzulässig sind Vereinbarungen in Allgemeinen Geschäftsbedingungen, wonach fingiert wird, dass der Auftraggeber der Abrechnung zustimmt, wenn er nicht innerhalb einer bestimmten Frist widerspricht (s. hierzu Rn. 735).[45]

1017 Beschränkt sich der Anwalt dagegen nur auf Vorschüsse, muss er nach Abschluss des Mandats sämtliche Zeiten auflisten und ggf. beweisen.

---

45 S. auch Krämer/Mauer/Kilian, Rn. 604.

III. Vom gesetzlichen Vergütungssystem losgelöste Vereinbarungen

Zum einen können sich dann infolge des zwischenzeitlich vergangenen Zeitraums erhebliche Darlegungs- und Beweisprobleme ergeben. Zum anderen ist das Streitpotential um ein Vielfaches höher, als wenn sukzessive Zwischenabrechnungen erteilt und eingefordert werden.

Auch das Ausfallrisiko des Anwalts ist dann viel geringer. Wird eine Zwischenabrechnung nicht bezahlt, kann der Anwalt eine weitere Tätigkeit einstellen, so dass sich sein Verlust in Grenzen hält, wenn die Rechnung nicht bezahlt wird. Wartet der Anwalt dagegen mit seiner Abrechnung bis zur Beendigung des Mandats, droht ihm ein viel höherer Verlust, wenn der Auftraggeber dann nicht mehr zahlen kann. 1018

Zweckmäßig ist es, in der Abrechnung bzw. Zwischenabrechnung nicht einfach pauschal die Anzahl der Stunden anzugeben, obwohl dies nach § 10 RVG für eine ordnungsgemäße Berechnung ausreichen würde. 1019

Zweckmäßig ist es – schon alleine um kein Misstrauen des Auftraggebers zu wecken – der Abrechnung jeweils eine Auflistung der angefallenen Stunden nach Datum, Uhrzeit, Dauer und Tätigkeit beizufügen. Insoweit bietet es sich an – und so wird in der Praxis üblicherweise auch verfahren –, eine tabellarische Übersicht (ggf. als Excel-Tabelle) der Abrechnung beizufügen. 1020

Eine solche Auflistung könnte wie folgt aussehen:

Muster: Zeitabrechnung 1021

Vereinbart war ein Stundensatz von 250,00 € und für Fahrt- und Wartezeiten i.H.v. 150,00 €

Abrechnung in Sachen: Strafsache Hoffmann, AG München (1 Ds 1860/05)

Abrechnungszeitraum: 1.8.2005 bis 31.8.2005

Datum	von	bis	Tätigkeit	Dauer (Std.)	Stundensatz	Gesamt
1.8.	15.00	16.00	Anfahrt Haftprüfungstermin	1,0	150,00 €	150,00 €

G. Mögliche Berechnungsmodelle

1.8.	16.00	17.30	Haftprüfungstermin	1,5	250,00 €	375,00 €
1.8.	17.30	18.30	Rückfahrt Haftprüfungstermin	1,0	150,00 €	150,00 €
22.8.	11.00	11.30	Anfahrt JVA	0,5	150,00 €	75,00 €
22.8.	11.30	13.30	Besuch und Besprechung JVA	2	250,00 €	500,00 €
22.8.	13.30	14.00	Rückfahrt JVA	0,5	150,00 €	75,00 €
24.8.	8.00	9.00	Anfahrt Gericht	1,0	150,00 €	150,00 €
24.8.	9.00	16.00	Hauptverhandlung	7	250,00 €	1.750,00 €
24.8.	16.00	17.00	Rückfahrt Gericht	1,0	150,00 €	150,00 €
					Gesamt:	3.375,00 €

1022 Möglich ist es, in dieser Aufstellung auch die Reisekosten mit einzubeziehen. Allerdings wird die Aufstellung dann unübersichtlich. Zweckmäßigerweise sollte sich die tabellarische Übersicht auf die reine Stundenabrechnung beschränken. Reisekosten und sonstige Auslagen sollten dann erst in der Abrechnung erfasst werden.

aa) Unterschreitung der gesetzlichen Vergütung

1023 In außergerichtlichen Angelegenheiten kann der Anwalt nach § 4 Abs. 2 Satz 1 RVG Zeitvergütungen vereinbaren, die niedriger sind als die gesetzlichen Gebühren. Hier bedarf es daher der „salvatorischen Klausel",[46] dass mindestens die gesetzlichen Gebühren geschuldet sind, nicht, wenn der Anwalt in Kauf nehmen will, dass u.U. auch eine geringere Vergütung als die gesetzliche herauskommt.

---

46 S. Rn. 1481.

In gerichtlichen Verfahren darf dagegen die gesetzliche Vergütung nicht unterschritten werden. Daher sollte hier immer zumindest die gesetzliche Vergütung vereinbart werden, damit es nicht passieren kann, dass die Zeitvergütung unterhalb der gesetzlichen Vergütung liegt. 1024

Werden zulässigerweise in außergerichtlichen Angelegenheiten Zeitvergütungen vereinbart, die niedriger liegen als die gesetzlichen Gebühren, müssen sie nach § 4 Abs. 2 Satz 3 RVG in einem **angemessenen Verhältnis** zur Leistung, Verantwortung und zum Haftungsrisiko des Anwalts stehen. 1025

bb) Kombinationen

Auch hier sind Kombinationen möglich, etwa die Vereinbarung eines Pauschalhonorars zuzüglich einer Stundensatzvereinbarung.[47] 1026

Eine solche Kombination bietet sich insbesondere dann an, wenn die Pauschale als „Sockelbetrag" dienen soll um die Einarbeitung abzugelten. Durch einen solchen Sockelbetrag kann der spezialisierte und erfahrenere Rechtsanwalt, der durch seine Spezialisierung und Erfahrung auf umfangreiche Einarbeitung und Rechtsprechungsrecherche verzichten kann, verhindern, dass er „für seine Erfahrung und Kompetenz gleichsam bestraft wird".[48] Er kann sich also seinen Wissens- und Erfahrungsvorsprung durch eine solche „Einstiegspauschale" vergüten lassen. 1027

Probleme können sich hier bei der Prüfung ergeben, ob die Vergütung unangemessen hoch ist. So ist es durchaus denkbar, dass die Stundensatzvereinbarung für sich genommen nicht unangemessen hoch ist und auch die Pauschale für sich genommen unbedenklich ist, dass aber die Kombination beider Berechnungen dann zu einem unangemessen hohen Ergebnis führt.[49] 1028

---

47 BGH, AGS 2005, 378 m. Anm. Madert, Henke u. N. Schneider = BGHReport 2005, 1151 m. Anm. N. Schneider = AnwBl. 2005, 582 m. Anm. Henke.
48 Krämer/Mauer/Kilian, Rn. 592.
49 S. hierzu BGH, a.a.O.

G. Mögliche Berechnungsmodelle

6. Vereinbarungen in gerichtlichen Mahnverfahren und für bestimmte Zwangsvollstreckungsverfahren

a) Überblick

1029 Für das gerichtliche Mahnverfahren und für Zwangsvollstreckungsverfahren nach den §§ 803 bis 863, 899 und 915b ZPO kann sich der Anwalt verpflichten, dass, wenn der Anspruch des Auftraggebers auf Erstattung der gesetzlichen Vergütung nicht beigetrieben werden kann, er einen Teil des Erstattungsanspruchs an Erfüllungs statt annehme.

1030 Der nicht durch Abtretung zu erfüllende Teil der gesetzlichen Vergütung muss allerdings in einem angemessenen Verhältnis zur Leistung, Verantwortung und zum Haftungsrisiko des Anwalts stehen.

b) Sachlicher Anwendungsbereich

aa) Mahnverfahren

1031 Zulässig sind solche Vereinbarungen für das gerichtliche Mahnverfahren, also

- im **Verfahren auf Erlass des Mahnbescheides** und
- im **Verfahren auf Erlass des Vollstreckungsbescheides**.
- Auch wenn nicht ausdrücklich erwähnt, dürften hierzu wohl auch die Verfahren über **Erinnerungen oder Beschwerden** innerhalb der Verfahren auf Erlass des Mahnbescheides oder des Erlass eines Vollstreckungsbescheides gelten. Erinnerungen und Beschwerden sind nach § 18 Nr. 5 RVG eigene Gebührenangelegenheiten, die gesondert zu vergüten sind. Sie lösen eine Vergütung nach Nr. 3500 VV RVG aus. Da auch insoweit bei erfolgreicher Erinnerung oder Beschwerde ein Kostenerstattungsanspruch entsteht, bestehen keine Bedenken, im Falle eines solchen Kostenerstattungsanspruchs wiederum eine Vereinbarung zu treffen, wonach die Vergütung des Anwalts durch eine teilweise Abtretung an Erfüllungs statt beglichen wird.

1032 Das Mahnverfahren endet mit Widerspruch oder dem Erlass des Vollstreckungsbescheides. Daher ist für weitere Tätigkeiten eine entsprechende Vereinbarung nach § 4 Abs. 2 Satz 2 RVG nicht möglich. Insbesondere

III. Vom gesetzlichen Vergütungssystem losgelöste Vereinbarungen

kann eine solche Vereinbarung zulässigerweise **nicht** für die **Anfertigung der Anspruchsbegründung** vereinbart werden oder für die **Klagebegründung nach Einspruch**.

Zwar soll nach der Begründung des Gesetzgebers[50] die Vorschrift des § 4 Abs. 2 Satz 2 RVG entsprechend anwendbar sein, wenn es zum streitigen Verfahren kommt, in dem der Beklagte dann aber säumig bleibt. Dies ist vom Wortlaut des Gesetzes allerdings nicht gedeckt.[51]

1033

bb) Zwangsvollstreckungsverfahren

Darüber hinaus sind solche Vereinbarungen nach § 4 Abs. 2 Satz 2 RVG in bestimmten Zwangsvollstreckungsverfahren nach den §§ 803 bis 863, 899 bis 915b ZPO.

1034

> **Praxistipp:**
>
> Entgegen einer häufig anzutreffenden Auffassung sind Vereinbarungen nach § 4 Abs. 2 Satz 2 RVG nicht in allen Zwangsvollstreckungsverfahren möglich, sondern nur in den im § 4 Abs. 2 Satz 2 RVG ausdrücklich genannten.

1035

Es handelt sich um folgende Verfahren:

1036

- **Mobiliarvollstreckung in das bewegliche Vermögen** (§§ 803 ff. ZPO);

- **Zwangsvollstreckung in Forderungen und andere Vermögenswerte** (§§ 828 ff. ZPO);

- **Verfahren auf Abgabe der eidesstattlichen Versicherung** (§§ 899 ff. ZPO) einschließlich der **Löschung im Schuldnerverzeichnis** (§ 915a ZPO) und der **Verhaftung des Schuldners** (§§ 901 f.

---

50 BT-Drucks. 12/4993, S. 44.
51 Zu Recht dagegen daher Hansens, § 3 Rn. 28.

G. Mögliche Berechnungsmodelle

ZPO) und einschließlich der **Auskunft aus dem Schuldnerverzeichnis** (§ 915b ZPO).[52]

1037 Nicht anwendbar ist § 4 Abs. 2 RVG insbesondere auf folgende Verfahren:

- die **Vollstreckung in das unbewegliche Vermögen** (§§ 864 ff. ZPO);
- das **Verteilungsverfahren** (§ 872 ff. ZPO);
- die **Zwangsvollstreckung gegen juristische Personen des öffentlichen Rechts** (§§ 882a ff. ZPO);
- das **Vollstreckungsverfahren zur Erwirkung der Herausgabe von Sachen und zur Erwirkung von Handlungen oder Unterlassungen** (§§ 883 ff. ZPO).

c) Inhalt der Vereinbarung

1038 In den unter Rn. 1036 ff. genannten Verfahren ist es nicht möglich, eine geringere Vergütung als die gesetzliche Vergütung zu vereinbaren. § 4 Abs. 2 Satz 1 RVG gilt insoweit nicht.

1039 Der Anwalt kann aber mit dem Auftraggeber vereinbaren, dass er für den Fall, dass die gesetzliche Vergütung bei dem erstattungspflichtigen Gegner nicht beigetrieben werden kann, er einen Teil des Erstattungsanspruchs an Erfüllungs statt annehmen werde.

1040 Damit übernimmt der Anwalt faktisch das Ausfallrisiko und verzichtet im Endeffekt auf einen Teil seiner Vergütung, wenn diese nicht beigetrieben werden kann.

1041 Zu beachten ist, dass ein Erstattungsanspruch bestehen muss. Soweit ein Erstattungsanspruch ausscheidet, etwa weil die Zwangsvollstreckung verfrüht begonnen worden ist, weil wegen zu hoher Beträge vollstreckt wurde oder die Zwangsvollstreckung aus anderen Gründen nicht notwendig i.S.d. § 788 ZPO war, kann die Vergütungspflicht des Auf-

---

52 Der Anwendungsbereich ist hier gegenüber dem bisherigen § 3 BRAGO insoweit erweitert worden, als jetzt auch in Verfahren nach § 915a ZPO (Löschung im Schuldnerverzeichnis) und § 915b ZPO (Auskunft, Löschungsfiktion) eine geringere Vergütung vereinbart werden kann.

traggebers nicht anderweitig abgegolten werden. Insoweit muss der Anwalt mit dem Auftraggeber die gesetzliche Vergütung abrechnen.

Dem Anwalt müssen im Voraus die Erstattungsforderungen abgetreten werden, Zug um Zug gegen seine Zusage, dass er bei Uneinbringlichkeit der Erstattungsforderung auf einen bestimmten Teil seines Honorars verzichte. 1042

Aus § 4 Abs. 2 Satz 3 RVG folgt, dass eine Abtretung nur dann zulässig ist, wenn ein Teil der Arbeit gleichzeitig auf den Auftraggeber abgewälzt wird, wenn er also durch seine Buchhaltung oder sein Personal die Arbeit des Anwalts unterstützt. Hierzu zählt die Bearbeitung des Mahn- oder Vollstreckungsauftrages sowie insbesondere die Errechnung der Forderungsaufstellung, das Einreichen und Ausfüllen der Formulare, während die rechtliche Verantwortung und Prüfung beim Anwalt verbleibt.[53] Wie sich aus § 4 Abs. 2 Satz 3 RVG ergibt, ist es nicht zulässig, gegen Abtretung der Erstattungsansprüche auf einen Teil des Honorars zu verzichten, wenn die wesentliche Arbeit und sämtliche Verantwortung beim Anwalt verbleiben. 1043

d) Angemessenes Verhältnis

Die Annahme an Erfüllungs statt (§ 364 BGB) muss in einem **angemessenen Verhältnis** zu Leistung, Verantwortung und Haftungsrisiko des Anwalts stehen. Je größer der Anteil des Auftraggebers im Mahnverfahren und in der Zwangsvollstreckung ist, desto höher kann der Anteil des an Erfüllungs statt abgetretenen Honorars sein. Je geringer der Anteil des Auftraggebers ist, desto geringer muss auch die Leistung an Erfüllungs statt ausfallen. 1044

e) Keine Schriftform

Zur Wirksamkeit bedarf eine Vereinbarung nach § 4 Abs. 2 Satz 2 RVG nicht der Schriftform. Solche Vereinbarungen können daher auch **formlos** geschlossen werden. Bei § 4 Abs. 2 Satz 4 1. Hs. RVG handelt es sich lediglich um eine **Soll-Vorschrift**. 1045

---

53 Hansens, § 3 Rn. 28.

f) Darlegungs- und Beweislast

1046 Die Darlegungs- und Beweislast für die Vereinbarung nach § 4 Abs. 2 RVG liegt beim Auftraggeber (§ 4 Abs. 2 Satz 4 2. Hs. RVG).[54] Die grds. gegenteilige Rechtsprechung des BGH zum Dienst-, Werk- und Maklerrecht findet im Geltungsbereich des RVG keine Anwendung.[55]

IV. Ermessen eines Vertragsteils

1047 Unzulässig ist es, die Höhe der Vergütung dem Ermessen eines Vertragsteils zu überlassen. Eine solche Vereinbarung ist jedoch nicht unwirksam, sie führt lediglich dazu, dass kraft Fiktion des § 4 Abs. 3 Satz 2 RVG die **gesetzliche Vergütung** als vereinbart gilt.

V. Festsetzung durch den Vorstand der Rechtsanwaltskammer

1048 Möglich ist auch eine Vergütungsvereinbarung dergestalt, dass die Höhe der vom Auftraggeber zu zahlenden Vergütung in das billige Ermessen des Vorstands der Rechtsanwaltskammer gestellt wird (§ 4 Abs. 3 RVG). Die zuständige Rechtsanwaltskammer bestimmt dann nach Eintritt der Fälligkeit die Höhe der Vergütung, die der Anwalt dem Auftraggeber in Rechnung stellen kann (zum Verfahren s. Rn. 1617 ff).

VI. Festsetzung durch einen Dritten

1049 Ebenso wenig wie die Festsetzung der Vergütung dem Ermessen eines Vertragsteils überlassen werden kann, darf die Festsetzung der Vergütung einem anderen Dritten als dem Vorstand der Rechtsanwaltskammer (§ 4 Abs. 2 Satz 1 RVG) überlassen werden.

1050 Ausdrücklich ist zwar nicht geregelt, dass die Festsetzung durch einen Dritten unwirksam oder unverbindlich sei. Dies ergibt sich jedoch aus dem Sinn und Zweck der Vorschrift. Nach § 4 Abs. 3 Satz 1 RVG kann die Festsetzung einer vereinbarten Vergütung dem Vorstand der Rechtsanwaltskammer überlassen werden. Hieraus folgt im Umkehrschluss,

---

54 Hansens, § 3 Rn. 3.
55 OLG München, MDR 1984, 844 = NJW 1984, 2537.

dass die Festsetzung durch andere Dritte nicht zulässig sein soll.[56] Auch die Regelung in § 4 Abs. 4 RVG spricht dagegen, dass einem anderen Dritten als dem Vorstand der Rechtsanwaltskammer die Festsetzung der Vergütung überlassen werden könnte, da dann nämlich keine Möglichkeit bestünde, diese herabzusetzen.

Ist dennoch einem Dritten die Festsetzung der Vergütung überlassen, so gilt § 4 Abs. 3 Satz 2 RVG entsprechend, so dass die Übertragung des Bestimmungsrechts unwirksam und von der gesetzlichen Vergütung als vereinbart auszugehen ist. 1051

VII. Vereinbarung ausländischen Rechts

Soll die Anwendbarkeit ausländischen Rechts vereinbart werden, so ist zu differenzieren: 1052

1. Deutscher Anwalt

Nach Art. 27 EGBGB ist es grds. möglich zu vereinbaren, dass für die Vergütung nicht das deutsche RVG gelte, sondern ausländisches Recht. 1053

Fehlt eine solche Vereinbarung, gilt nach Art. 28 Abs. 2 Satz 2 EGBGB das Recht der Niederlassung des Rechtsanwalts, also das RVG.[57] 1054

Die Möglichkeit ausländisches Recht zu vereinbaren findet ihre Schranke jedoch in Art. 34 EGBGB. Zwar ist es grds. zulässig, ausländisches Recht zu vereinbaren. Bestimmungen des deutschen Rechts, die ohne Rücksicht auf das den Vertrag anzuwendende Recht den Sachverhalt zwingend regeln, können danach jedoch nicht abbedungen werden. 1055

Solche zwingenden Vorschriften des deutschen Rechts sind § 49b Abs. 1 BRAO (Verbot der Vereinbarung einer geringeren Vergütung – sofern nicht gesetzlich erlaubt), § 49b Abs. 2 BRAO (Vereinbarung eines Erfolgshonorars oder einer Beteiligung am erstrittenen Betrag) und § 4 Abs. 4 1056

---

56 AnwK-RVG/N. Schneider, § 4 Rn. 23; Hansens, § 3 Rn. 13; Gerold/Schmidt/Madert, § 3 Rn. 13; Riedel/Sußbauer/Fraunholz, § 3 Rn. 27; a.A. Hartmann, KostG, § 3 BRAGO Rn. 31.
57 BGHZ 44, 181; BGH, RIW 1991, 513; OLG Hamburg, IPRspr. Nr. 1989, 233b; LG Paderborn, EWS 1995, 248; Krämer/Mauer/Kilian, Rn. 536.

RVG (Verbot der Vereinbarung einer unangemessen hohen Vergütung).[58]

1057 Damit ist es faktisch nicht möglich, die zwingenden Vorschriften deutschen Rechts durch die Vereinbarung ausländischen Rechts zu umgehen.[59]

1058 Dabei ist es unerheblich, ob der Anwalt für einen deutschen Mandanten oder einen ausländischen Mandanten tätig wird, da nach Art. 28 Abs. 2 Satz 2 EGBGB grds. von deutschem Recht auszugehen ist.

2. Ausländischer Anwalt

1059 Wird ein ausländischer Anwalt in Deutschland tätig, gilt im Ergebnis das Gleiche. Lediglich dann, wenn ein ausländischer Anwalt im Ausland tätig wird, sind die deutschen Vorschriften unbeachtlich, und zwar unabhängig davon, ob der Mandant Deutscher oder Ausländer ist.[60]

1060 Wird ein ausländischer Anwalt tätig, der dem EuRAG[61] unterliegt, so gilt Folgendes:

1061 Ist der ausländische Anwalt **in Deutschland niedergelassen**, gilt § 6 EuRAG. Die Vorschriften des Dritten Teils der BRAO, also insbesondere § 49b BRAO sind unmittelbar anwendbar, also das Verbot eine niedrigere als die gesetzliche Vergütung, ein Erfolgshonorar oder eine Beteiligung am erstrittenen Betrag zu vereinbaren.

1062 Auch § 4 Abs. 4 RVG gilt, wonach eine unangemessen hohe Vergütung nicht vereinbart werden kann.

1063 Ist der Anwalt **nicht in Deutschland niedergelassen**, so gilt für **Tätigkeiten vor einer Behörde oder einem Gericht** § 27 Abs. 1 EuRAG, der wiederum auf die Regelungen der BRAO verweist, so dass also auch hier wiederum die Vereinbarung einer niedrigeren Vergütung nicht zulässig

---

58 Krämer/Mauer/Kilian, Rn. 537.
59 S. hierzu Rn. 376, 415 m.w.N.
60 S. hierzu Kilian, AnwBl. 2003, 452.
61 Gesetz über die Tätigkeit europäischer Rechtsanwälte in Deutschland vom 9.3.2000, BGBl. I, S. 182

ist, soweit dies gesetzlich nicht erlaubt ist. Ebenso sind Erfolgshonorare oder Beteiligungen am erstrittenen Betrag unzulässig. Es kann keine unangemessen hohe Vergütung (§ 4 Abs. 4 RVG) verlangt werden.

Ist der Anwalt **nicht vor einer Behörde oder einem Gericht** tätig, gilt § 27 Abs. 2 EuRAG. Hier wird nicht auf § 49b BRAO Bezug genommen. Daraus wird gefolgert, dass das Verbot eines Erfolgshonorars oder einer Beteiligung am Erfolg nicht gilt.[62]   1064

Wird ein ausländischer Rechtsanwalt tätig, der nicht dem EuRAG unterliegt, soll das Gleiche gelten wie für einen Rechtsanwalt, auf den das EuRAG anzuwenden ist.[63]   1065

VIII. Kombinationen

Kombinationen der einzelnen Berechnungsmethoden sind ebenso zulässig. So kann also durchaus vereinbart werden, dass nach den gesetzlichen Gebühren abzurechnen ist zuzüglich einer Gesamtpauschale[64] oder zuzüglich einzelner Pauschalen. Es kann auch vereinbart werden, dass zuzüglich zu den gesetzlichen Gebühren noch ein Zeithonorar zu zahlen ist.   1066

Insoweit sind die Vertragsparteien frei, was sie vereinbaren wollen, solange die Vergütung dadurch nicht unangemessen hoch wird.   1067

Zu bedenken ist allerdings, dass zu komplizierte Berechnungsmethoden tunlichst vermieden werden sollten. Dies macht die Vergütungsvereinbarung undurchsichtig und ist auch für den Anwalt bei der Abrechnung mitunter zu aufwändig.   1068

---

62 Krämer/Mauer/Kilian, Rn. 538.
63 Krämer/Mauer/Kilian, a.a.O.
64 BGH, NJW 1980, 1851.

H. Auslagen, Hebegebühren, Umsatzsteuer

I. Überblick

1. Notwendigkeit und Zulässigkeit

1069 Treffen die Parteien eine Vergütungsvereinbarung, so bedarf es auch einer Vereinbarung hinsichtlich der **Auslagen**. Auslagen sind **Teil der anwaltlichen Vergütung** (§ 1 Abs. 1 Satz 1 RVG). Daher ist bei einer Vergütungsvereinbarung auch stets daran zu denken, sowohl **den Umfang** und als auch **die Höhe** der vom Auftraggeber zu erstattenden Auslagen zu regeln.[1]

1070 Nach der Auffassung von Madert[2] müssen sich die vereinbarten Auslagen allerdings im Rahmen des Wahrscheinlichen halten; anderenfalls würden in Wahrheit gar keine *„Auslagen"* vereinbart. Diese Einschränkung will allerdings nicht einleuchten. Die Parteien sind frei zu vereinbaren, was ihnen beliebt. Dagegen, dass die vereinbarten Auslagen über die tatsächlich beim Anwalt anfallenden Kosten hinausgehen und in dem Mehrbetrag faktisch eine Vergütung steckt, ist grds. nichts einzuwenden, sofern die Grenzen der Sittenwidrigkeit oder der unangemessen hohen Vergütung (§ 4 Abs. 4 Satz 1 RVG) nicht überschritten werden.

1071 Klees[3] wiederum hält es für *„problematisch"*, isolierte Auslagenvereinbarungen außerhalb einer umfassenden Vergütungsvereinbarung zu treffen, da bei derartigen Vereinbarungen der Eindruck entstehen könnte, der Anwalt wolle an der Regelung der Auslagenerstattung verdienen. Auch diese Bedenken wollen nicht einleuchten. Wieso soll der Anwalt nicht auch an den Auslagen verdienen dürfen? Im Rahmen einer freien Vergütungsvereinbarung bestehen dagegen m.E. keine Bedenken.

---

1 Hansens/Braun/Schneider, Praxis des Vergütungsrechts, Teil 1 Rn. 469, 555.
2 Madert, A Rn. 25; Gerold/Schmidt/Madert, § 4 Rn. 87; ebenso Hartmann, KostG, § 4 RVG Rn. 26.
3 Mayer/Kroiß/Klees, § 4 Rn. 117.

2. Auslagen

Soweit die Parteien eine Vergütungsvereinbarung treffen, ohne auch die Erstattung von Auslagen zu regeln, sind diese im Zweifel durch die vereinbarte Vergütung mit abgegolten.[4]

1072

Lediglich dann, wenn sich aus der Vereinbarung ergibt, dass eine abweichende Vergütung **nur anstelle der gesetzlichen Gebühren** gezahlt werden soll, bleiben daneben die gesetzlichen Auslagentatbestände der Nrn. 7000 ff. VV RVG anwendbar.

1073

Beispiel:

1074

Vereinbart ist ein Stundensatz i.H.v. 200,00 €/Stunde; weitere Regelungen zur Vergütung werden nicht getroffen.

Dieser Fall ist eindeutig: Mit der vereinbarten Vergütung sind sämtliche Auslagen abgegolten und können nicht gesondert abgerechnet werden.[5]

Beispiel:

1075

Die Parteien vereinbaren, dass der Anwalt das Doppelte der gesetzlichen Vergütung erhält.

Auch dieser Fall ist eindeutig: Da die Auslagen zur gesetzlichen Vergütung gehören (§ 1 Abs. 1 Satz 1 RVG), bleiben die gesetzlich geregelten Auslagentatbestände anwendbar. Die jeweiligen Auslagenbeträge entstehen in doppelter Höhe.

Beispiel:

1076

Die Parteien vereinbaren, dass der Anwalt das Doppelte der gesetzlichen Gebühren erhält.

Diese Regelung ist nicht eindeutig: Nach der Vereinbarung bleiben ausdrücklich nur die gesetzlichen „Gebühren"-Tatbestände dem Grunde nach anwendbar. Ob mit den erhöhten Gebühren die gesetzlichen Auslagentatbestände abgegolten sein sollen oder ob die Auslagen zusätzlich gefordert werden dürfen, kann zumindest fraglich erscheinen. Es spricht vieles dafür, diese Vereinbarung nach §§ 133, 157 BGB dahin gehend auszulegen, dass die gesetzlichen Auslagen zusätzlich

---

4 OLG Koblenz, OLGZ 79, 230; LG Koblenz, AnwBl. 1984, 206 m. Anm. Madert = JurBüro 1984, 1667 m. Anm. Mümmler; AnwK-RVG/N. Schneider, § 4 Rn. 114; Brieske, S. 159; Madert, a.a.O.; Gerold/Schmidt/Madert, § 4 Rn. 88; Hartmann, KostG, a.a.O.
5 Hansens/Braun/Schneider, Praxis des Vergütungsrechts, Teil 1 Rn. 513.

H. Auslagen, Hebegebühren, Umsatzsteuer

gefordert werden können. Eine klarstellende Zusatzvereinbarung ist jedoch angebracht.

1077 **Beispiel:**

Die Parteien vereinbaren, dass zwar nach den gesetzlichen Gebühren abgerechnet wird, jedoch das Doppelte des vom Gericht festgesetzten Streitwerts zugrunde gelegt werden soll.

Auch diese Regelung ist nicht eindeutig: Die Vereinbarung betrifft ebenfalls nur die Höhe der Gebühren, so dass es fraglich ist, ob durch diese Erhöhung der Gebühren gleichzeitig die Auslagen abgegolten sein sollen. Hier dürfte die Auslegung ergeben, dass die gesetzlichen Auslagen gefordert werden können, allerdings in einfacher Höhe, da die Verdoppelung sich hierauf nicht bezieht. Eine klarstellende Zusatzvereinbarung wäre aber auch hier angebracht.

1078 **Praxistipp:**

Um jeglichen Zweifeln aus dem Weg zu gehen, sollte der Anwalt in der Vereinbarung ausdrücklich klarstellen, dass Auslagen zusätzlich abgerechnet werden und in welcher Höhe die Auslagen abzurechnen sind.

1079 **Muster: Vereinbarung der gesetzlichen Auslagen**

...

Auslagen und Umsatzsteuer werden nach den gesetzlichen Vorschriften zusätzlich erhoben.

3. Verauslagte Beträge

1080 Auch bei verauslagten Beträgen (Vorbem. 7 Abs. 1 Satz 1 VV RVG) kann zweifelhaft sein, ob diese von der Vergütungsvereinbarung erfasst sind. Im Gegensatz zu den sonstigen Auslagen dürfte hier im Zweifel nicht davon auszugehen sein, dass diese durch die Vereinbarung mit abgegolten sind. Verauslagte Beträge gehören nämlich nicht zur gesetzlichen Vergütung nach §1 Abs. 1 Satz 1 RVG. Ihre Erstattung ist daher auch nicht im RVG geregelt, sondern bleibt vom RVG unberührt (Vorbem. 7

Abs. 1 VV RVG); der Erstattungsanspruch ergibt sich aus §§ 675, 670 BGB.

Für **vorgelegte Gerichtskosten** o.Ä. dürfte es an sich selbstverständlich sein, dass der Auftraggeber diese dem Anwalt erstatten muss, zumal insoweit keine Verpflichtung des Anwalts zur Vorlage solcher Kosten besteht. Vielmehr bleibt der Auftraggeber ungeachtet einer Vergütungsvereinbarung Schuldner der Staatskasse (§§ 22 ff. GKG). Legt der Anwalt solche Kosten vor, kann er diese unabhängig von einer Vergütungsvereinbarung nach §§ 675, 670 BGB erstattet verlangen, so dass es insoweit keiner gesonderten Regelung bedarf. 1081

Andererseits darf aber nicht übersehen werden, dass es bei **anderen zu verauslagenden Kosten**, insbesondere der **Aktenversendungspauschale** nach Nr. 9003 GKG-KostVerz. oder nach § 105 Abs. 7 OWiG, schon bei Abrechnung der gesetzlichen Vergütung umstritten ist, ob diese Kosten vom Anwalt separat eingefordert werden können oder ob diese nicht nach Vorbem. 7 Abs. 1 Satz 1 VV RVG als allgemeine Geschäftskosten durch die jeweiligen Gebühren abgegolten sind.[6] Eine klarstellende Regelung vermeidet daher auch hier eventuelle spätere Differenzen. 1082

Praxistipp: 1083

Um sicherzugehen sollte hinsichtlich vorzulegender Kosten immer eine ausdrückliche Regelung in der Vergütungsvereinbarung enthalten sein, dass diese vom Auftraggeber unmittelbar zu zahlen bzw. dem Anwalt zu erstatten sind.

4. Allgemeine Geschäftskosten

Nach dem Leitbild des Gesetzes sind allgemeine Geschäftskosten durch die jeweiligen Gebühren abgegolten (Vorbem. 7 Abs. 1 Satz 1 VV RVG). 1084

---

6   So zuletzt LG Berlin, RVGreport 2005, 150 m. abl. Anm. von Hansens; s. ausführlich mit Rechtsprechungsübersicht AnwK-RVG/N. Schneider, Vorbem. 7 VV RVG Rn. 31.

Dies gilt erst recht, wenn anstelle der gesetzlichen Gebühren eine Vergütungsvereinbarung getroffen wird.

1085 Unbenommen bleibt es jedoch, auch hier durch eine Vergütungsvereinbarung Kosten auf den Auftraggeber umzulegen, die an sich zu den allgemeinen Geschäftskosten gehören, wie z.B. Recherchekosten u.Ä.[7]

5. Hebegebühren

1086 Die Abrechnung von Hebegebühren sollte ebenfalls ausdrücklich geregelt werden, auch wenn diese keine Auslagen sind. Treffen die Parteien eine Vergütungsvereinbarung, in der sie ein anderes Abrechnungssystem als das gesetzliche Gebührensystem zugrunde legen, insbesondere Abrechnung nach Stundensätzen oder Pauschalen, sind damit im Zweifel auch anfallende Hebegebühren abgegolten, da es sich um gesetzliche Gebühren handelt.

1087 *Beispiel:*
Die Parteien haben vereinbart, dass der Anwalt eine Vergütung i.H.v. 200,00 €/Stunde erhalte.
Damit sind auch Hebegebühren abgegolten und können nicht gesondert in Rechnung gestellt werden. Allerdings kann die Verwahrungstätigkeit nicht mit 200,00 €/Stunde abgerechnet werden.

1088 *Beispiel:*
Die Parteien vereinbaren, dass der Anwalt eine Pauschale i.H.v. 6.000,00 € erhalte.
Damit sind wiederum Hebegebühren abgegolten und können nicht gesondert in Rechnung gestellt werden; durch die Pauschale ist auch die Verwahrungstätigkeit mit abgegolten.

1089 **Praxistipp:**

Sofern der Anwalt im Laufe des Mandats voraussichtlich mit der Einziehung und Weiterleitung von Fremdgeldern, Kostbarkeiten oder Wertpapieren befasst sein wird, sollte auch insoweit eine ausdrück-

---

7 Brieske, S. 160.

liche Regelung zur Vergütung der Verwahrungs-, Überwachungs- und Auszahlungstätigkeit erfolgen.

6. Umsatzsteuer

Die Erhebung der Umsatzsteuer – die nach dem RVG systemwidrig als Auslagenposition behandelt wird (Nr. 7008 VV RVG) – sollte ausdrücklich geregelt werden, da auch hier im Zweifel bei Fehlen einer ausdrücklichen Regelung von einer **Brutto-Vereinbarung** auszugehen, wonach in der vereinbarten Vergütung die Umsatzsteuer bereits enthalten ist.[8] 1090

II. Auslagen

1. Überblick

> **Praxistipp:** 1091
>
> Wie bereits ausgeführt, ist es dringend zu empfehlen, in einer Vergütungsvereinbarung den Umfang und die Höhe der vom Auftraggeber zu erstattenden Auslagen zu regeln.

Fehlt jegliche Vereinbarung zu den Auslagen und ergibt sich nicht zweifelsfrei aus dem Zusammenhang (§§ 133, 157 BGB), dass die gesetzliche Auslagenregelung greifen soll (s.o. Rn. 1072 ff.), so gelten nicht nur die gesetzlichen Gebührentatbestände als durch die vereinbarte Vergütung abgegolten, sondern auch die gesetzlichen Auslagentatbestände (s.o. Rn. 1072 ff.).[9] 1092

---

[8] BAG AP Nr. 19 zu § 76 BetrVG 1972 = DB 1987, 441 = SAE 1987, 155; EzA § 76 BetrVG 1972 Nr. 36; AR-Blattei Einigungsstelle Entsch. 32; DB 1989, 232; AR-Blattei ES 630 Nr. 32; OLG Karlsruhe, OLGZ 79, 230 = DB 1979, 447 = r+s 1979, 92; LG Koblenz, AnwBl. 1984, 206 m. Anm. Madert = JurBüro 1984, 1667 m. Anm. Mümmler; AnwK-RVG/N. Schneider, § 4 Rn. 115; Brieske, S. 160; Madert, A Rn. 25; Gerold/Schmidt/Madert, § 4 Rn. 87; Hartmann, KostG, § 4 RVG Rn. 26.

[9] LG Koblenz, AnwBl. 1984, 206 m. Anm. Madert = JurBüro 1984, 1667 m. Anm. Mümmler; AnwK-RVG/N. Schneider, § 4 Rn. 47; Brieske, S. 160; Madert, A Rn. 25.

1093 Für eine Vereinbarung über die vom Auftraggeber zu ersetzenden Auslagen bieten sich verschiedene Modelle an:

(1) Zum einen kann die **gesetzliche Regelung** vereinbart werden.

1094 *Beispiel:*

Die Parteien treffen eine Stundensatzvereinbarung oder vereinbaren Pauschalen. Daneben regeln sie, dass anfallende Auslagen nach den gesetzlichen Vorschriften abgerechnet werden.

(2) Die Parteien können darüber hinaus in der Vergütungsvereinbarung **zwar die gesetzlichen Auslagentatbestände vereinbaren,** aber eine von der gesetzlichen Regelung **abweichende Höhe**.

1095 *Beispiel:*

Die Parteien treffen eine Stundensatzvereinbarung oder vereinbaren Pauschalen. Daneben regeln sie, dass die Nrn. 7000 ff. VV RVG gelten, allerdings mit der Maßgabe, dass je Ablichtung eine Vergütung von 1,00 € je Seite und für jeden mit dem PKW gefahrenen Kilometer 0,50 € zu zahlen sind.

Möglich sind auch bloße **Zuschläge** zur gesetzlichen Auslagenerstattung.[10]

1096 *Beispiel:*

Die Parteien vereinbaren neben den gesetzlichen Auslagen eine zusätzliche Fotokopiekostenpauschale i.H.v. 20,00 € und eine zusätzliche zweite Postentgeltpauschale von weiteren 20,00 €.[11]

(3) Die Parteien können darüber hinaus in der Vergütungsvereinbarung auch **Auslagentatbestände** regeln, **die gesetzlich nicht vorgesehen sind**, sondern als allgemeine Geschäftskosten nach Vorbem. 7 Abs. 1 Satz 1 VV RVG gelten.

1097 *Beispiel:*

Die Parteien vereinbaren das Doppelte der gesetzlichen Gebühren und der gesetzlichen Auslagenerstattung nach den Nrn. 7000 ff. VV RVG; darüber hinaus

---

10 Hansens/Braun/Schneider, Praxis des Vergütungsrechts, Teil 1 Rn. 555 mit Muster.
11 Hansens/Braun/Schneider, a.a.O.

sollen Kosten für die Anschaffung von Spezialliteratur[12] und von Datenbankrecherchen[13] vom Auftraggeber zu erstatten sein.

Auch die **Veränderung von Höchst- oder Freigrenzen** zählt hierzu.

Beispiel: 1098

Die Parteien vereinbaren, dass der Pauschalbetrag der Nr. 7002 VV RVG auf 100,00 € angehoben wird.

Beispiel: 1099

Die Parteien vereinbaren, dass im Falle der Nr. 7000 Nr. 1b) und c) VV RVG auch die jeweils ersten 100 Ablichtungen zu vergüten sind.

(4) Theoretisch denkbar, praktisch jedoch kaum sinnvoll wäre es, auch die Höhe der zu ersetzenden Auslagen nach § 4 Abs. 3 Satz 1 RVG in das **Ermessen des Vorstands der Rechtsanwaltskammer** zu stellen.

(5) Möglich sind ferner **Kombinationen** der vorgenannten Fälle.

Beispiel: 1100

Die Parteien treffen eine Stundensatzvereinbarung und vereinbaren, dass Ablichtungen und Postentgelte nach den gesetzlichen Vorschriften abzurechnen sind, dass ein tägliches Abwesenheitsgeld i.H.v. 100,00 € zu zahlen ist und dass darüber hinaus die Prämie der Erweiterung der Haftpflichtversicherung für den betreffenden Fall erstattet wird.

(6) Zulässig ist es (und vor allem praktikabel), sämtliche Auslagen zu pauschalieren und in Anlehnung an Nr. 7002 VV RVG nach einem Prozentsatz der gesetzlichen Gebühren zu berechnen.

Beispiel: 1101

Die Parteien treffen eine Vergütungsvereinbarung – welcher Art auch immer – und vereinbaren in Anlehnung an Nr. 7002 VV RVG, dass zusätzlich ein Betrag i.H.v. 5 % der Vergütung als Auslagenpauschale gezahlt wird.

---

12 Nach dem gesetzlichen Leitbild zählt diese Position zu den allgemeinen Geschäftskosten nach Vorbem. 7 Abs. 1 VV RVG; OLG Karlsruhe, BRAGOReport 2001, 9; AnwK-RVG/N. Schneider, Vorbem. 7 VV RVG Rn. 9.

13 Nach dem gesetzlichen Leitbild zählt diese Position zu den allgemeinen Geschäftskosten nach Vorbem. 7 Abs. 1 VV RVG; AnwK-RVG/N. Schneider, Vorbem. 7 VV RVG Rn. 15 m.w.N.; Hansens, ZAP, F. 24, S. 522 ff.

Ggf. kann hier – wiederum in Anlehnung an Nr. 7002 VV RVG – ein Höchstbetrag vereinbart werden.

(7) Möglich ist, dass eine **Vergütungsvereinbarung ausschließlich über Auslagen** getroffen wird.[14]

1102 *Beispiel:*

Die Parteien vereinbaren, dass nach den gesetzlichen Gebühren abzurechnen ist, treffen aber eine Vereinbarung über höhere Fahrtkosten und Abwesenheitsgelder als nach den Nrn. 7003 ff. VV RVG.

2. Anforderungen an eine wirksame Auslagenvereinbarung

1103 Auch für die Vereinbarung von Auslagen gelten die allgemeinen Anforderungen an eine Vergütungsvereinbarung.

a) Formvorschriften bei Vereinbarung höherer Auslagen

aa) Schriftform

1104 **Höhere als die gesetzlich geregelten Auslagen** können danach vom Anwalt nur verlangt werden, wenn eine diesbezügliche **schriftliche Erklärung des Auftraggebers** vorliegt (§ 4 Abs. 1 Satz 1 RVG), da auch die Auslagen Teil der Vergütung sind (§ 1 Abs. 1 Satz 1 RVG)[15] (zur Schriftform s.o. Rn. 511 ff).

bb) Trennung von einer Vollmacht

1105 Eine Vereinbarung über Auslagen darf **nicht in einer Vollmacht enthalten** sein (§ 4 Abs. 1 Satz 1 RVG) (s. hierzu Rn. 554).

cc) Bezeichnung der Vereinbarung

1106 Ist das Schriftstück nicht vom Auftraggeber verfasst, muss darüber hinaus die **Vereinbarung höherer Auslagen als der gesetzlich geregelten ausdrücklich als solche bezeichnet** sein. Insoweit wird das Wort „*Vergütungsvereinbarung*" allerdings nicht erforderlich sein. Die Bezeich-

---

14 Madert, A Rn. 25; zu den hiergegen erhobenen Bedenken von Klees s. Rn. 1071.
15 Madert, A Rn. 25; Hartmann, KostG, § 4 RVG Rn. 26.

nung „Auslagenvereinbarung" dürfte wohl ausreichend sein, sofern wirklich nur Auslagen vereinbart werden.

> **Praxistipp:** 1107
>
> Es sollte sich der Anwalt auf keine Unklarheiten einlassen und eine Vereinbarung über Auslagen entsprechend dem gesetzlichen Wortlaut des § 4 Abs. 1 Satz 2 RVG ausdrücklich als „*Vergütungsvereinbarung*" bezeichnen.

dd) Deutliches Absetzen

Darüber hinaus muss eine Vereinbarung, die sich nur auf Auslagen erstreckt, **von anderen Vereinbarungen deutlich abgesetzt** sein, sofern das Schriftstück nicht vom Auftraggeber verfasst ist (§ 4 Abs. 1 Satz 2 RVG). 1108

ee) Rechtsfolgen eines Formverstoßes

Entspricht die Vereinbarung nicht den vorgenannten Formvorschriften, so können die vereinbarten Auslagen nur bis zur Höhe der gesetzlichen Auslagen verlangt werden (§ 4 Abs. 1 Satz 1 RVG). 1109

Hat der Auftraggeber allerdings **freiwillig und vorbehaltlos** fällige Auslagen bereits beglichen, kann er nach § 4 Abs. 1 Satz 3 RVG diese nicht zurückfordern. 1110

Anders dagegen, wenn er auf Auslagen nur Vorschüsse gezahlt hat, die noch abzurechnen sind; diese Vorschüsse kann er auch bei Auslagen zurückfordern, soweit sie die gesetzlichen Auslagen übersteigen (s. hierzu ausführlich Rn. 2124 ff.). 1111

Eine Vereinbarung **höherer Auslagen** als der gesetzlichen ist immer dann gegeben, wenn 1112

- **höhere Beträge** vereinbart werden,
- **Zuschläge** zu den gesetzlichen Auslagen vereinbart werden,

- gesetzlich **vorgesehene Begrenzungen** aufgehoben werden, wie z.B. der Höchstbetrag nach Nr. 7002 VV RVG oder der Ausschluss der ersten 100 Ablichtungen nach Nr. 7000 Nr. 1a) und b) VV RVG,
- **allgemeine Geschäftskosten** abgerechnet werden sollen.

1113 Höhere Auslagen können aber auch dann gegeben sein, wenn lediglich **höhere Gebühren** als die gesetzlichen vereinbart werden, hinsichtlich der Postentgeltpauschale nach Nr. 7002 VV RVG jedoch die gesetzliche Regelung übernommen wird mit der Maßgabe, dass die 20 % sich nach der Höhe des vereinbarten Honorars berechnen. Dieses „Problem" kann allerdings vernachlässigt werden, da es nur im marginalen Bereich bei gesetzlichen Gebühren unter 100,00 € auftreten kann.

b) Beratungshilfe

1114 Eine Vereinbarung von höheren Auslagen als den gesetzlichen ist im Rahmen der **Beratungshilfe** unzulässig (§ 4 Abs. 6 RVG i.V.m. § 8 BerHG) und führt zur Unwirksamkeit, die auch durch eine freiwillige Zahlung nicht geheilt werden kann (s.o. Rn. 168 ff.).

1115 Möglich ist allerdings eine Vereinbarung hinsichtlich solcher Auslagen, die von der Beratungshilfe nicht gedeckt werden, also z.B. Kosten für Ablichtungen oder Reisekosten, die i.S.d. § 46 Abs. 1 RVG nicht erforderlich sind und daher von der Staatskasse auch nicht getragen werden, gleichwohl vom Rechtsuchenden aber gewünscht werden (s. Rn. 176 ff.).

c) Prozesskostenhilfe

1116 Ist der Anwalt der Partei im Wege der **Prozesskostenhilfe** beigeordnet, führt dies nicht zur Unwirksamkeit einer Vereinbarung über höhere Auslagen; allerdings wird nach § 4 Abs. 5 Satz 1 RVG eine Verbindlichkeit nicht begründet.

1117 Ist eine solche Vereinbarung getroffen worden und hat der Auftraggeber fällige Auslagen **freiwillig und vorbehaltlos gezahlt**, kann er auch die höheren Auslagen nach § 4 Abs. 5 Satz 2 RVG nicht zurückfordern.

Hier muss die Vorschrift des § 4 Abs. 5 Satz 1 RVG allerdings im Kontext zu § 122 Abs. 1 Nr. 3 ZPO gesehen werden (s. hierzu Rn. 205 ff.). Die „Sperre" des § 4 Abs. 5 Satz 1 RVG greift nur insoweit, als Prozesskostenhilfe bewilligt worden ist und die geregelten Auslagen auch erfasst sind; dabei spielt es keine Rolle, ob ratenfreie Prozesskostenhilfe oder Prozesskostenhilfe gegen Ratenzahlung bewilligt worden ist. 1118

Soweit jedoch die Prozesskostenhilfe bestimmte Auslagen nicht erfasst und der Anwalt die Partei ungeachtet des § 122 Abs. 1 Nr. 3 ZPO in Anspruch nehmen kann,[16] sind auch Vergütungsvereinbarungen möglich. Die Vorschrift des § 4 Abs. 5 Satz 1 RVG steht dem dann nicht entgegen. 1119

Beispiel: 1120

Der in München ansässige Anwalt ist dem Auftraggeber für ein Scheidungsverfahren vor dem Amtsgericht Augsburg im Wege der Prozesskostenhilfe beigeordnet worden, allerdings nur zu den Bedingungen eines ortsansässigen Anwalts.

Aufgrund dieser Beiordnung ist die Übernahme der Reisekosten München-Augsburg durch die Staatskasse ausgeschlossen. Insoweit darf daher der Anwalt seinen Auftraggeber in Anspruch nehmen; § 122 Abs. 1 Nr. 3 ZPO steht dem nicht entgegen.[17]

Folglich sind insoweit auch Auslagenerstattungsvereinbarungen zulässig.

d) Vereinbarung geringerer Auslagen

Unzulässig ist es nach § 49b Abs. 1 Satz 1 BRAO, **geringere Auslagen** zu verlangen, als das RVG vorsieht. 1121

Im Gegensatz zu den Gebühren lässt das Gesetz die Vereinbarung geringerer als der gesetzlichen Auslagen nicht zu. Die Vorschrift des § 4 Abs. 3 Satz 1 RVG spricht nur von *„Gebühren"*, nicht von der Vergütung schlechthin. 1122

Allerdings führt eine danach nicht gestattete Unterschreitung der gesetzlichen Auslagen nicht zur Unwirksamkeit. Insbesondere bleibt der Anwalt an diese Vereinbarung gebunden.[18] 1123

---

16 S. AnwK-RVG/N. Schneider, § 11 Rn. 68, 102.
17 AnwK-RVG/N. Schneider, § 11 Rn. 102.
18 OLG Düsseldorf, JurBüro 2004, 536.

e) Erfolgsabhängige Auslagen oder Beteiligung am Erfolg

1124 Mit § 49b Abs. 2 BRAO, also der Abhängigkeit vom Ausgang der Sache (**Erfolgshonorar**) oder **Beteiligung am Erfolg** (quota litis), werden Auslagenvereinbarungen wohl kaum in Konflikt kommen. Sollte allerdings ausnahmsweise die Übernahme von Auslagen oder ihre Höhe vom Ausgang der Sache oder vom Erfolg der anwaltlichen Tätigkeit abhängig gemacht werden, wäre dies nach § 49b Abs. 2 BRAO unzulässig und würde zur Unwirksamkeit der Vereinbarung führen.

f) Sittenwidrigkeit

1125 Darüber hinaus sind Auslagenvereinbarungen auch dann unwirksam, wenn sie **sittenwidrig** sind, wenn also nicht mehr hinnehmbare überhöhte Auslagensätze vereinbart werden (s. hierzu Rn. 1743 ff.). Eine Auslagenvereinbarung ist aber nicht bereits deshalb sittenwidrig, weil die Erstattung abweichend von § 26 BRAGO (jetzt Nr. 7002 VV RVG) betragsmäßig nicht begrenzt ist.[19]

1126 Sind die Auslagen lediglich **unangemessen hoch**, kommt die Herabsetzung durch das Gericht in Betracht (§ 4 Abs. 4 Satz 1 RVG) (zur Herabsetzung s. Rn. 1656 ff.).

g) Hinreichende Bestimmtheit

1127 Des Weiteren muss eine Vergütungsvereinbarung über Auslagen **genügend bestimmt** sein. Zwar sind auch insoweit Vergütungsvereinbarungen nach §§ 133, 157 BGB auslegungsfähig. Zum Schutz des Mandanten sind jedoch enge Grenzen gesetzt. Er muss wissen, mit welchen Auslagenerstattungsansprüchen er zu rechnen hat. Wenn auch der Auslagenerstattung nicht die wirtschaftliche Bedeutung zukommt wie der sonstigen Vergütung, gelten hier jedoch grds. keine anderen Maßstäbe.

1128 So hat das OLG Koblenz[20] eine Vereinbarung als nicht hinreichend bestimmt und damit unwirksam angesehen, in der der Zusatz enthalten war, dass zuzüglich eines konkret vereinbarten Pauschal- und Zeithono-

---

19 BGH, NJW 2003, 2386 = BGHReport 2003, 973.
20 OLG Koblenz, AGS 2002, 200 = KostRsp. BRAGO § 3 Nr. 58.

rars „*Spesen*" zu zahlen seien. Das BVerfG hat diese Entscheidung jedoch zu Recht als verfassungsrechtlich nicht haltbar aufgehoben.[21]

Eine mangelnde Bestimmtheit kann gegeben sein, wenn mit dem Auftraggeber vereinbart wird, dass dieser die Haftpflichtversicherungsprämie (i.d.R. eine Zusatzprämie bei außergewöhnlichen Mandaten) gesondert zu übernehmen habe.[22] Hier muss geregelt werden, was die „*zu übernehmende Prämie*" ist und wie oft sie gezahlt werden muss.[23] Das Mandat kann sich durchaus über mehrere Jahre erstrecken. Da Versicherungsprämien jährlich erhoben werden, können mehrere Prämien anfallen. 1129

h) AGB-Prüfung

Darüber hinaus müssen sich Vereinbarungen über die Auslagen an den §§ 305 ff. BGB messen lassen. Auch diese Vereinbarungen müssen also **AGB-fest** sein. Anderenfalls sind sie nach § 306 BGB unwirksam. 1130

3. Vereinbarungen über die Erstattung aufgewandter Beträge

Soweit der Anwalt in Ausführung des Mandats für den Auftraggeber Beträge vorlegt, insbesondere Gerichtskosten, Gerichtsvollzieherkosten o.Ä., handelt es sich nicht um die Vergütung i.S.d. RVG, sondern um Aufwendungen, die nach § 675 i.V.m. § 670 BGB zu ersetzen sind (Vorbem. 7 Abs. 1 VV RVG). Diesbezügliche Erstattungsansprüche bleiben daher von einer Vergütungsvereinbarung grds. unberührt, da diese nur Gebühren und Auslagen (§ 1 Abs. 1 Satz 1 RVG) erfasst. 1131

Praxistipp: 1132

Es schadet jedoch nichts, wenn insoweit klarstellende Regelungen getroffen werden.

---

21 BVerfG, AGS 2002, 266 = AnwBl. 2002, 612 = BRAGOReport 2002, 165 = BRAK-Mitt. 2002, 222 m. Anm. von Seltmann = FamRZ 2003, 25 = JurBüro 2003, 302 = NJW 2002, 3314 = KostRsp. BRAGO § 3 Nr. 60.
22 Brieske, S. 108.
23 Brieske, a.a.O.

1133 Zu beachten ist, dass es Kostenpositionen gibt, bei denen nicht eindeutig ist, ob es sich um zusätzliche Kosten handelt, die nach Vorbem. 7 Abs. 1 Satz 2 VV RVG vom Auftraggeber gesondert zu erstatten sind oder ob diese zu den allgemeinen Geschäftskosten gehören. Zu denken ist hier insbesondere an die Aktenversendungspauschale nach Nr. 9003 GKG-KostVerz oder § 107 Abs. 5 OWiG, spezielle Recherchedienste etc. (s.o. Rn. 1084). Um hier keine Zweifel aufkommen zu lassen, sollten diesbezüglich Regelungen getroffen werden. Es sollte insbesondere in Straf- und Bußgeldsachen eindeutig geregelt sein, dass die für die Versendung von Gerichts- und Behördenakten anfallenden Versendungskosten gesondert vom Auftraggeber zu erstatten sind.

1134 **Muster: Erstattung verauslagter Kosten**

Soweit der Anwalt im Verlaufe des Mandats Kosten verauslagt, insbesondere Gerichtskosten, Gerichtsvollzieherkosten, Gebühren für Meldeamts- und Registeranfragen, Aktenversendungspauschalen etc. sind diese vom Auftraggeber zu erstatten.

4. Vereinbarungen über allgemeine Geschäftskosten

1135 Allgemeine Geschäftskosten sind nach Vorbem. 7 Abs. 1 Satz 1 VV RVG durch die jeweiligen Gebühren abgegolten. Wird eine Vergütungsvereinbarung getroffen, so gilt Entsprechendes unabhängig davon, ob Gebühren oder anstelle dessen Pauschalen oder Zeitvergütungen vereinbart werden. Allgemeine Geschäftskosten können in keinem Fall zusätzlich geltend gemacht werden.

1136 Unabhängig davon ist es aber möglich zu vereinbaren, dass bestimmte Positionen, die nach dem gesetzlichen Leitbild als allgemeine Geschäftskosten durch die Gebühren abgegolten sind, gesondert erhoben werden können.

1137 Hier ist insbesondere an Kosten für **Spezialliteratur** oder an **Recherchekosten** – wie etwa Datenbankrecherchen[24] – zu denken.

---

24 Brieske, S. 160.

Gleiches gilt, wenn für ein spezielles Mandat **technische Büro-Einrichtungen** aufgerüstet oder erweitert werden müssen. 1138

Des Weiteren zählt hierzu auch die Vereinbarung, dass bereits die ersten jeweils **100 Ablichtungen** nach Nr. 7000 Nr. 2 und 3 VV RVG zu vergüten seien. 1139

Zu denken ist auch daran, die **Kosten einer Bahncard** anteilig oder durch einen Pauschalbetrag umzulegen.[25]

Gleiches gilt für die Umlage von Versicherungsprämien unterhalb einer Versicherungssumme von 30 Mio. €. 1140

Auch Portokosten für das **Versenden von Rechnungen** können entgegen der Anm. zu Nr. 7001 VV RVG vereinbart werden. 1141

5. Vereinbarungen über Kosten für Ablichtungen

Die gesetzliche Regelung über den Ersatz der Kosten für Ablichtungen in Nr. 7000 VV RVG wird allgemein als unbefriedigend empfunden.[26] 1142

Bei Abrechnung nach den gesetzlichen Gebührentatbeständen wären im Falle der Nr. 7000 Nr. 1b) und c) VV RVG jeweils die **ersten 100 Kopien** vergütungsfrei. Dies kann abbedungen werden, dass also bereits ab der ersten Kopie eine Vergütung zu erheben ist. 1143

Darüber hinaus kann z.B. in Abweichung zu Nr. 7000 Nr. 1a) VV RVG vereinbart werden, dass die Kosten eines **vollständigen Aktenauszugs** zu erstatten sind, dass sich im Nachhinein nicht die Frage stellt, inwieweit es notwendig war, jede einzelne Seite zu kopieren.[27] 1144

Auch die Kosten **mehrfacher Aktenkopien** für Auftraggeber, Mitarbeiter o.Ä. kann hier vereinbart werden. 1145

In Abweichung zu Nr. 7000 Nr. 1c) VV RVG können die **gesamten Kosten der Ablichtungen zur Unterrichtung des Auftraggebers** verein- 1146

---

25 Zum Streit über die anteiligen Kosten der Bahncard s. Anwk-RVG/N. Schneider, Nr. 7001-7003 VV RVG Rn. 21 f.
26 Mayer/Kroiß/Klees, § 4 Rn. 113.
27 Mayer/Kroiß/Klees, a.a.O.

bart werden, so dass sich um das Tatbestandsmerkmal der „*Notwendigkeit*" später nicht gestritten werden muss.

1147 Ergänzend zu Nr. 7000 Nr. 1d) VV RVG kann vorab geregelt werden, in welchen **sonstigen Fällen** Kopien anzufertigen sind, insbesondere welche dritten Personen laufend durch Kopien unterrichtet werden sollen.

1148 Der gesetzliche Auslagensatz beläuft sich auf 0,50 € je Seite und ab der 51. Seite auf 0,15 €. Hier kann die **Unterscheidung** zwischen den ersten 50 Seiten und weiteren Seiten abbedungen werden.

1149 Es kann generell eine **höhere Vergütung je Seite** vereinbart werden. So hat das OLG Düsseldorf[28] bereits im Jahre 1993 Kopiekosten i.H.v. 1 DM/Seite für angemessen angesehen. Angesichts der laufenden Geldentwertung – insbesondere infolge der Euro-Umstellung – dürfte gegen eine Vergütung von 1,00 €/Kopie keinesfalls etwas einzuwenden sein. Berücksichtigt man, welche Kosten im Kanzleibetrieb anfallen, Leasing, Papier, Toner, Personal u.a., dürften auch höhere Beträge grds. nicht unangemessen sein, insbesondere, wenn Kopien jeweils einzeln hergestellt werden müssen.

1150 Vereinbart werden kann auch, dass **eingehende Telefaxe** wie Kopien abgerechnet werden, zumal der Anwalt diese i.d.R. ebenso bezahlen muss.

1151 Für **besondere Formate**, größere Kopien (z.B. A 3), Skizzen oder Pläne können noch höhere Beträge vereinbart werden.

1152 Dies bietet sich insbesondere für **Farbkopien** an, die weder unter Nr. 7000 VV RVG fallen noch unter die allgemeinen Geschäftskosten nach Vorbem. 7 Abs. 1 Satz 1 VV RVG.[29] Die Höhe der vom Auftraggeber zu zahlenden Vergütung ist hier unklar.[30]

---

28 OLG Düsseldorf, AGS 1993, 38 m. Anm. Madert = zfs 1993, 279.
29 OLG Düsseldorf, AGS 2005, 232 m. Anm. Hansens; a.A. OLG Düsseldorf, JurBüro 1992, 498; OLG Stuttgart, JurBüro 2002, 195; Hansens/Braun/Schneider, Praxis des Vergütungsrechts, Teil 18 Rn. 25.
30 LG Frankfurt/O., JurBüro 1996, 658: 6 DM; OLG Düsseldorf, AGS 2005, 232 m. Anm. Hansens: 1 €.

Auch für die **Übermittlung von elektronisch gespeicherte Daten** können höhere Beträge als nach dem Gesetz (2,50 €) vereinbart werden, etwa dass eine bestimmte monatliche Postentgeltpauschale vereinbart wird. 1153

6. Vereinbarungen über Entgelte für Post- und Telekommunikationsdienstleistungen

Werden Entgelte für Post- und Telekommunikationsdienstleistungen **konkret** abgerechnet, wird für eine Auslagenvereinbarung kein Raum sein, da dies der konkreten Abrechnung widersprechen würde. 1154

Dagegen bietet es sich an, entsprechend dem Leitbild der Nr. 7002 VV RVG **pauschale Abrechnungen** zu vereinbaren, um Abrechnungsaufwand zu vermeiden. 1155

Insoweit kann durchaus eine **höhere Grenze**[31] (derzeit 20,00 €) oder der **völlige Wegfall der Höchstgrenze** vereinbart werden. 1156

Es kann **ein höherer Prozentsatz** vereinbart werden, der allerdings nur dann Sinn macht, wenn gleichzeitig auch eine höhere Höchstgrenze oder deren völliger Wegfall vereinbart wird. 1157

Die Pauschalen können **nach Zeiteinheiten gestaffelt** werden.[32] 1158

7. Vereinbarungen über Reisekosten

Vereinbarungen über Reisekosten sind in verschiedener Hinsicht möglich. 1159

a) Vereinbarung eines bestimmten Transportmittels

Hier kann zum einen vereinbart werden, **welcher Verkehrsmittel** sich der Anwalt bedienen darf, also z.B. dass entsprechend der gesetzlichen Regelung der Anwalt sich immer des eigenen Pkw bedienen darf oder wahlweise **Bahnfahrt 1. Klasse.**[33] 1160

---

31 Brieske, S. 160.
32 Brieske, a.a.O.
33 Brieske, a.a.O.

1161 Die Frage, ob der Anwalt ein **Flugzeug** (insbesondere auch welche Klasse) benutzen darf, sollte geregelt werden, wenn sich abzeichnet, dass Geschäftsreisen anfallen werden.

1162 Ob es sich hierbei allerdings schon um die Vereinbarung einer höheren Vergütung i.S.d. §4 Abs.1 RVG handelt, erscheint fraglich. Dagegen spricht, dass im Ergebnis die gesetzliche Vergütung geschuldet ist, solange keine höheren Kosten vereinbart werden als tatsächlich anfallen. Andererseits lässt sich auch vertreten, unter der gesetzlichen Vergütung sei nur diejenige Betrag zu verstehen, der bei Benutzung eines *„angemessenen"* Transportmittel angefallen wäre; werde ein *„unangemessenes"* Transportmittel vereinbart, so liege darin gleichzeitig die Vereinbarung einer höheren als der gesetzlichen Vergütung.

1163 **Praxistipp:**

Um jeglichen Zweifeln vorzubeugen, sollten Vereinbarungen über die Nutzung eines bestimmten Verkehrsmittels entsprechend den Formvorschriften des §4 Abs.1 RVG – insbesondere schriftlich – getroffen werden.

b) Vereinbarung höherer Beträge

1164 Vereinbart werden kann eine **höhere Kilometerpauschale** als die in Nr. 7003 VV RVG gesetzlich vorgesehene. Das BAG[34] hatte 1989 keine Bedenken gegen eine Kilometerpauschale von ca. 0,60 DM/km anstelle der damals gesetzlich vorgesehenen 0,45 DM/km.

1165 **Pauschalen** sind möglich, die nach Zeitabschnitten oder nach Entfernung gestaffelt werden können.

---

34 BAG, BAGE 62, 139 = DB 1989, 2436 = BB 1990, 138 = NJW 1990, 404 = MDR 1990, 185 = NZA 1990, 107 = EzA §40 BetrVG 1972 Nr. 61 m. Anm. Vogg = BRAK-Mitt. 1990, 60 = SAE 1990, 105 – 111 m. Anm. Eich = AR-Blattei Einigungsstelle Entsch. 40 = AP Nr. 34 zu §76 BetrVG 1972 m. Anm. Berger-Delhey = BetrVG EnnR BetrVG §40 (3) = AR-Blattei ES 630 Nr. 40.

Tage- und Abwesenheitsgelder nach Nr. 7005 VV RVG können abwei- 1166
chend geregelt werden.[35] Insoweit sind die gesetzlichen Abwesenheitsgelder ohnehin nicht kostendeckend. Schumann/Geißinger[36] haben insoweit 1972 bereits Beträge von 300 DM als zulässig angesehen; Brieske[37] hält anlässlich der Geldentwertung heute etwa das Doppelte für unbedenklich, also tägliche Abwesenheitsgelder von 300,00 € und darüber hinaus. Das BAG[38] hatte 1989 keine Bedenken gegen eine Abwesenheitspauschale i.H.v. damals 265,00 DM für drei Termine (nach gesetzlicher Regelung damals 75,00 DM oder 135,00 DM).

Hinsichtlich der **sonstigen Auslagen** anlässlich einer Geschäftsreise, ins- 1167
besondere **Übernachtungskosten, Kosten für Frühstück, Mittagessen**
etc., können ebenfalls Vereinbarungen getroffen werden. Dies bietet
sich an, damit im Nachhinein nicht darüber Rechenschaft abgelegt werden muss, ob das in Anspruch genommene Hotel zu teuer war oder
nicht.

Zweckmäßig ist es z.B. bei Übernachtungen, die Hotelkategorie nach 1168
Preisklasse[39] oder nach „Sternen" festzulegen[40] oder von vornherein
pauschale Beträge zu vereinbaren, die der Anwalt für Übernachtungskosten abrechnen darf, ohne dass er sie konkret nachweisen muss.

7. Vereinbarungen über die Haftpflichtversicherungsprämie

Die Haftpflichtversicherungsprämie zählt **bis zu einer Versicherungs-** 1169
summe von 30 Mio. € zu den **allgemeinen Geschäftskosten** (Nr. 7007
VV RVG; Vorbem. 7 Abs. 1 Satz 1 VV RVG).

Soweit die Haftpflichtversicherungsprämie ein höheres Risiko abdeckt, 1170
kann der Anwalt also bereits nach der gesetzlichen Regelung vom Man-

---

35 Madert, A Rn. 25; Brieske, S. 160.
36 § 3 BRAGO Rn. 59 (dort Nr. 7).
37 Brieske, a.a.O.
38 BAG, a.a.O.
39 Brieske, a.a.O.
40 Hier stellt sich wiederum die Frage, ob damit eine höhere Vergütung vereinbart wird (s.o. Rn. 1166). Im Zweifel sollten auch hier sämtliche Formen beachtet werden.

danten Ersatz verlangen. Allerdings wird diese Regelung in der Praxis schon deshalb als unbefriedigend empfunden, weil kein Anwalt gegenüber seinem Mandanten und im Falle der Kostenerstattung gegenüber dem Gegner seine Versicherungsverhältnisse offen legen will.

1171 Von daher bietet es sich insbesondere bei Mandaten mit einem Haftungsrisiko über 30 Mio. an, die Höhe der **anteilig zu ersetzenden Versicherungsprämie** betragsmäßig festzulegen.

1172 Hierbei ist zu beachten, dass sich nicht feststellen lässt, wie lange das Mandat dauern wird, so dass der pauschal vereinbarte Betrag **je Versicherungszeitraum** auf den Auftraggeber umzulegen ist.

1173 Auch soweit die anteilige Versicherungsprämie durch die Gebühren als allgemeine Geschäftskosten abgedeckt ist (Vorbem. 7 Abs. 1 VV RVG) kann ungeachtet dessen eine Vergütungsvereinbarung getroffen werden, insbesondere dann, wenn das Haftungsrisiko den Betrag der gewöhnlichen Versicherungssumme, zu der der Anwalt versichert ist, übersteigt.

1174 Umlagefähig ist insbesondere hier eine „objektbezogene" Versicherungsprämie.[41]

III. Umsatzsteuer

1175 Die Umsatzsteuer wird nach dem RVG als **Auslagentatbestand** behandelt (Nr. 7008 VV RVG), so dass auch hier bereits gilt, dass bei einer fehlenden Auslagenvereinbarung keine Umsatzsteuer erhoben werden kann.

1176 Im Übrigen gilt ohnehin der allgemeine Grundsatz, dass vereinbarte Vergütungen grds. als Bruttovereinbarungen zu verstehen sind und zusätzlich darauf zu erhebende Umsatzsteuer gesondert vereinbart werden muss. Fehlt eine solche zusätzliche Klausel in einer Vergütungsverein-

---

41 Brieske, S. 160.

barung, so ist im Zweifel davon auszugehen, dass es sich um eine Bruttovereinbarung handelt.⁴²

Zwingend ist dies jedoch nicht. Zunächst einmal kommt es auf die Auslegung (§§ 133, 157 BGB) an. So sind daher auch Fälle denkbar, in denen trotz Fehlens einer ausdrücklichen Vereinbarung die Umsatzsteuer auf den Mandanten umgelegt werden kann. 1177

Beispiel: 1178

Die Parteien vereinbaren, dass der Anwalt das Dreifache der gesetzlichen Gebühren abrechne.

In diesem Fall wird der Anwalt zu den Gebühren entsprechend dem gesetzlichen Leitbild, an dem er sich orientiert, auch die Umsatzsteuer vom Auftraggeber verlangen können.

Beispiel: 1179

Vereinbart wird ein Zeithonorar i.H.v. 200,00 €/Stunde.

Fehlt hier eine zusätzliche Vereinbarung, dann ist ein Stundensatz i.H.v. 200,00 € brutto vereinbart, also netto i.H.v. 173,41 €/Stunde.

Beispiel: 1180

Die Parteien vereinbaren, dass zusätzlich zu den gesetzlichen Gebühren ein Zuschlag für jeden Hauptverhandlungstermin i.H.v. 300,00 € zu zahlen ist.

Hinsichtlich der gesetzlichen Gebühren, die als Sockelbetrag geschuldet sind, bleibt es dabei, dass die Umsatzsteuer hinzuzusetzen ist (Nr. 7008 VV RVG).

Hinsichtlich des zusätzlichen Honorars i.H.v. 300,00 € ist aber im Zweifel wiederum von einer Bruttovereinbarung auszugehen, so dass also netto nur 258,62 € vereinbart worden sind.

Vereinbarungen zur Höhe der Umsatzsteuer dürften nicht in Betracht kommen, da der Steuersatz nicht der Disposition der Parteien unterliegt und der Anwalt ohnehin eine höhere als die vereinbarte Umsatzsteuer nach dem UStG abführen müsste, selbst dann, wenn sie nicht angefallen wäre. Zudem würden sich Probleme beim Vorsteuerabzug ergeben. 1181

---

42 OLG Karlsruhe, DB 1979, 447 = OLGZ 1979, 230 = KostRsp. BRAGO § 25 Nr. 7 m. Anm. E. Schneider; LG Koblenz, AnwBl. 1984, 206 m. Anm. Madert = JurBüro 1984, 1667 m. Anm. Mümmler; AnwK-RVG/N. Schneider, § 4 Rn. 115; Brieske, S. 161.

1182 Praxistipp:

Zu achten ist aber unbedingt darauf, dass nicht etwa ein konkreter Steuersatz (also z.B. „16%") angegeben wird, sondern dass ausdrücklich auf den jeweils geltenden gesetzlichen Umsatzsteuersatz abgestellt wird.[43]

1183 Zu den Bedenken einer formularmäßigen Anpassungsklausel (Verstoß gegen § 309 Nr. 1 BGB – unzulässige Preiserhöhung) s. Rn. 734.

1184 Schließen die Parteien eine Vergütungsvereinbarung und legen sie darin die Höhe des Steuersatzes fest, so kann der Anwalt im Zweifel auch nur diesen Steuersatz gegenüber dem Auftraggeber geltend machen.[44] Dies soll nach Madert[45] auch dann gelten, wenn die Höhe des Umsatzsteuersatzes offen gelassen wird; auch dann soll nur der Steuersatz als vereinbart gelten, der bei Abschluss der Vereinbarung galt. Wird die Umsatzsteuer später erhöht, muss der Anwalt diese höhere Umsatzsteuer zwar an das Finanzamt abführen, kann jedoch nur den geringeren Satz auf den Auftraggeber umlegen. Zu beachten ist hier nämlich, dass die Umsatzsteuer zum Zeitpunkt der Fälligkeit des Honorars erhoben wird und nicht auf den Zeitpunkt der Vergütungsvereinbarung abgestellt wird.

1185 *Beispiel:*

Die Parteien vereinbaren, dass zusätzlich zu dem vereinbarten Honorar 16% Umsatzsteuer zu zahlen sind.

Wird die gesetzliche Umsatzsteuer später etwa auf 18% erhöht, ist im Zweifel davon auszugehen, dass dem Auftraggeber nur 16% Umsatzsteuer in Rechnung gestellt werden darf. Die weiteren 2% müssen dann zwar an das Finanzamt abgeführt werden, können aber nicht auf den Auftraggeber umgelegt werden.

---

43 Brieske, S. 161.
44 Gerold/Schmidt/Madert, § 4 Rn. 91.
45 Gerold/Schmidt/Madert, a.a.O.

IV. Hebegebühren

Ist der Anwalt anlässlich des Mandats mit dem Einziehen und Weiterleiten von Fremdgeldern, Wertpapieren oder Kostbarkeiten beauftragt, so steht ihm bei Abrechnung nach den gesetzlichen Gebühren für jede Auszahlung eine Hebegebühr nach Nr. 1009 VV RVG zu. Nach zutreffender Ansicht ist jeder Auszahlungsvorgang eine eigene Angelegenheit.[46]

1186

Haben die Parteien eine Vergütungsvereinbarung getroffen, die sich nicht an den gesetzlichen Gebühren orientiert, also insbesondere eine Stunden- oder Pauschalvereinbarung, dann sind hiermit auch eventuell nach der gesetzlichen Regelung anfallende Hebegebühren abgegolten. Dies gilt selbstverständlich insbesondere bei Zeithonoraren, da der Anwalt hier die mit den Verwahrungs- und Auszahlungs- oder Weiterleitungsvorgängen verbundene Zeit mit dem Mandanten abrechnen kann.

1187

Beispiel:

1188

Die Parteien vereinbaren, dass der Anwalt das Doppelte der gesetzlichen Gebühren erhalte.

Da die Hebegebühr zu den gesetzlichen Gebühren zählt, kann er diese also auch abrechnen und zwar in doppelter Höhe.

Beispiel:

1189

Die Parteien vereinbaren, dass dem Anwalt zusätzlich zu den gesetzlichen Gebühren ein Pauschalhonorar i.H.v. 5.000,00 € zustehe.

Hier bleibt die Abrechnung nach den gesetzlichen Gebühren als Sockel bestehen. Folglich ist auch die Hebegebühr in gesetzlicher Höhe vom Mandanten zu übernehmen.

Beispiel:

1190

Die Parteien vereinbaren, dass der Anwalt eine Vergütung i.H.v. 200,00 €/Stunde erhalte.

Damit sind auch Hebegebühren abgegolten und können nicht gesondert in Rechnung gestellt werden. Allerdings erhält der Anwalt seine Verwahrungstätigkeit jetzt mit 200,00 €/Stunde vergütet.

---

46 AnwK-RVG/N. Schneider, Nr. 1009 Nr. 1 VV RVG.

1191 *Beispiel:*
Die Parteien vereinbaren, dass der Anwalt ein Pauschalhonorar erhält.
Damit ist ohne gesonderte Regelung auch die Verwahrungstätigkeit des Anwalts abgegolten, so dass keine Hebegebühren in Rechnung gestellt werden dürfen.

1192 Will der Anwalt in diesen Fällen die Hebegebühren gesondert abrechnen, bedarf es einer separaten Vereinbarung, dass diese Gebühren zusätzlich abzurechnen sind.

1193 Insoweit kann auf die gesetzliche Regelung Bezug genommen werden oder auch hinsichtlich der Hebegebühren eine abweichende höhere Vergütung vereinbart werden.

1194 **Muster: Vereinbarung der gesetzlichen Hebegebühren**

Neben der vereinbarten Vergütung erhält der Anwalt Hebegebühren nach Nr. 1009 VV RVG entsprechend der gesetzlichen Regelung zuzüglich Auslagen und Umsatzsteuer.[47]

1195 **Muster: Vereinbarung einer höheren Vergütung anstelle der gesetzlichen Hebegebühren**

Werden an den Anwalt Zahlungen geleistet, die er weiter- oder zurückleitet oder werden Wertpapiere oder Kostbarkeiten abgeliefert, die er abliefert oder zurückliefert, so erhält er hierfür eine Vergütung i.H.v. 1% des Wertes zuzüglich Auslagen und Umsatzsteuer.[48]

---

47 Da es sich um eine vereinbarte Vergütung handelt, müssen auch hier zusätzlich Auslagen und Umsatzsteuer ausdrücklich vereinbart werden (s.o. Rn. 1175).
48 A.a.O.

I. Auswirkungen einer vorzeitigen Beendigung des Mandats auf die vereinbarte Vergütung

I. Überblick

Auch dann, wenn die Parteien eine Vergütungsvereinbarung geschlossen haben, ist eine vorzeitige Beendigung des Mandats jederzeit möglich, insbesondere, wenn das Vertrauen zwischen den Vertragsparteien verloren gegangen ist.   1196

Nicht zu verwechseln ist die vorzeitige Mandatsbeendigung mit dem Fall, dass sich eine Sache unerwartet vorzeitig erledigt.   1197

Beispiel: 1198

Ein Strafverfahren wird noch vor Abgabe der Einlassung durch den Verteidiger von der Staatsanwaltschaft eingestellt. Die Vertragsparteien hatten mit einer mehrtägigen Hauptverhandlung gerechnet und ein dementsprechend hohes Pauschalhonorar vereinbart.

Entweder ist für diesen Fall in der Vergütungsvereinbarung eine Staffelung vorgesehen, wenn sich die Sache vorzeitig erledigt – dann ist hiernach zu verfahren – oder es fehlt eine solche Abrede – dann bleibt die volle Vergütung geschuldet: In Betracht kommt allerdings die Herabsetzung der Vergütung nach § 4 Abs. 4 RVG.[1]

Beispiel: 1199

Vereinbart ist ein Pauschalhonorar für ein erstinstanzliches Klageverfahren. Nach Anfertigung, aber vor Einreichung der Klageschrift zahlt der Gegner, so dass es nicht mehr zum Rechtsstreit kommt.

Ist hier keine Staffelung für den Fall der vorzeitigen Erledigung vorgesehen, dann ist die volle Pauschale ausgelöst. Es kommt wiederum nur die Herabsetzung der Vergütung nach § 4 Abs. 4 RVG in Betracht.

Wird das Mandat dagegen vorzeitig beendet, richtet sich die Frage, welche Vergütung der Anwalt verlangen kann, nach § 628 BGB, der durch § 15 Abs. 4 RVG ergänzt wird.   1200

---

1   S. hierzu Rn. 1656 ff.

1201 *Beispiel:*
Der Anwalt oder der Auftraggeber kündigt das Mandat vorzeitig.
Wie hier bei einer vereinbarten Vergütung abzurechnen ist, hängt von der Art der Vereinbarung ab.

II. Die gesetzliche Regelung

1. Vorzeitige Beendigung infolge Kündigung des Anwaltsvertrages

a) Überblick

1202 Der Anwaltsvertrag ist ein Dienstvertrag, der eine Geschäftsbesorgung zum Gegenstand hat (§§ 627, 675 BGB). Er ist daher jederzeit ohne Grund oder Einhaltung einer Frist von beiden Parteien kündbar. Die Rechtsfolgen einer vorzeitigen Kündigung sind in § 628 BGB geregelt, der durch § 15 Abs. 4 RVG ergänzt wird. Zu unterscheiden ist danach,

- wer den Anwaltsvertrag gekündigt hat,
- ob die Kündigung durch vertragswidriges Verhalten eines Teils veranlasst worden ist,
- ob ein wichtiger Grund zur Kündigung vorlag oder
- ob grundlos gekündigt worden ist.

§ 628 BGB Teilvergütung und Schadensersatz bei fristloser Kündigung

(1) ¹Wird nach dem Beginn der Dienstleistung das Dienstverhältnis auf Grund des § 626 oder des § 627 gekündigt, so kann der Verpflichtete einen seinen bisherigen Leistungen entsprechenden Teil der Vergütung verlangen. ²Kündigt er, ohne durch vertragswidriges Verhalten des anderen Teiles dazu veranlasst zu sein, oder veranlasst er durch sein vertragswidriges Verhalten die Kündigung des anderen Teiles, so steht ihm ein Anspruch auf die Vergütung insoweit nicht zu, als seine bisherigen Leistungen infolge der Kündigung für den anderen Teil kein Interesse haben. ³Ist die Vergütung für eine spätere Zeit im Voraus entrichtet, so hat der Verpflichtete sie nach Maßgabe des § 346 oder, wenn die Kündigung wegen eines Umstands erfolgt, den er nicht zu vertreten hat, nach den Vorschriften über die Herausgabe einer ungerechtfertigten Bereicherung zurückzuerstatten.

(2) ¹Wird die Kündigung durch vertragswidriges Verhalten des anderen Teiles veranlasst, so ist dieser zum Ersatz des durch die Aufhebung des Dienstverhältnisses entstehenden Schadens verpflichtet.

b) Kündigung durch den Anwalt
aa) Vertragswidriges Verhalten des Auftraggebers

Kündigt der Anwalt wegen vertragswidrigen Verhaltens des Auftraggebers, so gilt § 628 Abs. 1 Satz 1 BGB. Diese Vorschrift wird durch § 15 Abs. 4 RVG ergänzt. Danach kann der Anwalt einen seinen bisherigen Leistungen entsprechenden Teil der Vergütung verlangen. Insoweit ergibt sich aus § 15 Abs. 4 RVG, dass er sämtliche Gebühren, deren Tatbestände ausgelöst worden sind, in voller Höhe liquidieren kann. 1203

Soweit der Anwalt über die ihm danach zustehende (Teil-)Vergütung hinausgehende **Vorschüsse** erhalten hat, muss er diese nach § 628 Abs. 1 Satz 3 BGB i.V.m. §§ 812 ff. BGB herausgeben. Auf den Wegfall der Bereicherung nach § 818 Abs. 3 BGB kann sich der Anwalt berufen. In der Praxis hat dies jedoch keine Bedeutung, zumal dies als berufswidrig gilt.² 1204

Ein **vertragswidriges Verhalten des Auftraggebers** liegt dann vor, wenn dieser schuldhaft das Vertrauensverhältnis zum Anwalt derart zerstört hat, dass dem Anwalt eine weitere Tätigkeit nicht mehr zugemutet werden kann.³ Ein Verschulden ist nicht erforderlich.⁴ 1205

Die **Beweislast** für das vertragswidrige Verhalten des Auftraggebers liegt beim Anwalt.⁵ 1206

bb) Kündigung ohne vertragswidriges Verhalten des Auftraggebers

Kündigt der Anwalt, ohne durch ein vertragswidriges Verhalten des Auftraggebers hierzu veranlasst worden zu sein, so richten sich die Rechts- 1207

---

2 EGH II 106; AnwK-RVG/N. Schneider, § 10 Rn. 69.
3 Hansens, § 13 Rn. 25.
4 Papst, MDR 1974, 449.
5 OLG Düsseldorf, AGS 1993, 74 m. Anm. Madert.

folgen nach § 628 Abs. 1 Satz 1 und 2 BGB. Das gilt auch dann, wenn der Anwalt aus wichtigem Grund gekündigt hat. § 628 Abs. 1 Satz 1 BGB verweist auch auf die Kündigung nach § 626 BGB.

1208 Auch hier gilt zunächst der Grundsatz des § 628 Abs. 1 Satz 1 BGB i.V.m. § 15 Abs. 4 RVG. Der Anwalt kann seine Vergütung zunächst einmal insoweit verlangen, als sie bis zur Kündigung entstanden ist.

1209 Nach § 628 Abs. 1 Satz 2 BGB verliert der Anwalt allerdings seinen Vergütungsanspruch, soweit seine bisherige Tätigkeit für den Auftraggeber nicht mehr von Interesse ist. Insoweit bedarf es keiner Erklärung oder Aufrechnung durch den Auftraggeber. Bereits der Wegfall des Interesses führt zum Untergang der Gebührenforderung.[6]

1210 Der Hauptanwendungsfall des Wegfalls der Gebühren ist dann gegeben, wenn der Auftraggeber einen **zweiten Anwalt** beauftragen und bezahlen muss. Soweit der zweite Anwalt zu vergüten ist, erlischt der Vergütungsanspruch des ersten Anwalts. Dies kann im Extremfall dazu führen, dass der erste Anwalt überhaupt keine Vergütung mehr verlangen kann, weil sämtliche Gebühren und Auslagentatbestände, die beim ersten Anwalt entstanden sind, beim zweiten Anwalt in gleicher Höhe erneut ausgelöst werden.

c) **Kündigung durch den Auftraggeber**

aa) **Kündigung wegen vertragswidrigen Verhaltens des Rechtsanwalts**

1211 Kündigt der Auftraggeber wegen vertragswidrigen Verhaltens des Rechtsanwalts, gilt wiederum zunächst § 628 Abs. 1 Satz 1 BGB i.V.m. § 15 Abs. 4 RVG, wonach der Anwalt die seiner bisherigen Tätigkeit entsprechende Vergütung behält. Eingeschränkt wird dieser Grundsatz jedoch durch § 628 Abs. 1 Satz 2 BGB, wonach der Anspruch entfällt, soweit der Auftraggeber an der bisherigen Tätigkeit des Rechtsanwalts kein Interesse hat.

---

6 BGH, NJW 1982, 437; JurBüro 1984, 1659; NJW 1985, 41; OLG Hamm, JurBüro 1960, 529 = Rpfleger 1961, 257.

Von einem vertragswidrigen Verhalten des Rechtsanwalts ist auszugehen, wenn er bei Ausführung seines Auftrags Fehler begangen hat, die nicht mehr zu beseitigen sind. Soweit sich die Fehler beseitigen lassen, etwa durch einen Wiedereinsetzungsantrag, Nachreichen von Schriftsätzen, ohne dass es zur Anwendung von Verspätungsrecht kommt o.Ä., dürfte ein vertragswidriges Verhalten noch nicht vorliegen. 1212

Kündigt der Auftraggeber wegen vertragswidrigen Verhaltens des Anwalts, so sind **Vorschüsse**, die über die dem Anwalt letztlich zustehende Vergütung hinausgehen, abzurechnen und nach § 628 Abs. 1 Satz 3 i.V.m. §§ 347, 987 ff. BGB zurückzuzahlen. Der Anwalt kann sich in diesem Falle nicht auf Entreicherung (§ 818 Abs. 3 BGB) berufen. 1213

bb) Kündigung ohne vertragswidriges Verhalten des Rechtsanwalts

Kündigt der Auftraggeber, ohne dass ein vertragswidriges Verhalten des Anwalts vorgelegen hat, bleibt es bei § 628 Abs. 1 Satz 1 BGB i.V.m. § 15 Abs. 4 RVG. Der Anwalt behält die volle Vergütung, die er bis zu diesem Zeitpunkt verdient hat. 1214

2. Unmöglichkeit

Wird die Vertragserfüllung dem Anwalt unmöglich, so ist § 628 BGB unmittelbar nicht anwendbar. Es gelten vielmehr die Regelungen des allgemeinen Schuldrechts (§§ 275 ff. BGB). 1215

Hatte der Anwalt die Unmöglichkeit der Vertragserfüllung nicht zu vertreten, darf er bereits verdiente Gebühren behalten, auch wenn der Auftraggeber sie für einen neuen Anwalt nochmals aufwenden muss.[7] 1216

Hat der Anwalt dagegen die Unmöglichkeit zu vertreten, so gilt wiederum § 628 Abs. 1 Satz 2 BGB entsprechend.[8] 1217

---

[7] Madert, XV Rn. 8; Riedel/Sußbauer/Fraunholz, § 13 Rn. 48.
[8] OLG Köln, JurBüro 1980, 551.

3. Schadensersatzansprüche wegen grundloser Kündigung

a) Kündigung durch den Anwalt

aa) Vertragswidriges Verhalten des Auftraggebers

1218 Wird die Kündigung des Anwaltsvertrags durch vertragswidriges Verhalten des Auftraggebers veranlasst, so steht dem Anwalt neben der Vergütung nach § 628 Abs. 2 BGB auch ein Anspruch auf **Schadensersatz** zu.[9] Die Vorschrift spielt in der Praxis allerdings kaum eine Rolle.

bb) Grundlose Kündigung

1219 Kündigt der Anwalt grundlos, so ist § 628 Abs. 2 BGB nicht anwendbar. Dem Auftraggeber können allerdings Schadensersatzansprüche aus § 280 Abs. 1 BGB (frühere positive Vertragsverletzung) zustehen. Darüber hinaus kommt ein Schadensersatzanspruch nach § 671 Abs. 2 Satz 1 BGB in Betracht, wenn der Anwalt zur Unzeit kündigt.

cc) Wichtiger Grund

1220 Kündigt der Anwalt aus wichtigem Grund, so gilt ebenfalls § 628 Abs. 1 Satz 1 und Satz 2 BGB. Der Auftraggeber macht sich allerdings nicht nach § 628 Abs. 2 BGB schadensersatzpflichtig.

1221 Der wichtige Grund setzt im Gegensatz zum vertragswidrigen Verhalten des Auftraggebers kein Verschulden voraus. Ein wichtiger Grund liegt daher auch dann schon vor, wenn der Mandant trotz Aufforderung den Vorschuss nicht zahlt, obwohl die Niederlegung des Mandats noch nicht angedroht worden ist.[10]

1222 Auch bei wichtigem Grund darf der Anwalt nicht zur Unzeit kündigen; anderenfalls haftet er auf Schadensersatz (§ 671 Abs. 2 Satz 2 BGB).

---

9 Riedel/Sußbauer/Fraunholz, § 13 Rn. 45; Madert, XV Rn. 7; Hansens, § 13 Rn. 25; a.A. Gerold/Schmidt/von Eicken, § 13 Rn. 46.
10 Hansens, § 13 Rn. 24.

b) Kündigung durch den Auftraggeber
aa) Vertragswidriges Verhalten des Anwalts

Kündigt der Auftraggeber wegen vertragswidrigen Verhaltens des Anwalts, so kann er nach § 628 Abs. 2 BGB Schadensersatz geltend machen, insbesondere also Mehrkosten, die ihm durch die Beauftragung eines weiteren Anwalts entstanden sind.   1223

bb) Grundlose Kündigung

Kündigt der Auftraggeber ohne Grund oder aus wichtigem Grund, ohne dass ein vertragswidriges Verhalten des Anwalts gegeben ist, scheiden Schadensersatzansprüche aus.   1224

4. Einvernehmliche Aufhebung

Anwalt und Auftraggeber können den Anwaltsvertrag auch einvernehmlich aufheben. Ob und inwieweit der Anwalt dann seine Vergütung verlangen kann, wird sich zunächst nach den Vereinbarungen richten, die die Parteien anlässlich der Vertragsaufhebung getroffen haben. Fehlen Vereinbarungen und ist eine Auslegung des Aufhebungsvertrages unergiebig, so ist § 15 Abs. 4 RVG entsprechend heranzuziehen.   1225

III. Anwendung der gesetzlichen Regelung bei vereinbarten Vergütungen
1. Überblick

Gilt nicht die gesetzliche Vergütung, sondern haben die Parteien eine Vergütungsvereinbarung geschlossen, kann bei der Ermittlung der nach § 628 BGB Abs. 1 Satz 1 BGB geschuldeten Vergütung nicht ohne weiteres auf die gesetzliche Regelung zurückgegriffen werden. Dies betrifft insbesondere die Fälle, in denen sich die Vereinbarung vom gesetzlichen Gebührensystem entfernt hat und daher § 15 Abs. 4 RVG nicht mehr passt oder die Parteien die gesetzliche Regelung gar ausdrücklich abbedungen oder modifiziert haben.   1226

Hinsichtlich der Rechtsfolgen ist danach zu unterscheiden, wie die Vergütungsvereinbarung ausgestaltet ist.   1227

2. Anlehnung an die gesetzliche Vergütung

1228 Ist die vereinbarte Vergütung an die gesetzliche Vergütung angelehnt, indem etwa ein Vielfaches der gesetzlichen Gebühren vereinbart worden ist oder die Abrechnung nach den gesetzlichen Gebühren, jedoch nach einem höherer Gegenstandswert o.Ä., dann gelten auch hier die Bestimmungen der §§ 628 Abs. 1 BGB, 15 Abs. 4 RVG.[11] Danach hat wegen des Pauschalcharakters der Gebührentatbestände die vorzeitige Beendigung grds. keine Auswirkungen auf die Höhe der bereits verdienten Vergütung. Soweit Gebührentatbestände bereits ausgelöst sind, ist die vorzeitige Beendigung ohne Einfluss. Der Auftraggeber bleibt in voller Höhe zahlungspflichtig. Lediglich die noch nicht ausgelösten Gebühren können nicht abgerechnet werden.

1229 *Beispiel:*

Die Parteien hatten das Fünffache der Höchstgebühren in einer Strafsache vereinbart. Das Mandat wird nach Anklageerhebung (Schöffengericht) vom Auftraggeber grundlos gekündigt.

Angefallen ist jetzt nur die Grundgebühr (Nr. 4100 VV RVG), die Verfahrensgebühr nach Nr. 4104 VV RVG sowie die Verfahrensgebühr nach Nr. 4106 VV RVG, die der Auftraggeber in der vereinbarten fünffachen Höhe zahlen muss. Da es zu einem Hauptverhandlungstermin nicht mehr gekommen ist, kann hierfür selbstverständlich auch keine Vergütung verlangt werden.

3. Zeithonorare

1230 Haben die Parteien Stundensätze oder andere Zeithonorare vereinbart, so dürfte es bei der vorzeitigen Beendigung des Mandats keine Probleme bei der Berechung nach § 628 Abs. 1 Satz 1 BGB geben, da hier nur die Zeiten abgerechnet werden dürfen, die angefallen sind. Gerade hier zeigt sich der Vorteil von Zeitvergütungen.

---

11 OLG Düsseldorf, AnwBl. 1985, 201; Krämer/Mauer/Kilian, Rn. 609.

4. Vereinbarung einer (Gesamt-)Pauschale

a) Überblick

Haben die Parteien eine Pauschalvereinbarung getroffen, indem sie die gesamte Vergütung pauschaliert haben, können sich dagegen Probleme ergeben. 1231

Auf § 15 Abs. 4 RVG kann jetzt grds. nicht zurückgegriffen werden. Diese Vorschrift ist auf Gesamtpauschalen nicht zugeschnitten.[12] Die Bestimmung passt nicht für ein vertraglich vereinbartes Pauschalhonorar, das sich wesentlich vom gesetzlichen Tatbestand der einzelnen Pauschgebühren unterscheidet und für die gesamte Tätigkeit des Rechtsanwalts, für die nach der gesetzlichen Gebührenregelung mehrere einzelne Pauschgebühren erwachsen würden, einen einzigen einheitlichen Honorarbetrag vorsieht.[13] 1232

§ 15 Abs. 4 RVG beruht auf den Besonderheiten des anwaltlichen Gebührenrechts. Er ist Ausfluss des Systems der gesetzlichen Verfahrenspauschgebühren, nach dem der Rechtsanwalt für eine Gruppe gleichartiger Tätigkeiten jeweils eine Gebühr enthält, ohne dass es darauf ankommt, wie oft er die betreffende Tätigkeit ausgeführt hat.[14] Der Rechtsanwalt hat diese Gebühr bereits mit der ersten Tätigkeit, die die gesetzlichen Voraussetzungen ihres Entstehungstatbestandes erfüllt, in voller Höhe verdient. Er kann sie für weitere gleichartige Tätigkeiten in derselben Angelegenheit nicht ein zweites Mal verlangen (§ 15 Abs. 2 RVG). Auch verringert sich die Gebühr nicht, wenn zur Durchführung des Auftrags lediglich eine einmalige Vornahme der die Gebühr begründenden Tätigkeit erforderlich ist. 1233

Auf dieser Grundlage des anwaltlichen Gebührenrechts enthält § 15 Abs. 4 RVG lediglich die Umsetzung des § 628 Abs. 1 Satz 1 BGB in das System des Gebührenrechts. Er stellt insoweit klar, dass dem Rechts- 1234

---

12 OLG Düsseldorf, a.a.O; OLG Köln, AnwBl. 1972, 159; Krämer/Mauer/Kilian, Rn. 610.
13 BGHSt 27, 366 = BGHZ 71, 161 = AnwBl. 1978, 275 = DRsp I (138) 346 = DRsp IV (477) 171 = NJW 1978, 2304 = LM Nr. 1 zu § 628 BGB; BGHZ 86, 98.
14 BGHSt 27, 366, 371; Riedel/Sußbauer/Fraunholz, § 1 Rn. 39, 42.

anwalt auch bei einer vorzeitigen Beendigung seines Auftrags die bereits verdienten Gebühren in voller Höhe verbleiben, eine Folge, die sich ohnehin auch aus § 628 Abs. 1 Satz 1 BGB ergibt, da die bereits entstandenen Gebühren die Vergütung für die bisherige Leistung des Rechtsanwalts darstellen.[15]

1235 § 15 Abs. 4 RVG ist andererseits, da er nur die bereits entstandenen Gebühren sichert, nicht geeignet, dem Rechtsanwalt einen vertraglichen Vergütungsanspruch in der vollen Höhe dessen zu erhalten, was ihm bei umfassender Durchführung des Auftrags zugestanden hätte. Da der Vergütungsanspruch erst mit der Leistung der vertraglichen Dienste entsteht und somit die Höhe des Entgelts davon abhängt, welche Tätigkeiten der Rechtsanwalt tatsächlich ausgeführt hat, kann der Anwalt keine Gebühr verlangen, die er nicht schon durch irgendeine Tätigkeit verdient hat. Die Vorschrift des § 15 Abs. 4 RVG verhindert nicht, dass die Vergütung des Rechtsanwalts bei vorzeitiger Beendigung des Auftrags geringer ausfällt, als dies bei vollständiger Durchführung der Fall gewesen wäre.

1236 Ein vereinbartes Pauschalhonorar, das nicht schrittweise mit der Ausführung bestimmter Tätigkeiten anwächst (s. hierzu u. Rn. 1238 ff.), sondern von vornherein die gesamte Tätigkeit des Rechtsanwalts abgilt, lässt sich deshalb nicht mit den gesetzlichen Gebühren vergleichen. Eine Gleichsetzung des Gesamthonorars mit einer Gebühr, die bereits bei der ersten noch so geringfügigen Tätigkeit des Rechtsanwalts entstanden ist und nach § 15 Abs. 4 RVG erhalten bleibt, hätte die unbillige Folge, dass der Rechtsanwalt die gesamte, für eine umfassende Tätigkeit vereinbarte Vergütung fordern könnte, auch wenn er nur einen geringen Teil der vereinbarten Leistung erbracht hat.[16] Dies wäre jedoch mit der gesetzlichen Ausgestaltung des Vergütungsanspruchs des Rechtsanwalts, wie er sich aus der Regelung des § 628 BGB und den Vorschriften der RVG ergibt, nicht vereinbar.

---

15 BGHSt 27, 366, 372; Pabst, MDR 1978, 449; Schumann/Geißinger, § 13 Rn. 92; Gerold/Schmidt, § 13 Rn. 46.
16 Vgl. OLG Köln, AnwBl. 1972, 159 = JurBüro 1972, 223.

> § 13 Abs. 4 BRAGO (*jetzt § 15 Abs. 4 RVG*) gilt nicht für ein vertraglich vereinbartes Pauschalhonorar, das sich wesentlich vom gesetzlichen Tatbestand der Pauschgebühr unterscheidet und für die gesamte Tätigkeit des Rechtsanwalts, für die nach der gesetzlichen Gebührenregelung mehrere einzelne Pauschgebühren erwachsen würden, einen einzigen einheitlichen Honorarbetrag vorsieht (vgl. BGH, 27. 2. 1978, AnwSt (R) 9/77, BGHSt 27, 366, 372; vgl. BGH, 9.12.1982 – III ZR 182/81, BGHZ 86, 98, 100).
>
> *BGH, Urt. v. 18.10.1986 – III ZR 67/85*[17]

1237

b) Ausdrückliche Regelung

Zu fragen ist zunächst danach, ob die Parteien in der Vergütungsvereinbarung eine Regelung getroffen haben, wie im Falle der vorzeitigen Mandatsbeendigung abzurechnen ist.

1238

Vereinbart werden kann zum einen, dass die Pauschale bei vorzeitiger Mandatsbeendigung **zu reduzieren** ist, hier können ggf. je nach Fortschritt des Mandats bestimmte Beträge oder Quoten vereinbart werden, die zu zahlen bzw. von der Gesamtpauschale abzuziehen sind.

1239

Vereinbart werden kann zum anderen, dass es auch dann bei der **vollen Pauschale** verbleibt und diese zu zahlen ist, wenn das Mandat vorzeitig endet. Eine solche Vereinbarung ist grds. zulässig.[18]

1240

Zu beachten ist allerdings, dass eine solche Vereinbarung in **Allgemeinen Geschäftsbedingungen** unangemessen i.S.d. § 308 Nr. 7a BGB

1241

---

17 BGH, NJW 1987, 315 = JurBüro 1987, 373 = MDR 1987, 297 = LM Nr. 8 zu § 627 BGB = Information StW 1987, 572 = Rbeistand 1987, 80 = AP Nr. 3 zu § 627 BGB = BGHR BGB § 627 Abs. 1 Anwaltsvertrag 1 = BGHR BGB § 628 Abs. 1 Satz 1 Anwaltshonorar 1 = BGHR BRAGO § 3 Abs. 3 Satz 1 Pauschalhonorar 1 = BGHR BRAGO § 13 Abs. 4 Honorarvereinbarung 1 = BGHWarn. 1986 Nr. 300 = AP Nr. 4 zu § 628 BGB Teilvergütung = GI 1987, 35 = BGH-DAT Zivil = WM 1987, 265.

18 BGH, NJW 1987, 315; 1978, 2304; Krämer/Mauer/Kilian, Rn. 611.

sein kann, wenn damit eine nicht nur unwesentlich höhere Vergütung für Teilleistungen vereinbart wird.[19]

1242 Ist eine solche Vereinbarung wirksam getroffen, kann der Anwalt danach die volle Pauschale verlangen. Die Anwendung des § 628 Abs. 1 Satz 1 BGB ist dann ausgeschlossen.

1243 Eine **Korrektur** ist in diesem Fall nur über § 4 Abs. 4 Satz 1 RVG möglich, wenn die volle Pauschale in Anbetracht der vom Anwalt nur erbrachten Teilleistung **unangemessen hoch** erscheint.[20]

1244 Zu prüfen ist in diesem Falle nicht, ob das Pauschalhonorar im Falle der vollständigen Erfüllung des Mandats unangemessen hoch gewesen wäre. Vielmehr ist zu fragen, ob die volle Vergütung in Anbetracht der Teilleistung unangemessen hoch erscheint. Zu fragen ist faktisch danach, ob die vereinbarte Vergütung unangemessen hoch wäre, wenn sie von vornherein nur für diese Teilleistung vereinbart worden wäre.

c) Fehlende Regelung

1245 Ist keine Regelung getroffen worden, wie bei vorzeitiger Beendigung des Mandats zu verfahren ist oder ist eine entsprechende Regelung wegen Verstoßes gegen § 308 Nr. 7a BGB unwirksam (s.o. Rn. 1241), gilt § 628 Abs. 1 Satz 1 BGB. Der Anwalt kann die Pauschale nur in Höhe desjenigen Anteils verlangen, der seinen bisherigen Leistungen entspricht.[21]

---

19 BGH, NJW 1999, 29, 76; AG Krefeld, NJW 1980, 1582 = DRsp. IV (477) 185 = zfs 1980, 272 = VersR 1980, 983 = NJW 1980, 2534 m. Anm. Schmidt; Krämer/Mauer/Kilian, Rn. 611.
20 S. hierzu Rn. 1656 ff.
21 BGH, NJW 1987, 315 = JurBüro 1987, 373 = MDR 1987, 297 = LM Nr. 8 zu § 627 BGB = Information StW 1987, 572 = Rbeistand 1987, 80 = AP Nr. 3 zu § 627 BGB = BGHR BGB § 627 Abs. 1 Anwaltsvertrag 1 = BGHR BGB § 628 Abs. 1 Satz 1 Anwaltshonorar 1 = BGHR BRAGO § 3 Abs. 3 Satz 1 Pauschalhonorar 1 = BGHR BRAGO § 13 Abs. 4 Honorarvereinbarung 1 = BGH, Warneyer 1986, Nr. 300 = AP Nr. 4 zu § 628 BGB Teilvergütung = GI 1987, 35 = BGH-DAT Zivil = WM 1987, 265; OLG Düsseldorf, Rbeistand 1986, 137; AnwBl. 1985, 260; AnwBl. 1985, 201.

Verbleibt danach die vereinbarte, nach § 628 Abs. 1 Satz 1 BGB reduzierte Vergütung immer noch unangemessen hoch, ist nach § 4 Abs. 4 RVG vorzugehen und die (Rest-)Vergütung herabzusetzen. 1246

> Bei einer vorzeitigen Beendigung des Mandats ist zunächst zu prüfen, welcher Teil des vereinbarten Pauschalhonorars dem Verteidiger nach § 628 Abs. 1 Satz 1 BGB zusteht. Erst dann, wenn der dem Rechtsanwalt zustehende Teil noch immer wesentlich höher als die gesetzliche Vergütung ist, kommt eine weitere Herabsetzung nach § 3 Abs. 3 BRAGO *(jetzt § 4 Abs. 4 RVG)* in Betracht. § 628 BGB ist gegenüber § 3 Abs. 3 BRAGO *(jetzt § 4 Abs. 4 RVG)* vorrangig (BGH, Urt. v. 16.10.1986 – III ZR 67/85, NJW 1987, 315.
>
> BGH, Urt. v. 27. 1. 2005 – IX ZR 273/02[22] 1247

Der Anwalt kann danach nur einen seinen bisherigen Leistungen – unter Berücksichtigung von Schwierigkeit, Bedeutung, Haftungsrisiko etc. – entsprechenden Teil der Pauschale verlangen. 1248

Hier ist also praktisch im Dreisatz zu verfahren. Es ist zu fragen, von welchem Umfang der anwaltlichen Tätigkeit, von welcher Schwierigkeit, Bedeutung etc. bei vollständiger Erledigung des Mandats auszugehen gewesen wäre. Dies ist dem vereinbarten Pauschalhonorar gegenüberzustellen. Sodann ist zu fragen, welchen Teil des danach abzugeltenden Umfangs der Tätigkeit, welche Schwierigkeiten, welche Bedeutung etc. mit der bereits erbrachten Tätigkeit des Anwalts verbunden war. Dieser Anteil ist ins Verhältnis zu setzen zu dem Gesamtumfang zur gesamten Schwierigkeit und gesamten Bedeutung etc. Nach der sich daraus ergebenden Quote ist dann das Pauschalhonorar zu reduzieren. 1249

---

22 BGH, AGS 2005 378 m. Anm. Madert, Henke u. N. Schneider = BGHReport 2005, 1159 m. Anm. N. Schneider = AnwBl. 2005, 582 m. Anm. Henke.

1250 **Praxistipp:**

Zu beachten ist, dass nach Kürzung mindestens die gesetzlichen Gebühren verbleiben müssen, sofern nicht von vornherein eine geringere Vergütung als die gesetzliche vereinbart war.[23]

1251 Nach OLG Düsseldorf[24] ist der dem Anwalt nach § 628 Abs. 1 Satz 1 BGB verbleibende Teil der Vergütung bei Vereinbarung eines Pauschalhonorars dadurch zu ermitteln, dass rückbezüglich vom Abschluss der Angelegenheit aus gesehen das Verhältnis der tatsächlich erbrachten Leistungen des Anwalts zu den nach Kündigung des Mandatsverhältnisses angefallenen Leistungen anderer Dienstverpflichteter bewertet wird.[25] Dabei stellen die gesetzlichen Gebühren, die der Anwalt ohne die Honorarvereinbarung verdient haben würde, grds. die Untergrenze dar, die das Gericht bei seiner Bewertung nicht unterschreiten darf.[26]

1252 Zu rechnen ist nach folgender Formel:

1253 **Berechnungsformel bei vorzeitiger Beendigung**

$$\frac{Gesamtkriterien^{27} \times Gesamtpauschale}{bislang\ erfüllte\ Kriterien^{29}} = geschuldete\ Pauschale^{28}$$

1254 Unzutreffend wäre es, nur auf den Umfang abzustellen. Denn auch ein bisher geringer Umfang kann besondere Schwierigkeiten oder besondere Bedeutung oder auch ein besonderes Haftungsrisiko beinhalten, wäh-

---

23 OLG Düsseldorf, AnwBl. 1985, 260.
24 OLG Düsseldorf, a.a.O.
25 BGH, NJW 1978, 2304; OLG Köln, AnwBl. 1972, 159.
26 OLG Köln, AnwBl. 1972, 159.
27 Gesamter voraussichtlicher Umfang unter Berücksichtigung aller Kriterien, Schwierigkeit, Bedeutung der Sache, Einkommens- und Vermögensverhältnisse des Auftraggebers, Haftungsrisiko etc.
28 Mindestens die gesetzliche Vergütung.
29 Bisheriger Umfang unter Berücksichtigung aller Kriterien, bisherige Schwierigkeit, bisherige Bedeutung der Sache, derzeitige Einkommens- und Vermögensverhältnisse des Auftraggebers, bisheriges Haftungsrisiko etc.

rend die weitere umfangreiche Tätigkeit möglicherweise keine besondere Schwierigkeit mehr aufgewiesen hätte und auch ansonsten unterdurchschnittlich gewesen wäre.

Beispiel: 1255

Die Parteien hatten für die Auseinandersetzung einer Erbengemeinschaft ein Pauschalhonorar i.H.v. 50.000,00 € vereinbart.

Der Anwalt hatte bereits den Nachlass gesichtet, ein Inventar aufgestellt und einen Teilungsvorschlag unterbreitet, was etwa 2/3 der insgesamt zu erwartenden Tätigkeit des Anwalts unter Berücksichtigung der Schwierigkeit, Bedeutung etc. entspricht. Hiernach wurde das Mandant dann gekündigt.

Da der Anwalt 2/3 seiner Arbeit erbracht hat, ist die Pauschale auf 2/3 zu kürzen, also auf 33.333,00 €.

Beispiel: 1256

Der Anwalt soll für den Auftraggeber dessen Erbteil durchsetzen. Der Anwalt erklärt nach eingehender Prüfung die Anfechtung des Testaments und macht den Erbteil des Auftraggebers geltend.

Auch wenn die bisherige Tätigkeit im Hinblick auf die weiteren Tätigkeiten vielleicht zeitlich nicht sehr umfangreich war, kommt ihr doch eine besondere Bedeutung und Schwierigkeit zu und ist mit einem hohen Haftungsrisiko verbunden. Daher wäre es nicht sachgerecht, im Rahmen des § 628 Abs. 1 Satz 1 BGB nur nach Zeitaufwand zu kürzen.

Verbleibt nach der Reduzierung gemäß § 628 Abs. 1 Satz 1 BGB immer noch eine unangemessen hohe Vergütung, sei es, weil die Pauschale ohnehin selbst bei vollständiger Durchführung des Mandats unangemessen hoch gewesen wäre oder weil sich gerade jetzt die unangemessen hohe Vergütung ergibt, kann dann nach § 4 Abs. 4 RVG die Vergütung herabgesetzt werden.[30] 1257

d) Unklare Regelung

Vereinbaren die Parteien, dass die Vergütung *„unabhängig von dem Umfang der Tätigkeit des Anwalts"* geschuldet sei, so ist diese Regelung nach der Rechtsprechung unklar und nach §§ 133, 157 BGB dahin gehend 1258

---

30 S. hierzu Rn. 1656 ff.

auszulegen, dass die volle Pauschale nur im Hinblick auf die vereinbarte gesamte Tätigkeit des Anwalts geschuldet sein soll,[31] dass also der Auftraggeber gegenüber der Gesamtvergütung nicht einwenden können soll, der Umfang der Gesamttätigkeit sei geringer als ursprünglich angenommen.

1259 Kommt es zur einer vorzeitigen Beendigung des Mandats, so soll die vorstehende Vereinbarung nicht dahin gehend zu verstehen sein, dass die volle Pauschale auch dann geschuldet sei, wenn sich das Mandat vorzeitigen erledigt. Ein Ausschluss des § 628 Abs. 1 Satz 1 BGB sei dieser Klausel nicht zu entnehmen.[32] Es gilt also das Gleiche wie bei einer fehlenden Regelung (s.o. Rn. 1245 ff.).

5. Mehrere Pauschalen

1260 Geringere Probleme treten auf, wenn die Parteien gestaffelte Pauschalen je nach Fortschritt des Mandats vereinbart haben. Hier reguliert sich die Höhe der Vergütung bei einer vorzeitigen Beendigung des Mandats i.d.R. schon durch die Staffelung.

1261 Haben die Parteien für bestimmte Tätigkeiten oder Verfahrensabschnitte jeweils eigene Pauschalen vereinbart, so sind Pauschalen für bereits erledigte Verfahrensabschnitte oder Tätigkeiten endgültig verdient und können nicht mehr nach § 628 Abs. 1 Satz 1 BGB gekürzt werden.

1262 Umgekehrt können Pauschalen für weitere Tätigkeiten, mit denen der Anwalt noch gar nicht begonnen hat, nicht abgerechnet werden.

1263 Das Problem einer Kürzung nach § 628 Abs. 1 Satz 1 BGB stellt sich dann also nur für solche Pauschalen, die denjenigen Tätigkeitsbereich abgelten, in dem die Beendigung des Mandats erfolgt.

1264 Hier wird es letztlich auf den Einzelfall ankommen. Sind die Pauschalen dem gesetzlichen Gebührensystem sehr stark angelehnt, kann durchaus auf § 15 Abs. 4 RVG zurückgegriffen werden.

---

31 OLG Düsseldorf, AnwBl. 1985, 201; Krämer/Mauer/Kilian, Rn. 610.
32 OLG Düsseldorf, a.a.O.

III. Anwendung der gesetzlichen Regelung bei vereinbarten Vergütungen

Orientieren sich diese Pauschalen nicht am gesetzlichen Gebührensystem, muss dann für diese betreffende Pauschale ggf. nach § 628 Abs. 1 BGB ebenso vorgegangen werden, wie bei einer Gesamtpauschale (s.o. Rn. 1245 ff.). 1265

Beispiel: 1266

In einer Strafsache vereinbaren die Parteien, dass der Anwalt für das vorbereitende Verfahren eine Pauschale i.H.v. 10.000,00 € erhalten soll, für das Verfahren bis zum Erlass des Eröffnungsbeschlusses eine weitere Pauschale i.H.v. 5.000,00 € und für die gesamte Hauptverhandlung eine Pauschale i.H.v. 20.000,00 €. Nach dem ersten Hauptverhandlungstermin wird das Mandat gekündigt.

Die Pauschale für das vorbereitende Verfahren sowie die Pauschale für die Tätigkeit bis zum Eröffnungsbeschluss sind verdient und können nicht mehr nach § 628 Abs. 1 Satz 1 BGB herabgesetzt werden.

Lediglich die Pauschale für die Hauptverhandlung ist nach § 628 Abs. 1 Satz 1 BGB herabzusetzen. Insoweit ist wiederum zu fragen, mit welchem Aufwand, insbesondere mit wie vielen Hauptverhandlungsterminen die Parteien gerechnet haben. Unter Berücksichtigung der bereits erfolgten Vorbereitung der Hauptverhandlung ist dann ein entsprechender Vergütungsteil zu ermitteln, den der Auftraggeber schuldet.

Beispiel: 1267

Die Parteien haben in einem Strafverfahren vereinbart, dass dem Anwalt für das vorbereitende Verfahren eine Pauschale i.H.v. 5.000,00 € zustehen soll und für das gerichtliche Verfahren eine Pauschale i.H.v. 1.000,00 € je Verhandlungstag. Nach dem dritten Hauptverhandlungstag wird das Mandat gekündigt.

Hier kann der Anwalt die Pauschale für das vorbereitende Verfahren abrechnen sowie die Pauschalen für die beiden wahrgenommen Hauptverhandlungstermine.

Auch wenn in den vereinbarten Pauschalen für die Hauptverhandlungstermine möglicherweise eine Mischkalkulation enthalten ist, dürfte wohl auf § 15 Abs. 4 RVG zurückzugreifen sein, so dass es insoweit bei 2 x 1.000,00 € verbleibt.

Beispiel: 1268

Die Parteien haben für einen Rechtsstreit vereinbart, dass der Anwalt für das Verfahren eine Pauschale i.H.v. 10.000,00 € erhalten soll und für die Teilnahme an Terminen zur mündlichen Verhandlung und Beweisaufnahme eine weitere Pau-

schale i.H.v. 10.000,00 €. Im ersten Termin ergeht ein Beweisbeschluss. Hiernach wird das Mandat gekündigt.

Hier wird man § 15 Abs. 4 RVG wohl nur für die Verfahrenspauschale entsprechend anwenden können. Zwar wäre eine Terminsgebühr (Nr. 3104 VV RVG) nach der gesetzlichen Regelung des § 15 Abs. 4 RVG endgültig in voller Höhe angefallen. Da hier die Pauschale jedoch weitere Termine abgelten sollte und sich vom gesetzlichen System (Abrechnung nach Gebührensatz und Gegenstandswert) entfernt hat, kommt durchaus eine Kürzung nach § 628 Abs. 1 Satz 1 BGB in Betracht. Eindeutig ist dieser Fall allerdings nicht, was wiederum dafür spricht, in der Vergütungsvereinbarung klare und eindeutige Regelungen zu treffen.

6. Kombination von Pauschalen und anderen Vergütungen

1269 Vereinbaren die Parteien eine Kombination von Pauschalen und anderen Vergütungen, etwa eine Pauschale zusätzlich zu den gesetzlichen Gebühren oder eine Pauschale neben Zeitvergütungen, ist jeweils gesondert vorzugehen. Die gesetzlichen Gebühren sind nach § 15 Abs. 4 RVG verdient; die Zeitvergütungen sind insoweit verdient, als die betreffenden Zeiten angefallen sind. Die Pauschale ist – sofern nichts Abweichendes vereinbart ist – nach § 628 Abs. 1 Satz 1 BGB anteilig zu berechnen.

1270 Das Gesamtergebnis aus Pauschale und Zeitvergütungen oder aus Pauschale und gesetzlicher Vergütung ist dann nach § 4 Abs. 4 RVG darauf zu prüfen, ob es unangemessen hoch ist und ggf. auf ein angemessenes Maß herabzusetzen ist.[33]

---

33 BGH, AGS 2005 378 m. Anm. Madert, Henke u. N. Schneider = BGHReport 2005, 1115 m. Anm. N. Schneider = AnwBl. 2005, 582 m. Anm. Henke.

J. Höhe der Vergütung

I. Überblick

Die Höhe der vereinbarten Vergütung ist für den Anwalt zum einen eine wirtschaftliche Frage, da sie darüber entscheidet, welche Gegenleistung er für seine Arbeit erhält. Darüber hinaus werden an die Einordnung der Vergütungshöhe in eine bestimmte Klassifikation aber auch zahlreiche **rechtliche Konsequenzen** geknüpft.   1271

Relevant sind folgende Klassifizierungen: 1272

(1) Niedrigere als die gesetzliche Vergütung

Die Parteien können eine niedrigere als die gesetzliche Vergütung vereinbaren. Dies ist grds. **unzulässig** (§ 49b Abs. 1 Satz 1 BRAO). Ausnahmen von diesem Verbot sind aber nach § 4 Abs. 2 Satz 1, Satz 2 RVG, § 49b Abs. 1 Satz 3 BRAO möglich.

Selbst wenn aber die Vereinbarung einer niedrigeren Vergütung nach § 134 BGB i.V.m. § 49b Abs. 1 Satz 1 BRAO unwirksam ist, bleibt der Anwalt dennoch gegenüber dem Auftraggeber i.d.R. nach **Treu und Glauben** an die Vereinbarung der niedrigeren Vergütung gebunden (s.u. Rn. 1276).

(2) Gesetzliche Vergütung

(a) Möglich ist zunächst die **Vereinbarung** der gesetzlichen Vergütung.

(b) Darüber hinaus gilt die gesetzliche Vergütung grds. auch dann, wenn die **Vergütungsvereinbarung unwirksam** ist.

(c) Die gesetzliche Vergütung **gilt** zudem **als vereinbart**, wenn die Festsetzung der Vergütung dem Ermessen eines Vertragsteils oder eines Dritten[1] überlassen ist (§ 4 Abs. 3 Satz 2 RVG).

(d) Darüber hinaus ist die gesetzliche Vergütung wiederum der „**Maßstab**" dafür, ob die Formvorschriften des § 4 Abs. 1 Satz 1, Satz 2 RVG greifen.

---

1 S. Rn. 1049.

(e) Schließlich ist die gesetzliche Vergütung auch die **Grenze**, bis zu der eine unangemessen hohe Vergütung **herabgesetzt** werden darf.

(f) Die gesetzliche Vergütung ist zudem die **Höchstgrenze** für **Kostenerstattungs-, Kostenersatz- und Freistellungsansprüche**.

(3) Höhere als die gesetzliche Vergütung

Die Parteien können auch eine höhere Vergütung als die gesetzliche vereinbaren. Dabei wird in drei Kategorien unterschieden:

(a) Unbedenkliche höhere Vergütung

Die vereinbarte höhere Vergütung kann unbedenklich sein. Dann muss die **Form des § 4 Abs. 1 Satz 1, Satz 2 RVG** eingehalten werden. Anderenfalls ist die Vereinbarung nicht verbindlich und damit nicht durchsetzbar, gleichwohl aber erfüllbar (§ 4 Abs. 1 Satz 3 RVG).

(b) Unangemessen hohe Vergütung

Die höhere Vergütung kann unangemessen hoch sein, aber noch nicht den Bereich der Sittenwidrigkeit erreichen. In diesem Falle bleibt die Vergütungsvereinbarung wirksam. Sie ist jedoch im Streitfall vom Gericht nach § 4 Abs. 4 Satz 1 RVG **auf ein angemessenes Maß herabzusetzen.**

(c) Sittenwidrig hohe Vergütung

Die vereinbarte höhere Vergütung kann auch sittenwidrig sein. Dann ist die Vereinbarung **unwirksam**. Geschuldet ist danach wiederum nur die gesetzliche Vergütung.

1273 Eine isolierte Betrachtung dieser Einordnungen ist zum Teil kaum möglich, da sich Grenzbereiche und u.U. auch Überschneidungen ergeben. Daher sollen die einzelnen Stufen hier im Zusammenhang dargestellt werden.

II. Vereinbarung einer niedrigeren als der gesetzlichen Vergütung

Die Vereinbarung einer niedrigeren Vergütung als der gesetzlichen ist nach § 49 Abs. 1 Satz 1 BRAO grds. unzulässig. 1274

Es bestehen allerdings folgende Ausnahmen: 1275

- Für **außergerichtliche Tätigkeiten** können nach § 4 Abs. 1 Satz 1 RVG **geringere Pauschal- oder Zeitvergütungen** vereinbart werden (s. Rn. 284 ff.). Die Vereinbarung geringerer Gebührensätze, Gebührenbeträge, Gegenstandswerte oder eines geringeren Prozentsatzes der gesetzlichen Vergütung ist dagegen unzulässig.

- Im **Mahnverfahren**, also im Verfahren über den Erlass eines Mahnbescheides und im Verfahren über den Erlass eines Vollstreckungsbescheides (einschließlich der zugehörigen Erinnerungs- und Beschwerdeverfahren) und den Zwangsvollstreckungsverfahren der §§ 803 bis 863, 899 und 915b ZPO ist es nach § 4 Abs. 2 Satz 2 RVG zulässig, dass sich der Anwalt einen Teil der **Erstattungsforderung** des Auftraggebers gegen den Gegner **an Erfüllungs statt abtreten** lässt (s. hierzu Rn. 289 ff.).

  Hier wird zwar unmittelbar keine Vergütungsvereinbarung geschlossen, da der Auftraggeber rechtlich betrachtet zur Zahlung der vollen gesetzlichen Vergütung verpflichtet bleibt. Dem Auftraggeber wird allerdings nachgelassen, die gesetzliche Vergütung durch Abtretung an Erfüllungs statt, also mit Erfüllungswirkung zu begleichen. Dies führt dazu, dass bei Uneinbringlichkeit der abgetretenen Erstattungsforderung der Anwalt letztlich seine Vergütung nicht in voller Höhe erhält, sondern dass er das Ausfallrisiko trägt. Solche Vereinbarungen sind zulässig, sofern sie in angemessenem Verhältnis zu Aufwand und Haftungsrisiko stehen (§ 4 Abs. 1 Satz 3 RVG).

  Die Vereinbarung einer geringeren Vergütung ist hier allerdings nicht zulässig; § 4 Abs. 1 Satz 1 RVG gilt insoweit nicht.

- Darüber hinaus ist es nach § 49 Abs. 2 Satz 2 BRAO zulässig, dass der Anwalt **im Nachhinein** die gesetzliche Vergütung **ermäßigt** oder einen **Teil hiervon erlässt** (s. hierzu Rn. 296 ff.).

J. Höhe der Vergütung

- Schließlich ist es auch möglich, dass der Anwalt **im Nachhinein** zur Vermeidung einer Auseinandersetzung mit dem Auftraggeber **einen Vergleich** über die Höhe seiner Vergütung schließt und damit letztlich eine geringere als die gesetzliche Vergütung vereinbart (s. Rn. 312 ff.).

1276 Wird eine niedrigere Vergütung vereinbart, obwohl dies nach § 49 Abs. 1 Satz 1 BRAO unzulässig ist, liegt darin ein Verstoß gegen § 134 BGB, der zur Unwirksamkeit der Vereinbarung führt. Der Anwalt ist jedoch nach Treu und Glauben gegenüber dem Auftraggeber an die Vereinbarung der niedrigeren als der gesetzlichen Vergütung gebunden (s. Rn. 319 ff.).

III. Gesetzliche Vergütung

1. Vereinbarung der gesetzlichen Vergütung

1277 Haben die Parteien die gesetzliche Vergütung vereinbart, bestehen grds. keine Bedenken.

1278 Die Vereinbarung der gesetzlichen Vergütung wird in der Praxis allerdings nur in Teilbereichen in Betracht kommen, da es unsinnig wäre, die **gesetzliche Vergütung insgesamt** zu vereinbaren, wenn diese ohnehin schon gilt (s. aber zu den Ausnahmen Rn. 786 ff.).

1279 Sinnvoll sein kann es allerdings, dass die Parteien **lediglich für bestimmte Tätigkeiten** eine höhere Vergütung vereinbaren und dass im Übrigen die gesetzliche Vergütung gelten soll oder dass die Parteien nur eine **Auslagenvereinbarung** treffen und die gesetzlichen Gebühren unberührt lassen (s. hierzu Rn. 1069 ff.).

1280 Auch aus einem anderen Grund kann es sinnvoll sein, die gesetzliche Vergütung zu vereinbaren, nämlich als **Mindestbetrag**, wenn eine Zeit- oder Pauschalvereinbarung getroffen werden soll, die ggf. unter der gesetzlichen Vergütung liegen kann.

| **Praxistipp:** | 1281 |

Sinnvoll und schon im Hinblick auf § 49b Abs. 1 Satz 1 BRAO ist es geboten, in gerichtlichen Angelegenheiten zu vereinbaren, dass mindestens die gesetzlichen Gebühren geschuldet sind.

Bei Pauschal- oder Zeitvereinbarungen kann es anderenfalls passieren, dass sich die vereinbarte Vergütung unterhalb der gesetzlichen beläuft, was nur für außergerichtliche Tätigkeiten zulässig ist (§ 49b Abs. 1 Satz 1 BRAO). 1282

Beispiel: 1283

In einem Rechtsstreit über eine Klage i.H.v. 15.000,00 € vereinbaren die Parteien einen Stundensatz i.H.v. 200,00 €/Stunde zuzüglich Umsatzsteuer. Der Anwalt war insgesamt neun Stunden mit der Sache befasst und rechnet netto 1.800,00 € ab. Unerwartet erhebt die Gegenseite eine Hilfsaufrechnung, über die entschieden wird. Das Gericht setzt den Gegenstandswert auf 30.000,00 € fest (§ 45 Abs. 3 GKG).

Bei **gesetzlicher Abrechnung** ergäbe sich jetzt folgende Vergütung:

1. 1,3-Verfahrensgebühr, Nr. 3100 VV RVG (Wert: 30.000,00 €)   985,40 €
2. 1,2-Terminsgebühr, Nr. 3104 VV RVG (Wert: 30.000,00 €)   909,60 €
3. Postentgeltpauschale, Nr. 7002 VV RVG   20,00 €
   Zwischensumme   1.915,00 €
4. 16 % Umsatzsteuer, Nr. 7008 VV RVG   306,40 €
   Gesamt   **2.221,40 €**

Nach der **Stundenabrechnung** ist jedoch nur folgende Vergütung angefallen:

1. 9 Stunden x 200,00 €/Stunde =   1.800,00 €
2. 16 % Umsatzsteuer   288,00 €
   Gesamt   **2.088,00 €**

Die Vereinbarung verstößt damit gegen § 49 Abs. 1 Satz 1 BRAO. Gleichwohl bleibt der Anwalt nach Treu und Glauben daran gebunden.[2]

1284 Muster: Zusatzklausel zur Vereinbarung der gesetzlichen Vergütung als Mindestbetrag

Unabhängig von den vorstehenden Vereinbarungen ist auf jeden Fall mindestens die gesetzliche Vergütung geschuldet.

1285 Die Vereinbarung der gesetzlichen Vergütung als Mindestbetrag kann – wenn sich dies anbietet – auch sogleich in die Berechnungsvereinbarung mit eingebaut werden. Dies wird sich insbesondere bei Stundensatzvereinbarungen anbieten:

1286 Muster: Stundensatzvereinbarung mit Vereinbarung der gesetzlichen Vergütung als Mindestbetrag

Vereinbart wird ein Stundensatz i.H.v. ... € (eine Pauschale i.H.v. ... €), **mindestens jedoch die gesetzliche Vergütung.**

1287 Der Anwalt vermeidet mit dieser Klausel, dass er gegen § 49b Abs. 1 Satz 1 BRAO verstößt, wenn die Pauschale oder die Zeitvergütung hinter der gesetzlichen Vergütung zurückbleiben sollte.

2. Vereinbarung der gesetzlichen (Wahlanwalts-)Vergütung

1288 Möglich ist auch die Vereinbarung der gesetzlichen (**Wahlanwalts-)Gebühren**, wenn der Partei Prozesskostenhilfe bewilligt ist. Eine solche Vereinbarung wäre zwar nicht unwirksam, sondern nach § 4 Abs. 5 Satz 1 RVG lediglich unverbindlich (s.o. Rn. 786 ff.) und damit zumindest erfüllbar (§ 4 Abs. 5 Satz 2 RVG).

1289 Gleiches gilt, wenn der **Pflichtverteidiger** mit seinem Auftraggeber „die gesetzliche Vergütung" vereinbart. Da im Falle der Pflichtverteidigung kein Anwaltsvertrag zwischen Anwalt und Vertretenem bestehen

---

2 S. Rn. 319.

muss, kann es folglich auch an einem Vergütungsanspruch fehlen. Dieser kann aber vereinbart werden. Die Vorschrift des § 4 Abs. 5 Satz 1 RVG gilt insoweit nicht, so dass diese Vereinbarung verbindlich ist, sofern sie nicht gegen § 4 Abs. 1 RVG verstößt.

3. Gesetzliche Vergütung bei Unwirksamkeit der Vereinbarung

Zur gesetzlichen Vergütung kann es auch dann kommen, wenn die Vergütungsvereinbarung nichtig ist. Der Auftraggeber schuldet dann lediglich die gesetzliche Vergütung, wobei er u.U. in diesem Falle dem Anwalt sogar Schadensersatzansprüche entgegensetzen kann, so dass er noch nicht einmal die gesetzliche Vergütung zahlen muss (s. Rn. 377). 1290

4. Fiktion der gesetzlichen Vergütung

Darüber hinaus gilt die gesetzliche Vergütung als vereinbart (§ 4 Abs. 3 Satz 2 RVG), wenn die Parteien die Höhe der Vergütung in das Ermessen eines der Vertragsparteien oder eines Dritten stellen, was nach § 4 Abs. 3 Satz 1 RVG unzulässig ist (s. Rn. 1049). 1291

5. Gesetzliche Vergütung als Höchstbetrag der verbindlich vereinbarten Vergütung

Die gesetzliche Vergütung ist darüber hinaus, wenn zwar auch nicht geschuldet, doch Maßstab, nämlich dann, wenn die vereinbarte Vergütung nach § 4 Abs. 1 Satz 1, Satz 2 RVG nicht verbindlich ist. Zwar ist in diesem Falle nach wie vor die vereinbarte Vergütung geschuldet. Sie kann jedoch nicht zu einem höheren Betrag geltend gemacht werden, als sich die gesetzliche Vergütung belaufen würde. 1292

Beispiel: 1293
Die Parteien vereinbaren mündlich für eine außergerichtliche Tätigkeit einen Stundensatz i.H.v. 200,00 €/Stunde zuzüglich Umsatzsteuer. Der Anwalt war insgesamt neun Stunden mit der Sache befasst und rechnet netto 1.800,00 € ab. Der Gegenstandswert beläuft sich auf 10.000,00 €. Angemessen wäre bei gesetzlicher Abrechnung eine 2,0-Gebühr.

Bei **gesetzlicher Abrechnung** ergäbe sich jetzt folgende Vergütung:

1. 2,0-Geschäftsgebühr, Nr. 2400 VV RVG (Wert: 10.000,00 €) 972,00 €

2. Postentgeltpauschale, Nr. 7002 VV RVG		*20,00 €*
3. Zwischensumme	992,00 €	
4. 16 % Umsatzsteuer, Nr. 7008 VV RVG		*158,72 €*
Gesamt		***1.150,72 €***

Nach der **Stundenabrechnung** ergäbe sich jedoch folgende Vergütung:

1. 9 Stunden x 200,00 €/Stunde =		*1.800,00 €*
2. 16 % Umsatzsteuer		*288,00 €*
Gesamt		***2.088,00 €***

Die Vergütungsvereinbarung verstößt zwar gegen § 4 Abs. 1 Satz 1 RVG, ist damit aber nicht unwirksam, sondern lediglich unverbindlich, soweit sie die gesetzliche Vergütung übersteigt. Der Anwalt kann nach wie vor die vereinbarte Vergütung verlangen, aber nicht mehr als 1.150,72 €.

6. Gesetzliche Vergütung als Mindestgrenze einer möglichen Herabsetzung

1294 Die gesetzliche Vergütung bildet zudem die Grenze, bis zu der eine unangemessen hohe Vergütung nach § 4 Abs. 4 Satz 1 RVG herabgesetzt werden kann.

7. Maßstab der Kostenerstattung

1295 Die gesetzliche Vergütung ist ferner im Rahmen der Kostenerstattung von Bedeutung. Hat die erstattungsberechtigte Partei mit ihrem Anwalt eine Vergütungsvereinbarung geschlossen, kann sie die vereinbarte Vergütung zwar erstattet verlangen, aber nur in Höhe der (fiktiven) gesetzlichen Vergütung. Die gesetzliche Vergütung ist hier also Maßstab der notwendigen Kosten i.S.d. § 91 Abs. 1 Satz 1, Abs. 2 Satz 1 ZPO und vergleichbarer Erstattungsvorschriften.[3]

8. Maßstab für Freistellungsansprüche

1296 Die Höhe der gesetzlichen Vergütung ist auch für Freistellungsansprüche von Bedeutung. Steht dem Auftraggeber ein Freistellungsanspruch zu,

---

3 S. Rn. 2255 ff.

etwa gegen den Rechtsschutzversicherer, so ist dieser Anspruch im Falle einer Vergütungsvereinbarung ebenfalls auf die Höhe der gesetzlichen Vergütung beschränkt.[4]

9. Die Berechnung der gesetzlichen Vergütung

a) Grundsatz

Auch wenn sich aus den vorstehenden Ausführungen ergibt, wann auf die gesetzliche Vergütung abzustellen ist, ist damit noch nicht geklärt, was denn unter „gesetzlicher Vergütung" i.S.d. § 4 Abs. 1 Satz 1, Satz 2, Abs. 4 Satz 1 RVG, § 49 Abs. 1 Satz 1 BRAO zu verstehen ist. Die Frage erscheint zwar banal, hat aber durchaus seine Berechtigung und wird diese vor allem ab dem 1.7.2006 verstärkt erhalten. 1297

Zunächst einmal ist auf § 1 Abs. 1 Satz 1 RVG zurückzugreifen. 1298

§ 1 Geltungsbereich

(1) [1]Die Vergütung (Gebühren und Auslagen) für anwaltliche Tätigkeiten der Rechtsanwältinnen und Rechtsanwälte bemisst sich nach diesem Gesetz.

...

Mit der gesetzlichen Vergütung gemeint sein kann damit also nur die gesetzliche Vergütung nach dem RVG. Auch wenn dies zunächst als Selbstverständlichkeit erscheint, hat dies doch Konsequenzen. 1299

Zum einen folgt daraus, dass in den Fällen, in denen es keine gesetzliche Vergütung nach dem RVG gibt, der Anwalt frei ist, welche Vergütung er vereinbart. Das heißt, für alle Tätigkeiten, die der Anwalt in einer Funktion nach § 1 Abs. 2 RVG ausübt, kann er die Höhe der Vergütung frei vereinbaren, ohne die Formvorschrift des § 4 Abs. 1 Satz 1 oder Satz 2 RVG beachten zu müssen. In diesen Fällen gibt es nämlich keine gesetzliche Vergütung nach dem RVG. Ob es eine andere gesetzliche Vergütung gibt, ist unerheblich, weil – wie bereits ausgeführt – gemäß § 1 Abs. 1 Satz 1 RVG nur die gesetzliche Vergütung nach dem RVG gemeint ist (s. hierzu auch Rn. 5). 1300

---

4   S. Rn. 2200 ff.

J. Höhe der Vergütung

1301 Aus § 1 Abs. 1 Satz 1 RVG i.V.m. § 2 Abs. 2 RVG folgt also zunächst einmal, dass die gesetzliche Vergütung sich nach den **Gebührentatbeständen des Vergütungsverzeichnisses zum RVG** bestimmt.

1302 Auch hinsichtlich der **Gegenstandswerte** ist – soweit dort unmittelbar geregelt – ebenfalls das RVG maßgebend.

1303 Des Weiteren folgt aus § 23 RVG, dass zur gesetzlichen Vergütung auch die gesetzlichen **Streitwertvorschriften** zählen, **auf die Bezug genommen wird**, also die Streitwertvorschriften des GKG, der KostO oder anderer Gesetze.

b) Gesetzliche Vergütung bei Gebührenrahmen

1304 Probleme ergeben sich bei der Frage, was unter der gesetzlichen Vergütung zu verstehen ist, wenn das Gesetz selbst einen Satzrahmen (derzeit u.a. in den Nrn. 2100 ff., 2200 ff., 2400 ff., 2500 ff. VV RVG; ab dem 1.7.2006 in den Nrn. 2100 ff., 2300 ff., 2400 ff. VV RVG n.F.) oder einen Betragsrahmen (z.B. Nrn. 1005, 2500 ff. VV RVG, ab dem 1.7.2006 Nrn. 2400 ff. VV RVG; Gebühren nach Teil 4, 5 und 6 VV RVG) vorgibt.

1305 Zum Teil wird vertreten, jede Gebühr innerhalb des gesetzlichen Rahmens sei eine gesetzliche Gebühr.[5] Dies dürfte jedoch unzutreffend sein, da dann problemlos in der einfachsten Sache von vornherein die Höchstgebühr vereinbart werden könnte, ohne dass der Auftraggeber nach § 4 Abs. 1 Satz 1, Satz 2 RVG geschützt würde. Ob der Anwalt die Höchstgebühr vereinbart oder eine Pauschale in Höhe der Höchstgebühr, ist vom Ergebnis her irrelevant. Daher muss die Vereinbarung eines höheren Gebührensatzes oder -betrages, als er der gesetzlichen Regelung entspricht, ebenfalls als höhere Vergütung i.S.d. § 4 Abs. 1 Satz 2 RVG angesehen werden.

1306 Die „gesetzliche Vergütung" ergibt sich nicht allein aus dem Gebührenrahmen, sondern erst aus der vom Anwalt nach § 14 Abs. 1 RVG oder der vom Gericht nach § 319 Abs. 1 Satz 2 BGB getroffenen Bestimmung. Nur die „billig" i.S.d. § 14 Abs. 1 RVG bestimmte Gebühr ist die gesetzli-

---

5 AG Landshut, AnwBl. 1967, 373.

che Gebühr. Hierbei ist der Toleranzbereich, der dem Anwalt zusteht,[6] zu beachten.

Hinzu kommt, dass die Frage, ob der Rechtsanwalt aufgrund einer Honorarvereinbarung eine höhere als die gesetzliche Vergütung fordert, also der Vergleich zwischen vereinbarter und gesetzlicher Vergütung in aller Regel erst dann möglich ist, wenn sich die Höhe der gesetzlichen Vergütung ermitteln lässt, i.d.R. also erst nach dem Ende der Tätigkeit des Rechtsanwalts.[7] 1307

Wird dagegen im Voraus ein Gebührensatz oder -betrag vereinbart, der bei der abschließenden Abrechnung außerhalb des Toleranzbereichs liegt, dann handelt es sich um die Vereinbarung einer höheren als der gesetzlichen Vergütung, so dass die Form des § 4 Abs. 1 Satz 1, Satz 2 RVG gewahrt sein muss. 1308

Hiervon zu unterscheiden ist die **nachträgliche Zustimmung** des Auftraggebers zu einer vom Anwalt getroffenen Gebührenbestimmung. Insoweit handelt es sich nicht um eine formbedürftige Vergütungsvereinbarung, sondern um eine bloße Zustimmungserklärung, für die keine Form vorgesehen ist (s. hierzu auch § 11 Abs. 8 RVG). 1309

c) Fehlen einer gesetzlichen Vergütung nach dem RVG
aa) Überblick

Problematisch sind die Fälle, in denen es keine gesetzliche Vergütung nach dem RVG gibt, also die Fälle des derzeitigen § 34 RVG und die Fälle des zukünftigen § 34 RVG n.F. 1310

bb) Mediation, Beratung und Gutachten
(1) Mediation

Bereits jetzt schon sind für die Tätigkeit als Mediator keine gesetzlichen Gebühren nach dem RVG vorgesehen. Empfohlen wird lediglich eine 1311

---

[6] S. hierzu AnwK-RVG/N. Schneider, § 14 Rn. 83 ff. m.w.N.
[7] BGH, KostRsp. BRAGO § 3 Nr. 73 = AGS 2004, 338 = AnwBl. 2004, 662 = BGHR 2004, 1530 = FamRZ 2004, 1557 = MDR 2004, 1400 = NJW 2004, 2818 = Rpfleger 2004, 651 = RVG-B 2004, 122 = RVG-Letter 2004, 102.

J. Höhe der Vergütung

Gebührenvereinbarung (§ 34 Satz 1 RVG). Treffen die Parteien keine Gebührenvereinbarung, so bemisst sich die Gebühr nach den Vorschriften des Bürgerlichen Rechts, also gemäß § 612 Abs. 2 BGB nach der üblichen Vergütung.[8] Lediglich die Auslagen richten sich nach dem RVG.[9]

(2) Beratung und Gutachten (ab dem 1.7.2006)

1312 Des Weiteren wird es ab dem 1.7.2006 auch für Beratungs- und Gutachtentätigkeiten keine gesetzlichen Gebühren nach dem RVG mehr geben. Die Nrn. 2100 ff. VV RVG entfallen ersatzlos. In § 34 Abs. 1 Satz 1 RVG n.F. wird auch für Beratung und Gutachten zukünftig empfohlen, eine Gebührenvereinbarung zu treffen. Schließt der Anwalt keine Gebührenvereinbarung, richten sich auch hier wiederum die Gebühren nach den Vorschriften der Bürgerlichen Rechts (§ 34 Abs. 1 Satz 2 RVG n.F.). Eine Beratung ist dann nach § 612 Abs. 2 BGB abzurechnen und eine Gutachtenerstellung nach § 632 Abs. 2 BGB. Zu beachten sind dann allerdings noch die Begrenzungen des § 34 Abs. 1 Satz 3 RVG n.F. bei Tätigkeiten gegenüber einem Verbraucher auf 250,00 € bzw. bei einer Erstberatung auf 190,00 €.

(3) Problem

1313 Die Frage, ob und ggf. welche gesetzliche Vergütung hier gilt, ist insofern von Bedeutung, als sich danach die Form bestimmt, also ob die Formen des § 4 Abs. 1 Satz 1, Satz 2 RVG einzuhalten sind.

1314 Des Weiteren kann sich die Frage stellen, bis zu welcher Höhe das Gericht eine unangemessen hohe Vereinbarung nach § 4 Abs. 4 Satz 1 RVG herabsetzen kann.

1315 Die Frage eines Verstoßes gegen § 49 Abs. 1 Satz 1 BRAO wird sich hier wohl nicht stellen, da Beratung und Gutachten außergerichtliche Tätigkeiten sind, für die eine niedrigere Vergütung vereinbart werden kann. Allerdings kann sich hier die Frage nach dem angemessenen Verhältnis von Aufwand und Haftungsrisiko stellen (§ 4 Abs. 2 Satz 3 RVG).

---

8 AnwK-RVG/Hembach, § 34 Rn. 5; Hansens/Braun/Schneider, Teil 9 Rn. 336.
9 Hansens/Braun/Schneider, Teil 9 Rn. 336.

(4) Lösungsversuche

Zum einen ließe sich die Ansicht vertreten, es gäbe gar **keine gesetzliche Vergütung** (mehr), da das RVG in seinem Vergütungsverzeichnis (§ 2 Abs. 2 RVG) keine Vergütung vorsehe. Dies würde dazu führen, dass im Bereich der Mediation, der Beratung und Gutachtentätigkeit sämtliche Vergütungsvereinbarungen formlos wirksam wären und eine Begrenzung der Herabsetzung nach § 4 Abs. 4 Satz 1 RVG nicht mehr vorgesehen wäre.

1316

Die andere Möglichkeit besteht darin, die Vorschrift des § 612 Abs. 2 BGB als die gesetzliche Vergütungsregelung anzusehen, da § 34 Abs. 1 RVG auf die Vergütung nach dem Bürgerlichen Recht Bezug nimmt und sie damit zu einer gesetzlichen Vergütung i.S.d. § 1 Abs. 1 Satz 1 RVG macht. Dann wäre die „übliche Vergütung" i.S.d. § 612 Abs. 2 BGB die gesetzliche. Das Problem, dass sich hier zumindest anfangs stellen wird, ist die Frage, was denn am 1.7.2006 üblich ist. Eine Üblichkeit wird sich bis dahin nicht herausgebildet haben, weil – entgegen der Erwartung des Gesetzgebers[10] – kaum ein Anwalt in den zwei Jahren Übergangszeit seit In-Kraft-Treten des RVG von der Möglichkeit einer Vergütungsvereinbarung in diesen Fällen Gebrauch macht. Üblich ist dann jedenfall (noch) nach den Nrn. 2100 ff. VV RVG abzurechnen. Über die Üblichkeit würde also die bisherige gesetzlicher Regelung konserviert.

1317

Darüber hinaus ließ sich wohl auch noch vertreten, dass es zwar keine gesetzliche Vergütung gäbe, dass aber zumindest bei der Vertretung eines Verbrauchers die Kappungsgrenze von 190,00 € und im Falle der Erstberatung und von 250,00 € im Falle eines Gutachtens als gesetzliche Vergütung zu beachten sind, so dass Vereinbarungen, die über diese Kappungsbeträge hinausgehen, dann der Form des § 4 Abs. 1 Satz 1, Satz 2 bedürften. Bei der Herabsetzung nach § 4 Abs. 4 Satz 1 RVG gibt es allerdings schon Schwierigkeiten. Die Höchstgrenzen des § 34 Abs. 1 RVG müssen nicht unbedingt angemessen sein. Zudem muss eine Gebühr unter der Kappungsgrenze nicht schon eine niedrigere als die gesetzliche sein. Das ist jetzt schon nicht so.

1318

---

10 S. hierzu die Begründung zu § 34 RVG, Rn. 3315.

1319 Wie hier die Praxis und die Rechtsprechung verfahren werden, ist nicht abzusehen. Römermann[11] bezeichnet die Verweisung in § 34 RVG als einen Weg in ein „Nirwana", mit dem sich der Gesetzgeber aus der Verantwortung geschlichen habe.[12]

1320 **Praxistipp:**

Der Anwalt sollte sich hier auf keine Zweifelsfragen einlassen und sämtliche Vereinbarungen im Rahmen einer Beratung, einer Gutachtentätigkeit oder einer Mediation ausnahmslos mit dem Auftraggeber (bei der Mediation mit beiden Parteien) schriftlich und in der Form des § 4 Abs. 1 Satz 1, Satz 2 RVG abschließen.

1321 Selbst dann, wenn er eine zulässige geringere als die – wie auch immer – gesetzliche Vergütung vereinbart, ist dies zweckmäßig, weil er damit die getroffene Vereinbarung später beweisen kann.

1322 Man wird hier nämlich davon ausgehen müssen, dass der Anwalt – wie im Werkvertragsrecht – die Beweislast dafür trägt, welche Vergütung vereinbart worden ist. Die ansonsten von der Rechtsprechung angenommene Beweislastumkehr[13] greift hier nicht, weil es keine gesetzlichen Gebührentatbestände mehr gibt.

d) Vergütung für Hilfspersonen außerhalb des § 5 RVG

1323 Probleme bei der Bestimmung der gesetzlichen Vergütung ergeben sich auch dann, wenn der Anwalt Hilfspersonen einschaltet, die nicht zu den in § 5 RVG genannten Personen gehören. Lässt der Anwalt z.B. einen Hauptverhandlungstermin, einen auswärtigen Zeugenvernehmungstermin, einen Termin zur mündlichen Verhandlung oder einen Sachverständigentermin im Rahmen eines selbständigen Beweisverfahrens durch einen Referendar wahrnehmen, der sich nicht in der Anwaltsstati-

---

11 Römermann, MDR 2004, 421.
12 Kritisch auch Henke, AGS Heft 8/2005, S. II; Henssler, NJW 2005, 1137.
13 OLG München, MDR 1984, 844 = NJW 1984, 2537; AnwK-RVG/N. Schneider, § 4 Rn. 145.

III. Gesetzliche Vergütung

on befindet, so gibt es keine gesetzliche Vergütung nach dem RVG.[14] Gebühren fallen hierfür nicht an. Strittig ist, ob der Anwalt anstelle dessen eine Vergütung nach § 612 BGB verlangen kann, was von der ganz herrschenden Meinung bejaht wird.[15] Unabhängig davon handelt es sich aber nicht um die gesetzliche Vergütung nach dem RVG.

Von daher ist streng genommen die Vereinbarung einer Vergütung für die Tätigkeit von Hilfspersonen, die nicht zu den in § 5 RVG genannten gehören, nicht die Vereinbarung einer höheren als der gesetzlichen Vergütung, weil es gar keine gesetzliche Vergütung gibt. Andererseits spricht ein Bedürfnis – insbesondere der Schutz des Auftraggebers – dafür, die Vorschrift des § 4 RVG auch hier anzuwenden. 1324

Meines Erachtens muss man in solchen Fällen wie folgt vorgehen: 1325

- Soweit der Anwalt mit dem Auftraggeber eine Vergütung vereinbart, die sich **im Rahmen** dessen hält, was der Anwalt bei **eigener Tätigkeit** oder bei Tätigkeit einer in § 5 RVG genannten Person verlangen könnte, liegt keine höhere als die gesetzliche Vergütung vor.

Beispiel: 1326

Der Anwalt vereinbart mit dem Auftraggeber, dass für die Wahrnehmung des Verhandlungstermins durch einen nicht in der Station befindlichen Referendar eine Gebühr nach Nr. 3104 VV RVG zu zahlen sei.

Es liegt nicht die Vereinbarung einer höheren als der gesetzlichen Vergütung vor. Faktisch wird die „gesetzliche" Vergütung vereinbart.

- Vereinbart der Anwalt für die Tätigkeiten von Hilfspersonen außerhalb des Anwendungsbereichs des § 5 RVG eine Vergütung, die über den gesetzlichen Gebühren liegt, die der **Anwalt selbst** oder bei Vertretung durch eine der in § 5 RVG genannten Personen berechnen könnte, so liegt eine höhere als die gesetzliche Vergütung vor, für die in diesem Falle die für eine Vergütungsvereinbarung geltenden Vorschriften anzuwenden sind.

---

14 AnwK-RVG/N. Schneider, § 5 Rn. 40 ff. m.w.N.; nach OLG Düsseldorf, AGS 2005, 329 m. abl. Anm. Schneider sogar bei einem Stationsreferendaren, der einem anderen Anwalt aus einer anderen Kanzlei zugewiesen ist.
15 AnwK-RVG/N. Schneider, § 5 Rn. 51 ff. m.w.N.

1327 *Beispiel:*
Der Anwalt vereinbart mit dem Auftraggeber, dass für die Wahrnehmung des Verhandlungstermins durch einen nicht in der Station befindlichen Referendar ebenso das Doppelte der Terminsgebühr nach Nr. 3104 VV RVG zu zahlen sei wie bei eigener Terminswahrnehmung durch den Anwalt.

Jetzt liegt auf jeden Fall die Vereinbarung einer höheren als der gesetzlichen Vergütung vor, da der Anwalt selbst die vereinbarte Vergütung bei gesetzlicher Anrechnung nicht erhalten würde.

e) Nebenabreden

1328 Treffen die Parteien bloße Nebenabreden, die die Höhe der Vergütung selbst nicht berühren, führt das nicht zu einer Abänderung der gesetzlichen Vergütung. So ist z.B. die Vereinbarung einer von der gesetzlichen Regelung abweichenden vorzeitigen Fälligkeit keine Vereinbarung einer höheren Vergütung.[16] Auch wenn der Anwalt dadurch Zinsvorteile erhält, stehen ihm deshalb keine höheren Gebühren zu. Abgesehen davon kann er auch jederzeit Vorschüsse verlangen (§ 9 RVG).

IV. Höhere, aber unbedenkliche Vergütung

1329 Treffen die Parteien eine Vereinbarung, wonach eine höhere als die gesetzliche Vergütung geschuldet ist, und liegt die Höhe dieser Vergütung im „unbedenklichen Bereich", ist die Höhe also weder sittenwidrig (Rn. 1136 ff.) noch unangemessen hoch i.S.d. § 4 Abs. 4 RVG (Rn. 1433 ff.), bestehen keine Bedenken gegen die Wirksamkeit einer solchen Vereinbarung.

1330 Einzuhalten sind in diesem Falle allerdings die **Formvorschriften** des § 4 Abs. 1 Satz 1, Satz 2 RVG.

1331 | **Die Frage, ob der Rechtsanwalt aufgrund einer Honorarvereinbarung eine höhere als die gesetzliche Vergütung fordert, ist anhand des Vergleichs der für die gleiche Tätigkeit insgesamt verdienten gesetzlichen Vergütung mit dem vereinbarten Honorar**

---

16 BGH, AGS 2004, 440.

zu beantworten. Ein solcher Vergleich ist erst dann möglich, wenn sich die Höhe der gesetzlichen Vergütung ermitteln lässt, i.d.R. also erst nach dem Ende der Tätigkeit des Rechtsanwalts. *BGH, Urt. v. 8.6.2004 – IX ZR 119/03*[17]

Zu beachten ist aber wiederum, dass selbst bei Formverstößen die Vereinbarung einer höheren Vergütung **nicht unwirksam** wird. Die Vergütung – soweit sie die gesetzliche Vergütung übersteigt – ist lediglich **nicht durchsetzbar**, wenn die Formvorschriften des § 4 Abs. 1 Satz 1, Satz 2 RVG nicht beachtet worden sind. 1332

So kann in diesen Fällen der Auftraggeber die Vergütungsforderung durchaus erfüllen. Die Leistung ist dann **nicht rückforderbar**, weil eine wirksame Vereinbarung getroffen worden ist, es sei denn, der Auftraggeber hat nicht freiwillig oder unter einem Vorbehalt gezahlt (§ 4 Abs. 1 Satz 3 RVG). 1333

Da nach § 1 Abs. 1 Satz 1 RVG die Vergütung nicht nur aus Gebühren, sondern auch aus Auslagen besteht, führt auch die Vereinbarung **höherer Auslagen** zu einer höheren als der gesetzlichen Vergütung und erfordert daher eine nach § 4 Abs. 1 Satz 1, Satz 2 RVG formgerechte Vereinbarung. 1334

Zur Frage, wann die Grenze zwischen einer unbedenklichen zu einer unangemessen hohen Vergütung überschritten wird s. Rn. 1336. 1335

V. Unangemessen hohe Vergütung
1. Überblick

Zwischen der noch unbedenklichen höheren vereinbarten Vergütung als der gesetzlichen und der bereits sittenwidrig hohen Vergütung liegt die unangemessen hohe Vergütung. Die unangemessen hohe Vergütung führt im Gegensatz zur sittenwidrig hohen Vergütung nicht zur Unwirksamkeit der Vereinbarung, sondern lediglich dazu, dass im Streit- 1336

---

17 BGH, KostRsp. BRAGO § 3 Nr. 73 = AGS 2004, 338 = AnwBl. 2004, 662 = BGHR 2004, 1530 = FamRZ 2004, 1557 = MDR 2004, 1400 = NJW 2004, 2818 = Rpfleger 2004, 651 = RVG-B 2004, 122 = RVG-Letter 2004, 102.

fall das Gericht nach § 4 Abs. 4 Satz 1 RVG die vereinbarte Vergütung auf ein angemessenes Maß herabsetzen kann.

1337 Zum **Verfahren** der Herabsetzung s. Rn. 1656.

2. Abgrenzungskriterien

a) Überblick

1338 Die unangemessen hohe Vergütung ist abzugrenzen nach unten zu der noch unbedenklichen höheren als der gesetzlichen Vergütung und nach oben zu der bereits sittenwidrigen Vergütung.

b) Abgrenzung nach dem Verhältnis zu der gesetzlichen Vergütung

1339 Ein Teil der Rechtsprechung – insbesondere der BGH[18] – beurteilt, ob eine vereinbarte Vergütung unangemessen hoch, ist im Wesentlichen nach ihrer Relation zur gesetzlichen Vergütung.

1340 Dies ist ein unzutreffender Ansatzpunkt.[19] Das gesetzliche Vergütungssystem ist schon zu unterschiedlich, als dass dies als geeigneter Maßstab herangezogen werden könnte.

1341 So gibt es Gebührentatbestände, die selbst schon eine Bandbreite aufweisen, weil Satz- oder Betragsrahmen vorgesehen sind.

1342 In vielen Fällen sind die Gebühren so pauschaliert, dass sie gar nicht mehr in Relation zum Umfang der anwaltlichen Tätigkeit stehen:

- Z.B. entsteht die Gebühr nach Nr. 4102 VV RVG für einen Termin, für zwei Termine und auch für drei Termine und das unabhängig davon, wie lange diese Termine dauern können.

- Die Terminsgebühr für eine Hauptverhandlung in Strafsachen entsteht unabhängig von der Dauer der Verhandlung.

---

18 So zuletzt BGH, AGS 2005, 378 m. Anm. Madert, Henke u. N. Schneider = AnwBl. 2005, 582 m. Anm. Henke = BGHReport 2005 1151 m. Anm. N. Schneider.

19 LG Aachen, AnwBl. 1999, 412; OLG Hamm, AGS 2002, 268; LG Braunschweig, AnwBl. 1973, 358, das sich dabei sogar über das Gutachten des Vorstands der Rechtsanwaltskammer hinweggesetzt hat.

- Die Terminsgebühr in Zivilsachen entsteht unabhängig davon, wie viele Termine stattgefunden (§ 15 Abs. 1 RVG) und wie lange diese gedauert haben.

Das Kriterium der gesetzlichen Gebühren ist also hier schon bereits eine unzureichende Grundlage ohne Aussagekraft.   1343

Darüber hinaus gibt es Gebührentatbestände die – u.U. im Zusammenhang mit der Höhe des Gegenstandswertes – durchaus für den Anwalt bereits ein ausreichendes Einkommen liefern, etwa die Terminsgebühr für ein Versäumnisurteil (Nr. 3105 VV RVG) bei einem äußerst hohen Gegenstandswert.   1344

Umgekehrt gibt es Gebühren, die nach gesetzlicher Abrechnung bereits völlig unzureichend sind, z.B. eine Gebühr i.H.v. 25,00 € für zwei Verhandlungstermine und einen Beweistermin in einer Angelegenheit mit einem Streitwert von unter 300,00 €, jegliche Tätigkeit in einem Schlichtungsverfahren nach § 15a EGZPO (Nr. 2403 VV RVG – ab dem 1.7.2006 Nr. 2303 VV RVG) oder eine Terminsgebühr nach den Nrn. 4102, 4103 VV RVG für drei Haftprüfungstermine mit einem Maximalbetrag von 312,50 € (!).   1345

Die Pauschallösung des BGH, sich an dem Fünffachen der gesetzlichen Höchstgebühren zu orientieren, führt auch insoweit zu unzuverlässigen Aussagen, da er gar nicht berücksichtigt, welche Gebühr nach § 14 Abs. 1 RVG bei gesetzlicher Abrechnung angemessen wäre.   1346

Beispiel: 1347

Der Anwalt hat den Auftraggeber in zwei Hauptverhandlungsterminen vor dem Amtsgericht verteidigt und hierfür einen Pauschalbetrag i.H.v. jeweils 2.000,00 € vereinbart. Es kommt zu zwei Terminen. Für den ersten Termin wäre nach der gesetzlichen Regelung gemäß § 14 Abs. 1 RVG die Höchstgebühr, also 400,00 € angemessen, für den zweiten Termin nur die Mindestgebühr von 60,00 €.

Ausgehend von der Höchstgebühr von 400,00 € wäre die Vereinbarung nach der Rechtsprechung des BGH nicht zu beanstanden.

Dabei würde aber gar nicht berücksichtigt, dass sich nur für den ersten Termin das Fünffache der gesetzlichen Vergütung ergibt, für den zweiten Termin dagegen das 33fache.

1348 Letztlich muss stets auf die Umstände des Einzelfalles abgestellt werden, die sorgfältig zu prüfen sind. Allgemeine Regelungen, wie sie der BGH jüngst wieder aufgestellt hat, dass das Überschreiten des Fünffachen der gesetzlichen Höchstgebühr die Unangemessenheit indiziere,[20] sind inhaltsleere Floskeln und spiegeln eine Allgemeinverbindlichkeit vor, die es nicht gibt.

1349 Werden **Zeithonorare** vereinbart, so ist – auch nach der Rechtsprechung des BGH – grds. nur danach zu fragen, ob der vereinbarte Betrag je Zeiteinheit angemessen ist. Auf die Gesamtsumme kommt es hier nicht an.[21]

c) **Zutreffende Abwägung**

aa) **Überblick**

1350 Zutreffend ist es vielmehr, stets anhand des Einzelfalles und aller in Betracht kommenden Kriterien konkret zu überprüfen, ob die Vergütung angemessen ist oder nicht.

1351 Folgende (nicht abschließende) Kriterien sind danach bei der Abwägung zu berücksichtigen:

bb) **Die fünf Kriterien des § 14 Abs. 1 Satz 1 RVG**

1352 Zunächst einmal sind auch hier die fünf Kriterien des § 14 Abs. 1 Satz 1 RVG heranzuziehen,[22] also

- **Umfang der anwaltlichen Tätigkeit,**
- **Schwierigkeit der anwaltlichen Tätigkeit,**
- **Bedeutung der Angelegenheit,**

---

20 BGH, AGS 2005, 378 m. Anm. Madert, Henke u. N. Schneider = AnwBl. 2005, 582 m. Anm. Henke = BGHReport 2005.
21 Anders allerdings wiederum BGH (Rn. 1408), wobei hier auch andere Gründe eine Rolle spielten.
22 So auch BGH, NJW-RR 2004, 1145; Mayer-Kroiß/Teubel, § 4 Rn. 36, nach dessen Auffassung sogar hauptsächlicher Gesichtspunkt für die Bestimmung des auffälligen Missverhältnisses Umfang und Schwierigkeit der anwaltlichen Leistungen sein müssen.

- Einkommensverhältnisse des Auftraggebers und
- Vermögensverhältnisse des Auftraggebers.

Bei der Bemessung ist hier allerdings zu berücksichtigen, dass es nicht um die Ausfüllung des gesetzlichen Rahmens geht, sondern dass anhand dieser Kriterien zu prüfen ist, ob die vereinbarte höhere Vergütung angemessen ist oder ob diese Kriterien nicht oder nur in so geringem Maße erfüllt sind, dass das vereinbarte Honorar im Ergebnis unangemessen erscheint. 1353

Es würde an dieser Stelle den Rahmen sprengen, hier auf sämtliche Bemessungskriterien einzugehen. Insoweit sei auf die Kommentierungen zum RVG verwiesen. Folgende Aspekte sind jedoch hervorzuheben: 1354

Bei der **Schwierigkeit** der anwaltlichen Tätigkeit ist auf den **durchschnittlichen Allgemeinanwalt** abzustellen, nicht auf den spezialisierten Anwalt.[23] Zu fragen ist also, ob für einen durchschnittlichen Anwalt, der sich nicht auf dem Gebiet des jeweiligen Rechts spezialisiert hat, die Angelegenheit schwierig wäre. 1355

Beim **Umfang** der anwaltlichen Tätigkeit ist eine Spezialisierung dagegen zu berücksichtigen. Benötigt der spezialisierte Anwalt einen geringeren Zeitaufwand, dann darf auch nur der geringere Aufwand herangezogen werden. Hier kann also nicht fiktiv gefragt werden, wie viel Zeit ein durchschnittlicher Allgemeinanwalt hätte aufwenden müssen.[24] 1356

Berücksichtigt werden dürfen z.B. **Fremdsprachenkenntnisse**[25] des Anwalts, wenn diese erforderlich sind. Gleiches gilt auch dann, wenn **mangelnde Deutschkenntnisse** des Auftraggebers Schwierigkeiten und erhöhten Umfang mit sich bringen.[26] 1357

Des Weiteren berücksichtigt werden dürfen **besondere Fachkenntnisse** auf Nebengebieten, etwa medizinische Kenntnisse in Arzthaftungs- 1358

---

23 AnwK-RVG/N. Schneider, § 14 Rn. 33.
24 OLG Jena, AnwBl. 2005, 296.
25 AnwK-RVG/N. Schneider, § 14 Rn. 31; LG Nürnberg-Fürth, AnwBl. 1969, 206.
26 AG Bühl, AGS 2004, 287.

sachen, technische Kenntnisse, besondere steuerrechtliche Kenntnisse oder Kenntnisse ausländischen Rechts (Europarechts) etc.

1359 Ebenso berücksichtigt werden dürfen besondere **Besprechungstermine**, insbesondere **nach Büroschluss oder am Wochenende**.

1360 Auch die **schwierige Persönlichkeitsstruktur** des Auftraggebers kann herangezogen werden.[27]

1361 Zusätzliche Besprechungen – insbesondere **gemeinsame Verhandlungen** unter Beteiligungen der Anwälte und beider Parteien – rechtfertigen einen höheren Gebührensatz.

1362 Die **Auswertung von Gutachten** erhöhen Umfang und Schwierigkeit.[28]

1363 Wegen der Ausfüllung der Kriterien sei im Übrigen auf die einschlägigen Kommentierungen verwiesen.

cc) Haftungsrisiko

1364 Das Haftungsrisiko ist in § 14 Abs. 1 Satz 2 RVG jetzt als sechstes Bemessungskriterium erwähnt. Zu berücksichtigen ist das Haftungsrisiko stets bei Gebühren, die sich nicht nach dem Gegenstandswert richten. Bei Gebühren, die wertabhängig sind, ist nur das besondere Haftungsrisiko zu berücksichtigen. Das einfache Haftungsrisiko findet nach der Vorstellung des Gesetzgebers bereits seinen Niederschlag in der Kopplung der Gebührenhöhe an den Wert.

1365 Treffen die Parteien eine Vergütungsvereinbarung, die sich am Gegenstandswert ausrichtet, so wird man folglich nur das besondere Haftungsrisiko berücksichtigen dürfen, das durch den gesetzlichen Gegenstandswert oder den vereinbarten (immer) noch nicht erfasst ist. Dies werden insbesondere die Fälle sein, in denen Streitwertbegrenzungen vorgesehen sind (§§ 41, 42 GKG) oder in denen das Risiko über den Grenzwerten des § 22 Abs. 2 RVG bzw. § 39 Abs. 2 GKG liegt.

---

[27] LG Karlsruhe, AnwBl. 1987, 338; AnwK-RVG/N. Schneider, a.a.O.
[28] AnwK-RVG/N. Schneider, a.a.O.

Sind in der Hauptsache keine Wertgebühren vorgesehen oder vereinbaren die Parteien abweichend hiervon andere Berechnungsgrundlagen, also Zeit- oder Pauschalvergütungen, so muss bei der Frage der Angemessenheit auch das einfache Haftungsrisiko berücksichtigt werden. 1366

dd) Erforderlicher Zeitaufwand

Zu beachten ist stets auch der Zeitaufwand, den das Mandat mit sich gebracht hat.[29] Hier ist zu differenzieren zwischen Zeitvergütungen und sonstigen Vergütungen. 1367

Bei **Zeitvergütungen** wird dieses Kriterium schon dadurch berücksichtigt, dass die Vergütung zeitabhängig ist. Hier kann der Zeitaufwand bei der Frage der Angemessenheit daher nicht zusätzlich gewichtet werden. 1368

Insbesondere ist es keine Frage der Angemessenheit, ob der Anwalt möglicherweise das Stundenvolumen „aufgebläht" hat. Dies betrifft nicht die Höhe der Vergütung, sondern die Frage, ob der Anwalt für solche Stunden überhaupt eine Vergütung dem Grunde nach verlangen kann. 1369

Haben die Parteien **keine Zeitvergütungen** getroffen – zumindest keine reinen Zeitvergütungen, also z.B. eine Kombination aus Pauschal- und Zeitvergütung (s. Rn. 1425 ff.) –, dann muss der Zeitaufwand berücksichtigt werden. Hier ist allerdings darauf abzustellen, welcher Zeitaufwand bei objektiver Betrachtung und ordnungsgemäßer Mandatsführung erforderlich gewesen wäre. Es kommt letztlich nicht darauf an, wie viel Zeit der Anwalt tatsächlich aufgewandt hat. Insoweit kann auf das gesetzliche Kriterium des Umfangs der Sache verwiesen werden (s.o. Rn. 1356). 1370

Je zeitintensiver eine Sache ist, desto höher kann eine angemessene Vergütung sein. Das Zeitmoment wird hier insbesondere dann zu berücksichtigen sein, wenn aufwändige Berechnungen oder Besprechungen erforderlich waren. 1371

---

29 OLG Hamm, AGS 2002, 286.

1372 Auf die Höhe des Gegenstandswertes kommt es hier nicht an. Wenn der Auftraggeber in einer geringwertigen Sache übermäßig hohen Aufwand betreiben will (z.B. bei einer umfangreichen Mietnebenkostenabrechnung oder in einem Umgangsrechtsverfahren), dann ist dies sein Problem.

ee) Reputation

1373 Zu berücksichtigen ist ferner auch die Reputation des Anwalts.[30] Wenn die Parteien sich eines Anwalts versichern will, der einen „guten Namen" hat, dann ist dies ebenfalls bei der Frage der Angemessenheit mit zu berücksichtigen. Der „Goodwill" des Anwalts ist durchaus ein sachliches Kriterium. Es ist davon ausgehen, dass ein Anwalt, der sich auf einem bestimmten Gebiet einen Ruf verschafft hat, mit seinen Ausführungen anders gehört und ernsthafter zur Kenntnis genommen wird als der nicht spezialisierte Anwalt. In dem „guten Ruf" des Anwalts spiegelt sich zudem i.d.R. auch Fachkenntnis und Erfahrung wieder (s. hierzu auch Qualifikation).

1374 Insbesondere in Strafsachen wird häufig auf den „Namen" des Verteidigers besonderer Wert gelegt.

ff) Qualifikation

1375 Ebenfalls zu berücksichtigen ist die Qualifikation des Anwalts,[31] sei es dass der Anwalt als Fachanwalt zugelassen ist oder sich anderweitig als Spezialist auf diesem Rechtsgebiet hervorgetan hat (u.U. auch schriftstellerisch, Lehrtätigkeit an Universitäten, Verbands- oder auch politische Tätigkeit). Dieses Kriterium ist zum einen bereits unter dem Aspekt der Reputation zu berücksichtigen (s.o. Rn. 1373). Zum anderen folgt aus der Spezialisierung, dass der Anwalt aufgrund seiner besonderen Kenntnisse bestimmte Fälle besser und vor allen Dingen auch schneller löst als ein „Anfänger". Daher kann sich der Anwalt diesen Zeitvorteil, den er einerseits dem Auftraggeber bringt und den er sich andererseits durch

---

30 OLG Hamm, AGS 2002, 286.
31 OLG Hamm, a.a.O.

jahrelange Tätigkeit und Fortbildung erworben hat, auch vergüten lassen.

gg) Erfolg

Bei der Frage der Angemessenheit darf durchaus auch der Erfolg der anwaltlichen Tätigkeit berücksichtigt werden. Dies verstößt nicht gegen § 49b Abs. 2 BRAO, solange die Vergütung nicht vom Erfolg der anwaltlichen Tätigkeit abhängig gemacht wird. 1376

Da die Angemessenheit bei Fälligkeit der Vergütung zu prüfen ist, kann der Erfolg schon durch die Einkommens- und Vermögensverhältnisse des Auftraggebers (s.o. Rn. 1352) mit einfließen. Hat der Anwalt dem Auftraggeber zur Durchsetzung seiner Zahlungsansprüche, etwa zu einer Erbschaft oder einer Abfindung verholfen, sind dessen wirtschaftliche Verhältnisse weitaus besser, als wenn die Tätigkeit erfolglos gewesen wäre. 1377

Aber auch in anderen Fällen darf der Erfolg der anwaltlichen Tätigkeit durchaus berücksichtigt werden. 1378

hh) Gemeinkosten

Darüber hinaus sind die Gemeinkosten des Anwalts berücksichtigungsfähig.[32] Eine Vergütungsvereinbarung muss kostendeckend und gewinnbringend sein. Gewinnbringend kann eine Vergütungsvereinbarung aber erst dann sein, wenn die Kosten abgedeckt sind und danach noch ein weiterer Überschuss verbleibt. Von daher ist also der Kostenanteil immer mit zu berücksichtigen. Handelt es sich um eine Großkanzlei mit zahlreichen Mitarbeitern, einer umfangreichen Bibliothek etc., die der Mandant nutzen möchte, dann muss er auch die hiermit verbundenen höheren Kosten als die einer einfachen „Landkanzlei" mittragen. 1379

Hinzu kommt, dass solche hohen Bürokosten sich im Ergebnis teilweise auch wieder amortisieren, da für Recherchen in der eigenen umfangreichen Bibliothek geringere Zeit aufgewandt werden muss, als wenn der 1380

---

32 OLG Hamm, AGS 2002, 286; AG Hamburg, AGS 2000, 81.

Anwalt zur Universitäts- oder Gerichtsbibliothek fahren muss. Auch geschultes Personal kann erheblich zur Beschleunigung des Mandatablaufs beitragen.

ii) Auslagen

1381 Neben den Gemeinkosten können auch Auslagen zu berücksichtigen seien nach den Nrn. 7000 ff. VV RVG. Dies gilt nicht, wenn diese Auslagen gesondert abgerechnet werden. Haben die Parteien jedoch eine Pauschalvereinbarung oder eine Zeitvergütung getroffen, ohne zu vereinbaren, dass Auslagen und Umsatzsteuer gesondert erhoben werden können (Rn. 1069 ff.), dann sind diese besonderen Kosten in der vereinbarten Vergütung enthalten. Folglich müssen die angefallenen Auslagen dann aber auch bei der Angemessenheitskontrolle mit einfließen.

3. Definitionsversuche der Unangemessenheit

1382 Die Frage, wann eine vereinbarte Vergütung unangemessen hoch ist, lässt sich kaum pauschal beantworten, auch wenn hier in der Rechtsprechung immer wieder Definitionsversuche unternommen werden.

1383 Nach der Rechtsprechung ist eine Vergütung erst dann unangemessen hoch, wenn bei objektiver Betrachtung ein Festhalten des Auftraggebers an der Vergütungsvereinbarung unter Berücksichtigung aller Umstände gegen Treu und Glauben verstoßen würde. So das OLG München:

1384 > § 3 Abs. 3 BRAGO *(jetzt § 4 Abs. 4 RVG)* befugt den Richter nicht, das vertraglich vereinbarte Honorar durch die „billige" oder „angemessene" Leistung zu ersetzen. Er kann nur eingreifen, wenn ein Festhalten des Mandanten an der getroffenen Vereinbarung unter Berücksichtigung aller Umstände des Falles gegen Treu und Glauben verstieße. Das ist grundsätzlich nicht der Fall, wenn der Anwalt den dem Mandanten zur Zeit der Vereinbarung erwünschten Erfolg erzielt.
>
> *OLG München, Urt. v. 21.2.1967 – 9 U 2202/66*[33]

---

[33] OLG München, NJW 1967, 1571 = AnwBl. 1967, 198.

Zu berücksichtigen ist, dass die Herabsetzung der vereinbarten Vergütung einen Eingriff in die Vertragsfreiheit darstellt, von dem nur zurückhaltend Gebrauch gemacht werden sollte.[34] Hierzu das OLG Köln[35] in seiner Grundsatzentscheidung:

1385

> Eine Herabsetzung der vereinbarten Vergütung ist nur zulässig, wenn es unter Berücksichtigung aller Umstände unerträglich und mit dem Grundsatz von Treu und Glauben (§ 242 BGB) unvereinbar wäre, den Auftraggeber an seinem Honorarversprechen festzuhalten.
>
> *OLG Köln, Urt. v. 3.9.1997 – 17 U 31/97*[36]

1386

Zu beachten ist, dass eine Vereinbarung bei Abschluss durchaus als angemessen anzusehen sein und erst durch die **spätere Entwicklung** des Mandats unangemessen werden kann, insbesondere dann, wenn Pauschalbeträge vereinbart worden sind und es zu einer unvorhergesehenen vorzeitigen Beendigung des Mandats gekommen ist (s. hierzu wiederum Rn. 1226 ff.).

1387

Da § 4 Abs. 4 Satz 1 RVG die Herabsetzung einer überhöhten vereinbarten Vergütung vorsieht, ist die Grenze zur Sittenwidrigkeit – im Gegensatz zu sonstigen Fällen – äußerst hoch anzusetzen. Nach dem LG Aachen[37] ist ein weit über den gesetzlichen Gebühren angesiedeltes Honorar nur dann objektiv sittenwidrig, wenn ein zulässig vereinbartes Stundenhonorar ebenfalls zu einem untragbaren Ergebnis käme.

1388

Das OLG Köln[38] hat in seiner Grundsatzentscheidung ausgeführt:

1389

> *„Auf Vergütungsvereinbarungen i.S.v. § 3 Abs. 1 BRAGO sind die vom BGH zur Sittenwidrigkeit eines Austauschvertrags entwickelten Grund-*

---

34 Hansens, § 3 Rn. 17.
35 OLG Köln, AGS 1998, 66 = JMBl. NW 1998, 33 = OLGR Köln 1998, 19 = VersR 1998, 520 = JurBüro 1998, 257 = ZAP, EN-Nr. 495/98 = FamRZ 1998, 1030 = JP 1998, 139 = zfs 1999, 177 = NJW 1998, 1960.
36 OLG Köln, a.a.O.
37 LG Aachen, AnwBl. 1999, 412.
38 OLG Köln, a.a.O.

sätze, nach denen ein grobes Missverhältnis i.S.v. § 138 Abs. 1 BGB schon vorliegen kann, wenn die vereinbarte Vergütung den Wert der zu erbringenden Gegenleistung um mehr als 100 % übersteigt, mit Rücksicht auf die Regelung des § 3 Abs. 3 BRAGO, nach der ein vereinbartes unangemessenes Honorar im Rechtsstreit auf den angemessenen Betrag bis zur Höhe der gesetzlichen Gebühren herabgesetzt werden kann, nicht anwendbar."

1390 Eine Sittenwidrigkeit kommt danach nur ausnahmsweise in Betracht, wenn ein besonders krasses Missverhältnis besteht und subjektiv der Anwalt die Unerfahrenheit oder Zwangslage des Mandanten ausgenutzt hat.

1391 Nach der Rechtsprechung des BGH[39] lässt bei Anwaltdienstverträgen das auffällige Missverhältnis i.d.R. allerdings bereits den Schluss auf eine verwerfliche Gesinnung i.S.d. § 138 Abs. 2 BGB zu.

4. Einzelfälle aus der Rechtsprechung
a) Überblick

1392 Will man sich halbwegs an der Rechtsprechung orientieren, muss man zutreffenderweise differenzieren, und zwar danach, wie sich die vereinbarte Vergütung berechnet.

b) Vielfaches der gesetzlichen Gebühren

1393 Zur Frage, wann eines Vielfaches der gesetzlichen Gebühren eine unangemessen hohe bzw. sittenwidrige Vereinbarung darstellt, gibt es keine veröffentlichte Rechtsprechung, obwohl hier der Ansatz, den die Rechtsprechung des BGH verfolgt (s. Rn. 1419), nämlich die Relation zu den gesetzlichen Gebühren, am sichtbarsten ist. Der BGH wird hier sich vermutlich ebenso wie bei Pauschalen (s.u.) an dem Prozentsatz orientieren und grds. davon ausgehen, dass die Vereinbarung von mehr als dem Fünffachen der gesetzlichen Vergütung unangemessen hoch ist. Der An-

---

39 BGH, AGS 2000, 191 = BauR 2000, 1914 (LS) = BB 2000, 2124 (LS) = BGHZ 144, 343 = BRAK-Mitt. 2000, 237 m. Anm. Jungk = DB 2000, 2473 (LS) = IBR 2000, 566 m. Anm. Breiholt = JurBüro 2000, 668 (LS) = MDR 2000, 1400 = NJW 2000, 2669 = NZM 2000, 912 = WM 2000, 1596 = ZMR 2000, 841 = KostRsp. BRAGO § 3 Nr. 53.

walt muss hier im Einzelnen darlegen und nachweisen, dass besondere Umstände die Überschreitung des Fünffachen rechtfertigen.

Geht man zutreffenderweise davon aus, dass man sich an allen Umständen, insbesondere am Aufwand und Umfang und an der Bedeutung der Angelegenheit orientiert, muss man den Vergleich ziehen, welche Vergütung bei dem aufgewandten Zeitrahmen bei einem angemessenen Stundensatz noch zulässig gewesen wäre.[40] 1394

Insbesondere bei geringen Streitwerten wird es danach nicht zu beanstanden sein, wenn die Gebühren mehr als das Fünffache der gesetzlichen Vergütung übersteigen. 1395

Beispiel: 1396

Der Anwalt ist in einem aufwändigen, komplizierten und umfangreichen Rechtsstreit wegen einer Nebenkostenabrechnung beauftragt. Der Anwalt benötigt alleine für die Berechnungen, Belegprüfungen, Besprechungen und Klageerwiderung fünf Stunden. Der Gegenstandswert beträgt 250,00 €.

Die gesetzliche Verfahrensgebühr (Nr. 3100 VV RVG) beläuft sich im Rechtsstreit auf 32,50 €. Wird hier das Zehnfache der gesetzlichen Vergütung vereinbart, dürfte dies im Ergebnis nicht zu beanstanden sein. Dies würde gerade einmal einem Stundensatz von 65,00 € entsprechen.

c) Abrechnung nach Gegenstandswert anstelle Rahmengebühren

Vereinbaren die Parteien in sozialrechtlichen Angelegenheiten, dass nach einem bestimmten Gegenstandswert abzurechnen sei anstelle der gesetzlich vorgesehenen Rahmengebühren nach § 3 Abs. 1, Abs. 2 RVG, so muss auch hier zutreffenderweise die Gesamtvergütung in Relation zu Arbeitsaufwand, Umfang, Bedeutung der Sache etc. insgesamt betrachtet werden. 1397

Eine Unangemessenheit dürfte schon dann ausscheiden, wenn ein für sich angemessener Gegenstandswert vereinbart wird, da auch das besondere Haftungsrisiko des Anwalts, das sich am Wert orientiert, zu be- 1398

---

40 LG Aachen, AnwBl. 1999, 412

rücksichtigen ist (§ 14 Abs. 1 Satz RVG). Das Gesetz selbst gibt die Ableitung der Gebühren vom Gegenstandswert grds. vor (§ 2 Abs. 1 RVG). Die pauschale Orientierung daran, ob die ohnehin nicht angemessenen Rahmengebühren in Sozialsachen um ein Vielfaches überschritten worden sind, dürfte unzutreffend sein, wird von der Rechtsprechung aber dennoch angenommen.

1399 So hat es zwar das LG Berlin es nicht für unangemessen angesehen, wenn in einer Angelegenheit, die an sich nach Betragsrahmengebühren abzurechnen ist (§ 3 Abs. 1, Abs. 2 RVG), stattdessen die Abrechnung nach Wertgebühren (§ 2 Abs. 1 RVG) und einem vereinbarten Gegenstandswert vorgenommen werden soll; das Gericht schränkt seine Auffassung aber gleichzeitig dahin gehend ein, dass im Ergebnis nicht das Fünffache der gesetzlichen Höchstgebühren überschritten werden dürfe.

1400 | 1. Die Honorarvereinbarung eines mit dem Betreiben von Rentenverfahren bei der Bundesversicherungsanstalt beauftragten Rentenberaters ist ausreichend bestimmbar, wenn die ziffernmäßige Berechnung der Vergütung durch Angabe der maßgeblichen Berechnungselemente ohne Schwierigkeit und Unsicherheit ermöglicht wird. Dies ist der Fall, wenn der Geschäftswert („Streitwert") nach § 8 BRAGO in Verbindung mit § 24 KostO berechnet wird und statt § 116 BRAGO die Anwendung der §§ 118, 11 BRAGO jeweils nach einem 10/10 Ansatz der vollen Gebühr vereinbart wird.

2. In Rentenangelegenheiten wird die Grenze der Angemessenheit bei einer Honorarvereinbarung erst dann überschritten, wenn der 5fache Höchstsatz der ohne Honorarvereinbarung anzuwendenden Vorschrift des § 116 BRAGO erreicht wird.

LG Berlin, Urt. v. 29.5.1991 – 150 S 75/90[41]

---

41 LG Berlin, Rbeistand 1993, 32.

d) Vereinbarung eines abweichenden Gegenstandswertes

Ist gemäß § 2 Abs. 1 RVG nach dem Gegenstandswert abzurechnen und vereinbaren die Vertragsparteien unter Beibehaltung der gesetzlichen Gebühren im Übrigen einen abweichenden Gegenstandswert, so dürfte danach zu fragen sein, ob der **Gegenstandswert angemessen** ist. Ist dies bereits der Fall, kann die Vergütung nicht unangemessen sein. Wird also z.B. in einer Unterhaltssache die Begrenzung auf den Wert der ersten zwölf Monate nach Klageeinreichung aufgehoben, kann diese Vereinbarung nicht unwirksam sein, weil sie dem Grundsatz entspricht, dass sich die Gebühren nach dem Wert richten und sich der Wert wiederum nach dem Interesse der Parteien richtet. Hier ist insbesondere auch das Argument des Haftungsrisikos (§ 14 Abs. 1 Satz 2 RVG) mit zu berücksichtigen. 1401

Selbst dann, wenn der vereinbarte Gegenstandswert unangemessen hoch ist, führt dies aber noch nicht zwingend zu einer unangemessen hohen Vergütung. 1402

Beispiel: 1403

Der zutreffende Gegenstandswert beläuft sich auf 2.000,00 €. Hieraus ergäbe sich eine 1,0-Gebühr i.H.v. 133,00 €.

Wird das Zehnfache des Gegenstandswertes angenommen, also ein Gegenstandswert von 20.000,00 €, so ergäbe dies eine 1,0-Gebühr i.H.v. 646,00 €, also gerade einmal das 4,85fache der gesetzlichen Vergütung. Dieser Betrag wäre sogar nach der BGH-Rechtsprechung noch unter dem kritischen Wert.

In folgenden Einzelfällen hat die Rechtsprechung die Vereinbarungen eines abweichenden Gegenstandswertes als noch nicht unangemessen hoch angesehen: 1404

1. Unter eine Vereinbarung einer höheren als der gesetzlichen Gebühr im Sinne des § 3 BRAGO fällt auch die Vereinbarung eines höheren Streitwerts (hier mehr als das Fünffache). 1405
2. Die Vereinbarung ist rechtswirksam, wenn der Rechtsanwalt die Partei darauf hingewiesen hat, dass die Gebühren nach

dem vereinbarten Streitwert höher ausfallen, als wenn sie gesetzlich errechnet würden.
3. Eine Herabsetzung der vereinbarten Gebühr muss die Ausnahme bleiben. Es ist nicht darauf abzustellen, welches Honorar angemessen ist, sondern darauf, ob die zwischen den Parteien getroffene Vereinbarung nach der Sachlage als unangemessen hoch einzustufen ist. Zu berücksichtigen sind dabei insbesondere Umfang und Schwierigkeit der anwaltlichen Tätigkeit, die Bedeutung der Sache für den Auftraggeber, aber auch seine Einkommensverhältnisse (so auch OLG München, 21. 2. 1967 – 9 U 2205/66, NJW 1967, 1571).
LG Düsseldorf, Urt. v. 5.12.1990 – 3 S 56/90[42]

Rechtsanwälte dürfen in einer schriftlichen Honorarvereinbarung in arbeitsrechtlichen Streitigkeiten einen Gegenstandswert vereinbaren, der sich an dem dreifachen Jahresgehalt und nicht an dem ansonsten üblichen dreifachen Monatsgehalt orientiert. Auch die Vereinbarung eines Stundensatzes (hier 600,00 DM) führt zu keiner unwirksamen Vereinbarung nach den Vorschriften des AGB-Gesetzes, auch wenn der Stundensatz aufgrund des angesetzten Gegenstandswertes in der Regel nicht zur Anwendung kommt.
LG Köln, Urt. v. 14.4.1999 – 28 O 244/98[43]

e) **Zuschlag zu den gesetzlichen Gebühren**

1406 Wird ein Zuschlag zu der gesetzlichen Vergütung vereinbart, also eine zusätzliche Pauschale, dürfte im Ergebnis dasselbe gelten, wie wenn insgesamt nur eine Pauschale vereinbart wird, so dass auf die dortigen Ausführungen (Rn. 1419) Bezug genommen werden kann.

---

42 LG Düsseldorf, JurBüro 1991, 530 m. Anm. Mümmler.
43 LG Köln, AGS 1999, 179 = JurBüro 1999, 528 = AnwBl. 1999, 703 = BB 1999, 1929 = ZAP, EN-Nr. 775/99.

> Die Vereinbarung einer zusätzlichen Verhandlungsgebühr von 3.000,00 DM je Verhandlungstag ist nicht unangemessen hoch.
>
> *LG Karlsruhe, Urt. v. 18.1.1982*[44]

1407

> 1. Die Vereinbarung einer die gesetzlichen Gebühren um ein Mehrfaches übersteigenden Vergütung führt für sich genommen nicht zur Nichtigkeit der Honorarabrede unter dem Gesichtspunkt der Sittenwidrigkeit gemäß § 138 Abs. 1 BGB. Die in der Rechtsprechung entwickelten Grundsätze zur Sittenwidrigkeit von Verträgen, in denen sich der eine Teil eine Vergütung ausbedungen hat, die den Wert der dafür zu erbringenden Gegenleistung um mehr als 100% übersteigt, lassen sich auf eine Honorarabrede, die der Anwalt mit seinem Mandanten getroffen hat, nicht übertragen.
> 2. Eine Herabsetzung der vereinbarten Vergütung ist nur zulässig, wenn es unter Berücksichtigung aller Umstände unerträglich und mit dem Grundsatz von Treu und Glauben (§ 242 BGB) unvereinbar wäre, den Auftraggeber an seinem Honorarversprechen festzuhalten.
> 3. Eine vereinbarte Vergütung kann im allgemeinen selbst dann nicht als unangemessen hoch angesehen werden, wenn sie die gesetzlichen Gebühren um das Fünf- oder Sechsfache übersteigt.
> 4. Ist es nicht gerechtfertigt, die von den Parteien getroffene Honorarabrede zu ändern, bedarf es der Einholung eines Gutachtens der Rechtsanwaltskammer nicht.
>
> *OLG Köln, Urt. v. 3.9.1997 – 17 U 31/97*[45]

---

44 LG Karlsruhe, AnwBl. 1983, 178.
45 OLG Köln, AGS 1998, 66 = JMBl. NW 1998, 33 = OLGR Köln 1998, 19 = VersR 1998, 520 = JurBüro 1998, 257 = ZAP, EN-Nr. 495/98 = FamRZ 1998, 1030 = JP 1998, 139 = zfs 1999, 177 = NJW 1998, 1960.

J. Höhe der Vergütung

> 1. Allein darin, dass die für angemessen gehaltene Gebühr geringfügig überschritten wird (von 350,00 DM auf 375,00 DM), kann keine fehlerhafte Ermessensausübung des Rechtsanwalts im Rahmen der Gebührenbestimmung nach § 12 Abs. 1 BRAGO gesehen werden. Eine solche Bestimmung hält sich noch im Rahmen einer billigen Ermessensausübung.
> 2. Bei dem staatsanwaltschaftlichen Ermittlungsverfahren und dem anschließenden Verfahren vor der Verwaltungsbehörde handelt es sich um verschiedene Angelegenheiten.
> 3. Eine Honorarvereinbarung über ein Zusatzhonorar, welches mit den gesetzlichen Gebühren ein Gesamthonorar ergibt, welches noch unter dem dreifachen Betrag der gesetzlichen Gebühr liegt, kann nicht als unangemessen hoch gemäß § 3 Abs. 3 BRAGO herabgesetzt werden.
>
> *AG Lüdenscheid, Urt. v. 17.6.1999 – 22 C 33/98*[46]

f) Zeithonorare

1408 Werden Zeithonorare vereinbart, so ist – auch nach der Rechtsprechung des BGH – grds. nur danach zu fragen, ob der vereinbarte Betrag je Zeiteinheit angemessen ist.[47] Auf die Gesamtsumme kommt es grds. nicht an – anders allerdings der BGH[48] (s.u. Rn. 1439), wobei hier für die Entscheidung auch andere Gründe eine Rolle spielten.

1409 So hat der BGH[49] klargestellt, dass leistungsbezogene Vergütungsregelungen, also Zeitvergütungen, im Ergebnis dann nicht unter § 138 BGB[50] fallen können, wenn der Stundensatz für sich genommen nicht unangemessen hoch ist. Wird nach Zeiten abgerechnet, also leistungsbezogen, kann dies grds. weder unangemessen noch sittenwidrig sein,

---

46 AG Lüdenscheid, AGS 2000, 91.
47 BGH, NJW 2003, 2386.
48 BGH, AnwBl. 2003, 721; 2004, 63 m. Anm. Mankowski = BGHReport 2003, 1381 = FamRZ 2003, 1642 = NJW 2003, 3486.
49 BGH, NJW 2003, 2086.
50 Gleiches gilt für die Frage der Unangemessenheit.

es sei denn, die Vergütung für die Zeiteinheit selbst ist unangemessen hoch oder sittenwidrig.

In der Rechtsprechung sind Stundensatzvereinbarungen grds. nie beanstandet worden (Ausnahme BGH, Rn. 1439). 1410

Soweit darauf hingewiesen wird, auch die „Aufblähung" der Stundenanzahl oder anderer Zeiteinheiten könne zu einer unangemessen hohen Vergütung führen,[51] ist dies nicht zutreffend. Es wird hier schon daran fehlen, dass solche Stunden überhaupt abrechenbar sind. Sie dürfen also bereits bei der zu berechnenden Vergütung erst gar nicht einbezogen werden. Es gilt nichts anderes als bei den gesetzlichen Gebühren, bei denen auch nicht notwendige, vom Anwalt dennoch ausgelöste Gebühren nicht liquidiert werden können. 1411

Andererseits kann es durchaus sein, dass ein (querulatorischer) Mandant darauf besteht und unnütze, aufgeblähte Tätigkeiten trotz gegenteiligen Hinweises des Anwalts wünscht. Dann muss er diesen Aufwand selbstverständlich auch bezahlen. 1412

Beispiel: 1413

Für einen Rechtsstreit hat der Beklagte mit seinen Anwalt eine Stundensatzvereinbarung getroffen. Der Mandant wünscht, dass der Anwalt eine Hilfsaufrechnung erkläre. Der Anwalt rät davon ab und weist darauf hin, dass die Klage bereits aus anderen Gründen abzuweisen sei; die Hilfsaufrechnungsforderung sei zudem sehr aufwändig zu berechnen und darzulegen und überdies rechtlich bedenklich. Der Auftraggeber besteht darauf, die Hilfsaufrechnung zu erklären. Hierauf erklärt der Anwalt die Hilfsaufrechnung und verwendet darauf zehn Stunden. Die Klage der Gegenseite wird als unschlüssig abgewiesen.

Auch wenn die Tätigkeit hinsichtlich der Hilfsaufrechnung völlig sinnlos war und den Gegenstandswert nicht verändert,[52] muss diese Tätigkeit des Anwalts bei der Stundensatzvergütung berücksichtigt werden. Die Vergütung ist nicht etwa deshalb unangemessen, weil die aufgewandten Stunden nutz- und sinnlos waren, da der Mandant in Kenntnis dessen darauf bestanden hat.

---

51 So im Ansatz BGH, AnwBl. 2003, 721; 2004, 63 m. Anm. Mankowski = BGHReport 2003, 1381 = FamRZ 2003, 1642 = NJW 2003, 3486; Krämer/Mauer/Kilian, Rn. 462.
52 Streitig: Keine Addition z.B. OLG Bamberg, JurBüro 1984, 903; zu Recht a.A. AnwK-RVG/E. Schneider, Anhang § 33 Rn. 10; Gerold/Schmidt/Müller-Rabe, Nr. 3100 VV RVG Rn. 129.

J. Höhe der Vergütung

1414 *Beispiel:*

Wie Rn. 1413; der Anwalt hatte jedoch keinen Auftrag für die Hilfsaufrechnung.

Auch hier stellt sich die Frage der Unangemessenheit nicht, weil der Anwalt die zehn Stunden, die er auf die Hilfsaufrechnung verwandt hat, mangels Auftrag erst gar nicht berechnen darf.

1415 Nicht nur eine Unangemessenheit, sondern sogar eine **Sittenwidrigkeit** ist anzunehmen, wenn durch die Wahl ausländischen Rechts und einer damit verbundenen Stundenabrechnung versucht wird, die deutschen Rechtsgrundsätze zu umgehen.[53]

1416
> **1. Angesichts der anwaltlichen Betriebskosten in einem Nachbarrechtsstreit ist ein Zeithonorar von 400,00 DM ein angemessenes Stundenhonorar.**
>
> **2. Allein aus der Tatsache, dass das auf der Basis des Stundenhonorars im konkreten Fall angefallene Honorar die gesetzlichen Gebühren um das 16fache übersteigt, kann kein Schluss auf die Unangemessenheit der Honorarforderung gezogen werden, soweit die Berechnungsgrundlage für das Honorar selbst angemessen ist.**
>
> **3. Die Abrechnung nach jeweils angefangenen halben Stunden ist nicht angemessen.**
>
> AG Hamburg, Urt. v. 14.3.2000 – 20A C 246/99[54]

> **Ein Stundensatz in Höhe von 312,50 DM ist angemessen.**
>
> LG Aachen, Urt. v. 14.9.1998 – 11 O 418/98[55]

---

53 BGH, NJW 2003, 3486; Mayer-Kroiß/Teubel, § 4 Rn. 36.
54 AG Hamburg, AGS 2000, 81.
55 LG Aachen, AnwBl. 1999, 412; nachdem das Gericht den Pauschalbetrag i.H.v. 25.000 DM für eine Strafverteidigung als unangemessen hoch angesehen hat, hat es die angemessene Vergütung herabgesetzt und mit einem Stundensatz i.H.v. 312,50 DM bemessen.

> Eine Pauschalvereinbarung für eine Strafverteidigung ist dann nicht unangemessen, wenn sich bei einer Vergleichsberechnung nach einem Stundensatz in Höhe von 500,00 DM auch keine niedrigere Vergütung ergeben würde.
>
> *OLG Hamm 18.6.2002 – 28 U 3/02*[56]

> 1. Ein in der Honorarvereinbarung eines Strafverteidigers vorgesehener Stundensatz von 284,00 DM zuzüglich Umsatzsteuer ist keinesfalls übersetzt; dieses Stundenhonorar ist vielmehr an der unteren Grenze der üblichen Stundensätze anzusiedeln.
> 2. Ebenso wenig unangemessen ist die Vereinbarung, dass pro Fotokopie ein Betrag von 1,00 DM zu zahlen ist.
>
> *LG Düsseldorf, Urt. v. 22.3.1990 – 3 O 358/89*[57]

> **Ein Stundensatz in Höhe von 800,00 DM in einem Verfahren wegen Kreditkartenbetruges in 61 Fällen ist nicht zu beanstanden.**
>
> *LG Koblenz als 1. Instanz zu BGH, Rn. 1428*

1417

Dagegen hat der BGH ein die gesetzlichen Gebühren um mehr als das Siebzehnfache übersteigendes Stundenhonorar sogar als sittenwidrig angesehen (s. Rn. 1439).

1418

g) Pauschalhonorare

Insbesondere bei Pauschalvergütungen zieht die Rechtsprechung[58] einen Vergleich zu der gesetzlichen Vergütung. Danach soll von einer unangemessen hohen Vergütung auszugehen sein, wenn der Pauschalbetrag die gesetzliche Vergütung um mehr als das Fünffache übersteigt.

1419

---

56 OLG Hamm, AGS 2002, 268.
57 LG Düsseldorf, AGS 1993, 38 m. Anm. Madert = zfs 1993, 279.
58 Zuletzt BGH, AGS 2005, 378 m. Anm. Madert, Henke u. N. Schneider = AnwBl. 2005, 582 m. Anm. Henke = BGHReport 2005, 1151 m. Anm. N. Schneider.

J. Höhe der Vergütung

1420 Auch dieser Ansatzpunkt ist unzutreffend, weil er von der unstreitig unzutreffenden Prämisse ausgeht, dass die gesetzliche Vergütung angemessen sei oder ein Anhaltspunkt für die Angemessenheit sei. Die gesetzliche Vergütung ist zu vielgestaltig und unterschiedlich, als dass man diese zum Gradmesser nehmen könnte. Auch hier muss vielmehr danach gefragt werden, ob die Pauschale in Anbetracht der Gesamtumstände, insbesondere des Aufwands angemessen ist. Es ist also durchaus berechtigt, hier zu fragen, ob bei einer Abrechnung nach einem angemessenen Stundensatz sich eine annähernd gleiche Vergütung ergeben hätte.[59]

1421 Interessant und aufschlussreich ist auch die Entscheidung des BGH,[60] in der es um die Vergütungsvereinbarung in einer Familiensache (Zugewinn mit Streitwert von 7,7 Mio. DM und Hausrat im Wert von 400.000,00 DM ging. Dort hatte der Anwalt mit seiner Partei ein Pauschalhonorar i.H.v. 300.000,00 DM vereinbart und später nochmals eine Zusatzvereinbarung von weiteren 100.000,00 DM getroffen. Der BGH führt in den Entscheidungsgründen u.a. aus:

„Für die Beurteilung, ob ein auffälliges Missverhältnis zwischen der Leistung des Anwalts und dem vereinbarten Honorar besteht, sind außer den gesetzlichen Gebühren vor allem Umfang und Schwierigkeit der anwaltlichen Tätigkeit maßgeblich. Daneben können auch die Bedeutung der Sache für den Auftraggeber sowie dessen Einkommens- und Vermögenslage bedeutsam sein (vgl. § 12 Abs. 1 BRAGO).

Wenn sich die gesetzlichen Gebühren nach dem Gegenstandswert der Angelegenheit richten, kann bei Sachen mit niedrigem oder mittlerem Streitwert auch ein Honorar, das die gesetzlichen Gebühren um ein Mehrfaches übersteigt, angemessen sein (BGHZ 144, 343, 346; Urt. v. 4.7.2002 – IX ZR 153/01, WM 2003, 89, 91)."

1422 Das Honorar lag nach unstreitigem Parteivortrag 4,5-mal so hoch wie der gesetzliche Gebührenanspruch. Ungeachtet des hohen Streitwertes

---

59 OLG Hamm, AGS 2002, 268.
60 BGH, NJW-RR 2004, 1145.

hat der BGH hier jedoch weder einen Ansatzpunkt für eine Sittenwidrigkeit noch eine unangemessen hohe Vergütung gesehen:

„*Zu den maßgeblichen weiteren Umständen hat das Berufungsgericht festgestellt, das streitgegenständliche Mandat habe den Rechtsanwalt an die Grenze seiner physischen und psychischen Belastbarkeit gebracht. Die Sache sei nicht nur in persönlicher Hinsicht äußerst schwierig und aufwändig gewesen, sondern habe auch in rechtlicher Hinsicht einen besonders hohen Schwierigkeitsgrad gehabt. Im Laufe des Verfahrens habe sich herausgestellt, dass der Streithelfer seinem Prozessbevollmächtigten und der Beklagten offenbar Teile seines Endvermögens in strafrechtlich relevanter Weise verschwiegen habe. Auch der zeitliche Umfang der anwaltlichen Tätigkeit sei schon allein im Hinblick auf die Dauer des Prozesses außergewöhnlich gewesen.*

Die Gesamtwürdigung des Berufungsgerichts lässt dagegen unberücksichtigt, dass die familiengerichtliche Auseinandersetzung nicht mehr im Bereich niedriger oder mittlerer Streitwerte angesiedelt war und deshalb ohnehin schon hohe gesetzliche Gebühren entstanden sind, die der Streithelfer für die erste Instanz unbestritten mit über 100.000,00 DM beziffert hat. Dieser übergangene Umstand stellt die Beurteilung des Berufungsgerichts indes nicht infrage.

Er wird kompensiert durch die ganz besondere Bedeutung des Rechtsstreits für den Streithelfer, um dessen wirtschaftliche Lebensgrundlage es ging. Die Revision zieht auch nicht in Zweifel, dass schon aus damaliger Sicht zu erwarten war, der geschuldete Zugewinnausgleich würde bei weitem ausreichen, um den Gesamthonoraranspruch abzudecken. Diese Einschätzung der damaligen Vertragsparteien wird nicht zuletzt durch den Nachtrag vom 13. 6. 1997 zur Honorarvereinbarung vom 12. Juni 1997 belegt."

In folgenden Einzelfällen hat die Rechtsprechung die vereinbarte Vergütung noch nicht als unangemessen hoch angesehen: 1423

| Wird im Rahmen einer Honorarvereinbarung für eine Strafverteidigung vor der Großen Strafkammer der Ansatz von pauschal 2.000,00 DM pro Verhandlungstag vereinbart, und damit das | 1424 |

J. Höhe der Vergütung

> 5,55fache der gesetzlich vorgesehenen Mittelgebühr pro weiteren Verhandlungstag, kann diese Vergütung keinesfalls als unangemessen hoch gewertet werden.
>
> *LG Konstanz, Urt. v. 1.10.1992 – 4 O 492/91*[61]

> Ohne Hinzutreten weiterer Umstände ist ein Verteidigerhonorar in Höhe von 70.000,00 DM nicht ohne weiteres sittenwidrig, wenn das Ermittlungsverfahren wegen Betrugs einen Aktenumfang von über 100 Leitzordnern hat.
>
> *OLG München, Urt. v. 15.7.2004 – 6 U 3864/03*[62]

> Bei der Bestimmung des angemessenen Betrages einer vereinbarten Anwaltsvergütung sind nicht nur die bei Abschluss der Honorarabrede feststehenden oder wahrscheinlich noch zu erwartenden Umstände zu berücksichtigen, sondern auch die weitere Entwicklung des Mandats ist bis zur Erledigung des Auftrags einzubeziehen; hier: 29.900,00 DM Honorar für eine Strafverteidigung wegen Verstoßes gegen das Betäubungsmittelgesetz.
>
> *OLG Düsseldorf, Urt. v. 23.4.1996 – 24 U 116/95*[63]

> Ein Verteidigerhonorar in Höhe von 150.000,00 DM für ein erstinstanzliches Verfahren bei Vorwurf des Abrechnungsbetruges gegen einen Arzt ist nicht unangemessen hoch.
>
> *OLG Köln, Urt. v. 21.2.2001 – 17 U 17/00*[64]

---

[61] LG Konstanz, AGS 1994, 82 = zfs 1995, 32.
[62] OLG München, AGS 2004, 478 = RVG-Letter 2004, 116 = OLGR 2004, 401 = NJW-RR 2004, 1573 = MDR 2005, 238 = RVG-B 2005, 51.
[63] OLG Düsseldorf, OLGR 1996, 211.
[64] OLG Kön, n.v.

In einer Haftsache wegen des Verdachts eines Verstoßes gegen das Betäubungsmittelgesetz ist eine Honorarvereinbarung in Höhe des sechsfachen der gesetzlichen Gebühren für die Verteidigung bis zum Abschluss der Ermittlungen nicht unangemessen hoch.

LG Berlin, Urt. v. 21.9.1981 – 11 O 117/81[65]

1. Eine vereinbarte Vergütung ist nicht deshalb unangemessen hoch, weil sie die gesetzlichen Gebühren um das Fünffache übersteigt.
2. Bei Prüfung der Frage, ob eine vereinbarte Vergütung herabzusetzen sei, hat das Gericht den anwaltlichen Zeit- und Arbeitsaufwand in der Sache, in der die Vereinbarung getroffen ist, entscheidend zu berücksichtigen.

LG Braunschweig, Urt. v. 16.12.1971 – 7 S 64/71[66]

Für die Beurteilung, welches Anwaltshonorar angemessen ist, kann nicht allein der gesetzliche Gebührensatz herangezogen werden. Die Vereinbarung eines unangemessen hohen Honorars kann nur dann als sittenwidrig angesehen werden, wenn ein zulässig vereinbartes Honorar auf Stundenlohnbasis ebenfalls einen untragbaren Unterschied ergäbe. Ein unangemessen hohes Honorar kann aber gemäß § 3 Abs. 3 BRAGO auf ein angemessenes herabgesetzt werden (hier Herabsetzung eines Pauschalbetrag in Höhe von 25.000,00 DM für eine Strafverteidigung als unangemessen hoch).

LG Aachen, Urt. v. 14.9.1998 – 11 O 418/98[67]

---

65 LG Berlin, AnwBl. 1982, 262.
66 LG Braunschweig, AnwBl. 1973, 359.
67 LG Aachen, AnwBl. 1999, 412.

J. Höhe der Vergütung

> Haben die Parteien einer anwaltlichen Honorarvereinbarung in einer Strafsache ein Grundhonorar von 30.000,00 DM und für jeden Verhandlungstag die Zahlung weiterer 3.000,00 DM vereinbart, bezieht sich das Grundhonorar auf das gesamte Verfahren und nicht nur auf das Vorverfahren. Die Honorarvereinbarung insgesamt ist in der Höhe der vereinbarten Gebühr vorliegend nicht zu beanstanden und deshalb auch nicht wegen eines Verstoßes gegen §§ 134, 138 BGB nichtig.
>
> OLG Zweibrücken, Urt. v. 30. 4. 1997 - 4 U 27/96[68]

h) Kombination von Pauschal- und Zeithonoraren

1425 Auch bei der Kombination von Pauschal- und Zeitvergütungen stellt der BGH auf die Relation zu der gesetzlichen Vergütung ab.[69] Dies ist unzutreffend (s.o. Rn. 1428). Richtig ist wohl, dass die einzelnen Komponenten nicht gesondert betrachtet werden dürfen, sondern dass auch das Gesamtergebnis berücksichtigt werden muss.

1426 So kann trotz eines geringeren oder angemessenen Stundensatzes die Vergütung im Ergebnis unangemessen hoch sein, wenn die Summe aus Zeithonorar und zusätzlich zu zahlender Pauschale im Gesamtbetrag derartig hoch ist, dass dies zur Unangemessenheit führt.[70]

---

68 AGS 1999, 26 Anm. Herrmann AGS 1999, 17. Das Gericht hat auch keine Unangemessenheit angenommen, sondern lediglich wegen vorzeitiger Kündigung eine Kürzung nach § 628 Abs. 1 Satz 1 BGB vorgenommen.
69 BGH, AGS 2005 378 m. Anm. Madert, Henke u. N. Schneider = AnwBl. 2005, 582 m. Anm. Henke = BGHReport 2005 1151 m. Anm. N. Schneider.
70 So in der der Entscheidung des BGH, Rn. 1428, zugrunde liegenden landgerichtlichen Entscheidung. Das LG Koblenz war dem Ergebnis des Gutachtens der Rechtsanwaltskammer gefolgt, das das vereinbarte Stundenhonorar von 800,00 DM wegen der Schwierigkeit der Angelegenheit als angemessen angesehen hatte, jedoch der Auffassung war, daneben dürfe aber nicht noch ein Pauschalhonorar verlangt werden, da die besondere Sachkunde bereits bei der Bemessung des Stundensatzes Berücksichtigung gefunden habe.

Umgekehrt kann trotz einer geringen oder angemessenen Pauschale die Vergütung im Gesamtergebnis unangemessen hoch sein, wenn die sich aufgrund einer weiteren Zeitvergütung ergebende Gesamtsumme unangemessen hoch ist.

1427

> 1. Vereinbart ein Rechtsanwalt bei Strafverteidigungen eine Vergütung aus Zeit- und Pauschalhonorar, die mehr als das Fünffache über den gesetzlichen Höchstgebühren liegt, spricht eine tatsächliche Vermutung dafür, dass sie unangemessen hoch und das Mäßigungsgebot des § 3 Abs. 3 BRAGO verletzt ist.
>
> 2. Die Vermutung einer unangemessen hohen Vergütung kann durch den Rechtsanwalt entkräftet werden, wenn er ganz ungewöhnliche, geradezu extreme einzelfallbezogene Umstände darlegt, die es möglich erscheinen lassen, bei Abwägung aller für die Herabsetzungsentscheidung maßgeblichen Gesichtspunkte die Vergütung nicht als unangemessen hoch anzusehen.
>
> *BGH, Urt. v. 27.1.2005 – IX ZR 273/02*[71]

1428

i) Auslagen

Auslagen sind Teil der Vergütung (§ 1 Abs. 1 RVG), so dass sich die Frage der Unangemessenheit auch hier ergeben kann.[72] Gleichwohl hat die Rechtsprechung hier noch keine Unangemessenheit angenommen.

1429

---

71 BGH, AGS 2005, 378 m. Anm. Madert, Henke u. N. Schneider = AnwBl. 2005, 582 m. Anm. Henke = BGHReport 2005, 1151 m. Anm. N. Schneider.
72 S. hierzu auch OLG Koblenz (AGS 2002, 200 = KostRsp. BRAGO § 3 Nr. 58) und BVerfG (AGS 2002, 266 = AnwBl. 2002, 612 = BRAGOreport 2002, 165 = BRAK-Mitt. 2002, 222 = FamRZ 2003, 25 = JurBüro 2003, 302 = NJW 2002, 3314 = KostRsp. BRAGO § 3 Nr. 60).

1430	Eine Auslagenvereinbarung ist nicht bereits deshalb sittenwidrig, weil die Erstattung abweichend von § 26 BRAGO (jetzt Nr. 7002 VV RVG) betragsmäßig nicht begrenzt ist. *BGH, Urt. v. 3.4.2003 – IX ZR 113/02[73]*

j) Stundungsvereinbarung nebst Schuldanerkenntnis

1431 Für unbedenklich gehalten hat der BGH[74] – jedenfalls im Urkundenprozess – ein deklaratorisches Schuldanerkenntnis bei Überschreiten der gesetzlichen Gebühren um weniger als das Fünffache. Er sah darin auch keinen Verstoß gegen das AGBG (§§ 9, 24a Nr. 2 AGBG – jetzt § 307 Abs. 1 Satz 1 BGB). Ein vorformuliertes deklaratorisches Schuldanerkenntnis, mit dem beide Seiten sich im Wege des gegenseitigen Nachgebens verständigen, benachteilige einen Verbraucher nicht deswegen unangemessen, weil er auf Einwendungen gegen die anerkannten Ansprüche verzichte.

1432 In dem entschiedenen Fall belief sich der gesetzliche Gebührenanspruch des Anwalts der Klägerin für die im Rahmen des Dauermandates geführten Zivil- und Arbeitsgerichtsverfahren unbestritten auf 50.345,15 DM, während insgesamt 237.366,54 DM nach der Honorarvereinbarung in Rechnung gestellt worden sind. Damit hätte das berechnete Stundensatzhonorar weniger als das Fünffache der gesetzlichen Gebühren betragen.

> *„Zumindest innerhalb dieser Spannbreite kann bei Sachen mit kleineren und mittleren Streitwerten aus dem Quotienten von berechnetem Honorar und gesetzlichen Gebühren allein ein sittenwidriges Missverhältnis von anwaltlicher Leistung und vereinbarter Gegenleistung nicht entnommen werden (vgl. BGHZ 144, 343, 346; BGH, Urt. v. 4.7.2002 – IX ZR 153/01, NJW 2002, 2774, 2775)."*
>
> *Das gilt namentlich dann, wenn – wie hier – eine arbeitszeitabhängige Vergütung vereinbart wurde, der vereinbarte Stundensatz nicht außer-*

---

73 BGH, NJW 2003, 2386 = BGHReport 2003, 973.
74 BGH, a.a.O.

gewöhnlich hoch ist und die Gesamtvergütung durch die Anzahl der rechnungsmäßig anfallenden Stunden – anders als die gesetzlichen Wertgebühren – aufwandsabhängig wuchs. Denn eine aufwandsangemessene anwaltliche Honorarvereinbarung kann das Sittengesetz nicht verletzen.

VI. Sittenwidrig hohe Honorare

1. Überblick

Haben die Parteien ein sittenwidrig hohes Honorar vereinbart (§ 138 Abs. 2 BGB), ist die Vereinbarung unwirksam. Eine Herabsetzung nach § 4 Abs. 4 RVG kommt dann nicht in Betracht. 1433

2. Verhältnis zu § 4 Abs. 4 RVG

Die Auffassung von Römermann,[75] dass § 4 Abs. 4 RVG vorrangig sei und damit § 138 Abs. 2 BGB zurückgedrängt werde, ist unzutreffend.[76] Teubel weist zutreffend darauf hin, dass § 138 Abs. 2 BGB als generelle Schranke der Privatautonomie der Vertragsgestaltung niemals ausgeschlossen werden könne. 1434

Zutreffend ist lediglich, dass der Anwendungsbereich des § 138 Abs. 2 BGB durch § 4 Abs. 4 RVG eingeschränkt wird. Solange die flexiblere Möglichkeit besteht, unangemessene Vergütungen anzupassen, scheidet § 138 Abs. 2 BGB aus. Diese Vorschrift ist hier also nur ultima ratio.[77] 1435

3. Beurteilungszeitpunkt

Während bei § 4 Abs. 4 RVG auf den Zeitpunkt der Fälligkeit abzustellen ist, also auf die Beendigung der Angelegenheit, soll es bei § 138 BGB auf den Zeitpunkt des Abschlusses der Vereinbarung ankommen.[78] Ob dieser Grundsatz so strikt durchgehalten werden kann, erscheint fraglich. 1436

---

75 Hartung/Römermann, § 4 Rn. 104; zustimmend Krämer/Mauer/Kilian, Rn. 498.
76 Mayer-Kroiß/Teubel, § 4 Rn. 34.
77 AnwK-RVG/N. Schneider, § 4 Rn. 128.
78 Mayer-Kroiß/Teubel, § 4 Rn. 33.

J. Höhe der Vergütung

Sicherlich sind auch hier Umstände nach Vertragsschluss zu berücksichtigen, die die Bewertung beeinflussen können.[79]

4. Sittenwidrigkeit

1437 Eine Sittenwidrigkeit ist dann anzunehmen, wenn die vereinbarte Vergütung derart hoch – insbesondere **wucherisch** (§ 138 Abs. 2 BGB) – ist, dass man sie nicht mehr als unangemessen bezeichnen kann und eine Herabsetzung ausscheidet[80] (s. hierzu Rn. 1388). Es muss objektiv ein besonders krasses Missverhältnis zwischen anwaltlicher Leistung und vereinbarter Vergütung bestehen und subjektiv muss der Anwalt die Unerfahrenheit oder Zwangslage des Mandanten ausgenutzt haben.[81]

1438 Nach der Rechtsprechung des BGH[82] lässt bei Anwaltdienstverträgen das auffällige Missverhältnis i.d.R. den Schluss auf eine verwerfliche Gesinnung i.S.d. § 138 Abs. 2 BGB zu, so dass die Feststellung der subjektiven Seite geringere Probleme bereiten wird.

1439 | **Werden bei einer Abrechnung nach Stunden die gesetzlichen Gebühren um mehr als das Siebzehnfache überstiegen, ist der Schluss auf die verwerfliche Gesinnung desjenigen, der die überhöhte Vergütung fordert, gerechtfertigt.**
BGH, Beschl. v. 24.7.2003 – IX ZR 131/00[83]

1440 Hier kam hinzu, dass der Anwalt versucht hatte, amerikanisches Recht zu vereinbaren. Der BGH ist davon ausgegangen, dass hier die äußerste

---

79 Mayer-Kroiß/Teubel, § 4 Rn. 33; Palandt/Heinrichs, § 138 Rn. 9.
80 AnwK-RVG/N. Schneider, § 4 Rn. 128 m.w.N.
81 AnwK-RVG/N. Schneider, § 4 Rn. 127.
82 AGS 2000, 191 = BauR 2000, 1914 (LS) = BB 2000, 2124 (LS) = BGHZ 144, 343 = BRAK-Mitt. 2000, 237 m. Anm. Jungk = DB 2000, 2473 (LS) = IBR 2000, 566 m. Anm. Breiholt = JurBüro 2000, 668 (LS) = MDR 2000, 1400 = NJW 2000, 2669 = NZM 2000, 912 = WM 2000, 1596 = ZMR 2000, 841 = KostRsp. BRAGO § 3 Nr. 53.
83 BGH, AnwBl. 2003, 721; 2004, 63 m. Anm. Mankowski = BGHReport 2003, 1381 = FamRZ 2003, 1642 = NJW 2003, 3486.

Grenze eines aufwandsangemessenen Honorars um jedenfalls annähernd das Doppelte überschritten worden sei. Ein Rechtsanwalt handele sittenwidrig, wenn er – wie hier – bei der Wahl ausländischen Rechts und der Vereinbarung eines Stundensatzes seinen Aufwand in grober Weise eigensüchtig aufblähe und bei den berechneten Einzeltätigkeiten und ihrer Dauer die objektiv gebotene Konzentration und Beschleunigung der Mandatswahrnehmung (Wirtschaftlichkeitsgebot im Mandanteninteresse) wissentlich außer Acht lasse.

Eine Sittenwidrigkeit nach § 138 Abs. 1 BGB hat der BGH in seinem Urteil v. 30.5.2000 (IX ZR 121/99)[84] in Betracht gezogen und letztlich bejaht (abschließend entscheiden musste er nicht, da die Sache zurückverwiesen wurde). In den Gründen ist er von einer vereinbarten Vergütung i.H.v. 228.000,00 DM allein für die Tätigkeit des Anwalts als Verkehrsanwalt in erster Instanz ausgegangen. Die gesetzliche Vergütung berechnete er mit 24.535,65 DM, so dass die vereinbarte Vergütung über dem Fünffachen der gesetzlichen Vergütung lag:

1441

> *„§ 3 BRAGO sieht vor, unter welchen Voraussetzungen der Anwalt eine die gesetzlichen Gebühren übersteigende Vergütung verlangen und der Mandant die auf eine solche Forderung erbrachten Leistungen zurückfordern kann. Die Vorschrift schränkt jedoch den für alle Verträge zu beachtenden Geltungsbereich des § 138 Abs. 1 BGB nicht ein. Eine übermäßig hohe Vergütung kann sittenwidrig und nichtig sein, wenn weitere Umstände hinzukommen. Dies ist insbesondere anzunehmen, wenn zwischen der Leistung des Anwalts und der Vergütung ein auffälliges Missverhältnis besteht und der Anwalt die Unterlegenheit des Mandanten bewusst zu seinem Vorteil ausgenutzt hat (Senatsurt. v. 23.2.1995 – IX ZR 29/94, NJW 1995, 1425, 1429).*

---

84   BGH, AGS 2000, 191 = BRAGOreport 2001, 23 = BGHZ 144, 343 = WM 2000, 1596 = NJW 2000, 2669 = NZM 2000, 912 = WuB IV A § 138 BGB 5.00 = ZMR 2000, 841= MDR 2000, 1400 = LM BGB § 826 (B) Nr. 17 (3/2001) = ZfIR 2001, 194 = BGHR BGB § 138 Abs. 1 Anwaltshonorar 2 = BGHR BGB § 138 Abs. 1 Makler 2 = BGHR BGB § 195 Bereicherungsanspruch 2 = BGHR BGB § 249 Schaden 17 = BGHR BGB § 667 Rechtsanwalt 2 = BGHR BGB § 826 Rechtsanwalt 2 = VersR 2001, 1235 – 1239 = RenoR 2001, 28 – 29 = AnwBl. 2000, 754 = EBE/BGH 2000, BGH-Ls 398/00 = BRAK-Mitt. 2000, 237 = BB 2000, 2124 = IBR 2000, 566 = JurBüro 2000, 668 = BauR 2000, 1914 = DB 2000, 2473 = ZAP, EN-Nr. 378/2001.

J. Höhe der Vergütung

Für die Beurteilung, ob ein auffälliges Missverhältnis zwischen der Leistung des Anwalts und dem vereinbarten Honorar besteht, sind außer den gesetzlichen Gebühren vor allem Umfang und Schwierigkeit der anwaltlichen Tätigkeit maßgeblich. Daneben können auch die Bedeutung der Sache für den Auftraggeber sowie dessen Einkommens- und Vermögenslage bedeutsam sein (vgl. § 12 Abs. 1 BRAGO). Da die gesetzlichen Gebühren sich nach dem Gegenstandswert der Angelegenheit richten, kann bei Sachen mit niedrigen oder mittleren Streitwerten auch ein Honorar, das die gesetzlichen Gebühren um ein Mehrfaches übersteigt, im Einzelfall in angemessenem Verhältnis zu Umfang und Schwierigkeit der anwaltlichen Tätigkeit sowie ihrer Bedeutung für den Auftraggeber stehen.

In dem Rechtsstreit, in dem die Beklagten den Kläger vertreten haben, entstanden jedoch infolge des Streitwerts hohe gesetzliche Gebühren. Nichts spricht dafür, dass die Tätigkeit der Beklagten durch diese Gebühren nicht angemessen abgegolten wurde, zumal sie aufgrund der Gebührenteilungsabrede ohnehin dafür gesorgt hatten, dass sie 2,5 der insgesamt anfallenden vier vollen Gebühren behalten durften. Trotz der Bedeutung der Angelegenheit für den Kläger stand danach ein Honorar von 228.000,00 DM in offensichtlich krassem Missverhältnis zur Leistung der Beklagten."

1442 Von besonderer Bedeutung dürften auch folgende weiteren Ausführungen in diesem Urteil sein:

„Bei Anwaltdienstverträgen ist in der Regel ebenfalls davon auszugehen, dass das auffällige Missverhältnis den Schluss auf eine verwerfliche Gesinnung desjenigen rechtfertigt, der sich die überhöhte Vergütung hat zusagen lassen. Umstände, die hier eine andere Beurteilung rechtfertigen, sind in dem für die Revision maßgeblichen Tatsachenvortrag nicht zu erkennen. Danach spricht vielmehr alles dafür, dass die Beklagten die Unerfahrenheit des Klägers im anwaltlichen Gebührenrecht dazu ausgenutzt haben, sich ein anstößig hohes Honorar zusagen und auszahlen zu lassen."

Ebenfalls ist eine Sittenwidrigkeit anzunehmen, wenn durch die Wahl ausländischen Rechts (hier Abrechnung nach Stunden) versucht wird, die deutschen Rechtsgrundsätze zu umgehen.[85]

1443

5. Rechtsfolgen

Ist die Vereinbarung sittenwidrig, so ist sie insgesamt nichtig. Der Auftraggeber schuldet nur die gesetzlichen Gebühren, aber nicht die vereinbarte Vergütung, auch nicht insoweit, als sie noch im Bereich des Angemessenen liegt. Eine Herabsetzung ist dann nicht mehr möglich.

1444

Die Sittenwidrigkeit führt allerdings nicht zur Nichtigkeit des Anwaltsvertrags gemäß § 139 BGB,[86] so dass dann nur noch die **gesetzliche Vergütung** geschuldet ist.

1445

Soweit der Auftraggeber bereits gezahlt hatte, steht ihm ein **Rückforderungsrecht** aus § 812 BGB zu, u.U. sogar aus § 823 Abs. 1 BGB, § 823 Abs. 2 BGB i.v.m. § 138 Abs. 2 BGB, § 352 StGB oder sogar aus § 826 BGB zu.

1446

Freiwillige Zahlungen stehen dem Rückforderungsanspruch nicht entgegen. Die Vorschriften des § 4 Abs. 1 Satz 3 RVG und § 4 Abs. 5 Satz 2 RVG sind nicht anwendbar. Möglich ist ein Ausschluss des Rückforderungsanspruchs allenfalls nach § 814 BGB.

1447

Gegenüber dem Bereicherungsanspruch kann sich der Anwalt allerdings auf den Wegfall der Bereicherung (§ 818 Abs. 3 BGB) berufen, wobei dies als berufswidrig angesehen wird.[87]

1448

---

85 BGH, AnwBl. 2003, 721; 2004, 63 m. Anm. Mankowski = BGHReport 2003, 1381 = FamRZ 2003, 1642 = NJW 2003, 3486; Mayer-Kroiß/Teubel, § 4 Rn. 36.
86 BGH, BGHZ 18, 348; AnwK-RVG/N. Schneider, § 4 Rn. 127.
87 EGH II 106; AnwK-RVG/N. Schneider, § 10 Rn. 69.

K. Inhaltliche Gestaltung und Auslegungsprobleme

I. Inhaltliche Gestaltung

1. Überblick

1449 Wie die Vertragsparteien ihre Vergütungsvereinbarung gestalten, steht ihnen grds. frei. Auch hier gilt der **Grundsatz der Vertragsfreiheit**. Allerdings sieht das Gesetz einige Einschränkungen vor (s. hierzu ausführlich Rn. 159 ff.).

1450 Ist eine Vereinbarung unklar, so ist sie – wie jeder andere Vertrag auch – **nach §§ 133, 157 BGB auszulegen**. Zu beachten ist hier allerdings eine restriktive Rechtsprechung. Da sich eine Vergütungsvereinbarung i.d.R. zum Nachteil des Auftraggebers von der gesetzlichen Regelung entfernt, müssen die Regelungen klar und eindeutig sein. Im Zweifel wird hier zugunsten des Auftraggebers von der ihn weniger belastenden Auslegung auszugehen sein.

1451 Bei der Auslegung einer Vergütungsvereinbarung ist den für das konkrete Vertragsverhältnis eindeutig getroffenen besonderen Abreden der Vorzug vor allgemeinen Bestimmungen, wie z.B. einer ergänzenden Verweisung auf Standesrichtlinien der Rechtsanwälte (jetzt BORA), zu geben.[1]

1452 Auch Vergütungsvereinbarungen unterliegen grds. der **AGB-Kontrolle** nach den §§ 305 ff. BGB, wenn die Vertragsbedingungen der Vergütungsvereinbarung für eine Vielzahl von Verträgen vorformuliert sind (§ 305 Abs. 1 Satz 1 BGB) oder wenn sie zwar nur zur einmaligen Verwendung gegenüber einem Verbraucher bestimmt sind, dieser aber auf den Inhalt keinen Einfluss nehmen kann (§ 310 Abs. 3 BGB).

1453 Die Bedeutung der AGB-Kontrolle wird insoweit zunehmen, als § 4 Abs. 1 Satz 2 RVG gegenüber der Fassung des § 3 BRAGO jetzt auch anderweitige Erklärungen in einer Vergütungsvereinbarung zulässt.

---

[1] BGH, EBE/BGH 1980, 258 = NJW 1980, 1851 = WM 1980, 1092 = MDR 1980, 830 = LM Nr. 1 zu § 177 BRAO = BGHWarn. 1982, Nr. 121.

Zweckmäßig ist es, über die Vergütungsvereinbarung eine **gesonderte** **Urkunde** aufzusetzen, die von beiden Parteien unterschrieben wird. Zwingend ist dies jedoch nicht, zumal die Vereinbarung einer niedrigeren Vergütung als der gesetzlichen formlos möglich ist und bei einer höheren als der gesetzlichen Vergütung ohnehin nur die Erklärung des Auftraggebers schriftlich vorliegen muss, nicht auch die des Anwalts (§ 4 Abs. 1 Satz 1 RVG). 1454

Die Vergütungsvereinbarung kann sich daher auch aus der Korrespondenz der Parteien ergeben, insbesondere dann, wenn eine geringere als die gesetzliche Vergütung vereinbart wird, die keiner besonderen Form bedarf. 1455

Beachten sollte der Anwalt bei Abfassung seiner Vergütungsvereinbarung insbesondere die nachfolgenden Punkte: 1456

2. Schriftlichkeit

Die Vergütungsvereinbarung sollte stets – auch wenn dies zu ihrer Wirksamkeit nicht erforderlich ist – schriftlich abgeschlossen werden.[2] 1457

Zum einen kann der Anwalt keine höhere Vergütung als die gesetzliche geltend machen, wenn der Auftraggeber seine Erklärung nicht schriftlich abgegeben hat (§ 4 Abs. 1 Satz 1 RVG). Zum anderen können sich im Nachhinein immer Differenzen darüber ergeben, was denn im Einzelnen vereinbart war. 1458

Insbesondere ist es dem Auftraggeber dringend anzuraten, die Vereinbarung einer niedrigeren als der gesetzlichen Vergütung schriftlich festzuhalten. Diese Vereinbarung ist zwar formlos möglich. Nach § 4 Abs. 2 Satz 4 2. Hs. RVG trifft den Auftraggeber jedoch die Beweislast dafür, dass eine solche niedrigere als die gesetzliche Vergütung vereinbart worden ist. 1459

Auch bei sonstigen Vereinbarungen über den Umfang des Auftrags, die Ausführung des Mandats etc. sollte schon alleine zu Beweiszwecken immer darauf geachtet werden, diese schriftlich festzuhalten. 1460

---

[2] Zur Wahrung der Schriftform s. Rn. 512 ff.

3. Trennung von einer Vollmacht

1461 Unbedingt ist darauf zu achten, dass die Vergütungsvereinbarung nicht in einer Vollmacht (gemeint ist in einer Vollmachtsurkunde) enthalten ist (§ 4 Abs. 1 Satz 1 RVG). Dies führt zwar nicht zur Unwirksamkeit; auch in diesem Fall kann aber wiederum keine höhere als die gesetzliche Vergütung verlangt werden.[3]

1462 Selbstverständlich gilt dies auch umgekehrt. Eine Vollmacht, die in einer Vergütungsvereinbarung enthalten ist, macht die Vereinbarung ebenso unverbindlich mit der Folge, dass der Anwalt wiederum nicht mehr als die gesetzliche Vergütung geltend machen kann (§ 4 Abs. 1 Satz 1 RVG). Lediglich bei der Vereinbarung einer niedrigeren Vergütung als der gesetzlichen schadet es nichts, wenn diese mit einer Vollmacht verbunden ist.

4. Bezeichnung als Vergütungsvereinbarung

1463 Die Parteien sollten die Vergütungsvereinbarung auch ausdrücklich als solche bezeichnen, am besten, indem die Vereinbarung mit *„Vergütungsvereinbarung"* überschrieben wird. Fehlt es an einer solchen Bezeichnung, kann darin ein Formverstoß liegen, wonach der Anwalt wiederum keine höhere als die gesetzliche Vergütung geltend machen kann (§ 4 Abs. 1 Satz 2 RVG).[4]

5. Absetzen von sonstigen Vereinbarungen

1464 Werden in einer Vergütungsvereinbarung sonstige Abreden getroffen, müssen diese nach § 4 Abs. 1 Satz 2 RVG deutlich abgesetzt sein. Ein Verstoß hiergegen führt wiederum dazu, dass der Anwalt nicht mehr als die gesetzliche Vergütung verlangen kann.[5]

---

[3] S. hierzu ausführlich Rn. 554 ff.
[4] S. hierzu ausführlich Rn. 571 ff.
[5] S. hierzu ausführlich Rn. 581 ff.

> **Praxistipp:**
>
> Von daher kann nur dringend angeraten werden, sonstige Vereinbarungen, die mit der Vergütung unmittelbar nichts zu tun haben, stets in einer getrennten Urkunde niederzulegen.

1465

6. Hinweis- und Aufklärungspflichten

In die Vergütungsvereinbarung sollten auch Hinweise und Aufklärungen aufgenommen werden und zwar unabhängig davon, ob sie zwingend erforderlich sind oder nicht.[6] Dazu zählen die Hinweise darauf, dass

1466

- sich die Vergütung gemäß § 2 Abs. 1 RVG nach dem Gegenstandswert berechnet,[7]
- die vereinbarte Vergütung die gesetzliche Vergütung übersteigt,[8]
- in erstinstanzlichen Verfahren vor den Arbeitsgerichten eine Erstattung der Anwaltskosten nicht in Betracht kommt (§ 12a Abs. 1 Satz 2 ArbGG),
- die vereinbarte Vergütung, soweit sie die gesetzliche Vergütung übersteigt, im Obsiegensfalle vom Gegner nicht zu erstatten ist,[9]
- die vereinbarte Vergütung, soweit sie die gesetzliche Vergütung übersteigt, vom Rechtsschutzversicherer nicht übernommen wird.[10]

Zu achten ist darauf, dass sich der Anwalt nicht die Erteilung der Hinweise bestätigen lässt, da dies eine Beweislastumkehr nach § 309 Nr. 12 BGB sein kann, sondern dass er die Hinweise in der Vereinbarung ausdrücklich erteilt.

1467

---

6 S. hierzu Rn. 1539 ff.
7 Sofern nach Gegenstandswert abgerechnet wird (§ 49b Abs. 5 BRAO; s. hierzu ausführlich Rn. 1540 ff.).
8 Sofern nicht eine niedrigere Vergütung vereinbart ist; s. hierzu ausführlich Rn. 1576 ff.
9 S. hierzu ausführlich Rn. 1607 ff.
10 S. hierzu ausführlich Rn. 1599 ff.

K. Inhaltliche Gestaltung und Auslegungsprobleme

7. Allgemeine Geschäftsbedingungen

1468 Werden vorformulierte Vergütungsvereinbarungen, insbesondere sog. „Honorarscheine" mehrfach verwandt oder ist dies beabsichtigt (§ 305 Abs. 1 Satz 1 BGB) oder verwendet der Anwalt gegenüber einem Verbraucher Vertragsbedingungen, auf die dieser keinen Einfluss nehmen kann (§ 310 Abs. 3 BGB), ist sorgfältig zu prüfen, ob die Vereinbarungen auch AGB-fest sind.[11]

8. Bestimmtheit

1469 Unbedingt ist darauf zu achten, dass die Vergütungsvereinbarung hinreichend bestimmt ist. Dies gilt insbesondere dann, wenn es sich um allgemeine Geschäftsbedingungen handelt (§ 305 Abs. 1 Satz 1 BGB) oder vorformulierte Vertragsbedingungen gegenüber einem Verbraucher, auf die dieser keinen Einfluss nehmen kann (§ 310 Abs. 3 BGB); in beiden Fällen führt die mangelnde Bestimmtheit u.U. bereits zur Unwirksamkeit der gesamten Vereinbarung (§ 307 Abs. 1 Satz 2 BGB).[12]

1470 Aber auch bei individuellen Vereinbarungen führen unbestimmte Regelungen stets nur zu Streit und können dann sogar letztlich zur Unwirksamkeit der gesamten Vereinbarung führen, insbesondere dann, wenn verschiedene Bestimmungen des Vertragswerkes perplex sind und sich gegenseitig ausschließen.

1471 Zur hinreichenden Bestimmtheit zählt vor allem, dass sich der Vereinbarung klar und eindeutig entnehmen lässt, wie die Vergütung zu berechnen ist und welche Tätigkeiten durch die vereinbarte Vergütung abgegolten werden sollen.

1472 So ist bei der Vereinbarung klar und deutlich anzugeben, ob die vereinbarte Vergütung zusätzlich zur gesetzlichen Vergütung gezahlt werden soll oder anstelle dieser Vergütung.

---

[11] S. hierzu ausführlich Rn. 661 ff.
[12] S. Rn. 693 ff.

Hier sollte der Anwalt besonders sorgfältig arbeiten, da nicht nur bei Allgemeinen Geschäftsbedingungen Unklarheiten zu seinen Lasten als Verwender gehen (§ 305c Abs. 2 BGB). 1473

Acht zu geben ist auch dann, wenn eine bereits abgeschlossene Vereinbarung nachträglich abgeändert werden soll. Dann muss sich aus der Abänderungsvereinbarung klar und eindeutig ergeben, welche bisherigen Regelungen Bestand behalten sollen und welche Regelungen durch die neue Vereinbarung ersetzt werden. Auch hier wird in der Praxis häufig nicht sorgfältig genug gearbeitet. 1474

9. Erfolgshonorar

Unzulässig ist es, Vereinbarungen zu treffen, durch die eine Vergütung oder ihre Höhe vom Ausgang der Sache oder vom Erfolg der anwaltlichen Tätigkeit abhängig gemacht wird (Erfolgshonorar). Dies folgt aus § 49b Abs. 2 Satz 1 BRAO. Solche Vereinbarungen sind nach § 134 BGB unwirksam und ziehen ggf. berufsrechtliche Folgen nach sich.[13] 1475

Der Anwalt sollte sich daher hüten, in der Vergütungsvereinbarung auch nur den Anschein zu erwecken (etwa durch Fälligkeitsklauseln[14]), es werde eine erfolgsabhängige Vergütung vereinbart. 1476

Zulässig sind Erfolgshonorare allerdings insoweit, als auf gesetzliche „Erfolgsgebühren" wie z.B. die Einigungsgebühr (Nr. 1000 VV RVG), die Erledigungs- (Nr. 1002 VV RVG) oder die Aussöhnungsgebühr (Nr. 1001 VV RVG) zurückgegriffen wird oder auf die zusätzlichen Gebühren der Nrn. 4141, 5115 VV RVG in Straf- und Bußgeldsachen (§ 49b Abs. 2 Satz 2 BRAO).[15] 1477

Unbedenklich ist ein Erfolgshonorar weiterhin nach Abschluss des Mandats, wenn der Auftraggeber freiwillig einen „Bonus" zahlt.[16] 1478

---

13 Zum Umfang des Verbots und den verfassungsrechtlichen Bedenken s. ausführlich Rn. 323 ff.
14 S. Rn. 351.
15 S. Rn. 361.
16 S. Rn. 342.

10. Quota-litis-Vereinbarung

1479 Ebenso ist es unzulässig, sich einen Teil des erstrittenen Betrages (quota litis) als Vergütung versprechen zu lassen. Hier gilt das Gleiche wie für ein Erfolgshonorar, zumal eine quota-litis-Vereinbarung lediglich eine spezielle Erfolgshonorarvereinbarung ist.[17]

1480 Zulässig ist eine solche Vereinbarung allerdings wiederum nach Beendigung des Mandats.[18]

11. Unterschreiten der gesetzlichen Vergütung

1481 Nach § 49b Abs. 1 Satz 1 BRAO ist es grds. unzulässig, geringere Gebühren und Auslagen zu vereinbaren, als das RVG es vorsieht.[19] Dies muss beachtet werden.

1482 Zulässig ist die Vereinbarung einer niedrigeren Vergütung lediglich für außergerichtliche Tätigkeiten (§ 4 Abs. 2 Satz 1 RVG). Auch dann sind allerdings nur Zeit- oder Pauschalvergütungen zulässig.[20]

1483 Daneben besteht noch die Möglichkeit, sich Kostenerstattungsansprüche an Erfüllungs statt abtreten zu lassen (§ 4 Abs. 2 Satz 2 RVG).[21]

1484 Soweit der Anwalt nicht außergerichtlich tätig wird, muss immer beachtet werden, dass mindestens die gesetzliche Vergütung vereinbart wird (s.u. Rn. 267 ff.).

1485 Soweit der Anwalt außergerichtlich tätig wird, muss er überlegen, ob er ggf. ein Unterschreiten der gesetzlichen Gebühren in Kauf nehmen will. Dies kann durchaus beabsichtigt sein und insbesondere als Argument gegenüber dem Auftraggeber dienen eine Vergütungsvereinbarung abzuschließen, da dieser dann ggf. nur mit geringeren Kosten belastet wird. Will der Anwalt dies nicht, muss auch hier die gesetzliche Vergütung als Mindestbetrag vereinbart werden.

---

17 S. Rn. 386 ff.
18 S. Rn. 395 ff.
19 S. Rn. 267 ff.
20 S. Rn. 282 ff.
21 S. Rn. 289 ff.

12. Vorzeitige Beendigung

Soweit sich die vereinbarte Vergütung nicht am gesetzlichen Leitbild orientiert und damit § 15 Abs. 4 RVG keine Anwendung findet,[22] sollte eine Regelung getroffen werden, wie bei vorzeitiger Beendigung des Mandats (nicht zu verwechseln mit vorzeitiger Erledigung der Angelegenheit) zu verfahren ist, also z.B. im Falle einer Kündigung. 1486

Insbesondere dann, wenn ein einziger Gesamtpauschalbetrag vereinbart wird, ist eine solche Regelung unbedingt erforderlich, um später Streit über die Höhe der nach § 628 Abs. 1 Satz 1 BGB zu ermittelnden Teilvergütung zu vermeiden.[23] 1487

Zulässig – aber ggf. bedenklich – ist es zu vereinbaren, dass die volle Pauschale auch dann gezahlt werden soll, wenn es zur vorzeitigen Beendigung kommt.[24] Damit wird § 628 Abs. 1 Satz 1 BGB praktisch abbedungen. Es kommt dann nur eine Herabsetzung nach § 4 Abs. 4 RVG in Betracht, die nicht ausgeschlossen werden kann. 1488

Allerdings kann im Ausschluss des § 628 Abs. 1 Satz 1 BGB u.U. eine unangemessene Benachteiligung oder eine überraschende Klausel liegen, wenn der Anwalt vorbereitete Vertragsbedingungen zur mehrfachen Verwendung benutzt oder wenn er vorformulierte Erklärungen gegenüber einem Verbraucher verwendet und dieser auf die Vereinbarung keinen Einfluss nehmen kann.[25] 1489

Zweckmäßig ist es, **gestaffelte Regelungen** für den Fall der vorzeitigen Beendigung aufzunehmen. 1490

Dabei muss u.U. berücksichtigt werden, dass ein Großteil der anwaltlichen Arbeit in der Einarbeitung liegt, so dass eine Orientierung alleine nach Zeitablauf hier nicht unbedingt sachgerecht ist. 1491

---

22 OLG Düsseldorf, AnwBl. 1985, 201; OLG Köln, AnwBl. 1972, 159; Krämer/Mauer/Kilian, Rn. 610.
23 S. Rn. 1226 ff.
24 S. Rn. 1240 ff.
25 S. ausführlich hierzu Rn. 1261 ff.

13. Anrechnung

1492 In der Vergütungsvereinbarung muss ggf. auch darauf geachtet werden zu regeln, ob und inwieweit bereits verdiente gesetzliche Gebühren einer vorangegangenen Angelegenheit anzurechnen sind bzw. ob und inwieweit vereinbarte Vergütungen auf eventuelle gesetzliche Gebühren einer nachfolgenden Angelegenheit anzurechnen sein sollen.

1493 Hatte der Anwalt beispielsweise die Partei außergerichtlich vertreten und hierfür eine Geschäftsgebühr nach Nr. 2400 VV RVG verdient, sollte geregelt werden, wie hinsichtlich der Anrechnung nach Vorbem. 3 Abs. 4 VV RVG zu verfahren ist, wenn für das nachfolgende gerichtliche Verfahren eine Vergütungsvereinbarung getroffen wird.

1494 Eine Regelung ist auch im umgekehrten Fall angebracht: Ist für die außergerichtliche Tätigkeit des Anwalts eine Vergütungsvereinbarung getroffen worden und wird er anschließend im gerichtlichen Verfahren zu den gesetzlichen Gebühren tätig, sollte ebenfalls geregelt sein, ob hier eine Anrechnung stattfindet oder nicht.

1495 Gleiches gilt für alle anderen Fälle, in denen das RVG Anrechnungen vorsieht. Dabei ist zu beachten, dass nach § 34 Abs. 2 RVG i.d.F. ab dem 1.7.2006 im Zweifel auch die vereinbarte Gebühr für eine Beratung auf die Gebühren einer nachfolgenden Angelegenheit anzurechnen ist.[26]

14. Genaue Bezeichnung der vom Anwalt geschuldeten Tätigkeit

1496 Häufig vernachlässigt wird, in Vergütungsvereinbarungen, darauf zu achten, die vom Anwalt zu erbringenden Tätigkeiten, die durch die vereinbarte Vergütung abgegolten werden sollen, genau zu bezeichnen. Die beste Vergütungsvereinbarung hilft nichts, wenn nicht ersichtlich ist, für welche anwaltlichen Tätigkeiten diese Vergütung anfallen soll. Hier ist insbesondere bei der Vereinbarung von Pauschalen Vorsicht geboten, da die Pauschale – wie ihr Name bereits sagt – grds. alles abgilt, was mit dem Auftrag zusammenhängt.

---

26 S. hierzu Rn. 831a ff.

Hier muss also geregelt werden, ob die Pauschale auch für Nebenverfahren, wie z.B. einstweilige Anordnungen gelten soll, wie im Falle einer Zurückverweisung zu verfahren ist etc. (s. Rn. 920 ff.). 1497

15. Person der Leistungserbringers

In der Vereinbarung sollte zudem geregelt werden, ob und in welcher Höhe der Anwalt die vereinbarte Vergütung auch dann abrechnen darf, wenn er Hilfspersonen einschaltet (s.u. Rn. 1519). 1498

16. Nachverhandlungsklauseln

Vielfach wird vorgeschlagen eine Klausel darüber aufzunehmen, dass bei einem erfolgreichen Ausgang nochmals über die Höhe der Vergütung gesprochen werde.[27] 1499

Ob der Anwalt solche Klauseln verwendet, ist „Geschmackssache". Verbindlich sind solche Klauseln nicht; allenfalls insoweit, als der Anwalt eine Besprechung über die Höhe verlangen kann. Eine höhere Vergütung kann er jedoch nicht durchsetzen. 1500

17. Auslagen

Insbesondere ist auch darauf zu achten, dass die Abrechnung von Auslagen nach den Nrn. 7000 ff. VV RVG ausdrücklich vereinbart wird. Fehlt es an einer solchen Vereinbarung, können Auslagen im Zweifel nicht geltend gemacht werden (s.u. Rn. 1069 ff.). 1501

18. Umsatzsteuer

Gleiches gilt für die Umsatzsteuer, zumal es sich nach dem Verständnis des RVG hierbei um einen Auslagentatbestand (Nr. 7008 VV RVG) handelt. 1502

19. Verauslagte Kosten

Sofern der Anwalt im Rahmen des Mandats Kosten verauslagt, kann zweifelhaft sein, ob diese durch die vereinbarte Vergütung abgegolten 1503

---

27 S. hierzu Rn. 367, 440.

sind. Dies gilt insbesondere für solche Kosten, für die bereits bei gesetzlicher Abrechnung strittig ist, ob es sich um allgemeine Geschäftskosten nach Vorbem. 7 Abs. 1 Satz 1 VV RVG handelt. Auch hier vermeidet eine klarstellende Regelung in der Vereinbarung eventuelle spätere Differenzen.

1504 **Praxistipp:**

Um sicherzugehen sollte auch hinsichtlich vorzulegender Kosten immer eine ausdrückliche Regelung in der Vergütungsvereinbarung enthalten sein, dass diese vom Auftraggeber unmittelbar zu zahlen bzw. dem Anwalt zu erstatten sind.

20. Gesetzliche Vergütung als Mindestvergütung

1505 In gerichtlichen Verfahren ist es nach § 49b Abs. 1 Satz 1 BRAO unzulässig eine geringere Vergütung abzurechnen, als sich aus dem Gesetz ergibt (s.o. Rn. 267 ff.). Gleichwohl ist es nicht unzulässig, dort z.B. nach Stunden abzurechnen. Dies kann dazu führen, dass bei kurzer Verfahrensdauer die Zeitvergütung unterhalb der gesetzlichen Vergütung liegt. Von daher muss in diesen Fällen stets die „Sicherungsklausel" eingebaut werden, dass zumindest die gesetzliche Vergütung geschuldet ist.[28]

1506 Bei außergerichtlichen Tätigkeiten, bei denen ein Unterschreiten der gesetzlichen Vergütung zulässig ist (§ 4 Abs. 2 Satz 1 RVG), muss der Anwalt überlegen, ob er ein eventuelles Unterschreiten in Kauf nimmt. Dies kann durchaus gewollt sein und ist häufig sogar ein Argument für den Auftraggeber, eine Vergütungsvereinbarung abzuschließen. Ist dagegen gewollt, dass mindestens die gesetzliche Vergütung gezahlt werden soll, muss auch hier eine entsprechende Klausel mit aufgenommen werden.

---

28 S. Rn. 778.

21. Vorschüsse

Da ggf. unklar sein kann, ob die Vorschrift des § 9 RVG auch für die vereinbarte Vergütung gilt, sollte unbedingt darauf geachtet werden, dass ein Recht auf angemessene Vorschüsse vereinbart wird.[29]

1507

22. Fälligkeit

Darüber hinaus sollte auch die Fälligkeit der Vergütung geregelt werden. Dies bietet sich insbesondere bei Zeitvergütungen an, weil dann Zwischenabrechnungen möglich sind, die spätere Einwände zur Höhe der angefallenen Zeiten ausschließen, zumindest erschweren.[30]

1508

Zudem „heilen" freiwillige und vorbehaltlose Zahlungen auf fällige Beträge – im Gegensatz zu Vorschüssen – eventuelle Formfehler nach § 4 Abs. 1 Satz 1 und Satz 2 RVG (§ 4 Abs. 1 Satz 3 RVG).[31]

1509

23. Sicherheiten

Zulässig ist es, dass der Anwalt seine Vergütungsansprüche, die sich aus der Vereinbarung ergeben bzw. ergeben können, absichern lässt. Hiergegen bestehen grds. keine Bedenken. Lediglich die allgemeinen Schranken sind zu beachten. So darf der Anwalt sich nicht unangemessen übersichern lassen. Ebenso ist die Gewährung von Sicherheiten, die in Zeiten der Insolvenz gegeben werden, ggf. anfechtbar.

1510

Sicherheiten helfen allerdings nichts, wenn die Vereinbarung nach § 4 Abs. 1 Satz 1, Satz 2 oder Abs. 5 Satz 1 RVG unverbindlich ist. Die Gewährung einer Sicherheit ist keine Leistung i.S.d. § 4 Abs. 1 Satz 3 oder Abs. 5 Satz 2 RVG.[32]

1511

---

29 S. hierzu Rn. 1766.
30 S. hierzu Rn. 1845 ff.
31 S. hierzu Rn. 1855, 2030 ff.
32 S. hierzu Rn. 2175.

24. Erstattungsvereinbarung mit Dritten

1512 Unbeschadet des prozessualen oder materiell-rechtlichen Kostenerstattungsanspruchs[33] kann auch mit dem erstattungspflichtigen Gegner vereinbart werden, dass dieser eine höhere Vergütung als die gesetzliche erstatte. Werden solche Erstattungsvereinbarungen getroffen, ist darauf zu achten, dass klargestellt wird, ob die Vereinbarung zwischen dem erstattungsberechtigten Auftraggeber und dem erstattungspflichtigen Gegner geschlossen wird (dann handelt es sich nicht um eine Vergütungsvereinbarung[34]) oder ob der Anwalt aus dieser Erstattungsvereinbarung unmittelbar eigene Ansprüche erwerben soll (dann müssen die für Vergütungsvereinbarungen geltenden Vorschriften beachtet werden).[35]

25. Gerichtsstandsvereinbarung

1513 Immer wieder ist davon zu lesen, dass in einer Vergütungsvereinbarung auch Gerichtsstandsvereinbarungen getroffen werden können oder sollen.[36] Verkannt wird hierbei, dass Gerichtsstandsvereinbarungen grds. nur unter der Voraussetzung des § 38 ZPO in Betracht kommen. Zum einen muss der Anwalt Kaufmann sein, also in der Form einer GmbH oder AG organisiert sein. Darüber hinaus muss auch der Auftraggeber Kaufmann oder eine vergleichbare juristische Person sein. Fehlt es daran, sind Gerichtsstandsvereinbarungen ohnehin nicht wirksam.

1514 Lediglich mit Mandanten, die keinen allgemeinen Gerichtstand im Inland haben, kommen Gerichtsstandsvereinbarungen unter geringeren Anforderungen des § 38 Abs. 2 ZPO in Betracht.

II. Auslegungsprobleme
1. Überblick

1515 Sind Vergütungsvereinbarungen unklar oder sind bestimmte Fälle oder Konstellationen nicht geregelt, muss dies nicht sogleich zur Unwirksam-

---

33 S. hierzu Rn. 2255 ff.
34 S. Rn. 2309.
35 S. hierzu Rn. 2332.
36 S. hierzu auch die amtliche Begründung, BT-Drucks. 15/1971, S. 231.

keit der Vereinbarung führen. Lediglich Regelungen in allgemeinen Geschäftsbedingungen (§ 305 Abs. 1 Satz 1 BGB) oder in vorformulierten Vertragsbedingungen gegenüber einem Verbraucher, auf die dieser keinen Einfluss nehmen kann (§ 310 Abs. 3 BGB), sind bei Unklarheit unwirksam. Im Übrigen gelten auch hier die §§ 133, 157 BGB, wonach der Wille der Parteien durch Auslegung der Vereinbarung zu ermitteln ist.

Bei der Auslegung einer Vergütungsvereinbarung sind eindeutig getroffene besondere Abreden immer vorrangig zu beachten vor allgemeinen Bestimmungen wie z.B. eine ergänzende Verweisung auf Standesrichtlinien der Rechtsanwälte (jetzt BORA).[37] 1516

2. Auslagen

Ist zwischen den Vertragsparteien nicht vereinbart, dass Auslagen zusätzlich erhoben werden können, gelten sämtliche Auslagen als durch die vereinbarte Vergütung mitabgegolten.[38] Lediglich dann, wenn die Auslagen ausdrücklich vereinbart sind[39] oder wenn auf die gesetzliche Vergütung Bezug genommen wird, etwa indem ein Vielfaches der gesetzlichen Vergütung vereinbart wird oder Abrechnung nach den gesetzlichen Gebühren zu einem höheren Gegenstandswert, folgt hieraus, dass auch die Auslagen dem Auftraggeber in Rechnung gestellt werden können. 1517

3. Umsatzsteuer

Für die Umsatzsteuer gilt das Gleiche wie für die Auslagen (s.o. Rn. 1517), zumal Umsatzsteuer nach dem Verständnis des RVG ohnehin ein Auslagentatbestand ist. Bei Fehlen einer ausdrücklichen Regelung ist 1518

---

37 BGH, EBE/BGH 1980, 258 = NJW 1980, 1851 = WM 1980, 1092 = MDR 1980, 830 = LM Nr. 1 zu § 177 BRAO = BGHWarn. 1982, Nr. 121.
38 OLG Koblenz, OLGZ 79, 230; LG Koblenz, AnwBl. 1984, 206 m. Anm. Madert = JurBüro 1984, 1667 m. Anm. Mümmler; AnwK-RVG/N. Schneider, § 4 Rn. 114; Brieske, S. 159; Madert, A Rn. 25; Gerold/Schmidt/Madert, § 4 Rn. 88; Hartmann, KostG, § 4 RVG Rn. 26; s. hierzu auch Rn. 1069 ff.
39 Zu Auslagenvereinbarungen s. Rn. 1091 ff.

also von einer **Brutto-Vereinbarung** auszugehen, wonach in der vereinbarten Vergütung die Umsatzsteuer bereits enthalten ist.[40]

4. Einschalten von Hilfspersonen

1519 Probleme ergeben sich auch dann, wenn der Anwalt, der die Vergütungsvereinbarung getroffen hat, andere Personen mit einzelnen Tätigkeiten beauftragt. Im Zweifel gilt, dass die Erbringung der Leistung, für die eine höhere als die gesetzliche Vergütung zugesagt ist, höchstpersönlich von demjenigen zu erbringen ist, mit dem die Vereinbarung abgeschlossen worden ist. Es ist davon auszugehen, dass der Auftraggeber eine höhere als die gesetzliche Vergütung gerade deshalb zugesagt hat, weil er sich die Dienste eines bestimmten Anwalts sichern wollte. Dem widerspricht es dann aber, wenn dieser Anwalt Hilfspersonen einschaltet. Insoweit ist es unerheblich, ob diese Hilfspersonen möglicherweise selbst zugelassene Rechtsanwälte sind.

1520 Fehlt eine dahin gehende Vereinbarung, kann der Anwalt für Tätigkeiten anderer Personen nicht die vereinbarte Vergütung abrechnen. Die Vorschrift des § 5 RVG ist nicht entsprechend heranzuziehen, da sie nur die gesetzliche Vergütung betrifft.[41]

1521 Soweit Gebührentatbestände oder Pauschalen austrennbar sind, kann insoweit nur die gesetzliche Vergütung verlangt werden.

1522 Im Übrigen ist die Vergütung entsprechend zu kürzen oder zu mindern.

5. Fahrt- und Wartezeiten bei Zeitvergütungen

1523 Wird bei Zeitvergütungen nicht näher geregelt, für welche Tätigkeiten der Anwalt das Zeithonorar abrechnen darf, werden Fahrt- und Warte-

---

40 BAG AP Nr. 19 zu § 76 BetrVG 1972 = DB 1987, 441 = SAE 1987, 155; EzA § 76 BetrVG 1972 Nr. 36; AR-Blattei Einigungsstelle Entsch. 32; DB 1989, 232; AR-Blattei ES 630 Nr. 32; OLG Karlsruhe, OLGZ 79, 230 = DB 1979, 447 = r+s 1979, 92; LG Koblenz, AnwBl. 1984, 206 m. Anm. Madert = JurBüro 1984, 1667 m. Anm. Mümmler; AnwK-RVG/N. Schneider, § 4 Rn. 115; Brieske, S. 160; Madert, A Rn. 25; Gerold/Schmidt/Madert, § 4 Rn. 87; Hartmann, KostG, § 4 RVG Rn. 26.
41 KG, AGS 2000, 143 = BRAGOReport 2001, 22 = KGR 2000, 111 = NStZ-RR 2000, 191.

zeiten nicht erfasst. Zeitaufwand für Fahrten, Wartezeiten vor Gericht etc. können dann nicht gesondert abgerechnet werden.[42]

6. Mindestintervalle bei Zeitvergütungen

Werden keine Mindestintervalle vereinbart, ist es im Zweifel unzulässig, später stets nach angefallenen halben Stunden, Viertelstunden oder 10 Min. abzurechnen. Vielmehr ist in diesen Fällen streng genommen eine sekundengenaue Abrechnung vorzunehmen. Dies wird man sicherlich nicht übertreiben müssen. Eine „Aufrundung" auf gewisse Mindestzeiträume ist in solchen Fällen aber nicht zulässig. 1524

7. Anrechnung

Ist der Anwalt tätig geworden und hat er hierfür eine vereinbarte Vergütung erhalten, so kann sich das Problem stellen, ob vorangegangene gesetzliche Gebühren anzurechnen sind (ggf. nach Vorbem. 3 Abs. 4 VV RVG, Anm. Abs. 2 zu Nr. 2100 VV RVG, Anm. zu Nr. 3305 VV RVG) oder ob die vereinbarte Vergütung auf gesetzliche Gebühren einer nachfolgenden Angelegenheit anzurechnen ist, wenn dort keine Vergütungsvereinbarung getroffen wird. 1525

Das Gesetz schreibt nämlich nur die Anrechnung von gesetzlichen Gebühren vor, nicht aber auch von Gebühren, die aufgrund einer Honorarvereinbarung geschuldet werden. Anzurechnen ist grds. nur die im Gesetz bestimmte Gebühr.[43] Eine Ausnahme gilt nach § 34 Abs. 2 RVG i.d.F. ab dem 1.7.2006. Danach ist – sofern nichts anderweitiges bestimmt wird – auch die vereinbarte Gebühr für eine Beratung auf die Gebühren einer nachfolgenden Angelegenheit anzurechnen.[44] 1526

Fehlt eine ausdrückliche Regelung, ist durch Auslegung der Vergütungsvereinbarung zu ermitteln, ob eine Anrechnung zu erfolgen hat. 1527

---

42 Zuletzt BGH, AGS 2005, 378 m. Anm. Madert, Henke u. N. Schneider = BGHReport 2005, 1151 m. Anm. N. Schneider = AnwBl. 2005, 582 m. Anm. Henke.
43 OLG Hamm, OLGR 1997, 355.
44 S. hierzu Rn. 831a ff.

K. Inhaltliche Gestaltung und Auslegungsprobleme

1528 Das OLG Hamm[45] hat eine Anrechnung der für eine außergerichtliche Vertretung vereinbarte Vergütung nach der damaligen Anrechnungsvorschrift des § 118 Abs. 2 BRAGO (jetzt Vorbem. 3 Abs. 4 VV RVG) auf die Prozessgebühr des anschließenden gerichtlichen Verfahrens (hier: Urkundsprozess) abgelehnt. Das Gesetz (damals § 118 Abs. 2 BRAGO) schreibe nämlich nicht die Anrechnung von Gebühren vor, die aufgrund einer Honorarvereinbarung für die vorgerichtliche Tätigkeit eines Rechtsanwalts geschuldet werden. Anzurechnen ist nur die im Gesetz bestimmte Gebühr, nicht eine vereinbarte Vergütung.

1529 Im Zweifel wird man davon ausgehen müssen, dass eine Anrechnung nicht stattzufinden hat, jedenfalls dann, wenn sich die vereinbarte Vergütung vom gesetzlichen System losgelöst hat. Soweit das gesetzliche System allerdings übernommen wird, spricht dies im Zweifel dafür, dass dann auch entsprechend des gesetzlichen Systems anzurechnen ist.

1530 Hier kann nur dringend angeraten werden, diese Frage im Vorfeld ausdrücklich zu klären.

1531 *Beispiel:*

Der Anwalt hatte den Auftraggeber zunächst außergerichtlich vertreten und hierfür eine 1,5-Geschäftsgebühr abgerechnet, die nach Vorbem. 3 Abs. 4 VV RVG i.H.v. 0,75 auf eine spätere Verfahrensgebühr nach Nr. 3100 VV RVG anzurechnen wäre.

a) Für den Rechtsstreit vereinbaren die Parteien, dass der Anwalt die gesetzlichen Gebühren erhält, allerdings nach dem doppelten Streitwert, den das Gericht festsetzt.

Hier sind die gesetzlichen Gebühren weiterhin vereinbart, so dass es bei der Anrechnung verbleiben muss, wenn diese nicht ausdrücklich ausgeschlossen wird.

b) Die Parteien vereinbaren das Doppelte der gesetzlichen Gebühren.

Auch hier wird man von einer Anrechnung ausgehen müssen, wenn nichts anderes vereinbart ist.

c) Die Parteien vereinbaren die gesetzlichen Gebühren zuzüglich eines Zuschlags.

---

45 OLG Hamm, OLGR 1997, 355.

Auch hier gilt das Gleiche. Es ist hinsichtlich der gesetzlichen Gebühren anzurechnen, sofern nichts anders vereinbart ist.

d) Die Parteien vereinbaren für das gesamte gerichtliche Verfahren eine Pauschale i.H.v. 15.000,00 €.

Hier wird man im Zweifel nicht davon ausgehen können, dass anzurechnen ist, weil es an einer nachfolgenden Gebühr i.S.d. Vorbem. 3 Abs. 4 VV RVG fehlt, auf die angerechnet werden kann. Eindeutig ist diese Situation allerdings nicht. Bei allgemeinen Geschäftsbedingungen könnte man hier u.U. sogar eine Unklarheit annehmen.

e) Die Parteien vereinbaren eine Pauschale i.H.v. 8.000,00 € für das Verfahren und i.H.v. weiteren 5.000,00 € für eventuelle Termine.

Hier wird man trefflich streiten können, weil die Verfahrenspauschale der Verfahrensgebühr nach Nr. 3100 VV RVG entspricht. Dieser Fall ist meines Erachtens nach unklar. So lässt sich die Vereinbarung durchaus im Zweifel zugunsten des Mandanten ausgelegen, wonach eine Anrechnung vorgenommen werden muss. Es sollte unbedingt eine ausdrückliche Regelung getroffen werden.

f) Die Parteien vereinbaren für den Rechtsstreit, dass der Anwalt 200,00 € je Stunde erhält.

Hier gilt meines Erachtens das Gleiche wie bei einer Gesamtpauschale. Es gibt keine Gebühr, auf die anzurechnen wäre, so dass hier im Zweifel eine Anrechnung zu unterbleiben hat.

g) Haben die Parteien eine Pauschal- oder Zeitvereinbarung getroffen, die im Ergebnis unter der gesetzlichen Vergütung liegt und ist als Zusatzklausel vereinbart, dass mindestens die gesetzliche Vergütung geschuldet sei, so ist im Zweifel eine Anrechnung vorzunehmen. Das bedeutet, dass die Mindestgrenze der gesetzlichen Vergütung das Gebührenaufkommen nach Anrechnung ist. In der Klausel „mindestens die gesetzliche Vergütung" kann nicht ohne weiteres ein Anrechnungsausschluss gesehen werden.

8. Ausschluss des § 628 Abs. 1 Satz 1 BGB bei Pauschalvereinbarungen

Haben die Parteien eine Pauschalvergütung vereinbart und endet das Mandat vorzeitig (nicht zu verwechseln mit der vorzeitigen Erledigung), dann ist die Pauschalvergütung nach § 628 Abs. 1 Satz 1 BGB zu kürzen. Der bloßen Vereinbarung einer Pauschale kann nicht entnommen werden, dass diese auch dann zu zahlen sein soll, wenn das Mandat vorzeitig beendet wird.

1532

1533 Die Parteien können Abweichendes vereinbaren. Dies muss allerdings ausdrücklich geschehen.[46] Treffen die Parteien eine solche Regelung, wonach die Kürzung nach § 628 Abs. 1 Satz 1 BGB ausgeschlossen sein soll, müssen diese Regelungen klar und unmissverständlich sein.

1534 Enthält die Vergütungsvereinbarung die Klausel, dass die Pauschale „*ohne Rücksicht auf den Umfang des Verfahrens*" geschuldet sei, vermag dies den vollen Gebührenanspruch bei vorzeitiger Beendigung des Mandats nicht zu rechtfertigen. Die gebotene standeskonforme Auslegung ergibt nämlich, dass mit der Formel „*unabhängig vom Umfang des Verfahrens*" hier nicht auch der Fall vorzeitiger Beendigung des Mandats erfassen soll. Eine solche Klausel besagt nur, dass das Honorar insofern pauschaliert wurde, als der Umfang der einzelnen Abschnitte des Gesamtverfahrens und eine daraus folgende mehr oder minder große Arbeitsbelastung des Rechtsanwalts auf die Höhe der Vergütung keinen Einfluss haben soll.[47]

9. Erstattungsvereinbarung mit Dritten

1535 Möglich sind Erstattungsvereinbarungen, also Vereinbarungen, dass die erstattungspflichtige Gegenpartei den eigenen Auftraggeber nicht nur von den gesetzlichen Vergütungsansprüchen des eigenen Anwalts freistellt, sondern auch von den Ansprüchen aus einer Vergütungsvereinbarung. Eine solche Vereinbarung kann eine bloße Kostenerstattungsvereinbarung zwischen den Parteien sein. Es kann sich aber auch um eine Vereinbarung handeln, aus der der Anwalt einen eigenen Anspruch gegen den Dritten erwirbt.

1536 Die Auslegung einer solchen Erstattungsvereinbarung ist in erster Linie Sache des Tatrichters. **Im Zweifel** ist in der Abwälzung von Anwaltskosten der einen auf die andere Vertragspartei lediglich eine das **Außenver-**

---

[46] Zu den berufsrechtlichen Bedenken s. Mauer/Krämer/Kilian, die darauf hinweisen, dass auf die Entscheidung des BGH (NJW 1978, 2304 f.), die einen Ausschluss des § 628 Abs. 1 Satz 1 BGB noch als standeswidrig angesehen hatte, nicht mehr zurückgegriffen werden kann.

[47] BGHSt 27, 366 = BGHZ 71, 161 = AnwBl. 1978, 275 = DRsp I (138) 346 = DRsp. IV(477) 171 = NJW 1978, 2304 = LM Nr. 1 zu § 628 BGB (Leitsatz 1); OLG Düsseldorf, AnwBl. 1985, 201; Krämer/Mauer/Kilian, Rn. 610.

hältnis zum Forderungsinhaber nicht berührende **Erfüllungsübernahme** zu sehen (§ 329 BGB).[48]

Gleichwohl kann das Gericht im Wege der Auslegung zu der Feststellung gelangen, dass es sich hinsichtlich des aus der Gebührenvereinbarung folgenden Anspruchs des Anwalts um einen Vertrag zu dessen Gunsten handelt, durch den ihm ein **eigener** Zahlungsanspruch gegen die erstattungspflichtige Partei eingeräumt werden soll. Das Gericht hat hierbei die gesamten Umstände einschließlich des Wortlauts der Urkunde zu berücksichtigen.[49]

1537

In der der vorgenannten Entscheidung des BGH zugrunde liegenden Vereinbarung hieß es, die Beklagte „*zahle alle Rechtsanwaltskosten an die Rechtsanwälte ...*". Zudem enthielt die Vereinbarung ins Einzelne gehende Vorgaben für die Berechnung der Vergütung. Das Berufungsgericht hatte bei seiner Auslegung insbesondere in Betracht gezogen, dass die Beklagte sich zusätzlich zur Zahlung bestimmter Gebühren an die Anwälte des Auftraggebers verpflichtet hatte, die diese von ihren Auftraggebern gar nicht zu beanspruchen hatten. Diese Würdigung hat der BGH nicht beanstandet.

1538

---

48 EBE/BGH 1997, 218; WIB 1997, 1440 m. Anm. Römermann = MDR 1997, 784 = NJW 1997, 2388 = AGS 1997, 111 = AnwBl. 1997, 567 m. Anm. Hamacher = VersR 1997, 1371 = BGHR BRAGO § 3 Abs. 3 Satz 1 Schuldbeitritt 1 = STV 1999, 485 = EWiR 1997, 693 m. Anm. Chemnitz = BRAK-Mitt. 1997, 180 = NJW 1997, 501 = zfs 1998, 30.
49 EBE/BGH 1997, 218; WIB 1997, 1440 m. Anm. Römermann = MDR 1997, 784 = NJW 1997, 2388 = AGS 1997, 111 = AnwBl. 1997, 567 m. Anm. Hamacher = VersR 1997, 1371 = BGHR BRAGO § 3 Abs. 3 Satz 1 Schuldbeitritt 1 = STV 1999, 485 = EWiR 1997, 693 m. Anm. Chemnitz = BRAK-Mitt. 1997, 180 = NJW 1997, 501 = zfs 1998, 30.

L. Hinweis- und Belehrungspflichten des Anwalts

I. Überblick

1539 Insbesondere beim Abschluss einer Vergütungsvereinbarung treffen den Anwalt Hinweis- und Belehrungspflichten.[1] Auch wenn die Verletzung solcher Pflichten zum Teil unmittelbar nicht so sanktioniert wird wie etwa Formverstöße nach § 4 Abs. 1 Satz 1, Satz 2 RVG, Verstöße gegen § 134 BGB oder Verstöße gegen die §§ 305 ff. BGB, so können sich hieraus rechtliche Konsequenzen ergeben.

II. Belehrungspflicht nach § 49b Abs. 5 BRAO

1. Überblick

1540 Die Belehrungspflicht nach § 49 Abs. 5 BRAO, darauf hinzuweisen, **dass sich die Gebühren nach dem Gegenstandswert berechnen**, gilt auch bei Abschluss einer Vergütungsvereinbarung.

1541 Soweit sich die vereinbarte Vergütung nach dem Gegenstandswert richtet,[2] etwa weil die Parteien ein Vielfaches der gesetzlichen Gebühren, einen Zuschlag zu den gesetzlichen Gebühren oder die Abrechnung nach einem höheren Gegenstandswert vereinbaren oder lediglich eine Auslagenvereinbarung treffen, muss der Anwalt nach § 49b Abs. 5 BRAO darauf hinweisen, dass sich die Gebühren nach der Höhe des Gegenstandswertes (§ 2 Abs. 1 RVG) richten.

1542 Die Vorschrift des § 49b Abs. 5 BRAO erfordert lediglich den Hinweis darauf, dass sich die Gebühren nach dem Gegenstandswert berechnen. Der Anwalt ist auch bei einer Vergütungsvereinbarung nicht verpflichtet, ungefragt über die Höhe des Gegenstandswertes oder die Höhe der Gebühren Auskunft zu erteilen.

1543 Die **Verletzung der Obliegenheit** nach § 49b Abs. 5 BRAO kann zu Schadensersatzansprüchen des Auftraggebers führen, die dieser dann der Vergütungsforderung des Anwalts entgegensetzen kann.[3]

---

[1] S. hierzu auch Schäfer, AGS 2003, 191.
[2] S. hierzu Rn. 897 ff.
[3] S. insbesondere hierzu ausführlich Hansens, RVGReport 2004, 443; ders., ZAP, F. 24, S. 885.

Insoweit handelt es sich aber nicht um ein spezielles Problem einer Vergütungsvereinbarung, so dass auf die einschlägige allgemeine Literatur Bezug genommen werden kann.[4]

1544

Der Abschluss einer Vergütungsvereinbarung wirft allerdings im Zusammenhang mit § 49b Abs. 5 BRAO einige besondere Fragen auf.

1545

2. Vereinbarung eines höheren Gegenstandswertes

Haben die Parteien eine Vergütungsvereinbarung getroffen, in der sie einen bestimmten – i.d.R. höheren – Gegenstandswert zugrunde legen, dann erscheint ein zusätzlicher Hinweis nach § 49b Abs. 5 BRAO überflüssig. Der Auftraggeber wird bereits in der Vergütungsvereinbarung darauf hingewiesen, dass sich die von ihm zu zahlende Vergütung nach einem bestimmten Gegenstandswert richtet. Ein gesonderter Hinweis ist daher nicht erforderlich.

1546

Da für den Hinweis auch keine besondere Form vorgeschrieben ist (s. Rn. 1548 ff.) dürfte es ausreichen, wenn in der Vergütungsvereinbarung klar geregelt ist, dass – und vor allem nach welchem Gegenstandswert – sich die abzurechnende Vergütung bestimmt. Damit leistet der Anwalt sogar mehr, als er nach § 49b Abs. 5 BRAO schuldet.

1547

3. Form des Hinweises

Die Vorschrift des § 49b Abs. 5 BRAO schreibt nicht vor, in welcher Form der Hinweis zu erteilen ist.[5] Daher reicht ein mündlicher Hinweis.

1548

Die **Formvorschriften des § 4 Abs. 1 Satz 1, Satz 2 RVG** sind **nicht anwendbar**, da es sich um einen Hinweis und keine Vereinbarung handelt und der Hinweis auch nicht Inhalt der Vergütungsvereinbarung sein muss.

1549

Zudem wird der Hinweis vom Anwalt abgegeben, für dessen Erklärung ohnehin kein Schriftformzwang nach § 4 Abs. 1 Satz 1 RVG besteht.

1550

---

4 S. insbesondere hierzu ausführlich Hansens, a.a.O.; ders., a.a.O.
5 S. insbesondere hierzu ausführlich Hansens, a.a.O.; ders., a.a.O.

1551 Der Hinweis ist auch keine anderweitige Vereinbarung i.S.d. § 4 Abs. 1 Satz 2 RVG, da diese in Zusammenhang mit dem vereinbarten Honorar steht.

1552 **Praxistipp:**

Zu achten ist allerdings darauf, dass sich der Anwalt in der Vereinbarung nicht bestätigen lässt, den Hinweis nach § 49b Abs. 5 BRAO erteilt zu haben, sondern dass er tatsächlich den Hinweis erteilt.

1553 Die formularmäßige Bestätigung, den Hinweis erteilt zu haben, könnte als Beweislastumkehr gegen § 309 Nr. 12 BGB verstoßen und damit unwirksam sein.

1554 Es empfiehlt sich daher folgende Formulierung:

1555 **Muster: Hinweis nach § 49 Abs. 5 BRAO auf Abrechnung nach dem Gegenstandswert**

Der Auftraggeber wird darauf hingewiesen, dass sich die Gebühren (zum Teil)[6] nach dem Gegenstandswert berechnen.

4. Nichtige Vergütungsvereinbarungen

1556 Erhebliche Probleme ergeben sich für den Anwalt, wenn sich im Nachhinein herausstellt, dass die Vergütungsvereinbarung unwirksam ist, dass also nicht nur keine Verbindlichkeit begründet worden ist (§ 4 Abs. 1 Satz 1, Satz 2, Abs. 5 Satz 1 RVG), sondern dass die Vereinbarung insgesamt unwirksam ist.

1557 In diesem Falle kann der Anwalt nur nach der gesetzlichen Vergütung abrechen, es sei denn, das vereinbarte Honorar war geringer.

---

6 Wenn sich die Vergütung nur teilweise nach dem Gegenstandswert richtet, etwa bei Vereinbarung eines Zusatzhonorars zu den gesetzlichen Gebühren, s. hierzu Rn. 864.

1558 Das Problem, das sich dem Anwalt stellt, liegt aber nun darin, dass sich die gesetzliche Vergütung u.U. nach dem Gegenstandswert richtet und er darauf in aller Regel nicht hingewiesen hat, weil er gar keinen Anlass dazu hatte. Er ging ja davon aus, dass die Vergütungsvereinbarung wirksam sei, folglich nicht gesetzlich und damit auch nicht nach dem Gegenstandswert abzurechnen sei.

1559 Der Anwalt wird aus diesem Dilemma kaum heraus kommen. Wenn der Auftraggeber sich darauf beruft, er habe sich fehlerhafte Vorstellungen über die Höhe der Gebühren gemacht und nicht damit gerechnet, dass nach dem Gegenstandswert abgerechnet werde und er daraufhin Schadensersatzansprüche einwendet, wird der Anwalt Probleme haben, seine Vergütung durchzusetzen.

1560 Gleiches gilt, wenn nach § 4 Abs. 3 Satz 2 RVG die Vergütungsvereinbarung zwar nicht unwirksam ist, aber nur die gesetzliche Vergütung als vereinbart gilt.

1561 Von daher bietet es sich an, auch bei einer Vergütungsvereinbarung vorsorglich darauf hinzuweisen, dass sich die gesetzlichen Gebühren nach dem Gegenstandswert richten.

> **Praxistipp:** **1562**
>
> Insoweit könnte am Schluss der Vergütungsvereinbarung eine „salvatorische Klausel" aufgenommen werden, in der darauf hingewiesen wird, dass im Falle der Unwirksamkeit der Vergütungsvereinbarung nach den gesetzlichen Gebühren abzurechnen ist und diese sich nach dem Gegenstandswert berechnen.

> **Muster: Vorsorglicher Hinweis nach § 49 Abs. 5 BRAO auf Abrechnung nach dem Gegenstandswert für den Fall der Unwirksamkeit der Vereinbarung** **1563**
>
> Soweit die getroffene Vergütungsvereinbarung unwirksam sein sollte, ist die Vergütung nach den gesetzlichen Gebühren geschuldet, die sich nach dem Gegenstandswert berechnen.

5. Die vereinbarte Vergütung ist unverbindlich

1564 Das gleiche Problem stellt sich, wenn die Vergütungsvereinbarung nicht unwirksam ist, sondern lediglich keinen verbindlichen Zahlungsanspruch des Anwalts begründet, weil ein Formverstoß nach § 4 Abs. 1 Satz 1, Satz 2, Abs. 5 Satz 1 RVG gegeben ist.

1565 In diesem Fall bleibt die Vergütungsvereinbarung wirksam. Der Anwalt rechnet jetzt aber nicht etwa die gesetzliche Vergütung ab; ihm steht vielmehr die vereinbarte Vergütung lediglich in keinem höheren Maße zu, als sich die gesetzliche Vergütung berechnen würde. Von daher erscheint der Hinweis auf § 49b Abs. 5 BRAO nicht erforderlich, weil nicht nach den gesetzlichen Gebühren abgerechnet wird.

1566 *Beispiel:*

Die Parteien haben eine gegen § 4 Abs. 1 Satz 1 RVG verstoßende Vergütungsvereinbarung über einen Stundensatz von 200,00 €/Stunde geschlossen. Der Anwalt arbeitet 15 Stunden. Die gesetzliche Vergütung würde sich auf 2.000,00 € belaufen.

Die Vergütungsvereinbarung ist wirksam. Der Anwalt kann 15 Stunden zu 200,00 € abrechnen (3.000,00 €). Er kann diesen Betrag jedoch nach § 4 Abs. 1 Satz 1 RVG nur i.H.v. 2.000,00 € einfordern.

1567 Die gesetzliche Vergütung bildet also in diesem Falle lediglich eine Berechnungsgröße, nicht aber die Vergütung selbst.

1568 Nach Sinn und Zweck findet § 49b Abs. 5 BRAO auch hier Anwendung. Dem Auftraggeber ist es letztlich gleichgültig, ob er die gesetzliche Vergütung schuldet oder die vereinbarte Vergütung in Höhe der gesetzlichen Gebühren. In beiden Fällen ist die getroffene Vergütungsvereinbarung nicht verbindlich. Der Auftraggeber bedarf daher ebenso des Schutzes des § 49b Abs. 5 BRAO hinsichtlich der Vergütung, die er zahlen muss, unabhängig davon, ob es sich dabei um die gesetzliche Vergütung oder die vertragliche Vergütung in Höhe der gesetzlichen Gebühren handelt.

1569 In diesen Fällen wird der Anwalt daher Probleme bekommen, wenn er nicht darauf hingewiesen hat, dass sich die fiktive Höhe der durchsetzbaren Vergütung nach dem Gegenstandswert berechnet. Jedenfalls muss der Anwalt hiermit rechnen. Rechtsprechung hierzu liegt noch nicht vor.

> **Praxistipp:** 1570
>
> Auch hier bietet sich daher an, diesen Hinweis in eine „salvatorische Klausel" aufzunehmen. Dabei kann an die vorstehende „salvatorische Klausel" (Rn. 1563) angeknüpft werden, so dass es sich empfiehlt, am Schluss der Vereinbarung zusätzlich zu der Klausel in Rn. 1563 den weiteren Satz einzufügen:

Muster: Vorsorglicher weiterer Hinweis nach § 49 Abs. 5 1571
BRAO auf Abrechnung nach dem Gegenstandswert
für den Fall der Unverbindlichkeit der Vereinbarung

.... Dies gilt auch dann, wenn eine Verbindlichkeit nach dieser Vereinbarung nur in Höhe der gesetzlichen Vergütung begründet worden ist.

III. Hinweis auf fehlende Kostenerstattung nach § 12a ArbGG

Trifft der Anwalt eine Vergütungsvereinbarung in erstinstanzlichen arbeitsgerichtlichen Verfahren, muss er dennoch stets auf § 12a Abs. 1 Satz 1 ArbGG hinweisen. Dies ist kein spezifisches Problem einer Vergütungsvereinbarung, sondern die Hinweispflicht gilt auch bei Abrechnung nach der gesetzlichen Vergütung.[7] 1572

Da nach h.M. der Ausschluss der Kostenerstattungspflicht schon für vorgerichtliche Tätigkeiten des Anwalts gilt, sollte bereits vorgerichtlich auf die Wirkung des § 12a Abs. 1 Satz 1 ArbGG hingewiesen werden. 1573

Zu beachten ist allerdings, dass eine Verletzung des § 12a Abs. 1 Satz 2 ArbGG grds. nur einer vereinbarten Vergütung in Höhe der gesetzlichen Vergütung entgegengehalten werden kann. 1574

---
[7] S. hierzu ausführlich Hansens/Schneider, Teil 1 Rn. 18 ff.

1575 *Beispiel:*

Die Parteien haben für einen Arbeitsgerichtsprozess eine Vergütungsvereinbarung getroffen, wonach dem Anwalt 5.000,00 € zustehen. Die gesetzlichen Gebühren belaufen sich auf 3.000,00 €. Der Anwalt hatte nicht auf § 12a Abs. 1 Satz 1 ArbGG hingewiesen, wohl aber formularmäßig darauf, dass die vereinbarte Vergütung die gesetzliche übersteige und eine Kostenerstattung nicht in Betracht komme, soweit die vereinbarte Vergütung die gesetzliche übersteige (s.u. Rn. 1607). Der Auftraggeber verteidigt sich nach gewonnenem Prozess damit, er sei nicht auf die fehlende Kostenerstattung nach § 12a Abs. 1 Satz 1 ArbGG hingewiesen worden.

Der Anspruch des Anwalts wird in Höhe der gesetzlichen Vergütung nicht durchsetzbar sein, da sich insoweit die Verletzung der Hinweispflicht auswirkt.

Soweit die vereinbarte Vergütung die gesetzliche übersteigt und insoweit ohnehin ein Erstattungsanspruch nicht in Betracht gekommen wäre, ist der Verstoß gegen die Hinweispflicht des § 12a Abs. 1 Satz 2 ArbGG unbeachtlich, da der Auftraggeber hinsichtlich der Mehrbetrages ohnehin mit der Erstattung des höheren Betrages nicht rechnen konnte.

IV. Aufklärung über die Überschreitung der gesetzlichen Gebühren

1. Grundsatz

1576 Eine generelle Verpflichtung des Anwalts darauf hinzuweisen, dass die vereinbarte Vergütung die gesetzliche übersteige, ist nicht normiert. Weder findet sich in § 4 RVG noch in der BRAO noch in der BORA eine entsprechende Regelung.

1577 Daher geht die überwiegende Meinung auch davon aus, dass keine Verpflichtung des Anwalts bestehe darüber aufzuklären, dass die vereinbarte Vergütung die gesetzliche Vergütung nach dem RVG übersteige.[8]

1578 Insbesondere ist der Anwalt nicht von sich aus verpflichtet, ungefragt dem Auftraggeber den Unterschied zwischen den gesetzlichen Gebüh-

---

8 LG Köln, AnwBl. 1999, 703; LG Düsseldorf, JurBüro 1991, 530; Krämer/Mauer/Kilian, Rn. 541.

ren und der vereinbarten Vergütung zu erläutern oder gar auszurechnen.[9]

Demgegenüber wird zum Teil eine Belehrungspflicht aus § 242 BGB hergeleitet. Soweit der Anwalt bei Abschluss der Vergütungsvereinbarung nach den Umständen des Einzelfalles bei gehöriger Sorgfalt hätte erkennen müssen, dass der Auftraggeber sich der Tragweite der Vereinbarung nicht bewusst sei oder aus anderen Gründen ein entsprechendes Aufklärungsbedürfnis bestehe, soll aus Treu und Glauben eine Verpflichtung folgen, den Auftraggeber entsprechend aufzuklären.[10] 1579

2. Bereits bei Annahme des Mandats bestehende Absicht, später nur gegen eine vereinbarte Vergütung tätig zu werden

Eine Belehrungspflicht hat die Rechtsprechung z.B. angenommen, wenn der Rechtsanwalt eine **erkennbar nicht vermögende Partei** außergerichtlich vertritt und er spätestens für das gerichtliche Verfahren nur noch bereit sein wird, aufgrund einer entsprechenden Vergütungsvereinbarung das Mandat fortzuführen. In diesem Fall soll den Anwalt bereits bei Annahme des Mandats zur außergerichtlichen Tätigkeit die Obliegenheit treffen, darüber zu belehren, dass er nur bereit sei, den späteren Rechtsstreit gegen Zahlung eines deutlich über der gesetzlichen Vergütung liegenden Honorars zu übernehmen und dass die Partei bei Bestehen einer Rechtsschutzversicherung den über der gesetzlichen Vergütung liegenden Teil selbst wird tragen müssen, zumal diese Kosten sogar im Falle des Obsiegens vom Gegner nicht zu erstatten sind.[11] 1580

3. Rechtsschutzversicherter Mandant

Des Weiteren wird eine Hinweispflicht auf die höhere vereinbarte Vergütung angenommen, wenn der Auftraggeber **rechtsschutzversichert** ist; s. hierzu u. Rn. 1599. 1581

---

9   OLG Hamm, AnwBl. 1986, 452; LG Düsseldorf, a.a.O.; Krämer/Mauer/Kilian, a.a.O.; Heyl, AnwBl. 1965, 298.
10 BGH, NJW 1998, 3486; NJW 1985, 2642; NJW 1980, 2128; NJW 1969, 932; Krämer/Mauer/Kilian, Rn. 542.
11 OLG Stuttgart, JurBüro 2003, 585.

4. „Ingerentes"[12] Verhalten des Anwalts

1582 In einem besonders gelagerten Fall hat der BGH[13] eine Hinweispflicht angenommen. Dort hatte der Rechtsanwalt gegenüber dem Auftraggeber zunächst erklärt, nach den gesetzlichen Gebühren abzurechnen. Erst zu einem späteren Zeitpunkt hat er dem Auftraggeber dann eine Vergütungsvereinbarung zur Unterschrift vorgelegt, ohne jedoch darüber aufzuklären, dass die vereinbarte Vergütung über der gesetzlichen liege.

1583 Der BGH ist davon ausgegangen, dass der Auftraggeber aufgrund seiner früheren Erklärung, er werde die gesetzlichen Gebühren liquidieren, verpflichtet war, den Mandanten vor Abschluss der Vergütungsvereinbarung darüber aufzuklären, dass das in der Vereinbarung festgelegte Honorar nicht den gesetzlichen Gebühren entspreche. Hier hätte der Anwalt also darüber aufklären müssen, dass er im Nachhinein entgegen seiner bisherigen Zusage doch die Vereinbarung einer höheren Vergütung fordere.

1584 Aufgrund dieser Verletzung der anwaltlichen Hinweispflicht hat der BGH die vom Auftraggeber erklärte Anfechtung der Vergütungsvereinbarung nach § 123 BGB durchgreifen lassen.[14]

5. Muster

1585 Die vorstehenden Ausführung sowie die Rechtsunsicherheit legen es nahe, dem Anwalt dringend zu empfehlen, in allen Fällen darauf hinzuweisen, dass die vereinbarte Vergütung die gesetzliche Vergütung übersteigt. Unabhängig davon, ob der Anwalt dazu verpflichtet ist, beseitigt er damit jedenfalls ein erhebliches Streitpotenzial.

1586 Krämer/Mauer/Kilian[15] weisen zu Recht darauf hin, dass die Rechtsprechung zum Teil einen strengen Maßstab anlegt, an dessen Berechtigung

---

12 Krämer/Mauer/Kilian, Rn. 542.
13 BGH, BGHR BRAGO § 3 Abs. 1 Anfechtung.
14 Ebenso Krämer/Mauer/Kilian, Rn. 545.
15 Rn. 542.

IV. Aufklärung über die Überschreitung der gesetzlichen Gebühren

Zweifel bestehen. Gleichwohl empfehlen sie, dass der Anwalt im Zweifel „*lieber einmal zu viel als zu wenig*" belehren sollte.

> **Praxistipp:** 1587
>
> Um jeglichen Problemen bei der späteren Einforderung der Vergütung aus dem Wege zu gehen, sollte der Anwalt daher immer darauf hinweisen, wenn die vereinbarte Vergütung die gesetzliche übersteigt.

> **Praxistipp:** 1588
>
> Auch hier ist wiederum darauf zu achten, dass sich der Anwalt in der Vereinbarung nicht bestätigen lässt, den Hinweis erteilt zu haben, sondern dass er tatsächlich den Hinweis erteilt.

Die formularmäßige Bestätigung, den Hinweis erteilt zu haben, könnte als Beweislastumkehr gegen § 309 Nr. 12 BGB verstoßen und damit unwirksam sein. 1589

Es empfiehlt sich daher folgende Formulierung: 1590

> **Muster: Hinweis auf das Überschreiten der gesetzlichen Vergütung** 1591
>
> Der Auftraggeber wird darauf hingewiesen, dass die vereinbarte Vergütung die gesetzliche Vergütung übersteigt.

Bei **außergerichtlichen Tätigkeiten**, bei denen auch geringere Vergütungen vereinbart werden können als die gesetzliche (§ 4 Abs. 2 Satz 1 RVG) und sich zum Zeitpunkt des Abschlusses der Vereinbarung noch nicht absehen lässt, ob die vereinbarte Vergütung die gesetzliche übersteigen wird, sollte zumindest auf die Möglichkeit hingewiesen werden: 1592

> **1593 Muster: Hinweis auf ein mögliches Überschreiten der gesetzlichen Vergütung**
>
> Der Auftraggeber wird darauf hingewiesen, dass das vereinbarte Honorar die gesetzliche Vergütung übersteigen kann.

1594 Der Hinweis kann entbehrlich sein, wenn die Parteien vereinbart haben, dass mindestens die gesetzliche Vergütung geschuldet sei (s. Rn. 267 ff.). In diesem Fall drängt es sich für den Auftraggeber geradezu auf, dass die vereinbarte Vergütung höher liegen wird, jedenfalls höher liegen kann. Auch in diesem Fall sollte der Anwalt jedoch vorsorglich die vorstehenden Hinweise erteilen, da aus der Vereinbarung, dass die gesetzliche Vergütung als Minimum vereinbart wird, gerade folgt, dass die vereinbarte Vergütung nicht zwingend darüber liegen wird.

6. Rechtsfolgen bei Verstoß gegen Hinweis- und Belehrungspflicht

1595 Auch wenn der Verstoß gegen die Hinweispflicht, dass die vereinbarte Vergütung über der gesetzlichen liegt, nicht unmittelbar sanktioniert wird und grds. auch nicht dazu führt, dass der Vergütungsanspruch des Anwalts nur in begrenzter Höhe durchsetzbar ist,[16] kann die fehlende Hinweispflicht rechtliche Konsequenzen haben.

1596 Soweit eine Vergütungsvereinbarung nicht formgerecht ist und daher nach § 4 Abs. 1 Satz 1, Satz 2 RVG keine Verbindlichkeit begründet oder soweit im Rahmen der Prozesskostenhilfe eine nach § 4 Abs. 5 Satz 1 RVG getroffene Vereinbarung nicht verbindlich ist, kann sie der Auftraggeber gleichwohl erfüllen. Er kann in diesem Fall keine Zurückzahlung verlangen, es sei denn, er hat unfreiwillig oder unter Vorbehalt geleistet (§ 4 Abs. 1 Satz 3, Abs. 5 Satz 2 RVG).

1597 Hier nimmt die Rechtsprechung durchweg „Unfreiwilligkeit" an, wenn sich der Auftraggeber bei seiner Zahlung nicht bewusst war, dass er mehr zahlt, als er nach der gesetzlichen Vergütung schulde (s. hierzu ausführlich Rn. 2035 ff.).

---

16 Ausgenommen die vorstehenden Ausnahmen in Rn. 1579 ff.

In diesem Fall wirkt sich also ein unterlassener Hinweis für den Auftraggeber immer nachteilig aus. Zahlungen des Auftraggebers, die im Übrigen ohne Zwang geleistet werden, kann dieser zurückfordern, weil mangels Hinweises auf das Überschreiten der gesetzlichen Vergütung keine Freiwilligkeit gegeben ist (s. Rn. 2035).

1598

V. Rechtsschutzversicherter Mandant

Des Weiteren wird eine Hinweispflicht angenommen, wenn der Auftraggeber **rechtsschutzversichert** ist und der Rechtsschutzversicherer Deckungsschutz gewährt hat.[17]

1599

Der Anwalt soll dann sowohl

1600

- **auf die höhere vereinbarte Vergütung** hinweisen müssen als auch darauf,
- dass **der Rechtsschutzversicherer nur die gesetzliche Vergütung übernimmt**.[18]

Der Auftraggeber geht in diesem Falle nämlich grds. davon aus, dass sein Rechtsschutzversicherer die gesamten Kosten übernimmt – allenfalls ausgenommen eine vereinbarte Selbstbeteiligung. In diesen Fällen fehlt dem Auftraggeber in aller Regel das Bewusstsein, dass im Rahmen der Rechtsschutzversicherung nur die gesetzliche Vergütung versichert ist und dass der Rechtsschutzversicherer[19] vereinbarte Vergütungen nur bis zur Höhe der gesetzlichen Vergütung übernimmt.[20] In diesem Falle wird der Anwalt daher ebenfalls verpflichtet sein, den Auftraggeber darauf hinzuweisen, dass die vereinbarte Vergütung, soweit sie die gesetzliche übersteigt, nicht vom Rechtsschutzversicherer zu übernehmen ist.[21]

1601

---

17 Krämer/Mauer/Kilian, Rn. 544.
18 Zu den Ausnahmen s. Rn. 2218.
19 Abgesehen von den Ausnahmefällen Rn. 2218.
20 S. hierzu Rn. 2202.
21 OLG Düsseldorf, AGS 2000, 129 = NJW 2000, 1650 = OLGR 2000, 169 = BRAK-Mitt. 2000, 178 m. Anm. Jungk.

1602 Dies gilt selbstverständlich nur dann, wenn dem Anwalt auch bekannt ist, dass eine Rechtsschutzversicherung besteht und dass der Auftraggeber darüber abrechnet. In aller Regel wird der Anwalt davon Kenntnis haben, da er die Deckungsschutzanfrage beim Rechtsschutzversicherer zumeist selbst stellt. Gerade hier zeigt es sich wieder einmal, dass es durchaus sinnvoll sein kann, sich die Tätigkeit bei der Abwicklung mit dem Rechtsschutzversicherer vergüten zu lassen, da der Anwalt jedenfalls für Aufklärungsversäumnisse in diesem Zusammenhang haftet.

1603 Praxistipp:

Um jeglichen Problemen bei der späteren Einforderung der Vergütung aus dem Wege zu gehen, sollte der Anwalt daher immer darauf hinweisen, dass die vereinbarte Vergütung, soweit sie die gesetzliche übersteigt, nicht vom Rechtsschutzversicherer des Auftraggebers übernommen wird.[22]

1604 Es ist darauf zu achten, dass sich der Anwalt in der Vereinbarung nicht bestätigen lässt, den Hinweis erteilt zu haben, sondern dass er tatsächlich den Hinweis erteilt, um keine unzulässige Beweislastumkehr nach § 309 Nr. 12 BGB zu begehen.

1605 Es empfiehlt sich folgende Formulierung:

1606 Muster: Hinweis auf Deckungsschutz des Rechtsschutzversicherers nur im Rahmen der gesetzlichen Vergütung

Der Auftraggeber wird ferner darauf hingewiesen, dass die vereinbarte Vergütung, soweit sie die gesetzliche Vergütung übersteigt, nicht vom Rechtsschutzversicherer getragen wird, sondern dass insoweit Versicherungsschutz nur bis zur Höhe der gesetzlichen Vergütung besteht. Den darüber hinausgehenden Betrag muss der Auftraggeber daher auch dann selbst tragen, wenn er in vollem Umfang Deckungsschutz erhält.

---

[22] So auch Buschbell/Hering-Buschbell, § 10 Rn. 59.

VI. Hinweis auf fehlende Erstattungsfähigkeit

Ebenso wenig wie ein Hinweis darauf, dass die vereinbarte Vergütung über der gesetzlichen liegt, ist eine Hinweis- oder Aufklärungspflicht dafür vorgesehen, dass eine höhere als die gesetzliche Vergütung vom Prozessgegner nicht zu erstatten ist.[23]   1607

Lediglich § 12a Abs. 1 Satz 1 ArbGG sieht eine solche Hinweispflicht vor, allerdings nur in Höhe der gesetzlichen Vergütung (s.o. Rn. 1572). Im Übrigen enthalten weder § 4 RVG noch die BRAO noch die BORA eine dahin gehende Aufklärungs- oder Hinweispflicht.   1608

> **Praxistipp:**   1609
>
> Aus den gleichen Gründen, die dem Anwalt einen Hinweis darauf nahe legen, dass eine höhere als die gesetzliche Vergütung abgerechnet wird (Rn. 1578), sollte er stets darauf hinweisen, dass eine höhere als die gesetzliche Vergütung auch im Obsiegensfalle von dem Prozessgegner oder der Staatskasse nicht erstattet wird.

> **Muster: Hinweis auf fehlende Kostenerstattung**   1610
>
> Es wird darauf hingewiesen, dass die vereinbarte Vergütung, soweit sie die gesetzliche Vergütung übersteigt, auch im Falle des Obsiegens vom Gegner[24] nicht zu erstatten ist.

Der Hinweis auf die fehlende Kostenerstattung kann mit den Hinweis auf das Überschreiten der gesetzlichen Vergütung (s.o. Rn. 1591) verbunden werden.   1611

---

23 Zur Kostenerstattung s. Rn. 2255.
24 In Straf- und Bußgeldsachen von der Staatskasse.

L. Hinweis- und Belehrungspflichten des Anwalts

1612 **Muster: Kombinierter Hinweis auf Überschreiten der gesetzlichen Vergütung und fehlende Kostenerstattung**

Es wird darauf hingewiesen, dass die vereinbarte Vergütung die gesetzliche Vergütung übersteigt und der die gesetzliche Vergütung übersteigende Betrag auch im Falle des Obsiegens vom Gegner[25] nicht zu erstatten ist.

1613 Fehlt ein solcher Hinweis, muss der Anwalt damit rechnen, dass im Einzelfall aus den konkreten Umständen nach Treu und Glauben doch eine Obliegenheit zu seinen Lasten hergeleitet wird, die zur einer Schadensersatzpflicht führt, so dass der Auftraggeber dem Vergütungsanspruch des Anwalts die fehlende Kostenerstattung entgegenhalten kann. Dies hätte für den Anwalt die Konsequenz, dass er im Ergebnis doch wieder nur die gesetzliche Vergütung, nämlich soweit sie vom Gegner zu erstatten ist, verlangen kann.

1614 *Beispiel:*

Der Anwalt hatte mit seinem Auftraggeber eine Vergütungsvereinbarung getroffen, wonach der Auftraggeber 7.000,00 € zu zahlen hat. Die gesetzliche Vergütung beläuft sich auf 3.000,00 €. Der Auftraggeber gewinnt den Rechtsstreit. Die Kosten werden dem Beklagten auferlegt.

Soweit man hier eine Aufklärungspflicht hinsichtlich der fehlenden Kostenerstattung annimmt, könnte der Anwalt lediglich 3.000,00 € vom Mandanten verlangen. Im Übrigen könnte der Auftraggeber der Vergütungsforderung des Anwalts einen Schadensersatzanspruch wegen des fehlenden Hinweises auf die Kostenerstattung entgegensetzen.

1615 Soweit die Kosten des Verfahrens anteilig verteilt sind, würde sich der Schadensersatzanspruch auf den Betrag belaufen, der sich bei fiktiver Ausgleichung an Mehrerstattung ergeben würde. Hierbei wird man dann aber wohl auch bei dem Gegner eine entsprechend hohe Vergütung zugrunde legen müssen.[26]

---

25 In Straf- und Bußgeldsachen von der Staatskasse.
26 Gedanke des § 12a Abs. 2 Satz 1 ArbGG.

VI. Hinweis auf fehlende Erstattungsfähigkeit

Beispiel: 1616

Wie Beispiel Rn. 1614; jedoch trägt die Kosten des Rechtsstreits der Beklagte zu 60 %, der Kläger zu 40 %.

Lässt man die Gerichtskosten außer Ansatz, muss der Beklagte von den Gesamtkosten (6.000,00 €) 60 % tragen, also 3.600,00 €. Abzüglich der eigenen Kosten wären dann 600,00 € zu erstatten.

Unzulässig wäre es jetzt, den fiktiven Kostenerstattungsanspruch des Klägers wie folgt zu berechnen:

Kosten Kläger	7.000,00 €
Kosten Beklagter	3.000,00 €
Gesamtkosten	10.000,00 €
hiervon 60 %	6.000,00 €
abzüglich eigener Kosten des Beklagten	– 3.000,00 €
Rest, also erwartete Kostenerstattung	3.000,00 €
Danach **könnte** er die Zahlung eines Teilbetrages i.H.v.	
erwartete Kostenerstattung	3.000,00 €
tatsächliche Kostenerstattung	– 600,00 €
Vertrauensschaden	**2.400,00, €**
verweigern, müsste also nur	
vereinbarte Vergütung	7.000,00 €
Schadensersatzanspruch	– 2.400,00 €
Gesamt	**4.600,00 €**

verlangen.

Vielmehr muss auf der Basis gerechnet werden, dass bei dem Beklagten dieselben Kosten angefallen wären wie beim Kläger. Wenn der Mandant davon ausging, dass seine Kosten i.H.v. 7.000,00 € zu erstatten seien, dann muss er selbstverständlich davon ausgehen, dass dies auch für den Gegner gelte.[27]

Auszugehen ist daher von einem fiktiven Gesamtaufkommen von

---

27 Gedanke des § 12a Abs. 2 Satz 1 ArbGG.

Kosten Kläger	*7.000,00 €*
Kosten Beklagter	*7.000,00 €*
Gesamtkosten	*14.000,00 €*
Hiervon hätte der Beklagte dann 60 %, also	*8.400,00 €*
tragen müssen. Abzüglich seiner eigenen fiktiven	*− 7.000,00 €*
verbliebe noch ein Betrag i.H.v.	*1.200,00 €*
mit dessen Kostenerstattung der Auftraggeber hätte rechnen können.	
Da aber bereits	*− 600,00 €*
erstattet werden, läge der Schaden des Mandanten bei einer Kostenquote 60 : 40 lediglich bei	*600,00 €*
so dass der Anwalt verlangen könnte:	
vereinbarte Vergütung	*7.000,00 €*
Schadensersatzanspruch	*−600,00 €*
Gesamt	**6.400,00 €**

M. Verfahren bei Bestimmung der Höhe der Vergütung durch den Vorstand der Rechtsanwaltskammer

I. Überblick

Nach § 4 Abs. 3 Satz 1 RVG kann es in einer Vergütungsvereinbarung dem **Vorstand der Rechtsanwaltskammer** überlassen werden, die vom Auftraggeber zu zahlende Vergütung nach billigem Ermessen festzusetzen.

1617

In der Praxis hat diese Form der Vergütungsvereinbarung **keine Bedeutung**. Zum einen will sich der Anwalt hinsichtlich der für ihn bedeutsamen Frage der Vergütung nicht in die Hände anderer begeben; zum anderen will er seinen Kollegen vom Kammervorstand nur ungern einen Einblick in seine Mandatsführung gewähren.

1618

Ist eine solche Vereinbarung getroffen, so ist es **nach § 73 BRAO Aufgabe des Vorstands der Rechtsanwaltskammer**, die Vergütung zu bestimmen. Auch wenn der Fall des § 4 Abs. 3 RVG in § 73 Abs. 2 BRAO nicht aufgelistet ist, ist dies unerheblich, da es sich insoweit nicht um eine abschließende Aufgabenzuweisung handelt.[1] Insbesondere die Vergütungsbestimmung nach § 4 Abs. 3 RVG zählt zu den sonstigen, nicht genannten Aufgaben des Vorstands der Rechtsanwaltskammer.

1619

Wie es sich aus dem Wortlaut des § 4 Abs. 3 Satz 1 RVG ausdrücklich ergibt, kann die Vereinbarung nur in das Ermessen des **Vorstands der Rechtsanwaltskammer** gestellt werden. Treffen die Parteien eine Vereinbarung, wonach „die Rechtsanwaltskammer" die Höhe der Vergütung nach billigem Ermessen festsetzen soll, dürfte dies allerdings unschädlich sein, da sich dann aus der Auslegung ergibt, dass hiermit nur der Vorstand gemeint sein kann.

1620

II. Zuständige Rechtsanwaltskammer

Obwohl es nicht ausdrücklich gesetzlich geregelt ist, ergibt sich aus dem Zusammenhang, dass nur die zuständige Rechtsanwaltskammer mit der Bestimmung der Vergütung beauftragt werden kann. Wird eine

1621

---

1   Feuerich/Weyland, § 73 Rn. 3.

unzuständige Rechtsanwaltskammer beauftragt, ist die Vereinbarung unwirksam. Die Bestimmung der Vergütung kann nämlich nicht in das Ermessen eines Dritten gestellt werden (s. Rn. 1049). Der Vorstand einer nicht zuständigen Rechtsanwaltskammer wäre aber Dritter i.S.d. Vorschrift.

1622 Unmittelbar gesetzlich geregelt ist nicht, welche Rechtsanwaltskammer zuständig ist. Dies ergibt sich letztlich aber aus dem Zusammenhang sowie aus § 73 BRAO. Wie sich aus der dortigen Aufstellung ergibt sowie aus der Stellung der Rechtsanwaltskammer als solcher, ist diese nur für ihre Mitglieder zuständig, nicht für Mitglieder anderer Rechtsanwaltskammern. Daher gilt für die vergleichbare Rechtslage bei § 14 Abs. 2 RVG nach – soweit ersichtlich – einhelliger Auffassung, dass für die Erstellung des Gebührengutachtens ausschließlich der Vorstand derjenigen Rechtsanwaltskammer zuständig ist, zu dessen Bezirk der Anwalt zum Zeitpunkt der Abrechnung gehörte.[2]

1623 Allein dieses Verständnis ist auch im Rahmen des § 4 Abs. 3 Satz 1 RVG sinnvoll. Bei der Bestimmung der nach billigem Ermessen festzusetzenden Vergütung kann es durchaus darauf ankommen, welche Vergütungsvereinbarungen im jeweiligen Bezirk ortsüblich sind. Darüber hinaus kann es für die Bestimmung nach billigem Ermessen auf die durchschnittlichen Einkommensverhältnisse und Lebenshaltungskosten im jeweiligen Bezirk ankommen. Ferner kann die Bedeutung der Sache regional unterschiedlich zu beurteilen sein, so dass die Kammer, in dessen Bezirk der Anwalt seinen Sitz hat, am besten in der Lage ist, die Vergütung nach billigem Ermessen zu bestimmen.

1624 Wechselt der Anwalt die Rechtsanwaltskammer nachträglich, bleibt diejenige Kammer zuständig, der der Anwalt zum Zeitpunkt der Ausführung des Mandats angehörte.[3]

---

2   Feuerich/Weyland, § 73 Rn. 55; AnwK-RVG/N. Schneider, § 14 Rn. 116; N. Schneider, MDR 2002, 1295.
3   Feuerich/Weyland, § 73 Rn. 55.

Wechselt der Anwalt während der Ausführung des Mandats die Rechtsanwaltskammer, so dürfte auf den Zeitpunkt der Fälligkeit abzustellen sein. 1625

Hat der Vorstand in Übereinstimmung mit der Geschäftsordnung der Rechtsanwaltskammer mehrere Abteilungen (§ 77 BRAO) gebildet, dann tritt das Gutachten der **zuständigen Abteilung** an die Stelle eines Gutachtens des Gesamtvorstandes.[4] 1626

III. Verfahren

Ein besonderes Verfahren ist gesetzlich nicht geregelt. Im Gegensatz zum Fall des § 14 Abs. 2 RVG oder § 4 Abs. 2 Satz 1 RVG wird die Rechtsanwaltskammer nicht vom Gericht ersucht. Vielmehr ist es Sache der Parteien, bei der Kammer um die Bestimmung der Vergütung nachzusuchen (s. hierzu auch das Muster in Rn. 1655). 1627

Zweckmäßig ist es, den Vorstand dann mit den **notwendigen Unterlagen** zu versorgen, i.d.R. durch Überlassung der Handakten. 1628

Ein Verstoß gegen die **Verschwiegenheitspflicht** liegt darin nicht, da der Kammervorstand ebenfalls zur Verschwiegenheit verpflichtet ist und in der Vereinbarung, die Festsetzung der Vergütung dem Vorstand der Rechtsanwaltskammer zu überlassen, das Einverständnis des Auftraggebers liegen dürfte, die Handakten weiterzureichen. 1629

Der Vorstand der Rechtsanwaltskammer trifft dann die Bestimmung nach billigem Ermessen durch Erklärung gegenüber einer der Parteien (§ 318 Abs. 1 BGB). 1630

Zuvor wird er beiden Parteien Gelegenheit zur Stellungnahme geben. 1631

Soweit die Parteien keine Vorgaben in ihrer Vereinbarung getroffen haben, ist die Kammer in ihrer Bestimmung frei. Zweckmäßig dürfte es sein, sich an den Kriterien des § 14 Abs. 1 RVG zu orientieren. 1632

Abweichend können die Parteien dem Vorstand der Rechtsanwaltskammer aber auch Bemessungskriterien vorgeben, die im Rahmen des bil- 1633

---

4 LG Karlsruhe, AnwBl. 1983, 178; Feuerich/Weyland, a.a.O.

ligen Ermessens dann zu berücksichtigen sind. So können die Parteien durchaus vereinbaren, dass sich die Höhe der Vergütung insbesondere am Zeitaufwand orientieren soll.

1634 Soweit die Parteien nicht die gesamte Vergütung in das billige Ermessen des Vorstands der Rechtsanwaltskammer gestellt haben, sondern Berechnungsgrundlagen vorgegeben haben, ist die Kammer daran gebunden.

1635 *Beispiel:*

Die Parteien haben vereinbart, dass nach Stundeneinheiten abzurechnen ist und lediglich die Höhe des Stundensatzes in das billige Ermessen des Vorstands der Rechtsanwaltskammer gestellt.

In diesem Fall hat der Vorstand der Rechtsanwaltskammer nur den Stundensatz festzulegen. Im Übrigen hat er keine Bestimmungen zu treffen.

IV. Verbindlichkeit der Bestimmung

1636 Da es sich bei der Bestimmung durch den Vorstand der Rechtsanwaltskammer nach § 4 Abs. 3 Satz 1 RVG um die **Bestimmung der Leistung durch einen Dritten i.S.d. §§ 317 ff. BGB** handelt, ist die Verbindlichkeit dieser Bestimmung nach den §§ 318, 319 BGB gegeben.

1637 Eine **Anfechtung** nach § 318 Abs. 2 BGB durch die Vertragsparteien dürfte in der Praxis wohl kaum vorkommen.

1638 Die getroffene Bestimmung ist für die Vertragsparteien grds. **verbindlich**. Sie ist ausnahmsweise unverbindlich, wenn sie **offenbar unbillig** ist (§ 319 Abs. 1 Satz 1 BGB).

1639 Die offenbare Unbilligkeit ist im Vergütungsrechtsstreit geltend zu machen. Eine isolierte Überprüfung der Bestimmung des Vorstands der Rechtsanwaltskammer ist nicht möglich:

- Ist der Anwalt der Auffassung, dass die Bestimmung des Vorstands der Rechtsanwaltskammer **zu niedrig** sei, muss er den nach seiner Auffassung angemessenen höheren Betrag einklagen und sich inzidenter auf die Unbilligkeit der durch die Rechtsanwaltskammer getroffenen Bestimmung berufen.

- Ist der Auftraggeber der Auffassung, die von dem Vorstand der Rechtsanwaltskammer getroffene Bestimmung sei **zu hoch**, muss er es auf einen Vergütungsrechtsstreit ankommen lassen und sich dort entsprechend verteidigen.

In beiden Fällen trifft dann das Gericht eine Entscheidung **durch Urteil**, § 319 Abs. 1 Satz 2 1. Hs. BGB.   1640

Gleiches gilt, wenn sich der Vorstand der Rechtsanwaltskammer weigern würde, die Bestimmung zu treffen oder er die Bestimmung verzögert (§ 319 Abs. 1 Satz 2 2. Hs. BGB).   1641

Wird im Vergütungsprozess die Unbilligkeit der Bestimmung geltend gemacht, bedarf es der **Einholung eines Gutachtens des Vorstands der Rechtsanwaltskammer** nicht. Dies gilt auch dann, wenn das Gericht der Auffassung sein sollte, die vom Vorstand der Rechtsanwaltskammer festgesetzte Vergütung sei unter Berücksichtigung aller Umstände unangemessen hoch (§ 4 Abs. 4 Satz 1 RVG). Die Einholung eines Gutachtens des Vorstands der Rechtsanwaltskammer ist in diesem Fall nach § 4 Abs. 4, Abs. 1 Satz 2 2. Hs. RVG nicht erforderlich und würde auch keinen Sinn machen, da das Gutachten von demjenigen abzugeben wäre, der die Bestimmung selbst getroffen hat.   1642

V. Durchsetzung

Die Bestimmungen der Vergütungshöhe durch den Vorstand der Rechtsanwaltskammer schafft **keinen Vollstreckungstitel**, sondern füllt nur die bis dahin unbestimmte Vergütungsvereinbarung aus.   1643

Zahlt der Auftraggeber also nach Zugang der Bestimmung (§ 318 Abs. 1 BGB) und ordnungsgemäßer Berechnung (§ 10 RVG) nicht, bleibt nur die Möglichkeit, die Forderung **gerichtlich geltend** zu machen, etwa durch Mahnbescheid oder Klageerhebung.   1644

Eine **Vergütungsfestsetzung** nach § 11 RVG scheidet aus (s.o. Rn. 2381). Im Gegensatz zur Bestimmung einer Pauschvergütung in den Fällen der §§ 49, 51 RVG kommt hier eine Vergütungsfestsetzung nicht in Betracht.   1645

VI. Kosten

1646 Die Bestimmung der Höhe der Vergütung durch den Vorstand der Rechtsanwaltskammer ist gebührenfrei. Eine Rechtsgrundlage, die die Erhebung einer Gebühr oder von Auslagen möglich macht, existiert nicht. Die Bestimmung der Höhe der vereinbarten Vergütung zählt vielmehr zu den satzungsmäßigen Aufgaben einer Rechtsanwaltskammer.

VII. Muster

1647 Eine besondere Form für das Ersuchen an den Vorstand der Rechtsanwaltskammer ist nicht erforderlich. Dem Vorstand der Rechtsanwaltskammer sollte allerdings alles mitgeteilt oder zugänglich gemacht werden, was für dessen Festsetzung von Bedeutung sein kann. Der Anwalt kann nicht erwarten, dass der Vorstand der Rechtsanwaltskammer von sich aus größere Ermittlungen anstellt.

1648 Zu beachten ist, dass das Ersuchen an die zuständige Rechtsanwaltskammer gerichtet wird (s.o. Rn. 1621).

1649 Das Gesuch sollte eine kurze Bezeichnung der Sache enthalten, damit sogleich zu ersehen ist, ob es sich um eine Strafsache, eine Zivil- oder Verwaltungsrechtssache o.Ä. handelt.

1650 Eine Schilderung des Sachverhaltes und des Mandatsverlaufs ist angebracht, wenn auch nicht zwingend geboten.

1651 Auf jeden Fall sollten die gewechselten Schriftsätze etc. zumindest in Kopie beigefügt werden. Zweckmäßig ist es insoweit u.U., dem Kammervorstand die Handakten nebst Beiakten zur Verfügung zu stellen, damit dieser sich ein vollständiges Bild des Mandatsablaufs machen kann.

1652 Hinweise auf die persönlichen und wirtschaftlichen Verhältnisse des Auftraggebers sind geboten, da auch diese entsprechend § 14 Abs. 1 RVG von Belang sein können.

1653 Des Weiteren sollte ggf. zur besonderen Bedeutung der Sache vorgetragen werden.

Um den Mandanten zugleich zu unterrichten, sollte dieser eine Kopie des Schreibens erhalten. Dazu ist der Anwalt ohnehin verpflichtet (§ 11 Abs. 1 BORA).

Muster: Anschreiben an den Vorstand der Rechtsanwaltskammer

Rechtsanwaltskammer ...

– zu Händen des Vorstands –

...

......

Ersuchen um Festsetzung einer vereinbarten Vergütung gemäß § 4 Abs. 3 Satz 1 RVG

Sehr geehrte Damen und Herren Kollegen,

ich habe

Herrn ... *(vollständige Anschrift)*

in ... *(kurze Bezeichnung der Sache)* ... vertreten.

Zugrunde lag die in Kopie als Anlage beigefügte Vergütungsvereinbarung, in der wir gemäß § 4 Abs. 3 Satz 1 RVG die Festsetzung der Vergütung dem Vorstand der Rechtsanwaltskammer ... übertragen haben.

Nachdem die Sache abgeschlossen ist, bitte ich, die angemessene Vergütung festzusetzen.

Als Anlage füge ich eine chronologische Zusammenfassung des Mandatsablaufs bei, in der sich die Angaben des Mandanten zu seinen persönlichen und wirtschaftlichen Verhältnissen befinden.

Zu beachten ist, dass die Angelegenheit für den Mandanten eine besondere Bedeutung hatte ... *(weitere Ausführungen)* ...

Des Weiteren übersende ich ebenfalls als Anlage meine Handakten.

Eine Kopie dieses Schreibens habe ich meinem Mandanten zur Kenntnisnahme übersandt.

Mit freundlichen kollegialen Grüßen

....

Rechtsanwalt

Anlagen:

– Vergütungsvereinbarung

– chronologische Aufstellung des Mandatsablaufs

– Handakten

N. Herabsetzung einer unangemessen hohen Vergütung

I. Überblick

Nach § 4 Abs. 4 Satz 1 RVG kann eine **vereinbarte oder eine von dem Vorstand der Rechtsanwaltskammer festgesetzte Vergütung** herabgesetzt werden. 1656

Voraussetzung ist, dass die vereinbarte oder vom Vorstand der Rechtsanwaltskammer festgesetzte Vergütung unter Berücksichtigung aller Umstände **unangemessen hoch** ist. 1657

Die Herabsetzung ist dann auf den angemessenen Betrag **bis zur Höhe der gesetzlichen Vergütung** möglich. 1658

Das Recht, Herabsetzung nach § 4 Abs. 4 Satz 1 RVG zu verlangen, besteht unabhängig davon, ob es sich um eine **formularmäßig vereinbarte Vergütung** oder um eine **Individualvereinbarung** handelt.[1] 1659

Ist die vereinbarte oder vom Vorstand der Rechtsanwaltskammer festgesetzte Vergütung unangemessen hoch, so führt dies nicht wie bei einer Nichtigkeit oder einer formunwirksamen Vereinbarung nach § 4 Abs. 1 Satz 2 oder Satz 3 oder Abs. 5 Satz 1 RVG dazu, dass nur die gesetzliche Vergütung geschuldet ist. Vielmehr **bleibt die vereinbarte Vergütung geschuldet**. Sie wird lediglich auf ein **angemessenes Maß** herabgesetzt. 1660

Dabei kann das angemessene Maß im Einzelfall auch mit der gesetzlichen Vergütung identisch sein, nämlich dann, wenn jedes Überschreiten der gesetzlichen Vergütung bereits unangemessen hoch wäre. 1661

Nach dem Wortlaut des Gesetzes erfolgt die Herabsetzung im Rechtsstreit **durch das Gericht**. Vor der Herabsetzung ist das Gutachten des Vorstands der Rechtsanwaltskammer einzuholen (§ 4 Abs. 4 Satz 2 1. Hs. RVG), es sei denn, der Vorstand der Rechtsanwaltskammer selbst hat die Vergütung festgesetzt (§ 4 Abs. 4 Satz 2 2. Hs. RVG). 1662

---

1 Krämer/Mauer/Kilian, Rn. 727.

N. Herabsetzung einer unangemessen hohen Vergütung

1663 Unbeschadet des § 4 Abs. 4 Satz 1 RVG ist die Herabsetzung selbstverständlich auch durch **Parteivereinbarung** möglich. Dies folgt aus dem Grundsatz der Vertragsfreiheit.

1664 Da abgesehen von einer einvernehmlichen Herabsetzung der Vergütung durch die Parteien die Herabsetzung nur durch das Gericht im Rechtsstreit in Betracht kommt, muss die Vergütung also **entstanden und fällig** sein. Sie muss dagegen noch nicht nach § 10 Abs. 1 RVG abgerechnet sein.

1665 Eine **Verjährung der Vergütungsforderung** steht ihrer Herabsetzung ebenfalls nicht entgegen.

1666 Eine Herabsetzung von **Vorschüssen** ist nicht vorgesehen.

1667 **Praxistipp:**

Möglich ist die Herabsetzung der vereinbarten Vergütung auch dann noch, wenn die Vergütung bereits gezahlt ist.

1668 Sie führt dann nicht nur zu einer Verringerung der Vergütungsschuld, da diese aufgrund der Erfüllung nicht mehr besteht (§ 362 BGB), sondern zu einem **bereicherungsrechtlichen Rückgewähranspruch** (s. Rn. 2066).

1669 Selbst eine freiwillige und vorbehaltlose Zahlung kann eine unangemessen hohe Vergütung nicht heilen. Ein Rückforderungsausschluss wie in § 4 Abs. 1 Satz 3 oder Abs. 5 Satz 2 RVG ist nicht vorgesehen.

1670 Das Verlangen auf Herabsetzung einer unangemessen hohen Vergütung kann analog § 814 BGB allerdings **treuwidrig** sein, wenn der Auftraggeber weiß, dass er eine unangemessen hohe Vergütung bezahlt hat und er auch weiß, dass er eine Herabsetzung dieser unangemessen hohen Vergütung beantragen könnte. Zahlt er in Kenntnis dessen freiwillig und vorbehaltlos, dürfte damit eine spätere Berufung auf die unangemessene Höhe der Vergütung treuwidrig sein (venire contra factum proprium).

II. Vereinbarung der Parteien

Ist die vereinbarte Vergütung oder die vom Vorstand der Rechtsanwaltskammer festgesetzte Vergütung unangemessen hoch oder geht eine der Vertragsparteien davon aus, so können die Vertragsparteien selbstverständlich ohne Anrufung des Gerichts eine Herabsetzung jederzeit – auch vor Fälligkeit oder Abrechnung – vornehmen. Dies folgt aus dem Grundsatz der Vertragsfreiheit. Ebenso wie die Parteien eine Vergütungsvereinbarung treffen können, können sie diese jederzeit abändern.   1671

Die Herabsetzung einer Vergütung auf das nach Ansicht der Parteien „angemessene Maß" bedarf nicht der Form des § 4 Abs. 1 Satz 1 oder Satz 2 RVG. Zwar liegt darin immer noch die Vereinbarung einer höheren als der gesetzlichen Vergütung. Die Vereinbarung der höheren Vergütung ist jedoch bereits wirksam getroffen, wenn auch in unangemessener Höhe. Die weitere Vereinbarung bewirkt nur die Reduzierung einer an sich wirksamen Vereinbarung, so dass der Auftraggeber des Schutzes nach § 4 Abs. 1 Satz 1 oder 2 RVG nicht bedarf.   1672

Voraussetzung ist selbstverständlich, dass die Vergütungsvereinbarung **im Übrigen wirksam** ist. Hatten die Parteien bis zur Herabsetzung der Vergütung lediglich eine unwirksame oder formunwirksame Vereinbarung geschlossen, dann kann in der Herabsetzungsvereinbarung ggf. eine Bestätigung oder ein Neuabschluss einer Vergütungsvereinbarung gesehen werden. Soweit die Herabsetzungsvereinbarung selbst wirksam ist, und auch die Form des § 4 Abs. 1 Satz 1 und Satz 2 RVG beachtet und kein Verstoß gegen § 4 Abs. 5 Satz 1 RVG vorliegt, wäre damit eine verbindliche Vereinbarung geschaffen.   1673

III. Herabsetzung im Rechtsstreit

1. Überblick

Einigen die Parteien sich nicht über eine Herabsetzung der vereinbarten oder vom Vorstand der Rechtsanwaltskammer festgesetzten Vergütung, so kann die Vergütung im Rechtsstreit durch das Gericht herabgesetzt werden.   1674

2. Mögliche Rechtsstreite

1675 Welcherart der Rechtsstreit ist, in dem die Vergütung herabgesetzt wird, ist unerheblich.

1676 So ist eine Herabsetzung insbesondere auf eine **Zahlungsklage des Anwalts** hin möglich, wenn der Anwalt aufgrund der Vergütungsvereinbarung ggf. i.V.m. der Festsetzung durch den Vorstand der Rechtsanwaltskammer seine vermeintliche Vergütung einklagt. Der Auftraggeber kann sich dann damit verteidigen, die vereinbarte oder festgesetzte Höhe sei unangemessen. Das Gericht kann dann herabsetzen, wobei das Gericht ggf. auch von Amts wegen die Möglichkeit einer Herabsetzung prüfen muss.[2]

1677 Die Herabsetzung ist darüber hinaus auch **selbständig einklagbar**. Ist der Auftraggeber der Auffassung, die vereinbarte oder festgesetzte Vergütung sei unangemessen hoch, so kann er isoliert auf Herabsetzung klagen. Es handelt sich dann um eine Gestaltungsklage.

1678 Möglich ist auch eine **Zahlungsklage des Auftraggebers**.[3] Soweit er gezahlt hat und der Auffassung ist, die Vergütung sei unangemessen hoch, kann er sogleich auf Rückzahlung klagen und seinen Rückzahlungsanspruch damit begründen, dass die Vergütung nach § 4 Abs. 4 Satz 1 RVG herabzusetzen sei.

1679 Darüber hinaus ist die Herabsetzung in jedem **sonstigen Rechtsstreit** möglich, in dem sich die Parteien über die vereinbarte Vergütung streiten, etwa dann, wenn der Anwalt seinen Vergütungsanspruch **aufrechnungsweise** in das Verfahren einbringt oder der Auftraggeber aufrechnungsweise seinen vermeintlichen Rückzahlungsanspruch geltend macht.

1680 Möglich ist auch, die Herabsetzung nur **hilfsweise** geltend zu machen, wenn der Auftraggeber der Auffassung ist, die Vergütungsvereinbarung sei nichtig oder unverbindlich und er damit in erster Linie eine negative

---

2 BGH, AGS 2005, 378 m. Anm. Madert, Henke und N. Schneider = AnwBl. 2005, 582 m. Anm. Henke.
3 Krämer/Mauer/Kilian, Rn. 728.

Feststellungsklage erhebt und er erst in zweiter Linie die Herabsetzung begehrt. Folgt das Gericht dann nicht der Auffassung des Auftraggebers, dass die Vergütungsvereinbarung insgesamt unwirksam oder unverbindlich sei, so muss es sich anschließend mit der Möglichkeit der Herabsetzung befassen.

3. Verfahren

Mit der Frage, ob die Vergütung unangemessen hoch und daher herabzusetzen ist, muss sich das Gericht **von Amts wegen** befassen.[4] Ein Antrag des Auftraggebers ist nicht erforderlich. 1681

Im Gegensatz zu § 14 Abs. 2 RVG ist es hier auch nicht erforderlich, dass Streit über die Höhe der Vergütung besteht, was aber wohl immer der Fall sein wird. 1682

Andererseits ist das Gericht nicht verpflichtet und auch nicht befugt, hier Amtsermittlung zu betreiben. Der Tatsachenvortrag bleibt nach wie vor alleinige Sache der Parteien. Ergibt sich aber aus dem Tatsachenvortrag, dass hier die Vergütung unangemessen hoch sein kann, muss das Gericht der Frage der Herabsetzung nachgehen. 1683

Unterlässt das Gericht dies, kann darin ein Verfahrensfehler liegen, der auf ein Rechtsmittel hin zur Aufhebung und Zurückverweisung führt.[5] 1684

4. Darlegungs- und Beweislast

Die Darlegungs- und Beweislast verteilt der BGH[6] dabei wie folgt: 1685

- Solange keine Vermutung dafür spricht, dass die vereinbarte oder vom Vorstand der Rechtsanwaltskammer festgesetzte Vergütung unangemessen hoch ist, ist es Sache des Auftraggebers vorzutragen, dass in diesem Einzelfall dennoch eine unangemessen hohe Ver-

---

4 BGH, AGS 2005, 378 m. Anm. Madert, Henke u. N. Schneider = AnwBl. 2005, 582 m. Anm. Henke = BGHReport 2005.
5 BGH, AGS 2005, 378 m. Anm. Madert, Henke u. N. Schneider = AnwBl. 2005, 582 m. Anm. Henke = BGHReport 2005, 1151.
6 BGH, a.a.O., m. Anm. Madert, Henke u. N. Schneider.

gütung geltend gemacht wird. Ihn trifft insoweit die Darlegungs- und Beweislast.

- Spricht dagegen eine Vermutung dafür, dass die vereinbarte Vergütung unangemessen hoch ist, so ist es Sache des Anwalts darzulegen und ggf. zu beweisen, dass hier ungewöhnliche Umstände vorliegen, wonach die Vermutung entkräftet wird und doch von einer angemessenen Vergütung auszugehen ist.

5. Gutachten des Vorstands der Rechtsanwaltskammer

a) Zwischen den Parteien vereinbarte Vergütung

aa) Erforderlichkeit eines Gutachtens

1686 Vor einer möglichen Herabsetzung einer zwischen den Parteien vereinbarten Vergütung hat das Gericht ein Gutachten des Vorstands der zuständigen Rechtsanwaltskammer einzuholen (§ 4 Abs. 4 Satz 2 1. Hs. RVG).

1687 Dies gilt sowohl für die **erste Instanz** als auch für die **Berufungsinstanz**. Die Einholung eines Gutachtens in der **Revisionsinstanz** wird dagegen nicht in Betracht kommen. Auch das Berufungsgericht braucht kein Gutachten einzuholen, wenn dies schon erstinstanzlich geschehen ist.

1688 Der Einholung des Gutachtens bedarf es dagegen nicht, wenn das Gericht **nicht herabsetzen** will. Um über die Frage zu entscheiden, ob es herabsetzen will oder nicht, braucht es nicht zuvor ein Gutachten einzuholen.[7]

1689 Ebenso wenig bedarf es eines Gutachtens, wenn das Gericht die Klage aus anderen Gründen abweisen will, etwa die Klage des Anwalts wegen Nichtigkeit des Anwaltsvertrages oder wegen Unwirksamkeit oder Unverbindlichkeit der Vergütungsvereinbarung.[8]

---

[7] OLG Köln, AGS 1998, 66 = JMBlNW 1998, 33 = OLGR Köln 1998, 19 = VersR 1998, 520 = JurBüro 1998, 257 = NJW 1998, 1960 = ZAP, EN-Nr. 495/98 = FamRZ 1998, 1030 = JP 1998, 139 = zfs 1999, 177; VGH München, Beschl. v. 20.11.2000, zitiert nach Juris Nr. KVRE 315670303.

[8] Krämer/Mauer/Kilian, Rn. 727.

Das Gutachten ist **kostenlos** zu erstatten (§ 4 Abs. 1 Satz 3 RVG). Es stellt keine Beweisaufnahme dar. 1690

bb) Zuständigkeit

Die Zuständigkeit der Rechtsanwaltskammer ergibt sich nach § 73 BRAO wie folgt: 1691

- Zuständig ist **grds.** diejenige Rechtsanwaltskammer, der der Rechtsanwalt **angehört**, nicht etwa die Rechtsanwaltskammer, zu deren Bezirk das erkennende Gericht gehört, obwohl dies i.d.R. zusammentreffen wird.

- Hat zwischenzeitlich der Anwalt infolge der Verlegung seines Kanzleisitzes die **Rechtsanwaltskammer gewechselt**, so ist diejenige Rechtsanwaltskammer zuständig, der der Anwalt bei **Ausführung des Mandats angehörte**.

- Hat der Anwalt **während des laufenden Mandats** die Rechtsanwaltskammer **gewechselt**, ist diejenige Rechtsanwaltskammer zuständig, der der Anwalt bei Fälligkeit der Vergütung angehörte.

Hat der Vorstand in Übereinstimmung mit der Geschäftsordnung der Kammer mehrere Abteilungen gebildet, dann tritt das Gutachten der **zuständigen Abteilung** an die Stelle eines Gutachtens des Gesamtvorstandes.[9] 1692

cc) Keine Bindung des erkennenden Gerichts

Ebenso wie im Falle des § 14 Abs. 2 RVG ist das Gericht an das Gutachten des Vorstandes der Rechtsanwaltskammer **nicht gebunden**;[10] es darf lediglich nicht ohne Einholung eines solchen Gutachtens von dem vereinbarten Honorar abweichen. 1693

Das Gutachten des Vorstands der Rechtsanwaltskammer ist **kein Beweismittel**, sondern lediglich eine **zusätzliche Erkenntnisquelle**. Durch diese Vorschrift soll die Beteiligung der berufsrechtlichen Vertre- 1694

---

9   LG Karlsruhe, AnwBl. 1983, 178.
10 LG Karlsruhe, a.a.O.

tung des Anwalts gesichert werden. Eine Entscheidungskompetenz des Vorstands der Rechtsanwaltskammer kommt nicht in Betracht.

1695 Daher kann das Gericht durchaus anderer Auffassung sein als der Vorstand der Rechtsanwaltskammer und herabsetzen, selbst wenn der Vorstand der Rechtsanwaltskammer die Vergütung für angemessen hält. Umgekehrt kann das Gericht eine Herabsetzung ablehnen, selbst wenn Vorstand der Rechtsanwaltskammer die Vergütung für unangemessen hoch hält.

1696 Das Gericht sollte dann seine Abweichung auch ausführlich begründen. Folgt das Gericht der Auffassung der Rechtsanwaltskammer, dürfte eine Bezugnahme darauf ausreichend sein.

dd) Verfahren

1697 Ergibt sich danach die Notwendigkeit eines Gutachtens, so hat das Gericht die Akten der Rechtsanwaltskammer mit der Bitte um die Erstellung eines Gutachtens zuzuleiten.

1698 Da es sich nicht um ein Sachverständigengutachten i.S.d. §§ 404 ff. ZPO handelt,[11] sind die Vorschriften der ZPO über die Beweiserhebung durch Sachverständigengutachten nicht entsprechend anzuwenden. Wohl können die Parteien den Gutachter wegen der Besorgnis der **Befangenheit** ablehnen.[12]

1699 Bei der Erstellung des Gutachtens hat sich der Vorstand der Anwaltskammer auf die Frage der Gebührenhöhe zu beschränken. Es ist nicht Aufgabe des Vorstands der Rechtsanwaltskammer, die Klage auf ihre **Schlüssigkeit** hin zu überprüfen oder sonstige Gebührenfragen, etwa nach der Formwirksamkeit oder der Reichweite der Vereinbarung zu beantworten. Auch mit **Streitwertfragen** hat sich der Vorstand der Rechtsanwaltskammer nicht zu befassen.

1700 Es ist ebenso wenig Sache des Vorstands der Rechtsanwaltskammer, den Sachvortrag aufzuhellen. Lässt sich anhand der vorgetragenen Tatsa-

---

11 Hansens, ZAP, F. 24, S. 499; a.A. Hartmann, § 14 RVG Rn. 32: amtliche Auskunft.
12 BGHZ 62, 94; Hansens, a.a.O.

chen die Frage der Gebührenhöhe nicht feststellen, so muss der Vorstand der Rechtsanwaltskammer die Sache dem Gericht zurückgeben, das dann die erforderlichen Tatsachen festzustellen hat, um dem Vorstand der Rechtsanwaltskammer eine Beurteilungsgrundlage an die Hand zu geben.

Ordnungsmittel gegenüber dem Vorstand der Rechtsanwaltskammer nach §§ 408, 409 ZPO sind nicht möglich.[13] 1701

Soweit das Gutachten des Vorstands der Rechtsanwaltskammer unvollständig ist, kann das Gericht **Ergänzungen** verlangen. 1702

Eine **Anhörung des Gutachters** in der mündlichen Verhandlung kann nicht verlangt werden, ist aber möglich.[14] 1703

ee) Rechtliches Gehör

Holt das Gericht ein Gutachten des Vorstandes der Rechtsanwaltskammer ein, dann hat es dies nach Eingang den Parteien zur **Kenntnis** zu geben und ihnen **Gelegenheit** einzuräumen, zu dem Gutachten **Stellung zu nehmen**. 1704

Macht ein Rechtsmittelgericht ein erstinstanzlich eingeholtes Gutachten zur Grundlage seiner Entscheidung, so stellt es jedoch dann keinen Verfassungsverstoß (Verletzung des rechtlichen Gehörs) dar, wenn die Partei nur erstinstanzlich Gelegenheit hatte, zu dem Gutachten Stellung zu nehmen.[15] 1705

ff) Verzicht auf die Einholung des Gutachtens

Ein Verzicht auf die Einholung des Gutachtens ist nicht möglich. Die Parteien können sich auch nicht darüber einigen, dass von einer unangemessen hohen Vergütung auszugehen ist. Sie können sich allenfalls über die Höhe der Vergütung einigen, so dass dann kein Gutachten mehr erforderlich ist. 1706

---

13 Hansens, a.a.O.; Gerold/Schmidt/Madert, BRAGO, § 12 Rn. 20.
14 OLG Celle, AnwBl. 1973, 144; NJW 1973, 203 = JurBüro 1972, 1090 = MDR 1973, 147; Hansens, a.a.O.
15 VGH München, Beschl. v. 20.11.2000, zitiert nach Juris Nr. KVRE 315670303.

N. Herabsetzung einer unangemessen hohen Vergütung

1707 Eines Gutachtens bedarf es allerdings dann nicht, wenn eine Partei **anerkennt**:

- Erkennt der Auftraggeber den Zahlungsanspruch an, so ist dem Gericht die Prüfung entzogen, ob die Vergütung unangemessen hoch war. Folglich bedarf es keines Gutachtens.
- Erkennt der Anwalt den Anspruch auf Herabsetzung oder auf Rückzahlung des überhöhten Betrages an, ist er zu verurteilen. Eines Gutachtens bedarf es auch hier nicht.

gg) Die Beurteilung des Gerichts

1708 Bei der Beurteilung des Gerichts, ob hier eine unangemessen hohe Vergütung vorliegt, die ggf. herabzusetzen ist, müssen sowohl diejenigen **Umstände** einbezogen werden, die **für den Abschluss der Vergütungsvereinbarung maßgebend** waren als auch die **Entwicklung des Mandats**, die die Parteien sich vorgestellt haben.

1709 Darüber hinaus ist die **tatsächliche Entwicklung** zu berücksichtigen, mag sie auch von den Vorstellungen der Parteien bei Vertragsabschluss abgewichen sein.[16] Berücksichtigt werden darf die Entwicklung des Mandats bis zum **Zeitpunkt der letzten mündlichen Verhandlung**.[17]

1710 Unerheblich ist insoweit die Sicht der Parteien zum Zeitpunkt des Vertragsabschlusses. Eine ursprünglich nicht als unangemessen hohe Vergütung kann sich im Nachhinein als unangemessen hoch erweisen, wenn das Mandat eine völlig andere Entwicklung genommen hat, als es die Parteien sich vorgestellt hatten. Auch der umgekehrte Fall wäre denkbar, dass eine Vereinbarung, die ausgehend von den Vorstellungen der Parteien unangemessen hoch war, infolge erheblicher Ausweitung des Umfangs und der Schwierigkeit im Nachhinein als angemessen anzusehen ist.

---

16 OLG Düsseldorf, OLGR 1996, 211, OLG München, NJW 1967, 1571; Krämer/Mauer/Kilian, Rn. 731.

17 OLG München, NJW 1967, 1571; Krämer/Mauer/Kilian, Rn. 637.

Daher braucht die Feststellung der unangemessenen Höhe auch **keinen subjektiven Vorwurf** zu enthalten. Es handelt sich um eine **rein objektive Feststellung**, die aufgrund der letztlich tatsächlich eingetretenen Ereignisse zu treffen ist.

1711

Bei der Frage, ob die Vergütung unangemessen hoch ist, wird das Gericht zunächst einmal auf die in § 14 Abs. 1 Satz 1 und Satz 2 RVG enthaltenen Kriterien, die für die Bestimmung von gesetzlichen Rahmengebühren gelten, zurückgreifen, also

1712

- **Umfang** der anwaltlichen Tätigkeit,
- **Schwierigkeit** der anwaltlichen Tätigkeit,
- **Bedeutung** der Angelegenheit,
- **Einkommensverhältnisse** des Auftraggebers,
- **Vermögensverhältnisse** des Auftraggebers,
- **besonderes Haftungsrisiko** des Rechtsanwalts.

Darüber hinaus wird das Gericht – auch wenn dies im Ansatzpunkt nicht zutreffend ist – einen Blick auf die **gesetzliche Vergütung** werfen, die gelten würde, wenn die Parteien keine Vergütungsvereinbarung abgeschlossen hätten. Die Gerichte orientieren sich leider häufig an den gesetzlichen Gebühren und gehen pauschal davon aus, dass ab einem Vielfachen[18] der Bereich der unangemessen hohen Vergütung beginne.

1713

Des Weiteren wird bei der Prüfung, ob die Vergütung unangemessen hoch ist, zu berücksichtigen sein:

1714

- **Reputation** des Anwalts,
- **Qualifikation** des Anwalts (Fachanwalt o.Ä.),
- **Gemeinkosten** des Anwalts.[19]

---

18 BGH, AGS 2005, 378 m. Anm. Madert, Henke u. N. Schneider = AnwBl. 2005, 582 m. Anm. Henke = BGHReport 2005, 1151, mehr als das Fünffache der gesetzlichen Vergütung.
19 Krämer/Mauer/Kilian, Rn. 732.

N. Herabsetzung einer unangemessen hohen Vergütung

1715 Auch der **Erfolg der anwaltlichen Bemühungen** darf bei der Angemessenheitsprüfung durchaus berücksichtigt werden.[20]

1716 Bei **Zeitvergütungen** wird darüber hinaus im Rahmen der Angemessenheit geprüft, ob die zugrunde zu legenden Zeit-Einheiten „**aufwandsangemessen**" waren.[21]

1717 Bei der Abwägung ist grds. Zurückhaltung geboten. Der Grundsatz „*pacta sunt servanda*" hat den Vorrang.[22] Nur dann, wenn es schlechthin unerträglich ist, den Auftrageber an der getroffenen Vergütungsvereinbarung festzuhalten, kommt eine Reduktion in Betracht.[23]

hh) Verstoß gegen die Verpflichtung, ein Gutachten einzuholen

1718 Unterlässt das Gericht die gebotene Einholung eines Gutachtens, kann darin ein Verfahrensfehler liegen, der auf ein Rechtsmittel hin zur Aufhebung und Zurückverweisung führt.[24]

1719 Im Übrigen kann auf die Rechtsprechung zu § 14 Abs. 2 RVG zurückgegriffen werden:

1720 Nach Ansicht eines Teils der Rechtsprechung[25] stellt die Nichteinholung des Gutachtens einen schweren **Verfahrensmangel** nach § 539 ZPO dar, aufgrund dessen der Rechtsstreit regelmäßig an die Vorinstanz **zurückzuverweisen** sei. Zwar könne das Berufungsgericht als Tatsacheninstanz das Gutachten selbst einholen und entscheiden. Dies sei jedoch regelmäßig nicht angezeigt, da den Parteien bei der Entscheidung durch das Berufungsgericht eine Tatsacheninstanz verloren gehe.[26] Diese Auffassung geht jedoch zu weit. Die Nichteinholung des Gutachtens

---

20 Krämer/Mauer/Kilian, a.a.O.
21 Krämer/Mauer/Kilian, a.a.O.
22 Krämer/Mauer/Kilian, Rn. 734.
23 OLG München, NJW 1967, 1571; LG Düsseldorf, JurBüro 1991, 530; Krämer/Mauer/Kilian, a.a.O.
24 BGH, AGS 2005, 378; m. Anm. Madert, Henke u. N. Schneider = AnwBl. 2005, 582 m. Anm. Henke = BGHReport 2005, 1154.
25 OLG Frankfurt, AnwBl. 1998, 484 = OLGR 1998, 268 = KostRsp. BRAGO § 12 Nr. 46 m. Anm. N. Schneider = MDR 1998, 800 = JurBüro 1998, 410; OLG Bamberg, OLGZ 1976, 351.
26 OLG Frankfurt, a.a.O.

ist sicherlich ein Verfahrensmangel.[27] Der Verlust einer Tatsacheninstanz ist jedoch einer der wenigen Gründe, der für sich allein eine Aufhebung und Zurückverweisung gerade nicht rechtfertigen kann.[28] Sofern nicht weitere Umstände hinzutreten, hat das Berufungsgericht daher selbst das Gutachten einzuholen und die Sache zu entscheiden.

Das BVerfG[29] ist sogar der Auffassung, dass die Nichteinholung eines Gutachtens des Vorstands der Rechtsanwaltskammer nicht nur eine eindeutige Gesetzesverletzung darstelle, sondern dass darin gleichzeitig eine Grundrechtsverletzung liege. Diese habe dann besonderes Gewicht, wenn sie auf einer groben Verkennung des durch ein Grundrecht gewährten Schutzes oder einem geradezu leichtfertigen Umgang mit grundrechtlich geschützten Positionen beruht oder rechtsstaatliche Grundsätze krass verletzt oder den Beschwerdeführer existenziell trifft. 1721

b) Vom Vorstand der Rechtsanwaltskammer festgesetzte Vergütung

Ist die Vergütung vom Vorstand der Rechtsanwaltskammer nach § 4 Abs. 3 Satz 1 RVG festgesetzt worden, bedarf es der Einholung eines Gutachtens des Vorstands der Rechtsanwaltskammer nicht (§ 4 Abs. 4 Satz 2 2. Hs. RVG). Dies wäre auch wenig sinnvoll, da dann derselbe Kammervorstand, der die Vergütung festgesetzt hat (bzw. sein Nachfolgevorstand), begutachten müsste, ob die Festsetzung unangemessen hoch war. 1722

6. Wirkung einer Herabsetzung

Hat das Gericht die vereinbarte Vergütung herabgesetzt oder haben sich die Parteien im Rechtsstreit über eine Herabsetzung geeinigt, so ist diese für die Vertragsparteien bindend. Die bisherige Vergütungsvereinbarung wird durch das Urteil bzw. die Einigung der Parteien **umgestal-** 1723

---

27 Hansens, ZAP, F. 24, S. 499.
28 BGH, NJW 1969, 1669.
29 BVerfG, AGS 2002, 148 m. Anm. Madert = NJW-RR 2002, 786 = KostRsp. BRAGO § 12 Nr. 56.

N. Herabsetzung einer unangemessen hohen Vergütung

tet. Die Vergütungsvereinbarung als solche bleibt jedoch wirksam. Sie verhält sich nur noch über den herabgesetzten Betrag.

- Soweit der Auftraggeber noch nicht gezahlt hat, bleibt er im Rahmen der herabgesetzten Vergütung **zahlungspflichtig**, sofern die Vereinbarung verbindlich ist.

Der Auftraggeber kann sich in diesem Fall sogar noch auf die **Formunwirksamkeit** und eine **nicht freiwillige oder vorbehaltene Leistung** berufen und die Vergütung insgesamt verweigern, soweit sie die gesetzliche übersteigt.[30] Das vorangegangene Herabsetzungsverfahren nach § 4 Abs. 4 Satz 1 RVG steht dem nicht entgegen. Das Verhalten des Auftraggebers verstößt auch nicht gegen Treu und Glauben.[31]

Voraussetzung ist allerdings, dass der Zahlungsanspruch noch nicht rechtskräftig tituliert ist.

1724 *Beispiel:*

Die Parteien hatten mit 20.000,00 € eine unangemessen hohe Vergütung vereinbart. Die gesetzliche Vergütung beträgt 2.000,00 €. Der Auftraggeber klagt auf Herabsetzung der Vergütung. Das Gericht gibt der Klage statt und setzt die vereinbarte Vergütung auf 10.000,00 € herab.

Da der Vergütungsanspruch nicht tituliert ist, kann der Auftraggeber sich jetzt immer noch darauf berufen, dass die Vereinbarung nach § 4 Abs. 1 Satz 1, Satz 2 oder Abs. 5 Satz 1 RVG unverbindlich sei.

1725 *Beispiel:*

Die Parteien hatten mit 30.000,00 € eine unangemessen hohe Vergütung vereinbart. Die gesetzliche Vergütung beträgt 5.000,00 €. Der Anwalt klagt auf Zahlung der 30.000,00 €. Das Gericht setzt die vereinbarte Vergütung auf 15.000,00 € herab und verurteilt den Beklagten entsprechend zur Zahlung. Das Urteil wird rechtskräftig.

Da der Vergütungsanspruch jetzt rechtskräftig tituliert ist, kann der Auftraggeber sich nicht mehr darauf berufen, dass die Vereinbarung nach § 4 Abs. 1 Satz 1, Satz 2 oder Abs. 5 Satz 1 RVG unverbindlich sei. Dies hätte er im Zahlungspro-

---

30 BGH, NJW 2004, 2818; Krämer/Mauer/Kilian, Rn. 672.
31 BGH, a.a.O.; Krämer/Mauer/Kilian, a.a.O.

zess einwenden müssen. Auch eine Vollstreckungsgegenklage wäre ohne Erfolg, da der Einwand der fehlenden Verbindlichkeit nach § 767 Abs. 2 ZPO präkludiert wäre.

- Soweit bereits **Verzug** eingetreten ist, bleibt dieser im Rahmen der herabgesetzten Vergütung bestehen, so dass also zwischenzeitlich aufgelaufene **Zinsen** aus dem reduzierten Betrag verlangt werden können.

- **Weitere Vergütungsansprüche** kann der Anwalt dagegen nicht (mehr) geltend machen.

- **Hat der Auftraggeber bereits gezahlt**, so steht ihm ein bereicherungsrechtlicher Rückzahlungsanspruch zu. Er kann die Zuvielzahlung nach § 812 BGB zurückverlangen.

  Der Anwalt kann sich hier zwar nach § 818 Abs. 3 BGB auf den **Einwand der Entreicherung** berufen. Dies gilt jedoch als berufswidrig.[32]

  Ein **Ausschluss nach § 814 BGB** kommt nicht in Betracht. Selbst dann, wenn der Auftraggeber weiß, dass er eine unangemessen hohe Vergütung zahlt und auch weiß, dass er Herabsetzung beantragen kann, ist sein Rückforderungsanspruch nicht nach § 814 BGB ausgeschlossen, wenn die Vergütung später herabgesetzt wird. Erst die Herabsetzung vermindert die Zahlungspflicht, die bis dato besteht, so dass kein Fall des § 814 BGB vorliegt. Eine andere Frage ist jedoch, ob in diesem Fall nicht das Herabsetzungsverlangen treuwidrig sein kann (s.o. Rn. 1670).

  Ebenso wenig kommt ein Rückforderungsausschluss entsprechend § 4 Abs. 1 Satz 3 oder Abs. 5 Satz 2 RVG in Betracht, selbst wenn der Auftraggeber freiwillig und vorbehaltlos gezahlt hat.

  Der Auftraggeber kann sich sogar jetzt noch auf die **Formunwirksamkeit** und eine **nicht freiwillige oder vorbehaltene Leistung** berufen und die Vergütung insgesamt zurückverlangen, soweit sie die

---

[32] EGH II 106.

N. Herabsetzung einer unangemessen hohen Vergütung

gesetzliche übersteigt.[33] Das vorangegangene Herabsetzungsverfahren nach § 4 Abs. 4 Satz 1 RVG steht dem nicht entgegen. Das Verhalten des Auftraggebers verstößt auch nicht gegen Treu und Glauben.[34]

Dabei ist unerheblich, ob lediglich ein Gestaltungsurteil auf Herabsetzung ergangen ist oder ein Leistungsurteil auf Rückzahlung. Eine Präklusion tritt hier nicht ein, da es um verschiedene Streitgegenstände geht.

1726 *Beispiel:*

Die Parteien hatten mit 20.000,00 € eine unangemessen hohe Vergütung vereinbart, die der Auftraggeber gezahlt hatte. Die gesetzliche Vergütung beträgt 2.000,00 €. Der Auftraggeber klagt auf Herabsetzung und Rückzahlung der Vergütung. Das Gericht gibt der Klage statt und setzt die vereinbarte Vergütung auf 10.000,00 € herab.

Der Auftraggeber kann sich jetzt immer noch darauf berufen, dass die Vereinbarung nach § 4 Abs. 1 Satz 1, Satz 2 oder Abs. 5 Satz 1 RVG unverbindlich sei und weitere 8.000,00 € zurück verlangen, sofern er nicht freiwillig oder unter Vorbehalt gezahlt hatte (§ 4 Abs. 1 Satz 3, Abs. 5 Satz 2 RVG).

1727 *Beispiel:*

Die Parteien hatten mit 30.000,00 € eine unangemessen hohe Vergütung vereinbart, die auch bezahlt worden ist. Die gesetzliche Vergütung beträgt 5.000,00 €. Der Auftraggeber klagt auf Rückzahlung eines Betrages in Höhe von 10.000 €. Das Gericht setzt die vereinbarte Vergütung auf 20.000,00 € herab und verurteilt den Anwalt entsprechend zur Rückzahlung.

Der Auftraggeber kann sich auch jetzt noch darauf berufen, dass die Vereinbarung nach § 4 Abs. 1 Satz 1, Satz 2 oder Abs. 5 Satz 1 RVG unverbindlich sei und weitere 15.000,00 € zurück verlangen, sofern er nicht freiwillig oder unter Vorbehalt gezahlt hatte (§ 4 Abs. 1 Satz 3, Abs. 5 Satz 2 RVG).

Ist die Zahlungsklage des Auftraggebers dagegen abgewiesen worden, kann er sich im Rahmen der Abweisung nicht mehr auf eine fehlende Verbindlichkeit berufen.

---

33 BGH, NJW 2004, 2818; Krämer/Mauer/Kilian, Rn. 672.
34 BGH, a.a.O.; Krämer/Mauer/Kilian, a.a.O.

Beispiel: 1728

Wie Beispiel Rn. 1724. Das Gericht weist die Klage rechtskräftig ab.

Da der Rückzahlungsanspruch jetzt i.H.v. 10.000,00 € rechtskräftig abgewiesen worden ist, kann der Auftraggeber sich insoweit nicht mehr darauf berufen, dass die Vereinbarung nach § 4 Abs. 1 Satz 1, Satz 2 oder Abs. 5 Satz 1 RVG unverbindlich sei. Dies hätte er im Zahlungsprozess einwenden müssen (§ 767 Abs. 2 ZPO). Möglich ist allerdings die Rückforderung der bisher nicht im Streit befindlichen (30.000,00 € – 10.000,00 € =) 20.000,00 €. Insoweit kann sich der Auftraggeber auch jetzt noch darauf berufen, dass die Vereinbarung nach § 4 Abs. 1 Satz 1, Satz 2 oder Abs. 5 Satz 1 RVG unverbindlich sei und diesen Betrag zurück verlangen, sofern er nicht freiwillig oder unter Vorbehalt gezahlt hatte (§ 4 Abs. 1 Satz 3, Abs. 5 Satz 2 RVG).

- Eine **Verzinsung** von Überzahlungen kommt nicht in Betracht. Insbesondere befindet sich der Anwalt mit der Rückzahlung nicht in Verzug. Auch **Prozesszinsen** ab Rechtshängigkeit kommen nicht in Betracht. Erst das Gestaltungsurteil bzw. der zwischen den Parteien geschlossene Vergleich führt zur Herabsetzung der Vergütung und damit zum Entstehen des Rückzahlungsanspruchs. Eine Verzinsung kommt daher frühestens ab Herabsetzung, also ab Zustellung des Urteils bzw. Abschluss des Vergleichs in Betracht.

7. Vollstreckung

Der Gestaltungsausspruch des Gerichts selbst ist nicht vollstreckbar. Vollstreckbar ist nur die zugrunde liegende Leistungsklage. 1729

Hat also der Anwalt auf Zahlung der ursprünglich vereinbarten oder festgesetzten Vergütung geklagt und wird ihm nach Herabsetzung nur ein geringerer Betrag zugesprochen, so kann aus diesem Zahlungsurteil oder Vergleich vollstreckt werden. 1730

Hat der Auftraggeber auf Rückzahlung geklagt und wird dieser Klage im Hinblick auf die Herabsetzung stattgegeben, kann der Auftraggeber nunmehr aus dem Rückzahlungsurteil vollstrecken. 1731

Hat der Auftraggeber isoliert auf Herabsetzung geklagt und möchte er jetzt seine Überzahlung zurückerhalten, kann er aus dem Urteil des Ge- 1732 richts nicht vollstrecken. Er muss dann aufgrund des Herabsetzungsurteils erneut klagen.

1733 **Praxistipp:**

Da die Herabsetzung für sich genommen keinen Vollstreckungstitel schafft, ist es ggf. zweckmäßig, zusammen mit der Herabsetzungsklage sogleich auf Zahlung desjenigen Betrages zu klagen, der sich nach Herabsetzung als Überzahlung ergibt. Allerdings ist dann sorgfältig zu prüfen, ob nicht auch ein Verstoß gegen § 4 Abs. 1 Satz 1, Satz 2 oder Abs. 5 Satz 2 RVG vorliegt, da dieser Einwand anderenfalls nach § 767 Abs. 2 ZPO präkludiert sein kann.

8. Kosten des Verfahrens[35]

a) Kostenentscheidung

1734 Über die Kosten des Verfahrens ist nach allgemeinen Grundsätzen zu entscheiden. Soweit die Klage des Anwalts abgewiesen wird, weil seine Vergütung herabzusetzen war, ist er unterlegen, so dass ihm die Kosten nach § 91 ZPO aufzuerlegen sind. Wird nur teilweise herabgesetzt, so ist nach § 92 ZPO zu quoteln.

1735 Gleiches gilt, soweit der Auftraggeber Rückzahlungsklage erhoben hat und er im Hinblick auf die Herabsetzung ganz oder teilweise mit seiner Klage durchdringt. Auch hier ist über die Kosten nach § 91 ZPO oder nach § 92 ZPO zu quoteln.

1736 Auch die übrigen Kostenvorschriften (§§ 93 ff. ZPO) gelten entsprechend.

b) Keine Kosten des Gutachtens

1737 Zusätzliche Kosten durch die Einholung des Gutachtens des Vorstands der Rechtsanwaltskammer treten nicht auf (§ 4 Abs. 4 Satz 3 RVG); § 96 ZPO kommt daher insoweit nicht in Betracht.

---

35 S. hierzu auch Rn. 2836 ff.

c) Gegenstandswert

Der Gegenstandswert des Honorarprozesses beläuft sich bei **bezifferten Leistungsklagen** auf den geltend gemachten Wert, also auf den Wert des noch eingeklagten Honorars bzw. den Wert des zurückverlangten überzahlten Betrages. 1738

Bei der **Klage auf Herabsetzung** ist der Wert nach dem Interesse des Klägers zu schätzen. Hier dürfte allerdings ein Abschlag vorzunehmen sein, da die isolierte Herabsetzung keinen Vollstreckungstitel schafft (s.u. Rn. 2869). 1739

d) Anwaltskosten

Es entstehen hier wie in jedem Rechtsstreit die Gebühren nach Teil 3 VV RVG.[36] 1740

9. Übergehen der Herabsetzungsmöglichkeit durch das erkennende Gericht

Übersieht das Gericht die Möglichkeit, die Vergütung herabzusetzen, kann dies einen Grund zur Aufhebung und Zurückverweisung sein. Zwingend ist die Zurückverweisung, wenn das Berufungsgericht die Herabsetzungsmöglichkeit übersieht, da der BGH keine Tatsacheninstanz ist und die Einholung des Gutachtens in der Revisionsinstanz wohl nicht in Betracht komm.[37] 1741

Soweit das erstinstanzliche Gericht die Möglichkeit der Herabsetzung übersieht, dürfte wohl kein Grund zur Zurückverweisung bestehen, da das Berufungsgericht die Herabsetzung nachholen und das Gutachten einholen kann. 1742

---

36 S. hierzu u. Rn. 2836 ff..
37 BGH, AGS 2005, 378 m. Anm. Madert, Henke u. N. Schneider = AnwBl. 2005, 582 m. Anm. Henke = BGHReport 2005, 1151.

O. Sittenwidrigkeit

I. Überblick

1743 Eine Vergütungsvereinbarung kann wegen Verstoßes gegen die guten Sitten nichtig sein (§ 138 BGB). In diesem Fall ist die gesamte Vergütungsvereinbarung unwirksam. Die Nichtigkeit erstreckt sich dann aber nur auf die Vergütungsabrede.[1] Der Anwaltsvertrag als solcher wird dagegen von der Unwirksamkeit grds. nicht berührt (§ 139 BGB), es sei denn, die Nichtigkeit schlägt auch auf das Grundgeschäft durch.

1744 *Beispiel:*

Der Anwalt schließt mit beiden Ehegatten eine Vergütungsvereinbarung für deren Beratung anlässlich der Trennung.

Hier ist nicht nur die Vergütungsvereinbarung unwirksam, sondern der gesamte Anwaltsvertrag, da der Anwalt nicht beide Parteien zugleich vertreten darf.[2]

II. Erfolgshonorar

1745 Ob die Vereinbarung eines Erfolgshonorars sittenwidrig ist,[3] kann letztlich offen bleiben, da in diesen Fällen die Unwirksamkeit bereits aus § 134 BGB i.V.m. § 49b Abs. 2 BRAO folgt (s. hierzu Rn. 377).

III. Vereinbarung einer sittenwidrig hohen Vergütung

1746 Die Vergütungsvereinbarung ist nach § 138 Abs. 2 BGB unwirksam, wenn das vereinbarte Honorar nicht nur unangemessen hoch ist, sondern bereits den Bereich des Sittenwidrigen erreicht (s. hierzu ausführlich Rn. 1433 ff.).

1747 Zu beachten ist, dass in Anbetracht der Möglichkeit, eine unangemessen hohe Vergütung nach § 4 Abs. 4 Satz 1 RVG herabzusetzen, die Schwelle zur sittenwidrigen Vergütung äußerst hoch anzusetzen ist.

---

1 BGH, NJW 1955, 1921; LG Frankfurt, AnwBl. 1989, 671; Krämer/Mauer/Kilian, Rn. 503.
2 S. hierzu zuletzt LG Hildesheim, AGS 2005, 143.
3 So OLG Celle, OLGReport 1995, 179 (für Patentanwalt).

So liegt nach OLG Frankfurt[4] eine zur Nichtigkeit des Anwaltsvertrages führende Sittenwidrigkeit noch nicht allein in der Vereinbarung einer übermäßig hohen Vergütung, sondern es müssen noch besondere Tatumstände hinzukommen. Ein Vertrag, durch den sich ein Rechtsanwalt ein das Angemessene in hohem Maße übersteigendes Honorar versprechen lässt, verstößt (erst) dann gegen die guten Sitten, wenn es sich „*als rücksichtslose Ausnutzung der Sach- und Rechtslage gegenüber dem von dem Anwalt abhängigen Auftraggeber darstellt*" oder wenn „*die Zusage durch Handlungen erreicht wird, die in ihrer Wirkung einer Erpressung nahe kommen*".

1748

IV. Vereinbarung einer niedrigeren als der gesetzlichen Vergütung

Ob die Vereinbarung einer niedrigeren als der gesetzlichen Vergütung sittenwidrig ist,[5] kann wiederum offen bleiben, da auch hier die Vereinbarung bereits nach § 134 BGB i.V.m. § 49b Abs. 1 Satz 1 BRAO unwirksam ist, soweit das Gesetz nicht die Unterschreitung der Gebühren gestattet (s. hierzu Rn. 319).

1749

V. Sittenwidriges Zustandekommen der Vergütungsvereinbarung

1. Überblick

Eine Sittenwidrigkeit wird von der Rechtsprechung vor allem dann angenommen, wenn das Zustandekommen der Vergütungsvereinbarung selbst u.U. erfolgt ist, die nicht zu tolerieren sind.

1750

In leichteren Fällen behilft sich die Rechtsprechung damit, die Verletzung von Aufklärungspflichten anzunehmen, was dann nur zu einem Schadensersatzanspruch führt, der dem Vergütungsanspruch entgegengesetzt werden kann.[6] In schwerwiegenden Fällen wird dagegen bereits

1751

---

4 OLG Frankfurt, AnwBl. 1989, 671.
5 So AG Tecklenburg, AGS 1992, 3 m. Anm. Chemnitz.
6 S.o. Rn. 1539 ff.

O. Sittenwidrigkeit

die Unwirksamkeit der Vergütungsvereinbarung wegen Sittenwidrigkeit angenommen.

2. Zwangslage

1752 Insbesondere wird Sittenwidrigkeit angenommen, wenn der Anwalt eine Zwangslage des Auftraggebers ausnutzt, um diesen zum Abschluss einer Vergütungsvereinbarung zu bewegen.

1753 Solche Fälle sind insbesondere dann gegeben, wenn der Anwalt während des Mandats vom Auftraggeber eine Vergütungsvereinbarung verlangt, und zwar zu einem Zeitpunkt, zu dem der Auftraggeber dringend auf die anwaltliche Vertretung angewiesen ist.

1754 So hat das LG Gießen[7] eine Sittenwidrigkeit angenommen,[8] wenn ein Verteidiger unmittelbar vor oder während der Hauptverhandlung (hier einen Tag vor der Hauptverhandlung bzw. vor Beginn der Plädoyers) vom Mandanten eine Vergütungsvereinbarung verlangt. Auch wenn hier nicht ausdrücklich mit der Niederlegung des Mandats gedroht wird, befindet sich der Auftraggeber in einer Zwangslage. Aus seiner Sicht heraus bleibt ihm nämlich nichts anderes übrig, als die geforderte Honorarvereinbarung zu unterzeichnen, will er nicht riskieren, dass sein Verteidiger kurz vor Beginn der Hauptverhandlung oder während der Hauptverhandlung das Mandat niederlegt oder dass er zwar weiterhin tätig bleibt, aber nicht mehr mit dem gleichen Engagement wie zuvor.

1755 Ebenso hat das LG Karlsruhe entschieden.[9] Dort hatte der Anwalt die Niederlegung des Mandats angedroht und diese Drohung mit Hinweisen auf angebliche Nachteile für die Prozessaussichten verknüpft.

1756 Zu beachten ist allerdings, dass nur in diesen besonderen Fällen das nachträgliche Fordern einer Vergütungsvereinbarung sittenwidrig ist.

1757 Fordert der Anwalt **bei Abschluss des Anwaltsvertrages** eine Vergütungsvereinbarung, kann dies für sich genommen noch nicht sitten-

---

7 LG Gießen, StV 1986, 494 = JurBüro 1986, 1034.
8 Ebenso hatte bereits die Vorinstanz entschieden: AG Butzbach, JurBüro 1986, 1034.
9 LG Karlsruhe, MDR 1991, 548.

V. Sittenwidriges Zustandekommen der Vergütungsvereinbarung

widrig sein, weil es dem Mandanten freisteht, einen anderen Anwalt zu beauftragen. Es würde dem Grundsatz der Abschlussfreiheit widersprechen, wenn man dem Anwalt nicht erlauben würde, die Annahme des Mandats von einer Vergütungsvereinbarung abhängig zu machen.

So hat auch das OLG Hamm[10] keine Sittenwidrigkeit darin gesehen, dass es der Rechtsanwalt abgelehnt hat, für einen (potenziellen) Mandanten Prozesskostenhilfe zu beantragen, und dass er die Übernahme des Mandats von dem Abschluss einer Vergütungsvereinbarung abhängig gemacht hat. 1758

Im Übrigen bleibt es dem Anwalt jederzeit unbenommen, eine Vergütungsvereinbarung zu fordern, soweit er damit den Mandanten nicht unter Druck setzt oder in eine Zwangslage versetzt. So hat der BGH[11] es als unbedenklich angesehen, wenn ein Rechtsanwalt die Niederlegung des Mandats rechtzeitig für den Fall ankündigt, dass sein Auftraggeber nicht bereit ist, ihm eine höhere als die gesetzliche Vergütung zu zahlen. Die darin enthaltene Drohung sei jedenfalls dann nicht widerrechtlich, wenn der Rechtsanwalt nach den besonderen Umständen des Einzelfalls ein berechtigtes Interesse an einer zusätzlichen Vergütung habe. 1759

Zu Recht weisen allerdings auch Krämer/Mauer/Kilian[12] darauf hin, dass es dem Rechtsanwalt grds. frei steht, seine weitere Tätigkeit von einer zusätzlichen Vergütung bzw. einer Vergütungsvereinbarung abhängig zu machen und dass er auch berechtigt ist, die Mandatsniederlegung für den Fall anzukündigen, wenn es nicht zum Abschluss einer Vergütungsvereinbarung komme.[13] Sie weisen ferner zutreffend darauf hin, dass schon der von dem Rechtsanwalt angestrebte Zweck, nämlich das 1760

---

10 OLG Hamm, JurBüro 1983, 1507 m. Anm. Mümmler.
11 BGH, EBE/BGH 1978, 125 = DB 1978, 1174 = AnwBl. 1978, 227 = DRsp I (111) 101 = StB 1978, 216 = MDR 1978, 558 = r+s 1978, 157 = r+s 1978, 181 = LM Nr. 49 zu § 123 BGB = BGHWarn 1978, Nr. 5 LM Nr. 7 zu § 3 BRAGO.
12 Krämer/Mauer/Kilian, Rn. 500.
13 Krämer/Mauer/Kilian, a.a.O.; unter Bezugnahme auf BGH, AGS 2003, 15 m. Anm. Madert = AnwBl. 2002, 660 = BGHReport 2002, 909 = DB 2002, 2714 = MDR 2002, 1182 = NJW 2002, 2774 = WM 2003, 89; AnwBl. 1978, 227.

O. Sittenwidrigkeit

Erlangen einer höheren (= angemessenen) Vergütung nicht rechtswidrig sein könne, weil das Gesetz dies ausdrücklich in § 4 RVG erlaube.

1761 Auch das angewandte Mittel, nämlich die Androhung der Mandatsniederlegung, sei nicht ohne weiteres rechtswidrig, da der Anwalt nach § 627 BGB ohnehin jederzeit berechtigt sei, das Mandat niederzulegen, zumal er sich dadurch nach § 628 Abs. 1 BGB dem Verlust seiner Vergütung aussetze.

1762 Krämer/Mauer/Kilian weisen zudem weiter darauf hin, dass sich der Mandant grundsätzlich immer in einer Drucksituation befinde. Von daher könne Sittenwidrigkeit oder auch eine nur zur Anfechtung berechtigende widerrechtliche Drohung i.S.d. § 123 BGB nur angenommen werden, wenn durch die zeitliche Nähe zu bestimmten wichtigen Ereignissen, z.B. eine unmittelbar bevorstehende Hauptverhandlung, drohende Verjährung und Schriftsatzfristablauf o.Ä., „zusätzliches Druckpotenzial" aufgebaut werde.[14]

VI. Verstoß gegen § 113 AktG

1763 Das LG Stuttgart[15] hat darüber hinaus eine Sittenwidrigkeit einer Vergütungsvereinbarung für einen Rahmen-Beratungsvertrag wegen Verstoßes gegen § 113 AktG angenommen. Dort hatte der Anwalt mit einer AG, dessen Aufsichtsratsmitglied er zugleich war, einen „Rahmen-Beratungsvertrag" zu den *„üblichen Stundensätzen"* abgeschlossen, der folgende Leistungen erfassen sollte: *„... die Beratung in allen rechtlichen Angelegenheiten, die nicht in den Aufgabenbereich als Aufsichtsratsmitglied fallen ..., insbesondere die Beratung und Vertretung der Abgabe von Erklärungen; die Erstellung von Rechtsgutachten zu Einzelfragen; die gerichtliche und außergerichtliche Vertretung der Gesellschaft in allen Rechtsstreitigkeiten, soweit sie nicht die Vertretung der Gesellschaft gegenüber Vorstandsmitgliedern betreffen ...".*

---

14 Krämer/Mauer/Kilian, Rn. 500.
15 LG Stuttgart, ZIP 1998, 1275 = BB 1998, 1549 = ZInsO 1998, 190 = KTS 1999, 81.

VII. Täuschung des Auftraggebers

Der BGH[16] hat Sittenwidrigkeit und nicht nur Anfechtbarkeit in einem Fall angenommen, in dem der Anwalt mit einer Firma einen Beratungsvertrag geschlossen und dabei eine höhere als die gesetzliche Vergütung vereinbart hatte; der Mandantin hatte der Anwalt jedoch vorgespiegelt, die vereinbarte Vergütung liege unterhalb der gesetzlichen Gebühren, indem er ihr fehlerhafte Alternativberechnungen nach den gesetzlichen Gebühren vorgehalten hatte.

1764

In einer weiteren Entscheidung[17] hat er allerdings ausgeführt, dass eine solche Täuschung grundsätzlich nur zur Anfechtung berechtige. Wenn insoweit Sittenwidrigkeit angenommen werden solle, müsse hinzukommen, dass der Anwalt als der mit dem Vergütungsrecht besser Vertraute die infolge der Unerfahrenheit mit diesem Recht schwächere Lage des Auftraggebers bewusst zu seinem Vorteil ausgenutzt habe oder er sich leichtfertig der Erkenntnis verschlossen habe, dass der Auftraggeber sich nur wegen seiner Unerfahrenheit auf eine für ihn grob nachteilige Vereinbarung eingelassen habe.

1765

---

16 BGH, Urt. v. 23.2.1995 – IX ZR 42/94, zitiert nach Juris Nr. KORE 600129500.
17 BGH, NJW 1995, 1425 = D-spezial 1995, Nr. 19, 8 = LM BRAO § 43 Nr. 15 = WM 1995, 1064 – 1072 = WiB 1995, 599 = NJ 1995, 485 = MDR 1995, 962 = AnwBl. 1995, 563 = BGHR, BGB § 138 Abs. 1 Beratervertrag 1 = BGHR, BRAGO § 3 Abs. 3 Seite 2 Gutachten 1 = Warneyer 1995 Nr. 76.

P. Vorschuss

I. Überblick

1766 Auch für vereinbarte Vergütungen gilt grds. § 9 RVG. Diese Vorschrift ist in Abschnitt 1 des RVG „Allgemeine Vorschriften" enthalten und gilt daher für sämtliche Vergütungen, nicht nur für die gesetzliche Vergütung.[1] Im Falle einer Vergütungsvereinbarung können daher Vorschüsse vom Auftraggeber verlangt werden.

1767 Dies gilt auch für den **Pflichtverteidiger**. Die Vorschrift des § 52 Abs. 2 RVG steht dem nicht entgegen. Bei einer Vergütungsvereinbarung ist der Beschuldigte unabhängig von den Voraussetzungen des § 52 Abs. 2 RVG gegenüber seinem Anwalt zahlungspflichtig. Folglich bestehen auch keine Bedenken, dass Vorschüsse vereinbart werden.

1768 Die Nichtzahlung von Vorschüssen kann hier allerdings nicht zum Anlass genommen werden, das Mandat niederzulegen, weil dies bei einer Pflichtverteidigung nicht möglich ist. Die Nichtzahlung von Vorschüssen ist auch kein Grund, die Entbindung als Pflichtverteidiger zu beantragen. Faktisch ist damit die Vereinbarung von Vorschüssen im Rahmen der Pflichtverteidigung sanktionslos.

II. Reicht die gesetzliche Regelung oder ist eine ausdrückliche Vereinbarung erforderlich?

1769 Zweifelhaft ist allerdings, ob sich die Vorschusspflicht in allen Fällen aus § 9 RVG ergibt oder ob die Zahlung von Vorschüssen gegebenenfalls in der Vereinbarung ausdrücklich geregelt sein muss.[2]

1770 Bedenken ergeben sich insoweit, als nach § 9 RVG der Anwalt von seinem Auftraggeber für die entstandenen und die voraussichtlich entstehenden „*Gebühren und Auslagen*" einen angemessenen Vorschuss verlangen kann.

---

1 Krämer/Maurer/Kilian, Rn. 577; Madert, Rn. 59 ff.
2 Offenbar keine Bedenken, in diesem Fall § 9 RVG anzuwenden, haben Madert, a.a.O.; Brieske, S. 158.

II. Reicht die gesetzliche Regelung oder ist eine ausdrückliche Vereinbarung erforderlich?

Soweit die Vergütungsvereinbarung derart gestaltet ist, dass anstelle der gesetzlichen Gebühren und Auslagen andere – nämlich zwischen den Parteien vereinbarte – Gebühren und Auslagen geschuldet werden, etwa das Doppelte der gesetzlichen Gebühren oder die gesetzlichen Gebühren nach einem höheren Streitwert oder zwar die gesetzlichen Gebühren, aber entgegen den §§ 15, 16 ff. RVG mehrere Angelegenheiten vereinbart sind, bestehen gegen die Anwendung des § 9 RVG grds. keine Bedenken. 1771

Anders verhält es sich dagegen, wenn die Parteien von dem Gebühren- und Auslagensystem des RVG völlig abgerückt sind, also wenn sie z.B. Pauschalen oder Zeitvergütungen vereinbart haben. Dann gibt es keine „Gebühren" und ggf. auch keine Auslagen, so dass die Vorschrift des § 9 RVG vom Wortlaut her nicht anzuwenden ist. 1772

Das gleiche Problem stellt sich, wenn zusätzlich zur gesetzlichen Vergütung ein „Zuschlag" oder ein „Zusatzhonorar" vereinbart worden ist. 1773

> **Praxistipp:** 1774
>
> Der Anwalt sollte sich erst gar nicht auf diese Auslegungsfrage einlassen und unabhängig davon, welche Art der Vergütung vereinbart wird, ausdrücklich die Vorschusspflicht in der Vereinbarung regeln.

Insoweit bietet sich folgende Klausel an: 1775

> Der Anwalt ist jederzeit berechtigt, für die bereits angefallene Vergütung sowie die voraussichtlich noch anfallende Vergütung einen angemessenen Vorschuss zu fordern.

Die Formulierung des „*angemessenen Vorschusses*" ist nicht zu unbestimmt, da sie der gesetzlichen Regelung entspricht und insoweit auf die Rechtsprechung zu den gesetzlichen Gebühren und Auslagen zurückgegriffen werden kann. 1776

1777 Wer hier ganz sicher gehen will, vereinbart betragsmäßig bezifferte Vorschüsse und regelt zugleich die Zeitpunkte, zu denen die Vorschüsse fällig sein sollen. Diese Zeitpunkte können nach Datum angegeben oder an den Fortschritt der Angelegenheit geknüpft werden.

1778 *Beispiel:*

Die Parteien haben in einer Strafsache eine Pauschale von 30.000,00 € vereinbart.

Hinsichtlich der Vorschüsse vereinbaren sie eine Zahlung i.H.v. 10.000,00 € sofort bei Mandatserteilung, weitere 10.000,00 € nach Abschluss des vorbereitenden Verfahrens und weitere 10.000,00 € eine Woche vor dem ersten Hauptverhandlungstermin.

III. Ausschluss des Rechts auf Vorschuss

1779 Zwischen Anwalt und Auftraggeber kann das Recht auf Vorschuss auch **vertraglich abbedungen** werden. Dies kann auch **konkludent** geschehen. Probleme ergeben sich insoweit bei Vergütungsvereinbarungen, wenn die Frage des Vorschusses nicht ausdrücklich geregelt ist. Es ist dann durch Auslegung zu ermitteln, ob die Vorschrift des § 9 RVG abbedungen sein soll. Hiervon wird dann auszugehen sein, wenn die Honorarvereinbarung selbst konkrete Abschlags- oder Teilzahlungen vorsieht; dann dürften darüber hinausgehende Vorschusszahlungen als vertraglich ausgeschlossen anzusehen sein.

1780 Enthält die Honorarvereinbarung keine ausdrückliche Regelung, dürfte das Vorschussrecht nach § 9 RVG bestehen (s.o. Rn. 1766), es sei denn, aus Sinn und Zweck der Vereinbarung ergibt sich etwas anderes.[3]

1781 *Beispiel:*

In der Vergütungsvereinbarung ist geregelt, dass der Anwalt seine vereinbarte Vergütung nach Auseinandersetzung der Erbengemeinschaft aus dem Erbteil entnehmen soll.

Aus der Regelung, dass die Vergütung aus dem Erbteil gezahlt werden soll, ergibt sich eine Stundungsvereinbarung, die unterlaufen würde, wenn der Anwalt einen Vorschuss verlangen könnte.

---

3 AnwK-RVG/N. Schneider, § 9 Rn. 19; zustimmend Krämer/Mauer/Kilian, Rn. 577 (Fn. 447).

IV. Zweckmäßigkeit von Vorschussvereinbarungen

Zweckmäßigerweise sollte die Vereinbarung von „Vorschüssen" mit einer entsprechenden **Fälligkeitsabrede** kombiniert werden, damit der Anwalt nicht nur auf Vorschüsse angewiesen ist, sondern bereits entstandene Vergütungen als fällige Vergütung abrechnen kann. Das ist für ihn insbesondere dann von Vorteil, wenn sich herausstellen sollte, dass die Vergütungsvereinbarung der Formvorschrift des § 4 Abs. 1 Satz 1, Satz 2 oder Abs. 5 Satz 1 RVG nicht entspricht (s.u. Rn. 1797 sowie ausführlich Rn. 2124 ff.). Der Anwalt führt damit die Rückforderungsausschlüsse des § 4 Abs. 1 Satz 3, Abs. 5 Satz 2 RVG herbei (s. hierzu auch u. Rn. 2030 ff.). 1782

V. Angemessenheit

Angemessen ist ein Vorschuss stets in Höhe der **bereits angefallenen und voraussichtlich noch entstehenden Vergütung**. Der Anwalt ist also nicht darauf beschränkt, etwa nur die bereits angefallene Vergütung, die wegen § 8 Abs. 1 RVG jedoch noch nicht fällig ist, anzufordern oder sich hinsichtlich der voraussichtlichen Vergütung auf einen Bruchteil zu beschränken.[4] Angemessen ist die Gesamtvergütung, die nach dem voraussichtlichen Ablauf des Mandats noch entstehen kann.[5] 1783

VI. Umsatzsteuer

Zu achten ist darauf, dass auch auf die Vorschüsse Umsatzsteuer erhoben wird. Auch Vorschüsse sind umsatzsteuerpflichtig.[6] 1784

VII. Aufteilung des Vorschusses/Vorschussraten

Insbesondere bei Vergütungsvereinbarungen kann es den Auftraggeber häufig zu sehr finanziell belasten, wenn er den Gesamtbetrag zu Beginn des Mandats auf einmal zahlen soll. 1785

---

4   Madert, Rn. 59 ff.
5   Krämer/Maurer/Kilian, Rn. 579; Madert, a.a.O.
6   AnwK-RVG/N. Schneider, § 9 Rn. 40.

1786 **Praxistipp:**

Insoweit sollte der Anwalt die Vorschüsse verteilen.

1787 Das Recht auf Vorschusszahlung besteht nicht nur einmalig. Der Anwalt kann vielmehr sukzessiv jederzeit weitere Vorschüsse anfordern.[7]

1788 Durch diese sukzessive mehrfache Anforderung von Vorschüssen sorgt er einerseits für eigene **Liquidität**[8] und belastet andererseits den Auftraggeber geringer.

1789 Die Interessen beider Parteien sind gewahrt. Der Anwalt kann durch die Anforderung ausreichender Vorschüsse stets dafür sorgen, dass seine bisherige Tätigkeit gedeckt ist. Im Falle einer vorzeitigen Beendigung müsste er ohnehin zuviel vereinnahmte Vorschüsse ggf. zurückerstatten. Auch dies vermeidet die sukzessive Anforderung von Teil-Vorschüssen, die er an die Entwicklung des Mandats – insbesondere an den Umfang seiner Tätigkeit – anpasst.

1790 Der Auftraggeber wird geringer belastet, weil er die Zahlungen verteilen kann.

1791 Zudem fallen dem Auftraggeber Vorschusszahlungen leichter, wenn er sieht, dass der Anwalt für sein Geld auch schon etwas geleistet hat.[9]

VIII. Form der Vorschussanforderungen

1792 Auch bei der Vergütungsvereinbarung bedarf die Vorschussanforderung **keiner besonderen Form**, insbesondere nicht einer ordnungsgemäßen Berechnung nach § 10 RVG. Ein Vorschuss kann formlos, sogar mündlich angefordert werden.

---

7 AnwK-RVG/N. Schneider, § 9 Rn. 35.
8 Krämer/Mauer/Kilian, Rn. 573.
9 So auch Krämer/Mauer/Kilian, Rn. 578.

> **Praxistipp:** 1793
>
> Gleichwohl bietet es sich auch hier an, den Vorschuss in einer ordnungsgemäßen Berechnung auszuweisen.

Dies entspricht zum einen seriösem anwaltlichem Verhalten. Zum anderen ist der Auftraggeber u.U. darauf angewiesen, die gezahlten Vorschüsse steuerlich geltend zu machen und benötigt daher hierzu eine ordnungsgemäße Rechnung mit Umsatzsteuerausweis. Dem Auftraggeber kann insoweit sogar ein Zurückbehaltungsrecht zustehen.[10] 1794

IX. Abrechnung der Vorschüsse

Auch bei vereinbarten Vergütungen gilt § 10 Abs. 2 RVG, wonach in der (Schluss-)Abrechnung gezahlte Vorschüsse anzugeben und abzurechnen sind (s. hierzu Rn. 1909). 1795

X. Vorschussrückerstattung

Soweit nach Abrechnung (§ 10 Abs. 2 RVG) nicht verbrauchte Vorschüsse verbleiben, sind diese zurückzuzahlen. Der Anspruch des Auftraggebers auf Rückzahlung ergibt sich insoweit unmittelbar aus dem Vertrag. Auf einen Anspruch aus ungerechtfertigter Bereicherung (§ 812 BGB) und den damit möglichen Entreicherungseinwand (§ 818 Abs. 3 BGB) braucht sich der Auftraggeber nicht verweisen zu lassen.[11] 1796

XI. Keine „Heilung" von Formverstößen

1. Überblick

Kann der Anwalt eine höhere Vergütung als die gesetzliche nicht verlangen, weil die Form des § 4 Abs. 1 Satz 1, Satz 2 RVG nicht gewahrt ist, so braucht er erbrachte Leistungen des Auftraggebers dann nicht zurückzuzahlen, wenn diese freiwillig und vorbehaltlos erfolgt sind (§ 4 Abs. 1 1797

---

10 BGH, NJW 1980, 2710.
11 AnwK-RVG/N. Schneider, § 9 Rn. 55.

Satz 3 RVG). Gleiches gilt, wenn der Anwalt beigeordnet ist und mit der Partei unter Verstoß gegen § 4 Abs. 5 Satz 1 RVG eine Vergütungsvereinbarung geschlossen hat.

1798 Sind Vorschüsse auf eine nach § 4 Abs. 1 Satz 1, Satz 2 oder Abs. 5 Satz 1 RVG unverbindliche Vergütungsvereinbarung geleistet worden, so ist zu differenzieren:

2. Vergütungsvereinbarung nach Zahlung des Vorschusses

1799 Wird eine Vergütungsvereinbarung erst nach Zahlung der Vorschüsse getroffen, dann können die Vorschüsse niemals einen Formverstoß nach § 4 Abs. 1 Satz 1, Satz 2 oder Abs. 5 Satz 1 RVG „heilen". Durch eine nachträgliche mündliche Vereinbarung kann eine geleistete Vorschusszahlung nicht in eine Leistung nach § 4 Abs. 1 Satz 3 RVG umgewandelt werden.[12]

Hier ergibt sich immer ein Rückforderungsanspruch, da die Vorschüsse nicht aufgrund der Vereinbarung gezahlt worden sind, sondern bevor eine Vereinbarung geschlossen worden ist.[13]

1800 Ein vor Eintritt der Fälligkeit als Vorschuss auf eine nicht formgerechte Vergütungsvereinbarung gezahlter Vorschuss kann daher sowohl unmittelbar aus dem Anwaltsvertrag als auch nach § 812 Abs. 1 BGB zurückgefordert werden.[14]

3. Vorschusszahlung nach Vereinbarung

1801 Wird der Vorschuss auf eine nach § 4 Abs. 1 Satz 1 oder Satz 2 RVG formunwirksame Vereinbarung geleistet, so soll nach Auffassung des KG[15] wohl ein Rückforderungsauschluss nach § 4 Abs. 1 Satz 3 RVG in Betracht kommen, den das Gericht im konkreten Fall allerdings mangels Freiwilligkeit der Zahlung verneint hat.

---

12 OLG Hamm, AGS 1996, 122 = OLGR 1996, 275 = zfs 1997, 70.
13 OLG Frankfurt/M., JurBüro 1983, 1032 = AnwBl. 1983, 513; OLG Hamm, AGS 1996, 122 = OLGR 1996, 275 = zfs 1997, 70.
14 OLG Frankfurt/M., a.a.O.; OLG Hamm, a.a.O.
15 KG, KGR 2005, 475 = MDR 2005, 58 = RVG-Letter 2005, 71.

Gleiches müsste gelten, wenn ein freiwilliger und vorbehaltloser Vorschuss auf eine nach § 4 Abs. 5 Satz 1 RVG unverbindliche Vereinbarung gezahlt worden ist. Auch dann wäre nach dieser Auffassung eine Rückforderung ausgeschlossen (§ 4 Abs. 5 Satz 2 RVG). 1802

Diese Auffassung ist m.E. unzutreffend. Zu beachten ist nämlich, dass Vorschüsse **keine Leistungen** i.S.d. § 4 Abs. 1 Satz 3, Abs. 5 Satz 2 RVG darstellen. Ihnen kommt **keine Erfüllungswirkung** nach § 362 BGB zu. Über die Vorschüsse ist vielmehr bei Fälligkeit noch abzurechnen (§ 10 Abs. 2 RVG). 1803

Abgesehen davon fehlt es an der Vorbehaltlosigkeit der Zahlung. Ein Vorschuss wird immer **unter Vorbehalt** gezahlt, nämlich unter dem Vorbehalt der späteren Abrechnung (s. § 10 Abs. 2 RVG). 1804

Selbst wenn die vom Auftraggeber erbrachten Vorschüsse für sich betrachtet freiwillig und vorbehaltlos gezahlt worden sind, können diese eine nach § 4 Abs. 1 Satz 1, Satz 2 oder Abs. 5 Satz 1 RVG nicht formgerechte Vereinbarung nicht „heilen" (s. hierzu im Einzelnen auch Rn. 2124). 1805

> **Praxistipp:** 1806
>
> Der Anwalt sollte daher nach Möglichkeit im Voraus zu erbringende Zahlungen nicht als Vorschüsse vereinbaren, sondern als bereits fällige Teil-Vergütungen,[16] damit er insoweit den Schutz des § 4 Abs. 1 Satz 3, Abs. 5 Satz 2 RVG in Anspruch nehmen kann.

---

16 So im Ergebnis wohl auch Krämer/Mauer/Kilian, Rn. 574, 575.

Q. Fälligkeit
I. Überblick

1807 Mit Eintritt der Fälligkeit wird die Vergütung **einforderbar**. Bis zum Eintritt der Fälligkeit kann der Anwalt den Ausgleich seiner Vergütung nicht verlangen (§ 271 Abs. 2 BGB); er kann allenfalls Vorschüsse einfordern (s. hierzu Rn. 1766 ff.).

1808 Ausgangspunkt der Fälligkeit ist **§ 271 Abs. 1 BGB**. Die Vergütung ist danach allerdings nicht sofort fällig, da hier „**etwas anderes bestimmt**" ist. Diese anderweitige Bestimmung ergibt sich nämlich entweder aus **§ 8 Abs. 1 RVG** oder aus einer **abweichenden Regelung in der Vergütungsvereinbarung**, die ihrerseits der gesetzlichen Regelung des § 8 Abs. 1 RVG vorgeht.

1809 Fehlt es an einer anders lautenden Abrede in der Vergütungsvereinbarung, gilt einerseits die gesetzliche Regelung des **§ 8 Abs. 1 RVG**. Diese ist auch auf vereinbarte Vergütungen anzuwenden. Die Vorschrift des § 8 Abs. 1 RVG gehört zu den „Allgemeinen Vorschriften des RVG" und gilt daher grds. für sämtliche Vergütungsarten. Sie ist nicht auf die gesetzliche Vergütung beschränkt.

1810 Andererseits ist § 8 Abs. 1 Satz 1 RVG **dispositives Recht**. Insoweit gilt der Grundsatz der Vertragsfreiheit. Die Parteien können daher in ihrer Vergütungsvereinbarung Abweichendes regeln. Dann gehen diese individuellen Regelungen der gesetzlichen Bestimmung vor.[1]

1811 Möglich ist auch eine **isolierte Fälligkeitsvereinbarung**, die die Höhe der gesetzlichen Vergütung unberührt lässt (s.u. Rn. 1822).

1812 Nur wenn die Vergütungsvereinbarung **keine Regelungen** zur Fälligkeit der Vergütung enthält, ist auf **§ 8 Abs. 1 RVG** zurückzugreifen.

II. Fälligkeit nach der gesetzlichen Regelung

1813 Haben die Parteien keine Vereinbarung über die Fälligkeit des vereinbarten Honorars getroffen, kann der Anwalt – abgesehen von der Möglich-

---

[1] Krämer/Mauer/Kilian, Rn. 572.

keit Vorschuss anzufordern (s. Rn. 1766 ff.) – seine Vergütung erst abrechnen, wenn diese nach § 8 Abs. 1 RVG fällig geworden ist.

Fällig wird die Vergütung nach § 8 Abs. 1 Satz 1 RVG **immer**, wenn 1814

- sich der **Auftrag erledigt** hat oder
- die **Angelegenheit beendet** ist.

Im **gerichtlichen Verfahren** wird die Vergütung darüber hinaus nach 1815 § 8 Abs. 1 Satz 2 RVG auch dann fällig, wenn

- eine **Kostenentscheidung ergangen** ist,
- der **Rechtszug beendet** ist oder
- das **Verfahren länger als drei Monate ruht**.

Schwierigkeiten können sich hier ggf. bei der Anwendung des § 8 Abs. 1 1816 Satz 1 RVG ergeben, nämlich bei der Frage, wann sich der Auftrag erledigt oder die Angelegenheit beendet ist. Hier treten die gleichen Schwierigkeiten auf wie auch bei der Abrechnung nach der gesetzlichen Vergütung[2]. Der Anwalt hat es jedoch im Rahmen einer Vergütungsvereinbarung eher in der Hand, durch klare Regelungen zum Umfang seines Auftrags und zum Umfang der Angelegenheit eventuelle Zweifelsfragen zu vermeiden. Diese ergeben sich gerade im außergerichtlichen Bereich, wenn nicht feststeht, welchen Umfang der Auftrag oder die Angelegenheit haben und wann sie beendet sind.

Insbesondere bei der Beendigung der Angelegenheit kann es zu Aus- 1817 legungsproblemen kommen, wenn sich die Vergütungsvereinbarung von dem gesetzlichen Gebührensystem entfernt.

- Werden die **gesetzlichen Gebühren als Grundlage** genommen, etwa indem ein Vielfaches der gesetzlichen Gebühren oder die Abrechnung nach einem höheren Gegenstandswert oder ein Zusatzhonorar zu den gesetzlichen Gebühren vereinbart wird, dann ist auf den **Begriff der Angelegenheit i.S.d. §§ 15, 16 ff. RVG** abzustellen, so dass die gesetzlichen Regelungen gelten.

---

2   S. zu Einzelfällen AnwK-RVG/Schneider, § 8 Rn. 16.

- Vereinbaren die Parteien dagegen ein Entgelt, das **von der gesetzlichen Struktur der Gebührenangelegenheiten abweicht**, kann auch nicht mehr auf die §§ 15, 16 ff. RVG zurückgegriffen werden.

1818 *Beispiel:*

Die Parteien vereinbaren einen Stundensatz i.H.v. 200,00 €. Der Anwalt wird zunächst im Mahnverfahren tätig und anschließend im streitigen Verfahren.

Während bei Abrechnung nach der gesetzlichen Vergütung die Gebühren und Auslagen des Mahnverfahrens mit Abschluss des Mahnverfahrens fällig werden, da das Mahnverfahren nach § 16 Nr. 4 RVG eine eigene Angelegenheit ist, gilt dies für die Stundensatzvereinbarung gerade nicht, da man sich hier von der Einteilung in Angelegenheiten gelöst hat. Auch § 8 Abs. 1 Satz 2 RVG hilft nicht unmittelbar weiter, da weder der Rechtszug beendet ist noch im Mahnverfahren eine Kostenentscheidung ergeht.

Ob man hier soweit gehen kann, auch für die Fälligkeit der vereinbarten Vergütung auf den Umfang der gesetzlichen Angelegenheiten zurückzugreifen, erscheint zweifelhaft.

1819 **Praxistipp:**

Insbesondere in Fällen, in denen die Vergütung losgelöst von der gesetzlichen Einteilung nach verschiedenen Angelegenheiten geregelt wird, ist daher unbedingt darauf zu achten, dass gesonderte Fälligkeitsvereinbarungen getroffen werden; zumindest muss sich der Anwalt die Möglichkeit einräumen, Vorschüsse anzufordern (s. Rn. 1766 ff.).

- Vereinbaren die Parteien, dass eine nach dem gesetzlichen Leitbild einheitliche Angelegenheit in mehrere Angelegenheiten aufgeteilt wird, dann kann problemlos auf § 8 Abs. 1 Satz 1 RVG zurückgegriffen werden.

1820 *Beispiel:*

Der Anwalt ist beauftragt, Ehegatten- und Kindesunterhalt geltend zu machen. Die Parteien vereinbaren, dass zwar nach den gesetzlichen Gebühren abgerechnet werde, dass aber die Durchsetzung des Ehegattenunterhalts und die Durchsetzung des Kindesunterhalts als gesonderte Angelegenheiten i.S.d. § 15 RVG ab-

gerechnet werden. Hinsichtlich des Kindesunterhalts kommt es außergerichtlich frühzeitig zu einer Einigung; hinsichtlich des Ehegattenunterhalts schließen sich lange Verhandlungen an.

Nach der gesetzlichen Abrechnung wäre die Teilvergütung nicht fällig, da es für den außergerichtlichen Bereich keine Teilerledigungen gibt[3] und daher die Angelegenheit insgesamt erst beendet ist, wenn auch der Ehegattenunterhalt geregelt ist.

Durch die Vereinbarung, dass hier die Unterhaltsansprüche als verschiedene Angelegenheiten behandelt werden, wird jedoch für den Anwalt die Sache Kindesunterhalt gebührenrechtlich vorzeitig fällig.

Praxistipp: 1821

Auch dann, wenn vereinbart wird, dass eine nach den gesetzlichen Vorschriften einheitliche Angelegenheit in verschiedene Angelegenheiten aufzuspalten sei, sollte dennoch vorsorglich eine Fälligkeitsvereinbarung für jede der vereinbarten Angelegenheiten getroffen werden.

III. Vertragliche Fälligkeitsvereinbarungen

Wie bereits ausgeführt, sind vertragliche Fälligkeitsvereinbarungen **grds. zulässig**. 1822

So ist insbesondere die Vereinbarung einer gegenüber § 8 Abs. 1 RVG **vorzeitigen Fälligkeit** möglich. 1823

Zulässig ist es sogar, entsprechend dem gesetzlichen Leitbild des § 271 Abs. 1 BGB die **sofortige Fälligkeit** zu vereinbaren. 1824

Unbedenklich ist es, wenn die Fälligkeit **unabhängig von der Erteilung einer Abrechnung nach § 10 RVG** vereinbart wird, da der Auftraggeber auf die Erteilung einer ordnungsgemäßen Berechnung verzichten kann. Abgesehen davon würde durch eine entsprechende Fälligkeitsvereinbarung das Recht des Auftraggebers, die Berechnung nach § 10 Abs. 1 1825

---

3 AnwK-RVG/N. Schneider, § 8 Rn. 18, 59.

Q. Fälligkeit

RVG nachträglich noch einzufordern, nicht eingeschränkt (§ 10 Abs. 3 RVG).

1826 Möglich sind auch **gestaffelte Fälligkeitsvereinbarungen**, dass also Fälligkeiten nach Zeitabschnitten oder Verfahrensabschnitten eingeteilt werden.

1827 *Beispiel:*

In einer Strafsache werden Pauschalen vereinbart. Die erste Pauschale für das vorbereitende Verfahren soll mit Erhalt der Ermittlungsakten fällig werden. Die nächste Pauschale für das erstinstanzliche gerichtliche Verfahren außerhalb der Hauptverhandlung soll mit Abgabe des Verfahrens an das Gericht fällig werden. Weitere Pauschalen für jeden Hauptverhandlungstermin sind jeweils mit Ablauf des Verhandlungstages fällig.

Jede Pauschale wird durch den Fortschritt des Verfahrens gesondert fällig.

1828 Ebenso wenig bestehen Bedenken, dass die Fälligstellung einer Vergütung für geleistete Tätigkeiten in das **Ermessen des Anwalts** gestellt wird. Wenn die sofortige Fälligkeit dem Leitbild des Gesetzes (§ 271 BGB) entspricht, bestehen keine Bedenken. Dann kann sich der Anwalt vorbehalten, einseitig spätere Fälligkeiten zu bestimmen.

1829 Bedenklich wird eine „Fälligkeitsvereinbarung", wenn sie einer Erfolgshonorarvereinbarung gleichkommt, wenn es sich also gar nicht um eine Fälligkeitsvereinbarung, sondern faktisch um eine unzulässige Vergütungsvereinbarung handelt.

1830 *Beispiel:*

Der Anwalt vereinbart mit seinem Mandanten, dass dieser das Doppelte der gesetzlichen Gebühren zahlen solle. Für den Fall, dass der Anwalt die vom Auftraggeber geltend gemachten Ansprüche durchsetze, werde darüber hinaus noch

a) ein weiterer Betrag i.H.v. 10 % der durchgesetzten Summe

b) eine zusätzliche Vergütung i.H.v. 10.000,00 €

„fällig".

1831 In diesen Fällen handelt es sich tatsächlich nicht um eine Fälligkeitsvereinbarung, sondern im Fall a) um die Vereinbarung einer Beteiligung (quota litis) und im Fall b) um eine Erfolgshonorarvereinbarung. Beide sind unzulässig (s. o. Rn 323 ff. und 386 ff.).[4]

Unbedenklich ist es dagegen, Fälligkeiten an das Entstehen bestimmter Gebührentatbestände zu knüpfen. 1832

Beispiel: 1833
Die Parteien vereinbaren, dass mit Abschluss einer Einigung ein Zusatzhonorar i.H.v. 2.000,00 € fällig sein soll.

Zwar ist in diesem Falle die Vergütung auch an einen Erfolg geknüpft, nämlich daran, dass der Anwalt eine Einigung herbeiführt. Die Höhe der Vergütung richtet sich aber nicht am Erfolg der Tätigkeit. Die ist unabhängig davon, wie die Einigung inhaltlich aussehen wird. Auch nach dem gesetzlichen Leitbild steht dem Anwalt bei einer Einigung eine gesonderte „Erfolgs-"Gebühr, nämlich die Einigungsgebühr nach Nr. 1000 VV RVG zu.[5] 1834

Gleiches gilt für eine Erledigungsgebühr (Nr. 1002 VV RVG) oder eine Aussöhnungsgebühr (Nr. 1001 VV RVG). 1835

Beispiel: 1836
In einer Familiensache vereinbaren die Parteien, dass der Anwalt eine zusätzliche Vergütung erhalte, wenn er die Aussöhnung der Eheleute erreiche. Auch hier erhält er nach den gesetzlichen Gebühren im Falle seines Erfolgs, nämlich der Aussöhnung der Eheleute, an der er mitgewirkt hat, eine Gebühr nach Nr. 1001 VV RVG.
Die getroffene Fälligkeitsvereinbarung ist daher unbedenklich.

1. AGB-Prüfung

Dass eine sofortige Fälligkeit in mehrfach verwendeten Vertragsbedingungen (§ 305 Abs. 1 Satz 1 BGB) **überraschend i.S.d. § 305c Abs. 1 BGB** sei, wird man wohl nicht annehmen können. Zwar würde eine solche Vereinbarung dem Grundsatz des § 8 Abs. 1 RVG widersprechen andererseits entspricht sie dem Grundsatz des BGB in § 271 Abs. 1 BGB. 1837

---

4 Ausdrücklich zu diesem Problem der „Fälligkeit" Krämer/Mauer/Kilian, Rn. 361.
5 S. hierzu Rn. 361.

Q. Fälligkeit

1838 Zu berücksichtigen ist allerdings **§ 308 Nr. 1 BGB**, wenn die sofortige Fälligkeit vereinbart wird, sich der Anwalt aber für die Erbringung seiner Leistung eine unangemessen lange Frist ausbedingt.

1839 Des Weiteren ist an **§ 309 Nr. 2 BGB** zu denken, sofern durch eine vorzeitige Fälligkeit das Leistungsverweigerungsrecht des Auftraggebers ausgeschlossen oder eingeschränkt wird.

2. Formvorschriften
a) Schriftform
aa) Gesetzliche Vergütung

1840 Die Vereinbarung einer **vorzeitigen Fälligkeit** beinhaltet nicht die Vereinbarung einer höheren Vergütung, so dass diese Vereinbarung nach § 4 Abs. 1 Satz 1 RVG keiner Schriftform bedarf.[6]

1841 *Beispiel:*

Die Parteien haben keine Vergütungsvereinbarung zur Höhe getroffen. Sie haben lediglich vereinbart, dass die gesetzliche Vergütung mit dem ersten Auslösen eines jeweiligen Gebührentatbestandes sofort fällig werde.

Die Vergütung ist auch ohne Schriftform sofort durchsetzbar. Dass der Anwalt infolge der Fälligkeitsvereinbarung seine Vergütung früher erhält und dadurch möglicherweise Zinsvorteile hat, führt noch nicht zu einer höheren als der gesetzlichen Vergütung, zumal der Anwalt stattdessen auch nach § 9 RVG Vorschüsse einfordern könnte.

bb) Vereinbarte Vergütung

1842 Problematisch ist die vorzeitige Fälligkeitsvereinbarung, wenn eine höhere als die gesetzliche Vergütung vereinbart ist, es jedoch an der Schriftform des § 4 Abs. 1 Satz 1 RVG oder an der Form des § 4 Abs. 1 Satz 2 RVG fehlt. Insoweit dürfte im Zweifel gemäß § 139 BGB die Fälligkeitsvereinbarung wirksam bleiben.

1843 *Beispiel:*

Die Parteien vereinbaren das Doppelte der gesetzlichen Gebühren. Sie vereinbaren ferner, dass jede Gebühr sofort fällig werde, sobald der entsprechende Ge-

---

6 BGH, AGS 2004, 440.

bühren- oder Auslagentatbestand erfüllt sei. *Der Vereinbarung fehlt es jedoch an der Schriftform des § 4 Abs. 1 Satz 1 RVG.*

Nach § 4 Abs. 1 Satz 1 RVG kann der Anwalt keine höhere Vergütung als die gesetzliche verlangen. Er kann also lediglich die einfachen Gebühren verlangen, nicht die doppelten.

Da es sich bei der vorzeitigen Fälligkeitsvereinbarung jedoch nicht um eine Vereinbarung einer höheren Vergütung handelt,[7] ist diese Vereinbarung auch ohne Schriftform durchsetzbar, so dass der Anwalt sich auf die vorzeitige Fälligkeit hinsichtlich der einfachen Vergütung berufen kann.

b) Ausdrückliche Bezeichnung und Trennung von anderen Vereinbarungen

Da es sich – wie bereits ausgeführt – nicht um die Vereinbarung einer höheren gesetzlichen Vergütung handelt, ist es insoweit unerheblich, ob die vorzeitige Fälligkeitsvereinbarung gemäß § 4 Abs. 1 Satz 2 RVG als *„Vergütungsvereinbarung"* bezeichnet wird und ob sie von sonstigen Vereinbarungen deutlich abgesetzt ist. Hinzu kommt, dass es sich bei der Fälligkeitsvereinbarung ebenso wie bei Stundungsvereinbarungen ohnehin **nicht um anderweitige Vereinbarungen** handelt, sondern um Bestandteile der Vergütungsvereinbarung selbst, so dass eine Trennung ohnehin nicht erforderlich wäre.[8] 1844

IV. Vorzeitige Fälligkeit oder Vorschuss?

1. Überblick

Wird ein Zahlungszeitpunkt abweichend von der gesetzlichen Regelung des § 8 Abs. 1 RVG vereinbart, kann es sich um die Vereinbarung eines zu zahlenden **Vorschusses** (s.o. Rn. 1766 ff.) handeln oder um die Vereinbarungen einer gegenüber § 8 Abs. 1 RVG **vorzeitigen Fälligkeit**. 1845

Zwischen beiden Regelungen ist sorgfältig zu unterscheiden, da insbesondere bei Vergütungsvereinbarungen die Unterschiede zwischen Vorschuss und (vor-)fälliger Vergütung bedeutsam sein können. Der An- 1846

---

7   BGH, AGS 2004, 440.
8   Madert, Teil A Rn. 14; AnwK-RVG/N. Schneider, § 4 Rn. 66.

walt sollte sich also vor Abfassung der Vereinbarung genau fragen, was er erreichen will.

2. Unterschiedliche Rechtsfolgen von Vorschuss und vorzeitig fälliger Zahlung

1847 Zu beachten sind folgende Unterschiede zwischen Vorschuss und Zahlung der Vergütung bei vorzeitiger Fälligkeit.

a) Berechnung

1848 Die Anforderung von **Vorschüssen** bedarf **keiner Berechnung** nach § 10 Abs. 1 RVG.[9]

1849 **Vorzeitig fällige Beträge** können dagegen nur verlangt werden, wenn eine **ordnungsgemäße Berechnung** nach § 10 Abs. 1 RVG mitgeteilt wird.

b) Erfüllungswirkung

1850 Gezahlten **Vorschüssen** kommt **keine Erfüllungswirkung** nach § 362 Abs. 1 BGB zu; Vorschüsse sind vielmehr nach Fälligkeit gemäß § 10 Abs. 2 RVG abzurechnen. Sie stellen daher auch keine Leistung i.S.d. § 4 Abs. 1 Satz 3, Abs. 5 Satz 2 RVG dar – jedenfalls keine vorbehaltlose – und führen daher **nicht zum Ausschluss des Rückforderungsanspruchs**.[10]

1851 Zahlungen auf fällige Beträge kommt dagegen **Erfüllungswirkung** nach § 362 BGB zu, so dass sie – sofern sie freiwillig und vorbehaltlos geleistet werden – zum **Ausschluss des Rückforderungsrechts** nach § 4 Abs. 1 Satz 3, Abs. 5 Satz 2 RVG führen.

1852 *Beispiel:*

Die Parteien haben eine Vergütungsvereinbarung geschlossen, wonach dem Anwalt anstelle der gesetzlichen Vergütung i.H.v. 1.000,00 € ein Pauschalhonorar

---

9 S.o. Rn. 1792.
10 OLG Frankfurt/M., JurBüro 1983, 1032 = AnwBl. 1983, 513; OLG Hamm, AGS 1996, 122 = OLGR 1996, 275 = zfs 1997, 70; AnwK-RVG/N. Schneider, § 4 Rn. 86; s. hierzu auch ausführlich Rn. 2124 ff.

in Höhe 3.000,00 € zustehen soll. Der Auftraggeber zahlt nach Anberaumung des Termins zur mündlichen Verhandlung vereinbarungsgemäß einen Betrag i.H.v. 1.500,00 €. Später stellt sich heraus, dass die Vergütungsvereinbarung gegen § 4 Abs. 1 Satz 1 RVG verstößt.

- Handelte es sich bei den gezahlten 1.500,00 € um einen Vorschuss, muss der Anwalt nach § 10 Abs. 2 RVG noch abrechnen. Das kann er aber wegen § 4 Abs. 1 Satz 1 RVG nur nach der gesetzlichen Vergütung, also kann er nur 1.000,00 € verlangen und muss die zuviel vereinnahmten 500,00 € zurückzahlen.[11]
- War dagegen vereinbart, dass ein Teilbetrag i.H.v. 1.500,00 € mit Terminsanberaumung fällig werde, handelt es sich um eine endgültige Erfüllung. Zwar kann der Anwalt wegen § 4 Abs. 1 Satz 1 RVG jetzt auch keine weiteren Beträge mehr fordern. Soweit der Auftraggeber jedoch die 1.500,00 € freiwillig und vorbehaltlos gezahlt hat, kann dieser jetzt nach § 4 Abs. 1 Satz 3 RVG keine Rückzahlung verlangen. Den die gesetzliche Vergütung übersteigenden Betrag i.H.v. 500,00 € darf der Anwalt also behalten. Lediglich der Restbetrag i.H.v. 1.500,00 € wäre nicht durchsetzbar.

Beispiel: 1853

Die Parteien vereinbaren jeweils eine Pauschale für das vorbereitende Verfahren, für das Verfahren außerhalb der Hauptverhandlung und für die Hauptverhandlung. Vereinbart ist, dass mit Abschluss des jeweiligen Verfahrensabschnitts die Vergütung fällig wird. Der Anwalt rechnet daraufhin nach Abschluss des vorbereitenden Verfahrens diesen Abschnitt ab. Der Auftraggeber zahlt.

Im gerichtlichen Verfahren kommt es zum Streit. Nunmehr stellt sich heraus, dass die Vergütungsvereinbarung nicht der Schriftform des § 4 Abs. 1 Satz 1 RVG entspricht oder die Formvorschriften des § 4 Abs. 1 Satz 2 RVG nicht eingehalten sind. Der Auftraggeber weigert sich daher die vereinbarte Vergütung zu zahlen.

Wäre die Vergütung für den ersten Verfahrensabschnitt nicht fällig gewesen, sondern nur vorschussweise gezahlt, wäre der Anwalt auch insoweit auf die geringere gesetzliche Vergütung zu verweisen. Der Vorschuss wäre auch auf das gerichtliche Verfahren und u.U. auf die Vergütung für die Hauptverhandlung zu verrechnen gewesen. Dadurch, dass jedoch gestaffelte Fälligkeiten vereinbart worden sind und die Vergütung für das vorbereitende Verfahren bereits gezahlt ist, kann der Auf-   1854

---

11   S. hierzu 2147.

traggeber insoweit nach § 4 Abs. 1 Satz 3 RVG keine Rückforderung verlangen.

c) Anspruch auf Abrechnung und auf Rückzahlung

1855 Ist die Vergütungsvereinbarung unwirksam, also nicht nur nach § 4 Abs. 1 Satz 1, Abs. 5 Satz 1 RVG unverbindlich, so steht dem Auftraggeber hinsichtlich der von ihm gezahlten Vorschüsse ein **vertraglicher Anspruch auf Abrechnung** (nämlich nach den gesetzlichen Gebühren) und ein **vertraglicher Anspruch auf Rückzahlung** (nämlich soweit die Vorschüsse nach den gesetzlichen Gebühren nicht verbraucht sind) zu. Der Einwand der Entreicherung kann hier nicht erhoben werden.[12]

1856 Bei Zahlung fälliger Beträge auf eine unwirksame Vereinbarung ergibt sich dagegen lediglich ein **Bereicherungsanspruch aus § 812 BGB**, dem der Einwand der Entreicherung (§ 818 Abs. 3 BGB) entgegengesetzt werden kann, auch wenn dies als berufswidrig gilt.[13]

d) Ablauf der Verjährungsfrist

1857 Bei vereinbarter **vorzeitiger Fälligkeit** beginnt auch der Ablauf der Verjährungsfrist mit Ende des Kalenderjahres zu laufen (§ 199 BGB), so dass u.U. bei langzeitigen Mandaten teilfällige Beträge verjährt sein können, sofern die Verjährung nicht nach § 8 Abs. 2 RVG gehemmt ist.

1858 Sind dagegen nur **Vorschüsse** vereinbart, tritt keine Fälligkeit ein, so dass damit auch nicht der Beginn der Verjährung ausgelöst wird.

1859 *Beispiel:*

Der Anwalt ist im September 2004 beauftragt worden, eine Erbengemeinschaft auseinanderzusetzen. Es ist vereinbart, dass der Anwalt nach Erteilung des Erbscheins eine erste Zahlung i.H.v. 5.000,00 € erhalten soll. Das AG erteilt den Erbschein im November 2004; die Zahlung wird nicht abgerufen. Im Januar 2008 wird die Auseinandersetzung der Erbengemeinschaft abgeschlossen.

---

12 AnwK-RVG/N. Schneider, § 9 Rn. 55.
13 EGH I 106; AnwK-RVG/N. Schneider, § 10 Rn. 69.

- Handelte es sich um eine Vorschussvereinbarung, ist keine Teilfälligkeit eingetreten. Die gesamte Vergütung wird daher erst im Januar fällig und kann eingefordert werden.
- Handelte es sich dagegen um eine Fälligkeitsvereinbarung, ist der Teilbetrag i.H.v. 5.000,00 € mit Erteilung des Erbscheins nach §§ 271 Abs. 1, 187 Abs. 1 BGB fällig geworden. Mit Ende des Jahres 2004 begann daher der Lauf der Verjährungsfrist. Der Auftraggeber kann sich also hinsichtlich der Teilforderung von 5.000,00 € gemäß § 214 Abs. 1 BGB auf den Eintritt der Verjährung berufen.

3. Zweckmäßigkeitserwägungen

Ob eine vereinbarte Vorauszahlung als Vorschuss oder als fälliger Betrag zu zahlen ist, hängt von der Vereinbarung im Einzelfall ab. Im Hinblick auf die unterschiedlichen Konsequenzen sollte darauf geachtet werden, dass in der Vereinbarung klargestellt wird, ob eine Vorab-, Voraus- oder Zwischenzahlung als Vorschuss oder als fälliger Betrag geschuldet sein soll. Insoweit besteht zum Teil eine Gestaltungsmöglichkeit. 1860

- Soll vereinbart werden, dass der Auftraggeber Vorauszahlungen erbringt auf **Vergütungen, die noch gar nicht entstanden sind**, können **nur Vorschüsse** vereinbart werden, da Voraussetzung einer jeden fälligen Leistung selbstverständlich ist, dass der Leistungsanspruch als solcher entstanden ist.
- **Ist der Vergütungsanspruch bereits entstanden**, kann **sowohl** vereinbart werden, dass hierauf ein **Vorschuss** gezahlt als auch dass die bereits entstandene Vergütung im Verhältnis zu § 8 Abs. 1 RVG vorzeitig, also vor Eintritt einer der dort genannten Voraussetzungen **fällig** wird. Hier besteht ein Wahlrecht.

Beispiel: 1861

Der Anwalt wird nach Anklageerhebung als Verteidiger bestellt. Die Parteien vereinbaren, dass der Anwalt für die Einarbeitung in die Sache ein Pauschalhonorar i.H.v. 1.000,00 €, für die Verteidigung in erster Instanz darüber hinaus ein Pauschalhonorar i.H.v. 3.000,00 € und für jeden Hauptverhandlungstermin weitere 1.000,00 € erhalten solle.

Die Vergütung für die Einarbeitung ist mit Auftragserteilung entstanden. Hier kann daher sowohl eine Vorschusspflicht vereinbart werden als auch eine vorzei-

Q. Fälligkeit

tige Fälligkeit. Gleiches gilt für die Vergütung für die Tätigkeit außerhalb der Hauptverhandlung.

Da der Anwalt in einem Hauptverhandlungstermin noch nicht tätig war, ist insoweit noch keine Vergütung entstanden. Hier kann also allenfalls ein Vorschuss vereinbart werden.

1862 **Praxistipp:**

Insbesondere aufgrund der „Heilungswirkung" des § 4 Abs. 1 Satz 3, Abs. 5 Satz 2 RVG ist es grds. zu empfehlen, von der Vereinbarung von Vorschüssen abzusehen und stattdessen (Zwischen-)Fälligkeiten zu vereinbaren.

1863 **Praxistipp:**

Sind vorzeitige Fälligkeiten vereinbart, ist unbedingt darauf zu achten, dass diese Teilvergütungen abgerechnet und auch eingezogen werden, damit nicht der Ablauf der Verjährungsfrist droht.

1864 **Praxistipp:**

Vorzeitige Fälligkeitsvereinbarungen machen insbesondere dann Sinn, wenn Zeithonorare vereinbart worden sind, da dann Zwischenabrechnungen möglich sind, wonach bestimmte Abschnitte endgültig abgerechnet werden können.[14]

1865 Der Anwalt vermeidet damit, dass bei einem eventuellen späteren Streit sämtliche Zeiträume nachgerechnet werden.

1866 *Beispiel:*

Vereinbart ist, dass quartalsmäßig abgerechnet wird.

---

14 S. hierzu auch Krämer/Mauer/Kilian, Rn. 574.

Der Anwalt rechnet im ersten Quartal 25 Stunden ab, die er belegt und die der Auftraggeber zahlt.

Will der Auftraggeber später einwenden, die 25 Stunden seien nicht angefallen, so muss er sich auf Bereicherungsrecht stützen. Ihm obliegt die Darlegungs- und Beweislast dafür, dass die abgerechnete Stundenzahl unzutreffend ist. Zudem stellt sich die Frage, ob er mit der Zahlung nicht auch die Stundenzahl genehmigt und ob er sein Rückforderungsrecht damit verwirkt hat. Auch der Ausschluss des § 814 BGB kann greifen. 1867

Zur Absicherung des Anwalts in diesem Falle s. Rn. 1013ff. 1868

R. Verjährung

1869 Die Verjährung der anwaltlichen Vergütung richtet sich nach § 199 Abs. 1 BGB. Die Verjährungsfrist beträgt **drei Jahre**. Dies gilt auch für vereinbarte Vergütungen. Insoweit gibt es keine Unterschiede.

1870 Die Verjährungfrist **beginnt** hier mit dem **Ablauf des Kalenderjahres**, in dem die Vergütung **fällig** geworden ist. Hier können sich vorzeitige Fälligkeitsvereinbarungen (s. Rn. 1857) zum Nachteil des Anwalts auswirken, weil damit auch der Lauf der Verjährungsfrist früher beginnt und die Verjährung früher eintritt als die Verjährung nach der gesetzlichen Regelung des § 8 Abs. 1 RVG eintreten würde.[1]

1871 Bei einer vereinbarten Vergütung ist der Ablauf der Verjährungsfrist **nicht davon abhängig**, dass eine **ordnungsgemäße Berechnung** erteilt worden ist (§ 10 Abs. 1 Satz 2 RVG).[2]

1872 Im Übrigen gelten hier gegenüber der gesetzlichen Regelung keine Besonderheiten.[3]

1873 Zulässig ist es, **längere Verjährungsfristen** als die gesetzlichen zu vereinbaren.

1874 Die Vorschrift des § 225 BGB a.F., die eine **vertragliche Verlängerung** der Verjährungsfrist untersagte, gilt nicht mehr. Unzulässig wäre es lediglich, eine Verjährungsfrist von mehr als 30 Jahren zu vereinbaren (§ 202 Abs. 2 BGB).

1875 Zulässig ist es, Vereinbarungen zu treffen, wonach der Ablauf der Verjährungsfrist auch durch andere als die in § 204 BGB genannten Handlungen **gehemmt** wird, etwa durch Übersendung der Kostenrechnung, Übersendung einer Mahnung o.Ä.

---

1 S. ausführlich Rn. 1882.
2 AnwK-RVG/N. Schneider, § 8 Rn. 105.
3 S. im Einzelnen AnwK-RVG/N. Schneider, § 8 Rn. 104 ff.

> **Praxistipp:**
>
> Letztlich sollte der Anwalt jegliche Verjährungsproblematiken vermeiden und die vereinbarte Vergütung sofort einfordern, sobald sie fällig geworden ist.[4]

1876

Der Anwalt vermeidet damit nicht nur Rechtsnachteile durch den drohenden Ablauf der Verjährungfrist, sondern auch Forderungsausfälle und Gebührenstreite. Zu beachten ist, dass – nicht anders als bei gesetzlicher Vergütung – die Zahlungswilligkeit und manchmal auch die -fähigkeit nach Erledigung des Mandats stetig abnimmt.[5] Wer richtig arbeitet, hat zum Zeitpunkt der Erledigung des Mandats ohnehin seine Vergütung bereits durch Teilabrechnungen oder Vorschüsse vollständig abgesichert.

1877

---

4   S. hierzu auch Krämer/Mauer/Kilian, Rn. 693.
5   Krämer/Mauer/Kilian, a.a.O.

S. Berechnung der Vergütung

I. Überblick

1878 Nach § 10 Abs. 1 Satz 1 RVG kann der Rechtsanwalt die Vergütung nur aufgrund einer von ihm unterzeichneten und **dem Auftraggeber mitgeteilten Berechnung** einfordern. Die Vorschrift des § 10 RVG ist in Abschnitt 1 des RVG „Allgemeine Vorschriften" enthalten und gilt daher nicht nur für die Abrechnung der gesetzlichen Vergütung, sondern auch für die Abrechnung einer vereinbarten Vergütung unabhängig davon, wie die vereinbarte Vergütung zu berechnen ist.[1]

1879 Dies schränken Krämer/Mauer/Kilian[2] ein, die eine Berechnung nach § 10 RVG bei Abrechnung von Pauschalen ohne Auslagen für nicht erforderlich halten, wenn zudem keine Vorschüsse abzurechnen sind. Dies dürfte aber nicht richtig sein, da auch in diesem Fall der Auftraggeber einen Anspruch auf eine Rechnung hat und zumindest die Umsatzsteuer ausgewiesen werden muss, selbst wenn sie in der Pauschale enthalten ist.

1880 Ebenso wie bei der gesetzlichen Vergütung kann der Anwalt seinen Anspruch daher nur durchsetzen, wenn er zuvor dem Auftraggeber eine ordnungsgemäße Berechnung mitgeteilt hat. Fehlt es an einer ordnungsgemäßen Mitteilung der Berechnung, ist die Vergütung **nicht einforderbar**, insbesondere **nicht klagbar** (s.u. Rn. 1928 ff.). Eine Klage wäre als **unzulässig**, weil nicht klagbar,[3] oder **derzeit unbegründet**, weil nicht fällig,[4] abzuweisen.[5]

1881 Ungeachtet dessen kann der Auftraggeber auch ohne ordnungsgemäße Berechnung die Vergütungsforderung **erfüllen**. Ihm bleibt bei einer ver-

---

1 AnwK-RVG/N. Schneider, § 10 Rn. 5 m.w.N.; a.A. Schumann/Geißinger, § 18 Rn. 3, wonach die damalige Vorschrift des § 18 BRAGO (jetzt § 10 RVG) auf Vergütungsvereinbarungen nicht anwendbar sein soll.
2 Krämer/Mauer/Kilian, Rn. 694; ebenso Hartmann, KostG, § 10 Rn. 1 für Festhonorare.
3 OLG Frankfurt, NJW 1988, 910, das vom Fehlen einer Prozessvoraussetzung ausgeht.
4 OLG Köln, MDR 2000, 910 = OLGR 2000, 214.
5 AnwK-RVG/N. Schneider, § 10 Rn. 56 m.w.N.; s. hierzu auch zuletzt LG Gera, AGS 2005, 283 m. Anm. N. Schneider = MDR 2005, 480, das von einer Unzulässigkeit ausgeht.

einbarten Vergütung der Anspruch auf Erteilung einer Abrechnung nach
§ 10 Abs. 3 RVG erhalten.

Ebenso wie bei der gesetzlichen Vergütung wird bei der vereinbarten 1882
Vergütung der Ablauf der **Verjährungsfrist** von einer fehlenden Berechnung nicht berührt (§ 10 Abs. 1 Satz 2 RVG).

Hinsichtlich des **Inhalts** gelten grds. die gleichen Anforderungen wie 1883
bei Abrechnung einer gesetzlichen Vergütung, wobei sich allerdings aus den Besonderheiten der Vergütungsvereinbarung Abweichungen ergeben können. Dies hängt davon ab, inwieweit sich die vereinbarte Vergütung am Leitbild der gesetzlichen Vergütung orientiert.

Im Einzelnen gilt Folgendes: 1884

II. Schriftform

Die Abrechnung der vereinbarten Vergütung muss schriftlich (§ 126 1885
BGB) erfolgen. Ein gesondertes Rechnungsformular ist nicht erforderlich. Es genügt, dass die Abrechnung in einem Anschreiben enthalten ist.[6]

III. Rechnungsadressat

Ebenso wie bei Abrechnung der gesetzlichen Vergütung muss die Rech- 1886
nung grds. an den Auftraggeber gerichtet sein.[7] Ist die Vergütungsvereinbarung allerdings mit einem Dritten geschlossen,[8] so ist die Rechnung auf den Dritten auszustellen. Es verhält sich hier anders als bei der gesetzlichen Vergütung, da durch die Vergütungsvereinbarung mit einem Dritten dieser unmittelbarer Vergütungsschuldner wird.[9]

Wird die Vergütungsvereinbarung mit **mehreren Auftraggebern** ge- 1887
schlossen, so müssen sämtliche Auftraggeber in der Rechnung auf-

---

6 AnwK-RVG/N. Schneider, § 10 Rn. 10.
7 AnwK-RVG/N. Schneider, § 10 Rn. 11; Krämer/Mauer/Kilian, Rn. 694.
8 Zur Zulässigkeit von Vergütungsvereinbarungen mit Dritten s. Rn. 237 ff.
9 AnwK-RVG/N. Schneider, § 10 Rn. 12.

geführt sein oder jeder muss eine eigene Rechnung erhalten. Je nach Inhalt der Vergütungsvereinbarung muss § 7 Abs. 2 RVG beachtet werden. Jedem Vergütungsschuldner darf nur die Vergütung in Rechnung gestellt werden, für die er nach der Vereinbarung alleine haftet.

1888 *Beispiel:*

Zwei Auftraggeber (A und B) haben den Anwalt in einem Rechtsstreit gemeinschaftlich beauftragt, wegen desselben Gegenstandes tätig zu werden. Vereinbart ist das Doppelte der gesetzlichen Gebühren. Der Streitwert wird auf 20.000,00 € festgesetzt.

Jeder Auftraggeber haftet entsprechend § 7 Abs. 2 RVG nur auf das Doppelte der einfachen Gebühren.

USt-Id-Nr.: ....
Rechnungsnummer: ....

Herr A

...

..../....

Kostenrechnung

gemäß Vergütungsvereinbarung vom ...

1. 2,6 Verfahrensgebühr, Nr. 3100 VV RVG (doppelter Satz gemäß Vereinbarung) (Wert: 20.000 €)	1.679,60 €
2. 2,4 Terminsgebühr, Nr. 3104 VV RVG (doppelter Satz gemäß Vereinbarung) (Wert: 20.000 €)	1.550,40 €
3. Postentgeltpauschale, Nr. 7002 VV RVG	20,00 €
Zwischensumme 3.250,00 €	
4. 16 % Umsatzsteuer, Nr. 7008 VV RVG	520,00 €
Summe	**3.770,00 €**

....

Rechtsanwalt

Insgesamt darf der Anwalt jedoch nicht mehr als das Doppelte der nach Nr. 1008 VV RVG erhöhten Gebühren verlangen (§ 7 Abs. 2 Satz 2 RVG).

USt-Id-Nr.: ....

Rechnungsnummer: ....

Herr A

Herr B

...

..../....

Kostenrechnung

gemäß Vergütungsvereinbarung vom ...

1. 3,2 Verfahrensgebühr, Nrn. 3100, 1008 VV RVG (doppelter Satz gemäß Vereinbarung) (Wert: 20.000 €)	2.067,20 €
2. 2,4 Terminsgebühr, Nr. 3104 VV RVG (doppelter Satz gemäß Vereinbarung) (Wert: 20.000 €)	1.550,40 €
3. Postentgeltpauschale, Nr. 7002 VV RVG	20,00 €
Zwischensumme	3.637,60 €
4. 16 % Umsatzsteuer, Nr. 7008 VV RVG	582,02 €
Summe	**4.219,62 €**

....

Rechtsanwalt

IV. Bezeichnung der Angelegenheit

Bei einer Abrechnung einer vereinbarten Vergütung muss die abgerechnete Angelegenheit genau bezeichnet werden.[10] Es ist zu beachten, dass sich der Umfang der vereinbarungsgemäß abzurechnenden Angelegen-

---

10 AnwK-RVG/N. Schneider, § 10 Rn. 15.

heit ggf. abweichend von dem gesetzlichen Umfang der Angelegenheit (§§ 15, 16 ff. RVG) darstellen kann.

V. Kurze Bezeichnung der Gebühren- und Auslagentatbestände

1890 Bei einer Vergütungsvereinbarung müssen die angewandten **Gebührentatbestände** grds. durch eine „kurze Bezeichnung" angeführt werden. Dies gilt nur, insoweit die Gebührentatbestände ungeachtet der Vergütungsvereinbarung noch anwendbar sind. Hat sich die vereinbarte Vergütung völlig von dem gesetzlichen Leitbild gelöst, können selbstverständlich keine Gebührentatbestände angegeben werden. Das bedeutet aber nicht, dass gar keine Angaben erforderlich sind. Anstelle der Bezeichnung der Gebührentatbestände sind die Berechnungsgrundlagen der Vergütungsvereinbarung anzugeben, also z.B. die Anzahl der Stunden und die Höhe des Stundensatzes oder der Hinweis auf eine Pauschale o.Ä.; s. hierzu auch die Abrechnungsmuster (Rn. 1947 ff.).

1891 *Beispiel:*

Die Parteien vereinbaren eine Abrechnung nach Stunden. Hier kann kein Gebührentatbestand angegeben werden. Erforderlich ist dann aber die Angabe der Stundenberechnung.

1892 *Beispiel:*

Die Parteien vereinbaren, dass das Doppelte der gesetzlichen Gebühren abgerechnet werde. Hier müssen nach § 10 Abs. 2 Satz 1 RVG die Gebührentatbestände aufgeführt werden, da anderenfalls der Auftraggeber die Rechnung nicht überprüfen kann, insbesondere nicht feststellen kann, ob die zutreffenden Gebühren verdoppelt worden sind.

1893 Gleiches gilt hinsichtlich der **Auslagen**. Soweit die Höhe der vom Auftraggeber zu ersetzenden Auslagen individuell vereinbart worden ist, genügt die Angabe der Auslagenpositionen. Soweit die gesetzlichen Auslagen oder ein Vielfaches oder abweichende Beträge vereinbart sind (s. Rn. 1069 ff.), müssen die gesetzlichen Auslagentatbestände mitzitiert werden, da anderenfalls die Abrechnung nicht überprüfbar wäre.

VI. Gebühren- und Auslagenbeträge

Soweit der vereinbarten Vergütung Gebührenbeträge zugrunde liegen, also z.b. das Doppelte der gesetzlichen Gebühren, abweichende Beträge anstelle der gesetzlichen Gebührenbeträge, Gebührenbeträge nach höheren Gegenstandswerten o.Ä., müssen die **Gebührenbeträge** ausgewiesen werden. 1894

Soweit die Vergütungsvereinbarung losgelöst von den gesetzlichen Gebühren getroffen worden ist, dürfte § 10 Abs. 1 RVG dahin gehend auszulegen sein, dass die **einzelnen Positionen** auszuweisen sind. 1895

Beispiel: 1896

Es ist eine Abrechnung nach Stunden vereinbart.

Hier muss der Gesamtbetrag der abgerechneten Stunden angegeben werden. Die Angabe der Anzahl der Stunden ist ohnehin erforderlich (s.u. Rn. 1947 ff.).

Beispiel: 1897

Die Parteien vereinbaren für das vorbereitende Verfahren vor der Staatsanwaltschaft eine feste Pauschale, für das gerichtliche Verfahren außerhalb der Hauptverhandlung eine weitere und für jeden Tag der Hauptverhandlung eine gesonderte Pauschale.

In diesem Fall müssen die einzelnen Pauschalen gesondert betragsmäßig ausgewiesen werden. Es reicht nicht, die Gesamtsumme der Pauschalen anzugeben.

Gleiches gilt hinsichtlich der **Auslagen**. Es genügt nicht, alle Auslagen zusammenzufassen. Vielmehr müssen die einzelnen Auslagenbeträge gesondert dargestellt werden. 1898

VII. Gegenstandswert

Ist die Abrechnung der Vergütung unabhängig vom Gegenstandswert, kann ein solcher nicht angegeben werden. 1899

Richtet sich die vereinbarte Vergütung dagegen nach dem Gegenstandswert, muss auch dieser angegeben werden. 1900

Beispiel: 1901

Die Parteien vereinbaren, dass nach einem Vielfachen der gesetzlichen Gebühren abzurechnen ist.

Hier muss der gesetzliche Gegenstandswert angegeben werden.

1902 *Beispiel:*

Die Parteien vereinbaren die Abrechnung nach den gesetzlichen Gebührentatbeständen, allerdings nach dem doppelten Gegenstandswert.

Hier muss jetzt der doppelte Gegenstandswert in die Gebührenabrechnung mit aufgenommen werden, da anderenfalls die Berechnung nicht überprüfbar wäre.

VIII. Nummern des Vergütungsverzeichnisses

1903 Soweit sich die vereinbarte Vergütung völlig **von den gesetzlichen Gebührentatbeständen löst**, ist die Angabe der Gebührenvorschriften, also der Nummern des Vergütungsverzeichnisses, nicht möglich und daher auch nicht erforderlich.

1904 Soweit sich die vereinbarte Vergütung dagegen **an der gesetzlichen Vergütung orientiert**, sei es, dass nach einem Vielfachen der gesetzlichen Gebühren und Auslagen abgerechnet wird oder zusätzlich zu den gesetzlichen Gebühren ein Zuschlag zu zahlen ist oder nach den gesetzlichen Gebühren zu einem höheren Gegenstandswert abzurechnen ist, müssen die jeweiligen Nummern des Vergütungsverzeichnisses mitaufgeführt werden.

1905 Die Vorschrift des **§ 4 RVG** braucht in keinem Fall zitiert zu werden, da es sich nicht um eine Gebühren- oder Auslagenvorschrift i.S.d. § 10 Abs. 2 RVG handelt.

IX. Auslagen

1906 Auslagen müssen konkret bezeichnet und einzeln ausgewiesen sein.

1907 Hinsichtlich der Entgelte für Post- und Telekommunikationsdienstleistungen reicht ein Hinweis auf die **Postentgeltpauschale** der Nr. 7002 VV RVG, wenn diese anzuwenden ist oder ggf. eine in der Höhe abweichende Pauschale, wenn diese vereinbart ist.

1908 Bei **konkreter Abrechnung** der Entgelte für Post- und Telekommunikationsdienstleistungen genügt die Angabe des Gesamtwertes (§ 10 Abs. 2 Satz 2 RVG); eine detaillierte Aufstellung ist auch hier nur auf Nachfrage des Auftraggebers erforderlich.

X. Vorschüsse und anzurechnende Beträge

In der Berechnung müssen **erhaltene Vorschüsse** abgerechnet werden. Insoweit ergeben sich keine Besonderheiten gegenüber der Abrechnung der gesetzlichen Vergütung. 1909

Soweit auf die vereinbarte Vergütung kraft Gesetzes oder kraft Vereinbarung **anderweitige Gebühren oder Vergütungen** anzurechnen sind, ist auch dies in der Berechnung auszuweisen. 1910

Beispiel: 1911

Die Parteien vereinbaren für das gerichtliche Verfahren das Doppelte der gesetzlichen Vergütung. Hinsichtlich der vorangegangenen außergerichtlichen Vertretung hatten sie keine Vereinbarung getroffen.

Die vorgerichtlich nach den gesetzlichen Vorschriften erhaltene Geschäftsgebühr aus Nr. 2400 VV RVG muss sich der Anwalt gemäß Vorbem. 3 Abs. 4 VV RVG anrechnen lassen[11] *und in der Rechnung ausweisen.*

Beispiel: 1912

Die Parteien vereinbaren sowohl für die außergerichtliche Vertretung als auch für das gerichtliche Verfahren jeweils einen Pauschalbetrag, wobei vereinbart ist, dass die Pauschale der vorgerichtlichen Vertretung hälftig auf die Pauschale der gerichtlichen Vertretung anzurechnen ist.

Auch in diesem Falle muss die kraft Vereinbarung anzurechnende Vergütung in der Berechnung ausgewiesen werden.

XI. Eigenhändige Unterschrift

Weitere zwingende Voraussetzung ist, dass die Berechnung von dem Anwalt eigenhändig unterschrieben wird.[12] Da die Vergütungsvereinbarung grds. nur mit dem betreffenden Anwalt zustande kommt und eine **höchstpersönliche** Vereinbarung ist, dürfte es i.d.R. erforderlich sein, dass gerade dieser Anwalt die Berechnung eigenhändig unterzeichnet. Ob hier die Unterschrift eines Sozius ausreicht, erscheint zweifelhaft. Der Anwalt sollte sich insoweit auf eine Auseinandersetzung nicht einlassen. 1913

---

11 S. Rn. 1525.
12 AnwK-RVG/N. Schneider, § 10 Rn. 34 ff.; Krämer/Mauer/Kilian, Rn. 694.

1914 Ausreichend dürfte aber sein, wenn sich die Unterschrift aus einem **Begleitschreiben** ergibt.

1915 Ebenso dürfte es ausreichen, wenn die Rechnung im Vergütungsprozess von dem **Prozessbevollmächtigten** unterschrieben wird.[13]

XII. Weitere Angaben

1916 Zwar ist die Aufzählung in § 10 Abs. 2 RVG nicht abschließend. Weitere Angaben werden in aller Regel nicht erforderlich sein.

1917 Im Falle einer Vergütungsvereinbarung können sich aus dem Inhalt der Vereinbarung jedoch weitere Angaben als erforderlich herausstellen.

1918 So muss sich bei einer **Abrechnung nach Stunden oder anderen Zeiteinheiten** aus der Rechnung die Anzahl der geleisteten Stunden ergeben.

1919 Wird eine vom **Vorstand der Rechtsanwaltskammer** nach § 4 Abs. 3 Satz 1 RVG **bestimmte Vergütung** abgerechnet, so sollte ein Hinweis auf die Bestimmung des Vorstands der Rechtsanwaltskammer erfolgen.

1920 Des Weiteren ist es hier auf jeden Fall erforderlich, dass auch dem Auftraggeber vorher die Bestimmung der Rechtsanwaltskammer zugegangen ist. Soweit also der Vorstand der Rechtsanwaltskammer die Bestimmung gegenüber dem Auftraggeber erklärt hat (s. § 318 Abs. 1 BGB), muss darauf Bezug genommen werden. Diese Bestimmung muss dann in schriftlicher Form spätestens der Rechnung beigefügt werden. Die bloße Bezugnahme auf eine dem Auftraggeber nicht bekannt gegebene Bestimmung dürfte der Vorschrift des § 10 Abs. 2 RVG nicht genügen.

1921 Nicht erforderlich ist es, dass zugleich mit der vereinbarten Vergütung dem Auftraggeber mitgeteilt wird, wie sich die gesetzliche Vergütung berechnet. Diese Angaben schuldet der Anwalt allenfalls auf Nachfrage.

---

13 S. hierzu im Einzelnen AnwK-RVG/N. Schneider, § 10 Rn. 34 ff.

XIII. Umsatzsteuer

In der Rechnung muss die Umsatzsteuer ausgewiesen sein, da diese nach dem gesetzlichen Verständnis des RVG einen Auslagentatbestand (Nr. 7008 VV RVG) darstellt.

1922

Abgesehen davon hat der Auftraggeber – jedenfalls dann, wenn er die Rechnung steuerlich geltend machen kann – einen Anspruch darauf, dass ihm eine steuerlich absetzbare Rechnung vorgelegt wird. Geschieht dies nicht, steht ihm nach § 273 BGB ein Zurückbehaltungsrecht zu.[14] Er ist insoweit unabhängig von § 10 RVG nicht verpflichtet zu zahlen.

1923

XIV. Steuerliche Anforderungen an die anwaltliche Rechnung

Auf der Grundlage der Richtlinie 2001/115/EG des Rates[15] werden seit dem 1.1.2004 strengere Anforderungen an die anwaltliche Rechnung gestellt. Rechnungen müssen bestimmte Pflichtangaben enthalten (§ 14 Abs. 4 UStG). Dies gilt auch bei der Abrechnung vereinbarter Vergütungen.[16]

1924

Dies setzt nach den § 14 Abs. 4 Satz 1 Nr. 1 bis 8 UStG Folgendes voraus:

1925

1. Vollständiger **Name und Anschrift** des **leistenden Unternehmers** und des **Leistungsempfängers**,

2. die dem leistenden Unternehmer vom Finanzamt erteilte **Steuernummer, besser die USt-ID-Nr.**,

3. das **Ausstellungsdatum**,

4. eine **fortlaufende Nummer** mit einer oder mehreren Zahlenreihen, die zur Identifizierung der Rechnung vom Rechnungsaussteller einmalig vergeben wird (Rechnungsnummer),

5. die **Menge und die Art** (handelsübliche Bezeichnung) der gelieferten Gegenstände oder den **Umfang und die Art** der sonstigen Leistung,

---

14 BGH, NJW 1980, 2710.
15 Vom 20.12.2001 (L15/24 ABl EG 17.1.2001).
16 Krämer/Mauer/Kilian, Rn. 694.

6. den **Zeitpunkt der Lieferung** oder **sonstigen Leistung** oder der Vereinnahmung des Entgelts oder eines Teils des Entgelts in den Fällen des Abs. 5 Satz 1, sofern dieser Zeitpunkt feststeht und nicht mit dem Ausstellungsdatum der Rechnung identisch ist,

7. das **nach Steuersätzen und einzelnen Steuerbefreiungen aufgeschlüsselte Entgelt** für die Lieferung oder sonstige Leistung (§ 10) sowie jede im Voraus vereinbarte Minderung des Entgelts, sofern sie nicht bereits im Entgelt berücksichtigt ist und

8. den **anzuwendenden Steuersatz** sowie den auf das Entgelt entfallenden Steuerbetrag oder im Fall einer Steuerbefreiung einen Hinweis darauf, dass für die Lieferung oder sonstige Leistung eine Steuerbefreiung gilt.

1926 Dem Leistungsempfänger bleibt der Vorsteuerabzug versagt, wenn die Rechnung keine laufende Rechnungsnummer enthält oder andere Pflichtangaben nach § 14 Abs. 4 UStG fehlen. Ihm steht daher wiederum ein Zurückbehaltungsrecht zu, wenn die erforderlichen Angaben in der Rechnung fehlen.[17]

XV. Kosten der Abrechnung

1927 Soweit nichts anderes vereinbart ist, sind auch bei Abrechnung einer vereinbarten Vergütung die Kosten der Abrechnung selbst allgemeine Geschäftskosten i.S.d. Vorbem. 7 Abs. 1 VV RVG. Der Anwalt kann hierfür weder eine Vergütung (§ 19 Abs. 1 Satz 2 Nr. 13 RVG) noch Auslagen verlangen. Insbesondere erhält er für das Übersenden der Kostenrechnung keine Postentgelte (Anm. zu Nr. 7001 VV RVG).

XVI. Fehlen einer ordnungsgemäßen Abrechnung

1928 Fehlt die ordnungsgemäße Abrechnung, ist auch die vereinbarte Vergütung nicht einforderbar. Dies wiederum bedeutet, dass der Auftraggeber trotz Aufforderung die Vergütung nicht zu zahlen braucht. Ins-

---

17 BGH, NJW 1980, 2710.

besondere gerät er nicht in Verzug.[18] Eine Klage wäre als unzulässig oder unbegründet abzuweisen.[19]

Eine Rechnung kann im Rechtsstreit allerdings noch nachgereicht werden, wobei der Anwalt nun damit rechnen muss, dass der Auftraggeber Kosten befreiend anerkennt.[20]   1929

Der Anwalt ist nicht berechtigt aufzurechnen.[21]   1930

Ungeachtet dessen ist der Auftraggeber selbstverständlich berechtigt, die Vergütungsforderung zu **erfüllen**. Er kann dann aber gezahlte Beträge nicht zurückverlangen mit der Begründung, ihm sei keine Kostenrechnung erteilt worden. Andererseits steht ihm nach § 10 Abs. 3 RVG auch nachträglich noch ein Recht auf Erteilung einer Abrechnung zu. Dieser Anspruch kann sogar selbständig eingeklagt werden.[22]   1931

XVII. Fehlerhafte Berechnung

Ist die Berechnung lediglich inhaltlich falsch, so berührt dies die Durchsetzbarkeit und Einklagbarkeit der Vergütung grds. nicht.[23]   1932

Hat der Anwalt z.B. zu viele Stunden abgerechnet, einen fehlerhaften Stunden- oder Pauschalsatz angewandt oder bei Abrechnung nach einem Vielfachen der gesetzlichen Gebühren fehlerhafte Gebührentatbestände angewandt, bleibt die Vergütung in der berechtigten Höhe jedenfalls durchsetzbar.[24]   1933

Das gilt ausnahmsweise dann nicht, wenn die Berechnung derart fehlerhaft ist, dass tatsächlich etwas völlig anderes abgerechnet wurde.   1934

---

18   Krämer/Mauer/Kilian, Rn. 695.
19   AnwK-RVG/N. Schneider, § 10 Rn. 56.
20   AnwK-RVG/N. Schneider, § 10 Rn. 56; Krämer/Mauer/Kilian, Rn. 695.
21   AnwK-RVG/N. Schneider, § 10 Rn. 57 ff.; Krämer/Mauer/Kilian, Rn. 702.
22   S. hierzu Rn. 2821.
23   Krämer/Mauer/Kilian, Rn. 695; zur gesetzlichen Vergütung: OLG Nürnberg, JurBüro 1973, 956; LG Nürnberg-Fürth, AnwBl. 1984, 94.
24   AnwK-RVG/N. Schneider, § 10 Rn. 64.

1935 *Beispiel:*
Die Parteien haben einen Pauschalbetrag vereinbart. Der Anwalt rechnet nach Stundensätzen ab.

In diesem Falle dürfte die Abrechnung derart fehlerhaft sein, dass keine ordnungsgemäße Berechnung vorliegt und die Vergütung somit nicht einklagbar ist.

XVIII. Abrechnung bei unwirksamer Vereinbarung
1. Überblick

1936 Probleme ergeben sich, wenn sich im Nachhinein herausstellt, dass die Vergütung nicht wirksam vereinbart worden ist. Hier ist zu differenzieren.

2. Die Vergütung ist aufgrund eines Formfehlers nach § 4 Abs. 1 Satz 2 RVG nicht einforderbar

1937 In diesem Fall bleibt die Vergütungsvereinbarung wirksam.[25] Der Anwalt kann jedoch nicht mehr als die gesetzliche Vergütung verlangen; gleichwohl kann der Auftraggeber die vereinbarte Vergütung zahlen und insoweit keine Rückforderung geltend machen (§ 4 Abs. 1 Satz 3 RVG).

1938 Im Gegensatz zur Unwirksamkeit der Vergütungsvereinbarung, bei der der Anwalt darauf angewiesen ist, die gesetzliche Vergütung abzurechnen und er folglich dann auch erst einmal eine ordnungsgemäße Berechnung der gesetzlichen Gebühren vorlegen muss, braucht er dies nicht, wenn lediglich ein Formverstoß nach § 4 Abs. 1 Satz 1, 2 RVG vorliegt. In diesem Fall bleibt nämlich die Vergütungsvereinbarung wirksam. Der Anwalt darf keine Berechnung der gesetzlichen Gebühren vorlegen. Eine solche Berechnung wäre unzutreffend und würde der Vorschrift des § 10 RVG nicht entsprechen, weil die gesetzliche Vergütung nicht vereinbart ist, auch wenn der Anwalt nicht mehr verlangen kann. Die Höhe der gesetzlichen Vergütung ist lediglich ein Maßstab für die geschuldete vereinbarte Vergütung, so dass es keiner Berechnung nach § 10 RVG über der gesetzlichen Vergütung bedarf.[26]

---
25 S. Rn. 601 ff.
26 BGH, AGS 2003, 15.

In diesem Fall muss der Anwalt also entsprechend der getroffenen Vergütungsvereinbarung abrechnen und dann in einem Begleitschreiben oder in der Rechnung selbst alternativ die gesetzlichen Gebühren berechnen, so dass der Auftraggeber ersehen kann, in welcher Höhe er die vereinbarte Vergütung begleichen muss. 1939

3. Unwirksamkeit der Vergütungsvereinbarung

Ist die Vergütungsvereinbarung unwirksam, also nicht nur eine Naturalobligation – wie bei den Verstößen gegen § 4 Abs. 1 Satz 1 u. 2, Abs. 5 Satz 1 RVG –, sondern vollends nichtig, etwa wegen Sittenwidrigkeit, Verstoßes gegen ein gesetzliches Verbot i.V.m. § 134 BGB, nach § 306 Abs. 3 BGB o.Ä., ist nur die gesetzliche Vergütung geschuldet.[27] Gleiches gilt, wenn der Anwalt die Vergütungsvereinbarung irrtümlich auf Tätigkeiten erstreckt, für die die Vereinbarung nicht gilt.[28] In einem solchen Fall kann der Anwalt die vereinbarte Vergütung nicht abrechnen. Er muss vielmehr nach den gesetzlichen Vorschriften abrechnen.[29] Die Wirksamkeit dieser Abrechnung richtet sich dann unmittelbar nach § 10 RVG. 1940

4. Hilfsweise Abrechnung der gesetzlichen Vergütung bei Streit über die Wirksamkeit der Vergütungsvereinbarung

Probleme treten auf, wenn sich erst nachträglich herausstellt, dass die Vergütungsvereinbarung nichtig ist. Es stellt sich dann die Frage, inwieweit eine unrichtige Berechnung der vereinbarten Vergütung noch dem Erfordernis des § 10 RVG genügt. Grds. gilt, dass eine inhaltlich falsche Berechnung unschädlich ist. In Höhe der tatsächlich berechtigten Forderung ist die Vergütung dann dennoch einforderbar.[30] Für das Verhältnis zwischen vereinbartem Honorar und gesetzlicher Vergütung gilt dieser 1941

---

27 S. Rn. 377, 1743.
28 So im Fall des AG Spandau, AGS 2003, 440 m. Anm. Herrmann und N. Schneider = KostRsp. BRAGO § 3 Nr. 63.
29 AG Spandau, AGS 2003, 440 m. Anm. Herrmann und N. Schneider = KostRsp. BRAGO § 3 Nr. 63; OLG Düsseldorf, AGS 2004, 12 = JurBüro 2003, 584 = MDR 2003, 58 m. Anm. N. Schneider.
30 S.o. Rn. 601 ff.

Grundsatz jedoch nicht. Die Abrechnung nach einer Vergütungsvereinbarung ist nämlich keine inhaltlich falsche Berechnung der gesetzlichen Vergütung, sondern etwas völlig anderes. Während inhaltliche Fehler, etwa ein unzutreffender Gebührentatbestand oder eine unzutreffende Streitwertannahme, ohne weiteres korrigiert werden können, verhält es sich bei Abrechnung einer Vergütungsvereinbarung anders. Der Auftraggeber weiß hier nämlich gar nicht, was von ihm stattdessen an gesetzlichen Gebühren geschuldet wird. Dies gilt erst recht, wenn bei gesetzlicher Abrechnung Rahmengebühren abzurechnen sind. Der Anwalt muss dann nämlich zunächst einmal sein Bestimmungsrecht nach §§ 315 ff. BGB, § 14 Abs. 1 RVG ausüben.

1942 Der Anwalt, der anstelle des (unwirksam) vereinbarten Honorars die gesetzliche Vergütung verlangen will, muss also hierüber zunächst eine ordnungsgemäße Rechnung nach § 10 Abs. 1 RVG erteilen. Anderenfalls ist die Vergütung nicht klagbar (s.o. Rn. 1928 f.).

1943 **Praxistipp:**

Ist der Anwalt gezwungen, aus einer Vergütungsvereinbarung gegen den Auftraggeber vorzugehen, so sollte er, wenn Streit über die Wirksamkeit oder die Reichweite der Vereinbarung besteht, vorsorglich rechtzeitig und hilfsweise die gesetzlichen Gebühren abrechnen und als Sockelbetrag geltend machen.

1944 Der Anwalt vermeidet damit die Gefahr, dass er im Rechtsstreit später völlig unterliegt, nämlich

- hinsichtlich der vereinbarten Vergütung, weil diese nicht vereinbart ist, und

- hinsichtlich der gesetzlichen Vergütung, weil es an einer ordnungsgemäßen Berechnung fehlt.

1945 U.U. droht sogar der Eintritt der Verjährung. Nach einem Teil der Rechtsprechung verjährt die Honorarforderung des Anwalts nämlich auch dann, wenn sie zwar eingeklagt ist, aber eine ordnungsgemäße Abrechnung nicht innerhalb der Verjährungsfrist vorgelegt wird.[31] Der nachträglichen Vorlage kommt danach keine Rückwirkung zu.

Hat der Anwalt aber vorsorglich hilfsweise die ordnungsgemäße Berechnung nach den gesetzlichen Gebühren mitgeteilt, kann sich der Auftraggeber insoweit jedenfalls nicht auf das Fehlen berufen. 1946

XIX. Muster

1. Abrechnung nach Zeiteinheiten

Ist eine Vereinbarung nach Zeiteinheiten – insbesondere nach Stundensätzen – getroffen worden, so ist § 10 RVG nur eingeschränkt anzuwenden, da es keine Gebührentatbestände gibt, die aufgeführt werden können. Insoweit dürfte es genügen, zunächst nur die Anzahl der Zeiteinheiten – i.d.R. nach Stunden zu berechnen – anzugeben. Zur näheren Erläuterung, wie sich die Anzahl der Zeiten zusammensetzt, ist der Anwalt erst auf Nachfrage verpflichtet. Gleichwohl sollte im Anschreiben zur Rechnung eine kurze Erläuterung gegeben werden. Dies vermeidet spätere Nachfragen des Auftraggebers. 1947

> **Fallgestaltung:**
> Der Anwalt war vom Mandanten beauftragt worden, Allgemeine Geschäftsbedingungen zu entwerfen. Vereinbart war ein Stundensatz i.H.v. 200,00 € netto. 1948

Zu beachten ist, dass vereinbarte Stundensätze, sofern nichts anderes vereinbart ist, auch Auslagen und Umsatzsteuer abdecken.[32] Diese können nur dann zusätzlich abgerechnet werden, wenn dies ausdrücklich vereinbart ist. Gleiches gilt für Fahrt- und Wartezeiten. Auch diese dür- 1949

---

31 KG, ZZP 55, 272; 55, 447; LG Berlin, AnwBl. 1992, 240 = MDR 1992, 524 = KostRsp. BRAGO § 16 Nr. 23; OLG Köln, AnwBl. 1994, 471 = OLGR 1994, 103 = KostRsp. BRAGO § 18 Nr. 7; AnwK-RVG/N. Schneider, Rn. 77.
32 S. Rn. 1517 f.

fen nur dann abgerechnet werden, wenn dies ausdrücklich vereinbart ist.[33]

1950 **Muster: Abrechnung bei Vereinbarung eines Stundensatzes mit Anschreiben**

Herrn

...

..../....

Sehr geehrter Herr...,

in der vorgenannten Sache nehme ich Bezug auf die Ihnen bereits übermittelten Allgemeinen Geschäftsbedingungen, die ich für Sie erstellt hatte.

Gleichzeitig übersende ich Ihnen als Anlage die Berechnung meiner Vergütung, ausgehend von unserer Vergütungsvereinbarung i.H.v. 200,00 €/Stunde.

Für das Erstellen der Geschäftsbedingungen einschließlich der Abgleichung mit der aktuellen Rechtsprechung habe ich insgesamt zehn Arbeitsstunden aufgewandt. Hinzu kommen drei weitere Arbeitsstunden für die von Ihnen unter dem ... gewünschten Ergänzungen. Insgesamt ergeben sich somit 13 Stunden zu jeweils 200,00 € zuzüglich Umsatzsteuer.

Mit freundlichen Grüßen

....

Rechtsanwalt

Anlage: Kostenberechnung

(Anlage)

Herrn

...

USt-Id-Nr.: ....

---
[33] S. Rn. 1523.

	Leistungszeitraum: ....
	Rechnungsnummer: ...

Entwurf Allgemeine Geschäftsbedingungen

Kostenberechnung

1. 13 Stunden x 200,00 €/Stunde	2.600,00 €
2. 16 % Umsatzsteuer, Nr. 7008 VV RVG	416,00 €
Summe	**3.016,00 €**

....

Rechtsanwalt

Sind **unterschiedlich hohe Stundensätze** vereinbart, müssen diese gesondert ausgewiesen werden. 1951

> **Praxistipp:** 1952
>
> In umfangreicheren Sachen ist es zudem zweckmäßig, der Abrechnung eine detaillierte Übersicht der aufgewandten Stunden beizufügen, um Nachfragen und Misstrauen des Mandanten von vornherein vorzubeugen.[34]

> **Fallgestaltung:** 1953
> Der Anwalt war in einer Strafsache als Verteidiger beauftragt worden. Vereinbart war ein Stundensatz von 250,00 € und für Fahrt- und Wartezeiten ein Stundensatz i.H.v. 150,00 €; zusätzlich war die Erstattung der gesetzlichen Auslagen vereinbart.

Die Stundensätze müssen jetzt gestaffelt abgerechnet werden. Es muss also die Gesamtzahl der jeweiligen Stunden nach den einzelnen Sätzen aufgeführt werden. Hinsichtlich der Auslagen gilt § 10 RVG unmittelbar, da diese sich nach der gesetzlichen Regelung richten. 1954

---

34 S. hierzu Rn. 1013 ff.

1955 Muster: Abrechnung bei Vereinbarung gestaffelter Stundensätze mit Stundenaufstellung 🗎

Herrn

...

Ust-Id-Nr.: ....

Leistungszeitraum:
1.8. bis 31.8.2005

Rechnungsnummer: .....

Strafverteidigung AG München - 1 Ds 1860/05

Kostenberechnung

1.	10,5 Stunden x 250,00 €/Stunde (gemäß anliegender Aufstellung)	2.625,00 €
2.	5 Stunden x 150,00 €/Stunde (gemäß anliegender Aufstellung)	750,00 €
3.	Fahrtkosten PKW (Termin 1. 8. 2005), Nr. 7003 VV RVG, 2 x 60 km x 0,30 €/km	36,00 €
4.	Abwesenheitspauschale bis 4 Stunden, Nr. 7005 Nr. 1 VV RVG	20,00 €
5.	Fahrtkosten PKW (Termin 22. 8. 2005), Nr. 7003 VV RVG, 2 x 30 km x 0,30 €/km	18,00 €
6.	Abwesenheitspauschale bis 4 Stunden, Nr. 7005 Nr. 1 VV RVG	20,00 €
7.	Fahrtkosten PKW (Termin 24. 8. 2005), Nr. 7003 VV RVG, 2 x 60 km x 0,30 €/km	36,00 €
8.	Abwesenheitspauschale über 8 Stunden, Nr. 7005 Nr. 3 VV RVG	60,00 €
9.	Postentgeltpauschale, Nr. 7002 VV RVG	20,00 €
	Zwischensumme 3.603,00 €	
10.	16 % Umsatzsteuer, Nr. 7008 VV RVG	576,48 €
	Summe	**4.179,48 €**

....

Rechtsanwalt

(Anlage)

Abrechnung in Sachen: Strafsache AG München (1 Ds 1860/05)

Abrechnungszeitraum: 1.8.2005 bis 31.8.2005

Datum	von	bis	Tätigkeit	Std. zu 150,00 €	Gesamt	Std. zu 250,00 €	Gesamt
1. 8.	10.00	11.00	Anfahrt Haftprüfungstermin	1,0	150,00 €		
1. 8.	11.00	12.30	Haftprüfungstermin			1,5	375,00 €
1. 8.	12.30	13.30	Rückfahrt Haftprüfungstermin	1,0	150,00 €		
22. 8.	11.00	11.30	Anfahrt JVA	0,5	75,00 €		
22. 8.	11.30	13.30	Besuch und Besprechung JVA			2,0	500,00 €
22. 8.	13.30	14.00	Rückfahrt JVA	0,5	75,00 €		
24. 8.	8.00	9.00	Anfahrt Gericht	1,0	150,00 €		
24. 8.	9.00	16.00	Hauptverhandlung			7,0	1.750,00 €
24. 8.	16.00	17.00	Rückfahrt Gericht	1,0	150,00 €		
			Gesamt:	5,0	750,00	10,5	2.625,00 €

2. Abrechnung nach Pauschalen

a) Überblick

1956 Ist eine Abrechnung nach Pauschalen vereinbart, so ist die Rechnungserstellung relativ einfach, da dann nur die Pauschale abgerechnet wird. Zu beachten ist, dass die Pauschalen, sofern nichts anderes vereinbart ist, Auslagen und Umsatzsteuer mit abdecken.[35] Nur dann, wenn Auslagen und Umsatzsteuer zusätzlich vereinbart sind, dürfen diese auch abgerechnet werden.

1957 Des Weiteren ist hier zu beachten, dass bei **vorzeitiger Beendigung** des Auftrags die Pauschale(n) ggf. nur in Höhe des nach § 628 Abs. 1 Satz 1 BGB geschuldeten Teilbetrages abgerechnet werden kann/können.[36]

b) Gesamtpauschale

1958 Ist eine Gesamtpauschale vereinbart, wird nur diese abgerechnet. Weitere Erläuterungen oder Angaben in der Rechnung sind nicht erforderlich. Dies gilt insbesondere, wenn noch nicht einmal Auslagen und Umsatzsteuer vereinbart sind.

aa) Gesamtpauschale ohne Auslagenvereinbarung, jedoch mit Umsatzsteuervereinbarung

1959 Ist eine Pauschale zuzüglich Umsatzsteuer vereinbart, kann nur die Pauschale zuzüglich der Umsatzsteuer abgerechnet werden. Auslagen dürfen nicht zusätzlich erhoben werden.

1960 | **Fallgestaltung:**
Der Anwalt war vom Mandanten beauftragt, einen Mietvertrag zu entwerfen und mit dem Mieter abzuschließen. Vereinbart war eine Pauschale i.H.v. 2.000,00 € netto.

---

35 S. Rn. 1517 f.
36 S. Rn. 1196 ff.

Mangels anderweitiger Vereinbarungen sind hier sämtliche Auslagen mit Ausnahme der Umsatzsteuer abgegolten, so dass also nur die Pauschale zuzüglich Umsatzsteuer in Rechnung gestellt werden darf. 1961

Muster: Abrechnung bei Vereinbarung eines Pauschalhonorars ohne Auslagenvereinbarung, jedoch mit Umsatzsteuervereinbarung 1962

Herrn

...

Ust-Id-Nr.: ....

Leistungszeitraum: ....

Rechnungsnummer: ....

Entwurf Mietvertrag ..../....

Kostenberechnung

1. Pauschalhonorar	2.000,00 €
2. 16 % Umsatzsteuer, Nr. 7008 VV RVG	320,00 €
Summe	**2.320,00 €**

....

Rechtsanwalt

bb) Gesamtpauschale ohne Auslagen- und Umsatzsteuervereinbarung

Fehlt eine Vereinbarung, wonach Umsatzsteuer zusätzlich zu berechnen ist, dann enthält das Pauschalhonorar auch die Umsatzsteuer. Es handelt sich dann faktisch um eine Brutto-Vereinbarung, in der die anteilige Umsatzsteuer enthalten ist. Der Nettobetrag muss dann nach der Formel 1963

$$\frac{\text{vereinbarte Gesamtpauschale}}{1{,}16^{37}} = \text{Nettopauschale}$$

---

37 Bei 16 % Umsatzsteuer.

ermittelt werden. Die Umsatzsteuer muss danach aber gesondert ausgewiesen werden, da der Auftraggeber darauf einen Anspruch hat und unabhängig davon, dass zusätzlicher Ersatz der Umsatzsteuer nicht vereinbart ist, diese selbstverständlich an das Finanzamt abgeführt werden muss.

1964 | **Fallgestaltung:**
Der Anwalt war vom Mandanten beauftragt, einen Mietvertrag zu entwerfen und mit dem Mieter abzuschließen. Vereinbart war eine Pauschale i.H.v. 2.000,00 €.

1965 Im Ausgangsfall ergibt sich danach also eine Nettovergütung i.H.v. 2.000,00 € : 1,16 = 1.724,24 €.

1966 **Muster: Abrechnung bei Vereinbarung eines Pauschalhonorars ohne Auslagen- und Umsatzsteuervereinbarung**

Herrn

...

USt-Id-Nr.: ....

Leistungszeitraum: ....

Rechnungsnummer: ....

Entwurf Mietvertrag ..../....

Kostenberechnung

1. Pauschalhonorar	1.724,14 €
2. 16 % Umsatzsteuer, Nr. 7008 VV RVG	275,86 €
Summe	**2.000,00 €**

....

Rechtsanwalt

cc) Gesamtpauschale mit Auslagen- und Umsatzsteuervereinbarung

Wird ein Pauschalhonorar zuzüglich gesetzlicher Auslagen vereinbart, dann ist die Pauschale abzurechnen wie zuvor (s. Rn. 1962, 1966). Hinsichtlich der Auslagentatbestände ist dann wiederum § 10 RVG einschließlich des Zitiergebotes unmittelbar zu beachten, da es sich um die gesetzliche Vergütung handelt. Hier müssen also Auslagentatbestand, Nummer des Vergütungsverzeichnisses etc. genau angegeben werden.

1967

> **Fallgestaltung:**
> Der Anwalt war vom Mandanten beauftragt, ihn in einem Strafverfahren zu verteidigen. Vereinbart war eine Pauschale i.H.v. 5.000,00 € zuzüglich gesetzlicher Auslagen. Angefallen sind Kopie- und Telekommunikationskosten.

1968

Muster: Abrechnung bei Vereinbarung eines Pauschalhonorars mit Auslagen

1969

Herrn

...

　　　　　　　　　　　　　　USt-Id-Nr.: ....

　　　　　　　　　　　　　　Leistungszeitraum: ....

　　　　　　　　　　　　　　Rechnungsnummer: ....

Strafverfahren ...

　　　　　　　　　Kostenberechnung

1.	Pauschalhonorar	5.000,00 €
2.	Kopiekosten Aktenauszug, Nr. 7000 Nr. 1 VV RVG	
	– 50 Seiten x 0,50 €	25,00 €
	– 10 Seiten x 0,15 €	1,50 €
3.	Postentgeltpauschale, Nr. 7002 VV RVG	20,00 €
	Zwischensumme　　　　　5.046,50 €	

S. Berechnung der Vergütung

4.	16% Umsatzsteuer, Nr. 7008 VV RVG	807,44 €
	Summe	**5.853,94 €**

....

Rechtsanwalt

c) Gesamtpauschale bei vorzeitiger Erledigung

1970 Ist eine Gesamtpauschale vereinbart und der Auftrag vorzeitig beendet worden, etwa infolge einer Kündigung, kann grds., sofern nichts anderes vereinbart ist, nur ein Teil entsprechend der bisherigen geleisteten Arbeit unter Berücksichtigung der Bedeutung, Schwierigkeit etc. abgerechnet werden.

1971 Zweckmäßigerweise erläutert der Anwalt in einem Anschreiben, wie er den abgerechneten Betrag ermittelt hat, also von welchem Verhältnis der geleisteten Arbeit zur insgesamt geschuldeten Arbeit er unter Berücksichtigung der sonstigen Kriterien ausgegangen ist.[38]

1972 In der Berechnung ist dann die Pauschale mit ihrem entsprechenden Anteil einzusetzen.

1973 **Fallgestaltung:**
In einem Strafverfahren hatten die Parteien ein Pauschalhonorar für die Verteidigung bis zum Abschluss des erstinstanzlichen Verfahrens i.H.v. 10.000,00 € zuzüglich Umsatzsteuer vereinbart. Nach Eröffnung des Hauptverfahrens, aber noch vor dem Hauptverhandlungstermin wird das Mandat gekündigt.

1974 **Muster: Gesamtpauchale bei vorzeitiger Erledigung**
Herrn
...

---

38 S. hierzu Rn. 1245 ff.

..../....

Sehr geehrter Herr...,

ich nehme Bezug auf Ihre Kündigung des Mandats vom ...... und übersende Ihnen als Anlage die Berechnung meiner Kosten.

Vereinbart hatten wir eine Pauschale i.H.v. 10.000,00 € zuzüglich Umsatzsteuer.

In Anbetracht der vorzeitigen Beendigung des Mandats ist die Pauschale nach § 628 Abs. 1 Satz 1 BGB zu kürzen. Hierbei ist zu berücksichtigen, welcher Teil der Arbeit bisher von mir unter Berücksichtigung der Bedeutung der Sache, ihrer Schwierigkeit etc. geleistet worden ist.

Ich hatte mich zunächst in die Sache umfangreich eingearbeitet, mehrere Besprechungen mit der Staatsanwaltschaft geführt sowie eine umfangreiche Einlassung abgegeben... (*wird ausgeführt*).

In Anbetracht dessen, dass jetzt nur noch der Hauptverhandlungstermin stattgefunden hätte und insoweit davon auszugehen ist, dass die Sache mit einem Verhandlungstermin erledigt worden wäre, gehe ich davon aus, dass dies insgesamt einem Anteil von 75 % entspricht. Insbesondere ist hierbei zu berücksichtigen, dass die Einarbeitung äußerst umfangreich und schwierig war und im vorbereitenden Verfahren die Hauptarbeit lag. ... (*ggf. weitere Ausführungen*).

Mit freundlichen Grüßen

....

Rechtsanwalt

Anlage: Kostenberechnung

(Anlage)

Herrn

...

USt-Id-Nr.: ....
Leistungszeitraum: ....
Rechnungsnummer: ....

S. Berechnung der Vergütung

> Strafsache ...
>
> **Kostenberechnung**
>
> | | |
> |---|---:|
> | 1. Anteilige Pauschale (10.000,00 € x 75%) | 7.500,00 € |
> | 2. 16 % Umsatzsteuer, Nr. 7008 VV RVG | 1.200,00 € |
> | **Summe** | **9.700,00 €** |
>
> ....
> Rechtsanwalt

d) Mehrere gestaffelte Pauschalen

1975 Ist vereinbart, dass für bestimmte Verfahrensabschnitte einzelne (gestaffelte) Pauschalen zu zahlen sind, dann müssen diese Pauschalen in der Rechnung auch einzeln aufgeführt werden. Unzulässig wäre es, nur den Gesamtbetrag anzugeben.

1976 Hinsichtlich Auslagen und Umsatzsteuer gilt dasselbe wie bei einer Gesamtpauschale (s.o. Rn. 1959 ff.).

1977 **Fallgestaltung:**
Der Anwalt war vom Mandanten beauftragt, ihn in einem Strafverfahren zu verteidigen. Vereinbart war für das vorbereitende Verfahren eine Pauschale i.H.v. 5.000,00 €, für das erstinstanzliche gerichtliche Verfahren außerhalb der Hauptverhandlung eine weitere Pauschale von 5.000,00 € und für jeden Hauptverhandlungstag eine weitere Pauschale von 1.500,00 €. Hinsichtlich der Auslagen war die gesetzliche Regelung vereinbart. Im ersten Hauptverhandlungstermin wird das Verfahren eingestellt.

1978 **Muster: Abrechnung bei Vereinbarung mehrerer gestaffelter Pauschalen**

Herrn
...

	USt-Id-Nr.: ....
	Leistungszeitraum: ....
	Rechnungsnummer: ....
Strafverfahren ...	
	Kostenberechnung

1.	Pauschalhonorar vorbereitendes Verfahren	5.000,00 €
2.	Pauschalhonorar gerichtliches Verfahren	5.000,00 €
3.	Pauschalhonorar Hauptverhandlung	1.500,00 €
4.	Kopiekosten Aktenauszug, Nr. 7000 Nr. 1 VV RVG	
	– 50 Seiten x 0,50 €	25,00 €
	– 60 Seiten x 0,15 €	9,00 €
5.	Fahrtkosten PKW, Nr. 7003 VV RVG, 2 x 60 km x 0,30 €/km	36,00 €
6.	Abwesenheitspauschale bis 4 Stunden, Nr. 7005 Nr. 1 VV RVG	20,00 €
7.	Postentgeltpauschale, Nr. 7002 VV RVG	20,00 €
	Zwischensumme 11.610,00 €	
8.	16 % Umsatzsteuer, Nr. 7008 VV RVG	1.857,60 €
	Summe	**13.467,60 €**

....
Rechtsanwalt

3. Vielfaches der gesetzlichen Gebühren

a) Überblick

Ist ein Vielfaches der gesetzlichen Gebühren vereinbart, gilt die Vorschrift des § 10 RVG wiederum uneingeschränkt. Insbesondere ist also auch hier das Zitiergebot zu beachten. Die Gebührentatbestände müssen bezeichnet werden; die Nummern des Vergütungsverzeichnisses müssen angegeben werden.

1979

1980 Lediglich anstelle des gesetzlichen Gebührensatzes oder -betrages wird jetzt der vereinbarte Gebührensatz oder -betrag angegeben.

b) Satz- oder Betragsrahmen

1981 Ist für die gesetzlichen Gebühren ein Satzrahmen oder Betragsrahmen vorgesehen, so muss zunächst nach § 14 Abs. 1 RVG die angemessene einfache Gebühr ermittelt werden. Diese wird dann mit dem entsprechenden vereinbarten Faktor multipliziert.

1982 Insoweit bietet es sich stets an, in einem Anschreiben an den Auftraggeber zu den Bemessungskriterien des § 14 Abs. 1 RVG Stellung zu nehmen, also die einfache gesetzliche Gebühr zu begründen und dann mit dem entsprechenden Vielfachen in die Gebührenrechnung aufzunehmen.

1983 **Fallgestaltung:**

Der Anwalt war vom Mandanten beauftragt, ihn außergerichtlich zu vertreten. Vereinbart ist das Dreifache der gesetzlichen Gebühren. Der Gegenstandswert beläuft sich auf 20.000,00 €. Nach der gesetzlichen Vergütung wäre eine Geschäftsgebühr aus Nr. 2400 VV RVG angefallen, die sich nach § 14 Abs. 1 RVG auf 2,0 belaufen hätte.

1984 **Muster: Abrechnung bei Vereinbarung eines Vielfachen von Satzgebühren mit Anschreiben**

Herrn

.... /....

Sehr geehrter Herr ...,

nach Abschluss der vorgenannten Sache übersende ich Ihnen als Anlage die Berechnung meiner Kosten.

Vereinbart hatten wir das Dreifache der gesetzlichen Gebühren. Die hier angefallene gesetzliche Gebühr, die Geschäftsgebühr nach Nr. 2400 VV RVG, hat einen Gebührenrahmen von 0,5 bis 2,5. Unter Berücksichtigung der Kriterien des § 14 Abs. 1 RVG wäre insoweit eine 2,0-Gebühr angemessen.

Die Sache war besonders aufwändig ... (*weitere Ausführungen*).

Sie war auch besonders schwierig ... (*weitere Ausführungen*).

Die Bedeutung der Angelegenheit war hier sicherlich auch überdurchschnittlich, was sich nicht zuletzt auch in der Vergütungsvereinbarung widerspiegelt.[39] ... (*weitere Ausführungen*).

Auch Ihre Einkommens- und Vermögensverhältnisse, die als weitere Kriterien zu berücksichtigen sind, dürften über dem Durchschnitt liegen.

Zu berücksichtigen ist ferner das hier bestehende besondere Haftungsrisiko (§ 14 Abs. 1 Satz 2 RVG) ... (*weitere Ausführungen*).

Nach alledem wäre also bei gesetzlicher Abrechnung eine 2,0-Geschäftsgebühr angemessen, so dass ich hiervon das Dreifache, mithin 6,0 in Ansatz gebracht habe.

Mit freundlichen Grüßen

....

Rechtsanwalt

Anlage: Kostenberechnung

(Anlage)

Herrn

...

USt-Id-Nr.: ....

Leistungszeitraum: ....

Rechnungsnummer: ....

..../....

Kostenberechnung

1. 6,0-Geschäftsgebühr, Nr. 2400 VV RVG (Wert: 4.548,00 €
   30.000,00 €)

---

[39] Zum zulässigen Rückschluss einer Vergütungsvereinbarung auf die Bedeutung der Sache s. Rn. 2287 ff.

2. Postentgeltpauschale, Nr. 7002 VV RVG		20,00 €
Zwischensumme	4.568,00 €	
3. 16 % Umsatzsteuer, Nr. 7008 VV RVG		730,88 €
Gesamt		**5.298,88 €**

....
Rechtsanwalt

4. Vielfaches der gesetzlichen Gebühren (feste Sätze)

1985 Ist nach den gesetzlichen Gebühren eine Festgebühr oder ein fester Gebührensatz vorgesehen, sind weitere Ausführungen nicht erforderlich. In der Abrechnung muss dann lediglich der entsprechende vielfache Gebührensatz eingesetzt werden. Im Übrigen gilt wiederum § 10 RVG, also insbesondere das Zitiergebot.

1986 **Fallgestaltung:**

Der Anwalt war vom Mandanten beauftragt, ihn in einem Rechtsstreit zu vertreten. Vereinbart ist das Dreifache der gesetzlichen Vergütung. Der Gegenstandswert beläuft sich auf 20.000,00 €. Weiterhin ist vereinbart, dass die zuvor verdiente Geschäftsgebühr nicht angerechnet wird.

1987 Da das Dreifache der gesetzlichen **Vergütung** vereinbart ist, erhält der Anwalt sowohl das Dreifache der gesetzlichen Gebühren als auch das Dreifache der gesetzlichen Auslagen.

1988 **Muster: Abrechnung bei Vereinbarung eines Vielfachen von Satzgebühren**

Herrn
...

USt-Id-Nr.: ....
Leistungszeitraum: ....

Rechnungsnummer: ....

Rechtsstreit

..../....

(LG ...)

Kostenberechnung

1.	3,9-Verfahrensgebühr, Nr. 3100 VV RVG (Wert: 20.000,00 €)	2.519,40 €
2.	3,6-Terminsgebühr, Nr. 3104 VV RVG (Wert: 20.000,00 €)	2.325,60 €
3.	Postentgeltpauschale, Nr. 7002 VV RVG	60,00 €
	Zwischensumme	4.905,00 €
4.	16 % Umsatzsteuer, Nr. 7008 VV RVG	748,80 €
	Gesamt	**5.689,80 €**

....

Rechtsanwalt

5. Gesetzliche Gebühren nach einem höheren Gegenstandswert

Ist vereinbart, nach den gesetzlichen Gebühren abzurechnen, jedoch nach einem höheren Gegenstandswert, so gilt § 10 RVG uneingeschränkt. Anstelle des gesetzlichen Gegenstandswertes bzw. dem vom Gericht festgesetzten Gegenstandswert ist nunmehr der vereinbarte Wert bzw. das entsprechende Vielfache des gesetzlichen bzw. des vom Gericht festgesetzten Gegenstandswertes einzusetzen.

1989

6. Zuschlag zu den gesetzlichen Gebühren

Wird ein Zuschlag zu den gesetzlichen Gebühren vereinbart, also eine Kombination aus gesetzlicher Vergütung zuzüglich einer Pauschale, dann ist hinsichtlich der gesetzlichen Vergütung nach § 10 RVG abzurechnen. Die Pauschale ist dann gesondert auszuweisen und hinzuzusetzen.

1990

1991 | **Fallgestaltung:**
Der Anwalt war vom Mandanten beauftragt, ihn in einem Rechtsstreit über 250.000,00 € zu vertreten. Vereinbart ist die gesetzliche Vergütung zuzüglich eines Zuschlags von 5.000,00 € netto.

1992 Zu beachten ist, dass hinsichtlich der Pauschale vereinbart sein muss, dass auch darauf Umsatzsteuer zu erheben ist. Anderenfalls muss wie in Rn. 1959 ff. vorgegangen werden.

1993 **Muster: Abrechnung der gesetzlichen Vergütung mit Zuschlag**

Herrn

...

USt-Id-Nr.: ....

Leistungszeitraum: ....

Rechnungsnummer: ....

Rechtsstreit

..../....

(LG ...)

Kostenberechnung

1.	1,3-Verfahrensgebühr, Nr. 3100 VV RVG (Wert: 50.000,00 €)		2.667,60 €
2.	1,2-Terminsgebühr, Nr. 3104 VV RVG (Wert: 50.000,00 €)		2.462,40 €
3.	Zusätzliche Pauschale		5.000,00 €
4.	Postentgeltpauschale, Nr. 7002 VV RVG		20,00 €
	Zwischensumme	10.150,00 €	
5.	16 % Umsatzsteuer, Nr. 7008 VV RVG		1.624,00 €
	Gesamt		**11.774,00 €**

....

Rechtsanwalt

7. Auslagen

Ist vereinbart, nach den gesetzlichen Auslagen abzurechnen, gelten keine Besonderheiten. Diese sind entsprechend den gesetzlichen Vorschriften abzurechnen. Die Vorschrift § 10 RVG ist zu berücksichtigen. 1994

Sind **höhere Auslagensätze** vereinbart, so ist ebenso zu verfahren; lediglich die höheren Beträge sind dann in die Berechnung aufzunehmen. 1995

Soweit vereinbart ist, dass gesetzlich nicht vorgesehene Auslagen, also **allgemeine Geschäftskosten** (Vorbem. 7 Abs. 1 VV RVG) abgerechnet werden, sind diese so konkret wie möglich anzugeben. Gesetzliche Bestimmungen können hier nicht zitiert werden, da solche fehlen. 1996

Fallgestaltung: 1997
Die Parteien vereinbaren, dass für jede Kopie eine Vergütung i.H.v. 1,00 € abgerechnet wird. Zudem wird hinsichtlich der Abwesenheitspauschale der dreifache gesetzliche Betrag vereinbart. Darüber hinaus darf der Anwalt Kosten für die Anschaffung von Spezialliteratur gesondert abrechnen. Im Übrigen bleiben die gesetzlichen Auslagenvorschriften unberührt.

Muster: Abrechnung höherer Auslagen 1998
Herrn
...

USt-Id-Nr.: ....
Leistungszeitraum: ....
Rechnungsnummer: ....

..../....

Kostenberechnung

1. ...
2. ...
3. Kopiekosten, Nr. 7000 Nr. 1 VV RVG

S. Berechnung der Vergütung

	– 150 Seiten x 1,00 €		150,00 €
4.	Fahrtkosten PKW, Nr. 7003 VV RVG, 2 x 60 km x 0,30 €/km		36,00 €
5.	Abwesenheitspauschale bis 4 Stunden, Nr. 7005 Nr. 1 VV RVG		60,00 €
6.	Postentgeltpauschale, Nr. 7002 VV RVG		20,00 €
7.	Literaturkosten		
	...		18,60 €
	...		15,80 €
	Zwischensumme	...,.. €	
8.	16 % Umsatzsteuer, Nr. 7008 VV RVG		...,.. €
	Summe		...,.. €

....
Rechtsanwalt

T. Rückforderungs- und Auszahlungsansprüche des Auftraggebers

I. Überblick

Ansprüche des Auftraggebers auf Rückzahlung geleisteter Beträge oder auf Auszahlung vom Anwalt anderweitig eingenommener Gelder, die dieser zurückhält oder verrechnet, sowie auf Rückgabe von Sicherheiten kommen in verschiedenen Fallkonstellationen in Betracht. 1999

- Zunächst einmal kommen **Rückforderungsansprüche** in Betracht, wenn der Auftraggeber die **vereinbarte Vergütung gezahlt** hat, diese aber nicht wirksam oder nicht verbindlich vereinbart worden ist. Hierbei ist zu unterscheiden, ob

    - eine Vereinbarung erst gar **nicht zustande** gekommen ist,

    - wegen **Unwirksamkeit der Vereinbarung** keine Vergütungsschuld bestand oder

    - wegen Formmangels lediglich eine **nicht durchsetzbare Verbindlichkeit** vorgelegen hat.

- Darüber hinaus kommt ein Rückforderungsanspruch in Betracht, wenn sich im Nachhinein – also nach Zahlung – ergibt, dass die (wirksam vereinbarte) Vergütung überhöht abgerechnet worden ist und diese deshalb **korrigiert** werden muss.

- Ferner kommt ein Rückforderungsanspruch in Betracht, wenn nachträglich – also nach Zahlung – die vereinbarte Vergütung nach § 4 Abs. 4 RVG **auf eine angemessene Vergütung herabgesetzt** worden ist.

- Des Weiteren kommen Ansprüche auf **Auszahlung vereinnahmter Fremdgelder oder sonstiger Beträge** in Betracht, die der Anwalt im Hinblick auf ein Zurückbehaltungsrecht oder eine Verrechnung mit seinen vermeintlichen Vergütungsforderungen zurückhält.

- Ebenso kommen Ansprüche auf **Rückgewähr von Sicherheiten** in Betracht, die dem Anwalt zur Absicherung seiner Vergütungsansprüche gewährt worden sind.

- Schließlich muss der Anwalt auch erhaltene Vorschüsse abrechnen (§ 10 Abs. 2 RVG) und **nicht verbrauchte Vorschüsse** zurückzahlen.

II. Rückforderung von Zahlungen nach Abrechnung

1. Überblick

2000 Hat der Auftraggeber **auf die Vergütungsabrechnung (§ 10 RVG) geleistet**, so kommen Rückforderungsansprüche in vier Fällen in Betracht, nämlich dann, wenn

- die Vereinbarung **insgesamt unwirksam** ist,
- **gar keine Vereinbarung getroffen** worden ist,[1]
- die **Abrechnung nachträglich korrigiert** wird oder
- wegen Formmangels nach § 4 Abs. 1 Satz 1 oder Satz 2 RVG oder Verstoßes gegen § 4 Abs. 5 Satz 1 RVG **keine Verbindlichkeit begründet** worden ist.

2. Zahlung

2001 Voraussetzung für einen Rückforderungsanspruch ist in allen Fällen, dass der Auftraggeber auf die Rechnung (§ 10 RVG) gezahlt hat (zur Rückforderung von gezahlten Vorschüssen s.u. Rn. 2124).

2002 Die Art der Zahlung ist unerheblich, also insbesondere, ob der Auftraggeber **bar bezahlt** oder den Rechnungsbetrag **überwiesen** hat. Auch die Hingabe eines **Scheck** steht einer Zahlung gleich, wenn er eingelöst wird. Die Hingabe eines Wechsels ist dagegen keine Zahlung, sondern eine Sicherheitsleistung (s.u. Rn. 2175).

2003 Die Abbuchung des Anwalts aufgrund einer Einzugsermächtigung ist eine Zahlung des Auftraggebers.

2004 Die **Aufrechnung des Auftraggebers** mit eigenen Ansprüchen, die ihm gegen den Anwalt zustehen (Auszahlung von Fremdgeld etc.) gegen die Vergütungsforderung des Anwalts stellt keine Zahlung dar, die zu ei-

---

[1] LG Freiburg, JurBüro 1983, 1510; Krämer/Mauer/Kilian, Rn. 663; offen gelassen OLG Frankfurt, JurBüro 1987, 591.

nem Rückforderungsanspruch führen kann. Zwar handelt es sich bei der Aufrechnung des Auftraggebers auch um eine Leistung i.S.d. §4 Abs. 1 Satz 3, Abs. 5 Satz 3 RVG. Sie führt aber nicht zu einem Rückzahlungsanspruch. Besteht die Vergütungsschuld, gegen die aufgerechnet wird, nicht, so bleibt die eigene Forderung des Auftraggebers bestehen und kann weiterhin geltend gemacht werden. Bestand die Vergütungsschuld, so ist die Aufrechnung wirksam. Ein etwaiger bereicherungsrechtlicher Anspruch des Auftraggebers geht dann lediglich auf Wiederherstellung der eigenen Forderung bzw. auf Wertersatz nach §818 Abs. 2 BGB.

3. Unwirksame Vereinbarung

a) Anspruchsgrundlage

Ist die Vergütungsvereinbarung insgesamt unwirksam, etwa wegen Sittenwidrigkeit (§138 BGB) oder wegen Vereinbarung eines Erfolgshonorars (§134 BGB i.V.m. §49b Abs. 2 BRAO), dann steht dem Auftraggeber immer ein Rückzahlungsanspruch zu, soweit die gezahlte Vergütung die gesetzliche übersteigt. Der Anspruch ergibt sich aus §812 BGB.[2] 2005

b) Rückforderungsausschluss

Gegenüber dem Bereicherungsanspruch kann sich der Anwalt auf den **Wegfall der Bereicherung** (§818 Abs. 3 BGB) berufen, wobei dieser Einwand als berufswidrig angesehen wird.[3] 2006

Dem Bereicherungsanspruch kann dagegen nicht der **Einwand der unzulässigen Rechtsausübung** (§242 BGB) entgegen gesetzt werden, selbst wenn die Parteien die Vergütungsvereinbarung über **längere Zeit als wirksam angesehen** haben und **danach verfahren** sind.[4] 2007

Ebenso wenig kommt hier ein **Rückforderungsausschluss** nach §4 Abs. 1 Satz 3 RVG oder Abs. 5 Satz 2 RVG in Betracht, da erst gar keine wirksame Vereinbarung zustande gekommen ist. 2008

---

2   OLG Düsseldorf, NJW-RR 1998, 855; Krämer/Mauer/Kilian, Rn. 668.
3   EGH II 106; AnwK-RVG/N. Schneider, §10 Rn. 69.
4   BGH, NJW 2004, 2818; NJW 1965, 1023; OLG Hamm, NJW 1966, 561.

2009 In Betracht käme allerdings ein Ausschluss nach § 814 BGB, wenn dem Auftraggeber die Unwirksamkeit bekannt war und er dennoch gezahlt hat.

2010 *Beispiel:*

Der Anwalt hatte mit seinem Auftraggeber für eine Strafverteidigung eine Vergütungsvereinbarung getroffen, die nur unter der Drohung der Mandatsniederlegung zustande gekommen ist. Der Auftraggeber lässt sich nach Abschluss des Verfahrens anwaltlich beraten, weil ihm die Vergütungsforderung unangemessen hoch erscheint. Der beratende Anwalt belehrt ihn dahin gehend, dass die Höhe der vereinbarten Vergütung nicht zu beanstanden sei; er weist aber gleichzeitig darauf hin, dass die Vereinbarung sittenwidrig sei, da der Auftraggeber nur unter dem Druck der Mandatsniederlegung hierzu genötigt worden sei; die Vereinbarung sei daher nichtig; der Auftraggeber müsse nicht mehr als die gesetzliche Vergütung bezahlen.[5] Da der Auftraggeber mit der Leistung seines Verteidigers jedoch zufrieden ist, zahlt er die vereinbarte Vergütung.

Unabhängig davon, ob man in der Zahlung sogar die Bestätigung eines nichtigen Rechtsgeschäfts sieht, wäre der Rückforderungsanspruch jedenfalls wegen § 814 BGB ausgeschlossen.

c) Höhe des Anspruchs

2011 Der Bereicherungsanspruch besteht in Höhe der Differenz zwischen den gezahlten Beträgen und der gesetzlichen Vergütung.

2012 Hier kann auch zu berücksichtigen sein, wenn sich die gesetzliche Vergütung im Nachhinein ändert.

2013 *Beispiel:*

Die Parteien hatten für einen Rechtsstreit eine nichtige Vergütungsvereinbarung getroffen. Das Gericht setzt den Gegenstandswert auf 10.000,00 € fest. Ausgehend hiervon ergibt sich eine gesetzliche Vergütung i.H.v. 1.500,00 €, die der Auftraggeber zahlt. Später wird der Streitwert geändert und auf 8.000,00 € festgesetzt. Nunmehr ergibt sich ein gesetzlicher Vergütungsanspruch i.H.v. nur noch 1.200,00 €.

---

5 S. hierzu Rn. 1750.

Der Auftraggeber kann auch jetzt noch den Differenzbetrag i.H.v. 300,00 € zurückverlangen. Der weitere Rückforderungsanspruch scheitert weder an § 4 Abs. 1 Satz 3 RVG noch an § 814 BGB.

Gleiches gilt auch dann, wenn sich im Nachhinein herausstellt, dass ein zugrunde gelegter Gebührentatbestand gar nicht erfüllt worden ist.

Beispiel:

Die Parteien schließen eine unwirksame Vergütungsvereinbarung. Der Anwalt fordert daher nur die gesetzliche Vergütung ein, wobei er eine Verfahrens-, eine Termins- und eine Einigungsgebühr zugrunde legt. Der Auftraggeber bezahlt diese Gebühren. Nach Durchführung des Kostenfestsetzungsverfahrens stellt der Auftraggeber fest, dass die Voraussetzungen für die abgerechnete Einigungsgebühr gar nicht gegeben waren. Er verlangt diese zurück.

Der Anwalt muss aufgrund der zutreffenden gesetzlichen (Nach-)Berechnung die vereinnahmte Einigungsgebühr zurückzahlen.

4. Fehlen einer Vereinbarung

a) Anspruchsgrundlage

Fehlt eine Vereinbarung zwischen den Parteien, ist eine solche also erst gar nicht zustande gekommen, schuldet der Auftraggeber nur die gesetzliche Vergütung. Soweit er mehr gezahlt hat, steht ihm ein Anspruch aus § 812 BGB zu.

b) Rückforderungsausschluss

Auch hier besteht die Möglichkeit, dass sich der Anwalt auf den **Wegfall der Bereicherung** (§ 818 Abs. 3 BGB) beruft, wobei dies als berufswidrig angesehen wird.[6]

Ein **Rückforderungsausschluss** nach § 4 Abs. 1 Satz 3 RVG oder Abs. 5 Satz 2 RVG kommt dagegen nicht in Betracht, da es nicht nur an der Verbindlichkeit, sondern schon an einer Vereinbarung fehlt.

---

6   EGH II 106; AnwK-RVG/N. Schneider, § 10 Rn. 69.

2019 Zu denken ist allerdings an **§ 814 BGB**, wenn der Auftraggeber wusste, dass keine Vereinbarung bestand und er in Kenntnis dessen dennoch gezahlt hat (s.o. Rn. 2009).

c) Höhe des Anspruchs

2020 Der bereicherungsrechtliche Anspruch besteht auch hier wieder in Höhe der Differenz zwischen den gezahlten Beträgen zur gesetzlichen Vergütung.

5. Nachträgliche Korrektur der Abrechnung

a) Anspruchsgrundlage

2021 Wird eine Abrechnung aufgrund einer wirksamen Vergütungsvereinbarung nachträglich korrigiert und herabgesetzt, etwa weil sich der Anwalt verrechnet hat, weil er zu viele Stunden angesetzt hat, weil das Gericht den Gegenstandswert herabgesetzt hat o.Ä., steht dem Auftraggeber ein Anspruch aus § 812 BGB zu.

2022 *Beispiel:*

Die Parteien schließen eine Vergütungsvereinbarung, wonach der Anwalt das Dreifache der gesetzlichen Gebühren erhalten solle. Das Gericht setzt den Streitwert auf 200.000,00 € fest. Danach rechnet der Anwalt das Dreifache der gesetzlichen Vergütung ab, die der Auftraggeber auch bezahlt. Später wird der Streitwert vom Gericht auf 100.000,00 € herabgesetzt.

Der Auftraggeber schuldet nur die dreifachen gesetzlichen Gebühren nach einem Gegenstandswert von 100.000,00 €. Den darüber hinaus gezahlten Betrag kann er nach § 812 BGB zurückverlangen.

b) Rückforderungsausschluss

2023 Auch hier besteht die Möglichkeit, dass sich der Anwalt auf den **Wegfall der Bereicherung** (§ 818 Abs. 3 BGB) beruft, wobei dies als berufswidrig angesehen wird.[7]

---

[7] EGH II 106; AnwK-RVG/N. Schneider, § 10 Rn. 69.

Ein **Rückforderungsausschluss** nach § 4 Abs. 1 Satz 3 RVG oder Abs. 5 Satz 2 RVG kommt nicht in Betracht, da hinsichtlich des zuviel gezahlten Betrages keine Verbindlichkeit bestand.

Ein Fall des **§ 814 BGB** dürfte hier kaum denkbar sein.

c) Höhe des Anspruchs

Auch hier geht der Anspruch auf Zahlung der Differenz zwischen den geleisteten Beträgen und der gesetzlichen Vergütung, wie sie sich nach der zutreffenden korrigierten Abrechnung darstellt.

6. Nicht verbindliche Vereinbarung

a) Anspruchsgrundlage

Ist die Vereinbarung nach § 4 Abs. 1 Satz 1 oder Satz 2 RVG oder nach § 4 Abs. 5 Satz 1 RVG formunwirksam, so kommt grds. ein Rückforderungsanspruch in Betracht, der sich auf § 812 BGB stützt, soweit die geleisteten Zahlungen die gesetzliche Vergütung übersteigen.[8]

b) Rückforderungsausschlüsse

aa) Kein Ausschluss nach vorangegangenem Herabsetzungsverfahren

Der bereicherungsrechtliche Rückforderungsanspruch wird nicht schon dadurch ausgeschlossen, dass der Auftraggeber zuvor ein **Herabsetzungsverfahren** nach § 4 Abs. 4 Satz 1 RVG durchgeführt hatte. Dies hindert ihn nicht, sich anschließend noch auf die Formunwirksamkeit und eine nicht freiwillige oder vorbehaltene Leistung zu berufen.[9] Darin liegt insbesondere kein Verstoß gegen Treu und Glauben.

Beispiel:
Der Anwalt hatte mit seinem Auftraggeber eine Pauschale i.H.v. 30.000,00 € vereinbart und diese 30.000,00 € auch schon erhalten. Die gesetzliche Vergütung belief sich auf 8.000,00 €. Nach Abschluss der Angelegenheit klagt der Auftraggeber auf Rückzahlung von 10.000,00 €, da er der Auffassung ist, der

---

8 S. Rn. 619 ff.
9 BGH, NJW 2004, 2818; Krämer/Mauer/Kilian, Rn. 672.

vereinbarte Betrag i.H.v. 30.000,00 € sei unangemessen hoch. Das Gericht setzt daraufhin gemäß § 4 Abs. 4 Satz 1 RVG die Vergütung auf 20.000,00 € herab und verurteilt den Anwalt zur Rückzahlung von 10.000,00 €.

Nunmehr stellt der Auftraggeber fest, dass die Vereinbarung wegen Formverstoßes nach § 4 Abs. 1 Satz 1 RVG unverbindlich war und verlangt weitere 12.000,00 € zurück, da er nicht freiwillig geleistet habe.

Da im vorangegangenen Rechtsstreit nur über die Angemessenheit der Vergütung und einen (Teil-)Rückzahlungsanspruch i.H.v. 10.000,00 € entschieden worden ist, steht die Rechtskraft des Vorprozesses einer weitergehenden Rückforderung nicht entgegen. Der Auftraggeber verhält sich auch nicht treuwidrig, da in dem Herabsetzungsverlangen weder ein Verzicht auf weiter gehende Ansprüche liegt noch eine Bestätigung der formunwirksamen Vereinbarung. Von daher kann sein Verhalten auch nicht als treuwidrig angesehen werden.

bb) Ausschluss bei freiwilliger und vorbehaltloser Leistung
(1) Überblick

2030 Zu berücksichtigen sind hier allerdings die **Rückforderungsausschlüsse** nach § 4 Abs. 1 Satz 3 RVG und § 4 Abs. 5 Satz 2 RVG.

2031 Im Gegensatz zur unwirksamen Vergütungsvereinbarung (s.o. Rn. 2005) oder einer nur irrtümlich angenommenen Vereinbarung (s.o. Rn. 2016) liegt hier trotz der Verstöße gegen § 4 Abs. 1 Satz 1, Satz 2, Abs. 5 Satz 1 RVG eine wirksame Vereinbarung vor, die lediglich keine durchsetzbare Verbindlichkeit begründet.

2032 Eine Rückforderung kann danach nicht mehr verlangt werden, soweit der Auftraggeber freiwillig und ohne Vorbehalt geleistet hat. Rückforderungsansprüche sind folglich ausgeschlossen. Das ergibt sich für Formverstöße nach § 4 Abs. 1 Satz 1 oder Satz 2 RVG aus § 4 Abs. 1 Satz 3 RVG und für einen Verstoß gegen § 4 Abs. 5 Satz 1 RVG aus § 4 Abs. 5 Satz 2 RVG.

2033 Der Auftraggeber muss nicht die gesamte vereinbarte Vergütung erbracht haben. Auch **Teilzahlungen** können nicht zurückverlangt werden, sofern sie freiwillig und vorbehaltlos geleistet worden sind.[10]

---

10 Gerold/Schmidt/Madert, § 4 Rn. 70.

Beispiel: 2034

Der Anwalt hatte mit seinem Auftraggeber formunwirksam eine Pauschalvergütung i.H.v. 7.000 € vereinbart. Die gesetzliche Vergütung belief sich auf 4.000 € und wurde vom Rechtsschutzversicherer übernommen. Anschließend zahlt der Auftraggeber freiwillig und vorbehaltlos weitere 1.000 € auf die vereinbarte Vergütung.

Der Auftraggeber kann die 1.000,00 € nicht zurückverlangen. Er kann allerdings die Zahlung der weiteren 2.000,00 € verweigern. Die Teilzahlung „heilt" nicht die Unverbindlichkeit hinsichtlich des weiter gehenden offenen Restbetrages.

(2) Freiwilligkeit

(a) Überblick

Die Zahlung des Auftraggebers muss **freiwillig** gewesen sein. Fehlt es 2035 daran, wird der Rückforderungsanspruch des Auftraggebers nicht ausgeschlossen.

(b) Kenntnis höherer Vergütung

Erste Voraussetzung für eine Feiwilligkeit i.S.d. § 4 Abs. 1 Satz 3, Abs. 5 2036 Satz 2 RVG ist zunächst einmal, dass dem Auftraggeber **bekannt** war, dass die formunwirksam vereinbarte Vergütung die gesetzliche Vergütung übersteigt.[11] Erforderlich ist also das Bewusstsein des Auftraggebers, dass der Anwalt eine höhere Vergütung als die gesetzliche beansprucht hatte.[12]

Nicht erforderlich ist, dass der Auftraggeber die genaue Höhe der ge- 2037 setzlichen Gebühren bei Zahlung kannte. Der Anwalt muss ihm dies auch nicht vorrechnen.[13] Solche strengen Anforderungen wären mit § 4

---

11 BGH, NJW 2003, 819; BGH, BGHR BRAGO § 3 Abs. 1 Satz 2 Leistung 1; OLG Frankfurt, JurBüro 1987, 1029 = AnwBl. 1988, 250; AnwBl. 1988, 120 = JurBüro 1988, 591; 1998, 661; 1983, 513; OLG Köln, MDR 1993, 933; LG Freiburg, JurBüro 1983, 1510; OLG Koblenz = GuT 2003, 234 (LS) = MDR 2004, 55 = WuM 2003, 657 = KostRsp. BRAGO § 3 Nr. 65; Krämer/Mauer/Kilian, Rn. 669; AnwK-RVG/N. Schneider, § 4 Rn. 91.

12 OLG Frankfurt, JurBüro 1988, 591 = AnwBl. 1988, 120; LG Freiburg, AnwBl. 1983, 514 = JurBüro 1983, 1510 = MDR 1983, 1033 = r+s 1984, 4 = Justiz 1984, 61 = VersR 1984, 546.

13 Krämer/Mauer/Kilian, Rn. 669; a.A. OLG Frankfurt, JurBüro 1987, 591.

RVG nicht vereinbar.¹⁴ Es reicht aus, dass der Auftraggeber bei Zahlung weiß oder damit rechnet, dass die vereinbarte Vergütung den gesetzlich geschuldeten Betrag übersteigt.

2038 Je unerfahrener der Mandant ist, desto weiter muss die Aufklärung durch seinen Rechtsanwalt gehen.¹⁵

2039 Bedenklich ist insoweit die Ansicht von Römermann,¹⁶ der einem Mandanten, der eine Vergütungsvereinbarung abschließt, unterstellt, er wisse, dass eine höhere als die gesetzliche Vergütung vereinbart werde. Dass dies nicht zutrifft, ergibt sich schon daraus, dass auch eine geringere als die gesetzliche Vergütung vereinbart werden kann (§ 4 Abs. 2 Satz 1, Satz 2 RVG).

2040 Nicht erforderlich ist, dass es dem Auftraggeber auch bewusst war, dass der Anspruch auf die höhere Vergütung wegen Verstoßes gegen § 4 Abs. 1 Satz 1 RVG nicht einklagbar gewesen wäre.¹⁷

2041 Dagegen muss dem der Auftraggeber, mit dem eine gegen § 4 Abs. 5 Satz 1 RVG verstoßende Vereinbarung getroffen worden ist, Kenntnis davon haben, dass er zur Zahlung nicht verpflichtet ist (§ 16 Abs. 2 BORA). Fehlt es an der Kenntnis, kommt der Rückforderungsausschluss nach § 4 Abs. 5 Satz 2 RVG nicht in Betracht.

(c) Ohne Zwang und Druck

2042 Freiwilligkeit setzt weiterhin voraus, dass der Auftraggeber ohne Zwang und Druck gezahlt hat. Insoweit kann zunächst auf die Ausführungen zu Rn. 1752 ff. zurückgegriffen werden. Unter den Voraussetzungen, unter denen eine unter Zwang geschlossene Vergütungsvereinbarung unwirksam ist, ist ebenso eine Zahlung nicht freiwillig, die unter diesen Voraussetzungen erbracht wird.

---

14 Krämer/Mauer/Kilian, a.a.O.
15 LG Frankfurt, JurBüro 1987, 1029; Krämer/Mauer/Kilian, a.a.O.
16 Römermann, MDR 2004, 421.
17 BGH, NJW 2003, 819; OLG Frankfurt, AnwBl. 1998, 661; AnwBl. 1983, 513; Krämer/Mauer/Kilian, Rn. 671.

Der Zwang oder der Druck, der einer Freiwilligkeit entgegensteht, muss nicht die Voraussetzungen des § 123 BGB erfüllen;[18] insbesondere kommt es nicht auf eine Rechtswidrigkeit an. Unzulässiger Druck kann sich daher auch aus rechtmäßigem Verhalten ergeben.[19] 2043

Zahlt der Auftraggeber erst, nachdem der Anwalt ihm angedroht hat, das Honorar einzuklagen, liegt keine freiwillige Leistung mehr vor.[20] 2044

Das Gleiche gilt, wenn der Anwalt seine weitere Tätigkeit von der Zahlung der (unverbindlich) vereinbarten Vergütung abhängig macht und **droht, anderenfalls das Mandat niederzulegen**.[21] Ein solcher Fall steht der Freiwilligkeit insbesondere dann entgegen, wenn die Mandatsniederlegung einen Anwaltswechsel erzwingen würde, der dem Auftraggeber z.B. wegen drohenden Fristablaufs nicht zuzumuten wäre.[22] 2045

Nach Krämer/Mauer/Kilian[23] setzt Freiwilligkeit i.S.d. § 4 Abs. 5 Satz 2 RVG auch voraus, dass der Rechtsanwalt bei Einforderung der Vergütung nicht den **Eindruck erweckt, nur bei Sonderzahlungen optimal zu arbeiten**.[24] 2046

(3) Ohne Vorbehalt

Darüber hinaus muss der Auftraggeber **vorbehaltlos** gezahlt haben. Zahlt der Auftraggeber nur unter Vorbehalt, bleibt ihm sein Rückforderungsanspruch nach § 4 Abs. 1 Satz 3, Abs. 5 Satz 2 RVG erhalten. 2047

Dazu muss nicht ausdrücklich erklärt werden *„unter Vorbehalt"* zu zahlen. Der Zahlungsvorbehalt kann sich auch aus den Umständen ergeben, etwa indem der Auftraggeber **Zweifel an der Berechtigung** des Anspruchs äußert.[25] 2048

---

18 Krämer/Mauer/Kilian, Rn. 668.
19 OLG Düsseldorf, NJW-RR 1998, 855; Krämer/Mauer/Kilian, a.a.O.
20 Hansens, § 3 Rn. 8; Krämer/Mauer/Kilian, a.a.O.; AnwK-RVG/N. Schneider, § 4 Rn. 92.
21 Krämer/Mauer/Kilian, a.a.O.; AnwK-RVG/N. Schneider, a.a.O.
22 KG, KGR 2004, 475; Krämer/Mauer/Kilian, a.a.O.
23 Krämer/Mauer/Kilian, Rn. 521.
24 Ebenso Henssler-Prütting/Prütting, § 16 BORA Rn. 8.
25 OLG Frankfurt, JurBüro 1987, 1029 = AnwBl. 1988, 250.

2049 **Vorschüsse** können niemals vorbehaltlose Zahlungen sein, weil die Vorschusszahlung begrifflich bereits unter dem Vorbehalt der endgültigen Abrechnung steht. Daher kommt einem Vorschuss auch keine Erfüllungswirkung nach § 362 BGB zu, sondern nur ein Sicherungszweck (s. hierzu ausführlich u. Rn. 2153 ff., 1797).

(4) Zeitpunkt der Beurteilung

2050 Für die Beantwortung der Frage der Freiwilligkeit und des Vorbehaltes dürfte jeweils auf die letzte Zahlung abzustellen sein, so dass durch weitere Zahlungen zuvor erklärte Vorbehalte oder vorherige „Unfreiwilligkeiten" damit unbeachtlich werden, sofern die weitere Zahlung selbst freiwillig und vorbehaltlos erfolgt.

2051 *Beispiel:*

Der Anwalt rechnet eine Vergütung i.H.v. 9.000,00 € ab. Daraufhin zahlt der Auftraggeber zunächst unfreiwillig 3.000,00 €. Weitere 3.000,00 € zahlt er anschließend unter Vorbehalt. Schließlich zahlt er freiwillig und vorbehaltlos den Restbetrag i.H.v. 3.000,00 €.

Für sich genommen ist die erste Zahlung unfreiwillig und stünde damit einem Rückforderungsanspruch nicht entgegen. Die zweite Zahlung ist für sich genommen unter Vorbehalt gestellt und stünde damit einem Rückforderungsanspruch ebenfalls nicht entgegen. Lediglich die dritte Zahlung wäre freiwillig und vorbehaltlos und damit nicht rückforderbar.

In der dritten Zahlung, die ja auf den vorangegangenen beiden Teilzahlungen aufbaut, dürfte aber die Aufhebung des zuvor erklärten Vorbehaltes liegen. Darüber hinaus würde die bisher unfreiwillige Zahlung durch ihre Bestätigung – nämlich indem die Restzahlung erbracht wird – zu einer freiwilligen werden, so dass Rückforderungsansprüche damit ausgeschlossen sein dürften.

cc) Ausschluss nach § 814 BGB

2052 Ein Rückforderungsausschluss nach § 814 BGB wird dagegen hier nicht in Betracht kommen, da § 4 Abs. 1 Satz 3 RVG und Abs. 5 Satz 2 RVG die spezielleren Vorschriften sind, die in ihrem Anwendungsbereich die Vorschrift des § 814 BGB verdrängen.

c) Höhe des Rückforderungsanspruchs

Soweit die Rückforderung nicht nach § 4 Abs. 1 Satz 3 oder Abs. 5 Satz 2 RVG ausgeschlossen ist, kann der Auftraggeber denjenigen Teil seiner Zahlungen zurückverlangen, der den Betrag der gesetzlichen Vergütung übersteigt (zur Höhe der gesetzlichen Vergütung s. Rn. 1277 ff.).   2053

Soweit nur eine Teilzahlung über die gesetzliche Vergütung hinaus erbracht worden ist, kann dieser Teil zurückverlangt werden.   2054

Zahlungen des Auftraggebers werden zunächst auf den Teil der vereinbarten Vergütung verrechnet, der der gesetzlichen Vergütung entspricht. Weder aus einer entsprechenden Anwendung der §§ 366, 367 BGB noch des § 58 RVG folgt, dass die Zahlung des Auftraggebers zunächst auf den die gesetzliche Vergütung übersteigenden Teil der vereinbarten Vergütung zu verrechnen ist. Eine abweichende Tilgungsbestimmung ist aber möglich (s.u. Rn. 2061).   2055

Auch hier kann zu berücksichtigen sein, ob sich die gesetzliche Vergütung im Nachhinein ändert.   2056

Beispiel: 2057

Die Parteien hatten für einen Rechtsstreit eine formunwirksame Vergütungsvereinbarung getroffen. Das Gericht setzt den Gegenstandswert auf 10.000,00 € fest. Ausgehend hiervon ergibt sich eine gesetzliche Vergütung i.H.v. 1.500,00 €, die der Auftraggeber zahlt. Später wird der Streitwert geändert und auf 8.000,00 € festgesetzt. Nunmehr ergibt sich ein gesetzlicher Vergütungsanspruch i.H.v. nur noch 1.200,00 €.

Der Auftraggeber kann jetzt den Differenzbetrag i.H.v. 300,00 € dennoch zurückverlangen. Es liegt keineswegs eine freiwillige Leistung auf die gesetzliche Vergütung übersteigende vereinbarte Vergütung vor. Der Auftraggeber wollte die vereinbarte Vergütung vielmehr lediglich in Höhe der gesetzlichen Gebühren zahlen und hat aufgrund der ursprünglich unzutreffenden gerichtlichen Wertfestsetzung einen höheren Betrag gezahlt.

Gleiches gilt auch dann, wenn sich im Nachhinein herausstellt, dass ein zugrunde gelegter Gebührentatbestand gar nicht erfüllt worden ist.   2058

2059 *Beispiel:*

Die Parteien schließen eine formunwirksame Vergütungsvereinbarung, das Doppelte der gesetzlichen Gebühren. Der Anwalt fordert die Vergütung in Höhe des doppelten der gesetzlichen Gebühren an, wobei er eine Verfahrens-, eine Termins- und eine Einigungsgebühr zugrunde legt. Der Auftraggeber bezahlt diese Vergütung. Nach Durchführung des Kostenfestsetzungsverfahrens stellt der Auftraggeber fest, dass die Voraussetzungen für die abgerechnete Einigungsgebühr gar nicht gegeben waren. Er verlangt diese zurück.

2060 *Auch hier kommen Rückforderungsansprüche in Betracht. Es liegt wiederum keine freiwillige Leistung auf die Vergütungsvereinbarung vor, da der Auftraggeber nur die gesetzlichen Gebührentatbestände bezahlen wollte.*

d) Teilzahlung mit Leistungsbestimmung auf den die gesetzliche Vergütung übersteigenden Betrag

2061 Der Auftraggeber muss nicht unbedingt mehr als die gesetzliche Vergütung gezahlt haben. Ausreichend ist, dass er seiner Zahlung eine Tilgungsbestimmung gegeben hat, wonach die Zahlung auf den Teil der Vergütung zu verrechnen ist, der die gesetzliche übersteigt.

2062 Ist dem Anwalt z.B. hinsichtlich der gesetzlichen Vergütung eine Sicherheit gegeben oder ist eine Stundungsvereinbarung getroffen oder Ähnliches, und zahlt der Auftraggeber nur auf den die gesetzliche Vergütung übersteigenden Teil der vereinbarten Vergütung, so kommen insoweit Rückforderungsansprüche in Betracht, auch wenn damit noch nicht mehr als die gesetzliche Vergütung gezahlt worden ist.

2063 *Beispiel:*

Vereinbart ist ein Pauschalhonorar i.H.v. 10.000,00 €, allerdings unter Verstoß gegen § 4 Abs. 1 Satz 1 RVG. Die gesetzliche Vergütung beläuft sich auf 6.000,00 €. Nach erfolgreichem Abschluss der Angelegenheit vereinbaren die Parteien, dass der Anwalt die gesetzliche Vergütung i.H.v. 6.000,00 € gegen den Gegner festsetzen lasse und dort einziehe. Den darüber hinausgehenden Restbetrag i.H.v. 4.000,00 € zahlt der Auftraggeber.

Auch wenn die gezahlten 4.000,00 € noch unterhalb der gesetzlichen Vergütung liegen, ist jedoch eine Tilgungsbestimmung getroffen worden, wonach diese Zahlung auf den „Mehrbetrag" erbracht worden ist.

Sind die 4.000,00 € freiwillig und ohne Vorbehalt gezahlt worden, kommen Rückforderungsansprüche nicht in Betracht. Der Auftraggeber kann auch nicht mehr rückgängig machen, dass dem Anwalt die Kostenerstattungsforderung in Höhe der gesetzlichen Vergütung abgetreten ist, da insoweit eine verbindliche Vergütungsschuld bestand und Rückforderungsansprüche erst gar nicht in Betracht kommen.

Nur dann, wenn die weitere Zahlung der 4.000,00 € unfreiwillig oder unter Vorbehalt erfolgte, kommen Rückforderungsansprüche in Betracht (§ 4 Abs. 1 Satz 3, Abs. 5 Satz 2 RVG).

Gleiches gilt, wenn der Rechtsschutzversicherer die gesetzliche Vergütung übernommen hat oder übernehmen soll und der Auftraggeber auf den darüber hinausgehenden Betrag zahlt. 2064

Beispiel: 2065

Vereinbart ist ein Pauschalhonorar i.H.v. 8.000,00 €, allerdings unter Verstoß gegen § 4 Abs. 1 Satz 1 RVG. Die gesetzliche Vergütung beläuft sich auf 6.000,00 €. Nach erfolgreichem Abschluss der Angelegenheit vereinbaren die Parteien, dass der Anwalt die 6.000,00 € mit dem Rechtsschutzversicherer abrechne. Der Auftraggeber zahlt die weiteren 2.000,00 €.

Auch hier hat der Auftraggeber nicht mehr als die gesetzliche Vergütung gezahlt. Da er jedoch auf den übersteigenden unverbindlichen Teil gezahlt hat, kommen Rückforderungsansprüche nicht in Betracht, sofern die Zahlung freiwillig und vorbehaltlos war.

7. Nachträgliche Herabsetzung der vereinbarten Vergütung

a) Anspruchsgrundlage

Wird im Nachhinein, also nach Zahlung des Auftraggebers, die Vergütung nach § 4 Abs. 4 Satz 1 RVG vom Gericht herabgesetzt,[26] so wirkt die vom Gericht vorzunehmende Gestaltung unmittelbar auf die Höhe der vereinbarten Vergütung. Diese ist nur (noch) in Höhe des herabgesetzten Betrages geschuldet. Gleiches gilt, wenn sich die Vertragsparteien zur Vermeidung eines gerichtlichen Verfahren über die Herabsetzung einigen (s. ausführlich hierzu Rn. 1671). 2066

---

26 Zur Zulässigkeit der Herabsetzung nach Zahlung s. Rn. 1669.

2067 Die Herabsetzung führt dazu, dass sich hinsichtlich des bereits gezahlten Mehrbetrages ein Rückzahlungsanspruch des Auftraggebers ergibt. Dieser stützt sich auf Bereicherungsrecht (§ 812 BGB).

2068 Soweit die Parteien sich in einem Herabsetzungsrechtsstreit (§ 4 Abs. 4 Satz 1 RVG) oder außergerichtlich nicht nur über die Herabsetzung selbst, sondern auch den Rückzahlungsanspruch vergleichen, ergibt sich ein vertraglicher Rückzahlungsanspruch unmittelbar aus dem Vergleich.

b) Rückforderungsausschlüsse

2069 Da die Herabsetzung nicht ausgeschlossen ist, wenn der Auftraggeber schon gezahlt hat,[27] kann erst recht der Rückforderungsanspruch nicht ausgeschlossen sein, wenn auf die unangemessen hohe Vergütung gezahlt worden ist.

2070 Auch § 814 BGB greift nicht, selbst wenn der Auftraggeber wusste, dass die Vergütung unangemessen hoch war. Solange sie nicht herabgesetzt war, bestand eine Verbindlichkeit, so dass aus diesem Grunde § 814 BGB schon nicht zur Anwendung kommen kann. Der Einwand, der Auftraggeber habe in Kenntnis der Unangemessenheit gezahlt, kann allenfalls im Herabsetzungsverfahren erhoben werden,[28] nicht aber dem Rückzahlungsanspruch entgegengesetzt werden.

2071 Ebenso wenig kann sich der Anwalt auf § 4 Abs. 1 Satz 3 oder Abs. 5 Satz 2 RVG berufen, da aufgrund der Herabsetzung die Vereinbarung so zu behandeln ist, als habe über den herabgesetzten Betrag hinaus nie

2072 eine Verbindlichkeit bestanden. Gegenüber dem bereicherungsrechtlichen Rückforderungsanspruch kann der Anwalt den **Einwand der Entreicherung** nach § 818 Abs. 3 BGB erheben, der jedoch als berufswidrig angesehen wird.[29]

---

27 S. Rn. 1669.
28 S. Rn. 1670.
29 EGH II 106, AnwK-RVG/N. Schneider, § 10 Rn. 69.

II. Rückforderung von Zahlungen nach Abrechnung

Soweit die Parteien sich in dem Herabsetzungsrechtsstreit oder zur Vermeidung eines drohenden Rechtsstreits verglichen haben und sich der Rückzahlungsanspruch unmittelbar aus dem Vergleich ergibt, also vertraglicher Natur ist, kommt eine Berufung auf Entreicherung ohnehin nicht in Betracht. 2073

c) Höhe des Anspruchs

Die Höhe des Anspruchs ergibt sich aus der Differenz zwischen den bereits gezahlten Beträgen und der nach Herabsetzung durch das Gericht geschuldeten Vergütung. 2074

8. Ansprüche auf Rückzahlung vereinnahmter Gelder

a) Überblick

Hat der Anwalt im Laufe des Mandates Gelder vereinnahmt, insbesondere Fremdgelder, oder nicht verbrauchte Gerichtsgebühren vom Gericht zurück erhalten, ist er nach §§ 675, 667 BGB verpflichtet, diese dem Auftraggeber auszuzahlen. 2075

Da es sich um einen vertraglichen Anspruch handelt, kann sich der Anwalt insoweit nie auf den Einwand der Entreicherung berufen. 2076

b) Aufrechnung des Auftraggebers

aa) Zulässigkeit

Erklärt der Auftraggeber gegenüber dem Vergütungsanspruch des Anwalts die Aufrechnung mit seinem Anspruch auf Auszahlung von Fremdgeldern oder sonstigen vereinnahmten Beträgen, so erlischt damit gemäß § 389 BGB nicht nur die Vergütungsschuld, sondern auch der Anspruch des Auftraggebers auf Herausgabe der ihm zustehenden Gelder. 2077

Die Vergütungsforderung braucht in diesem Falle noch nicht einmal fällig zu sein, da nur die eigene Forderung fällig sein muss, nicht aber die Forderung, gegen die aufgerechnet wird; diese muss nur erfüllbar sein (§ 387 BGB). 2078

2079 Die Vergütungsforderung muss auch noch nicht nach § 10 Abs. 1 RVG abgerechnet und damit klagbar sein; der Auftraggeber kann auf eine vorherige Berechnung verzichten.[30]

bb) Wirkung der Aufrechnung
(1) Wirksame Vergütungsvereinbarung

2080 Ist die Vergütungsvereinbarung wirksam, bereitet die Aufrechnung des Auftraggebers keine Probleme. Die Ansprüche auf Auszahlung der Fremdgelder oder anderweitig vereinnahmter Gelder erlöschen (§ 389 BGB).

(2) Unwirksame Vergütungsvereinbarung

2081 Ist die Vergütungsvereinbarung unwirksam, etwa wegen Sittenwidrigkeit oder Vereinbarung eines unzulässigen Erfolgshonorars, geht die Aufrechnung „ins Leere", soweit gegen eine vermeintlich höhere Forderung als die gesetzliche Vergütung aufgerechnet wird. Mangels gegenseitiger Forderungen kann insoweit der Auszahlungsanspruch des Auftraggebers nicht erlöschen. Der Anwalt bleibt zur Herausgabe der Gelder verpflichtet.

2082 *Beispiel:*

Der Anwalt hatte mit dem Auftraggeber ein Pauschalhonorar i.H.v. 8.000,00 € vereinbart; die Vereinbarung ist sittenwidrig. Die gesetzliche Vergütung beläuft sich auf 5.000,00 €. Der Anwalt vereinnahmt daraufhin Fremdgeld i.H.v. 10.000,00 €. Der Auftraggeber erklärt mit seinem Auszahlungsanspruch die Aufrechnung, so dass er die verbleibenden 2.000,00 € ausgezahlt erhält.

Da die Vergütungsvereinbarung unwirksam war, ist ein Anspruch des Anwalts nur in Höhe der gesetzlichen Vergütung begründet worden, so dass die Aufrechnung nur insoweit (5.000,00 €) greift. Der Anspruch auf Auszahlung von weiteren 3.000,00 € Fremdgeld besteht daher nach wie vor.

(3) Fehlende Vergütungsvereinbarung

2083 Das Gleiche gilt, wenn die Parteien irrtümlich von einer Vereinbarung ausgehen. Haben die Parteien tatsächlich gar keine Vergütungsverein-

---

30 S. Rn. 1881.

barung getroffen, sondern gehen sie nur irrtümlich von dem Bestand einer solchen Vereinbarung aus, geht eine Aufrechnung mit einer vermeintlich die gesetzliche Vergütung übersteigenden Forderung ebenfalls „ins Leere" und lässt den Auszahlungsanspruch des Auftraggebers ebenso unberührt wie bei einer unwirksamen Vergütungsvereinbarung (s.o. Rn. 2082)

(4) Nachträgliche Korrektur der Abrechnung

Ebenso verhält es sich, wenn die Vergütungsvereinbarung wirksam ist, der Anwalt jedoch zunächst eine zu hohe Vergütung abgerechnet hat. Auch dann besteht die Vergütungsschuld nur in Höhe der zutreffend abzurechnenden Vergütung. Im Übrigen geht die Aufrechnung wiederum „ins Leere". 2084

Ein Rückforderungsausschluss nach § 4 Abs. 1 Satz 3, Abs. 5 Satz 2 RVG oder § 814 BGB kommt nicht in Betracht. 2085

Beispiel: 2086

Die Parteien hatten vereinbart, nach dem Dreifachen der gesetzlichen Gebühren abzurechnen, was aufgrund der Streitwertfestsetzung des Gerichts zunächst einen Anspruch i.H.v. 6.000,00 € ergibt. Insoweit rechnet der Auftraggeber mit dem ihm zustehenden Anspruch auf Auszahlung vereinnahmter Fremdgelder i.H.v. 8.000,00 € auf und erhält die restlichen 2.000,00 €. Im Nachhinein setzt das Gericht den Streitwert niedriger fest, so dass sich jetzt nur noch eine vereinbarte Vergütung i.H.v. 4.000,00 € ergibt.

Nur i.H.v. 4.000,00 € ist die Aufrechnung wirksam. Der Auszahlungsanspruch des Auftraggebers i.H.v. weiteren 2.000,00 € ist davon unberührt geblieben.

(5) Nicht verbindliche Vergütungsvereinbarung

Ist die Vergütungsvereinbarung dagegen nicht unwirksam, sondern lediglich nach § 4 Abs. 1 Satz 1, Satz 2 oder Abs. 5 Satz 1 RVG **nicht verbindlich**, so liegt in der Aufrechnung des Auftraggebers eine Leistung i.S.d. § 4 Abs. 1 Satz 3, Abs. 5 Satz 2 RVG. 2087

Sofern der Auftraggeber diese Aufrechnungserklärung **freiwillig und vorbehaltlos** abgegeben hat (s.o. Rn. 2028 ff.), kommen Rückforderungsansprüche nicht mehr in Betracht. 2088

T. Rückforderungs- und Auszahlungsansprüche des Auftraggebers

2089 Hat der Auftraggeber dagegen seine Aufrechnungserklärung unfreiwillig abgegeben, steht ihm ein Rückforderungsanspruch zu, wobei hier bislang ungeklärt ist, ob damit die Aufrechnung unwirksam oder anfechtbar ist oder ob lediglich ein bereicherungsrechtlicher Anspruch nach § 818 Abs. 2 BGB auf Wertsatz besteht. Vom Letzteren dürfte wohl auszugehen sein, es sei denn, es liegt ein besonderer Anfechtungsgrund (Drohung, Täuschung o.Ä.) vor, der die Aufrechnung selbst unwirksam macht.

2090 *Beispiel:*

Der Anwalt hatte mit dem Auftraggeber eine Vergütungsvereinbarung getroffen, wonach sich ein Pauschalhonorar i.H.v. 5.000,00 € ergab. Die gesetzliche Vergütung beläuft sich auf 3.000,00 €. Darauf, dass die vereinbarte Vergütung über der gesetzlichen liegt, hatte der Anwalt nicht hingewiesen; dies war dem Auftraggeber auch nicht bewusst.

Nachdem der Anwalt Fremdgelder i.H.v. 10.000,00 € vereinnahmt hat, erklärt der Auftraggeber die Aufrechnung und lässt sich 5.000,00 € auszahlen.

Als er später bemerkt, dass die vereinbarte Vergütung über der gesetzlichen liegt, verlangt er weitere 2.000,00 € zurück.

Ein Grund zur Anfechtung dürfte hier nicht gegeben sein, da der Anwalt nicht getäuscht hat. Ungeachtet dessen war die Aufrechnungserklärung jedoch unfreiwillig i.S.d. Rspr. (s. Rn. 2036). Dem Auftraggeber steht daher ein bereicherungsrechtlicher Anspruch zu. Der Anwalt hat die Befreiung von seiner Verbindlichkeit (Auszahlung des Fremdgeldes) i.H.v. 2.000,00 € rechtsgrundlos erlangt und ist deshalb zur Herausgabe der Bereicherung verpflichtet, also zur Auszahlung von weiteren 2.000,00 €.

Hätte der Anwalt den Auftraggeber durch Täuschung oder Drohung zur Abgabe der Aufrechnungserklärung veranlasst, hätte der Auftraggeber seine Aufrechnungserklärung sogar nach §§ 119 ff., 123 BGB anfechten können. In diesem Falle wäre die Aufrechnung unwirksam. Der ursprüngliche Auszahlungsanspruch wäre dann i.H.v. weiteren 2.000,00 € bestehen geblieben.

In Höhe der gesetzlichen Vergütung ist die Aufrechnung dagegen in beiden Fällen wirksam.

c) Aufrechnung des Anwalts
aa) Überblick

Auch der Anwalt kann je nach Konstellation gegen die Ansprüche des Auftraggebers auf Auszahlung vereinnahmter Fremdgelder oder anderer Beträge mit eigenen Vergütungsansprüchen aufrechnen. In diesem Fall erlischt der Auszahlungsanspruch (§ 389 BGB). 2091

Voraussetzung ist jetzt, dass der Vergütungsanspruch nach § 8 Abs. 1 RVG fällig ist. Darüber hinaus muss der Vergütungsanspruch nach § 10 Abs. 1 RVG abgerechnet sein oder zumindest mit der Aufrechnungserklärung abgerechnet werden (§ 387 BGB). 2092

Soweit mit einem Anspruch auf Vorschuss aufgerechnet wird, muss ein Vorschuss vereinbart und fällig sein. 2093

Zunächst ist hier einmal zu fragen, ob die Aufrechnung grds. zulässig ist. Dies ist aber kein spezielles Problem der Vergütungsvereinbarung.[31] 2094

Ausgehend davon, dass eine Aufrechnung grds. zulässig ist, müssen dann die Besonderheiten bei der Vergütungsvereinbarung berücksichtigt werden. 2095

bb) Wirksame Vergütungsvereinbarung

Liegt eine wirksame Vergütungsvereinbarung vor, kann der Anwalt aufrechnen, soweit seine Vergütungsforderung fällig (§ 8 Abs. 1 RVG) und nach § 10 Abs. 1 RVG abgerechnet ist oder soweit ein Vorschuss vereinbart und der Vorschuss fällig ist. 2096

Die Auszahlungsansprüche des Auftraggebers sind damit gemäß § 389 BGB erloschen. 2097

cc) Unwirksame Vergütungsvereinbarung

Ist die **Vergütungsvereinbarung unwirksam,** also insgesamt nichtig, besteht die Möglichkeit aufzurechnen nur insoweit, als die **gesetzliche Vergütung** bereits fällig ist (§ 8 Abs. 1 RVG) oder soweit der Anwalt ei- 2098

---

31 S. hierzu AnwK-BGB/Wermeckes, § 387 Rn. 39, 42 m.w.N.

nen **Vorschuss auf die gesetzliche Vergütung** verlangen und mit diesem Vorschussanspruch aufrechnen kann. Weiter gehende Möglichkeiten bestehen nicht, da es an einer wirksamen Forderung des Anwalts fehlt.

2099 Soweit die eingegangenen Gelder die gesetzliche Vergütung übersteigen, muss der Anwalt diese auskehren.

dd) Fehlende Vergütungsvereinbarung

2100 Fehlt eine Vergütungsvereinbarung, so greift die Aufrechnung des Anwalts nur insoweit, als die **gesetzliche Vergütung** bereits fällig ist (§ 8 Abs. 1 RVG) oder soweit der Anwalt einen **Vorschuss auf die gesetzliche Vergütung** verlangen und mit diesem Vorschussanspruch aufrechnen kann. Im Übrigen geht die Aufrechnung „ins Leere", da es an einer Forderung des Anwalts fehlt. Der Auszahlungsanspruch des Auftraggebers bleibt insoweit unberührt.

ee) Nachträgliche Herabsetzung

2101 Wird nachträglich die vereinbarte Vergütung nach § 4 Abs. 4 RVG herabgesetzt, so geht die Aufrechnung des Anwalts, soweit sie den herabgesetzten Betrag übersteigt, wiederum „ins Leere". Der Auszahlungsanspruch des Auftraggebers ist dann nicht durch Aufrechnung erloschen, sondern kann nach wie vor geltend gemacht werden.

ff) Nachträgliche Korrektur der Vereinbarung

2102 Hat der Anwalt aufgrund einer wirksamen Vergütungsvereinbarung aufgerechnet und muss er später seine Rechnung korrigieren, so ist nur der korrigierte Betrag maßgebend. In Höhe des zu viel abgerechneten Betrages stand dem Anwalt gar kein Anspruch zu, so dass die Aufrechnung von vornherein nur den tatsächlich geschuldeten Betrag erfasst hat. Dem Auftraggeber steht daher noch ein restlicher Auszahlungsanspruch zu.

gg) Nicht verbindliche Vereinbarung

Ist dagegen eine nach § 4 Abs. 1 Satz 1 oder Satz 2 RVG oder § 4 Abs. 5 Satz 1 RVG nicht verbindliche Vereinbarung getroffen worden, ist Folgendes zu beachten: 2103

Da die Vergütung nicht einforderbar ist, kann der Anwalt mit seinem unverbindlichen Anspruch auch nicht aufrechnen (s. Rn. 608). Er bleibt insoweit zur Auszahlung der vereinnahmten Gelder verpflichtet. 2104

Gegen eine Aufrechnung in Höhe der gesetzlichen Vergütung bestehen dagegen keine Bedenken, da insoweit durch die Vergütungsvereinbarung eine wirksame Verbindlichkeit begründet worden ist (s.o. Rn. 601 ff.). Lediglich den darüber hinausgehenden Betrag muss der Anwalt zurückzahlen. 2105

Beispiel: 2106

Die Parteien treffen eine formunwirksame Vergütungsvereinbarung über 6.000,00 €. Die gesetzliche Vergütung würde sich auf 4.000,00 € belaufen.

Der Anwalt vereinnahmt Fremdgelder i.H.v. 5.000,00 € und erklärt die Aufrechnung.

Die Aufrechnung ist nur i.H.v. 4.000,00 € möglich; I.H.v 1.000,00 € steht dem Auftraggeber daher nach wie vor ein Auszahlungsanspruch zu.

d) Aufrechnungsvereinbarungen

aa) Überblick

Dem Anwalt ist es möglich, Verrechnungsvereinbarungen zu treffen, also mit dem Auftraggeber einen Aufrechnungsvertrag abzuschließen. 2107

bb) Wirksame Vereinbarung

Besteht eine wirksame Vergütungsvereinbarung und schließen die Parteien daraufhin eine Aufrechnungsvereinbarung, so ist die Verrechnung wirksam. Der entsprechende Auszahlungsanspruch des Auftraggebers erlischt. 2108

cc) Unwirksame Vereinbarung

2109 Liegt der Aufrechnungsvereinbarung eine unwirksame Vergütungsvereinbarung zugrunde, berührt diese den Auszahlungsanspruch des Auftraggebers ebenso wenig wie eine einseitige Aufrechnung des Anwalts oder des Auftraggebers. Insbesondere liegt in der bloßen Aufrechnungsvereinbarung nicht die Bestätigung der unwirksamen Vergütungsvereinbarung oder deren Neuabschluss. Dazu fehlt es bereits an einem entsprechenden Willen der Vertragsparteien. Die Aufrechnungsvereinbarung geht daher „ins Leere", so dass die Rückzahlungsansprüche des Auftraggebers unberührt bleiben.

dd) Fehlende Vereinbarung

2110 Fehlt eine Vergütungsvereinbarung, aber gehen die Parteien irrtümlich von einer solchen aus, so geht eine Verrechnungsvereinbarung ebenso „ins Leere" wie bei einer unwirksamen Vereinbarung (s.o. Rn. 2109).

ee) Nachträgliche Korrektur der Abrechnung

2111 Muss nachträglich die abgerechnete Vergütung korrigiert werden (etwa weil sich der Anwalt verrechnet hatte, weil das Gericht den Gegenstandswert niedriger festsetzt o.Ä.), geht auch die Aufrechnungsvereinbarung in Höhe des zuviel abgerechneten Betrages „ins Leere", so dass insoweit die Auszahlungsansprüche bestehen bleiben.

ff) Nachträgliche Herabsetzung der Vergütung

2112 Haben die Parteien aufgrund einer wirksamen Vergütungsvereinbarung eine Aufrechnungsvereinbarung geschlossen und wird nachträglich die Vergütung gemäß § 4 Abs. 4 Satz 1 RVG vom Gericht herabgesetzt, geht die Aufrechnungsvereinbarung ebenso „ins Leere" wie eine Aufrechnung des Anwalts oder des Auftraggebers. Auch insoweit bleibt daher der Auszahlungsanspruch des Auftraggebers bestehen.

gg) Nicht verbindliche Vereinbarung

2113 Ist die Vereinbarung wegen Verstoßes gegen § 4 Abs. 1 Satz 1, Satz 2, Abs. 5 Satz 1 RVG unverbindlich, so ist die Verrechnung dennoch wirksam, sofern der Auftraggeber der Verrechnung freiwillig und vorbehaltlos zugestimmt hat.

Beispiel: 2114

Die Parteien treffen eine formunwirksame Vergütungsvereinbarung über 6.000,00 €. Die gesetzliche Vergütung würde sich auf 4.000,00 € belaufen. Der Anwalt vereinnahmt Fremdgelder i.H.v. 5.000,00 € und vereinbart mit dem Auftraggeber, dass er dieses Geld behalte und auf die Vergütungsschuld verrechne.

Die Aufrechnungsvereinbarung ist wirksam. Ein Rückforderungsanspruch in Höhe des die gesetzliche Vergütung übersteigenden Teils der Vergütung (1.000,00 €) scheidet aus.

Rückforderungsansprüche kommen hier gemäß § 4 Abs. 1 Satz 3, Abs. 5 Satz 2 RVG nur dann in Betracht, wenn der Aufrechnungsvertrag **unfreiwillig** geschlossen oder in der Aufrechnungsvereinbarung **ein Vorbehalt** getroffen worden ist. Dann bleibt dem Auftraggeber sein Rückforderungsanspruch erhalten. 2115

Beispiel: 2116

Vereinbart ist eine Vergütung i.H.v. 5.000,00 €; die gesetzliche Vergütung beträgt 1.000,00 €. Der Anwalt vereinnahmt 3.000,00 € Fremdgeld. Der Anwalt verleitet den Auftraggeber zu einer unfreiwilligen Aufrechnungsvereinbarung.

Jetzt ist der Rückforderungsanspruch (2.000,00 €) nicht ausgeschlossen, da die Vereinbarung unfreiwillig abgeschlossen worden ist.

Beispiel: 2117

Die Parteien treffen eine formunwirksame Vergütungsvereinbarung über 6.000,00 €. Die gesetzliche Vergütung würde sich auf 4.000,00 € belaufen. Der Anwalt vereinnahmt Fremdgelder i.H.v. 5.000,00 € und fragt an, ob er dieses Geld behalten und auf die Vergütungsschuld verrechnen dürfe. Der Auftraggeber stimmt dem unter dem Vorbehalt zu, dass die Vergütungsforderung des Anwalts berechtigt ist.

Die Aufrechnungsvereinbarung ist hier unter Vorbehalt geschlossen worden. Hinsichtlich des die gesetzliche Vergütung übersteigenden Teils der vereinbarten Vergütung (1.000,00 €) ist der Rückforderungsanspruch des Auftraggebers nicht ausgeschlossen.

Nicht ausreichend ist insoweit eine Vereinbarung, wonach das (formunwirksam) vereinbarte Honorar zu „gegebener Zeit" aus Fremdgel- 2118 dern, die sich auf dem Konto des Anwalts befinden, entnommen werden soll. Auch insoweit fehlt es an einer freiwilligen Leistung i.S.d. § 4 Abs. 1 Satz 3 RVG selbst dann, wenn der Anwalt anschließend absprachegemäß den Honorarbetrag aus den Fremdgeldern entnimmt.[32]

e) Bestätigung einer unwirksamen Aufrechnung oder Aufrechnungsvereinbarung

2119 Ist die Aufrechnung des Anwalts unwirksam, weil wegen Verstoßes gegen § 4 Abs. 1 Satz 1, Satz 2 oder Abs. 5 Satz 1 RVG keine Verbindlichkeit bestand, dürfte auch hier allerdings ein Rückforderungsanspruch ausgeschlossen sein, wenn der Auftraggeber eine einseitig vorgenommene Aufrechnung oder einen unfreiwilligen oder unter Vorbehalt gestellten Aufrechnungsvertrag im Nachhinein bestätigt.

2120 Dies ist zum einen dann der Fall, wenn der Auftraggeber ausdrücklich erklärt, mit der Aufrechnung des Anwalts einverstanden zu sein. In diesem Falle läge nämlich im Ergebnis ein Aufrechnungsvertrag vor (s.o. Rn. 2107).

2121 Zum anderen dürfte Gleiches gelten, wenn der Auftraggeber einen nach Aufrechnung des Anwalts oder nach einer Aufrechnungsvereinbarung noch verbleibenden Restbetrag zahlt. Auch darin dürfte die Bestätigung der Aufrechnung liegen, wonach sich der Auftraggeber später nicht mehr auf die Unverbindlichkeit seiner Vergütungsschuld berufen kann.

2122 *Beispiel:*

Vereinbart ist ein Honorar i.H.v. 7.000,00 €. Der Anwalt vereinnahmt Fremdgelder i.H.v. 5.000,00 € und erklärt die Aufrechnung. Er übersendet dem Auftraggeber anschließend seine Schlussrechnung über 7.000,00 €, in der die verrechneten 5.000,00 € abgezogen sind. Der Auftraggeber zahlt den Restbetrag i.H.v. 2.000,00 € freiwillig und vorbehaltlos.

Ein Rückforderungsanspruch dürfte jetzt nicht in Betracht kommen.

---

32 OLG Düsseldorf, MDR 2000, 420 = OLGR 2000, 228.

Beispiel: 2123

Vereinbart ist eine Vergütung i.H.v. 5.000,00 €. Der Anwalt vereinnahmt 3.000,00 € Fremdgeld. Es wird eine Verrechnungsvereinbarung geschlossen, wobei der Auftraggeber erklärt, die Aufrechnung stehe unter dem Vorbehalt, dass die vereinbarte Vergütung tatsächlich auch wirksam sei und dass er sich die Prüfung insoweit vorbehalte.

Später übersendet der Anwalt dem Auftraggeber seine Schlussrechnung über 5.000,00 €, in der die verrechneten 3.000,00 € abgezogen sind. Der Auftraggeber zahlt den Restbetrag i.H.v. 2.000,00 € freiwillig und vorbehaltlos.

Auch jetzt ist der Rückforderungsanspruch ausgeschlossen, da mit der Schlusszahlung der Vorbehalt konkludent aufgegeben worden ist.

III. Rückzahlung von Vorschüssen

1. Anspruchsgrundlagen

Verlangt der Auftraggeber nicht verbrauchte Vorschüsse zurück, so kann er sich zum einen auf **Bereicherungsrecht** stützen (§ 812 BGB).[33] Gegenüber diesem Anspruch könnte der Anwalt sich auf den Wegfall der Bereicherung berufen (§ 818 Abs. 3 BGB), wobei die Berufung auf den Einwand der Entreicherung jedoch als berufswidrig angesehen wird.[34] 2124

Neben dem bereicherungsrechtlichen Anspruch steht dem Mandanten auch ein **vertraglicher Anspruch** auf Rückzahlung nicht verbrauchter Vorschüsse zu. Es ist Inhalt des Anwaltsvertrages, empfangene Vorschüsse nach Abschluss der Angelegenheit bei Fälligkeit abzurechnen (§ 10 Abs. 2 RVG). Ebenso ist auch der sich danach ergebende Rückzahlungsanspruch des Auftraggebers vertraglicher Natur. Gegen diesen Anspruch kann sich der Anwalt nicht auf den Wegfall der Bereicherung berufen.[35] 2125

---

33 BGH, NJW 2004, 2818; NJW 2004, 1169; AnwK-RVG/N. Schneider, § 10 Rn. 69; Krämer/Mauer/Kilian, Rn. 662.
34 EGH II 106, AnwK-RVG/N. Schneider, a.a.O.
35 AnwK-RVG/N. Schneider, § 9 Rn. 55.

2. Rückforderungsausschlüsse

a) Überblick

2126 Bei Forderungen auf Rückzahlung nicht verbrauchter Vorschüsse sind mehrere Fallgestaltungen zu unterscheiden, die unterschiedlich zu beurteilen sind.

b) Wirksame Vergütungsvereinbarung

2127 Ist die Vergütungsvereinbarung wirksam, kann der Auftraggeber gezahlte Vorschüsse nur insoweit zurückverlangen, als diese die sich nach Abrechnung ergebende vereinbarte Vergütung übersteigen.

2128 Insoweit handelt es sich um einen **gewöhnlichen Rückforderungsfall**. Ebenso wie bei der gesetzlichen Vergütung sind solche Überzahlungen zurückzugewähren. Der Anwalt muss nach Abrechnung der Vergütung die zuviel vereinnahmten Beträge umgehend auskehren. Hier kann kein Streit entstehen, da die Vorschüsse nach der eigenen Abrechnung des Anwalts die vereinbarte Vergütung übersteigen und damit insoweit unstreitige Überzahlungen vorliegen.

2129 Da es sich hierbei nicht nur um einen **bereicherungsrechtlichen**, sondern auch um einen **vertraglichen Rückzahlungsanspruch** handelt (s.o. Rn. 2125), kommt der **Einwand der Entreicherung** im Ergebnis nicht in Betracht.

2130 Ebenso wenig kommt ein **Rückforderungsausschluss** nach § 4 Abs. 1 Satz 3, Abs. 5 Satz 2 RVG in Betracht.

c) Nachträgliche Korrektur der Abrechnung

2131 Muss nachträglich die Abrechnung korrigiert werden (etwa weil sich der Anwalt verrechnet hatte oder weil das Gericht den Gegenstandswert niedriger festsetzt), ist ebenso zu verfahren wie bei einer wirksamen Vergütungsvereinbarung, bei der höhere Vorschüsse gezahlt worden sind, als sich später an Vergütung ergibt (Rn. 2127). Dem Auftraggeber steht sowohl ein vertraglicher als auch bereicherungsrechtlicher Rückgewähranspruch zu.

Auch hier greift im Ergebnis nicht der **Einwand der Entreicherung** (s. Rn. 2129). 2132

Ebenso wenig besteht ein **Rückforderungsausschluss** nach § 4 Abs. 1 Satz 3, Abs. 5 Satz 2 RVG. 2133

d) Nichtige Vergütungsvereinbarung

Ist die Vergütungsvereinbarung nichtig, also nicht nur unverbindlich, kann der Anwalt nur die gesetzliche Vergütung abrechnen (s. Rn. 2005). Soweit die Vorschüsse die gesetzliche Vergütung übersteigen, bestehen Rückforderungsansprüche aus Bereicherungsrecht und aus Vertrag. Der Anwalt ist daher verpflichtet, die nach Abrechnung der gesetzlichen Vergütung nicht verbrauchten Vorschüsse zurückzuzahlen. Hierbei wird es in der Praxis keine Streitigkeiten geben. Allenfalls wird über die Frage gestritten, ob die Vergütungsvereinbarung nichtig ist, nicht aber über die Rückzahlungspflicht als solche, wenn die Nichtigkeit der Vergütungsvereinbarung feststeht. 2134

Es kommt ein Rückforderungsausschluss weder in unmittelbarer noch in analoger Anwendung des § 4 Abs. 1 Satz 3, Abs. 5 Satz 2 RVG in Betracht. 2135

Anders verhält es sich dagegen, wenn Vorschüsse auf eine unwirksame Vereinbarung geleistet worden sind und nach Zahlung der Vorschüsse dann eine formwirksame Vereinbarung getroffen wird. Dann besteht kein Rückzahlungsanspruch, soweit die geleisteten Vorschüsse die vereinbarte Vergütung nicht übersteigen, da jetzt eine wirksame und durchsetzbare Vereinbarung vorliegt. 2136

> *Beispiel:* 2137
>
> *Der Anwalt schließt mit dem Auftraggeber eine Vergütungsvereinbarung, die wegen Androhung der Mandatsniederlegung sittenwidrig und damit nichtig ist (s. Rn. 1750). Der Auftraggeber zahlt einen Vorschuss. Später bemerkt der Anwalt die Unwirksamkeit und schließt mit dem Auftraggeber eine neue inhaltsgleiche, aber jetzt wirksame Vereinbarung.*
>
> *Ein Rückzahlungsanspruch scheidet jetzt aus, da im Nachhinein eine Verbindlichkeit begründet worden ist, aufgrund derer der Anwalt die Vorschüsse behalten darf.*

2138 Ist die (neue) Vergütungsvereinbarung allerdings formunwirksam (§ 4 Abs. 1 Satz 1, Satz 2, Abs. 5 Satz 1 RVG), besteht wiederum ein Rückforderungsanspruch, soweit die gezahlten Vorschüsse die gesetzliche Vergütung übersteigen (s. Rn. 2147 ff.).

e) Fehlende Vergütungsvereinbarung

2139 Fehlt eine Vergütungsvereinbarung, kann der Anwalt nur die gesetzliche Vergütung abrechnen. Soweit er Vorschüsse auf eine vermeintliche oder von den Parteien angestrebte, dann aber nicht verwirklichte Vereinbarung gezahlt hat, liegt ein gewöhnlicher Rückforderungsfall vor. Der Anwalt muss nach Abrechnung der gesetzlichen Vergütung die zuviel vereinnahmten Beträge umgehend auskehren.

2140 Da es sich auch um einen vertraglichen Rückforderungsanspruch handelt, kommt der **Einwand der Entreicherung** im Ergebnis nicht in Betracht (s.o. Rn. 2125).

2141 Ebenso wenig kann sich der Anwalt auf einen **Rückforderungsausschluss** nach § 4 Abs. 1 Satz 3, Abs. 5 Satz 2 RVG berufen.

2142 Schließen die Parteien nachträglich eine Vergütungsvereinbarung, nachdem sie bemerkt haben, dass die irrtümlich angenommene Vergütungsvereinbarung gar nicht zustande gekommen ist, so kann der Auftraggeber gezahlte Vorschüsse nicht mehr zurückverlangen, soweit sie nach der neuen Vergütungsvereinbarung geschuldet sind.

2143 Ist die (neue) Vergütungsvereinbarung allerdings formunwirksam (§ 4 Abs. 1 Satz 1, Satz 2, Abs. 5 Satz 1 RVG), besteht wiederum ein Rückforderungsanspruch, soweit die gezahlten Vorschüsse die gesetzliche Vergütung übersteigen (s. Rn. 2136).

f) Nachträgliche Herabsetzung der Vergütung

2144 Ist die vereinbarte Vergütung unangemessen hoch gewesen und wird sie später vom Gericht nach § 4 Abs. 4 Satz 1 RVG herabgesetzt, so ist vom Auftraggeber nur die herabgesetzte Vergütung geschuldet (s. Rn. 1723). Soweit der Auftraggeber höhere Vorschüsse gezahlt hat, die die herabgesetzte Vergütung übersteigen, handelt es sich um einen gewöhnlichen Rückforderungsfall. Der Anwalt ist sowohl nach § 812 BGB als auch unmittelbar aus dem Vertrag zur Rückgewähr verpflichtet.

Eine Berufung auf den **Wegfall der Bereicherung** kommt im Ergebnis nicht in Betracht (s.o. Rn. 2125). 2145

Auch hier kommt ein **Rückforderungsausschluss** weder in unmittelbarer noch in analoger Anwendung des § 4 Abs. 1 Satz 3, Abs. 5 Satz 2 RVG in Betracht. 2146

g) Nicht verbindliche Vergütungsvereinbarungen
aa) Überblick

Leidet die Vergütungsvereinbarung an einem Formmangel, ist also die Form des § 4 Abs. 1 Satz 1 oder Satz 2 RVG nicht gewahrt, oder verstößt die Vereinbarung gegen § 4 Abs. 5 Satz 1 RVG, so ist die Vereinbarung nicht unwirksam; durch sie wird lediglich eine Verbindlichkeit nicht begründet (s. Rn. 601 ff.). 2147

Wird danach eine Verbindlichkeit aber nicht begründet, so sind Vorschüsse, die der Auftraggeber darauf gezahlt hat, grds. zurückzugewähren. 2148

bb) Vorschüsse, die die gesetzliche Vergütung übersteigen

Erforderlich ist zunächst einmal, dass die gezahlten Vorschüsse die gesetzliche Vergütung übersteigen. Ist dies nicht der Fall, halten sich die Vorschüsse also im Rahmen der gesetzlichen Vergütung, kommen Rückforderungsansprüche nicht in Betracht, da insoweit die vereinbarte Vergütung verbindlich ist. 2149

> *Beispiel:* 2150
>
> *Der Anwalt schließt mit dem Auftraggeber eine Vergütungsvereinbarung über ein Pauschalhonorar i.H.v. 5.000,00 €. Die gesetzliche Vergütung beläuft sich auf 3.000,00 €. Die Vereinbarung ist wegen eines Formverstoßes nach § 4 Abs. 1 Satz 1 RVG unverbindlich. Der Auftraggeber zahlt einen Vorschuss i.H.v. 2.000,00 €.*
>
> *Rückforderungsansprüche bestehen schon deshalb nicht, weil die Vorschüsse die gesetzliche Vergütung nicht übersteigen und daher noch im Bereich der verbindlichen Vergütung liegen.*

2151 Erst wenn die gezahlten Vorschüsse über der gesetzlichen Vergütung liegen, kommen Rückzahlungsansprüche in Betracht.

2152 *Beispiel:*

Wie Rn. 2150, der Auftraggeber hatte jedoch einen Vorschuss i.H.v. 4.000,00 € gezahlt.

Jetzt übersteigt der Vorschuss die gesetzliche Vergütung um 1.000,00 €, so dass insoweit auf eine nicht verbindliche Forderung gezahlt worden ist und daher Rückforderungsansprüche in Betracht kommen.

cc) Rückforderungsausschluss

(1) Überblick

2153 Fraglich ist bereits, ob ein Vorschuss eine Leistung i.S.d. § 4 Abs. 1 Satz 3, Abs. 5 Satz 2 RVG darstellt.

2154 Als Leistung wird **jede Zahlung oder sonstige mit Erfüllungswirkung versehene Handlung**, wie z.B. Aufrechnung des Auftraggebers, angesehen.[36] Von daher könnte es bei Vorschüssen schon deshalb an einer Leistung fehlen, weil ihnen keine Erfüllungswirkung zukommt. Zutreffend wird man jedoch auch Vorschüsse als Leistung i.S.d. § 4 Abs. 1 Satz 3, Abs. 5 Satz 2 RVG ansehen müssen. Im Ergebnis wirkt sich die rechtliche Einordnung ohnehin nicht aus.

2155 Auch bei Vorschüssen müssen nämlich die Ausschlussklauseln des § 4 Abs. 1 Satz 3 und Abs. 5 Satz 2 RVG beachtet werden: Nur soweit der Auftraggeber **unfreiwillig** oder **unter Vorbehalt** gezahlt hat, kann er die geleisteten Vorschüsse zurückverlangen.

(2) Freiwilligkeit

2156 Soweit der Auftraggeber Vorschüsse über die gesetzliche Vergütung hinaus geleistet hat, können diese zurückverlangt werden, wenn sie **nicht freiwillig** gezahlt worden sind (zum Begriff der Freiwilligkeit s.u. Rn. 2035). Lediglich dann, wenn die unfreiwilligen Vorschüsse später

---

36 Krämer/Mauer/Kilian, Rn. 664.

"umgewidmet" worden sind, scheidet die Rückforderung aus (s.u. Rn. 2160 ff).

(3) Vorbehalt

Darüber hinaus können die Vorschüsse, soweit sie die gesetzliche Vergütung übersteigen, zurückverlangt werden, wenn sie **unter Vorbehalt** geleistet worden sind. | 2157

Hierbei ist zu berücksichtigen, dass Vorschusszahlungen zunächst einmal stets **vorbehaltene Leistungen** i.S.d. § 4 Abs. 1 Satz 3, Abs. 5 Satz 2 RVG sind. Die Vorschusszahlung steht nämlich immer unter dem **Vorbehalt der endgültigen Abrechnung**; anderenfalls würde es sich nicht um Vorschüsse, sondern um Teilzahlungen handeln, denen nach § 362 BGB Erfüllungswirkung zukäme. Dies ist bei Vorschüssen aber nicht der Fall. Vorschüsse führen nicht zum Erlöschen der Zahlungspflicht, sondern werden erst bei Fälligkeit und Mitteilung der Berechnung (§ 10 Abs. 2 RVG) verrechnet. Damit stehen sie also unter Vorbehalt und können gemäß § 4 Abs. 1 Satz 3, Abs. 5 Satz 2 RVG immer zurückverlangt werden, soweit sie die durchsetzbare Vergütung übersteigen. | 2158

Dabei ist völlig unerheblich, ob die Vorschüsse auf eine formunwirksame Vergütungsvereinbarung gezahlt worden sind oder ob erst im Nachhinein, also nach Zahlung der Vorschüsse eine formunwirksame Vergütungsvereinbarung getroffen worden ist. In beiden Fällen bleibt es dabei, dass es sich um vorbehaltene Zahlungen handelt.[37] | 2159

(4) Vorschusszahlung und Restzahlung

Hat der Auftraggeber zunächst Vorschüsse auf eine nicht verbindliche Vereinbarung gezahlt und anschließend den Restbetrag der nicht verbindlich vereinbarten Vergütung nach Rechnungsstellung (§ 10 Abs. 1 RVG) erfüllt, dürften Rückforderungsansprüche jetzt jedenfalls nicht mehr auf einen Vorbehalt gestützt werden können. | 2160

---

37 OLG Hamm, AGS 1996, 122 = OLGR 1996, 275 = zfs 1997, 70; OLG Frankfurt, AnwBl. 1983, 513 = JurBüro 1983, 1032; AnwK-RVG/N. Schneider, § 3 Rn. 86.

2161 Zwar sind die Vorschüsse zunächst nur unter Vorbehalt gezahlt worden. Mit Zahlung des restlichen Betrages erklärt der Auftraggeber jedoch zumindest konkludent, dass er den Vorbehalt aufgebe. Anderenfalls würde er ja nicht über die Vorschüsse hinaus noch weitere Beträge zahlen. Rückforderungsansprüche kommen dann allenfalls noch in Betracht, wenn die Restzahlung nicht freiwillig war (s.o. Rn. 2035).

2162 *Beispiel:*

Die Parteien schließen eine formunwirksame Vereinbarung über 5.000,00 €. Die gesetzliche Vergütung beträgt 1.000,00 €. Der Mandant zahlt einen Vorschuss i.H.v. 3.000,00 €. Nach Abschluss der Angelegenheit rechnet der Anwalt die Vergütung ab, und zwar i.H.v. 5.000,00 € abzüglich gezahlter 3.000,00 € Vorschuss. Der Auftraggeber zahlt freiwillig und vorbehaltlos die weiteren 2.000,00 €.

In dieser weiteren vorbehaltlosen Zahlung liegt zugleich auch die Aufhebung des Vorbehalts hinsichtlich der Vorschusszahlungen. Der Auftraggeber akzeptiert die Verrechnung des Vorschusses und stellt diesen damit vorbehaltlos, so dass Rückzahlungsansprüche nicht mehr in Betracht kommen.

2163 *Beispiel:*

Wie Rn. 2162; jedoch zahlt der Auftraggeber den Restbetrag unfreiwillig oder unter Vorbehalt.

Jetzt liegt in der Schlusszahlung keine „Umwidmung" des Vorschusses in eine vorbehaltlose Zahlung. Der Auftraggeber kann sowohl die Restzahlung zurückverlangen als auch den Vorschuss i.H.v. 2.000,00 €, nämlich soweit er die gesetzliche Vergütung übersteigt.

2164 Gleiches dürfte auch dann gelten, wenn Vorschüsse zwar unfreiwillig gezahlt worden sind, dann aber nach Abrechnung der Restbetrag freiwillig und vorbehaltlos gezahlt wird. Hier wird man wiederum in der Zahlung des Restbetrages oder in dem Einverständnis mit der Abrechnung eine Bestätigung der zunächst unfreiwilligen Leistung sehen dürfen, so dass diese nachträglich zu einer freiwilligen Zahlung wird.

2165 *Beispiel:*

Der Anwalt rechnet die vereinbarte Vergütung i.H.v. 10.000,00 € ab und verrechnet darauf unfreiwillig geleistete Vorschüsse i.H.v. insgesamt 4.000,00 €. Der Auftraggeber zahlt anschließend freiwillig und vorbehaltlos die restlichen 6.000,00 €.

III. Rückzahlung von Vorschüssen

Er wird sich im Nachhinein jedenfalls nicht mehr darauf berufen können, dass die 4.000,00 € Vorschuss unfreiwillig gezahlt worden seien.

(5) Vorschusszahlung und anschließende Teilabrechnung

Hat der Anwalt zunächst Vorschüsse vereinnahmt und vereinbaren die Parteien im Nachhinein Teilfälligkeiten und verrechnet der Anwalt sodann den empfangenen Vorschuss mit einer fälligen Teilforderung, scheidet ein Rückforderungsanspruch des Auftraggebers aus, soweit er dieser Verrechnung zugestimmt hat. In diesem Fall wird die Vorschussleistung im Nachhinein zu einer Erfüllungsleistung, weil der Vorbehalt der Abrechnung aufgehoben wird.

2166

> *Beispiel:*
>
> *Die Parteien schließen eine formunwirksame Vereinbarung, wonach dem Anwalt ein Stundensatz von 300,00 € zustehen soll. Der Mandant zahlt einen Vorschuss i.H.v. 3.000,00 €. Nach zwei Monaten vereinbaren die Parteien eine Zwischenabrechnung. Der Anwalt rechnet daraufhin für seine bisherige Tätigkeit 10 Stunden ab, insgesamt also 3.000,00 €, so dass der gezahlte Vorschuss damit verbraucht sei. Der Auftraggeber erklärt sich hiermit einverstanden.*
>
> *In dem Einverständnis mit der Abrechnung liegt zugleich auch die Aufhebung des Vorbehalts hinsichtlich der Vorschusszahlungen. Diese werden jetzt infolge der Verrechnung zu einer endgültigen Zahlung. Sofern die 3.000,00 € freiwillig und ohne weiteren Vorbehalt gezahlt worden sind, scheiden damit Rückforderungsansprüche aus.*

2167

(6) Vorschusszahlung und Zustimmung zur Abrechnung

Gleiches dürfte auch gelten, wenn der Auftraggeber nach endgültiger Abrechnung den Vorbehalt hinsichtlich seiner Vorschusszahlung aufgibt. Auch dann entfällt der Vorbehalt, so dass Rückforderungsansprüche nicht mehr in Betracht kommen.

2168

> *Beispiel:*
>
> *Vereinbart ist ein Honorar i.H.v. 5.000,00 €. Der Auftraggeber hatte 3.000,00 € Vorschuss gezahlt. Nach Abschluss der Angelegenheit rechnet der Anwalt seine Vergütung mit 5.000,00 € ab und verrechnet darauf die gezahlten Vorschüsse.*
>
> *Der Auftraggeber erklärt, dass er der Abrechnung zustimme und bittet, für die restlichen 2.000,00 € noch um einen kurzfristigen Zahlungsaufschub, wobei er*

2169

darauf hinweist, dass der Anwalt doch bereits schon 3.000,00 € auf die Vergütungsforderung erhalten habe.

In diesem Verhalten dürfte die Aufgabe des Vorbehaltes bestehen. Der Auftraggeber erkennt die Vorschusszahlung als Erfüllung an. Damit tritt die Wirkung des § 362 BGB ein, so dass Rückforderungsansprüche nach § 4 Abs. 1 Satz 3, Abs. 5 Satz 2 RVG ausgeschlossen sein dürften.

IV. Verzicht

2170 Ausgeschlossen ist der Rückforderungsanspruch des Auftraggebers – unabhängig davon, worauf sich dieser stützt – wenn er auf sein Rückforderungsrecht oder seinen Anspruch auf Auszahlung vereinnahmter Fremdgelder oder anderweitiger Beträge **verzichtet** hat.

2171 Der Verzicht setzt eine Einigung zwischen Anwalt und Auftraggeber voraus, da es sich in der Sache um einen Erlassvertrag handelt (§ 397 Abs. 1 BGB).

2172 Das Gleiche gilt, wenn der Auftraggeber anerkennen soll, dass ein Rückforderungsanspruch nicht bestehe (§ 397 Abs. 2 BGB).

2173 Daher reicht die bloße Erklärung des Mandanten – sei sie auch schriftlich abgegeben –, es bestünden keine Rückforderungsansprüche, nicht aus.[38]

2174 Ein wirksamer Verzicht setzt zudem ebenso wie der Ausschluss der Rückforderung Freiwilligkeit und Vorbehaltlosigkeit voraus, insbesondere dass sich der Auftraggeber bei Abgabe seiner Willenserklärung seines Rückforderungsanspruchs bewusst war. Der Verzicht ist nämlich auch als eine Leistung i.S.d. § 4 Abs. 1 Satz 3, Abs. 5 Satz 2 RVG anzusehen.

V. Ansprüche auf Rückgewähr von Sicherheiten

2175 Hat der Auftraggeber dem Anwalt Sicherheiten zur Absicherung der Vergütungsansprüche gestellt, wozu auch die Hingabe eines Wechsels zählt,[39] so sind diese stets zurückzugewähren, soweit die Vergütung –

---

38 OLG Frankfurt, JurBüro 1988, 591 = AnwBl. 1988, 120.
39 OLG Köln, OLGReport 1993, 166.

unabhängig, ob sie wirksam vereinbart war oder nicht – gezahlt worden ist, da dann der Sicherungszweck wegfällt.

Darüber hinaus ist der Anwalt verpflichtet, Sicherheiten zurückzugewähren, soweit diesen keine Vergütungsforderungen gegenüberstehen. Ist also erst gar keine Vereinbarung zustande gekommen oder ist die Vergütungsvereinbarung nichtig, darf der Anwalt die Sicherheiten nur zurückbehalten und verwerten, soweit sie der Höhe der gesetzlichen Vergütung entsprechen. Darüber hinausgehende Sicherheiten sind zurückzugewähren. 2176

Ist die getroffene Vergütungsvereinbarung formunwirksam, ist der Anwalt ebenfalls zur Rückgabe der Sicherheiten verpflichtet, soweit diese die gesetzliche Vergütung übersteigen. Insbesondere greifen hier nicht die Rückforderungsausschlüsse nach § 4 Abs. 1 Satz 3 RVG, Abs. 5 Satz 2 RVG, da die Gestellung von Sicherheiten keine Leistung i.S.d. Vorschriften ist. Selbst wenn die Sicherheiten freiwillig und ohne jeglichen Vorbehalt gewährt worden sind, steht dem Auftraggeber also ein Rückgewähranspruch zu. 2177

Hat sich der Anwalt allerdings im Falle einer unvollkommenen Verbindlichkeit (§ 4 Abs. 1 Satz 1, Satz 2, Abs. 5 Satz 1 RVG) aus der Sicherheit absprachegemäß bedient, scheiden Rückforderungsansprüche aus, soweit die Sicherheit freiwillig und vorbehaltlos gewährt worden war und der Auftraggeber dem Anwalt freiwillig und vorbehaltlos gestattet hat, sich daraus zu befriedigen. 2178

Beispiel: 2179

Der Auftraggeber hatte dem Anwalt in Kenntnis dessen, dass eine höhere als die gesetzliche Vergütung vereinbart war, zur Sicherung der Vergütungsansprüche eine Forderung abgetreten, die dieser jederzeit einziehen durfte. Der Anwalt zieht die Forderung ein. Anschließend beruft sich der Auftraggeber auf den Formmangel nach § 4 Abs. 1 Satz 1 RVG.

Ein Bereicherungsanspruch kommt nicht in Betracht. Dieser ist nach § 4 Abs. 1 Satz 3 RVG ausgeschlossen.

2180 *Beispiel:*

Wie Beispiel Rn. 2179; der Auftraggeber hatte jedoch keine Kenntnis davon, dass die vereinbarte Vergütung über der gesetzlichen lag.

Der Anwalt muss den vereinnahmten Betrag zurückgewähren, da er die Sicherheit nicht freiwillig erhalten hat. Der Rückforderungsanspruch ist nicht nach § 4 Abs. 1 Satz 3 RVG ausgeschlossen.

2181 *Beispiel:*

Wie Beispiel Rn. 2179; der Anwalt sollte sich jedoch erst nach Fälligkeit der Vergütung aus der Abtretung bedienen dürfen. Unter der Androhung, das Mandat niederzulegen, erreicht er die Erlaubnis des Auftraggebers, sich aus der abgetretenen Forderung zu bedienen.

Der Anwalt muss den vereinnahmten Betrag zurückgewähren, da er die Zustimmung zur Einziehung nicht freiwillig erhalten hat. Der Rückforderungsanspruch ist nicht nach § 4 Abs. 1 Satz 3 RVG ausgeschlossen.

2182 Wird eine wirksam vereinbarte Vergütung nachträglich nach unten hin korrigiert oder vom Gericht nach § 4 Abs. 4 Satz 1 RVG herabgesetzt, sind die Sicherheiten zurückzugewähren, soweit sie die korrigierte bzw. herabgesetzte Vergütung übersteigen.

2183 Ist dem Anwalt zur Sicherheit eine Forderung abgetreten worden, darf er sich daraus nicht mehr befriedigen, wenn der Auftraggeber der Einziehung widerspricht. Zieht der Anwalt dennoch ein oder wird an ihn befreiend gezahlt, ist er dem Auftraggeber zur Herausgabe verpflichtet.

VI. Darlegungs- und Beweislast

1. Überblick

2184 Hinsichtlich der Darlegungs- und Beweislast für Rückforderungsansprüche des Auftraggebers gilt Folgendes:

2. Zahlung, Erhalt von Fremdgeldern oder Sicherheiten

2185 Voraussetzung für einen Rückforderungsanspruch ist zunächst einmal, dass der Auftraggeber geleistet hat, dass er also die Vergütungsforderung bezahlt oder durch Erfüllungssurrogate befriedigt hat. Dies zu beweisen ist Sache des Auftraggebers.

Verlangt der Auftraggeber vom Anwalt vereinnahmte Fremdgelder oder anderweitig eingezogene Beträge zurück, so hat er darzulegen und zu beweisen, dass der Anwalt solche Gelder erhalten hat, wobei der Anwalt nach §§ 675, 666 BGB zur Auskunft verpflichtet ist, welche Beträge er vereinnahmt hat. 2186

Soweit Sicherheiten zurückverlangt werden, ist der Auftraggeber darlegungs- und beweispflichtig dafür, dass er solche Sicherheiten gestellt hat. 2187

3. Verbindlichkeit der Vereinbarung

Der **Anwalt** hat darzulegen und zu beweisen, dass eine **formwirksame** Vergütungsvereinbarung zustande gekommen ist.[40] In diesem Fall sind jegliche Ansprüche des Mandanten ausgeschlossen; auf § 4 Abs. 1 Satz 3, Abs. 5 Satz 2 RVG kommt es nicht an. 2188

4. Nicht verbindliche Vereinbarung

a) Vereinbarung

Ist auf eine formunwirksame Vereinbarung bereits gezahlt worden, so liegt die Beweislast für den **Abschluss** der – wenn auch formunwirksamen – Vereinbarung ebenfalls beim **Anwalt**.[41] Kann er noch nicht einmal eine formwirksame – etwa mündliche Vereinbarung – beweisen, sind vereinnahmte Leistungen, die über die gesetzliche Vergütung hinausgehen, zurückzugewähren. 2189

b) Voraussetzungen des Rückforderungsanspruchs

aa) Überblick

Ist die formwirksame Vereinbarung bewiesen, hat grds. der **Auftraggeber** zu beweisen, dass die Voraussetzungen des Rückforderungsanspruchs gegeben sind, also dass er entweder **nicht freiwillig oder** 2190

---

40 Hansens, § 3 Rn. 3.
41 OLG Frankfurt, JurBüro 1988, 591 = AnwBl. 1988, 120.

nur **unter Vorbehalt** geleistet hat. Einzelheiten sind allerdings umstritten.[42]

bb) Unfreiwilligkeit

2191 Die Beweislast für die fehlende Freiwilligkeit ist verteilt.

(1) Kenntnis des Auftraggebers

2192 Zunächst muss der Anwalt die Kenntnis des Auftraggebers davon, dass die vereinbarte Vergütung die gesetzliche Vergütung übersteigt, beweisen.[43] Hieran zeigt sich, dass der gebotene Hinweis in der Vergütungsvereinbarung auf die höhere als die gesetzliche Vergütung (s. Rn. 1576 ff.) durchaus auch rechtliche Konsequenzen haben kann.

2193 Soweit der Anwalt entgegen § 4 Abs. 5 Satz 1 RVG eine Vergütungsvereinbarung getroffen und die vereinbarte Vergütung eingezogen hat, hilft dem Mandanten § 16 Abs. 2 BORA weiter, der vorschreibt, dass die Annahme jeglicher Leistung des Auftraggebers bei bewilligter Prozesskostenhilfe nur zulässig ist, wenn dieser in Kenntnis der Tatsache gezahlt hat, dass er zur Zahlung nicht verpflichtet ist. Hier ist die Hinweispflicht also sogar normiert.

(2) Zwang o.Ä.

2194 Erst wenn dem Anwalt dieser Beweis gelungen ist, muss der Auftraggeber beweisen, dass er dennoch nicht freiwillig geleistet hat, also dass eine Zwangs- oder Drucksituation bestanden hat.[44]

2195 Sofern sich aus den Umständen der Zahlung nicht bereits eine Zwangs- oder Drucksituation ergibt, muss er im Einzelnen darlegen und bewei-

---

42 OLG Koblenz, GuT 2003, 234 (LS) = MDR 2004, 55 = WuM 2003, 657 = KostRsp. BRAGO § 3 Nr. 65; Hansens, § 3 Rn. 9; Krämer/Mauer/Kilian, Rn. 675.
43 OLG Koblenz a.a.O.; AG Freiburg, JurBüro 1983, 1510 = AnwBl. 1983, 514 = MDR 1983, 1033 = Justiz 1984, 61; Krämer/Mauer/Kilian, a.a.O.
44 Riedel/Sußbauer/Fraunholz, BRAGO, 7. Aufl. 1995, § 3 Rn. 23 (in RVG 4. Aufl. offenbar aufgegeben); Hansens, § 3 Rn. 9; a.A. BGH, NJW 2004, 2818; OLG Koblenz, MDR 2004, 55; LG Freiburg, JurBüro 1983, 1510; Krämer/Mauer/Kilian, Rn. 674; Meyer/Kroiß/Teubel, § 4 Rn. 30.

sen, dass er nur aufgrund dieser Situation gezahlt hat. Hierzu reicht es z.B. aus, dass er die schriftliche Androhung der Mandatsniederlegung für den Fall der Nichtzahlung vorlegt o.Ä.

(3) Vorbehalt

Auch einen Vorbehalt muss der Auftraggeber beweisen[45], wobei ihm dies bei einer Vorschusszahlung nicht schwer fallen dürfte. 2196

Der Anwalt muss beweisen, dass der Vorbehalt später wieder aufgehoben worden ist. 2197

5. Verzicht auf Rückforderung

Die **Darlegungs- und Beweislast** für einen Verzicht auf das Rückforderungsrecht des Auftraggebers liegt beim Anwalt.[46] 2198

Die **Darlegungs- und Beweislast** dafür, dass dieser Verzicht nicht freiwillig erfolgt sei, liegt beim Auftraggeber, wobei auch hier der Anwalt zunächst beweisen muss, dass sich der Auftraggeber bei Abgabe seiner Erklärung bewusst darüber war, dass die vereinbarte Vergütung über der gesetzlichen Vergütung liege. 2199

---

45 LG Freiburg, a.a.O.; Krämer/Mauer/Kilian, Rn. 675; a.A. Meyer/Kroiß/Teubel, a.a.O.
46 AnwK-RVG/N. Schneider, § 4 Rn. 98.

U. Freistellungsansprüche

I. Überblick

2200 Neben den prozessualen und den materiell-rechtlichen Kostenerstattungsansprüchen (s.u. Rn. 2255 ff.) kommen auch **vertragliche oder gesetzliche Freistellungsansprüche** in Betracht.

2201 Hinsichtlich der **Höhe** der freizustellenden Vergütung gilt dann nicht § 91 Abs. 2 ZPO oder § 257 BGB, weil es sich weder um Schadensersatzansprüche noch um prozessuale Kostenerstattungsansprüche handelt. Die Begrenzung auf die gesetzliche Vergütung ergibt sich in diesem Fall vielmehr aus dem Vertragsinhalt bzw. aus dem Gesetz.

II. Rechtsschutzversicherung

1. Allgemeine Rechtsschutzversicherung

2202 Vertragliche Ansprüche auf Freistellung von Anwaltskosten ergeben sich insbesondere aus einem Rechtsschutzversicherungsvertrag (§§ 1 Abs. 1 Satz 1, 2 Abs. 1a ARB 75 = §§ 1, 5 Abs. 1a ARB 1994/2000). Dabei wird der Versicherungsnehmer sowohl von den eigenen Anwaltskosten freigestellt als auch von den an den Gegner zu erstattenden Kosten.

a) Freistellung von den eigenen Anwaltskosten
aa) Überblick

2203 Auch der rechtsschutzversicherte Mandant kann Vergütungsvereinbarungen abschließen. Der Versicherer trägt diese Vergütung jedoch nur bis zur Höhe der gesetzlichen Vergütung,[1] es sei denn, es sind besondere Bedingungen vereinbart oder der Versicherer stimmt der Vergütungsvereinbarung zu bzw. er schließt sie selbst ab.

2204 **Praxistipp:**

Es ist zu empfehlen, dass der Anwalt beim Abschluss einer Vergütungsvereinbarung und bestehender Rechtsschutzversicherung

---

[1] Buschbell/Hering-Buschbell, § 10 Rn. 58.

den Mandanten darauf hinweist, dass der Rechtsschutzversicherer lediglich die gesetzlichen Gebühren trägt oder erstattet.²

Unterbleibt der Hinweis, macht sich der Anwalt u.U. schadensersatzpflichtig, so dass er letztlich nur die gesetzliche Vergütung liquidieren kann.³ 2205

bb) ARB 75

In den ARB 75 ist ausdrücklich geregelt, dass der Versicherer nur verpflichtet ist, die Vergütung eines Anwalts bis zur Höhe der gesetzlichen Gebühren und Auslagen zu übernehmen. 2206

So heißt es in § 2 Abs. 1a ARB ausdrücklich, dass **nur die gesetzliche Vergütung** eines für den Versicherungsnehmer tätigen Rechtsanwalts übernommen wird. 2207

(1) Der Versicherer trägt

a) die gesetzliche Vergütung eines für den Versicherungsnehmer tätigen Rechtsanwaltes.

...

Danach wäre eine vereinbarte Vergütung vom Versicherungsschutz gänzlich ausgeschlossen, da sie keine gesetzliche Vergütung ist. Zu diesem Zweck ist in § 2 Abs. 1b ARB angeordnet, dass auch im Falle einer Vergütungsvereinbarung die entstandenen Kosten bis zur Höhe der gesetzlichen Gebühren zu übernehmen sind. 2208

Schließt der Versicherungsnehmer mit seinem Anwalt also eine „**Honorarvereinbarung**" (gemeint ist jetzt eine Vergütungsvereinbarung), so hat der Versicherer die hiernach entstehenden Kosten nach § 2 Abs. 1b ARB zwar ebenfalls zu übernehmen, aber nur, **soweit ohne die Vergütungsvereinbarung die gesetzliche Vergütung entstanden wäre** und der Versicherer diese im Rahmen des § 2 Abs. 1a ARB hätte übernehmen müssen. 2209

---

2   Buschbell/Hering-Buschbell, § 10 Rn. 59; s. hierzu auch Rn. 1599 ff.
3   S. hierzu ausführlich Rn. 1581, 1599 ff.

§ 2 Umfang

(1) Der Versicherer trägt

...

b) die Vergütung aus einer Honorarvereinbarung des Versicherungsnehmers mit einem für ihn tätigen Rechtsanwalt, soweit die gesetzliche Vergütung, die ohne Honorarvereinbarung entstanden wäre, vom Versicherer im Rahmen von a) getragen werden müßte;

2210 Der Versicherer muss den Versicherungsnehmer also so stellen, wie er stehen würde, wenn keine Vergütungsvereinbarung vorläge.[4]

2211 Unerheblich ist, ob dem Versicherungsnehmer bei Abschluss der Vergütungsvereinbarung bekannt war, dass der Rechtsschutzversicherer nur die gesetzliche Vergütung übernimmt. Es handelt sich hier um eine **objektive Risikobeschränkung**, die vertraglich vereinbart ist. Der Abschluss einer Vergütungsvereinbarung ist keine Obliegenheitsverletzung. Dem Versicherungsnehmer steht es frei, eine weiter gehende Vergütungsvereinbarung zu treffen, da der Versicherer hierdurch nicht gebunden wird.

2212 Bei Verfahren mit **streitwertabhängigen Gebühren** (§ 2 Abs. 1 RVG) übernimmt der Versicherer diejenigen Gebühren, die aufgrund des jeweiligen Gebührentatbestandes nach dem **gesetzlichen Streitwert** angefallen wären.[5]

2213 In Verfahren mit **Rahmengebühren** (§ 3 Abs. 1, Abs. 2 RVG) übernimmt der Rechtsschutzversicherer die Gebühren und Auslagen des Anwalts, wie sie unter Berücksichtigung des § 14 Abs. 1 RVG berechnet worden wären.

2214 Vereinbarungen mit dem Auftraggeber **außerhalb des Gebührenrahmens** sind gegenüber dem Versicherer daher stets unbeachtlich.[6]

---

[4] Harbauer, § 2 ARB 75 Rn. 91.
[5] Harbauer, a.a.O.
[6] Harbauer, a.a.O.

Aber auch dann, wenn sich die vereinbarte Gebühr **innerhalb eines Gebührenrahmens** hält, ist sie für den Versicherer nicht unbedingt bindend, da insoweit eine Vergütungsvereinbarung vorliegt (s.o. Rn. 817). Der Versicherer ist an eine solche Bestimmung, die die Bemessung nach § 14 Abs. 1 RVG aushebelt, nicht gebunden.[7] Der Versicherer ist vielmehr berechtigt, die Bestimmung des Anwalts voll zu überprüfen und ist dann nur eintrittspflichtig, soweit nach § 14 Abs. 1 RVG die gesetzliche Vergütung geschuldet wäre.[8]

2215

cc) ARB 1994/2000

In den ARB 1994/2000 wird nicht mehr zwischen gesetzlicher und vereinbarter Vergütung unterschieden. In § 5 Abs. 1a ARB ist jetzt ausdrücklich geregelt, dass der Versicherer die Kosten des Rechtsanwalts **bis zur Höhe der gesetzlichen Vergütung** übernimmt.

2216

§ 5 Leistungsumfang

Soweit nicht etwas anderes vereinbart ist, gilt:

1) Der Versicherer trägt

a) bei Eintritt des Rechtsschutzfalles im Inland die Vergütung eines für den Versicherungsnehmer tätigen Rechtsanwaltes bis zur Höhe der gesetzlichen Vergütung eines am Ort des zuständigen Gerichtes ansässigen Rechtsanwaltes.

Auch hier ist es also völlig unerheblich, ob und welche Vergütungsvereinbarung der Versicherungsnehmer trifft. Freigestellt wird er ohnehin nur in Höhe der gesetzlichen Vergütung. Insoweit gilt das unter Rn. 2212 ff. Ausgeführte entsprechend.

2217

dd) Besondere Versicherungsbedingungen

Neben den allgemeinen Versicherungsbedingungen werden von zahlreichen Versicherern auch besondere Versicherungsbedingungen angeboten – insbesondere in Strafsachen –, wonach auch eine höhere als die

2218

---

7   Harbauer, a.a.O.; noch zu § 12 BRAGO: OLG Düsseldorf, VersR 1973, 1168; a.A. Baumgärtl, VersR 1973, 681; 75, 485.
8   Noch zu § 12 BRAGO: OLG Düsseldorf, VersR 1973, 1168.

U. Freistellungsansprüche

gesetzliche Vergütung im Rahmen der Rechtschutzversicherung übernommen wird.

2219 Die Modelle reichen hierbei von einem Vielfachen der gesetzlichen Vergütung[9] bis zur Übernahme einer nach § 4 Abs. 4 RVG angemessenen Vergütung.

2220 Beispielhaft bietet die Allianz Versicherung folgende Bedingungen an.[10]

STRAF-RECHTSSCHUTZ

für Unternehmen

auf der Basis der

Allgemeinen Bedingungen zum Straf-Rechtsschutz für Unternehmen (ABUStU)

...

7. Versicherte Kosten

7.1 Verfahrenskosten

Der Versicherer trägt die dem Versicherten entstehenden Kosten der versicherten Verfahren. In Verfahren außerhalb Europas trägt der Versicherer diese Kosten bis zur Höhe des Betrages, der entstehen würde, wenn die Verfahren in Deutschland stattfinden und nach den entstehenden deutschen Kosten- und Gebührensätzen ermittelt würden.

7.2 Rechtsanwaltskosten

Abweichend von der gesetzlichen Gebührenordnung für Rechtsanwälte (Rechtsanwaltsvergütungsgesetz – RVG) trägt der Versicherer die angemessenen Kosten eines vom versicherten beauftragten Rechtsanwaltes. Für die Prüfung der Angemessenheit der Vergütung gilt § 4 Abs. 4 RVG analog. Daneben werden die üblichen Auslagen erstattet.

Ist in einem gerichtlichen Strafverfahren gegen Firmeninhaber oder Organmitglieder die Einschaltung eines zweiten Rechtsanwaltes erforderlich, wird nach Abstimmung mit dem Versicherer auch dessen angemessene Vergütung erstattet.

Dies gilt entsprechend, wenn anstelle eines Rechtsanwaltes ein Steuerberater oder Rechtslehrer einer deutschen Hochschule beauftragt wird.

---

9   S. hierzu Brieske, S. 10, 11.
10 Veröffentlichung mit freundlicher Genehmigung der Allianz Versicherung.

...

7.4 Reisekosten

Der Versicherer trägt die Kosten für

- *notwendige Reisen des Rechtsanwaltes an den Ort des zuständigen Gerichtes oder den Sitz der Ermittlungs- oder Verwaltungsbehörden und*
- *Reisen der versicherten Personen zu einem ausländischen Gericht, wenn dieses das persönliche Erscheinen angeordnet hat.*

Die Reisekosten werden bis zur Höhe der für Geschäftsreisen von deutschen Anwälten geltenden Sätze übernommen.

(Stand 7/2004)

Zu beachten ist, dass die Vereinbarung dieser besonderen Versicherungsbedingungen nicht automatisch dazu führt, dass der Anwalt beim Rechtsschutzversicherer eine höhere Vergütung liquidieren kann. Erforderlich ist immer, dass auch zwischen Anwalt und Auftraggeber eine **wirksame Vergütungsvereinbarung** besteht.[11]	2221
Es dürfte allerdings nicht erforderlich sein, dass die Vergütungsvereinbarung **verbindlich** ist. Nicht der Versicherer, sondern der Auftraggeber hat zu entscheiden, ob er eine nach § 4 Abs. 1 Satz 1, Satz 2 RVG nicht verbindliche Vereinbarung doch erfüllen will. Anderenfalls müsste man eine Obliegenheitsverletzung konstruieren, wenn der Versicherungsnehmer eine mit dem Anwalt getroffene unverbindliche Vergütungsvereinbarung bezahlt.	2222
Abgesehen von den damit verbundenen Belastungen des Mandatsverhältnisses würde der Auftraggeber damit sogar in einen Rechtsstreit mit seinem Anwalt gezwungen, wenn Streit darüber besteht, ob die Formvorschrift gewahrt ist oder nicht.	2223
Soweit der Versicherer sich darauf beruft, die Vergütung sei **unangemessen hoch**, muss der Versicherungsnehmer entweder einen Freistellungsprozess führen oder der Mandant lässt sich vom Anwalt auf die restliche Vergütung verklagen und wendet ein, diese sei unangemessen	2224

---

11 Brieske, S. 11.

U. Freistellungsansprüche

hoch. Soweit der Anwalt dann seine Forderung durchsetzen will, muss der Versicherer nicht nur die höhere Vergütung übernehmen, sondern auch die Kosten des Vergütungsrechtsstreits. Der Versicherer sollte an diesem Rechtsstreit auf jeden Fall beteiligt werden, damit ihm das dortige Ergebnis auch entgegengehalten werden kann.

2225 Eine Obliegenheit des Versicherungsnehmers, selbst Klage nach § 4 Abs. 4 Satz 1 RVG auf Herabsetzung der aus Sicht des Versicherers vermeintlich zu hohen Vergütung zu erheben, besteht nicht.

ee) Zustimmung des Rechtsschutzversicherers

2226 Sofern keine besonderen Versicherungsbedingungen vereinbart sind, kann auch Freistellung von einer vereinbarten Vergütung verlangt werden, wenn der Rechtsschutzversicherer einer vom Versicherungsnehmer getroffenen Vergütungsvereinbarung zustimmt. Dass Vergütungsvereinbarungen mit dem Rechtsschutzversicherer zulässig und wohl auch nicht unüblich sind, ergibt sich z.B. aus einer Entscheidung des OLG Düsseldorf.[12]

b) Freistellung von Erstattungsansprüchen

2227 Da im Rahmen der Rechtsschutzversicherung der Versicherungsnehmer nicht nur von den Kosten des eigenen Anwalts freigestellt wird, sondern auch von Kostenerstattungsansprüchen des Gegners, stellt sich also auch hier die Frage, in welchem Umfang die Freistellung erfolgt. Dies wiederum braucht nicht im Versicherungsvertrag geregelt zu werden, sondern ergibt sich bereits aus allgemeinen Grundsätzen. Der Versicherer ist im Rahmen der Rechtsschutzversicherung nur verpflichtet, den Versicherungsnehmer von den **gesetzlichen prozessualen und materiell-rechtlichen Kostenerstattungsansprüchen** freizustellen, die den Versicherungsnehmer treffen. Eine vom gegnerischen Anwalt mit seinem Mandanten getroffene Vergütungsvereinbarung ist für den Erstattungspflichtigen dabei irrelevant.[13]

---

12 OLG Düsseldorf, VersR 1973, 48.
13 Zu den gesetzlichen Kostenerstattungs- und Kostenersatzansprüchen s. Rn. 2255.

Der Versicherer ist auch nicht verpflichtet, den Versicherungsnehmer in- 2228
soweit freizustellen, als dieser weiter gehende Erstattungsansprüche,
etwa aufgrund einer **Erstattungsvereinbarung** mit dem Gegner oder
dessen Anwalt übernommen hat,[14] es sei denn, der Versicherer hat zugestimmt. Anderenfalls dürfte ohnehin eine Obliegenheitsverletzung
vorliegen, aus der der Versicherer frei wird.

2. Mitversicherung in sonstigen Versicherungsverträgen

Die gleichen Grundsätze gelten auch dann, wenn in einem anderen Ver- 2229
sicherungsvertrag – etwa der Kfz-Haftpflicht oder der Privathaftpflicht –
ein Rechtsschutzversicherungselement enthalten ist (z.B. § 10 AKB, § 3
AHB). Auch hier wird der Versicherungsnehmer nur von Anwaltskosten
in Höhe der gesetzlichen Vergütung freigestellt.

Beispiel: 2230

In einem Kfz-Haftpflichtprozess vertritt der Anwalt den Kläger. Vereinbart ist das Doppelte der gesetzlichen Vergütung. Der Beklagte erhebt Widerklage gegen den Kläger als Halter. Dieser beauftragt nach Absprache mit seinem Haftpflichtversicherer den Anwalt, auch hinsichtlich der Widerklage tätig zu werden und vereinbart mit ihm, dass die Vergütungsvereinbarung auch für seine Tätigkeit hinsichtlich der Widerklage gelte.

Gegenüber dem Auftraggeber kann der Anwalt nach der Vergütungsvereinbarung abrechnen. Der Haftpflichtversicherer hat nach § 10 AKB den Widerbeklagten jedoch nur in Höhe der gesetzlichen Gebühren freizustellen.

III. Arbeitsrechtlicher Freistellungsanspruch

In entsprechender Anwendung von § 670 BGB hat ein Arbeitnehmer 2231
Anspruch auf Ersatz von Schäden und Aufwendungen, die ihm bei
Erbringung der Arbeitsleistung ohne Verschulden des Arbeitgebers entstehen. Voraussetzung hierfür ist, dass der Schaden nicht dem Lebens-
bereich des Arbeitnehmers, sondern dem Betätigungsbereich des Arbeitgebers zuzurechnen ist und der Arbeitnehmer ihn nicht selbst tra-

---

14 S. hierzu Rn. 2307.

gen muss, weil er dafür keine besondere Vergütung erhält.[15] Zu diesen zu ersetzenden Aufwendungen gehören auch Anwaltskosten, die der Arbeitnehmer berechtigterweise eingeht.[16]

2232 *Beispiel:*

Bei einem Verkehrsunfall wird der als Berufskraftfahrer eingestellte Arbeitnehmer unverschuldet in einen Verkehrsunfall verwickelt. Gegen ihn wird daraufhin ein Ermittlungsverfahren eingeleitet, für das er einen Anwalt als Verteidiger beauftragt.

Von den Kosten des Verteidigers muss der Arbeitgeber den Arbeitnehmer nach § 670 BGB freistellen.

2233 Ähnliches dürfte gelten, wenn dem Arbeitnehmer ohne Verschulden in Ausübung seiner betrieblichen Tätigkeit Schäden entstehen und dieser in Verfolgung seiner Schadensersatzansprüche anwaltlicher Hilfe bedarf.

2234 *Beispiel:*

Bei einem Verkehrsunfall wird der Arbeitnehmer unverschuldet verletzt und beauftragt zur Durchsetzung seiner Schadensersatzansprüche einen Anwalt.

Auch hier dürfte der Freistellungsanspruch aus § 670 BGB greifen.

2235 Hinsichtlich der Höhe der vom Arbeitgeber zu übernehmenden Rechtsanwaltskosten gilt zunächst einmal das Gleiche wie bei den prozessualen und materiell-rechtlichen Schadensersatzansprüchen sowie bei sonstigen Freistellungsansprüchen, obwohl sich hier Unterschiede ergeben können.

2236 Zu übernehmen ist nur die **gesetzliche Vergütung** eines Rechtsanwalts. Trifft der Arbeitnehmer mit seinem Rechtsanwalt eine Vergütungsvereinbarung, so darf er diese Kosten grds. nicht für erforderlich i.S.d. § 670

---

15 Ständige Rechtsprechung BAGE 12, 15 = AP Nr. 2 zu § 611 Gefährdungshaftung des Arbeitgebers; BAG AP Nr. 7 zu § 611 BGB Gefährdungshaftung des Arbeitgebers.
16 BAG, BAGE 79, 294; AP Nr. 12 zu § 611 Gefährdungshaftung des Arbeitgebers; EzA-SD 1995 Nr. 13; EBE/BAG 1995, 99; NJW 1995, 2372; BB 1995, 1488; DB 1995, 1770; NZA 1995, 836; EzA § 670 BGB Nr. 24; NZW 1995, 397; ZTR 1995, 468; DStR 1995, 1683; DAR 1996, 110; MDR 1996, 504; ARST 1995, 226; WiB 1995, 1020; VersR 1996, 219; zfs 1996, 191; JR 1996, 44.

BGB halten und kann daher auch insoweit keine Freistellung verlangen.[17]

Zu berücksichtigen ist, dass sich die vorgenannte Entscheidung des BAG auf einen nicht ungewöhnlichen Sachverhalt bezog, nämlich, dass der Arbeitnehmer in einen Verkehrsunfall verwickelt war und sich hieran ein Ermittlungsverfahren anschloss. Auch wenn es im konkreten Fall um den Vorwurf der fahrlässigen Tötung ging, lag die Verteidigung in Verkehrsunfällen noch im allgemein üblichen Rahmen. 2237

Da es hier nach § 670 BGB auf das Kriterium ankommt, was der Arbeitnehmer für *„erforderlich"* halten darf, kann es durchaus auch sein, dass er hier bei ganz speziellen Rechtsmaterien den Abschluss einer Vergütungsvereinbarung für erforderlich halten darf, nämlich dann, wenn es um hochspezielle Rechtsgebiete geht, etwa um Fragen des Steuerstrafrechts[18] und ein auf diesem Rechtsgebiet spezialisierter Anwalt erforderlich ist, der zu den gesetzlichen Bedingungen nicht zu haben ist. Gleiches dürfte bei speziellen Verfahren des Umweltstraf- oder -ordnungswidrigkeitenrechts gelten oder wenn es um medizinrechtliche oder lebensmittelrechtliche Fragen geht. 2238

Stimmt der Arbeitgeber der vom Arbeitnehmer mit seinem Anwalt getroffenen **Vergütungsvereinbarung** zu, dann muss er selbstverständlich den Arbeitnehmer auch von der mit seinem Anwalt vereinbarten Vergütung freistellen. 2239

Möglich ist auch, dass der **Arbeitgeber** selbst als Dritter mit dem Anwalt eine **Vergütungsvereinbarung** trifft (s.o. Rn. 237 ff.). 2240

IV. Kostenübernahme im öffentlichen Dienst

Ist der Mandant Angehöriger des öffentlichen Dienstes, muss der Dienstherr – ebenso wie ein Arbeitgeber (s.o. Rn. 2231 ff.) – den Man- 2241

---

17 BAG, a.a.O.
18 OLG München, OLGReport 1992, 10 = GmbHR 1992, 533.

danten ggf. von den Anwaltskosten freistellen. Dies ergibt sich aus der Fürsorgepflicht des Dienstherren (§ 79 BGB, § 48 BRRG).[19]

2242 Es wird auch hier nur die **gesetzliche Vergütung**, also die nach dem RVG übernommen.

2243 Eine höhere **vereinbarte Vergütung** wird u.U. aber auch ganz oder teilweise übernommen, wenn dies der Bedeutung der Angelegenheit nach Umfang und Schwierigkeit der anwaltlichen Tätigkeit gerechtfertigt erscheint.[20]

2244 Es kommt auch vor, dass dem Auftraggeber vom Dienstherren ein Darlehen gewährt wird, damit er die vereinbarte Vergütung eines Anwalts bezahlen kann. Hier besteht die Möglichkeit, dass diese Darlehen nachträglich ganz oder teilweise erlassen werden.[21]

2245 In solchen Fällen muss sich der Anwalt ggf. nach Bundes- oder Landesrecht und entsprechenden Erlassen informieren, welche Möglichkeiten für den Auftraggeber in Betracht kommen.

V. Kostenübernahmeverpflichtung nach § 40 Abs. 1 BetrVG

2246 Nach § 40 Abs. 1 BetrVG ist der Arbeitgeber verpflichtet, die Kosten eines vom Betriebsrat beauftragten Anwalts in bestimmten Fällen zu übernehmen. Zur Höhe der zu übernehmenden Kosten hat das BAG[22] ausgeführt, die Verpflichtung zur Kostenübernahme erstrecke sich auch hier ebenfalls nur auf die **gesetzliche Vergütung**.

2247 Treffe der Betriebsrat mit dem Anwalt eine **Vergütungsvereinbarung**, so braucht der Arbeitgeber keine höhere Vergütung zu übernehmen als die (fiktive) gesetzliche Vergütung.[23]

---

19 BVerwG, NJW 1980, 1041; Brieske, S. 11.
20 S. ausführlich Brieske, S. 12.
21 S. ausführlich Brieske, a.a.O.
22 BAG, AGS 2000, 171 = BB 2000, 515 = DB 2000, 254 = JurBüro 2000, 535 = NZA 2000, 556; ebenso LAG Kiel, BRAK-Mitt. 1998, 48 = DB 1999, 540 = NZA 1998, 1357 = KostRsp. BRAGO § 3 Nr. 41.
23 BAG, a.a.O.

> **Praxistipp:** 2248
>
> Auf die fehlende Übernahmepflicht hat der Anwalt hinzuweisen, wenn er eine Vergütungsvereinbarung mit dem Betriebsrat abschließt.

Unterlässt er den Hinweis, macht er sich **schadensersatzpflichtig** mit dem Ergebnis, dass er nur die gesetzliche Vergütung liquidieren kann.[24] 2249

Zur Übernahme der höheren vereinbarten Vergütung ist der Arbeitgeber danach nur verpflichtet, wenn er selbst der Vergütungsvereinbarung **zugestimmt** hat. Insoweit bedarf die Zustimmung des Arbeitgebers allerdings nicht der Form des § 4 Abs. 1 RVG, da nicht er, sondern der Betriebsrat die Vergütungsvereinbarung getroffen hat. Die Formvorschrift des § 4 Abs. 1 RVG gilt nicht in Erstattungsfällen (s. Rn. 2332 ff.). 2250

Schließt der **Arbeitgeber selbst** mit dem Anwalt des Betriebsrats die **Vergütungsvereinbarung**, verhält es sich dagegen anders. Insoweit ist es unerheblich, ob eine solche Vereinbarung als Vergütungsvereinbarung oder Kostenvereinbarung Dritter angesehen wird. In diesem Fall ist insbesondere § 4 Abs. 1 RVG zu beachten. Der Arbeitgeber hat die Möglichkeit, nach § 4 Abs. 4 RVG Herabsetzung zu verlangen, wenn die Vergütung unangemessen hoch ist. 2251

VI. Kostenübernahmeverpflichtung nach § 76a Abs. 4 BetrVG

Eine Kostenübernahme des Arbeitgebers kommt ferner nach § 76a Abs. 4 BetrVG in Betracht. Danach hat der Arbeitgeber die Kosten einer Einigungsstelle zu übernehmen. Dazu gehören die Kosten der Beisitzer, auch soweit sie vom Betriebsrat bestellt werden. 2252

Falls ein Anwalt als Beisitzer bestellt wird, fehlt es an einer Vergütungsregelung nach dem RVG, da dies keine nach dem RVG zu vergütende 2253

---

24 Krämer/Mauer/Kilian, Rn. 529.

Tätigkeit ist (§ 1 Abs. 2 RVG). Auch eine anderweitige Vergütungsvereinbarung existiert nicht.[25]

2254 Hier hat das BAG[26] ausgeführt, dass der Betriebsrat jedenfalls dann berechtigt sei, einem als Beisitzer bestellten Rechtsanwalt für die Wahrnehmung seiner Interessen vor der Einigungsstelle ein Honorar in Höhe der Vergütung eines betriebsfremden Beisitzers zuzusagen, wenn der von ihm ausgewählte Rechtsanwalt seines Vertrauens nur gegen eine derartige Honorarzahlung zur Mandatsübernahme bereit sei und sich das Erfordernis einer derartigen Honorarvereinbarung daraus ergebe, dass der Gegenstandswert der anwaltlichen Tätigkeit nach billigem Ermessen zu bestimmen wäre. Ausweislich der weiteren Gründe geht das BAG dann aber wohl irrtümlich davon aus, es liege keine Vereinbarung einer höheren als der gesetzlichen Vergütung vor, weil der Gegenstandswert der anwaltlichen Tätigkeit nach billigem Ermessen zu bestimmen sei,[27] so dass eine sich im Rahmen billigen Ermessens haltende Honorarvereinbarung die gesetzliche Vergütung des Rechtsanwalts für seine Tätigkeit in einem außergerichtlichen Verfahren darstelle. Dies ist allerdings unzutreffend (s.o. Rn. 817, 821). Dass es sich tatsächlich um eine höhere als die gesetzliche Vergütung handelte, räumt das BAG dann in den Gründen an anderer Stelle auch ein, insbesondere bei den Reisekosten, die es ebenfalls weit über den gesetzlichen Sätzen zugesprochen hat.

---

25 Bislang hat das Bundesministerium für Wirtschaft und Arbeit von seiner nach § 76a Abs. 4 Satz 1 BetrVG eingeräumten Befugnis, durch Rechtsverordnung die Vergütung zu regeln, keinen Gebrauch gemacht.
26 BAG, BAGE 62, 139 = DB 1989, 2436 = BB 1990, 138 = NJW 1990, 404 = MDR 1990, 185 = NZA 1990, 107 = EzA § 40 BetrVG 1972 Nr. 61 m. Anm. Vogg = BRAK-Mitt. 1990, 60 = SAE 1990, 105-111 m. Anm. Eich = AR-Blattei Einigungsstelle Entsch. 40 = AP Nr. 34 zu § 76 BetrVG 1972 m. Anm. Berger-Delhey = BetrVG EnnR BetrVG § 40 (3) = AR-Blattei ES 630 Nr. 40; Sowka, NZA 1990, 91 = Berger-Delhey, ZTR 1990, 282.
27 Damals nach § 8 Abs. 2 Satz 2 BRAGO – jetzt § 23 Abs. 3 Satz 2 RVG.

V. Kostenerstattung

I. Überblick

Probleme ergeben sich bei der Kostenerstattung, wenn die aufgrund der Vereinbarung angefallene Vergütung von der gesetzlichen abweicht. Es stellt sich dann die Frage, in welchem Umfang die vereinbarte Vergütung zu erstatten ist. — 2255

Im Rahmen der Kostenerstattung ist auch hier zu differenzieren zwischen dem **prozessualen Kostenerstattungsanspruch** und dem **materiell-rechtlichen Kostenerstattungsanspruch**, der streng genommen gar kein Koste*nerstattungs*anspruch, sondern ein Koste*nersatz*anspruch ist. Im Wesentlichen gelten allerdings die gleichen Grundsätze. — 2256

Daneben kommen auch **Vereinbarungen über die Kostenerstattung** vor, die zum Teil von der Rechtsprechung ebenfalls an § 4 RVG gemessen werden. — 2257

II. Prozessualer Kostenerstattungsanspruch

1. Überblick

Soweit einer Partei aufgrund der Kostenentscheidung des Gerichts oder einer Behörde die Kosten des eigenen Anwalts vom Gegner, einem Dritten, von einer Behörde oder von der Staatskasse zu erstatten sind, kommt grds. auch die Erstattung einer vereinbarten Vergütung in Betracht. Allerdings ist hier die Höhe des Erstattungsbetrages auf die Höhe der gesetzlichen Vergütung beschränkt. — 2258

Zu unterscheiden ist zunächst zwischen Kostenerstattung dem Grunde und der Höhe nach. — 2259

2. Kostenerstattung dem Grunde nach

Soweit ein **prozessualer Anspruch** auf Erstattung aufgewandter Anwaltskosten besteht, gilt dieser dem Grunde nach selbstverständlich auch für eine vereinbarte Vergütung. Dass der Erstattungsberechtigte einen Anwalt nicht zu den gesetzlichen Konditionen beauftragt, sondern mit ihm eine abweichende Vergütungshöhe vereinbart hat, tangiert den Erstattungsanspruch als solchen nicht. Dies hat lediglich Auswirkungen — 2260 auf die Höhe der zu erstattenden oder zu ersetzenden Kosten (s.u. Rn. 2262 ff.).

2261 Bei dem Anspruchsgrund kommt es nur darauf an, ob die **Hinzuziehung eines Anwalts notwendig** war (z.B. § 91 Abs. 1 Satz 1 ZPO; § 80 Abs. 2 VwVfG). Das aber wiederum ist unabhängig davon zu beurteilen, ob der Erstattungsberechtigte seinen Anwalt zu der gesetzlichen Vergütung beauftragt oder ob er mit ihm eine Vergütungsvereinbarung geschlossen hat.

3. Höhe der zu erstattenden Kosten

a) Beschränkung auf die gesetzliche Vergütung

2262 Soweit ein prozessualer Kostenerstattungsanspruch besteht, ist **grds. nur die gesetzliche Vergütung** eines Anwalts zu erstatten. Dieser Grundsatz ist in § 91 Abs. 2 Satz 1 ZPO enthalten, der entweder aufgrund ausdrücklicher Bezugnahme in anderen Verfahrensordnungen (§ 464a Abs. 2 Nr. 2 StPO, § 105 Abs. 1 OWiG i.V.m. § 464a Abs. 2 Nr. 2 StPO, § 78 Abs. 2 Satz 3 GWB) oder in entsprechender Anwendung gilt:

§ 91 Grundsatz und Umfang der Kostenpflicht

(1) ...

(2) ¹Die gesetzlichen Gebühren und Auslagen des Rechtsanwalts der obsiegenden Partei sind in allen Prozessen zu erstatten, Reisekosten eines Rechtsanwalts, der nicht bei dem Prozeßgericht zugelassen ist und am Ort des Prozeßgerichts auch nicht wohnt, jedoch nur insoweit, als die Zuziehung zur zweckentsprechenden Rechtsverfolgung oder Rechtsverteidigung notwendig war. ²Die Kosten mehrerer Rechtsanwälte sind nur insoweit zu erstatten, als sie die Kosten eines Rechtsanwalts nicht übersteigen oder als in der Person des Rechtsanwalts ein Wechsel eintreten mußte. ³In eigener Sache sind dem Rechtsanwalt die Gebühren und Auslagen zu erstatten, die er als Gebühren und Auslagen eines bevollmächtigten Rechtsanwalts erstattet verlangen könnte.

2263 Zum Teil wird diese Regelung auch von anderen Gesetzen eigenständig übernommen (§ 162 Abs. 2 Satz 1 VwGO, § 80 Abs. 2 VwVfG, § 193 Abs. 2 SGG, § 139 Abs. 3 FGO).

II. Prozessualer Kostenerstattungsanspruch

Rechnet der Anwalt nicht nach der gesetzlichen Vergütung ab, weil er mit dem Auftraggeber eine Vergütungsvereinbarung getroffen hat, dann ist die vereinbarte Vergütung zu erstatten, allerdings lediglich in Höhe der fiktiven **ersparten gesetzlichen Vergütung**.[1] 2264

- Die Beschränkung der Kostenerstattung bei einer vereinbarten Vergütung auf die gesetzliche Vergütung folgt im **Zivilprozess** aus § 91 Abs. 2 Satz 1 ZPO.[2]
- Da § 464 Abs. 2 Nr. 2 StPO auf die Vorschrift des § 91 Abs. 2 ZPO verweist, ist auch der Kostenerstattungsanspruch des Freigesprochenen gegen die Staatskasse im **Strafprozess** auf die gesetzliche Vergütung beschränkt.[3]
- Gleiches gilt für das **Bußgeldverfahren**, das in § 105 Abs. 1 OWiG auf die Vorschrift des § 464 Abs. 2 Nr. 2 StPO Bezug nimmt.
- Ebenso ist der Kostenerstattungsanspruch des Freigesprochen im **Rehabilitierungsverfahren** beschränkt.[4]
- Auch in **sozialgerichtlichen Verfahren** ist die Kostenerstattung auf die gesetzliche Vergütung beschränkt.[5]
- Das Gleiche gilt in einem **Verwaltungsrechtsstreit**[6] und
- in **Disziplinarverfahren**.[7]

Zur Bemessung des zu erstattenden Betrages bei **Rahmengebühren** (s.u. Rn. 2281 ff.). 2265

---

1 Zur gesetzlichen Vergütung s. Rn. 1277 ff.
2 OLG München, MDR 1961, 242 = JVBl. 1962, 235; AG Frankfurt, VersR 1967, 670; AG Hamburg, VersR 1967, 364; AG Köln, AnwBl. 1979, 161 = VersR 1979, 145 = r+s 1978, 244.
3 OLG Koblenz, Rpfleger 1984, 286; MDR 1985, 868; OLG Schleswig, Beschl. v. 4.6.1981 – 1 Ws 100/81, zitiert nach juris Nr. BORE 115248147; LG Verden, AnwBl. 1984, 266 m. Anm. Schmidt; LG Frankenthal, JurBüro 1984, 723 m. Anm. Mümmler; LG Köln, MDR 1966, 258; LG Berlin, Rpfleger 1984, 518.
4 LG Berlin, Rpfleger 1998, 214.
5 SG Stuttgart, Beschl. v. 11.9.1959 – S 3 U 1728/58, zitiert nach Juris Nr. KSRE 059850616 = Breidt 1960, 86.
6 OVG Münster, NJW 1969, 709 = DVBl. 1969, 376 = VerwRspr. 20, 253.
7 Hess. VGH, DRiZ 1996, 492 = NVwZ 1997, 43 = ZBR 1996, 223.

V. Kostenerstattung

2266 Festgesetzt werden kann danach zwar – im Gegensatz zum Verfahren nach § 11 RVG – die vereinbarte Vergütung, allerdings begrenzt auf die **fiktive Höhe**, in der die Vergütung des Anwalts angefallen wäre, wenn dieser zu den gesetzlichen Gebührten tätig geworden wäre.

2267 Darüber hinaus kann die vereinbarte Vergütung auch in Höhe weiterer ersparter Parteikosten erstattungs- und festsetzungsfähig sein.

2268 Insgesamt kann von der vereinbarten Vergütung niemals mehr festgesetzt werden als maximal an Anwalts- und Parteikosten bei Zugrundelegung der gesetzlichen Vergütung entstanden wäre.

2269 *Beispiel:*

Der Anwalt ist in einem gerichtlichen Verfahren tätig (Streitwert 10.000,00 €). Er vereinbart mit dem Auftraggeber ein Pauschalhonorar i.H.v. 6.000,00 € zuzüglich Umsatzsteuer.

Die gesetzliche Vergütung hätte sich wie folgt berechnet:

1. *1,3-Verfahrensgebühr, Nr. 3100 VV RVG (Wert: 10.000,00 €)*		*631,80 €*
2. *1,2-Terminsgebühr, Nr. 3104 VV RVG (Wert: 10.000,00 €)*		*583,20 €*
3. *Auslagenpauschale, Nr. 7002 VV RVG*		*20,00 €*
Zwischensumme	*1.235,00 €*	
4. *16 % Umsatzsteuer, Nr. 7008 VV RVG*		*197,60 €*
Gesamt		***1.432,60 €***

In dieser Höhe ist die vereinbarte Vergütung erstattungs- und festsetzungsfähig.

2270 Die Festsetzung der vereinbarten Vergütung, soweit sie die gesetzliche Vergütung zuzüglich eventuell ersparter Parteiauslagen übersteigt, kommt niemals in Betracht. Der erstattungspflichtige Gegner oder die Staatskasse im Falle des Freispruchs oder einer Einstellung auf Kosten der Staatskasse sind lediglich verpflichtet, die vereinbarte Vergütung bis zur Höhe der fiktiven gesetzlichen Gebühren, die der Anwalt hätte beanspruchen können, zu erstatten. Der Einwand, zu den gesetzlichen Gebühren sei „*ein dem Fall gewachsener Anwalt nicht zu haben gewesen*", wird hier nicht gehört.[8]

b) Vereinbarung über die Kostenerstattung

Vereinbaren die Parteien in einem Vergleich o.ä., dass höhere Kosten zu ersetzen sind als die gesetzliche Vergütung, dann sind diese selbstverständlich auch erstattungs- und festsetzungsfähig (s. hierzu auch u. Rn. 2307 ff.). 2271

Die gegenteilige Ansicht des LAG Hamm,[9] wonach diese Kosten dennoch nicht festsetzbar sein sollen, will nicht einleuchten. Wenn sich die Parteien einig sind, dass höhere Kosten als die gesetzlichen zu erstatten sind, dann macht es doch Sinn, diese als notwendige Kosten festzusetzen und die Parteien nicht zur Titulierung solcher Ansprüche in einen weiteren Rechtsstreit zu zwingen. 2272

c) Vereinbarte Vergütung ist geringer als die gesetzliche

Liegt die vereinbarte Vergütung unter der gesetzlichen, dann kann auch nur die geringere vereinbarte Vergütung festgesetzt werden, nicht dagegen die höhere, nicht entstandene gesetzliche Vergütung.[10] Dabei ist unerheblich, ob die Vereinbarung der geringeren Vergütung zulässig war oder nicht (s. § 49b Abs. 1 BRAO).[11] Die Vergütungsvereinbarung ist unabhängig davon für den Anwalt bindend.[12] 2273

Solche Fälle werden in der Praxis allerdings selten vorkommen, jedenfalls nicht in gerichtlichen Verfahren, da dort die Vereinbarung einer ge- 2274

---

8 AG Frankfurt, VersR 1967, 670.
9 LAG Hamm, MDR 1972, 546 = AR-Blattei Arbeitsgerichtsbarkeit XIII Entsch. 55 (Leitsatz 1 – 4); AR-Blattei ES 160.13 Nr. 55 (Leitsatz 1 – 4).
10 Krämer/Mauer/Kilian, Rn. 699.
11 Nicht ganz zutreffend Krämer/Mauer/Kilian, a.a.O., die der Auffassung sind, wegen § 49b Abs. 1 BRAO könne im gerichtlichen Verfahren die Festsetzung einer niedrigeren als der gesetzlichen Vergütung nicht in Betracht kommen. Dabei verkennen sie, dass der Anwalt auch an eine gegen § 49b Abs. 1 Satz 1 BRAO verstoßende unzulässige niedrige Vereinbarung gebunden ist.
12 S. Rn. 319.

V. Kostenerstattung

ringeren Vergütung nach § 49b Abs. 1 Satz 1 BRAO unzulässig ist. Zulässig sind solche Vereinbarungen jedoch bei außergerichtlicher Vertretung, z.B. in einem Widerspruchsverfahren.

2275 **Beispiel:**

In einem Verwaltungsverfahren vereinbaren die Parteien einen Stundensatz i.H.v. 200,00 €/Stunde. Der Anwalt legt auftragsgemäß Widerspruch ein und begründet diesen. Die Verwaltungsbehörde bietet daraufhin an, den angefochtenen Bescheid zurückzunehmen und in abgeänderter Form neu zu erlassen. Diesem Verfahren wird zugestimmt. Gleichzeitig wird ausgesprochen, dass die Kosten des Widerspruchsverfahrens von der Verwaltungsbehörde zu tragen sind und die Hinzuziehung eines Bevollmächtigten erforderlich war (§ 69 VwGO). Der Anwalt war insgesamt neun Stunden mit der Sache befasst. Der Gegenstandswert beläuft sich auf 30.000,00 €.

Bei gesetzlicher Abrechnung ergäbe sich folgende Vergütung:

1.	*1,5-Geschäftsgebühr, Nr. 2400 VV RVG (Wert: 30.000,00 €)*	*1.137,00 €*
2.	*1,5-Erledigungsgebühr, Nr. 1002 VV RVG (Wert: 30.000,00 €)*	*1.137,00 €*
3.	*Postentgeltpauschale, Nr. 7002 VV RVG*	*20,00 €*
	Zwischensumme	*2.294,00 €*
4.	*16 % Umsatzsteuer, Nr. 7008 VV RVG*	*367,04 €*
	Gesamt	**2.661,04 €**

Tatsächlich angefallen ist jedoch nur eine Vergütung i.H.v.

1.	*9 Stunden x 200,00 €/Stunde =*	*1.800,00 €*
2.	*16 % Umsatzsteuer*	*288,00 €*
	Gesamt	**2.088,00 €**

Erstattungspflichtig und festsetzungsfähig ist jetzt die volle vereinbarte Vergütung, da sie hinter der gesetzlichen Vergütung zurückbleibt.

2276 Unzulässig ist es, bei einer geringeren als der gesetzlichen Vergütung zu vereinbaren, dass der Anwalt vom Gegner die Kostenerstattung nach der höheren gesetzlichen Vergütung einfordern dürfe. Dies stellt eine unzulässige Vereinbarung eines Erfolgshonorars dar.[13]

Möglich ist es lediglich, sich im Mahnverfahren und in bestimmten Zwangsvollstreckungsverfahren einen Teil der Kostenerstattung an Erfüllungs statt abtreten zu lassen (§ 4 Abs. 2 Satz 2 RVG).[14] 2277

Möglich wäre es allerdings, nach Abschluss der Angelegenheit – aber noch vor der Kostenerstattung – sich mit dem Auftraggeber zu einigen, dass der Anwalt nach der gesetzlichen Vergütung abrechnen dürfe. Solche nachträglichen Vereinbarungen sind zulässig,[15] da die Vergütung nicht vom Erfolg der anwaltlichen Tätigkeit „abhängig" gemacht wird. Eine andere Frage ist aber, ob der Erstattungspflichtige dann die höhere gesetzliche Vergütung übernehmen muss. 2278

Zutreffenderweise wird man auf den **Zeitpunkt des Ausspruchs der Kostenentscheidung** abstellen, so dass nachträgliche (Erhöhungs-)Vereinbarungen nicht mehr zu einer Erhöhung des bereits entstandenen Kostenerstattungsanspruchs führen können. 2279

Abgesehen davon würde sich die Frage stellen, ob es **notwendig** i.S.d. § 91 Abs. 2 Satz 1 ZPO sein kann, im Nachhinein eine höhere Vergütung zu vereinbaren oder ob sich der Erstattungspflichtige nicht darauf berufen kann, die nachträgliche Erhöhung der zu erstattenden Kosten sei treuwidrig und könne seine Erstattungspflicht zu der geringeren vereinbarten Vergütung nicht berühren. 2280

d) Rahmengebühren

aa) Überblick

Eine Besonderheit ergibt sich dann, wenn nach Rahmengebühren abzurechnen ist und der Anwalt mit seinem Auftraggeber eine Vereinbarung über die Höhe des abzurechnenden Gebührensatzes oder -betrages getroffen hat. 2281

---

13 Henssler, NJW 2005, 1537, 1538; Krämer/Mauer/Kilian, Rn. 699.
14 S. hierzu Rn. 289 ff.
15 S. hierzu Rn. 334.

V. Kostenerstattung

- Soweit sich der vereinbarte Satz oder Betrag **außerhalb des gesetzlichen Rahmens** bewegt, ist diese Vereinbarung gegenüber dem erstattungspflichtigen Gegner bzw. gegenüber der Staatskasse unerheblich. Zu erstatten ist nur die gesetzlich angemessene „billige" Vergütung.

- Bewegt sich dagegen der vereinbarte Gebührensatz oder -betrag **innerhalb des gesetzlichen Rahmens**, ist dies nach der Rechtsprechung zwar auch nicht verbindlich, darf aber bei der Prüfung der Billigkeit nicht außer Acht gelassen werden.

bb) Der vereinbarte Gebührensatz oder -betrag bewegt sich außerhalb des gesetzlichen Rahmens

2282 Liegt die vereinbarte Höhe eines Gebührensatzes oder Gebührenbetrags außerhalb der Höchstgebühr, ist dies für die Kostenerstattung stets unverbindlich. Ein solcher Gebührensatz oder Gebührenbetrag kann nicht erstattungsfähig sein, es sei denn, die Parteien haben dies vereinbart (s.u. Rn. 2307 ff.).

cc) Der vereinbarte Gebührensatz oder -betrag bewegt sich innerhalb des gesetzlichen Rahmens

2283 Anders verhält es sich, wenn der vereinbarte Gebührensatz oder -betrag innerhalb des gesetzlich vorgegebenen Rahmens liegt. Ungeachtet dessen, dass sich der vereinbarte Gebührensatz innerhalb des gesetzlichen Rahmens hält, handelt es sich dennoch um eine Vergütungsvereinbarung. Allein die Tatsache, dass die abgerechnete Gebühr innerhalb des gesetzlichen Rahmens liegt, macht sie noch nicht zur gesetzlichen Gebühr. Die Höhe der gesetzlichen Gebühr ergibt sich vielmehr erst im Zusammenhang mit der Gebührenbestimmung nach § 14 Abs. 1 RVG. Diese Bestimmung können die Parteien zwar intern abbedingen, nicht aber zulasten des Erstattungspflichtigen.

2284 Daher bleibt auch im Erstattungsverhältnis die Gebührenbestimmung nach § 14 Abs. 1 RVG auf ihre Verbindlichkeit überprüfbar (§ 14 Abs. 1 Satz 4 RVG), selbst wenn die Parteien eine Vereinbarung geschlossen haben, die sich innerhalb des gesetzlichen Rahmens bewegt.

Insoweit ist allerdings zu berücksichtigen, dass der Vergütungsverein- 2285
barung eine Bedeutung innerhalb des Bemessungsrahmens des § 14
Abs. 1 RVG zukommen soll.

Zum einen gilt hier der allgemeine Grundsatz, dass ein **Toleranz-** 2286
bereich[16] zu berücksichtigen ist. Weicht die vereinbarte Vergütung also
um nicht mehr als 20 Prozent von der „gesetzlich zutreffenden" Gebühr
ab, dann bleibt die zwischen den Parteien vereinbarte Vergütung auch
für das Kostenerstattungsverhältnis maßgebend, ebenso wie eine einseitige Bestimmung des Anwalts in diesem Falle maßgebend wäre.

Liegt der vereinbarte Betrag oder der vereinbarte Gebührensatz dage- 2287
gen über der gesetzlich zutreffenden Gebühr oder dem gesetzlich zutreffenden Satz aber außerhalb des Toleranzbereichs, dann ist die Vergütungsvereinbarung nach der Rechtsprechung gleichwohl nicht völlig
unbeachtlich. Vielmehr ist aus der Honorarvereinbarung auf die Bedeutung, die der Auftraggeber der Angelegenheit beigemessen hat, zurückzuschließen.[17] Zwar ist die Bedeutung nach objektiven Merkmalen zu
beurteilen; eine rein subjektive Überbewertung durch den Auftraggeber
hat auszuscheiden. Eine zwischen dem Auftraggeber und seinem
Rechtsanwalt getroffene Vergütungsvereinbarung kann aber innerhalb
der Grenzen des § 14 Abs. 1 RVG berücksichtigt werden.

Nach AG Köln[18] soll der Vereinbarung der Honorars sogar eine dominie- 2288
rende Rolle zukommen.

Nach LG Flensburg[19] kann eine Vergütungsvereinbarung innerhalb der 2289
Grenzen des § 14 Abs. 1 RVG zusätzlich Aufschluss darüber geben, welche Bedeutung der Auftraggeber der Angelegenheit beimisst, wobei
das Gericht allerdings klarstellt, dass eine subjektive Überbewertung

---

16 S. hierzu AnwK-RVG/N. Schneider, § 14 Rn. 83 ff.
17 OLG München, JurBüro 1975, 335 m. Anm. Mümmler = MDR 1995, 336; KG Berlin, Beschl.
    v. 5.2.1997 – 4 WS 11/97, zitiert nach Juris KOR 435779700; LG Berlin, Rpfleger 1994, 518;
    AG Köln, MDR 1967, 689; LG Krefeld, NJW 1966, 137.
18 AG Köln, MDR 1967, 689.
19 LG Flensburg, JurBüro 1978, 1652.

V. Kostenerstattung

durch den Betroffenen (hier alltäglicher Verkehrsunfall) kein besonderer Umstand sei, der im Rahmen des § 14 RVG (damals § 12 Abs. 1 BRAGO) berücksichtigt werden könne.

e) Erstattungsfähigkeit der Kosten eines ausländischen Korrespondenzanwalts

2290 Hat die Partei sich eines ausländischen Korrespondenzanwalts bedient, so ist zunächst zu prüfen, ob dessen Kosten überhaupt dem Grunde nach erstattungsfähig sind, also ob dessen Hinzuziehung zur zweckentsprechenden Rechtsverfolgung **notwendig** war (§ 91 Abs. 1 Satz 1 ZPO).

2291 Ist dies der Fall, dann stellt sich die weitere Frage nach der **Höhe** der zu erstattenden Gebühren. Hier standen sich bislang zwei Auffassungen gegenüber.

2292 Das OLG Frankfurt/M.[20] vertrat die Auffassung, dass die Kosten einer mit dem ausländischen Korrespondenzanwalt vereinbarten Vergütung grds. nicht erstattet verlangt werden könnten. Eine Ausnahme gelte jedoch dann, wenn für den ausländischen Rechtsanwalt keine gesetzlichen Gebühren, sondern – wie insbesondere im angelsächsischen Recht – regelmäßig auf Stundenbasis abgerechnet werde und sich die vereinbarten Gebühren im Rahmen des Ortsüblichen halten.

2293 Ebenso dem Grunde nach entschieden hat das OLG Hamburg,[21] das die vereinbarte Vergütung eines ausländischen Korrespondenzanwalts allerdings nicht ohne weiteres als erstattungsfähig angesehen hat, sondern von der erstattungsberechtigten Partei vielmehr verlangt hat, dass sie im Einzelnen darlege, dass die vereinbarte Vergütung auch angemessen sei.

---

20 OLG Frankfurt/M., JurBüro 1987, 599 = Rpfleger 1987, 216 = AnwBl. 1990, 48 = WRP 1987, 392 = GRUR 1987, 405 = IPRspr.; ebenso Beschl. v. 19.10.1976 – 20 W 744/76, zitiert nach Juris BORE 027270000.
21 OLG Hamburg, MDR 1980, 589.

Auch nach Auffassung des OLG Frankfurt/M.[22] kommt die Erstattung der vereinbarten Vergütung nur insoweit in Betracht, als diese angemessen ist. Zutreffenderweise wird man die Angemessenheit dann aber nach den Kriterien des jeweiligen ausländischen Vergütungsrechts prüfen müssen.

2294

Demgegenüber haben andere Gerichte[23] die Auffassung vertreten, dass die einem ausländischen Korrespondenzanwalt geschuldete vereinbarte Vergütung nur in Höhe der Korrespondenzanwaltskosten erstattungsfähig seien, die sich **nach deutschen Recht** ergeben würden.

2295

Der BGH ist jetzt dieser zweiten Auffassung gefolgt.[24] Danach sind die Kosten eines ausländischen Verkehrsanwalts, dessen Hinzuziehung zur zweckentsprechenden Rechtsverfolgung oder Rechtsverteidigung geboten war, nur in Höhe der Gebühren eines deutschen Rechtsanwalts erstattungsfähig. Im konkreten Fall hat der BGH die auf Stundenbasis berechnete Vergütung der engländischen Rechtsanwälte auf eine Verkehrsanwaltsgebühr sowie eine Vergleichsgebühr nebst Auslagen nach deutschem Recht gekürzt und nur in diesem Rahmen als erstattungsfähig zugesprochen.

2296

III. Materiell-rechtliche Kostenerstattungsansprüche

1. Überblick

Bei den sog. materiell-rechtlichen Kostenerstattungsansprüchen handelt es sich streng genommen nicht um Erstattungsansprüche im eigentlichen Sinne, sondern um **Ersatzansprüche**.[25]

2297

---

22 OLG Frankfurt/M., a.a.O.; ebenso, Beschl. v. 19.10.1976, a.a.O.; ebenso OLG Bremen, OLG-Report 2001, 363; OLG Celle, JurBüro 1986, 281; OLG Hamburg, JurBüro 1988, 1186.
23 OLG München, JurBüro 2004, 380 = NJW 1988, 1692; ebenso OLG Stuttgart, AGS 2004, 318 = OLGReport 2004, 435 als Vorinstanz zu BGH s. Rn. 2296.
24 BGH, AGS 2005, 268 m. Anm. Madert = BGHReport 2004, 435 = MDR 2005, 895 = RVG-B 2005, 120.
25 Da sich der Begriff des materiell-rechtlichen Kostenerstattungsanspruchs eingebürgert hat, wird er auch im Folgenden verwendet.

V. Kostenerstattung

2298 Die an den eigenen Anwalt zu zahlende Vergütung ist eine **adäquate Schadensfolge** einer vom Gegner begangenen unerlaubten Handlung, Vertragsverletzung o.Ä. Muss der Geschädigte in Verfolgung seiner Ansprüche einen Anwalt hinzuziehen, so sind die hierdurch verursachten Kosten vom Schädiger als weitere Schadensposition zu ersetzen.

2299 Der Ersatzanspruch geht dabei zunächst auf **Freistellung**, solange der Geschädigte seinen Anwalt noch nicht bezahlt hat. Er **wandelt** sich in einen auf **Geld gerichteten Zahlungsanspruch** um, sobald der Geschädigte die Rechnung des Anwalts ausgleicht.[26]

2. Begrenzung der Ersatzpflicht

2300 Materiell-rechtliche Kostenerstattungsansprüche sind ebenso wie die prozessualen Kostenerstattungsansprüche der Höhe nach auf die (fiktive) **gesetzliche Vergütung** beschränkt. Das gilt auch für Ersatzansprüche nach § 7 StrEG.[27]

2301 Die Begrenzung folgt hier allerdings nicht wie bei den prozessualen Kostenerstattungsansprüchen aus § 91 Abs. 2 Satz 1 ZPO,[28] sondern aus § 254 BGB. Der Erstattungsberechtigte verstößt gegen seine **Schadensminderungspflicht** nach § 254 BGB, wenn er eine höhere als die gesetzliche Vergütung mit seinem Anwalt vereinbart.[29]

2302 Auch hier ist eine höhere vereinbarte Vergütung daher nicht zu ersetzen. Insbesondere wird der Erstattungsberechtigte nicht mit dem Einwand gehört, dass „*ohne Sondervergütung ein dem Fall gewachsener Anwalt nicht zu haben*" gewesen sei."[30]

---

26 Einzelheiten sind hier umstritten. S. hierzu Palandt/Heinrichs, § 249 Rn. 46 m.w.N.; § 250 Rn. 2.
27 BGH, BGHZ 68, 86 = EBE/BGH 1977, 148 = BB 1977, 568 = NJW 1977, 957 = AnwBl. 1977, 319 = MR 1977, 563.
28 So aber unzutreffenderweise LG Hamburg, VersR 1968, 263, das damit aber letztlich zum selben Ergebnis gelangt.
29 AG Köln, AnwBl. 1973, 365; LG Hannover, VersR 1975, 649; LG Koblenz, VersR 1975, 649; LG Köln, VersR 1974, 705; VersR 1973, 1055; AG Mainz, VersR 1972, 211.
30 AG Frankfurt, VersR 1967, 670.

3. Vereinbarte Vergütung ist geringer als die gesetzliche

Auch hier gilt allerdings wiederum, dass nur die vereinbarte Vergütung zu ersetzen ist, wenn diese geringer als die gesetzliche Vergütung ist. 2303

Beispiel: 2304

Der Anwalt ist beauftragt, Arzthaftungsansprüche durchzusetzen. Vereinbart ist eine Vergütung i.H.v. 300,00 €/Stunde. Der Anwalt verfasst ein Anspruchsschreiben, in dem er Ansprüche i.H.v. 40.000,00 € geltend macht. Der Haftpflichtversicherer bietet eine Zahlung i.H.v. 30.000,00 € an, die dann auch angenommen werden. Der Zeitaufwand des Anwalts beläuft sich auf insgesamt sieben Stunden.

Selbst wenn man hier von nur der sog. Schwellengebühr mit 1,3 ausgeht, ergibt sich schon folgende gesetzliche Vergütung:

1.	*1,3-Geschäftsgebühr, Nr. 2400 VV RVG (Wert: 40.000,00 €)*	*1.172,60 €*
2.	*1,5-Einigungsgebühr, Nr. 1000 VV RVG (Wert: 40.000,00 €)*	*1.353,00 €*
3.	*Postentgeltpauschale, Nr. 7002 VV RVG*	*20,00 €*
	Zwischensumme	*2.545,60 €*
4.	*16 % Umsatzsteuer, Nr. 7008 VV RVG*	*407,30 €*
	Gesamt	***2.952,90 €***

Die vereinbarte Vergütung beläuft sich demgegenüber lediglich auf

1.	*7 Stunden x 300,00 €/Stunde =*	*2.100,00 €*
2.	*16 % Umsatzsteuer, Nr. 7008 VV RVG*	*336,00 €*
	Gesamt	***2.436,00 €***

Jetzt ist nur die geringere vereinbarte Vergütung zu ersetzen.

Eine Vereinbarung zwischen Anwalt und Auftraggeber, die es dem Anwalt erlauben würde, den sich nach der gesetzlichen Kostenerstattung ergebenden höheren Betrag beim Gegner geltend zu machen, wäre unzulässig, da es sich um die Vereinbarung eines unzulässigen Erfolgshonorars handeln würde. Es gilt das Gleiche wie beim prozessualen Kostenerstattungsanspruch (s. hierzu Rn. 2276 ff.). 2305

V. Kostenerstattung

2306 Ebenso wenig ist es zulässig, sich im Nachhinein auf die höhere gesetzliche Vergütung zu einigen. Dies kann nicht zulasten des Erstattungspflichtigen gehen (s.o. Rn. 2278).

IV. Kostenerstattungsvereinbarungen

1. Überblick

2307 Abweichend von den gesetzlichen Vorschriften über den Umfang der Kostenerstattung (z.B. § 91 Abs. 2 Satz 1 ZPO) oder den Umfang des materiell-rechtlichen Schadensersatzes können die Parteien regeln, dass eine höhere als die gesetzliche Vergütung zu erstatten bzw. zu ersetzen sei. Ist eine solche wirksame Vereinbarung getroffen, muss der Gegner abweichend von den gesetzlichen Regelungen eine höhere als die gesetzliche Vergütung erstatten bzw. ersetzen.

2308 Hierbei ist aber wiederum zu differenzieren, zwischen welchen Personen die Vereinbarung geschlossen wird. Möglich ist eine Erstattungsvereinbarung **zwischen den Parteien** selbst oder auch eine Vereinbarung **zwischen der erstattungspflichtigen Partei und dem Anwalt des Erstattungsberechtigten**.

2. Erstattungsvereinbarung zwischen den Parteien

a) Form

2309 Wird eine Vereinbarung über die Höhe der Erstattungspflicht unmittelbar zwischen den Parteien getroffen, bedarf sie auch dann keiner Form, wenn vereinbart wird, dass eine höhere als die gesetzliche Vergütung zu erstatten sei.[31] Die Gegenauffassung,[32] die auch in diesem Fall eine nach § 4 Abs. 1 RVG formgerechte Vereinbarung verlangt, verkennt, dass in diesem Fall gar keine Vergütungsvereinbarung vorliegt, sondern eine bloße **Erstattungsvereinbarung**. Die Vorschrift des § 4 RVG gilt aber nur für das Verhältnis zwischen Anwalt und Versprechendem (sei es Auftraggeber oder Dritter, der unmittelbar ein Versprechen abgibt). Im Er-

---

31 Brieske, S. 14.
32 OLG Koblenz, JurBüro 1975, 464 m. Anm. Mümmler.

stattungsverhältnis ist die Beachtung der Form des § 4 RVG jedoch unbeachtlich.

Insbesondere ist die Schriftform des § 4 Abs. 1 Satz 1 RVG nicht zu beachten und auch nicht die Beschränkung des § 4 Abs. 5 Satz 1 RVG, da der Anwalt an dieser Vereinbarung gar nicht beteiligt ist und zwischen den Parteien das RVG nicht gilt. Hier gilt vielmehr der Grundsatz der Vertragsfreiheit, wonach die Parteien Erstattungsregelungen vereinbaren können, was es ihnen beliebt. 2310

Beispiel: 2311

Der Anwalt vertritt einen Nebenkläger und hat mit ihm vereinbart, dass jeweils das Doppelte der jeweiligen Höchstgebühr abgerechnet werde.

Nach Abschluss des erstinstanzlichen Urteils, das nach Auffassung des Nebenklägers zu milde ausgefallen ist, verpflichtet sich der Verurteilte, an den Nebenkläger ein angemessenes Schmerzensgeld i.H.v. 5.000,00 € zu zahlen und dessen Anwaltskosten in Höhe der mit seinem Anwalt vereinbarten Vergütung zu übernehmen, wenn der Nebenkläger keine Berufung einlege.

Beispiel: 2312

Der Arbeitgeber hatte seinem Geschäftsführer gekündigt. Dieser beauftragt daraufhin einen Anwalt, die Kündigung abzuwehren. Mit diesem vereinbart er ein Pauschalhonorar für die außergerichtliche Tätigkeit i.H.v. 40.000,00 €. Hiernach kommt es zu einer Einigung der Parteien, dass das Dienstverhältnis einvernehmlich aufgelöst werde, der Geschäftsführer eine Abfindung erhalte und der Arbeitgeber dessen Anwaltskosten gemäß der mit seinem Anwalt getroffenen Honorarvereinbarung übernehme.

In beiden Fällen ist die vereinbarte Vergütung zu erstatten bzw. zu ersetzen, auch wenn die Formen des § 4 RVG nicht gewahrt sind.

Letztlich wird es darauf kaum nicht ankommen, da Erstattungsvereinbarungen im gerichtlichen Verfahren protokolliert werden und damit die Schriftform gewahrt ist (§ 127a BGB). Da dort auch keine Vollmachten erteilt und keine anderweitigen Vereinbarungen getroffen werden, jedenfalls diese entsprechend abgesetzt sind, dürften sich hier Formprobleme kaum ergeben. 2313

Lediglich bei außergerichtlichen Erstattungsvereinbarungen kann sich daher die Formfrage stellen. 2314

b) Verbindliche Vereinbarung mit eigenem Anwalt nicht erforderlich

2315 Ebenso wenig muss in diesem Fall eine formgerechte und damit verbindliche Vereinbarung zwischen dem Erstattungsberechtigten und dessen Anwalt vorliegen. Die Gegenauffassung[33] verkennt, dass auch schon eine nicht formgerechte Vereinbarung eine zwar nur unvollkommene, aber doch erfüllbare Verbindlichkeit schafft. Daher müssen die Parteien untereinander, für deren Verhältnis § 4 RVG nicht gilt, eine entsprechende Kostenerstattungsvereinbarung treffen können.

2316 Nach Auffassung des OLG Koblenz[34] soll eine zwischen den Parteien getroffene Erstattungsvereinbarung allerdings nur dann verbindlich sein, wenn die zwischen dem Anwalt und seinem Auftraggeber getroffene Vereinbarung, die eine höhere als gesetzliche Vergütung vorsieht, der Form des § 4 RVG (damals § 3 BRAGO) entspricht.

2317 Dem OLG Koblenz ist insoweit zuzustimmen, als dann eine Kostenerstattungspflicht wohl nicht in Betracht kommt, wenn die Vergütungsvereinbarung unwirksam oder nichtig ist. Fiktive Kosten werden nie erstattet, sondern nur tatsächliche Kosten. Die Erstattungsvereinbarung im Verhältnis Auftraggeber/Gegner setzt also voraus, dass auch eine entsprechende Vergütungsvereinbarung im Verhältnis Auftraggeber/Anwalt vorliegt.

2318 Bei fehlender Form des § 4 Abs. 1 Satz 1 oder Satz 2 RVG oder einem Verstoß gegen § 4 Abs. 5 Satz 1 RVG verhält es sich jedoch anders, da die Vereinbarung wirksam ist, aber wegen Verstoßes gegen § 4 Abs. 1 Satz 1, Satz 2 oder Abs. 5 Satz 1 RVG der Anwalt von seinem Auftraggeber keine höhere als die gesetzliche Vergütung verlangen kann. In diesem Fall bleibt – was das OLG Koblenz verkennt – die Vergütungsvereinbarung aber wirksam und damit auch erfüllbar.[35]

---

33 OLG Koblenz, Rpfleger 1994, 106.
34 OLG Koblenz, a.a.O.
35 S. hierzu Rn. 601 ff.

Das Problem spitzt sich damit also auf die Frage zu, ob der Auftraggeber über die Kostenerstattung vom Gegner gezwungen werden kann, sich gegenüber seinem eigenen Anwalt auf den Formmangel des § 4 Abs. 1 Satz 1, Satz 2 oder Abs. 5 Satz 1 RVG zu berufen. 2319

M.E. geht dies zu weit, zumal dem Auftraggeber dann sogar noch das Risiko eines Rechtsstreits zwischen ihm und seinem Anwalt über die Verbindlichkeit der vereinbarten Vergütung aufgebürdet würde, da ein Verstoß gegen § 4 Abs. 1 Satz 1, Satz 2 oder Abs. 5 Satz 1 RVG nicht immer evident sein muss und ggf. erst gerichtlicher Klärung bedarf. 2320

Hinzu kommt, dass der Auftraggeber nach § 4 Abs. 1 Satz 3 RVG freiwillig leisten darf. In diesem Fall steht ihm aber kein Rückzahlungsanspruch zu. Würde man die Auffassung des OLG Koblenz konsequent vertreten, dann müsste man im Rahmen der Kostenerstattung dem Auftraggeber auch noch vorwerfen, er habe ohne Not freiwillig geleistet; das könne dem Erstattungspflichtigen nicht entgegengehalten werden. 2321

Zutreffend ist daher die Frage, ob die Vereinbarung wegen der Nichtbeachtung des § 4 Abs. 1 Satz 1, 2 oder § 4 Abs. 5 RVG nicht verbindlich – aber erfüllbar – ist, im Kostenfestsetzungsverfahren unberücksichtigt bleiben sollte. 2322

Steht dem Auftraggeber kraft Vereinbarung ein Erstattungsanspruch in Höhe der – wenn auch von seinem Anwalt nicht durchsetzbaren – Vergütung zu, dann muss er diesen gleichwohl festsetzen lassen können, wenn die Erstattungspflicht vereinbart ist. 2323

Dass dies so sein muss, ergibt sich schon daraus, dass der Auftraggeber ungeachtet des Formmangels die Vergütung bezahlen kann und ihm dann kein Rückzahlungsanspruch mehr zusteht, sondern vielmehr der Formmangel durch die Zahlungen „geheilt" ist und damit die Kosten, deren Übernahme der Gegner zugesagt hat, tatsächlich auch entstanden sind. 2324

Beispiel: 2325

In einem Rechtsstreit schließen die Parteien einen Vergleich und regeln darin u.a.: „Die Kosten des Vergleichs übernimmt der Beklagte, wobei die Parteien sich darüber einig sind, dass eine 2,5-Einigungsgebühr abzurechnen und zu erstatten ist."

V. Kostenerstattung

Auch wenn hier lediglich eine 1,0-Einigungsgebühr nach den Nrn. 1000, 1003 VV RVG als gesetzliche Gebühr anfällt, steht es Anwalt und Auftraggeber frei, eine höhere Vergütung (hier weitere 1,5) zu vereinbaren. Ebenso steht es den Parteien frei, die Erstattungsfähigkeit dieser höheren Vergütung zu vereinbaren. Daran sind die Festsetzungsinstanzen gebunden.

2326 Die gegenteilige Ansicht des LAG Hamm,[36] wonach diese Kosten dennoch nicht festsetzbar sein sollen, will nicht einleuchten. Wenn sich die Parteien einig sind, dass höhere Kosten als die gesetzlichen zu erstatten sind, dann müssen diese auch als notwendige Kosten festgesetzt werden. Anderenfalls würden die Parteien zur Titulierung solcher Ansprüche in einen weiteren Rechtsstreit gezwungen.

2327 Eine andere Frage ist, ob sich der erstattungspflichtige Gegner darauf berufen kann, die Vergütung sei unangemessen hoch, so dass eine Herabsetzung nach § 4 Abs. 4 RVG vorgenommen werden müsse. Dies dürfte aus den gleichen Gründen nicht möglich sein. Die Frage der Herabsetzung ist eine zwischen den Parteien der Vergütungsvereinbarung zu entscheidende Frage. Hat sich die erstattungspflichtige Partei dagegen verpflichtet, die Kosten des Erstattungsberechtigten zu übernehmen, so ist er an seine Zusage gebunden. Es hat ihn niemand zu dieser Kostenübernahme gezwungen. Sagt die erstattungspflichtige Partei die Übernahme in Kenntnis der Höhe einer unangemessen hohen Vergütung zu, dann bleibt sie daran auch gebunden. Es wäre treuwidrig (venire contra factum proprium), wenn sie im Nachhinein die Unangemessenheit geltend machen wollte.

2328 Lediglich der Auftraggeber könnte die Herabsetzung verlangen. In Anbetracht der Kostenübernahme durch den Gegner dürfte aber wohl kaum von einer Unangemessenheit auszugehen sein, da der Erstattungsanspruch in die Abwägung mit einzubeziehen sein wird.

c) Bestimmtheit

2329 Voraussetzung für eine Festsetzbarkeit des Kostenerstattungsanspruchs ist, dass dieser ausreichend bestimmt ist. Die zu erstattenden Gebühren

---

36 LAG Hamm, MDR 1972, 546 = AR-Blattei Arbeitsgerichtsbarkeit XIII Entsch. 55 (Leitsatz 1 – 4); AR-Blattei ES 160.13 Nr. 55 (Leitsatz 1 – 4).

müssen nach Höhe und ggf. nach Gegenstandswert bestimmt oder bestimmbar sein.[37]

Zu weit gehend dürfte es jedoch sein, dass der Gebührensatz oder -betrag angegeben wird, wenn sich die Erstattung im gesetzlichen Rahmen halten soll. Hier ist die Festsetzung von Rahmengebühren (z.b. in Straf- und Sozialsachen) dem Kostenfestsetzungsverfahren nicht so fremd, dass eine Kostenerstattung ausgeschlossen ist.[38]

2330

Allerdings reicht eine **unbestimmte Vereinbarung** auch nicht aus. Wird also lediglich vereinbart, dass der Beklagte auch vom Kläger „mit seinem Anwalt vereinbarte Vergütung" zu erstatten habe, kann dies keine Grundlage für eine Festsetzung sein, da der Kostenbeamte hieraus nicht ersehen kann, welche Vergütung letztlich zur Erstattung festzusetzen ist. Insoweit bleibt im Streitfall nur der Rechtsweg.

2331

3. Vereinbarung des Anwalts mit dem erstattungspflichtigen Dritten

a) Überblick

Anders verhält es sich dagegen, wenn der Anwalt unmittelbar mit dem erstattungspflichtigen Dritten eine Vereinbarung schließt, in welcher Höhe dieser die dem Auftraggeber entstandenen Anwaltskosten zu ersetzen bzw. zu erstatten habe und dem Anwalt unmittelbar gegen den Dritten ein Vergütungsanspruch zustehen soll. In diesem Fall liegt ein Vertrag zugunsten Dritter vor, auf den § 4 RVG anzuwenden ist.[39]

2332

In dem entschiedenen Fall ging es darum, ob der Erstattungspflichtige sich darauf berufen konnte, dass die vereinbarte Vergütung unangemessen hoch sei und er analog § 3 Abs. 3 BRAGO (jetzt § 4 Abs. 4 RVG) **Herabsetzung** verlangen könne. Der BGH hat dazu ausgeführt, dass die Herabsetzungsmöglichkeit in erster Linie dem Schutz des Mandanten

2333

---

37 OLG Koblenz, JurBüro 1974, 1601; JurBüro 1975, 464 m. Anm. Mümmler.
38 A.A. OLG Koblenz, JurBüro 1975, 464 m. Anm. Mümmler, das Rahmengebühren nach § 118 Abs. 1 Nr. 1 und 2 BRAGO nicht für festsetzbar hielt.
39 EBE/BGH 1997, 218; WIB 1997, 1440 m. Anm. Römermann = MDR 1997, 784 = NJW 1997, 2388 = AGS 1997, 111 = AnwBl. 1997, 567 m. Anm. Hamacher = VersR 1997, 1371 = BGHR, BRAGO § 3 Abs. 2 Satz 1 Schuldbeitritt 1 = STV 1999,485 = EWiR 1997, 693 m. Anm. Chemnitz = BRAK-Mitt. 1997, 180 = NJ 1997, 501= zfs 1998, 30.

diene; sie solle aber Auswüchsen bei vertraglichen Vergütungsregelungen vorbeugen, die mit der besonderen Stellung des Rechtsanwalts als eines Organs der Rechtspflege nicht vereinbart seien. Dieser Rechtsgedanke finde auch dann Beachtung, wenn der Rechtsanwalt als Vertreter seines Mandanten zur Abgeltung seines Vergütungsanspruchs gegen diesen eine Vergütungsvereinbarung mit dessen Vertragsgegner schließe, womit dieser es übernehme, die Vergütungsforderung zu begleichen. Der Vertragsgegner trete damit, wenn dem Anwalt ein eigener Rechtsanspruch gegen diesen eingeräumt werde, der Vergütungsforderung des Auftraggebers in der Form eines Vertrages zugunsten eines Dritten bei. In einem solchen Fall könne der eintretende Gläubiger dann in entsprechender Anwendung des § 417 Abs. 1 Satz 1 BGB diejenigen Einwendungen entgegensetzen, die dem Schuldner aus seinem Vertragsverhältnis mit dem Gläubiger zustehen. Dies bedeutet, dass der erstattungspflichtige Gegner ebenso wie der Mandant des Anwalts das Recht habe, sich auf die Herabsetzungsmöglichkeit nach § 4 Abs. 4 RVG zu berufen. Dies sei von der Sache her auch gerechtfertigt, denn der Auftraggeber habe, solange er nicht selbst auf Zahlung der Vergütung in Anspruch genommen werde, weil der Gegner ihm diese abnehme, keinen Grund und kein Interesse daran, die Unangemessenheit der vereinbarten Vergütung geltend zu machen. Versage man in diesem Fall dem erstattungspflichtigen Gegner diesen Einwand aus Rechtsgründen, so würde dies bedeuten, dass ein Anwalt sich der Verpflichtung, sich beim Abschluss einer Vergütungsvereinbarung Mäßigung aufzuerlegen, durch eine Erstattungsvereinbarung mit dem Gegner entziehen könne. Dies wäre mit Sinn und Zweck der Gesetzesbestimmung nicht zu vereinbaren.

2334 Wenn der BGH schon § 3 Abs. 3 BRAGO (4 Abs. 4 RVG) für anwendbar hält, dann dürfte Gleiches auch für den Formzwang nach § 4 Abs. 1 RVG gelten, also dass die Erklärung vom erstattungs- oder ersatzpflichtigen Gegner **schriftlich** (§ 4 Abs. 1 Satz 1 1. Alt. RVG) abgegeben werden muss, wobei im Rechtsstreit die Protokollierung als Vergleich ausreicht (§ 127a BGB).[40]

---

40 S. Rn. 528.

Das Problem der **Verbindung mit einer Vollmacht** (§ 4 Abs. 1 Satz 1 2. Alt. RVG) wird sich hier allerdings nicht stellen. 2335

Fraglich ist, ob auch soweit zu gehen ist, dass die Voraussetzungen des § 4 Abs. 1 Satz 2 RVG erfüllt sein müssen, also die Erstattungsvereinbarung von anderen Vereinbarungen deutlich abgesetzt sein muss, was sich durchaus bewerkstelligen ließe. Unklar wäre aber, wie eine solche Vereinbarung nach § 4 Abs. 1 Satz 2 RVG zu bezeichnen wäre. Handelt es sich hier auch um eine „Vergütungsvereinbarung", die als solche bezeichnet werden muss oder muss die Vereinbarung in entsprechender Anwendung als „Erstattungsvereinbarung" bezeichnet werden oder ist gar keine gesonderte Bezeichnung erforderlich? Bei einem gerichtlichen Vergleich würde sich zudem die Frage stellen, wer Verfasser i.S.d. § 4 Abs. 1 Satz 2 RVG ist. 2336

b) Erstattungsvereinbarungen in der Zwangsvollstreckung

Auch in der Zwangsvollstreckung sind nur notwendige Kosten zu erstatten, so dass die beim Anwalt angefallenen Vollstreckungskosten nur in Höhe der gesetzlichen Vergütung, nicht aber in Höhe einer vereinbarten Vergütung gemäß § 788 ZPO vom Schuldner zu tragen sind. 2337

Hier kommen in der Praxis häufig Vereinbarungen über die Höhe der zu erstattenden Kosten mit dem Schuldner in Betracht. Insoweit sind die Vollsteckungsorgane berechtigt zu prüfen, ob eine solche Vereinbarung beachtlich ist.[41] Soweit allerdings materiell-rechtliche Prüfungen erforderlich sind, müssen diese im Verfahren nach § 767 ZPO vor dem Prozessgericht ausgetragen werden.[42] 2338

Auch hier gilt, dass die Formvorschriften des § 4 RVG nicht eingehalten werden müssen. Es handelt sich um Vereinbarungen zwischen den Parteien, also zwischen Gläubiger und Schuldner über die Höhe der zu ersetzenden Kosten. 2339

---

41 LG Hagen, DGVZ 1992, 120, hier Gerichtsvollzieher.
42 LG Haben, a.a.O.

V. Kostenerstattung

2340 Voraussetzung für eine solche Erstattungsvereinbarung ist lediglich, dass zwischen Anwalt und Gläubiger eine Vergütungsvereinbarung – wenn auch unverbindlich – besteht.[43] Nur dann, wenn es an einer wirksamen Vereinbarung fehlt, etwa weil diese nichtig ist oder weil eine solche Vereinbarung gar nicht existiert, geht auch eine Erstattungsvereinbarung „ins Leere". Der Gläubiger kann keine fiktiven Kosten erstattet verlangen, die gar nicht angefallen sind.

2341 Wird ausnahmsweise zwischen dem Anwalt des Vollstreckungsgläubigers und dem Schuldner unmittelbar eine Erstattungsvereinbarung geschlossen, dann dürfte nach der Rechtsprechung des BGH (s.o. Rn. 2332) zu § 4 RVG zu beachten sein.

c) Vereinbarungen bei Einschaltung anderer als der in § 5 RVG genannten Personen

2342 Beauftragt der Rechtsanwalt für bestimmte Tätigkeiten eine Hilfsperson, die nicht zu dem in § 5 RVG genannten Personenkreis gehört, so kann er hierfür keine Vergütung nach dem RVG verlangen. Ausgehend davon kann die Partei auch keine Vergütung nach dem RVG erstattet erhalten.

2343 Eine Ausnahme soll nach dem LG Heilbronn dann gelten, wenn der Anwalt mit seinem Auftraggeber eine Vergütungsvereinbarung dahingehend getroffen hat, dass für die Einschaltung einer nicht in § 5 RVG genannten Person eine Vergütung – ggf. ein Bruchteil der gesetzlichen Vergütung – zu zahlen sei.[44]

2344 Nach zutreffender Ansicht dürfte es wohl nicht darauf ankommen, ob eine Gebührenvereinbarung getroffen worden ist. Vielmehr ergibt sich der Vergütungsanspruch des Anwalts gegen seinen Auftraggeber in diesen Fällen aus § 612 BGB, wobei dieser sich an einem Bruchteil der gesetzlichen Vergütung orientiert.[45]

---

43 S.o. Rn. 2315 ff.
44 LG Heilbronn, MDR 1995, 968 = JurBüro 1995, 585 = AnwBl. 1995, 560 = NJW-RR 1996, 51 = Justiz 1996, 16 = FamRZ 1996, 678.
45 AnwK/RVG/N. Schneider, § 5 Rn. 53 ff., 84.

Ob und inwieweit der Anwalt mit seinem Auftraggeber hier eine Vergütungsvereinbarung getroffen hat, ist im Rahmen der zu erstattenden Kosten insoweit zu berücksichtigen, als die vereinbarte Höhe nicht den Bereich des Notwendigen überschreitet. Erstattungsfähig ist die Vergütung auch dann maximal bis zur Höhe einer angemessenen Vergütung i.S.d. § 612 BGB. 2345

Beispiel: 2346
Für einem Rechtsstreit schließt der Anwalt mit seinem Auftraggeber eine Vereinbarung, dass er die volle Terminsgebühr auch dann abrechnen dürfe, wenn er einen bei ihm beschäftigten Referendar mit der Terminswahrnehmung beauftrage, und zwar unabhängig davon, ob es sich um einen Stationsreferendar handele oder nicht. Er lässt dann den Termin von einem nicht in Station befindlichen Referendaren wahrnehmen.

Vom Auftraggeber kann der Anwalt die volle 1,2-Terminsgebühr verlangen.

Zu erstatten ist diese Gebühr aber nicht in voller Höhe. Die Erstattung ist auf die angemessene Vergütung für einen Nicht-Stationsreferendar beschränkt, die die überwiegende Rechtsprechung mit 50 % der gesetzlichen Gebühr ansetzt.[46] *Nur in Höhe dieses Betrages kommt eine Erstattung in Betracht.*

---

46 LG Düsseldorf, JurBüro 1987, 1031; ebenso Mümmler, JurBüro 1991, 672; ebenso für Strafaschen LG Darmstadt, JurBüro 1982, 73 m. zust. Anm. Mümmler; LG Braunschweig, JurBüro 1986, 53; LG Aachen, JurBüro 1978, 261; LG Bochum, AnwBl. 1971, 296; LG Heidelberg, AnwBl. 1978, 319.

W. Streitwertbeschwerde

I. Überblick

1. Streitwertbeschwerde

a) Streitwertbeschwerde der Partei

2347 Gegen die Festsetzung des **Streitwertes für die Gerichtsgebühren** kann die Partei nach § 68 Abs. 1 GKG grds. Beschwerde einlegen. Gleiches gilt gegen die **Festsetzung des Geschäftswertes in FGG-Verfahren** (§ 31 Abs. 3 KostO). Ebenso kann die Partei im Verfahren nach § 33 RVG über die Festsetzung des **Gegenstandswertes für die Anwaltsgebühren** Beschwerde einlegen (§ 33 Abs. 3 RVG). Erforderlich ist in allen drei Fällen eine Beschwer. Die Partei muss also geltend machen können, durch die aus ihrer Sicht unzutreffende gerichtliche Festsetzung einen Nachteil zu erleiden.

b) Streitwertbeschwerde des Anwalts

2348 Die gleichen Rechte stehen dem Anwalt zu, der nach § 32 Abs. 2 RVG ebenfalls die Beschwerderechte nach § 68 Abs. 1 GKG und nach § 31 KostO hat. Die Streitwertbeschwerde nach § 33 Abs. 3 RVG steht ihm ohnehin unmittelbar zu. Erforderlich ist auch hier jeweils eine Beschwer. Auch der Anwalt muss also geltend machen können, durch die aus seiner Sicht unzutreffende gerichtliche Festsetzung einen Nachteil zu erleiden.

2. Beschwer der Partei

2349 Soweit nach den gesetzlichen Gebühren abgerechnet wird, ergibt sich die **Beschwer für die Partei** immer dann, wenn das Gericht aus Sicht der Partei einen **zu hohen Wert** festgesetzt hat.

- Soweit die Partei zur Zahlung von **Gerichtsgebühren** verpflichtet ist, sei es als Antragsschuldner, Übernahmeschuldner oder Entscheidungsschuldner, wird sie hierdurch belastet.

  Soweit der für die Gerichtsgebühren festgesetzte Wert auch für die **Anwaltsgebühren** gilt (§ 32 Abs. 1 RVG), wird die Partei zudem dadurch belastet, dass sie ihrem eigenen Anwalt eine höhere Vergütung zahlen muss.

Des Weiteren kann sich die Beschwer daraus ergeben, dass die Partei dem Gegner erstattungspflichtig ist und sie aufgrund der zu hohen Wertfestsetzung eine zu hohe **Kostenerstattung** leisten muss.

- Soweit eine gesonderte Festsetzung für die **Anwaltsgebühren** nach § 33 Abs. 1 RVG ergangen ist, wird die Partei durch eine zu hohe Wertfestsetzung sowohl dadurch beschwert, dass sie ihrem eigenen Anwalt eine **höhere Vergütung zahlen** muss, als auch dadurch, dass sie im Falle der Kostenerstattung an den Gegner **höhere Kosten erstatten** muss.

Eine Beschwer der Partei durch eine **zu niedrige Wertfestsetzung** kommt bei Abrechnung nach der gesetzlichen Vergütung dagegen nie in Betracht. Eine Partei kann nicht dadurch beschwert sein, dass sie weniger an Gerichts- oder Anwaltsgebühren zahlen muss, als sich bei zutreffender Berechnung ergeben würde. Gleiches gilt auch für die Kostenerstattung. Zwar erhält die Partei bei einer zu niedrigen Wertfestsetzung einen geringeren Kostenerstattungsanspruch; sie wird jedoch hierdurch nicht beschwert, weil dem geringeren Kostenerstattungsanspruch gleichzeitig auch eine geringere Kostenschuld gegenüber der Gerichtskasse und dem eigenen Anwalt gegenübersteht, so dass per Saldo kein Nachteil verbleibt. 2350

3. Beschwer des Anwalts

Umgekehrt kann der **Anwalt** bei Abrechnung nach den gesetzlichen Gebühren niemals durch eine zu hohe Wertfestsetzung beschwert sein; er kann nur durch eine **zu niedrige Wertfestsetzung** beschwert sein, da er dann weniger an Vergütung erhält als nach seiner Auffassung zutreffend wäre. Eine Beschwerde des Anwalts auf Herabsetzung des Streitwertes ist daher stets unzulässig. 2351

4. Probleme bei der Vergütungsvereinbarung

Problematisch ist die Berechnung der Beschwer für die Partei und den Anwalt, wenn abweichend von den gesetzlichen Gebühren eine Vergütungsvereinbarung getroffen worden ist. 2352

2353 In diesem Fall kann es dazu kommen, dass sich die Vergütungsschuld der **Partei** gegenüber dem eigenen Anwalt und der **Kostenerstattungsanspruch** gegen den Gegner nicht decken, so dass die Partei durch eine aus ihrer Sicht zu geringe Wertfestsetzung und die dadurch bedingte geringere Kostenerstattung Nachteile erleiden kann.

2354 Hinsichtlich der Haftung für die **Gerichtskosten** kann sich dagegen im Falle einer Vergütungsvereinbarung keine abweichende Beschwer ergeben, da die Haftung gegenüber der Staatskasse von der Vergütungsvereinbarung stets völlig unabhängig ist.

2355 Für den **Vergütungsanspruch** gegenüber dem eigenen Anwalt kommt es darauf an, ob eine vom Gegenstandswert unabhängige Vergütungsvereinbarung getroffen worden ist oder ob sich die vereinbarte Vergütung am Gegenstandswert orientiert. Ist eine wertunabhängige Vereinbarung geschlossen, so kann eine zu hohe oder zu niedrige Wertfestsetzung durch das Gericht die Partei nicht beschweren. Anders dagegen, wenn sich die vereinbarte Vergütung nach dem Wert richtet.

2356 Auch für den **Anwalt** kann sich ggf. eine abweichende Beurteilung der Beschwer ergeben, wenn eine Vergütungsvereinbarung getroffen worden ist, die unabhängig vom Gegenstandswert ist. In diesem Fall ist es für ihn nämlich irrelevant, wie hoch das Gericht den Streitwert festsetzt, da er ohnehin nach der Vereinbarung abzurechnen hat.

2357 Umstritten ist, ob in den Fällen einer Vergütungsvereinbarung die Beschwer abweichend von der gesetzlichen Berechnung vorzunehmen ist.

2358 Zum Teil wird die Auffassung vertreten, es sei auch hier bei der Beschwer nur auf die gesetzliche Berechnung abzustellen.[1]

2359 Diese Auffassung ist jedoch unzutreffend. Weder aus § 68 Abs. 1 GKG noch aus § 33 Abs. 3 RVG noch aus § 31 Abs. 3 KostO ergibt sich, dass auf eine (fiktive) Beschwer nach gesetzlicher Berechnung abzustellen ist. Die Beschwer ist vielmehr individuell zu beurteilen. Es ist im konkreten Fall zu fragen, welche Nachteile der Anwalt oder die Partei durch die un-

---

1 KG, AG 2001, 531; Hessischer VGH, NJW 1965, 1829 = NJW 1965, 2267.

zutreffende Wertfestsetzung erleidet. Daher kann es durchaus sein, dass eine Partei, die eine wertunabhängige Vergütungsvereinbarung geschlossen hat, durch eine zu niedrige Wertfestsetzung beschwert ist. Krämer/Mauer/Kilian[2] sprechen insoweit davon, dass die *„vom Auftraggeber zu finanzierende Lücke zwischen Kosten im Innen- und Außenverhältnis"* geringer wird, je höher das Gericht den Streitwert der Angelegenheit bestimmt.

Umgekehrt kann die Beschwerde bei Festsetzung eines zu hohen Streit- oder Gegenstandswertes unzulässig sein, wenn die Partei keine Gerichtskostenhaftung und keine Kostenerstattungspflicht trifft und sie mit dem Anwalt eine wertunabhängige Vergütungsvereinbarung getroffen hat. Eine Abänderung des Gegenstandswertes wäre für diese Partei dann völlig irrelevant, so dass für eine Streitwertbeschwerde überhaupt kein Rechtsschutzbedürfnis besteht. 2360

Im Einzelnen gilt Folgendes: 2361

II. Streitwertbeschwerde der Partei

1. Überblick

Die Partei kann beschwert sein durch 2362

- die Haftung für Gerichtskosten gegenüber der Staatskasse
- die Vergütungsschuld gegenüber dem eigenen Anwalt
- eine an den Gegner zu leistende Kostenerstattung
- einen zu geringen eigenen Kostenerstattungsanspruch.

2. Gerichtskosten

Hinsichtlich der Haftung gegenüber der Gerichtskasse kann die Partei – unabhängig von einer getroffenen Vergütungsvereinbarung – nur durch eine zu hohe Wertfestsetzung beschwert sein. Hier ist also unabhängig von einer getroffenen Vergütungsvereinbarung immer die Streitwertbeschwerde nach § 68 Abs. 1 GKG statthaft. 2363

---

2 Krämer/Mauer/Kilian, Rn. 698.

3. Anwaltsvergütung

2364 Hinsichtlich der an den eigenen Anwalt zu zahlenden Vergütung kann die Partei ebenfalls nur durch eine zu hohe Wertfestsetzung beschwert sein. Ist eine Vergütungsvereinbarung getroffen, so ist hier allerdings zu differenzieren:

- Ist die **vereinbarte Vergütung unabhängig von der Höhe des Gegenstandswertes**, so kann eine Beschwer durch eine zu hohe Wertfestsetzung nicht eintreten. Dies gilt sowohl dann, wenn nach § 32 Abs. 1 RVG der für die Gerichtsgebühren festgesetzte Wert maßgebend ist als auch dann, wenn für die Anwaltsgebühren nach § 33 Abs. 1 RVG eine eigene Wertfestsetzung erfolgt ist.

- Richtet sich die **vereinbarte Vergütung** dagegen **nach der Höhe des Gegenstandswertes**, indem etwa vereinbart ist, nach dem Vielfachen des festgesetzten Gegenstandswertes abzurechnen, indem auf den gesetzlichen Gegenstandswert abgestellt wird und lediglich höhere Gebührensätze vereinbart werden oder indem zusätzlich zu den gesetzlichen Gebühren ein Zuschlag zu zahlen ist, wird die Partei durch eine zu hohe Wertfestsetzung beschwert. Sie kann dann Herabsetzungsbeschwerde erheben.

4. Kostenerstattungspflicht

2365 Soweit die Partei dem Gegner kostenerstattungspflichtig ist, ist sie – unabhängig von dem Bestehen einer Vergütungsvereinbarung – durch eine zu hohe Wertfestsetzung beschwert, da sie dann mehr erstatten muss, als nach ihrer Auffassung richtig wäre. Lediglich dann, wenn mit dem Gegner eine Erstattungsvereinbarung unabhängig von der Höhe des Gegenstandswertes besteht,[3] würde es insoweit an der Beschwer fehlen.

5. Kostenerstattungsanspruch

2366 Soweit es um den eigenen Kostenerstattungsanspruch geht, ist zu differenzieren:

---

3   S. hierzu Rn. 2307 ff.

- Soweit eine **wertabhängige Vergütungsvereinbarung** mit dem eigenen Anwalt getroffen worden ist, fehlt es für eine Heraufsetzungsbeschwerde immer an einer Beschwer der Partei (s.o. Rn. 2350), da sie zwar nach einem höheren Wert auch eine höhere Kostenerstattung erhielte, andererseits an den Anwalt aber auch eine höhere Vergütung zahlen müsste.

Beispiel: 2367

Die Parteien haben eine Vergütungsvereinbarung geschlossen, wonach das Doppelte des gerichtlich festgesetzten Streitwerts zugrunde zu legen ist oder wonach zusätzlich zur gesetzlichen Vergütung ein Zuschlag zu zahlen ist.

In diesen Fällen fehlt es an der Beschwer, da mit der höheren Kostenerstattung gleichzeitig auch eine höhere Haftung gegenüber dem eigenen Anwalt einhergeht.
Lediglich eine Herabsetzungsbeschwerde ist möglich.

- Soweit eine **wertunabhängige Vergütungsvereinbarung** mit dem eigenen Anwalt getroffen worden ist, wird die Partei ausnahmsweise durch eine aus ihrer Sicht zu niedrige Wertfestsetzung beschwert, da dann der Kostenerstattungsanspruch hinter dem Betrag zurückbleibt, der nach Auffassung der Partei zu erstatten wäre.[4]

Voraussetzung bei dieser Konstellation ist allerdings, dass sich nach einer eventuellen Kostenausgleichung überhaupt ein Kostenerstattungsanspruch ergibt. Da es letztlich auf die Beschwer der Partei ankommt, also auf den Nachteil, den sie durch eine unzutreffende Wertfestsetzung erleidet, muss auf den im Endeffekt verbleibenden Nachteil abgestellt werden. Hat die Partei zwar einen Kostenerstattungsanspruch, verbleibt nach Kostenausgleichung jedoch kein eige-

---

4   OLG Celle, JurBüro 1992, 761; VGH München, NVwZ-RR 1997, 195 = BayVBl 1997, 188; VGH Mannheim, NVwZ-RR 2002, 900 = AuR 2003, 119 = RdL 2002, 268; OVG Saarland, Beschl. v. 19.6.1996 – 2 Y 5/96, zitiert nach juris Nr. MWRE 112539600; OVG Hessen, DÖV 1976, 607 = VerwRspr 28247; Sächsisches OVG, NJ 2004, 280 = SächsVGl 2004, 89; VGH Hessen, KostRsp. VwGO § 146 Nr. 9 = ZMR 1977, 112. Offen gelassen von VGH Mannheim, Beschl. v. 21.9.1987 – 2 S 2019/87, zitiert nach juris Nr. MWRE 106458714; OLG Mecklenburg-Vorpommern Nord, ÖR 2003, 384; OVG Bremen, JurBüro 1983, 1350; A.A. also keine Beschwerdemöglichkeit: KG, AG 2001, 531; Hessischer VGH, NJW 1965, 1829 = NJW 1965, 2267.

ner Kostenerstattungsanspruch, dann ist die Streitwertbeschwerde hier mangels Beschwer unzulässig.

2368 *Beispiel:*

Die Kosten des Rechtsstreits werden zu 80 % dem Kläger auferlegt und zu 20 % dem Beklagten. Der Kläger hat mit seinem Anwalt eine wertunabhängige Vergütungsvereinbarung getroffen.

Zwar würde durch eine zu niedrige Streitwertfestsetzung der 20 %ige Erstattungsanspruch hinter dem aus Sicht der Partei zutreffenden Erstattungsanspruch zurückbleiben. Gleichzeitig würde sich aber auch der Kostenerstattungsanspruch des Gegners (80 %) erhöhen. Da per Saldo nach Ausgleichung kein Erstattungsanspruch verbleibt, kann die Partei nicht beschwert sein.

2369 Voraussetzung für die Zulässigkeit einer Beschwerde, die sich auf eine zu geringe Kostenerstattung stützt, soll nach OLG Bremen[5] ferner sein, dass der **Kostenerstattungsanspruch bereits entstanden** ist. Die Beschwerde soll so lange unzulässig sein, solange die Partei noch nicht kostenerstattungsberechtigt ist. Grds. ist dem zuzustimmen, da eine Beschwer erst mit Entstehen des Kostenerstattungsanspruchs eintritt. Es können sich allerdings Probleme ergeben, wenn bei Entstehen der Kostenerstattungspflicht bereits die Beschwerdefrist des § 33 Abs. 3 RVG abgelaufen ist. Konsequenterweise müsste dann der Fristbeginn für die Anfechtung der Wertfestsetzung mit Entstehen der Kostenerstattungspflicht zusammenfallen.

6. Wert des Beschwerdegegenstands

2370 Geht man im Falle einer Vergütungsvereinbarung zutreffend davon aus, dass die Beschwer hinsichtlich der Kostenerstattung auf der Basis der vereinbarten Vergütung zu ermitteln ist, dann muss bei der Ermittlung des Wertes des Beschwerdegegenstands (§ 68 Abs. 1 Satz 1 GKG, § 31 Abs. 3 Satz 1 KostO, § 33 Abs. 3 Satz 1 RVG) ebenfalls hierauf abgestellt werden und nicht auf die gesetzliche Vergütung. Soweit die Partei also ausnahmsweise eine Heraufsetzungsbeschwerde erheben kann, muss der Wert des Beschwerdegegenstandes 200,01 € erreichen, sofern nicht

---

5 Beschl. v. 27.7.12993 – 2 W 56/93, zitiert nach juris Nr. KORE 4611879400.

die Beschwerde wertunabhängig zugelassen worden ist (§ 68 Abs. 1 Satz 2 GKG; § 31 Abs. 3 Satz 2 KostO; § 33 Abs. 3 Satz 2 RVG). Gegenüberzustellen ist also die Kostenerstattung nach dem festgesetzten Wert und die Kostenerstattung nach dem begehrten höheren Wert. Gleichzeitig ist aber dann auch zu prüfen, ob durch eine Heraufsetzung des Streitwertes sich die Gebührenschuld gegenüber der Staatskasse und dem eigenen Anwalt erhöht. Dies allerdings würde die Beschwer mindern.

Beispiel: 2371

Das Gericht hat den Streitwert auf 10.000,00 € festgesetzt. Die obsiegende und erstattungsberechtigte Partei, die mit ihrem Anwalt eine wertunabhängige Vergütungsvereinbarung getroffen hatte, begehrt die Festsetzung des Streitwerts auf 15.000,00 €. Es würde sich dann ein um 250,00 € höherer Erstattungsanspruch ergeben. Gleichzeitig würde sich aber die Haftung gegenüber der Staatskasse um 50,00 € erhöhen.

Per Saldo verbleibt eine Beschwer von 200,00 €. Die Beschwerde wäre damit unzulässig.

III. Streitwertbeschwerde des Anwalts

Der Anwalt kann immer nur durch eine zu niedrige Wertfestsetzung beschwert sein. 2372

1. Wertabhängige Vereinbarung

Dies gilt auch im Falle einer Vergütungsvereinbarung, wenn sich die vereinbarte Vergütung nach dem gerichtlich festgesetzten Wert richtet, etwa weil nach einem Vielfachen des gerichtlich festgesetzten Streitwertes abzurechnen ist oder weil zwar nach dem einfachen Wert abzurechnen ist, jedoch nach einem Vielfachen der gesetzlichen Gebühren oder weil zusätzlich zu den gesetzlichen Gebühren ein Zuschlag zu zahlen ist. In diesen Fällen bleibt die Streitwertbeschwerde des Anwalts aus eigenem Recht nach § 32 Abs. 1 RVG i.V.m. § 68 Abs. 1 GKG oder nach § 33 Abs. 3 RVG zulässig, sofern der Wert des Beschwerdegegenstandes 200,00 € übersteigt oder die Beschwerde zugelassen worden ist (§ 68 Abs. 1 Satz 2 GKG, § 33 Abs. 1 Satz 2 RVG). 2373

2. Wertunabhängige Vereinbarung

a) Grundsatz

2374 Hat der Anwalt dagegen mit seiner Partei eine wertunabhängige Vergütungsvereinbarung getroffen, ist eine Erhöhungsbeschwerde grds. unzulässig. Der Anwalt kann – abgesehen von den nachstehenden Ausnahmen – durch eine zu niedrige Wertfestsetzung nicht beschwert sein, da er ohnehin nicht nach dem Wert abrechnet.

2375 Dies gilt auch dann, wenn sich bei einer Erhöhung des Gegenstandswertes die gesetzliche Vergütung auf einen höheren Betrag als die vereinbarte Vergütung belaufen würde,[6] da der Anwalt auch an eine geringere Vereinbarung als der gesetzlichen Vergütung gebunden ist.[7]

2376 Unzutreffend ist insoweit die Auffassung von Krämer/Mauer/Kilian,[8] die davon ausgehen, der Anwalt könne die Heraufsetzungsbeschwerde erheben, um seinem Mandanten einen höheren Kostenerstattungsanspruch zu verschaffen. Durch einen fehlenden oder zu geringen Kostenerstattungsanspruch kann nur die Partei beschwert sein, nicht der Anwalt, ausgenommen die Fälle des § 126 ZPO, in denen der Anwalt unmittelbar ein Beitreibungsrecht in eigenem Namen hat (s.u. Rn. 2379).

b) Fehlende Verbindlichkeit

2377 Das Recht zur Streitwertbeschwerde besteht auch dann, wenn zwar eine wirksame wertunabhängige Vergütungsvereinbarung geschlossen worden ist, wegen eines Formfehlers aber keine höhere als die gesetzliche Vergütung geltend gemacht werden kann. Daran kann der Anwalt ein Interesse haben, um die gesetzliche Vergütung „hochzuschrauben", damit er höher abrechnen kann.

---

6 So im Ergebnis VGH Mannheim, NVwZ-RR 1995, 126 = VGHBW-Ls 1994, Beilage 12 B 4 = BWVPr 1995, 261.
7 S. Rn. 319 m.w.N.
8 Krämer/Mauer/Kilian, Rn. 698.

c) PKH-Anwalt

Gleiches gilt, wenn der Anwalt unzulässigerweise nach § 4 Abs. 5 Satz 1 RVG mit der ihm beigeordneten Partei eine streitwertunabhängige Vergütungsvereinbarung getroffen hat. Da eine Verbindlichkeit nicht begründet wird und der Anwalt nur mit der Staatskasse abrechnen kann, ist er auch hier an einer Erhöhung des Gegenstandswertes interessiert und folglich durch eine zu niedrige Festsetzung beschwert.

2378

Gleichzeitig wird er in diesem Fall dadurch beschwert, dass sich durch eine zu geringe Wertfestsetzung das Beitreibungsrecht des § 126 ZPO entsprechend reduziert.

2379

d) Bindung nach § 32 Abs. 1, § 23 Abs. 1 Satz 3 RVG

Anders verhält es sich dagegen, wenn dem Anwalt neben der vereinbarten Vergütung für den Rechtsstreit noch ein gesetzlicher Vergütungsanspruch für die außergerichtliche Tätigkeit in dieser Sache zusteht. In diesem Falle ist der Anwalt nämlich durch die gerichtliche Wertfestsetzung über §§ 32 Abs. 1, 23 Abs. 1 Satz 3 RVG an den festgesetzten (geringeren) Wert gebunden. Folglich muss er die Möglichkeit haben, diesen Wert anzufechten, auch wenn dies unmittelbar auf die Vergütung für den Rechtsstreit keinen Einfluss hat.[9]

2380

---

9 A. A.: keine Anfechtungsmöglichkeit bei bloßer Reflexwirkung für die Abrechnung der außergerichtlichen Vertretung: VGH Mannheim, NVwZ-RR 1995, 126 = VGH-BW-LS 1994, Beilage 12, B 4 = BWVPr 1995, 261.

X. Vergütungsfestsetzung
I. Überblick

2381 Eine vereinbarte Vergütung kann nicht im vereinfachten Vergütungsfestsetzungsverfahren nach § 11 RVG (vormals § 19 BRAGO) festgesetzt werden. Nach § 11 Abs. 1 RVG können nur die **gesetzlichen Gebühren und Auslagen** festgesetzt werden. Damit scheidet die Festsetzung einer vereinbarten Vergütung aus.[1]

2382 Folglich bedarf es auch nicht der **vorherigen Durchführung des vereinfachten Festsetzungsverfahrens**, bevor eine **Klage auf Zahlung einer vereinbarten Vergütung** erhoben werden soll. Die Vergütungsklage ist ungeachtet dessen zulässig.

2383 Des vorherigen Vergütungsfestsetzungsverfahrens bedarf es selbst dann nicht, wenn die gesetzliche Vergütung „**hilfsweise**" eingeklagt wird.[2]

II. Gegenstand der Festsetzung
1. Grundsatz

2384 Gegenstand der Festsetzung nach § 11 Abs. 1 RVG können nur die **gesetzlichen Gebühren und Auslagen** sein. Daher scheidet die Festsetzung einer vereinbarten Vergütung aus.[3]

2. Keine Festsetzung in Höhe der fiktiven gesetzlichen Gebühren

2385 Im Gegensatz zur Kostenfestsetzung nach §§ 103 ff. ZPO (s. Rn. 2260) kommt hier auch keine (teilweise) Festsetzung der fiktiven gesetzlichen Gebühren in Betracht, die der Anwalt hätte beanspruchen können. Bei der Kostenfestsetzung werden generell keine fiktiven Kosten festgesetzt, sondern tatsächliche Kosten. Möglich bleibt allerdings die Festsetzung ersparter anderer Kosten in fiktiver Höhe. Da aber die Festsetzung einer vereinbarten Vergütung generell ausgeschlossen ist, kann diese – auch

---

[1] OLG Frankfurt, Rpfleger 1989, 303; AnwK-RVG/N. Schneider, § 11 Rn. 104; Krämer/Mauer/Kilian, Rn. 718.
[2] OLG Hamburg, MDR 1968, 936.
[3] EFH, Rpfleger 1992, 82; OLG Frankfurt, a.a.O.; AnwK-RVG/N. Schneider, a.a.O.; Krämer/Mauer/Kilian, a.a.O.

nicht teilweise in Höhe fiktiver anderweitiger Kosten – festgesetzt werden.

Letztlich würde dies dem Zweck des § 11 RVG zuwiderlaufen. Es würde sich nämlich keine Vereinfachung ergeben, sondern eine Mehrarbeit für die Beteiligten und das Gericht. Die fiktive gesetzliche Vergütung könnte dann zwar als Sockelbetrag vereinfacht festgesetzt werden; wegen des weiter gehenden Betrages müsste dann aber doch geklagt werden, so dass letztlich zwei Verfahren erforderlich wären. 2386

3. Keine Festsetzung bei bloßem Formverstoß

Ebenso ist es unzulässig, eine Vergütungsfestsetzung zu betreiben, wenn zwar eine Vergütungsvereinbarung getroffen ist, diese aber nach § 4 Abs. 1 Satz 1 oder Satz 2 RVG **nicht durchsetzbar** ist. Zwar steht dem Anwalt auch dann im Ergebnis nur die gesetzliche Vergütung zu (§ 4 Abs. 1 Satz 1, 2 RVG). Da die Vergütungsvereinbarung als solche jedoch nicht unwirksam ist, handelt es sich insoweit nach wie vor um die vereinbarte Vergütung, die lediglich nur zu einem Teilbetrag durchsetzbar ist, nämlich bis zur Höhe der gesetzlichen Gebühren. Sie wird damit aber nicht zu einem gesetzlichen Gebührenanspruch und ist folglich auch nicht festsetzbar. 2387

4. Fälle des § 4 Abs. 3 Satz 2 RVG

Im Falle des § 4 Abs. 3 Satz 2 RVG, also wenn die Festsetzung der Vergütung dem **Ermessen eines Vertragsteils** oder dem **Ermessen eines Dritten**[4] überlassen worden ist, gilt die gesetzliche Vergütung als vereinbart. Streng genommen handelt es sich auch hier um eine vereinbarte und nicht um die gesetzliche Vergütung. In diesem Fall bestehen jedoch keine Bedenken gegen eine vereinfachte Festsetzung nach § 11 RVG. 2388

5. Festsetzung bei Unwirksamkeit der Vergütungsvereinbarung

Ist dagegen eine **Vergütungsvereinbarung unwirksam**, etwa wegen Sittenwidrigkeit, AGB-Verstoß o.Ä., kommt eine Festsetzung der gesetz- 2389

---

4   S. hierzu Rn. 1049.

lichen Gebühren in Betracht. In diesem Fall besteht kein Anspruch aus der Vergütungsvereinbarung. Es greift vielmehr die gesetzliche Vergütungsregelung,[5] so dass insoweit keine Bedenken bestehen, die Gebühren im vereinfachten Verfahren nach § 11 RVG festzusetzen.

2390 Ergab sich nach der unwirksamen Vergütungsvereinbarung dagegen ein geringerer Betrag als die gesetzliche Vergütung und wendet der Mandant ein, der Anwalt sei daran gebunden,[6] scheidet die Festsetzung aus, wenn der Anwalt den Einwand nicht unstreitig stellt und seinen Festsetzungsantrag entsprechend reduziert; s. dazu u. Rn. 2403 ff.

6. Möglichkeit einer Teilfestsetzung?

2391 Problematisch sind die Fälle, in denen teilweise die gesetzliche Vergütung „vereinbart" ist.

2392 *Beispiel:*
Die Parteien vereinbaren, dass der Anwalt zusätzlich zur gesetzlichen Vergütung einen Zuschlag von 3.000 € erhalte.

2393 In diesem Fall bestehen m.E. keine Bedenken, dass die gesetzliche Vergütung nach § 11 RVG festgesetzt wird und der Anwalt nur wegen seines Zuschlags auf den Klageweg verwiesen wird. Die Vereinbarung lässt die gesetzliche Vergütung unberührt bestehen, so dass kein Grund ersichtlich ist, die Festsetzung hier abzulehnen.

2394 Eine Festsetzung scheidet dagegen aus, wenn zwar die gesetzlichen Vergütungstatbestände vereinbart sind, diese sich aber nach einem vereinbarten Gegenstand richten sollen.

2395 *Beispiel:*
Die Parteien vereinbaren, dass nach den „gesetzlichen Gebühren" abzurechnen sei, jedoch nach dem doppelten Gegenstandswert.

2396 Hier kommt weder die Festsetzung der „gesetzlichen Gebühren" nach dem höheren Wert in Betracht noch die Festsetzung der (fiktiven) „gesetzlichen Gebühren" nach dem einfachen Wert, da auch hier die ge-

---

5 S. Rn. 377, 763.
6 S. Rn. 319.

setzliche Vergütung abbedungen ist. Die „gesetzlichen Gebühren" nach einem höheren Wert sind keine gesetzlichen Gebühren i.S.d. § 11 RVG mehr.

Ebenso wenig kann die Festsetzung bei einem Vielfachen der gesetzlichen Gebühren erfolgen. 2397

Beispiel: 2398
Die Parteien vereinbaren, dass das Doppelte der gesetzlichen Gebühren abgerechnet werden solle.

Die Festsetzung der Gebühren scheidet hier aus (s.o. Rn. 2384). 2399

Ist nur eine Vereinbarung über höhere Gebühren getroffen worden, erscheint dagegen die Festsetzung von Auslagen möglich, sofern **gesetzlicher Auslagenersatz** vereinbart ist,[7] bzw. die gesetzliche Regelung insoweit gilt. 2400

Gleiches gilt für **verauslagte Beträge** (Vorbem. 7 Abs. 1 i.V.m. §§ 675, 670 BGB), über deren Höhe ohnehin keine Vereinbarung getroffen werden kann. 2401

Wie diese Beispiele zeigen, wird man letztlich also stets danach fragen müssen, ob die gesetzliche Vergütungsregelung als „Teil-Vergütung" oder „Sockel-Vergütung" beibehalten werden sollte und darüber hinaus – ggf. auch nur für einzelne Positionen – eine zusätzliche Vergütung vereinbart wurde. Es bestehen dann keine Bedenken, die Festsetzung in Höhe der gesetzlichen Vergütung zuzulassen. Ist die gesetzliche Vergütung dagegen durch eine andere ersetzt, selbst wenn darin die gesetzliche enthalten ist oder darauf Bezug genommen wird, scheidet eine Vergütungsfestsetzung aus. 2402

III. Einwendung einer Vergütungsvereinbarung

Aus den vorgenannten Gründen ist eine Festsetzung auch dann abzulehnen, wenn der Antragsgegner im Verfahren nach § 11 RVG eine Ver- 2403

---

7 S. hierzu Rn. 1093.

gütungsvereinbarung einwendet.⁸ Damit wird nämlich in Abrede gestellt, dass der zur Festsetzung angemeldete materiell-rechtliche gesetzliche Vergütungsanspruch besteht.

2404 Insoweit handelt es sich zudem um einen **Einwand außerhalb des Gebührenrechts**, der im vereinfachten Festsetzungsverfahren nicht zu prüfen ist (§ 11 Abs. 5 Satz 1 RVG). In diesem Fall muss die Entscheidung dem Prozessgericht vorbehalten bleiben.

2405 Das gilt auch dann, wenn zwar unstreitig eine **unwirksame Vergütungsvereinbarung** getroffen worden ist und der Anwalt daher die **gesetzliche Vergütung** zur Festsetzung anmeldet, der Auftraggeber sich aber auf sie beruft, weil eine **niedrigere Vergütung** als die gesetzliche **vereinbart** und der Anwalt daran nach Treu und Glauben gebunden sei.⁹ Zwar ist die Vereinbarung einer niedrigeren als der gesetzlichen Vergütung nach § 49b Abs. 1 Satz 1 BRAO unzulässig und damit nach § 134 BGB unwirksam. Diese materiell-rechtliche Wirkung festzustellen ist aber nicht Sache des Festsetzungsbeamten, sondern des Prozessgerichts, zumal hier zu prüfen ist, ob der Anwalt nicht nach Treu und Glauben unter dem Gesichtspunkt des venire contra factum proprium an die niedrigere Vergütung gebunden ist.¹⁰

2406 Keine Bedenken bestehen aber, im Rahmen dieser niedrigeren Vergütung die gesetzliche Vergütung **teilweise festzusetzen**, da diese jedenfalls unstreitig ist. Nach allgemeinen Grundsätzen ist nämlich die teilweise Festsetzung einer gesetzlichen Vergütung möglich, wenn nur teilweise nicht gebührenrechtliche Einwände erhoben wurden.¹¹

2407 *Beispiel:*

Der Anwalt hat mit dem Auftraggeber eine Vereinbarung geschlossen, wonach dieser für den Rechtsstreit eine Vergütung i.H.v. 2.000,00 € zu zahlen habe. Die gesetzliche Vergütung beläuft sich auf 2.500,00 €, die der Anwalt zur Festset-

---

8 OVG Bremen, AnwBl. 1984, 324 = JurBüro 1984, 1181 m. Anm. Mümmler; Hess. FG, EFG 1989, 202; OLG Celle, AnwBl. 1985, 650.
9 Zur Bindung an eine vereinbarte niedrigere Vergütung s. hierzu Rn. 319.
10 AnwK-RVG /N. Schneider, § 11 Rn. 178; Krämer/Mauer/Kilian, Rn. 719.
11 S. hierzu AnwK-RVG /N. Schneider, § 11 Rn. 152 m.w.N.

zung anmeldet. Der Auftraggeber wendet ein, es sei eine Vergütungsvereinbarung getroffen worden; zwar sei diese nach § 49b Abs. 1 Satz 1 BRAO unwirksam; jedoch müsse sich der Anwalt nach Treu und Glauben daran festhalten lassen.

Ob der Anwalt an seine Zusage der niedrigeren Vergütung gebunden ist, muss das Prozessgericht entscheiden. Da aber auch der Auftraggeber von einer gesetzlichen Vergütung i.H.v. mindestens 2.000,00 € ausgeht, bestehen keine Bedenken, diesen Betrag festzusetzen und den Anwalt nur wegen des Mehrbetrages von 500,00 € auf den Rechtsstreit zu verweisen.

Nur soweit der Anwalt den Einwand nicht unstreitig stellt und er seinen Festsetzungsantrag nicht entsprechend reduziert, bleibt die Festsetzung unzulässig.[12] 2408

Wird schon im Vorfeld eine Vergütungsvereinbarung oder die Bindung an eine geringere Vereinbarung als der gesetzlichen Vergütung eingewandt, bedarf es nach § 11 Abs. 5 Satz 2 RVG der Durchführung des Festsetzungsverfahrens nicht mehr. Es kann sofort geklagt werden. 2409

IV. Zustimmungserklärung nach § 11 Abs. 8 RVG

Nach § 11 Abs. 8 RVG können auch Rahmengebühren festgesetzt werden, sofern sie aus einem gerichtlichen Verfahren resultieren, also z.B. in Bußgeld-, Straf- oder Sozialsachen. In Zivilsachen sind dagegen in gerichtlichen Verfahren derzeit keine Rahmengebühren mehr vorgesehen. 2410

Eine Festsetzung in diesen Fällen ist nur möglich, wenn die Mindestgebühr zur Festsetzung angemeldet wird oder wenn der Auftraggeber der Gebührenbestimmung des Anwalts **schriftlich zugestimmt** hat. 2411

Bei dieser Zustimmungserklärung ergeben sich Abgrenzungsprobleme zur Vergütungsvereinbarung. 2412

Wie sich aus § 11 Abs. 8 RVG ergibt, muss die Zustimmung **zu der Gebührenbestimmung des Anwalts** erklärt werden. Dies setzt also begrifflich voraus, dass die Gebührenbestimmung des Anwalts chronolo- 2413

---

12 OVG Bremen, AnwBl. 1984, 324 = JurBüro 1984, 1181 m. Anm. Mümmler; Hess. FG, EFG 1989, 202; OLG Celle, AnwBl. 1985, 650.

gisch vorausgeht, der Auftraggeber diese zur Kenntnis nimmt und ihr dann zustimmt. In Anbetracht dessen, dass eine solche nachträgliche Zustimmung oft nicht oder nur schwierig zu erreichen ist, wird häufig versucht, sich die Zustimmung vorab erteilen zu lassen.

2414 Faktisch handelt es sich insoweit damit aber nicht mehr um eine Zustimmung i.S.d. § 11 Abs. 8 RVG, sondern um eine Vergütungsvereinbarung.

2415 Wie ausgeführt, setzt die Zustimmung nach § 11 Abs. 8 RVG begrifflich voraus, dass der Anwalt zunächst einmal die Gebührenbestimmung nach §§ 315 ff. BGB, § 14 Abs. 1 RVG trifft. Die Zustimmungserklärung des Auftraggebers ist nichts anderes als das Einverständnis mit dieser Bestimmung. Die Bestimmung der Gebührenhöhe im Einzelfall kann der Anwalt aber erst dann treffen, wenn die Gebühren fällig geworden sind, zumindest muss der Gebührentatbestand abgeschlossen sein (in Strafsachen z.B. nach Beendigung der Einarbeitung – Nr. 4100 VV RVG – oder das Ende des jeweiligen Hauptverhandlungstermins). Wird aber zuvor eine Gebührenbestimmung getroffen und dieser Gebührenbestimmung vom Auftraggeber im Voraus zugestimmt, dann handelt es sich faktisch nicht um eine Bestimmung der Gebühr anhand der tatsächlich verwirklichten Kriterien, sondern um eine vorweggenommene Vergütungsvereinbarung, die ja auch dann gelten soll, wenn die angenommenen Bemessungskriterien des § 14 Abs. 1 RVG gar nicht verwirklicht werden. Eine Festsetzung aufgrund einer solchen Erklärung scheidet aus.

2416 Soweit der Anwalt aber eine weitere zeitlich spätere Zustimmungserklärung vorlegen kann, die nach seiner Gebührenbestimmung erteilt worden ist, bestehen keine Bedenken, die Vergütung festzusetzen. Das gilt selbst dann, wenn die getroffene Bestimmung des Anwalts unbillig ist und damit streng genommen nicht mehr der gesetzlichen Vergütung entspricht. Solange der Auftraggeber zugestimmt hat und er der Festsetzung nicht mit Einwendungen außerhalb des Gebührenrechts (etwa der Anfechtung seiner Bestimmung) entgegentritt, ist die Gebührenbestimmung festzusetzen.

Y. Der Vergütungsrechtsstreit

I. Überblick

Zahlt der Auftraggeber die vereinbarte Vergütung nicht, so muss sich auch der Anwalt gerichtlicher Hilfe zur Durchsetzung seiner Forderungen bedienen; es sei denn, ausnahmsweise ist die Vergütungsvereinbarung in notarieller Form geschlossen worden und der Auftraggeber hat sich darin der sofortigen Zwangsvollstreckung unterworfen oder er hat ein vollstreckbares notarielles Schuldanerkenntnis abgegeben. 2417

Bei solchen Rechtsstreiten, in denen es letztlich um den Vergütungsanspruch des Rechtsanwalts geht, handelt es sich um einen gewöhnlichen **Zivilprozess**. 2418

Möglich ist es daher im **Urkundenprozess** (§§ 592 ff. ZPO) vorzugehen.[1] 2419

Muss die **vereinbarte Vergütung eingeklagt** werden, handelt es sich insoweit um eine gewöhnliche Zahlungsklage. 2420

Gleiches gilt, wenn der Auftraggeber meint, **zu viel gezahlt** zu haben und er die Überzahlung zurückverlangt. Dies kann darauf beruhen, dass nach seiner Auffassung der Anwalt **unzutreffend abgerechnet** hat.[2] Der Rückzahlungsanspruch kann sich aber auch daraus ergeben, dass nach Auffassung des Auftraggebers die Vereinbarung **unwirksam** ist[3] oder dass er von einer **unverbindlichen** Vereinbarung ausgeht,[4] und er in diesen Fällen nur die gesetzliche Vergütung hätte zahlen müssen. 2421

Der Auftraggeber kann der Auffassung sein, **höhere Vorschüsse** erbracht zu haben, als tatsächlich später an Vergütung angefallen ist, so dass er Rückzahlung der nach seiner Auffassung die Vergütung übersteigenden 2422

---

1 OLG Hamm, NJW-RR 1995, 1530; Krämer/Mauer/Kilian, Rn. 721; Rn. 2582 ff.
2 S. Rn. 2755 ff.
3 S. Rn. 2755 ff.
4 S. Rn. 2783 ff.

genden Vorschüsse verlangt. Wenn der Anwalt nicht freiwillig zahlt, muss der Auftraggeber gerichtliche Hilfe in Anspruch nehmen.

2423 In Betracht kommen zudem Klagen des Auftraggebers auf **Auszahlung vereinnahmter Fremdgelder** oder **sonstiger Beträge**, wenn der Anwalt gegen die entsprechenden Ansprüche des Auftraggebers mit vermeintlichen Vergütungsansprüchen aufrechnet.[5]

2424 Des Weiteren kommt für den Auftraggeber die Klage auf **Herabsetzung einer vereinbarten Vergütung** nach § 4 Abs. 4 RVG als Möglichkeit einer besonderen Gestaltungsklage in Betracht.[6]

2425 Der Auftraggeber kann sich mit seiner Klage zunächst auf **Erteilung einer Berechnung** nach § 10 RVG beschränken.

2426 Ferner kommt für beide Vertragsparteien die **negative Feststellungsklage** in Betracht. Auf diesem Wege kann der Anwalt gerichtlich feststellen lassen, dass dem Auftraggeber kein Rückzahlungsanspruch zusteht, falls sich dieser eines solchen berühmt. Umgekehrt kann der Auftraggeber negative Feststellungsklage dahin gehend erheben, dass dem Anwalt keine (weiter gehende) Vergütungsforderung mehr zustehe, wenn dieser sich solcher Forderungen berühmt.

2427 Schließlich sind mit den jeweiligen Begehren **Widerklagen** möglich, wenn bereits vom anderen Vertragspartner Klage erhoben worden ist.

2428 *Beispiel:*

Vereinbart ist eine Vergütung i.H.v. 20.000,00 €. Die gesetzliche Vergütung beläuft sich auf 5.000,00 €. Der Auftraggeber hatte bereits 10.000,00 € gezahlt. Er ist der Auffassung, die Vereinbarung sei unwirksam und verlangt 5.000,00 € zurück, die er dann auch einklagt.

Der Anwalt kann jetzt Widerklage auf Zahlung der aus seiner Sicht noch geschuldeten weiteren 10.000,00 € erheben.

---

5   S. Rn. 2800 ff.
6   S. Rn. 2807 ff.

II. Mahnverfahren

Da es sich bei den Ansprüchen auf anwaltliche Vergütung um gewöhnliche **Zahlungsansprüche** handelt, können diese problemlos im **Mahnverfahren** (§§ 688 ff. ZPO) geltend gemacht werden.[7]   2429

Das Mahnverfahren bietet sich an, wenn der Auftraggeber vermutlich keine Einwände erheben wird. Es ist kostengünstiger (nur 0,5-Gerichtsgebühr – Nr. 1110 GKG-KostVerz.) und führt durch den Vollstreckungsbescheid schnell zu einem vollstreckbaren Titel.   2430

Soll später im **Urkundenprozess** nach §§ 592 ff. ZPO vorgegangen werden, ist das Urkundenmahnverfahren einzuleiten (§ 703a ZPO). Anderenfalls ist ein späterer Übergang ins Urkundenverfahren nicht möglich.   2431

Im Mahnverfahren ist anzugeben, dass eine **Vergütungsfestsetzung nach § 11 RVG nicht in Betracht kommt**, da anderenfalls Bedenken an der Zulässigkeit (fehlendes Rechtsschutzbedürfnis) auftreten können.[8] Der Rechtsanwalt braucht bei der Geltendmachung von Vergütungsansprüchen im Mahnverfahren allerdings nicht weiter auszuführen, aus welchen Gründen ein Festsetzungsverfahren nicht in Betracht kommt. Die Darlegung einer die Festsetzung ausschließenden Vereinbarung ist daher nicht erforderlich. Insoweit steht dem Rechtspfleger keine Prüfungskompetenz zu.[9]   2432

Zu achten ist darauf, dass genau überlegt wird, welches Gericht der Anwalt als **Abgabegericht** angibt (§ 690 Abs. 1 Nr. 5 ZPO), da die Angabe verbindlich ist und später nicht mehr abgeändert werden kann (s.u. Rn. 2444 ff.).   2433

Auch **Rückforderungsansprüche** des Auftraggebers können im Mahnverfahren geltend gemacht werden.   2434

Eine **Herabsetzung nach § 4 Abs. 4 RVG** ist allerdings im Mahnverfahren nicht möglich. Gleichwohl kann der Auftraggeber den nach seiner   2435

---

7   S. hierzu Hansens/Schneider, Kostenformulare, Teil 5.
8   AnwK-RVG/N. Schneider, § 22 Rn. 259.
9   LG Karlsruhe, AnwBl. 1983, 178.

Auffassung bestehenden Rückforderungsanspruch, der sich nach einer Herabsetzung der unangemessen hohen Vergütung ergeben würde, per Mahnbescheid geltend machen. Wehrt sich der Anwalt nicht, so erhält der Auftraggeber hierüber einen Vollstreckungsbescheid. Legt der Anwalt Widerspruch ein, muss im streitigen Verfahren sodann das Gericht im Rückforderungsprozess inzidenter entscheiden, ob es herabsetzt (s.u. Rn. 2783 ff.).

III. Schlichtungsverfahren

2436 Will der Anwalt wegen einer Vergütungsforderung unter 750 € bzw. unter 600 € Klage oder der Auftraggeber Klage auf Rückzahlung zuviel gezahlter Beträge oder auf Herausgabe von Fremdgeldern oder sonstiger vereinnahmter Beträge in dieser Höhe erheben, so bedarf es je nach Landesrecht ggf. der Durchführung eines Schlichtungsverfahrens nach § 15a EGZPO.[10] Dies dürfte bei vereinbarten Vergütungen allerdings selten sein, da Vereinbarungen in diesem Bagatellbereich kaum vorkommen werden. Denkbar sind solche Streitwerte allerdings bei restlichen Differenzbeträgen.

IV. Vergütungsfestsetzungsverfahren

2437 Ein Vergütungsfestsetzungsverfahren kommt nicht in Betracht, da vereinbarte Vergütungen nicht festsetzbar sind (s. ausführlich Rn. 2381 ff.).

V. Schiedsverfahren

2438 Die Vertragsparteien können auch eine Schiedsvereinbarung nach §§ 1029 ff. ZPO treffen. Der ergehende Schiedsspruch kann dann nach den §§ 1060 ff. ZPO für vollstreckbar erklärt werden.

2439 Um eine solche Schiedsvereinbarung handelt es sich aber nicht, wenn die Parteien die Rechtsanwaltskammer beauftragen *„zur Vermeidung eines Rechtsstreits"* ein sog. *„Schiedsgutachten"* über eine noch geschulde-

---

10 S. ausführlich Hansens/Schneider, Kostenformulare, Teil 4.

te anwaltliche Honorarforderung zu erstellen.[11] Die bloße Vereinbarung, ein Schiedsgutachten zur Vermeidung eines Rechtsstreits zu erstellen, ist lediglich ein Versuch der gütlichen Streitbeilegung, der die Vertragsparteien nicht hindert, im Anschluss daran gerichtliche Hilfe doch noch in Anspruch zu nehmen. In diesem Fall ist das Gericht allerdings zu einer abweichenden Bestimmung nur befugt, wenn das Gutachten unbillig i.S.d. § 319 Abs. 1 BGB ist.

Ein solches Verfahren dürfte nicht gegen § 4 Abs. 2 RVG verstoßen, da nicht die Festsetzung der Vergütung in das Ermessen eines Dritten gestellt wird, wobei die Rechtsanwaltskammer noch nicht einmal Dritter wäre. Die Vergütung ist hier bereits bestimmt. Die Parteien streiten lediglich darüber, ob sie unangemessen hoch i.S.d. § 4 Abs. 4 RVG ist und welche Vergütung noch angemessen ist. Diese Frage dürfen sie von einem Dritten beantworten lassen. 2440

VI. Selbständiges Beweisverfahren

Ein selbständiges Beweisverfahren über die Frage der angemessenen Höhe der Vergütung ist nicht möglich. Das vor Herabsetzung einer Vergütung im Rechtsstreit einzuholende Gutachten des Vorstands der Rechtsanwaltskammer nach § 4 Abs. 4 Satz 2 RVG ist kein Beweismittel. 2441

VII. Rechtsstreit

1. Überblick

Der Vergütungsprozess, also der Rechtsstreit auf Zahlung einer vereinbarten Vergütung, ebenso wie die Klage des Mandanten auf Rückzahlung zu viel gezahlter Vergütung oder auf Rückzahlung von Vorschüssen oder Auszahlung von Fremdgeldern oder sonstiger Beträge, die wegen angeblicher Vergütungsforderungen zurückgehalten werden, oder auch eine Klage auf Herabsetzung der Vergütung nach § 4 Abs. 4 RVG, ist ein 2442

---

11 OLG München, OLGReport 2005, 519; hier allerdings zur gesetzlichen Vergütung (Gebührenbestimmung nach § 14 Abs. 1 RVG).

gewöhnlicher Zivilprozess, für den allerdings einige Besonderheiten zu beachten sind.

2. Klagen des Anwalts

a) Zahlungsklage

2443 Zahlungsklagen des Anwalts sind gerichtet auf die noch nicht gezahlte Vergütung oder auf die restliche Vergütung nach bereits erfolgten Teilzahlungen oder Vorschüssen.

aa) Gerichtsstand

(1) Überblick

2444 **Praxistipp:**

Vor Einreichung der Klage sollte sich der Anwalt Zeit nehmen und überlegen, vor welchem Gericht er klagt.

2445 Dazu muss der Anwalt prüfen, ob mehrere Gerichtsstände in Betracht kommen und ggf. vor welchem dieser Gerichte er seine Vergütung zweckmäßigerweise einklagt. Wird vorschnell am Sitz des Beklagten (§ 12 ZPO) Klage erhoben, kommt eine spätere Abgabe oder Verweisung nicht mehr in Betracht, wenn dem Anwalt nachträglich auffällt, dass er auch an einem anderen – insbesondere „seinem eigenen Gericht" – hätte klagen können. Der Zeitaufwand, die möglichen Gerichtsstände zu prüfen, kann daher einem späteren erheblichen Zeitverlust für unnötige Reisen zu auswärtigen Gerichten oder vermeidbaren Kosten für einen Terminsvertreter vorbeugen.

2446 Aus dem gleichen Grunde sollte der Anwalt bei vorangeschaltetem Mahnverfahren genau überlegen, welches Gericht er als **Abgabegericht** angibt (§ 690 Abs. 1 Nr. 5 ZPO), da auch hier die Angabe eines von mehreren zuständigen Gerichten nicht mehr abänderbar ist.[12]

---

12 S. ausführlich Hansens/Schneider, Kostenformulare, Teil 5 Rn. 30 ff.

(2) Gerichtsstand des Erfüllungsortes

> **Praxistipp:**
>
> Die bisherige Rechtsprechung, wonach der Anwalt am Sitz seiner Kanzlei als dem Gerichtsstand des Erfüllungsortes gemäß § 29 ZPO klagen konnte, gilt nicht mehr.

2447

Der BGH hat in einem Grundsatzbeschuss[13] entschieden, dass Erfüllungsort der anwaltlichen Vergütungsforderung nicht Sitz der Kanzlei ist. Erfüllungsort ist vielmehr grds. der Sitz des Beklagten, da es sich um eine einfache Zahlungsforderung handelt. Dies gilt auch für vereinbarte Vergütungen. Zur an sich möglichen, i.d.R. aber unwirksamen, Gerichtsstandvereinbarung s.u. Rn. 2469.

2448

Nur in Ausnahmefällen kommt danach noch der Gerichtsstand des Erfüllungsortes für die Zahlungsklage in Betracht.

2449

(3) Allgemeiner Gerichtsstand

Auszugehen ist zunächst einmal davon, dass die Klage am **Wohnsitz oder Sitz des Beklagten (§ 13 ZPO)** zu erheben ist.

2450

(4) Besonderer Gerichtsstand des Hauptprozesses

Daneben kommt aber ein wichtiger besonderer Gerichtsstand in Betracht, nämlich der des § 34 ZPO:

2451

§ 34 Besonderer Gerichtsstand des Hauptprozesses

Für Klagen der Prozessbevollmächtigten, der Beistände, der Zustellungsbevollmächtigten und der Gerichtsvollzieher wegen Gebühren und Auslagen ist das Gericht des Hauptprozesses zuständig.

---

13 AGS 2004, 9 m. Anm. N. Schneider = BGHR 2004, 841 m. Anm. Schneider = MDR 2004, 164.

2452 **Praxistipp:**

Die Vorschrift des § 34 ZPO gilt nicht nur für die gesetzliche Vergütung, sondern auch für die vertraglich vereinbarte.

2453 Um welche Art „Hauptprozess" es sich gehandelt hat, ist unerheblich. Die Vorschrift gilt für Vergütungen aus Prozessverfahren, Mahnverfahren, Arrestverfahren, selbständigen Beweisverfahren, Zwangsvollstreckungsverfahren, Aufgebotsverfahren etc.[14]

2454 **Praxistipp:**

Die Vorschrift gilt nicht für Straf- und Bußgeldverfahren.[15] Vereinbarte Vergütungen aus Strafprozessen oder Bußgeldverfahren können daher nicht im Gerichtsstand des § 34 ZPO eingeklagt werden.

2455 Hat der Hauptprozess in mehreren Instanzen stattgefunden, ist für die Vergütungsklage immer das Gericht der **ersten Instanz des Hauptprozesses** zuständig, auch wenn die Vergütung aus einem Rechtsmittel- oder Nebenverfahren eingeklagt wird.[16]

2456 *Beispiel:*

In erster Instanz hatte das LG Bonn entschieden; in der Berufung das OLG Köln und in der Revision der BGH.

Sowohl für die Klage des erstinstanzlichen Anwalts, des Berufungs- und des Revisionsanwalts ist nach § 34 ZPO jeweils der Gerichtsstand des LG Bonn gegeben.

---

14 Zöller/Vollkommer, § 34 Rn. 4.
15 Zöller/Vollkommer, a.a.O.
16 Zöller/Vollkommer, § 34 Rn. 5.

Praxistipp:

Bei der Vorschrift des § 34 ZPO handelt es sich nicht nur um eine örtliche Zuständigkeitsvorschrift, sondern auch um eine Vorschrift der sachlichen Zuständigkeit.

2457

Beispiel:

2458

Dem Anwalt steht aus einem Rechtsstreit vor dem Landgericht (1. Instanz) noch eine Vergütungsforderung i.H.v. 3.000,00 € zu.

Der Anwalt kann die Vergütung nach § 34 ZPO vor dem Landgericht einklagen, obwohl an sich der Zuständigkeitsstreitwert von über 5.000,00 € für das Landgericht (§ 23 Nr. 1 GVG) nicht gegeben ist.

In **arbeitsgerichtlichen Verfahren** wird durch § 34 ZPO allerdings nicht die sachliche Zuständigkeit der Arbeitsgerichte begründet. Zuständig sind auch hier die Zivilgerichte und zwar dasjenige Gericht, das vom Streitwert her zuständig ist und in dessen Sprengel das erstinstanzliche Arbeitsgericht liegt, vor dem der Hauptprozess stattgefunden hat.

2459

Gleiches gilt für sonstige Rechtsstreite. So werden also auch nicht das **Sozialgericht** oder das **Verwaltungsgericht** nach § 34 ZPO zuständig. Auch hier ist dasjenige Amts- oder Landgericht zuständig, in dessen Bezirk das betreffende erstinstanzliche Sozial- oder Verwaltungsgericht seinen Sitz hat.

2460

Auch wird durch § 34 ZPO nicht die Zuständigkeit des **Familiengerichts** begründet. Hier ist dann die Prozessabteilung des jeweiligen Amtsgerichts zuständig.[17]

2461

Praxistipp:

Von der Möglichkeit, im Gerichtsstand des § 34 ZPO zu klagen, sollte dann Gebrauch gemacht werden, wenn dieses Gericht dem Sitz

2462

---

17 Zöller/Vollkommer, § 34 Rn. 5.

der Kanzlei näher liegt, insbesondere wenn es sich um das „eigene" Gericht handelt.

Darüber hinaus bietet sich dieser Gerichtsstand immer dann an, wenn Fragen des Vorprozesses im Rahmen der Vergütungsklage eine Rolle spielen. Dann kann es günstiger sein, dass der Anwalt zu demjenigen Richter gelangt, der bereits im Vorprozess entschieden hat und der daher in die Sache eingearbeitet ist.

2463 Je nach Fallkonstellation kann es aber auch günstiger sein, gerade diesen Richter zu vermeiden, was dann wiederum dafür sprechen kann, von der Möglichkeit des § 34 ZPO keinen Gebrauch zu machen.

(5) Sonstige besondere Gerichtsstände

2464 Sonstige besondere Gerichtsstände kommen grds. nicht in Betracht. Insbesondere kommt es nicht darauf an, in welcher Sache der Anwalt den Mandanten vertreten hat. Hat also der Anwalt den Mandanten z.B. in einem Mietprozess vertreten, kann nicht der besondere Gerichtsstand des § 29a ZPO herangezogen werden. Hat der Anwalt den Mandanten in einer Erbsache vertreten, gilt nicht der Gerichtsstand des Nachlasses (§ 28 ZPO).

(6) Gerichtsstandsvereinbarungen

2465 Gerichtsstandsvereinbarungen sind – wie in sonstigen Zivilprozessen – möglich, allerdings nur unter den Voraussetzungen der §§ 38 ff. ZPO.

2466 Der Irrglaube, dem auch der Gesetzgeber unterliegt,[18] dass der Anwalt in einer Vergütungsvereinbarung jederzeit mit dem Auftraggeber einen Gerichtsstand wirksam vereinbaren könne, trifft nicht zu.

2467 **Praxistipp:**

Eine Gerichtsstandsvereinbarung mit inländischen Auftraggebern ist nur dann möglich, wenn zum einen der Anwalt Kaufmann ist, also

---

18 S. hierzu auch die amtliche Begründung, BT-Drucks. 15/1971, S. 188.

wenn er z.B. in Form einer GmbH oder AG organisiert ist, und wenn zum anderen der Auftraggeber Kaufmann, eine juristische Person des öffentlichen Rechts oder ein öffentlich-rechtliches Sondervermögen ist (§ 38 Abs. 1 ZPO).

Handelt es sich um einen **Auftraggeber, der keinen allgemeinen Gerichtsstand im Inland** hat, kommt eine Gerichtsstandsvereinbarung unter den geringeren Anforderungen des § 38 Abs. 2 ZPO in Betracht. 2468

Ansonsten besteht nur die Möglichkeit, die Zuständigkeit infolge **rügeloser Einlassung** zu „vereinbaren" (§ 39 ZPO). 2469

(7) Mehrere Auftraggeber

Will der Anwalt gegen mehrere Auftraggeber Klage erheben oder gegen den Mandanten und gegen einen Dritten, der ebenfalls eine Vergütungsvereinbarung mit ihm getroffen hat (s. Rn. 237) oder der der Vergütungsvereinbarung im Wege des Schuldbeitritts beigetreten ist, so ist zunächst zu prüfen, ob ein **gemeinsamer Gerichtsstand** besteht. Dieser ist insbesondere dann gegeben, wenn sämtliche Beklagten im selben Gerichtsbezirk wohnen. 2470

Wohnen die Beklagten in verschiedenen Gerichtsbezirken, kann der Anwalt nach § 36 ZPO beim nächst höheren gemeinsamen Gericht – nicht jedoch beim BGH (§ 36 Abs. 2 ZPO) – eine Gerichtsstandsbestimmung treffen lassen. Voraussetzung hierfür ist allerdings, dass ein gemeinsamer besonderer Gerichtsstand, etwa nach § 34 ZPO, nicht in Betracht kommt. 2471

bb) Vorherige Mitteilung einer Kostenberechnung

> **Praxistipp:** 2472
>
> Nach § 10 Abs. 1 RVG ist der Vergütungsanspruch des Anwalts nur klagbar, wenn dem Auftraggeber zuvor eine ordnungsgemäße

Y. Der Vergütungsrechtsstreit

Rechnung gestellt worden ist. Diese Vorschrift gilt auch für vereinbarte Vergütungen.[19]

2473 Keiner Berechnung nach § 10 RVG bedarf es dagegen, wenn **Klage auf Vorschuss** erhoben wird (s. hierzu Rn. 1766 ff.).

2474 Zu den Voraussetzungen einer ordnungsgemäßen Abrechnung s. Rn. 1878 ff., 2518 ff.

2475 Fehlt es an der ordnungsgemäßen Abrechnung, ist die Vergütungsforderung nicht klagbar; es liegt eine sog. **Naturalobligation** vor. Der Auftraggeber kann zwar die Forderung erfüllen und dann auch keine Rückforderungsansprüche stellen. Er kann jedoch nicht zur Zahlung verurteilt werden.

2476 Strittig ist, ob die fehlende Kostenrechnung zur Unzulässigkeit der Klage oder nur zur Abweisung als derzeit unbegründet führt.[20] Im Ergebnis ist dies jedoch unerheblich, weil der Anwalt seinen Rechtsstreit verliert, wenn er keine ordnungsgemäße Kostenrechnung vorlegen kann und ihm in beiden Fällen eine erneute Klageerhebung nach ordnungsgemäßer Abrechnung möglich bleibt.

cc) Aktivlegitimation
(1) Grundsatz

2477 Die Klage auf Zahlung der vereinbarten Vergütung ist im Namen des jeweiligen Anwalts zu erheben, der die Vereinbarung getroffen und die Vergütung abgerechnet hat, es sei denn, die Forderung ist abgetreten oder anderweitig übergegangen.

(2) Sozietät

2478 Steht die Forderung einer Sozietät in Form einer Gesellschaft bürgerlichen Rechts zu, sind grds. alle Mitglieder der Sozietät anspruchsberech-

---

19 S. hierzu ausführlich Rn. 1878 ff.
20 Für Unbegründetheit: OLG Köln, MDR 2000, 910 = OLGReport 2000, 214; für Unzulässigkeit OLG Frankfurt, NJW 1988, 910; s. hierzu auch LG Gera, AGS 2005, 283 m. Anm. N. Schneider

tigt, es sei denn, im konkreten Fall ist ausschließlich ein bestimmter Anwalt – etwa wegen seiner besonderen Spezialisierung – beauftragt worden oder es sind mehrere einzelne Anwälte dieser Sozietät beauftragt worden. Ein solcher Fall tritt insbesondere häufig in Strafsachen auf, in denen der Mandant nicht mehr als drei Verteidiger haben darf (§ 137 Abs. 1 Satz 2 StPO). Liegt eine solche beschränkte Mandatierung vor, ist darauf zu achten, dass die Klage nur im Namen des oder der beauftragten Anwälte erhoben wird. Sie würde anderenfalls mit entsprechender Kostenfolge als teilweise unbegründet abgewiesen.

Handelt es sich um eine Sozietät, hat das Ausscheiden eines Mitglieds keinen Einfluss auf die Berechtigung zur Klageerhebung, die Sozietät bleibt weiterhin aktiv legitimiert. 2479

Mitglieder, die erst nach Beendigung des Mandats in die Sozietät eintreten, sind dagegen nicht forderungsberechtigt. Hier ist also darauf zu achten, dass nur diejenigen Mitglieder im Klagerubrum auftreten, die zur Zeit der Mandatserteilung in der Sozietät waren. 2480

Ob die Klage im Namen der Sozietät als Gesellschaft bürgerlichen Rechts erhoben wird oder ob eines der Mitglieder auf Zahlung an die Gesellschaft bürgerlichen Rechts klagt, ist für die Zulässigkeit und Begründetheit der Klage unerheblich. Dies ist lediglich für die Frage der Kostenerstattung von Bedeutung. Nach einhelliger Auffassung ist eine Sozietät von Anwälten oder von Anwälten und Steuerberatern gehalten, die Kosten eines Vergütungsrechtsstreits so gering wie möglich zu halten. Dazu gehört es, die Gebührenerhöhung nach Nr. 1008 VV RVG zu vermeiden, indem nicht im Namen sämtlicher Sozien geklagt wird, sondern indem die Sozietät in eigenem Namen klagt oder indem einer der Sozien auf Zahlung an alle bzw. an die Sozietät klagt (s.u. Rn. 2478). 2481

Dies ist allerdings nur eine kostenerstattungsrechtliche Frage und hat mit der Zulässigkeit der Klage nichts zu tun. Wird also eine Klage im Namen sämtlicher Sozien erhoben, ist diese selbstverständlich zulässig. Es findet lediglich eine Kostenerstattung nur in dem Umfang statt, in dem Kosten bei Klage eines Sozius auf Leistung an alle oder bei einer Klage 2482 im Namen der Sozietät als Gesellschaft bürgerlichen Rechts angefallen wären.[21]

(3) Besonderheiten aufgrund Gesellschaftsvertrages

2483 Im Sozietätsvertrag kann geregelt sein, wie hinsichtlich der Ansprüche aus Vergütungsvereinbarungen zu verfahren ist. So kann im Sozietätsvertrag wirksam vereinbart werden, dass sämtliche Ansprüche aus Vergütungsvereinbarungen der einzelnen Sozien jeweils einem bestimmten einzelnen Sozius (etwa dem Seniorpartner) alleine zustehen sollen.[22] Dann kann nur dieser Sozius Klage erheben.

(4) Abtretung

2484 Eine Klage kann auch aus **abgetretenem Recht** erhoben werden. In diesem Falle ist die Klage im Namen des Abtretungsempfängers zu erheben.[23]

2485 Hier ist allerdings besondere Vorsicht geboten, da die Abtretung anwaltlicher Honorarforderungen u.U. wegen Verstoßes gegen § 134 BGB, § 203 StGB nichtig sein kann.[24] In diesem Fall ist die Klage zwar zulässig, aber unbegründet, weil keine wirksame Abtretung vorliegt.

dd) Passivlegitimation

(1) Auftraggeber

2486 Zu richten ist die Klage auf Zahlung der Vergütung gegen den **Auftraggeber**, der nicht zwingend mit dem Vertretenen identisch sein muss (s. Rn. 2512).

---

21 BGH, AGS 2004, 143 m. Anm. N. Schneider; RVGreport 2004, 29; MDR 2001, 445 = NJW 2001, 1056; im Einzelnen s.u. Rn. 2877 ff.
22 LG Karlsruhe, AnwBl. 1983, 178.
23 S. hierzu z.B. BGH, NJW-RR 2004, 1145.
24 BGH, AnwBl. 1993, 398; s. ausführlich Krämer/Mauer/Kilian, Rn. 715 m.w.N.

> **Praxistipp:** 2487
>
> Insbesondere bei Klagen aufgrund einer Vergütungsvereinbarung ist darauf zu achten, dass der richtige Vergütungsschuldner verklagt wird. Der Auftraggeber muss nicht notwendigerweise mit dem Mandanten, also mit dem Vertretenen, identisch sein.

Gerade bei Vergütungsvereinbarungen kann es vorkommen, dass diese mit einem Dritten geschlossen worden sind.[25] 2488

Insoweit ist es durchaus möglich, dass mit dem Vertretenen nach den gesetzlichen Gebühren abzurechnen ist und ein Dritter ein Zusatzhonorar übernommen hat. 2489

(2) Mehrere Auftraggeber

Hat der Anwalt die Vergütungsvereinbarung mit **mehreren Personen** geschlossen, ist besonders Acht zu geben. 2490

> **Praxistipp:** 2491
>
> Auch bei einer vereinbarten Vergütung, jedenfalls dann, wenn sie sich an die gesetzliche Vergütung anlehnt (ein Vielfaches der gesetzlichen Gebühren, höherer Gegenstandswert o.Ä.), kann § 7 Abs. 2 RVG zur Anwendung kommen, wonach der Anwalt jeden Auftraggeber nur insoweit in Anspruch nehmen kann, als dieser haften würde, wenn er den Anwalt alleine beauftragt hätte.

Beispiel: 2492
Zwei Auftraggeber (A und B) haben den Anwalt in einem Rechtsstreit gemeinschaftlich beauftragt, wegen desselben Gegenstandes tätig zu werden. Vereinbart ist das Doppelte der gesetzlichen Gebühren. Der Streitwert wird auf 20.000 € festgesetzt.
Insgesamt kann der Anwalt verlangen:

---

25   S. hierzu Rn. 2512, 237 ff.

1. 3,2-Verfahrensgebühr, Nrn. 3100, 1008 VV RVG (doppelter Satz gemäß Vereinbarung) (Wert: 20.000,00 €)		2.067,20 €
2. 2,4-Terminsgebühr, Nr. 3104 VV RVG (doppelter Satz gemäß Vereinbarung) (Wert: 20.000,00 €)		1.550,40 €
3. Postentgeltpauschale, Nr. 7002 VV RVG		20,00 €
Zwischensumme	3.637,60 €	
4. 16 % Umsatzsteuer, Nr. 7008 VV RVG		582,02 €
Summe		**4.219,62 €**

Vielfach wird in solchen Fällen unreflektiert auf Zahlung des Gesamtbetrages als Gesamtschuld geklagt. Dabei wird übersehen, dass jeder Auftraggeber nach § 7 Abs. 2 RVG nur auf das Doppelte der einfachen Gebühren haftet, also auf.

1. 2,6-Verfahrensgebühr, Nr. 3100 VV RVG (doppelter Satz gemäß Vereinbarung) (Wert: 20.000,00 €)		1.679,60 €
2. 2,4-Terminsgebühr, Nr. 3104 VV RVG (doppelter Satz gemäß Vereinbarung) (Wert: 20.000,00 €)		1.550,40 €
3. Postentgeltpauschale, Nr. 7002 VV RVG		20,00 €
Zwischensumme	3.250,00 €	
4. 16 % Umsatzsteuer, Nr. 7008 VV RVG		520,00 €
Summe		**3.770,00 €**

Mit dem Antrag auf gesamtschuldnerische Zahlung des Gesamtbetrages hätte hier der Anwalt seine Klage also bereits zu 11 % mit entsprechender Kostenfolge verloren.

ee) Klageantrag

2493 Der Klageantrag ist grds. auf **Zahlung** zu richten.

2494 **Freistellungsansprüche** werden in aller Regel kaum in Betracht kommen, allenfalls dann, wenn der Anwalt im Rahmen seines Mandates Verpflichtungen eingegangen ist, etwa wenn er in eigenem Namen einen Sachverständigen oder andere Hilfspersonen – etwa einen Steuerberater – beauftragt hat und dessen Kosten noch nicht beglichen sind.

> **Praxistipp:** 2495
>
> Besondere Sorgfalt ist wiederum dann geboten, wenn der Anwalt gegen mehrere Auftraggeber vorgeht und sich die vereinbarte Vergütung am gesetzlichen Leitbild orientiert (ein Vielfaches der gesetzlichen Gebühren, höherer Gegenstandswert o.Ä.). Hier haften in aller Regel die verschiedenen Auftraggeber nämlich nicht in Höhe der Gesamtvergütung (s. § 7 Abs. 2 RVG), sondern nur in der Höhe, in der sie haften würden, wenn sie alleine den Auftrag hinsichtlich der sie betreffenden Gegenstände erteilt hätten.

Dies bedeutet, dass jeder der Auftraggeber 2496

- bei **Gegenstandsidentität** nur auf die **einfache, nicht nach Nr. 1008 VV RVG erhöhte Vergütung** haftet[26] und

- bei **verschiedenen Gegenständen** nur nach dem Wert derjenigen **Gegenstände, an denen er auch beteiligt** ist.

Ebenso ist beim Klageantrag individuell zu berücksichtigen, wenn einer 2497 der Auftraggeber Teilzahlungen geleistet hat. Diese müssen nicht notwendigerweise auch dem anderen Auftraggeber gutzuschreiben sein.[27]

ff) Aufbau der Klageschrift

Zweckmäßigerweise sollte sich der Anwalt an den nachstehend skizzier- 2498 ten Aufbau der Klageschrift halten und zu jedem Punkt vortragen, zumindest prüfen, ob Vortrag erforderlich ist.

(1) Auftrag

Zum schlüssigen Klagevortrag gehört zunächst, dass der Anwalt das Zu- 2499 standekommen eines Auftrags mit dem oder den Beklagten vorträgt.

Diese Voraussetzung wird auch bei Klagen auf vereinbarte Vergütungen 2500 häufig zu wenig beachtet. Das bloße Tätigwerden des Anwalts reicht

---

26 S. hierzu das vorstehende Beispiel in Rn. 2492.
27 S. hierzu Hansens/Schneider, Kostenformulare, Teil 2 Rn. 372 ff.

nämlich nicht aus, um Vergütungsansprüche entstehen zu lassen. **Erforderlich ist immer ein Auftrag**, mag dieser auch konkludent erteilt worden sein.

2501 Wie umfangreich hier vorzutragen ist, hängt von den Umständen des Einzelfalles ab.

2502 Der Vortrag, dass dem Anwalt überhaupt ein Auftrag erteilt worden ist, dürfte in aller Regel keine großen Schwierigkeiten bereiten.

2503 Schwieriger darzustellen und häufig in der Praxis strittig ist aber der Umfang des Auftrags. Hier treten insbesondere dann Probleme auf, wenn bei Beratung oder außergerichtlicher Vertretung die Zielrichtung und/ oder die zugrunde liegenden Gegenstände nicht klar definiert worden sind. Hier zeigt es sich wieder einmal, wie wichtig es ist, in der Vergütungsvereinbarung die vom Anwalt zu erbringenden Leistungen so klar und deutlich wie möglich festzulegen (s. Rn. 1496).

(2) Vergütungsvereinbarung

2504 Der Abschluss und der Inhalt der Vergütungsvereinbarung sind substanziiert darzulegen.

2505 Insbesondere sollte der Anwalt an dieser Stelle zur **Schriftform** des § 4 Abs. 1 Satz 1 RVG vortragen, da die Einhaltung der Schriftform Anspruchsvoraussetzung ist, sofern eine höhere als die gesetzliche Vergütung geltend gemacht wird. Anderenfalls wäre die Klage unschlüssig, weil keine Verbindlichkeit bestünde.

2506 Zur Wahrung der weiteren Formvorschriften des § 4 Abs. 1 Satz 1 und Satz 2 RVG braucht der Anwalt nicht vorzutragen. Dahin gehende Formverstöße muss der Beklagte vortragen.

2507 **Praxistipp:**

Zweckmäßigerweise ist die Vergütungsvereinbarung der Klageschrift als Anlage beizufügen. Dann kann in der Klageschrift darauf Bezug genommen werden.

Kann die Vereinbarung nicht vorgelegt werden, etwa weil sie verloren oder untergegangen ist, bleibt dennoch die Klage möglich. Ausreichend ist der Vortrag, dass eine formgerechte schriftliche Vereinbarung abgeschlossen worden ist. Es ist dagegen nicht erforderlich, dass die schriftliche Vereinbarung auch vorgelegt wird oder vorgelegt werden kann. Bleibt der Abschluss der schriftlichen und im Übrigen formgerechten Vereinbarung unstreitig oder kann er anderweitig bewiesen werden, reicht dies aus.[28] Lediglich ein Urkundenprozess wäre unzulässig. 2508

(3) Aktivlegitimation

Besonderer Vortrag zur Aktivlegitimation dürfte i.d.R. nicht erforderlich sein, wenn der Anwalt klagt, der die Vergütungsvereinbarung abgeschlossen hat. 2509

Ist die Forderung **kraft Sozietätsvertrages übergegangen** (s. Rn. 2483), ist hierzu vorzutragen. Ggf. muss der Sozietätsvertrag vorgelegt werden. 2510

Ist die Forderung abgetreten, ist zum **Abtretungsvorgang** vorzutragen. 2511

(4) Passivlegitimation

Die Passivlegitimation wird sich i.d.R. schon aus den Vortrag zur Vergütungsvereinbarung ergeben. Soweit gegen einen Mithaftenden (Schuldübernehmer, Bürgen o.Ä.) geklagt wird, ist hierzu vorzutragen. 2512

(5) Erfüllung von Hinweis- oder Aufklärungspflichten

Ggf. ist auch zur Erfüllung der Hinweis- und Aufklärungspflichten[29] vorzutragen. Da ein unterlassener Hinweis nicht ohne weiteres zum Verlust oder zur Einschränkung des Vergütungsanspruchs führt, sondern nur dann, wenn der Auftraggeber wegen Verletzung der Hinweispflicht Schadensersatzansprüche einwendet, braucht in der Klageschrift zur Erfüllung dieser Hinweis- und Aufklärungspflichten an sich noch nicht vor- 2513

---

28 Krämer/Mauer/Kilian, Rn. 726.
29 S. hierzu Rn. 1539 ff.

getragen zu werden. Der Anwalt kann zunächst abwarten, ob überhaupt insoweit Gegenrechte geltend gemacht werden. Dann kann er immer noch hierzu vortragen.

2514 Gleichwohl steht dem aber auch nichts entgegen, sofort die Erfüllung der Hinweispflicht in der Klageschrift vorzutragen.

2515 **Praxistipp:**

Sind die Hinweise und Belehrungen schriftlich dokumentiert, bietet es sich an, diese bereits in der Klageschrift beim Vortrag zur Auftragserteilung einfließen zu lassen und die Hinweise und Belehrungen der Klageschrift als Anlage beizufügen.

2516 **Muster: Vortrag zur Erfüllung der Hinweispflichten**

Der Beklagte hatte den Kläger beauftragt, ihn in ... zu vertreten. Der Kläger hat dieses Mandat angenommen und vor Abschluss der Vergütungsvereinbarung darauf hingewiesen, dass

- sich seine Vergütung gemäß § 2 Abs. 1 RVG nach dem Gegenstandswert berechnet,[30]
- die vereinbarte Vergütung die gesetzliche Vergütung übersteigt,[31]
- die vereinbarte Vergütung, soweit sie die gesetzliche Vergütung übersteigt, im Obsiegensfalle vom Gegner nicht zu erstatten ist,
- die vereinbarte Vergütung, soweit sie die gesetzliche Vergütung übersteigt, vom Rechtsschutzversicherer nicht übernommen wird.

Beweis: Vorlage der Vergütungsvereinbarung im Termin[32]

- als Kopie in Anlage -

---

30 Sofern nach Gegenstandswert abgerechnet wird.
31 Sofern nicht eine niedrigere Vergütung vereinbart ist.
32 Bzw. „Vorlage der vom Beklagten gegengezeichneten schriftlichen Belehrung im Termin" (wenn die Belehrung gesondert erfolgt ist).

Soweit die Vergütung aus einem erstinstanzlichen arbeitsgerichtlichen Verfahren geltend gemacht wird, sollte ggf. dazu vorgetragen werden, dass auch der Hinweis nach § 12a Abs. 1 Satz 2 ArbGG erteilt worden ist.[33]

2517

(6) Mitteilung einer ordnungsgemäßen Berechnung

> **Praxistipp:**
>
> Zur Schlüssigkeit der Klage gehört als unabdingbare Voraussetzung der Vortrag, der Auftraggeber habe eine nach § 10 RVG ordnungsgemäße Berechnung erhalten.

2518

Ohne entsprechenden Vortrag würde das Gericht davon ausgehen, dass eine Kostenberechnung noch nicht erteilt worden ist und müsste die Klage daher abweisen (s.o. Rn. 2472). Die Mitteilung einer ordnungsgemäßen Kostenberechnung wird nicht erst auf Einwand des Beklagten berücksichtigt, sondern von Amts wegen. Sie ist Klagevoraussetzung.

2519

Des entsprechenden Sachvortrags bedarf es dann allerdings nicht, wenn die Kostenberechnung erstmals oder erneut mit Klageerhebung erteilt wird. Dann kann und sollte darauf Bezug genommen werden. In diesem Fall ist allerdings unbedingt darauf zu achten, dass auch der Ausfertigung der für den Beklagten bestimmten Abschrift eine Original-Kostenberechnung mit Original-Unterschrift beigefügt wird.

2520

> **Praxistipp:**
>
> Unabhängig davon, ob bereits eine Kostenberechnung erteilt worden ist oder nicht, bietet es sich an, diese im Rechtsstreit nochmals im Original der Klageschrift und auch der für den Beklagten bestimmten Ausfertigung beizufügen, um jeglichen Problemen aus dem Weg zu gehen.

2521

---

33 Zur Hinweispflicht s. Rn. 1572.

(7) Höhe der Vergütung

(a) Überblick

2522 Bevor der Anwalt die Höhe der vereinbarten Vergütung begründet, sollte er nochmals sorgfältig prüfen, ob die getroffene Vergütungsvereinbarung wirksam und verbindlich ist.

2523 Kommt er zu dem Ergebnis, dass die Vergütungsvereinbarung unwirksam ist, sollte er sich auf die dann geschuldete gesetzliche Vergütung beschränken.

2524 **Praxistipp:**

Sollte sich während des Rechtsstreits herausstellen, dass die Vereinbarung möglicherweise unwirksam ist und daher nur eine Abrechnung nach der gesetzlichen Vergütung in Betracht kommt, sollte vorsorglich eine Berechnung der gesetzlichen Vergütung vorgelegt und dem Beklagten mitgeteilt werden.

2525 Geschieht dies nicht, scheitert die Klage nämlich insgesamt. Die vereinbarte Vergütung kann nicht verlangt werden, weil die Vereinbarung unwirksam ist; die gesetzliche Vergütung kann nicht verlangt werden, weil eine ordnungsgemäße Berechnung nach § 10 RVG fehlt.[34]

2526 Selbstverständlich muss dann in der Klageschrift vorsorglich zur Höhe der gesetzlichen Vergütung vorgetragen werden, soweit diese nicht evident ist.

2527 Ist der Anwalt sich unsicher, ob Einwände des Auftraggebers hinsichtlich der Wirksamkeit der vereinbarten Vergütung durchgreifen können, sollte er vorsorglich eine Berechnung der gesetzlichen Vergütung erstellen und dem Auftraggeber – spätestens mit Klageerhebung – mitteilen, damit zumindest die gesetzliche Vergütung als Sockelbetrag zugesprochen wird.

---

34 OLG Düsseldorf, AGS 2004, 10 m. Anm. N. Schneider.

Bemerkt der Anwalt, dass die Vereinbarung wegen Verstoßes gegen §4 Abs. 1 Satz 1 oder Satz 2 RVG **unverbindlich** ist, muss er sich ebenfalls auf die gesetzliche Vergütung beschränken. Einer neuen Kostenrechnung bedarf es in diesem Falle allerdings nicht, da die vereinbarte Vergütung geschuldet bleibt.[35] 2528

Auch soweit Bedenken gegen die Verbindlichkeit bestehen, sollte vorsorglich ebenfalls zur Höhe der gesetzlichen Vergütung vorgetragen werden, damit zumindest insoweit der Klage stattgegeben wird. Der Anwalt vermeidet dann, dass das Gericht von sich aus die geschuldete Höhe entsprechend der gesetzlichen Vergütung berechnet und ggf. zu einem geringeren Ergebnis gelangt, indem es einen unzutreffenden Gegenstandswert annimmt, Gebühren übersieht oder Auslagen nicht berücksichtigt. 2529

Der Klagevortrag zur Höhe der vereinbarten Vergütung richtet sich danach, welcher Art die Vergütungsvereinbarung ist. 2530

(b) Gebührentatbestände

Richtet sich die vereinbarte Vergütung nach der gesetzlichen Vergütung, etwa einem Vielfachen der gesetzlichen Gebühren oder lediglich nach einem höheren Gegenstandswert, muss der Anwalt zu jedem Gebühren- und auch Auslagentatbestand (!) vortragen. 2531

Mitunter ergibt sich der Vortrag bereits aus den Ausführungen zur Auftragserteilung. Ist dem Anwalt z.B. der Auftrag für eine Beratung erteilt worden, so wird er zu dem Gebührentatbestand der Nr. 2100 VV RVG (jedenfalls bis zum 30.6.2006) nichts weiter ausführen müssen. 2532

Verlangt der Anwalt aber z.B. eine Terminsgebühr wegen außergerichtlicher Besprechungen mit dem Gegner (s. Vorbem. 3 Abs. 3 VV RVG), so ist ein umfassenderer Vortrag erforderlich, da sich die Terminsgebühr in diesem Fall – im Gegensatz zur Terminsgebühr bei Teilnahme an der mündlichen Verhandlung – nicht aus den Akten des Vorprozesses ergibt 2533

---

35 S. Rn. 1937.

und der Anfall der Terminsgebühr in diesen Fällen u.U. streitig sein kann. Hier ist also besondere Vorsicht geboten.

2534 Gleiches gilt z.B. für eine Einigungsgebühr, sofern nicht offensichtlich ist, dass hier ein Vergleich oder eine Einigung geschlossen worden ist. Auch hier bedarf es ggf. substanziierten Vortrages, dass die Voraussetzungen der Nr. 1000 VV RVG erfüllt sind und der Anwalt an der Einigung mitgewirkt hat.

(c) Gegenstandswert

2535 Soweit die vereinbarten Gebühren wertabhängig sind (§ 2 Abs. 1 RVG), sollten auch Ausführungen zum Gegenstandswert gebracht werden, soweit dieser sich nicht aus einem gerichtlichen Beschluss ergibt.

(d) Bemessung bei Rahmengebühren

2536 Werden Satz- oder Betragsrahmengebühren geltend gemacht, so gehört zum schlüssigen Sachvortrag, wie der Anwalt zu seiner Gebührenbestimmung gelangt ist. Der Anwalt muss also zu den Kriterien des § 14 Abs. 1 RVG vortragen und ggf. Beweise anbieten.

2537 Das gilt sowohl dann, wenn die gesetzlichen Gebühren geltend gemacht werden, also z.B. lediglich ein höherer Gegenstandswert vereinbart worden ist, als auch dann, wenn ein zusätzlicher Pauschalbetrag zu den gesetzlichen Gebühren oder ein Vielfaches der gesetzlichen Gebühren vereinbart worden ist. Hier muss also zunächst ermittelt werden, welche Gebühr ohne die Vereinbarung nach § 14 Abs. 1 RVG angemessen wäre. Hiernach ist diese Gebühr nach dem betreffenden Gegenstandswert, der vereinbart worden ist, zu berechnen, die Pauschale hinzuzurechnen oder der gefundene Betrag zu multiplizieren.

2538 *Beispiel:*

Die Parteien vereinbaren für eine außergerichtliche Vertretung das Dreifache der gesetzlichen Gebühren.

Vom Auftraggeber zu zahlen ist jetzt das Dreifache der ansonsten geschuldeten angemessenen und billigen Geschäftsgebühr nach Nr. 2400 VV RVG. Ergibt die Abwägung nach § 14 Abs. 1 RVG, dass die Mittelgebühr angemessen ist, schuldet der Auftraggeber also das Dreifache, mithin 4,5.

> **Praxistipp:** 2539
>
> Zweckmäßigerweise sollte in diesen Fällen zu jedem der sechs Kriterien des § 14 Abs. 1 RVG vorgetragen werden.

Nicht erforderlich sind solche Ausführungen, wenn der Gegner die 2540
Höhe des Gebührensatzes akzeptiert hat, aber anderweitige Einwendungen erhebt.

Beispiel: 2541

Die Parteien hatten das Dreifache der gesetzlichen Gebühren zuzüglich Auslagen vereinbart. Angefallen ist eine Geschäftsgebühr aus dem Gegenstandswert von 20.000,00 €, die der Anwalt mit 4,5 abrechnet. Der Mandant ist der Auffassung, der Gegenstandswert sei unzutreffend und zahlt eine 4,5-Geschäftsgebühr aus dem Wert von 10.000,00 €. Wegen des Restbetrages wird Klage erhoben.

In diesem Fall dürfte es ausreichen, wenn der Anwalt darauf hinweist, dass die Höhe der 1,5-Gebühr unstreitig ist. Der Einholung eines Gutachtens nach § 14 Abs. 2 RVG bedarf es nicht.

Stellt der Auftraggeber die Höhe der Gebühr nachträglich in Abrede, 2542
kann der Anwalt immer noch vortragen, zumal ohnehin das Gutachten des Vorstands einer Rechtsanwaltskammer einzuholen ist.

> **Praxistipp:** 2543
>
> Werden Rahmengebühren geltend gemacht, sollte der Anwalt vorsorglich darauf hinweisen, dass nach § 14 Abs. 2 RVG das Gutachten des Vorstands der Rechtsanwaltskammer einzuholen ist, wenn sich Streit über die Höhe der Vergütung ergibt.

Das gilt auch dann, wenn eine höhere Vergütung vereinbart worden ist, 2544
etwa wenn zusätzlich zu den gesetzlichen Gebühren ein Pauschalbetrag vereinbart ist, wenn sich die gesetzlichen Gebühren nach einem abweichenden Gegenstandswert berechnen sollen oder wenn ein Vielfaches der gesetzlichen Gebühren vereinbart ist. In allen diesen Fällen muss zu-

nächst einmal die „*gesetzliche Gebühr*" ermittelt und dann entsprechend erhöht werden. Resultiert der Streit über die Höhe der vereinbarten Vergütung letztlich daraus, wie hoch die angemessene gesetzliche Gebühr ist, dann muss diese ebenso ermittelt werden, wie wenn nur die gesetzlichen Gebühren geschuldet wären. Folglich muss daher auch das Gutachten des Vorstands der Rechtsanwaltskammer nach § 14 Abs. 2 RVG eingeholt werden. Der Gesetzeswortlaut gibt jedenfalls nichts dafür her, dass in diesen Fällen von der Einholung des Gutachtens abgesehen werden kann. Ebenso spricht Sinn und Zweck der Vorschrift des § 14 Abs. 2 RVG dagegen.

2545 An sich ist dieser Punkt von Amts wegen zu berücksichtigen. Vielen Richtern ist jedoch nicht bekannt, dass es der Einholung eines Gutachtens des Vorstands der Rechtsanwaltskammer bedarf. Insoweit ist der Hinweis auf das Kammergutachten häufig hilfreich.

2546 Ein förmlicher Beweisantrag ist insoweit nicht erforderlich, da das Gutachten von Amts wegen einzuholen ist. Der Antrag des Anwalts, der durchaus als Beweisantrag formuliert werden kann, ist rechtlich betrachtet lediglich eine Anregung.

2547 **Praxistipp:**

In Anbetracht dessen, dass aufgrund der Grundsatzentscheidung des BGH zum Erfüllungsort (s.o. Rn. 2447) häufiger auswärtige Honorarprozesse geführt werden müssen, sollte der Anwalt bei Rahmengebühren gleichzeitig darauf hinweisen, dass das Gutachten bei derjenigen Rechtsanwaltskammer einzuholen ist, der der Anwalt zum Zeitpunkt der Abrechnung angehörte.

2548 Vielfach meinen die Gerichte, dass das Gutachten von der zuständigen Rechtsanwaltskammer am Sitz des Gerichts einzuholen sei. Nach der früheren Rechtslage, nach der der Anwalt am Sitz seiner Kanzlei klagen konnte und i.d.R. auch klagte, traf dies zu. Jetzt ist dies nicht mehr zwingend. Um zu vermeiden, dass das Gutachten einer unzuständigen Kammer eingeholt wird, sollte daher rechtzeitig auf die zuständige Rechtsanwaltskammer hingewiesen werden.[36]

(e) Zeitvergütungen

Problematisch ist häufig die Abrechnung nach Zeitintervallen (i.d.R. nach Stunden), da der Auftraggeber die tatsächlich vom Anwalt aufgewandten Zeiten kaum **überprüfen** kann. 2549

Hinzu kommt die Schwierigkeit für den Anwalt, dass die **Darlegungs- und Beweislast** für die angefallenen Stunden bei ihm liegt. Sofern er sich also die angefallenen Stunden nicht hat „abzeichnen" lassen, was i.d.R. nicht in Betracht kommt, muss er im Vergütungsprozess substanziiert darlegen, für welche Tätigkeiten er welche Zeiten aufgewandt hat. 2550

Hat der Rechtsanwalt nachvollziehbar seinen tatsächlich erbrachten Zeitaufwand dargelegt, hat der Auftraggeber den Zeitaufwand des Rechtsanwalts zu widerlegen.[37] 2551

Soweit möglich, sollte der Anwalt Beweis dazu antreten, welche Stunden er aufgewandt hat, da er damit rechnen muss, dass der Beklagte alles bestreiten wird. 2552

Soweit die Tätigkeit des Anwalts gegenüber Dritten stattgefunden hat, etwa bei Besprechungen mit der Gegenpartei, Wahrnehmung gerichtlicher Termine o.Ä., kann insoweit Beweis angetreten werden durch Zeugnis der Gesprächspartner, sonstiger Gesprächsteilnehmer, Vorlage von Verhandlungs- oder Besprechungsprotokollen. 2553

Ansonsten bleibt dem Anwalt nichts anderes übrig, als eigene **Stundenaufzeichnungen** vorzulegen. Solche *„Zeitnotizen"* des Rechtsanwalts unterliegen nach der Rechtsprechung als *„sonstige private Urkunden"* i.S.d. § 416 ZPO der freien Beweiswürdigung. Im Hinblick auf die Beweisnot des Rechtsanwalts billigt die Rechtsprechung ihnen einen hohen Beweiswert zu.[38] 2554

---

36 S. hierzu ausführlich N. Schneider, MDR 2003, 1295; NJW 2004, 193.
37 OLG Hamm, AGS 2002, 268.
38 OLG Hamburg, MDR 2000, 115 = OLGR 1999, 449 = KostRsp. BRAGO § 3 Nr. 47.

2555 **Praxistipp:**

Im Hinblick auf einen eventuellen späteren Rechtsstreit sollte der Anwalt daher bei Vereinbarung von Zeithonoraren stets sorgfältig die aufgewandten Zeiten mit genauen Uhrzeiten und zumindest stichpunktartigen Angaben zur Tätigkeit festhalten und diese Notizen vorsorglich auch noch mit Datum und Unterschrift oder Paraphe versehen, um später auch nachzuweisen zu können, dass diese Aufzeichnungen zeitnah erstellt und nicht erst im Nachhinein angefertigt worden sind.

2556 Nach Möglichkeit sollte der Anwalt insoweit stets im Dialog mit dem Auftraggeber bleiben und sich vorab bestimmte Zeitkontingente für Besprechungen etc. genehmigen lassen. Er sollte darüber hinaus nach Möglichkeit insbesondere bei längerem Zeitaufwand sich diesen nachträglich umgehend bestätigen oder genehmigen lassen, damit er dies ggf. im Honorarprozess vorlegen kann.

2557 Zu den Dokumentationsmöglichkeiten s. ausführlich Rn. 1013 ff.

2558 Zu beachten ist, dass hier – im Gegensatz zu Formfehlern nach § 4 Abs. 1 RVG – freiwillige Zahlungen des Auftraggebers seinen Rückforderungsanspruch nicht ausschließen. Dem Auftraggeber bleibt trotz Zahlung im Nachhinein die Möglichkeit, die Abrechnung anzugreifen, selbst wenn er bezahlt hat.[39]

2559 Soweit allerdings die Zahlung auf konkrete Zeiten erfolgt ist, dürfte sich die Darlegungs- und Beweislast umkehren und für Rückforderungsansprüche der Beklagte darlegungs- und beweispflichtig sein.[40]

2560 Ein Ausschluss nach § 814 BGB wird kaum in Betracht kommen, zumal die Kenntnis des Auftraggebers vom Anwalt bewiesen werden müsste.

---

39 OLG Hamburg, MDR 2000, 115 = OLGR 1999, 449 = KostRsp. BRAGO § 3 Nr. 47.
40 S.u. Rn. 1015.

Fallgestaltung:

2561

Der Anwalt hatte mit dem Auftraggeber eine Vergütungsvereinbarung getroffen, wonach ihm eine Vergütung i.H.v. 200,00 € je Stunde zuzüglich Umsatzsteuer zustehen solle.

Der Anwalt hat insgesamt 31 Stunden abgerechnet, also 6.200,00 € zuzüglich Umsatzsteuer.

Der Mandant hat lediglich 21 Stunden akzeptiert und ausgehend hiervon 4.200,00 € zuzüglich Umsatzsteuer gezahlt.

Muster: Zahlungsklage des Anwalts (Vergütungsvereinbarung auf Stundenbasis)

2562

Amtsgericht

...

Klage

des Herrn Rechtsanwalt ...,

Kläger,

Prozessbevollmächtigter: Rechtsanwalt ...

gegen

Herrn ...,

Beklagter.

In der mündlichen Verhandlung werde ich beantragen,

den Beklagten zu verurteilen, an den Kläger 2.320,00 € nebst Zinsen i.H.v. 5 Prozentpunkten über dem Basiszinssatz seit dem ...[41] zu zahlen.

Für den Fall, dass der Beklagte seine Verteidigungsbereitschaft nicht rechtzeitig anzeigt, wird der Erlass eines Versäumnisurteils im schriftlichen Verfahren beantragt.

Streitwert: 2.320,00 €

---

41 Datum des Schreibens einsetzen, mit dem der Auftraggeber erklärt hat die Zahlung zu verweigern.

Begründung:

Der Kläger begehrt von dem Beklagten die Zahlung restlicher Anwaltsvergütung.

Der Beklagte hatte den Kläger beauftragt, für ihn die Auseinandersetzung einer Erbengemeinschaft zu betreiben, an der der Beklagte als Miterbe beteiligt war.

Gleichzeitig hatten die Parteien vereinbart, dass der Kläger hierfür eine Vergütung i.H.v. 200,00 €/Stunde zuzüglich Umsatzsteuer erhalte. Des Weiteren war vereinbart, dass jede angefangenen zehn Minuten abgerechnet werden.

Insoweit wird Bezug genommen auf die in

– Anlage 1 –

beigefügte Vergütungsvereinbarung, die der Beklagte eigenhändig unterzeichnet hat.[42]

Der Kläger hat die Auseinandersetzung der Erbengemeinschaft betrieben. Die Auseinandersetzung ist zwischenzeitlich unstreitig abgeschlossen.

Im Anschluss daran hat der Kläger dem Unterzeichner seine Gebührenberechnung übermittelt und insgesamt 31 Stunden abgerechnet, so dass sich ein Betrag i.H.v.

31 x 200,00 €/Std.	6.200,00 €
zuzüglich 16 % Umsatzsteuer	992,00 €
Gesamt	**7.192,00 €**

ergab.

Der Beklagte hat auf diese Rechnung lediglich	4.872,00 €
gezahlt, so dass noch ein Restbetrag i.H.v.	**2.320,00 €**

offen steht, der mit der Klage geltend gemacht wird.

---

[42] Sofern die abgerechnete Vergütung unterhalb der gesetzlichen Gebühren liegt, bedarf es zwar keiner schriftlichen Vereinbarung, so dass diese auch nicht vorgelegt werden muss. In Anbetracht dessen, dass der Anwalt häufig bei Klageeinreichung nicht wissen kann, von welchen gesetzlichen Gebühren das Gericht ausgehen wird, sollte vorsorglich auf die Erfüllung der Schriftform hingewiesen werden, damit dieser Punkt nicht mehr geprüft zu werden braucht.

Der Beklagte ist der Auffassung, der Kläger könne für seine Tätigkeit nicht mehr als 21 Stunden abrechnen und hat weitere Zahlungen abgelehnt.[43]

Beweis: Vorlage des Schreibens vom ...

– als Kopie in Anlage 2 –

Die vom Kläger abgerechneten 31 Stunden sind tatsächlich angefallen und waren auch erforderlich.

Der Kläger hat die angefallenen Zeiten stets sofort festgehalten und jeweils mit einem entsprechenden Vermerk zu den ausgeübten Tätigkeiten eigenhändig in seiner Handakte notiert.[44]

Beweis: Vorlage der Stundenaufschriebe[45]

– als Kopie in Anlage K 3 –

... (jetzt müssen Ausführungen dazu folgen, wie sich die abgerechneten Stunden im Einzelnen zusammensetzen.

Zweckmäßigerweise sollte dies tabellarisch erfolgen, dass also die Tätigkeiten schlagwortartig bezeichnet werden; rechts eingerückt sollte dann die aufgewandte Stunden- oder Minutenzahl angegeben werden; anschließend sollten dann Ausführungen im Einzelnen folgen.)

1. **Einarbeitung**
   Sichtung und rechtliche Prüfung des Erbvertrags   60 Min.
2. **Einsichtnahme in die Grundbuchakten**   30 Min.
   Klärung der Eigentumsverhältnisse und der Belastungen
   an den im Nachlass befindlichen Grundstücken ...

---

43 Der Vorlage der Kostenrechnung bedarf es in diesem Fall nicht. Aus der Tatsache, dass der Beklagte auf die Kostenrechnung – wenn auch nicht den vollen Betrag – gezahlt hat, ergibt sich zweifelsfrei, dass die Rechnung ihm auch zugegangen ist.

44 Der Anwalt sollte darauf hinweisen, dass er die angefallenen Zeiten sofort festgehalten und mit entsprechendem Vermerk eigenhändig in seiner Handakte notiert hat. Den substantiierten Ausführungen des Anwalts kommt im Rechtsstreit großes Gewicht zu.

45 Auch den Stundenaufschrieben kommt besondere Bedeutung zu. Sie sollten daher unbedingt vorgelegt werden. Solche *„Zeitnotizen"* des Rechtsanwalts unterliegen nach der Rechtsprechung als *„sonstige private Urkunden"* i.S.d. § 416 ZPO der freien Beweiswürdigung. Im Hinblick auf die Beweisnot des Rechtsanwalts billigt die Rechtsprechung ihnen einen hohen Beweiswert zu: OLG Hamburg MDR 2000, 115 = OLGR 1999, 449 = KostRsp. BRAGO § 3 Nr. 47.

> **3. Besprechung mit Testamentsvollstrecker (4. 4. 2005)**   **60 Min.**
> Besprechung der Erbschaftsteuererklärung, insbesondere
> im Hinblick auf die Bewertung der Gesellschaftsanteile ...
> **4.** ...
>   ... Min.
>   **1.860 Min.**
>
> Insgesamt ergeben sich damit also 31 Stunden, die abzurechnen waren und auch abgerechnet worden sind.
>
> ... (ggf. weitere Ausführungen zu konkreten Einwänden des Beklagten) ...
>
> Der Zinsanspruch ergibt sich aus Verzug. Mit Schreiben vom ... hat der Beklagte weitere Zahlungen ernsthaft und endgültig abgelehnt.
>
> **Beweis:** Vorlage des Schreibens vom ...
>
> > – als Kopie in Anlage 4 –
>
> ....
>
> Rechtsanwalt

(f) **Pauschalen**

(aa) **Überblick**

2563 Ist eine Pauschale vereinbart, ist zur Höhe der Pauschale vorzutragen. Sind mehrere einzelne Pauschalen vereinbart, ist zur Höhe der einzelnen Pauschalen vorzutragen und zu den Voraussetzungen, nach denen diese Pauschalen jeweils angefallen sind.

(bb) **Vorzeitige Beendigung**

2564 Besondere Sorgfalt ist geboten, wenn das Mandat vorzeitig beendet worden ist. Der Anwalt muss im Auge behalten, dass hier ggf. nach § 628 Abs. 1 Satz 1 BGB nur eine reduzierte Pauschale zu zahlen ist.[46]

---

[46] S. hierzu ausführlich Rn. 1196 ff.

VII. Rechtsstreit

Der Anwalt muss insoweit also zunächst prüfen, ob eine ausdrückliche[47] und wirksame Vereinbarung geschlossen worden ist, wonach auch bei vorzeitiger Beendigung des Mandats die volle Pauschale anfällt bzw. die betreffenden einzelnen Pauschalen anfallen. Diese Vereinbarung ist dann auch vorzutragen.

2565

Fehlt es an einer solchen Vereinbarung oder ist eine entsprechende Vereinbarung unwirksam, sollte sich der Anwalt aus Kostengründen auf einen nach § 628 Abs. 1 Satz 1 BGB reduzierten Anteil entsprechend der geleisteten Arbeit beschränken und zur Höhe und Berechnung dieses Anteils vortragen.[48]

2566

(g) Sonstige Vereinbarungen

Sind anderweitige Vereinbarungen getroffen worden, etwa Kombinationen der vorstehenden Berechnungen, ist entsprechend zu den einzelnen Vergütungskomponenten vorzutragen.

2567

Bei anderen Vergütungsmodellen ist ebenso darauf zu achten, dass zur Erfüllung der jeweiligen Vergütungstatbestände substanziiert vorgetragen wird.

2568

(h) Auslagen

Auch zu den Auslagen ist substanziiert vorzutragen. Hierzu gehört insbesondere der Vortrag, dass die Abrechnung von Auslagen überhaupt vereinbart worden ist. Im Zweifel gelten Auslagen als durch das vereinbarte Honorar mitabgegolten.[49]

2569

(i) Umsatzsteuer

Das Gleiche gilt für die Umsatzsteuer, zumal diese nach dem RVG einen Auslagentatbestand darstellt (Nr. 7008 VV RVG).[50]

2570

---

47 S. hierzu ausführlich Rn. 1238.
48 S. hierzu ausführlich Rn. 1245 ff.
49 S. ausführlich Rn. 1069 ff.
50 S. ausführlich Rn. 1090, 1075.

(j) Gesetzliche Vergütung

2571 Muss sich der Anwalt auf die gesetzliche Vergütung beschränken, sollte er vorsorglich prüfen, ob nicht ggf. auch dieser Vergütung Einwände entgegenstehen. So kann der Auftraggeber nämlich einwenden, es sei eine niedrigere als die gesetzliche Vergütung vereinbart. Selbst wenn diese Vereinbarung nach § 134 BGB unwirksam ist, muss sich der Anwalt daran jedoch nach Treu und Glauben halten.[51]

gg) Teilzahlungen, Anrechnungen und Vorschüsse

2572 Sind auf die vereinbarte Vergütung **Teilzahlungen** geleistet worden oder muss sich der Anwalt nach den Vorschriften des RVG (z.B. nach Anm. zu Nr. 3305 VV RVG, Vorbem. 3 Abs. 4 VV RVG) oder kraft Vereinbarung bereits gezahlte anderweitige Beträge **anrechnen** lassen,[52] sind diese selbstverständlich – sofern nicht schon in der Berechnung (s.o. Rn. 2472) berücksichtigt – anzugeben und zu verrechnen.

2573 Das Gleiche gilt für **Vorschüsse**, die spätestens jetzt verrechnet werden müssen (§ 10 Abs. 2 RVG).

hh) Fälligkeit

2574 Soweit sich die Fälligkeit (§ 8 Abs. 1 RVG) nicht bereits schon aus dem sonstigen Klagevortrag ergibt, sollte vorsorglich auf die Fälligkeit der Vergütung hingewiesen werden. Dies gilt erst recht, wenn abweichend von § 8 Abs. 1 RVG die Fälligkeit der Vergütung vorverlegt worden ist. Ggf. sollte dann vorsorglich auch darauf hingewiesen werden, dass es sich insoweit nicht um die Vereinbarung einer höheren Vergütung handelt,[53] so dass insoweit keine Formvorschriften zu beachten waren.

ii) Verzinsung

2575 Auch zur Verzinsung sollte vorgetragen werden.

---

51 S. hierzu OLG Düsseldorf, JurBüro 2004, 536; s. auch Rn. 319.
52 S. hierzu Rn. 941, 1013.
53 BGH, AGS 2004, 440; s. hierzu auch Rn. 1822.

Wird die **Verzinsung erst ab Rechtshängigkeit** verlangt, bedarf es keiner weiteren Ausführungen. Der Zinsanspruch ergibt sich dann aus dem Gesetz (§ 291 BGB). 2576

In aller Regel wird sich eine frühere **Verzinsung aus Verzug** ergeben, so dass zum Verzugseintritt vorgetragen werden muss. 2577

Zu beachten ist, dass bei Mandanten, die **Verbraucher** sind, der Verzug nicht automatisch 30 Tage nach Erhalt der Rechnung eintritt (§ 286 Abs. 3 BGB). 2578

Bei **Nicht-Verbrauchern** reicht es dagegen aus, den Nachweis der Rechnungserteilung zu führen, um dann den entsprechenden späteren Verzugseintritt darzulegen. 2579

Soweit sich eine **vertragliche Verzinsung** aus der Vereinbarung ergibt, ist hierzu vorzutragen. 2580

Wird ein **höherer Zinssatz** verlangt als der gesetzliche, sind hierzu ebenfalls weitere Ausführungen erforderlich. 2581

jj) Urkundenprozess

Möglich ist es, im Urkundenverfahren (§§ 592 ff. ZPO) vorzugehen.[54] Voraussetzung ist allerdings, dass die Vergütungsvereinbarung, aus der geklagt wird, schriftlich abgefasst ist und vorgelegt werden kann. Wird der Abschluss oder die Schriftform der Vergütungsvereinbarung bestritten, besteht keine Möglichkeit, den Nachweis anderweitig zu führen als durch Vorlage der Urkunde. Der Urkundenprozess scheidet in diesem Falle aus. 2582

> **Praxistipp:** 2583
>
> Zu beachten ist, dass alleine die Vorlage der Vergütungsvereinbarung für den Urkundenprozess nicht ausreicht.

---

54 OLG Hamm, NJW-RR 1995, 1530; Krämer/Mauer/Kilian, Rn. 721.

2584 So müssen auch alle anderen anspruchsbegründenden Tatsachen, insbesondere die Höhe der Vergütung, wenn sie sich nicht unmittelbar und ausschließlich aus der Vereinbarung ergibt (so z.B. bei Zeitvergütungen), die Fälligkeit und die Erteilung einer ordnungsgemäßen Berechnung urkundlich beweisbar sein.

2585 Soweit der Gegner in dem Verfahren geltend macht, die vereinbarte Vergütung sei **unangemessen hoch**, kann die Vergütung im Urkundenverfahren nach § 4 Abs. 1 Satz 1 RVG **herabgesetzt werden**. Die Einholung eines Gutachtens des Vorstands der Rechtsanwaltskammer nach § 4 Abs. 4 Satz 2 RVG ist auch hier möglich und keineswegs entbehrlich.[55] Das Kammergutachten ist kein Beweismittel und daher auch nicht nach § 595 Abs. 2 ZPO ausgeschlossen. Es handelt sich lediglich um eine zusätzliche Informationsquelle.[56]

2586 Wird ein Mahnverfahren vorgeschaltet, muss das **Urkundenmahnverfahren** (§ 703a ZPO) gewählt werden. Anderenfalls ist ein späterer Übergang ins Urkundenverfahren nicht mehr möglich.

kk) Wechselprozess

2587 Hatte der Auftraggeber dem Anwalt einen Wechsel zur Erfüllung der Vergütungsforderung gegeben, kann auch im Wechselprozess (§§ 602, 592 ZPO) geklagt werden. Hier ist allerdings besondere Vorsicht geboten, wenn die Vergütungsvereinbarung unverbindlich ist. Die Hingabe eines Wechsels ist eine Sicherheitsleistung und keine freiwillige vorbehaltlose Leistung i.S.d. §§ 4 Abs. 1 Satz 3, Abs. 5 Satz 2 RVG, so dass der Wechselforderung die Einrede der ungerechtfertigten Bereicherung (§ 821 BGB) entgegengehalten werden kann.[57]

2588 Wird in diesem Falle ein Mahnverfahren vorschaltet, muss das **Wechselmahnverfahren** (§ 703a ZPO) gewählt werden. Anderenfalls ist ein späterer Übergang ins Wechselverfahren nicht mehr möglich.

---

55 Krämer/Mauer/Kilian, a.a.O.; a.A. OLG Hamm, a.a.O.
56 LG Kempten, MDR 1980, 412; Krämer/Mauer/Kilian, Rn. 721.
57 S. hierzu Rn. 2175 ff.

II) Aussetzung des Verfahrens

Eine Aussetzung des Verfahrens kann bei Anhängigkeit eines Strafverfahrens wegen des Verdachts einer versuchten vorsätzlichen Gebührenüberhebung in Betracht kommen. Eine Aussetzung scheidet jedoch aus, wenn sich der Rechtsanwalt darauf beschränkt hat, lediglich die gesetzliche Vergütung einzuklagen.[58]

2589

mm) Checkliste: Zahlungsklage des Anwalts

Will der Anwalt eine Zahlungsklage aufgrund einer Vergütungsvereinbarung erheben, so sind neben den allgemeinen Prozess- und Anspruchsvoraussetzungen bzw. Einwendungen und Einreden, insbesondere folgende – nicht abschließend aufgezählten – Punkte zu beachten.

2590

I. Vorüberlegung	2591
1. Mahnverfahren	
a) Ist es zweckmäßig, zunächst ein Mahnverfahren einzuleiten?	
b) Ist später ggf. die Durchführung eines Urkundenverfahrens beabsichtigt, so dass das Urkundenmahnverfahren eingeleitet werden muss?	
c) Welches Abgabegericht ist zweckmäßigerweise anzugeben?	
2. Schlichtungsverfahren	
Muss je nach Landesrecht ggf. ein Schlichtungsverfahren durchgeführt werden?	
3. Urkundenverfahren	
Kommt ein Urkundenverfahren in Betracht?	
II. Gerichtsstand	
1. Ist eine wirksame Gerichtsstandsvereinbarung getroffen worden?	

---

58 OLG Frankfurt, AnwBl. 1989, 671.

2. Kommt der besondere Gerichtsstand des Hauptprozesses nach § 34 ZPO in Betracht?

3. Besteht bei mehreren Beklagten ein gemeinsamer Gerichtsstand oder muss ein Verfahren nach § 36 Abs. 2 ZPO eingeleitet werden?

III. Ist dem Auftraggeber die Kostenberechnung mitgeteilt worden?

IV. Steht die Vergütungsforderung dem Anwalt zu; kann er sie in eigenem Namen geltend machen; ist eine Abtretung erforderlich?

V. Wer schuldet die Vergütung aus der Vereinbarung?

Sind mehrere Schuldner vorhanden: Haftet jeder auf die volle Vergütung?

VI. Ist der erteilte Auftrag sustanziiert vorgetragen und ggf. Beweis hierzu angetreten?

VII. Ist der Abschluss der Vergütungsvereinbarung sustanziiert vorgetragen und ggf. Beweis hierzu angetreten?

Kann die Vereinbarung vorgelegt werden?

VIII. Ergibt sich die Zahlungsverpflichtung des Beklagten aus der Vereinbarung oder muss noch weiter vorgetragen werden?

IX. Ist bereits jetzt zur Erfüllung von Hinweis- oder Aufklärungspflichten vorzutragen, insbesondere dass

- sich die Vergütung gemäß § 2 Abs. 1 RVG nach dem Gegenstandswert berechnet?,
- die vereinbarte Vergütung die gesetzliche Vergütung übersteigt?,
- die vereinbarte Vergütung, soweit sie die gesetzliche Vergütung übersteigt, im Obsiegensfalle vom Gegner nicht zu erstatten ist?,

- die vereinbarte Vergütung, soweit sie die gesetzliche Vergütung übersteigt, vom Rechtsschutzversicherer nicht übernommen wird?,
- nach § 12a Abs. 1 Satz 2 ArbGG eine Erstattung der Anwaltskosten nicht in Betracht kommt?

X. **Ist dem Beklagten eine ordnungsgemäße Berechnung mitgeteilt worden? Kann dies notfalls bewiesen werden?**

Ist zweckmäßigerweise die Berechnung mit der Klageschrift nochmals mitzuteilen?

XI. **Ist die Vereinbarung wirksam?**

XII. **Ist die Vereinbarung verbindlich?**

XIII. **Ist zur Höhe der Vergütung vorzutragen?**
1. Ist zu gesetzlichen Gebührentatbeständen vorzutragen?
2. Muss zum Gegenstandswert vorgetragen werden?
3. Muss zur Bemessung von Rahmengebühren vorgetragen werden?
4. Ist eine Zeitvergütung vereinbart?
5. Sind Pauschalen vereinbart?

   aa) Wie hoch ist die Pauschale?

   bb) Ist die Pauschale wegen vorzeitiger Beendigung nach § 628 Abs. 1 Satz 1 BGB zu kürzen?
6. Sind eventuelle zu erhebende Auslagen vereinbart?

   Ist hierzu substanziiert vorgetragen?
7. Ist die zusätzliche Erhebung der Umsatzsteuer vereinbart?
8. Ist vorsorglich auch zur gesetzlichen Vergütung vorzutragen und auch insoweit eine Berechnung nach § 10 RVG vorzulegen?

XIV. **Fälligkeit**
1. Sind die Voraussetzungen des § 8 Abs. 1 RVG gegeben?

> 2. Ist in der Vergütungsvereinbarung eine abweichende Fälligkeit geregelt?
> 3. Ist eine Stundungsabrede getroffen worden?
>
> **XV. Teilzahlungen, Anrechnungen und Vorschüsse**
> 1. Sind Zahlungen oder Teilzahlungen berücksichtigt?
> 2. Sind anzurechnende Beträge berücksichtigt?
> 3. Sind Vorschüsse berücksichtigt?
>
> **XVI. Verzinsung**
> 1. Zumindest kommt die Verzinsung ab Rechtshängigkeit in Betracht.
> 2. Lässt sich ein früherer Verzugseintritt nachweisen, etwa nach § 286 Abs. 3 BGB?
> 3. Ist ein Zinsbeginn vereinbart?
> 4. Ist ein höherer Zinssatz vereinbart?

b) Widerklage

aa) Zulässigkeit

2592 Eine (restliche) Vergütungsforderung kann der Anwalt auch im Wege der Widerklage geltend machen, wenn der Auftraggeber meint, er habe bereits mehr gezahlt als geschuldet und er seinerseits bereits Rückzahlungsklage erhoben hat.

2593 *Beispiel:*

Vereinbart ist eine Vergütung i.H.v. 40.000,00 €. Die gesetzliche Vergütung beläuft sich auf 15.000,00 €. Der Auftraggeber hatte bereits 25.000,00 € gezahlt. Er ist der Auffassung, die Vereinbarung sei unwirksam und klagt auf Rückzahlung der die gesetzliche Vergütung übersteigenden 10.000,00 €.

Der Anwalt kann jetzt Widerklage auf Zahlung der aus seiner Sicht noch geschuldeten weiteren 15.000,00 € erheben.

2594 Gleiches gilt, wenn der Auftraggeber eine negative Feststellungsklage dahin gehend erhoben hatte, dass dem Anwalt keine oder keine weitere Vergütung zustehe. Auch dann kann im Wege der Widerklage auf Zahlung geklagt werden. Mit Klageerhebung entfällt noch nicht das Rechtsschutzbedürfnis der negativen Feststellungsklage, sondern erst dann, wenn über die Leistungsklage des Anwalts entschieden worden ist.[59]

Auch auf eine Herabsetzungsklage des Auftraggebers nach § 4 Abs. 4 RVG kann eine Widerklage auf Zahlung erhoben werden.   2595

bb) Gerichtsstand

Klagt der Auftraggeber am Sitz der Kanzlei, dann kann der Anwalt in diesem Rechtsstreit Widerklage auf Zahlung weiterer Beträge erheben. Die Zuständigkeit des Gerichts ergibt sich dann aus § 33 ZPO.   2596

Soweit allerdings der Streitwert der Widerklage den Zuständigkeitsstreitwert des Amtsgerichts übersteigt, muss die Sache nach § 506 ZPO an das Landgericht verwiesen werden, sofern eine Partei vor der Verhandlung zur Hauptsache einen entsprechenden Antrag stellt. Verwiesen wird dann aber der Rechtsstreit insgesamt und nicht nur die Widerklage.   2597

Zu beachten ist, dass die Werte von Klage und Widerklage für den Zuständigkeitsstreitwert nicht addiert werden. Eine Verweisung oder Abgabe nach § 506 ZPO kommt also nur dann in Betracht, wenn der Wert der Widerklage selbst den Zuständigkeitsstreitwert von 5.000,00 € übersteigt.   2598

cc) Vortrag

Hinsichtlich des Widerklagevortrags ergeben sich gegenüber einer selbständigen Klage keine Besonderheiten, so dass insoweit auf die dortigen Ausführungen Bezug genommen werden kann.   2599

c) Negative Feststellungsklage

aa) Überblick

In Betracht kommt eine negative Feststellungsklage dann, wenn der Auftraggeber die vereinbarte Vergütung bezahlt hat und er im Nach-   2600

---

59 Zöller/Greger, § 256 Rn. 7d.

hinein Rückzahlung verlangt, weil er der Auffassung ist, die Vergütungsvereinbarung sei unwirksam, unverbindlich oder unangemessen hoch oder, obwohl er gegen die Vergütungsvereinbarung keine Einwände hat, der Auffassung ist, der Anwalt habe falsch, also zu viel abgerechnet.

2601 **Praxistipp:**

> In einem solchen Fall kann es durchaus für den Anwalt zweckmäßig sein, selbst die Initiative zu ergreifen und auf negative Feststellung zu klagen.

2602 Dies hat den Vorteil, dass dann der Anwalt den Gerichtsstand am Sitz seiner Kanzlei (als Gericht des Erfüllungsortes für den vermeintlichen Rückzahlungsanspruch – § 270 Abs. 1 BGB) wählen kann und sich nicht ggf. auf einen auswärtigen Gerichtsstand am Sitz des Auftraggebers oder den Gerichtsstand nach § 34 ZPO einlassen muss.

2603 Zweckmäßigerweise sollte eine „**Abmahnung**" vorhergehen. Der Auftraggeber sollte also zuvor außergerichtlich aufgefordert werden, verbindlich und endgültig von seiner Forderung Abstand zu nehmen.

bb) Der Auftraggeber berühmt sich eines Rückforderungsanspruchs wegen Unwirksamkeit der Vereinbarung

2604 Berühmt sich der Auftraggeber eines Rückforderungsanspruchs, weil er der Auffassung ist, die Vergütungsvereinbarung sei unwirksam, genügt es, die Vereinbarung und die Zahlung des Auftraggebers vorzutragen sowie dazu auszuführen, dass sich der Auftraggeber auf die Unwirksamkeit der Vereinbarung beruft und er trotz Aufforderung von seinem Rückforderungsanspruch nicht Abstand genommen hat. Weiterer Ausführungen bedarf es nicht.

2605 Insbesondere bedarf es hier nicht einmal des Vortrags, dass eine schriftliche Vergütungsvereinbarung getroffen worden ist. Ein Rückzahlungsanspruch des Beklagten würde dennoch an § 4 Abs. 1 Satz 3 RVG scheitern, es sei denn, der Beklagte würde einwenden, unfreiwillig oder unter

Vorbehalt gezahlt zu haben (s.o. Rn. 2030). Dann müsste hierzu Stellung genommen werden.

Im Übrigen sollte sich der Anwalt tunlichst davor hüten, bereits jetzt seine Vergütungsvereinbarung zu verteidigen. 2606

Die volle Darlegungs- und Beweislast für die Unwirksamkeit der Vergütungsvereinbarung und die Voraussetzungen des Rückzahlungsanspruchs liegen beim Beklagten. 2607

Der Anwalt sollte daher abwarten, ob und inwieweit der Beklagte in diesem Rechtsstreit überhaupt vorträgt, und dann erst substanziiert hierzu Stellung zu nehmen. 2608

Voraussetzung ist selbstverständlich, dass der Anwalt die Wirksamkeit seiner Vereinbarung eingehend geprüft hat und sich sicher ist, dass diese vor Gericht Bestand haben wird. 2609

Fallgestaltung: 2610

Der Anwalt hatte mit dem Auftraggeber in einer Strafsache eine Vergütungsvereinbarung getroffen, wonach der Anwalt anstelle der gesetzlichen Gebühren eine Pauschale ii.H.v. 10.000,00 € erhalten sollte. Der Auftraggeber hat die vereinbarte Vergütung bereits bezahlt. Im Nachhinein beruft er sich darauf, dass die Vereinbarung unwirksam sei und verlangt Rückzahlung, soweit er mehr als die gesetzliche Vergütung (2.400,00 €) gezahlt habe.

Muster: Negative Feststellungsklage des Anwalts (Auftraggeber beruft sich auf unwirksame Vereinbarung und berühmt sich eines Rückzahlungsanspruchs) 2611

Landgericht

...

Klage

des Herrn Rechtsanwalt ...,

Kläger,

Prozessbevollmächtigter: Rechtsanwalt ...

gegen

Herrn ...,

Beklagter.

In der mündlichen Verhandlung werde ich beantragen,

> festzustellen, dass dem Beklagten kein Rückzahlungsanspruch gegen den Kläger wegen zu viel gezahlter Vergütung aus der Rechnung des Klägers vom ... Rechnungs-Nr. ... in der Sache ... zusteht.

> Für den Fall, dass der Beklagte seine Verteidigungsbereitschaft nicht rechtzeitig anzeigt, wird der Erlass eines Versäumnisurteils im schriftlichen Verfahren beantragt.

Streitwert: 7.600,00 €

Begründung:

Der Kläger war von dem Beklagten beauftragt worden, ihn in der Strafsache ... zu verteidigen. Vereinbart war ein Pauschalbetrag ii.H.v. 10.000,00 €.

Beweis: Vorlage der vom Beklagten unterzeichneten Vergütungsvereinbarung vom ...

– als Kopie in Anlage 1 –

Nach Abschluss der Angelegenheit hat der Kläger unter dem ..., Rechnungs-Nr. ..., insgesamt 10.000,00 € abgerechnet, die der Beklagte auch gezahlt hat.

Der Beklagte ist der Auffassung, die getroffene Vergütungsvereinbarung sei unwirksam; er sei berechtigt, den Betrag zurückzuverlangen, der die gesetzliche Vergütung, die er mit 2.400,00 € berechnet, übersteigt.

Dies ist unzutreffend. Die Vergütungsvereinbarung ist wirksam, so dass ein Rückzahlungsanspruch nicht besteht.

Da der Beklagte trotz Aufforderung unter Fristsetzung

Beweis: Vorlage des Schreibens des Klägers vom ...

– als Kopie in Anlage 2 –

von seiner Berühmung nicht Abstand genommen hat, ist zur Klärung negative Feststellungsklage geboten.

....

Rechtsanwalt

Weiteres muss der Anwalt nicht vortragen. Es ist nicht seine Sache, schon in der Klageschrift die Wirksamkeit der Vergütungsvereinbarung zu verteidigen. Vielmehr ist es Sache desjenigen, der sich eines Rückzahlungsanspruchs berühmt, darzulegen, dass die Vergütungsvereinbarung unwirksam ist. Die volle Darlegungs- und Beweislast liegt hier also beim Beklagten. 2612

cc) **Der Auftraggeber berühmt sich eines Rückforderungsanspruchs wegen Unverbindlichkeit der Vereinbarung**

Beruft sich der Auftraggeber nur auf die Unverbindlichkeit der Vereinbarung und einen daraus resultierenden Rückzahlungsanspruch, ist anders vorzugehen. 2613

Kommt der Anwalt nach eingehender Prüfung zu dem Ergebnis, dass die Vereinbarung voll wirksam, also in Wirklichkeit gar nicht unverbindlich ist, kann er so verfahren wie zu Rn. 2611. 2614

Muss er dagegen erkennen, dass die Vereinbarung unverbindlich ist, etwa weil die Formvorschriften des § 4 Abs. 1 Satz 1 oder Satz 2 RVG nicht eingehalten worden sind oder gegen § 4 Abs. 5 Satz 1 RVG verstoßen wurde, dann muss der Anwalt zum Rückforderungsausschluss nach § 4 Abs. 1 Satz 3 oder Abs. 5 Satz 2 RVG vortragen. 2615

Die **Darlegungs- und Beweislast** verteilt sich hier wie folgt: 2616

- Die Beweislast für die **Unverbindlichkeit** der Vereinbarung liegt beim **Auftraggeber**, weil dies Anspruchsvoraussetzung ist.
  - Kann der Auftraggeber die Voraussetzungen für die fehlende Verbindlichkeit nicht beweisen, wird der negativen Feststellungsklage des Anwalts stattgegeben.

- Ist die **fehlende Verbindlichkeit der Vereinbarung** vom Auftraggeber bewiesen, müsste er an sich weiterhin beweisen, dass auch die weiteren Voraussetzungen des Rückforderungsanspruchs, dessen er sich berühmt, gegeben sind, also dass er entweder nicht freiwillig oder nur unter Vorbehalt geleistet hat.
- Die Beweislast für die fehlende Freiwilligkeit ist allerdings verteilt:
  - Zunächst muss der Anwalt die Kenntnis des Auftraggebers beweisen, dass die vereinbarte Vergütung über der gesetzlichen Vergütung lag, da es anderenfalls an der Freiwilligkeit der Leistung fehlt.[60]
  - Hiernach muss der Beklagte beweisen,
    ○ dass er dennoch nicht freiwillig geleistet hat, also dass eine Zwangs- oder Drucksituation bestanden hat,[61]
    ○ oder dass die Zahlung nur unter Vorbehalt erfolgte.[62]

2617 | **Fallgestaltung:**

Der Anwalt hatte mit dem Auftraggeber für ein WEG-Verfahren eine Vergütungsvereinbarung getroffen, wonach der Anwalt anstelle der gesetzlichen Gebühren eine Pauschale i.H.v. 4.000,00 € erhalten sollte. Es fehlt jedoch an der Schriftform der Vergütungsvereinbarung (§ 4 Abs. 1 Satz 1 RVG), da der Auftraggeber die Vergütungsvereinbarung nicht gegengezeichnet und zurückgeschickt hatte. Der Auftraggeber hat jedoch bereits die vereinbarte Vergütung bezahlt. Im Nachhinein reut ihn dies. Er beruft sich auf die Unverbindlichkeit und darauf, dass er aufgrund der gesetzlichen Regelungen nur verpflichtet sei, 2.140,00 € zu zahlen. Im Übrigen verlangt er Rückzahlung.

---

60 OLG Koblenz = GuT 2003, 234 = MDR 2004, 55 = WuM 2003, 657 = KostRsp. BRAGO § 3 Nr. 65; AG Freiburg, JurBüro 1983, 1510 = AnwBl. 1983, 514 = MDR 1983, 1033 = Justiz 1984, 61; Krämer/Mauer/Kilian, Rn. 675.
61 Riedel/Sußbauer/Fraunholz, BRAGO, 7. Aufl. 1995, § 3 Rn. 23 (in RVG, 4. Aufl., offenbar aufgegeben); Hansens, § 3 Rn. 9; a.A. BGH, NJW 2004, 2818; OLG Koblenz, MDR 2004, 55; LG Freiburg, JurBüro 1983, 1510: Krämer/Mauer/Kilian, Rn. 674; Meyer/Kroiß/Teubel, § 4 Rn. 30.
62 LG Freiburg, a.a.O.; Krämer/Mauer/Kilian, Rn. 675; a.A. Meyer/Kroiß/Teubel, a.a.O.

Muster: Negative Feststellungsklage des Anwalts (Auftraggeber beruft sich auf unverbindliche Vereinbarung und berühmt sich eines Rückzahlungsanspruchs)

2618

Amtsgericht

...

Klage

des Herrn Rechtsanwalt ...,

Kläger,

Prozessbevollmächtigter: Rechtsanwalt ...

gegen

Herrn ...,

Beklagter.

In der mündlichen Verhandlung werde ich beantragen,

festzustellen, dass dem Beklagten kein Rückzahlungsanspruch gegen den Kläger wegen zu viel gezahlter Vergütung aus der Rechnung des Klägers vom ... Rechnungs-Nr. ... in der Sache ... zusteht.

Für den Fall, dass der Beklagte seine Verteidigungsbereitschaft nicht rechtzeitig anzeigt, wird der Erlass eines Versäumnisurteils im schriftlichen Verfahren beantragt.

Streitwert: 1.860,00 €

Begründung:

Der Kläger war von dem Beklagten beauftragt worden, ihn in dem WEG-Verfahren AG München ... als Verfahrensbevollmächtigter zu vertreten. Vereinbart war ein Pauschalbetrag i.H.v. 4.000,00 €. Der Kläger hatte dem Beklagten zur Bestätigung der getroffenen Vereinbarung eine Vergütungsvereinbarung zugeschickt mit der Bitte, diese zu unterschreiben und zurückzusenden.

Beweis: Vorlage Schreibens vom ... nebst beiliegender Vergütungsvereinbarung

– als Kopie in Anlage 1 –

Y. Der Vergütungsrechtsstreit

Der Beklagte hat die Vereinbarung jedoch nicht unterschrieben und auch nicht zurückgeschickt. Ungeachtet dessen waren sich die Parteien jedoch einig, dass entsprechend abgerechnet werden sollte.

Nach Abschluss der Angelegenheit hat der Kläger unter dem ..., Rechnungs-Nr. ..., insgesamt 4.000,00 € abgerechnet, die der Beklagte auch gezahlt hat.

Der Beklagte ist der Auffassung, die getroffene Vergütungsvereinbarung sei unverbindlich, da sie von ihm nicht unterschrieben worden sei; daher sei er berechtigt, den Betrag zurückzuverlangen, der die gesetzliche Vergütung übersteige.

Beweis: Vorlage des Schreibens des Beklagten vom ...

– als Kopie in Anlage 2 –

Die Ansicht des Beklagten ist unzutreffend.

Zutreffend ist wohl, dass die getroffene Vergütungsvereinbarung nach § 4 Abs. 1 Satz 1 RVG unverbindlich ist.

Ein Rückforderungsanspruch des Beklagten scheitert aber an der Vorschrift des § 4 Abs. 1 Satz 3 RVG. Der Beklagte hat nämlich freiwillig und vorbehaltlos geleistet.

Insbesondere war der Beklagte darüber unterrichtet, dass die vereinbarte Vergütung die gesetzliche übersteige. Er ist in der Vergütungsvereinbarung ausdrücklich darauf hingewiesen worden.

Beweis: Vorlage der Vergütungsvereinbarung vom ...

– als Kopie in Anlage 1 –

Der Beklagte hat auch ohne jeglichen Zwang und Druck gezahlt.

Einen Vorbehalt hat er nicht erklärt.

....

Rechtsanwalt

2619 Weitere Ausführungen sind wiederum nicht erforderlich. Der Anwalt muss noch nicht einmal nachweisen, dass die Vergütungsvereinbarung zustande gekommen ist. Da sich der Beklagte eines Rückforderungsanspruchs berühmt, muss er den fehlenden Rechtsgrund beweisen. Der

Anwalt muss lediglich beweisen, dass der Auftraggeber davon Kenntnis hatte, dass die vereinbarte Vergütung die gesetzliche übersteigt, da es anderenfalls an der Freiwilligkeit i.S.d. § 4 Abs. 1 Satz 3 RVG fehlen würde.[63]

dd) Der Auftraggeber berühmt sich eines Rückforderungsanspruchs wegen unangemessener Höhe der Vergütung

Beruft sich der Auftraggeber darauf, die abgerechnete Vergütung sei unangemessen hoch i.S.d. § 4 Abs. 4 RVG, braucht der Anwalt wiederum nicht viel vorzutragen. Streng genommen reicht es aus, wenn er vorträgt, dass der Auftraggeber sich eines Rückforderungsanspruchs berühmt. 2620

Es ist dann Sache des Auftraggebers darzulegen, dass die Vergütung unangemessen hoch ist. 2621

Der Auftraggeber muss also dazu vortragen, dass die Bemessungskriterien geringer sind und die abgerechnete Vergütung nicht rechtfertigen. Es ist dann Sache des Anwalts vorzutragen, inwieweit die zugrunde zu legenden Kriterien die abgerechnete Gebühr rechtfertigen, sie jedenfalls nicht als unangemessen hoch erscheinen lassen. 2622

Legt man die Rechtsprechung des BGH zugrunde,[64] so würde es ausreichen, dass der Auftraggeber nachweist, dass hier eine Vergütung vereinbart ist, die um mehr als das Fünffache über den gesetzlichen Höchstgebühren liegt. Dann spricht eine Vermutung für die Unangemessenheit, so dass der Anwalt diese Vermutung durch Darlegung besondere Umstände entkräften muss (s. im Einzelnen hierzu Rn. 1382 ff.). 2623

ee) Der Auftraggeber berühmt sich eines Rückforderungsanspruchs wegen fehlerhafter überhöhter Abrechnung

Berühmt sich der Auftraggeber eines Rückzahlungsanspruchs, weil er im Nachhinein die Rechnung des Anwalts für unzutreffend hält, etwa wegen eines Berechnungsfehlers, Annahme eines unzutreffenden Gegen- 2624

---

63 S. hierzu Rn. 2035.
64 S. Rn. 1428.

standswertes oder weil er im Nachhinein die abgerechneten Zeiten bestreitet, braucht sich der Anwalt wiederum nur darauf zu beschränken, vorzutragen, dass ein Rückforderungsanspruch vom Auftraggeber geltend gemacht wird und dieser trotz Aufforderung von seiner Berühmung nicht Abstand genommen hat. Das Gleiche gilt, wenn der Auftraggeber der Auffassung ist, wegen vorzeitiger Beendigung sei nach § 628 Abs. 1 Satz 1 BGB nur ein Teilbetrag geschuldet.

2625 Es ist dann Sache des Auftraggebers darzulegen und zu beweisen, dass die Abrechnung des Anwalts unzutreffend ist. Gewisse Erleichterungen werden dem Auftraggeber allerdings zugute kommen. Hier gelten gegenüber allgemeinen negativen Feststellungsklagen keine Besonderheiten.

2626 *Beispiel:*

Der Anwalt hatte 15 Stunden ohne nähere Erläuterung und Begründung abgerechnet. Der Auftraggeber hat die 15 Stunden bezahlt. Im Nachhinein hält er die abgerechneten Stunden für überhöht. Nach rechtlicher Beratung ist er der Auffassung, dass die Angelegenheit auch in sieben Stunden ordnungsgemäß hätte erledigt werden können. Er verlangt daraufhin den nach seiner Ansicht zu viel bezahlten Betrag zurück.

Jetzt ist es Sache des Anwalts vorzutragen und darzulegen, wie sich die von ihm abgerechneten 15 Stunden zusammensetzen. Kann der Anwalt dieser Darlegungslast nicht nachkommen, wird seine negative Feststellungsklage zurückgewiesen. Bleibt dagegen streitig und kann nicht aufgeklärt werden, ob die Stunden tatsächlich angefallen sind und notwendig waren, bleibt der Beklagte damit beweisfällig für seinen Rückforderungsanspruch. Der Feststellungsklage muss stattgegeben werden.

3. Die Verteidigung des Auftraggebers

a) Überblick

2627 Wird der Auftraggeber aus einer Vergütungsvereinbarung verklagt, so ist bei der Prüfung der Möglichkeiten, sich gegen diese Klage zu verteidigen, in mehreren Schritten vorzugehen.

b) Aktivlegitimation

Ebenso wie der Anwalt vor Klageerhebung die Aktivlegitimation prüfen muss, also in wessen Namen die Vergütungsvereinbarung geschlossen worden ist, muss der Beklagte prüfen, ob die Angaben des Klägers insoweit zutreffend sind, also ob die Vergütungsvereinbarung tatsächlich mit dem Kläger oder den Klägern geschlossen worden ist oder ob hier eine wirksame Abtretung an den Kläger vorliegt (s. hierzu Rn. 2509). 2628

c) Passivlegitimation

Ebenso ist zu prüfen, ob der Beklagte tatsächlich der vergütungspflichtige Auftraggeber ist. Daran kann es fehlen, wenn eine Vergütungsvereinbarung mit einem Dritten geschlossen worden ist (s.o. Rn. 2512). 2629

d) Wirksame Vereinbarung

aa) Überblick

Zunächst ist zu prüfen, ob überhaupt eine **wirksame Vereinbarung zustande gekommen** ist. 2630

bb) Unwirksamkeit nach allgemeinen Vorschriften

Zu prüfen ist, ob nach allgemeinen Vorschriften eine wirksame Vereinbarung zustande gekommen ist oder ob es bereits daran fehlt (z.B. wegen Geschäftsunfähigkeit, Dissens etc.). Dann wäre nur die gesetzliche Vergütung geschuldet, sofern nicht sogar der gesamte Anwaltvertrag unwirksam ist. 2631

cc) Beratungshilfe

Ferner ist zu prüfen, ob dem Auftraggeber **Beratungshilfe** bewilligt war, so dass eine Vergütungsvereinbarung nach § 4 Abs. 6 RVG i.V.m. § 8 BerHG nichtig ist. In diesem Falle könnte der Anwalt gar keine Vergütung verlangen, da er seine Vergütung aus der Staatskasse erhielte. 2632

dd) Erfolgshonorar oder quota litis

2633 Des Weiteren ist zu prüfen, ob ein Verstoß gegen § 49b Abs. 2 Satz 1 BRAO vorliegt, also ob ein unzulässiges **Erfolgshonorar**[65] oder eine **Beteiligung am erstrittenen Betrag** (quota litis)[66] vereinbart worden ist. Geschuldet wäre dann wiederum nur die gesetzliche Vergütung, wobei dieser sogar noch Treu und Glauben entgegenstehen könnte (s. hierzu Rn. 377 ff.).

ee) Sittenwidrigkeit

2634 Darüber hinaus ist zu prüfen, ob die vereinbarte Vergütung **sittenwidrig** ist (§ 138 BGB).[67] Ist das der Fall, wäre wiederum nur die gesetzliche Vergütung geschuldet.

ff) Allgemeine Geschäftsbedingungen

2635 Schließlich ist noch zu prüfen, ob ein Verstoß gegen die §§ 305 ff. BGB (**unzulässige allgemeine Geschäftsbedingungen**) vorliegt, der zur Unwirksamkeit der gesamten Vereinbarung führt.[68] Auch dann wäre nur die gesetzliche Vergütung geschuldet.

e) Unverbindliche Vereinbarung

aa) Überblick

2636 Ist danach von einer wirksamen Vereinbarung auszugehen, ist zu prüfen, ob die Vereinbarung ggf. nach § 4 Abs. 1 Satz 1, Satz 2 oder Abs. 5 Satz 1 RVG unverbindlich ist und damit nicht eingeklagt werden kann.

---

65 S. hierzu AnwK-RVG/N. Schneider, § 4 Rn. 27 ff. m.w.N.; zuletzt auch OLG Celle, AGS 2005, 107.
66 S. hierzu AnwK-RVG/N. Schneider, a.a.O.
67 S. hierzu AnwK-RVG/N. Schneider, § 4 Rn. 126 ff. m.w.N.; zuletzt BGH, AGS 2004, 440.
68 S. hierzu Rn. 661 ff.; OLG Düsseldorf, MDR 2000, 420 = OLGReport 2000, 228 = KostRsp. BRAGO § 3 Nr. 46; AGS 2004, 10.

bb) Unverbindlichkeit nach § 4 Abs. 1 RVG

(1) Überblick

Eine Unverbindlichkeit kann sich aus § 4 Abs. 1 Satz 1 oder Satz 2 RVG ergeben. Zwar ist dann – im Gegensatz zur Unwirksamkeit und auch zur Unverbindlichkeit nach § 4 Abs. 5 Satz 1 RVG – nach wie vor die vereinbarte Vergütung geschuldet; der Anwalt kann jedoch keine höhere als die gesetzliche Vergütung geltend machen. 2637

(2) Höhere Vergütung als die gesetzliche

Voraussetzung ist, dass die abgerechnete Vergütung **über der gesetzlichen Vergütung** liegt. Ist dies der Fall, müssen die Vorschriften des § 4 Abs. 1 Satz 1 und 2 RVG eingehalten sein. Ist dies nicht der Fall, ist die Vereinbarung verbindlich, selbst dann, wenn dabei gegen § 49b Abs. 1 Satz 1 BRAO verstoßen worden ist (s. Rn. 319). 2638

(3) Schriftform

Liegt die vereinbarte und abgerechnete Vergütung über der gesetzlichen, ist zu prüfen, ob die Erklärung des Auftraggebers **schriftlich** abgegeben worden ist.[69] Fehlt es daran, ist die Vereinbarung unverbindlich. 2639

(4) Vollmacht

Weiterhin ist zu prüfen, ob die Vereinbarung in einer Vollmacht enthalten ist (§ 4 Abs. 1 Satz 1 RVG). Auch dann ist die Vereinbarung unverbindlich. 2640

(5) Nicht als Vergütungsvereinbarung bezeichnet

Als nächstes ist zu prüfen, ob die Erklärung – sofern sie nicht der Auftraggeber verfasst hat – **als solche bezeichnet** ist (§ 4 Abs. 1 Satz 2 RVG). Die Vereinbarung wäre wiederum nicht verbindlich. 2641

---

69 S. hierzu AnwK-RVG/N. Schneider, § 4 Rn. 49 ff. m.w.N.

(6) Nicht deutlich abgesetzt

2642 Schließlich ist noch zu prüfen, ob die Erklärung – sofern sie nicht vom Auftraggeber selbst verfasst ist – von anderen Vereinbarungen **deutlich abgesetzt** ist (§ 4 Abs. 1 Satz 2 RVG).[70] Auch in diesem Fall wäre die Vereinbarung nicht verbindlich.

cc) Unverbindlichkeit nach § 4 Abs. 5 Satz 1 RVG

2643 Zu prüfen ist ferner, ob der Anwalt im Rahmen der **Prozesskostenhilfe** beigeordnet war oder werden sollte, so dass nach § 4 Abs. 5 Satz 1 RVG die Vergütungsvereinbarung wiederum unverbindlich wäre. Hier kommt es im Gegensatz zu § 4 Abs. 1 Satz 1 RVG nicht darauf an, ob die vereinbarte Vergütung die gesetzliche Vergütung übersteigt. Der Anwalt kann die gesetzliche Vergütung nur aus der Staatskasse verlangen (§ 45 Abs. 1 RVG). Sämtliche Ansprüche gegen den Auftraggeber sind unverbindlich (s. hierzu Rn. 197 ff.).

f) Übereinstimmung der Abrechnung mit dem Inhalt der Vereinbarung

2644 Zu prüfen ist anschließend, ob die abgerechnete Vergütung **dem Inhalt der Vereinbarung entspricht.**

aa) Berechnungsmethode

2645 Zunächst ist zu prüfen, ob die vereinbarte Berechnungsmethode eingehalten worden ist; hat der Anwalt also vereinbarungsgemäß nach Stunden abgerechnet, nach Pauschalen, nach dem vereinbarten Gegenstandswert oder dem Vielfachen der gesetzlichen Gebühren etc.?

bb) Zutreffende Beträge

2646 Sodann ist die Höhe der berechneten Vergütung zu überprüfen, also ob auch die zutreffenden Stundensätze, Pauschalen, Gebührenbeträge, Gegenstandswerte etc. angesetzt worden sind. Insbesondere bei gestaffel-

---

70 S. hierzu AnwK-RVG/N. Schneider, § 4 Rn. 62, 63 ff. m.w.N.

ten Zeithonoraren ist zu prüfen, ob der zutreffende Satz zugrunde gelegt ist.

cc) Notwendigkeit bei Zeithonoraren

Sind Zeithonorare, insbesondere Stundenhonorare, vereinbart, so ist weiterhin zu prüfen, ob die Abrechnung nachvollziehbar und die Anzahl der abgerechneten Zeiten zutreffend ist. Ggf. müssen hier nähere Erläuterungen vom Anwalt verlangt werden. — 2647

Zu prüfen ist insbesondere, ob die abgerechneten **Zeitintervalle** vereinbart sind.[71] — 2648

Soweit **Fahrt- und Wartezeiten** abgerechnet werden, ist zu prüfen, ob dies vereinbart ist. Im Zweifel können diese Zeiten nicht abgerechnet werden.[72] — 2649

An dieser Stelle ist auch zu prüfen, ob die abgerechneten Stunden – sofern sie tatsächlich angefallen sind – erforderlich waren. Dies ist keine Frage, ob die Vergütung unangemessen hoch ist, sondern eine Frage, ob der Anwalt solche Stunden überhaupt vergütet erhalten kann. Es gilt hier nichts anderes als bei der gesetzlichen Vergütung, bei der der Anwalt überflüssige Gebühren, die er ausgelöst hat, nicht abrechnen darf.

dd) Vorzeitige Beendigung bei Pauschalen

Werden Pauschalen abgerechnet, ist ferner stets zu prüfen, ob eine vorzeitige Beendigung des Auftrags gegeben ist. In diesem Fall ist weiterhin zu prüfen, ob nach der Vereinbarung die Pauschale in voller Höhe verlangt werden kann. — 2650

Existiert eine entsprechende Vereinbarung, so ist diese auf ihre Wirksamkeit hin zu überprüfen. Ist die Vereinbarung wirksam, bleibt es bei der vollen Pauschale. — 2651

Fehlt dagegen eine entsprechende Vereinbarung oder ist die Vereinbarung unwirksam, muss die Pauschale nach § 628 Abs. 1 Satz 1 BGB he- — 2652

---

71 S. hierzu Rn. 983.
72 S. hierzu Rn. 991.

rabgesetzt werden. Die Möglichkeit der Kürzung nach § 628 Abs. 1 Satz 1 BGB geht der Herabsetzung nach § 4 Abs. 4 RVG vor.

ee) Leistung in Person

2653 Zu prüfen ist, ob der Anwalt seine Tätigkeit **in eigener Person** geleistet hat. Ist dies nicht der Fall, muss eine Vereinbarung vorhanden sein, dass der Anwalt auch bei Tätigkeiten von Hilfspersonen nach der vereinbarten Vergütung abrechnen darf. Fehlt eine solche Vereinbarung, ist die Vergütung entsprechend zu kürzen.[73]

ff) Sind Auslagen vereinbart?

2654 Hat der Anwalt auch Auslagen nach den Nrn. 7000 ff. VV RVG abgerechnet, muss dies vereinbart sein. Fehlt es an einer solchen Vereinbarung, gelten die Auslagen als mit der vereinbarten Vergütung abgegolten.[74]

gg) Umsatzsteuer

2655 Ebenso ist zu prüfen, ob die zusätzliche Abrechnung von **Umsatzsteuer** vereinbart ist. Bei der Umsatzsteuer handelt es sich um einen Auslagentatbestand (Nr. 7008 VV RVG), so dass das Gleiche gilt wie zu Rn. 2654.[75]

2656 Bei Fällen mit **Auslandsberührung** kann es zudem an der Umsatzsteuerpflicht des Anwalts fehlen.[76]

g) Fälligkeit

2657 Schließlich ist zu prüfen, ob die Vergütung fällig ist. Insoweit gilt § 8 Abs. 1 RVG, es sei denn, es ist etwa anderes vereinbart.

---

[73] S. hierzu KG, AGS 2000, 143 = BRAGOreport 2000, 22 (Hansens) = KGR 2000, 111; AnwK-RVG/N. Schneider, § 5 Rn. 49; AnwK-RVG/N. Schneider, § 4 Rn. 103.

[74] S. hierzu LG Koblenz, AnwBl. 1984, 206 m. Anm. Madert = JurBüro 1984, 1667 m. Anm. Mümmler; AnwK-RVG/N. Schneider, § 4 Rn. 114.

[75] S. hierzu OLG Karlsruhe, DB 1969, 447 = OLGZ 1979, 230 = KostRsp. BRAGO § 25 Nr. 7 m. Anm. E. Schneider; LG Koblenz, a.a.O. = JurBüro 1984, 1667 m. Anm. Mümmler; AnwK-RVG/N. Schneider, a.a.O.

[76] S. hierzu AnwK-RVG/N. Schneider, Nr. 7008 VV RVG Rn. 6 ff. m.w.N.

h) Verjährung

Ist die Fälligkeit der Vergütung festgestellt, so lässt sich hieraus in aller Regel problemlos auch der Ablauf der Verjährungsfrist berechnen. Ist danach die Forderung verjährt, muss die Verjährungseinrede (§ 214 BGB) erhoben werden. 2658

Wird die Verjährungseinrede allerdings erst im Rechtsstreit erhoben, kann dies zur Kostenbelastung nach § 91a ZPO führen, wenn die Klage bis dahin zulässig und begründet war.[77] 2659

i) Ordnungsgemäße Berechnung

Zu prüfen ist ferner, ob eine ordnungsgemäße Berechnung nach § 10 RVG vorliegt und ob diese dem Auftraggeber mitgeteilt worden ist. Die Vorschrift des § 10 RVG gilt auch für vereinbarte Vergütungen. Fehlt die Mitteilung einer ordnungsgemäßen Berechnung, kann die Vergütungsforderung nicht geltend gemacht werden. Die Klage ist als derzeit unzulässig oder unbegründet abzuweisen. 2660

Das gilt auch dann, wenn sich herausstellt, dass die vereinbarte Vergütung unwirksam ist und dem Anwalt nur die gesetzliche Vergütung zusteht. Dann muss zunächst eine ordnungsgemäße Berechnung der gesetzlichen Vergütung vorgelegt werden. Die Berechnung der vereinbarten Vergütung reicht hier – im Gegensatz zu einer unverbindlichen Vereinbarung – nicht aus.[78] 2661

j) Unangemessen hohe Vergütung

Ist die Vergütung entsprechend der getroffenen Vereinbarung abgerechnet, ist zu prüfen, ob die Vergütung unangemessen hoch ist, so dass eine **Herabsetzung** durch das Gericht nach § 4 Abs. 4 RVG in Betracht kommt. Zu zahlen ist dann nur der nach der Herabsetzung verbleibende Betrag. 2662

---

77 Zur vergleichbaren Lage bei der erst im Prozess erklärten Aufrechnung BGH, NJW 2003, 3134 = BGHReport 2003, 1304; N. Schneider, MDR 2000, 507.
78 OLG Düsseldorf, AGS 2004, 10 m. Anm. N. Schneider; s. auch o. Rn. 2134.

Y. Der Vergütungsrechtsstreit

2663 Der Anwalt des Auftraggebers sollte sich nicht darauf beschränken, Unangemessenheit zu behaupten, auch wenn das Gericht die Frage der Unangemessenheit selbst prüft und von Amts wegen beachten muss. Die erforderlichen Tatsachen, aus denen sich die Unangemessenheit ergibt, etwa viel geringerer Aufwand als ursprünglich angenommen, ggf. vorzeitige Beendigung des Mandats, müssen vom Auftraggeber vorgetragen werden. Es findet keine Amtsermittlung statt.

2664 Folgt man der Rechtsprechung des BGH[79], würde es ausreichen darzulegen und vorzurechnen, dass die vereinbarte Vergütung über dem Fünffachen der gesetzlichen Höchstgebühren liegt. Dann ist es Sache des Anwalts vorzutragen, dass besondere Umstände vorliegen, die ein solches Überschreiten rechtfertigen und die Vergütung nicht als unangemessen erscheinen lassen.

k) Zahlungen, Anrechnung, Vorschüsse

aa) Überblick

2665 Des Weiteren ist – wie bei jeder Zahlungsklage – zu prüfen, ob nicht bereits Leistungen geflossen sind, die nach §§ 362 ff. BGB zur Reduzierung der Vergütungsforderung führen.

bb) Anzurechnende Beträge

2666 Soweit nach den gesetzlichen Bestimmungen oder nach der Vergütungsvereinbarung Beträge anzurechnen sind,[80] muss diese Anrechnung vom Anwalt auch berücksichtigt worden sein. Voraussetzung ist natürlich, dass die anzurechnenden Beträge auch gezahlt worden sind.

2667 *Beispiel:*

Der Anwalt war für den Auftraggeber nach der gesetzlichen Vergütung außergerichtlich tätig und hatte eine 1,5-Geschäftsgebühr nach Nr. 2400 VV RVG abgerechnet und erhalten. Im Rechtsstreit hatten die Parteien das Dreifache der ge-

---

79 Zuletzt BGH, AGS 2005, 378 m. Anm. Madert, Henke u. N. Schneider = AnwBl. 2005, 582 m. Anm. Henke; BGHReport 2005, 1151 m. Anm. N. Schneider.
80 S. hierzu Rn. 1525.

setzlichen Vergütung vereinbart. Diese hat der Anwalt abgerechnet, jedoch die Anrechnung nach Vorbem. 3 Abs. 4 VV RVG unberücksichtigt gelassen.

Da hier die Abrechnung nach den gesetzlichen Gebühren vereinbart ist – wenn auch in abweichender Höhe –, dürfte damit die Anrechnung nach Vorbem. 3 Abs. 4 VV RVG nicht ausgeschlossen sein, so dass sich der Anwalt auf die 3,9-Verfahrensgebühr (Nr. 3100 VV RVG) die Geschäftsgebühr gemäß Vorbem. 3 Abs. 4 VV RVG zu 0,75 anrechnen lassen muss.

cc) Vorschüsse

Schließlich sind auch gezahlte Vorschüsse zu berücksichtigen. Streng genommen müssen diese schon in der ordnungsgemäßen Berechnung enthalten sein (§ 10 Abs. 2 RVG; s.o. Rn. 2472). 2668

dd) Zahlungen oder Teilzahlungen

Es ist zu prüfen, ob der Auftraggeber nicht bereits Zahlungen oder Teilzahlungen geleistet hat, die nicht berücksichtigt worden sind. Insoweit können auch Zahlungen Dritter – etwa des Rechtsschutzversicherers oder anderer Personen – zu berücksichtigen sein. 2669

ee) Kostenerstattungen

Zu prüfen ist ferner, ob Kostenerstattungen des Gegners an den Anwalt geflossen sind, die auf dessen Vergütungsforderung zu verrechnen sind. 2670

l) Aufrechnung

Eine mögliche Aufrechnung des Auftraggebers ist ebenfalls zu prüfen. Wird die Aufrechnung allerdings erst im Rechtsstreit erhoben, kann dies zur Kostenbelastung nach § 91a ZPO führen, wenn die Klage bis dahin zulässig und begründet war.[81] 2671

aa) Fremdgelder, vereinnahmte Beträge

Eine Aufrechnung kommt insoweit in Betracht, als der Anwalt aus dem Mandat – oder möglicherweise aus einem anderen Mandat – Fremdgel- 2672

---

81 BGH, NJW 2003, 3134 = BGHReport 2003, 1304; N. Schneider, MDR 2000, 507.

Y. Der Vergütungsrechtsstreit

der vereinnahmt hat, die noch auszukehren sind. Der Auftraggeber kann stets mit solchen Ansprüchen die Aufrechnung erklären.

bb) Rückerstattung nicht verbrauchter Kosten

2673 Gleiches gilt, wenn an den Anwalt nicht verbrauchte Kosten, etwa der nicht verbrauchte 2,0-Anteil der vom Auftraggeber gezahlten Gerichtsgebühr nach Eintritt eines Ermäßigungstatbestandes nach Nr. 1211 GKG Kost-Verz. zurückgezahlt worden ist.

cc) Anderweitige Aufrechnung

2674 Zu prüfen ist ferner, ob anderweitige Gegenansprüche in Betracht kommen, etwa Rückzahlungsansprüche aus anderen Mandaten, und ob insoweit die Aufrechnung erklärt werden kann.

m) Verstoß gegen Hinweis- und Belehrungspflichten

2675 Den Anwalt treffen u.U. bestimmte Hinweis- und Belehrungspflichten.[82] So muss er z.B. vor Annahme des Mandats darauf hinweisen, wenn nach dem Gegenstandswert abgerechnet wird (§ 49b BRAO). Er muss nach § 12a Abs. 1 Satz 2 ArbGG über eine fehlende Kostenerstattung aufklären. Darüber hinaus wird in manchen Fällen auch eine Pflicht zum Hinweis darauf angenommen, dass die vereinbarte Vergütung über der gesetzlichen liegt oder dass die vereinbarte Vergütung nicht zu erstatten ist. Ist eine solche Hinweispflicht anzunehmen und hat der Anwalt dagegen verstoßen, kommen Schadensersatzansprüche in Betracht, die dem Vergütungsanspruch entgegengesetzt werden können.

n) Verstoß gegen Treu und Glauben

2676 Wird die gesetzliche Vergütung geltend gemacht, kann u.U. eingewandt werden, dass eine niedrigere als die gesetzliche Vergütung vereinbart war. Die Beweislast hierfür liegt allerdings beim Auftraggeber (§ 4 Abs. 2 Satz 4 RVG).

---

[82] S. ausführlich Rn. 1539 ff.

Die Vereinbarung einer niedrigeren Vergütung kann zwar unzulässig sein und nach § 134 BGB zur Unwirksamkeit der Vereinbarung führen. Ungeachtet dessen muss sich der Anwalt hieran jedoch nach Treu und Glauben festhalten lassen.[83]

2677

Gleiches kann u.U. bei unzulässigen Erfolgshonorarvereinbarungen gegeben sein. Auch hier kann u.U. dem Anspruch auf die gesetzliche Vergütung der Einwand eines Verstoßes gegen Treu und Glauben entgegengesetzt werden.[84]

2678

o) Sonstige Verletzung der Mandatspflichten

Schließlich ist – wie in sämtlichen Vergütungsrechtsstreiten – zu prüfen, ob sonstige Mandatsverletzungen vorliegen, die zu Schadensersatzansprüchen des Auftraggebers führen und wiederum dem Vergütungsanspruch entgegengesetzt werden können oder mit denen eine Aufrechnung möglich ist.

2679

Ansprüche solcher Art können vielfältig sein, etwa fehlerhaftes prozessuales Verhalten[85], das zu höheren Gerichtsgebühren geführt hat als notwendig, unterlassene Streitwertbeschwerde, unterlassene Berichtigungs- oder Ergänzungsanträge, Obliegenheitsverletzung im Rahmen der Abwicklung mit dem Rechtsschutzversicherer – z.B. abweichende Kostenregelung nach Abschluss eines Vergleichs – etc. Dies sind aber keine speziellen Probleme der vereinbarten Vergütung, so dass insoweit auf die allgemeine Literatur verwiesen sei.[86]

2680

---

83 S. hierzu Rn. 319.
84 S. hierzu Rn. 377.
85 Zu dem sich hieraus ergebenden Einwand der unzulässigen Rechtsausübung gegenüber der Vergütungsvereinbarung s. OLG Düsseldorf, JurBüro 2004, 536.
86 S. hierzu Zugehöhr (Hrsg.), Handbuch der Anwaltshaftung; Rinsche (Hrsg.) Die Haftung des Rechtsanwalts und des Notars.

p) Konsequenzen für den Beklagten

aa) Fehlende Berechnung

2681 Fehlt die Mitteilung einer ordnungsgemäßen Berechnung nach §10 RVG, ist Klageabweisung zu beantragen, da die Klage derzeit unzulässig oder unbegründet ist.

2682 Reicht der Anwalt im Verlaufe des Rechtsstreits eine ordnungsgemäße Kostenrechnung nach und ist der Vergütungsanspruch begründet, insbesondere auch verbindlich, empfiehlt es sich, die Forderung umgehend anzuerkennen und unter Hinweis auf dieses sofortige Anerkenntnis gemäß §93 ZPO zu beantragen, dass die Kosten des Rechtsstreits dem Kläger auferlegt werden.

bb) Vereinbarung ist unwirksam

2683 Kommt der Anwalt nach den vorstehenden Prüfungen zu dem Ergebnis, dass die Vergütungsvereinbarung unwirksam ist, schuldet der Auftraggeber nur die gesetzliche Vergütung. Insoweit bietet sich dann ein Teilanerkenntnis an. Dieses löst allerdings eine volle Terminsgebühr auf beiden Seiten aus.

2684 **Praxistipp:**

Anstelle eines Anerkenntnisses sollte daher erwogen werden, ob der Beklagte nicht sogleich auch zahlt und den Anwalt klaglos stellt.

2685 Der Anwalt muss dann den Rechtsstreit insoweit in der Hauptsche für erledigt erklären. Dies kann eine Terminsgebühr aus diesem Teilwert vermeiden und steht einer Gerichtskostenermäßigung nach Nr. 1211 GKG-KostVerz. nicht entgegen, wenn auch die Kostenlast anerkannt wird.

2686 Voraussetzung ist allerdings, dass eine ordnungsgemäße Berechnung der gesetzlichen Vergütung nach §10 RVG vorliegt.

Praxistipp: 2687

In Höhe der gesetzlichen Vergütung braucht die geforderte vereinbarte Vergütung nicht anerkannt zu werden, wenn darüber keine ordnungsgemäße Berechnung nach § 10 RVG vorliegt.

Soweit der Auftraggeber nur zur Zahlung der gesetzlichen Vergütung 2688 verpflichtet ist, steht ihm – im Gegensatz zu einer unverbindlichen Vereinbarung (s. u. Rn. 2689) nach § 10 RVG nämlich ein Recht auf eine ordnungsgemäße Kostenberechnung zu.[87] Hieraus folgt, dass die anstelle der vereinbarten Vergütung zu zahlende gesetzliche Vergütung so lange nicht verlangt werden kann, als dem Auftraggeber nicht eine ordnungsgemäße Berechnung der gesetzlichen Vergütung mitgeteilt wird.[88]

cc) Unverbindliche Vereinbarung

Ergibt die Prüfung, dass die getroffene Vergütungsvereinbarung zwar 2689 nicht unwirksam, aber unverbindlich ist, soweit die gesetzliche Vergütung überschritten wird, sollte erwogen werden, in Höhe der gesetzlichen Vergütung anzuerkennen. Hier kann allerdings nicht auf eine Berechnung der gesetzlichen Vergütung nach § 10 RVG bestanden werden, da nach wie vor die vereinbarte Vergütung – wenn auch nur in geringerer Höhe – geschuldet ist.

Anstelle eines Anerkenntnisses bietet es sich hier wiederum an, sofort zu 2690 zahlen, um Gebühren zu vermeiden.

dd) Unangemessen hohe Vergütung

Ist der Anwalt des Auftraggebers der Auffassung, die Vergütung sei unangemessen hoch, sollte wiederum erwogen werden, eine Teilzahlung 2691 in Höhe der angemessenen Vergütung zu leisten. Damit wird das Kostenrisiko reduziert. Allerdings ist hier Zurückhaltung geboten, da sich das Maß der Herabsetzung nicht vorhersehen lässt. Zwar kann der Auf-

---

87 OLG Düsseldorf, AGS 2004, 10 m. Anm. N. Schneider.
88 OLG Düsseldorf, a.a.O.

traggeber seine Zahlung zurückverlangen, wenn das Gericht weiter herabsetzt als angenommen. Andererseits ist es aber unwahrscheinlich, dass das Gericht bei freiwilliger Zahlung dann mit der Herabsetzung noch unter den gezahlten Betrag gehen wird.

q) Checkliste: Verteidigung des Auftraggebers

2692 Muss der Anwalt für den beklagten Auftraggeber prüfen, ob und inwieweit Aussichten bestehen, sich gegen die Klage zu verteidigen, kann er sich insbesondere der nachfolgenden – nicht abschließenden – Checkliste bedienen. Weitere mögliche Einwendungen werden sich insbesondere aus allgemeinen Vorschriften ergeben.

2693 I. **Zuständigkeit des Gerichts?**

Ist das angerufene Gericht zuständig, insbesondere: Ist die Klage unzulässigerweise im Sitz der Kanzlei als dem vermeintlichen Erfüllungsort erhoben?

II. **Aktivlegitimation**

1. Ist der Kläger oder sind die Kläger aus der Vergütungsvereinbarung forderungsberechtigt?
2. Liegt eine wirksame Abtretung vor?

II. **Passivlegitimation**

Ist der Beklagte Schuldner der Vergütungsvereinbarung?

III. **Wirksame Vereinbarung**

1. Ist die Vereinbarung nach allgemeinen Vorschriften wirksam zustande gekommen?
2. War dem Auftraggeber Beratungshilfe bewilligt, so dass eine Vergütungsvereinbarung nach § 4 Abs. 6 RVG i.V.m. § 8 BerHG unwirksam ist?
3. Ist ein unzulässiges Erfolgshonorar vereinbart (§ 49 Abs. 2 BRAO)?
4. Ist unzulässigerweise eine Beteiligung am erstrittenen Betrag (quota litis) vereinbart (§ 49 Abs. 2 BRAO)?

5. Ist die vereinbarte Vergütung sittenwidrig (§ 138 BGB)?
6. Liegt ein Verstoß gegen die §§ 305 ff. BGB vor, der zur Unwirksamkeit der gesamten Vereinbarung führt?

IV. **Unverbindliche Vereinbarung**
1. Wird eine höhere als die gesetzliche Vergütung verlangt und ist
   a) die Schriftform des § 4 Abs. 1 Satz 1 RVG nicht gewahrt,
   b) die Vereinbarung in einer Vollmacht enthalten (§ 4 Abs. 1 Satz 1 RVG),
   c) die Vergütungsvereinbarung nicht als solche bezeichnet (§ 4 Abs. 1 Satz 2 RVG) – es sei denn, die Vereinbarung ist vom Auftraggeber verfasst,
   d) die Vergütungsvereinbarung nicht von anderen Vereinbarungen deutlich abgesetzt (§ 4 Abs. 1 Satz 2 RVG) – es sei denn, die Vereinbarung ist vom Auftraggeber verfasst?
2. War der Anwalt im Rahmen der Prozesskostenhilfe beigeordnet (§ 4 Abs. 5 Satz 1 RVG)?

V. **Übereinstimmung der Abrechnung mit dem Inhalt der Vereinbarung**
1. Entspricht die abgerechnete Vergütung der Vereinbarung?
   a) Ist die vereinbarte Berechnungsmethode gewählt worden?
   b) Sind die zutreffenden Beträge, Sätze und Werte zugrunde gelegt worden?
   c) Falls Zeithonorare vereinbart sind:
      aa) Sind die Zeiten richtig erfasst?
         - Sind die abgerechneten Zeitintervalle vereinbart?
         - Ist vereinbart, Fahrt- und Wartezeiten abzurechnen?
      bb) Waren die abgerechneten Zeiten notwendig?
2. Hat der Anwalt seine Tätigkeit in eigener Person geleistet oder darf er auch für Hilfspersonen voll abrechnen?
3. Ist die zusätzliche Abrechnung von Auslagen vereinbart?

4. Ist die zusätzliche Abrechnung von Umsatzsteuer vereinbart?

VI. **Vorzeitige Beendigung**

Ist bei vorzeitiger Beendigung des Mandats § 628 Abs. 1 Satz 1 BGB berücksichtigt oder ist diese Vorschrift wirksam abbedungen worden?

VII. **Fälligkeit**

1. Sind die Voraussetzungen des § 8 Abs. 1 RVG gegeben?
2. Ist in der Vergütungsvereinbarung eine abweichende Fälligkeit geregelt?
3. Haben die Parteien eine Stundungsabrede getroffen?

VIII. **Verjährung**

Ist die Vergütung möglicherweise bereits verjährt?

IX. **Ordnungsgemäße Berechnung**

Liegt eine ordnungsgemäße Berechnung nach § 10 RVG vor?

X. **Unangemessen hohe Vergütung**

Ist die Vergütung unangemessen hoch?

- Wird das Fünffache der gesetzlichen Höchstgebühren überschritten?
- Ist die Vergütung aus anderen Gründen unangemessen hoch?

XI. **Anrechnungen, Vorschüsse, Zahlungen**

1. Sind anzurechnende Beträge berücksichtigt?
2. Sind Vorschüsse berücksichtigt?
3. Sind Zahlungen oder Teilzahlungen berücksichtigt?
4. Sind vom Gegner unmittelbar an den Anwalt erstattete Kosten berücksichtigt?

XII. **Aufrechnung**

1. Kann mit Ansprüchen auf Herausgabe von Fremdgeldern aufgerechnet werden?

2. Kann mit Ansprüchen auf Herausgabe sonstiger Beträge (zurückgezahlte Gerichtskosten o.Ä.) aufgerechnet werden?

3. Kann anderweitig aufgerechnet werden?

XIII. Verstoß gegen Belehrungspflichten

1. Ist darauf hingewiesen, dass sich die Vergütung gemäß § 2 Abs. 1 RVG nach dem Gegenstandswert berechnet?

2. Ist darauf hingewiesen, dass die vereinbarte Vergütung die gesetzliche Vergütung übersteigt?

3. Ist darauf hingewiesen, dass die vereinbarte Vergütung, soweit sie die gesetzliche Vergütung übersteigt, im Obsiegensfalle vom Gegner nicht zu erstatten ist?

4. Ist darauf hingewiesen, dass die vereinbarte Vergütung, soweit sie die gesetzliche Vergütung übersteigt, vom Rechtsschutzversicherer nicht übernommen wird?

5. Soweit die Vergütung aus einem erstinstanzlichen arbeitsgerichtlichen Verfahren geltend gemacht wird: Ist der Hinweis nach § 12a Abs. 1 Satz 2 ArbGG erteilt worden?

XIV. Sonstige Verletzungen des Mandats

4. Klagen des Auftraggebers

a) Die verschiedenen Klagemöglichkeiten

aa) Überblick

Ist eine Vergütungsvereinbarung getroffen worden und möchte der Auftraggeber agieren, also nicht abwarten, ob er vom Anwalt auf Zahlung verklagt wird oder will er gezahlte Beträge oder Vorschüsse zurückverlangen, verlangt er eine Abrechnung oder die Herausgabe von Fremdgeldern oder anderweitig vereinnahmter Beträge, die der Anwalt wegen vermeintlicher Vergütungsforderungen zurückhält, so kommen für ihn verschiedene Klagemöglichkeiten in Betracht.   2694

bb) Negative Feststellungsklage

2695 Soweit der Auftraggeber auf eine Vergütungsvereinbarung noch nicht gezahlt hat, kann er **negative Feststellungsklage** erheben, wenn er meint, dass er die vereinbarte Vergütung nicht oder zumindest nicht in der geforderten Höhe schulde. Dabei ist im Ergebnis unerheblich, ob eine Vereinbarung erst gar nicht zustande gekommen, die Vereinbarung unwirksam oder nur unverbindlich ist, ob die Vergütung unangemessen hoch erscheint oder der Anwalt schlichtweg falsch abgerechnet hat.

2696 Eine Klage auf **Feststellung der Unwirksamkeit der Vergütungsvereinbarung** kommt wohl auch in Betracht. Zweifelhaft könnte zwar sein, ob die Vergütungsvereinbarung als solche ein eigenes Rechtsverhältnis ist oder ob nur der Anwaltvertrag das Rechtsverhältnis ist, das aber wiederum aber unstreitig besteht. Die Frage kann letztlich offen bleiben, da ein entsprechendes Feststellungsurteil nicht weiterhilft. Geklärt ist mit der Feststellung, dass die Vergütungsvereinbarung unwirksam ist, nämlich noch nicht, welche Vergütung denn anstelle dessen geschuldet ist. Dass der Anwalt ohne Vergütung arbeiten muss, wird wohl kein Auftraggeber ernsthaft behaupten wollen.

cc) Rückzahlungsklagen

2697 Darüber hinaus kommen Rückzahlungsklagen in Betracht, wenn der Auftraggeber die vereinbarte Vergütung bereits gezahlt hat, er im Nachhinein aber der Auffassung ist, es sei **falsch abgerechnet** worden.

2698 Das Gleiche gilt, wenn der Auftraggeber der Auffassung ist, die Vereinbarung, auf die er gezahlt hat, sei **unwirksam** oder die Vereinbarung sei gar **nicht wirksam zustande** gekommen.

2699 Ist der Auftraggeber der Auffassung, die Vereinbarung sei nur **unverbindlich**, kommen ebenfalls Rückforderungsansprüche in Betracht. Allerdings sind hier die Rückforderungsausschlüsse nach §4 Abs. 1 Satz 3 RVG und Abs. 5 Satz 2 RVG zu beachten.

2700 Darüber hinaus kommt ein Anspruch auf Rückzahlung auch dann in Betracht, wenn der Auftraggeber sich darauf beruft, die Vergütung sei **un-**

angemessen hoch und müsse daher nach § 4 Abs. 4 Satz 1 RVG herabgesetzt werden.

dd) Herausgabe vereinnahmter Fremdgelder oder sonstiger Beträge

Schließlich kann der Auftraggeber auch Ansprüche **auf Herausgabe vereinnahmter Fremdgelder oder sonstiger Beträge** oder **auf Rückgabe gewährter Sicherheiten** einklagen, wenn der Anwalt diese im Hinblick auf vermeintliche Vergütungsansprüche verweigert. 2701

ee) Rückgabe von Sicherheiten

Hatte der Auftraggeber dem Anwalt Sicherheiten zur Absicherung der sich aus der Vereinbarung ergebenden Vergütungsansprüche gestellt und bestehen die Vergütungsansprüche nicht oder nicht mehr oder sind sie nach § 4 Abs. 1 Satz 1, Satz 2 oder nach Abs. 5 Satz 1 RVG unverbindlich, weigert sich der Anwalt jedoch, die Sicherheiten zurückzugewähren, muss auf Rückgabe geklagt werden. Der Rückforderungsausschluss nach § 4 Abs. 1 Satz 3 und Abs. 5 Satz 2 RVG kommt hier nicht in Betracht, da die Gewährung einer Sicherheit keine Leistung i. S. dieser Vorschriften ist.[89] 2702

ff) Herabsetzung der vereinbarten Vergütung

Weiterhin gibt es hier noch die besondere Möglichkeit einer **Gestaltungsklage**, nämlich einer Klage auf **Herabsetzung der vereinbarten Vergütung** nach § 4 Abs. 4 RVG, wenn der Auftraggeber der Auffassung ist, die vereinbarte Vergütung sei unangemessen hoch. 2703

gg) Erteilung einer Abrechnung

Der Auftraggeber kann sich auch schlicht darauf beschränken, zunächst einmal lediglich **auf Erteilung einer ordnungsgemäßen Abrechnung** nach § 10 RVG zu klagen. 2704

---

89 S. Rn. 2185 ff.

2705 Diese Möglichkeit kommt insbesondere dann in Betracht, wenn der Auftraggeber die Höhe der Vergütung selbst nicht berechnen kann, etwa weil der Anwalt zunächst sein Ermessen nach § 14 Abs. 1 RVG noch ausüben muss.

2706 Die Klage auf Erteilung einer Abrechnung ist aber ggf. auch dann notwendig, wenn der Auftraggeber die Rechnung für seine Buchführungsunterlagen, etwa zum Vorsteuerabzug, benötigt.

b) Negative Feststellungsklage

aa) Überblick

2707 Will der Auftraggeber nicht abwarten, ob er verklagt wird oder bis der Anwalt Klage erhebt, kann er sich gegen vermeintlich unberechtigte Forderungen mit der negativen Feststellungsklage zur Wehr setzen.

2708 Die Zulässigkeit ergibt sich aus § 256 ZPO. Voraussetzung für diese Klage ist lediglich, dass sich der Anwalt einer Forderung berühmt, die der Auftraggeber für unberechtigt hält.

2709 Zweckmäßigerweise sollte auch hier eine „**Abmahnung**" vorhergehen. Der Anwalt sollte also zuvor außergerichtlich aufgefordert werden, verbindlich und endgültig von seiner Forderung Abstand zu nehmen.

bb) Zuständigkeit

2710 Die negative Feststellungsklage kann der Auftraggeber sowohl am Sitz des Anwalts als dessen allgemeinen Gerichtsstand (§ 13 ZPO) erheben als auch am Gerichtsstand des Erfüllungsortes (§ 29 ZPO), also an seinem eigenen Sitz oder Wohnsitz, da es sich bei der Zahlungspflicht um eine Schickschuld handelt, die am Sitz des Schuldners zu erfüllen ist (§ 270 BGB).

2711 Auf den Gerichtsstand des Hauptprozesses (§ 34 ZPO) kann sich der Auftraggeber dagegen nicht berufen. Diese Vorschrift gilt nur für den Anwalt.

cc) Mögliche Feststellungsanträge
(1) Überblick

Die negative Feststellungsklage kommt immer dann in Betracht, wenn der Auftraggeber feststellen lassen will, dass er dem Anwalt keine (weitere) Vergütung schuldet. Dies kann darauf beruhen, dass nach seiner Auffassung 2712

- eine Vergütungsvereinbarung gar nicht zustande gekommen ist,
- die Vergütungsvereinbarung unwirksam ist,
- die Vergütungsvereinbarung unverbindlich ist,
- zwar eine wirksame Vergütungsvereinbarung vorliegt, der Anwalt jedoch fehlerhaft abgerechnet hat,
- zwar eine wirksame Vergütungsvereinbarung vorliegt, die abgerechnete Vergütung jedoch unangemessen hoch ist.

Auf eine fehlende Berechnung (§ 10 RVG) kann sich der Beklagte im Rahmen der negativen Feststellungsklage nicht berufen, da die gesetzliche Vergütung trotz fehlender Klagbarkeit jedenfalls erfüllbar ist und damit ihr Nichtbestehen nicht festgestellt werden darf. 2713

In Betracht kommt eine negative Feststellungsklage auch i.V.m. einer Rückforderungsklage, soweit der Auftraggeber meint, bereits mehr gezahlt zu haben, als er schulde (s.u. Rn. 2752). 2714

Beispiel: 2715

Die Parteien haben eine Vergütungsvereinbarung über eine Pauschale i.H.v. 10.000,00 € geschlossen. Die gesetzliche Vergütung beträgt 3.000,00 €. Der Auftraggeber hat bereits 6.000,00 € gezahlt. Der Auftraggeber ist der Auffassung, dass die Vereinbarung unwirksam sei.

Er kann auf Rückzahlung der nach seiner Ansicht zuviel gezahlten 3.000,00 € klagen sowie auf Feststellung, dass er keine weitere Vergütung (restliche 4.000,00 €) mehr schulde.

(2) Fehlende Vergütungsvereinbarung

Beruft sich der Anwalt auf eine getroffene Vergütungsvereinbarung, ist der Auftraggeber dagegen der Auffassung, dass eine solche Vergütungsvereinbarung schon gar nicht zustande gekommen ist, etwa weil seine Annahmeerklärung fehlt, weil ein Dissens vorliegt o.Ä., so genügt es 2716 darzulegen und notfalls zu beweisen, dass sich der Anwalt einer solchen Forderung aus einer Vereinbarung berühmt und er trotz Aufforderung von seiner Berühmung nicht Abstand genommen habe. Es ist dann Sache des Anwalts die Vergütungsforderung darzulegen und zu beweisen.

2717 Zu beachten ist allerdings, dass in Höhe der gesetzlichen Vergütung die Berechtigung des Anwalts nicht in Abrede gestellt werden darf, unabhängig davon, ob eine ordnungsgemäße Berechnung der gesetzlichen Vergütung erteilt ist oder nicht (s.o. Rn. 2713).

2718 Soweit der Auftraggeber die gesetzliche Vergütung bereits gezahlt hat, ist auf Feststellung zu klagen, dass dem Anwalt über die bereits gezahlte Vergütung hinaus keine weiteren Forderungen zustehen.

2719 Ist die gesetzliche Vergütung noch nicht bezahlt, muss der Auftraggeber zunächst ermitteln, was nach seiner Auffassung an Vergütung angefallen ist, bzw. was er bereit ist zu zahlen. Sodann ist Feststellung zu beantragen, dass dem Anwalt keine weiter gehende Vergütung als dieser Betrag zusteht. Möglich ist wohl, auf Festzustellung zu klagen, dass dem Anwalt keine weiter gehende Vergütung als die *„gesetzliche"* zustehe. Damit ist aber noch nicht geklärt, welche Vergütung dem Anwalt zusteht.

2720 Kann der Auftraggeber die gesetzliche Vergütung nicht selbst berechnen, muss er auf Erteilung einer ordnungsgemäßen Abrechnung nach § 10 RVG klagen (s.u. Rn. 2821). Ein solcher Fall bietet sich z.B. an, wenn der Anwalt lediglich die nicht geschuldete vereinbarte Vergütung abgerechnet hat, über die gesetzliche Vergütung allerdings keine ordnungsgemäße Berechnung gemäß § 10 RVG vorliegt und somit auch hinsichtlich der gesetzlichen Vergütung noch keine Zahlungspflicht des Auftraggebers besteht.

2721 **Fallgestaltung:**

Der Beklagte war vom Kläger beauftragt worden, ihn in einer Strafsache vor dem AG zu verteidigen. Hierfür hatten die Parteien eine Vergütungsvereinbarung getroffen, wonach der Auftraggeber für das Verfahren vor dem AG einschließlich des vorbereitenden Verfahrens eine Vergütung i.H.v. 200,00 € je Stunde zu zahlen habe. Gleichzeitig war vereinbart worden, dass sich der Anwalt vorbehalte, die Annahme des Auftrags für eine weitere Instanz von dem Abschluss einer neuen Vergütungsvereinbarung abhängig zu machen. Der Verteidiger ist sodann im Berufungsverfahren vor dem LG tätig geworden. Eine neue Vereinbarung wurde jedoch nicht getroffen. Nach Abschluss des Berufungsverfahrens rechnet der Anwalt wiederum auf Stundenbasis ab und gelangt zu einem Rechnungsbetrag i.H.v.3.000,00 €. Der Auftraggeber ist der Auffassung, nur die gesetzliche Vergütung zu schulden, da es an einer Vereinbarung für die Berufungsinstanz fehle. Die gesetzliche Vergütung hat der Beklagte bereits gezahlt.

Muster: Negative Feststellungsklage des Auftraggebers (fehlende Vergütungsvereinbarung – gesetzliche Vergütung bereits gezahlt)

2722

Amtsgericht

...

Klage

des Herrn ...,

Kläger,

Prozessbevollmächtigter: Rechtsanwalt ...

gegen

Herrn Rechtsanwalt ...,

Beklagter.

In der mündlichen Verhandlung werde ich beantragen,

> festzustellen, dass dem Beklagten in der Sache ... aus seiner Rechnung vom ..., Rechnungs-Nr. ..., über die vom Kläger bereits gezahlten 649,60 € hinaus kein weiterer Zahlungsanspruch gegen den Kläger zusteht.

> Für den Fall, dass der Beklagte seine Verteidigungsbereitschaft nicht rechtzeitig anzeigt, wird der Erlass eines Versäumnisurteils im schriftlichen Verfahren beantragt.

Streitwert: 2.350,40 €

Begründung:

Der Beklagte war vom Kläger beauftragt worden, ihn in der Strafsache ... vor dem Amtsgericht ... zu verteidigen. Hierfür hatten die Parteien eine Vergütung i.H.v. 200,00 € je Stunde vereinbart, die auch gezahlt worden ist.

Gleichzeitig war vereinbart worden, dass sich der Beklagte vorbehalte, die Annahme des Auftrags für eine weitere Instanz von dem Abschluss einer neuen Vergütungsvereinbarung abhängig zu machen.

Der Beklagte ist sodann auch im Berufungsverfahren vor dem LG ... als Verteidiger tätig geworden. Eine neue Vergütungsvereinbarung wurde jedoch nicht getroffen.

Nach Abschluss des Berufungsverfahrens hat der Beklagte auf Stundenbasis abgerechnet und gelangt zu einem Rechnungsbetrag i.H.v. 3.000,00 €.

Diese Abrechnung ist jedoch unzutreffend, da es für das Berufungsverfahren vor dem LG ... an einer Vergütungsvereinbarung fehlt. Abzurechnen ist daher nach der gesetzlichen Vergütung, die sich wie folgt berechnet:

1. Verfahrensgebühr, Nr. 4124 VV RVG   270,00 €
2. Terminsgebühr, Nr. 4126 VV RVG   270,00 €
3. Auslagenpauschale, Nr. 7002 VV RVG   20,00 €
   Zwischensumme   560,00 €
4. 16 % Umsatzsteuer, Nr. 7008 VV RVG   89,60 €
   Gesamt   649,60 €

Diesen Betrag hat der Kläger an den Beklagten gezahlt.

Da der Beklagte dennoch auf seiner weitergehenden Forderung besteht

Beweis: Vorlage des Schreibens des Beklagten vom ...

– als Kopie in Anlage 1 –

und trotz Aufforderung unter Fristsetzung

Beweis: Vorlage des Schreibens des Klägers vom ...

– als Kopie in Anlage 2 –

von seiner Berühmung nicht Abstand genommen hat, ist zur Klärung negative Feststellungsklage geboten.

....

Rechtsanwalt

VII. Rechtsstreit

Auch hier sind weitere Ausführungen nicht erforderlich. Insbesondere ist weder die Vorlage der Vergütungsvereinbarung erforderlich noch sind sonstige Ausführungen hierzu geboten. Da sich der Beklagte auf eine von der gesetzlichen Vergütung abweichende Vereinbarung beruft, obliegt ihm die Darlegungs- und Beweislast, dass es zu einer solchen Vereinbarung gekommen ist. | 2723

Fallgestaltung: | 2724

Wie Muster Rn. 2722; der Beklagte hatte jedoch noch nicht gezahlt, weil er sich darauf beruft, dass ihm noch keine ordnungsgemäße Kostenberechnung erteilt worden sei.

Muster: Negative Feststellungsklage des Auftraggebers (fehlende Vergütungsvereinbarung – gesetzliche Vergütung noch nicht gezahlt) | 2725

Amtsgericht

...

Klage

des Herrn ...,

Kläger,

Prozessbevollmächtigter: Rechtsanwalt ...

gegen

Herrn Rechtsanwalt ...,

Beklagter.

In der mündlichen Verhandlung werde ich beantragen,
    festzustellen, dass dem Beklagten für die Verteidigung des Klägers in dem Berufungsverfahren LG ... kein höherer Zahlungsanspruch als 649,60 € zusteht.

    Für den Fall, dass der Beklagte seine Verteidigungsbereitschaft nicht rechtzeitig anzeigt, wird der Erlass eines Versäumnisurteils im schriftlichen Verfahren beantragt.

> **Streitwert: 2.350,40 €**
>
> **Begründung:**
>
> (wie Muster Rn. 2722 bis zur Berechnung der gesetzlichen Vergütung)
>
> Diesen Betrag hat der Kläger an den Beklagten noch nicht gezahlt, weil insoweit bislang noch keine ordnungsgemäße Berechnung nach § 10 RVG vorliegt.[90]
>
> Da der Beklagte dennoch auf seiner weiter gehenden Forderung besteht
>
> **Beweis:** Vorlage des Schreibens des Beklagten vom ...
>
> – als Kopie in Anlage 1 –
>
> und trotz Aufforderung unter Fristsetzung
>
> **Beweis:** Vorlage des Schreibens des Klägers vom ...
>
> – als Kopie in Anlage 2 –
>
> von seiner Berühmung nicht Abstand genommen hat, ist zur Klärung negative Feststellungsklage geboten.
>
> ....
>
> Rechtsanwalt

(3) Unwirksame Vergütungsvereinbarung

2726 Ist eine Vergütungsvereinbarung zustande gekommen, meint aber der Auftraggeber, diese sei unwirksam, etwa weil sie sittenwidrig sei oder weil sie gegen §§ 134 BGB, 49b Abs. 2 BRAO verstoße o.Ä., kann er ebenfalls auf negative Feststellung klagen.

2727 Auch hier muss der Auftraggeber zunächst nur vortragen, dass sich der Anwalt eines bestimmten Vergütungsanspruchs berühme, den er bestreite. Sodann kann der Auftraggeber abwarten, wie der Anwalt seine Ansprüche begründet. Die Darlegungs- und Beweislast für den Ab-

---

90 Zur Zahlung ist der Beklagte – im Gegensatz zu einer unverbindlichen Vereinbarung – nicht verpflichtet, solange keine Abrechnung der gesetzlichen Vergütung vorliegt: AG Spandau AGS 2003, 440 m. Anm. Herrmann und N. Schneider = KostRsp. BRAGO § 3 Nr. 63; OLG Düsseldorf AGS 2004, 12 = JurBüro 2003, 584 = MDR 2003, 58 m. Anm. N. Schneider; ausführlich Rn. 1936.

schluss einer wirksamen Vereinbarung liegt wiederum beim Auftraggeber. Ungeachtet dessen kann es aber nicht schaden, schon in der Klageschrift entsprechend zur Unwirksamkeit vorzutragen.

Schließlich sollte zur Höhe der gesetzlichen Gebühren vorgetragen werden, die bei Unwirksamkeit der Vergütungsvereinbarung greifen würden. Denn insoweit bleibt der Auftraggeber selbst nach seiner eigenen Auffassung zahlungspflichtig, sofern er die gesetzliche Vergütung nicht bereits gezahlt hat oder er sogar von der Nichtigkeit des gesamten Anwaltvertrages ausgeht. 2728

Fallgestaltung: 2729

Der Beklagte war vom Kläger beauftragt worden, ihn bei der Abwehr eines gegen ihn erhobenen Pflichtteilsanspruchs i.H.v. 20.000,00 € außergerichtlich zu vertreten. Hierfür war ein Honorar i.H.v. 3.000,00 € vereinbart und abgerechnet worden. Der Auftraggeber ist der Auffassung, der Anwalt könne lediglich die gesetzlichen Gebühren (1.147,24 €) verlangen und hat diesen Betrag auch bereits gezahlt. Da der Anwalt auf seiner weitergehenden Forderung beharrt, will der Auftraggeber negative Feststellungsklage erheben.

Muster: Negative Feststellungsklage des Auftraggebers (Unwirksamkeit der Vergütungsvereinbarung – gesetzliche Vergütung bereits gezahlt) 2730

Amtsgericht

...

Klage

des Herrn ...,

Kläger,

Prozessbevollmächtigter: Rechtsanwalt ...

gegen

Herrn Rechtsanwalt ...,

Y. Der Vergütungsrechtsstreit

Beklagter.

In der mündlichen Verhandlung werde ich beantragen,

festzustellen, dass dem Beklagten aus seiner Rechnung vom ..., Rechnungs-Nr. ... über die vom Kläger bereits gezahlten 1.147,24 € hinaus in der Sache ... kein weiterer Zahlungsanspruch gegen den Kläger zusteht.

Für den Fall, dass der Beklagte seine Verteidigungsbereitschaft nicht rechtzeitig anzeigt, wird der Erlass eines Versäumnisurteils im schriftlichen Verfahren beantragt.

Streitwert: 1.852,76 €

Begründung:

Der Beklagte war vom Kläger beauftragt worden, ihn bei der Abwehr eines gegen den Kläger erhobenen Pflichtteilsanspruchs i.H.v. 20.000,00 € außergerichtlich zu vertreten.

Die Parteien haben sodann die in

– Anlage 1 –

beiliegende Vergütungsvereinbarung geschlossen.

Nach Abschluss der Angelegenheit hat der Beklagte dem Kläger seine Vergütung in Rechnung gestellt und zwar insgesamt

3.000,00 €.

Der Kläger hat hierauf einen Teilbetrag i.H.v.

1.147,24 €

gezahlt.

Die weitere Zahlung hat der Kläger abgelehnt, da die getroffene Vergütungsvereinbarung unwirksam ist.

Der Beklagte besteht jedoch weiterhin auf dem Ausgleich seiner Restforderung

Beweis: Vorlage des Schreibens vom ...

– als Kopie in Anlage 2 –

Da der Kläger das Nichtbestehen seiner Zahlungspflicht endgültig geklärt wissen will, ist insoweit negative Feststellungsklage geboten.

Dem Beklagten steht keine höhere Vergütung zu als die, die der Kläger bereits gezahlt hat, da die getroffene Vergütungsvereinbarung unwirksam ist.

Der Beklagte hat in seiner Honorarvereinbarung die Klausel verwandt:

„Von dieser Vereinbarung hat der Auftraggeber eine Ausfertigung erhalten."

Eine solche Vereinbarung verstößt gegen § 309 Nr. 12 b) BGB. Damit ist die getroffene Vergütungsvereinbarung insgesamt nichtig (OLG Düsseldorf, MDR 2000, 420 = OLGReport 2000, 228 = StraFo 2001, 399 = KostRsp. BRAGO § 3 Nr. 46; OLG Düsseldorf, AGS 2004, 10 = MDR 2004, 58).

Ausgehend von der dargelegten Unwirksamkeit der Vergütungsvereinbarung kann der Beklagte also nicht mehr verlangen als die gesetzliche Vergütung, die sich wie folgt berechnet:

1. 1,5-Geschäftsgebühr, Nr. 2400 VV RVG (Wert: 20.000,00 €) 969,00 €
2. Postentgeltpauschale, Nr. 7002 VV RVG 20,00 €
   Zwischensumme 989,00 €
3. 16 % Umsatzsteuer, Nr. 7008 VV RVG 158,24 €
   Summe 1.147,24 €

Diesen Betrag hat der Kläger bereits gezahlt, so dass damit die Vergütungsansprüche des Beklagten erloschen sind.

Vorsorglich sei darauf hingewiesen, dass nach § 14 Abs. 2 RVG das Gutachten des Vorstands der Rechtsanwaltskammer einzuholen ist, sollte der Beklagte die Höhe der zugestandenen 1,5-Gebühr bestreiten und eine höhere Vergütung für angemessen erachten.

....

Rechtsanwalt

Fallgestaltung:

Wie Muster Rn. 2730; der Kläger hatte jedoch noch nicht gezahlt, da er sich darauf beruft, noch keine ordnungsgemäße Abrechnung nach § 10 RVG erhalten zu haben.

Y. Der Vergütungsrechtsstreit

2732 **Muster: Negative Feststellungsklage des Auftraggebers (Unwirksamkeit der Vergütungsvereinbarung – gesetzliche Vergütung noch nicht gezahlt)**

Amtsgericht

...

Klage

des Herrn ...,

Kläger,

Prozessbevollmächtigter: Rechtsanwalt ...

gegen

Herrn Rechtsanwalt ...,

Beklagter.

In der mündlichen Verhandlung werde ich beantragen,

festzustellen, dass dem Beklagten für die außergerichtliche Vertretung in der Sache ... ein über den Betrag i.h.v. 1.147,24 € hinaus gehender Vergütungsanspruch nicht zusteht.

Für den Fall, dass der Beklagte seine Verteidigungsbereitschaft nicht rechtzeitig anzeigt, wird der Erlass eines Versäumnisurteils im schriftlichen Verfahren beantragt.

Streitwert: 1.852,76 €

Begründung:

(wie Muster Rn. 2730 bis zur Berechnung).

Diesen Betrag hat der Kläger an den Beklagten noch nicht gezahlt, weil insoweit bislang noch keine ordnungsgemäße Berechnung nach § 10 RVG vorliegt.[91]

Da der Beklagte dennoch auf seiner weiter gehenden Forderung besteht

Beweis: Vorlage des Schreibens des Beklagten vom ...

---

91 Auch hierzu ist der Beklagte – im Gegensatz zu einer unverbindlichen Vereinbarung – nicht verpflichtet, solange keine Abrechnung der gesetzlichen Vergütung vorliegt, s. Rn. 1936.

– als Kopie in Anlage 1 –

und trotz Aufforderung unter Fristsetzung

Beweis: Vorlage des Schreibens des Klägers vom ...

– als Kopie in Anlage 2 –

von seiner Berühmung nicht Abstand genommen hat, ist zur Klärung negative Feststellungsklage geboten.

....

Rechtsanwalt

(4) Unverbindliche Vergütungsvereinbarung

Die negative Feststellungsklage kommt nicht nur dann in Betracht, wenn der Auftraggeber sich auf eine fehlende Vereinbarung oder die Unwirksamkeit einer Vereinbarung beruft, sondern auch dann, wenn der Auftraggeber geltend macht, die Vereinbarung sei unverbindlich. 2733

Auch hier liegt die Darlegungs- und Beweislast beim Anwalt. Dieser muss darlegen und beweisen, dass eine wirksame und verbindliche Vergütungsvereinbarung zustande gekommen ist. Ungeachtet dessen kann es hier nicht schaden, zur Unverbindlichkeit bereits in der Klageschrift vorzutragen. 2734

Zu beachten ist, dass in Höhe der gesetzlichen Vergütung eine Zahlungspflicht besteht und dass hier nicht eine Berechnung der gesetzlichen Vergütung nach § 10 RVG verlangt werden kann. Der Auftraggeber muss die gesetzliche Vergütung notfalls selbst berechnen. 2735

Fallgestaltung: 2736

Der Auftrageber hatte den Anwalt in einem Rechtsstreit beauftragt. Die Parteien hatten zwar vereinbart, dass der Anwalt das Dreifache der gesetzlichen Gebühren erhalten solle. Die Vereinbarung war jedoch nicht als solche bezeichnet und auch nicht von sonstigen Vereinbarungen deutlich abgesetzt. Der Kläger hat die gesetzliche Vergütung bereits gezahlt.[92]

2737 **Muster: Negative Feststellungsklage des Auftraggebers (Unverbindlichkeit der Vergütungsvereinbarung)**

Amtsgericht

...

Klage

des Herrn ...,

Kläger,

Prozessbevollmächtigter: Rechtsanwalt ...

gegen

Herrn Rechtsanwalt ...,

Beklagter.

In der mündlichen Verhandlung werde ich beantragen,

festzustellen, dass dem Beklagten in der Sache ... aus der Rechnung Nr. ... vom ... über die bereits gezahlten 1.432,60 € hinaus kein weiterer Vergütungsanspruch gegen den Kläger zusteht.

Für den Fall, dass der Beklagte seine Verteidigungsbereitschaft nicht rechtzeitig anzeigt, wird der Erlass eines Versäumnisurteils im schriftlichen Verfahren beantragt.

Streitwert: 2.818,80 €

Begründung:

Der Kläger hatte den Beklagten beauftragt, ihn in dem Rechtsstreit LG ... als Prozessbevollmächtigter zu vertreten.

Nach Abschluss des Rechtsstreits hat der Beklagte seine Vergütung ausgehend von dem vom LG festgesetzten Streitwert i.H.v. 10.000,00 € abgerechnet,

---

92 Im Falle der Unverbindlichkeit kann sich der Kläger – im Gegensatz zur unwirksamen oder fehlenden Vereinbarung – nicht auf eine fehlende Berechnung berufen, s. Rn. 1937.

und zwar nach dem Dreifachen der gesetzlichen Gebühren, insgesamt 4.251,40 €.

Beweis: Vorlage der Rechnung des Beklagten vom ...

– als Kopie in Anlage K 1 –

Der Beklagte beruft sich dabei auf eine entsprechende Vereinbarung zwischen den Parteien. Zutreffend ist, dass eine solche Vereinbarung getroffen worden ist. Diese ist jedoch unverbindlich, da es an der Form des § 4 Abs. 1 Satz 2 RVG mangelt und somit also keinen durchsetzbaren Anspruch des Klägers zu begründen vermag.

Der Beklagte schuldet also nur die gesetzliche Vergütung, die sich wie folgt berechnet:

1.	1,3-Verfahrensgebühr, Nr. 3100 VV RVG (Wert: 10.000,00 €)		631,80 €
2.	1,2-Terminsgebühr, Nr. 3104 VV RVG (Wert: 10.000,00 €)		583,20 €
3.	Auslagenpauschale, Nr. 7002 VV RVG		20,00 €
	Zwischensumme	1.235,00 €	
4.	16 % Umsatzsteuer, Nr. 7008 VV RVG		197,60 €
	Gesamt		**1.432,60 €**

Diesen Betrag hat der Kläger an den Beklagten gezahlt.

Da der Beklagte dennoch auf seiner weiter gehenden Forderung besteht und trotz Aufforderung unter Fristsetzung

Beweis: Vorlage des Schreibens des Klägers vom ...

– als Kopie in Anlage 2 –

von seiner Berühmung nicht Abstand genommen hat, ist zur Klärung negative Feststellungsklage geboten.

....

Rechtsanwalt

Y. Der Vergütungsrechtsstreit

(5) Fehlerhafte Abrechnung

2738 Eine negative Feststellungsklage kommt zudem in Betracht, wenn über die Höhe der Vergütungsforderung Streit besteht, etwa über die Auslegung einzelner Berechnungsvereinbarungen.

2739 Die Gründe können vielfältiger Art seien. So kann z.b. bei Abrechnung nach Pauschalen Streit darüber bestehen, wie weit die Pauschale reicht und ob für bestimmte Nebentätigkeiten zusätzlich die gesetzliche Vergütung verlangt werden kann. Bei Abrechnung nach Stunden kann Streit darüber bestehen, ob Fahrt- und Wartezeiten gesondert abzurechnen sind oder ob der vereinbarte Stundensatz auch Umsatzsteuer und Auslagen beinhaltet. Zudem kann Streit entstehen, ob die Anzahl der abgerechneten Stunden notwendig war. Ist ein Vielfaches der gesetzlichen Gebühren vereinbart und ist nach den gesetzlichen Gebühren ein Satz- oder Betragsrahmen vorgesehen, kann Streit über die zutreffende Bestimmung der einfachen angemessenen Gebühr nach § 14 Abs. 1 RVG bestehen. Ebenso kann in diesem Fall Streit über den zutreffenden Gegenstandswert bestehen.

2740 Auch hier liegt letztlich die Darlegungs- und Beweislast dafür, dass die abgerechnete Vergütung zutreffend ist, beim Anwalt. Gleichwohl bietet es sich hier an, die Einwände bereits in der Feststellungsklage vorzutragen, also z.B. darauf hinzuweisen, dass Auslagen und Umsatzsteuer mangels gegenteiliger Absprache in der Pauschale enthalten sind.

2741 Insbesondere dann, wenn eingewandt wird, die abgerechneten Stunden seien nicht notwendig gewesen, sollte konkret angegeben werden, welche einzelnen Stunden beanstandet werden.

2742 **Fallgestaltung:**
Der Beklagte war vom Kläger beauftragt worden, ihn bei der Auseinandersetzung einer Erbengemeinschaft außergerichtlich zu vertreten. Die Parteien hatten hierzu schriftlich vereinbart, dass der Anwalt für seine Tätigkeit einen Betrag i.H.v. 250,00 €/Stunde erhalte. Weitere Vereinbarungen zur Höhe der Vergütung sind nicht getroffen worden. Nach Abschluss der Angelegenheit hat der Anwalt 23 Stun-

den i.H.v. insgesamt 5.750,00 € abgerechnet, darunter auch drei Stunden für Fahrt- und Wartezeiten sowie seine Telekommunikationskosten, Reisekosten und Fotokopiekosten i.h.v. insgesamt 1.500,00 € sowie Umsatzsteuer aus 7.250,00 € i.H.v. 1.160,00 €.

Der Auftraggeber hat die vereinbarte Vergütung nach Stundensätzen (5.000,00 €) gezahlt, nicht jedoch die Auslagen und die Umsatzsteuer.

Muster: Negative Feststellungsklage des Auftraggebers (Auslegung der Vereinbarung)

Amtsgericht

...

Klage

des Herrn ...,

Kläger,

Prozessbevollmächtigter: Rechtsanwalt ...

gegen

Herrn Rechtsanwalt ...,

Beklagter.

In der mündlichen Verhandlung werde ich beantragen,

 festzustellen, dass dem Beklagten aus der Rechnung vom ..., Rechnungs-Nr. ..., in der Sache ... über die vom Kläger bereits gezahlten 5.000,00 € hinaus kein weiterer Vergütungsanspruch gegen den Kläger zusteht.

 Für den Fall, dass der Beklagte seine Verteidigungsbereitschaft nicht rechtzeitig anzeigt, wird der Erlass eines Versäumnisurteils im schriftlichen Verfahren beantragt.

Streitwert: 3.410,00 €

Begründung:

Der Beklagte war von dem Kläger beauftragt worden, ihn bei der Auseinandersetzung einer Erbengemeinschaft, an der er beteiligt war, zu vertreten.

Die Parteien haben hierzu die als Kopie in

– Anlage 1 –

beiliegende Vergütungsvereinbarung geschlossen, wonach dem Beklagten ein Stundensatz i.H.v. 250,00 € je Stunde zustand.

Nach Abschluss der Angelegenheit hat der Beklagte insgesamt 23 Stunden abgerechnet sowie Auslagen i.H.v. insgesamt 1.500,00 € und hierauf 16 % Umsatzsteuer erhoben. Insgesamt ergab sich damit ein Betrag i.H.v.

23 Stunden x 250,00 €/Stunde	5.750,00 €
Auslagen	1.500,00 €
zuzüglich 16 % Umsatzsteuer	1.160,00 €
Gesamt	**8.410,00 €**

Beweis: Vorlage des Schreibens vom ...

– als Kopie in Anlage 2 –

Der Kläger hat 20 Stunden bezahlt, also

20 Stunden x 250,00 €/Stunde   5.000,00 €.

Zur Zahlung weiterer Stunden sowie zur Zahlung der Auslagen und der Umsatzsteuer ist der Kläger nicht verpflichtet.

Da der Beklagte dennoch auf die Bezahlung dieser Position besteht,

Beweis: Vorlage des Schreibens vom ...

– als Kopie in Anlage 3 –

ist zur Klärung die negative Feststellungsklage geboten.

Dem Beklagten stehen weitere Ansprüche nicht zu.

Die Vergütungsvereinbarung verhält sich eindeutig nur über einen Stundensatz i.H.v. 250,00 €. Zusätzliche Auslagen und Umsatzsteuer sind nicht vereinbart. Daher schuldet der Kläger also weder die Kosten für Post- und Telekommunikationsentgelte noch für Reise- oder Fotokopiekosten. Fehlt eine anderweitige Bestimmung, sind diese Auslagentatbestände durch die vereinbarte Vergütung abgegolten (LG Koblenz, AnwBl. 1984, 206 m. Anm. Madert = JurBüro 1984, 1667 m. Anm. Mümmler; AnwK-RVG/N. Schneider § 4 Rn. 114).

Der Kläger schuldet auch keine weiter gehende Umsatzsteuer. Zum einen ist darauf hinzuweisen, dass die Umsatzsteuer nach dem RVG als Auslagentatbestand behandelt wird (Nr. 7008 VV RVG), so dass also das Gleiche gilt wie zu den zuvor genannten Auslagen. Zum anderen ist die Vereinbarung mangels gegenteiliger Anhaltspunkte als Bruttovereinbarung zu verstehen (OLG Karlsruhe, DB 1979, 447 = OLGZ 1979, 230 = KostRsp. BRAGO § 25 Nr. 7 m. Anm. E. Schneider; LG Koblenz, AnwBl. 1984, 206 m. Anm. Madert = JurBüro 1984, 1667 m. Anm. Mümmler; AnwK-RVG/N. Schneider § 4 Rn. 114). Das vereinbarte Honorar i.H.v. 250,00 € enthält damit bereits die abzuführende Umsatzsteuer.

Schließlich ist der Kläger nur zur Zahlung von 20 Stunden verpflichtet. Der Beklagte rechnet u.a. drei Stunden für Fahrt- und Wartezeiten ab. Solche Zeiten können aber nur dann abgerechnet werden, wenn dies ausdrücklich vereinbart ist (s. BGH, AGS 2005, 378 m. Anm. Madert, Henke u. N. Schneider = AnwBl. 2005, 582 m. Anm. Henke, BGHReport 2005, 1151 m. Anm. N. Schneider).

Nach alledem stehen dem Beklagten also keine weiter gehenden Ansprüche mehr zu.

....

Rechtsanwalt

(6) Vorzeitige Beendigung

Ein „Spezialfall" der fehlerhaften Abrechnung ist gegeben, wenn der Anwalt – insbesondere bei einer Pauschale – die volle vereinbarte Vergütung berechnet und nicht berücksichtigt, dass er wegen vorzeitiger Beendigung des Auftrags nach § 628 Abs. 1 Satz 1 BGB lediglich einen Teilbetrag entsprechend der bisher geleisteten Arbeit verlangen kann. Auch hier kann einer überhöhten Forderung mit einer negativen Feststellungsklage begegnet werden. 2744

Der Auftraggeber muss dann die Vergütungsvereinbarung vortragen sowie die vorzeitige Beendigung. Des Weiteren muss er vortragen, dass sich der Anwalt ungeachtet der vorzeitigen Beendigung des Auftrags des vollen vereinbarten Anspruchs berühmt. 2745

2746 Es ist dann Sache des Anwalts vorzutragen, dass eine Teilvergütung nicht in Betracht kommt, etwa weil die Vorschrift des § 628 Abs. 1 Satz 1 BGB wirksam ausgeschlossen ist oder weil seine Tätigkeit bereits so umfassend war, dass eine Herabsetzung nach § 628 Abs. 1 Satz 1 BGB nicht gerechtfertigt ist.

2747 **Fallgestaltung:**

Der Auftraggeber hatte den Anwalt mit der Auseinandersetzung einer Erbengemeinschaft beauftragt, an der er beteiligt ist. Vereinbart worden war hierfür ein Pauschalbetrag i.H.v. 30.000,00 € für die außergerichtliche Vertretung. Nach einigen Wochen kündigt der Auftraggeber das Mandat. Der Anwalt besteht auf der Zahlung des vereinbarten Pauschalhonorars i.H.v. 30.000,00 €, obwohl eine entsprechende Klausel in der Vergütungsvereinbarung nicht enthalten ist. Der Auftraggeber ist demgegenüber der Auffassung, die Pauschale sei nach § 628 Abs. 1 Satz 1 BGB zu kürzen; angemessen sei nur ein Drittel, also 10.000,00 €, die er auch bereits gezahlt hat.[93]

2748 **Muster: Negative Feststellungsklage des Auftraggebers (vorzeitige Erledigung)**

Landgericht

...

Klage

des Herrn, ...

Kläger,

Prozessbevollmächtigter: Rechtsanwalt ...

gegen

Herrn Rechtsanwalt ...,

---

[93] Auch hier kann sich der Kläger nicht auf eine fehlende Berechnung über den reduzierten Betrag berufen. Die Rechnung über den vollen Pauschalbetrag reicht aus.

Beklagter.

In der mündlichen Verhandlung werde ich beantragen,

festzustellen, dass dem Beklagten gegen den Kläger für die außergerichtliche Vertretung in der Sache ... über die von ihm bereits gezahlten 10.000,00 € hinaus keine weiter gehenden Vergütungsansprüche zustehen.

Für den Fall, dass der Beklagte seine Verteidigungsbereitschaft nicht rechtzeitig anzeigt, wird der Erlass eines Versäumnisurteils im schriftlichen Verfahren beantragt.

Streitwert: 20.000,00 €

Begründung:

Der Kläger hatte den Beklagten am ... beauftragt, ihn außergerichtlich betreffend der Auseinandersetzung einer Erbengemeinschaft, an der er beteiligt ist, zu vertreten.

Hierzu hatten die Parteien die als Kopie

– in Anlage 1 –

beiliegende Vergütungsvereinbarung getroffen.

Vereinbart war danach eine Pauschalvergütung i.H.v. 30.000,00 € einschließlich Umsatzsteuer.

Bei Abschluss der Vergütungsvereinbarung waren die Parteien davon ausgegangen, dass eine umfangreiche Abwicklung anstehe, dass ein Teilungsplan erstellt werden müsse, dass zunächst einmal ein Bestandsverzeichnis erstellt werden müsse, dass es zu mehreren Gesprächen mit den Miterben kommen werde etc. Darüber hinaus war beabsichtigt, einen notariellen Teilungsvertrag abzuschließen, da sich im Nachlass auch Grundstücke befanden. Der Beklagte selbst hat einen Abwicklungszeitraum von mindestens einem Jahr veranschlagt.[94]

Beweis: Vorlage des Kalkulationsschreibens des Beklagten

– als Kopie in Anlage 2 –

---

[94] Vorteilhaft ist es, wenn Korrespondenz vorgelegt werden kann, aus der sich eine Einschätzung des Anwalts ergibt, weil damit die Grundlage der Pauschalvereinbarung nachgewiesen werden kann.

Am ... hat der Kläger das Mandat gekündigt und um eine Abrechnung gebeten. Der Beklagte hat daraufhin die vollen 30.000,00 € abgerechnet.

Der Kläger ist nicht bereit, diesen Betrag zu zahlen. Da die Vereinbarung für den Fall der vorzeitigen Mandatsbeendigung keine ausdrückliche Regelung enthält, gilt insoweit § 628 Abs. 1 Satz 1 BGB. Die Pauschale ist auf einen Teilbetrag, der der bisherigen Leistung des Beklagten entspricht, herabzusetzen (BGH, NJW 1987, 315 = JurBüro 1987, 373 = MDR 1987, 297; OLG Düsseldorf, AnwBl. 1985, 260; AnwBl. 1985, 201).

In Anbetracht dessen, dass das Mandat bereits vor Ablauf von drei Monaten beendet worden ist, also nach einem Viertel des veranschlagten Zeitraums, ist unter Berücksichtigung der Dauer, des Aufwands, insbesondere der möglicherweise aufwändigen Einarbeitung allenfalls ein Drittel der Pauschale geschuldet, mithin 10.000,00 €.

Diesen Betrag hat der Kläger bereits gezahlt.

Da der Beklagte dennoch auf seiner weiter gehenden Forderung besteht und trotz Aufforderung unter Fristsetzung

Beweis: Vorlage des Schreibens des Klägers vom ...

– als Kopie in Anlage 3 –

von seiner Berühmung nicht Abstand genommen hat, ist zur Klärung negative Feststellungsklage geboten.

....

Rechtsanwalt

(7) Unangemessen hohe Vergütung

2749 Auch dann, wenn der Auftraggeber die vereinbarte Vergütung für unangemessen hoch i.S.d. § 4 Abs. 4 RVG hält, kommt eine negative Feststellungsklage in Betracht. Zweckmäßiger ist es allerdings, auf Herabsetzung zu klagen.[95] Der Auftraggeber muss dann den Betrag berechnen, den er für angemessen hält und feststellen lassen, dass dem Anwalt keine weiteren Vergütungsansprüche zustehen. Das Gericht prüft dann **in-**

---

95 S. u. Rn. 2807.

zidenter, ob eine Herabsetzung der Vergütung nach § 4 Abs. 4 RVG vorzunehmen ist.

Hier trifft den Auftraggeber allerdings die Darlegungs- und Beweislast dafür, dass die Vergütung unangemessen hoch ist, wobei nach der Rechtsprechung bei einem Überschreiten der gesetzlichen Gebühren um mehr als das Fünffache grds. von einer unangemessen hohen Vergütung auszugehen ist, so dass es in diesem Fall zunächst ausreichen würde, dies vorzutragen. Der Anwalt muss dann darlegen, wieso ausnahmsweise doch besondere Umstände vorliegen, die die Vergütung nicht als unangemessen hoch erscheinen lassen.[96]   2750

Liegt die vereinbarte Vergütung dagegen nicht über dem Fünffachen der gesetzlichen Höchstgebühren, muss der Auftraggeber bereits in der Klageschrift vortragen, aufgrund welcher Umstände sich hier die Unangemessenheit der Höhe ergibt.   2751

c) Rückzahlungsklagen

aa) Überblick

Hat der Auftraggeber bereits gezahlt, sei es vollständig oder teilweise und ist er der Auffassung mehr gezahlt zu haben, als geschuldet, muss er, wenn der Anwalt nicht freiwillig zurückerstattet, auf Rückzahlung klagen.   2752

- Der Rückzahlungsanspruch kann sich daraus ergeben, dass der Anwalt fehlerhaft **zu hoch abgerechnet** hat.
- Er kann sich daraus ergeben, dass eine Vereinbarung gar **nicht zustande gekommen** und daher nur die gesetzliche Vergütung geschuldet ist.
- Die Vereinbarung kann **unwirksam** sein; auch dann ist nur die gesetzliche Vergütung geschuldet.
- Denkbar ist, dass die vereinbarte Vergütung **unangemessen hoch** und daher herabzusetzen ist.

---

96 S. im Einzelnen Rn. 1336 ff.

- Problematisch ist es, wenn die Vereinbarung zwar wirksam, aber nach §4 Abs. 1 Satz 1 oder Satz 2 oder Abs. 5 Satz 1 RVG **unverbindlich** ist. Auch dann kommt ein Rückforderungsanspruch grds. in Betracht. Allerdings sind hier spezielle Rückforderungsausschlüsse zu beachten.

2753 Möglich sind auch Kombinationen, etwa dass die Rückzahlung primär darauf gestützt wird, es sei schon keine Vereinbarung zustande gekommen, jedenfalls sei diese unwirksam, zumindest aber unverbindlich und zudem auch fehlerhaft abgerechnet und unangemessen hoch.

bb) Gerichtsstand

2754 Klagt der Auftraggeber auf Rückzahlung, so muss er am Sitz der Kanzlei des Anwalts klagen. Dies ist sowohl der allgemeine Gerichtsstand (§ 13 ZPO) als auch der Gerichtsstand des Erfüllungsortes (§ 29 ZPO), da es sich um eine Geldschuld handelt. Der besondere Gerichtsstand des § 34 ZPO kommt nicht in Betracht.

cc) Rückzahlung wegen fehlerhafter Abrechnung

2755 Ein Rückzahlungsanspruch kommt in Betracht, wenn zwar eine wirksame und verbindliche Vergütungsvereinbarung vorliegt, der Anwalt danach jedoch mehr abgerechnet hat, als ihm zusteht. Die Gründe hierfür können vielfältig sein.

2756 So kann sich der Anwalt möglicherweise nicht an die Vereinbarung gehalten haben, indem er zu hohe Stundensätze oder Pauschalen abgerechnet hat, oder er ist von unzutreffenden Gebührentatbeständen ausgegangen, er hat einen zu hohen Gegenstandswert angenommen oder er hat Auslagen und Umsatzsteuer abgerechnet, obwohl dies nicht vereinbart war, oder er mehr Stunden abgerechnet hat, als tatsächlich angefallen sind oder notwendig waren.

2757 In allen diesen Fällen ergibt sich der Rückforderungsanspruch des Auftraggebers aus **Bereicherungsrecht** (§ 812 BGB).

2758 Ein **Rückforderungsausschluss** kommt hier nur nach § 814 BGB in Betracht. Alleine eine freiwillige und vorbehaltlose Zahlung schließt den

Rückforderungsanspruch des Auftraggebers nicht aus. Die Vorschriften des § 4 Abs. 1 Satz 3 und Abs. 5 Satz 2 RVG greifen hier nicht.

Die **Darlegungs- und Beweislast** für den Rückforderungsanspruch liegt beim Auftraggeber. Ggf. kommen allerdings Erleichterungen in Betracht. 2759

Beispiel: 2760
Der Anwalt hat 15 Stunden abgerechnet, die der Auftraggeber auch bezahlt hat. Im Nachhinein verlangt der Auftraggeber einen Teil seiner gezahlten Vergütung zurück mit der Begründung, so viele Stunden seien gar nicht angefallen bzw. nicht notwendig gewesen.

Hier wird der Anwalt zunächst einmal darlegen müssen, wie sich die 15 abgerechneten Stunden zusammensetzen. Kann er dies nicht begründen, wird sich damit die Beweislast umkehren.

Da in diesen Fällen dem Auftraggeber die Darlegungs- und Beweislast obliegt, muss er den Inhalt der Vergütungsvereinbarung vortragen und darüber hinaus darlegen, dass die Abrechnung des Anwalts nicht zutreffend ist. Besondere Schwierigkeiten werden sich hier in aller Regel nicht ergeben. Bleiben allerdings Zweifel, gehen diese zulasten des Auftraggebers. 2761

Ein Rückforderungsausschluss nach § 814 BGB wird in der Praxis kaum einmal vorkommen. 2762

Möglich ist allerdings, dass sich der Anwalt auf den Wegfall der Bereicherung beruft. Dies gilt jedoch als berufswidrig.[97] 2763

Fallgestaltung: 2764

Der Beklagte war vom Kläger beauftragt worden, ihn bei der Auseinandersetzung einer Erbengemeinschaft außergerichtlich zu vertreten. Die Parteien hatten hierzu schriftlich vereinbart, dass der Anwalt für seine Tätigkeit einen Betrag i.H.v. 250,00 €/Stunde erhalte. Weitere Vereinbarungen zur Höhe der Vergütung sind nicht getroffen

---

97 EGH II 106; AnwK-RVG/N. Schneider, § 10 Rn. 69.

worden. Nach Abschluss der Angelegenheit rechnet der Anwalt 20 Stunden i.H.v. insgesamt 5.000,00 € ab sowie seine Telekommunikationskosten, Reisekosten und Fotokopiekosten i.H.v. insgesamt 500,00 € zuzüglich Umsatzsteuer aus 5.500,00 € i.H.v. 880,00 €. Der Auftraggeber zahlt diesen Betrag.

Später erfährt er nach anwaltlicher Beratung, dass er die Auslagen und die Umsatzsteuer nicht hätte zahlen müssen und verlangt diese zurück.

2765 Muster: Rückforderungsklage (fehlerhafte Abrechnung)

Amtsgericht

...

Klage

des Herrn ...,

Kläger,

Prozessbevollmächtigter: Rechtsanwalt ...

gegen

Herrn Rechtsanwalt ...,

Beklagter.

In der mündlichen Verhandlung werde ich beantragen,

den Beklagten zu verurteilen, an den Kläger 1.380,00 € nebst Zinsen i.H.v. 5 Prozentpunkten über dem Basiszinssatz seit dem ... [98] zu zahlen.

Für den Fall, dass der Beklagte seine Verteidigungsbereitschaft nicht rechtzeitig anzeigt, wird der Erlass eines Versäumnisurteils im schriftlichen Verfahren beantragt.

Streitwert: 1.380,00 €

---

98 Datum des Schreibens einsetzen, mit dem der Auftraggeber erklärt hat, die Zahlung zu verweigern.

Begründung:

Der Beklagte war von dem Kläger beauftragt worden, ihn bei der Auseinandersetzung einer Erbengemeinschaft, an der er beteiligt war, zu vertreten.

Die Parteien haben die als Kopie in

– Anlage 1 –

beiliegende Vergütungsvereinbarung geschlossen, wonach dem Beklagten ein Stundensatz i.H.v. 250,00 € je Stunde zustand.

Nach Abschluss der Angelegenheit hat der Beklagte insgesamt 20 Stunden abgerechnet sowie Auslagen i.H.v. insgesamt 500,00 € und hierauf 16 % Umsatzsteuer erhoben. Insgesamt ergab sich damit ein Betrag i.H.v.

20 Stunden x 250,00 €/Stunde	5.000,00 €
Auslagen	500,00 €
zuzüglich 16 % Umsatzsteuer	880,00 €
Gesamt	**6.380,00 €**

Diesen Betrag hat der Kläger auch bezahlt.

Tatsächlich standen dem Kläger jedoch nur

5.000,00 €

zu.

Die Vergütungsvereinbarung verhält sich eindeutig nur über einen Stundensatz i.H.v. 250,00 €. Zusätzliche Auslagen und Umsatzsteuer sind nicht vereinbart.

Daher schuldet der Kläger also weder die Kosten für Post- und Telekommunikationsentgelte noch für Reise- oder Fotokopiekosten. Fehlt eine anderweitige Bestimmung, sind diese Auslagentatbestände durch die vereinbarte Vergütung abgegolten (LG Koblenz, AnwBl. 1984, 206 m. Anm. Madert = JurBüro 1984, 1667 m. Anm. Mümmler; AnwK-RVG/N. Schneider § 4 Rn. 114).

Der Kläger schuldet auch keine weiter gehende Umsatzsteuer. Zum einen ist darauf hinzuweisen, dass die Umsatzsteuer nach dem RVG als Auslagentatbestand behandelt wird (Nr. 7008 VV RVG), so dass also das Gleiche gilt wie zu den zuvor genannten Auslagen.

Zum anderen ist die Vereinbarung mangels gegenteiliger Anhaltspunkte als Bruttovereinbarung zu verstehen (OLG Karlsruhe, DB 1979, 447 = OLGZ 1979, 230 = KostRsp. BRAGO § 25 Nr. 7 m. Anm. E. Schneider; LG Koblenz, AnwBl. 1984, 206 m. Anm. Madert = JurBüro 1984, 1667 m. Anm. Mümmler; AnwK-RVG/N. Schneider § 4 Rn. 114). Das vereinbarte Honorar i.H.v. 250,00 € enthält damit bereits die abzuführende Umsatzsteuer.

Nach alledem stehen dem Beklagten also nur 250,00 € je Stunde, mithin insgesamt 5.000,00 € zu.

Der Beklagte ist daher nach § 812 BGB zur Rückgewähr verpflichtet, soweit der Kläger zu viel gezahlt hat.

Der Beklagte ist mit Schreiben vom ...

– Anlage 2 –

zur Rückzahlung der 1.380,00 € aufgefordert worden. Er hat diese Forderung mit Schreiben vom ...

– Anlage 3 –

zurückgewiesen.

Äußerst vorsorglich sei darauf hingewiesen, dass ein Ausschluss der Rückforderung nach § 4 Abs. 1 Satz 3 RVG hier nicht in Betracht kommt. Dieser Rückforderungsausschluss greift nur dann, wenn ein Formverstoß gegen § 4 Abs. 1 Satz 1 oder Satz 2 RVG gegeben ist, nicht aber dann, wenn die geltend gemachte Vergütung gar nicht vereinbart ist.

Auch § 814 BGB greift nicht, da dem Kläger zum Zeitpunkt der Zahlung nicht bekannt war, dass er neben der Stundensätzen weder Auslagen noch Umsatzsteuer zu zahlen hatte. Das hatte er erst nachträglich aufgrund anwaltlicher Beratung erfahren.

Beweis: Zeugnis des Unterzeichners

....

Rechtsanwalt

dd) Rückzahlung wegen vorzeitiger Beendigung

2766 Ein „Spezialfall" der fehlerhaften Abrechnung ist gegeben, wenn der Anwalt nicht berücksichtigt hat, dass er wegen vorzeitiger Beendigung des

Auftrags nach § 628 Abs. 1 Satz 1 BGB lediglich einen Teilbetrag entsprechend der bisher geleisteten Arbeit verlangen kann. Hat der Auftraggeber gezahlt, kann er den zu viel gezahlten Betrag zurückverlangen.
Der Auftraggeber muss dann die Vergütungsvereinbarung vortragen sowie die vorzeitige Beendigung. Des Weiteren muss er vortragen, welchen Teil der geschuldeten Tätigkeit der Anwalt noch nicht erbracht hat, damit ermittelt werden kann, wie sich die Teilvergütung berechnet. Der Anwalt wiederum muss ggf. vortragen und beweisen, dass die Anwendung des § 628 Abs. 1 Satz 1 BGB wirksam ausgeschlossen ist. Zweifel gehen zulasten des Auftraggebers.

2767

Fallgestaltung:

Der Auftraggeber hatte den Anwalt mit der Durchsetzung von Zugewinnausgleichsansprüchen sowie der Vermögensauseinandersetzung gegenüber seiner geschiedenen Ehefrau beauftragt. Vereinbart worden war hierfür ein Pauschalbetrag i.H.v. 30.000,00 € für die außergerichtliche Vertretung, die der Auftraggeber bereits gezahlt hatte. Nach einigen Wochen kündigt der Auftraggeber das Mandat. Der Anwalt ist der Auffassung, die 30.000,00 € behalten zu dürfen, obwohl eine entsprechende Klausel in der Vergütungsvereinbarung nicht enthalten ist. Der Auftraggeber ist demgegenüber der Auffassung, die Pauschale sei nach § 628 Abs. 1 Satz 1 BGB zu kürzen; angemessen sei nur ein Drittel, also 10.000,00 €. Er verlangt die Rückzahlung von 20.000,00 €.

2768

Muster: Rückforderungsklage (vorzeitige Beendigung)

2769

Landgericht

...

Klage

des Herrn, ...

Kläger,

Prozessbevollmächtigter: Rechtsanwalt ...

gegen

Herrn Rechtsanwalt ...,

Y. Der Vergütungsrechtsstreit

Beklagter.
In der mündlichen Verhandlung werde ich beantragen,
   den Beklagten zu verurteilen, an den Kläger 20.000,00 € nebst Zinsen i.H.v. 5 Prozentpunkten über dem Basiszinssatz seit dem ...[99] zu zahlen.
Für den Fall, dass der Beklagte seine Verteidigungsbereitschaft nicht rechtzeitig anzeigt, wird der Erlass eines Versäumnisurteils im schriftlichen Verfahren beantragt.

Streitwert: 20.000,00 €

Begründung:

Der Kläger hatte den Beklagten am ... beauftragt, ihn außergerichtlich betreffend der Durchsetzung seiner Zugewinnausgleichsansprüche sowie der Vermögensauseinandersetzung gegenüber seiner Ehefrau zu vertreten.

Hierzu hatten die Parteien die als Kopie

– in Anlage 1 –

beiliegende Vergütungsvereinbarung getroffen.

Vereinbart war danach eine Pauschalvergütung i.H.v. 30.000,00 € einschließlich Umsatzsteuer. Diesen Betrag hat der Kläger bereits gezahlt.

Bei Abschluss der Vergütungsvereinbarung waren die Parteien davon ausgegangen, dass eine umfangreiche Abwicklung anstehe, insbesondere dass aufwändig die einzelnen Vermögenspositionen ermittelt und bewertet werden müssten, dass hinsichtlich der gemeinsamen Immobilien ein Teilungsvorschlag unterbreitet werden müsse, dass zunächst einmal ein Bestandsverzeichnis erstellt werden müsse, dass es zu mehreren Gesprächen mit den Gegenseite kommen werde etc. Darüber hinaus war beabsichtigt, einen notariellen Vertrag abzuschließen, da sich im gemeinsamen Vermögen auch Immobilien befinden. Der Beklagte selbst hat einen Abwicklungszeitraum von mindestens eineinhalb Jahren veranschlagt.[100]

Beweis: Vorlage des Schreibens des Beklagten

---

99   Datum des Schreibens einsetzen, mit dem der Anwalt erklärt hat, die Zahlung zu verweigern.
100 Vorteilhaft ist es, wenn Korrespondenz vorgelegt werden kann, aus der sich eine Einschätzung des Anwalts ergibt, weil damit die Grundlage der Pauschalvereinbarung nachgewiesen werden kann.

– als Kopie in Anlage 2 –

Am ... hat der Kläger das Mandat gekündigt und um eine neue Abrechnung gebeten. Der Beklagte hat dies im Hinblick auf die bereits abgerechneten 30.000,00 € verweigert.

Da die Vereinbarung für den Fall der vorzeitigen Mandatsbeendigung keine ausdrückliche Regelung enthält, gilt insoweit § 628 Abs. 1 Satz 1 BGB. Die Pauschale ist auf einen Teilbetrag, der der bisherigen Leistung des Beklagten entspricht, herabzusetzen (BGH, NJW 1987, 315 = JurBüro 1987, 373 = MDR 1987, 297; OLG Düsseldorf, AnwBl. 1985, 260; AnwBl. 1985, 201).

In Anbetracht dessen, dass das Mandat bereits nach drei Monaten beendet worden ist, also nach einem Viertel des veranschlagten Zeitraums, ist unter Berücksichtigung der Dauer, des Aufwands, insbesondere der möglicherweise aufwändigen Einarbeitung, allenfalls ein Drittel der Pauschale geschuldet, mithin 10.000,00 €.

Demnach ergibt sich eine Überzahlung i.H.v.

20.000,00 €,

die der Beklagte nach § 812 BGB zurückzuzahlen hat.

Der Beklagte ist mit Schreiben vom ...

– Anlage 2 –

zur Rückzahlung der 20.000,00 € aufgefordert worden. Er hat diese Forderung mit Schreiben vom ...

– Anlage 3 –

zurückgewiesen.

Äußerst vorsorglich sei darauf hingewiesen, dass ein Ausschluss der Rückforderung nach § 4 Abs. 1 Satz 3 RVG hier nicht in Betracht kommt. Dieser Rückforderungsausschluss greift nur dann, wenn ein Formverstoß gegen § 4 Abs. 1 Satz 1 oder Satz 2 RVG gegeben ist, nicht aber dann, wenn die geltend gemachte Vergütung wegen vorzeitiger Erledigung gar nicht geschuldet ist.

Auch § 814 BGB greift nicht, da zum Zeitpunkt der Zahlung das Mandant noch andauerte und an eine vorzeitige Beendigung noch gar nicht gedacht war.

....

Rechtsanwalt

ee) Rückzahlung wegen fehlender Vereinbarung

2770 Hat der Auftraggeber gezahlt und beruft er sich darauf, dass eine Vergütungsvereinbarung gar nicht zustande gekommen sei, steht ihm ein bereicherungsrechtlicher Rückforderungsanspruch zu, allerdings nur in der Höhe, in der die gezahlte vereinbarte Vergütung die gesetzliche Vergütung übersteigt.

2771 Hier gehört also zur Klagebegründung, dass der Auftraggeber die Unwirksamkeit der Vergütungsvereinbarung darlegt und beweist, wobei Zweifel zu seinen Lasten gehen, da er beweispflichtig ist.

2772 Darüber hinaus muss er auch die Höhe der gesetzlichen Vergütung darlegen, damit die Differenz, aus der sich der Rückforderungsanspruch ergibt, berechnet werden kann. Sollten sich bei der Berechnung der gesetzlichen Vergütung ausnahmsweise Unklarheiten ergeben, so gehen diese zulasten des Auftraggebers, da er insoweit für den Rückforderungsanspruch beweispflichtig ist.

2773 | Fallgestaltung:

Der Beklagte war vom Kläger beauftragt worden, ihn in einer Strafsache vor dem AG zu verteidigen. Hierfür hatten die Parteien eine Vergütungsvereinbarung getroffen, wonach der Auftraggeber für das Verfahren vor dem AG einschließlich des vorbereitenden Verfahrens eine Vergütung i.H.v. 200,00 € je Stunde zu zahlen habe. Gleichzeitig war vereinbart worden, dass sich der Anwalt vorbehalte, die Annahme des Auftrags für eine weitere Instanz von dem Abschluss einer neuen Vergütungsvereinbarung abhängig zu machen. Der Verteidiger ist sodann im Berufungsverfahren vor dem LG tätig geworden. Eine neue Vereinbarung wurde jedoch nicht getroffen. Nach Abschluss des Berufungsverfahrens rechnet der Anwalt wiederum auf Stundenbasis ab und gelangt zu einem Rechnungsbetrag i.H.v. 3.000,00 €. Der Auftraggeber zahlte diesen Betrag. Erst nachträglich fällt ihm auf, dass es an einer Vereinbarung für die Berufungsinstanz fehlt. Er verlangt Rückzahlung.

Muster: Rückforderungsklage (fehlende Vereinbarung) 2774

Landgericht

...

Klage

des Herrn ...,

Kläger,

Prozessbevollmächtigter: Rechtsanwalt ...

gegen

Herrn Rechtsanwalt ...,

Beklagter.

In der mündlichen Verhandlung werde ich beantragen,

den Beklagten zu verurteilen, an den Kläger 2.350,40 € nebst Zinsen i.H.v. 5 Prozentpunkten über dem Basiszinssatz seit dem ...[101] zu zahlen.

Für den Fall, dass der Beklagte seine Verteidigungsbereitschaft nicht rechtzeitig anzeigt, wird der Erlass eines Versäumnisurteils im schriftlichen Verfahren beantragt.

Streitwert: 2.350,40 €

Begründung:

Der Beklagte war vom Kläger beauftragt worden, ihn in der Strafsache ... vor dem Amtsgericht ... zu verteidigen. Hierfür hatten die Parteien eine Vergütung i.H.v. 200,00 € je Stunde vereinbart, die auch gezahlt worden ist.

Gleichzeitig war vereinbart worden, dass sich der Beklagte vorbehalte, die Annahme des Auftrags für eine weitere Instanz von dem Abschluss einer neuen Vergütungsvereinbarung abhängig zu machen.

Beweis: Vorlage der Vergütungsvereinbarung

– als Kopie in Anlage K 1 –

---

101 Datum des Schreibens einsetzen, mit dem der Anwalt erklärt hat, die Zahlung zu verweigern.

Y. Der Vergütungsrechtsstreit

Der Beklagte ist sodann auch im Berufungsverfahren vor dem LG ... als Verteidiger tätig geworden. Eine neue Vergütungsvereinbarung wurde jedoch nicht getroffen.

Nach Abschluss des Berufungsverfahrens hat der Beklagte auf Stundenbasis abgerechnet und gelangt zu einem Rechnungsbetrag i.H.v. 3.000,00 €. Diesen Betrag hat der Kläger auch gezahlt.

Diese Abrechnung ist jedoch unzutreffend, da es für das Berufungsverfahren vor dem LG ... an einer Vergütungsvereinbarung fehlt. Abzurechnen ist daher nach der gesetzlichen Vergütung, die sich wie folgt berechnet:

1.	Verfahrensgebühr, Nr. 4124 VV RVG	270,00 €
2.	Terminsgebühr, Nr. 4126 VV RVG	270,00 €
3.	Auslagenpauschale, Nr. 7002 VV RVG	20,00 €
	Zwischensumme	560,00 €
4.	16 % Umsatzsteuer, Nr. 7008 VV RVG	89,60 €
	Gesamt	**649,60 €**

Es ergibt sich somit einer Überzahlung i.H.v.

2.350,40 €,

die der Kläger ohne rechtlichen Grund gezahlt hat.

Der Beklagte ist insoweit daher nach § 812 BGB zur Rückgewähr verpflichtet. Er ist mit Schreiben vom ...

– Anlage 2 –

zur Rückzahlung der 2.350,40 € aufgefordert worden. Er hat diese Forderung mit Schreiben vom ...

– Anlage 3 –

zurückgewiesen.

Äußerst vorsorglich sei darauf hingewiesen, dass ein Ausschluss der Rückforderung nach § 4 Abs. 1 Satz 3 RVG hier nicht in Betracht kommt. Dieser Rückforderungsausschluss greift nur dann, wenn ein Formverstoß gegen § 4 Abs. 1 Satz 1 oder Satz 2 RVG gegeben ist, nicht aber dann, wenn die Vereinbarung insgesamt aus anderen Gründen bereits unwirksam ist.

> Auch § 814 BGB greift nicht, da der Kläger bei Zahlung irrtümlich davon ausgegangen war, die Vereinbarung sei auch für die Berufungsinstanz geschlossen worden. Dass es für die Berufungsinstanz an einer Vereinbarung fehlt, war ihm bei Zahlung nicht bewusst.
>
> ....
> Rechtsanwalt

ff) Rückforderung wegen unwirksamer Vereinbarung

2775 Ist die Vergütungsvereinbarung wegen Verstoßes gegen ein gesetzliches Verbot (z.B. § 134 BGB i.V.m. § 49b Abs. 2 BRAO) wegen Sittenwidrigkeit (§ 138 BGB) oder aus anderen Gründen unwirksam, besteht nur eine eingeschränkte Zahlungspflicht des Auftraggebers. Aus der Unwirksamkeit der Vergütungsvereinbarung folgt, sofern nicht der gesamte Anwaltvertrag nichtig ist, dass eine Vergütungsschuld nur in Höhe der gesetzlichen Gebühren entsteht.

2776 Soweit der Auftraggeber mehr als die gesetzliche Vergütung gezahlt hat, steht ihm folglich ein Rückgewähranspruch aus § 812 BGB zu. Die Berufung des Anwalts auf Entreicherung ist nach h.M. berufswidrig.[102]

2777 Nur im Falle eines Verstoßes gegen § 4 Abs. 6 RVG i.V.m. § 8 BerHG ist gar keine Vergütung geschuldet; hier kann dann der gesamte gezahlte Betrag zurückverlangt werden.

2778 Fälle des § 814 BGB dürften in der Praxis kaum vorkommen, da dies voraussetzen würde, dass der Auftraggeber die Unwirksamkeit der Vereinbarung gekannt hatte.

2779 Eine „Heilung" nach § 4 Abs. 1 Satz 3 RVG kann hier nicht eintreten, da diese Vorschrift voraussetzt, dass eine wirksame Vergütungsvereinbarung besteht, die lediglich unverbindlich ist. Eine entsprechende Anwendung auf unwirksame Vereinbarungen scheidet aus.

2780 Ebenso wenig kommt selbstverständlich ein Rückzahlungsanspruch in Betracht, wenn der Auftraggeber bislang nur einen Betrag gezahlt hat,

---

102 EGH II 106; AnwK-RVG/N. Schneider, § 10 Rn. 69.

der die gesetzlichen Gebühren nicht übersteigt, da insoweit ein Rechtsgrund bestand.

2781 | **Fallgestaltung:**
Der Auftraggeber hatte den Anwalt beauftragt, Zugewinnausgleichsansprüche i.H.v. 50.000,00 € geltend zu machen. Für die außergerichtliche Vertretung hatten die Parteien ein Pauschalhonorar i.H.v. 15.000,00 € und Umsatzsteuer vereinbart. Diesen Betrag hat der Kläger an den Beklagten bereits gezahlt.
Nachträglich stellt der Auftraggeber fest, dass die getroffene Vergütungsvereinbarung unwirksam ist und verlangt Rückzahlung.

2782 | **Muster: Rückforderungsklage (unwirksame Vereinbarung)**

Landgericht

...

Klage

des Herrn ...,

Kläger,

Prozessbevollmächtigter: Rechtsanwalt ...

gegen

Herrn Rechtsanwalt ...,

Beklagter.

In der mündlichen Verhandlung werde ich beantragen,

den Beklagten zu verurteilen, an den Kläger 11.943,40 € nebst Zinsen i.H.v 5 Prozentpunkten über dem Basiszinssatz seit dem ...[103] zu zahlen.

Für den Fall, dass der Beklagte seine Verteidigungsbereitschaft nicht rechtzeitig anzeigt, wird der Erlass eines Versäumnisurteils im schriftlichen Verfahren beantragt.

---

103 Datum des Schreibens einsetzen, mit dem der Anwalt erklärt hat, die Zahlung zu verweigern.

Streitwert: 11.943,40 €

Begründung:

Der Kläger hatte den Beklagten beauftragt, Zugewinnausgleichsansprüche i.H.v. 50.000,00 € geltend zu machen.

Für die außergerichtliche Vertretung hatten die Parteien ein Pauschalhonorar i.H.v. 15.000,00 € und Umsatzsteuer vereinbart.

Insoweit wird Bezug genommen auf die in

– Anlage 1 –

beigefügte Vergütungsvereinbarung.

Den vereinbarten Betrag hat der Kläger an den Beklagten bereits gezahlt.

Wie der Kläger zwischenzeitlich nach anwaltlicher Beratung festgestellt hat, ist die getroffene Vergütungsvereinbarung unwirksam.

... (Ausführungen zur Unwirksamkeit der Vereinbarung) ...[104]

Demzufolge steht dem Beklagten lediglich die gesetzliche Vergütung zu, also eine Geschäftsgebühr nach Nr. 2400 VV RVG.

Insoweit geht der Beklagte in Anbetracht der Gesamtumstände von der Höchstgebühr i.H.v. 2,5 aus.

Ausgehend hiervon ergibt sich ein Betrag i.H.v.

1.	2,5-Geschäftsgebühr, Nr. 2400 VV RVG (Wert: 50.000,00 €)	2.615,00 €
2.	Postentgeltpauschale, Nr. 7002 VV RVG	20,00 €
	Zwischensumme	2.635,00 €
3.	16 % Umsatzsteuer, Nr. 7008 VV RVG	421,60 €
	Summe:	**3.056,60 €,**

der dem Kläger berechtigterweise zusteht.

Es ergibt sich demnach eine Überzahlung i.H.v.

11.944,40 €,

die der Kläger ohne rechtlichen Grund gezahlt hat.

---

[104] S. z.B. Muster Rn. 2730.

Y. Der Vergütungsrechtsstreit

> Der Beklagte ist insoweit nach § 812 BGB zur Rückgewähr verpflichtet. Er ist mit Schreiben vom ...
>
> – Anlage 2 –
>
> zur Rückzahlung der 11.943,40 € aufgefordert worden. Er hat diese Forderung mit Schreiben vom ...
>
> – Anlage 3 –
>
> zurückgewiesen.
>
> Äußerst vorsorglich sei darauf hingewiesen, dass ein Ausschluss der Rückforderung nach § 4 Abs. 1 Satz 3 RVG hier nicht in Betracht kommt. Dieser Rückforderungsausschluss greift nur dann, wenn ein Formverstoß gegen § 4 Abs. 1 Satz 1 oder Satz 2 RVG gegeben ist, nicht aber dann, wenn die Vereinbarung insgesamt aus anderen Gründen bereits unwirksam ist.
>
> Auch § 814 BGB greift nicht, da dem Kläger die Unwirksamkeit der Vergütungsvereinbarung bei Zahlung noch nicht bekannt war.
>
> ....
>
> Rechtsanwalt

gg) Rückforderung wegen unverbindlicher Vereinbarung

2783 Ist der Auftraggeber der Auffassung, die Vereinbarung sei nur **unverbindlich**, kommen ebenfalls Rückforderungsansprüche in Betracht. Allerdings sind hier die Rückforderungsausschlüsse nach § 4 Abs. 1 Satz 3 RVG und Abs. 5 Satz 2 RVG zu beachten.

(1) Verstoß gegen § 4 Abs. 1 RVG

2784 Wendet der Auftraggeber ein, die Vergütungsvereinbarung sei von ihm nicht schriftlich abgegeben worden oder in einer Vollmacht enthalten (§ 4 Abs. 1 Satz 1 RVG), die Vergütungsvereinbarung sei nicht als solche bezeichnet oder nicht von anderen Vereinbarungen deutlich abgesetzt gewesen (§ 4 Abs. 1 Satz 2 RVG), kann er zwar wiederum grds. nach § 812 BGB die Rückzahlung verlangen, soweit er mehr als die gesetzliche Vergütung gezahlt hat. Hier ist aber der **Rückforderungsausschluss** des § 4 Abs. 1 Satz 3 RVG zu beachten. Eine Rückforderung kommt danach nur in Betracht, wenn der Auftraggeber **nicht freiwillig** oder **unter Vorbehalt** gezahlt hat. Anderenfalls sind Rückforderungsansprüche ausgeschlossen.

Gleiches gilt, wenn der Auftraggeber von einer unverbindlichen Vereinbarung ausgeht, weil ihm Prozesskostenhilfe bewilligt und der Anwalt in diesem Rahmen beigeordnet worden ist und der Auftraggeber daher nach § 4 Abs. 5 Satz 1 RVG von einer unverbindlichen Vereinbarung ausgeht. Auch hier ist der Rückforderungsausschluss bei freiwilliger und vorbehaltloser Leistung nach § 4 Abs. 5 Satz 2 RVG zu beachten. 2785

Der Auftraggeber muss also in diesen Fällen nicht nur zur Unverbindlichkeit vortragen, sondern auch dazu, dass seine Zahlungen entweder nicht freiwillig erfolgt ist oder dass er diese unter einen Vorbehalt gestellt hat. 2786

Vorzugehen ist in diesen Fällen wie folgt: 2787

(1) Vorzutragen ist zunächst einmal, dass ein Formverstoß nach § 4 Abs. 1 Satz 1 oder Satz 2 RVG vorliegt.

(2) Als nächstes ist zur Höhe der gesetzlichen Gebühren vorzutragen, da Anspruchsvoraussetzung ist, dass die vereinbarte Vergütung über der gesetzlichen Vergütung liegt.

(3) Sodann ist vorzutragen, dass entweder unter Vorbehalt gezahlt worden ist oder die Zahlung nicht freiwillig erfolgte.

(4) Schließlich ist der Differenzbetrag zwischen dem gezahlten Betrag und der gesetzlichen Vergütung zu berechnen, da nur insoweit ein Rückzahlungsanspruch besteht.

Hinsichtlich der Darlegungs- und Beweislast gilt Folgendes: 2788

- Die Darlegungs- und Beweislast für die **Formunwirksamkeit** der Vereinbarung liegt beim **Auftraggeber**.

- Ebenso muss er die Zahlung oder anderweitige Erfüllung darlegen und beweisen.

- Da der Auftraggeber grds. alle Voraussetzungen des Rückforderungsanspruchs, den er geltend macht, darzulegen und zu beweisen hat, muss er also auch darlegen, dass er entweder nicht freiwillig oder nur unter Vorbehalt geleistet hat.

Die **Beweislast für die fehlende Freiwilligkeit** ist dabei allerdings wiederum verteilt:

- Zunächst muss der Anwalt die Kenntnis des Auftraggebers davon beweisen, dass die vereinbarte Vergütung die gesetzliche Vergütung übersteigt.[105]
- Hiernach muss der Auftraggeber beweisen, dass
  - er dennoch nicht freiwillig geleistet hat, also eine Zwangs- oder Drucksituation bestanden hat,[106]
  - oder die Zahlung nur unter Vorbehalt erfolgte.[107]

2789 **Fallgestaltung:**

Wie Muster Rn. 2781; jedoch war die Vergütungsvereinbarung vom Auftraggeber nicht unterschrieben worden, ansonsten aber wirksam.

2790 **Muster: Rückforderungsklage (unverbindliche Vereinbarung wegen Formverstoßes)**

Landgericht

...

Klage

des Herrn ...,

Kläger,

---

105 OLG Koblenz = GuT 2003, 234 = MDR 2004, 55 = WuM 2003, 657 = KostRsp. BRAGO § 3 Nr. 65; AG Freiburg, JurBüro 1983, 1510 = AnwBl. 1983, 514 = MDR 1983, 1033 = Justiz 1984, 61; Krämer/Mauer/Kilian, Rn. 675.
106 Riedel/Sußbauer/Fraunholz, BRAGO, 7. Aufl. 1995, § 3 Rn. 23 (in RVG, 4. Aufl., offenbar aufgegeben); Hansens, § 3 Rn. 9; a.A. BGH, NJW 2004, 2818; OLG Koblenz, MDR 2004, 55; LG Freiburg, a.a.O.; Krämer/Mauer/Kilian, Rn. 674; Meyer/Kroiß/Teubel, § 4 Rn. 30.
107 LG Freiburg, JurBüro 1983, 1510; Krämer/Mauer/Kilian, Rn. 675; a.A. Meyer/Kroiß/Teubel, § 4 Rn. 30.

Prozessbevollmächtigter: Rechtsanwalt . . .

gegen

Herrn Rechtsanwalt . . .,

Beklagter.

In der mündlichen Verhandlung werde ich beantragen,

den Beklagten zu verurteilen, an den Kläger 12.550,08 € nebst Zinsen i.H.v. 5 Prozentpunkten über dem Basiszinssatz seit dem . . . zu zahlen.

Für den Fall, dass der Beklagte seine Verteidigungsbereitschaft nicht rechtzeitig anzeigt, wird der Erlass eines Versäumnisurteils im schriftlichen Verfahren beantragt.

Streitwert: 12.550,08 €

Begründung:

Der Kläger hatte den Beklagten beauftragt, Zugewinnausgleichsansprüche i.H.v. 50.000,00 € geltend zu machen.

Für die außergerichtliche Vertretung hatten die Parteien ein Pauschalhonorar i.H.v. 15.000,00 € und Umsatzsteuer vereinbart.

Insoweit wird Bezug genommen auf die in

– Anlage 1 –

beigefügte Vergütungsvereinbarung.

Diesen Betrag hat der Kläger an den Beklagten bereits gezahlt.

Die zugrunde liegende Vergütungsvereinbarung verstößt gegen § 4 Abs. 1 Satz 1 RVG, da der Kläger keine schriftliche Erklärung abgegeben hat.[108]

Dieser Formverstoß führt zwar nicht zur Unwirksamkeit der Vergütungsvereinbarung. Er führt jedoch dazu, dass der Beklagte nach § 4 Abs. 1 Satz 1 RVG keine höhere als die gesetzliche Vergütung verlangen kann.

Da der Kläger jedoch bereits die – unverbindliche – Vergütung gezahlt hat, steht ihm insoweit ein Rückzahlungsanspruch zu, soweit seine Zahlung die gesetzliche Vergütung übersteigt.

---

108 Alternativ wäre hier vorzutragen, dass die Vereinbarung nicht vom Auftraggeber selbst verfasst und nicht als solche bezeichnet oder von sonstigen Vereinbarungen abgesetzt war.

Y. Der Vergütungsrechtsstreit

Die gesetzliche Vergütung berechnet sich nach Nr. 2400 VV RVG. Insoweit geht der Kläger in Anbetracht der Gesamtumstände davon aus, dass eine 2,0-Gebühr angemessen ist.

Ausgehend hiervon ergibt sich ein Betrag i.H.v.

1.	2,0-Geschäftsgebühr, Nr. 2400 VV RVG (Wert: 50.000,00 €)	2.092,00 €
2.	Postentgeltpauschale, Nr. 7002 VV RVG	20,00 €
	Zwischensumme	2.112,00 €
3.	16 % Umsatzsteuer, Nr. 7008 VV RVG	337,92 €
	Summe:	**2.449,92 €**,

der dem Beklagten berechtigterweise zusteht.

Vorsorglich sei darauf hingewiesen, dass nach § 14 Abs. 2 RVG das Gutachten des Vorstands der Rechtsanwaltskammer einzuholen ist, sollte der Beklagte die Höhe der zugestandenen 2,0-Gebühr bestreiten und eine höhere Vergütung für angemessen erachten.

Es ergibt sich demnach eine Überzahlung i.H.v.

12.550,08 €,

die der Kläger ohne rechtlichen Grund gezahlt hat.

Der Beklagte ist insoweit nach § 812 BGB zur Rückgewähr verpflichtet. Dem Rückzahlungsanspruch steht § 4 Abs. 1 Satz 3 RVG nicht entgegen, da der Kläger ausdrücklich unter Vorbehalt gezahlt hat.[109] Er hat diesen Vorbehalt ausdrücklich in seinem Schreiben vom ... erklärt.

Beweis: Vorlage des Schreibens vom ...

– als Kopie in Anlage 2 –

Der Beklagte ist mit Schreiben vom ...

– als Kopie in Anlage 3 –

---

109 Alternativ wäre hier vorzutragen, dass dem Kläger nicht bekannt gewesen war, dass die vereinbarte Vergütung über der gesetzlichen liege und es daher an der Freiwilligkeit i.S.d. § 4 Abs. 1 S. 3 RVG fehle.

gemahnt worden. Das Schreiben ist ihm nach der gewöhnlichen Postlaufzeit am ... zugegangen, so dass er sich seitdem in Verzug befindet.

....

Rechtsanwalt

(2) Verstoß nach § 4 Abs. 5 Satz 1 RVG

Ähnlich ist vorzugehen, wenn sich der Auftraggeber auf die Unwirksamkeit nach § 4 Abs. 5 Satz 1 RVG beruft (§ 4 Abs. 5 Satz 2 RVG). 2791

Vorzugehen ist wie folgt: 2792

(1) Vorzutragen ist zunächst einmal, dass ein Verstoß nach § 4 Abs. 5 Satz 1 RVG vorliegt, also dem Auftraggeber Prozesskostenhilfe bewilligt worden ist.

(2) Sodann ist vorzutragen, dass entweder unter Vorbehalt gezahlt worden ist oder die Zahlung nicht freiwillig erfolgte. Insoweit liegt die Darlegungs- und Beweislast wiederum beim Auftraggeber, da er einen Rückzahlungsanspruch geltend macht. Allerdings liegt die Beweislast für die Kenntnis der die gesetzliche Vergütung übersteigenden Höhe als Voraussetzung der Freiwilligkeit beim Anwalt.

Zurückzuzahlen ist jetzt der gesamte gezahlte Betrag und nicht nur der Differenzbetrag zwischen dem gezahlten Betrag und der gesetzlichen Vergütung, da nach § 122 Abs. 1 Nr. 3 ZPO auch kein Anspruch auf die gesetzliche Vergütung besteht. 2793

Fallgestaltung: 2794

Der Anwalt war dem Mandanten im Wege der Prozesskostenhilfe beigeordnet worden und hatte mit ihm eine Vergütungsvereinbarung getroffen, wonach der Anwalt die Differenz zwischen den Gebührenbeträgen des § 49 RVG und denen des § 13 RVG erhalten sollte. Der Auftraggeber hat diese Differenzbeträge gezahlt. Er verlangt sie nunmehr vom Anwalt zurück, weil dieser ihn nicht auf die Unverbindlichkeit hingewiesen habe.[110]

2795 **Muster: Rückforderungsklage (unverbindliche Vereinbarung wegen bewilligter Prozesskostenhilfe)**

Amtsgericht

...

Klage

des Herrn ...,

Kläger,

Prozessbevollmächtigter: Rechtsanwalt ...

gegen

Herrn Rechtsanwalt ...,

Beklagter.

In der mündlichen Verhandlung werde ich beantragen,

den Beklagten zu verurteilen, an den Kläger 1.023,70 € nebst Zinsen i.H.v. 5 Prozentpunkten über dem Basiszinssatz seit dem ... zu zahlen.

Für den Fall, dass der Beklagte seine Verteidigungsbereitschaft nicht rechtzeitig anzeigt, wird der Erlass eines Versäumnisurteils im schriftlichen Verfahren beantragt.

Streitwert: 1.023,70 €

Begründung:

Der Beklagte war dem Kläger als Prozessbevollmächtigter in dem Rechtsstreit AG Mainz – Aktenzeichen 1 C 1860/05 – im Wege der Prozesskostenhilfe beigeordnet worden.

Insoweit hatten die Parteien vereinbart, dass der Beklagte zusätzlich zu der aus der Staatskasse zu zahlenden Vergütung die Differenz zwischen den Gebührenbeträgen des § 49 RVG und denen des § 13 RVG erhalten sollte.

---

110 S. hierzu Rn. 2041.

Der Beklagte hat diese Differenzbeträge zuzüglich Umsatzsteuer aus dem gerichtlich festgesetzten Gegenstandswert von 20.000,00 € gegenüber dem Kläger mit

1.023,70 €

abgerechnet. Dieser hat den Rechnungsbetrag an den Beklagten auch bereits gezahlt.

Die zugrunde liegende Vergütungsvereinbarung ist gem. § 4 Abs. 5 Satz 1 RVG unverbindlich, da ein Anwalt mit einer Partei, der er im Wege der Prozesskostenhilfe beigeordnet worden ist, keine verbindlichen Vergütungsvereinbarungen treffen kann.

Da der Kläger bereits die Vergütung gezahlt hat, steht ihm insoweit ein Rückzahlungsanspruch zu.

Dem Rückzahlungsanspruch steht § 4 Abs. 5 Satz 2 RVG nicht entgegen, da der Kläger nicht feiwillig gezahlt hat. Freiwilligkeit i.S.d. § 4 Abs. 5 Satz 2 RVG setzt die Kenntnis des Zahlenden voraus, dass er zur Zahlung nicht verpflichtet ist (§ 16 Abs. 2 BORA). Fehlt es an der Kenntnis, kommt der Rückforderungsausschluss nach § 4 Abs. 5 Satz 2 RVG nicht in Betracht.

Der Kläger hatte keine Kenntnis von der fehlenden Verbindlichkeit der Vereinbarung. Er ging vielmehr davon aus, dass er aufgrund der getroffenen Vereinbarung zur Zahlung verpflichtet sei und daran im Nachhinein nichts mehr ändern könne. Nur aus diesem Grunde hat er gezahlt.

Insbesondere ist der Kläger vom Beklagten entgegen § 16 Abs. 2 BORA nie darauf hingewiesen worden, dass er zur Zahlung nicht verpflichtet ist; daher kommt der Rückforderungsausschluss des § 4 Abs. 5 Satz 2 RVG nicht in Betracht.

Der Beklagte hat mit Schreiben vom ...

– als Kopie in Anlage 1 –

die Rückzahlung abgelehnt, so dass er sich spätestens seit diesem Tag in Verzug befindet.

....

Rechtsanwalt

hh) Rückforderung wegen unangemessen hoher Vergütung

2796 Darüber hinaus kommt ein Anspruch auf Rückzahlung auch dann in Betracht, wenn der Auftraggeber sich darauf beruft, die Vergütung sei **unangemessen hoch** und müsse daher nach § 4 Abs. 4 Satz 1 RVG herabgesetzt werden.

2797 Es ist nicht erforderlich, dass der Auftraggeber zunächst auf Herabsetzung der vereinbarten Vergütung nach § 4 Abs. 4 RVG klagt und dann nach erfolgreicher Herabsetzung den zuviel gezahlten Betrag zurückverlangt. Der Auftraggeber kann vielmehr auch sogleich auf Rückzahlung klagen. Dann muss im Rückzahlungsprozess inzidenter geprüft werden, ob eine Herabsetzung nach § 4 Abs. 4 RVG vorzunehmen ist. Kommt das Gericht nach Einholung des Gutachtens des Vorstands der Rechtsanwaltskammer zu einer Herabsetzung, dann spricht das Gericht den Rückforderungsanspruch zu, soweit der gezahlte Betrag den nach Auffassung des Gerichts angemessenen Betrag übersteigt.

2798 **Fallgestaltung**

In einer Strafsache hatten die Parteien eine Pauschale von 50.000,00 € für die Verteidigung bis zum Abschluss der ersten Instanz (einschließlich des vorbereitenden Verfahrens) vereinbart. Dieser Betrag war mit Erhebung der Anklage fällig und ist bereits gezahlt. Das Verfahren endete durch den Beschluss des Gerichts, das Hauptverfahren nicht zu eröffnen. Der Auftraggeber hält insbesondere im Hinblick darauf, dass es nicht zu einem Hauptverhandlungstermin gekommen ist, die vereinbarte Vergütung für unangemessen hoch; er hält eine Vergütung i.H.v. 8.000,00 € für angemessen und verlangt den Differenzbetrag (42.000,00 €) zurück. Der Anwalt bleibt bei seiner Pauschale.

2799 **Muster: Rückforderungsklage (unangemessen hohe Vergütung)**

Landgericht

...

Klage

des Herrn ...,

Kläger,

Prozessbevollmächtigter: Rechtsanwalt ...

gegen

Herrn Rechtsanwalt ...,

Beklagter.

In der mündlichen Verhandlung werde ich beantragen,

den Beklagten zu verurteilen, an den Kläger 42.000,00 € nebst Zinsen i.H.v. 5 Prozentpunkten über dem Basiszinssatz seit dem ... zu zahlen.

Für den Fall, dass der Beklagte seine Verteidigungsbereitschaft nicht rechtzeitig anzeigt, wird der Erlass eines Versäumnisurteils im schriftlichen Verfahren beantragt.

Streitwert: 42.000,00 €

Begründung:

Der Kläger hatte den Beklagten beauftragt, ihn in dem Strafverfahren ... zu vertreten. Das Verfahren endete durch den Beschluss des Gerichts, das Hauptverfahren nicht zu eröffnen.

Beweis: Vorlage des Beschlusses des LG ... vom ...

– als Kopie in Anlage 1 –

Vereinbart hatten die Parteien eine Pauschale i.H.v. 50.000,00 €.

Beweis: Vorlage der Vergütungsvereinbarung

– als Kopie in Anlage 2 –

Diese Pauschalvergütung sollte die gesamte Tätigkeit des Beklagten für die Verteidigung in der benannten Strafsache bis zum Abschluss der ersten Instanz (einschließlich des vorbereitenden Verfahrens) abgelten. Dabei sind die Parteien davon ausgegangen, dass eine mehrtägige Hauptverhandlung stattfinden werde.

Beweis: Vorlage des Schreibens des Beklagten vom ...

– als Kopie in Anlage 3 –

Eine Abstufung, dass sich die Pauschale bei vorzeitiger Erledigung, also insbesondere bei Einstellung oder Nichteröffnung des Hauptverfahrens verringere, ist nicht getroffen worden. Dem Wortlaut der Vereinbarung nach ist also die volle Vergütung auch in diesen Fällen geschuldet.

Der Kläger hält – insbesondere im Hinblick darauf, dass es nicht zu einem Hauptverhandlungstermin gekommen ist – die vereinbarte Vergütung für unangemessen hoch i.S.d. § 4 Abs. 4 RVG.

Bei Abrechnung nach den gesetzlichen Gebühren- und Auslagentatbeständen hätte sich unter Ansatz der Höchstgebühren folgende Vergütung ergeben:

I. Vorbereitendes Verfahren

1.	Grundgebühr, Nr. 4100 VV RVG	300,00 €
2.	Verfahrensgebühr, Nr. 4104 VV RVG	250,00 €
3.	Auslagenpauschale, Nr. 7002 VV RVG	20,00 €
	Zwischensumme 570,00 €	
4.	16 % Umsatzsteuer, Nr. 7008 VV RVG	<u>91,20 €</u>
	Gesamt	*661,20 €*

II. Verfahren vor der Strafkammer oder Jugendkammer

1.	Verfahrensgebühr, Nr. 4112 VV RVG	270,00 €
2.	Zusätzliche Verfahrensgebühr, Nrn. 4141, 4112 VV RVG	270,00 €
3.	Auslagenpauschale, Nr. 7002 VV RVG	20,00 €
	Zwischensumme 560,00 €	
4.	16 % Umsatzsteuer, Nr. 7008 VV RVG	<u>89,60 €</u>
	Gesamt	*649,60 €*

Rechnet man noch einen Betrag Auslagen (Kopien etc.), die in der Pauschale enthalten sind, i.H.v.

250,00 €

hinzu, so ergibt sich ein Gesamtbetrag i.H.v.

1.560,80 €

Die vereinbarte Vergütung liegt damit über dem Neunzehnfachen der gesetzlichen Vergütung. Nach der Rechtsprechung (BGH, AGS 2005, 378 m. Anm.

Madert, Henke u. N. Schneider = AnwBl. 2005, 582 m. Anm. Henke; BGHReport 2005, 1151 m. Anm. N. Schneider) ist damit von einer unangemessen hohen Vergütung auszugehen.

Besondere Umstände, wonach ausnahmsweise das Neunzehnfache der gesetzlichen Vergütung noch angemessen sei, haben nicht vorgelegen. Vielmehr lag hier eine für ein Strafverfahren vor der großen Strafkammer durchschnittliche Angelegenheit vor.[111]

Ausgehend hiervon ist also lediglich das Fünffache der gesetzlichen Vergütung noch angemessen, dies ergibt aufgerundet einen Betrag i.H.v.

8.000,00 €.

Da der Kläger bereits 50.000,00 € gezahlt hat, sind somit

42.000,00 €

zurückzuzahlen.

Dass der Kläger die vereinbarte Vergütung bereits gezahlt hat, steht einer nachträglichen Herabsetzung und Rückforderung nicht entgegen, zumal hier die Pauschale zu einem Zeitpunkt gezahlt worden ist, als die vorzeitige Erledigung durch Nichteröffnung des Hauptverfahrens noch gar nicht erkennbar war.

Der Zinsanspruch ergibt sich aus Verzug. Mit Schreiben vom ...

– als Kopie in Anlage K 4 –

hat der Beklagte die Rückzahlung ernsthaft und endgültig verweigert.

....

Rechtsanwalt

---

111 Weiterer Vortrag ist nicht erforderlich. Insbesondere muss der Auftraggeber im Hinblick auf die Rechtsprechung des BGH nicht darlegen, weshalb hier keine besonderen Umstände vorliegen. Es ist vielmehr Sache des Anwalts, diese besonderen Umstände vorzutragen. Dann kann der Auftraggeber hierzu immer noch konkret Stellung nehmen und diese Ausführungen widerlegen.

d) Herausgabe vereinnahmter Fremdgelder oder sonstiger Beträge

2800 Schließlich kann der Auftraggeber Anspruch **auf Herausgabe vereinnahmter Fremdgelder oder sonstiger Beträge** oder auch **Rückgabe gewährter Sicherheiten** einklagen, wenn der Anwalt dies im Hinblick auf vermeintliche Vergütungsansprüche verweigert.

2801 Solche Klagen kommen in Betracht, wenn der Anwalt aus dem Mandat oder aus anderen Mandaten des Auftraggebers **Fremdgelder** vereinnahmt hat und dieser der Auffassung ist, mit noch nicht beglichenen Vergütungsansprüchen aufrechnen zu können.

2802 Hier stellt sich zunächst die Frage, ob die Aufrechnung des Anwalts überhaupt zulässig ist.[112] Wird dies bejaht, muss dann geprüft werden, ob dem Anwalt die vermeintlichen Vergütungsansprüche überhaupt zustehen. Die Rückforderungsklage des Auftraggebers greift schon alleine deshalb durch, weil der Anwalt nicht aufrechnen kann. Die Frage, ob ihm der vermeintliche Vergütungsanspruch zusteht, stellt sich dann erst gar nicht. Ggf. bietet es sich daher an, die Rückforderungsklage mit einer negativen Feststellungsklage zu verbinden. Soweit das Gericht die Zulässigkeit der Aufrechnung bejaht, wäre die negative Feststellungsklage als Zwischenfeststellungsklage nach § 256 Abs. 2 ZPO ohne weiteres zulässig. Soweit das Gericht die Zulässigkeit der Aufrechnung verneint, ergibt sich das Rechtsschutzbedürfnis der dann selbständigen negativen Feststellungsklage daraus, dass sich der Anwalt entsprechender weiter gehender Vergütungsansprüche berühmt.

2803 Sind vom Auftraggeber **vorgelegte Kosten** unmittelbar an den Anwalt zurückgezahlt worden, kommt ebenfalls eine Herausgabeklage in Betracht. Hier wird sich allerdings die Frage der Zulässigkeit der Aufrechnung nicht stellen, so dass es nur auf das Bestehen des Vergütungsanspruchs ankommt.

---

112 S. zuletzt OLG Karlsruhe, AGS 2005, 386 m. Anm. Madert.

e) Rückgabe gewährter Sicherheiten

Ferner sind Klagen auf Rückgabe gewährter Sicherheiten möglich. Voraussetzung ist auch hier, dass die zu sichernde Forderung nicht besteht oder unverbindlich ist. Ebenso kann Streit über die Rückgabe einer Sicherheit entstehen, wenn der Auftraggeber der Auffassung ist, die Vergütung sei unangemessen hoch und wenn er den nach seiner Auffassung angemessenen Teil bezahlt hat. 2804

Letztlich geht hier der Streit stets um den Bestand und die Höhe der vereinbarten Vergütung. 2805

Zu beachten ist, dass die Rückforderungsausschlüsse nach § 4 Abs. 1 Satz 3 und Abs. 5 Satz 2 RVG bei unverbindlicher Vereinbarung nicht anwendbar sind. Die Stellung einer Sicherheit ist keine Leistung i.S.d. § 4 Abs. 1 Satz 3, Abs. 5 Satz 2 RVG.[113] 2806

f) Klage auf Herabsetzung einer vereinbarten Vergütung

Unter den Voraussetzungen des § 4 Abs. 4 RVG kann der Auftraggeber die Herabsetzung der vereinbarten Vergütung verlangen und diesen Anspruch auch **selbständig gerichtlich geltend machen**. 2807

Die Herabsetzungsklage ist auch dann noch möglich, wenn die Vergütung bereits gezahlt ist.[114] 2808

Bei einer solchen Klage auf Herabsetzung handelt es sich um eine **Gestaltungsklage**.[115] 2809

Voraussetzung dafür ist, dass eine wirksame Vergütungsvereinbarung vorliegt und die vereinbarte Vergütung unter Berücksichtigung aller Umstände unangemessen hoch ist (§ 4 Abs. 4 Satz 1 RVG). Das Gericht muss dann im Rechtsstreit ein Gutachten des Vorstandes derjenigen Rechtsanwaltskammer einholen, der der Anwalt angehört (§ 4 Abs. 4 Satz 2 RVG). Hiernach entscheidet das Gericht, ob es die vereinbarte 2810

---

113 S. Rn. 2190 ff.
114 S. Rn. 1674 ff.
115 AnwK-RVG/N. Schneider, § 4 Rn. 120; Hansens, BRAGO, § 3 Rn. 16.

Vergütung herabsetzt. An das Gutachten der Kammer ist das Gericht nicht gebunden (s. im Einzelnen Rn. 1693).

2811 Zulässig ist maximal eine Herabsetzung bis auf die gesetzliche Vergütung.

2812 **Praxistipp:**

Der Kläger muss dabei – ähnlich wie bei Schmerzensgeldklagen – nicht denjenigen Betrag angeben, auf den seiner Ansicht nach die Vergütung herabzusetzen ist. Es genügt vielmehr der Antrag, die Vergütung auf den nach Ansicht des Gerichts angemessenen Betrag herabzusetzen.

2813 Abzugrenzen ist die Klage auf Herabsetzung einer vereinbarten Vergütung mit dem Begehren, festgestellt zu wissen, dass dem Anwalt nach § 628 Abs. 1 Satz 1 BGB nur eine Teilvergütung wegen vorzeitiger Beendigung des Auftrags zusteht.

2814 Im Falle der vorzeitigen Beendigung des Mandats ist zunächst nach § 628 Abs. 1 Satz 1 BGB vorzugehen. Diese Vorschrift geht § 4 Abs. 4 RVG vor. Nur dann, wenn die Teilvergütung immer noch unangemessen hoch erscheint, kommt eine weitere Herabsetzung nach § 4 Abs. 4 RVG in Betracht.

2815 Ggf. muss dies in der Klagebegründung zum Ausdruck kommen.

2816 **Fallgestaltung**

In einer Strafsache hatten die Parteien eine Pauschale von 50.000,00 € für die Verteidigung bis zum Abschluss der ersten Instanz (einschließlich des vorbereitenden Verfahrens) vereinbart. Das Verfahren endete durch den Beschluss des Gerichts, das Hauptverfahren nicht zu eröffnen. Der Auftraggeber hält insbesondere im Hinblick darauf, dass es nicht zu einem Hauptverhandlungstermin gekommen ist, die vereinbarte Vergütung für unangemessen hoch. Der Anwalt bleibt bei seiner Pauschale.

Muster: Klage auf Herabsetzung einer vereinbarten Vergütung (unangemessen hohe Vergütung)

2817

Landgericht

...

Klage

des Herrn ...,

Kläger,

Prozessbevollmächtigter: Rechtsanwalt ...

gegen

Herrn Rechtsanwalt ...,

Beklagter.

In der mündlichen Verhandlung werde ich beantragen,

die zwischen den Parteien getroffene Vergütungsvereinbarung vom ... über die Vergütung des Beklagten für die Verteidigung in der Strafsache LG ... Az. ... auf den angemessenen Betrag, welcher in das Ermessen des Gerichts gestellt wird, herabzusetzen.

Für den Fall, dass der Beklagte seine Verteidigungsbereitschaft nicht rechtzeitig anzeigt, wird der Erlass eines Versäumnisurteils im schriftlichen Verfahren beantragt.

Streitwert: Bedarf der gerichtlichen Festsetzung

Begründung:

Der Kläger hatte den Beklagten beauftragt, ihn in dem im Klageantrag bezeichneten Strafverfahren zu vertreten. Das Verfahren endete durch den Beschluss des Gerichts, das Hauptverfahren nicht zu eröffnen.

Beweis: Vorlage des Beschlusses des LG ... vom ...

– als Kopie in Anlage 1 –

Vereinbart hatten die Parteien eine Pauschale i.H.v. 50.000,00 €.

Beweis: Vorlage der Vergütungsvereinbarung

– als Kopie in Anlage 2 –

Diese Pauschalvergütung sollte die gesamte Tätigkeit des Beklagten für die Verteidigung in der benannten Strafsache bis zum Abschluss der ersten Instanz (einschließlich des vorbereitenden Verfahrens) abgelten. Dabei sind die Parteien davon ausgegangen, dass eine mehrtägige Hauptverhandlung stattfinden werde.

Beweis: Vorlage des Schreibens des Beklagten vom ...

– als Kopie in Anlage 3 –

Eine Abstufung, dass sich die Pauschale bei vorzeitiger Erledigung, also insbesondere bei Einstellung oder Nichteröffnung des Hauptverfahrens verringere, ist nicht getroffen worden. Dem Wortlaut der Vereinbarung nach ist also die volle Vergütung auch in diesen Fällen geschuldet.

Der Kläger hält – insbesondere im Hinblick darauf, dass es nicht zu einem Hauptverhandlungstermin gekommen ist – die vereinbarte Vergütung für unangemessen hoch i.S.d. § 4 Abs. 4 RVG.

Bei Abrechnung nach den gesetzlichen Gebühren- und Auslagentatbeständen hätte sich unter Ansatz der Höchstgebühren folgende Vergütung ergeben:

I. Vorbereitendes Verfahren

1. Grundgebühr, Nr. 4100 VV RVG		300,00 €
2. Verfahrensgebühr, Nr. 4104 VV RVG		250,00 €
3. Auslagenpauschale, Nr. 7002 VV RVG		20,00 €
Zwischensumme	570,00 €	
4. 16 % Umsatzsteuer, Nr. 7008 VV RVG		91,20 €
Gesamt		*661,20 €*

II. Verfahren vor der Strafkammer oder Jugendkammer

1. Verfahrensgebühr, Nr. 4112 VV RVG		270,00 €
2. Zusätzliche Verfahrensgebühr, Nrn. 4141, 4112 VV RVG		270,00 €
3. Auslagenpauschale, Nr. 7002 VV RVG		20,00 €
Zwischensumme	560,00 €	
4. 16 % Umsatzsteuer, Nr. 7008 VV RVG		89,60 €
Gesamt		*649,60 €*

Rechnet man noch einen Betrag Auslagen (Kopien etc.), die in der Pauschale enthalten sind, i.H.v.

250,00 €

hinzu, so ergibt sich ein Gesamtbetrag i.H.v.

1.560,80 €

Die vereinbarte Vergütung liegt damit über dem Neunzehnfachen der gesetzlichen Vergütung. Nach der Rechtsprechung (BGH, AGS 2005, 378 m. Anm. Madert, Henke u. N. Schneider = AnwBl. 2005, 582 m. Anm. Henke; BGHReport 2005, 1151 m. Anm. N. Schneider) ist damit von einer unangemessen hohen Vergütung auszugehen.

Es ist Sache des Beklagten darzulegen, dass hier besondere Umstände vorgelegen haben, wonach ausnahmsweise das Neunzehnfache der gesetzlichen Vergütung noch angemessen sei. Solche Umstände liegen nicht vor. Vielmehr lag hier eine für Strafverfahren vor der großen Strafkammer durchschnittliche Angelegenheit vor.[116]

Der Kläger möchte sich selbst nicht anmaßen, die Höhe der angemessenen Vergütung zu bestimmen. Im Hinblick darauf wird beantragt, dass das Gericht die vereinbarte Vergütung auf einen angemessenen Betrag herabsetze, wobei die Höhe der Herabsetzung in das Ermessen des Gerichts gestellt wird.

Gleichzeitig wird gebeten, den Streitwert festzusetzen.[117]

....

Rechtsanwalt

---

[116] Weiterer Vortrag ist nicht erforderlich. Insbesondere muss der Auftraggeber im Hinblick auf die Rechtsprechung des BGH nicht darlegen, weshalb hier keine besonderen Umstände vorliegen. Es ist vielmehr Sache des Anwalts, diese besonderen Umstände vorzutragen. Dann kann der Auftraggeber hierzu immer noch konkret Stellung nehmen und diese Ausführungen widerlegen.

[117] Wird beantragt, dass das Gericht die Vergütung herabsetze, sollte die Wertfestsetzung dem Gericht überlassen werden, damit sich der Kläger nicht durch eine Streitwertangabe festlegt und dann gegebenenfalls Kostennachteile erleidet, wenn das Gericht nur in einem geringeren Umfang herabsetzt.

g) Negative Feststellungsklage mit Hilfsantrag auf Herabsetzung

2818 Soweit gegen die Vergütungsvereinbarung weitere Wirksamkeitsbedenken bestehen, etwa weil die Vereinbarung nach § 138 BGB sittenwidrig oder aus anderen Gründen unwirksam ist oder Bedenken gegen die Verbindlichkeit bestehen, etwa weil die Schriftform des § 4 Abs. 1 Satz 2 RVG nicht gewahrt ist, kann die Klage auf Herabsetzung auch als Hilfsantrag zu einer negativen Feststellungsklage gestellt werden, soweit der Auftraggeber noch nicht gezahlt hat.

2819 **Fallgestaltung:**

Der Kläger hatte den Beklagten als Prozessbevollmächtigten in einem Rechtsstreit vor dem LG beauftragt (Streitwert 8.000,00 €). Vereinbart hatten die Parteien ein Pauschalhonorar i.H.v. 10.000,00 € zuzüglich Umsatzsteuer.

Der Kläger ist der Auffassung, die Vereinbarung sei unwirksam, jedenfalls sei das vereinbarte Honorar unangemessen hoch.

2820 **Muster: Negative Feststellungsklage und Hilfsantrag auf Herabsetzung der Vergütung**

Landgericht

...

Klage

des Herrn ...,

Kläger,

Prozessbevollmächtigter: Rechtsanwalt ...

gegen

Herrn Rechtsanwalt ...,

Beklagter.

In der mündlichen Verhandlung werde ich beantragen,

festzustellen, dass dem Beklagten über die gezahlten 1.218,00 € kein weiterer Zahlungsanspruch gegen den Kläger aus der Rechnung des Beklagten vom ..., Rechnungs-Nr. .., in der Sache ... zusteht,

hilfsweise

die zwischen den Parteien getroffene Vergütungsvereinbarung vom ... über die Vergütung des Beklagten in der Sache A ./. B (Aktenzeichen: ...) auf den angemessenen Betrag, welcher in das Ermessen des Gerichts gestellt wird, bis zur Höhe der gesetzlichen Vergütung i.H.v. ... herabzusetzen.

Für den Fall, dass der Beklagte seine Verteidigungsbereitschaft nicht rechtzeitig anzeigt, wird der Erlass eines Versäumnisurteils im schriftlichen Verfahren beantragt.

Streitwert: 10.382,00 €

Begründung:

Der Kläger hatte den Beklagten beauftragt, ihn in dem Rechtsstreit vor dem LG ... als Prozessbevollmächtigten zu vertreten.

Gleichzeitig haben die Parteien die

– als Kopie in Anlage 1 –

beiliegende Vergütungsvereinbarung getroffen.

Auf die sich danach ergebende Gesamtforderung i.H.v.

 11.600,00 €

hat der Beklagte die gesetzlichen Gebühren i.H.v.

1.	1,3-Verfahrensgebühr, Nr. 3100 VV RVG (Wert: 8.000,00 €)	535,60 €
2.	1,2-Termingebühr, Nr. 3104 VV RVG (Wert: 8.000,00 €)	494,40 €
3.	Postentgeltpauschale, Nr. 7002 VV RVG	20,00 €
	Zwischensumme 1.050,00 €	
4.	16 % Umsatzsteuer, Nr. 7008 VV RVG	168,00 €
	Summe	**1.218,00 €**

gezahlt.

Den verbleibenden Restbetrag i.H.v.

10.382,00 €

hat der Beklagte bereits mehrfach angemahnt und angedroht, diesen einzuklagen.

Beweis: Vorlage des Schreibens vom ...

– als Kopie in Anlage 2 –

Die geforderte weitere Vergütung steht dem Beklagten nicht zu. Die Vergütungsvereinbarung ist unwirksam. ...*(jetzt folgen Ausführungen zur Unwirksamkeit)* ...

Für den Fall, dass das Gericht von der Wirksamkeit der Vergütungsvereinbarung ausgehen sollte, wird hilfsweise beantragt, die Vergütung auf ein angemessenes Maß herabzusetzen, wobei der Umfang der Herabsetzung in das Ermessen des Gerichts gestellt wird.

Die vereinbarte Vergütung ist unter Berücksichtigung aller Umstände unangemessen hoch. Dies ergibt sich schon daraus, dass die vereinbarte Vergütung über dem Fünffachen der gesetzlichen Vergütung liegt (BGH, AGS 2005, 378 m. Anm. Madert, Henke u. N. Schneider = AnwBl. 2005, 582 m. Anm. Henke; BGHReport 2005, 1151 m. Anm. N. Schneider).

Es ist Sache des Beklagten darzulegen, dass hier besondere Umstände vorgelegen haben, wonach ausnahmsweise mehr als das Achtfache der gesetzlichen Vergütung angemessen sei. Solche Umstände liegen nicht vor. Vielmehr lag hier eine durchschnittliche Angelegenheit vor.[118]

Der Kläger möchte sich selbst nicht anmaßen, die Höhe der angemessenen Vergütung zu bestimmen. Im Hinblick darauf wird beantragt, dass das Gericht die vereinbarte Vergütung auf einen angemessenen Betrag herabsetze, wobei die Höhe der Herabsetzung in das Ermessen des Gerichts gestellt wird.

....

Rechtsanwalt

---

118 Weiterer Vortrag ist nicht erforderlich. Insbesondere muss der Auftraggeber im Hinblick auf die Rechtsprechung des BGH nicht darlegen, weshalb hier keine besonderen Umstände vorliegen. Es ist vielmehr Sache des Anwalts, diese besonderen Umstände vorzutragen. Dann kann der Auftraggeber hierzu immer noch konkret Stellung nehmen und diese Ausführungen widerlegen.

h) Klage auf Mitteilung einer ordnungsgemäßen Berechnung

Der Anwalt ist nach § 10 RVG verpflichtet, dem Mandanten eine ordnungsgemäße Kostenberechnung zu erteilen. Der Anspruch ergibt sich bereits unmittelbar aus dem Anwaltvertrag selbst (§§ 675, 666 BGB).[119] Das gilt auch dann, wenn der Auftraggeber schon gezahlt hat.[120]

2821

Eine isolierte Klage auf Erteilung einer ordnungsgemäßen Abrechnung wird insbesondere dann in Betracht kommen, wenn der Auftraggeber bereits erhebliche Vorschüsse gezahlt hat und er nun endlich einmal eine Abrechnung hierüber haben möchte. Eine isolierte Klage auf Erteilung einer Abrechnung wird auch dann erwogen werden, wenn der Auftraggeber nicht in der Lage ist, die Höhe der Vergütung selbst zu berechnen, etwa bei einer Stundensatzvereinbarung. Möglich ist, dass der Auftraggeber an dem Zahlenwerk der Berechnung selbst kein Interesse hat, sondern an der Rechnungsurkunde, weil er diese für seine Buchführungsunterlagen, etwa zum Zwecke des Vorsteuerabzugs, benötigt.

2822

Eine Stufenklage dürfte hier allerdings nicht zulässig sein, da es sich bei der Mitteilung der Berechnung nicht um eine Auskunft handelt, sondern letztlich nur um die Erstellung und Übersendung einer Urkunde.

2823

Fallgestaltung:

2824

Der Mandant hat dem Anwalt bereits dessen Vergütung gezahlt, ohne eine Rechnung erhalten zu haben. Er benötigt diese Rechnung jetzt für seine Steuerunterlagen. Trotz Mahnung hat der Anwalt bislang die Rechnung nicht erteilt.

Vorsorglich sollte hier zum Streitwert der Klage vorgetragen werden, da dieser sich nach dem Interesse des Klägers richtet[121] und das Gericht ohne nähere Angaben des Klägers hierzu nichts sagen kann.

2825

---

119 AnwK-RVG/N. Schneider, § 10 Rn. 68 ff.
120 S. ausführlich Rn. 1881 und AnwK-RVG/N. Schneider, § 10 Rn. 68 ff.
121 Zur Bemessung des Streitwertes s.u. Rn. 2872.

Y. Der Vergütungsrechtsstreit

2826 **Fallgestaltung:**

Die Parteien hatten eine Vergütungsvereinbarung geschlossen, wonach dem Anwalt eine Pauschale i.H.v. 5.000,00 € zustehen sollte. Der Mandant hatte dem Anwalt bereits die Vergütung vorschussweise gezahlt, ohne jedoch eine Rechnung erhalten zu haben. Er benötigt eine Rechnung jetzt für seine Steuerunterlagen. Trotz Mahnung hat der Anwalt bislang die Rechnung nicht erteilt.

2827 **Muster: Klage auf Mitteilung einer ordnungsgemäßen Berechnung**

Amtsgericht

...

Klage

des Herrn ...,

Kläger,

Prozessbevollmächtigter: Rechtsanwalt ...

gegen

Herrn Rechtsanwalt ...,

Beklagter.

In der mündlichen Verhandlung werde ich beantragen, den Beklagten zu verurteilen,

dem Kläger eine nach § 10 RVG ordnungsgemäße Berechnung über die bereits gezahlte vereinbarte Vergütung in der Sache ... über den bereits gezahlten Betrag i.H.v. 5.000,00 € zu erteilen.

Streitwert: 2.000,00 €

Begründung:

Der Beklagte hatte den Kläger als Prozessbevollmächtigter in dem Rechtsstreit AG ... Az. ... vertreten.

Hierfür hatten die Parteien eine Vergütung in Höhe einer Pauschale von 5.000,00 € vereinbart. Diesen Betrag hat der Kläger an den Beklagten bereits gezahlt.

Ungeachtet dessen hat der Beklagte dem Kläger noch keine ordnungsgemäße Abrechnung nach § 10 RVG erteilt.

Der Kläger hat mehrfach um Erstellung einer solchen Rechnung gebeten, zuletzt mit Schreiben vom ...

– Anlage 1 –

Da der Kläger offenbar freiwillig nicht bereit ist, die entsprechende Rechnung zu erteilen, ist insoweit nunmehr Klage geboten.

Der Anspruch auf Erteilung einer ordnungsgemäßen Abrechnung ergibt sich unmittelbar aus dem Anwaltsvertrag i.V.m. § 10 RVG.

Der Kläger ist auf die Rechnung angewiesen, da er anderenfalls weder den Vorsteuerabzug geltend machen noch den Rechnungsbetrag als Betriebsausgaben absetzen kann.

Dass der Beklagte die Vergütung bereits an den Kläger gezahlt hat, ist unerheblich. Nach § 10 Abs. 3 RVG kann eine ordnungsgemäße Berechnung auch noch nach Zahlung verlangt werden, solange die Verpflichtung zur Aufbewahrung der Handakten noch nicht abgelaufen ist. Die Pflicht zur Aufbewahrung der Handakten ergibt sich aus § 50 Abs. 2 BRAO und beläuft sich auf fünf Jahre. Sie ist noch nicht verstrichen.

Der Streitwert richtet sich nach dem Interesse des Klägers (§ 42 Abs. 1 Satz 1 GKG i.V.m. §§ 3, 6 ZPO). Dieser benötigt die Rechnung, um die gezahlte Vergütung steuerlich geltend machen zu können, und zwar zum einen, um den Vorsteuerabzug i.H.v. 16% geltend zu machen sowie um die Veranlassung als Betriebsausgaben nachzuweisen. Insoweit wird das Interesse mit 40% des Rechnungsbetrages geschätzt.

....
Rechtsanwalt

VIII. Berufung

Soll gegen das erstinstanzliche Urteil im Vergütungsprozess Berufung eingelegt werden, so ergeben sich keine Besonderheiten. Die Berufung

2828

ist nach § 511 Abs. 2 Nr. 1 ZPO zulässig, wenn der **Wert des Beschwerdegegenstands** den Betrag i.H.v. 600,00 € übersteigt. Legen mehrere Streitgenossen Berufung ein, sind die Werte der einzelnen Beschwerdegegenstände zu addieren, sofern sie nicht wirtschaftlich identisch sind.[122]

2829 Daneben ist die Berufung auch dann zulässig, wenn das Gericht der ersten Instanz sie nach § 511 Abs. 2 Nr. 1, Abs. 4 ZPO **zugelassen** hat. Soweit die Voraussetzungen erfüllt sind, sollte vorsorglich auf Zulassung der Berufung angetragen werden.

2830 Strittig ist, ob das Übergehen einer nach § 14 Abs. 1 RVG oder nach § 4 Abs. 4 Satz 2 RVG erforderlichen Einholung eines Gutachtens des Vorstandes der Rechtsanwaltskammer einen schweren Verfahrensmangel i.S.d. § 539 ZPO darstellt, der zur Aufhebung und Zurückverweisung zwingt.[123] Wenn sich der Beklagte hiervon etwas verspricht, dann sollte er jedenfalls darauf antragen.

IX. Revision

2831 Gegen die Urteile der Berufungsgerichte ist die Revision gegeben, wenn sie zugelassen worden ist. Auch insoweit gelten keine besonderen Vorschriften gegenüber allgemeinen Zivilrechtsstreiten.

2832 Zu beachten ist allerdings, dass ein Gutachten des Vorstandes der Rechtsanwaltskammer in der Revisionsinstanz nicht mehr eingeholt werden kann. Hier ist also bei unterlassener Einholung des Kammergutachtens in den Vorinstanzen zwingend aufzuheben und zurückzuverweisen. Daher ist eine (erstmalige) Herabsetzung der vereinbarten Vergütung nach § 4 Abs. 4 Satz 1 RVG in der Revisionsinstanz nicht möglich, wenn nicht schon vorinstanzlich dazu Erhebungen vorgenommen worden sind, insbesondere durch die Einholung eines Gutachtens des Vorstandes der Rechtsanwaltskammer. In diesem Falle muss das Berufungsurteil aufgehoben und die Sache zurückverwiesen werden.

---

122 Baumbach/Lauterbach, § 512 Rn. 17.
123 So OLG Frankfurt, AnwBl. 1998, 484 = OLGR 1998, 268 = MDR 1998, 800 = JurBüro 1998, 410; OLG Bamberg, OLGZ 1976, 351.

X. Nichtzulassungsbeschwerde

Ist die Revision nicht zugelassen worden, steht den Parteien die Nicht- 2833
zulassungsbeschwerde nach § 544 ZPO offen.

XI. Verfassungsbeschwerde

Als ultima ratio kommt die Verfassungsbeschwerde in Betracht. Ist der 2834
Anwalt der Auffassung, die nicht mehr rechtsmittelfähige Entscheidung
verletze ihn in seinen verfassungsmäßigen Rechten, insbesondere in seinem Grundrecht des Art. 12 GG, kann er hierauf auch eine Verfassungsbeschwerde stützen. Wie die Entscheidung zum Begriff der „Spesen"[124]
zeigt, haben solche Verfassungsbeschwerden durchaus Aussicht auf Erfolg, wenn die Instanzgerichte überspannte Anforderungen stellen.

Gerügt werden kann mit der Verfassungsbeschwerde, dass sich das Ge- 2835
richt auf verfassungswidrige Vorschriften gestützt habe. Derzeit ist insoweit eine Verfassungsbeschwerde anhängig,[125] in der der Anwalt geltend macht, das Verbot des § 49b Abs. 2 BRAO sei verfassungswidrig, so
dass das vereinbarte Erfolgshonorar wirksam sei.

XII. Anwaltsvergütung

1. Verfahren erster Instanz

Bei dem Honorarprozess handelt es sich um einen gewöhnlichen Zivil- 2836
prozess, so dass der Anwalt die Gebühren nach den Nrn. 3100 ff. VV
RVG erhält.

Es entsteht zunächst eine **1,3-Verfahrensgebühr** nach Nr. 3100 VV 2837
RVG.

Erledigt sich die Sache vorzeitig, reduziert sich die Verfahrensgebühr 2838
nach Nr. 3101 Nr. 1 VV RVG auf 0,8.

---

124 AGS 2002, 266 = AnwBl. 2002, 612 = BRAGOreport 2002, 165 = BRAK-Mitt. 2002, 222 m.
Anm. von Seltmann = FamRZ 2003, 25 = JurBüro 2003, 302 = NJW 2002, 3314 = KostRsp.
BRAGO § 3 Nr. 60.
125 1 BvR 2576/04.

2839 Soweit die Parteien im Honorarprozess eine Einigung über nicht anhängige Gegenstände treffen, entsteht nach Nr. 3101 Nr. 2 VV RVG aus diesem Wert ebenfalls nur die 0,8-Verfahrensgebühr.

2840 Zu beachten ist § 15 Abs. 3 RVG.

2841 Daneben entsteht eine **1,2-Terminsgebühr** nach Nr. 3104 VV RVG. In den Fällen der Nr. 3105 VV RVG reduziert sich die Terminsgebühr auf 0,5.

2842 Kommt es zu einer Einigung der Parteien, entsteht eine **1,0-Einigungsgebühr** nach den Nrn. 1000, 1003 VV RVG.

2843 Soweit sich die Parteien auch über nicht anhängige Gegenstände einigen, etwa über weiter gehende Vergütungsforderungen, die bislang nicht anhängig waren, entsteht zusätzlich eine **1,5-Einigungsgebühr** nach Nr. 1000 VV RVG. Zu beachten ist dann wiederum § 15 Abs. 3 RVG.

2844 Daneben erhält der Anwalt seine Auslagen nach den Nrn. 7000 ff. VV RVG.

2. Berufungsverfahren

2845 Im **Berufungsverfahren** entstehen die Gebühren nach Nr. 3200 VV RVG und im **Revisionsverfahren** nach den Nrn. 3206 ff. VV RVG.

2846 Für seine Tätigkeit im Berufungsverfahren erhält der Anwalt nach Nr. 3200 VV RVG zunächst einmal eine **1,6-Verfahrensgebühr**.

2847 **Erledigt sich das Berufungsverfahren vorzeitig**, so reduziert sich die Verfahrensgebühr gemäß Nr. 3201 Nr. 1 VV RVG auf 1,1.

2848 Wird im Berufungsverfahren beantragt, eine **Einigung** der Parteien über in diesem Verfahren nicht anhängige Ansprüche **zu Protokoll zu nehmen** oder verhandeln die Parteien lediglich über nicht anhängige Ansprüche, so entsteht zusätzlich aus diesem Mehrwert eine 1,1-Verfahrensgebühr nach Nr. 3201 Nr. 2 VV RVG.

2849 Zu beachten ist allerdings § 15 Abs. 3 RVG. Die Summe aus der Verfahrensgebühr nach Nr. 3200 VV RVG und der aus Nr. 3201 Nr. 2 VV RVG darf den Betrag einer 1,6-Gebühr aus dem Gesamtwert nicht übersteigen.

Nach Nr. 3202 VV RVG erhält der Anwalt unter den Voraussetzungen der Vorbem. 3 Abs. 3 VV RVG eine **Terminsgebühr** i.H.v. 1,2. Die volle Terminsgebühr entsteht auch dann, wenn der **Berufungsbeklagte nicht erscheint** und gegen ihn ein Versäumnisurteil ergeht (arg. e. Nr. 3203 VV RVG). Erscheint der **Berufungskläger** nicht oder ist er nicht ordnungsgemäß vertreten, kommt eine Reduzierung der Terminsgebühr auf 0,5 nach Nr. 3203 VV RVG in Betracht. 2850

Kommt es im Berufungsverfahren zu einer Einigung der Parteien über die anhängigen Gegenstände, so erhalten die beteiligten Anwälte zusätzlich die **Einigungsgebühr** nach Nr. 1000 VV RVG und zwar i.H.v. 1,3 (Nr. 1004 VV RVG). Soweit Ansprüche in eine Einigung mit einbezogen werden, die nicht anhängig sind, erhält der Anwalt eine 1,5-Gebühr (Nr. 1000 VV RVG). Insgesamt darf die Summe der Einigungsgebühren nicht eine Gebühr aus dem Höchstsatz nach dem Gesamtstreitwert übersteigen (§ 15 Abs. 3 RVG). 2851

3. Revisionsverfahren

Nach den Nrn. 3206, 3208 VV RVG erhält der Anwalt im Revisionsverfahren eine **Verfahrensgebühr** i.H.v. auf 2,3. 2852

Endet der Auftrag vorzeitig, so erhält der Anwalt nach Nr. 3207 VV RVG die Verfahrensgebühr der Nrn. 3206, 3207, 3209 VV RVG lediglich i.H.v. 1,8. 2853

Für die Wahrnehmung eines Termins erhält der Anwalt nach Nr. 3210 VV RVG eine **1,5-Terminsgebühr** (3210 VV RVG). 2854

Erscheint der **Revisionskläger** nicht oder ist er nicht ordnungsgemäß vertreten, kommt die reduzierte 0,8-Terminsgebühr nach Nr. 3211 VV RVG in Betracht. Erscheint der **Revisionsbeklagte** nicht und ergeht gegen ihn ein Versäumnisurteil oder werden lediglich Anträge zur Prozess- oder Sachleitung gestellt, so entsteht immer eine 1,5-Gebühr. Die Vorschrift der Nr. 3211 VV RVG ist in diesem Fall nicht anwendbar. 2855

2856 Wird im Revisionsverfahren eine **Einigung** über die dort anhängigen Ansprüche getroffen, so entsteht insoweit nach den Nrn. 1000, 1004 VV RVG eine 1,3-Einigungsgebühr. Soweit Ansprüche mit in die Einigung einbezogen werden, die nicht anhängig sind, erhält der Anwalt eine 1,5-Gebühr (Nr. 1000 VV RVG). Insgesamt darf die Summe der Einigungsgebühren nicht eine Gebühr aus dem Höchstsatz nach dem Gesamtstreitwert übersteigen (§ 15 Abs. 3 RVG).

4. Nichtzulassungsbeschwerde

2857 Für seine Tätigkeit im Verfahren der **Nichtzulassungsbeschwerde** erhält der Anwalt nach Nr. 3506 VV RVG eine **1,6-Verfahrensgebühr**. Diese Gebühr erhöht sich gemäß Nr. 3508 VV RVG auf eine **2,3-Verfahrensgebühr**, soweit sich die Parteien nur durch einen am BGH zugelassenen Anwalt vertreten lassen können. Dies ist der Regelfall (§ 78 Abs. 1 Satz 4 ZPO).

2858 **Endet der Auftrag** des Anwalts **vorzeitig** i.S.d. Anm. zu Nr. 3201 VV RVG, so ermäßigt sich die Verfahrensgebühr auf 1,1 (Nr. 3507 VV RVG). Soweit sich die Parteien nur durch einen am BGH zugelassenen Anwalt vertreten lassen können, beträgt die ermäßigte Gebühr 1,8 (Nr. 3509 VV RVG).

2859 Neben der Verfahrensgebühr kann unter den Voraussetzungen der Vorbem. 3 Abs. 3 VV RVG auch eine **1,2-Terminsgebühr** nach Nr. 3516 VV RVG anfallen.

2860 Kommt es im Verfahren der Nichtzulassungsbeschwerde zu einer Einigung, so entsteht zusätzlich eine **Einigungsgebühr** nach den Nrn. 1000, 1004 VV RVG.

2861 Der **Gegenstandswert** richtet sich nach dem Wert, hinsichtlich dessen die Zulassung der Revision begehrt wird. Dieser Wert muss mit dem späteren Revisionsverfahren nicht identisch sein, da sich infolge der Revisionserweiterung und Anschlussrevision oder ggf. einer teilweisen Erledigung der Revision Veränderungen ergeben können.

5. Anwalt in eigener Sache

Vertritt der Anwalt sich selbst, entsteht kein Vergütungsanspruch. Soweit der Anwalt allerdings obsiegt, kann er nach § 91 Abs. 2 Satz 3 ZPO insoweit Kostenerstattung verlangen, als er bei Bevollmächtigung eines anderen Anwalts die an diesen zu zahlende Vergütung hätte erstattet verlangen können. 2862

XIII. Gerichtskosten

1. Mahnverfahren

Im Mahnverfahren entsteht eine 0,5-Verfahrensgebühr nach Nr. 1110 GKG-KostVerz. Für den Vollstreckungsbescheid fallen keine Kosten an. 2863

Die 0,5-Verfahrensgebühr nach Nr. 1110 GKG-KostVerz. wird auf die spätere 3,0-Verfahrensgebühr der Nr. 1210 GKG-KostVerz. angerechnet (Anm. zu Nr. 1210 GKG-KostVerz.). 2864

2. Erste Instanz

Die Gerichtskosten erster Instanz ergeben sich aus Nr. 1210 GKG-KostVerz. Es fällt eine 3,0-Verfahrensgebühr aus dem betreffenden Gegenstandswert an. Unter den Voraussetzungen der Nr. 1211 GKG-KostVerz. reduziert sich die 3,0-Verfahrensgebühr auf eine 1,0-Gebühr. 2865

3. Berufungsverfahren

Im Berufungsverfahren entsteht nach Nr. 1220 GKG-KostVerz. eine 4,0-Verfahrensgebühr, die sich nach Nr. 1221 GKG-KostVerz. auf eine 1,0-Verfahrensgebühr reduzieren kann. 2866

4. Revisionsverfahren

Im Revisionsverfahren fällt nach Nr. 1230 GKG-KostVerz. eine 5,0-Verfahrensgebühr an, die sich nach Nr. 1231 GKG-KostVerz. auf eine 2,0-Verfahrensgebühr reduzieren kann. 2867

5. Nichtzulassungsbeschwerde

2868 Im Verfahren der Nichtzulassungsbeschwerde entsteht nach Nr. 1242 GKG-KostVerz. eine 2,0-Verfahrensgebühr, die sich nach Nr. 1242 GKG-KostVerz. auf eine 1,0-Verfahrensgebühr reduzieren kann

XIV. Gegenstandswert

2869 Der **Gegenstandswert** berechnet sich bei Zahlungsklagen des Anwalts aus dem geltend gemachten Betrag (§ 48 Abs. 1 GKG, § 3 ZPO).

2870 Gleiches gilt, wenn der Auftraggeber auf Rückzahlung klagt.

2871 Bei **negativen Feststellungsklagen** ist ebenfalls auf den vollen Betrag abzustellen. Ein Abschlag ist hier nicht vorgesehen.

2872 Wird lediglich auf **Erteilung einer ordnungsgemäßen Berechnung** geklagt, ist das Interesse des Auftraggebers maßgebend, das dieser an der Erteilung einer ordnungsgemäßen Abrechnung hat. Dieses Interesse ist nach § 3 ZPO zu schätzen.

2873 Im Falle einer Klage auf **Herabsetzung** der angemessenen Vergütung ist der begehrte Herabsetzungsbetrag maßgebend. Soweit dieser in das Ermessen des Gerichts gestellt ist, ist – ähnlich wie bei einer Schmerzensgeldklage – darauf abzustellen, in welcher Größenordnung sich der Kläger eine Herabsetzung vorstellt.

XV. Kostenerstattung

2874 Hinsichtlich der Kostenerstattung gilt § 91 ZPO. Die Kosten des beauftragten Anwalts sind in Höhe der gesetzlichen Vergütung zu erstatten (§ 91 Abs. 2 ZPO).

2875 Ist die Partei zum Vorsteuerabzug berechtigt, was insbesondere bei dem Anwalt der Fall sein wird, kommt eine Kostenerstattung nur in Höhe der Nettogebühren in Betracht (§ 104 Abs. 2 Satz 3 ZPO).[126]

---

126 AnwK-RVG/N. Schneider, Nr. 7008 VV RVG Rn. 47 ff. m.w.N.

Vertritt der Anwalt sich selbst, entsteht kein Vergütungsanspruch (s.o. 2876
Rn. 2862). Ungeachtet dessen kann er aber nach § 91 Abs. 2 Satz 3 ZPO
insoweit seine Kosten erstattet verlangen, als er die Gebühren und Auslagen eines bevollmächtigten Rechtsanwalts hätte erstattet verlangen
können. Da der Anwalt i.d.R. zum Vorsteuerabzug berechtigt ist, hätte
er also bei Beauftragung eines anderen Anwalts dessen Kosten lediglich
in Höhe der Nettogebühren erstattet verlangen können. Folglich kann
er in eigener Sache auch nur eine Erstattung in Höhe der Nettogebühren verlangen.[127]

In **Aktivprozessen einer Sozietät** von Rechtsanwälten hat die Sozietät 2877
bei der Einziehung von Honorarforderungen Vorsorge dafür zu treffen,
dass diese Aufgabe durch ein anwaltliches Sozietätsmitglied allein erledigt oder die Klage im Namen der Gesellschaft erhoben wird. **Eine Gebührenerhöhung nach Nr. 1008 VV RVG ist daher nicht erstattungsfähig.**[128]

Beispiel: 2878

*Drei Gesellschafter erheben Klage auf Zahlung einer Vergütung i.H.v.
20.000,00 €.*

Insgesamt angefallen wäre bei Beauftragung eines anderen Anwalts:

1,9-Verfahrensgebühr, Nrn. 3100, 1008 VV RVG
(Wert: 20.000,00 €) *1.227,40 €*

*Hiervon zu erstatten sind diejenigen Kosten, die entstanden wären, wenn die So-
zietät als Gesellschaft bürgerlichen Rechts oder durch eines ihrer Mitglieder geklagt hätte. Es ergibt sich dann folgender Erstattungsbetrag:*

1,3- Verfahrensgebühr, Nr. 3100 VV RVG (Wert: 20.000,00 €) *839,80 €*

Der Mehrbetrag i.H.v. *387,60 €*

ist also nicht erstattungsfähig.

Dies gilt aber nur für **Aktivprozesse**. Werden die einzelnen Gesellschaf- 2879
ter verklagt, so ist die Gebührenerhöhung nach Nr. 1008 VV RVG dagegen erstattungsfähig, da mehrere Beklagte keinen Einfluss darauf haben,

---

127 S. hierzu AnwK-RVG/N. Schneider, Nr. 7008 VV RVG Rn. 46. m.w.N.
128 Grundlegend: BGH, AGS 2004, 143 m. Anm. N. Schneider = RVGReport 2004, 189 (N. Schneider).

Y. Der Vergütungsrechtsstreit

ob sie als Gesellschaft bürgerlichen Rechts oder als Einzelpersonen verklagt werden.[129]

2880 *Beispiel:*
Zwei Gesellschafter erheben Klage auf Zahlung einer Vergütung i.H.v. 10.000,00 €. Gegen sie wird Widerklage erhoben auf Rückzahlung von 5.000,00 €.

Insgesamt angefallen wäre bei Beauftragung eines anderen Anwalts:
1,6-Verfahrensgebühr, Nrn. 3100, 1008 VV RVG (Wert: 15.000,00 €) 905,60 €

Hiervon zu erstatten sind diejenigen Kosten, die entstanden wären, wenn die Sozietät als Gesellschaft bürgerlichen Rechts oder durch eines ihrer Mitglieder geklagt hätte; hinsichtlich der Widerklage muss es bei der Gebührenerhöhung allerdings bleiben. Es ergibt sich dann folgende Berechnung:

1. 1,3-Verfahrensgebühr, Nr. 3100 VV RVG   631,80 €
(Wert: 10.000,00 €)

2. 1,6-Verfahrensgebühr, Nrn. 3100, 1008 VV RVG   481,60 €
(Wert: 5.000,00 €)

gemäß § 15 Abs. 3 RVG insgesamt nicht mehr als   905,60 €
1,6 aus 15.000,00 €

Im Ergebnis ergibt sich also keine Differenz, so dass bei diesem Zahlenbeispiel keine Absetzung erfolgen darf.

---

129 OLG Saarbrücken, OLGReport 2002, 260; OLG Koblenz, MDR 2002, 721 = JurBüro 2002, 417; OLG Schleswig, AGS 2003, 533 = OLGReport 2003, 326; LG Berlin, BRAGOReport 2001, 157 (Hansens).

Z. Muster von Vergütungsvereinbarungen

I. Überblick

Die Empfehlung von allgemeinverbindlichen Mustern für eine Vergütungsvereinbarung ist kaum möglich. Dazu sind die zu regelnden Fallgestaltungen und damit auch die zu regelnden Vergütungsgestaltungen zu vielseitig. 2881

Lediglich für Zeitvergütungen ließe sich ein allgemeinverbindliches Muster entwerfen, das sowohl im außergerichtlichen Bereich als auch für gerichtliche Verfahren verwandt werden kann und das auch unabhängig von dem zugrunde liegenden Rechtsgebiet (Strafsachen, Zivilsachen, Verwaltungssachen) praktikabel wäre. 2882

Bei der Vereinbarung einer Pauschale wird es schon schwieriger, erst recht bei Vereinbarung mehrerer Pauschalen. 2883

Soll die Vereinbarung individuell auf den Fall zugeschnitten werden, lässt sich schon gar nichts Allgemeinverbindliches empfehlen. Man denke hier nur an die wesentlichen Unterschiede zwischen Zivil- und Strafverfahren. 2884

Daher soll im Nachfolgenden (s. Rn. 2890 ff.) dargestellt werden, wie eine auf den Einzelfall zugeschnittene Vergütungsvereinbarung aus einzelnen Klauseln zusammengesetzt werden kann. 2885

In Abschnitt III. werden dann exemplarisch einige individuelle Vereinbarungen dargestellt. 2886

Des Weiteren wird noch auf Abänderungsvereinbarungen (s. Rn. 3082 ff.) und auf den Schuldbeitritt zu einer Vergütungsvereinbarung (s. Rn. 3092 ff.) eingegangen. 2887

Zu berücksichtigen ist, dass die nachfolgenden Musterklauseln nur Empfehlungen sein können. Der Anwalt muss stets seinen eigenen Fall im Auge haben und prüfen, inwieweit diese Klauseln auf seinen Fall passen, inwieweit diese abzuändern oder ggf. durch eigene Bedingungen zu ergänzen oder zu ersetzen sind. 2888

2889 In Anbetracht der Vielzahl der zu regelnden möglichen Fälle und der jeweiligen individuellen Bedürfnisse und Wünsche des Anwalts und seines Auftraggebers können die Empfehlungen auch nicht abschließend sein.

II. Einzelne Vertragsklauseln

2890 Bei der Abfassung seiner Vergütungsvereinbarung sollte der Anwalt in den nachfolgenden Schritten vorgehen und die entsprechenden Klauseln dann zu seinem Vertragswerk zusammensetzen.

2891 Zu berücksichtigen ist, dass die Darstellung keinesfalls abschließend sein kann und dass der Anwalt für den Einzelfall stets prüfen muss, ob und inwieweit die Klausel für seinen Fall passt.

2892 Empfehlenswert ist es, **Zwischenüberschriften** einzufügen. Dies erhöht die Transparenz der Vereinbarung und nimmt dem Auftraggeber die Angst vor dem „Kleingedruckten". Darüber hinaus kann dies im Hinblick auf Verbraucherschutz und AGB-Vorschriften nicht schaden.[1]

1. Überschrift und Bezeichnung der Vertragsparteien

2893 Die Vergütungsvereinbarung muss nach § 4 Abs. 1 Satz 2 RVG als solche bezeichnet sein, es sei denn, sie ist vom Auftraggeber verfasst. Daher sollte immer „*Vergütungsvereinbarung*" als **Überschrift** gewählt werden.[2]

2894 Darüber hinaus ist darauf zu achten, dass die **Vertragsparteien** genau bezeichnet werden.

2895 Dies gilt auch für den **Anwalt**. Hier ist klarzustellen, wem die vereinbarte Vergütung zustehen soll. Bei einem **Einzelanwalt** ist dies unproblematisch. Wird eine Vergütungsvereinbarung mit einer **Sozietät** geschlossen, ist hier klarzustellen, ob die Vergütungsvereinbarung mit der ge-

---

1 Krämer/Mauer/Kilian, Rn. 749.
2 S. hierzu Rn. 661 ff.

samten Sozietät zustande kommen soll, mit einem einzelnen Sozius oder mit mehreren einzelnen Sozien.

Ebenso ist beim **Auftraggeber** darauf zu achten, dass dieser namentlich genau bezeichnet wird. Der Auftraggeber muss nicht mit dem Mandanten identisch sein. 2896

Insbesondere bei Firmen ist darauf zu achten, dass genau angegeben wird, mit wem die Vergütungsvereinbarung geschlossen wird. Bei Gesellschaften ist Sorgfalt geboten; auf die entsprechenden Zusätze (GmbH, GmbH & Co KG etc.) ist genauestens zu achten. Am besten werden auch die Vertretungsverhältnisse mitaufgeführt. 2897

Wird eine Vergütungsvereinbarung durch einen **Vertreter** geschlossen, sollte dies auch im Rubrum klargestellt werden. Nicht selten entsteht Streit, ob der „Vertreter" die Vergütungsvereinbarung in eigenem Namen geschlossen hat oder im Namen des Vertretenen. 2898

Zweckmäßig ist es, den oder die Anwälte im Vertragstext stets als „Anwalt" zu bezeichnen und den Vertragspartner als „Auftraggeber". Dies erleichtert im Folgenden die Verwendung der einzelnen Klauseln und vermeidet, dass Namen ständig wiederholt und in jeder Klausel entsprechend eingesetzt werden müssen. 2899

Muster: Vertragskopf 2900

Vergütungsvereinbarung

zwischen

Herrn Rechtsanwalt ...

- im Folgenden Anwalt

und

Herrn ...

- im Folgenden Auftraggeber.

2. Bezeichnung der vom Anwalt für die vereinbarte Vergütung zu erbringenden Tätigkeiten

2901 Genauso wichtig wie die exakte Regelung der Berechnung der Vergütung ist es, klarzustellen, für welche Tätigkeit(en) die Vergütung zu zahlen ist.

2902 Dies gilt insbesondere dann, wenn eine **Pauschale** vereinbart wird. Nicht selten entsteht im Nachhinein Streit, welche Tätigkeiten noch von der Pauschale erfasst sind.

2903 Bei **Stundensatzvereinbarungen** wird mitunter eingewandt, bestimmte Tätigkeiten seien nicht vereinbart, so dass dafür nicht die vereinbarten Stundensätze abgerechnet werden können, sondern allenfalls die gesetzlichen Gebühren.

2904 Allen diesen Problemen kann leicht begegnet werden, indem die Parteien in der Vereinbarung klar und deutlich regeln, welche Tätigkeiten der Anwalt zu erbringen hat und für welche Tätigkeiten die vereinbarte Vergütung gelten sollen.

2905 Insbesondere in **gerichtlichen Verfahren** ist anzugeben, für **welche Instanz** die Vereinbarung gelten soll. Klarzustellen ist, ob **Nebenverfahren**, die nach dem RVG gesonderte Angelegenheiten bilden (etwa nach den §§ 17, 18 RVG), mitabgegolten sein sollen, ob hierfür ebenfalls die Vergütungsvereinbarung gelten soll oder ob diese von der Vergütungsvereinbarung unberührt bleiben und insoweit dann die gesetzliche Regelung gelten soll, wenn es zu solchen Verfahren kommt. An die gesonderten Verfahren des **einstweiligen Rechtsschutzes** (§ 17 Nr. 4 RVG) ist zu denken, ebenso an **Beschwerde- und Erinnerungsverfahren** (§ 18 Nr. 5 RVG) und auch an das weitere **Verfahren nach Zurückverweisung** (§ 21 Abs. 1 RVG).

2906 *Beispiel:*
Der Anwalt war in einem Rechtsstreit tätig. Vereinbart war die Abrechnung
a) einer Pauschale
b) nach Stunden.
Nach Erlass des Urteils wird der Anwalt beauftragt, eine Streitwertbeschwerde auf Heraufsetzung des Streitwertes zu erheben.

*Die Streitwertbeschwerde ist nach § 18 Nr. 5 RVG eine **eigene Angelegenheit**.*

a) Ist eine Pauschale vereinbart, stellt sich die Frage, ob die Beschwerde durch die Pauschale mitabgegolten ist oder ob der Anwalt neben der Pauschale die Gebühren nach den Nrn. 3500 ff. VV RVG gesondert verlangen kann.

b) Ist ein Zeithonorar vereinbart, stellt sich die Frage, ob der Anwalt für seine Tätigkeit im Beschwerdeverfahren weitere Zeiten abrechnen kann oder ob ihm insoweit nur die gesetzliche Vergütung der Nrn. 3500 ff. VV RVG zusteht.

Beispiel: 2907

Es ist die Abrechnung nach einem Vielfachen der gesetzlichen Gebühren vereinbart. Der Anwalt soll gegen die Aussetzung des Verfahrens Beschwerde einlegen.

Gilt das Vielfache der gesetzlichen Gebühren auch für das Beschwerdeverfahren oder nur für die Hauptsache?

Muster: Beschreibung der abzugeltenden Tätigkeiten des Anwalts 2908

1. Inhalt des Mandats

Der Auftraggeber beauftragt den Anwalt ...

(genaue Bezeichnung des Umfangs der Angelegenheit und der vom Anwalt zu erbringenden Tätigkeiten; ggf. erwähnen, welche Tätigkeiten nicht gedeckt, gesondert nach den gesetzlichen Vorschriften oder ob nach einer vorbehaltenen weiteren Vereinbarung zu vergüten ist).

Bereits hier sollte an mögliche verfahrensbedingte Änderungen oder Erweiterungen des Auftrags gedacht werden, etwa an Verbindung und Trennung oder an eine Zurückverweisung. 2909

Soweit dadurch ein neuer Auftrag erforderlich wird, insbesondere wenn damit eine neue Gebührenangelegenheit vorliegt (so im Fall der Zurückverweisung nach § 21 Abs. 1 RVG) und das neue Verfahren nicht mehr vom Umfang der Vereinbarung gedeckt ist, ergeben sich keine Probleme. Geregelt werden sollte insoweit ein Vorbehalt (s.u. Rn. 3049). 2910

Problematischer wird es, wenn keine neue Angelegenheit entsteht, etwa bei einer Verbindung. Sind Zeitvergütungen vereinbart, ergeben sich wiederum keine Probleme. Bei Pauschalen o.Ä. sollte bereits hier 2911 eine gesonderte Regelung getroffen werden. Sofern diese nicht möglich ist, sollte zumindest ein Vorbehalt aufgenommen werden.

2912 **Muster: Vorbehalt für Trennung**

Sollte es zu einer Trennung des Verfahrens kommen, gilt die nachstehende Vereinbarung ab dann für jedes der getrennten Verfahren.

3. Berechnung der Vergütung

2913 Bei Angabe der jeweiligen Beträge, seien es Pauschalen, Stundensätze o.Ä., ist es zweckmäßig, diese nicht nur in Zahlen, sondern **auch in Worten** anzugeben.[3] Dies schafft eine zusätzliche Kontrolle, falls sich Tippfehler einschleichen sollten.

2914 **Praxistipp:**

Ausdrücklich sollte erwähnt werden, ob der Anwalt die vereinbarte Vergütung anstelle der gesetzlichen Vergütung oder zusätzlich zur gesetzlichen Vergütung erhält.

a) Vereinbarte Vergütung anstelle der gesetzlichen Gebühren

aa) Gesamtpauschale

2915 Möglich ist es, eine Gesamtpauschale zu vereinbaren. Da diese die gesamte Tätigkeit abdeckt, sind weitere Regelungen grds. nicht erforderlich.

2916 **Muster: Gesamtpauschale**

2. Vergütung

Für die unter Nr. 1 genannten Tätigkeiten erhält der Anwalt anstelle der gesetzlichen Gebühren eine Pauschale i.H.v. ...,.. € (in Worten ... Euro).

---

3 Krämer/Mauer/Kilian, Rn. 750.

Endet das Mandat vorzeitig, so ist eine Pauschale grds. nach § 628 Abs. 1 Satz 1 BGB reduzieren, sofern nichts anderes vereinbart ist.[4] Es bietet sich daher eine entsprechende Vereinbarung an, wie bei vorzeitiger Beendigung des Mandats abzurechnen ist. Ist dies geschehen, scheidet eine Reduzierung nach § 628 Abs. 1 Satz 1 BGB aus. Allenfalls kommt eine Reduzierung nach § 4 Abs. 4 RVG in Betracht, wenn der reduzierte Betrag unter Berücksichtigung der Gesamtumstände unangemessen hoch sein sollte.

2917

Die Reduzierung kann dabei nach Ablauf von bestimmten Zeiten (Kalenderdaten) gestaffelt werden oder auch nach Verfahrensabschnitten.

2918

Muster: Zusatzklausel für Gesamtpauschale mit Staffelung bei vorzeitiger Beendigung nach Zeitablauf

2919

Für den Fall, dass das Mandat vorzeitig endet, ist die Pauschale zu folgenden Teilen geschuldet:
- bis zum ... i.H.v. ...,.. € (in Worten ... Euro),
- bis zum ... i.H.v. ...,.. € (in Worten ... Euro),
- bis zum ... i.H.v. ...,.. € (in Worten ... Euro),
- hiernach in voller Höhe.

Muster: Zusatzklausel für Gesamtpauschale mit Staffelung bei vorzeitiger Beendigung nach Verfahrensabschnitten

2920

Für den Fall, dass das Mandat vorzeitig endet, ist die Pauschale zu folgenden Teilen geschuldet:
- bis zur/m ... (einfügen, etwa Klageeinreichung, Eröffnung des Hauptverfahrens etc.) i.H.v. ...,.. € (in Worten ... Euro).
- bis zur/m ... (einfügen, etwa mündliche Verhandlung, Hauptverhandlung etc.) i.H.v. ...,.. € (in Worten ... Euro),
- hiernach in voller Höhe.

---

4 S. Rn. 1231.

2921 Möglich ist es auch eine **Reduzierung** der Vergütung nach § 628 Abs. 1 Satz 1 BGB **auszuschließen**. Dies muss allerdings ausdrücklich erfolgen. Insbesondere bei allgemeinen Geschäftsbedingungen bestehen hiergegen allerdings erhebliche Bedenken.[5]

2922 **Muster: Zusatzklausel für Gesamtpauschale mit Ausschluss einer Reduzierung bei vorzeitiger Beendigung**

Für den Fall, dass das Mandat vorzeitig endet, bleibt die volle Pauschale geschuldet.

2923 Bei einer Pauschale ist auch daran zu denken, dass sich der Auftrag erweitern kann. Zum einen kann dem durch einen Vorbehalt Rechnung getragen werden. Zum anderen kann dies aber auch schon bei der Pauschale berücksichtigt werden. Dies gilt insbesondere im Falle einer Verbindung oder in Verfahren nach Teil 4 bis 6, wenn die Tatvorwürfe nachträglich erweitert werden.

2924 Für den Fall, dass sich der Verteidigungsauftrag erweitert, sollte eine Erhöhung der vereinbarten Pauschale vorgesehen werden. Da der zusätzliche Umfang von vornherein aber nicht feststeht, muss die Erhöhung offen bleiben. Eine einseitige Festsetzung dieser Erhöhung durch den Anwalt scheitert an § 4 Abs. 3 Satz 1 RVG.

2925 Daher bleibt nur die Möglichkeit, die Festsetzung dem Vorstand der zuständigen Rechtsanwaltskammer zu überlassen, wenn eine Einigung mit dem Auftraggeber nicht zustande kommt.

2926 **Muster: Zusatzklausel für Verbindung oder Auftragserweiterung**

Sollte das Verfahren mit anderen Verfahren verbunden werden oder über den bisherigen Auftrag erweitert werden, so wird für den dadurch entstehenden Mehraufwand eine Erhöhung der vorstehend geregelten Pauschale verein-

---

5 S. hierzu Rn. 1241.

bart. Kommt eine Einigung über die angemessene Erhöhung nicht zustande, wird die Festsetzung der Erhöhung in das billige Ermessen des Vorstands der Rechtsanwaltskammer...[6] gestellt.

bb) Mehrere Pauschalen

Möglich ist es, mehrere (gestaffelte) einzelne Pauschalen zu vereinbaren, die sich am Fortschritt des Mandats, also an den jeweiligen Verfahrens- oder Tätigkeitsabschnitten orientieren. 2927

Muster: Mehrere gestaffelte Pauschalen 2928

2. Vergütung

Für die unter Nr. 1 genannten Tätigkeiten erhält der Anwalt anstelle der gesetzlichen Gebühren folgende Pauschalen

- für ... *(einfügen, etwa den Klageentwurf bis zur Einreichung der Klage, das vorbereitende Verfahren vor der Staatsanwaltschaft)* eine Pauschale i.H.v. ...,.. € (in Worten ... Euro),

- für ... *(einfügen, etwa das erstinstanzliche Verfahren, das gerichtliche Verfahren bis zur Eröffnung des Hauptverfahrens)* eine Pauschale i.H.v. ...,.. € (in Worten ... Euro),

- für ... *(einfügen, etwa die mündliche Verhandlung, jeder Hauptverhandlungstermin)* eine Pauschale i.H.v. ...,.. € (in Worten ... Euro).

cc) Zeitvergütung

Im außergerichtlichen Bereich bietet es sich an, Zeitvergütungen zu vereinbaren. Welche Zeiten dabei vereinbart werden, ist unerheblich. Zweckmäßig ist es, nach Stunden abzurechnen. 2929

---

6 Zuständig ist die Rechtsanwaltskammer, der der Verteidiger angehört (Hansens, § 3 Rn. 11). Die Vereinbarung einer unzuständigen Rechtsanwaltskammer könnte gegen § 4 Abs. 3 RVG verstoßen.

2930 Muster: Zeitvergütung

2. Vergütung

Für die unter Nr. 1 genannten Tätigkeiten erhält der Anwalt anstelle der gesetzlichen Gebühren eine Vergütung i.H.v. ...,.. € (in Worten ... Euro) je Stunde.

2931 Sofern nach größeren Zeitabständen, insbesondere nach Stunden abgerechnet wird, sollte auch klargestellt werden, dass in bestimmten Mindestintervallen, also je angebrochene 5, 10, 20 oder 30 Minuten zu rechnen ist. Fehlt eine entsprechende Vereinbarung, wäre an sich minutengenau abzurechnen, so dass sich Probleme ergeben.

2932 Muster: Zusatzklausel bei Vereinbarung eines Mindestintervalls

Abgerechnet wird für jede angefangenen ... Minuten.

2933 Bei Zeitvergütungen ist auf Fahrt- und Wartezeiten Acht zu geben, da diese nicht berechnet werden dürfen, wenn dies nicht vereinbart ist.[7]

2934 Muster: Zusatzklausel bei Zeitvergütung auch für Fahrt- und Wartezeiten

Der vereinbarte Stundensatz gilt auch für Fahrt- und Wartezeiten.

2935 Ggf. kann bei Zeitvergütungen hier eine gestaffelte Abrechnung vereinbart werden.

---

7 S. hierzu Rn. 991.

| **Muster: Gestaffelte Zeitvergütung (Fahrt- und Wartezeiten)** | 2936 |

2. Vergütung

Für die unter Nr. 1 genannten Tätigkeiten erhält der Anwalt anstelle der gesetzlichen Gebühren eine Vergütung i.H.v. ...,.. € (in Worten ... Euro) je Stunde.

Für Fahrt- und Wartezeiten wird eine Vergütung i.H.v. ...,.. € (in Worten ... Euro) geschuldet.

Abgerechnet wird für jede angefangenen ... Minuten.

Insbesondere ist zu beachten, dass auch für die Tätigkeit von Hilfspersonen die volle Vergütung verlangt werden kann (s. hierzu auch u. Rn. 3013). — 2937

| **Muster: Zusatzklausel Zeitvergütung auch für Mitarbeiter** | 2938 |

Die vereinbarte Vergütung ist auch dann zu zahlen, wenn der Anwalt einzelne Tätigkeiten durch einen anderen Anwalt oder andere juristische Mitarbeiter ausführen lässt.

Ggf. sind auch hier gestaffelte Sätze zu vereinbaren. — 2939

| **Muster: Zusatzklausel bei gestaffelter Zeitvergütung (für Anwalt und Mitarbeiter)** | 2940 |

Lässt der Anwalt einzelne Tätigkeiten durch einen anderen Anwalt oder andere juristische Mitarbeiter ausführen, werden hier für folgende Stundensätze in Rechnung gestellt:

- für Sozien des Anwalts ...,.. € (in Worten ... Euro),
- für einen in der Kanzlei des Anwalts angestellten Anwalt oder Steuerberater ...,.. € (in Worten ... Euro),
- für sonstige juristische Mitarbeiter ...,.. € (in Worten ... Euro).

dd) Zeit- und Pauschalvergütung

2941 Möglich sind auch Kombinationen von Zeit- und Pauschalvergütungen. Die Pauschale dient dann quasi als Sockelbetrag, den der Auftraggeber zur Abgeltung der Einarbeitung etc. auf jeden Fall zahlen muss. Auch hier ist bei der Pauschale ggf. an eine Regelung für den Fall der vorzeitigen Beendigung zu denken.[8]

2942 **Muster: Zeitvergütung mit zusätzlicher Pauschale**

2. Vergütung

Für die unter Nr. 1 genannten Tätigkeiten erhält der Anwalt anstelle der gesetzlichen Gebühren eine Vergütung i.H.v. ...,.. € (in Worten ... Euro) je Stunde.

Abgerechnet wird für jede angefangenen ... Minuten.

Hinzu kommt eine einmalige Pauschale i.H.v. ...,.. € (in Worten ... Euro).

ee) Vielfaches der gesetzlichen Gebühren

2943 Möglich ist es, nach einem Vielfachen der gesetzlichen Gebühren abzurechnen. Hier braucht nur der jeweilige Faktor angegeben zu werden, da sich die Vergütung im Übrigen aus dem Gesetz ergibt.

2944 **Muster: Vielfaches der gesetzlichen Gebühren**

2. Vergütung

Für die unter Nr. 1 genannten Tätigkeiten erhält der Anwalt das ...fache der gesetzlichen Gebühren.

ff) Höhere Gebührensätze oder -beträge

2945 In Betracht kommt ebenso, auf das gesetzliche Gebührensystem zurückzugreifen, aber höhere Gebührensätze oder -beträge festzulegen.

---

8   S. zuletzt BGH, AGS 2005, 378 m. Anm. Madert, Henke u. N. Schneider = AnwBl. 2005, 582 m. Anm. Henke, BGHReport 2005, 1151 m. Anm. N. Schneider; s. auch Rn. 1231 ff.

Muster: Höhere Gebührensätze oder -beträge 2946

2. Vergütung

Für die unter Nr. 1 genannten Tätigkeiten erhält der Anwalt

- die Verfahrensgebühr der Nr. 3100 VV RVG zu einem Satz von ...,
- Terminsgebühr der Nr. 3102 VV RVG zu einem Satz von ...,
- eine eventuelle Einigungsgebühr (Nrn. 1000 ff. VV RVG) zu einem Satz von ....

Im Übrigen bleibt es bei den gesetzlichen Gebühren.

Muster: Höhere Gebührenbeträge 2947

2. Vergütung

Für die unter Nr. 1 genannten Tätigkeiten erhält der Anwalt

- die Grundgebühr der Nr. 4100 VV RVG zu einem Betrag i.H.v. ...,
- die Verfahrensgebühr der Nr. 4104 VV RVG zu einem Betrag i.H.v. ...,
- die Verfahrensgebühr der Nr. 4106 VV RVG zu einem Betrag i.H.v. ...,
- die Terminsgebühr der Nr. 4108 VV RVG zu einem Betrag i.H.v. ....

Im Übrigen bleibt es bei den gesetzlichen Gebühren.

gg) Gesetzliche Gebühren mit zusätzlicher Gebühr

Möglich ist es, zu den gesetzlichen Gebühren gesonderte Gebühren für bestimmte Tätigkeiten zu vereinbaren, etwa eine zusätzliche Gebühr für die Teilnahme an einer Beweisaufnahme, um diese zusätzlichen Tätigkeiten abzudecken. Ebenso ist es möglich, die Einigungsgebühr für den Fall zu vereinbaren, dass eine getroffene Einigung widerrufen wird. Damit wird der erhöhte Aufwand der Einigungsverhandlungen abgegolten, selbst wenn es sich der Mandant oder Gegner später doch anders überlegt. 2948

2949 Muster: Gesetzliche Gebühren mit zusätzlicher Beweisgebühr

2. Vergütung

Für die unter Nr. 1 genannten Tätigkeiten erhält der Anwalt die gesetzlichen Gebühren mit der Maßgabe, dass der Anwalt für die Vertretung in einem Beweisaufnahmeverfahren eine gesonderte Terminsgebühr nach Nr. 3104 VV RVG erhält.

2950 Muster: Gesetzliche Gebühren mit abweichenden Tatbestandsvoraussetzungen

2. Vergütung

Für die unter Nr. 1 genannten Tätigkeiten erhält der Anwalt die gesetzlichen Gebühren mit der Maßgabe, dass eine Einigungsgebühr auch dann geschuldet wird, wenn eine Einigung unter einem Widerrufsvorbehalt geschlossen und die Einigung nachträglich von einer der Parteien widerrufen wird.

hh) Gesetzliche Gebühren nach einem höheren Gegenstandswert

2951 Zulässig ist es, die gesetzlichen Gebühren zu vereinbaren, jedoch einen höheren Gegenstandswert zugrunde zu legen. Dabei kann ein fester bezifferter Wert zugrunde gelegt werden. Hier besteht allerdings das Risiko, dass das Gericht später den Streitwert höher festsetzt als vereinbart. Insoweit ist daher unbedingt darauf zu achten, dass mindestens der vom Gericht festgesetzte Wert vereinbart wird (s.u. Rn. 2996).

2952 Wird von vornherein ein Vielfaches des vom Gericht noch festzusetzenden Gegenstandswertes vereinbart, ist dies unproblematisch, weil dann die Vergütung immer über den gesetzlichen Gebühren liegt.

> **Muster: Gesetzliche Gebühren nach einem höheren Gegenstandswert** 2953
>
> 2. Vergütung
>
> Für die unter Nr. 1 genannten Tätigkeiten erhält der Anwalt die gesetzlichen Gebühren nach einem Gegenstandswert i.H.v. …,.. € (in Worten … Euro).

> **Muster: Gesetzliche Gebühren nach einem Vielfachen des Gegenstandswerts** 2954
>
> 2. Vergütung
>
> Für die unter Nr. 1 genannten Tätigkeiten erhält der Anwalt die gesetzlichen Gebühren nach dem …fachen des vom Gericht festzusetzenden Gegenstandswerts i.H.v. …,.. € (in Worten … Euro).

Zu beachten ist in diesen Fällen, dass sich nie eine Erweiterung des Streitgegenstands (Widerklage, Klageerweiterung etc.) ausschließen lässt. Daher sollte zusätzlich vereinbart werden, dass bei Hinzukommen weiterer Gegenstände deren Wert hinzuzusetzen ist. 2955

> **Muster: Zusatzklausel bei Erweiterung des Gegenstandswertes** 2956
>
> Sollte sich der Gegenstand der anwaltlichen Tätigkeit erweitern (Widerklage, Klageerweiterung o.Ä.), wird der Wert der weiteren Gegenstände hinzugerechnet.

ii) Gesetzliche Gebühren mit zusätzlicher Pauschale

Darüber hinaus ist es möglich, einerseits die gesetzlichen Gebühren zu vereinbaren, andererseits jedoch zusätzlich einen festen Pauschalbetrag. 2957

Hier ist ggf. je nach Umfang und Höhe der Pauschale daran zu denken, wie sich diese berechnen soll, wenn das Mandat vorzeitig endet (s.o. Rn. 2917 ff.). 2958

2959 Muster: Gesetzliche Gebühren mit zusätzliche Pauschale

2. Vergütung

Für die unter Nr. 1 genannten Tätigkeiten erhält der Anwalt zusätzlich zu den gesetzlichen Gebühren eine Pauschale i.H.v. ...,.. € (in Worten ... Euro).

b) Anrechnungen

2960 Da das Gesetz in vielen Fällen die Anrechnung zuvor verdienter Gebühren vorsieht oder die Anrechnung auf spätere Gebühren, sollte vorsorglich klargestellt werden, ob und inwieweit bereits verdiente gesetzliche Gebühren auf die vereinbarte Vergütung anzurechnen sind sowie, ob und inwieweit die vereinbarte Vergütung ggf. auf spätere gesetzliche Gebühren oder weitere vereinbarte Vergütungen anzurechnen ist.

aa) Anrechnungsausschluss

2961 In aller Regel wollen die Parteien eine Anrechnung ausschließen. Hierfür spricht auch eine Vermutung (ausgenommen bei Beratung und Gutachten [§ 34 Abs. 2 RVG]). Es schadet jedoch nichts, wenn dies in der Vereinbarung ausdrücklich klargestellt wird.

2962 Muster: Zusatzklausel Anrechnungsausschluss gesetzlicher Gebühren

Eine Anrechnung zuvor verdienter gesetzlicher Gebühren wird ausgeschlossen.

2963 Muster: Zusatzklausel Anrechnungsausschluss vereinbarter Vergütung

Eine Anrechnung der vorstehend vereinbarten Vergütung auf eventuelle spätere gesetzliche Gebühren einer nachfolgenden Angelegenheit wird ausgeschossen.

bb) Anrechnungsvereinbarung

Wollen die Parteien eine Anrechnung vornehmen, sollte diese ausdrücklich vereinbart werden. Insoweit kommt nicht nur die Anrechnung bereits verdienter gesetzlicher Gebühren in Betracht, sondern auch die Anrechnung einer vereinbarten Vergütung.

2964

Muster: Zusatzklausel Anrechnung gesetzlicher Gebühren

2965

Eventuell zuvor verdiente gesetzliche Gebühren werden entsprechend den gesetzlichen Bestimmungen auf die hier vereinbarte Vergütung angerechnet.

Muster: Zusatzklausel Anrechnung vereinbarter Vergütung

2966

Die vorstehend vereinbarte Vergütung ist in dem Umfang auf eventuelle spätere gesetzliche Gebühren anzurechnen, als eine gesetzliche Vergütung bei gesetzlicher Abrechnung anzurechnen wäre.

Muster: Zusatzklausel Anrechnung eines bezifferten Betrages

2966a

Von der vorstehend vereinbarten Vergütung ist ein Betrag in Höhe von ... € auf die Vergütung ... *(z. B. eines nachfolgenden Rechtsstreits)* anzurechnen.

c) Auslagen und Umsatzsteuer

Wird in der Vergütungsvereinbarung hinsichtlich der Auslagen, wozu nach dem Leitbild des Gesetzes auch die Umsatzsteuer zählt, nichts vereinbart, gilt im Zweifel, dass sämtliche Auslagen durch die vereinbarte Vergütung mitabgegolten sind.[9] Dies gilt insbesondere bei Pauschalen und Zeitvergütungen. Lediglich dann, wenn nur eine Vereinbarung über Gebühren getroffen worden ist, kann die Auslegung ergeben, dass die gesetzlichen Auslagen unberührt bleiben sollen.

2967

---

9   S. Rn. 1069 ff.

2968 Wollen die Parteien über die Höhe der Auslagen Abweichendes regeln, so bedarf es ausdrücklicher Vereinbarungen. Möglich ist es sogar, die gesetzlichen Gebühren unberührt zu lassen und lediglich höhere Auslagen zu vereinbaren.

2969 Die Parteien sind aber nicht daran gebunden, lediglich die gesetzlich vorgesehenen Auslagentatbestände zu erhöhen. Sie können auch Ersatz für solche Auslagen vereinbaren, die nach dem gesetzlichen Leitbild gar nicht gesondert erhoben werden dürfen, sondern nach Vorbem. 7 Abs. 1 Satz 1 VV RVG als Allgemeine Geschäftskosten mit der Vergütung abgegolten sind.

2970 Obwohl die Auslagen ein Teil der Vergütung sind (§ 1 Abs. 1 RVG), empfiehlt es sich um der Übersichtlichkeit willen, diese gesondert zu regeln und eine **gesonderte Zwischenüberschrift** vorzunehmen.

aa) Gesetzliche Auslagen

2971 Häufig soll hinsichtlich der Auslagen keine gesonderte Regelung getroffen werden. Die Parteien wollen die gesetzliche Regelung. Dann sollte aber zumindest darauf hingewiesen werden, dass hinsichtlich der Auslagen die gesetzlichen Vorschriften gelten, da anderenfalls die Auslegung ergeben könnte, dass Auslagen durch die vereinbarte Vergütung abgegolten sind.[10]

2972 **Muster: Gesetzliche Auslagen und Umsatzsteuer**

3. Auslagen

Hinzu kommen Auslagen und Umsatzsteuer nach den gesetzlichen Vorschriften.

bb) Vielfaches der gesetzlichen Auslagen

2973 Möglich ist es, ein Vielfaches der gesetzlichen Auslagen zu vereinbaren, wobei diese Regelung für sich genommen unklar sein kann, nämlich in-

---

10 S. Rn. 1069.

soweit als dann nicht geklärt ist, ob es bei der Höchstgrenze der Nr. 7002 VV RVG bleiben soll oder ob auch diese zu vervielfältigen ist. Zweckmäßigerweise sollte dies geregelt werden.

3. Auslagen 2974

Der Anwalt erhält das ...fache der gesetzlichen Auslagen; hinsichtlich der Postentgeltpauschale (Nr. 7002 VV RVG) gilt damit ein Höchstbetrag i.H.v. ...,.. € (in Worten ... Euro).

cc) Höhere Auslagen

Werden ansonsten abweichende Auslagenbeträge oder -sätze vereinbart, sollten diese im Einzelnen aufgelistet werden. Zweckmäßig ist es, durch eine entsprechende Zwischenüberschrift und den Eingangssatz darauf hinzuweisen, dass die nachfolgenden Bestimmungen von der gesetzlichen Auslagenvergütung abweichen. Dann brauchen lediglich noch die zusätzlichen Klauseln angefügt zu werden. 2975

Muster: Vereinbarung höherer Auslagen für Ablichtungen 2976

3. Auslagen

Anstelle der gesetzlichen Auslagen erhält der Anwalt

Muster: Vereinbarung höherer Auslagen für Ablichtungen 2977

- je Ablichtung eine Vergütung i.H.v. ...,.. € (in Worten ... Euro).

Muster: Wegfall der vergütungsfreien Ablichtungen 2978

- in allen Fällen auch für die ersten 100 Ablichtung die gesetzliche Vergütung (*oder: eine Vergütung i.H.v. ...,.. € (in Worten ... Euro)*.

2979	**Muster: Vereinbarung einer höheren Postentgeltpauschale (höherer Betrag)**

- eine Postentgeltpauschale i.H.v. ...,.. € (in Worten ... Euro).

2980	**Muster: Zusatzklausel Vereinbarung höherer Postentgeltpauschale (mehrere Pauschalen nach Zeitabschnitten)**

- eine ... (*Zeitraum eintragen; z.B. monatliche*) Postentgeltpauschale i.H.v. ...,.. € (in Worten ... Euro).

2981	**Muster: Vereinbarung höherer Postentgeltpauschale (höherer Prozentsatz)**

- eine Postentgeltpauschale i.H.v. ...% der vereinbarten Vergütung (*ggf.: maximal jedoch* ...,.. € (in Worten ... Euro)).

2982	**Muster: Vereinbarung höherer Reisekosten (PKW)**

- Fahrtkosten für die Reise mit dem PKW i.H.v. ...,.. € (in Worten ... Euro) je gefahrenem Kilometer.

2983	**Muster: Vereinbarung höherer Reisekosten (gestaffeltes Abwesenheitsentgelt)**

- für Geschäftsreisen ein Abwesenheitsentgelt bei einer Abwesenheit
  - von bis zu vier Stunden i.H.v. ...,.. € (in Worten ... Euro),
  - von bis zu acht Stunden i.H.v. ...,.. € (in Worten ... Euro),
  - mehr als acht Stunden i.H.v. ...,.. € (in Worten ... Euro).

| Muster: Vereinbarung höherer Reisekosten (pauschales Abwesenheitsentgelt) | 2984 |

- für Geschäftsreisen ein Abwesenheitsentgelt i.H.v. ...,.. € (in Worten ... Euro) je Tag, unabhängig von der Dauer der Reise.

dd) Erstattung verauslagter Kosten

Hinsichtlich der Erstattung verauslagter Kosten können sich mitunter Abrechnungsfragen ergeben. Von daher schadet es nichts ausdrücklich zu regeln, dass Kosten, die der Anwalt vorgelegt hat, zu erstatten sind.[11] 2985

Insoweit sollte auch eine sofortige Fälligkeit der Erstattungsforderung, die ohnehin vom Gesetz her vorgesehen ist, vereinbart und nochmals klargestellt werden. 2986

| Muster: Erstattung verauslagter Kosten | 2987 |

Soweit der Anwalt im Verlaufe des Mandats Kosten verauslagt, insbesondere Gerichtskosten, Gerichtsvollzieherkosten, Gebühren für Meldeamts- und Registeranfragen, Aktenversendungspauschalen etc., sind diese vom Auftraggeber auf Anforderung zu erstatten.

ee) Erstattung allgemeiner Geschäftskosten

Die Parteien können auch die Erstattung allgemeiner Geschäftskosten vereinbaren, also solcher Kosten, die nach Vorbem. 7 Abs. 1 VV RVG durch die jeweiligen Gebühren mitabgegolten sind. 2988

| Muster: Erstattung allgemeiner Geschäftskosten | 2989 |

Zusätzlich sind vom Auftraggeber Kosten für die Anschaffung erforderlicher Spezialliteratur und Datenbankrecherchen zu erstatten.

---

11 S. Rn. 1080.

2990 Hierhin gehört auch die Abrechnung von Haftpflichtversicherungsprämien.[12]

2991 **Muster: Vereinbarung der Übernahme von Haftpflichtversicherungsprämien**
Zusätzlich übernimmt der Auftraggeber die laufenden Versicherungsprämien der vom Anwalt für dieses Mandat zusätzlich abgeschlossenen Haftpflichtversicherung.

d) Gebühren und Auslagen

2992 Möglich ist es auch, sowohl ein Vielfaches der gesetzlichen Gebühren als auch der gesetzlichen Auslagen zu vereinbaren.

2993 Die bloße Formulierung, dass ein *„Vielfaches der gesetzlichen Vergütung"* geschuldet sei, würde im Hinblick auf die Legaldefinition in § 1 Abs. 1 Satz 1 RVG ausreichen, bietet jedoch nicht genügend Klarheit. Daher sollte ausdrücklich darauf hingewiesen werden, dass nicht nur die Gebühren, sondern auch die Auslagen entsprechend vervielfältigt werden. Es sollte auf die ggf. höhere Höchstgrenze der Nr. 7002 VV RVG ausdrücklich hingewiesen werden.

2994 **3. Auslagen**
Für die unter Nr. 1 genannten Tätigkeiten erhält der Anwalt das ...fache der gesetzlichen Gebühren und Auslagen. Auch der Höchstbetrag der Postentgeltpauschale (Nr. 7002 VV RVG) erhöht sich auf das ...fache.

4. Mindest- und Höchstgrenzen

2995 Möglich ist es auch Mindest- und Höchstgrenzen zu vereinbaren. Dabei können frei verhandelbare Beträge als Mindest- oder Höchstgrenze vereinbart werden. Es kann die gesetzliche Vergütung als Mindest- oder Höchstvergütung angesetzt werden.

---

12 S. Rn. 1169.

a) Mindestvergütung

Die Vereinbarung einer Mindestvergütung kommt insbesondere bei Zeithonoraren, aber auch bei der Abrechnung nach den gesetzlichen Gebühren in Betracht. Damit wird gewährleistet, dass dem Anwalt als „Sockelbetrag" ein Minimum selbst dann zusteht, wenn sich die Sache kurzfristig unvorhergesehen erledigt. 2996

Daneben kommt ein Mindestbetrag bei Abrechnung einer Pauschale in Betracht, wenn diese nach § 628 Abs. 1 Satz 1 BGB zu kürzen ist. 2997

aa) Gesetzliche Vergütung als Mindestvergütung

Zu beachten ist, dass es nach § 49b Abs. 1 Satz 1 BRAO grds. unzulässig ist, eine niedrigere als die gesetzliche Vergütung zu vereinbaren. Lediglich für außergerichtliche Tätigkeiten besteht nach § 4 Abs. 2 RVG eine Ausnahme. 2998

Von daher sollte der Anwalt stets die Klausel einfügen, dass mindestens die gesetzliche Vergütung geschuldet ist. Lediglich dann, 2999

- wenn ein Unterschreiten der gesetzlichen Vergütung nach § 49b Abs. 1 BRAO zulässig ist,

und

- die Parteien dies auch wollen,

wäre die entsprechende Klausel wegzulassen.

Entbehrlich ist die Klausel, wenn die Parteien nach einem Vielfachen der gesetzlichen Gebühren abrechnen, weil dann ein Unterschreiten nicht möglich ist. 3000

Muster: Gesetzliche Vergütung als Mindestbetrag 3001

4. Mindestvergütung

Unabhängig von den Vereinbarungen unter Nr. 2 ist mindestens die gesetzliche Vergütung geschuldet.

Haben die Parteien einen bestimmten Gegenstandswert vereinbart, so kann es vorkommen, dass das Gericht unerwartet einen höheren Ge- 3002 genstandswert festsetzt. Für diesen Fall sollte der gerichtlich festgesetzte Wert als Mindestwert vereinbart werden, damit die vereinbarte Vergütung nicht unter der gesetzlichen liegen kann und ein Verstoß gegen § 49b Abs. 1 BRAO damit ausgeschlossen wird.

3003 **4. Mindestwert**

Unabhängig von den Vereinbarungen unter Nr. 2 ist mindestens nach dem gerichtlich festgesetzten Streitwert abzurechnen.

bb) Sockelbetrag als Mindestvergütung

3004 Abgesehen davon bietet es sich in manchen Fällen an, einen Sockelbetrag als Mindestvergütung festzulegen. Damit ist gewährleistet, dass z.B. bei Stundenabrechnung ein gewisser Mindestbetrag zu zahlen ist, wenn sich die Sache vorzeitig erledigt.

3005 **Muster: Sockelbetrag als Mindestbetrag**

4. Mindestvergütung

Unabhängig von den Vereinbarungen unter Nr. 2 ist auf jeden Fall ein Betrag i.H.v. mindestens ... € (in Worten .... Euro) geschuldet.

3006 Auch bei der Vereinbarung einer Pauschale bietet sich dies an, nämlich dann, wenn das Mandat vorzeitig beendet wird und die Pauschale nach § 628 Abs. 1 Satz 1 BGB zu reduzieren wäre. Vereinbaren die Parteien insoweit einen Mindestbetrag, kann darunter nicht reduziert werden. Möglich bleibt allenfalls eine Herabsetzung nach § 4 Abs. 4 RVG, wenn der Mindestbetrag unangemessen hoch ist.

3007 **Muster: Mindestbetrag bei vorzeitiger Beendigung des Mandats**

4. Mindestvergütung bei vorzeitiger Beendigung

Sollte das Mandat vorzeitig enden, ist auf jeden Fall ein Betrag i.H.v. mindestens ... € (in Worten .... Euro) geschuldet.

b) Höchstvergütung

aa) Gesetzliche Gebühren als Höchstvergütung

In Fällen, in denen ein Unterschreiten der gesetzlichen Vergütung möglich ist (§ 49b Abs. 1 BRAO, § 4 Abs. 2 RVG) ist es häufig ein „Verkaufsargument", dass die vereinbarte Vergütung, etwa berechnet nach Stunden, günstiger ist als die Abrechnung nach den gesetzlichen Gebühren, insbesondere dann, wenn ein besonders hoher Streitwert ansteht. In diesen Fällen will der Auftraggeber die günstigere Abrechnung nach Stunden zu seinen Gunsten nutzen. Er will keinesfalls mehr zahlen als die gesetzliche Vergütung. Hier bietet es sich daher durchaus an, die gesetzliche Vergütung als Höchstbetrag zu vereinbaren. — 3008

> **Muster: Gesetzliche Gebühren als Höchstbetrag**
>
> **4. Höchstbetrag**
>
> Unabhängig von den Vereinbarungen unter Nr. 2 sind höchstens die gesetzlichen Gebühren geschuldet.

3009

bb) Vereinbarte Vergütung als Höchstbetrag

Möglich ist es aber auch, andere Höchstbeträge zu vereinbaren, etwa bei einer Stundensatzvereinbarung einen Maximalbetrag. Faktisch wird damit bei Erreichen eines bestimmten Betrages die bisherige Vereinbarung zu einer Pauschalvereinbarung. — 3010

Zu beachten ist, dass ein geringerer Höchstbetrag als die gesetzliche Vergütung nur in den Fällen des § 49b Abs. 1 BRAO, § 4 Abs. 2 RVG zulässig ist. — 3011

> **Muster: Vereinbarte Vergütung als Höchstbetrag**
>
> **4. Höchstbetrag**
>
> Unabhängig von den Vereinbarungen unter Nr. 2 ist höchstens ein Betrag i.H.v. ... € (in Worten ... Euro) geschuldet.

3012

5. Einschaltung von Hilfspersonen

3013 Im Zweifel ist die Vergütungsvereinbarung höchstpersönlich, so dass nur der Anwalt, der die Vergütungsvereinbarung abgeschlossen hat, berechtigt ist, für seine Tätigkeit die vereinbarte Vergütung abzurechnen. Werden Hilfspersonen eingeschaltet, selbst wenn es sich um Anwälte handelt, kann im Zweifel für deren Tätigkeit nur nach den gesetzlichen Gebühren abgerechnet werden.[13] Von daher sollte auf jeden Fall eine Vereinbarung aufgenommen werden, dass auch für die Einschaltung von Hilfspersonen die vereinbarte Vergütung abgerechnet werden kann (s. auch oben Rn. 2937).

3014 **Muster: Einschaltung von Hilfspersonen**

6. Einschaltung von Hilfspersonen

Der Anwalt ist berechtigt, zur Erfüllung des nach Nr. 1 beschriebenen Auftrags Hilfspersonen einzuschalten. Für deren Tätigkeit ist – soweit nichts anderes vereinbart – dieselbe Vergütung geschuldet wie für Tätigkeiten, die der Anwalt in eigener Person erbringt.

6. Vorschüsse

3015 Da je nach Inhalt der Vergütungsvereinbarung unklar sein kann, ob die Vorschrift des § 9 RVG anzuwenden ist, sollte auf jeden Fall vereinbart werden, dass der Anwalt berechtigt ist, Vorschüsse zu verlangen. Insoweit sollte die gesetzliche Formulierung wiederholt werden, dass der Anwalt jederzeit berechtigt ist, *„angemessene"* Vorschüsse zu verlangen. Dann werden sich in der Praxis keine Probleme ergeben.

3016 **Muster: Vorschussvereinbarung**

5. Vorschüsse

Der Rechtsanwalt ist jederzeit berechtigt, angemessene Vorschüsse zu verlangen.

---

13 S. Rn. 1519.

7. Fälligkeit

Vorsorglich sollte die Fälligkeit geregelt werden. Dies gilt auch für Pauschalen.[14]   3017

Muster: Fälligkeitsvereinbarung   3018

6. Fälligkeit

Die unter Nr. 2 vereinbarte Pauschale wird fällig am ...

Möglich – und den Mandanten weniger belastend – sind Teilfälligkeiten.   3019

Muster: Vereinbarung von Teilfälligkeiten (nach festen Terminen)   3020

6. Fälligkeit

Die unter Nr. 2 vereinbarte Pauschale wird in folgenden Teilbeträgen fällig:

...... € (in Worten .... Euro) am ...

...... € (in Worten .... Euro) am ...

...... € (in Worten .... Euro) am ...

Die Fälligkeit kann auch an Verfahrensabschnitte geknüpft werden.   3021

Muster: Vereinbarung von Teilfälligkeiten (nach Verfahrensabschnitten)   3022

6. Fälligkeit

Die unter Nr. 2 vereinbarte Pauschale wird in folgenden Teilbeträgen fällig:

...... € (in Worten .... Euro) mit ...

...... € (in Worten .... Euro) mit ...

...... € (in Worten .... Euro) mit ...

Insbesondere bei Zeitvergütungen sollte eine vorzeitige Fälligkeit für Zwischenabrechnungen vereinbart werden.   3023

---

14 Zum Vorteil Fälligkeiten anstelle von Vorschüssen zu vereinbaren s. Rn. 1845.

3024 Muster: Vereinbarung von Zwischenabrechnungen mit entsprechender Fälligkeit

6. Fälligkeit

Über die geleisteten Stunden wird dem Auftraggeber ... (*Zeitraum angeben*) eine Abrechnung erteilt. Die danach jeweils abgerechnete Vergütung wird mit Erteilung der Abrechnung fällig.

8. Genehmigung bei Zeitvergütungen

3025 Bei Zeitvergütungen sollte vereinbart werden, dass Zwischenabrechnungen als genehmigt anerkannt werden, wenn nicht binnen einer bestimmten Frist hiergegen Widerspruch erhoben wird. Zu beachten ist allerdings § 308 Nr. 5 BGB.

3026 Muster: Genehmigung bei Zeitvergütungen

7. Genehmigung von Zwischenabrechnungen

Die vom Anwalt abgerechneten Zeiten gelten als anerkannt, wenn der Auftraggeber nicht binnen einer Frist von ... (*Zeitraum einsetzen*) der Abrechnung widerspricht.

Der Anwalt wird den Auftraggeber zu Beginn der Widerspruchsfrist auf die vorgesehene Genehmigung durch widerspruchslosen Fristablauf besonders hinweisen.

3027 Brieske[15] empfiehlt darüber hinaus eine weitere Klausel, die sinngemäß wie folgt lauten würde:

3028 Muster: Zusatzklausel für Fortsetzungsvorbehalt bei Zwischenabrechnung

Der Anwalt ist berechtigt, nach Übersendung einer solchen Zwischenabrechnung seine weitere Tätigkeit davon abhängig zu machen, dass über den Um-

---

15 S. 110.

fang der erbrachten Leistungen für den vergangenen Zeitabschnitt Einigkeit erzielt worden ist.

9. Hinweise und Belehrungen
a) Überblick

Bestimmte Hinweispflichten sind gesetzlich vorgeschrieben (§ 49b Abs. 5 BRAO, § 12a Abs. 1 Satz 2 ArbGG). Andere Hinweise und Belehrungen sind nicht zwingend vorgeschrieben, gleichwohl aber häufig geboten.[16]

3029

In allen Fällen folgt aus der Verletzung von Hinweispflichten aber nicht etwa die Unwirksamkeit der Vereinbarung. Es können sich jedoch Schadensersatzansprüche des Auftraggebers ergeben. Zudem kann es an der Freiwilligkeit i.S.d. § 4 Abs. 1 Satz 3 oder Abs. 5 Satz 2 RVG fehlen, wenn der Auftraggeber bestimmte Hinweise nicht erhalten hat (s. ausführlich hierzu Rn. 2030 ff.).

3030

Daher sollten im Zweifel sämtliche Hinweise, die einschlägig sind, in der Vergütungsvereinbarung gegeben werden.

3031

Praxistipp:

3032

Zu beachten ist, dass der Anwalt sich nicht bestätigen lässt, den betreffenden Hinweis erteilt zu haben, da dies eine unwirksame Beweislastumkehr nach § 309 Nr. 12b BGB sein kann. Vielmehr sollten in der Vergütungsvereinbarung die Hinweise ausdrücklich erteilt werden.

Muster: Hinweis

3033

9. Hinweis an den Auftraggeber

Der Auftraggeber wird darauf hingewiesen, dass

---

16 S. hierzu Rn. 1539 ff.

b) Hinweis auf Abrechnung nach dem Gegenstandswert

3034 Der Hinweis darauf, dass nach dem Gegenstandswert abzurechnen ist (§ 49b Abs. 5 BRAO), ist selbstverständlich nur dann erforderlich, wenn die Parteien vereinbart haben, nach dem Gegenstandswert oder eines Vielfachen des Gegenstandswertes abzurechnen.

3035 **Muster: Hinweis auf Abrechnung nach dem Gegenstandswert**

- sich die Gebühren gemäß § 2 Abs. 1 RVG nach dem Gegenstandswert berechnen.

c) Hinweis auf eine höhere als die gesetzliche Vergütung

3036 Liegt die vereinbarte Vergütung über der gesetzlichen, so sollte auch darauf hingewiesen werden.

3037 **Muster: Hinweis auf eine höhere als die gesetzliche Vergütung**

- die vereinbarte Vergütung die gesetzliche Vergütung übersteigt.

3038 Steht nicht fest, dass die vereinbarte Vergütung die gesetzliche überschreiten wird, sollte darauf hingewiesen werden, dass ein Überschreiten möglich ist.

3039 **Muster: Hinweis auf eine mögliche höhere als die gesetzliche Vergütung**

- die vereinbarte Vergütung die gesetzliche Vergütung übersteigen kann.

d) Hinweis auf fehlende Verbindlichkeit bei Prozesskostenhilfe

3040 Ist der Anwalt im Rahmen der Prozesskostenhilfe beigeordnet worden, so wird durch eine Vergütungsvereinbarung eine Verbindlichkeit nicht begründet (§ 4 Abs. 5 Satz 1 RVG). Gleichwohl ist eine Rückforderung ausgeschlossen, wenn der Auftraggeber freiwillig und vorbehaltlos gezahlt hat (§ 4 Abs. 5 Satz 2 RVG). Ergänzend hierzu ordnet § 16 Abs. 2 BORA an, dass der Anwalt Leistungen von seinem Mandanten oder Dritten nur annehmen darf, die freiwillig und in Kenntnis der Tatsache abgegeben werden, dass der Mandant oder der Dritte zu einer solchen Leistung nicht verpflichtet ist.

> **Muster: Hinweis auf fehlende Verbindlichkeit bei Prozesskostenhilfe** 3041
>
> - die Vergütungsvereinbarung unverbindlich ist und keinen durchsetzbaren Zahlungsanspruch begründet.
>
> Es wird ferner darauf hingewiesen, dass der Auftraggeber, soweit er dennoch auf die vereinbarte Vergütung freiwillig und vorbehaltlos leistet, diese Leistung nach § 4 Abs. 5 Satz 2 RVG nicht zurückverlangen kann.

Vorsorglich sollte der Anwalt aber auch bei Entgegennahme einer Zahlung den Auftraggeber, nochmals auf die Unverbindlichkeit und den Ausschluss der Rückforderung hinweisen.

e) Hinweis auf fehlende Erstattungsfähigkeit

Auch auf die fehlende Kostenerstattung, soweit die gesetzliche Vergütung überschritten wird, sollte hingewiesen werden. 3042

> **Muster: Hinweis auf fehlende Erstattungsfähigkeit** 3043
>
> - die vereinbarte Vergütung, soweit sie die gesetzliche Vergütung übersteigt, im Obsiegensfalle vom Gegner nicht zu erstatten ist.

f) Hinweis auf fehlende Deckung des Rechtsschutzversicherers

Für den Fall, dass der Auftraggeber über einen Rechtsschutzversicherungsvertrag verfügt, sollte darauf hingewiesen werden, dass die vereinbarte Vergütung lediglich in Höhe der gesetzlichen Vergütung vom Rechtsschutzversicherer übernommen wird. 3044

3045 Muster: Hinweis auf fehlende Deckung des Rechtsschutzversicherers

- die vereinbarte Vergütung, soweit sie die gesetzliche Vergütung übersteigt, vom Rechtsschutzversicherer nicht übernommen wird.

3046 Bestehen ausnahmsweise Sonderkonditionen mit dem Rechtsschutzversicherer, kann der Hinweis entbehrlich sein.

g) Hinweis nach § 12a ArbGG

3047 Wird der Anwalt in einem Rechtsstreit vor dem Arbeitsgericht tätig, sollte auf den Ausschluss der Kostenerstattung hingewiesen werden.

3048 Muster: Hinweis nach § 12a ArbGG

- auch im Falle seines Obsiegens ein Anspruch
   - auf Entschädigung wegen Zeitversäumnis und
   - auf Erstattung der Kosten für die Zuziehung des Anwalts ausgeschlossen ist,

  dass er also auch im Falle seines Obsiegens die an den Anwalt zu zahlende Vergütung selbst übernehmen muss.

10. Vorbehalt weiterer Vereinbarungen

3049 Der Vorbehalt, dass für nachfolgende Angelegenheiten, die sich an die vereinbarten Tätigkeiten anschließen, gesonderte Vergütungsvereinbarungen zu treffen sind, ist zwar rechtlich nicht durchsetzbar. Insbesondere folgt daraus weder ein Anspruch des Anwalts noch des Auftraggebers, dass für eine nachfolgende Angelegenheit eine bestimmte Vergütungsvereinbarung getroffen wird.

3050 Der Anwalt sichert sich jedoch dagegen ab, dass ihm später vorgeworfen wird, er habe nicht rechtzeitig angekündigt, dass er in einer folgenden Sache nicht bereit sei, zu den gesetzlichen Gebühren tätig zu werden.[17]

| Muster: Vorbehalt weiterer Vereinbarungen | 3051 |

9. Vorbehalt weiterer Vereinbarungen

Sollte der unter Nr. 1 bezeichnete Auftrag erweitert werden oder sollte der Anwalt in einer weiteren nachfolgenden Angelegenheit, etwa in einem Rechtsmittelverfahren o. Ä., beauftragt werden, behält sich der Anwalt vor, die Annahme des Auftrags von dem Abschluss einer neuen Vergütungsvereinbarung für den neuen Auftrag abhängig zu machen.

11. Abtretung von Kostenerstattungsanspruchen

Insbesondere in Strafsachen ist es üblich und geboten, sich den Anspruch auf Kostenerstattung sicherheitshalber abtreten zu lassen. Zur Möglichkeit der Aufrechnung der Staatskasse in diesem Fall s. § 43 RVG.   3052

Aber auch in übrigen Angelegenheiten kann es nicht schaden, sich den Kostenerstattungsanspruch abtreten zu lassen.   3053

| Muster: Abtretung Kostenerstattungsanspruch | 3054 |

10. Abtretung von Kostenerstattungsansprüchen

Bis zur Höhe der dem Anwalt nach dieser Vereinbarung zustehenden Vergütung werden ihm bereits jetzt eventuelle Kostenerstattungsansprüche gegen Dritte (insbesondere gegen den unterlegenen Prozessgegner oder die Staatskasse) zur Sicherung seiner Vergütungsansprüche abgetreten. Der Anwalt ist berechtigt, die Erstattungsansprüche einzuziehen und auf seine Vergütungsansprüche zu verrechnen.

12. Datum und Unterschrift

Zu achten ist darauf, dass die Vergütungsvereinbarung mit Datum und Unterschrift schließt.   3055

---

17   S. hierzu Rn. 1580.

a) Datum

3056 Auch wenn das Datum keine Notwendigkeitsvoraussetzung ist, können sich im Nachhinein Zweifel ergeben, ob die Vergütungsvereinbarung noch gültig ist, insbesondere ob sie nicht durch spätere Vereinbarung abgeändert worden ist. Lässt sich dann nicht feststellen, wann die Vergütungsvereinbarung getroffen worden ist, können sich Probleme ergeben. Dies gilt insbesondere dann, wenn nachträglich Prozesskosten- oder Beratungshilfe bewilligt worden ist.[18]

3057 Insbesondere dann, wenn in einer späteren Abänderungsvereinbarung auf eine Vergütungsvereinbarung Bezug genommen wird, ist es unabdingbar, dass die abzuändernde Vergütung und auch die Abänderungsvergütung datumsmäßig eingeordnet werden können. In der Praxis führen häufig solche Versäumnisse zu erheblichen rechtlichen Problemen.

b) Unterschrift

3058 Erforderlich ist darüber hinaus nach § 4 Abs. 1 Satz 1 RVG die **Unterschrift des Auftraggebers**. Anderenfalls ist die Vergütungsvereinbarung zwar nicht unwirksam; der Anwalt kann jedoch keine höhere als die gesetzliche Vergütung verlangen (§ 4 Abs. 1 Satz 1 RVG).[19]

3059 Auch soweit eine niedrigere Vergütung vereinbart wird, sollte die Vergütungsvereinbarung vom Auftraggeber unterschrieben werden (§ 4 Abs. 2 Satz 4 RVG). Es handelt sich dabei nur um eine Sollvorschrift, also nicht um eine zwingende Formvorschrift.

3060 Die Unterschrift des Anwalts ist dagegen nie erforderlich. Im Interesse der Klarheit und zu Beweiszwecken bietet es sich jedoch an, dass auch der Anwalt die Vergütungsvereinbarung unterzeichnet.

---

18 S. hierzu Rn. 1971 ff.
19 S. hierzu Rn. 601 ff.

Muster: Datum und Unterschrift   3061

................(Datum)

....

(Unterschrift Auftraggeber)   (Unterschrift Anwalt)

III. Muster einzelner Vergütungsvereinbarungen

1. Vereinbarung eines Vielfachen der gesetzlichen Gebühren

Fallgestaltung: 3062

Der Auftraggeber wird in einem Zivilrechtsstreit vor dem Landgericht als Prozessbevollmächtigter beauftragt. Vereinbart wird das Dreifache der gesetzlichen Gebühren sowie ein Anrechnungsausschluss.

Vergütungsvereinbarung 3063

zwischen

Herrn Rechtsanwalt Daniel Baier, Grünwalder Str. 114, 81547 München,

- im Folgenden Anwalt,

und

Herrn Matthias Lehmann, Maximilianstr. 12, 80539 München,

- im Folgenden Auftraggeber.

1. Inhalt des Mandats

Der Auftraggeber beauftragt den Anwalt als Prozessbevollmächtigten, ihn in dem Rechtsstreit Lehmann ./. Kahn (LG München I, Az. 1 O 1860/05) in erster Instanz zu vertreten. Der Vertretungsauftrag erstreckt sich auch auf sämtliche mit dem erstinstanzlichen Verfahren zusammenhängende Nebenverfahren (Zuständigkeitsbestimmungsverfahren, Erinnerungs- und Beschwerdeverfahren etc.). Der Vertretungsauftrag erstreckt sich derzeit nicht auf eventuelle Rechtsmittelverfahren oder ein Verfahren nach Zurückverweisung. Hier werden die Parteien ggf. noch gesonderte Vereinbarungen treffen.

2. Vergütung

Für die unter Nr. 1 genannten Tätigkeiten erhält der Anwalt das Dreifache der gesetzlichen Gebühren.

Eine Anrechnung zuvor verdienter gesetzlicher Gebühren wird ausgeschlossen.

Eine Anrechnung der vorstehend vereinbarten Vergütung auf eventuelle spätere gesetzliche Gebühren einer nachfolgenden Angelegenheit wird ebenso ausgeschossen.

3. Auslagen

Hinzu kommen Auslagen und Umsatzsteuer nach den gesetzlichen Vorschriften.

Soweit der Anwalt im Verlaufe des Mandats Kosten verauslagt, insbesondere Gerichtskosten, Gerichtsvollzieherkosten, Gebühren für Meldeamts- und Registeranfragen, Aktenversendungspauschalen etc. sind diese vom Auftraggeber auf Anforderung zu erstatten.

4. Einschaltung von Hilfspersonen

Der Anwalt ist berechtigt, zur Erfüllung des nach Nr. 1 beschriebenen Auftrags Hilfspersonen i.S.d. § 5 RVG einzuschalten. Für deren Tätigkeit ist – soweit nichts anderes vereinbart – dieselbe Vergütung geschuldet wie für Tätigkeiten, die der Anwalt in Person erbringt.

5. Vorschüsse

Der Rechtsanwalt ist jederzeit berechtigt, angemessene Vorschüsse zu verlangen.

6. Hinweise an den Auftraggeber

Der Auftraggeber wird darauf hingewiesen, dass

- sich die Gebühren gemäß § 2 Abs. 1 RVG nach dem Gegenstandswert berechnen,
- die vereinbarte Vergütung die gesetzliche Vergütung übersteigt,
- die vereinbarte Vergütung, soweit sie die gesetzliche Vergütung übersteigt, im Obsiegensfalle vom Gegner nicht zu erstatten ist,
- die vereinbarte Vergütung, soweit sie die gesetzliche Vergütung übersteigt, vom Rechtsschutzversicherer nicht übernommen wird.

7. Vorbehalt weiterer Vereinbarungen

Für ein eventuelles Rechtsmittelverfahren sowie ein eventuelles Verfahren nach Zurückverweisung behält sich der Anwalt vor, die Annahme des Auftrags von dem Abschluss einer neuen Vergütungsvereinbarung abhängig zu machen.

8. Abtretung von Kostenerstattungsansprüchen

Bis zur Höhe der dem Anwalt nach dieser Vereinbarung zustehenden Vergütung werden ihm bereits jetzt eventuelle Kostenerstattungsansprüche gegen Dritte (insbesondere gegen den unterlegenen Prozessgegner oder die Staatskasse) zur Sicherung seiner Vergütungsansprüche abgetreten. Der Anwalt ist berechtigt, die Erstattungsansprüche einzuziehen und auf seine Vergütungsansprüche zu verrechnen.

München, den 9.9.2005

....
(Unterschrift Auftraggeber)   (Unterschrift Anwalt)

2. Vereinbarung eines über die gesetzliche Vergütung hinausgehenden Gebührensatzes

Fallgestaltung	3064
Der Auftraggeber beauftragt den Anwalt, ihn in einem Kündigungsschutzprozess vor dem Arbeitsgericht zu vertreten. Vereinbart werden abweichende Gebührensätze sowie ein Anrechnungsausschluss und höhere Auslagen	

Vergütungsvereinbarung 3065

zwischen

Herrn Rechtsanwalt Daniel Baier, Grünwalder Str. 114, 81547 München,

- im Folgenden Anwalt,

und

Herrn Michael Hofmann, Grünwalder Str. 1, 81547 München,

— im Folgenden Auftraggeber.

1. **Inhalt des Mandats**

Der Auftraggeber beauftragt den Anwalt als Prozessbevollmächtigten, ihn in dem Kündigungsschutzprozess Hofmann ./. Kahn (Arbeitsgericht München, Az. 1 Ca 1860/05) in erster Instanz zu vertreten. Der Vertretungsauftrag erstreckt sich auch auf sämtliche mit dem erstinstanzlichen Verfahren zusammenhängende Nebenverfahren (Erinnerungs- und Beschwerdeverfahren etc.). Der Vertretungsauftrag erstreckt sich derzeit nicht auf eventuelle Rechtsmittelverfahren oder ein Verfahren nach Zurückverweisung. Hier werden die Parteien ggf. noch gesonderte Vereinbarungen treffen.

2. **Vergütung**

Für die unter Nr. 1 genannten Tätigkeiten erhält der Anwalt

- die Verfahrensgebühr der Nr. 3100 VV RVG zu einem Satz von 3,0
- die Terminsgebühr der Nr. 3104 VV RVG zu einem Satz von 2,8
- die Terminsgebühr der Nr. 3105 VV RVG zu einem Satz von 1,5
- eine eventuelle Einigungsgebühr (Nrn. 1000 ff. VV RVG) – unabhängig von der Anhängigkeit des Gegenstandes der Einigung – zu einem Satz von 2,5.

Im Übrigen bleibt es bei den gesetzlichen Gebühren.

Die Anrechnung der zuvor verdienten Geschäftsgebühr wird ausgeschlossen.

3. **Auslagen**

Hinzu kommen Auslagen und Umsatzsteuer nach den gesetzlichen Vorschriften mit der Maßgabe, dass der Anwalt

- Fahrtkosten für Reisen mit dem PKW i.H.v. 0,50 € (in Worten: fünfzig Cent) je gefahrenem Kilometer erhält und
- eine Abwesenheitspauschale i.H.v. 80,00 € (in Worten: achtzig Euro) je Tag, unabhängig von der Dauer der Reise.

Soweit der Anwalt im Verlaufe des Mandats Kosten verauslagt, insbesondere Gerichtskosten, Gerichtsvollzieherkosten, Gebühren für Meldeamts- und Registeranfragen, Aktenversendungspauschalen etc., sind diese vom Auftraggeber auf Anforderung zu erstatten.

4. Einschaltung von Hilfspersonen

Der Anwalt ist berechtigt, zur Erfüllung des nach Nr. 1 beschriebenen Auftrags Hilfspersonen i.S.d. § 5 RVG einzuschalten. Für deren Tätigkeit ist – soweit nichts anderes vereinbart – dieselbe Vergütung geschuldet wie für Tätigkeiten, die der Anwalt in Person erbringt.

5. Vorschüsse

Der Rechtsanwalt ist jederzeit berechtigt, angemessene Vorschüsse zu verlangen.

6. Hinweise an den Auftraggeber

Der Auftraggeber wird darauf hingewiesen, dass

- sich die Gebühren gemäß § 2 Abs. 1 RVG nach dem Gegenstandswert berechnen,
- die vereinbarte Vergütung die gesetzliche Vergütung übersteigt,
- die vereinbarte Vergütung, soweit sie die gesetzliche Vergütung übersteigt, im Obsiegensfalle vom Gegner nicht zu erstatten ist,
- die vereinbarte Vergütung, soweit sie die gesetzliche Vergütung übersteigt, vom Rechtsschutzversicherer nicht übernommen wird,
- auch im Falle seines Obsiegens ein Anspruch
    - auf Entschädigung wegen Zeitversäumnis und
    - auf Erstattung der Kosten für die Zuziehung des Anwalts ausgeschlossen ist,

dass er also auch im Falle seines Obsiegens die an den Anwalt zu zahlende Vergütung in voller Höhe selbst übernehmen muss.

7. Vorbehalt weiterer Vereinbarungen

Für ein eventuelles Rechtsmittelverfahren sowie ein eventuelles Verfahren nach Zurückverweisung behält sich der Anwalt vor, die Annahme des Auftrags von dem Abschluss einer neuen Vergütungsvereinbarung abhängig zu machen.

München, den 9.9.2005

....

(Unterschrift Auftraggeber)   (Unterschrift Anwalt)

3. Vereinbarung der gesetzlichen Vergütung unter Ausschluss von Anrechnungsbestimmungen

3066 | **Fallgestaltung**
Der Anwalt hatte den Auftraggeber in einer Bausache bereits außergerichtlich vertreten. Er soll nunmehr ein Beweisverfahren einleiten und den Auftrageber auch im anschließenden Rechtsstreit vertreten. Die Parteien wollen es bei den gesetzlichen Gebühren belassen, allerdings sollen die Anrechnungen nach Vorbem. 3 Abs. 4 VV RVG und Vorbem. 3 Abs. 5 VV RVG ausgeschlossen werden.

3067

Vergütungsvereinbarung

zwischen

Herrn Rechtsanwalt Daniel Baier, Grünwalder Str. 114, 81547 München,

- im Folgenden Anwalt,

und

Herrn Matthias Hoffmann, Maximilianstraße 60, 81457 München,

- im Folgenden Auftraggeber.

1. **Inhalt des Mandats**

   Der Auftraggeber beauftragt den Anwalt in Sachen Hoffmann ./. Alpina Bau AG mit der Einleitung und Durchführung eines selbständigen Beweisverfahrens wegen der bereits außergerichtlich geltend gemachten Mängel am Bauwerk Maximilianstraße 60, 81457 München. Darüber hinaus soll der Anwalt den Auftraggeber auch in einem eventuell sich anschließenden erstinstanzlichen Rechtsstreit vertreten.

2. **Vergütung**

   Für die unter Nr. 1 genannten Tätigkeiten erhält der Anwalt die gesetzliche Vergütung.

3. **Anrechnungsausschluss**

   Eine Anrechnung der Verfahrensgebühr des selbständigen Beweisverfahrens auf die Verfahrensgebühr des Rechtsstreits wird jedoch ausgeschlossen.

Ebenso wird eine Anrechnung der zuvor verdienten Geschäftsgebühr der Nr. 2400 VV RVG auf die Verfahrensgebühr des selbständigen Beweisfahrens ausgeschlossen.

4. Hinweise an den Auftraggeber

Der Auftraggeber wird darauf hingewiesen, dass
- sich die Gebühren gemäß § 2 Abs. 1 RVG nach dem Gegenstandswert berechnen,
- die vereinbarte Vergütung die gesetzliche Vergütung übersteigt,
- die vereinbarte Vergütung, soweit sie die gesetzliche Vergütung übersteigt, im Obsiegensfalle vom Gegner nicht zu erstatten ist,
- die vereinbarte Vergütung, soweit sie die gesetzliche Vergütung übersteigt, vom Rechtsschutzversicherer nicht übernommen wird.

München, den 9.9.2005

....
(Unterschrift Auftraggeber)   (Unterschrift Anwalt)

4. Vereinbarung eines Zuschlags zur gesetzlichen Vergütung

Fallgestaltung 3068

Der Auftraggeber beauftragt den Anwalt, ihn in einem Unterhaltsrechtsstreit vor dem Familiengericht zu vertreten. Vereinbart wird die gesetzliche Vergütung zuzüglich eines einmaligen Zuschlags.

Vergütungsvereinbarung 3069

zwischen

Herrn Rechtsanwalt Daniel Baier, Grünwalder Str. 114, 81547 München,

– im Folgenden Anwalt,

Herrn Matthias Hoffmann, Maximilianstraße 60, 81457 München,

– im Folgenden Auftraggeber.

1. **Inhalt des Mandats**

   Der Auftraggeber beauftragt den Anwalt, ihn als Prozessbevollmächtigter in dem erstinstanzlichen Unterhaltsverfahren Hoffmann ./. Hoffmann (AG München, Az. 1 F 1860/05) zu vertreten. Der Vertretungsauftrag erstreckt sich nicht auf eventuelle Nebenverfahren, insbesondere nicht auf einstweilige Anordnungsverfahren. Ebenso wenig erstreckt sich der Vertretungsauftrag auf eventuelle Rechtsmittelverfahren oder ein Verfahren nach Zurückverweisung. Hier werden die Parteien ggf. noch gesonderte Vereinbarungen treffen

2. **Vergütung**

   Für die unter Nr. 1 genannten Tätigkeiten erhält der Anwalt zusätzlich zu den gesetzlichen Gebühren eine Pauschale i.H.v. 3.000,00 € (in Worten: dreitausend Euro).

   Eventuell zuvor verdiente gesetzliche Gebühren werden entsprechend den gesetzlichen Bestimmungen angerechnet.

3. **Auslagen**

   Hinzu kommen Auslagen und Umsatzsteuer nach den gesetzlichen Vorschriften.

   Soweit der Anwalt im Verlaufe des Mandats Kosten verauslagt, insbesondere Gerichtskosten, Gerichtsvollzieherkosten, Gebühren für Meldeamts- und Registeranfragen, Aktenversendungspauschalen etc., sind diese vom Auftraggeber auf Anforderung zu erstatten.

4. **Fälligkeit**

   Die unter Nr. 2 vereinbarte Pauschale wird sofort fällig. Im Übrigen bleibt es bei den gesetzlichen Fälligkeiten.

5. **Hinweise an den Auftraggeber**

   Der Auftraggeber wird darauf hingewiesen, dass

   - sich die Gebühren gemäß § 2 Abs. 1 RVG nach dem Gegenstandswert berechnen,
   - die vereinbarte Vergütung die gesetzliche Vergütung übersteigt,
   - die vereinbarte Vergütung, soweit sie die gesetzliche Vergütung übersteigt, im Obsiegensfalle vom Gegner nicht zu erstatten ist,
   - die vereinbarte Vergütung, soweit sie die gesetzliche Vergütung übersteigt, vom Rechtsschutzversicherer nicht übernommen wird.

6. Vorschüsse

Der Rechtsanwalt ist jederzeit berechtigt, angemessene Vorschüsse zu verlangen.

7. Vorbehalt weiterer Vereinbarungen

Für eventuelle einstweilige Anordnungsverfahren sowie ein eventuelles Rechtsmittelverfahren oder ein eventuelles Verfahren nach Zurückverweisung behält sich der Anwalt vor, die Annahme des Auftrags von dem Abschluss einer neuen Vergütungsvereinbarung abhängig zu machen.

München, den 9.9.2005

....
(Unterschrift Auftraggeber)   (Unterschrift Anwalt)

5. Vereinbarung der gesetzlichen Vergütung bei höherem Gegenstandswert

Fallgestaltung: 3070

Der Anwalt wird in einem Rechtsstreit vor dem Landgericht beauftragt. Die Parteien vereinbaren, dass sich die Gebühren nach einem höheren Gegenstandswert richten sollen als dem Streitwert, den das Gericht später festsetzen wird; mindestens soll aber der gerichtliche Streitwert gelten. Darüber hinaus werden höhere Auslagen vereinbart.

Vergütungsvereinbarung 3071

zwischen

Herrn Rechtsanwalt Daniel Baier, Grünwalder Str. 114, 81547 München,

- im Folgenden Anwalt,

und

Herrn Stefan Reisinger, Maximilianstraße 20, 80539 München,

- im Folgenden Auftraggeber.

1. **Inhalt des Mandats**

   Der Auftraggeber beauftragt den Anwalt als Prozessbevollmächtigten, ihn in dem Rechtsstreit Reisinger ./. Huber GmbH (LG München I, Az. 2 O 1860/05) in erster Instanz zu vertreten. Der Vertretungsauftrag erstreckt sich nicht auf eventuelle Nebenverfahren (Zuständigkeitsbestimmungsverfahren, Erinnerungs- und Beschwerdeverfahren etc.), ebenso wenig auf eventuelle Rechtsmittelverfahren oder ein Verfahren nach Zurückverweisung. Hier werden die Parteien ggf. noch gesonderte Vereinbarungen treffen.

2. **Vergütung**

   Für die unter Nr. 1 genannten Tätigkeiten erhält der Anwalt die gesetzlichen Gebühren nach einem Gegenstandswert i.H.v. 50.000,00 € (in Worten: fünfzigtausend Euro).

   Sollte sich der Gegenstand der anwaltlichen Tätigkeit erweitern (Widerklage, Klageerweiterung o.Ä.), wird der Wert der weiteren Gegenstände hinzugerechnet.

3. **Auslagen**

   Anstelle der gesetzlichen Auslagen erhält der Anwalt

   - je Ablichtung eine Vergütung i.H.v. 1,00 € (in Worten: ein Euro),
   - eine Postentgeltpauschale i.H.v. 100,00 € (in Worten: einhundert Euro),
   - Fahrtkosten für die Reise mit dem PKW i.H.v. 0,50 € (in Worten: fünfzig Cent) je gefahrenem Kilometer,
   - für Geschäftsreisen eine Abwesenheitspauschale i.H.v. 100,00 € (in Worten: einhundert Euro) je Tag, unabhängig von der Dauer der Reise.

   Soweit der Anwalt im Verlaufe des Mandats Kosten verauslagt, insbesondere Gerichtskosten, Gerichtsvollzieherkosten, Gebühren für Meldeamts- und Registeranfragen, Aktenversendungspauschalen etc., sind diese vom Auftraggeber auf Anforderung zu erstatten.

4. **Mindestbetrag**

   Unabhängig von den Vereinbarungen unter Nr. 2 ist mindestens nach dem gerichtlich festgesetzten Streitwert abzurechnen.

5. **Einschaltung von Hilfspersonen**

   Der Anwalt ist berechtigt, zur Erfüllung des nach Nr. 1 beschriebenen Auftrags Hilfspersonen einzuschalten. Für deren Tätigkeit ist – soweit nichts anderes vereinbart – dieselbe Vergütung geschuldet wie für Tätigkeiten, die der Anwalt in eigener Person erbringt.

6. **Vorschüsse**

Der Rechtsanwalt ist jederzeit berechtigt, angemessene Vorschüsse zu verlangen.

7. **Hinweise an den Auftraggeber**

Der Auftraggeber wird darauf hingewiesen, dass

- sich die Gebühren gemäß § 2 Abs. 1 RVG nach dem Gegenstandswert berechnen,
- die vereinbarte Vergütung die gesetzliche Vergütung übersteigt,
- die vereinbarte Vergütung, soweit sie die gesetzliche Vergütung übersteigt, im Obsiegensfalle vom Gegner nicht zu erstatten ist,
- die vereinbarte Vergütung, soweit sie die gesetzliche Vergütung übersteigt, vom Rechtsschutzversicherer nicht übernommen wird.

8. **Vorbehalt weiterer Vereinbarungen**

Sollte der unter Nr. 1 bezeichnete Auftrag erweitert werden oder sollte der Anwalt in einer weiteren nachfolgenden Angelegenheit, etwa in einem Rechtsmittelverfahren o.Ä., beauftragt werden, behält sich der Anwalt vor, die Annahme des Auftrags von dem Abschluss einer neuen Vergütungsvereinbarung für den neuen Auftrag abhängig zu machen.

München, den 9.9.2005

....

(Unterschrift Auftraggeber)   (Unterschrift Anwalt)

6. Vergütungsvereinbarung nach Stundensatz für Beratungstätigkeit

Fallgestaltung 3072

Der Auftraggeber ist Mitglied einer Erbengemeinschaft. Er beauftragt den Anwalt, ihn hinsichtlich der Auseinandersetzung der Gemeinschaft begleitend zu beraten. Nach außen hin soll der Anwalt nicht tätig werden. Vereinbart werden soll ein Stundensatz, so dass sich nach den Vorstellungen der Vertragsparteien eine niedrigere Ver-

> gütung ergibt als bei Abrechnung der gesetzlichen Gebühren nach dem Gegenstandswert. Vorsorglich soll die gesetzliche Vergütung als Höchstbetrag festgelegt werden.

3073
Vergütungsvereinbarung

zwischen

Herrn Rechtsanwalt Daniel Baier, Grünwalder Str. 114, 81547 München,

– im Folgenden Anwalt,

und

Herrn Reiner Maurer, Maximilianstraße 15, 80539 München,

– im Folgenden Auftraggeber.

1. Inhalt des Mandats

Der Auftraggeber beauftragt den Anwalt, ihn hinsichtlich der Auseinandersetzung der Erbengemeinschaft nach dem Tode des Herrn Eduard Hauser, Giesinger Str. 60, 82487 Oberammergau, zu beraten. Der Beratung erstreckt sich insbesondere darauf, das ordnungsgemäße Vorgehen des Testamentsvollstreckers zu überwachen und Vertragsentwürfe zu überprüfen.

2. Vergütung

Für die unter Nr. 1 genannten Tätigkeiten erhält der Anwalt anstelle der gesetzlichen Gebühren eine Vergütung i.H.v. 200,00 € (in Worten: zweihundert Euro) je Stunde.

Abgerechnet wird für jede angefangenen zehn Minuten.

Der vereinbarte Stundensatz gilt auch für Fahrt- und Wartezeiten.

Eine Anrechnung der vorstehend vereinbarten Vergütung auf eventuelle spätere gesetzliche Gebühren einer nachfolgenden Angelegenheit wird ausgeschossen.

3. Auslagen

Hinzu kommen Auslagen und Umsatzsteuer nach den gesetzlichen Vorschriften.

Soweit der Anwalt im Verlaufe des Mandats Kosten verauslagt, insbesondere Gerichtskosten, Gerichtsvollzieherkosten, Gebühren für Meldeamts-

und Registeranfragen, Aktenversendungspauschalen etc., sind diese vom Auftraggeber auf Anforderung zu erstatten.

4. Höchstbetrag

Unabhängig von den Vereinbarungen unter Nr. 2 ist höchstens die gesetzliche Vergütung geschuldet.

5. Einschaltung von Hilfspersonen

Der Anwalt ist berechtigt, zur Erfüllung des nach Nr. 1 beschriebenen Auftrags Hilfspersonen einzuschalten – insbesondere auch einen Steuerberater hinzuzuziehen, soweit dies erforderlich erscheint. Für deren Tätigkeit ist – soweit nichts anderes vereinbart – dieselbe Vergütung geschuldet wie für Tätigkeiten, die der Anwalt in eigener Person erbringt.

6. Vorschüsse

Der Rechtsanwalt ist jederzeit berechtigt, angemessene Vorschüsse zu verlangen.

7. Fälligkeit

Über die geleisteten Stunden wird dem Auftraggeber quartalsmäßig eine Abrechnung erteilt. Die danach jeweils abgerechnete Vergütung wird mit Erteilung der Abrechnung fällig.

8. Genehmigung von Zwischenabrechnungen

Die vom Anwalt nach Nr. 7 abgerechneten Zeiten gelten als anerkannt, wenn der Auftraggeber nicht binnen einer Frist von drei Wochen widerspricht.

Der Anwalt wird dem Auftraggeber zu Beginn der Widerspruchsfrist auf die vorgesehene Genehmigung durch widerspruchslosen Fristablauf besonders hinweisen.

Der Anwalt ist berechtigt nach Übersendung einer solchen Zwischenabrechnung seine weitere Tätigkeit davon abhängig zu machen, dass über den Umfang der erbrachten Leistungen für den vergangenen Zeitabschnitt Einigkeit erzielt worden ist.

9. Vorbehalt weiterer Vereinbarungen

Sollte der Anwalt in einer weiteren nachfolgenden Angelegenheit, etwa mit der außergerichtlichen Vertretung oder in einem Rechtsstreit, beauftragt werden, behält sich der Anwalt vor, die Annahme des Auftrags von dem Abschluss einer neuen Vergütungsvereinbarung für den weiteren Auftrag abhängig zu machen.

München, den 9.9.2005

....
(Unterschrift Auftraggeber) (Unterschrift Anwalt)

7. Vergütungsvereinbarung nach Stundensatz für Strafverteidigung

3074 **Fallgestaltung**

Der Anwalt soll den Auftraggeber in einem Strafverfahren vor dem Landgericht verteidigen. Vereinbart wird eine Abrechnung nach Stunden somit höheren Auslagen.

3075 **Vergütungsvereinbarung**

zwischen

Herrn Rechtsanwalt Daniel Baier, Grünwalder Str. 114, 81547 München,

- im Folgenden Anwalt,

und

Herrn Ede Müller, Isarstraße 7, 81234 München,

- im Folgenden Auftraggeber.

1. Inhalt des Mandats

Der Auftraggeber beauftragt den Anwalt, ihn in dem Strafverfahren (Staatsanwaltschaft beim LG Würzburg, Az. 5 KLs 115 Js 1860/05) zu verteidigen. Der Verteidigerauftrag erstreckt sich auf das gesamte Verfahren einschließlich des vorbereitenden Verfahrens, des gerichtlichen Verfahrens und eventueller Rechtsmittelverfahren sowie sämtlicher Nebenverfahren, insbesondere Beschwerdeverfahren, Haftprüfungsverfahren etc.

Sollte es zu einer Trennung des Verfahrens kommen, gilt die nachstehende Vereinbarung ab dann für jedes der getrennten Verfahren.

2. Vergütung

Für die unter Nr. 1 genannten Tätigkeiten erhält der Anwalt anstelle der gesetzlichen Gebühren eine Vergütung i.H.v. 250,00 € (in Worten: zweihundertundfünfzig Euro) je Stunde.

Abgerechnet wird für jede angefangene halbe Stunde.

Der vereinbarte Stundensatz gilt auch für Fahrt- und Wartezeiten.

Lässt der Anwalt einzelne Tätigkeiten durch einen anderen Anwalt oder andere juristische Mitarbeiter ausführen, werden hier für folgende Stundensätze in Rechnung gestellt:

- für Sozien des Anwalts 250,00 € (in Worten: zweihundertundfünfzig Euro) je Stunde
- für einen in der Kanzlei des Anwalts angestellten Anwalt 150,00 € (in Worten: einhundertundfünfzig Euro) je Stunde.

3. Auslagen

Anstelle der gesetzlichen Auslagen erhält der Anwalt

- je Ablichtung eine Vergütung i.H.v. 1,00 € (in Worten: ein Euro),
- eine Postentgeltpauschale i.H.v. 5 % der vereinbarten Vergütung, maximal jedoch 500,00 € (in Worten: fünfhundert Euro),
- Fahrtkosten für die Reise mit dem PKW i.H.v. 0,50 € (in Worten: fünfzig Cent) je gefahrenem Kilometer,
- für Geschäftsreisen ein Abwesenheitsentgelt bei einer Abwesenheit
  - von bis zu vier Stunden i.H.v. 50,00 € (in Worten: fünfzig Euro),
  - von bis zu acht Stunden i.H.v. 80,00 € (in Worten: achtzig Euro),
  - mehr als acht Stunden i.H.v. 100,00 € (in Worten: einhundert Euro).

Hinzu kommt die gesetzliche Umsatzsteuer.

Soweit der Anwalt im Verlaufe des Mandats Kosten verauslagt, insbesondere Gerichtskosten, Gerichtsvollzieherkosten, Gebühren für Meldeamts- und Registeranfragen, Aktenversendungspauschalen etc., sind diese vom Auftraggeber auf Anforderung zu erstatten.

Zusätzlich sind vom Auftraggeber Kosten für die Anschaffung erforderlicher Spezialliteratur und Datenbankrecherchen zu erstatten.

4. Mindestvergütung

Unabhängig von den Vereinbarungen unter Nr. 2 ist mindestens die gesetzliche Vergütung geschuldet.

5. Vorschüsse

Der Rechtsanwalt ist jederzeit berechtigt, angemessene Vorschüsse zu verlangen.

6. Fälligkeit

Über die geleisteten Stunden wird dem Auftraggeber monatlich eine Abrechnung erteilt. Die danach jeweils abgerechnete Vergütung wird mit Erteilung der Abrechnung fällig.

7. Genehmigung von Zwischenabrechnungen

Die vom Anwalt abgerechneten Zeiten gelten als anerkannt, wenn der Auftraggeber nicht binnen einer Frist von vier Wochen der Abrechnung widerspricht.

Der Anwalt wird dem Auftraggeber zu Beginn der Widerspruchsfrist auf die vorgesehene Genehmigung durch widerspruchslosen Fristablauf besonders hinweisen.

8. Hinweise an den Auftraggeber

Der Auftraggeber wird darauf hingewiesen, dass
- die vereinbarte Vergütung die gesetzliche Vergütung übersteigt,
- die vereinbarte Vergütung, soweit sie die gesetzliche Vergütung übersteigt, im Obsiegensfalle von der Staatskasse nicht zu erstatten ist,
- die vereinbarte Vergütung, soweit sie die gesetzliche Vergütung übersteigt, vom Rechtsschutzversicherer nicht übernommen wird.

9. Abtretung von Kostenerstattungsansprüchen

Bis zur Höhe der dem Anwalt nach dieser Vereinbarung zustehenden Vergütung werden ihm bereits jetzt eventuelle Kostenerstattungsansprüche gegen Dritte (insbesondere gegen die Staatskasse) zur Sicherung seiner Vergütungsansprüche abgetreten. Der Anwalt ist berechtigt, die Erstattungsansprüche einzuziehen und auf seine Vergütungsansprüche zu verrechnen.

München, den 9.9.2005

....
(Unterschrift Auftraggeber)   (Unterschrift Anwalt)

8. Vereinbarung einer Pauschale

Fallgestaltung: 3076

Der Anwalt wird beauftragt, für den Auftraggeber mehrere Mietverträge für die Vermietung eines Bürohauses zu entwerfen.

Vergütungsvereinbarung 3077

zwischen

Herrn Rechtsanwalt Daniel Baier, Grünwalder Str. 114, 81547 München,

- im Folgenden Anwalt,

und

der Münchener Wohnbau AG, Ludwigstraße 1, 84567 München, vertreten durch den Vorstand, Herrn Max Müller, ebenda,

- im Folgenden Auftraggeber.

1. Inhalt des Mandats

Der Auftraggeber beauftragt den Anwalt für die Vermietung der im Objekt Maximilianstr. 12 – 14, 81234 München, befindlichen fünf Gewerbeeinheiten jeweils einen Mietvertrag nach den Vorgaben des Auftraggebers zu entwerfen. Die Mietverträge müssen bis zum 15.12.2005 unterschriftsreif vorliegen.

2. Vergütung

Für die unter Nr. 1 genannten Tätigkeiten erhält der Anwalt anstelle der gesetzlichen Gebühren eine Pauschale i.H.v. 20.000,00 € (in Worten: zwanzigtausend Euro).

Für den Fall, dass das Mandat vorzeitig endet, ist die Pauschale zu folgenden Teilen geschuldet:

- bis zum 30.9.2005 i.H.v. 5.000,00 € (in Worten: fünftausend Euro),
- bis zum 31.10.2005 i.H.v. 10.000,00 € (in Worten: zehntausend Euro),
- bis zum 30.11.2005 i.H.v. 15.000,00 € (in Worten: fünfzehntausend Euro),
- hiernach in voller Höhe.

3. **Auslagen**

Hinzu kommen Auslagen und Umsatzsteuer nach den gesetzlichen Vorschriften.

Soweit der Anwalt im Verlaufe des Mandats Kosten verauslagt, insbesondere Gerichtskosten, Gerichtsvollzieherkosten, Gebühren für Meldeamts- und Registeranfragen, Aktenversendungspauschalen etc., sind diese vom Auftraggeber auf Anforderung zu erstatten.

4. **Einschaltung von Hilfspersonen**

Der Anwalt ist berechtigt, zur Erfüllung des nach Nr. 1 beschriebenen Auftrags Hilfspersonen einzuschalten. Für deren Tätigkeit ist – soweit nichts anderes vereinbart – dieselbe Vergütung geschuldet wie für Tätigkeiten, die der Anwalt in eigener Person erbringt.

5. **Fälligkeit**

Die unter Nr. 3 vereinbarte Pauschale wird in folgenden Teilbeträgen zuzüglich bis dahin angefallener Auslagen und Umsatzsteuer fällig:

5.000,00 € (in Worten: fünftausend Euro) sofort.

5.000,00 € (in Worten: fünftausend Euro) am 5.10.2005,

5.000,00 € (in Worten: fünftausend Euro) am 7.11.2005 und

5.000,00 € (in Worten: fünftausend Euro) am 15.12.2005.

6. **Hinweise an den Auftraggeber**

Der Auftraggeber wird darauf hingewiesen, dass

die vereinbarte Vergütung die gesetzliche Vergütung übersteigen kann.

München, den 9.9.2005

....

(Unterschrift Auftraggeber)   (Unterschrift Anwalt)

9. Vereinbarung einer nach Verfahrensabschnitten gestaffelten Pauschale

3078 | **Fallgestaltung**

Der Anwalt soll den Auftraggeber in einem Strafverfahren vor der Staatsanwaltschaft und ggf. auch im gerichtlichen Verfahren vor dem

Landgericht verteidigen. Vereinbart wird eine Abrechnung nach gestaffelten Pauschalen sowie höhere Auslagen.

Vergütungsvereinbarung 3079

zwischen

Herrn Rechtsanwalt Daniel Baier, Grünwalder Str. 114, 81547 München,

- im Folgenden Anwalt,

und

Herrn Ede Müller, Isarstraße 7, 81234 München,

- im Folgenden Auftraggeber.

1. Inhalt des Mandats

Der Auftraggeber beauftragt den Anwalt, ihn in dem Strafverfahren (Staatsanwaltschaft beim LG Würzburg, Az. 5 KLs 115 Js 1860/05) zu verteidigen. Der Verteidigerauftrag erstreckt sich auf das gesamte Verfahren einschließlich des vorbereitenden Verfahrens, des gerichtlichen Verfahrens und eventueller Rechtsmittelverfahren sowie sämtlicher Nebenverfahren, insbesondere Beschwerdeverfahren, Haftprüfungsverfahren etc.

Sollte es zu einer Trennung des Verfahrens kommen, gilt die nachstehende Vereinbarung ab dann für jedes der getrennten Verfahren.

2. Vergütung

Für die unter Nr. 1 genannten Tätigkeiten erhält der Anwalt anstelle der gesetzlichen Gebühren folgende Pauschalen:

- für das vorbereitende Verfahren vor der Staatsanwaltschaft eine Pauschale i.H.v. 5.000,00 € (in Worten: fünftausend Euro),
- für das gerichtliche Verfahren bis zur Eröffnung des Hauptverfahrens eine Pauschale i.H.v. 3.000,00 € (in Worten: achttausend Euro), die sich auf 5.000,00 € (in Worten: fünftausend Euro) erhöht, wenn das Verfahren eingestellt oder das Hauptverfahren nicht eröffnet wird,
- für jeden Hauptverhandlungstermin eine Pauschale i.H.v. 2.000,00 € (in Worten: zweitausend Euro),
- für gerichtliche Termine außerhalb der Hauptverhandlung eine Pauschale i.H.v. 800,00 € (in Worten: achthundert Euro).

3. **Auslagen**

Hinzu kommen Auslagen und Umsatzsteuer nach den gesetzlichen Vorschriften mit der Maßgabe, dass der Anwalt

- Fahrtkosten für Reisen mit dem PKW i.H.v. 0,50 € (in Worten: fünfzig Cent) je gefahrenem Kilometer erhält und
- eine Abwesenheitspauschale i.h.v. 80,00 € (in Worten: achtzig Euro) je Tag, unabhängig von der Dauer der Reise.

Soweit der Anwalt im Verlaufe des Mandats Kosten verauslagt, insbesondere Gerichtskosten, Gerichtsvollzieherkosten, Gebühren für Meldeamts- und Registeranfragen, Aktenversendungspauschalen etc., sind diese vom Auftraggeber auf Anforderung zu erstatten.

4. **Einschaltung von Hilfspersonen**

Der Anwalt ist berechtigt, zur Erfüllung des nach Nr. 1 beschriebenen Auftrags Hilfspersonen einzuschalten. Für deren Tätigkeit ist – soweit nichts anderes vereinbart – dieselbe Vergütung geschuldet wie für Tätigkeiten, die der Anwalt in eigener Person erbringt.

5. **Vorschüsse**

Der Rechtsanwalt ist jederzeit berechtigt, angemessene Vorschüsse zu verlangen.

6. **Fälligkeit**

Die unter Nr. 2. vereinbarte Pauschalen wird in folgenden Teilbeträgen fällig:

- 5.000,00 € (in Worten: fünftausend Euro) sofort,
- 3.000,00 € (in Worten: dreitausend Euro) mit Erhebung der Anklage
- jeweils weitere 10.000,00 € (in Worten: zehntausend Euro) nach Ablauf von jeweils fünf Hauptverhandlungstagen,
- der Restbetrag nach Abschluss der Instanz.

7. **Hinweise an den Auftraggeber**

Der Auftraggeber wird darauf hingewiesen, dass

- die vereinbarte Vergütung die gesetzliche Vergütung übersteigt,
- die vereinbarte Vergütung, soweit sie die gesetzliche Vergütung übersteigt, im Obsiegensfalle von der Staatskasse nicht zu erstatten ist,

- die vereinbarte Vergütung, soweit sie die gesetzliche Vergütung übersteigt, vom Rechtsschutzversicherer nicht übernommen wird.

8. **Abtretung von Kostenerstattungsansprüchen**

   Bis zur Höhe der dem Anwalt nach dieser Vereinbarung zustehenden Vergütung werden ihm bereits jetzt eventuelle Kostenerstattungsansprüche gegen Dritte (insbesondere gegen den unterlegenen Prozessgegner oder die Staatskasse) zur Sicherheit seiner Vergütungsansprüche abgetreten. Der Anwalt ist berechtigt, die Erstattungsansprüche einzuziehen und auf seine Vergütungsansprüche zu verrechnen.

9. **Vorbehalt weiterer Vereinbarungen**

   Sollte der Anwalt in einer weiteren nachfolgenden Angelegenheit, etwa mit der außergerichtlichen Vertretung oder in einem Rechtsstreit, beauftragt werden, behält sich der Anwalt vor, die Annahme des Auftrags von dem Abschluss einer neuen Vergütungsvereinbarung für den weiteren Auftrag abhängig zu machen.

München, den 9.9.2005

....
(Unterschrift Auftraggeber)   (Unterschrift Anwalt)

10. Isolierte Auslagenvereinbarung

Fallgestaltung

Der Anwalt soll den Auftraggeber in einem auswärtigen Scheidungsverfahren vertreten. Vereinbart wird eine Abrechnung nach den gesetzlichen Gebühren. Lediglich höherer Auslagenersatz soll vereinbart werden.

3080

3081   **Vergütungsvereinbarung**

zwischen

Herrn Rechtsanwalt Daniel Baier, Grünwalder Str. 114, 81547 München,

— im Folgenden Anwalt,

und

Herrn Max Huber, Maximilianstraße 124, 80539 München,

— im Folgenden Auftraggeber.

1. **Inhalt des Mandats**

   Der Auftraggeber beauftragt den Anwalt, ihn in dem Scheidungsverfahren AG Garmisch-Partenkirchen Huber ./. Huber-Maier (1 F 1860/05) als Verfahrensbevollmächtigter zu vertreten.

2. **Vergütung**

   Für die unter Nr. 1 genannten Tätigkeiten erhält der Anwalt die gesetzlichen Gebühren.

3. **Auslagen**

   Anstelle der gesetzlichen Auslagen erhält der Anwalt

   - je Ablichtung eine Vergütung i.H.v. 1,00 € (in Worten: ein Euro),
   - eine Postentgeltpauschale i.H.v. 20 % der gesetzlichen Gebühren, höchstens jedoch 300,00 € (in Worten: dreihundert Euro),
   - Fahrtkosten für die Reise mit dem PKW i.H.v. 0,60 € (in Worten: sechzig Cent) je gefahrenem Kilometer,
   - für Geschäftsreisen eine Abwesenheitspauschale bei einer Abwesenheit
     - von bis zu vier Stunden i.H.v. 60,00 € (in Worten: sechzig Euro),
     - von bis zu acht Stunden i.H.v. 80,00 € (in Worten: achtzig Euro),
     - mehr als acht Stunden i.H.v. 100,00 € (in Worten: einhundert Euro).

   Soweit der Anwalt im Verlaufe des Mandats Kosten verauslagt, insbesondere Gerichtskosten, Gerichtsvollzieherkosten, Gebühren für Meldeamts- und Registeranfragen, Aktenversendungspauschalen etc., sind diese vom Auftraggeber auf Anforderung zu erstatten.

   Hinzu kommt die gesetzliche Umsatzsteuer.

4. **Hinweise an den Auftraggeber**

   Der Auftraggeber wird darauf hingewiesen, dass

- sich die Gebühren gemäß § 2 Abs. 1 RVG nach dem Gegenstandswert berechnen,
- die vereinbarte Vergütung die gesetzliche Vergütung übersteigt,
- die vereinbarte Vergütung, soweit sie die gesetzliche Vergütung übersteigt, im Obsiegensfalle vom Gegner nicht zu erstatten ist.

München, den 9.9.2005

....
(Unterschrift Auftraggeber) (Unterschrift Anwalt)

IV. Abänderung einer Vergütungsvereinbarung

Vergütungsvereinbarungen können jederzeit abgeändert werden. Soweit die Vergütung herabgesetzt wird, dürften die Formvorschriften des § 4 RVG vom Sinn und Zweck her hier nicht zu beachten sein. Verlassen sollte sich der Anwalt darauf nicht. 3082

Wird nachträglich eine höhere Vergütung vereinbart, müssen selbstverständlich die Formvorschriften gewahrt werden. 3083

Probleme bei einer Abänderungsvereinbarung ergeben sich daraus, dass unklar sein kann, inwieweit die früheren Vertragsbedingungen bestehen bleiben sollen. 3084

Beispiel: 3085

Vereinbart ist das Doppelte der gesetzlichen Vergütung zuzüglich der gesetzlichen Auslagen.

Später wird die Vereinbarung dahin gehend abgeändert, dass der Anwalt einen Stundensatz i.H.v. 200,00 € erhalten soll.

Unklar ist jetzt, ob durch Stundensatzvereinbarung nur die doppelten Gebühren durch Stundensätze ersetzt werden sollen oder auch die Auslagen. Im Zweifel dürfte gelten, dass damit auch die Auslagenerstattung ersetzt sein soll.

Um jegliche Unklarheiten zu vermeiden, ist es zweckmäßig, zunächst die bisherige Vergütungsvereinbarung ersatzlos aufzuheben und gleichzeitig dann sämtliche Regelungen erneut zu treffen. Dann ergeben sich keine Unklarheiten, weil alles in derselben Urkunde steht. Bezugnahmen 3086 auf vorangegangene Vereinbarungen erübrigen sich. Insbesondere ergeben sich keine Probleme hinsichtlich der Einheitlichkeit der Urkunde.

3087 **Praxistipp:**

Unbedingt klargestellt werden muss bei Abänderungsvereinbarungen, ab wann die geänderte Vergütung gelten soll, also ob sie erst ab Vertragsschluss der Abänderung in Kraft tritt, oder ob auch rückwirkend nach der abgeänderten Vereinbarung abzurechnen sein soll.

3088 **Muster: Abänderungsvereinbarung unter Aufhebung aller bisherigen Vereinbarungen**

Vergütungsvereinbarung

zwischen

Herrn Rechtsanwalt ...

- im Folgenden Anwalt,

und

Herrn ...

- im Folgenden Auftraggeber.

1. Aufhebung bisheriger Vereinbarungen

Alle zwischen den Parteien bisher getroffenen Vergütungsvereinbarungen werden hiermit ersatzlos aufgehoben. An deren Stelle treten die nachfolgenden Vereinbarungen.

(jetzt fortsetzen wie bei erstmaliger Vereinbarung)

.................(Datum)

....

(Unterschrift Auftraggeber)   (Unterschrift Anwalt)

Sollen nur einzelne Vertragsbedingungen geändert werden, muss die ursprüngliche Vertragsurkunde, auf die Bezug genommen wird, klar und deutlich bezeichnet sein. 3089

Praxistipp: 3090

Die abzuändernde Vereinbarung sollte, um jegliche Unklarheiten zu vermeiden, mit der Abänderungsurkunde fest verbunden werden, weil sich dann aus der Bezugnahme keine Probleme ergeben.

Muster: Abänderungsvereinbarung unter Beibehaltung der sonstigen bisherigen Vereinbarungen 3091

Vergütungsvereinbarung

zwischen

Herrn Rechtsanwalt ...

- im Folgenden Anwalt,

und

Herrn ...

- im Folgenden Auftraggeber.

1. **Bisherige Vereinbarung**

   Die Parteien nehmen Bezug auf die als Anlage fest verbundene Vergütungsvereinbarung vom ... (*Datum einsetzen*) und vereinbaren nachfolgende Abänderungen.

2. **Vergütung**

   Anstelle der in Nr. 2 der bisherigen Vereinbarung vom ... (*Datum einsetzen*) vereinbarten Vergütung wird vereinbart, dass dem Anwalt ein Stundensatz i.H.v. ...,.. € (in Worten ... Euro) zusteht.

   Diese Vereinbarung gilt rückwirkend ab Mandatsbeginn.

3. **Sonstige Regelungen**

   Im Übrigen bleibt es bei den bisherigen Regelungen.

............(Datum)

....
(Unterschrift Auftraggeber)   (Unterschrift Anwalt)

V. Schuldbeitritt eines Dritten

3092 Möglich ist, dass Dritte einer bereits zwischen dem Anwalt und seinem Mandanten abgeschlossenen Vergütungsforderung beitreten.

3093 Hier sind die **Formvorschriften** des § 4 RVG, insbesondere die einseitige Schriftform bei höherer als der gesetzlichen Vergütung (§ 4 Abs. 1 Satz 1 RVG) ebenso zu beachten wie beim Auftraggeber.

3094 Darüber hinaus ist darauf zu achten, dass die **Einheitlichkeit der Urkunde** gewahrt ist. Es genügt daher in aller Regel nicht, sich durch bloße Bezugnahme auf eine Vergütungsvereinbarung zu verpflichten, den sich daraus ergebenden Vergütungsanspruch im Wege des Schuldbeitritts zu übernehmen.

3095 **Praxistipp:**

Zweckmäßig ist es, den Wortlaut der Vergütungsvereinbarung zu wiederholen oder die Urkunden derartig fest zu verbinden, dass keinerlei Zweifel bestehen.

3096 Es bietet sich an, zunächst die Vergütungsvereinbarung auszudrucken oder zu kopieren und dann darunter den Schuldbeitritt zu vereinbaren oder den Schuldbeitritt unter Bezugnahme auf die Vergütungsvereinbarung zu vereinbaren und die Vergütungsvereinbarung dann als Anlage mit der Beitrittsurkunde fest zu verbinden.

3097 **Schuldbeitritt zu einer Vergütungsvereinbarung**
zwischen

Herrn Rechtsanwalt ...

- im Folgenden Anwalt,

und

Herrn ...

— im Folgenden Beitretender.

1. Vergütungsvereinbarung

Dem Beitretenden ist die zwischen Herrn Rechtsanwalt ... und Herrn ... geschlossene Vergütungsvereinbarung bekannt. Auf den Inhalt dieser Vereinbarung, die als Anlage mit dieser Urkunde fest verbunden ist, wird Bezug genommen.

2. Schuldbeitritt

Der Beitretende tritt dieser Vergütungsvereinbarung bei und verpflichtet sich, sämtliche sich aus der Vergütungsvereinbarung ergebenden Zahlungspflichten auf erstes Anfordern zu übernehmen.

.... (Datum)

....

(Unterschrift Beitretender)   (Unterschrift Anwalt)

Anhang 1: Gebührentabellen

3098 Die nachfolgenden Tabellen sollen als Orientierungshilfe dienen.

3099 In **Tabelle 1** sind die Gebührenbeträge nach den am häufigsten vorkommenden **gesetzlichen Gebühren** abgedruckt, von denen auszugehen ist, wenn die Vertragsparteien ein Vielfaches der gesetzlichen Gebühren vereinbaren oder wenn sie die gesetzlichen Gebühren vereinbaren, jedoch einen abweichenden höheren Gegenstandswert zugrunde legen.

Zu beachten ist, dass der bei Vereinbarung eines Vielfachen der gesetzlichen Gebühren nach der Rechtsprechung der Bereich der unangemessen hohen Vergütung i.S.d. § 4 Abs. 4 RVG beginnt, sobald das Fünffache der Höchstgebühren überschritten wird.[1]

3100 **Tabelle 2** soll als Orientierungshilfe dienen, wenn die Parteien ein Vielfaches der gesetzlichen Gebühren oder feste höhere Gebührensätze vereinbaren. Auch hier ist zu beachten, dass die Vermutung nach der Rechtsprechung für eine unangemessen hohe Vergütung besteht, sobald das Fünffache der jeweiligen Höchstgebühren überschritten wird.[2]

3101 In **Tabelle 3** sind gesetzlichen Gebühren in Straf- und Bußgeldsachen nach Mindest- und Höchstgebühren sowie der Mittelgebühr abgedruckt. Gleichzeitig ist das Fünffache der jeweiligen Höchstgebühr ausgewiesen, ab deren Überschreitung nach der Rechtsprechung die Vermutung für eine unangemessen hohe Vergütung beginnt.[3]

Zu beachten ist, dass die Prüfung der Unangemessenheit nicht für eine einzelne Gebühr vorzunehmen ist, sondern für das gesamte Aufkommen der Vergütung. So kann daher durchaus eine für sich allein betrachtet unangemessen hohe einzelne Gebühr für eine bestimmte Tätigkeit durch eine „mäßige" Gebühr für eine andere Tätigkeit kompensiert werden.

---

1 S. Rn. 1336 ff.
2 S. Rn. 1336 ff.
3 S. Rn. 1336 ff.

Tabelle 1: Die wichtigsten Gebührenbeträge bei gesetzlicher Abrechnung

Tabelle 1: Die wichtigsten Gebührenbeträge bei gesetzlicher Abrechnung

Wert bis €	1,0	0,3	0,5	0,65	0,75	0,8	1,1	1,2	1,3	1,5	1,6	2,0	2,3	2,5
300	25,00	10,00	12,50	16,25	18,75	20,00	27,50	30,00	32,50	37,50	40,00	50,00	57,50	62,50
600	45,00	13,50	22,50	29,25	33,75	36,00	49,50	54,00	58,50	67,50	72,00	90,00	103,50	112,50
900	65,00	19,50	32,50	42,25	48,75	52,00	71,50	78,00	84,50	97,50	104,00	130,00	149,50	162,50
1.200	85,00	25,50	42,50	55,25	63,75	68,00	93,50	102,00	110,50	127,50	136,00	170,00	195,50	212,50
1.500	105,00	31,50	52,50	68,25	78,75	84,00	115,50	126,00	136,50	157,50	168,00	210,00	241,50	262,50
2.000	133,00	39,90	66,50	86,45	99,75	106,40	146,30	159,60	172,90	199,50	212,80	266,00	305,90	332,50
2.500	161,00	48,30	80,50	104,65	120,75	128,80	177,10	193,20	209,30	241,50	257,60	322,00	370,30	402,50
3.000	189,00	56,70	94,50	122,85	141,75	151,20	207,90	226,80	245,70	283,50	302,40	378,00	434,70	472,50
3.500	217,00	65,10	108,50	141,05	162,75	173,60	238,70	260,40	282,10	325,50	347,20	434,00	499,10	542,50
4.000	245,00	73,50	122,50	159,25	183,75	196,00	269,50	294,00	318,50	367,50	392,00	490,00	563,50	612,50
4.500	273,00	81,90	136,50	177,45	204,75	218,40	300,30	327,60	354,90	409,50	436,80	546,00	627,90	682,50
5.000	301,00	90,30	150,50	195,65	225,75	240,80	331,10	361,20	391,30	451,50	481,60	602,00	692,30	752,50
6.000	338,00	101,40	169,00	219,70	253,50	270,40	371,80	405,60	439,40	507,00	540,80	676,00	777,40	845,00
7.000	375,00	112,50	187,50	243,75	281,25	300,00	412,50	450,00	487,50	562,50	600,00	750,00	862,50	937,50
8.000	412,00	123,60	206,00	267,80	309,00	329,60	453,20	494,40	535,60	618,00	659,20	824,00	947,60	1.030,00
9.000	449,00	134,70	224,50	291,85	336,75	359,20	493,90	538,80	583,70	673,50	718,40	898,00	1.032,70	1.122,50
10.000	486,00	145,80	243,00	315,90	364,50	388,80	534,60	583,20	631,80	729,00	777,60	972,00	1.117,80	1.215,00
13.000	526,00	157,80	263,00	341,90	394,50	420,80	578,60	631,20	683,80	789,00	841,60	1.052,00	1.209,80	1.315,00
16.000	566,00	169,80	283,00	367,90	424,50	452,80	622,60	679,20	735,80	849,00	905,60	1.132,00	1.301,80	1.415,00
19.000	606,00	181,80	303,00	393,90	454,50	484,80	666,60	727,20	787,80	909,00	969,60	1.212,00	1.393,80	1.515,00
22.000	646,00	193,80	323,00	419,90	484,50	516,80	710,60	775,20	839,80	969,00	1.033,60	1.292,00	1.485,80	1.615,00
25.000	686,00	205,80	343,00	445,90	514,50	548,80	754,60	823,20	891,80	1.029,00	1.097,60	1.372,00	1.577,80	1.715,00
30.000	758,00	227,40	379,00	492,70	568,50	606,40	833,80	909,60	985,40	1.137,00	1.212,80	1.516,00	1.743,40	1.895,00
35.000	830,00	249,00	415,00	539,50	622,50	664,00	913,00	996,00	1.079,00	1.245,00	1.328,00	1.660,00	1.909,00	2.075,00
40.000	902,00	270,60	451,00	586,30	676,50	721,60	992,20	1.082,40	1.172,60	1.353,00	1.443,20	1.804,00	2.074,60	2.255,00
45.000	974,00	292,20	487,00	633,10	730,50	779,20	1.071,40	1.168,80	1.266,20	1.461,00	1.558,40	1.948,00	2.240,20	2.435,00
50.000	1.046,00	313,80	523,00	679,90	784,50	836,80	1.150,60	1.255,20	1.359,80	1.569,00	1.673,60	2.092,00	2.405,80	2.615,00
65.000	1.123,00	336,90	561,50	729,95	842,25	898,40	1.235,30	1.347,60	1.459,90	1.684,50	1.796,80	2.246,00	2.582,90	2.807,50
80.000	1.200,00	360,00	600,00	780,00	900,00	960,00	1.320,00	1.440,00	1.560,00	1.800,00	1.920,00	2.400,00	2.760,00	3.000,00
95.000	1.277,00	383,10	638,50	830,05	957,75	1.021,60	1.404,70	1.532,40	1.660,10	1.915,50	2.043,20	2.554,00	2.937,10	3.192,50
110.000	1.354,00	406,20	677,00	880,10	1.015,50	1.083,20	1.489,40	1.624,80	1.760,20	2.031,00	2.166,40	2.708,00	3.114,20	3.385,00
125.000	1.431,00	429,30	715,50	930,15	1.073,25	1.144,80	1.574,10	1.717,20	1.860,30	2.146,50	2.289,60	2.862,00	3.291,30	3.577,50
140.000	1.508,00	452,40	754,00	980,20	1.131,00	1.206,40	1.658,80	1.809,60	1.960,40	2.262,00	2.412,80	3.016,00	3.468,40	3.770,00
155.000	1.585,00	475,50	792,50	1.030,25	1.188,75	1.268,00	1.743,50	1.902,00	2.060,50	2.377,50	2.536,00	3.170,00	3.645,50	3.962,50
170.000	1.662,00	498,60	831,00	1.080,30	1.246,50	1.329,60	1.828,20	1.994,40	2.160,60	2.493,00	2.659,20	3.324,00	3.822,60	4.155,00
185.000	1.739,00	521,70	869,50	1.130,35	1.304,25	1.391,20	1.912,90	2.086,80	2.260,70	2.608,50	2.782,40	3.478,00	3.999,70	4.347,50

3102

Anhang 1: Gebührentabellen

Wert bis €	1,0	0,3	0,5	0,65	0,75	0,8	1,1	1,2	1,3	1,5	1,6	2,0	2,3	2,5
200.000	1.816,00	544,80	908,00	1.180,40	1.362,00	1.452,80	1.997,60	2.179,20	2.360,80	2.724,00	2.905,60	3.632,00	4.176,80	4.540,00
230.000	1.934,00	580,20	967,00	1.257,10	1.450,50	1.547,20	2.127,40	2.320,80	2.514,20	2.901,00	3.094,40	3.868,00	4.448,20	4.835,00
260.000	2.052,00	615,60	1.026,00	1.333,80	1.539,00	1.641,60	2.257,20	2.462,40	2.667,60	3.078,00	3.283,20	4.104,00	4.719,60	5.130,00
290.000	2.170,00	651,00	1.085,00	1.410,50	1.627,50	1.736,00	2.387,00	2.604,00	2.821,00	3.255,00	3.472,00	4.340,00	4.991,00	5.425,00
320.000	2.288,00	686,40	1.144,00	1.487,20	1.716,00	1.830,40	2.516,80	2.745,60	2.974,40	3.432,00	3.660,80	4.576,00	5.262,40	5.720,00
350.000	2.406,00	721,80	1.203,00	1.563,90	1.804,50	1.924,80	2.646,60	2.887,20	3.127,80	3.609,00	3.849,60	4.812,00	5.533,80	6.015,00
380.000	2.524,00	757,20	1.262,00	1.640,60	1.893,00	2.019,20	2.776,40	3.028,80	3.281,20	3.786,00	4.038,40	5.048,00	5.805,20	6.310,00
410.000	2.642,00	792,60	1.321,00	1.717,30	1.981,50	2.113,60	2.906,20	3.170,40	3.434,60	3.963,00	4.227,20	5.284,00	6.076,60	6.605,00
440.000	2.760,00	828,00	1.380,00	1.794,00	2.070,00	2.208,00	3.036,00	3.312,00	3.588,00	4.140,00	4.416,00	5.520,00	6.348,00	6.900,00
470.000	2.878,00	863,40	1.439,00	1.870,70	2.158,50	2.302,40	3.165,80	3.453,60	3.741,40	4.317,00	4.604,80	5.756,00	6.619,40	7.195,00
500.000	2.996,00	898,80	1.498,00	1.947,40	2.247,00	2.396,80	3.295,60	3.595,20	3.894,80	4.494,00	4.793,60	5.992,00	6.890,80	7.490,00
550.000	3.146,00	943,80	1.573,00	2.044,90	2.359,50	2.516,80	3.460,60	3.775,20	4.089,80	4.719,00	5.033,60	6.292,00	7.235,80	7.865,00
600.000	3.296,00	988,80	1.648,00	2.142,40	2.472,00	2.636,80	3.625,60	3.955,20	4.284,80	4.944,00	5.273,60	6.592,00	7.580,80	8.240,00
650.000	3.446,00	1.033,80	1.723,00	2.239,90	2.584,50	2.756,80	3.790,60	4.135,20	4.479,80	5.169,00	5.513,60	6.892,00	7.925,80	8.615,00
700.000	3.596,00	1.078,80	1.798,00	2.337,40	2.697,00	2.876,80	3.955,60	4.315,20	4.674,80	5.394,00	5.753,60	7.192,00	8.270,80	8.990,00
750.000	3.746,00	1.123,80	1.873,00	2.434,90	2.809,50	2.996,80	4.120,60	4.495,20	4.869,80	5.619,00	5.993,60	7.492,00	8.615,80	9.365,00
800.000	3.896,00	1.168,80	1.948,00	2.532,40	2.922,00	3.116,80	4.285,60	4.675,20	5.064,80	5.844,00	6.233,60	7.792,00	8.960,80	9.740,00
850.000	4.046,00	1.213,80	2.023,00	2.629,90	3.034,50	3.236,80	4.450,60	4.855,20	5.259,80	6.069,00	6.473,60	8.092,00	9.305,80	10.115,00
900.000	4.196,00	1.258,80	2.098,00	2.727,40	3.147,00	3.356,80	4.615,60	5.035,20	5.454,80	6.294,00	6.713,60	8.392,00	9.650,80	10.490,00
950.000	4.346,00	1.303,80	2.173,00	2.824,90	3.259,50	3.476,80	4.780,60	5.215,20	5.649,80	6.519,00	6.953,60	8.692,00	9.995,80	10.865,00
1.000.000	4.496,00	1.348,80	2.248,00	2.922,40	3.372,00	3.596,80	4.945,60	5.395,20	5.844,80	6.744,00	7.193,60	8.992,00	10.340,80	11.240,00
1.050.000	4.646,00	1.393,80	2.323,00	3.019,90	3.484,50	3.716,80	5.110,60	5.575,20	6.039,80	6.969,00	7.433,60	9.292,00	10.685,80	11.615,00
1.100.000	4.796,00	1.438,80	2.398,00	3.117,40	3.597,00	3.836,80	5.275,60	5.755,20	6.234,80	7.194,00	7.673,60	9.592,00	11.030,80	11.990,00
1.150.000	4.946,00	1.483,80	2.473,00	3.214,90	3.709,50	3.956,80	5.440,60	5.935,20	6.429,80	7.419,00	7.913,60	9.892,00	11.375,80	12.365,00
1.200.000	5.096,00	1.528,80	2.548,00	3.312,40	3.822,00	4.076,80	5.605,60	6.115,20	6.624,80	7.644,00	8.153,60	10.192,00	11.720,80	12.740,00
1.250.000	5.246,00	1.573,80	2.623,00	3.409,90	3.934,50	4.196,80	5.770,60	6.295,20	6.819,80	7.869,00	8.393,60	10.492,00	12.065,80	13.115,00
1.300.000	5.396,00	1.618,80	2.698,00	3.507,40	4.047,00	4.316,80	5.935,60	6.475,20	7.014,80	8.094,00	8.633,60	10.792,00	12.410,80	13.490,00
1.350.000	5.546,00	1.663,80	2.773,00	3.604,90	4.159,50	4.436,80	6.100,60	6.655,20	7.209,80	8.319,00	8.873,60	11.092,00	12.755,80	13.865,00
1.400.000	5.696,00	1.708,80	2.848,00	3.702,40	4.272,00	4.556,80	6.265,60	6.835,20	7.404,80	8.544,00	9.113,60	11.392,00	13.100,80	14.240,00
1.450.000	5.846,00	1.753,80	2.923,00	3.799,90	4.384,50	4.676,80	6.430,60	7.015,20	7.599,80	8.769,00	9.353,60	11.692,00	13.445,80	14.615,00
1.500.000	5.996,00	1.798,80	2.998,00	3.897,40	4.497,00	4.796,80	6.595,60	7.195,20	7.794,80	8.994,00	9.593,60	11.992,00	13.790,80	14.990,00
1.550.000	6.146,00	1.843,80	3.073,00	3.994,90	4.609,50	4.916,80	6.760,60	7.375,20	7.989,80	9.219,00	9.833,60	12.292,00	14.135,80	15.365,00
1.600.000	6.296,00	1.888,80	3.148,00	4.092,40	4.722,00	5.036,80	6.925,60	7.555,20	8.184,80	9.444,00	10.073,60	12.592,00	14.480,80	15.740,00
1.650.000	6.446,00	1.933,80	3.223,00	4.189,90	4.834,50	5.156,80	7.090,60	7.735,20	8.379,80	9.669,00	10.313,60	12.892,00	14.825,80	16.115,00
1.700.000	6.596,00	1.978,80	3.298,00	4.287,40	4.947,00	5.276,80	7.255,60	7.915,20	8.574,80	9.894,00	10.553,60	13.192,00	15.170,80	16.490,00
1.750.000	6.746,00	2.023,80	3.373,00	4.384,90	5.059,50	5.396,80	7.420,60	8.095,20	8.769,80	10.119,00	10.793,60	13.492,00	15.515,80	16.865,00
1.800.000	6.896,00	2.068,80	3.448,00	4.482,40	5.172,00	5.516,80	7.585,60	8.275,20	8.964,80	10.344,00	11.033,60	13.792,00	15.860,80	17.240,00
1.850.000	7.046,00	2.113,80	3.523,00	4.579,90	5.284,50	5.636,80	7.750,60	8.455,20	9.159,80	10.569,00	11.273,60	14.092,00	16.205,80	17.615,00

Tabelle 1: Die wichtigsten Gebührenbeträge bei gesetzlicher Abrechnung

Wert bis €	1,0	0,3	0,5	0,65	0,75	0,8	1,1	1,2	1,3	1,5	1,6	2,0	2,3	2,5
1.900.000	7.196,00	2.158,80	3.598,00	4.677,40	5.397,00	5.756,80	7.915,60	8.635,20	9.354,80	10.794,00	11.513,60	14.392,00	16.550,80	17.990,00
1.950.000	7.346,00	2.203,80	3.673,00	4.774,90	5.509,50	5.876,80	8.080,60	8.815,20	9.549,80	11.019,00	11.753,60	14.692,00	16.895,80	18.365,00
2.000.000	7.496,00	2.248,80	3.748,00	4.872,40	5.622,00	5.996,80	8.245,60	8.995,20	9.744,80	11.244,00	11.993,60	14.992,00	17.240,80	18.740,00
2.050.000	7.646,00	2.293,80	3.823,00	4.969,90	5.734,50	6.116,80	8.410,60	9.175,20	9.939,80	11.469,00	12.233,60	15.292,00	17.585,80	19.115,00
2.100.000	7.796,00	2.338,80	3.898,00	5.067,40	5.847,00	6.236,80	8.575,60	9.355,20	10.134,80	11.694,00	12.473,60	15.592,00	17.930,80	19.490,00
2.150.000	7.946,00	2.383,80	3.973,00	5.164,90	5.959,50	6.356,80	8.740,60	9.535,20	10.329,80	11.919,00	12.713,60	15.892,00	18.275,80	19.865,00
2.200.000	8.096,00	2.428,80	4.048,00	5.262,40	6.072,00	6.476,80	8.905,60	9.715,20	10.524,80	12.144,00	12.953,60	16.192,00	18.620,80	20.240,00
2.250.000	8.246,00	2.473,80	4.123,00	5.359,90	6.184,50	6.596,80	9.070,60	9.895,20	10.719,80	12.369,00	13.193,60	16.492,00	18.965,80	20.615,00
2.300.000	8.396,00	2.518,80	4.198,00	5.457,40	6.297,00	6.716,80	9.235,60	10.075,20	10.914,80	12.594,00	13.433,60	16.792,00	19.310,80	20.990,00
2.350.000	8.546,00	2.563,80	4.273,00	5.554,90	6.409,50	6.836,80	9.400,60	10.255,20	11.109,80	12.819,00	13.673,60	17.092,00	19.655,80	21.365,00
2.400.000	8.696,00	2.608,80	4.348,00	5.652,40	6.522,00	6.956,80	9.565,60	10.435,20	11.304,80	13.044,00	13.913,60	17.392,00	20.000,80	21.740,00
2.450.000	8.846,00	2.653,80	4.423,00	5.749,90	6.634,50	7.076,80	9.730,60	10.615,20	11.499,80	13.269,00	14.153,60	17.692,00	20.345,80	22.115,00
2.500.000	8.996,00	2.698,80	4.498,00	5.847,40	6.747,00	7.196,80	9.895,60	10.795,20	11.694,80	13.494,00	14.393,60	17.992,00	20.690,80	22.490,00
2.550.000	9.146,00	2.743,80	4.573,00	5.944,90	6.859,50	7.316,80	10.060,60	10.975,20	11.889,80	13.719,00	14.633,60	18.292,00	21.035,80	22.865,00
2.600.000	9.296,00	2.788,80	4.648,00	6.042,40	6.972,00	7.436,80	10.225,60	11.155,20	12.084,80	13.944,00	14.873,60	18.592,00	21.380,80	23.240,00
2.650.000	9.446,00	2.833,80	4.723,00	6.139,90	7.084,50	7.556,80	10.390,60	11.335,20	12.279,80	14.169,00	15.113,60	18.892,00	21.725,80	23.615,00
2.700.000	9.596,00	2.878,80	4.798,00	6.237,40	7.197,00	7.676,80	10.555,60	11.515,20	12.474,80	14.394,00	15.353,60	19.192,00	22.070,80	23.990,00
2.750.000	9.746,00	2.923,80	4.873,00	6.334,90	7.309,50	7.796,80	10.720,60	11.695,20	12.669,80	14.619,00	15.593,60	19.492,00	22.415,80	24.365,00
2.800.000	9.896,00	2.968,80	4.948,00	6.432,40	7.422,00	7.916,80	10.885,60	11.875,20	12.864,80	14.844,00	15.833,60	19.792,00	22.760,80	24.740,00
2.850.000	10.046,00	3.013,80	5.023,00	6.529,90	7.534,50	8.036,80	11.050,60	12.055,20	13.059,80	15.069,00	16.073,60	20.092,00	23.105,80	25.115,00
2.900.000	10.196,00	3.058,80	5.098,00	6.627,40	7.647,00	8.156,80	11.215,60	12.235,20	13.254,80	15.294,00	16.313,60	20.392,00	23.450,80	25.490,00
2.950.000	10.346,00	3.103,80	5.173,00	6.724,90	7.759,50	8.276,80	11.380,60	12.415,20	13.449,80	15.519,00	16.553,60	20.692,00	23.795,80	25.865,00
3.000.000	10.496,00	3.148,80	5.248,00	6.822,40	7.872,00	8.396,80	11.545,60	12.595,20	13.644,80	15.744,00	16.793,60	20.992,00	24.140,80	26.240,00

3103 **Tabelle 2: Vielfaches der vollen 1,0 Gebühr**

Wert bis €	1,0	2,0	3,0	4,0	5,0	6,0	7,0	8,0
300	25,00	50,00	75,00	100,00	125,00	150,00	175,00	200,00
600	45,00	90,00	135,00	180,00	225,00	270,00	315,00	360,00
900	65,00	130,00	195,00	260,00	325,00	390,00	455,00	520,00
1.200	85,00	170,00	255,00	340,00	425,00	510,00	595,00	680,00
1.500	105,00	210,00	315,00	420,00	525,00	630,00	735,00	840,00
2.000	133,00	266,00	399,00	532,00	665,00	798,00	931,00	1.064,00
2.500	161,00	322,00	483,00	644,00	805,00	966,00	1.127,00	1.288,00
3.000	189,00	378,00	567,00	756,00	945,00	1.134,00	1.323,00	1.512,00
3.500	217,00	434,00	651,00	868,00	1.085,00	1.302,00	1.519,00	1.736,00
4.000	245,00	490,00	735,00	980,00	1.225,00	1.470,00	1.715,00	1.960,00
4.500	273,00	546,00	819,00	1.092,00	1.365,00	1.638,00	1.911,00	2.184,00
5.000	301,00	602,00	903,00	1.204,00	1.505,00	1.806,00	2.107,00	2.408,00
6.000	338,00	676,00	1.014,00	1.352,00	1.690,00	2.028,00	2.366,00	2.704,00
7.000	375,00	750,00	1.125,00	1.500,00	1.875,00	2.250,00	2.625,00	3.000,00
8.000	412,00	824,00	1.236,00	1.648,00	2.060,00	2.472,00	2.884,00	3.296,00
9.000	449,00	898,00	1.347,00	1.796,00	2.245,00	2.694,00	3.143,00	3.592,00
10.000	486,00	972,00	1.458,00	1.944,00	2.430,00	2.916,00	3.402,00	3.888,00
13.000	526,00	1.052,00	1.578,00	2.104,00	2.630,00	3.156,00	3.682,00	4.208,00
16.000	566,00	1.132,00	1.698,00	2.264,00	2.830,00	3.396,00	3.962,00	4.528,00
19.000	606,00	1.212,00	1.818,00	2.424,00	3.030,00	3.636,00	4.242,00	4.848,00
22.000	646,00	1.292,00	1.938,00	2.584,00	3.230,00	3.876,00	4.522,00	5.168,00
25.000	686,00	1.372,00	2.058,00	2.744,00	3.430,00	4.116,00	4.802,00	5.488,00
30.000	758,00	1.516,00	2.274,00	3.032,00	3.790,00	4.548,00	5.306,00	6.064,00
35.000	830,00	1.660,00	2.490,00	3.320,00	4.150,00	4.980,00	5.810,00	6.640,00
40.000	902,00	1.804,00	2.706,00	3.608,00	4.510,00	5.412,00	6.314,00	7.216,00
45.000	974,00	1.948,00	2.922,00	3.896,00	4.870,00	5.844,00	6.818,00	7.792,00
50.000	1.046,00	2.092,00	3.138,00	4.184,00	5.230,00	6.276,00	7.322,00	8.368,00
65.000	1.123,00	2.246,00	3.369,00	4.492,00	5.615,00	6.738,00	7.861,00	8.984,00
80.000	1.200,00	2.400,00	3.600,00	4.800,00	6.000,00	7.200,00	8.400,00	9.600,00
95.000	1.277,00	2.554,00	3.831,00	5.108,00	6.385,00	7.662,00	8.939,00	10.216,00
110.000	1.354,00	2.708,00	4.062,00	5.416,00	6.770,00	8.124,00	9.478,00	10.832,00
125.000	1.431,00	2.862,00	4.293,00	5.724,00	7.155,00	8.586,00	10.017,00	11.448,00
140.000	1.508,00	3.016,00	4.524,00	6.032,00	7.540,00	9.048,00	10.556,00	12.064,00
155.000	1.585,00	3.170,00	4.755,00	6.340,00	7.925,00	9.510,00	11.095,00	12.680,00
170.000	1.662,00	3.324,00	4.986,00	6.648,00	8.310,00	9.972,00	11.634,00	13.296,00
185.000	1.739,00	3.478,00	5.217,00	6.956,00	8.695,00	10.434,00	12.173,00	13.912,00
200.000	1.816,00	3.632,00	5.448,00	7.264,00	9.080,00	10.896,00	12.712,00	14.528,00
230.000	1.934,00	3.868,00	5.802,00	7.736,00	9.670,00	11.604,00	13.538,00	15.472,00
260.000	2.052,00	4.104,00	6.156,00	8.208,00	10.260,00	12.312,00	14.364,00	16.416,00
290.000	2.170,00	4.340,00	6.510,00	8.680,00	10.850,00	13.020,00	15.190,00	17.360,00
320.000	2.288,00	4.576,00	6.864,00	9.152,00	11.440,00	13.728,00	16.016,00	18.304,00
350.000	2.406,00	4.812,00	7.218,00	9.624,00	12.030,00	14.436,00	16.842,00	19.248,00
380.000	2.524,00	5.048,00	7.572,00	10.096,00	12.620,00	15.144,00	17.668,00	20.192,00
410.000	2.642,00	5.284,00	7.926,00	10.568,00	13.210,00	15.852,00	18.494,00	21.136,00
440.000	2.760,00	5.520,00	8.280,00	11.040,00	13.800,00	16.560,00	19.320,00	22.080,00
470.000	2.878,00	5.756,00	8.634,00	11.512,00	14.390,00	17.268,00	20.146,00	23.024,00
500.000	2.996,00	5.992,00	8.988,00	11.984,00	14.980,00	17.976,00	20.972,00	23.968,00
550.000	3.146,00	6.292,00	9.438,00	12.584,00	15.730,00	18.876,00	22.022,00	25.168,00

Tabelle 2: Vielfaches der vollen 1,0 Gebühr

Wert bis €	1,0	2,0	3,0	4,0	5,0	6,0	7,0	8,0
600.000	3.296,00	6.592,00	9.888,00	13.184,00	16.480,00	19.776,00	23.072,00	23.072,00
650.000	3.446,00	6.892,00	10.338,00	13.784,00	17.230,00	20.676,00	24.122,00	24.122,00
700.000	3.596,00	7.192,00	10.788,00	14.384,00	17.980,00	21.576,00	25.172,00	25.172,00
750.000	3.746,00	7.492,00	11.238,00	14.984,00	18.730,00	22.476,00	26.222,00	26.222,00
800.000	3.896,00	7.792,00	11.688,00	15.584,00	19.480,00	23.376,00	27.272,00	27.272,00
850.000	4.046,00	8.092,00	12.138,00	16.184,00	20.230,00	24.276,00	28.322,00	28.322,00
900.000	4.196,00	8.392,00	12.588,00	16.784,00	20.980,00	25.176,00	29.372,00	29.372,00
950.000	4.346,00	8.692,00	13.038,00	17.384,00	21.730,00	26.076,00	30.422,00	30.422,00
1.000.000	4.496,00	8.992,00	13.488,00	17.984,00	22.480,00	26.976,00	31.472,00	31.472,00
1.050.000	4.646,00	9.292,00	13.938,00	18.584,00	23.230,00	27.876,00	32.522,00	32.522,00
1.100.000	4.796,00	9.592,00	14.388,00	19.184,00	23.980,00	28.776,00	33.572,00	33.572,00
1.150.000	4.946,00	9.892,00	14.838,00	19.784,00	24.730,00	29.676,00	34.622,00	34.622,00
1.200.000	5.096,00	10.192,00	15.288,00	20.384,00	25.480,00	30.576,00	35.672,00	35.672,00
1.250.000	5.246,00	10.492,00	15.738,00	20.984,00	26.230,00	31.476,00	36.722,00	36.722,00
1.300.000	5.396,00	10.792,00	16.188,00	21.584,00	26.980,00	32.376,00	37.772,00	37.772,00
1.350.000	5.546,00	11.092,00	16.638,00	22.184,00	27.730,00	33.276,00	38.822,00	38.822,00
1.400.000	5.696,00	11.392,00	17.088,00	22.784,00	28.480,00	34.176,00	39.872,00	39.872,00
1.450.000	5.846,00	11.692,00	17.538,00	23.384,00	29.230,00	35.076,00	40.922,00	40.922,00
1.500.000	5.996,00	11.992,00	17.988,00	23.984,00	29.980,00	35.976,00	41.972,00	41.972,00
1.550.000	6.146,00	12.292,00	18.438,00	24.584,00	30.730,00	36.876,00	43.022,00	43.022,00
1.600.000	6.296,00	12.592,00	18.888,00	25.184,00	31.480,00	37.776,00	44.072,00	44.072,00
1.650.000	6.446,00	12.892,00	19.338,00	25.784,00	32.230,00	38.676,00	45.122,00	45.122,00
1.700.000	6.596,00	13.192,00	19.788,00	26.384,00	32.980,00	39.576,00	46.172,00	46.172,00
1.750.000	6.746,00	13.492,00	20.238,00	26.984,00	33.730,00	40.476,00	47.222,00	47.222,00
1.800.000	6.896,00	13.792,00	20.688,00	27.584,00	34.480,00	41.376,00	48.272,00	48.272,00
1.850.000	7.046,00	14.092,00	21.138,00	28.184,00	35.230,00	42.276,00	49.322,00	49.322,00
1.900.000	7.196,00	14.392,00	21.588,00	28.784,00	35.980,00	43.176,00	50.372,00	50.372,00
1.950.000	7.346,00	14.692,00	22.038,00	29.384,00	36.730,00	44.076,00	51.422,00	51.422,00
2.000.000	7.496,00	14.992,00	22.488,00	29.984,00	37.480,00	44.976,00	52.472,00	52.472,00
2.050.000	7.646,00	15.292,00	22.938,00	30.584,00	38.230,00	45.876,00	53.522,00	53.522,00
2.100.000	7.796,00	15.592,00	23.388,00	31.184,00	38.980,00	46.776,00	54.572,00	54.572,00
2.150.000	7.946,00	15.892,00	23.838,00	31.784,00	39.730,00	47.676,00	55.622,00	55.622,00
2.200.000	8.096,00	16.192,00	24.288,00	32.384,00	40.480,00	48.576,00	56.672,00	56.672,00
2.250.000	8.246,00	16.492,00	24.738,00	32.984,00	41.230,00	49.476,00	57.722,00	57.722,00
2.300.000	8.396,00	16.792,00	25.188,00	33.584,00	41.980,00	50.376,00	58.772,00	58.772,00
2.350.000	8.546,00	17.092,00	25.638,00	34.184,00	42.730,00	51.276,00	59.822,00	59.822,00
2.400.000	8.696,00	17.392,00	26.088,00	34.784,00	43.480,00	52.176,00	60.872,00	60.872,00
2.450.000	8.846,00	17.692,00	26.538,00	35.384,00	44.230,00	53.076,00	61.922,00	61.922,00
2.500.000	8.996,00	17.992,00	26.988,00	35.984,00	44.980,00	53.976,00	62.972,00	62.972,00
2.550.000	9.146,00	18.292,00	27.438,00	36.584,00	45.730,00	54.876,00	64.022,00	64.022,00
2.600.000	9.296,00	18.592,00	27.888,00	37.184,00	46.480,00	55.776,00	65.072,00	65.072,00
2.650.000	9.446,00	18.892,00	28.338,00	37.784,00	47.230,00	56.676,00	66.122,00	66.122,00
2.700.000	9.596,00	19.192,00	28.788,00	38.384,00	47.980,00	57.576,00	67.172,00	67.172,00
2.750.000	9.746,00	19.492,00	29.238,00	38.984,00	48.730,00	58.476,00	68.222,00	68.222,00
2.800.000	9.896,00	19.792,00	29.688,00	39.584,00	49.480,00	59.376,00	69.272,00	69.272,00
2.850.000	10.046,00	20.092,00	30.138,00	40.184,00	50.230,00	60.276,00	70.322,00	70.322,00
2.900.000	10.196,00	20.392,00	30.588,00	40.784,00	50.980,00	61.176,00	71.372,00	71.372,00
2.950.000	10.346,00	20.692,00	31.038,00	41.384,00	51.730,00	62.076,00	72.422,00	72.422,00
3.000.000	10.496,00	20.992,00	31.488,00	41.984,00	52.480,00	62.976,00	73.472,00	73.472,00

Anhang 1: Gebührentabellen

Tabelle 3: Gebühren des Verteidigers in Straf- und Bußgeldsachen

3104

Gebührentatbestand	VV-Nr.	Mindest-gebühr	Mittel-gebühr	Höchst-gebühr	Fünffaches der Höchstgebühr
A. Strafsachen					
I. Allgemeine Gebühren					
1. Grundgebühr	4100	30,00 €	165,00 €	300,00 €	1.500,00 €
mit Haftzuschlag	4101	30,00 €	202,50 €	375,00 €	1.875,00 €
2. Terminsgebühr	4102	30,00 €	140,00 €	250,00 €	1.250,00 €
mit Haftzuschlag	4103	30,00 €	171,25 €	312,50 €	1.562,50 €
II. Vorbereitendes Verfahren					
1. Verfahrensgebühr	4104	30,00 €	140,00 €	250,00 €	1.250,00 €
mit Haftzuschlag	4105	30,00 €	171,25 €	312,50 €	1.562,50 €
2. Zusätzliche Verfahrensgebühr	4141		140,00 €		700,00 €
III. Verfahren erster Instanz					
1. Verfahrensgebühr					
AG	4106	30,00 €	140,00 €	250,00 €	1.250,00 €
mit Haftzuschlag	4107	30,00 €	171,25 €	312,50 €	1.562,50 €
LG	4112	40,00 €	155,00 €	270,00 €	1.350,00 €
mit Haftzuschlag	4113	40,00 €	188,75 €	337,50 €	1.687,50 €
OLG	4118	80,00 €	330,00 €	580,00 €	2.900,00 €
mit Haftzuschlag	4119	80,00 €	402,50 €	725,00 €	3.625,00 €
2. Zusätzliche Verfahrensgebühr	4141		140,00 €		700,00 €
3. Terminsgebühr					
AG	4108	60,00 €	230,00 €	400,00 €	2.000,00 €
mit Haftzuschlag	4109	60,00 €	280,00 €	500,00 €	2.500,00 €
LG	4114	70,00 €	270,00 €	470,00 €	2.350,00 €
mit Haftzuschlag	4115	70,00 €	328,75 €	587,50 €	2.937,50 €
OLG	4120	110,00 €	445,00 €	780,00 €	3.900,00 €
mit Haftzuschlag	4121	110,00 €	542,50 €	975,00 €	4.875,00 €
IV. Berufung					
1. Verfahrensgebühr	4124	70,00 €	270,00 €	470,00 €	2.350,00 €
mit Haftzuschlag	4125	70,00 €	328,75 €	587,50 €	2.937,50 €
2. Zusätzliche Verfahrensgebühr	4141		270,00 €		1.350,00 €
3. Terminsgebühr	4126	70,00 €	270,00 €	470,00 €	2.350,00 €
mit Haftzuschlag	4127	70,00 €	328,75 €	587,50 €	2.937,50 €
V. Revision					
1. Verfahrensgebühr	4130	100,00 €	515,00 €	930,00 €	4.650,00 €
mit Haftzuschlag	4131	100,00 €	631,25 €	1.162,50 €	5.812,50 €

Tabelle 3: Gebühren des Verteidigers in Straf- und Bußgeldsachen

2. Zusätzliche Verfahrensgebühr	4141		515,00 €		2.575,00 €
3. Terminsgebühr	4132	100,00 €	285,00 €	470,00 €	
mit Haftzuschlag	4133	100,00 €	343,75 €	587,50 €	2.937,50 €
VI. Stafvollstreckung					
1. Verfahren nach VV 4200					
a) Verfahrensgebühr	4200	50,00 €	560,00 €	305,00 €	1.525,00 €
mit Haftzuschlag	4201	50,00 €	700,00 €	375,00 €	1.875,00 €
a) Terminsgebühr	4202	50,00 €	250,00 €	150,00 €	750,00 €
mit Haftzuschlag	4203	50,00 €	312,50 €	181,25 €	906,25 €
2. Sonstige Verfahren					
a) Verfahrensgebühr	4204	20,00 €	250,00 €	135,00 €	675,00 €
mit Haftzuschlag	4205	20,00 €	312,50 €	166,25 €	831,25 €
b) Terminsgebühr	4206	20,00 €	250,00 €	135,00 €	675,00 €
mit Haftzuschlag	4207	20,00 €	312,50 €	166,25 €	831,25 €
VII. Einzeltätigkeiten					
Verfahren nach	4300	50,00 €	560,00 €	305,00 €	1.525,00 €
Verfahren nach	4301	35,00 €	385,00 €	210,00 €	1.050,00 €
Verfahren nach	4302	20,00 €	250,00 €	135,00 €	675,00 €
VIII. Gnadensachen	4303	25,00 €	250,00 €	137,50 €	687,50 €
B. Bußgeldsachen					
I. Grundgebühr	5100	20,00 €	85,00 €	150,00 €	750,00 €
II. Vorbereitendes Verfahren					
1. Verfahrensgebühr					
Bußgeld unter 40,00 €	5101	10,00 €	55,00 €	100,00 €	500,00 €
Bußgeld bis 40,00 € bis 5.000,00 €	5103	20,00 €	135,00 €	250,00 €	1.250,00 €
Bußgeld über 5.000,00 €	5105	30,00 €	140,00 €	250,00 €	1.250,00 €
2. Zusätzliche Verfahrensgebühr					
Bußgeld unter 40,00 €	5115		55,00 €		275,00 €
Bußgeld bis 40,00 € bis 5.000,00 €	5115		135,00 €		675,00 €
Bußgeld über 5.000,00 €	5115		140,00 €		700,00 €
3. Terminsgebühr					
Bußgeld unter 40,00 €	5102	10,00 €	55,00 €	100,00 €	500,00 €
Bußgeld bis 40,00 € bis 5.000,00 €	5104	20,00 €	135,00 €	250,00 €	1.250,00 €
Bußgeld über 5.000,00 €	5106	30,00 €	140,00 €	250,00 €	1.250,00 €
III. Verfahren vor dem AG					
1. Verfahrensgebühr					
Bußgeld unter 40,00 €	5107	10,00 €	55,00 €	100,00 €	500,00 €
Bußgeld bis 40,00 € bis 5.000,00 €	5109	20,00 €	135,00 €	250,00 €	1.250,00 €
Bußgeld über 5.000,00 €	5111	40,00 €	145,00 €	250,00 €	1.250,00 €

2. Zusätzliche Verfahrensgebühr					
Bußgeld unter 40,00 €	5115		55,00 €		275,00 €
Bußgeld bis 40,00 € bis 5.000,00 €	5115		135,00 €		675,00 €
Bußgeld über 5.000,00 €	5115		140,00 €		700,00 €
3. Terminsgebühr					
Bußgeld unter 40,00 €	5108	20,00 €	110,00 €	200,00 €	1.000,00 €
Bußgeld bis 40,00 € bis 5.000,00 €	5110	30,00 €	215,00 €	400,00 €	2.000,00 €
Bußgeld über 5.000,00 €	5112	70,00 €	270,00 €	470,00 €	2.350,00 €
IV. Rechtsbeschwerde					
1. Verfahrensgebühr	5113	70,00 €	270,00 €	470,00 €	2.350,00 €
2. Zusätzliche Verfahrensgebühr	5115		270,00 €		1.350,00 €
3. Terminsgebühr	5114	70,00 €	270,00 €	470,00 €	2.350,00 €
V. Einzeltätigkeit					
Verfahrensgebühr	5200	10,00 €	100,00 €	55,00 €	275,00 €

Anhang 2: Gesetzestexte

I. BRAGO – Auszug

§ 3 Vereinbarung der Vergütung

(1) [1]*Aus einer Vereinbarung kann der Rechtsanwalt eine höhere als die gesetzliche Vergütung nur fordern, wenn die Erklärung des Auftraggebers schriftlich abgegeben und nicht in der Vollmacht oder in einem Vordruck, der auch andere Erklärungen umfasst, enthalten ist.* [2]*Hat der Auftraggeber freiwillig und ohne Vorbehalt geleistet, so kann er das Geleistete nicht deshalb zurückfordern, weil seine Erklärung der Vorschrift des Satzes 1 nicht entspricht.* [3]*Vereinbarungen über die Vergütung nach Absatz 5 sollen schriftlich getroffen werden; ist streitig, ob es zu einer solchen Vereinbarung gekommen ist, so trifft die Beweislast den Auftraggeber.*

(2) [1]*Die Festsetzung der Vergütung kann dem billigen Ermessen des Vorstandes der Rechtsanwaltskammer überlassen werden.* [2]*Ist die Festsetzung der Vergütung dem Ermessen eines Vertragsteils überlassen, so gilt die gesetzliche Vergütung als vereinbart.*

(3) [1]*Ist eine vereinbarte oder von dem Vorstand der Rechtsanwaltskammer festgesetzte Vergütung unter Berücksichtigung aller Umstände unangemessen hoch, so kann sie im Rechtsstreit auf den angemessenen Betrag bis zur Höhe der gesetzlichen Vergütung herabgesetzt werden.* [2]*Vor der Herabsetzung hat das Gericht ein Gutachten des Vorstandes der Rechtsanwaltskammer einzuholen; dies gilt nicht, wenn der Vorstand der Rechtsanwaltskammer die Vergütung nach Absatz 2 Satz 1 festgesetzt hat.* [3]*Das Gutachten ist kostenlos zu erstatten.*

(4) [1]*Durch eine Vereinbarung, nach der ein im Wege der Prozeßkostenhilfe beigeordneter Rechtsanwalt eine Vergütung erhalten soll, wird eine Verbindlichkeit nicht begründet.* [2]*Hat der Auftraggeber freiwillig und ohne Vorbehalt geleistet, so kann er das Geleistete nicht deshalb zurückfordern, weil eine Verbindlichkeit nicht bestanden hat.*

(5) [1]*In außergerichtlichen Angelegenheiten kann der Rechtsanwalt Pauschalvergütungen und Zeitvergütungen vereinbaren, die niedriger sind als die gesetzlichen Gebühren.* [2]*Der Rechtsanwalt kann sich für gerichtliche Mahnverfahren und Zwangsvollstreckungsverfahren nach den §§ 803 bis 863 und 899 bis 915 der Zivilprozeßordnung verpflichten, daß er, wenn der Anspruch des Auftraggebers auf Erstattung der gesetzlichen Vergütung nicht beigetrieben werden kann, einen Teil des Erstattungsanspruchs an Erfüllungs Statt annehmen werde.* [3]*Der nicht durch Abtretung zu erfüllende Teil der gesetzlichen Vergütung und die sonst nach diesem Absatz*

vereinbarten Vergütungen müssen in angemessenem Verhältnis zu Leistung, Verantwortung und Haftungsrisiko des Anwalts stehen.

II. RVG – Auszug

§ 1 Geltungsbereich

(1) ¹Die Vergütung (Gebühren und Auslagen) für anwaltliche Tätigkeiten der Rechtsanwältinnen und Rechtsanwälte bemisst sich nach diesem Gesetz. ²Dies gilt auch für eine Tätigkeit als Prozesspfleger nach den §§ 57 und 58 der Zivilprozessordnung. ³Andere Mitglieder einer Rechtsanwaltskammer, Partnerschaftsgesellschaften und sonstige Gesellschaften stehen einem Rechtsanwalt im Sinne dieses Gesetzes gleich.

(2) ¹Dieses Gesetz gilt nicht für eine Tätigkeit als Vormund, Betreuer, Pfleger, Verfahrenspfleger, Testamentsvollstrecker, Insolvenzverwalter, Sachwalter, Mitglied des Gläubigerausschusses, Nachlassverwalter, Zwangsverwalter, Treuhänder oder Schiedsrichter oder für eine ähnliche Tätigkeit. ²§ 1835 Abs. 3 des Bürgerlichen Gesetzbuch bleibt unberührt.

§ 4 Vereinbarung der Vergütung

(1) ¹Aus einer Vereinbarung kann eine höhere als die gesetzliche Vergütung nur gefordert werden, wenn die Erklärung des Auftraggebers schriftlich abgegeben und nicht in der Vollmacht enthalten ist. ²Ist das Schriftstück nicht von dem Auftraggeber verfasst, muss es als Vergütungsvereinbarung bezeichnet und die Vergütungsvereinbarung von anderen Vereinbarungen deutlich abgesetzt sein. ³Hat der Auftraggeber freiwillig und ohne Vorbehalt geleistet, kann er das Geleistete nicht deshalb zurückfordern, weil seine Erklärung den Vorschriften des Satzes 1 oder 2 nicht entspricht.

(2) ¹In außergerichtlichen Angelegenheiten können Pauschalvergütungen und Zeitvergütungen vereinbart werden, die niedriger sind als die gesetzlichen Gebühren. ²Der Rechtsanwalt kann sich für gerichtliche Mahnverfahren und Zwangsvollstreckungsverfahren nach den §§ 803 bis 863 und 899 bis 915 b der Zivilprozessordnung verpflichten, dass er, wenn der Anspruch des Auftraggebers auf Erstattung der gesetzlichen Vergütung nicht beigetrieben werden kann, einen Teil des Erstattungsanspruchs an Erfüllungs statt annehmen werde. ³Der nicht durch Abtretung zu erfüllende Teil der gesetzlichen Vergütung und die sonst nach diesem Absatz vereinbarten

Vergütungen müssen in einem angemessenen Verhältnis zu Leistung, Verantwortung und Haftungsrisiko des Rechtsanwalts stehen. ⁴Vereinbarungen über die Vergütung sollen schriftlich getroffen werden; ist streitig, ob es zu einer solchen Vereinbarung gekommen ist, trifft die Beweislast den Auftraggeber.

(3) ¹In der Vereinbarung kann es dem Vorstand der Rechtsanwaltskammer überlassen werden, die Vergütung nach billigem Ermessen festzusetzen. ²Ist die Festsetzung der Vergütung dem Ermessen eines Vertragsteils überlassen, gilt die gesetzliche Vergütung als vereinbart.

(4) ¹Ist eine vereinbarte oder von dem Vorstand der Rechtsanwaltskammer festgesetzte Vergütung unter Berücksichtigung aller Umstände unangemessen hoch, kann sie im Rechtsstreit auf den angemessenen Betrag bis zur Höhe der gesetzlichen Vergütung herabgesetzt werden. ²Vor der Herabsetzung hat das Gericht ein Gutachten des Vorstands der Rechtsanwaltskammer einzuholen; dies gilt nicht, wenn der Vorstand der Rechtsanwaltskammer die Vergütung nach Absatz 3 Satz 1 festgesetzt hat. ³Das Gutachten ist kostenlos zu erstatten.

(5) ¹Durch eine Vereinbarung, nach der ein im Wege der Prozesskostenhilfe beigeordneter Rechtsanwalt eine Vergütung erhalten soll, wird eine Verbindlichkeit nicht begründet. ²Hat der Auftraggeber freiwillig und ohne Vorbehalt geleistet, kann er das Geleistete nicht deshalb zurückfordern, weil eine Verbindlichkeit nicht bestanden hat.

(6) ¹§ 8 des Beratungshilfegesetzes bleibt unberührt.

§ 8 Fälligkeit, Hemmung der Verjährung

(1) ¹Die Vergütung wird fällig, wenn der Auftrag erledigt oder die Angelegenheit beendet ist. ²Ist der Rechtsanwalt in einem gerichtlichen Verfahren tätig, wird die Vergütung auch fällig, wenn eine Kostenentscheidung ergangen oder der Rechtszug beendet ist oder wenn das Verfahren länger als drei Monate ruht.

(2) ¹Die Verjährung der Vergütung für eine Tätigkeit in einem gerichtlichen Verfahren wird gehemmt, solange das Verfahren anhängig ist. ²Die Hemmung endet mit der rechtskräftigen Entscheidung oder anderweitigen Beendigung des Verfahrens. ³Ruht das Verfahren, endet die Hemmung drei Monate nach Eintritt der Fälligkeit. ⁴Die Hemmung beginnt erneut, wenn eine der Parteien das Verfahren weiter betreibt.

§ 9 Vorschuss

Der Rechtsanwalt kann von seinem Auftraggeber für die entstandenen und die voraussichtlich entstehenden Gebühren und Auslagen einen angemessenen Vorschuss fordern.

§ 10 Berechnung

(1) ¹Der Rechtsanwalt kann die Vergütung nur aufgrund einer von ihm unterzeichneten und dem Auftraggeber mitgeteilten Berechnung einfordern. ²Der Lauf der Verjährungsfrist ist von der Mitteilung der Berechnung nicht abhängig.

(2) ¹In der Berechnung sind die Beträge der einzelnen Gebühren und Auslagen, Vorschüsse, eine kurze Bezeichnung des jeweiligen Gebührentatbestands, die Bezeichnung der Auslagen sowie die angewandten Nummern des Vergütungsverzeichnisses und bei Gebühren, die nach dem Gegenstandswert berechnet sind, auch dieser anzugeben. ²Bei Entgelten für Post- und Telekommunikationsdienstleistungen genügt die Angabe des Gesamtbetrags.

(3) ¹Hat der Auftraggeber die Vergütung gezahlt, ohne die Berechnung erhalten zu haben, kann er die Mitteilung der Berechnung noch fordern, solange der Rechtsanwalt zur Aufbewahrung der Handakten verpflichtet ist.

§ 34 Mediation (Fassung bis zum 30.6.2006)

¹Für die Tätigkeit als Mediator soll der Rechtsanwalt auf eine Gebührenvereinbarung hinwirken. ²Wenn keine Vereinbarung getroffen worden ist, bestimmt sich die Gebühr nach den Vorschriften des bürgerlichen Rechts.

§ 34 Beratung, Gutachten und Mediation (Fassung ab dem 1.7.2006)

(1) ¹Für einen mündlichen oder schriftlichen Rat oder eine Auskunft (Beratung), die nicht mit einer anderen gebührenpflichtigen Tätigkeit zusammenhängen, für die Ausarbeitung eines schriftlichen Gutachtens und für die Tätigkeit als Mediator soll der Rechtsanwalt auf eine Gebührenvereinbarung hinwirken, soweit in Teil 2 Abschnitt 1 des Vergütungsverzeichnisses keine Gebühren bestimmt sind. ²Wenn keine Vereinbarung getroffen worden ist, erhält der Rechtsanwalt Gebühren nach den Vorschriften des bürgerlichen Rechts. ³Wenn der Auftraggeber Verbraucher ist, beträgt die Gebühr für die Beratung oder für die Ausarbeitung eines schriftlichen Gutachtens jedoch jeweils höchstens 250 Euro, § 14 Abs. 1 gilt entsprechend; für ein erstes Beratungsgespräch beträgt die Gebühr jedoch höchstens 190 Euro.

(2) Wenn nichts anderes vereinbart ist, ist die Gebühr für die Beratung auf eine Gebühr für eine sonstige Tätigkeit, die mit der Beratung zusammenhängt, anzurechnen.

§ 61 Übergangsvorschrift aus Anlass des Inkrafttretens dieses Gesetzes

(1) [1]*Die Bundesgebührenordnung für Rechtsanwälte in der im Bundesgesetzblatt Teil III, Gliederungsnummer 368-1, veröffentlichten bereinigten Fassung, zuletzt geändert durch Artikel 2 Abs. 6 des Gesetzes vom 12. März 2004 (BGBl. I S. 390), und Verweisungen hierauf sind weiter anzuwenden, wenn der unbedingte Auftrag zur Erledigung derselben Angelegenheit im Sinne des § 15 vor dem 1. Juli 2004 erteilt oder der Rechtsanwalt vor diesem Zeitpunkt gerichtlich bestellt oder beigeordnet worden ist.* [2]*Ist der Rechtsanwalt am 1. Juli 2004 in derselben Angelegenheit und, wenn ein gerichtliches Verfahren anhängig ist, in demselben Rechtszug bereits tätig, gilt für das Verfahren über ein Rechtsmittel, das nach diesem Zeitpunkt eingelegt worden ist, dieses Gesetz.* [3]*§ 60 Abs. 2 ist entsprechend anzuwenden.*

(2) [1]*Auf die Vereinbarung der Vergütung sind die Vorschriften dieses Gesetzes auch dann anzuwenden, wenn nach Absatz 1 die Vorschriften der Bundesgebührenordnung für Rechtsanwälte weiterhin anzuwenden und die Willenserklärungen beider Parteien nach dem 1. Juli 2004 abgegeben worden sind.*

III. Bundesrechtsanwaltsordnung (BRAO) – Auszug

§ 48 Pflicht zur Übernahme der Prozeßvertretung

(1) [1]*Der Rechtsanwalt muß im gerichtlichen Verfahren die Vertretung einer Partei oder die Beistandschaft übernehmen,*

1. wenn er der Partei aufgrund des § 121 der Zivilprozeßordnung, des § 4a Abs. 2 der Insolvenzordnung, des § 11a des Arbeitsgerichtsgesetzes oder aufgrund anderer gesetzlicher Vorschriften zur vorläufig unentgeltlichen Wahrnehmung ihrer Rechte beigeordnet ist;
2. wenn er der Partei aufgrund der §§ 78b, 78c der Zivilprozeßordnung beigeordnet ist;
3. wenn er dem Antragsgegner aufgrund des § 625 der Zivilprozeßordnung als Beistand beigeordnet ist.
4. (aufgehoben)

(2) [1]*Der Rechtsanwalt kann beantragen, die Beiordnung aufzuheben, wenn hierfür wichtige Gründe vorliegen.*

§ 49 Pflichtverteidigung, Beistandsleistung

(1) ¹Der Rechtsanwalt muß eine Verteidigung oder Beistandsleistung übernehmen, wenn er nach den Vorschriften der Strafprozeßordnung oder des Gesetzes über Ordnungswidrigkeiten zum Verteidiger oder nach den Vorschriften des Gesetzes über die internationale Rechtshilfe in Strafsachen oder des IStGH-Gesetzes als Beistand bestellt ist.

(2) ¹§ 48 Abs. 2 ist entsprechend anzuwenden.

§ 49a Pflicht zur Übernahme der Beratungshilfe

(1) ¹Der Rechtsanwalt ist verpflichtet, die in dem Beratungshilfegesetz vorgesehene Beratungshilfe zu übernehmen. ²Er kann die Beratungshilfe im Einzelfall aus wichtigem Grund ablehnen.

(2) ¹Der Rechtsanwalt ist verpflichtet, bei Einrichtungen der Rechtsanwaltschaft für die Beratung von Rechtsuchenden mit geringem Einkommen mitzuwirken. ²Er kann die Mitwirkung im Einzelfall aus wichtigem Grund ablehnen.

§ 49b Vergütung

(1) ¹Es ist unzulässig, geringere Gebühren und Auslagen zu vereinbaren oder zu fordern, als das Rechtsanwaltsvergütungsgesetz vorsieht, soweit dieses nichts anderes bestimmt. ²Im Einzelfall darf der Rechtsanwalt besonderen Umständen in der Person des Auftraggebers, insbesondere dessen Bedürftigkeit, Rechnung tragen durch Ermäßigung oder Erlaß von Gebühren oder Auslagen nach Erledigung des Auftrags.

(2) ¹Vereinbarungen, durch die eine Vergütung oder ihre Höhe vom Ausgang der Sache oder vom Erfolg der anwaltlichen Tätigkeit abhängig gemacht wird (Erfolgshonorar) oder nach denen der Rechtsanwalt einen Teil des erstrittenen Betrags als Honorar erhält (quota litis), sind unzulässig. ²Ein Erfolgshonorar im Sinne des Satzes 1 liegt nicht vor, wenn nur die Erhöhung von gesetzlichen Gebühren vereinbart wird.

(3) ¹Die Abgabe und Entgegennahme eines Teils der Gebühren oder sonstiger Vorteile für die Vermittlung von Aufträgen, gleichviel ob im Verhältnis zu einem Rechtsanwalt oder Dritten gleich welcher Art, ist unzulässig. ²Zulässig ist es jedoch, eine über den Rahmen der Nummer 3400 der Anlage 1 zum Rechtsanwaltsvergütungsgesetz hinausgehende Tätigkeit eines anderen Rechtsanwalts angemessen zu honorieren. ³Die Honorierung der Leistungen hat der Verantwortlichkeit sowie dem Haftungsrisiko der beteiligten Rechtsanwälte und den sonstigen Umständen Rechnung zu tragen. ⁴Die Vereinbarung einer solchen Honorierung darf nicht zur Voraussetzung einer Mandatserteilung gemacht werden. ⁵Mehrere beauftragte Rechtsanwälte

dürfen einen Auftrag gemeinsam bearbeiten und die Gebühren in einem den Leistungen, der Verantwortlichkeit und dem Haftungsrisiko entsprechenden angemessenen Verhältnis untereinander teilen. ⁶*Die Sätze 2 und 3 gelten nicht für beim Bundesgerichtshof und beim Oberlandesgericht ausschließlich zugelassene Prozeßbevollmächtigte.*

(4) ¹Der Rechtsanwalt, der eine Gebührenforderung erwirbt, ist in gleicher Weise zur Verschwiegenheit verpflichtet, wie der beauftragte Rechtsanwalt. ²Die Abtretung von Gebührenforderungen oder die Übertragung ihrer Einziehung an einen nicht als Rechtsanwalt zugelassenen Dritten ist unzulässig, es sei denn, die Forderung ist rechtskräftig festgestellt, ein erster Vollstreckungsversuch fruchtlos ausgefallen und der Rechtsanwalt hat die ausdrückliche, schriftliche Einwilligung des Mandanten eingeholt.

(5) ¹Richten sich die zu erhebenden Gebühren nach dem Gegenstandswert, hat der Rechtsanwalt vor Übernahme des Auftrags hierauf hinzuweisen.

IV. Beratungshilfegesetz (BerHG) – Auszug 3108

§ 8 *[Beratungshilfegebühr]*

Vereinbarungen über eine Vergütung sind nichtig.

V. Anwaltliche Berufsordnung (BORA) – Auszug 3109

Die Rechtsanwältinnen und Rechtsanwälte in der Bundesrepublik Deutschland sowie die weiteren Mitglieder der Rechtsanwaltskammern geben sich durch die Versammlung ihrer frei gewählten Vertreterinnen und Vertreter folgende Berufsordnung, in der der Begriff Rechtsanwalt neutral als Berufsbezeichnung verwendet ist:

Berufsordnung in der Fassung vom 1.11.2004

§ 16 *Prozesskostenhilfe und Beratungshilfe*

(1) Der Rechtsanwalt ist verpflichtet, bei begründetem Anlass auf die Möglichkeiten von Beratungs- und Prozesskostenhilfe hinzuweisen.

(2) Der Rechtsanwalt darf nach Bewilligung von Prozesskostenhilfe oder bei Inanspruchnahme von Beratungshilfe von seinem Mandanten oder Dritten Zahlungen oder Leistungen nur annehmen, die freiwillig und in Kenntnis der Tatsache gegeben werden, dass der Mandant oder der Dritte zu einer solchen Leistung nicht verpflichtet ist.

§ 21 Honorarvereinbarung

(1) Das Verbot, geringere als die gesetzlichen Gebühren zu fordern oder zu vereinbaren, gilt auch im Verhältnis zu Dritten, die es anstelle des Mandanten oder neben diesem übernehmen, die Gebühren zu bezahlen, oder die sich gegenüber dem Mandanten verpflichten, diesen von anfallenden Gebühren freizustellen.

(2) Die Vereinbarung einer höheren als der gesetzlichen Vergütung verstößt nicht gegen § 49b Abs. 2 Bundesrechtsanwaltsordnung, wenn sie an erfolgsbezogene Bestimmungen der Bundesrechtsanwaltsgebührenordnung anknüpft.

§ 22 Gebühren- und Honorarteilung

Als eine angemessene Honorierung im Sinne des § 49b Abs. 3 Satz 2 und 3 Bundesrechtsanwaltsordnung ist in der Regel eine hälftige Teilung aller anfallenden gesetzlichen Gebühren ohne Rücksicht auf deren Erstattungsfähigkeit anzusehen.

§ 23 Abrechnungsverhalten

Spätestens mit Beendigung des Mandats hat der Rechtsanwalt gegenüber dem Mandanten und/oder Gebührenschuldner über Honorarvorschüsse und Fremdgelder unverzüglich abzurechnen.

§ 29 Berufsordnung und CCBE-Berufsregeln

(1) Bei grenzüberschreitender Tätigkeit im Sinne von Nr. 1.5 der Berufsregeln der Rechtsanwälte der Europäischen Gemeinschaft (CCBE) in der Fassung vom 28. November 1998 (Anlage zu dieser Berufsordnung)11 gelten anstelle dieser Berufsordnung jene Berufsregeln, soweit nicht europäisches Gemeinschaftsrecht oder deutsches Verfassungs-, Gesetzes- oder Verordnungsrecht Vorrang haben. Sind die Berufsregeln der Rechtsanwälte der Europäischen Gemeinschaft anzuwenden, dann hat der Rechtsanwalt den ausländischen Rechtsanwalt unverzüglich auf den Vorrang des europäischen Gemeinschaftsrechts und des deutschen Verfassungs-, Gesetzes- oder Verordnungsrechts hinzuweisen; dies kommt insbesondere bei der Anwendung von Nr. 5.3 jener Berufsregeln in Betracht.

(2) Sonstige grenzüberschreitende anwaltliche Tätigkeit unterliegt dieser Berufsordnung.

VI. Berufsregeln der Rechtsanwälte der Europäischen Union (ECCC) – Auszug

3110

Berufsregeln der Rechtsanwälte der Europäischen Union

geändert durch die CCBE-Vollversammlung am 28. November 1998 in Lyon in der Fassung vom 1.11.2001[1]

3.3. Quota-litis-Vereinbarung

3.3.1. Der Rechtsanwalt darf hinsichtlich seines Honorars keine quota-litis-Vereinbarung abschließen.

3.3.2. Quota-litis-Vereinbarung im Sinne dieser Bestimmung ist ein vor Abschluss der Rechtssache geschlossener Vertrag, der das an den Rechtsanwalt zu zahlende Honorar ausschließlich von dem Ergebnis abhängig macht und in dem sich der Mandant verpflichtet, dem Anwalt einen Teil des Ergebnisses zu zahlen.

3.3.3. Ein Vertrag sollte nicht als quota-litis-Vereinbarung betrachtet werden, wenn er vor Abschluss der Rechtssache geschlossen wird und den Grundsatz über eine zusätzliche Zahlung bei positivem Ergebnis enthält, und wenn die Höhe dieser Sonderzahlung im Nachhinein im Rahmen offener Verhandlungen zwischen dem Mandanten und dem Rechtsanwalt bestimmt werden soll.

3.3.4. Eine quota-litis-Vereinbarung liegt dann nicht vor, wenn die Vereinbarung die Berechnung des Honorars aufgrund des Streitwertes vorsieht und einem amtlichen oder von der für den Rechtsanwalt zuständigen Stelle genehmigten Tarif entspricht.

3.4. Honorarabrechnung

3.4.1. Der Rechtsanwalt hat seinem Mandanten die Grundlagen seiner gesamten Honorarforderungen offen zu legen; der Betrag des Honorars muss angemessen sein.

3.4.2. Vorbehaltlich einer abweichenden, gesetzlich zulässigen Vereinbarung des Rechtsanwaltes mit seinem Mandanten ist das Honorar entsprechend den Regeln der Berufsorganisation zu berechnen, der der Rechtsanwalt angehört. Gehört der Rechtsanwalt mehreren Berufsorganisationen an, so sind die Regeln der Berufsorganisation maßgebend, mit der das Mandatsverhältnis die engste Verbindung hat.

---

1 Vollständig abgedruckt in BRAK-Mitt. 2001, 177 ff.; abrufbar auf der Hompage der BRAK (http://www.brak.de/seiten/pdf/Berufsregeln/Berufsregeln-CCBE-Fassung01.11.01Stand 01.07.03.pdf)

3.5. Vorschuss auf Honorar und Kosten

Verlangt der Rechtsanwalt einen Vorschuss auf seine Kosten und/oder sein Honorar, darf dieser nicht über einen unter Berücksichtigung der voraussichtlichen Höhe des Honorars und der Kosten angemessenen Betrag hinausgehen. Wird der Vorschuss nicht gezahlt, kann der Rechtsanwalt das Mandat niederlegen oder ablehnen, unbeschadet der Vorschrift des Artikels 3.1.4.

3.6. Honorarteilung mit anderen Personen als Anwälten

3.6.1. Vorbehaltlich der nachstehenden Regel ist es dem Rechtsanwalt verboten, sein Honorar mit einer Person zu teilen, die nicht selbst Rechtsanwalt ist, es sei denn, die gemeinschaftliche Berufsausübung ist vom Gesetz des Mitgliedsstaates, dem der Rechtsanwalt angehört, gestattet.

3.6.2. Artikel 3.6.1. gilt nicht für Zahlungen oder Leistungen eines Anwaltes an die Erben eines verstorbenen Kollegen oder an einen früheren Rechtsanwalt als Vergütung für die Übernahme einer Praxis.

3.7. Kosteneffektive Lösung von Streitfällen und Prozess- und Beratungskostenhilfe

3.7.1. Der Rechtsanwalt sollte immer danach trachten, den Streitfall des Mandanten so kostengünstig wie möglich zu lösen und sollte den Mandanten zum geeigneten Zeitpunkt dahin gehend beraten, ob es wünschenswert ist, eine Streitbeilegung zu versuchen oder auf ein alternatives Streitbeilegungsverfahren zu verweisen.

3.7.2. Hat der Mandant Anspruch auf Prozess- oder Beratungskostenhilfe, so hat der Rechtsanwalt ihn darauf hinzuweisen.

5.4. Vermittlungshonorar

5.4.1. Es ist dem Rechtsanwalt untersagt, von einem anderen Rechtsanwalt oder einem sonstigen Dritten für die Namhaftmachung oder Empfehlung des Rechtsanwaltes an einen Mandanten ein Honorar, eine Provision oder jede andere Gegenleistung zu verlangen oder anzunehmen.

5.4.2. Der Rechtsanwalt darf niemand, für die Vermittlung eines Mandanten ein Honorar, eine Provision oder eine sonstige Gegenleistung gewähren.

VII. Allgemeine Bedingungen für die Rechtsschutzversicherung und Standardklauseln (ARB)

1. ARB 75 – Auszug

3111

§ 2 Umfang

(1) Der Versicherer trägt

a) *die gesetzliche Vergütung eines für den Versicherungsnehmer tätigen Rechtsanwaltes. Dieser muss in den Fällen der Verteidigung wegen Verletzung einer Vorschrift des Straf-, Ordnungswidrigkeiten-, Disziplinaroder Standesrechtes und der Wahrnehmung rechtlicher Interessen außerhalb der Bundesrepublik Deutschland am Ort des zuständigen Gerichtes wohnhaft oder bei diesem Gericht zugelassen sein.*

In allen anderen Fällen ist es nicht erforderlich, daß der Rechtsanwalt am Ort des zuständigen Gerichtes wohnhaft oder bei diesem Gericht zugelassen ist; in diesen Fällen trägt der Versicherer die gesetzliche Vergütung jedoch nur, soweit sie auch bei Tätigkeit eines am Ort des zuständigen Gerichtes wohnhaften oder bei diesem Gericht zugelassenen Rechtsanwaltes entstanden wäre. Wohnt der Versicherungsnehmer mehr als 100 km vom zuständigen Gericht entfernt und erfolgt eine gerichtliche Wahrnehmung seiner Interessen, trägt der Versicherer auch weitere Rechtsanwaltskosten bis zur Höhe der gesetzlichen Vergütung eines Rechtsanwaltes, der lediglich den Verkehr des Versicherungsnehmers mit dem Prozeßbevollmächtigten führt;

b) *die Vergütung aus einer Honorarvereinbarung des Versicherungsnehmers mit einem für ihn tätigen Rechtsanwalt, soweit die gesetzliche Vergütung, die ohne Honorarvereinbarung entstanden wäre, vom Versicherer im Rahmen von a) getragen werden müßte;*

2. ARB 1994/2004 – Auszug

3112

§ 5 Leistungsumfang

Soweit nicht etwas anderes vereinbart ist, gilt:

1) Der Versicherer trägt

   a) *bei Eintritt des Rechtsschutzfalles im Inland die Vergütung eines für den Versicherungsnehmer tätigen Rechtsanwaltes bis zur Höhe der gesetzlichen Vergütung eines am Ort des zuständigen Gerichtes ansässigen Rechtsanwaltes. Wohnt der Versicherungsnehmer mehr als 100 km Luftlinie vom zuständigen Gericht entfernt und erfolgt eine gerichtliche Wahrnehmung seiner Interes-*

sen, trägt der Versicherer bei den Leistungsarten gemäß § 2 a) bis g) weitere Kosten für einen im Landgerichtsbezirk des Versicherungsnehmers ansässigen Rechtsanwalt bis zur Höhe der gesetzlichen Vergütung eines Rechtsanwaltes, der lediglich den Verkehr mit dem Prozeßbevollmächtigten führt.

b) bei Eintritt eines Rechtsschutzfalles im Ausland die Vergütung eines für den Versicherungsnehmer tätigen am Ort des zuständigen Gerichtes ansässigen ausländischen oder eines im Inland zugelassenen Rechtsanwaltes. Im letzteren Fall trägt der Versicherer die Vergütung bis zur Höhe der gesetzlichen Vergütung, die entstanden wäre, wenn das Gericht, an dessen Ort der Rechtsanwalt ansässig ist, zuständig wäre. Wohnt der Versicherungsnehmer mehr als 100 km Luftlinie vom zuständigen Gericht entfernt und ist ein ausländischer Rechtsanwalt für den Versicherungsnehmer tätig, trägt der Versicherer weitere Kosten für einen im Landgerichtsbezirk des Versicherungsnehmers ansässigen Rechtsanwalt bis zur Höhe der gesetzlichen Vergütung eines Rechtsanwaltes, der lediglich den Verkehr mit dem ausländischen Rechtsanwalt führt.

3113 VIII. Bürgerliches Gesetzbuch (BGB) – Auszug

§ 126 Schriftform

(1) Ist durch Gesetz schriftliche Form vorgeschrieben, so muss die Urkunde von dem Aussteller eigenhändig durch Namensunterschrift oder mittels notariell beglaubigten Handzeichens unterzeichnet werden.

(2) Bei einem Vertrag muss die Unterzeichnung der Parteien auf derselben Urkunde erfolgen. ²Werden über den Vertrag mehrere gleichlautende Urkunden aufgenommen, so genügt es, wenn jede Partei die für die andere Partei bestimmte Urkunde unterzeichnet.

(3) Die schriftliche Form kann durch die elektronische Form ersetzt werden, wenn sich nicht aus dem Gesetz ein anderes ergibt.

(4) Die schriftliche Form wird durch die notarielle Beurkundung ersetzt.

§ 126a Elektronische Form

(1) Soll die gesetzlich vorgeschriebene schriftliche Form durch die elektronische Form ersetzt werden, so muss der Aussteller der Erklärung dieser seinen Namen hinzufügen und das elektronische Dokument mit einer qualifizierten elektronischen Signatur nach dem Signaturgesetz versehen.

(2) Bei einem Vertrag müssen die Parteien jeweils ein gleich lautendes Dokument in der in Absatz 1 bezeichneten Weise elektronisch signieren.

§ 127a Gerichtlicher Vergleich

Die notarielle Beurkundung wird bei einem gerichtlichen Vergleich durch die Aufnahme der Erklärungen in ein nach den Vorschriften der Zivilprozessordnung errichtetes Protokoll ersetzt.

§ 128 Notarielle Beurkundung

Ist durch Gesetz notarielle Beurkundung eines Vertrags vorgeschrieben, so genügt es, wenn zunächst der Antrag und sodann die Annahme des Antrags von einem Notar beurkundet wird.

§ 129 Öffentliche Beglaubigung

(1) ¹Ist durch Gesetz für eine Erklärung öffentliche Beglaubigung vorgeschrieben, so muss die Erklärung schriftlich abgefasst und die Unterschrift des Erklärenden von einem Notar beglaubigt werden. ²Wird die Erklärung von dem Aussteller mittels Handzeichen unterzeichnet, so ist die in § 126 Abs. 1 vorgeschriebene Beglaubigung des Handzeichens erforderlich und genügend.

(2) Die öffentliche Beglaubigung wird durch die notarielle Beurkundung der Erklärung ersetzt.

§ 134 Gesetzliches Verbot

Ein Rechtsgeschäft, das gegen ein gesetzliches Verbot verstößt, ist nichtig, wenn sich nicht aus dem Gesetz ein anderes ergibt.

§ 138 Sittenwidriges Rechtsgeschäft; Wucher

(1) Ein Rechtsgeschäft, das gegen die guten Sitten verstößt, ist nichtig.

(2) Nichtig ist insbesondere ein Rechtsgeschäft, durch das jemand unter Ausbeutung der Zwangslage, der Unerfahrenheit, des Mangels an Urteilsvermögen oder der erheblichen Willensschwäche eines anderen sich oder einem Dritten für eine Leistung Vermögensvorteile versprechen oder gewähren lässt, die in einem auffälligen Missverhältnis zu der Leistung stehen.

§ 139 Teilnichtigkeit

Ist ein Teil eines Rechtsgeschäfts nichtig, so ist das ganze Rechtsgeschäft nichtig, wenn nicht anzunehmen ist, dass es auch ohne den nichtigen Teil vorgenommen sein würde.

§ 305 Einbeziehung Allgemeiner Geschäftsbedingungen in den Vertrag

(1) [1]Allgemeine Geschäftsbedingungen sind alle für eine Vielzahl von Verträgen vorformulierten Vertragsbedingungen, die eine Vertragspartei (Verwender) der anderen Vertragspartei bei Abschluss eines Vertrags stellt. [2]Gleichgültig ist, ob die Bestimmungen einen äußerlich gesonderten Bestandteil des Vertrags bilden oder in die Vertragsurkunde selbst aufgenommen werden, welchen Umfang sie haben, in welcher Schriftart sie verfasst sind und welche Form der Vertrag hat. [3]Allgemeine Geschäftsbedingungen liegen nicht vor, soweit die Vertragsbedingungen zwischen den Vertragsparteien im Einzelnen ausgehandelt sind.

(2) Allgemeine Geschäftsbedingungen werden nur dann Bestandteil eines Vertrags, wenn der Verwender bei Vertragsschluss

1. die andere Vertragspartei ausdrücklich oder, wenn ein ausdrücklicher Hinweis wegen der Art des Vertragsschlusses nur unter unverhältnismäßigen Schwierigkeiten möglich ist, durch deutlich sichtbaren Aushang am Orte des Vertragsschlusses auf sie hinweist und

2. der anderen Vertragspartei die Möglichkeit verschafft, in zumutbarer Weise, die auch eine für den Verwender erkennbare körperliche Behinderung der anderen Vertragspartei angemessen berücksichtigt, von ihrem Inhalt Kenntnis zu nehmen, und wenn die andere Vertragspartei mit ihrer Geltung einverstanden ist.

(3) Die Vertragsparteien können für eine bestimmte Art von Rechtsgeschäften die Geltung bestimmter Allgemeiner Geschäftsbedingungen unter Beachtung der in Absatz 2 bezeichneten Erfordernisse im Voraus vereinbaren.

§ 305b Vorrang der Individualabrede

Individuelle Vertragsabreden haben Vorrang vor Allgemeinen Geschäftsbedingungen.

§ 305c Überraschende und mehrdeutige Klauseln

(1) Bestimmungen in Allgemeinen Geschäftsbedingungen, die nach den Umständen, insbesondere nach dem äußeren Erscheinungsbild des Vertrags, so ungewöhnlich

sind, dass der Vertragspartner des Verwenders mit ihnen nicht zu rechnen braucht, werden nicht Vertragsbestandteil.

(2) Zweifel bei der Auslegung Allgemeiner Geschäftsbedingungen gehen zulasten des Verwenders.

§ 306 Rechtsfolgen bei Nichteinbeziehung und Unwirksamkeit

(1) Sind Allgemeine Geschäftsbedingungen ganz oder teilweise nicht Vertragsbestandteil geworden oder unwirksam, so bleibt der Vertrag im Übrigen wirksam.

(2) Soweit die Bestimmungen nicht Vertragsbestandteil geworden oder unwirksam sind, richtet sich der Inhalt des Vertrags nach den gesetzlichen Vorschriften.

(3) Der Vertrag ist unwirksam, wenn das Festhalten an ihm auch unter Berücksichtigung der nach Absatz 2 vorgesehenen Änderung eine unzumutbare Härte für eine Vertragspartei darstellen würde.

§ 306a Umgehungsverbot

Die Vorschriften dieses Abschnitts finden auch Anwendung, wenn sie durch anderweitige Gestaltungen umgangen werden.

§ 307 Inhaltskontrolle

(1) [1]Bestimmungen in Allgemeinen Geschäftsbedingungen sind unwirksam, wenn sie den Vertragspartner des Verwenders entgegen den Geboten von Treu und Glauben unangemessen benachteiligen. [2]Eine unangemessene Benachteiligung kann sich auch daraus ergeben, dass die Bestimmung nicht klar und verständlich ist.

(2) Eine unangemessene Benachteiligung ist im Zweifel anzunehmen, wenn eine Bestimmung

1. mit wesentlichen Grundgedanken der gesetzlichen Regelung, von der abgewichen wird, nicht zu vereinbaren ist oder

2. wesentliche Rechte oder Pflichten, die sich aus der Natur des Vertrags ergeben, so einschränkt, dass die Erreichung des Vertragszwecks gefährdet ist.

(3) [1]Die Absätze 1 und 2 sowie die §§ 308 und 309 gelten nur für Bestimmungen in Allgemeinen Geschäftsbedingungen, durch die von Rechtsvorschriften abweichende oder diese ergänzende Regelungen vereinbart werden. [2]Andere Bestimmungen können nach Absatz 1 Satz 2 in Verbindung mit Absatz 1 Satz 1 unwirksam sein.

§ 308 Klauselverbote mit Wertungsmöglichkeit

In Allgemeinen Geschäftsbedingungen ist insbesondere unwirksam

1. (Annahme- und Leistungsfrist)

    eine Bestimmung, durch die sich der Verwender unangemessen lange oder nicht hinreichend bestimmte Fristen für die Annahme oder Ablehnung eines Angebots oder die Erbringung einer Leistung vorbehält; ausgenommen hiervon ist der Vorbehalt, erst nach Ablauf der Widerrufs oder Rückgabefrist nach § 355 Abs. 1 und 2 und § 356 zu leisten;

2. (Nachfrist)

    eine Bestimmung, durch die sich der Verwender für die von ihm zu bewirkende Leistung abweichend von Rechtsvorschriften eine unangemessen lange oder nicht hinreichend bestimmte Nachfrist vorbehält;

3. (Rücktrittsvorbehalt)

    die Vereinbarung eines Rechts des Verwenders, sich ohne sachlich gerechtfertigten und im Vertrag angegebenen Grund von seiner Leistungspflicht zu lösen; dies gilt nicht für Dauerschuldverhältnisse;

4. (Änderungsvorbehalt)

    die Vereinbarung eines Rechts des Verwenders, die versprochene Leistung zu ändern oder von ihr abzuweichen, wenn nicht die Vereinbarung der Änderung oder Abweichung unter Berücksichtigung der Interessen des Verwenders für den anderen Vertragsteil zumutbar ist;

5. (Fingierte Erklärungen)

    eine Bestimmung, wonach eine Erklärung des Vertragspartners des Verwenders bei Vornahme oder Unterlassung einer bestimmten Handlung als von ihm abgegeben oder nicht abgegeben gilt, es sei denn, dass

    a) dem Vertragspartner eine angemessene Frist zur Abgabe einer ausdrücklichen Erklärung eingeräumt ist und

    b) der Verwender sich verpflichtet, den Vertragspartner bei Beginn der Frist auf die vorgesehene Bedeutung seines Verhaltens besonders hinzuweisen; dies gilt nicht für Verträge, in die Teil B der Verdingungsordnung für Bauleistungen insgesamt einbezogen ist;

6. *(Fiktion des Zugangs)*

   eine Bestimmung, die vorsieht, dass eine Erklärung des Verwenders von besonderer Bedeutung dem anderen Vertragsteil als zugegangen gilt;

7. *(Abwicklung von Verträgen)*

   eine Bestimmung, nach der der Verwender für den Fall, dass eine Vertragspartei vom Vertrag zurücktritt oder den Vertrag kündigt,

   a) *eine unangemessen hohe Vergütung für die Nutzung oder den Gebrauch einer Sache oder eines Rechts oder für erbrachte Leistungen oder*

   b) *einen unangemessen hohen Ersatz von Aufwendungen verlangen kann;*

8. *(Nichtverfügbarkeit der Leistung)*

   die nach Nummer 3 zulässige Vereinbarung eines Vorbehalts des Verwenders, sich von der Verpflichtung zur Erfüllung des Vertrags bei Nichtverfügbarkeit der Leistung zu lösen, wenn sich der Verwender nicht verpflichtet,

   a) *den Vertragspartner unverzüglich über die Nichtverfügbarkeit zu informieren und*

   b) *Gegenleistungen des Vertragspartners unverzüglich zu erstatten.*

§ 309 Klauselverbote ohne Wertungsmöglichkeit

Auch soweit eine Abweichung von den gesetzlichen Vorschriften zulässig ist, ist in Allgemeinen Geschäftsbedingungen unwirksam

1. *(Kurzfristige Preiserhöhungen)*

   eine Bestimmung, welche die Erhöhung des Entgelts für Waren oder Leistungen vorsieht, die innerhalb von vier Monaten nach Vertragsschluss geliefert oder erbracht werden sollen; dies gilt nicht bei Waren oder Leistungen, die im Rahmen von Dauerschuldverhältnissen geliefert oder erbracht werden;

2. *(Leistungsverweigerungsrechte)*

   eine Bestimmung, durch die

   a) *das Leistungsverweigerungsrecht, das dem Vertragspartner des Verwenders nach § 320 zusteht, ausgeschlossen oder eingeschränkt wird oder*

   b) *ein dem Vertragspartner des Verwenders zustehendes Zurückbehaltungsrecht, soweit es auf demselben Vertragsverhältnis beruht, ausgeschlossen oder eingeschränkt, insbesondere von der Anerkennung von Mängeln durch den Verwender abhängig gemacht wird;*

3. *(Aufrechnungsverbot)*

   eine Bestimmung, durch die dem Vertragspartner des Verwenders die Befugnis genommen wird, mit einer unbestrittenen oder rechtskräftig festgestellten Forderung aufzurechnen;

4. *(Mahnung, Fristsetzung)*

   eine Bestimmung, durch die der Verwender von der gesetzlichen Obliegenheit freigestellt wird, den anderen Vertragsteil zu mahnen oder ihm eine Frist für die Leistung oder Nacherfüllung zu setzen;

5. *(Pauschalierung von Schadensersatzansprüchen)*

   die Vereinbarung eines pauschalierten Anspruchs des Verwenders auf Schadensersatz oder Ersatz einer Wertminderung, wenn

   a) die Pauschale den in den geregelten Fällen nach dem gewöhnlichen Lauf der Dinge zu erwartenden Schaden oder die gewöhnlich eintretende Wertminderung übersteigt oder

   b) dem anderen Vertragsteil nicht ausdrücklich der Nachweis gestattet wird, ein Schaden oder eine Wertminderung sei überhaupt nicht entstanden oder wesentlich niedriger als die Pauschale;

6. *(Vertragsstrafe)*

   eine Bestimmung, durch die dem Verwender für den Fall der Nichtabnahme oder verspäteten Abnahme der Leistung, des Zahlungsverzugs oder für den Fall, dass der andere Vertragsteil sich vom Vertrag löst, Zahlung einer Vertragsstrafe versprochen wird;

7. *(Haftungsausschluss bei Verletzung von Leben, Körper, Gesundheit und bei grobem Verschulden)*

   a) *(Verletzung von Leben, Körper, Gesundheit)*

   ein Ausschluss oder eine Begrenzung der Haftung für Schäden aus der Verletzung des Lebens, des Körpers oder der Gesundheit, die auf einer fahrlässigen Pflichtverletzung des Verwenders oder einer vorsätzlichen oder fahrlässigen Pflichtverletzung eines gesetzlichen Vertreters oder Erfüllungsgehilfen des Verwenders beruhen;

   b) *(Grobes Verschulden)*

   ein Ausschluss oder eine Begrenzung der Haftung für sonstige Schäden, die auf einer grob fahrlässigen Pflichtverletzung des Verwenders oder auf einer vorsätzlichen oder grob fahrlässigen Pflichtverletzung eines gesetzlichen Vertreters oder Erfüllungsgehilfen des Verwenders beruhen; die Buchstaben a und b gelten nicht für Haftungsbeschränkungen in den nach Maßgabe des Personenbeförderungsgesetzes genehmigten Beförderungsbedingungen und Tarifvorschriften der Straßenbahnen, Obusse und Kraftfahrzeuge im Linienverkehr, soweit sie nicht zum Nachteil des Fahrgasts von der Verordnung über die Allgemeinen Beförderungsbedingungen für den Straßenbahn- und Obusverkehr sowie den Linienverkehr mit Kraftfahrzeugen vom 27. Februar 1970 abweichen; Buchstabe b gilt nicht für Haftungsbeschränkungen für staatlich genehmigte Lotterie- oder Ausspielverträge;

8. *(Sonstige Haftungsausschlüsse bei Pflichtverletzung)*

   a) *(Ausschluss des Rechts, sich vom Vertrag zu lösen)*

   eine Bestimmung, die bei einer vom Verwender zu vertretenden, nicht in einem Mangel der Kaufsache oder des Werkes bestehenden Pflichtverletzung das Recht des anderen Vertragsteils, sich vom Vertrag zu lösen, ausschließt oder einschränkt; dies gilt nicht für die in der Nummer 7 bezeichneten Beförderungsbedingungen und Tarifvorschriften unter den dort genannten Voraussetzungen;

   b) *(Mängel)*

   eine Bestimmung, durch die bei Verträgen über Lieferungen neu hergestellter Sachen und über Werkleistungen

   aa) *(Ausschluss und Verweisung auf Dritte)*
   die Ansprüche gegen den Verwender wegen eines Mangels insgesamt oder bezüglich einzelner Teile ausgeschlossen, auf die Einräumung von Ansprüchen gegen Dritte beschränkt oder von der vorherigen gerichtlichen Inanspruchnahme Dritter abhängig gemacht werden;

   bb) *(Beschränkung auf Nacherfüllung)*
   die Ansprüche gegen den Verwender insgesamt oder bezüglich einzelner Teile auf ein Recht auf Nacherfüllung beschränkt werden, sofern dem anderen Vertragsteil nicht ausdrücklich das Recht vorbehalten wird, bei Fehlschlagen der Nacherfüllung zu mindern oder, wenn nicht eine Bauleistung Gegenstand der Mängelhaftung ist, nach seiner Wahl vom Vertrag zurückzutreten;

   cc) *(Aufwendungen bei Nacherfüllung)*
   die Verpflichtung des Verwenders ausgeschlossen oder beschränkt wird, die zum Zwecke der Nacherfüllung erforderlichen Aufwendungen, insbesondere Transport-, Wege-, Arbeits- und Materialkosten, zu tragen;

dd) *(Vorenthalten der Nacherfüllung)*
der Verwender die Nacherfüllung von der vorherigen Zahlung des vollständigen

Entgelts oder eines unter Berücksichtigung des Mangels unverhältnismäßig hohen Teils des Entgelts abhängig macht;

ee) *(Ausschlussfrist für Mängelanzeige)*
der Verwender dem anderen Vertragsteil für die Anzeige nicht offensichtlicher Mängel eine Ausschlussfrist setzt, die kürzer ist als die nach dem Doppelbuchstaben ff zulässige Frist;

ff) *(Erleichterung der Verjährung)*
die Verjährung von Ansprüchen gegen den Verwender wegen eines Mangels in

den Fällen des § 438 Abs. 1 Nr. 2 und des § 634 a Abs. 1 Nr. 2 erleichtert oder in den sonstigen Fällen eine weniger als ein Jahr betragende Verjährungsfrist ab dem gesetzlichen Verjährungsbeginn erreicht wird; dies gilt nicht für Verträge, in die Teil B der Verdingungsordnung für Bauleistungen insgesamt einbezogen ist;

9. *(Laufzeit bei Dauerschuldverhältnissen)*

bei einem Vertragsverhältnis, das die regelmäßige Lieferung von Waren oder die regelmäßige Erbringung von Dienst- oder Werkleistungen durch den Verwender zum Gegenstand hat,

a) *eine den anderen Vertragsteil länger als zwei Jahre bindende Laufzeit des Vertrags,*

b) *eine den anderen Vertragsteil bindende stillschweigende Verlängerung des Vertragsverhältnisses um jeweils mehr als ein Jahr oder*

c) *zu Lasten des anderen Vertragsteils eine längere Kündigungsfrist als drei Monate vor Ablauf der zunächst vorgesehenen oder stillschweigend verlängerten Vertragsdauer; dies gilt nicht für Verträge über die Lieferung als zusammengehörig verkaufter Sachen, für Versicherungsverträge sowie für Verträge zwischen den Inhabern urheberrechtlicher Rechte und Ansprüche und Verwertungsgesellschaften im Sinne des Gesetzes über die Wahrnehmung von Urheberrechten und verwandten Schutzrechten;*

10. *(Wechsel des Vertragspartners)*

eine Bestimmung, wonach bei Kauf-, Dienst- oder Werkverträgen ein Dritter anstelle des Verwenders in die sich aus dem Vertrag ergebenden Rechte und Pflichten eintritt oder eintreten kann, es sei denn, in der Bestimmung wird

a) der Dritte namentlich bezeichnet oder

b) dem anderen Vertragsteil das Recht eingeräumt, sich vom Vertrag zu lösen;

11. *(Haftung des Abschlussvertreters)*

eine Bestimmung, durch die der Verwender einem Vertreter, der den Vertrag für den anderen Vertragsteil abschließt,

a) ohne hierauf gerichtete ausdrückliche und gesonderte Erklärung eine eigene Haftung oder Einstandspflicht oder

b) im Falle vollmachtsloser Vertretung eine über § 179 hinausgehende Haftung auferlegt;

12. *(Beweislast)*

eine Bestimmung, durch die der Verwender die Beweislast zum Nachteil des anderen Vertragsteils ändert, insbesondere indem er

a) diesem die Beweislast für Umstände auferlegt, die im Verantwortungsbereich des Verwenders liegen, oder

b) den anderen Vertragsteil bestimmte Tatsachen bestätigen lässt;

Buchstabe b gilt nicht für Empfangsbekenntnisse, die gesondert unterschrieben oder mit einer gesonderten qualifizierten elektronischen Signatur versehen sind;

13. *(Form von Anzeigen und Erklärungen)*

eine Bestimmung, durch die Anzeigen oder Erklärungen, die dem Verwender oder einem Dritten gegenüber abzugeben sind, an eine strengere Form als die Schriftform oder an besondere Zugangserfordernisse gebunden werden.

§ 310 Anwendungsbereich

(1) [1]*§ 305 Abs. 2 und 3 und die §§ 308 und 309 finden keine Anwendung auf Allgemeine Geschäftsbedingungen, die gegenüber einem Unternehmer, einer juristischen Person des öffentlichen Rechts oder einem öffentlich-rechtlichen Sondervermögen verwendet werden.* [2]*§ 307 Abs. 1 und 2 findet in den Fällen des Satzes 1 auch insoweit Anwendung, als dies zur Unwirksamkeit von in den §§ 308 und 309*

genannten Vertragsbestimmungen führt; auf die im Handelsverkehr geltenden Gewohnheiten und Gebräuche ist angemessen Rücksicht zu nehmen.

(2) Die §§ 308 und 309 finden keine Anwendung auf Verträge der Elektrizitäts-, Gas-, Fernwärme und Wasserversorgungsunternehmen über die Versorgung von Sonderabnehmern mit elektrischer Energie, Gas, Fernwärme und Wasser aus dem Versorgungsnetz, soweit die Versorgungsbedingungen nicht zum Nachteil der Abnehmer von Verordnungen über Allgemeine Bedingungen für die Versorgung von Tarifkunden mit elektrischer Energie, Gas, Fernwärme und Wasser abweichen. ²Satz 1 gilt entsprechend für Verträge über die Entsorgung von Abwasser.

(3) Bei Verträgen zwischen einem Unternehmer und einem Verbraucher (Verbraucherverträge) finden die Vorschriften dieses Abschnitts mit folgenden Maßgaben Anwendung:

1. Allgemeine Geschäftsbedingungen gelten als vom Unternehmer gestellt, es sei denn, dass sie durch den Verbraucher in den Vertrag eingeführt wurden;

2. § 305c Abs. 2 und die §§ 306 und 307 bis 309 dieses Gesetzes sowie Artikel 29a des Einführungsgesetzes zum Bürgerlichen Gesetzbuche finden auf vorformulierte Vertragsbedingungen auch dann Anwendung, wenn diese nur zur einmaligen Verwendung bestimmt sind und soweit der Verbraucher auf Grund der Vorformulierung auf ihren Inhalt keinen Einfluss nehmen konnte;

3. bei der Beurteilung der unangemessenen Benachteiligung nach § 307 Abs. 1 und 2 sind auch die den Vertragsschluss begleitenden Umstände zu berücksichtigen.

(4) ¹Dieser Abschnitt findet keine Anwendung bei Verträgen auf dem Gebiet des Erb-, Familien und Gesellschaftsrechts sowie auf Tarifverträge, Betriebs- und Dienstvereinbarungen. ²Bei der Anwendung auf Arbeitsverträge sind die im Arbeitsrecht geltenden Besonderheiten angemessen zu berücksichtigen; § 305 Abs. 2 und 3 ist nicht anzuwenden. ³Tarifverträge, Betriebs- und Dienstvereinbarungen stehen Rechtsvorschriften im Sinne von § 307 Abs. 3 gleich.

§ 317 Bestimmung der Leistung durch einen Dritten

(1) Ist die Bestimmung der Leistung einem Dritten überlassen, so ist im Zweifel anzunehmen, dass sie nach billigem Ermessen zu treffen ist.

(2) Soll die Bestimmung durch mehrere Dritte erfolgen, so ist im Zweifel Übereinstimmung aller erforderlich; soll eine Summe bestimmt werden, so ist, wenn verschiedene Summen bestimmt werden, im Zweifel die Durchschnittssumme maßgebend.

§ 318 Anfechtung der Bestimmung

(1) Die einem Dritten überlassene Bestimmung der Leistung erfolgt durch Erklärung gegenüber einem der Vertragschließenden.

(2) ¹Die Anfechtung der getroffenen Bestimmung wegen Irrtums, Drohung oder arglistiger Täuschung steht nur den Vertragschließenden zu; Anfechtungsgegner ist der andere Teil. ²Die Anfechtung muss unverzüglich erfolgen, nachdem der Anfechtungsberechtigte von dem Anfechtungsgrund Kenntnis erlangt hat. ³Sie ist ausgeschlossen, wenn 30 Jahre verstrichen sind, nachdem die Bestimmung getroffen worden ist.

§ 319 Unwirksamkeit der Bestimmung; Ersetzung

(1) ¹Soll der Dritte die Leistung nach billigem Ermessen bestimmen, so ist die getroffene Bestimmung für die Vertragschließenden nicht verbindlich, wenn sie offenbar unbillig ist. ²Die Bestimmung erfolgt in diesem Falle durch Urteil; das Gleiche gilt, wenn der Dritte die Bestimmung nicht treffen kann oder will oder wenn er sie verzögert.

(2) Soll der Dritte die Bestimmung nach freiem Belieben treffen, so ist der Vertrag unwirksam, wenn der Dritte die Bestimmung nicht treffen kann oder will oder wenn er sie verzögert.

§ 626 Fristlose Kündigung aus wichtigem Grund

(1) Das Dienstverhältnis kann von jedem Vertragsteil aus wichtigem Grund ohne Einhaltung einer Kündigungsfrist gekündigt werden, wenn Tatsachen vorliegen, aufgrund derer dem Kündigenden unter Berücksichtigung aller Umstände des Einzelfalles und unter Abwägung der Interessen beider Vertragsteile die Fortsetzung des Dienstverhältnisses bis zum Ablauf der Kündigungsfrist oder bis zu der vereinbarten Beendigung des Dienstverhältnisses nicht zugemutet werden kann.

(2) ¹Die Kündigung kann nur innerhalb von zwei Wochen erfolgen. ²Die Frist beginnt mit dem Zeitpunkt, in dem der Kündigungsberechtigte von den für die Kündigung maßgebenden Tatsachen Kenntnis erlangt. ³Der Kündigende muss dem anderen Teil auf Verlangen den Kündigungsgrund unverzüglich schriftlich mitteilen.

§ 627 Fristlose Kündigung bei Vertrauensstellung

(1) Bei einem Dienstverhältnis, das kein Arbeitsverhältnis im Sinne des § 622 ist, ist die Kündigung auch ohne die in § 626 bezeichnete Voraussetzung zulässig, wenn der zur Dienstleistung Verpflichtete, ohne in einem dauernden Dienstverhältnis mit

festen Bezügen zu stehen, Dienste höherer Art zu leisten hat, die auf Grund besonderen Vertrauens übertragen zu werden pflegen.

(2) ¹Der Verpflichtete darf nur in der Art kündigen, dass sich der Dienstberechtigte die Dienste anderweit beschaffen kann, es sei denn, dass ein wichtiger Grund für die unzeitige Kündigung vorliegt. ²Kündigt er ohne solchen Grund zur Unzeit, so hat er dem Dienstberechtigten den daraus entstehenden Schaden zu ersetzen.

§ 628 Teilvergütung und Schadensersatz bei fristloser Kündigung

(1) ¹Wird nach dem Beginn der Dienstleistung das Dienstverhältnis auf Grund des § 626 oder des § 627 gekündigt, so kann der Verpflichtete einen seinen bisherigen Leistungen entsprechenden Teil der Vergütung verlangen. ²Kündigt er, ohne durch vertragswidriges Verhalten des anderen Teiles dazu veranlasst zu sein, oder veranlasst er durch sein vertragswidriges Verhalten die Kündigung des anderen Teiles, so steht ihm ein Anspruch auf die Vergütung insoweit nicht zu, als seine bisherigen Leistungen infolge der Kündigung für den anderen Teil kein Interesse haben. ³Ist die Vergütung für eine spätere Zeit im Voraus entrichtet, so hat der Verpflichtete sie nach Maßgabe des § 346 oder, wenn die Kündigung wegen eines Umstands erfolgt, den er nicht zu vertreten hat, nach den Vorschriften über die Herausgabe einer ungerechtfertigten Bereicherung zurückzuerstatten.

(2) Wird die Kündigung durch vertragswidriges Verhalten des anderen Teiles veranlasst, so ist dieser zum Ersatz des durch die Aufhebung des Dienstverhältnisses entstehenden Schadens verpflichtet.

IX. KostO – Auszug

§ 140 Verbot der Gebührenvereinbarung

Die Kosten der Notare bestimmen sich, soweit bundesrechtlich nichts anderes vorgeschrieben ist, ausschließlich nach diesem Gesetz. ²Vereinbarungen über die Höhe der Kosten sind unwirksam.

Anhang 3: Materialen

I. BRAGO – Auszug

1. § 3 BRAGO i.d.F. v. 26.7.1957[1]   3115

§ 3 Vereinbarung der Vergütung

(1) [1]Aus einer Vereinbarung kann der Rechtsanwalt eine höhere als die gesetzliche Vergütung nur fordern, wenn die Erklärung des Auftraggebers schriftlich abgegeben und nicht in der Vollmacht oder in einem Vordruck, der auch andere Erklärungen umfaßt, enthalten ist. [2]Hat der Auftraggeber freiwillig und ohne Vorbehalt geleistet, so kann er das Geleistete nicht deshalb zurückfordern, weil seine Erklärung der Vorschrift des Satzes 1 nicht entspricht.

(2) [1]Die Festsetzung der Vergütung kann dem billigen Ermessen des Vorstandes der Rechtsanwaltskammer überlassen werden. [2]Ist die Festsetzung der Vergütung dem Ermessen eines Vertragsteils überlassen, so gilt die gesetzliche Vergütung als vereinbart.

(3) [1]Ist eine vereinbarte oder von dem Vorstand der Rechtsanwaltskammer festgesetzte Vergütung unter Berücksichtigung aller Umstände unangemessen hoch, so kann sie im Rechtsstreit auf den angemessenen Betrag bis zur Höhe der gesetzlichen Vergütung herabgesetzt werden. [2]Vor der Herabsetzung hat das Gericht ein Gutachten des Vorstandes der Rechtsanwaltskammer einzuholen; dies gilt nicht, wenn der Vorstand der Rechtsanwaltskammer die Vergütung nach Absatz 2 Satz 1 festgesetzt hat.

(4) [1]Durch eine Vereinbarung, nach der ein im Armenrecht beigeordneter Rechtsanwalt eine Vergütung erhalten soll, wird eine Verbindlichkeit nicht begründet. [2]Hat der Auftraggeber freiwillig und ohne Vorbehalt geleistet, so kann er das Geleistete nicht deshalb zurückfordern, weil eine Verbindlichkeit nicht bestanden hat.

2. Änderung v. 20. 8. 1975[2]

In § 3 Abs. 3 wird folgender Satz 3 angefügt: 3116

„Das Gutachten ist kostenlos zu erstatten."

---

1   BGBl. I 1957, 909.
2   BGBl. I S. 2189.

3. Änderung v. 13. 6. 1980[3]

3117 In § 3 Abs. 4 Satz 1 werden die Worte „im Armenrecht" durch die Worte „im Wege der Prozeßkostenhilfe" ersetzt.

4. Änderung v. 2. 9. 1994[4]

3118 1. In Absatz 1 wird nach Satz 2 folgender Satz angefügt:

„Vereinbarungen über die Vergütung nach Absatz 5 sollen schriftlich getroffen werden; ist streitig, ob es zu einer solchen Vereinbarung gekommen ist, so trifft die Beweislast den Auftraggeber."

2. Nach Absatz 4 wird folgender Absatz angefügt:

„(5) In außergerichtlichen Angelegenheiten kann der Rechtsanwalt Pauschalvergütungen und Zeitvergütungen vereinbaren, die niedriger sind als die gesetzlichen Gebühren. Handelt es sich bei dem Auftraggeber um einen Verband oder Verein, so gilt dies auch für die Beratung seiner Mitglieder im Rahmen des satzungsgemäßen Aufgabenbereiches des Verbandes oder Vereins. Der Rechtsanwalt kann sich für gerichtliche Mahnverfahren und Zwangsvollstreckungsverfahren nach den §§ 803 bis 863 und 899 bis 915 der Zivilprozeßordnung verpflichten, daß er, wenn der Anspruch des Auftraggebers auf Erstattung der gesetzlichen Vergütung nicht beigetrieben werden kann, einen Teil des Erstattungsanspruchs an Erfüllungs Statt annehmen werde. Der nicht durch Abtretung zu erfüllende Teil der gesetzlichen Vergütung und die sonst nach diesem Absatz vereinbarten Vergütungen müssen in angemessenem Verhältnis zu Leistung, Verantwortung und Haftungsrisiko des Anwalts stehen."

5. Änderung v. 19. 4. 2001[5]

3119 § 3 Abs. 5 Satz 2 wird aufgehoben.

---

[3] BGBl. I S. 677.
[4] BGBl. I S. 2278.
[5] BGBl. I S. 623.

II. Kostenrechtsmodernisierungsgesetz (KostRMoG) – Auszug

1. Zu Artikel 3 (Gesetz über die Vergütung der Rechtsanwälte)

a) Zu § 4 RVG[6]

Die vorgeschlagene Regelung über die Vereinbarung einer Vergütung umfasst den Regelungsbereich des § 3 BRAGO.

Nach Absatz 1 soll das Verbot nach § 3 Abs. 1 BRAGO gelockert werden, wonach in einem Vordruck neben der Vergütungsvereinbarung keine anderen Erklärungen enthalten sein dürfen. Damit soll verhindert werden, dass Vergütungsvereinbarungen schon dann unwirksam sind, wenn der Vordruck z. B. eine Gerichtsstandvereinbarung für Vergütungsstreitigkeiten enthält. Die vorgeschlagene Regelung dürfte dem Schutzinteresse der Auftraggeber ausreichend Rechnung tragen. § 3 Abs. 1 Satz 3 BRAGO ist aus systematischen Gründen als neuer Absatz 2 Satz 4 eingestellt worden. Im Übrigen entspricht der Absatz 2 dem § 3 Abs. 5 BRAGO, allerdings soll die Verweisung „§§ 899 bis 915 der Zivilprozessordnung" in „§§ 899 bis 915b der Zivilprozessordnung" geändert werden, weil die Auskunft aus dem Schuldnerverzeichnis in die Regelung einbezogen werden soll.

Die Absätze 3 bis 5 entsprechen der geltenden Regelung in § 3 Abs. 2 bis 4 BRAGO.

Der als Absatz 6 vorgeschlagene Hinweis, dass § 8 des Beratungshilfegesetzes (BerHG) unberührt bleibt, soll der Klarstellung dienen. Nachdem § 8 Abs. 1 BerHG aufgehoben werden soll (vgl. Artikel 4 Abs. 19 Nr. 1), soll § 8 BerHG künftig lauten: „Vereinbarungen über eine Vergütung sind nichtig."

b) Zu § 34 RVG[7]

Die vorgeschlagene Vorschrift betrifft die Tätigkeit des Rechtsanwalts als Mediator.

---

[6] BT-Drucks. 15/1087, S. 188.
[7] BT-Drucks. 15/1087, S. 196.

Bisher wird in der BRAGO die Tätigkeit des Rechtsanwalts als Mediator nicht erwähnt. Wegen der zunehmenden Bedeutung der Tätigkeit und wegen ihrer streitverhütenden und damit justizentlastenden Wirkung soll sie jedoch nunmehr auch als Berufstätigkeit des Rechtsanwalts ausdrücklich genannt werden. Allerdings sieht der Entwurf des RVG hierfür keine bestimmten Gebühren vor. Stattdessen soll bestimmt werden, dass der Rechtsanwalt in diesen Fällen auf eine Gebührenvereinbarung hinwirken soll.

Es liegt im Wesen der Mediation, dass für den Auftraggeber transparent sein muss, was er dem Anwalt für dessen Tätigkeit schuldet. Dies kann nur über eine Gebührenvereinbarung erreicht werden.

Satz 2 soll klarstellen, dass in dem Fall, in dem keine Gebührenvereinbarung getroffen worden ist, sich die Gebühr für die Mediation nach den Vorschriften des bürgerlichen Rechts bestimmt. Insoweit wäre § 612 BGB anwendbar. Bereits die BRAGO sieht für die Erstattung eines Rechtsgutachtens eine angemessene Gebühr vor (§ 21 BRAGO).

2. Zu Artikel 4 (Sonstige Vorschriften)

3122 **Zu Absatz 18 (Änderung der Bundesrechtsanwaltsordnung)**[8]

Nach § 49b Abs. 2 der Bundesrechtsanwaltsordnung (BRAO) sind Vereinbarungen, durch die eine Vergütung oder ihre Höhe vom Ausgang der Sache oder vom Erfolg der anwaltlichen Tätigkeit abhängig gemacht wird, unzulässig. Das grundsätzliche Verbot eines Erfolgshonorars soll nicht angetastet werden. Gleichwohl soll eine Lockerung vorgeschlagen werden. Soweit der Gesetzgeber für die Anwaltsgebühren im RVG-E Erfolgskomponenten vorsieht, sollen auch Vereinbarungen zulässig sein. Eine solche erfolgsbezogene Gebühr ist die in Nummer 1000 VV RVG-E vorgesehene Einigungsgebühr. Nach der vorgeschlagenen Änderung soll es z. B. zulässig sein, eine höhere als die gesetzlich vorgesehene Einigungsgebühr zu vereinbaren.

---

8   BT-Drucks. 15/1087, S. 232.

Nach dem vorgeschlagenen neuen Absatz 5 soll der Rechtsanwalt verpflichtet werden, seinen Mandanten vor Übernahme des Mandats darauf hinzuweisen, wenn sich die Gebühren nach dem Gegenstandswert richten. Es hat in der Vergangenheit immer wieder zu Unzuträglichkeiten geführt, wenn Mandanten vor allem bei hohen Gegenstandswerten von der Abrechnung „überrascht" wurden. Eine solche Hinweispflicht wird aber auch als ausreichend betrachtet. Nach einem entsprechenden Hinweis wird ein Mandant, der die Folgen dieser Form der Gebührenberechnung nicht abschätzen kann, den Anwalt hierzu befragen. Die Regelung soll im Dritten Teil der BRAO erfolgen, in dem die Rechte und Pflichten des Rechtsanwalts geregelt sind. Die Unterrichtungsverpflichtung will die allgemeine Berufspflicht des Rechtsanwalts gemäß § 43a Satz 1 BRAO konkretisieren, die den Anwalt verpflichtet, seinen Beruf gewissenhaft auszuüben. Sie stellt eine besondere Berufspflicht im Zusammenhang mit der Annahme und Wahrnehmung des Auftrags dar und steht damit auch in einem Zusammenhang mit den Unterrichtungspflichten gemäß § 11 der Berufsordnung für Rechtsanwälte (BORA), der auf der Grundlage von § 59b Abs. 2 Nr. 5 Buchstabe a BRAO erlassen worden ist.

Im Übrigen handelt es sich um Folgeänderungen aufgrund der Ablösung der BRAGO durch das RVG.

3. **Zu Artikel 5 (Änderung des Rechtsanwaltsvergütungsgesetzes zur Neustrukturierung der Gebühren für die außergerichtliche Beratung und Vertretung)**[9]

Die vorgeschlagenen Änderungen bezwecken eine Neustrukturierung der Gebührenregelungen für die außergerichtliche Beratung und Vertretung. Die Änderungen sollen erst am 1. Juli 2006 in Kraft treten (vgl. Artikel 8 Satz 2). Damit soll den Rechtsanwälten und den Rechtsschutzversicherern ausreichend Zeit eingeräumt werden, sich auf diese Änderung – auch organisatorisch – einzustellen.

---

9   BT-Drucks. 15/1087, S. 238.

a) Zu den Nummern 1 und 2

3124 Die vorgeschlagenen Änderungen sind Folge der in Nummer 3 vorgeschlagenen Neufassung des § 34 RVG-E.

b) Zu Nummer 3

3125 Die vorgeschlagene Neufassung des § 34 RVG-E betrifft die Beratung, die Erstattung von Rechtsgutachten und die Tätigkeit als Mediator.

Für die Beratung und für die Erstattung von Rechtsgutachten soll dann wie für die Mediation keine konkret bestimmte Gebühr im Rechtsanwaltsvergütungsgesetz vorgesehen werden. Stattdessen soll bestimmt werden, dass der Rechtsanwalt in diesen Fällen auf eine Gebührenvereinbarung hinwirken soll. Wenn keine Gebührenvereinbarung getroffen worden ist, soll sich die Gebühr nach den Vorschriften des bürgerlichen Rechts bestimmen. Die Erstberatungsgebühr für Verbraucher soll beibehalten werden. Im Übrigen ist für die Beratungstätigkeit oder für die Erstattung von Rechtsgutachten jeweils eine Höchstgebühr von 250 Euro vorgesehen, wenn der Auftraggeber Verbraucher ist.

Diesem Vorschlag liegen folgende Überlegungen zugrunde:

- Vom Gesetzgeber sollte nicht mehr reguliert werden, als im Hinblick auf die Prozesskostenerstattung und zur Sicherstellung einer ordnungsgemäß funktionierenden Rechtspflege erforderlich ist.
- Es soll für den Auftraggeber (nicht zuletzt den Verbraucher) transparent sein, was er dem Anwalt für dessen Tätigkeit schuldet.
- Ist eine solche Vereinbarung getroffen, so kann es nicht zu möglicherweise vor den Gerichten durchzuführenden Streitigkeiten über die Höhe der angemessenen Gebühr kommen.
- Im außergerichtlichen Bereich nehmen Vereinbarungen ohnehin zu.

Die Vereinbarung der Gebühren ist dazu geeignet, späteren Streit über deren Höhe zu vermeiden und wirkt deshalb justizentlastend. Sie ermöglicht eine auf den Einzelfall zugeschnittene Gestaltung der Gebühren. Die Regelung ist ein Appell an den Anwalt, der dazu führen soll, dass Gebührenvereinbarungen in diesem Bereich zur Regel werden. Für den Anwalt soll die Regelung den Einstieg zu einem Gespräch über die Gebührenvereinbarung erleichtern.

Für den Bereich der Vertretung sollen im Vergütungsverzeichnis (vgl. Artikel 5 Nr. 4) weiterhin Gebührenregelungen vorgesehen werden, weil hier die Frage der Kostenerstattung im Wege des Schadenersatzes eine nicht unbedeutende Rolle spielt, während dieses Problem im Bereich der Beratungstätigkeit wesentlich seltener ist.

Zu dem Tätigkeitsfeld der Beratung gehört auch die Erstattung eines Rechtsgutachtens. Für diese Tätigkeit ist bereits in § 21 BRAGO bestimmt, dass der Rechtsanwalt eine angemessene Gebühr erhält.

Absatz 1 Satz 3 Halbsatz 1 sieht für den Fall, dass keine Gebührenvereinbarung getroffen worden ist, für die Beratung oder die Ausarbeitung eines schriftlichen Gutachtens jeweils eine Höchstgebühr von 250 Euro vor. Die bisher in § 20 Abs. 1 Satz 2 und 3 BRAGO geregelte Erstberatungsgebühr soll in modifizierter Form übernommen werden. Sie soll grundsätzlich nur dann gelten, wenn keine Vereinbarung getroffen worden ist. Während die Regelung der BRAGO für jede Form der ersten Beratung gilt, soll die neue Regelung nur für ein erstes Beratungsgespräch gelten. Der schriftliche Rat wird nicht mehr erfasst. Wird der Anwalt schriftlich um eine Auskunft oder einen Rat gebeten, soll er künftig zunächst auf eine Vergütungsvereinbarung hinwirken. Satz 2 Nr. 2 soll klarstellen, dass in dem Fall, in dem keine Gebührenvereinbarung getroffen worden ist, sich die Gebühr für die Mediation nach den Vorschriften des bürgerlichen Rechts bestimmt. Insoweit wäre § 612 BGB anwendbar.

Absatz 2 des vorgeschlagenen § 34 RVG-E soll die Regelung des § 20 Abs. 1 Satz 4 BRAGO (vgl. auch Absatz 2 der Anmerkung zu Nummer 2100 VV RVG-E) übernehmen, nach der die Gebühr auf eine Gebühr anzurechnen ist, die der Rechtsanwalt für eine sonstige Tätigkeit erhält, die mit der Raterteilung oder Auskunft zusammenhängt. Dies soll unabhängig davon gelten, ob die Gebühr für die Beratung vereinbart worden ist oder nicht, es sei denn, die Anrechnung ist durch Vereinbarung ausdrücklich ausgeschlossen worden.

Stichwortverzeichnis

Die Zahlen verweisen auf die Randnummern.

Ablichtung, Vergütungsvereinbarung 1142 ff.
Abrechnung, Auslagen 1994 ff.
- Fehlen einer ordnungsgemäßen 1928 ff.
- Gesamtpauschale 1958 ff.
- nachträgliche Korrekturen 2021 ff.
- Pauschalen 1956 ff.
- - gestaffelte 1975 ff.
- unwirksame Vereinbarung 1936 ff.
- vielfaches der gesetzlichen Gebühr 1979 ff.
- - feste Sätze 1985 ff.
- Zeiteinheiten 1947 ff.
- Zuschlag, gesetzliche Gebühren 1990 ff.
Abrechnungsgrundsätze, Vergütungsvereinbarung 29, 309 ff.
Abtretung, Vergütungsanspruch 120 f.
AGB-Kontrolle, Anpassungsvereinbarung 730 ff.
- Auslagen 1130
- ausländisches Recht 727 f.
- Bestimmtheit 693 ff.
- Beweislastverteilung 756 ff.
- Dauerschuldverhältnis 750 ff.
- Einbeziehung 678 ff.
- Entbehrlichkeit der Bestimmtheit 709 f.
- Fälligkeit 1837 ff.
- fingierte Erklärungen 733 ff.
- Klauselverbot mit Wertungsmöglichkeit 729 ff.
- mehrdeutige Klauseln 683 f.
- persönlicher Anwendungsbereich 675 ff.
- Rechtsfolgen 763 f.
- sachlicher Anwendungsbereich 665 ff.
- Transparenzgebot 711 ff.
- Überblick 661 ff.
- überraschende Klauseln 681 f.
- unangemessene Benachteiligung 714 ff.
- unbestimmte Auslagenvereinbarung 706 ff.
- unbestimmte Vergütungshöhe 704 f.
- unbestimmter Umfang der abzugeltenden Tätigkeit 699 ff.
- Verbraucherverträge 668 ff.
- Vergütungsvereinbarung 1452
- Vertragsstrafe 749
- Vorrang der Individualabrede 680
- Vorschussklauseln 721
Aktivlegitimation, Vergütungsrechtsstreit 2477 ff.
Anpassungsvereinbarung 730 ff.
Anrechnung, Auslegungsprobleme 1525 ff.
- Pauschalvergütung 941 ff., 947 ff.
- Vergütungsvereinbarung 1492 ff.
- Zeitvergütung 1000 ff.
Anstellungsvertrag, Abgrenzung zur Dauervereinbarung 465 ff.
Anwalt, ausländischer Korrespondenzanwalt 2290 ff.
- Unternehmer 669
Anwaltskosten, Freistellung 2203 ff.
- Honorarprozess 1740
Anwaltsnotar, Vergütungsvereinbarung 166 f.
Anwaltsvergütung, Anwalt in eigener Sache 2862
- Berufungsverfahren 2845 ff.
- Nichtzulassungsbeschwerde 2857 ff.
- Revisionsverfahren 2852 ff.
- Verfahren erster Instanz 2836 ff.
- Vergütungsrechtsstreit 2836 ff.
Anwaltsvertrag, Kündigung, Anwalt 1203 ff.
- - Auftraggeber 1211 ff.
- Schadensersatzansprüche 1218 ff.

- Vergütungsvereinbarung, vertragliche Nebenabrede 160
- Vertragserfüllung 1215 ff.
- vertragswidriges Verhalten, Auftraggeber 1203 ff.
- – Auftraggeber 1207 ff.
- vorzeitige Beendigung, Kündigung 1202 ff.

Arbeitsrecht, Freistellungsanspruch 2231 ff.

Aufklärungspflichten, Vergütungsvereinbarung 1466 ff.

Aufrechnung, fehlende Vergütungsvereinbarung 2100
- nachträgliche Herabsetzung, Vergütung 2101
- nachträgliche Korrektur, Vereinbarung 2102
- nicht verbindliche Vereinbarung 2103 ff.
- Vergütungsvereinbarung, unwirksame 2098
- – wirksame 2096 f.

Aufrechnungsvereinbarung 2117 ff.
- Bestätigung, unwirksamen Aufrechnung 2119 ff.
- fehlende Vereinbarung 2110
- nachträgliche Herabsetzung, Vergütung 2112
- nachträgliche Korrektur, Abrechnung 2111
- nicht verbindliche Vereinbarung 2113
- Überblick 2117
- unwirksame 2109
- wirksame 2108

Auftragserteilung, Vergütungsvereinbarung 422 f.

Auslagen, Abrechnung 1994 ff.
- AGB-Kontrolle 1130
- Anforderung, wirksame Vereinbarung 1103 ff.
- Auslegungsprobleme 1517
- erfolgsabhängige 1124
- hinreichende Bestimmtheit der Vereinbarung 1127 ff.
- Höhe der Vergütung 1429 f.

- Übergangsrecht 491 ff.
- Umsatzsteuer 1502
- Vereinbarung 1121 ff.
- – Beratungshilfe 1114 f.
- – Prozesskostenhilfe 1116 ff.
- Vergütungsvereinbarung 58, 1069 ff., 1072 ff., 1091 ff., 1501
- – Erstattung aufgewandter Beträge 1131 ff.
- Zulässigkeit, Vergütungsvereinbarung 1069 ff.

Auslagenbeträge 1894 ff.

Auslagenvereinbarung, Formverstoß 1109 ff.
- Sittenwidrigkeit 1125 f.
- Umsatzsteuer 1175 ff.
- unbestimmte 706 ff.

Ausländisches Recht, ausländischer Anwalt 1059 ff.
- deutscher Anwalt 1053 ff.

Auslegungsprobleme, § 628 Abs. 1 Satz 1 BGB 1532 ff.
- Anrechnung 1525
- Erstattungsvereinbarung, Dritte 1535 ff.

Außergerichtliche Angelegenheiten, Gebührenvereinbarung 284 ff.

Auszahlungsanspruch 1999 ff.

Bedingungseintritt, Vergütungsvereinbarung 427

Bedürftigkeit, Gebührenerlass 302

Beiordnung, sonstige Fälle 235 f.
- Vergütungsvereinbarung 204 ff.

Belehrungspflicht, § 49b Abs. 5 BRAO 1540 ff.
- besondere 61
- Form, Hinweis 1548 ff.
- Rechtsfolgen, Verstoß 1595 ff.
- vereinbarte Vergütung ist unverbindlich 1564 ff.
- Vereinbarung, höherer Gegenstandswertes 1546 f.
- Vergütungsvereinbarung 60 ff., 1539 ff.

Benachteiligung, unangemessene 714 ff.

Beratung, Höhe der Vergütung 1312

Stichwortverzeichnis

Beratungshilfe, Bewilligung, Abschluss einer Vergütungsvereinbarung 189 ff.
- – Anschluss an Vergütungsvereinbarung 189 ff.
- gesetzliche Regelung 168 ff.
- Vereinbarung, Dritten 254
- – höhere Auslagen 1114 f.
- Vergütungsvereinbarung 168 ff.

Berechnung, fehlerhafte 1932 ff.
- Vergütung, Überblick 1878 ff.

Berechnungsformel, vorzeitige Beendigung des Mandats 1253

Berechnungsmodelle, anderweitig beigeordneter Anwalt 793 ff.
- Anforderung, Vergütungsvereinbarung 765 ff.
- Anlehnung an die gesetzliche Vergütung 784 ff.
- Inhaltsfreiheit 765 f.
- Kombinationen 915 ff.
- mögliche 771 ff.
- Pflichtverteidiger 793 ff.
- Prozesskostenhilfemandat 787 ff.
- Überblick 765 ff.
- Vereinbarung, gesetzlichen Vergütung 786 ff.
- – innerhalb des gesetzlichen Rahmens 803 ff.

Berufsrecht, Vergütungsvereinbarung 87

Berufung, Anwaltsvergütung 2845 ff.
- Vergütungsrechtsstreit 2828 ff.

Bestimmtheit, AGB-Kontrolle 693 ff.
- Entbehrlichkeit 709 f.
- Vergütungsvereinbarung 1469 ff.

Beträge, verauslagte 1080 ff.

Betragsrahmen, Vergütungsvereinbarung 642 ff.

Beweislast, nicht verbindliche Vereinbarung 2189 ff.
- Rückforderungsanspruch 2184 ff.
- Verbindlichkeit, Vereinbarung 2188
- – bestimmte Zwangsvollstreckungsverfahren 1046

Beweislastverteilung, AGB-Kontrolle 756 ff.

- Einwendung, Abrechnung 757
- Empfangsbekenntnis 759 ff.

Blankounterschrift 530

Bußgeldverfahren, Beschränkung, gesetzliche Vergütung 2264

Darlegungslast, nicht verbindliche Vereinbarung 2189 ff.
- Rückforderungsanspruch 2184 ff.
- Verbindlichkeit der Vereinbarung 2188
- Vereinbarung, gerichtliches Mahnverfahren 1046

Dauerschuldverhältnis, AGB-Kontrolle 750 ff.

Dauervereinbarung, Abgrenzung, Anstellungsvertrag 465
- Vergütungsvereinbarung 462 ff.

Disziplinarverfahren, Beschränkung, gesetzliche Vergütung 2264

Erfolgshonorar, Anlehnung an gesetzliche Modelle 361 ff.
- Beispiel, unzulässige Vereinbarung 357 ff.
- gesetzliche Regelung des Verbots 329 ff.
- rechtlich unverbindliche Vereinbarung 367 ff.
- Sittenwidrigkeit 1745
- Überblick 323 ff.
- Umgehung, Vereinbarung ausländischen Rechts 376
- Unzulässigkeit, Vereinbarung 323 ff.
- Vereinbarung mit Dritten 257
- Verfassungsmäßigkeit des Verbots 327 f.
- Vergütungsvereinbarung 1475 ff.
- zulässige Vereinbarungen 360 ff.

Erfolgsvereinbarung, ausländischer Rechtsanwalt 374 ff.

Erklärung, fingierte 733 ff.

Ersatzpflicht, Kostenerstattungsansprüche 2300 ff.

Erstattungsansprüche, Abtretung 289 ff.
- Freistellung 2227 f.

Erstattungsvereinbarung, Dritte 1512
- Zwangsvollstreckung 2337 ff.

791

Erstberatung, Abbedingung der Höchstgrenze 843 ff.
Fahrtzeiten, Auslegungsprobleme 1523
- Zeitvergütung 991 ff.
Fälligkeit, Ablauf der Verjährungsfrist 1857 ff.
- AGB-Prüfung 1837 ff.
- Anspruch auf Abrechnung 1855 ff.
- Fälligkeitsvereinbarung, gestaffelte 1826 ff.
- - isolierte 1811
- Formvorschriften 1840 ff.
- gerichtliches Verfahren 1815
- gesetzliche Regelung 1813 ff.
- Rückzahlung 1855 ff.
- Überblick 1807 ff.
- vereinbarte Vergütung 1842 f.
- Vergütung 48, 1508 f.
- vertragliche Vereinbarung 1822 ff.
- vorzeitige 1845 f.
- Zweckmäßigkeitserwägung 1860 ff.
Fälligkeitsregelung 584
Fälligkeitsvereinbarung 507
- Schriftform 1840 ff.
Farbkopien 1152
Feststellungsklage, negative 2600 ff.
Fingierte Erklärung, Einverständnis mit Abrechnung 735 ff.
- Preiserhöhung 734
- Überblick 733
Forderungsanspruch 1999 ff.
Forderungsausfall, Vergütungsvereinbarung 136
Form, Erstattungsvereinbarung 2309 ff.
- Fälligkeitsvereinbarung 1840 ff.
- spätere Auftragserteilung 426
- Vergütungsvereinbarung 497 ff.
- - Dritte 247 ff.
- - höherer Auslagen 1104 ff.
- - niedrigerer Vergütung 655 ff.
Formmangel, treuwidrige Berufung 652 ff.
Formverstoß, Auslagenvereinbarung 1109 ff.

- Folgen 601 ff.
- Vergütungsvereinbarung 500
Freistellung, Anwaltskosten 2203 ff.
- ARB 75 2206 ff.
Freistellungsanspruch, arbeitsrechtlicher 2231 ff.
- Rechtschutzversicherung 2202 ff.
- Überblick 2200 ff.
- Vergütungsvereinbarung 86
Gebühren, Aufklärung bei Überschreiten 1576 ff.
- Berechnung 52
- Bestimmung 52
- zusätzliche 890 ff.
Gebührenbeträge 1894 ff.
Gebührenerlass, Bedürftigkeit 302
- besondere Umstände 296 ff.
Gebührenrahmen, gesetzliche Vergütung 1304 ff.
Gebührensätze, Erhöhung der gesetzlichen 864 ff.
Gebührenteilung, Vergütungsvereinbarung 124 ff.
Gebührenunterschreitung, außergerichtliche Angelegenheiten 284
Gegenstand, Festsetzung, Fälle de § 4 Abs. 3 Satz 2 RVG 2388
- - fiktive gesetzliche Gebühren 2385 f.
- - Formverstoß 2387
- - Grundsatz 2384
- - Teilfestsetzung 2391 ff.
- - Unwirksamkeit der Vergütungsvereinbarung 2389 f.
Gegenstandswert 1899 ff.
- Erhöhung 897 ff.
- fester 908 ff.
- Honorarprozess 1738 f.
- prozentualer Anteil 964 f.
- Streitwertbeschwerde 914
- Vereinbarung 344, 821 ff.
- Vergütungsrechtsstreit 2869 ff.
- vielfaches 904 f.
- Zuschlag 906 f.

Gemeinkosten, Höhe der Vergütung 1379 ff.
Gerichtskosten, Streitwertbeschwerde, Partei 2363
- Vergütungsrechtsstreit 2863 ff.
Gerichtstand, allgemeiner 2450
- Erfüllungsort 2447 ff.
- Gerichtsstandsvereinbarung 584
- Zahlungsklage 2444 ff.
Gesamtpauschale, Abrechnung 1958 ff.
- Auslagenvereinbarung 1963, 1967 ff.
- Überblick 920
- Umsatzsteuervereinbarung 1963 ff., 1967 ff.
- Vergütungsvereinbarung 920 ff.
- Vor- und Nachteile 921 ff.
- vorzeitige Beendigung, Vertrag 1231 ff.
- vorzeitige Erledigung 1970 ff.
Geschäftskosten, allgemeine 1084 f.
Gutachten, Höhe der Vergütung 1312
Haftpflichtversicherungsprämie, Vereinbarung 1169 ff.
Haftungsrisiko, Höhe der Vergütung 1364
Hebegebühren, Vergütungsvereinbarung 1086 ff., 1186 ff.
Herabsetzung, unangemessen hohe Vergütung 1656 ff.
- Vergütung, Gemeinkosten 1714
- - Gutachten RAK 1686 ff.
- - Kosten des Verfahrens 1734 ff.
- - Qualifikation des Anwalts 1714
- - Rechtsstreit 1674 ff.
- - Reputation des Anwalts 1714
- - Vereinbarung der Parteien 1671 ff.
- - Wirkung 1723
Hilfsperson 833 ff.
- Auslegungsprobleme 1519
- Vergütungsvereinbarung 47
Hinweis, Fehlen der Erstattungsfähigkeit 1607 ff.
- fehlende Kostenerstattung nach § 12a ArbGG 1572 ff.
- Muster 1585 ff.

- rechtschutzversicherter Mandant 1581, 1599 ff.
- Verstoß, Rechtsfolgen 1595 ff.
- Vergütungsvereinbarung 59 ff., 1466 ff., 1539 ff.
Höhe der Vergütung, zu erstattende Kosten 2262 ff.
- Abrechnung nach Gegenstandswert 1397 ff.
- abweichender Gegenstandswert 1401 ff.
- Auslagen 1429 f.
- Beratung 1312
- Berechnung der gesetzlichen Vergütung 1297 ff.
- Beurteilungszeitpunk für die Sittenwidrigkeit 1436
- Definition 1382 ff.
- Einzelfälle 1392 ff.
- erforderlicher Zeitaufwand 1367 ff.
- Fehlen einer gesetzlichen Vergütung 1310 ff.
- Fiktion der gesetzlichen Vergütung 1291
- Gemeinkosten des Anwalts 1379 ff.
- gesetzliche Vergütung 1272, 1277 ff.
- - Gebührenrahmen 1304 ff.
- - Höchstbetrag 1292 f.
- - Mindestgrenze 1274
- Gutachten 1312
- Haftungsrisiko 1364
- Kombination, Pauschal- und Zeithonorare 1435 ff.
- Kriterien des § 14 Abs. 1 Satz 1 RVG 1352 ff.
- Maßstab, Freistellungsansprüche 1296
- - Kostenerstattung 1295
- Mediation 1311
- Nebenabreden 1328
- Pauschalhonorare 1419 ff.
- Qualifikation des Anwalts 1375
- Reputation des Anwalts 1373 f.
- Schuldanerkenntnis 1431 ff.
- Sittenwidrigkeit 1433 ff., 1437 ff., 1444 ff.
- Stundungsvereinbarung 1431 ff.

- Überblick 1271 ff.
- unangemessen hohe Vergütung 1336 ff.
- - Abgrenzungskriterien 1338 f.
- Unwirksamkeit der Vereinbarung 1290
- Vergütung, Hilfspersonen 1323
- (Wahl-)Anwaltsvergütung 1288 ff.
- Zeithonorare 1408 ff.
- Zuschlag, gesetzliche Gebühren 1406 f.

Honorarprozess, Anwaltskosten 1740
- Gegenstandswert 1738 f.

Honorarvereinbarung, AGB-Kontrolle 661 ff.
- Versicherungsnehmer 2209

Individualabrede, Vergütungsvereinbarung 680

Individualvereinbarung, Herabsetzung, Vergütung 1659

Kilometerpauschale, höhere 1164

Klage, Auftraggeber, Erteilung einer Abrechnung 2704 ff.
- - Herabsetzung, vereinbarte Vergütung 2703, 2807 ff.
- - Herausgabe, sonstige Beträge 2800 ff.
- - vereinnahmte Fremdgelder 2701, 2800 ff.
- Klage auf Mitteilung einer ordnungsgemäßen Berechnung 2821 ff.
- Lohnzahlung wegen vorzeitiger Beendigung 2766 ff.
- - negative Feststellungsklage 2695 f., 2707 ff.
- - negative Feststellungsklage mit Hilfsantrag auf Herabsetzung 2818 ff.
- - Rückforderung wegen fehlender Vereinbarung 2770 ff.
- - Rückforderung wegen unangemessen hoher Vergütung 2796 ff.
- - Rückforderung wegen unverbindlicher Vereinbarung 2783 ff.
- - Rückforderung wegen unwirksamer Vereinbarung 2775 ff.
- - Rückgabe gewehrter Sicherheiten 2804 ff.
- - Rückgabe von Sicherheiten 2702
- - Rückzahlungsklagen 2697 ff., 2752 ff.
- - sonstige Beträge 2701
- - verschiedene Klagemöglichkeiten 2694 ff.

Klausel, überraschende 681 f.

Klauselverbot, ohne Wertungsmöglichkeit 739 ff.
- Wertungsmöglichkeit 729 ff.

Kopien, besondere Formate 1151

Korrespondenzanwalt, ausländischer 2290 ff.

Kosten, Bestimmung der Vergütung durch die RAK 1646
- Erstattungsfähigkeit, ausländischer Korrespondenzanwalt 2290 ff.
- verauslagte 1503 f.

Kostenerstattung, dem Grunde nach 2260 f.
- Höhe 2262 ff.
- Überblick 2255 ff.
- vereinbarte Vergütung 2303 ff.
- Vergütungsvereinbarung 85, 2271 f.

Kostenerstattungsanspruch, Begrenzung der Ersatzpflicht 2300 ff.
- materiell-rechtliche 2297 ff.
- prozessualer 2258 ff.

Kostenerstattungsvereinbarung, Bestimmtheit 2329 ff.
- Erstattungsvereinbarung zwischen den Parteien 2309 ff.
- Überblick 2307 f.

Kostenübernahme, öffentlicher Dienst 2241 ff.

Kostenübernahmeverpflichtung, § 40 Abs. 1 BetrVG 2246 ff.
- § 76a Abs. 4 BetrVG 2252 ff.

Kündigung, grundlose 1219
- Schadensersatzansprüche 1218 ff.
- wichtiger Grund 1220 ff.

Kurzfristige Preiserhöhung 740 ff.

Leistungserbringer, Vergütungsvereinbarung 1498

Mahnverfahren, Vergütungsrechtsstreit 2429 ff.
- Vergütungsvereinbarung 1031 ff.

Mandant, Rechtschutzversicherung 1581, 1599 ff.
Mandat, vorzeitige Beendigung 936 ff., 1196 ff.
Mandatsbeendigung, Berechnungsformel bei vorzeitiger Beendigung 1253
Materiell-rechtliche Kostenerstattungsansprüche, Überblick 2297 ff.
Mediation 825 f.
- Höhe der Vergütung 1311
Mediator, Vergütungsvereinbarung 6
Mindestvergütung, gesetzliche Vergütung 778 ff.
Mobiliarvollstreckung 1060
Mündliche Vergütungsvereinbarung 521
Muster, Abänderung Vergütungsvereinbarung 3082 ff.
- Abbildung Kostenerstattungsanspruch 3052 ff.
- Ausschluss Anrechnungsbestimmung 3066 f.
- Berechnung, vereinbarte Vergütung 2915 ff.
- - Vergütung 2913 ff.
- Bezeichnung des Anwalts 2901 ff.
- einzelne Vergütungsvereinbarung 3062 ff.
- einzelne Vertragsklauseln 2890 ff.
- gestaffelte Pauschale 3078 f.
- Hinweis, § 12a ArbGG 3047 f.
- - Abrechnung nach dem Gegenstandswert 3034 f.
- - Fehlen der Erstattungsfähigkeit 3042 f.
- - Fehlen der Verbindlichkeit bei Prozesskostenhilfe 3040 f.
- - fehlende Deckung 3044 f.
- - höhere als die gesetzliche Vergütung 3036 ff.
- Hinweise und Belehrungen 3029 ff.
- Hinweispflicht 1585 ff.
- isolierte Auslagenvereinbarung 3080 f.
- Pauschale 3076 f.
- Schuldbeitritt eines Dritten 3092 ff.

- Stundensatz, Beratungstätigkeit 3072 f.
- - Strafverteidigung 3074 f.
- Übertragsparteien 2893 ff.
- Unterschrift 3058 ff.
- Vereinbarung eines über die gesetzliche Vergütung hinausgehenden Gebührensatzes 3064 f.
- Vergütung, Anrechnung 2990
- - Anrechnungsausschluss 2961 f.
- - Anrechnungsvereinbarung 2964 ff.
- - Auslagen 2967 ff., 2993
- - Einschaltung von Hilfspersonen 3013 f.
- - Erstattung allgemeiner Geschäftskosten 2988 ff.
- - Erstattung verauslagter Kosten 2985 ff.
- - Fahrt- und Wartezeiten 2934
- - Fälligkeit 3017 ff.
- - Festgrenzen 2995 ff.
- - Gebühren 2992 f.
- - Genehmigung der Zeitvergütungen 3025 ff.
- - Gesamtpauschale 2915 ff.
- - gesetzliche Gebühren mit zusätzlicher Gebühr 2948 ff.
- - gesetzliche Gebühren mit zusätzlicher Pauschale 2957 ff.
- - gesetzliche Gebühren nach einem höheren Gegenstandswert 2951 ff.
- - gestaffelte Zeitvergütung 2936
- - Höchstvergütung 3008 ff.
- - höhere Auslagen 2975 ff.
- - höhere Gebührensätze oder Beträge 2945 ff.
- - höherer Gegenstandswert 3070 f.
- - mehrere Pauschalen 2927 ff.
- - Mindestgrenzen 2995 ff.
- - Pauschalvergütung 2941 f.
- - Sollbetrag 3004 ff.
- - Umsatzsteuer 2967 ff.
- - Vielfaches der gesetzlichen Auslagen 3973 f.

795

- – Vielfaches der gesetzlichen Gebühr 2943 f.
- – Vorschüsse 3015 f.
- – Zeitvergütung 2929 ff., 2941 f.
- – Zeitvergütung für die Mitarbeiter 2938 ff.
- – Zusatzklausel für Gesamtpauschale 2919 ff.
- Vertragskauf 2900
- Vorbehalt weiterer Vereinbarungen 3049 ff.
- Zuschlag zur gesetzlichen Vergütung 3068 f.

Nachverhandlungsklausel, Vergütungsvereinbarung 1499 f.

Naturalobligation 608
- Vergütungsvereinbarung bei Prozesskostenhilfe 199

Nebenabreden, Höhe der Vergütung 1328

Nichtzulassungsbeschwerde, Anwaltsvergütung 2857 ff.
- Vergütungsrechtsstreit 2833

Notar, Vergütungsvereinbarung 166 f.

Pauschalbeträge, abweichende 676 ff.
- Vergütungsvereinbarung 277

Pauschalen, Abrechnung 1956 ff.
- mehrfache 954 ff.

Pauschalhonorar, Höhe der Vergütung 1419 ff.
- Kombination, Zeithonorar 1026 ff., 1425 ff.

Pauschalvergütung, Anrechnung 941 ff., 947 ff.

Pfändung, Vergütungsforderung 122

Pflichtverteidiger, Berechnungsmodelle 793 ff.
- Vereinbarung von Vorschüssen 228 ff.
- Zulässigkeit, Vergütungsvereinbarung 221 ff.

Pflichtverteidigerbestellung, Vergütungsvereinbarung 439

Postdienstleistung, Vergütungsvereinbarung 1154 ff.

Preiserhöhung, fingierte Erklärung 734
- kurzfristige 740 ff.

Prozessfinanzierungsgesellschaft 356

Prozesskostenhilfe, Abschluss, Vergütungsvereinbarung zur Antragstellung 209 ff.
- – Vergütungsvereinbarung zur Beiordnung 212 ff.
- nachträgliche Aufhebung 217 ff.
- Naturalobligation 199
- Vereinbarung von höheren Auslagen 1116 ff.
- Vergütungsvereinbarung 197 ff., 419
- – Beiordnung 204 ff.
- – während einer Beiordnung 436 ff.

Prozesskostenhilfemandat, Berechnungsmodelle 787 ff.

quota-litis-Vereinbarung, ausländischer Rechtsanwalt 413 f.
- erfasste Vereinbarung 398 ff.
- feststehende Beteiligung 407 ff.
- gesetzliche Regelung 389 ff.
- Sinn und Zweck des Verbots 394 ff.
- Überblick 386 f.
- Umfang der Beteiligung 405 f.
- Umgehung des Verbots 415 f.
- Unzulässigkeit 386 ff.
- Verfassungsmäßigkeit 388
- Vergütungsvereinbarung 1479 f.
- Zeitpunkt für die Unzulässigkeit 395 ff.

Rahmengebühren, Überblick 2281

Ratenzahlungsvereinbarung 15

Rechnung, Fehlen einer ordnungsgemäßen Abrechnung 1928
- Kosten der Abrechnung 1927
- steuerliche Anforderung 1924 ff.
- Umsatzsteuer 1922 f.

Rechtsanwalt, ausländischer 374 f.

Rechtsanwaltskammer, Bestimmung der Vergütung 1617 ff.
- Durchsetzen der Vergütungshöhe 1643 ff.
- Herabsetzung der Vergütung 1686 ff.
- zuständige 1621 ff.

Rechtschutzversicherung, allgemeine 2202 ff.

- ARB 1994/2000 2216
- besondere Versicherungsbedingung 2218 ff.
- Freistellung von Erstattungsansprüchen 2227 f.
- Freistellungsansprüche 2202 ff.
- Hinweis auf Fehlen der Erstattungsfähigkeit 1607 ff.
- Mitversicherung in sonstigen Versicherungsverträgen 2229 f.
- streitwertabhängige Gebühren 2212
- Vereinbarung außerhalb des Gebührenrahmens 2214
- Verfahren bei Rahmengebühren 2213
- Vergütungsvereinbarung 30 ff.
- Zustimmung 2216

Rechtsfolgen, AGB-Kontrolle 763 f.
- Sittenwidrigkeit, Höhe der Vergütung 1444 ff.

Rechtsstreit, Verteidigung des Auftraggebers 2627 f.

Rehabilitationsverfahren, Beschränkung auf die gesetzliche Vergütung 2264

Reisekosten, Vergütungsvereinbarung 1159 ff.

Rente 372 f.

Reputation, Höhe der Vergütung des Anwalts 1373 f.

Revision, Anwaltsvergütung 2852 ff.
- Vergütungsrechtsstreit 2831 f.

Rückforderung, Aufrechnung, Anwalt 2091 ff.
- - Auftraggeber 2004
- Ausschluss 2126 ff.
- Beweislast 2184 ff.
- Darlegungslast 2184 ff.
- Fehlen einer Vereinbarung 2016 ff.
- Höhe des Anspruchs 2011 ff.
- unwirksame Vereinbarung 2005 ff.
- Zahlung 2001 ff.
- - nach Abrechnung 2000 ff.

Rückforderungsanspruch, Höhe 2053 ff.
- vereinbarte Vergütung 1999
- Vergütungsvereinbarung 84

- Verzicht 2170 ff.

Rückforderungsausschluss 622
- Fehlen einer Vereinbarung 2017 ff.
- freiwillige und vorbehaltslose Leistung 2030 ff.
- nachträgliche Herabsetzung, vereinbarten Vergütung 2069 ff.
- nachträgliche Korrektur, Abrechnung 2023 ff.
- nicht verbindliche Vereinbarung 2027 ff.
- unwirksame Vereinbarung 2006 ff.
- fehlende Vergütungsvereinbarung 2139 ff.
- nachträgliche Herabsetzung, Vergütung 2144 ff.
- nachträgliche Korrektur, Abrechnung 2131 ff.
- nicht verbindliche Vergütungsvereinbarung 2147 ff.
- nichtige Vergütungsvereinbarung 2134 ff.
- Überblick 2126 ff.
- wirksame Vergütungsvereinbarung 2127 ff.

Rückgewähr, Sicherheiten 2175 ff.

Rückzahlung, Vorschüsse 2124 ff.

Rückzahlungsverpflichtung, Erfolgshonorarvereinbarung 346 ff.

Satzrahmen, Vergütungsvereinbarung 642 ff.

Schiedsverfahren, Vergütungsrechtsstreit 2438

Schlichtungsverfahren, Vergütungsrechtsstreit 2436

Schriftform, Abrechnung 1885
- Fälligkeitsvereinbarung 1840 ff.
- gesetzliche Erleichterung, Vergütungsvereinbarung 520
- Vereinbarung, bestimmte Zwangsvollstreckungsverfahren 1045
- - gerichtliche Mahnverfahren 1045
- Vergütungsvereinbarung 511 ff.

Schuldanerkenntnis, Höhe der Vergütung 1431 f.

Schuldbeitritt, Vereinbarung mit Dritten 262 ff.
Selbständiges Beweisverfahren, Vergütungsrechtsstreit 2441
Sicherheiten, Vergütungsanspruch 1510
– Vergütungsvereinbarung 116 ff.
Sittenwidrigkeit, Erfolgshonorar 1745
– Höhe der Vergütung 1433 ff., 1437 ff.
– Täuschung des Auftraggebers 1764 f.
– Überblick 1743 f.
– Vergütungsvereinbarung 443, 1743 ff.
– – niedrigere als der gesetzlichen Vergütung 1749
– – sittenwidrigen hohen Vergütung 1746 ff.
– Verstoß gegen § 113 AktG 1753
– Zustandekommen der Vergütungsvereinbarung 1750 ff.
Sittenwidrigkeit, Zwangslage 1752 ff.
Sockelhonorar 342
Sozietätsvertrag 164
Stellvertreter, Kosten 151 ff.
Strafprozess, Beschränkung auf die gesetzliche Vergütung 2264
Strafrecht, Vergütungsvereinbarung 88
Streitwertbemessung, Vergütungsvereinbarung 54
Streitwertbeschwerde, Anwalt 2348
– – fehlende Verbindlichkeit 2377 ff.
– – wertabhängige Vereinbarung 2373
– – wertunabhängige Vereinbarung 2374 ff.
– Beschwerde, Anwalts 2351
– – Partei 2349 f.
– Gegenstandswert 914
– – Partei 2347, 2362 ff.
– – Anwaltsvergütung 2364
– – Beschwerdegegenstand 2370 f.
– – Gerichtskosten 2363
– – Kostenerstattungsanspruch 2366 ff.
– – Kostenerstattungspflicht 2365
– Überblick 2347 ff.
– Vergütungsvereinbarung 54, 2352 ff.

Stundensatz, Vereinbarung eines höheren 345
– Zeitvergütung 970 ff.
Stundungsvereinbarung 15, 584
– Höhe der Vergütung 1431 f.
Telefax, Unterschrift 535 ff.
– Vergütungsvereinbarung 519
Telegramm, Unterschrift 534
– Vergütungsvereinbarung 519
Telekommunikationsdienstleistungen, Vergütungsvereinbarung 1154 ff.
Telex, Unterschrift 533
– Vergütungsvereinbarung 519
Terminswahrnehmung, Pauschale 144 ff.
Transparenzgebot, AGB-Kontrolle 711 ff.
Übergangsrecht, Auslagen 491 ff.
– Vergütungsvereinbarung 475 ff.
Übergangsvorschriften, Vergütungsvereinbarung 56
Umsatzsteuer, Auslagen 1502
– Auslagenvereinbarung 1175 ff.
– Auslegungsprobleme 1518
– Vergütung 1922 f.
– Vergütungsvereinbarung 1090, 1502
– Vorschuss 1784
Unternehmer, Anwalt 669
Unterschrift, blanko 530
– eingescannte 531
– Faksimile-Stempel 532
– Telefax 535 ff.
– Telegramm 534
– Telex 533
– Vergütungsvereinbarung 523 ff.
– Vollmacht 541 ff.
Unwirksamkeitsvereinbarung, Unwirksamkeit 1940
Unzeit, Abänderung einer Vergütungsvereinbarung 443
Unzulässigkeit, quota-litis-Vereinbarung 386 ff.
Urkunde, elektronische Form 516
– Vergütungsvereinbarung 513 ff.
– Verlust 551 ff.

Urkundenprozess, Vergütungsrechtsstreit 2419, 2582
Verbraucher 670 ff.
Verbraucherverträge, AGB-Kontrolle 668 ff.
Vereinbarung, Art und Weise der Ausführung 810 ff.
– Fehlen einer gesetzlichen Vergütung 824 ff.
– Gegenstandswert 821 ff.
– Höhe von Satz- oder Betragsrahmen 817 ff.
– mehrere Angelegenheiten 853 ff.
– Umfang der anwaltlichen Tätigkeit 804 ff.
– unentgeltliche 147
– Wegfall von gesetzlichen Begrenzungen 839 ff.
Vereinbarung mit Dritten, Abgrenzung zu anderen Vereinbarungen 242 ff.
– Beratungshilfemandate 254
– Erfolgshonorar 257
– Grundsatz 237 ff.
– niedrigere als die gesetzliche Vergütung 255 f.
– Prozesskostenhilfemandate 252 f.
– quota-litis-Vereinbarungen 257
– Schuldbeitritt 262
Verfahren auf Abgabe der eidesstattlichen Versicherung 1036
Verfassungsbeschwerde, Vergütungsrechtsstreit 2834 f.
Vergleich, Vergütungsvereinbarung 312 ff.
Vergütung, Auslagen 1906 ff.
– Berechnung 1878 ff.
– – Muster 2913 ff.
– Beschränkung 2262 ff.
– – Angelegenheit 1889
– – Auslagen 1893
– – Auslagentatbestände 1890 ff.
– – Gebührentatbestände 1890 ff.
– – Vorstand der RAK 1617 ff.
– eigenhändige Unterschrift 1913 ff.
– Fälligkeit 48
– Festsetzung, Vorstand der RAK 1722

– geringer als die gesetzliche 2273 ff.
– Herabsetzung, Beweislast 1685
– – Darlegungslast 1685
– – unangemessen hohe 1656 ff.
– – Verfahren 1681 ff.
– Hilfsperson 833 ff.
– Höhe 1271 ff.
– Kalkulation 100 ff.
– lebenslange Rente 372 f.
– nachträgliche Herabsetzung 2066 ff.
– Rechnungsadressat 1886 ff.
– Schriftform der Berechnung 1885
– Umsatzsteuer 1922 f.
– Unverbindlichkeit 1564 ff.
– Vereinbarung, sittenwidrig hohe 1746 ff.
– Verjährung 1869 ff.
– Vorschüsse, anzurechnende Beträge 1909 ff.
– VV RVG 1903 ff.
– weitere Angaben 1916 ff.
– zuständige Rechtsanwaltskammer 1621
Vergütungsanspruch, Abtretung 120 f.
– Sicherheiten 1510
– Vergütungsvereinbarung 84
Vergütungsfestsetzung 51
– Anwendung einer Vergütungsvereinbarung 2403 ff.
– Gegenstand der Festsetzung 2384 ff.
– Überblick 2381 ff.
– Zustimmungserklärung nach § 11 Abs. 8 RVG 2410 ff.
Vergütungsfestsetzungsverfahren, Vergütungsrechtsstreit 2437
Vergütungsforderung, Pfändung 122
Vergütungshöhe, AGB-Kontrolle 704 f.
– unbestimmte 704 f.
Vergütungsrechtsstreit, abgetretenes Recht 2484 f.
– Aktivlegitimation 2477 ff.
– allgemeiner Gerichtsstand 2450
– Anwaltsvergütung 2836 ff.
– arbeitsgerichtliche Verfahren 2459
– Aufbau der Klageschrift 2498 ff.

799

Stichwortverzeichnis

- Aussetzung des Mahnverfahrens 2589
- Berufung 2828 ff.
- besonderer Gerichtstand des Hauptprozesses 2451
- Checkliste, Zahlungsklage des Anwalts 2590 ff.
- Familiengericht 2461
- Gegenstandswert 2869 ff.
- Gerichtskosten 2863 ff.
- Gerichtstandsvereinbarung 2465 ff.
- Klage, Auftraggeber 2694 ff.
- – Anwalt 2443 ff.
- Klageantrag 2493 ff.
- Kostenerstattung 2874 ff.
- Mahnverfahren 2429 ff.
- mehrere Auftraggeber 2470 f., 2490 ff.
- negative Feststellungsklage 2600 ff.
- Nichtzulassungsbeschwerde 2833
- Passivlegitimation 2486 ff.
- Revision 2831 f.
- Schiedsverfahren 2438 ff.
- Schlichtungsverfahren 2436
- selbständiges Beweisverfahren 2441
- sonstige besondere Gerichtstände 2464
- Sozialgericht 2460
- Überblick 2417 ff., 2442
- Urkundenprozess 2419, 2582
- Verfassungsbeschwerde 2834 f.
- Vergütungsfestsetzungsverfahren 2437
- Verwaltungsgericht 2460
- vorherige Mitteilung einer Kostenberechnung 2472 ff.
- Wechselprozess 2587 f.
- Widerklage 2592 ff.
- Zahlungsklage 2443 ff.
- Zivilprozess 2418

Vergütungsvereinbarung 1, 90 ff.
- § 4 RVG 67 ff.
- § 49b BRAO 82
- Abänderung 441 ff.
- Abbedingung, Höchstgrenze für eine Erstberatung 843 ff.
- Abfassung durch den Anwalt 569 ff.
- Abkommen mit Rechtschutzversicherern 30 ff.
- Abrechnungsgrundsätze 29, 309 ff.
- Abschluss, im Namen der gesamten Sozietät 163 ff.
- – nach Auftragserteilung 424 ff.
- Absetzen von sonstigen Vereinbarungen 581 ff., 1464
- Abtretung, Erstattungsansprüchen an Erfüllung statt 289 ff.
- – Vergütungsansprüchen 120 f.
- abweichende Pauschalbeträge 876 ff.
- abweichender Gebührensatz 881 ff.
- AGB 1468
- AGB-Kontrolle 1452, 1
- allgemeine Geschäftskosten 1084 f., 1135 ff.
- allgemeine Regelung des RVG 47 ff.
- andere Vergütung als Leistung in Geld 115
- anderweitige Vereinbarung 15 ff.
- Anforderung an die Gestaltung 547 ff.
- Anpassungsmöglichkeiten 46
- Anrechnung 1492 ff.
- Anwalt und Auftraggeber 13 ff.
- Anwaltsnotar 166 f.
- Anwendungsbereich 2 ff.
- Aufhebung, Beschränkung der Festgrenze 858
- – Gegenstandswertbegrenzung 860
- Auftragserteilung 422 f.
- Auslagen 1072 ff., 1091 ff., 1501
- Auslagenvorschriften 58
- Auslegungsprobleme 1515 ff.
- Ausschluss von Ermäßigungstatbeständen 859
- außergerichtliche Tätigkeiten 1275
- beauftragter Rechtsanwalt 150
- Bedeutung 83 ff.
- bedingte 424, 522
- Beiordnung 204 ff.
- – sonstige Fällen 235 f.

- Belehrungspflichten 60 ff., 1539 ff.
- Beratung 827 ff.
- Beratungshilfe 168 ff.
- – verschiedene Fallgruppen 172 ff.
- berufsrechtliche Gesichtspunkte 87
- Bestimmtheit 1469 ff.
- Bestimmung und Berechnung der Gebühren 52
- Beteilung an Prozessfinanzierungsgesellschaften 356
- Betragsrahmen 642 ff.
- Bezeichnung 571 ff., 1463
- Dauervereinbarung 462 ff.
- deutliches Absetzen 593 ff.
- Durchsetzung der gesetzlichen Vergütung 624 ff.
- eigener Anspruch des Anwalts 27
- eigenhändige Namensunterschrift 523 ff.
- Einschaltung von Hilfspersonen 47
- elektronische Form 516
- Entwicklung der gesetzlichen Regelung 66 ff.
- Erfolgshonorar 323 ff., 1475 ff.
- – zulässige Vereinbarungen 360 ff.
- Erhöhung, Gegenstandswert 897 ff.
- – gesetzliche Gebühren 864 ff.
- Erlass von Gebühren 296 ff.
- Ermessen eines Vertragsteils 1047
- Fälligkeit der Vergütung 48, 1508 f.
- Fälligkeitsvereinbarung 507
- Festsetzung, durch Dritte 1049 ff.
- – Vorstand der RAK 1048
- Folgen, Formverstöße 319 ff., 601 ff.
- Forderungsausfall 136
- Form 497 ff.
- – Vereinbarung mit Dritten 247 ff.
- formelle Voraussetzungen 45
- Formverstoß 500
- Formvorschrift, § 4 Abs. 1 Satz 2 RVG 561 ff.
- Freistellungsansprüche 86
- funktioneller Anwendungsbereich 5 ff.

- Gebührenteilung 124 ff.
- gerichtliches Mahnverfahren 1029 ff.
- Gerichtsstandsvereinbarung 1513 f.
- geringere Gebühren 274 ff.
- geringere Pauschalvergütung 1275
- geringere Zeitvergütung 1275
- Gesamtpauschale 920 ff.
- gesetzliche Erleichterung der Schriftform 520
- gesetzliche Vergütung 1277 ff.
- – Mindestvergütung 1505 f.
- Gespräch mit dem Mandanten 107 ff.
- Gestaltungen 110 ff.
- Grenzen der Vertragsfreiheit 36 ff.
- Gutachten 827 ff.
- Haftpflichtversicherungsprämie 1169 ff.
- Hebegebühren 1086 ff., 1186 ff.
- Hinweis- und Aufklärungspflichten 1466 ff.
- Hinweispflichten 59 ff., 1539 ff.
- Höhe 13
- Individualabrede 680
- innerliche Gestaltung 1449 ff.
- Kalkulation der Vergütung 100 ff.
- Kilometerpauschale 1164 ff.
- Kosten des Stellvertreters 151 ff.
- Kosten für Ablichtungen 1142 ff.
- Kostenerstattung 85
- lebenslange Rente 372 f.
- Mediation 825 f.
- Mediator 6
- mehrere Pauschalen 954 ff.
- mögliche Berechnungsmodelle 765 ff.
- mündliche Vereinbarung 521
- Muster 2881 ff.
- nach Erledigung des Auftrags 440
- Nachverhandlungsklausel 1499 f.
- nichtige 1556 ff.
- Niederlegung des Wahlverteidigermandats 231 ff.
- Pauschalbeträge 277
- Pauschale, Terminswahrnehmung 144 ff.

- Person des Leistungserbringers 1498
- persönlicher Anwendungsbereich 2 ff.
- Pflichtverteidigerbestellung 439
- Postdienstleistung 1154 ff.
- prozentualer Aufschlag auf die gesetzlichen Gebühren 886 ff.
- Prozesskostenhilfe 197 ff.
- Prozesskostenhilfemandate 252 f.
- quota-litis-Vereinbarung 1479 f.
- Ratenzahlungsvereinbarung 15
- rechtlich unverbindliche Vereinbarung 367 ff.
- rechtliche Auswirkungen bei Abschluss mit einem Dritten 258 ff.
- rechtliche Grundlagen 34 ff.
- Reisekosten 1159 ff.
- Rückforderungsanspruch 84
- – Auftraggeber 619 ff.
- sachlicher Anwendungsbereich 11 ff.
- Satzrahmen 642 ff.
- Schriftform 511 ff.
- Schriftlichkeit 1457 ff.
- Schuldanerkenntnis, § 781 BGB 517 f.
- Sicherheiten 116 ff.
- Sittenwidrigkeit 443, 1743 ff.
- sonstige Vereinbarungen 27
- Steuerberater 3
- strafrechtliche Konsequenzen 88
- Streitwertbemessung 54
- Streitwertbeschwerde 2352 ff.
- Streitwertfestsetzung 54
- Stundensatz 345
- Stundungsvereinbarung 15
- Telekommunikationsdienstleistungen 1154 ff.
- Trennung von der Vollmacht 554 ff., 1461 f.
- treuwidrige Berufung auf Formmangel 652 ff.
- Übergangsrecht 475 ff.
- Übergangsvorschriften 56
- Umfang der Angelegenheit 52
- Umsatzsteuer 1090, 1502
- unentgeltliche Vereinbarung 147
- Unterschreiten der gesetzlichen Vergütung 1481 ff.
- unwirksame, Abrechnung 1936 ff.
- unzulässige Form der Unterschrift 529 ff.
- Urkunde 513 ff.
- verauslagte Beträge 1080 ff.
- verauslagte Kosten 1503 f.
- Vereinbarung, Anwalt und Auftraggeber 12 ff.
- – Anwalt und Gegner 25 ff.
- – Anwälte 32 f.
- – Auftraggeber 26
- – Auftraggeber und dem Gegner 22 ff.
- – ausländischen Rechts 1052 ff.
- – Beiordnung als Pflichtverteidiger 228 ff.
- – Dritte 237 ff.
- – höherer Gegenstandswert 344
- – niedrigeren Vergütung 267 ff.
- – unter Rechtsanwälten 123 ff.
- Vergleich, zwei Auftraggebern 312 ff.
- Vergütungsanspruch 84
- Verlust der Urkunde 551 ff.
- Vertretungsauftrag im eigenen Namen 139 ff.
- vom gesetzlichen Vergütungssystem losgelöste 918 ff.
- vorläufige 456 ff.
- Vorschüsse 1507
- vorzeitige Beendigung 1486 ff.
- – Mandat 936 ff., 1196 ff.
- – während des Mandats 428 ff.
- Wegfall, Anrechnungsvorschriften 848 ff.
- – Beschränkung, Nr. 7000 VV RVG 846
- – Beschränkung, Nr. 7007 VV RVG 847
- – Wertbegrenzung 901 ff.
- Wirtschaftsprüfer 3
- Zeithonorare 278
- Zeitpunkt 417 ff.
- – Bedingungseintritts 427
- Zeitvergütung 966 ff.
- zivilrechtlicher Vertrag 84

- zu erbringende Vergütung 13
- zulässige Unterschreitungen 282 ff.
- Zulässigkeit 35, 159 ff.
- – Beiordnung als Pflichtverteidiger 221 ff.
- zusätzliche Gebühren 890 ff.
- Zwangsvollstreckungsverfahren 1029 ff.
- Zweckmäßigkeit 93 ff.

Verjährung, anwaltliche Vergütung 1869 ff.

Versicherungsbedingung, besondere 2218 ff.

Verteidigung, Auftraggeber, AGB 2635
- Aktivlegitimation 2628
- Anrechnung 2665 ff.
- Aufrechnung 2671 ff.
- Beratungshilfe 2632
- Checkliste 2692 f.
- Erfolgshonorar 2633
- – Konsequenzen für den Beklagten 2681 ff.
- – ordnungsgemäße Berechnung 2660 f.
- – Passivlegitimation 2629
- – Überblick 2627 ff.
- – unangemessen hohe Vergütung 2662
- – unverbindliche Vereinbarung 2636 ff.
- – Verjährung 2658 f.
- – Verletzung der Mandatspflichten 2679 f.
- – Vorschüsse 2665 ff.
- – wirksame Vereinbarung 2630 ff.
- – Zahlung 2665 ff.

Vertragsfreiheit, allgemeine Grenzen 37 f.
- gesetzliche Verbote 39 f.
- inhaltliche Schranken 41 ff.

Vertragskauf, Muster 2900

Vertragsparteien, Muster 2893 ff.

Vertragsstrafe, AGB-Kontrolle 749

Vertretungsauftrag im eigenen Namen 139 ff.

Verwaltungsrechtsstreit, Beschränkung auf die gesetzliche Vergütung 2264

Verzicht, Rückforderungsanspruch 2170 ff.

Vollmacht, Trennung, Vergütungsvereinbarung 554 ff., 1461 f.
- Unterschrift 541 ff.

Vollstreckung, unbewegliches Vermögen 1037

Vorläufige Vergütungsvereinbarung 456 ff.

Vorschuss, Abgrenzung zur vorzeitigen Fälligkeit 1845 f.
- Abrechnung 1795
- Angemessenheit 1783
- Aufteilung des Vorschusses 1785 ff.
- ausdrückliche Vereinbarung erforderlich 1769 ff.
- Ausschluss des Rechts auf 1779 ff.
- Form 1782 ff.
- – Vorschussanforderung 1792 ff.
- Formverstöße 1797 ff.
- Rückerstattung 1796
- Rückzahlung 2124 ff.
- Überblick 1766 ff.
- Umsatzsteuer 1784
- unterschiedliche Rechtsfolgen, vorzeitig fällige Zahlung 1847 ff.
- Vergütungsvereinbarung 1507
- Vorschussraten 1785 ff.
- Vorschusszahlung nach Vereinbarung 1801
- Zweckmäßigkeit der Vereinbarung 1782

Vorschussklauseln 721

Vorschussraten 1785 ff.

Vorschussregelung 584

Wahlverteidiger, Niederlegung des Mandats 231 ff.

Wartezeiten, Auslegungsprobleme 1523
- Zeitvergütung 991 ff.

Wechselprozess, Vergütungsrechtsstreit 2587 f.

Wertbegrenzung, Wegfall 901 ff.

Widerklage, Vergütungsrechtsstreit 2592 ff.

Zahlungsklage, Gerichtsstand 2444 ff.
- Vergütungsrechtsstreit 2443 ff.

Zahlungsmodalitäten 584

803

Zeitaufwand, erforderlicher 1367 ff.
Zeithonorar, Höhe der Vergütung, Kombination mit Pauschalhonorar 1425 ff.
- Vergütungsvereinbarung 278
- vorzeitige Beendigung des Mandats 1230

Zeitpunkt, Vergütungsvereinbarung 417 ff.
- Zeitvergütung, Abrechnung, Fahrt- und Wartezeiten 991 ff.
- Abrechnungsprobleme 1013 ff.
- Anrechnung 1000 ff.
- Auslegungsprobleme, Mindestintervallen 1524
- Grenzen 997 ff.
- Höhe des Stundensatzes 970 ff.
- Klarstellung, abzurechnende Zeiteinheiten 981 ff.
- Kombination, Pauschalhonorar 1026 ff.
- Muster 2929 ff.

- Überblick 966 ff.
- Unterschreiten der gesetzlichen Vergütung 1023 ff.
- Vergütungsvereinbarung 966 ff.

Zivilprozess, Beschränkung auf die gesetzliche Vergütung 2264
- Vergütungsrechtsstreit 2418

Zulässigkeit, Vergütungsvereinbarung 159 ff.

Zusatzhonorar 342

Zwangsvollstreckung, Erstattungsvereinbarung 2337 ff.
- Forderungen 1036

Zwangsvollstreckungsverfahren, Vergütungsvereinbarung 1034 ff.

Zweckmäßigkeit, Vergütungsvereinbarung 93 ff.

Zweithonorare, Höhe der Vergütung 1408 ff.